תלמוד בבלי

מהדורת נאה

מכות

Please note that the number ranges that appear at the bottom of each daf of the Vilna pages indicate the corresponding pages of the Koren Talmud Bavli translation and commentary.

הוצאת קורן ירושלים

מהדורת נאה

מסכת מכות

COMMENTARY BY

Rabbi Adin Even-Israel Steinsaltz

EDITOR-IN-CHIEF

Rabbi Dr Tzvi Hersh Weinreb

EXECUTIVE EDITOR

Rabbi Joshua Schreier

STEINSALTZ CENTER
KOREN PUBLISHERS JERUSALEM

כיצד

כיצד העדים נעשים זוממין? "מעידין אנו באיש פלוני שהוא בן גרושה או בן חלוצה" — אין אומרים יעשה זה בן גרושה או בן חלוצה תחתיו, אלא לוקה ארבעים. "מעידין אנו באיש פלוני שהוא חייב לגלות" — אין אומרים יגלה זה תחתיו, אלא לוקה ארבעים. **גמ'** הא "כיצד אין העדים נעשים זוממין" מיבעי ליה! ועוד, *מדקתני לקמן: אבל *)אמרו להם "היאך אתם מעידין, שהרי באותו היום אתם הייתם עמנו במקום פלוני" — הרי אלו זוממין, (מכלל דהאלו אין זוממין!) תנא התם קאי: *כל הזוממין מקדימין לאותה מיתה, חוץ מזוממי בת כהן ובועלה שאין מקדימין לאותה מיתה, אלא למיתה אחרת. ויש עדים זוממין אחרים, שאין עושין בהן דין הזמה כל עיקר, אלא מלקות ארבעים. כיצד? "מעידין אנו באיש פלוני שהוא בן גרושה או בן חלוצה" — אין אומרים יעשה זה בן גרושה או בן חלוצה תחתיו, אלא לוקה את הארבעים. מנהני מילי? א"ר יהושע בן לוי (*אמר ר"ש בן לקיש:) דאמר קרא: "ועשיתם לו כאשר זמם", "לו" — ולא לזרעו. וליפסלוהו לדידיה ולא ליפסלו לזרעיה! בעינן "כאשר זמם לעשות" וליכא. בר פדא אומר: ק"ו, ומה המחלל אינו מתחלל, הבא לחלל ולא חילל — אינו דין שלא יתחלל? מתקיף לה רבינא: אם כן, בטלת תורת עדים זוממין: ומה

*) [לקמן ה.]

תורה אור: דברים יט

רש"י

כיצד העדים נעשין זוממין כו'. בגמרא מפרש מאי קאמר. **את איש פלוני.** כהן. **שהוא בן גרושה.** דכפניו נתגרשה אמו *קודם שנולד, והרי הוא חלל ופסול. **אין אומרים.** אם הוזמו והן כהנים: יעשה זה בן גרושה וחלוצה, לקיים בו "כאשר זמם", אלא סופג את הארבעים. ובגמרא מפרש טעמא. **שחייב גלות.** שהרג את הנפש בשוגג. **גמ'** ה"ג: האי כיצד אין העדים נעשין זוממין מיבעי ליה. ועוד דקתני לקמן (דף ה.): אבל אמרו להם כו'. **כיצד אין העדים נעשין זוממין מיבעי ליה.** דהא לא מקיימת בהו "כאשר זמם". **ועוד.** מאי קא בעי תנא כיצד נעשין זוממין? הא קתני לה לקמן כיצד דין זוממין, דקתני במתני': אבל אמרו להם הזוממים: "היאך אתם מעידים עדות זה והלא הייתם עמנו אותו היום במקום פלוני" כו'. **התם קאי.** מסנהדרין סליק, דתנן בשילהי "אלו הן הנחנקין", דהיא סיומא דסנהדרין, דיש זוממין שמשתנו במקצת מדין הזמה, כדקתני: כל הזוממין מקדימים לאותה מיתה. כלומר, אין להם לצפות מיתה אחרת, אלא משכימין לאותה מיתה שנגמר בה דינו של נדון. **חוץ מזוממי בת כהן.** נשואה, שאע"פ שנגמר דינה לשריפה על פיהם — הם בחנק, כדילפינן התם (דף נ:): היא בשריפה ואין בועלה בשריפה, אלא בחנק כשאר אשת איש. והזוממין משכימין למיתה שחייבו את הבועל, דכתיב: "כאשר זמם לעשות לאחיו" — ולא לאחותו (שם). **וקאמר הכא:** עוד יש זוממין אחרים שאין מקיימין בהן דין הזמה כלל אלא מלקות, ועלה מפרש כיצד אותן העדים שאין מקיימין בהן דין הזמה נעשין זוממין — "מעידים אנו" כו'. **ולא לזרעו.** ואם תעשהו חלל והוא כהן — פסלת את זרעו לעולם. **בעינן כאשר זמם.** והוא זמם לפסול את הנדון ואת זרעו. **המחלל אינו מתחלל.** כהן הנושא את הגרושה, שמחלל את זרעו, אין הוא עצמו מתחלל מן הכהונה. **הבא לחלל ולא חילל.** עד זומם, שרצה לחלל ולא חיללו, אינו דין כו'. **אם כן.** אם באת לדרוש ק"ו זה בעדים זוממים, בטלת תורת הזממה. ומה

תוספות

מעידין אנו באיש פלוני שהוא בן גרושה או בן חלוצה אין אומרים כו'. תימה: כיון דאם הוזמו אינן נעשין בן גרושה וחלוצה, א"כ גם בשלא יוזמו איך יעשה על פיהם בן גרושה, (א) דהכי הוא האמת? ואמאי? הא הויא לה עדות שאי אתה יכול להזימה, ואין זה עדות! *וי"ל: כיון דלוקין הוי "כאשר זמם", והוי שפיר "אתה יכול להזימה". וקשה: דא"כ, מאי קאמר פרק "היו בודקין" (סנהדרין דף מא.) גבי עדי נערה המאורסה דאיתי לא מיקטלא, דכיון דאינהו לא מיקטלי משום שיכולין לומר "לאסרה על בעלה באנו" והויא לה עדות שאי אתה יכול להזימה? ומאי קאמר? והא מ"מ לוקין! וי"ל: דהתם כיון שבאין לחייבה מיתה וזוממו להרוג את הנפש לא מיקיים "כאשר זמם" במלקות, דהא בהדיא כתיב "נפש בנפש" גבי הזמה דעדות נפשות, ולא חשיב יכול להזימה במלקות. אבל הכא שלא כיון אלא לשוויה בן גרושה ובן חלוצה, ליכא כי אם לאו בעלמא, כיון שלקו — חשיב שפיר עדות שאתה יכול להזימה. *ועי"ל: דגבי עדות דבן גרושה וחלוצה לא חיישינן כלל ב"אתה יכול להזימה", דמסיקא נפקא לן דבעינן עדות שאתה יכול להזימה — מ"כאשר זמם", והא מוכח בגמרא ד"כאשר זמם" לא נכתב לגבי עדות דבן גרושה, (ב) ולא קאי כלל עליה בשום צד שבעולם. אבל התם גבי נערה המאורסה — ודאי "כאשר זמם" קאי נמי עליהן, *דאם התרו בה — מיקטלי אינהו כשהוזמו, ואילו איסי — בלא הוזמו (והתם מיירי בלא התרו), וכיון ד"כאשר זמם" קאי עלייהו) לכך בעינן "אתה יכול להזימה". ויש לדקדק, אמאי לא נקט: "מעידין אנו באיש פלוני שהוא ממזר" כו', דזה הוה שייך בין בישראל בין בכהנים, ובן גרושה לא פסיל אלא בכהנים! ויש ליישב: דנקטיה משום דקאי אזוממי בת כהן כדאיתא בגמרא, ולכך נקט מידי דשייך בכהונה.

מעידין אנו באיש פלוני שחייב גלות. וא"ת: היאך הם יכולים לחייבו גלות בעדותן? והא יכול לומר "מזיד הייתי" כדאמר גבי "אכלת חלב" בפ"ק דבבא מציעא (דף ג:)! וי"ל: דמיירי כשראו בו רגלים לדבר שנשמט הברזל מקתו, ואיכא למימר דלא נתכוין. אבל קשה מהא דתנן פרק "אלו הן הגולין" (לקמן דף ט.) דשונא אינו גולה, לאו כי האי גוונא דומיא דאוהב גולה? ואמאי אינו גולה, כיון דראו דהוי רגלים לדבר! וי"ל: דשאני שונא, דיש לנו לומר טפי דבשנאה הכהו. ועוד י"ל: דמיירי שפיר דליכא רגלים לדבר. והשתא ניחא משונא, ומ"מ אוהב גולה — כגון דשתיק כשאמרו לו העדים. בודאי אי הוה אמר "לא הרגתיו", יכול לתרץ ולומר: לא הרגתיו שוגג אלא מזיד, כמו *ב"לא אכלתי חלב". אבל כיון דשתק — כהודאה דמיא.

כל הזוממין מקדימין לאותה מיתה. פי' הקונטרס: שאין להם נס והמלטה. וקשה: דמאי קמ"ל? פשיטא! ובכתובות* פירש: שרוצה לומר מקדימין — שלא יענו הדין. וגם זה קשה, דמאי קמ"ל? פשיטא! לכך פירש ר"י, "מקדימין" הכי פירושו: ודאי אתה צריך להמיתן במיתה (ג) שהמיתו, אבל ודאי אם אינו יכול, אפ"ה נמיתם בכל מיתה שנוכל, כדתניא "הכה תכה" (ב"מ דף לא:). וקשה: דאמרינן פרק "נגמר הדין" (סנהדרין דף מה:) דרוצח וגואל הדם הוו ב' כתובין הבאין כאחד. וכן קשה, דבתוספתא (פי"ב דסנהדרין) תניא: *)אבל הזוממין שאין אתה יכול להמיתן במיתה הכתובה בהן, אתה ממיתם בכל מיתה. ודריש ליה מן קרא ד"ובערת הרע מקרבך". ואמאי? (ד) הוי רוצח וגואל הדם ב' כתובין הבאים כאחד! ותירץ ה"ר יוסף: דרוצח וגואל הדם הוו ב' כתובים הבאין כאחד לענין שלא נלמוד שאר מומתין מהם להמיתם אף במיתה שאינה מד' מיתות ב"ד, אבל *מד' מיתות ב"ד — פשיטא נמיתם בכל חייבי מיתות.

זוממי בת כהן ובועלה שאין מקדימין לאותה מיתה אלא למיתה אחרת. בועלה — דדרשינן: "היא" ולא בועלה, וזוממי בת כהן — דכתיב "לאחיו", (ה) דדרשינן: לאחיו ולא לאחותו. וא"ת: למה לי דרשא ד"לאחיו" ולא לאחותו? תיפוק ליה מ"היא" דנפקא לן דדרשינן (סנהדרין נא.): "את אביה היא מחללת", היא ולא בועלה, היא ולא זוממיה! וי"ל: הואיל וזוממיה באו לחייבה שריפה, לא יבא לאוקומי מיעוטא ד"היא" אלא בבועלה, ולא ממעטינן זוממין (אלא מן (ו) "אחיו") אבל כיון דכתיב "אחיו" דרשינן נמי מ"היא" למעוטי זוממיה. אבל קשה: כיון דכתיב "אחיו" אמאי איצטריך למעוטי זוממין מ"היא"? וי"ל: דאי מ"אחיו", הוה אמינא דה"מ כשהבועל היה נדון קרינן ביה "לאחיו". אבל אם לא היה נדון על פי עדותן, כגון שהיה קטן בן ט' שנים ויום אחד, או שלא הכירו הבועל, לא קרינן ביה "לאחיו" — קמ"ל: "היא" ולא (ז) זוממין, למעוטי זוממין בכל ענין. ומתחלה היה ר"י מסופק בהאי מילתא, ושוב פשטה מפרק "נגמר הדין" (סנהדרין דף מו.), דקאמר: מיתה אחת מעין שתי מיתות — כגון בת כהן ובועלה או בת כהן וזוממי (ח) זוממין. והשתא למה ליה זוממי זוממין? תיפוק ליה דאיכא שתי מיתות בלא זוממי זוממין, משום הבועל שהוא בחנק! אלא שמע מינה דאיירי כגון דליכא דין מיתה בבועלה, כגון שהוא קטן כדפירשתי, ואפ"ה קאמרי זוממי זוממין בחנק. אלמא דהוה זוממין בחנק אע"פ דליכא דין מיתה בבועל.

ועוד מדקתני לקמן. *פיר' הקונטרס דמאי בעי "כיצד" וכו'? הא קתני (ט) לקמן וכו'! ועוד יש לפרש: "ועוד", כלומר, ואם תמצא לומר דלשון הזמה הוא — זה אינו, דעל כרחך דין הזמה קאמר כדקתני. ולאלומי קושייתא קמייתא.

בעינן כאשר זמם וליכא. קשיא: היכא שמעידין שהוא ממזר שני, דאינן באין לפסול זרעו כי אם לפסלו — א"כ נפסול! *וי"ל: דמ"מ אשתו נפסלת, דפסלה בביאתו, וכתיב: "ועשיתם לו כאשר זמם", לו ולא לאשתו.

*) נ"ל כל חייבי מיתות שאי אתה יכול כו' ועיין רש"א

עין משפט נר מצוה

א א מיי' פ"כ מהל' עדות הלכה ח סמג עשין קי טוש"מ סי' לח:

ב ב מיי' שם פי"ח הל' א סמג שם:

ג ג מיי' שם פ"כ הל' י סמג שם:

מסורת הש"ס

[גי' תוי"ט] | גירסת מהר"מ דקתני | סנהדרין פט. ע"ש | [ליתא בילקוט] | [כריתות יב.] | [דף מה. ע"ש] | רש"ל מות יומת כו' [עיין רש"א] | כל' מיתות ב"ד פשיטא נמיתם בכל חייבי מיתות מהרש"ם | רש"ל מ"ז | רש"ל הוא כפירוש הקונט'

רבינו חננאל

כיצד העדים נעשין זוממין מעידין אנו באיש פלוני שהוא בן גרושה או בן חלוצה כו'. ואקשינן [הא כיצד וכו'] היאך אתם מעידים ביום פלוני שהרג פלוני את פלוני במקום פלוני ואתם הייתם עמנו במקום פלוני הרי אלו זוממין. ופרקינן תנא התם קאי כל הזוממין מקדימין לאותה מיתה חוץ מזוממי בת כהן ובועלה. ויש עדים אחרים שאין בהם הזמה כל עיקר אלא מלקות בעלמא כיצד מעידין אנו באיש פלוני שהוא בן גרושה כו' אין אומרים יעשה זה בן גרושה כו'. שנאמר ועשיתם לו כאשר זמם לו ולא לזרעו וליפסליה ליה לדידיה לחודיה. בעינן כאשר זמם וליכא. כלומר הוא לא בא אלא לפסול לו ולזרעו ואם באת לפוסלו לו לבדו הנה לא נעשה כאשר זמם לעשות. בר פדא אמר ק"ו המחלל אינו מתחלל פי' כהן גדול א) שבא על אלמנה וחיללה הוא אינו מתחלל העד שבא לחלל והעיד עליו שהוא בן גרושה ונתכוין לחללו ולא חיללו אינו דין שלא יתחלל. ומתקיף רבינא אי הכי בטלת תורת עדים זוממין דאיכא למימר לדבריך

א) ע' רש"י ורבינו נקט לה כב"ג דכתיב להדיא בקרא וע' קדושין עז ב' סוטה כג ב'.

הגהות הב"ח

(א) תוס' ד"ה מעידין וכו' בן גרושה וחלוצה הכי: (ב) בא"ד גרושה וחלוצה ולא: (ג) ד"ה כל כו' במיתה שרצו להמית אותו אבל אם ודאי אינן יכולים להמיתן באותה מיתה אפ"ה נמיתם: (ד) בא"ד ואמאי הא הוי: (ה) ד"ה זוממי כו' לאחיו ודרשינן לאחיו: (ו) בא"ד אלא מן לאחיו אבל כיון דכתיב לאחיו וכו' אבל קשה כיון דכתיב לאחיו וכו' וי"ל דאי מלאחיו הוה: (ז) בא"ד ולא זוממיה למעוטי: (ח) בא"ד וזוממי זוממיה והשתא למה ליה זוממי זוממיה וכו' זוממי זוממיה בחנק: (ט) ד"ה ועוד וכו' קתני לקמן:

גליון הש"ס

תוס' ד"ה מעידין כו'. וי"ל כיון דלוקין. עי' סוגיא מקובלת ב"ק דף עה ע"ב ד"ה עדות שאתה יכול להזימה: **בא"ד** ועי"ל דגבי עדות דב"ג. קשה לי בזה מסוגיא דכתובות דף לג ע"א דא"א עדים זוממין ממונא מלקות מקבלי לא לקי משום דלאו בני

מתרלא נינהו. משמע דאי בני התראה לאו אומר יותר למלקי לקי והא אם יהיה הדין דממונא לא משלם בעלה כל העדות דהוי עדות שאי אתה יכול להזימה דבזה אין דומה לב"ג דהא קרא הזמה קאי על הממון דהא משכחת בלא אתרו. וא"כ דרבה אם כ"ל התראה אפשר לומר יותר למלקי לקי ולא יהיה בממון כלל דין הזמה ולא קאי עליה. ועי' תוס' לעיל ד"ה בעינן כאשר זמם. ועכ"ל ... ד"ה בעינן כו' וי"ל דמ"מ אשתו נפסלת. לכאורה עדיין קשה קפ' לר"ל ביבמות דף סח דממזרי שני אינו פוסל את אשתו:

תורה אור

ומה הסוקל אינו נסקל, הבא לסקול ולא סקל – אינו דין שלא יסקל? אלא, מחוורתא כדשנינן מעיקרא.§ "מעידין אנו באיש פלוני שהוא חייב גלות" כו'.§ מנא הני מילי? אמר ר"ל, דאמר קרא: °"הוא ינוס אל אחת הערים" – הוא, ולא זוממין. ר' יוחנן אומר: ק"ו, ומה הוא שעשה מעשה – במזיד אינו גולה, הן שלא עשו מעשה – במזיד אינו דין שלא יגלו?! והיא נותנת (והלא דין הוא): הוא שעשה מעשה – במזיד לא ליגלי, כי היכי דלא תיהוי ליה כפרה, הן שלא עשו מעשה – במזיד נמי ליגלו, כי היכי דליהוי להו כפרה! אלא מחוורתא כדר"ל. *אמר עולא: רמז לעדים זוממין מן התורה מנין? רמז לעדים זוממין?! והא כתיב: °"ועשיתם לו כאשר זמם"! אלא, רמז לעדים זוממין שלוקין מן התורה, מנין? דכתיב: °"והצדיקו את הצדיק והרשיעו את הרשע. °והיה אם בן הכות הרשע"; משום והצדיקו את הצדיק – והרשיעו את הרשע, והיה אם בן הכות הרשע? *אלא, עדים שהרשיעו את הצדיק, ואתו עדים אחריני (א) והצדיקו את הצדיק דמעיקרא ושוינהו להני רשעים – "והיה אם בן הכות הרשע". ותיפוק ליה °מ"לא תענה"! *משום דהוי לאו שאין בו מעשה, וכל לאו שאין בו מעשה אין לוקין עליו. ת"ר: ד' דברים נאמרו בעדים זוממין: אין נעשין בן גרושה ובן חלוצה, ואין גולין לערי מקלט, ואין משלמין את הכופר, ואין נמכרין בעבד עברי. משום *ר"ע אמרו: אף אין משלמין ע"פ עצמן. "אין נעשין בן גרושה ובן חלוצה" – כדאמרן. "ואין גולין לערי מקלט" – כדאמרן. "ואין משלמין את הכופר" – קסברי: כופרא – כפרה, והני לאו בני כפרה נינהו. מאן תנא כופרא כפרה? אמר רב חסדא: ר' ישמעאל בנו של ר' יוחנן בן ברוקה היא. דתניא: °"ונתן פדיון נפשו" – דמי ניזק. רבי ישמעאל בנו של ר' יוחנן בן ברוקה אומר: דמי מזיק; מאי לאו בהא קא מיפלגי, דמר סבר: כופרא ממונא, ומר סבר: כופרא כפרה? אמר רב פפא: לא, דכולי עלמא כופרא כפרה, והכא בהא קא מיפלגי; מר סבר: בדניזק שיימינן, ומר סבר: בדמזיק שיימינן. מאי טעמייהו דרבנן? נאמר השתה (ג) למטה ונאמר השתה למעלה, מה להלן בדניזק – אף כאן בדניזק. ורבי ישמעאל: "ונתן פדיון נפשו" כתיב. ורבנן: אין, "פדיון נפשו" כתיב, מיהו כי שיימינן – בדניזק שיימינן. "ואין נמכרין בעבד עברי". סבר רב המנונא למימר: ה"מ – היכא דאית ליה לדידיה, דמיגו דאיהו לא *נזדבן – אינהו נמי לא מיזדבנו. אבל היכא דלית ליה לדידיה, אע"ג דאית להו לדידהו – מיזדבנו. (א"ל רבא:) ולימרו ליה: אי אנת הוה לך, מי הוה מיזדבנת? אנן נמי לא מיזדבנינן! אלא *סבר רב המנונא למימר: ה"מ היכא דאית ליה, או לדידיה או לדידהו. אבל היכא דלית ליה, לא לדידיה ולא לדידהו – מזדבני. א"ל רבא: °"ונמכר בגנבתו" אמר רחמנא, *בגנבתו ולא בזוממו.§ "משום ר"ע אמרו" וכו'.§ מאי טעמא דר"ע? קסבר *קנסא הוא, וקנס אין משלם ע"פ עצמו. אמר רבה: תדע, שהרי לא עשו מעשה, [ונהרגים] ומשלמים. אמר רב נחמן: תדע, שהרי ממון ביד בעלים, ומשלמים. מאי

(דברים יט) (שם) (שם כה) (שם) (שמות כ) (שם כא) (שם כב) [לקמן ד: ב"ק ה.]

רש"י

ומה הסוקל אינו נסקל. עדים שלא הוזמו עד שנהרג הנדון, ואח"כ הוזמו – אין נהרגין, כדאמרינן בפרקין (דף ה:): הרגו אין נהרגין, דכתיב: "כאשר זמם" ולא כאשר עשה. הבא לסקול ולא סקל. שהוזם עד שלא נהרג הנדון. הוא שעשה מעשה במזיד אינו גולה. ההורג שעשה מעשה, אם במזיד עשאו – אינו גולה, ואפילו בזמן שאינו נהרג, כגון במזיד בלא התראה. הם שלא עשו מעשה. אלא דיבור בעלמא, ובמזיד העידו – אינו דין שלא יגלו על המזיד. ומקשינן לרבי יוחנן: והיא הנותנת. המדה הזאת שהבאת לסתרן, היא הנותנת להם חובת גלות: הוא לפי שעושה מעשה, אם במזיד עשאו – אינו גולה, דלא תהוי ליה כפרה. הם שלא עשו מעשה יגלו. על זדונן, כי היכי כו'. רמז לעדים זוממין. שלוקין, עדי בן גרושה או עדי גלות שפטרם הכתוב מדין הזמה, מנין שהן לוקין? ולקמיה פריך: תיפוק ליה מ"לא תענה". משום דהצדיקו את הצדיק כו'. בתמיה: אי "והצדיקו" "והרשיעו" בדיינין קאמר, ו"צדיק" ו"רשע" בבעלי דינין – למה לי "והצדיקו לצדיק" כו'? ליכתוב: "כי יהיה ריב בין אנשים ונגשו אל המשפט ושפטום והיה אם בן הכות", למה הוזכרה כאן צדקת לצדיק? וכי כל מקום שהצדיקו ב"ד את הזכאי וחייבו את החייב יש מלקות, דאתא קרא למיתלי מלקות ב"והצדיקו" "והרשיעו"?! אלא על כרחך בעדים משתעי: עדים שקרים שהרשיעו לצדיק, ובאו אחרים והזימום, והצדיקו את הנדון שהוא צדיק והרשיעו את העדים הרשעים. והיה אם בן הכות את הרשע – אם הזמה זו בת מלקות היא, שאינו יכול לקיים בה דין הזמה גמורה, כגון בעדי בן גרושה או גלות – "והפילו השופט והכהו". ותיפוק ליה מלא תענה. כל עונשי לאוין – מלקות, אלא במקום שפירש לך בו עונש. וכאן שאינו יכול לענשן בעונש הכתוב בהן – ילקו. לאו שאין בו מעשה אין לוקין עליו. לקמן יליף לה בפרק ג' (דף יג:). ואין משלמין כופר. אם העידו בשור המועד שהרג את האדם והוזמו, והיו מחייבין את הבעלים כופר, דכתיב (שמות כא): "אם כופר יושת עליו" וגו'. ואין נמכרין. אם העידוהו שגנב, ואין לו מה לשלם, ונגמר דינו לימכר, כדכתיב: "ונמכר בגנבתו". אין משלמין ע"פ עצמן. אם הוזמו בב"ד, ולא הספיק בעל דין להעמידן בדין על הזמתן עד שברחו, ובאו בב"ד אחר והודו שהוזמו בב"ד פלוני. ולקמן מפרש טעמא. כופרא כפרה. לכפר על זה שהרג שורו את האדם. והני לאו בני כפרה נינהו, שלא הרג שורם אדם. ומר סבר כופרא ממונא. שהזיק גופו של זה, ונתחייב ליורשיו דמי ההרוג. כופרא כפרה. לכפר על עצמו שחייב מיתה בידי שמים, לפיכך יתן דמי עצמו. בדניזק שיימינן. בהכי הויא ליה כפרה כי יהיב דמי ניזק. ולקמיה מפרש טעמיה. מאי טעמייהו דרבנן. דאילו ר' ישמעאל מסתבר טעמיה, כיון דכופרא כפרה – דמי עצמו בעי למיתב. נאמר השתה למעלה. גבי אשה הרה, "כאשר ישית עליו בעל האשה" (שם). ונאמר השתה למטה. בכופר, "אם כופר יושת עליו". מה להלן בדניזק. שמשלם דמי ולדות שהזיקו. פדיון נפשו. דנותן את הכופר. ורבנן. אמרי לך: אין, ודאי פדיון נפשו הוא, דכופרא כפרה. מיהו בדניזק שיימינן, והכי הויא למזיק פדיון נפשו. דאית ליה לדידיה. שיש לו לגנב ממון לשלם דמי הגניבה אם לא הוזמו, ולהם אין מה לשלם. דמיגו דאיהו לא הוה מזדבן אם לא הוזמו – אינהו נמי כי הוזמו לא מזדבני, שהרי לא זממו למכרו. וקנס אינו משלם ע"פ עצמו. דכתיב גבי כפל: "אשר ירשיעון אלהים", פרט למרשיע את עצמו (ב"ק דף סד:). תדע. דקנסא הוא, שהרי המעידים בנפש לא הרגו אדם ולא נהרג אדם על פיהם, ונהרגין ומשלמין ממון. מאי

תוספות

ומה הסוקל אינו נסקל. פי' הקונטרס: כשהרגו אין נהרגין, דין הוא דבאו להרוג ולא הרגו דאין נהרגין. וקשה טובא: חדא, דה"ל למימר כדאמרינן לקמן (דף ה:): הרגו אין נהרגין. ועוד, מאי פריך? שאני הכא דגלי קרא בהדיא דהבא לסקול ולא סקל דנסקל, בההוא קרא גופיה דחזינן דהסוקל אינו נסקל, כדכתיב: "כאשר זמם" ולא כאשר עשה. אבל לעולם אימא לך דאית לך שפיר ק"ו לעיל לענין חילול, דהא לא גלי קרא בשום מקום דשייך בדבר הזה שיתחלל הזומם! ועוד קשה, דהוה ליה לתרץ דהתם ודאי לא עבדינן ק"ו, משום דא"כ בטלת תורת עדים זוממין לגמרי ולא משכחת לה "כאשר זמם", אבל לעיל דלא בטלת תורת עדים זוממין – שייך שפיר למיעבד ק"ו! לכך פירש ר"ת דה"ק: ומה הסוקל אינו נסקל, פירוש: אדם שסוקל חבירו באבנים ומת, דנדון בסייף ולא בסקילה. הבא ליסקל ולא נסקל – עדים שמעידין איש פלוני שמחויב סקילה, ולא נסקל על ידם – אינו דין שלא יסקלנו? והשתא לא בטלת לגמרי, דאיכא לאוקומי קרא ד"ועשיתם כאשר זמם" כשהן מעידין שמחויב שאר מיתות ב"ד שאינו בסקילה, ואפ"ה לא עבדינן הכי ק"ו, (ג) דהכי קאמר לו לעיל דלא עבדינן ק"ו בכהאי גוונא (ב).

באומר

א) רש"א והכי קאמר לעיל דעבדינן ק"ו ככה"ג. ב) וע"ע מ"ש תוס' מנחות טו. ד"ה התפגל.

עין משפט נר מצוה

ד א מיי' פ"כ מהל' עדות הל' ט סמג עשין קט:
ה ב מיי' פי"ח מהל' סנהדרין הלכה ב:
ו ג ד מיי' פ"כ מהל' עדות הלכה ח סמג עשין קט:
ז ה מיי' פ"י מהל' נזקי ממון הלכה ז סמג עשין סו:
ח ו ז מיי' שם פי"א הל' א סמג שם:
ט ח מיי' פי"ח מהל' עדות הלכה ח סמג עשין קי טוח"מ סי' לח:

רבינו חננאל

ומה הסוקל אינו נסקל בדקי"ל לא הרגו נהרגין הרגו אין נהרגין (א) הבא לסקול ולא סקלו אינו דין שלא יסקל. אלא מחוורתא כדשנינן מעיקר' ועשיתם לו ולא לזרעו. מעידנו באיש פלוני שחייב גלות ונמצאו זוממין אין אומרים יגלה זה תחתיו אלא לוקין ארבעים. מנא לן אמר ריש לקיש דאמר קרא הוא ינוס הוא ולא זוממין. ר' יוחנן אמר ק"ו ומה הוא אם במזיד בלא התראה אינו נהרג ואינו גולה הן שאע"פ שהן במזיד לא עשו מעשה אינו דין שלא יגלו. ודחי' היא הנותנת כלומר מדבריך ראוי הוא שיגלו כדי שתהיה להן כפרה מאחר שלא עשו מעשה אבל הוא שעשה מעשה במזיד לא תהיה כפרה בגלות. ונדחו דברי ר' יוחנן ועמדו דברי ריש לקיש: אמר עולא רמז לעדים זוממין שלוקין מן התורה מנין שנאמר והצדיקו את הצדיק והרשיעו את הרשע והיה אם בן הכות הרשע. משום והצדיקו את הצדיק והרשיעו את הרשע ילקה. אלא כגון דאתו עדים והרשיעו הצדיק והצדיקו הרשע. ואתו שהדי אחריני והצדיקו את הצדיק דמעיקרא והרשיעו את הרשע כלומר שוינהו להנהו שהדי רשעים והיה אם בן הכות הרשע. אבל מלא תענה לא דלא ילפינן משום דהוה ליה לאו שאין בו מעשה: ת"ר ד' דברים נאמרו בעדים זוממין אין נעשין בן גרושה או בן חלוצה ואין גולין לערי מקלט ואין משלמין את הכופר ואין נמכרין לעבד עברי. משום ר' עקיבא אמרו אף אין משלמין [על פי] עצמן. אין נעשין בן גרושה וכו' ואין גולין לערי מקלט שנאמר הוא ינוס הוא ולא זוממין. ואין משלמין כופר מאי כופרא כפרה הוא והני לאו בני כפרה נינהו כיצד כגון שהעידו כי שורו של פלוני הרג פלוני שמחייבין אותו כופר ונמצאו זוממין אין משלמין את הכופר: ואין נמכרין בעבד עברי. מאי טעמא אמר רבא דאמר קרא אם אין לו ונמכר בגנבתו בגנבה נמכר ולא בזוממו. משום ר' עקיבא אמרו אף אין משלמין על פי עצמן. מאי טעמא קסבר ר' עקיבא עדים זוממין קנסא הוא ואין אדם משלם קנס על פי עצמו. אמר רבא תדע שהרי לא עשו מעשה והרגין. וכן אמר רב נחמן תדע שהרי ממון ביד בעליו ומשלמ'

הגה

א) כפרש"י ובכך הקשו הראשונים על זה הפי'.

מסורת הש"ס

סנהדרין י.

[עי' תוס' שבת קנד. ד"ה בלאו וכו' פלפלו בכוונת הסוגיא ועי' תוס' סנהדרין י. ד"ה ובכל ותוס' כתובות מה: ד"ה יהודה]

ב"ק כז. מ.

גי' יעב"ץ מוזדבן

מהר"ם מ"ו

מהר"ם הכי איתמר

[קדושין יח. ע"ש]

הגהות הב"ח

(א) גמ' והצדיקו כו'. נ"ב וליכא לאוקמי הך מלקות במקום שאפשר לקיים בו דין הזמה דמכדי רשעתו נפקא לן כלאו נעשות משום רשעה אחת אתה מחייבו ואי אתה מחייבו משום שתי רשעיות ולאו לאו הני קראי יתירה דגלי גבי בן גרושה ובגל... (ב) ... (ג) תוס' ד"ה ומה וכו' ק"ו והכי נמי קאמרינן לעיל:

*מאי ניהו — דלא עשו מעשה, היינו דרבה! אימא: וכן אמר ר"נ. אמר רב יהודה אמר רב: עד זומם משלם לפי חלקו. מאי "משלם לפי חלקו"? אילימא דהאי משלם פלגא והאי משלם פלגא — תנינא: *משלשין בממון ואין משלשין במלקות! אלא, כגון דאיתזום חד מינייהו, דמשלם פלגא דידיה. ומי משלם? והא תניא: *אין עד זומם משלם ממון עד שיוזמו שניהם! אמר רבא: באומר "עדות שקר (א) העדתי". כל כמיניה?! *כיון שהגיד שוב אינו חוזר ומגיד! אלא, באומר "העדנו והוזמנו בב"ד פלוני". כמאן — דלא כר"ע, דאי כר"ע — *הא אמר: אף אינו משלם ע"פ עצמו! אלא, באומר "העדנו והוזמנו בב"ד פלוני וחייבונו ממון"; ס"ד אמינא: כיון דלחבריה לא מצי מחייב ליה — איהו נמי לא מיחייב, קמ"ל.§

מתני' "מעידין אנו את איש פלוני שגירש את אשתו ולא נתן לה כתובתה", והלא בין היום ובין למחר סופו ליתן לה כתובתה. *אומדין כמה אדם רוצה ליתן בכתובתה של זו, שאם נתאלמנה או נתגרשה, ואם מתה, יירשנה בעלה.§ **גמ'** כיצד שמין? אמר רב חסדא: בבעל. רב נתן בר אושעיא אומר: באשה. אמר רב פפא: באשה ובכתובה.§ **מתני'** "מעידין אנו באיש פלוני שהוא חייב לחבירו אלף זוז על מנת ליתנן לו מכאן ועד שלשים יום", והוא אומר: מכאן ועד עשר שנים — אומדים כמה אדם רוצה ליתן ויהיו בידו אלף זוז, בין נותנן מכאן ועד ל' יום, בין נותנן מכאן ועד עשר שנים.§ **גמ'** אמר רב יהודה אמר שמואל: המלוה את חבירו לעשר שנים — שביעית משמטתו.

ואע"ג

מאי ניהו. האי ממון ביד בעליו דקאמר ר"נ — היינו דלא נעשה מעשה, שעדיין לא שילם אלא שנגמר דינו לשלם! **משלשין בממון.** אם שלשה עדים הן או ארבעה, משלשין ביניהם — בית דין נעשין שליש ביניהן להשוותם בפרעון איש לפי חלקו. אי נמי, האי "משלשין" לישנא בעלמא הוא, מחלקין הפרעון בין שלשתן. והוא הדין נמי אם ארבעה הן — מרבעין. **כל כמיניה.** בתמיה: וכי יכול הוא לחזור בו ולפטור הנדון מלשלם? **העדנו.** אני ופלוני, וחבירו אינו מודה. **וחייבונו ממון.** בב"ד. שהוזמנו והעמידנו הנדון בדין על הזמתנו, וחייבונו בב"ד. ומהשתא שעתא ממונא הוא גביה, ואין זה מרשיע את עצמו, שכבר הרשיעוהו אלהים. **כיון דלחבריה לא מצי מחייב ליה.** שאינו נאמן על חבירו. **מתני' שגירש את אשתו.** בפנינו ביום פלוני. וזה אומר: לא גרשתי ואיני חייב לה כתובה. ונמצאו זוממין ב"עמנו הייתם". **והלא בין היום כו'.** כלומר, מה ישלמו אלו? אם תאמר כל הכתובה — והלא שמא ימות או יגרשנה היום או מחר וסופו ליתן לה כתובה, נמצאו שלא היו מפסידין אותו כלום. **אומדין כמה אדם רוצה ליתן בכתובתה של זו.** משפק, שאם תתאלמן או תתגרש — יטלנה לוקח, ואם מתה — יירשנה בעלה ויפסיד מעותיו שנתן. ובגמ' מפרש מאי קא מחייב להו תנא דמתני' ליתן. **גמ' כיצד שמין.** כלומר, מאי קא מחייב להו למיתב? דיש לפתור משנתנו לשני צדדים. כיצד? הרי יש לאיש ולאשה זכות ספק בכתובה זו, היא מצפה שאם ימות או יגרשנה תגבה את כולה, והוא מצפה שאם תמות בחייו יירשנה. יפה כח זכותו מכח זכותה, שהוא אוכל פירות הקרקע המיוחד לכתובתה תמיד, ולא היא. ועוד, שהוא מוחזק ועומד והיא מחסרא גוביינא. ואם בא למכור לאחר, זו זכות ספיקה וזה זכות ספיקו — שלו נמכר ביותר משלה. ולישנא דמתני' משמע ששמין זכות ספיקה, דקתני: כמה אדם רוצה ליתן בה שאם תתארמלה. והא ליכא למימר שאותן דמים יתנו הזוממין, שהרי לא זכות ספיקה באו להפסידו, אלא זכות ספיקו, שהרי לא זכות ספיקה היו מחייבין אותו לפרוע מיד. ויש לומר דה"ק: שמין זכות ספיקה כמה אדם רוצה ליתן בטובת הנאה שלה, וכל השאר ישלמו. שכל השאר היו מפסידין אותו בעדותם, אבל אותן דמים לא היו מפסידין אותו, שהרי גם עתה כשהוזמו אם היתה רוצה למכרה יתן לה הבעל ברצון טובת הנאה זו. או דלמא זכות ספיקו קאמר מתני' דלישיימו, ואותן דמים יתנו העדים. ולא מחייבינן להו כולי האי שיתנו כל הכתובה חוץ מטובת הנאתה, דשמא לא היה נפסד בעדותן כל כך, שאף עתה כשהן זוממין — שמא ימות מחר ותגבה הכל, כי היא לא תמכרנה לו בטובת הנאה. אבל טובת הנאתו יתנו לו, שכך היו מפסידין אותו, שאם לא הוזמו היה פורע מיד, עכשיו שהוזמו יש לו בה זכות ספיקו כבתחלה. ו"שאם נתארמלה" דמתני', ה"ק: אומדין כמה אדם רוצה ליתן בכתובה זו שהיא תלויה בספק, שאם נתארמלה תגבנה היא ואם מתה יירשנה בעלה, ושמין ב"ד את זכות ספיקו ויתנו לו. **רב חסדא אמר בבעל.** זכות ספיקו של בעל. אומדין כמה אדם רוצה ליתן בו, ואותו יתנו הזוממין. **רב נתן אמר באשה.** זכות ספיקה אומדין, ואותו לא ישלמו (וכל השאר ישלמו), וחומר גדול הוא אצלן. **אמר רב פפא באשה.** שמין, כרב נתן. ובכתובתה — לא ישלמו לו אלא העודף בכתובתה על הדמים הללו, אבל לא נכסי מלוג שלה. ואע"פ שאף נכסי מלוג היו מפסידין אותו בעדותן מלאכול פירות בחייה ומלירש אותה במותה — אין משלמין, דיכולין לומר: אנו לא העדנו אלא על כתובתה, ולא ידענו שהיו לה נכסי מלוג. ואני לא כך שמעתיה. וכך שמעתי: רב חסדא אמר בבעל — לפי מה שהן נכסי הבעל, אם עידית אם זיבורית, אומדין את טובת הנאתה (ב) כשהלוקח מדקדק בכך. רב נתן אמר: באשה. ובא רב פפא ופירש: מאי "ובאשה" דקאמר רב נתן — בכתובתה, שאם ייחד לה קרקע לכתובתה — בו ישומו. ולבי מגמגם בה: חדא, היכי מחייבינן להו זכות ספיקה? הלא לא היו מפסידין אותו אלא זכות ספיקו! ועוד, דהכי איבעי ליה למיתני: רב חסדא אמר בנכסי הבעל. ותו, היכא דייחד לה שדה לכתובתה, מאי טעמא דרב חסדא דפליג?

באומר עדות שקר העדתי. ושוב הוזם. לכאורה משמע (ג) דכי אמר הכי משלם חלקו, דא"כ בקש להפסיד ממון חבירו בעדותו. ולא נראה, דהא ליתא מאן דמשלם ממון אלא א"כ הוזם "במקום פלוני עמנו הייתם". לכך יש לפרש: "עדות שקר העדתי", ושוב הוזמו שניהן, להשתא יש לפרש (ד) כדאמר "עדות שקר העדתי" סותר עדותו, ולא שייכא ביה תורת הזמה כי אם בחבירו. ופריך: הא כל כמיניה? אפי' הוא בעצמו אתי לידי הזמה, דכיון שהגיד שוב אינו חוזר ומגיד, והוי כלא סתר את דבריו, וא"כ הוו שניהם זוממין ומשלמין ממון.

כיצד שמין. אותו זכות שיש לו לבעל בכתובתה דמה שהיא תחתיו, יותר מאם גרשה. לפי שאשה מוחלת אותו יפוי כח שיש לו לבעל במה שהיא תחתיו בב' דרכים: האחד — אם ימכור לאחר זכות ספיקו שאם מתה יירשנה, והשני — הוא יקנה מאשתו זכות ספיקה שאם תתאלמן או תתגרש שהיא תמכור לו בדמים מועטים. ובענין זה יפה כח זכותו יותר מאם (ה) למכור הוא זכות ספיקו. כיצד? הרי שהיתה כתובתה ק' מנה, אם בא למכור זכות ספיקו יתן לו הלוקח נ' מנה — נמצא שזכות הבעל כמה הוא במה שהיא תחתיו עולה לנ' מנה בדרך זה. וכשהיא מוכרת כתובתה עולה זכותו ס' מנה, לפי שאין זכות ספיקה שוה כמו זכות ספיקו: חדא — שהוא מוחזק ועומד והיא מחסרא גוביינא, ועוד — שהוא אוכל תמיד פירות הקרקע המיוחד לכתובתה ולא היא. ולכך, *כשהוא מוכר זכות ספיקו בנ' מנה — האשה מוכרת זכות ספיקה הן לבעל הן לאחר במ' מנה. הרי לך שיקנה מאשתו זכות ספיקה, שתהא לו כל הכתובה של ק' מנה במ' מנה. והשתא בדרך זה עולה יפוי כח וזכות הבעל במה שהיא תחתיו לס' מנה כדפירשתי, ולכך מבעי ליה כילד שמין: מי אמרינן דשמין לאשה כמה אדם רוצה ליתן בזכות ספיקה — דהיינו ארבעים, וכל השאר דהיינו ס' מנה ישלמו, שכל השאר (ו) מפסידין אותו בעדותן שמעידין שגירשה, שהרי היו מחייבין אותו כל הכתובה. ולישנא דמתני' משמע הכי, דקתני: אומדין כמה אדם רוצה ליתן שאם נתארמלה או נתגרשה, משמע דשמין באשה. או דלמא הא לא אמרינן לשום באשה לחייב העדים לשלם כל הכתובה חוץ מזכות ספיקה כדפי', שמא לא היה נפסד בעדותם כולי האי, דשמא לא תמכור לו האשה זכות ספיקה. ולכך אין לנו לשום באשה כדפירשתי, אלא שמין בבעל כמה יתנו לו בזכות ספיקו אם ימכור בה, דהיינו נ' מנה, וכך ישלמו לו העדים, שכך מפסידין אותו. ו"שאם נתארמלה או נתגרשה" דמתני' — לאו למימר דשמין באשה. אלא ה"ק: אומדין כמה אדם רוצה ליתן בכתובה (ז) זו, שהיא תלויה בספק שאם תתאלמן או תתגרש תגבנה היא ואם מתה יירשנה בעלה. ושמין בית דין זכות ספיקו ויתנו לו. **מעידין** אנו באיש פלוני שגירש אשתו וכו'. וא"ת: וליחייבו שאר כסות (ועונה)*) דהא מפסידין לאשה! וי"ל: דמיירי שמעשה ידיה שהן **)בידו שוין כשאר כסות (ועונה). ועוד י"ל: שאומרת "גירשתני", וא"כ מחלה לבעלה אותן (ג') דברים. ואע"ג דאמרינן האשה שאמרה לבעלה "גירשתני" נאמנת — ה"מ היכא דליכא עדים, אבל היכא דאיכא עדים — לא, כדאמרינן בכתובות פרק "האשה שנתארמלה" (דף כב:).

*) [טעות] **) [נ"ל בידה]

איכא

עין משפט נר מצוה

י א מיי' פ"ג מהל' עדות הלכה ה סמג עשין קט טוש"ע ח"מ סי' לח סעיף א:

יא ב מיי' פי"ח שם הל' ח סמג עשין קט:

יב ג ד מיי' פכ"א שם הלכה א סמג שם טוש"ע ח"מ סי' לח:

יג ה מיי' שם הלכה ב סמג שם טוש"ע ח"מ סי' לח:

מסורת הש"ס

ס"א ממון ביד בעלים מאי ניהו

לקמן ה.

[חגיגה טז:]

כתובות יח: ב"ק [illegible] סנהדרין מד:

[לעיל ב: לקמן ד:] ב"ק ה.

[ב"ק פט.]

רבינו חננאל

(הנה) [היינו] לא עשו מעשה ומשלמין: אמר רב יהודה אמר רב עד זומם משלם לפי חלקו. כגון שבא ואמר אני ופלוני העדנו והוזמנו בבית דינו של פלוני וחייבונו ממון וזהו משלם לפי חלקו. סד"א כיון דלחבריה לא מצי מחייב ליה איהו נמי לא משלם קמ"ל דמשלם לפי חלקו. אבל אחר שהעיד אם חוזר בו ואמר שקר העדתי לאו כל כמיניה כיון שהגיד שוב אינו חוזר ומגיד. וכי האי גוונא לא (א) סניא דאינו משלם על פי עצמו אלא עדותו שהעיד עדות נכונה חשבינן ומתקיימת. וכן אם נמצא אחד מן העדים זומם אינו משלם כלל דתניא לעולם אין משלמין ממון עד שיוזמו שניהן. אבל אם הוזמו כולן משלמין כל אחד לפי חלקו דתנן משלשין במעות ואין משלשין במכות ג) אבל אם העידו שחייב מלקות ונמצאו זוממין כל אחד לוקה: **מתני'** מעידין את איש פלוני שגירש את אשתו ולא נתן לה כתובתה והלא בין היום בין למחר סופו ליתן לה כתובתה אומדין כמה אדם רוצה ליתן בכתובתה של זו שאם נתאלמנה או נתגרשה ואם מתה יירשנה בעלה: כיצד שמין. אמר רב חסדא בבעל. רב נתן בר הושעיא אמר באשה: אמר רב פפא באשה ובכתובתה פי' כשם שהעידו עליה שגירשה בעלה ונתן לה כתובתה ונמצאו זוממין אינן משלמין לה כל כתובתה אלא לפי טובת הנאת כתובתה כאשר הוא מפורש בפרק החובל בחברו (פח: פט.) הלכה חרש שוטה וקטן פגיעתן רעה כו' כן בבאן משלמין לאיש לפי טובת הנאתו בכתובת אשתו והיא תחתיו: כיצד אומדין כמה אדם רוצה ליתן בכתובתה של זו שאם תמות אשה זו בחיי בעלה ויירשנה בעלה יזכה בה הקונה אותה מן הבעל ואם נתאלמנה או נתגרשה תגבה הכתובה ואבדו מעות הקונה וזהו שהיו מפסידין הבעל בעדותן שנירשה והוא שזוממו לעשות לבעל. (וחלקו בזה רב חסדא אמר בבעל שמין אומדין כמה אדם רוצה ליתן כדי לקנות מזה הבעל מה שירש כתובת אשתו לכשתמות והיא תחתיו כבענין שפירשנו למעלה). ושומא זו רב חסדא אמר בבעל כלומר דעת זה הבעל בכמה מן המעות יתרצה זה למכור כתובת אשתו בטובת הנאה כבענין שפירשנו למעלה. ורב נתן בר הושעיא אמר בדעת האשה אומדין ושמין בכמה תתרצה אשה זו שתמכור כתובתה בטובת הנאה כמו שפירשנו למעלה ג). ורב פפא הוסיף על דברי שניהם ואמר באשה ובכתובתה הן שמין ד) נמצא רב נתן ורב פפא חולקין על רב חסדא ורבו עליו: [כאן חסרים מן הכתב ג' שיטין ואולי:] אמר

הגהות הב"ח

(א) גמ' העדתי. נ"ב פירוש כיון דאמר הכי חייב לשלם חלקו מדינו דגרמי ועד זומם דנקט רב לאו דוקא [illegible] אלא שאמר עדות שקר העדתי. אבל תוס' ס"ל [illegible]

[illegible]

[illegible]

ואע"ג דהשתא לא קרינן ביה °"לא יגוש" – סוף אתי לידי "לא יגוש". מתיב רב כהנא: אומדים כמה אדם רוצה ליתן ויהיו אלף זוז בידו, בין ליתן מכאן ועד ל' יום ובין ליתן מכאן ועד עשר שנים; ואי אמרת שביעית משמטתו – כולהו נמי בעי שלומי ליה! אמר רבא: הב"ע – במלוה על המשכון, ובמוסר שטרותיו לב"ד. דתנן: *אהמלוה על המשכון בוהמוסר שטרותיו לב"ד – אין משמטין. איכא דאמרי, א"ר יהודה אמר שמואל: המלוה את חבירו לעשר שנים – גאין שביעית משמטתו. ואע"ג דאתי לידי "לא יגוש" – השתא מיהא לא קרינן ביה "לא יגוש". אמר רב כהנא: אף אנן נמי תנינא: אומדין כמה אדם רוצה ליתן ויהיו אלף זוז בידו, בין ליתן מכאן ועד ל' יום ובין ליתן מכאן ועד עשר שנים; ואי אמרת שביעית משמטתו – כולהו נמי בעו שלומי ליה. אמר רבא: הב"ע – במלוה על המשכון ובמוסר שטרותיו לב"ד. דתנן: המלוה על המשכון והמוסר שטרותיו לב"ד – אין משמטין. ואמר רב יהודה אמר שמואל: האומר לחבירו "ע"מ שלא תשמטני שביעית" – שביעית משמטת. לימא קסבר שמואל מתנה על מה שכתוב בתורה הוא, *דוכל המתנה על מה שכתוב בתורה – תנאו בטל? והא איתמר, *האומר לחבירו: "על מנת שאין לך עלי אונאה", רב אומר: היש לו עליו אונאה, ושמואל אומר: אין לו עליו אונאה! הא איתמר עלה, *אמר רב ענן: לדידי מפרשא *ליה מיניה דשמואל: "על מנת שאין לך עלי אונאה" – אין לו עליו אונאה, "על מנת שאין בו אונאה" – הרי יש בו אונאה; ה"נ, ו"על מנת שלא תשמטני בשביעית" – אין שביעית משמטתו, "ע"מ שלא תשמטני שביעית" – שביעית משמטתו. תנא: *זהמלוה את חבירו סתם – אינו רשאי לתובעו פחות מל' יום. סבר רבה בר בר חנה קמיה דרב למימר: ה"מ במלוה בשטר, דלא עביד איניש דטרח דכתב שטר בציר מתלתין יומין. אבל מלוה על פה – לא. אמר ליה רב: הכי אמר חביבי – חאחד המלוה בשטר, ואחד המלוה על פה. תניא נמי הכי: המלוה את חבירו סתם – אינו רשאי לתובעו פחות משלשים יום, אחד המלוה בשטר ואחד המלוה על פה. אמר ליה שמואל לרב מתנה: *לא תיתיב *אכרעיך עד דמפרשת לה להא שמעתא; מנא הא מילתא דאמור רבנן: המלוה את חבירו סתם אינו רשאי לתובעו פחות מל' יום, אחד המלוה בשטר ואחד המלוה על פה? א"ל: דכתיב °"קרבה שנת השבע שנת השמטה", ממשמע שנאמר "קרבה שנת השבע" איני יודע שהיא שנת שמטה? אלא מה תלמוד לומר "שנת השמטה" – לומר לך: [*יש] שמטה אחרת שהיא כזו, ואיזו – זו המלוה את חבירו סתם, שאינו רשאי לתובעו בפחות משלשים יום, *דאמר מר: שלשים יום בשנה חשוב שנה. *ואמר רב יהודה אמר רב: טהפותח בית הצואר בשבת חייב חטאת. מתקיף לה רב כהנא: וכי מה בין זה למגופת חבית? א"ל: זה – חבור, וזה אינו חבור. ואמר רב יהודה אמר רב: ישלשת לוגין מים שנפל לתוכן קורטוב של יין, ומראיהן כמראה יין, ונפלו למקוה – לא פסלוהו. מתקיף לה רב כהנא: וכי מה בין זה למי צבע? דתנן, *ר' יוסי אומר: כמי צבע פוסלין את המקוה בשלשת לוגין! א"ל רבא: התם מיא דצבעא מקרי, הכא – חמרא מזיגא מקרי. והתני רבי חייא: הורידו את המקוה! אמר רבא: לא קשיא: הא – רבי יוחנן בן נורי, הא – רבנן. דתנן: *שלשת לוגין מים
חסר

ואע"ג דהשתא. בשביעית, לא קרינא ביה "לא יגוש", שהרי אם בא לנגשו בלא שביעית נמי אינו יכול – לא אמרי': כיון דלא קרינן ביה "לא יגוש" לא קרינן ביה "שמוט", דסוף אתי לידי "לא יגוש". והכי משמע ביה קרא: לא יגוש בזמנו את רעהו כי קרא שמטה קודם לכן. **מוסר שטרותיו לב"ד.** הוא פרוזבול שהתקין הלל, שכתוב בו: מוסרני לכם פלוני ופלוני הדיינין שבמקום פלוני, שכל חוב שיש לי שאגבנו כל זמן שארצה. **אין משמטין.** דלא קרינן ביה "לא יגוש", שהרי אינו תובע כלום. **לדידי מיפרשא לי כו' אין לו עליו אונאה.** שהמתנה על מה שכתוב בתורה – תנאו קיים, ואם אמר לו "ע"מ שאין בו אונאה" – אין זה מתנה שימחול לו אונאתו, אלא הוא התנה עמו שאינו אונהו במכר זה, והרי אנו רואים שיש בו אונאה, ובהאי מודה שמואל דיש לו עליו אונאה. ה"נ, אם אמר לו *לוה "הלויני על מנת שלא תשמטני אתה בשביעית" – תנאי הוא זה, ואע"פ שהתנה על מה שכתוב בתורה תנאו קיים. אבל אם אמר לו "על מנת שלא תשמטני שביעית" – השביעית אינה מסורה בידו להתנות שלא תהא השביעית משמטת, לפיכך אין כאן תנאי. **חביבי.** תרגום של "דודי". רבי חייא אחי אביו היה. **שהוא כזו.** שקרויה שנה. **הפותח בית הצואר.** שעשה פה לחלוק חדש. **חייב.** שתיקן כלי. האי דנקט לה הכא, משום דאמר רב יהודה לעיל: המלוה את חברו לעשר שנים כו' ואותביה רב כהנא – נקט נמי לכולהו הנך מילי דשמעתין דאמרינהו רב יהודה ואותביה רב כהנא. **וכי מה בין זה למגופת החבית.** דאמרינן בפרק "חבית שנשברה" (שבת דף קמו.) דמתיז ראשה בסייף לפתוח את החבית. **זה.** דבית הצואר, היה חיבור, הלכך פתח תיקון חדש הוא זה. אבל המגופה, אע"פ שהיא טוחה על פי החבית בטיט – אין זה חיבור, והוה לה כפתוחה ועומדת. "חסר קורטוב" לא גרסינן ברב יהודה. **לא פסלוהו.** זיל בתר חזותא, ויין אינו פוסל את המקוה. ופסול מקוה במים שאובין – מדרבנן הוא. **והתני ר' חייא.** שלשת לוגין מים שנפל לתוכן קורטוב יין, ומראיהן כמראה יין, ונפלו למקוה. **הורידו את המקוה.** מהכשרו לפסול. **הא ר' יוחנן בן נורי.** רב כרבי יוחנן בן נורי, דאזיל בתר חזותא.
חסר

איכא דאמרי המלוה חבירו (בשטר) לעשר שנים אין שביעית משמטתו. אומר ר"ת דהלכה כלישנא בתרא, דה"נ מתני' מסייע ליה. וקשיא ללישנא קמא. (א) ובאזהרות הגיה ר"ת: *זמן עשר (כסף) כי ילונו ולא במשפט, בחצי ימיו יעזבנו.

המוסר שטרותיו לב"ד. פירש הקונט' דהיינו פרוזבול. ולא נראה, דהא במסכת שביעית (פ"י מ"ב) תני: המוסר שטרותיו לב"ד, והדר קתני: פרוזבול אינו משמט – אלמא תרי מילי נינהו. לכך נראה דתרי מילי נינהו, ומוסר שטרותיו לב"ד מדאורייתא אינו משמט.

ושמואל אומר אין לו עליו אונאה. וא"ת: מי דמי? הכא השביעית ודאי עקר, אבל התם מי יימר דעקר? כדאמרי' ב"הזהב" (ב"מ דף נא:) [שמא לא יהא בו אונאה] וי"ל: דה"נ מי יימר דעקר – שמא יפרע לו קודם.

על מנת שאין בו אונאה הרי יש בו אונאה. פי' הקונטרס: על מנת כו' כלומר, אני מבטיחך מאונאה שאין בו. והרי יש בו אונאה, דהוי"ל מקח טעות שכחש. (ב) ולא נראה, דהיכי מדמה: ה"נ "על מנת שלא תשמטני שביעית" שביעית משמטת? והתם לא שייך טעמא דמקח טעות! ולכך פי' רשב"ם: "ע"מ שאין בו אונאה" משמע שלא יחול איסור לאו ד"לא תונו" על המקח, וע"כ הוא חל, שאין יכול לבטל (ג) מאותה אונאה. "ע"מ שאין לך עלי אונאה" כלומר, שלא תתבע לי האונאה אלא תמחול לי – תנאו קיים. וה"נ, "על מנת שלא תשמט שביעית" כלומר, שלא יחול איסור שביעית אם אקח ממנך אחר השמטה – שביעית משמטתו. והשתא ניחא, שהן שוין.
אמר

רבינו חננאל

אמר רב יהודה אמר שמואל המלוה את חברו לי' שנים אין שביעית משמטת ואע"ג דאחר עשר שנים אתי לידי לא יגוש השתא מיהא לא קרינן ביה לא יגוש. ומסייעא ליה מהא דתנן אומדין כמה אדם רוצה ליתן ויהא בידו אלף זוז בין ליתנם מיכן עד שלשים יום ובין ליתנם מיכן ועד עשר שנים ואי אמרת המלוה לעשר שנים שביעית משמטתו כולהו אלף זוז בעי לשלומי דהא אי אפשר לעשר שנים בלא שמיטה. ודחה (א) רבה ואמר מתני' במלוה על המשכון או במוסר שטרותיו לב"ד דכי האי גוונא (המלוה לעשר שנים) אינו משמט דתנן המלוה את חברו על המשכון והמוסר שטרותיו לב"ד אין משמטין. ואמר רב יהודה אמר שמואל המלוה את חברו על מנת שלא תשמטנו שביעית כו'. ואסיק' אמר רב ענן לדידי מיפרשא לי מיניה דמר שמואל על מנת שאין לך עלי אונאה אין לו עליו אונאה על מנת שאין בו אונאה הרי יש בו אונאה. הכא נמי על מנת שלא תשמטנו שביעית אין שביעית משמטתו על מנת שאין השביעית משמטתו שביעית משמטתו ב): תניא המלוה את חברו סתם אין רשאי לתובעו פחות מל' יום אחד מלוה בשטר ואחד מלוה על פה. מנא הני מילי מדכתיב קרבה שנת השבע שנת השמטה מה ת"ל שנת השמטה אלא יש לך שמטה אחרת שמשמטת כשנת השבע ואיזו היא זה המלוה את חברו סתם שאין רשאי לתובעו פחות מל' יום שהן חשובין כשנה דאמר מר שלשים י[ום] בשנה חשובים שנה: אמר רב הפותח בית הצואר בבגד בשבת בשגגה חייב חטאת. ואינו דומה למגופת החבית שמותר כי זה חיבור ומגופת החבית אינה חיבור. אמר רב ג' לוגין מים שנפל לתו[כן] קורטוב יין (ומראהו) [ומראיהן] כמראה יין ונפלו למקוה לא פסלוהו. ולא דמו למי צבע דפוסלין בג' לוגין דהתם מיא דצבעא מיקרו והמים הן שפוסלין המקוה הכא חמרא מזיגא מיקרי. א[מר] והתני ר' חייא הורידו את המקוה. כלומר ג' לוגין מים שנפל לתוכן קורטוב יין הורידו את המקוה מהכשירו. ופירק רבא רב דאמר כר' יוחנן בן נורי ור' חייא כרבנן דתנן (במקואות פ"ז מ"ה) ג' לו[גין]
חסר

א) לפנינו הגירסא רבה. ב) כ"ה גירסת רבינו וה"ע דעל מנת שלא תשמיטנו (בבנין הפעיל) שביעית הוא כאילו אמר על מנת שלא תשמיט אתה הלוה את החוב בשביעית. כי שביעית הוא כמו בשביעית כדכתיב והשביעית תשמטנה (שמות כג יא):

עין משפט נר מצוה

יד א מיי' פ"ט מהל' שמיטין הל' יד סמג עשין קמט טוש"ע ח"מ סי' סז סעיף ב וסעי' יב:
[ויותר מבואר בתוס' דב"ק קמא: ד"ה ואין השביעית כו']
טו ב מיי' שם הל' טו טוש"ע שם סעיף יא:
טז ג מיי' שם הל' ט טוש"ע שם סעיף יו:
יז ד מיי' פי"ג מהלכות אישות הלכה ט סמג עשין מח טוש"ע אה"ע סי' לח סעיף ה בהג"ה:
יח ה מיי' פי"ג מהלכות מכירה הל' ג סמג לאוין קע טוש"ע ח"מ סי' רכז סעיף כא:
יט ו מיי' פ"ט מהל' שמיטין הל' י סמג עשין קמט טוש"ע ח"מ סי' סז סעיף טו:
כ ז ח מיי' פ"ג מהל' מלוה הלכה ה סמג עשין צד טוש"ע ח"מ סי' עג סעיף א:
כא ט מיי' פ"י מהל' שבת הלכה י סמג לאוין סה טוש"ע או"ח סי' שיז סעיף ג:
כב י מיי' פ"ז מהל' מקוואות הלכה י סמג עשין רמח טוש"ע יו"ד סי' רא סעיף כג:
כג כ מיי' שם הל' ט טוש"ע שם סעיף כד וסעיף כה:

מסורת הש"ס

דברים טו
שביעית פ"י מ"ב גיטין
רש"א המלוה ע"מ
[קדושין יט: וש"נ]
ב"מ נא. כתובות פד.
ס"א לי
[תוספ' דב"מ פרק י]
[קדושין לו: וש"נ]
[עמ"ש תוס' נזיר כ: בד"ה אמר שמואל וכו' פירוש על זה]
דברים טו
גירסת מהר"ם
ר"ה ו: [נדה מד: מה.]
שבת מח.
עירובין כט: מקואות פ"ז מ"ג
חולין כו. מקואות פ"ז מ"ה

הגהות הב"ח

(א) תוס' ד"ה איכא קמא ובאזהרות הגי' (ב) ד"ה על כו' שכחש ולא: (ג) בא"ד לבטל הל' מאותה:

גמרא

חסר קורטוב, שנפל לתוכן קורטוב יין ומראיהן כמראה יין, ונפלו למקוה — לא פסלוהו. ואכן ג' לוגין מים חסר קורטוב שנפל לתוכן קורטוב חלב, ומראיהן כמראה מים, ונפלו למקוה — לא פסלוהו. ר' יוחנן בן נורי אומר: הכל הולך אחר המראה. (א) הא מיבעיא בעי לה רב פפא, דבעי רב פפא: רב תני "חסר קורטוב" ברישא, אבל שלשה לוגין לתנא קמא פסלי, ואתא ר' יוחנן למימר: הכל הולך אחר המראה, ורב (ב) אומר כר' יוחנן בן נורי. או דלמא: רב לא תני "חסר קורטוב" ברישא, ור' יוחנן בן נורי כי פליג — אסיפא הוא דפליג, ורב דאמר כדברי הכל? לרב פפא מיבעיא ליה, לרבא פשיטא ליה. *אמר רב יוסף: לא שמיעא לי הא שמעתא. אמר ליה אביי: את אמרת *לה ניהלן, והכי אמרת ניהלן: דרב לא תני "חסר קורטוב" ברישא, ורבי יוחנן אסיפא פליג, ורב דאמר כדברי הכל. ואמר רב יהודה אמר רב: גחבית מליאה מים שנפלה לים הגדול — הטובל שם לא עלתה לו טבילה, חיישינן לשלשה לוגין שאובין שלא יהו במקום אחד. ודוקא לים הגדול, דקאי וקיימא, אבל נהרא בעלמא — לא. תניא נמי הכי: חבית מליאה יין שנפלה לים הגדול — הטובל שם לא עלתה לו טבילה, חיישינן לשלשה לוגין שאובין שלא יהו במקום אחד. [ג] וכן ככר של תרומה שנפל שם טמא. מאי "וכן"? מהו דתימא: התם אוקי גברא אחזקיה, הכא אוקי תרומה אחזקה, קמ"ל.§ **מתני'** "מעידין אנו באיש פלוני שחייב לחבירו מאתים זוז", ונמצאו זוממין — לוקין ומשלמין, שלא השם המביאן לידי מכות מביאן לידי תשלומין, דברי ר' מאיר. וחכ"א דכל המשלם אינו לוקה. "מעידין אנו באיש פלוני שהוא חייב מלקות ארבעים", ונמצאו זוממין — לוקין שמונים, משום "לא תענה ברעך עד שקר" (שמות כ) ומשום "ועשיתם לו כאשר זמם" (דברים יט), דברי ר' מאיר. וחכ"א: האין לוקין אלא ארבעים.§ **גמ'** בשלמא

רש"י

"חסר קורטוב" גרסינן הכא ברישא ובסיפא. לא פסלוהו. משום דחסרו קורטוב. אבל אי הוו מעיקרא שלשת לוגין שלמים ונפל לתוכן קורטוב יין, ומראיהן כמראה יין — פסלוהו. והא קתני רבי חייא: הורידו את המקוה, כי האי תנא קבירא ליה. לא פסלוהו. טעמא דסיפא נמי משום דחסר קורטוב הוי, ונפל תורה אור יין נמי הוי מלי למיתני כי האי גוונא ברישא, ויתנינהו בחדא בבא הכי: שלשת לוגין מים חסר קורטוב שנפל לתוכן קורטוב יין או חלב, בין שמראיהן כמראה מים בין שמראיהן כמראה יין — לא פסלוהו. אלא כי אורחא דמילתא קתני להו, שהיין שהוא אדום הופך את המים ממראיהן, אבל החלב אין דרכו להפוך את מראיהן. הכל הולך אחר המראה. ואפי' יין, אפילו הוו מעיקרא שלשת לוגין שלמין, כיון דמראיהן כמראה יין — לא פסלוהו. ורב כוותיה סבר ליה. וגבי חלב, אע"ג דמעיקרא חסר קורטוב הוו — מטלים להו חלב. והא מיבעיא בעי לה כו'. (ג) הכא פרכינן, דאוקימנא לרב כרבי יוחנן בן נורי ולא כרבנן. דבעי רב פפא. רב דאמר לעיל לא פסלוהו, היכי תני? מי תני "חסר קורטוב" ברישא, ואי הוו שלמים פסלו, ודלא כרב, ואיהו דאמר כר' יוחנן. או דלמא רב לא תני ברישא "חסר קורטוב", ואמרה למילתיה דלעיל אפילו כרבנן. דרבנן פרוייהו בעו — שיעורא וחזותא, ורב דאמר כדברי הכל, דכולי עלמא חזותא מיהת בעינן. לרבא פשיטא ליה. דרב תני "חסר קורטוב" ברישא. דלא בעי תנא קמא אלא שיעורא, ורב דקפיד נמי אחזותא — כר' יוחנן בן נורי אמרה למילתיה. אמר רב יוסף לא שמיעא לי הא שמעתא. תלמידו של רב יהודה אני, ולא שמעתי מפיו שמועה זו דאמרן לעיל בשמיה: ג' לוגין מים שנפל לתוכן כו'. א"ל אביי כו'. רב יוסף חלה ושכח תלמודו, *והיה אביי מזכירו מה שקיבל הימנו. ואת אמרת ניהלן. כששנית משנה זו, אמרת לנו עליה היא מימרא דרב יהודה אמר רב, ופירשת לנו דרב לא הוה תני "חסר קורטוב" ברישא, ואמר למילתיה לדברי הכל. הטובל שם. באותו מקום. לא עלתה לו טבילה. שמא כל מים שהיו בחבית עומדים יחד, ושמא בא זה ראשו ורובו במים שאובין, וזה אחד מן הפוסלין את התרומה. "אי אפשר לשלשת לוגין" כו' לא גרסינן, דהא ודאי אפשר, אלא חיישינן לשמא. וסיפא דמילתא מוכחא דמשום שמא הוא, דאמרינן לקמן טעמא משום דמוקמינן גברא אחזקיה. תניא נמי הכי. דחיישינן בים הגדול למשקין הנופלין בו שהם עומדים במקומם. חבית של יין גרסינן בברייתא. והכי גרסינן בתוספתא (דמקואות פ"ה). וכן ככר של תרומה שנפל שם. אחר שטבל זה ועלה. טמא. שמא היין עומד במקומו, ונטמא מחמת האדם וחזר וטימא את הככר. מאי וכן. פשיטא, כיון דחיישת לשמא היין עומד במקומו — איכא למיחש שנטמא הככר! מהו דתימא. אף על גב דלגבי טבילה חיישינן, לגבי ככר לא חיישינן, דהא מילתא ספיקא היא אי קאי יין בדוכתיה אי לא. וגבי גברא הוא דאמרינן לא עלתה לו טבילה, אוקי גברא אחזקיה *והוא טמא היה, ובטבילת ספק אתה בא לטהרו — אל תטהרנו מספק. והכא אוקי תרומה אחזקה, והיא בחזקת טהורה קיימא, קמ"ל. **מתני'** שלא השם המחייבו מלקות מחייבו תשלומין. מלקות — משום "לא תענה", ותשלומין — משום "כאשר זמם". השם. המקרא. כל המשלם אינו לוקה. דכתיב: "כדי רשעתו", משום רשעה אחת אתה מחייבו ואי אתה מחייבו משום שתי רשעיות. ובמסכת כתובות (דף לב.) מקשינן: ונימא כל הלוקה אינו משלם, וילקו כל הזוממין ולא ישלמו! ומשנינן: בפירוש רבתה תורה עדים זוממין לתשלומין. ויליף לה התם. אין לוקין אלא ארבעים. אבל משום "לא תענה" לא לקי, כדמפרש בגמרא. **גמ'**

[עירובין י וש"נ]
כתובות לב:
[כלאיתא בנדרים מא.]
והוא בחזקת טמא רש"ל

תוספות

אמר רב יהודה אמר רב חבית מלאה מים. כך גיר' הקונטרס. וקאמר: לא עלתה לו טבילה — משום מים שאובין. ולא נראה, דהא מדשוי להו השקה כמחוברים לטהרם מטומאה — הוא הדין לענין טבילה נמי. ועוד, דאמרינן בבילה (דף יח: ושם): מטבילין כלי על גבי מימיו לטהרו. והיכי סלקא ליה טבילה לגגו מנא? הא המים שבתוכו שאובין ולא מיערבי, והשקה בעלמא *עדיף להו! אלא ודאי נעשין מחוברין גם לענין טבילה. לכך נראה דגרסינן במילתיה דרב יהודה "חבית מלאה יין". ולכך לא עלתה לו טבילה — דמי היה קוו וקיימי, ושמא עדיין הוא לצור ועומד במקומו (ד) ואיסור ניכר, וטובל ביין. אבל נהרא בעלמא לא, דודאי מתערב במים, ואז לא היה בעין ועלתה לו טבילה. ומיירי ביין לבן שאינו משנה מראית המים, דאי ביין אדום — ניחזי אם שינה מראית המים אם לא. **תניא** נמי הכי חבית מלאה יין. וגם רש"י לא גרים הכא "מים" כי אם "יין", דאם לא כן, מאי קאמר: וכן ככר של תרומה שנפל לשם טמא? (ה) והא [אפי'] בעינייהו ולא נתערבו, מ"מ אינה מקבלת טומאה (וטהרה) [דטהרו] בהשקה, דהרי הם מחוברין למקוה! והכי תנן בבילה (דף יח:): מטבילין כלי ע"ג מימיו לטהרו.

לוקין ומשלמין שלא השם המביאן לידי מכות מביאן לידי תשלומין. פי': (ו) מקרא דמביאן לידי מכות, דהיינו מ"לא תענה" — אינו מביאן לידי תשלומין, אלא מקרא "ועשיתם לו כאשר זמם", ומש"ה לוקה ומשלם. משמע דאי ליכא אלא חד קרא — אינו לוקה ומשלם. וקשה: הא אמרי' ב"השוכר את הפועלים" (ב"מ דף נא. ושם): החוסם פי פרה לדוש בה — לוקה ומשלם, אע"ג דליכא אלא חד לאו ד"לא תחסום"! לכך פירש ה"ר מאיר מבורגוני דה"ק: שלא השם המביאן לידי מכות (ז) — אינו צריך להביאן לידי תשלומין. דתשלומין לא בעו אזהרה, דאי בעו אזהרה — ודאי לא לקי, דלא למלקות אתא כי אם לתשלומין, כדאמרינן (לקמן דף יג:): לאו שניתן לאזהרת מיתת ב"ד אין לוקין עליו. אלא לא בעו אזהרה, דליכא אזהרה בשן ועין, וכתיב "שלם ישלם" בלא אזהרה. הלכך "לא תענה" למלקות אתא. וכן בהך ד"לא תחסום", ע"כ דאזהרה ד"לא תחסום" לא אתיא אלא למלקות, דתשלומין ממילא נפקא, דכיון דאינו רשאי לחסום — דין הוא שישלם מה שראויה לאכול באותה שעה. דליכא למימר דאזהרה אתא לממון ולא למלקות, דאם כן לכתוב קרא בלשון עשה: "האכל שור בדישו", ושמעינא שפיר דאם לא האכיל חייב. אלא ע"כ אזהרה כי אתא — למלקות אתא.

בשלמא

עין משפט נר מצוה

כד א ב מיי' פ"ז מהל' מקוואות הלכה יא סמג עשין רמח טוש"ע י"ד סי' רא סעיף כג:

כה ג מיי' שם הל' ח [ו"ל פ"ו הל' ו] סמג שם:

כו [ג] [ושם]:

כו ד מיי' פ"ח מהל' עדות הל' א ופי"ח מהלכות סנהדרין הלכה ב טוח"מ סי' לח:

כז ה מיי' פי"ח מהל' עדות הל' א סמג עשין קי:

רבינו חננאל

[חסר קורטוב] מים שנפל לתוכן קורטוב יין ומראיהן כמראה היין ונפלו למקוה לא פסלוהו. ג' לוגין חסר קורטוב ונפל לתוכן קורטוב חלב והרי מראיהן כמראה מים ונפלו למקוה לא פסלוהו ר' יוחנן בן נורי אומר הכל הולך אחר הנראה. ואקשינן. איני דפשטה רב כר' יוחנן בן נורי והא רב פפא חייא כרבנן והא רב פפא מיבעיא הוה בעי לה (ואמר) והוה אמר רב ברישא דמתני' הכי תני לה ג' לוגין מים חסר קורטוב ונפל לתוכן קורטוב יין לא פסלו המקוה הא ג' לוגין מים שנפל לתוכן קורטוב יין פסלי המקוה ור' יוחנן בן נורי אומר הכל הולך אחר הנראה וכיון שמראיהן כמראה יין אע"פ שנפל לתוך ג' לוגין לא פסלו המקוה ורב דאמר כר' יוחנן בן נורי או דלמא רב מתניתין ג' לוגין שנפל לתוכן קורטוב יין לא פסלו המקוה תני לה ורב דאמר לדברי הכל וכר' יוחנן בן נורי בחלב הוא דפליג ואסיפא דקתני ג' לוגין חסר קורטוב הוא דפליג אבל ארישא מודה. ואמרינן רב פפא הוא דמיבעיא ליה אבל רבא פשיטא ליה. וראינו משניות מדוקדקות שאין כתוב בהן ברישא דמתניתין חסר קורטוב א) וקיימא לן כרב לדברי הכל ב). קורטוב מפורש בהמוכר את הספינה (דף ס.) שהוא חלק א' מח' בשמינית. כי רב יוסף בשחלה איעקר ליה תלמודיה ושכח ממנו לפיכך היה אומר לא שמיע לי הא שמעתא וכך מפורש בנדרים: אמר רב חבית מליאה מים שנפל לים הגדול הטובל באותו מקום לא עלתה לו טבילה לפי שאי אפשר ג) לג' לוגין מים שלא יהיו במקום אחד. ותניא כוותיה. ודווקא בים הגדול דקוו וקיימי מיא אבל בנהרות דמשכי לא. תניא בתוספתא ד) חבית שנשברה בים ומרא' אותו מקום כמראה' יין הטובל באותו מקום לא עלתה לו טבילה ולא עוד אפילו נפל שם ככר של תרומה טמא:

מוציא

מתני' מעידנו באיש פלוני שחייב לחבירו מאתים זוז ונמצאו זוממין לוקין ומשלמין דברי ר' מאיר. פי' לוקין שעברו על לא תענה ומשלמין מדכתיב ועשיתם לו כאשר זמם. וחכ"א כל המשלם אינו לוקה ואמרינן

א) וכן פי' כל המפרשים דמתני' ועי' תוס' ע"ק שם ועי' בתוס' סנ"ך כ"ק: ב) נראה שכוון רבינו בזה דלאו הולכין אחר המראה רק בנפל לתוכן יין דאתית כר"ה אבל בסיפא קיי"ל כת"ק דלאו הולכין אחר המראה וכן פסקו הפוסקים: ג) עי' ריטב"א:

ד) עיין בחי' הרמב"ן שכתב דבן ר"ח הביא זו התוספתא כאן בלשונה וכו' אלא שאין זה מחוור בעיני וכו':

הגהות הב"ח

(א) גמ' המראה והא מיבעיא: (ב) שם ורב דאמר כר' יוחנן: (ג) רש"י ד"ה והא פריך להוקימנא: (ד) תוס' ד"ה אמר וכו' במקומו ואיסור ניכר: (ה) ד"ה תניא וכו' טמא דאע"פ דהוו בעינייהו וכו' מ"מ הככר אינה מקבלת: (ו) ד"ה לוקין וכו' פי' רש"י מקרא: (ז) בא"ד מכות מביאו לידי תשלומין כלומר אינו צריך:

כח א מיי' פי"ג מהל' נערה הלכה א סמג לאוין כז ועשין נו:
כט ב מיי' פי"ט מהל' קרבן פסח הל' יא:
ל ג מיי' פי"ח מהלכות עדות הלכה ד:

בשלמא לרבנן — °"כדי רשעתו" כתיב, משום רשעה אחת אתה מחייבו, ואי אתה מחייבו משום שתי רשעיות. אלא רבי מאיר מ"ט? אמר עולא: גמר ממוציא שם רע, מה מוציא שם רע ^אלוקה ומשלם — אף כל לוקה ומשלם. מה למוציא שם רע שכן קנס! סבר לה *כר' עקיבא, דאמר: עדים זוממין קנסא הוא. איכא דמתני להא דעולא אהא, *דתניא: °"לא תותירו ממנו עד בקר והנותר ממנו עד בקר" וגו' — בא הכתוב ליתן עשה אחר ל"ת, לומר ^בשאין לוקין עליו, דברי ר' יהודה. ר' *עקיבא אומר: לא מן השם הוא זה, אלא משום דה"ל לאו שאין בו מעשה, וכל לאו שאין בו מעשה אין לוקין עליו. מכלל דר' יהודה סבר *לאו שאין בו מעשה לוקין עליו. מנא ליה? אמר עולא: גמר ממוציא שם רע, מה מוציא שם רע לאו שאין בו מעשה לוקין עליו — אף כל לאו שאין בו מעשה לוקין עליו. ^גמה למוציא שם רע שכן לוקה ומשלם! אלא אמר ריש לקיש: גמר מעדים זוממין, מה עדים זוממין לאו שאין בו מעשה לוקין עליו — אף כל לאו שאין בו מעשה לוקין עליו. מה לעדים זוממין שכן ^גאין צריכין התראה! מוציא שם רע יוכיח. *וחזר הדין, לא ראי זה כראי זה ולא ראי זה כראי זה, הצד השוה שבהן — לאו שאין בו מעשה ולוקין עליו — אף כל לאו שאין בו מעשה לוקין עליו. מה להצד השוה שבהן שכן קנס! הא לא קשיא, רבי יהודה לא סבר לה כרבי עקיבא. אלא, מה להצד השוה שבהן *שיש בהן צד חמור! ורבי יהודה, צד חמור לא פריך. ^דורבנן, האי °"לא תענה ברעך עד שקר" מאי דרשי ביה? ההוא מיבעי ליה לאזהרה לעדים זוממין. ורבי מאיר, אזהרה לעדים זוממין מנא ליה? אמר רבי ירמיה: נפקא ליה °מ"והנשארים ישמעו ויראו ולא יוספו עוד". ורבנן, ההוא מיבעי ליה להכרזה

דברים כה · שמות יב · שמות כ · דברים יט

[לקמן יג: כתובות לז. ב"ק פג:] [לעיל ב: ג ב"ק ה.] [לקמן טז. פסחים פד. סנהדרין סג. שבועות ג: חולין פב: לא. קמא: תמורה ז:] [ב"מ לא. זבחים כט: תמורה ו. סנהדרין סג. לקמן טז. כ:] [קדושין ה: כה. וש"נ] [פסחים מז. כתובות לב. סוטה כט:]

מוציא שם רע. "לא מצאתי לבתך בתולים". לוקה ומשלם. דכתיב (דברים כב): "ויסרו אותו וענשו אותו", ואמרי' בכתובות (דף מו.): "ויסרו" — זה מלקות, וילפינן לה מקראי. שכן קנס. וכל קנס חידוש הוא, ומחידוש לא ילפינן לממונא. איכא דמתני לה. להא דעולא. לומר שאין לוקין עליו. שעשאה הכתוב תקנתו וכפרתו על עבירת הלאו. לא מן השם הוא זה. אין טעם זה עיקר, דלאו שניתק לעשה אין לוקין עליו. אלא מפני מה המותיר אינו לוקה — לפי שהוא לאו שאין בו מעשה. גמר מעדים זוממין. מה עדים זוממין לאו שאין בו מעשה ולוקין. עדים זוממין לוקין על דיבורם: בעדי בן גרושה ובן חלוצה. עדים זוממין אין צריכין התראה. בכתובות אמרינן טעמא, בפ' "אלו נערות" (דף לג.): נתרי בהו היאך כו'. אבל כל שאר עוברין בב"ד של מטה צריכין התראה. צד חמור לא פריך. הואיל וחומרו של זה אינו חומרו של זה — אין טעם המלקות תלוי בו. לאזהרה לעדים זוממין. לענשן בדין הזמה. ולא יתן לעונש מלקות, אלא שלא היה לו לענשן בדין הזמה אלא א"כ הזהיר. והנשארים ישמעו ויראו ולא יוספו לעשות. הרי אזהרה בפרשת עדים זוממין כתיב. להכרזה

בשלמא לרבנן כתיב כדי רשעתו כו'. והאי רשע רוצה לומר ממון, כדמוכח בכתובות (דף לג: ושם). אלא ר' מאיר מאי טעמא. פירוש: הא כתיב "כדי רשעתו", דמשמע משום רשעה אחת אתה מחייבו וכו'! וא"ת: ומאי פריך? והא בכתובות מוקי האי קרא ללוקין ולמיתה! וי"ל, דכל זה מן הפירכא: אלא לר' מאיר הוה ליה למדרש ולומר "רשעתו" — שאין אתה מחייבו משום שתי רשעיות, *ולא ללוקין ולמיתה. גמר ממוציא שם רע. וא"ת: נילפו נמי עדים זוממין ממוציא שם רע, דאע"פ (א) דהאי לאו שאין בו מעשה, ולמה לי "והיה אם בן הכות הרשע"? ויש לומר: דמוציא שם רע גופיה לא ידענא דלקי אלא מ"והיה אם בן הכות הרשע" כדקאמר בפ' "נערה שנתפתתה" (כתובות דף מו.): למדנו "ויסרו" מ"ויסרו", "ויסרו" מ"בן", [ו"בן" מ"בן"], "והיה" [אם בן הכות הרשע. סבר לה כר"ע דאמר עדים זוממין קנסא הוא. פי': ולהכי יליף ליה ממוציא שם רע. ורבנן סברי ממונא הוא, ולהכי לא ילפינן ליה ממוציא שם רע. משמע דלר"מ אינו לוקה ומשלם אלא גבי קנס, אבל גבי ממון לא. וקשה, דבפ' "השוכר את הפועלים" (ב"מ דף צא. ושם) תניא: החוסם פי פרה ודש בה לוקה ומשלם ד' קבין לפרה וג' קבין לחמור, ומוקי לה כר' מאיר דאית ליה לוקה ומשלם, והתם ממון הוא! ועוד, דאמרינן בפ' "אלו נערות" (כתובות דף לג: ושם): ר"מ לוקה ומשלם אית ליה, מת ומשלם לית ליה. משמע בכל ענין! וכן קשה (ב) מדרבנן דע"כ לא פליגי רבנן עליה דרבי מאיר אלא משום דסבירא להו דעדים זוממין ממונא הוא, ולכך לא מצי יליף ממוציא שם רע. אבל בקנס מודו, דילפינן לוקה ומשלם ממוציא שם רע. ובפרק "אלו נערות" (ג) (שם דף לג.) גבי קנס פריך: הא קי"ל דאינו לוקה ומשלם, פירוש: כרבנן דר"מ. אלמא פליגי רבנן אפי' גבי קנס! וי"ל: דודאי בין לר"מ בין לרבנן ליכא חילוק בין ממון לקנס לענין דין דלוקה ומשלם, דהא מ"כדי רשעתו" ילפינן ליה, ו"כדי רשעתו" כתיב גבי עדים זוממין. הלכך, לר' מאיר דסבר עדים זוממין קנסא הוא, ושפיר ילפינן להו ממוציא שם רע למימרא דלוקין ומשלמין, א"כ "כדי רשעתו" דנכתב גבי דידהו דממעט שתי רשעיות — ליכא לאוקומה במלקות וממון, וצריכי לאוקומי במיתה ומלקות כדאיתא בפ' "אלו נערות", א"כ ודאי אמר ר"מ בכל דוכתי דלוקה ומשלם אף לגבי ממון, דמהיכא תיתי למעוטי. אבל רבנן, דסבירא להו דעדים זוממין ממונא הוא, לכך לא ילפינן ממוציא שם רע דלוקה ומשלם, והלכך דרשינן מקרא מ"כדי רשעתו במספר" למעוטי שתי רשעיות במלקות וממון דאינו לוקה ומשלם — מעתה יאמרו רבנן בכל מקום, אף גבי קנס, דאינו לוקה ומשלם, מ"כדי רשעתו", דהא משמע שפיר דאתי למעוטי כל ב' רשעיות, בין ממון בין קנס. **הא** לא קשיא ר' יהודה לא סבר לה כר"ע. דאמר: עדים זוממין קנסא הוא. משמע הכא דלר"ע דאית ליה דעדים זוממין קנסא — לית ליה לאו שאין בו מעשה לוקין עליו, דלא מצי יליף מהאי דינא. וקשה, דהא ר"ע אמר (לקמן דף כא:): המקיים כלאים בכרם לוקה, ופירש בערוך דהיינו שמניח אותו בסוף שדהו כשמלאה זרועה, דהוי לאו שאין בו מעשה! לכך נראה, דהמקיים כלאים בכרם היינו שעשה גדר סביב הכלאים). **אלא** מה להצד השוה שבהן שיש בהן צד חמור. זה אין צריך התראה, *וזה לוקה ומשלם. ותימה: דהא אין זה פירכא שוה! ופירש ר"י: דפריך שכן הם מסוים ביותר משאר מלקיות, שאין צריך התראה *מה שאין כן בשאר מלקיות. ועוד יש לומר: שכן יש בהם צד חמור שהן לוקין על דיבורם, שלא עוו אלא במועא פיהם. דהכי נמי פריך בירושלמי לעיל גבי ההיא דגמרינן ממוציא שם רע, ופריך: מה למוציא שם רע שכן דיבור הוא. ור' יהודה (ד) סבר: צד חמור לא פריך, לפי' *דירושלמי דעדים זוממין בדיבורן איתעביד מעשה ג). **ורבנן** האי לא תענה מאי עבדי ליה. דהא דקאמר לעיל גבי "לא תענה" משום דהוי לאו שאין בו מעשה — היינו אי לאו שאין בו מעשה — היינו אי לאו קרא ד"והצדיקו", אבל בתר דגלי לן קרא ד"והצדיקו" דשייך ביה מלקות, יש לנו לומר (ה) דלקי מ"לא תענה". ואם תאמר: דלא לילקי °משום *דהוי לאו שניתן לאזהרת מיתת ב"ד, ואין לוקין עליו. והכא האי לאו שניתן לאזהרת מיתת ב"ד עדות נפשות! מיהו יש לומר דעדיפא משני, דלגבי מלקות גופיה איצטריך לאזהרה כדפרי', אבל לעיל גבי מאתים זוז קשה: למה לי "כדי רשעתו" לומר דלא לקי? תיפוק ליה ד"לא תענה" הוי לאו שניתן לאזהרת מיתת ב"ד ואין לוקין עליו! וכי תימא: לגבי אזהרת ממון (ו) דנפקא מינה לא חשיב לאו שניתן לאזהרת מיתת ב"ד — זה אינו, דהא אמרינן בפרק "מי שהחשיך" (שבת דף קנד. ושם) דמחמר בשבת דלא לקי משום דנפיק מ"לא תעשה מלאכה אתה ובהמתך", וההוא הוי לאו שניתן לאזהרת מיתת ב"ד במלאכת גופו. אע"ג דבמחמר גופיה ליכא שום צד דמיתת ב"ד, מכל מקום חשיב ליה לאו שניתן לאזהרת מיתת בית דין כיון דלאו דידיה אתיא נמי למיתת ב"ד — הכא נמי לא שנא! וי"ל: דשאני הכא דגלי קרא, כדאמר רחמנא "והיה אם בן הכות הרשע" מכלל דלקי משום לא תענה, דלא ענש אלא א"כ הזהיר. אבל מ"מ קשה לעיל (ד' ג:) דפריך: ותיפוק ליה מ"לא תענה", ולמה לי "והיה אם בן הכות הרשע" — לישני: אי לאו דגלי קרא, הוה אמינא דלא לקי משום ד"לא תענה" (ז) לאו שניתן לאזהרת מיתת ב"ד כדפרישית! וי"ל: דעדיפא מיניה משני. ועוד יש לומר: דפריך לר"מ, דנפקא ליה אזהרה לעדים זוממין מ"ולא יוספו לעשות". **לאזהרה** לעדים זוממים. ואם תאמר: לעיל גבי מעידים שחייב מאתים זוז — לימא האי טעמא לרבנן, למה ליה למימר מ"כדי רשעתו" נפקא? ויש לומר, דהכי קאמר: לאזהרת עדים זוממין שמעידין באיש פלוני שחייב מלקות דלא הוי לקי מ"כאשר זמם" אי לאו הזהיר, דלא ענש הגוף אלא אם כן הזהיר. אבל לעיל, דמיירי מ"כאשר זמם" דממון — ודאי לא בעי אזהרה.

אין

רש"א ואין זה · ולוקה ומשלם רש"א · הירושלמי משום כו' מהרש"א · לא תענה משום דהוי לאו שאין בו מעשה רש"א

א) [וע"ע תוס' ע"ז סד. ד"ה ר"ע אומר] ב) [ועי' תוס' כתובות לב: סד"ה שכן]

רבינו חננאל

ואמרינן בשלמא לרבנן כו'. ופשוטה היא. אלא לר' מאיר דקתני לוקה ומשלם מאי טעמא. ואמרינן גמר ממוציא שם רע דכתיב ביה ויסרו אותו וכתיב ביה וענשו אותו והוא מלקות וממון כך עדים זוממין לוקין ומשלמין. ופרכינן מה למוציא שם רע שכן קנס כדכתיב וענשו אותו. ושנינן ר' מאיר כר' עקיבא סבירא ליה דתנן (לעיל ג:) משום ר' עקיבא אמרו אף אין משלמין ע"פ עצמן מכלל דאינון קנס וקי"ל מודה בקנס פטור. איכא דמתני לשמעתא דעולא אהא דר' יהודה דמחייב (א) המותיר מלקות אע"פ שאין בו מעשה. ואמר עולא גמר ר' יהודה המותיר קדשים ממוציא שם רע. ודחי' מה למוציא שם רע שכן לוקה ומשלם. אלא אמר ריש לקיש ר' יהודה מעדים זוממין שהוא לאו שאין בו מעשה ולוקין גמר המותיר. ופרכינן מה לעדים זוממין שכן אין צריכין התראה כו' ופשוטה היא. ואסיק' מה להצד השוה שבהן בעדים זוממין ובמוציא שם רע שכן תהיה קנס. ודחי' ר' יהודה לא סבר לה כר' עקיבא דאמר עדים זוממין קנסא הוא. ופרכינן צד אחר מה להצד השוה שבהן שכן יש בהן צד חמור עדים לא צריכי התראה מוציא שם רע חייב מלקות וממון תאמר במותיר שאין בו אחד מאלו:

(א) נ"ב הטעם דניתק לעשה.

הגהות הב"ח

(א) תד"ה גמר וכו' דאע"פ דהאי לאו שאין בו מעשה לוקין ולמה: (ב) ד"ה סבר כו' קשה מדרבנן דע"כ לא: (ג) בא"ד אלו נערות. נ"ב דף לג ע"ש: (ד) ד"ה הא לא קשיא וכו' ור' יהודה סבר צד וכו' בירושלמי נמי ניחא דעדים זוממין: (ה) ד"ה ורבנן וכו' יש לנו לומר דלילקי מלא תענה וא"ת אכתי לא קשה דהוי לאו שניתן לאזהרת מיתת ב"ד ואין לוקין וכו' בעדות נפשות הוא מיהו י"ל דעדיפא מיניה משני וכו' לאזהרה אבל לעיל כצ"ל ותיבת כדפרי' נמחק: (ו) בא"ד ממון דנפיק מינה וכו' מי שהחשיך אמרינן דמחמר: (ז) בא"ד תענה הוי לאו:

גליון הש"ס

גמ' מה למוציא שם רע שכן לוקה ומשלם. קשה לי דהיא גופה נילף לוקה ומשלם אלא דליכא למילף כן דמה למש"ר שכן קנס

וא"כ לפרוך בקיצור מה למש"ר שכן קנס ואי דפירכת הש"ס דאם יאפי' ממש"ר נילף ג"כ דלוקה ומשלם א"כ הו"ל למנקט אי הכי יהא ג"כ לוקה ומשלם אבל לא בהך פירכא מה למש"ר. ולפי תירוצם בתוס' כתובות דף לב בשם הריצב"א דרבנן דר"מ ס"ל דאף אם עדים זוממין קנסא מ"מ אינו לוקה ומשלם דס"ל לכדי רשעתו משמע גם בממון ומלקות ניחא דלענין אין בו מעשה פרכינן דמה למש"ר דלוקה ומשלם משא"כ בעלמא לאמעט מכדי רשעתו. אבל לתירוצם קמא דתוס' שם וזה שיטת תוס' הכא בסוגיין דאי אמרי' ע"ז קנס ילפינן ממוציא שם רע יקשה כנ"ל: **שם** ורבנן האי לא תענה ברעך עד שקר מאי דרשי ביה. משמע דס"ד דהש"ס דלרבנן ליכא מלקות משום לא תענה וקשה לי הא בבן גרושה מפורש דלוקין ואצטריך בזה לא תענה ואי דפירכת הש"ס לילקי שמונים חד [illegible]

לִהַכְרָזָה. דְּאָמְרִינַן בְּסַנְהֶדְרִין בְּ"אֵלּוּ הֵן הַנֶּחֱנָקִין" (דף פט.): אַרְבָּעָה צְרִיכִין הַכְרָזָה. לְאַחַר שֶׁנֶּעֶנְשׁוּ בְּבֵ"ד צְרִיכִין ב"ד לְהַכְרִיז: כָּךְ וְכָךְ נֶהֱרַג פְּלוֹנִי בְּבֵ"ד עַל עֲבֵירָה פְּלוֹנִית, כְּדֵי לִרְדּוֹת אֶת הַשּׁוֹמְעִין. מִ"יִּשְׁמְעוּ וְיִרָאוּ" נָפְקָא. וְהַזְכָּרָה מִ"לֹּא יוֹסִיפוּ". **מתני'** מְשַׁלְּשִׁין בְּמָמוֹן. כִּדְמְפָרֵשׁ וְאָזֵיל. **גמ'** מְנָהָנֵי מִילֵּי. דְּכָל אֶחָד סוֹפֵג אֶת הָאַרְבָּעִים. רָשָׁע בְּחַיָּיבֵי מִיתוֹת. "אֲשֶׁר הוּא רָשָׁע לָמוּת". בְּחַיָּיבֵי מַלְקוֹת. "אִם בִּן הַכּוֹת הָרָשָׁע". כַּאֲשֶׁר זָמַם. שֶׁיְּקַבֵּל הַנִּדּוֹן מַלְקוֹת שְׁלֵימָה. מָמוֹן מִצְטָרֵף. וַהֲרֵי קִיבֵּל מַה שֶּׁרָצוּ לְהַפְסִידוֹ בֵּין כּוּלָּם. **מתני'** שֶׁיָּזִימוּ אֶת עַצְמָן. שֶׁיַּזִּימוּ אוֹתָן בְּעִסְקֵי גּוּפָן, וְלֹא בְּעִסְקֵי הַהוֹרֵג וְהַנֶּהֱרָג, כִּדְמְפָרֵשׁ וְאָזֵיל. בָּאוּ אֲחֵרִים. שֶׁהֵעִידוּ עֲלֵיהֶן בְּעֵדוּת הָרִאשׁוֹנִים. וְהֵזִימוּ. אֵלּוּ הַשְּׁנַיִם שֶׁהֵזִימוּ אֶת הָרִאשׁוֹנִים הֵזִימוּ גַּם אֶת הָאַחֲרוֹנִים. אֲפִילּוּ. אִם הֵן מֵאָה כִּתּוֹת זוֹ אַחַר זוֹ, וְכַת אַחַת הֵזִימָתָן – כּוּלָּן יֵהָרְגוּ. אִיסְטַטִּית הִיא זוֹ. הַכַּת הַזֹּאת, כַּת שֶׁל עֵדוּת סָרָה וְסַטְיָא הִיא, כָּךְ נִטְּלוּ עֵצָה בֵּינֵיהֶם לְהָזִים אֶת כָּל הַכַּת הַבָּאָה לְהָעִיד עָלָיו. **גמ'** גּוּפָהּ שֶׁל עֵדוּת. גּוּפָן שֶׁל עֵדִים. לַעֲנוֹת בּוֹ סָרָה. בְּפַרְשַׁת עֵדִים זוֹמְמִין כְּתִיב. "סָרָה" – עֵדוּת הַמּוּסֶרֶת, שֶׁהוּסְרוּ מִשָּׁם. בִּירָה = טְרַקְלִין גָּדוֹל. לִנְהוֹרָא בָּרְיָא. שֶׁמָּא מָאוֹר עֵינֵיהֶם שֶׁל אֵלּוּ בָּרִיא, וְרוֹאִין לְמֶרְחוֹק יוֹתֵר מִמֶּנּוּ. גַּמְלָא פַּרְחָא. מִין גְּמַלִּים יֵשׁ שֶׁהֵם קַלִּים בִּמְרוּצָתָם כְּעוֹף הַפּוֹרֵחַ. וְלֹא עוֹד אֶלָּא אֲפִי' אָמְרוּ. הַמְזִימִין: בְּעֶרֶב שַׁבָּת הֲרָגוֹ, שֶׁהִקְדִּימוּ הוֹדָאָתוֹ יוֹתֵר מִן הָרִאשׁוֹנִים. הֲרֵי אֵלּוּ הַזּוֹמְמִין, וְנֶהֱרָגִין. וְלָא אָמְרִינַן: בְּגַבְרָא קְטִילָא אַסְהוּד. מַאי טַעְמָא דִּבְעִידָּנָא דְּקָא מַסְהֲדֵי. כְּשֶׁבָּאוּ יוֹם שְׁלִישִׁי בְּשַׁבָּת לְהָעִיד עָלָיו – אַכַּתִּי גַּבְרָא לָאו בַּר קְטָלָא, שֶׁלֹּא הוּעַד עָלָיו בְּבֵית דִּין, וְאִילּוּ הֲוָה אָתֵי וּמוֹדֶה הֲוָה מִיפַּטַר. נִמְצָא שֶׁהֵם הָיוּ מְחַיְּיבִין מִיתָה אֶת מִי שֶׁאֵינוֹ רָאוּי לָמוּת. מַאי קמ"ל. דְּאַע"ג דְּאִינְהוּ מִיקְטִיל אִינְהוּ מִיקְטְלֵי? תָּנֵינָא בְּמַתְנִי' בְּפִרְקִין (דף ו:) גַּבֵּי שְׁנַיִם רוֹאִין *אוֹתָם מֵחַלּוֹן זֶה כו' – הוּא וְהֵן נֶהֱרָגִים! מַה שֶּׁאֵין כֵּן. בַּהֲזָמַת עֵדֵי גְּמַר דִּין. וְלֹא עוֹד כו'. שֶׁאַע"פ שֶׁאֵלּוּ הָאַחֲרוֹנִים מְאַחֲרִים אֶת זְמַן גְּמַר דִּינוֹ, מ"מ מוֹדִים הֵן שֶׁבַּיּוֹם שֶׁבָּאוּ הַזּוֹמְמִין לְהָעִיד עָלָיו בִּשְׁלִישִׁי בְּשַׁבָּת כְּבָר הָיָה דִּינוֹ נִגְמַר מֵאֶתְמוֹל, וּבְגַבְרָא קְטִילָא אַסְהוּד. וְכֵן לְעִנְיַן תַּשְׁלוּמֵי קְנָס. שֶׁהַמּוֹדֶה בּוֹ פָּטוּר, דִּינוֹ נַמִי בָּזֶה כְּדִינֵי נְפָשׁוֹת. וְיֵשׁ חִילּוּק בֵּין עֵדוּת גּוּף הַמַּעֲשֶׂה לְעֵדוּת שֶׁל גְּמַר דִּין. הָכִי גָּרְסִינַן: בָּאוּ שְׁנַיִם וְאָמְרוּ בְּחַד בְּשַׁבְּתָא גָּנַב וְטָבַח וּמָכַר וּבָאוּ שְׁנַיִם וְאָמְרוּ בְּחַד בְּשַׁבְּתָא עִמָּנוּ הֱיִיתֶם אֶלָּא בִּתְרֵי בְּשַׁבְּתָא גָּנַב וְטָבַח וּמָכַר וְלֹא עוֹד אֶלָּא אֲפִי' אָמְרוּ בְּעֶרֶב שַׁבָּת גָּנַב וְטָבַח וּמָכַר מְשַׁלְּמִין דִּבְעִידָּנָא דְּקָא מַסְהֲדֵי גַּבְרָא לָאו בַּר תַּשְׁלוּמִין הוּא. וּפֵירוּשׁוֹ: מִשּׁוּם דַּהֲוָה מָצֵי לְמִיפְטַר נַפְשֵׁיהּ בְּהוֹדָאָה, אִשְׁתַּכַּח דְּאִינְהוּ הָווּ מַפְסְדֵי לֵיהּ. וְדַוְקָא קְנָס, אֲבָל בְּעֵדוּת מָמוֹן – פְּטוּרִין, שֶׁהֲרֵי לֹא הָיוּ מַפְסִידִין אוֹתוֹ כְּלוּם, שֶׁהוּא מְחוּיָּב וְעוֹמֵד. גַּבְרָא בַּר תַּשְׁלוּמִין הוּא. כְּשֶׁהֵעִידוּ אֵלּוּ עָלָיו – כְּבָר חִיְּיבוּהוּ בֵּית דִּין, וְאִי הֲוָה מוֹדֵי לָא הֲוָה מִיפְּטַר. שֶׁקָּדְמוּ

לעיל ג. [וע"ש בפרש"י]

[סנהדרין י. וש"נ]

[לרבי עקיבא דאמר אין ענין אפשר משאי אפשר קשה ועיין תוס' מנחות פב: ד"ה ושחטת כו' ותוספות דבכורות ט. ד"ה ומה בכך כו' ועי' עוד תוס' יבמות מו. ד"ה אמר ליה שכיניה בנ"ע]

[ועי' תוס' לקמן עמוד ב ד"ה איסטטית]

[ועי' תוספות יבמות קטז. ד"ה הכא]

[נ"ל אותו]

[לקמן ו:]

אֶלְהַכְרָזָה. וְרַבִּי מֵאִיר, הַכְרָזָה מִ"יִּשְׁמְעוּ וְיִרָאוּ" נָפְקָא.§ **מתני'** *מְשַׁלְּשִׁין בְּמָמוֹן וְאֵין מְשַׁלְּשִׁין בְּמַכּוֹת. כֵּיצַד? הֵעִידוּהוּ שֶׁהוּא חַיָּיב לַחֲבֵירוֹ מָאתַיִם זוּז וְנִמְצְאוּ זוֹמְמִין – מְשַׁלְּשִׁין בֵּינֵיהֶם. אֲבָל אִם הֵעִידוּהוּ שֶׁהוּא חַיָּיב מַלְקוֹת אַרְבָּעִים וְנִמְצְאוּ זוֹמְמִין – כׇּל אֶחָד וְאֶחָד לוֹקֶה אַרְבָּעִים.§ **גמ'** מְנָא ה"מ? *אָמַר אַבָּיֵי: נֶאֱמַר "רָשָׁע" בְּחַיָּיבֵי מַלְקִיּוֹת, וְנֶאֱמַר "רָשָׁע" בְּחַיָּיבֵי מִיתוֹת ב"ד, *מַה לְּהַלָּן אֵין מִיתָה לְמֶחֱצָה – אַף כָּאן אֵין מַלְקוֹת לְמֶחֱצָה. רָבָא אָמַר: בָּעֵינַן "כַּאֲשֶׁר זָמַם לַעֲשׂוֹת לְאָחִיו", וְלֵיכָּא. אִי הָכִי, מָמוֹן נַמִּי! מָמוֹן מִצְטָרֵף, מַלְקוֹת לָא מִצְטָרֵף.§ **מתני'** אֵין הָעֵדִים נַעֲשִׂים זוֹמְמִין עַד שֶׁיָּזִמּוּ אֶת עַצְמָן. כֵּיצַד? אָמְרוּ: "מְעִידִין אָנוּ בְּאִישׁ פְּלוֹנִי שֶׁהָרַג אֶת הַנֶּפֶשׁ". אָמְרוּ לָהֶם: "הֵיאַךְ אַתֶּם מְעִידִין? שֶׁהֲרֵי נֶהֱרַג זֶה, אוֹ הַהוֹרֵג זֶה, הָיָה עִמָּנוּ אוֹתוֹ הַיּוֹם בְּמָקוֹם פְּלוֹנִי"! אֵין אֵלּוּ זוֹמְמִין. *אֲבָל אָמְרוּ לָהֶם: "הֵיאַךְ אַתֶּם מְעִידִין? שֶׁהֲרֵי אַתֶּם הֱיִיתֶם עִמָּנוּ אוֹתוֹ הַיּוֹם בְּמָקוֹם פְּלוֹנִי" – הֲרֵי אֵלּוּ זוֹמְמִין, וְנֶהֱרָגִין עַל פִּיהֶם. בָּאוּ אֲחֵרִים – וֶהֱזִימוּם, בָּאוּ אֲחֵרִים – וֶהֱזִימוּם, אֲפִי' מֵאָה – כּוּלָּם יֵהָרְגוּ. רַבִּי יְהוּדָה אוֹמֵר: *אִיסְטָטִית הִיא זוֹ, וְאֵינָהּ נֶהֱרֶגֶת אֶלָּא כַּת הָרִאשׁוֹנָה בִּלְבַד.§ **גמ'** מְנָא הָנֵי מִילֵּי? אָמַר רַב אַדָּא, דְּאָמַר קְרָא: "וְהִנֵּה עֵד שֶׁקֶר הָעֵד שֶׁקֶר עָנָה" – עַד שֶׁתִּשָּׁקֵר גּוּפָהּ שֶׁל עֵדוּת. דְּבֵי ר' יִשְׁמָעֵאל תָּנָא: "לַעֲנוֹת בּוֹ סָרָה" – עַד שֶׁתִּסָּרֵה גּוּפָהּ שֶׁל עֵדוּת. אָמַר רָבָא: בָּאוּ שְׁנַיִם וְאָמְרוּ "בְּמִזְרַח בִּירָה הָרַג פְּלוֹנִי אֶת הַנֶּפֶשׁ", וּבָאוּ שְׁנַיִם וְאָמְרוּ "וַהֲלֹא בְּמַעֲרַב בִּירָה עִמָּנוּ הֱיִיתֶם" – חָזֵינַן, אִי כִּדְקָיְימִי בְּמַעֲרַב בִּירָה מִיחְזָא חָזוּ לְמִזְרַח בִּירָה – אֵין אֵלּוּ זוֹמְמִין, וְאִם לָאו – הֲרֵי אֵלּוּ זוֹמְמִין. פְּשִׁיטָא! מַהוּ דְּתֵימָא: לֵיחוּשׁ לִנְהוֹרָא בָּרְיָא, קָמַשְׁמַע לָן. וְאָמַר רָבָא: בָּאוּ שְׁנַיִם וְאָמְרוּ: "בְּסוּרָא בְּצַפְרָא בְּחַד בְּשַׁבְּתָא הָרַג פְּלוֹנִי אֶת הַנֶּפֶשׁ", וּבָאוּ שְׁנַיִם וְאָמְרוּ "בְּפַנְיָא בְּחַד בְּשַׁבְּתָא עִמָּנוּ הֱיִיתֶם בִּנְהַרְדְּעָא" – חָזֵינַן, אִי מִצַּפְרָא לְפַנְיָא מָצֵי אָזֵיל מִסּוּרָא לִנְהַרְדְּעָא – לָא הָווּ זוֹמְמִין, וְאִי לָאו – הָווּ זוֹמְמִין. פְּשִׁיטָא! מַהוּ דְּתֵימָא: לֵיחוּשׁ לְגַמְלָא פַּרְחָא, קמ"ל. וְאָמַר רָבָא: בָּאוּ שְׁנַיִם וְאָמְרוּ "בְּחַד בְּשַׁבְּתָא הָרַג פְּלוֹנִי אֶת הַנֶּפֶשׁ", וּבָאוּ שְׁנַיִם וְאָמְרוּ "עִמָּנוּ הֱיִיתֶם בְּחַד בְּשַׁבְּתָא, אֶלָּא בִּתְרֵי בְּשַׁבְּתָא הָרַג פְּלוֹנִי אֶת הַנֶּפֶשׁ". וְלֹא עוֹד אֶלָּא אֲפִי' אָמְרוּ "עֶרֶב שַׁבָּת הָרַג פְּלוֹנִי אֶת הַנֶּפֶשׁ" (א) – נֶהֱרָגִין, דִּבְעִידָּנָא דְּקָא מַסְהֲדֵי גַּבְרָא לָאו בַּר קְטָלָא הוּא. מַאי קמ"ל? תְּנֵינָא: *לְפִיכָךְ, (ב) נִמְצֵאת אַחַת מֵהֶן זוֹמֶמֶת – הוּא וְהֵן נֶהֱרָגִין, וְהַשְּׁנִיָּה פְּטוּרָה! סֵיפָא, מַה שֶּׁאֵין כֵּן בִּגְמַר דִּין, אִיצְטְרִיכָא לֵיהּ: בָּאוּ שְׁנַיִם וְאָמְרוּ "בְּחַד בְּשַׁבְּתָא נִגְמַר דִּינוֹ שֶׁל פְּלוֹנִי", וּבָאוּ שְׁנַיִם וְאָמְרוּ "בְּחַד בְּשַׁבְּתָא עִמָּנוּ הֱיִיתֶם, אֶלָּא בְּעֶרֶב שַׁבָּת נִגְמַר דִּינוֹ שֶׁל פְּלוֹנִי". וְלֹא עוֹד אֶלָּא, אֲפִי' אָמְרוּ: "בִּתְרֵי בְּשַׁבְּתָא נִגְמַר דִּינוֹ שֶׁל פְּלוֹנִי" – אֵין אֵלּוּ נֶהֱרָגִין, דִּבְעִידָּנָא דְּקָא מַסְהֲדֵי גַּבְרָא בַּר קְטָלָא הוּא. וְכֵן לְעִנְיַן תַּשְׁלוּמֵי קְנָס, בָּאוּ שְׁנַיִם וְאָמְרוּ "בְּחַד בְּשַׁבְּתָא גָּנַב וְטָבַח וּמָכַר", וּבָאוּ שְׁנַיִם וְאָמְרוּ "בְּחַד בְּשַׁבְּתָא עִמָּנוּ הֱיִיתֶם, אֶלָּא בִּתְרֵי בְּשַׁבְּתָא גָּנַב וְטָבַח וּמָכַר" – מְשַׁלְּמִין. וְלֹא עוֹד אֶלָּא, אֲפִילּוּ אָמְרוּ "בְּעֶרֶב שַׁבָּת גָּנַב וְטָבַח וּמָכַר" – מְשַׁלְּמִין, דִּבְעִידָּנָא דְּקָא מַסְהֲדֵי גַּבְרָא לָאו בַּר תַּשְׁלוּמִין הוּא. בָּאוּ שְׁנַיִם וְאָמְרוּ: "בְּחַד בְּשַׁבְּתָא גָּנַב וְטָבַח וּמָכַר וְנִגְמַר דִּינוֹ", וּבָאוּ שְׁנַיִם וְאָמְרוּ "בְּחַד בְּשַׁבְּתָא עִמָּנוּ הֱיִיתֶם, אֶלָּא עֶרֶב שַׁבָּת גָּנַב וְטָבַח וּמָכַר וְנִגְמַר דִּינוֹ". וְלֹא עוֹד אֶלָּא, אֲפִי' אָמְרוּ *"בְּחַד בְּשַׁבְּתָא גָּנַב וְטָבַח וּמָכַר, וּבִתְרֵי בְּשַׁבְּתָא נִגְמַר דִּינוֹ" – אֵין מְשַׁלְּמִין, דִּבְעִידָּנָא דְּקָא מַסְהֲדֵי גַּבְרָא בַּר תַּשְׁלוּמִין הוּא.§ "רַבִּי יְהוּדָה אוֹמֵר אִיסְטָטִית הִיא זוֹ" כו'.§ אי

*) גירסת רש"א אמרו בתרי בשבת גנב וטבח ומכר ונגמר דינו

אין העדים נעשים זוממין עד שיזימו עצמן. פי': עצמן של עדים, שיאמרו להם: אתם במקום פלוני עמנו הייתם. ולא שיזומו (ג) שיאמרו: ההורג או הנהרג היה עמנו.

דבעידנא דאסהידו עדים לאו בר קטלא הוא. פ"ה: משום דאי הוה מודה – מיפטר. ולא נראה, דזה לא מלינו, דאם כן כל חייבי מיתות בית דין יכול להודות ולפטור *עצמו! ונראה לפרש: לאו בר קטלא הוא, פירוש: קודם שנגמר דינו הוא, דשמא לא יבואו עדים, ואם יבואו עדים לא יהא עדותן קיים. ועוד, שאסור להורגו עד שיגמר דינו. וכשנגמר דינו כבר ודאי בר חיובא הוא, הואיל וכבר באו עדים ונתקבל עדותן, וההורגו פטור.

וכן לענין קנס. אבל ודאי לענין ממון לא, דכשמעידין דבחד בשבת גנב, ובאו שנים ואמרו דבערב שבת גנב ובחד בשבת עמנו הייתם – ודאי אין משלמין ממון, דבההיא שעתא דמסהדי גנבא בר חיובא. אע"ג דלגבי נפשות לא (ד) תדמנו לבר חיובא, *דכל כמה דלא נגמר דינו (נמי הוי בר חיובא משום שאינו ספק כל כך, עדות) בממון [הוי] קרוב לודאי שיבואו עדים ויעידו. *אבל בעדות נפשות דבעינן דרישה וחקירה, אז ודאי אמרינן דקודם שנגמר דינו לאו הוי בר חיובא.

בכ"י ה"ג | רש"א מ"ז

איסטטית

לא א מיי' פי"ח מהל' עדות הלכה ז סמג עשין קי:

לב ב מיי' שם הלכה א סמג שם טוח"מ סימן לח:

לג ג מיי' שם הלכה ב:

[וע"ע תוס' זבחים עא. ד"ה ע"פ עד אחד]

לד ד מיי' שם הל' ג ופ"כ הל' ה והל' ו טוח"מ סימן לח:

לה ה ו מיי' שם פי"ט הלכה א סמג שם טוח"מ שם:

לו ז ח ט מיי' שם הל' ב סמג שם (טוש"ע שם):

רבינו חננאל

מתני' משלשין בממון ואין משלשין במכות. פי' העידו עליו שחייב לחברו מנה ונמצאו זוממין זה נותן חמשים וזה נותן חמשים זהו משלשין בממון. מאי טעמא דהני זוזי והני זוזי מצטרפי והוו להו כולהו מנה ונתקיים ועשיתם לו כאשר זמם הן זממו להענישו מנה לפיכך משלמין לו מנה. אבל מלקות דאי אפשר להצטרף כל אחד לוקה ארבעים: **מתני'** אין העדים נעשין זוממין עד שיזומו עצמן כו'. ראינו לרבותינו הגאונים ז"ל כי פירשו עד שיזומו עצמן עד שיחרישו ולא יכחישו המוחזן את המזימין א) ואנו קבלנו עד שיזומו עצמן [היינו] עד שיזומו העדים עצמן ויאמרו להן אתם הייתם עמנו במקום פלוני באותו היום שהעדתם שהרג פלוני את פלוני במקום פלוני ואותו המקום צריך להיות רחוק מן המקום שהעידו בו העדים הללו. הלא תראה משנתינו דתני אין העדים נעשין זוממין עד שיזומו עצמן מפרש כיצד מעידנו בפלוני שהרג נפש במקום פלוני כו' אמרו להם כו' אבל אמרו להם היאך אתם מעידין והלא אותו היום הייתם עמנו הרי אלו זוממין ונהרגין על פיהן. ואמרינן בגמרא מנא הני מילי. אמר רבה דאמר קרא והנה עד שקר העד עד שתישקר גופה של עדות. כלומר עד שישקר העד. וכן לענות בו סרה. אמר רבה ב) באו ב' ואמרו במזרח בירה הרג פלוני את הנפש ובאו אחרים ואמרו באותה שעה הייתם עמנו במערב בירה חזינן אי כי קיימי במערב בירה מצו חזו במזרח בירה האי דקטיל אינן זוממין דאמרינן הני והני קושטא קאמרי ואם לא יכלי למיחזא הרי אלו זוממין ולא אמרינן נהורא (דהאי) [דהני] בריא. וכן אם העידו ב' דבצפרא בחדא בשבא הרג פלוני את פלוני בסורא ובאו ב' ואמרו עמנו הייתם בו ביום בנהרדעא כו'. ואסיקנא לגמלא פרחא לא חיישינן. אמר רבא באו ב' ואמרו בחד בשבא הרג פלוני את פלוני ובאו ב' ואמרו בחד [בשבא] עמנו הייתם אלא בתרי בשבא הרגו ולא עוד אלא אפילו באו ואמרו בערב שבת הרגו נהרגין דבעידנא דקא משהדי גברא לאו בר קטלא הוא. כלומר כיון שעדיין לא נגמר דינו להריגה נהרגין עליו. אבל אם באו ב' ואמרו בחד בשבא נגמר דינו של פלוני ובאו ב' ואמרו בחד בשבא עמנו הייתם אלא בערב [שבת] נגמר דינו ולא עוד אלא אפי' אמרו בתרי בשבא נגמר דינו אינן נהרגין דבעידנא דמשהדי גברא בר קטלא הוא דהא נגמר דינו מקמי הכי בזמן רב ובכין דנגמר דינו כאילו הרוג מאותה (העד) [העת]. וכן לענין תשלומין וכו': באו אחרים והזימו העדים באו אחרים והזימו המזימין ובאו עוד אחרים והזימו מזימי המזימין כולן יומתו. פי' המזימין ג) כולן יומתו שאומרים לעולם עם האחרונים האמת עד שיזומו ד) ר' יהודה אומר איסטטית היא זו. פי' לא נכון הוא זה ה)

א) נראה שהם היו מפרשים כולל כמו ולכוונה לא נעשין זוממין אם יחרישו. ולאחר דודקא כשהמזימין עמהן הייתם. הלא אפילו מחרישין לא נעשין זוממין וכוונה בזה מלינו כנ"מ: ב) לפי גירסת רבינו רבה בהנך תרי מימרות קמאי וי"ל קושית התוס' דיבמות דף קטז ד"ה הכא ועי' ריטב"א כאן: ג) כלומר אותן שהזמה חלה עליהם כולן חייבין וכן מפרש גירסת הרמב"ם ולא גירסת הרא"ש: ד) עי' רי"ף ורמב"ן בתוספות: ה) כ"ה בערוך ערך איסטטס בשם רבינו:

הגהות הב"ח

(א) גמ' הרג פלוני את הנפש הרי אלו נהרגין: (ב) שם לפיכך אם נמצאת: (ג) תוס' ד"ה אין וכו' ולא שיזומו ע"י אחרים שיאמרו ההורג: (ד) ד"ה וכן וכו' לא תדמנו לבר חיובא וכו' ספק כל כך בעדות בממון וקרוב לודאי:

גליון הש"ס

גמ' רבא אמר בעינן כאשר זמם. עיין כתובות לג ע"א תוס' ד"ה רבא: **תוס'** ד"ה וכן וכו' אבל בעדות נפשות.

אִי אִיסְטְטִית הִיא זוֹ — אֲפִי' כַּת רִאשׁוֹנָה נַמִּי לָא! אָמַר ר' אַבָּהוּ: שֶׁקְּדָמוּ וַהֲרָגוּ. מַאי דַּהֲוָה הֲוָה! אֶלָּא אָמַר רָבָא, הָכִי קָאָמַר: אִם אֵינָהּ אֶלָּא כַּת אַחַת — נֶהֱרֶגֶת, אִי אִיכָּא טְפֵי — אֵין נֶהֱרָגִין. הָא "בִּלְבַד" קָאָמַר! קַשְׁיָא. הַהִיא אִיתְּתָא דַּאֲתַאי סָהֲדֵי — וְאִישְׁתַּקּוּר, אַיְיתֵי סָהֲדֵי — וְאִישְׁתַּקּוּר, אָזְלָה אַיְיתֵי סָהֲדֵי אַחֲרִינֵי דְּלָא אִישְׁתַּקּוּר. אָמַר רֵישׁ לָקִישׁ: הוּחְזְקָה זוֹ. א"ל ר' אֶלְעָזָר: *אִם הִיא הוּחְזְקָה, כָּל יִשְׂרָאֵל מִי הוּחְזְקוּ?! *זִמְנִין הֲווּ יָתְבִי קַמֵּיהּ דְּרַבִּי יוֹחָנָן, אֲתָא כִּי הַאי מַעֲשֶׂה לְקַמַּיְיהוּ. אָמַר רֵישׁ לָקִישׁ: הוּחְזְקָה זוֹ. א"ל רַבִּי יוֹחָנָן: אִם הוּחְזְקָה זוֹ, כָּל יִשְׂרָאֵל מִי הוּחְזְקוּ?! *הֲדַר חַזְיֵיהּ לְרַבִּי אֶלְעָזָר בִּישׁוּת, אָמַר לֵיהּ: שְׁמַעַתְּ מִילֵּי *מִבַּר נַפָּחָא וְלָא אֲמַרְתְּ לִי מִשְּׁמֵיהּ?! לֵימָא רֵישׁ לָקִישׁ דְּאָמַר כְּרַבִּי יְהוּדָה, וְרַבִּי יוֹחָנָן דְּאָמַר כְּרַבָּנַן? אָמַר לָךְ רֵישׁ לָקִישׁ: אֲנָא דַּאֲמַרִי לָךְ אֲפִי' לְרַבָּנַן; עַד כָּאן לָא קָא אָמְרִי רַבָּנַן הָתָם דְּלֵיכָּא דְּקָא מְהַדַּר, אֲבָל הָכָא — אִיכָּא הָא דְּקָא מְהַדְּרָא. וְרַבִּי יוֹחָנָן אָמַר לָךְ: אֲנָא דַּאֲמַרִי אֲפִי' לְרַבִּי יְהוּדָה; עַד כָּאן לָא קָאָמַר רַבִּי יְהוּדָה הָתָם — דְּאָמְרִינַן: אַטּוּ כּוּלֵּי עָלְמָא גַּבֵּי הָנֵי הֲווּ קַיְימִי? אֲבָל הָכָא — הָנֵי יָדְעִי בְּסַהֲדוּתָא, וְהָנֵי לָא יָדְעִי בְּסַהֲדוּתָא.§ **מתני'** *אֵין הָעֵדִים זוֹמְמִין נֶהֱרָגִין עַד שֶׁיִּגָּמֵר הַדִּין, שֶׁהֲרֵי הַצַּדּוֹקִין אוֹמְרִים: עַד שֶׁיֵּהָרֵג, *שֶׁנֶּאֱמַר: "נֶפֶשׁ[א] תַּחַת נָפֶשׁ". אָמְרוּ לָהֶם חֲכָמִים: וַהֲלֹא כְּבָר נֶאֱמַר "וַעֲשִׂיתֶם לוֹ כַּאֲשֶׁר זָמַם לַעֲשׂוֹת לְאָחִיו" — וַהֲרֵי אָחִיו קַיָּים. וְאִם כֵּן לָמָּה נֶאֱמַר "נֶפֶשׁ[ב] תַּחַת נָפֶשׁ"? יָכוֹל מִשָּׁעָה שֶׁקִּבְּלוּ עֵדוּתָן יֵהָרְגוּ — תַּלְמוּד לוֹמַר: "נֶפֶשׁ[ג] תַּחַת נָפֶשׁ", הָא אֵינָן נֶהֱרָגִין עַד שֶׁיִּגָּמֵר הַדִּין.§ **גמ'** *תַּנְיָא, בְּרִבִּי אוֹמֵר: לֹא הָרְגוּ — נֶהֱרָגִין, הָרְגוּ — אֵין נֶהֱרָגִין. אָמַר אָבִיו: בְּנִי, לָאו קַל וָחוֹמֶר הוּא? אָמַר לוֹ: לִימַּדְתָּנוּ רַבֵּינוּ שֶׁאֵין עוֹנְשִׁין מִן הַדִּין. דְּתַנְיָא: "אִישׁ אֲשֶׁר יִקַּח [אֶת] אֲחֹתוֹ בַּת אָבִיו אוֹ בַת אִמּוֹ", אֵין לִי אֶלָּא בַּת אָבִיו שֶׁלֹּא בַּת אִמּוֹ, וּבַת אִמּוֹ שֶׁלֹּא בַּת אָבִיו, בַּת אָבִיו וּבַת אִמּוֹ מִנַּיִן? ת"ל: "עֶרְוַת אֲחֹתוֹ גִּלָּה". עַד שֶׁלֹּא יֹאמַר, יֵשׁ לִי בַּדִּין: אִם עָנַשׁ עַל בַּת אָבִיו שֶׁלֹּא בַּת אִמּוֹ, וּבַת אִמּוֹ שֶׁלֹּא בַּת אָבִיו — בַּת אָבִיו וּבַת אִמּוֹ לֹא כָּל שֶׁכֵּן? הָא לָמַדְתָּ *שֶׁאֵין עוֹנְשִׁין מִן הַדִּין. עוֹנֶשׁ שָׁמַעְנוּ, אַזְהָרָה מִנַּיִן? תַּלְמוּד לוֹמַר: "עֶרְוַת אֲחוֹתְךָ בַת אָבִיךָ אוֹ בַת אִמֶּךָ". אֵין לִי אֶלָּא בַּת אָבִיו שֶׁלֹּא בַּת אִמּוֹ, וּבַת אִמּוֹ שֶׁלֹּא בַּת אָבִיו. בַּת אָבִיו וּבַת אִמּוֹ מִנַּיִן? תַּלְמוּד לוֹמַר: "עֶרְוַת בַּת אֵשֶׁת אָבִיךָ מוֹלֶדֶת אָבִיךָ אֲחוֹתְךָ הִיא". עַד שֶׁלֹּא יֹאמַר, יֵשׁ לִי מִן הַדִּין: מָה אִם הוּזְהַר עַל בַּת אִמּוֹ שֶׁלֹּא בַּת אָבִיו, וּבַת אָבִיו שֶׁלֹּא בַּת אִמּוֹ — בַּת אָבִיו וּבַת אִמּוֹ לֹא כָּל שֶׁכֵּן? הָא לָמַדְתָּ *שֶׁאֵין מַזְהִירִין מִן הַדִּין. *חַיָּיבֵי מַלְקִיּוֹת מִנַּיִן? תַּלְמוּד לוֹמַר: "רָשָׁע" "רָשָׁע". חַיָּיבֵי גָלֻיּוֹת מִנַּיִן? אָתְיָא "רוֹצֵחַ" "רוֹצֵחַ". תַּנְיָא, *אָמַר רַבִּי יְהוּדָה בֶּן טַבַּאי: אֶרְאֶה בְּנֶחָמָה אִם לֹא הָרַגְתִּי עֵד זוֹמֵם, לְהוֹצִיא מִלִּבָּן שֶׁל צַדּוֹקִים, שֶׁהָיוּ אוֹמְרִים: אֵין הָעֵדִים זוֹמְמִין נֶהֱרָגִין עַד שֶׁיֵּהָרֵג הַנִּדּוֹן. אָמַר לוֹ שִׁמְעוֹן בֶּן שָׁטַח: אֶרְאֶה בְּנֶחָמָה אִם לֹא *שָׁפַכְתָּ דָּם נָקִי, שֶׁהֲרֵי אָמְרוּ חֲכָמִים: *אֵין הָעֵדִים זוֹמְמִין נֶהֱרָגִין עַד שֶׁיּוּזְמוּ שְׁנֵיהֶם, וְאֵין לוֹקִין עַד שֶׁיּוּזְמוּ שְׁנֵיהֶם. מִיָּד קִבֵּל עָלָיו ר' יְהוּדָה בֶּן טַבַּאי שֶׁאֵינוֹ מוֹרֶה הוֹרָאָה אֶלָּא לִפְנֵי שִׁמְעוֹן בֶּן שָׁטַח. וְכָל יָמָיו שֶׁל ר' יְהוּדָה בֶּן טַבַּאי הָיָה מִשְׁתַּטֵּחַ עַל קִבְרוֹ שֶׁל אוֹתוֹ הָעֵד, וְהָיָה קוֹלוֹ נִשְׁמָע, וּכְסָבוּרִין הָעָם לוֹמַר קוֹלוֹ שֶׁל הָרוּג. אָמַר: קוֹלִי שֶׁלִּי הוּא, תֵּדְעוּ, לְמָחָר הוּא מֵת וְאֵין קוֹלוֹ נִשְׁמָע. אָמַר לֵיהּ רַב אַחָא בְּרֵיהּ דְּרָבָא לְרַב אָשֵׁי: דִּלְמָא בְּדִינָא קָם בַּהֲדֵיהּ, אִי נַמִּי פַּיּוּסֵי פַּיְּיסֵיהּ.§ **מתני'** "עַל פִּי [ד]שְׁנַיִם עֵדִים אוֹ שְׁלֹשָׁה עֵדִים יוּמַת הַמֵּת", אִם מִתְקַיֶּימֶת הָעֵדוּת בִּשְׁנַיִם, לָמָּה פֵּרַט הַכָּתוּב בִּשְׁלֹשָׁה? אֶלָּא *לְהַקִּישׁ *(שְׁלֹשָׁה לִשְׁנַיִם): מַה שְּׁלֹשָׁה מְזִימִּין אֶת הַשְּׁנַיִם — אַף הַשְּׁנַיִם יָזוֹמּוּ אֶת הַג'. וּמִנַּיִן *אֲפִי' מֵאָה — ת"ל: "עֵדִים". ר' שִׁמְעוֹן אוֹמֵר: מַה שְּׁנַיִם אֵינָן נֶהֱרָגִין עַד שֶׁיִּהְיוּ שְׁנֵיהֶם זוֹמְמִין — *אַף שְׁלֹשָׁה אֵינָן נֶהֱרָגִין עַד שֶׁיִּהְיוּ שְׁלָשְׁתָּן זוֹמְמִין, וּמִנַּיִן אֲפִי' מֵאָה — ת"ל: "עֵדִים". *רַבִּי עֲקִיבָא אוֹמֵר: לֹא בָא הַשְּׁלִישִׁי לְהָקֵל, אֶלָּא לְהַחְמִיר עָלָיו, וְלַעֲשׂוֹת דִּינוֹ כְּיוֹצֵא בָאֵלּוּ. וְאִם כֵּן עָנַשׁ הַכָּתוּב לַנִּטְפָּל לְעוֹבְרֵי עֲבֵירָה כְּעוֹבְרֵי עֲבֵירָה — עַל אַחַת כַּמָּה וְכַמָּה יְשַׁלֵּם שָׂכָר לַנִּטְפָּל לְעוֹשֵׂי מִצְוָה כְּעוֹשֵׂי מִצְוָה. וּמַה שְּׁנַיִם, נִמְצָא אֶחָד מֵהֶן קָרוֹב אוֹ פָסוּל עֵדוּתָן בְּטֵלָה — *אַף שְׁלֹשָׁה, נִמְצָא אֶחָד מֵהֶן קָרוֹב אוֹ פָסוּל עֵדוּתָן בְּטֵלָה. מִנַּיִן אֲפִי' מֵאָה — ת"ל: "עֵדִים".
אָמַר

(תורה אור: שמות כא; דברים יט; ויקרא כ; שם יח; שם; דברים יז)

רש"י

שֶׁקְּדָמוּ וַהֲרָגוּ. אֶת הַכַּת הָרִאשׁוֹנָה, קוֹדֶם שֶׁתָּבוֹא כַּת שְׁנִיָּה. מַאי דַּהֲוָה הֲוָה. וְלָמָּה לִי לְמִיתְנֵי "אֶלָּא כַּת רִאשׁוֹנָה"? בִּלְבַד. מַשְׁמַע שֶׁיֵּשׁ עוֹד אַחֶרֶת. אִישְׁתַּקּוּר. הִכְחִישׁוּ זֶה אֶת זֶה בִּדְרִישׁוֹת בֵּית דִּין כְּשֶׁבְּדָקוּם. הוּחְזְקָה זוֹ. לְהָבִיא עֵדֵי שֶׁקֶר, וְלֹא נְקַבֵּל עוֹד עֵדוּת אַחֶרֶת. אִם הִיא הוּחְזְקָה. לַחֲזוֹר אַחֲרֵיהֶם, כָּל יִשְׂרָאֵל מִי הוּחְזְקוּ לְשַׁמֵּעַ לָהּ, שֶׁתַּחְזִיק אֶת הָאֲחֵרִים כְּשַׁקְרָנִים? זִמְנִין. פַּעַם אַחֶרֶת. הֲדַר חַזְיֵיהּ לְר' אֶלְעָזָר בִּישׁוּת. הֶחֱזִיר רֵישׁ לָקִישׁ אֶת פָּנָיו וְנִסְתַּכֵּל בְּרַבִּי אֶלְעָזָר בְּפָנִים זוֹעֲפוֹת. שֶׁהֵבִין רֵישׁ לָקִישׁ שֶׁשָּׁמַע ר' אֶלְעָזָר דָּבָר זֶה מִפִּי רַבִּי יוֹחָנָן, וּכְשֶׁאֲמָרָהּ לוֹ לֹא אֲמָרָהּ בִּשְׁמוֹ. דְּאָמַר כר' יְהוּדָה. בְּמַתְנִיתִין: אִיסְטְטִית הִיא זוֹ, וְהוּחְזְקָה לְזוֹמֶמֶת. דְּלֵיכָּא דְּקָא מְהַדַּר. שֶׁאֵין אָדָם מְחַזֵּר אַחֲרֵיהֶם לִשְׂכּוֹר וּלְהַרְגִּילָם תָּמִיד לָבוֹא לְבֵית דִּין וּלְהָזִים אֶת כָּל הַבָּאִים. דְּקָא מְהַדְּרָא. לְבַקֵּשׁ וְלִשְׂכּוֹר עֵדֵי שֶׁקֶר. הָנֵי יָדְעֵי בְּסַהֲדוּתָא. אֵלּוּ הָאַחֲרוֹנִים יוֹדְעִים בְּעֵדוּתָהּ שֶׁל זוֹ. מתני' עַד שֶׁיִּגָּמֵר הַדִּין. אֶלָּא אִם כֵּן נִגְמַר תְּחִלָּה הַדִּין שֶׁל הַנִּדּוֹן לֵיהָרֵג, וְאַחַר כָּךְ הוּזְמוּ. נֶפֶשׁ בְּנֶפֶשׁ. בְּעֵדִים זוֹמְמִין כְּתִיב, "לֹא תָחוֹס עֵינֶךָ נֶפֶשׁ בְּנֶפֶשׁ". לַעֲשׂוֹת לְאָחִיו. מַשְׁמַע, שֶׁעֲדַיִין אָחִיו קַיָּים. יָכוֹל מִשֶּׁקִּבְּלוּ עֵדוּתָן. וּבָאָה לָהֶם הַזָּמָה מִיָּד קוֹדֶם גְּמַר דִּינוֹ שֶׁל נִדּוֹן, יֵהָרְגוּ? גמ' בְּרִבִּי אוֹמֵר. כָּךְ הָיָה שְׁמוֹ*. הָרְגוּ. שֶׁלֹּא הוּזְמוּ עַד שֶׁנֶּהֱרַג הַנִּדּוֹן עַל פִּיהֶם. חַיָּיבֵי מַלְקִיּוֹת מְנָלַן. בְּמַתְנִיתִין קָתָנֵי, דְּקָאָמַר: אֵין עוֹשִׂין דִּין הַזָּמָה עַד שֶׁיִּגָּמֵר הַדִּין, וְיָלֵיף לָהּ מִ"נֶּפֶשׁ בְּנֶפֶשׁ" דְּמִשְׁתַּעֵי בְּחַיָּיבֵי מִיתוֹת. חַיָּיבֵי מַלְקוֹת מְנָלַן? הֶעִידוּהוּ שֶׁחַיָּיב מַלְקוֹת, וְהוּזְמוּ — מְנָלַן דְּאֵין לוֹקִין אֶלָּא אִם כֵּן נִגְמַר הַדִּין תְּחִלָּה עַל פִּיהֶם. חַיָּיבֵי גָלֻיּוֹת מְנָלַן. הֶעִידוּהוּ שֶׁחַיָּיב גָּלוּת, וְהוּזְמוּ, וּתְנַן בְּמַתְנִיתִין: סוֹפְגִים אֶת הָאַרְבָּעִים — מְנָלַן עַד שֶׁיִּגָּמֵר הַדִּין? דְּהָנֵי, הוֹאִיל וְלָאו מִדִּין "כַּאֲשֶׁר זָמַם" קָא מִתְרַבּוּ — לָא אָתֵי מַלְקוֹת דִּידְהוּ מִגְּזֵירָה שָׁוָה דִּ"רְשָׁע" "רָשָׁע", דְּמֵהַהִיא לָא יָלְפִינַן אֶלָּא עֵדִים זוֹמְמִין שֶׁהִרְשִׁיעוּ הַנִּדּוֹן לְלָקוֹת (אוֹ לְמִיתָה) דְּהַאי "רָשָׁע" בְּנִדּוֹנִין כְּתִיב. אֶרְאֶה בְּנֶחָמָה. לֹא אֶרְאֶה בְּנֶחָמָה, וּנְקָרָהּ הַקְּלָלָה לִבְרָכָה. פ"א: אֶרְאֶה בְּנֶחָמָה — נִשְׁבַּע: יָמוּתוּ בָּנָיו וְאֶרְאֶה בְּנֶחָמָתָן. אִם לֹא הָרַגְתִּי עֵד זוֹמֵם. שֶׁלֹּא הוּזַם אֶלָּא אֶחָד מֵהֶם, וַהֲרַגְתִּיו. שֶׁהֲרֵי אָמְרוּ חֲכָמִים כו'. מַתְנִיתִין הִיא: מַה שְּׁנַיִם אֵין נֶהֱרָגִין עַד שֶׁיּוּזְמוּ שְׁנֵיהֶם, דִּכְתִיב: "וְהִנֵּה עֵד שֶׁקֶר הָעֵד", וְאָמַר מָר (סוטה דף ב:): כָּל מָקוֹם שֶׁנֶּאֱמַר "עֵד" הֲרֵי כָּאן שְׁנַיִם, עַד שֶׁיִּפְרוֹט לְךָ הַכָּתוּב אֶחָד. אֶלָּא בִּפְנֵי שִׁמְעוֹן. שֶׁאִם יִטְעֶה יוֹרֵהוּ. כִּסְבוּרִין. הַכֹּל, בַּלַּיְלָה, לֹא יָדְעוּ, וְאֵינָן רוֹאִין אוֹתוֹ. מתני' מַה שְּׁנַיִם אֵין נֶהֱרָגִין עַד שֶׁיּוּזְמוּ שְׁנֵיהֶם. כִּדְפָרֵישִׁית לְעֵיל. ר' עֲקִיבָא אוֹמֵר לֹא בָא הַשְּׁלִישִׁי כו'. לֹא הוּצְרַךְ לְלַמְּדֵנוּ זֹאת, דְּמִמֵּילָא יָדְעִינַן שֶׁשְּׁנַיִם מְזִימִּין אֶת הַשְּׁלֹשָׁה, שֶׁהֲרֵי הַשְּׁנַיִם כְּשֵׁרִים לְכָל עֵדוּיוֹת, וּמִמֵּילָא יָדְעִינַן שֶׁאֵין זוֹמְמִין עַד שֶׁיּוּזְמוּ כּוּלָּם, שֶׁהֲרֵי כּוּלָּם כְּאֶחָד נַעֲשׂוּ עֵדִים, וְקָרָא כְּתִיב: "וְהִנֵּה עֵד שֶׁקֶר הָעֵד". וְלֹא בָא אֶלָּא לְהַחְמִיר עָלָיו, שֶׁלֹּא תֹּאמַר: הוֹאִיל וּבְלָאו הוּא הָיְתָה הָעֵדוּת מִתְקַיֶּימֶת — לֹא יַעֲשׂוּ בּוֹ דִּין הַזָּמָה, לִימֶּדְךָ הַכָּתוּב שֶׁאַף הוּא מִן מְקַיְּימֵי דָבָר. עַל אַחַת כַּמָּה וְכַמָּה כו'. *שֶׁמָּצִינוּ מִדָּה הַטּוֹבָה מְרוּבָּה מִמִּדַּת פּוּרְעָנוּת; בְּמִדָּה טוֹבָה הוּא אוֹמֵר (שמות לד): *"נוֹצֵר חֶסֶד לָאֲלָפִים", בְּמִדַּת פּוּרְעָנוּת הוּא אוֹמֵר (שם): "עַל שִׁלֵּשִׁים וְעַל רִבֵּעִים".
בְּדִינֵי

*) [נ"ל עושה וכ"כ בפרש"י לקמן כג. ד"ה על אחת ע"ש שהאריך בביאור יפה]

תוספות

*איסטטית היא. ברב אלפס פי' לשון סטיס (שבת דף פט:).
חייבי מלקיות מנין. פי': מנין דאין לוקין עד שיגמר הדין על פיהם? וא"ת: ואמאי לא בעי נמי (א) כן: חייבי ממון מנין דאין משלמין ממון עד שיגמר דינו על פיהם? וי"ל: דכמו דבדיני נפשות דרשינן עד שיגמר דינו מקרא ד"נפש בנפש" דכתיב בעדים זוממין, כמו כן כתיב ממון בעדים זוממין, דכתיב: "יד ליד לא ינקה", דמפקי מיניה (כתובות דף לג:) דממונא משלמין, ודרשינן מיניה עד שיגמר הדין.
חייבי גליות מנין. פירוש: מנין דאין לוקין עד שיגמר דינו? וקשיא: דהא כשהעידו אחייבי גליות — הרי הן חייבי מלקות, וחייבי מלקות כבר גמרנו מ"רשע" "רשע"! ופ"ה: דמההיא לא ילפינן אלא עדים הזוממין שהרשיעו הנדון *ללקות או למיתה, דהאי קרא ד"רשע" "רשע" בנידונין כתיב, אבל כשהרשיעו הנדון לגלות לא גמרינן.
אף השנים מזימין הג' ומנין אפי' הן מאה ת"ל עדים. תימה: אימא ד"עדים" אתא אפי' לארבעה *ונמצא אחד קרוב או פסול, יותר מן הג' דכתיבי בקרא, אבל טפי מארבעה לא! וי"ל: כיון שכת אחת מזמת שתי כתות — הוא הדין מאה.
אמר

רבינו חננאל

ואוקמה ר' אבהו לטעמא דר' יהודה בשקדמו והרגו הראשונה ולולי כן אפי' הראשונה אינה נהרגת. ההיא דמייתי סהדי ואישתקור אייתי אחריני ואישתקור אייתי שהדי אחריני אמר ריש לקיש הוחזקה זו. א"ר יוחנן אם היא הוחזקה כל ישראל מי הוחזקו כלומר כשרין הן כרבנן דמתניתין דאמרי כל זמן שלא הוזמו כשרין הן. ואמר לך ר' יוחנן אפילו ר' יהודה לא פסלינהו אלא דאמר אטו הני הוו בהדי הני והני בהדי הני דקא מסהדי הכי א) אבל הכא אפי' ר' יהודה מודה דכשרין מ"ט הני הוא דהוו ידעי בשהדותא אבל הני דאישתקור לא הוו ידעי. והלכתא כר' יוחנן. פי' הדר חזא (ליה ר') [לר'] אלעזר בישות. החזיר פניו ריש לקיש ונסתכל בר' אלעזר בן פדת תלמיד ר' יוחנן בפנים רעות כלומר תשמע השמועות מפי ר' יוחנן ואינך אומרן משמו אילו הגדת לי כי ר' יוחנן אמר כך לא הייתי שונה בפניו: אין העדים זוממין נהרגין עד שיגמר הדין. תניא רבי ב) אומר לא הרגו נהרגין הרגו אין נהרגין. א"ל אביו ק"ו הוא. א"ל לימדתנו רבינו שאין עונשין מן הדין דתניא ואיש אשר יקח את אחותו בת אביו או בת אמו אין לי אלא כו' ופשוטה היא. ואסיק' שאין עונשין מן הדין ואין מזהירין מן הדין. וכן בחייבי מלקיות אתיא רשע (הוא) [רשע]. כתיב בחייבי מיתות אשר הוא רשע למות ובחייבי מלקיות כתיב והיה אם בן הכות הרשע מה בחייבי כריתות ובחייבי מיתות אין עונשין ואין מזהירין מן הדין כך חייבי מלקיות. בחייבי גליות נמי אתיא רוצח רוצח. תניא אין העדים זוממין נהרגין עד שיזומו שניהן וכך אין לוקין ואין משלמין ממון עד שיזומו שניהן. הצדוקין היו אומרים אין העדים זוממין נהרגין עד שיהרג הנידון: על פי שנים עדים או שלשה עדים כו' עד מנין אפילו הן מאה ת"ל עדים. פי' כשם שג' עדים מזימין ב' כך ב' מזימין ג' ומנין אפילו ק' שהעידו שב' באין ומזימין אותן ת"ל עדים. כלומר כי דין העדות מתקיימת בב' כמו שמתקיימת בק' נמצאת עדות ק' כעדות ב' כך לענין דין הזמה (ק"ב) [ק' וב'] שוים

א) לפי גירסת רבינו אזלא קושית הרי"ף ע"ש: ב) לפנינו הגירסא ברבי:

עין משפט נר מצוה

[שייך לעיל במשנה]
לז א מיי' פכ"ב מהל' עדות הלכה ה סמג עשין קי טוש"ע ח"מ סי' לח סעיף ד:
לח ב מיי' שם פ"כ הל' א סמג שם ולאוין ריג טוש"מ סימן לח:
גירסת רש"א ומהר"ם יד ביד דמפקי
לט ג מיי' שם הל' ב סמג שם טור חו"מ שם:
מ ד מיי' שם פי"ח הל' ג טוש"מ שם:
מא ה מיי' שם פ"כ הלכה ג סמג שם טור ח"מ שם:
מב ו מיי' שם פ"ה הל' ג סמג לאוין ריג טוש"ע ח"מ סי' לו ס"א:
רש"א למלקות ממיתה
[מהר"ם הגיה ומפרש]
סנהדרין לב:
רש"א שנה' נפש בנפש [והוא דברים יט וכן בכל המשנה]
חולין יא:
[לקמן יז. יז. סנהדרין נד. וש"נ ועי' תוס' סנהדרין נג: ד"ה הפתח]
[סנהדרין נג.]
חגיגה טז: [תוס' סנהדרין פ"ו]
[סנהדרין כח.]
ב"ב קטו:

מסורת הש"ס

[כתובות לו:]
[כתובות כה:]
[עי' פרש"י בסנהדרין לו. ד"ה עקא]
[עי' פרש"י בחולין יא: ד"ה והתניא]
רש"א מ"ו
[פסחים כ. יבמות כב:]
[סנהדרין י. וש"נ]
[עי' תוס' שבת יב: ד"ה רבי נתן]
[נ"ל להקיש שנים לשלשה כ"ה בהרא"ש]
סנהדרין ט. [ס]

הגהות הב"ח

(א) תוס' ד"ה חייבי מלקיות וכו' ואמאי לא בעי נמי הכי חייבי ממון:

גליון הש"ס

רש"י ד"ה על אחת וכו' שמצינו מדה הטובה. עי' לקמן דף כג ע"א ברש"י ד"ה על אחת כמה וכמה:

הגהות הגר"א

[א ב ג] במשנה נפש בנפש כצ"ל (וכ"ה ברש"י ובספרי ועי' תוי"ט): [ד] במשנה ע"פ שני עדים או [ע"פ] שלשה עדים יקום דבר כצ"ל. והוא בדברים יט:

מג א מיי' פ"ה מהלכות עדות הלכה ג סמג לאוין ריג:
מד ב מיי' שם פ"ב הלכה ג סמג שם טוש"מ שם:
מה ג מיי' פ"ב מהלכות שבועות הלכה יז:
מו ד מיי' פ"ה מהלכות עדות הלכה ג סמג עשין קז טוש"מ סי' לח:
מז ה ו מיי' שם פ"ה הלכה ג והלכה ד ה סמג לאוין ריג טוש"ע ח"מ סימן לו סעיף א:

אָמַר רַבִּי יוֹסֵי: בַּמֶּה דְּבָרִים אֲמוּרִים — בְּדִינֵי נְפָשׁוֹת, אֲבָל בְּדִינֵי מָמוֹנוֹת — תִּתְקַיֵּים הָעֵדוּת בַּשְּׁאָר. רַבִּי אוֹמֵר: *אֶחָד דִּינֵי מָמוֹנוֹת וְאֶחָד דִּינֵי נְפָשׁוֹת. וְאֵימָתַי — בִּזְמַן שֶׁהִתְרוּ בָּהֶן, אֲבָל בִּזְמַן שֶׁלֹּא הִתְרוּ בָּהֶן — מָה יַעֲשׂוּ שְׁנֵי אַחִין שֶׁרָאוּ בְּאֶחָד שֶׁהָרַג אֶת הַנֶּפֶשׁ. **גמ'** אָמַר רָבָא: וְהוּא שֶׁהֵעִידוּ כּוּלָּם בְּתוֹךְ כְּדֵי דִיבּוּר. *אֲמַר לֵיהּ רַב אַחָא מִדִּפְתִּי לְרָבִינָא: מִכְּדִי, תּוֹךְ כְּדֵי דִיבּוּר הֵיכִי דָּמֵי — *כְּדֵי שְׁאֵילַת תַּלְמִיד לָרַב, מְאָה טוּבָא הָווּ! אֲמַר לֵיהּ: כָּל חַד וְחַד בְּתוֹךְ כְּדֵי דִיבּוּר שֶׁל חֲבֵירוֹ. "רַבִּי עֲקִיבָא אוֹמֵר לֹא בָא שְׁלִישִׁי כו' וּמָה שְׁנַיִם" כו'. אֲמַר לֵיהּ רַב פָּפָּא לְאַבָּיֵי: אֶלָּא מֵעַתָּה הָרוּג יַצִּיל! כְּשֶׁהֲרָגוֹ מֵאֲחוֹרָיו. נִרְבָּע יַצִּיל! כְּשֶׁרְבָעוֹ מֵאֲחוֹרָיו. הוֹרֵג וְרוֹבֵעַ יַצִּילוּ! אִישְׁתִּיק. כִּי אֲתָא לְקַמֵּיהּ דְּרָבָא, אֲמַר לֵיהּ: "יָקוּם דָּבָר" — בִּמְקַיְּימֵי דָבָר הַכָּתוּב מְדַבֵּר. "אָמַר רַבִּי יוֹסֵי בַּמֶּה דְּבָרִים אֲמוּרִים וכו' מָה יַעֲשׂוּ שְׁנֵי אַחִים" כו'. הֵיכִי אָמְרִינַן לְהוּ? אָמַר רָבָא, הָכִי אָמְרִי' לְהוּ: לְמֵיחֱזֵי אֲתֵיתוּ אוֹ לְאַסְהוֹדֵי אֲתֵיתוּ? אִי אָמְרִי לְאַסְהוֹדֵי אָתוּ — נִמְצָא אֶחָד מֵהֶן קָרוֹב אוֹ פָּסוּל עֵדוּתָן בְּטֵלָה, אִי אָמְרִי לְמֵיחֱזֵי אָתוּ — *מָה יַעֲשׂוּ שְׁנֵי אַחִין שֶׁרָאוּ בְּאֶחָד שֶׁהָרַג אֶת הַנֶּפֶשׁ. אִיתְּמַר, אָמַר רַב יְהוּדָה אָמַר שְׁמוּאֵל: הֲלָכָה כְּר' יוֹסֵי, וְרַב נַחְמָן אוֹמֵר: הֲלָכָה כְּרַבִּי.
מתני'

בְּדִינֵי נְפָשׁוֹת. דִּכְתִיב: "וְהִצִּילוּ הָעֵדָה", וּמְהַדְּרִינַן אַזְּכוּתָא. אֶחָד דִּינֵי מָמוֹנוֹת. נַמִּי עֵדוּתָן בְּטֵלָה. בִּזְמַן שֶׁהִתְרוּ בָּהֶן. וּבְדִינֵי נְפָשׁוֹת קָאֵי, כִּי אָמְרִינַן בְּטֵלָה — בִּזְמַן שֶׁהַקָּרוֹב אוֹ הַפָּסוּל נִשְׁתַּתֵּף בְּעֵדוּת מִתְּחִלָּה לִהְיוֹת מִן הַמַּתְרִין בָּעוֹבְרֵי עֲבֵירָה. אֲבָל אִם לֹא הִתְרוּ בָּהֶן וְלֹא כִּוְּונוּ לִהְיוֹת עֵדִים בַּדָּבָר — לֹא בְּטֵלָה עֵדוּת הָאֲחֵרִים בִּשְׁבִיל רְאִיָּיתָן שֶׁל אֵלּוּ, דְּמָה יַעֲשׂוּ שְׁנֵי אַחִין שֶׁרָאוּ עִם שְׁלִישִׁי מִן הַשּׁוּק בְּאֶחָד שֶׁהָרַג אֶת הַנֶּפֶשׁ. **גמ'** וְהוּא שֶׁהֵעִידוּ כּוּלָּן בְּתוֹךְ כְּדֵי דִיבּוּר. הָכִי קָאָמְרָה מַתְנִי' מֵאָה כִּשְׁנַיִם. אֲבָל אִם הֵעִידוּ הַשְּׁנַיִם וּלְאַחַר זְמַן הֵעִידוּ הָאֲחֵרִים — הֲרֵי הֵן כִּשְׁתֵּי כִּתּוֹת לְכָל דָּבָר. וּבְכָל אֶחָד וְאֶחָד. הִתְחִיל לְהָעִיד בְּתוֹךְ כְּדֵי דִיבּוּר שֶׁל סִיּוּמוֹ שֶׁל חֲבֵירוֹ. הָרוּג יַצִּיל. לְרַבִּי יוֹסֵי דְּאָמַר: אַף בְּלֹא הַתְרָאָה, שֶׁלֹּא נִתְכַּוְּונוּ לְהָעִיד, הוּא מַצִּיל אֶת הַנִּדּוֹן מִפְּנֵי קוּרְבָה — הָרוּג נַמִּי יַצִּיל אֶת הַנִּדּוֹן, שֶׁהֲרֵי גַּם הוּא רָאָה, וְהוּא קָרוֹב אֵצֶל עַצְמוֹ! כְּשֶׁהֲרָגוֹ מֵאֲחוֹרָיו. מִתְקַיְּימִין כָּל הַמִּקְרָאוֹת שֶׁמְּחַיְּיבִין אֶת הָרוֹאֶה לִיהָרֵג. יָקוּם דָּבָר. כְּתִיב בְּהַאי קְרָא שֶׁעֲשָׂאָן לְכוּלָּם כִּשְׁנַיִם, דְּהַיְינוּ הָעֵדִים, אֲבָל לֹא בְּעוֹשֵׂי הַדָּבָר. הֵיכִי אָמְרִינַן לְהוּ. לְקָרוֹב וּפָסוּל לְמִבְדְּקִינְהוּ אִם מִתְּחִלָּה לְעֵדוּת נִתְכַּוְּונוּ:
מתני'

תורה אור: יָקוּם דָּבָר [דברים יט]

[שבועות לב. ע"ש]
שבועות לב. ע"ש נזיר כ: כריתות פז. ב"ק עג: ב"ב קכט:

אמר רבי (א) יוסי במה דברים אמורים בדיני נפשות. פי' הקונטרס: משום דכתיב: "והצילו העדה", דמלוה לבטל העדות בכל כדי להציל הנפש. וקשה לפירושו: דא"כ דיני ממונות ליגמר מינייהו, דהא כתיב: "משפט אחד יהיה לכם"! ועוד, דבדיני ממונות נמי כתיב: "ע"פ שנים או ע"פ שלשה", ונקיש ג' לב'! לכך פירש ר"י: דבדיני נפשות שייך שפיר למילף משנים דעדותן בטלה, משום דמה שנים כי נמצא אחד מהן קרוב או פסול עדותן בטלה לגמרי, ומעתה אינה מועלת לכלום — הלכך בשלשה נמי כולם בטלים לגמרי. אבל בדיני ממונות, דבשנים נמי כי נמצא אחד מהן קרוב או פסול השני אינו בטל לגמרי, דחייב לו שבועה — לכך *[שלשה] נמי, נמצא אחד מהן קרוב או פסול, תתקיים העדות בשאר עדים. **אמר** רבא והוא שהעידו כולם בתוך כדי דיבור. [פ"ה:] ובהא קאמרה מתניתין דמאה כשנים. אבל אם העידו השנים ולאחר זמן העידו האחרים — הרי הן שתי כתי עדים לכל דבר. משמע דקאי אף לענין קרוב או פסול. וקשה: דהא משמע בסמוך דלענין דין קרוב או פסול — אינו תלוי בהעדאה בתוך כדי דיבור, אלא *בראיית מעשה גמרה עדותן, אף כי העידו אחר תוך כדי דיבור, דקאמר: הרוג יציל! לכך נראה דלא קאי רק אדין דעדים זוממין, דקאמר: עד שיזומו כולם, ובהא קאמר: דוקא כי העידו כולם בתוך כדי דיבור, דזה הוי עדות אחד ובעינן עד שיזומו כולם. אבל העידו מקצתן בתוך כדי דיבור ומקצתן אחר כדי דיבור — א"כ הוי שתי כתות, ולא בעינן עד שיזומו כולם. *אבל לענין נמצא אחד קרוב או פסול, אף אם נמצא מהני שהעידו לאחר כדי דיבור — עדותן בטלה. וא"ת: מ"ש? ויש לומר: שנא ושנא, דדוקא גבי נמצא אחד מהן קרוב או פסול חשיב כחד עדות כשהעידו לאחר כדי דיבור, משום שהם אומרים אמת, וא"כ עדותן התחיל מראייה שלהם, וראייה שלהם היתה בבת אחת עם העדים. אבל בעדים זוממין שאינן אומרים אמת, אם כן לא בא עדותן אלא כשיעידו בבית דין, וכיון דלא העידו בבת אחת, רק לאחר כדי דיבור — לא חשבינן כחד עדות. כן נראה למשי"ח. ***אלא** מעתה הרוג יציל. פירוש: שהוא בעל דין. אי נמי, מפני שהוא שונא, ושונא פסול לעדות. [ועיין תוס' יבמות כה. ד"ה הוא וכו' בארוכות]. **נרבע** יציל. מפני שהוא שונא של רובעו בעל אונסו. ולא נראה, דהא מוכח פ"ק דסנהדרין (דף ט: ושם) דנרבע לאנסו כשר לעדות! ויש ליישב: דמנרבע לרצונו פריך, דבהכי איירי קרא, דכתיב: "ומתו גם שניהם" דהיינו ברצון. ולהכי פריך: יציל הנרבע, אפילו יש עדים הרבה בדבר. ולא מפני ששונאו, כיון שהוא לרצונו, אלא מפני שהוא *קרוב לעצמו. וקשה: דבמסכת סנהדרין (שם) אמרינן: "פלוני רבעני לרצוני" — הוא ואחר מצטרפין להרגו! וי"ל: דהני מילי — כי ליכא סהדותא מעלמא דרבעו לרצונו, וליכא סהדותא אלא מהוא עצמו ואחר. ולכך פלגינן לדיבוריה, דלגבי דידיה לא מהימנין ליה, דקרוב הוא אצל עצמו. אבל הכא, דאיכא עדים שנרבע לרצונו, ומעדותן נקרא רשע ופסול לעדות — ואין אנו צריכין לעדותו כלל. ועוד אמר הר' יוסף בכור שור, דפריך הכי: נרבע שהוא קרוב לרובע יציל, וכן הרוג שהוא קרוב להורג יציל*. **היכי** אמרינן להו. קאי אדיני ממונות. בשלמא אדיני נפשות לא קשה היכי אמרינן כו', דניחזי אנן אם התרו בו הקרוב ופסול אם לאו. אלא פריך בדיני ממונות, דליכא התראה. **לאסהודי** אתיתו. קשה: דאם כן לא יהרג אדם לעולם, דהקרובים יבואו ויאמרו "לאסהודי אתינן"! ופירש רבינו חיים כהן, דאמרינן לעדים כשרים: לאסהודי עם הפסולין אתיתו, או למיחזי אתיתו בלא הפסולין? ואי אמרי הכשרים: למיחזי אתינו בלא הפסולים — אז לא הוי עדותן בטלה אפילו אם נמצא אחד מהן קרוב או פסול. אבל אי אמרי: לאסהודי אתינו עם הפסולין — הוי עדותן בטילה. ומכל מקום תימה קצת: היאך יהיו גם העדים כשרים נאמנים לומר "לאסהודי אתינן" כדי לבטל העדות? הוו ליה כחוזר ומגיד כיון שכבר העידו! וי"ל: דסברא, (ג) דכיון דבאין לבית דין עם הכשרים עכשיו — נראין הדברים שמתחלה כולהו לאסהודי קא אתו, דהוכיח סופן על תחלתן. **שמואל** אומר הלכה כרבי יוסי. קשה: היאך מלינו ידינו ורגלינו כשנותנין גט, שיש במעמד קרובים? והיה לנו לומר דעדות הכשרים בטל! והאי דומיא דדיני נפשות, דשרינן אשת איש שיש בה מיתת בית דין, וטעם דפרישית לעיל (ג) גבי עדות נפשות שייך נמי בגט! וגם לרבי נמי קשה, שפעמים יתכוין אחד מן הקרובים להעיד! לכן נראה לר"י: דגם לר' יוסי לא אמרו דעדותן בטלה אלא דוקא באותן שמעידים בפני ב"ד, אבל בשביל ראייה לחודה לא. וא"ת: א"כ, מאי פריך: הרוג יציל? והא אינו הולך להעיד בבית דין! ואומר הר"י: דודאי מתחלה היה סבור התלמוד לרבי יוסי, כי נמי אינן באין להעיד בב"ד — עדותן בטלה. ומשני: במקיימי דבר הכתוב מדבר. כלומר, כשבאין לקיים הדבר בבית דין אמר רבי יוסי: נמצא אחד מהן קרוב או פסול דעדותן בטלה. ואם תאמר: א"כ, מאי פריך לעיל: מה יעשו שני אחין וכו'? והלא אין שום חששא אם לא יבאו להעיד בבית דין, כדפירשתי! ויש לומר: משום דפעמים שלא ידע זה בזה, ויעיד האחד אע"פ שכבר העיד אחיו בב"ד. ואפילו אירע לאחר כדי דיבור, מכל מקום עדותן בטלה, משום דמקשינן שלשה לשנים (ד) נמצא קרוב או פסול בזה אחר זה, אע"פ דלענין הזמה בעינן תוך כדי דיבור.
היו

גירסת מהר"ס
נ"ל א"ר יוסי וכו' מהר"ס
גי' רש"א דראיית מעשה גרמה
מה יעשו כו' פיסקא בפ"ע. מהר"ס
זה הדיבור וד"ה נרבע הד"א. מהר"ס
גי' מהר"ס רשע ופסול לעדות ומיהו קשה כו' אמר רבא כו' מפני שאדם קרוב אצל עצמו וי"ל
(ועי' תוס' יבמות כה. ד"ה הוא וכו')
רבי אומר וכו'. מהר"ס
עדותן מתקיימת. מהר"ס

הגהות הב"ח
(א) תוס' ד"ה אמר ר' יוסי וכו' ע"ל בתוס' סוף בד"ה בדיני: (ב) ד"ה לאסהודי וכו' רא הוא דכיון: (ג) ד"ה שמואל וכו' ...ת לעיל. נ"ב בד"ה ... יוסי: (ד) בא"ד מקשינן שלשה לשנים לענין נמצא:

גליון הש"ס
גמ' אחד דיני ממונות. עי' שבועות דף לה ע"א תוד"ה או: תוס' ד"ה אמר רבא וכו' אבל לענין נמצא כו'. עי' סנהדרין לא ע"א תוד"ה סב"ש:

רבינו חננאל
ואוקימ' למתני' בזמן שק' כולן כל אחד מהן העיד בתוך כדי דבור של חברו דקי"ל תוך כדי דיבור כדיבור דמי וכאילו כולן בבת אחת העידו ואינן יכולים האחרונים לומר כי הראשונים הן שחייבוהו ואנחנו לא עשינו כלום: כיון ששנינו מה שנים נמצא אחד מהן קרוב או פסול עדותן בטילה אף ג' נמצא א' מהן קרוב או פסול כו'. ואקשינן י הכי לא תתקיים עדות לעולם שהרי ההרוג מגיד עם העדים על ההורג והנה הוא קרוב א) מבטל העדות ויציל ההורג. ודחי' כגון שבא והכהו הכאת מות מאחוריו שאינו מכיר מי הכהו כדי העיד אלא העדים הן בלבד שראוהו והן המעידין עליו וכן הנרבע כיוצא בו כשרבעו מאחריו ולא ראהו. ואקשינן ההורג (והנרבע) [והרובע] שאי אפשר לומר שלא ראו אם יודו ינצלו ותבטל העדות ולה שהרי נכללו עמהן קרובין. ואוקימ' על פי שנים עדים או על פי שלשה עדים יקום דבר במקיימי דבר הכתוב מדבר. כלומר אם נמצא במעידי עדות קרוב או פסול בטלה העדות אבל בבעלי הדין לא. ודחזינן לרבא דהוא בתרא מפרש טעמא דרבי (שמעון) [שמעינן] מינה דהילכתא כוותיה סבירא ליה. ודאמר רבי במשנתנו בזמן שהתרו בהן אמר רבא היכי אמרינן להו כלומר (אין) [איזו] דרך זו התראה שנה במשנתנו. ואמר אמרינן להו למיחזי אתיתו שמא שמעתם צעקה ורצתם לראות מה היא ולא לעדות נקבצתם ונזדמן לכם וראיתם שזה הרג את זה או נזדמן לכם שזה הלוה לזה כך וכך ממון אם כן ראיתם מה יעשו שני אחין שראו באחד שהרג את הנפש תיבטל העדות בכך והן לא באו להעיד אלא לראות בלבד. ועמד הדבר כי אין העדות מתבטלת אלא אם אומרים להעיד תכוונו ונתקבצו לכך ונמצא א' מאלו שנתוועדו לעדות קרוב או פסול. ויש מי שמפרש כי בזמן ההגדה אומרים להן לראות באתם (אין) [או] להגיד העדות באתם. ויש על הפירוש הזה ב) פירכא לא חפצנו להאריך. אמנם הדבר שקבלנו מרבותינו הוא שפירשנו. וקי"ל כרבי דאמר רב נחמן הלכתא כרבי ועוד דהא רבא מפרש לטעמיה. ודייקא מתני' בעדות ממון עדות על פה דומיא דעדות נפשות אבל עדות בשטר לא מיפרשא הכא כל עיקר וקי"ל בעדות בשטר תתקיים העדות בשאר וכדחזקיה דאמר בגמרא דגט פשוט (דף קסג:) מילאהו בקרובים כשר ג) וכבר פירשנוהו במקומו:

א) נראה דל"ל והגה הוא קרוב אצל עצמו יבטל העדות וכו'. ב) בריטב"א כ' שנראה מפי' ר"ח ז"ל כפי' הזה וצ"ע. ג) דברי ר"ח אלו מובאין בחי' הרמב"ן והר"ן.

מתני' היו שנים רואין אותו מחלון זה, ושנים רואין אותו מחלון זה, ואחד מתרה בו באמצע; בזמן שמקצתן רואין אלו את אלו — הרי אלו עדות אחת, ואם לאו — הרי אלו שתי עדיות. *לפיכך, אם נמצאת אחת מהן זוממת — הוא והן נהרגין, והשניה פטורה. *רבי יוסי אומר: לעולם אין נהרגין עד שיהיו *שני עדיו מתרין בו, שנאמר: °"על פי שנים עדים". דבר אחר: "על פי שנים עדים" — שלא תהא סנהדרין שומעת מפי התורגמן.§ **גמ'** אמר רב זוטרא בר טוביא אמר רב: מנין *לעדות מיוחדת שהיא פסולה — שנאמר: °"לא יומת על פי עד אחד"; מאי "אחד"? אילימא עד אחד ממש — מרישא שמעינן לה: "על פי שנים עדים". אלא מאי "אחד" — אחד אחד. תניא נמי הכי: "לא יומת על פי עד אחד" — להביא שנים שרואים אותו אחד מחלון זה ואחד מחלון זה, ואין רואין זה את זה, שאין מצטרפין. ולא עוד אלא, אפילו בזה אחר זה בחלון אחד אין מצטרפין. אמר ליה רב פפא לאביי: השתא, ומה אחד מחלון זה ואחד מחלון זה, דהאי קא חזי כוליה מעשה והאי קא חזי כוליה מעשה — אמרת לא מצטרפי; בזה אחר זה, דהאי חזי פלגא דמעשה והאי חזי פלגא דמעשה, מיבעיא? א"ל: לא נצרכא אלא לבועל את הערוה. אמר רבא: אם היו רואין את המתרה, או המתרה רואה אותן — מצטרפין. ואמר רבא: מתרה שאמרו — אפילו מפי עצמו, ואפילו מפי השד. אמר רב נחמן: העדות מיוחדת כשירה בדיני ממונות, דכתיב: "לא יומת על פי עד אחד" — בדיני נפשות הוא דאין כשירה, אבל בדיני ממונות כשירה. מתקיף לה רב זוטרא: אלא מעתה בדיני נפשות תציל, אלמה תנן: הוא והן נהרגין? קשיא.§ "רבי יוסי אומר" וכו'.§ א"ל רב פפא לאביי: ומי אית ליה לרבי יוסי האי סברא? והתנן, *רבי יוסי אומר: השונא נהרג, מפני שהוא כמועד *ומותרה! א"ל: ההוא — רבי יוסי בר יהודה היא. דתניא, *רבי יוסי בר יהודה אומר: חבר אין צריך התראה, לפי שלא ניתנה התראה אלא להבחין בין שוגג למזיד.§ "דבר אחר: "ע"פ שנים עדים" — שלא תהא סנהדרין שומעת מפי התורגמן".§ (א) הנהו לעוזי דאתו לקמיה דרבא, אוקי רבא תורגמן בינייהו. והיכי עביד הכי? והתנן: שלא תהא סנהדרין שומעת מפי התורגמן! רבא מידע הוה ידע מה דהוו אמרי, ואהדורי הוא דלא הוה ידע.

אילעא

*) לקמן ט: סנהדרין ח: מא. עב:

מתני' הרי אלו עדות אחת. ואם (ב) הוזם אחד מהם (או שניה) ולא הוזמו כולן — אין נהרגין. **שלא תהא סנהדרין שומעת.** עדות העדים מפי התורגמן. צריכין הדיינין שיהיו מכירין בלשון העדים, ולא שיעמוד מליץ בינותם. **גמ' עדות מיוחדת.** אחד רואה אותו מחלון זה ואחד רואה מחלון זה, ואינן רואין זה את זה. **לבועל את הערוה.** שיש די בהכנסת כל שהוא, ואפ"ה לא מצטרפי. **מפי עצמו.** ההרוג עצמו התרה בו. **אלא מעתה.** דכשרים בעלמא ומצטרפי. **בדיני נפשות.** כששנים רואין מחלון זה ושנים מחלון זה, והוזמה כת האחת — מצטרף עדות זו להיות כולם כת אחת להציל את הזוממין ואת הנדון, שמשהוזמה עדותן בטלה. כיון דבעלמא מצטרפת — יש טעם כאן להצילו, ורחמנא אמר "והצילו העדה"! **ומי אית ליה לרבי יוסי.** התראה כלל. **והתנן רבי יוסי אומר השונא.** שאמר: בשוגג הרגתי — נהרג, מפני שהוא כמועד ומותרה. **לעוזי.** בעלי לשון אחרת שאין הדיינין מכירין בה.

היו שנים רואים אותו מחלון זה ושנים מחלון זה וכו'. ולא גרסי' במתני' "אחד בחלון זה" וכו'. **ואחד** מתרה באמצע. תימה: ואמאי הוצרך לומר ואחד מתרה, שאין מן העדים? ויש מפרשים דנקטיה משום רישא דקתני: רואין אלו את אלו, ומסתמא היינו ע"י המתרה שאומר לעדים ללאו ולאו "ראו את המעשה הרע שזה עשה". ונראה למשי"ח דנקטיה לאפוקי מדרבי יוסי, דאמר בסיפא: אינו חייב עד שיהו פי שנים עדים מתרין בו.

שמקצתן רואין אלו את אלו. מצטרפין יחד אף אותם שאין רואים. **הרי** אלו עדות אחת. שאם נמצא אחד מהן קרוב או פסול — עדות כולם בטלה. וכן שאם נמצא אחת מהן זוממת — אין נהרגין עד שיזומו כולם. ובטלין נמי עדות כולם בהזמה אחת מהן, דהזמה הוי כנמצא אחד מהן קרוב או פסול.

הוא והן נהרגים. הן נהרגים אע"פ שלא הוזמו כת שניה, כיון שהוזמו הן. הוא נהרג משום כת שניה, דלא בטלה עדות כת שניה בהזמת הראשונה, כיון דהוי שתי עדיות. יש מפרשים שצריך שתהא כל כת וכת רואה המתרה, או המתרה רואה אותן — אז מצטרף המתרה לזו ולזו. דאם לא כן — אין המתרה מצטרף עמהן, ולא יהרג על פיהם, דלעולם אינו נהרג אא"כ המתרה מעדות שבאין לחייבו. והא דקתני נמי: נמצאת אחת מהן זוממת — שהוזם גם המתרה עמהם, דהא מעדותן הוא, כדפרישית. ומ"מ הוו השתי כתות שתי עדיות, כיון שאין כת זו רואה את זו. וקשה למשי"ח: מאי קאמר? אדרבה, לא מיתוקמא מתני' אלא כשאין רואין המתרה וכן אין המתרה רואה אותן. דאי רואין המתרה או המתרה רואה אותם, הוו השתי כתות עדות אחת אע"פ שאין רואין זה את זה. דהמתרה מצרפן, כדקתני רישא: בזמן שמקצתן רואין אלו את אלו — אלמא לא בעינן שיהא כל השנים שמכאן רואין את אלו מכאן, אלא באחד סגי! ועוד קשה לפי' דצריך שיהא המתרה מעדותן, הא אמרינן בגמ': מתרה שאמרו אפי' מפי עצמו אפי' מפי שד, ואז ודאי לא הוי המתרה מעדותן כלל! לכן נראה, דודאי מיירי כשאין רואין המתרה ולא המתרה רואה אותם, אלא שמעו המתרה שמתרה (ג) כן. ובכן סגי, דהא קיימינן לרבנן דפליגי ארבי יוסי דבסמוך, ולא בעו פי שנים עדים מתרין בו כמו רבי יוסי. **לעדות** מיוחדת שהוא פסול. פי': אחד מחלון זה ואחד מחלון זה. ומילתא באפי נפשה היא, ולא קאי אמתני', ולא מיירי בהכי. **תניא** נמי הכי וכו'. מייתי תניא נמי הכי ד"לא יומת על פי עד אחד" נפקא, דאילו עיקרא דמילתא שמעינן ממתניתין. דנהי דמתניתין לא איירי באחד מחלון זה, מ"מ מדאשמעינן בשתי כתות דחשבינן שתי עדיות כשאין רואין אלו את אלו — מינה שמעינן דה"ה בכת אחת. מכל מקום נראה יותר לפרש דעיקר מילתא מייתי, דאי ממתניתין הוה אמינא דוקא בשתי כתות, דכל חדא חשיב עדות באפי נפשה, אבל בכת אחת מצטרפי שפיר. וכן נראה, דיותר דוחק לומר דלא מייתי תניא נמי הכי רק (ד) הפסוק, כיון דליכא מאן דפליג עליה. כן נראה למשי"ח. **אמר** רבא אם הן רואין את המתרה או המתרה וכו'. מכאן מייתי (ה) המפרש ראיה, במתניתין גבי סיפא דקתני: הרי אלו שתי עדיות, דמכל מקום מיירי (ו) שהן רואין המתרה, כדפרישי'. ולאו מילתא היא, דהכא אעדות מיוחדת דברייתא קאי, דקתני: אחד מחלון זה וכו' שאין מצטרפין, ועלה קאמר דאם העד מכאן [והעד מכאן] רואין המתרה, או המתרה רואה אותן — מצטרפין להיות עדות אחת גבי העד שמכאן והעד שמכאן, אע"פ שאין רואין אלו את אלו. דהמתרה מצרפן, כמו מקצתן רואין אלו את אלו דמתניתין. ותדע דאעדות מיוחדת דברייתא קאי, דאי אמתניתין קאי, דקתני: הרי (ז) אלו שתי עדיות, כדפירשתי — אם כן הוה ליה למימר: ואם לאו אין מצטרפין, שזהו עיקר החידוש. **או** מתרה רואה אותן מצטרפין. פירוש: על פיהם נהרג, דלא חשיבא עדות מיוחדת. ואם תאמר: והיכי מהימני ליה למתרה לומר שראה אותן, להרוג את זה? דבשלמא כשרואין המתרה — הרי הן שנים. אבל מתרה רואה אותן קשיא! ויש לומר: דמיירי שיש עדים שמעידין שהמתרה רואה אותן, אך לא ראו המעשה אותן העדים. **בדיני** נפשות הוא דלא כשירה הא בדיני ממונות כשירה. הקשה רבינו אברהם מאורליינ"ש: דהא קרובים נפקא לן (סנהדרין כז:) דפסולין מ"לא יומתו אבות על בנים", ודיני ממונות גמרינן מיניה (שם כח.), דכתיב: "משפט אחד יהיה לכם", א"כ ה"נ נילף ממונות מנפשות להך מילתא דעדות מיוחדת! ונראה: דעל כרחך האי קרא לאו בדיני ממונות קאי, דעד אחד מועיל לממון, דלשבועה מיהא איתיה.

אי

מח א מיי' פ"ד מהל' עדות הלכה א סמג עשין קט:
מט ב מיי' פ"ג מהל' סנהדרין הלכה ו ופכ"א שם הלכה ח סמג עשין צז טוש"ע ח"מ סימן כח סעיף ו:
נ ג מיי' פ"ד מהלכות עדות הלכה א סמג שם:
נא ד מיי' פי"ב מהלכות סנהדרין הלכה ב:
נב ה מיי' פ"ד מהלכות עדות הלכה ב סמג עשין קט טוש"ע ח"מ סימן ל סעיף ו:
נג ו מיי' פי"א מהלכות סנהדרין הלכה ח סמג עשין קז טוש"ע ח"מ סימן יז סעיף ו:

רבינו חננאל

היו שנים רואין מחלון זה כו'. אמר רב מניין לעדות מיוחדת שפסולה שנאמר לא יומת על פי עד אחד מאי אחד אילימא אחד ממש מדכתיב על פי שנים עדים או שלשה עדים יומת המת ממילא שמעינן דאין ממיתין על פי עד אחד מה תלמוד לומר לא יומת על פי עד אחד אלא מאי אחד אחד אחד. כדתניא ב' רואין אותו א' מחלון זה וא' מחלון זה ואין רואין זה את זה אין מצטרפין אע"פ ששניהם ראו העדות כולה מתחלה ועד סוף כיון שלא היו רואין זה את זה אין מצטרפין. והא דתניא ולא עוד אלא אפילו ראו ב' בזה אחר זה בחלון אחד אין מצטרפין. אוקימ' בבועל הערוה (שהיו) [שחייב] בהכנסת העטרה וכיון שהראשון ראה הכנסת העטרה והשני ראה (כתו) [הביאה] כאילו זה ראה המעשה כולו וזה ראה המעשה כולו. אמר רבא אם העדים רואין המתרה או המתרה רואה העדים מצטרפין ומתרה זה שאמרו אפי' מפי ההרוג עצמו או מפי שד. אמר רב יהודה עדות מיוחדת כשרה בדיני ממונות. כגון זה שאמרנו שראו העדות אחד אחד. והאי דכתיב לא יומת על פי עד אחד והיא עדות מיוחדת הני מילי בעדות נפשות שהתורה חסה עליו אבל בדיני ממונות עדות מיוחדת כשרה היא ומצטרפין ואע"פ שאין רואין זה את זה. ואקשינן עליה אי הכי דעדות מיוחדת עדות מעליא היא ומצטרפין ולא הצריכה התורה שיראו שניהן ביחד זה לזה אלא משום דחס עליה. אלא מעתה ב' כתות שראו (בבת) [אחת] אחת ונמצא בכת א' מהן קרוב או פסול יצטרפו ב' הכתות ונאמר כיון [שיש] בהן קרוב או פסול בטלה עדות הכל וינצל ההורג ולמה שנינו במשנתנו ב' רואין אותו מחלון זה וב' מחלון זה ואחד מתרה באמצע בזמן שמקצתן רואין אלו את אלו הרי אלו עדות אחת ואם לאו שתי עדיות הן נמצאת אחת זוממת הוא נהרג והן נהרגין נהרג על פי הכת שלא הוזמה והן נהרגין מפני שהוזמו ועלתה בקשיא. ודייקינן מדסלקא בקשיא שמעינן מינה דראיה אחר ראיה ואפילו הודאה אחר הודאה אינה כשרה בדיני ממונות (ואפילו) [ואלו] הברייתות ג) סיוע לפירוש שפירשנו [בהא] דאמרינן לסהדי למיחזי אתיתו או לאסהודי אתיתו: תניא ר' יוסי ב"ר יהודה אומר חבר אין צריך התראה [אלא] להבחין בין שוגג למזיד. הנהו לעוזאי דאתו לקמיה דרבא בדינא אוקי רבא תורגמן בינייהו. איני והתנן שלא תהא סנהדרין שומעת מפי התורגמן. ופרקי' רבא הוה ידע מאי דאמרי ואהדורי להן הוא דלא ידע.
סוגיין

רש"א מ"ז וג"ל הוזמה א' מהם ולא וכו'
[לעיל ה.]
סנהדרין ט:
[וגירסת הס"א פי שנים]
סנהדרין פא:
לקמן ט:
ועי' כמשנה ט: שם ד"ה מ... (כמועד)

גליון הש"ס

גמ' ואמר רבא מתרה שאמרו. עי' סנהדרין ע"ח ע"ב ד"ה מתרין בו וצ"ע:

הגהות הב"ח

(א) גמ' הנהו לעוזי דאתו. נ"ב הנהו לעוזי עדים הוו ולא מלחשינן לרבא ממתניתין אבל כל מהל' סנהדרין כפ' כא משמע דלעוזי בעלי דינין הוו ועי' בחו"מ סימן יז

נ"ל דאין חילוק בין עדים לבעלי דינים מדאקשי' ממתני' להך עובדא וכן משמע פשט הלשון דאתו לקמיה ד[...] דינים הוו]: (ב) רש"י ד"ה הרי וכו'. ואם הוזמה אחת מהם הראשונה או השניה ולא הוזמו: (ג) תוד"ה ה[...] שמתרה כך ובהכי סגי דהא וכו' דלא בעי' פי שנים עדים: (ד) ד"ה תניא וכו' רק אפסוק כיון: (ה) ד"ה א[...] מייתי יש מפרשים ראיה דמתניתין. נ"ב י"מ סבירא להו דרבא ארישא דמתני' קאי לאורויי דאין מצטרפין ב[...] אלו אא"כ דאיכא תרתי לטיבותא דרואים נמי את המתרה כו' וא"כ [מיירי נמי סיפא דקתני] הרי אלו ב' עד[...] את המתרה והתוס' ס"ל דאברייתא קאי ואיכא למידק אמאי לא פי' התוס' דאסיפא דמתני' קאי לאורויי ד[...] מצטרפין אע"ג דאין רואין אלו את אלו וי"ל דא"כ ה"ל לרבא לתפוס בסיפא דמתניתין ולקבוע דבריו עלה ו[...] [דלאו אמתני'] קאי אבל אם נפרש דאברייתא דסמיך ליה קאי ניחא ומ"מ ארבא גופיה קשה אמאי לא קבע ד[...] דאפי' בשתי כתות דכל חדא חשיבי עדות באפי נפשה מצטרפי ע"י המתרה וכדכתבו התוס' בסמוך בד"ה תנ[...] (ו) בא"ד דמכל מקום מיירי אע"פ שהן רואין המתרה: (ז) בא"ד דאי אמתניתין קאי דקתני הרי אלו. נ"ב פי' דאי אמתני' ארישא קאי לאורויי דהא דקתני הרי אלו ב' עדיות מיירי אע"פ שרואין את המתרה וכדכתבתי בסמוך:

א) וכ"כ במרדכי פ"ג דסנהדרין ובהג"מ הל' עדות בשם רבינו והב"י בחו"מ סימן ל' נדחק בטעמו והכא מפורש טעמו אבל לפ"ד התוס' שנ"ץ וריטב"א כאן אין הוכחה דהכא מיירי הכל לרבנן דריב"ק. ועי' רשב"ם ב"ב נ"ב ב' ד"ה ופסק בשם רבינו וכ"כ הרי"ף והא"ש רפ"ד דברכות וש"מ. וגם בסנהדרין ל' ע"ב כ' בפר"ח שם דקי"ל כנהרדעי וצ"ע: ב) ע"ס כאן וצ"ע:

אִי לֵית לֵיהּ לְלֹוֶה – לָאו בָּתַר עָרְבָא אָזֵיל מַלְוֶה?

דְּעַרְבָא *הֲוָה (א), סָבַר רַב פָּפָּא לְמֵימַר: גַּבֵּי לֹוֶה וּמַלְוֶה רְחִיקֵי נִינְהוּ. א"ל רַב הוּנָא בְּרֵיהּ דְּרַב יְהוֹשֻׁעַ לְרַב פָּפָּא: *אִי לֵית לֵיהּ לְלֹוֶה – לָאו בָּתַר עָרְבָא אָזֵיל מַלְוֶה?§ **מתני'** ^ב^ מִי שֶׁנִּגְמַר דִּינוֹ וּבָרַח, וּבָא לִפְנֵי אוֹתוֹ בֵּ"ד – אֵין סוֹתְרִין אֶת דִּינוֹ. *כָּל מָקוֹם שֶׁיַּעַמְדוּ שְׁנַיִם, וְיֹאמְרוּ "מְעִידִים אָנוּ בְּאִישׁ פְּלוֹנִי שֶׁנִּגְמַר דִּינוֹ בְּבֵ"ד שֶׁל פְּלוֹנִי, וּפְלוֹנִי וּפְלוֹנִי עֵדָיו" – הֲרֵי זֶה יֵהָרֵג. *סַנְהֶדְרִין נוֹהֶגֶת בָּאָרֶץ וּבְחוּצָה לָאָרֶץ. סַנְהֶדְרִין הַהוֹרֶגֶת אֶחָד בְּשָׁבוּעַ נִקְרֵאת חוֹבְלָנִית, רַבִּי אֱלִיעֶזֶר בֶּן עֲזַרְיָה אוֹמֵר: אֶחָד לְשִׁבְעִים שָׁנָה. רַבִּי טַרְפוֹן וְרַבִּי עֲקִיבָא אוֹמְרִים: אִילּוּ הָיִינוּ בְּסַנְהֶדְרִין – לֹא נֶהֱרַג אָדָם מֵעוֹלָם. רשב"ג אוֹמֵר: אַף הֵן מַרְבִּין שׁוֹפְכֵי דָמִים בְּיִשְׂרָאֵל.§ **גמ'** לִפְנֵי אוֹתוֹ בֵּית דִּין הוּא דְּאֵין סוֹתְרִין, הָא לִפְנֵי בֵּית דִּין אַחֵר – סוֹתְרִין. הָא תָּנֵי סֵיפָא: כָּל מָקוֹם שֶׁיַּעַמְדוּ שְׁנַיִם וְיֹאמְרוּ: "מְעִידִין אָנוּ אֶת אִישׁ פְּלוֹנִי שֶׁנִּגְמַר דִּינוֹ בְּבֵית דִּין פְּלוֹנִי, וּפְלוֹנִי וּפְלוֹנִי עֵדָיו" – הֲרֵי זֶה נֶהֱרָג! אָמַר אַבָּיֵי: לָא קַשְׁיָא, ^ה^כָּאן – בְּאֶרֶץ יִשְׂרָאֵל, כָּאן – בְּחוּצָה לָאָרֶץ. דְּתַנְיָא, *רַבִּי יְהוּדָה בֶּן דוֹסְתַּאי אוֹמֵר מִשּׁוּם רַבִּי שִׁמְעוֹן בֶּן שָׁטַח: ^ו^בָּרַח מֵאֶרֶץ לְחוּצָה לָאָרֶץ – אֵין סוֹתְרִין אֶת דִּינוֹ, מֵחוּצָה לָאָרֶץ לָאָרֶץ – סוֹתְרִין אֶת דִּינוֹ, מִפְּנֵי זְכוּתָהּ שֶׁל אֶרֶץ יִשְׂרָאֵל.§ "סַנְהֶדְרִין נוֹהֶגֶת" כו'.§ מְנָא ה"מ? דְּתָנוּ רַבָּנַן: *°"וְהָיוּ אֵלֶּה לָכֶם לְחֻקַּת מִשְׁפָּט לְדֹרֹתֵיכֶם" – לִמְּדָנוּ לַסַּנְהֶדְרִין שֶׁנּוֹהֶגֶת בָּאָרֶץ וּבְחוּצָה לָאָרֶץ. א"כ מַה תַּלְמוּד לוֹמַר: "°בִּשְׁעָרֶיךָ"? ^ז^בִּשְׁעָרֶיךָ אַתָּה מוֹשִׁיב בָּתֵּי דִינִים בְּכָל פֶּלֶךְ וּפֶלֶךְ וּבְכָל עִיר וָעִיר, וּבְחוּ"ל אַתָּה מוֹשִׁיב בְּכָל פֶּלֶךְ וּפֶלֶךְ, וְאִי אַתָּה מוֹשִׁיב בְּכָל עִיר וָעִיר.§ "סַנְהֶדְרִין הַהוֹרֶגֶת" וכו'.§ אִיבַּעְיָא לְהוּ: אַחַת לְשִׁבְעִים שָׁנָה נִקְרֵאת חַבְלָנִית, אוֹ דִּלְמָא אוֹרַח אַרְעָא הִיא? תֵּיקוּ.§ "רַבִּי טַרְפוֹן וְרַבִּי עֲקִיבָא אוֹמְרִים: אִילּוּ הָיִינוּ" וכו'.§ הֵיכִי הֲווּ עָבְדִי? רַבִּי יוֹחָנָן וְרַבִּי אֶלְעָזָר דְּאָמְרִי תַּרְוַיְיהוּ: רְאִיתֶם טְרֵיפָה הָרַג שָׁלֵם הָרַג? אָמַר רַב אַשִׁי: אִם תִּמְצָא לוֹמַר שָׁלֵם הֲוָה, דִּלְמָא בִּמְקוֹם סַיִף נֶקֶב הֲוָה. בְּבוֹעֵל אֶת הָעֶרְוָה הֵיכִי הֲווּ עָבְדִי? אַבַּיֵי וְרָבָא דְּאָמְרִי תַּרְוַיְיהוּ: רְאִיתֶם כְּמִכְחוֹל בִּשְׁפוֹפֶרֶת? וְרַבָּנַן, הֵיכִי דָּיְינוּ? כִּשְׁמוּאֵל, *דְּאָמַר שְׁמוּאֵל: ^ח^בִּמְנָאֲפִים מִשֶּׁיֵּרָאוּ כִּמְנָאֲפִים.§

הדרן עלך כיצד העדים

אֵלּוּ הֵן הַגּוֹלִין: ^ט^הַהוֹרֵג נֶפֶשׁ בִּשְׁגָגָה. ^י^הָיָה מְעַגֵּל בְּמַעְגִּילָה וְנָפְלָה עָלָיו וַהֲרָגַתּוּ, הָיָה מְשַׁלְשֵׁל בְּחָבִית וְנָפְלָה עָלָיו וַהֲרָגַתּוּ, הָיָה יוֹרֵד בְּסוּלָּם וְנָפַל עָלָיו *)וַהֲרָגַתּוּ – הֲרֵי זֶה גּוֹלֶה. אֲבָל אִם הָיָה מוֹשֵׁךְ בְּמַעְגִּילָה וְנָפְלָה עָלָיו וַהֲרָגַתּוּ, הָיָה דּוֹלֶה בְּחָבִית וְנִפְסַק הַחֶבֶל וְנָפְלָה עָלָיו וַהֲרָגַתּוּ, הָיָה

*) נ"ל והרגו. יעב"ץ וכ"ה במשניות

אֵילְעָא וְטוֹבִיָּה. עֵדֵי הַלְוָאָה הָיוּ, קְרוֹבִין אֶל הֶעָרֵב. **מתני'** לִפְנֵי אוֹתוֹ בֵּית דִּין. שֶׁנִּתְחַיֵּיב בּוֹ. אֵין סוֹתְרִין. לַחֲזוֹר וְלִישָּׂא וְלִיתֵּן, אוּלַי יִזְכֶּה. אִילּוּ הָיִינוּ. בַּיָּמִים שֶׁסַּנְהֶדְרִין דָּנוּ דִּינֵי נְפָשׁוֹת – לֹא נֶהֱרַג בָּהּ אָדָם. כִּדְמְפָרֵשׁ בַּגְּמָרָא, שֶׁבּוֹדְקִין אֶת הָעֵדִים בְּדָבָר שֶׁלֹּא יָדְעוּ לְהָשִׁיב. אַף. אִם הָיוּ עוֹשִׂים כֵּן, הָיוּ מַרְבִּין תורה אור שׁוֹפְכֵי דָמִים, שֶׁלֹּא יִרְאוּ מִבֵּ"ד. **גמ'** מִפְּנֵי זְכוּתָהּ שֶׁל אֶרֶץ יִשְׂרָאֵל. אוּלַי תּוֹעִיל לִמְצוֹא לוֹ פֶּתַח שֶׁל זְכוּת. מַה ת"ל בִּשְׁעָרֶיךָ. "שׁוֹפְטִים וְשׁוֹטְרִים תִּתֶּן לְךָ" וגו'. אַתָּה מוֹשִׁיב כו'. אַתָּה חַיָּיב לְהוֹשִׁיב בְּכָל פֶּלֶךְ וּפֶלֶךְ כו'. פֶּלֶךְ = הַפַּרְכִיָּא. אִם תִּמְצָא לוֹמַר שָׁלֵם הָרַג. שֶׁיֹּאמְרוּ: בְּדַקְנוּהוּ לְאַחַר מִיתָתוֹ מִכָּל שְׁמוֹנֶה עֶשְׂרֵה טְרֵיפוֹת. רְאִיתֶם כְּמִכְחוֹל בִּשְׁפוֹפֶרֶת. וְאֵין עֵדִים מִסְתַּכְּלִין בְּכָךְ. שְׁפוֹפֶרֶת = קָנֶה חָלוּל שֶׁנּוֹתְנִין בּוֹ כָּחוֹל לִכְחוֹל עֵינַיִם. מִכְחוֹל = הוּא קֵיסָם דַּק שֶׁבּוֹ נוֹטְלִין הַצֶּבַע מִתּוֹךְ הַקָּנֶה. וְרַבָּנַן. דִּמְחַיְּיבִי מִיתָה עַל הָעֲרָיוֹת, הֵיכִי דַּיְינֵי? בְּאֵיזוֹ עֵדוּת הֵם הוֹרְגִים, הוֹאִיל וְלָאו הָכִי בָּדְקֵי. מִשֶּׁיֵּרָאוּ כִּמְנָאֲפִים. מִשֶּׁיְּהוּ עִנְיַן נִיאוּף, שֶׁשּׁוֹכְבִין בְּקֵירוּב בָּשָׂר וְנוֹהֲגִים כְּדֶרֶךְ תַּשְׁמִישׁ.

הדרן עלך כיצד העדים

הָיָה מְעַגֵּל בְּמַעְגִּילָה. טָחִין הָיוּ גַּגּוֹתֵיהֶן בְּטִיט, וְהַגַּגּוֹת לֹא הָיוּ מְשׁוּפָּעִין, אֲבָל הַטִּיט מְשַׁפְּעִין מְעַט כְּדֵי שֶׁיָּזוּבוּ הַמַּיִם. וְטָחִין אוֹתָן בַּחֲתִיכַת עֵץ עָבֶה וַחֲלָקָה וּבָהּ בֵּית יָד, וְדוֹחֲפָהּ לְצַד הַשִּׁיפּוּעַ וְחוֹזֵר וּמוֹשְׁכָהּ אֵלָיו וְחוֹזֵר וְדוֹחֲפָהּ (לְצַד), וְהַטִּיט מִתְמָרֵחַ וּמַחְלִיק. וּבִדְחִיפָתוֹ קוֹרְאֵהוּ מְעַגֵּל, וּבִמְשִׁיכָתוֹ קוֹרְאֵהוּ מוֹשֵׁךְ. וְשֵׁם הָעֵץ מַעְגִּילָה. הָיָה מְשַׁלְשֵׁל חָבִית. מִן הַגַּג. הָיָה יוֹרֵד. הַהוֹרֵג בְּסוּלָּם, וְנָפַל מִן הַסּוּלָּם וְהָרַג בְּגוּפוֹ אֶת חֲבֵירוֹ – גּוֹלֶה. דְּכָל הָנֵי דֶּרֶךְ יְרִידָה נִינְהוּ, וְגַבֵּי גָּלוּת דֶּרֶךְ יְרִידָה בָּעֵינַן, כִּדְמְפָרֵשׁ בַּגְּמָרָא: "וַיַּפֵּל עָלָיו". אֲבָל הָיָה מוֹשֵׁךְ. וְנִשְׁמְטָה מַעְגִּילָה מִיָּדוֹ וְנָפְלָה. גמ'

אי ליתיה ללוה לאו בתר ערבא אזיל. מכאן דיש ליזהר בעדי ממון שלא יהו קרובים לא ללוה *ולא לערב. **דלמא** במקום סייף נקב הוה. קשה לר"ת: דאמרינן פ"ק דחולין (דף יא: ושם) ומפיק ליה מקרא דלא חיישינן להכי, דאזלינן בתר רובא! ואומר ר"ת: דודאי (ב) לא חיישינן, אלא היו שואלין להם (כדי) שאם (יכחישו זה את זה או) אמרו דלא ידעינן – יבטל העדות. מידי דהוה אסייף ואירין, דאי *דלא טיילין – חייב, *וזה אומר בסייף וזה אומר באירין – *אין זה נכון. אע"ג דבסייף ואירין כו' אמרו "אין אנו יודעין" הרי זה נכון – זה גרוע, הואיל ובהרוג גופיה אין יודעים. (ג) ומיהו טעם זה אינו מיושב, ומאיזה טעם הוא זה, דאם לא נשאל להם יהא חייב, ואם נשאל ואמרו "אין אנו יודעין" יהיה פטור? ונראה שהביא מסייף ואירין – אין הנדון דומה לראיה, דהתם כל כמה דלא שיילינן להו אין לבדות מהלב שיכחישו זה את זה, אבל כשמכחישין בהדיא – דומה שקר, שדבר זה אדם רגיל לעלות בדעתו במה הרגו, וטפי מכליו שחורים או מכליו לבנים. אבל דבר שפירש ר"ת בלא טעם הוא, שכשאין שואלים להם ואין אנו יודעים אם טריפה (ד) הוא או שלם נהרג – חייב, ובשביל שנשאל להם ואמרו "אין אנו יודעים" יהיה פטור. לכן נראה, דהא דקאמר לא נהרג אדם מעולם – לאו דוקא, אלא רוב פעמים לא היה נהרג, שעל ידי שהוא מרבה בבדיקות אי אפשר שלא יכחיש אחד מהם (ה) חבירו. אבל אין לומר דר' עקיבא לטעמיה, דחייש למיעוטא גבי חלב *פוטר (בכורות כ:), דהא לא מצינו שום תנא דחייש למיעוטא טפי מרבי מאיר, ואפ"ה מודה (ו) היכא דלא אפשר דלא חיישינן למיעוטא, בפ"ק דחולין (דף יא:), והכא היינו דלא אפשר. מיהו י"ל, דהיכא דלמיקם עלה למילתא – כגון שהיה קרום של מוח מגולה וראו שהיה שלם, ובא זה ונקבו והרגו*.

כמכחול בשפופרת. תימה: עובד ע"ז ומחלל שבת, מאי איכא למימר? דהתם לא מצינו למיפטריה, והא היכי קאמר לא היה אדם נהרג! (ז) וי"ל: דמ"מ קאמר שפיר לא היה אדם נהרג, משום לא שכיחי כולי האי כי אם ברוצח ועריות. ועוד י"ל, דאיכא למימר: ראיתם שמחלל אינו טריפה? דאם הוא טריפה, א"כ אם תוזמן לא יהיו חייבין מיתה, משום דמצו למימר: גברא קטילא בעינן למיקטל, והויא ליה עדות שאי אתה יכול להזימה.

הדרן עלך כיצד העדים

אלו הן הגולין וכו' היה מעגל במעגילה. בימיהן (ח) שהיו הגגים שוין ולא היו משופעים כמו שלנו. וכשעושים הגג טוחין אותו בטיט, ורוצים להשוות טיח הגג, ולוקחין אבן עגולה ארוכה קצת ויש לו ב' שינים ארוכים, ומעגלים אותה על פני כל הגג להשוות' (נמי), והיינו (נמי) מעגילה. **משלשל** בחבית כו'. קצת קשה: אמאי לא קאמר: ונפסק החבל ונפל עליו, כדקתני בסיפא? ונראה לומר דנפלה (ט) – שנשמט מידו. ולכך לא רצה לומר נפסק, דאם כן לא אתיין כרבי *)דאמר לקמן (דף ט:): נפסק אינו גולה.

היה יורד בסולם. יש אומרים דתנא "לא זו אף זו" קתני: לא זו – מעגל, דודאי יש לחייבו גלות, דלמה לא נזהר. אלא אף משלשל חבית, דשפיר מיזהר שלא ישבר חביתו, אם נפל והרג – חייב. ועוד, דלא זו אלא אף זו – יורד בסולם, דטפי מיזהר כדי שלא יפול, אם הרג – חייב.

*) רש"ל גורס כדאמר

פשיטא

רבינו חננאל

סוגיין דשמעתין דעדים הקרובין בין למלוה בין ללוה בין לערב כולן פסולין: מי שנגמר דינו וברח ובא לפני אותו ב"ד אין סותרין את דינו כו'. תניא ברח מארץ לחוצה לארץ אין סותרין את דינו מחוצה לארץ לארץ סותרין את דינו מפני זכותה של ארץ ישראל: **מתני'** סנהדרין נוהגת בארץ ובחוצה לארץ. מנא הני מילי. דת"ר והיו אלה לכם לחוקת משפט לדורתיכם בכל מושבותיכם למדנו לסנהדרין שנוהגת בארץ ובחוצה לארץ. אם כן מה ת"ל בשעריך. בשעריך אתה מושיב בתי דינין בכל פלך ופלך [ובכל עיר ועיר ובחו"ל אתה מושיב בכל פלך ופלך] ואי אתה מושיב בכל עיר ועיר. ואסקינן דרבנן בסנהדרין הוו דייני בבועל את הערוה כשמואל דאמר במנאפים כיון שיראו כמנאפין מתחייבין ולא בעינן עד דמסהדי כמכחול בשפופרת. ולית הלכתא כר' טרפון ור' עקיבא דהוו אמרין ראיתם טריפה הרג או שלם הרג וא"ת שלם שמא במקום ההכאה נקב הוה כו': ירושלמי. כתב כל נכסיו לב' בני אדם כאחת והעדים כשרים לזה ופסולים לזה ר' יוחנן אמר מאחר שפסולין לזה פסולין לזה וריש לקיש אמר לא כו': **הדרן עלך כיצד העדים: פ"ב ואלו** הן הגולין ההורג נפש בשגגה כו' עד

מסורת הש"ס:

נ"ל הוו. יעב"ץ

סנהדרין מה: גיטין כח: כט.

[סנהדרין יז.]

[אית סנהדרין פ"ג ע"ש]

[תוספתא שם]

פט לדורותיכם שבותיכם למדנו כו'

ב"מ נא.

גהות הגר"א

גמ' ת"ל בכל שעריך נ"ל (וכ"ה בירושלמי):

עין משפט נר מצוה:

נ"ל ולא למלוה ולא לערב

נד א טוש"ע חו"מ סי' לג סעיף טז:

נה ב מיי' פי"ג מהל' סנהדרין הלכה ז:

רש"ל מ"ז

נו ג מיי' שם פי"ד הל' יד סמג עשין קב:

נז ד מיי' שם הלכה י:

[סנהדרין מא.]

עי' מהרש"ל ורש"א

נח ה ו מיי' שם פי"ג הלכה ח:

נט ז מיי' פ"א מהלכות סנהדרין הלכה ב [ועיין כ"מ] טוח"מ סימן א:

ס ח מיי' פ"א מהלכות איסורי ביאה הלכה יט סמג לאוין לד טור ש"ע אה"ע סימן כ סעיף א' בהג"ה [ורב אלפס עוד ביבמות פרק ב (דף ז:) ובב"מ פ"ז (דף קיז:)]:

א ט מיי' פ"ה מהלכות רוצח הלכה א סמג עשין עה:

ב י מיי' שם פ"ו הלכה יב סמג שם:

נ"ל אינו פוטר

[וע"ע בתוס' בכורות כ. סד"ה חלב פוטר]

הגהות הב"ח

(א) גמ' סבר רב פפא למימר. נ"ב הך עובדא קבעה תלמודא הכא משום דשייכא למאי דתני לעיל נמצא אחד מהן קרוב או פסול כו' ותימה אמאי לא קבעה לעיל וי"ל דהך עובדא אתי נמי לקמיה דרבא בהדי הך הנהו לעוזי כו': (ב) תוס' ד"ה דלמא וכו' ואומר ר"ת דודאי אי לא שיילינן להו לא חיישי' אלא: (ג) בא"ד הואיל ובהרוג גופיה אין יודעין לא בעינן מכחישין זה את זה ומיהו טעם זה: (ד) בא"ד טרפה הרג או שלם הרג חייב ובשביל שנשאל: (ה) בא"ד אחד מהם את חבירו: (ו) בא"ד דהיכא דלא אפשר דלא חיישינן למיעוטא כדאיתא פ"ק דחולין: (ז) ד"ה כמכחול וכו' נהרג מעולם וי"ל דמ"מ וכו' נהרג מעולם משום וכו' שהמחלל אינו טרפה וכו' א"כ אם הוזמו לא יהיו חייבין: (ח) ד"ה אלו הן וכו' בימיהן היו וכו' ארוכה קצת ויש לה בית יד ארוכה ומעגלים אותה על פני כל הגג להשוות הטיח והיינו דקרו לה מעגילה: (ט) ד"ה משלשל וכו' דנפלה דרישא שנשמט מידו:

ג א מיי' פ"ו מהלכות רוצח הלכה יג סמג עשין עה:
ד ב ג ד ה ו מיי' שם הלכה ז:
ה ז מיי' שם הלכה יג ולפטור ועי' בכ"מ:
ו ח מיי' שם הלכה יד:
ז ט מיי' שם הלכה טו:
ח י מיי' שם הלכה יח:
ט כ מיי' שם הלכה יד ולפטור:
י ל מיי' שם הלכה יג ועיין בכסף משנה:
יא מ מיי' שם הלכה טו:

פשיטא בר קטלא הוא. תימה: אימא במזיד ולא התרו בו! וי"ל: דהא נמי נפקא לן מ"בלי דעת", דאיכא מבלי דעת יתירה. עוד י"ל: דהא נמי פשיטא דלא יגלה, דעל כרחך קרא בלא מתכוין איירי, מדכתיב: "והוא לא שונא".

אלא פרט לאומר מותר. וקשה: (ג) דגבי חלב וגבי שבת דכתיב בשניהם שגגה, וחייבין פרק "כלל גדול" (שבת דף סח: ושם) בתינוק שנשבה לבין הגוים! וי"ל: דשאני הכא דכתיב שגגה יתירה, למעוטי אומר מותר*.

ואשר לא צדה פרט למתכוין לזרוק. ב"כילד הרגל" (ב"ק דף כו: ושם) פירש רש"י: (ג) ממעט ליה ממיתה, אבל גלות אית ביה. ולא נראה, דא"כ לא הוי כמו אידך. לכן נראה לפרש דפטור (ממיתה) מגלות, *כדאמרינן פרק "כיצד הרגל" (שם ד"ה פרט).

מה יער שיש לו רשות לניזק ולמזיק ליכנס לשם וכו'. וקשה, דמסתמא כמו כן נימא: מה יער מקום שעומד שם המזיק ויש רשות לניזק להיות לשם. וא"כ קשה, דתנן: הזורק אבן לרשות הרבים הרי הוא גולה, ומוקי לה בסותר כתלו שהוא ברשותו והרג הניזק שהוא ברשות הרבים. ואמאי גולה? והא בעינן מקום שיהא רשות לניזק ולמזיק, ושיהא הניזק במקום שהמזיק עומד בו! וי"ל: דלא יליף מיניה מקום ההכאה, אלא שיש רשות לנכנס לעכב במקום ההכאה. **נשמטה** השליבה (ד). והרגתו השליבה. אבל אם הרגו אדם — פטור, דבעינן דרך ירידה.

ואי בעית אימא הא דאיתלע והא דלא איתלע. ולפי ה"אי איבעית אימא" כולי עלמא סברי ירידה היא. וקשה: א"כ, אמאי לא קאמר: דכולי עלמא ירידה היא, הא דאתלע והא דלא אתלע? ועוד קשה: כי קאמר מעיקרא דכ"ע עליה היא, א"כ קשה ברייתא זו לברייתא דלעיל: "או השליך עליו" — להביא ירידה שהיא צורך עליה! ונראה לפרש דה"ק: דכ"ע דעליה הוי, ומיירי במיהדק *ודלא אתלע. ולא מיירי בירידה שהיא צורך לעליה, דהא לא פליגי ברייתות. והכא הכי קאמר: איבעית אימא הא והא לגלות, ומיירי הברייתא שמחייבה בירידה שהיא צורך לעליה.

היה עולה בסולם ונפל עליו והרגו — הרי זה אינו גולה. אזה הכלל: כל שבדרך ירידתו — גולה, ושלא בדרך ירידתו — אינו גולה. **גמ'** מנא ה"מ? אמר שמואל, דאמר קרא: "ויפל עליו וימות" — עד שיפול דרך נפילה. תנו רבנן: "בשגגה" — פרט למזיד, "בבלי דעת" — פרט למתכוין. מזיד? פשיטא, בר קטלא הוא! (אלא) אמר רבא: אימא, פרט לאומר מותר. א"ל אביי: אי אומר מותר — אנוס הוא! אמר ליה: שאני אומר: האומר מותר — קרוב למזיד הוא. "בבלי דעת" — פרט למתכוין. מתכוין? פשיטא, בר קטלא הוא! אמר רבה: פרט למתכוין להרוג את הבהמה והרג את האדם, לגוי והרג את ישראל, לנפלים והרג בן קיימא. ת"ר: "אם בפתע" — פרט לקרן זוית, "בלא איבה" — פרט לשונא, "הדפו" — שדחפו בגופו, "או השליך עליו" — להביא ירידה שהיא צורך עליה, "בלא צדיה" — פרט למתכוין לצד זה והלכה לה לצד אחר, "ואשר לא צדה" — פרט למתכוין לזרוק שתים וזרק ארבע. "ואשר יבא את רעהו ביער" — מה יער רשות לניזק ולמזיק ליכנס לשם, אף כל רשות לניזק ולמזיק ליכנס לשם. בעא מיניה רבי אבהו מרבי יוחנן: היה עולה בסולם, ונשמטה השליבה מתחתיו ונפלה והרגה, מהו? כי האי גוונא עליה היא או ירידה היא? א"ל: כבר נגעת בירידה שהיא צורך עליה. איתיביה: זה הכלל, כל שבדרך ירידתו — גולה, שלא בדרך ירידתו — אינו גולה. "שלא בדרך ירידתו" לאיתויי מאי? לאו לאיתויי כה"ג? ולטעמיך, "כל שבדרך ירידתו" לאיתויי מאי? אלא לאיתויי קצב, הכא נמי — לאיתויי קצב. דתניא: קצב שהיה מקצב; תנא חדא: לפניו חייב לאחריו פטור, ותניא אידך: לאחריו חייב לפניו פטור, ותניא אידך: בין לפניו בין לאחריו חייב, ותניא אידך: בין לפניו בין לאחריו פטור. ולא קשיא: כאן — בירידה שלפניו ועליה שלאחריו, כאן — בעליה שלפניו וירידה שלאחריו, כאן — בירידה שלפניו ושל אחריו, כאן — בעליה שלפניו ושל אחריו. לימא כתנאי: היה עולה בסולם ונשמטה שליבה מתחתיו, תני חדא: חייב, ותניא אידך: פטור. מאי לאו בהא קא מיפלגי, דמר סבר: ירידה היא, ומר סבר: עליה היא? לא, דכ"ע עליה היא, ולא קשיא; כאן — לניזקין, כאן — לגלות. איבעית אימא: הא והא [א] לגלות, ולא קשיא; הא — דאתליע, הא — דלא אתליע. ואיבעית אימא: הא והא דלא אתליע, ולא קשיא; הא — דמיהדק, והא — דלא מיהדק.§ **מתני'** *נשמט הברזל מקתו והרג, רבי אומר: אינו גולה, וחכמים אומרים: גולה. מן העץ המתבקע, רבי אומר: גולה, וחכמים אומרים: מאינו גולה.§ **גמ'** תניא, אמר להם רבי לחכמים: וכי נאמר "ונשל הברזל מעצו"? והלא לא נאמר אלא "מן העץ"! ועוד, נאמר עץ למטה ונאמר עץ למעלה, מה עץ האמור למעלה — מן העץ המתבקע, אף עץ האמור למטה — מן העץ המתבקע! אמר רב חייא בר אשי אמר רב: ושניהם מקרא אחד דרשו — "ונשל הברזל מן העץ", רבי סבר: יש אם למסורת, ו"נישל" כתיב. ורבנן סברי: יש אם למקרא, ו"נשל" קרינן. ורבי, יש אם למסורת סבירא ליה? והאמר

גמ' אמר *רבא גרסינן. ולא גרסינן "אלא". באומר מותר. סבור שמותר להרוג את ישראל, והוא מזיד שלו. אנוס הוא. והיאך הוא קורהו מזיד? בפתע פרט לקרן זוית. שלשון "פתע" הוא בסמוך, כדמתרגמינן: "בתכיף". פרט לקרן זוית — אם היה זה יוצא ממבוי זה ונכנס לזה לפנות לימין או לשמאל וספינו בידו, וזה בא כנגדו בקרן זוית, ולא ראהו והרגו. שדחפו בגופו. בלא מתכוין. להביא ירידה שהיא צורך עליה. כגון הרוצה להרים ידו להרים בכח וגרזן בידו, ומשפיל תחלה את גופו וזרועו ושוחה לפניו כדי להרים בכח, ובהשפלתו הרג. דלא תימא: הואיל ולורך עליה היא — פטור מגלות, דהא כתיב "ויפל". בלא צדיה. לשון לידוד, שלא נתכוין לצדד לצד שני. ואשר לא צדה. שלא נתכוין לזרוק בידו וכסמוך לו, אלא שלמקום שזרק, אבל לא היה יודע שיש שם אדם. פרט למתכוין לזרוק שתים וזרק ארבע. א] וכן לזרוק ארבע וזרק שמונה. אף כל שיש לו רשות לניזק כו'. יצאה חצר של בעל הבית. עליה היא או ירידה היא. בתר דידיה אזלינן, והוא היה עסוק בעליה. או בתר שליבה אזלינן, והעולה עליה היה דוחקה ומשפילה כלפי מטה. כבר נגעת כו'. הרי נגעת כאן בירידה שהיא לורך עליה, והא רבינן לה לעיל לחיובא. לפניו חייב. הרג לפניו חייב. ה"ג: כאן בירידה שלפניו ועליה שלאחריו כאן בעליה שלפניו וירידה שלאחריו כאן בירידה שלפניו ושל אחריו כאן בעליה שלפניו ולאחריו. כל דרך עליה פטור, וכל דרך ירידה חייב. הלכך, הא דתניא: לפניו חייב, לאחריו פטור — בירידה שלפניו ועליה של אחריו. השפיל זרועו כדי להרים בכח, והרים (א) מכח — לפניו בהשפלתו חייב, הרג בעלייתו לאחוריו — פטור. והא דתניא: לאחריו חייב, לפניו פטור — בעליה שלפניו וירידה שלאחריו. כגון המרים ידו בכח עד שהשפילו דרך אחוריו ממעל לכתפיו, וחזר והגביהן להכות לפניו. הרג בהשפלתו דרך אחוריו — חייב, הרג בהגבהתו — פטור. והא דתניא: בין לפניו ובין לאחריו חייב — בירידה שלפניו או שלאחריו. והא דתניא: בין לפניו בין לאחריו פטור — בעליה שלפניו ושל אחריו. לימא כתנאי. הך בעיא דרבי אבהו. לנזקין. חייב. אם לא הרגו אלא הזיקו — חייב, דלנזקין לא שני לן בין שוגג למזיד בין ירידה לעליה, כדאמרינן בב"ק (דף כו:): "פצע תחת פצע" — לחייב על השוגג כמזיד ואונס כרצון. הא דאתליע. חייב, שכל שליבה שהתליעה כשדורסין עליה נכפפת היא למטה וירידה היא. ואם לא התליעה — אין כאן ירידה. הא דמהדק. אם היתה השליבה מלא הנקב, שהיא תחובה בו ואחוזה יפה יפה — אין כאן דרך ירידה, ופטור. לא מהדק — ירידה יש כאן, וחייב. **מתני'** מן העץ המתבקע. יצא קיסם וניתז למרחוק והרג. **גמ'** נאמר עץ למטה. "ונשל הברזל מן העץ". ונאמר עץ למעלה. "לכרות העץ". יש אם למסורת. כמה שנמסרה כתב של תיבה למשה הנו לריכין לדורשה, ולא לפי המקרא. כשאתה קורא "ונשל" אתה מוסיף הברה של אל"ף או של ה"א בין נו"ן לשי"ן, ולפי המסורת "ונישל" כתיב, ופירושו: נישל — שהשיל הברזל מן העץ המתבקע ומלא את רעהו. ורבנן סברי יש אם למקרא, "ונשל" קרינן, לשון פעל — הברזל עצמו נשל מעל עצו. הא

נ"ל רבה רש"ל | (לקמן ט:) | נ"ל רבה תוס' בסנהדרין דף סב. רש"ל | [שם] | [שם] | (ועי' תוס' ב"ק כו: ד"ה פרט ותוספות סנהדרין עז: ד"ה סתם ותוס' לקמן ט. ד"ה ורב חסדא) | ב"ק כו: | (ועי' תוספות סנהדרין עז: ד"ה סתם ותוס' ב"ק כו: סד"ה פרט וכו' ומה שהגיהו בתוספות) | (וע"ע תוס' שבת עב: ד"ה כאומר ותוספות סנהדרין סב. ד"ה ורבא) | כדפירשנו בפרק כילד הרגל. מהרש"ם | (ועי' תוס' לקמן ח. ד"ה בלא איבה)

הגהות הב"ח

(א) רש"י ד"ה ה"ג כאן וכו' והרים בכח הרג לפניו בהשפלתו חייב: (ב) תוס' ד"ה אלא וכו' וקשה ומ"ש דגבי וכו' וחייבין כדאיתא פרק כלל גדול: (ג) ד"ה ואשר וכו' פרש"י דממעט: (ד) ד"ה נשמטה השליבה מתחתיו ונפלה והרגתו השליבה אבל אם נפל האדם והרגו אדם פטור:

הגהות הגר"א

[א] גמ' הא והא לג' נ"ב גירסת הרמב"ם לנזקין ומתורץ בגירסתו קושית התוס' (ועמ"ש רבינו בח"מ סי' שע"ח ס"ק י' י"ח):

רבינו חננאל

עד זה הכלל כל שבדרך ירידתו גולה שלא כדרך ירידתו אינו גולה. מנא הני מילי. אמר שמואל דאמר קרא ויפל עליו וימות עד שיפיל עליו דרך נפילה: ת"ר בשגגה פרט למזיד. כלומר אינו גולה. אוקמה רבא דהאי מזיד שאינו גולה באומר מותר שהאומר מותר קרוב למזיד הוא ולא מיכפר ליה בגלות. אבל המזיד בר קטלא הוא. בבלי דעת אוקמה רבא פרט למתכוין להרוג בהמה והרג אדם לגוי והרג ישראל לנפלים והרג בן קיימא שאינו גולה: ת"ר אם בפתע פרט לקרן זוית דהוה ליה לעיוני. בלא איבה פרט לשונא. כלומר הני לא סגי להו בגלות. הדפו שדחפו בגופו. או השליך עליו להביא ירידה שהיא צורך עלייה. בלא צדיה פרט למתכוין לצד זה והלכה לה לצד אחר. ואשר לא צדה פרט למתכוין לזרוק ב' אמות וזרק ד' אמות והיה שם אדם והכהו דלא מיכפר להו בגלות א) ואשר יבא את רעהו ביער מה יער רשות לניזק ולמזיק ליכנס שם אף כל שיש רשות לניזק ולמזיק ליכנס שם דינו הכי. בעא ר' אבהו מר' יוחנן היה עולה בסולם ונשמטה שליבה מתחתיו ונפלה והרגה מהו. ופשט ליה דהיא ירידה צורך עלייה. ומותיב ליה הא דתנן כל שלא כדרך ירידתו אינו גולה מאי לאו כי האי גוונא. ופריק ליה לא לעולם כי האי גוונא גולה ומתניתין בעין קצב שהיה מקצב דתנו ביה ד' בבי. תני חדא לפניו חייב לאחריו פטור כו' ופרקינן לא קשיא. פי' דרך המקצב להעלות הקופיץ מלפניו ולהורידו לאחריו ואח"כ מחזירו ומעלהו מאחריו ומורידו לפניו ומכה בבהמה הא דתני לפניו חייב דרך ירידה לפניו חייב. פי' בעת שמחזיר הקופיץ מאחוריו להכות על הבהמה כדי לנתחה שזו היא ירידה ממש ובירידה שלאחריו בהחזרת הקופיץ שהיא כעין עלייה פטור. והא דתניא לאחריו חייב לפניו פטור הוא בהגבהת הקופיץ מלפניו עד שיחזירו לאחריו פטור שהוא דרך עלייה לאחריו חייב שהוא דרך ירידה ג) (ופירשנוהו) [ופירשוהו] בתלמוד ארץ ישראל. א"ר ינאי טבח והכה בין מלמעלה בין מלמטה גולה ואתיא כדמר בר רב הונא ג) טבח שהיה מקצב והכה לפניו למטה גולה. למעלה אינו גולה. לאחריו למעלה גולה. למטה אינו גולה. והא דתני' לאחריו חייב בירידה שלפניו ושל אחריו. והא דתניא בין לפניו בין לאחריו פטור בעלייה שלפניו ושל אחריו כאשר כבר פירשנו. והא דבעי רבי אבהו מר' יוחנן היה עולה בסולם [illegible]

א) וכן פי' ר"ח בב"ק דף כ"ו ע"ב הובא בחידושי הרשב"א ובשיטה מקובצת שם: ב) וכן נראה מפסק הרמב"ם הל' רוצח פ"ו הי"ג כפירוש ר"ח דלא כרש"י: ג) בירושלמי איתא כיי רב הונא: ד) חסר דע"ס הוא וכו' צריך להגיה בחירוק וצ"ע: ה) לפי פירוש זה אשר לאחריו הלך הרמב"ם ספ"ו מהל' רוצח דלא מדויק לישנא דמתניתין דמן העץ המתבקע נמי אגשמט הברזל קאי:

הגהות מהר"ב רנשבורג

א] רש"י ד"ה פרט וכו' וכן לזרוק ארבע וזרק שמונה. נ"ב נ"ל וזרק ארבע וכ"ה בסנהדרין דף עז: בלשון התוס' ד"ה סתם. (בגמ' דב"ק כו ב' מבואר כמ"ש רש"י כאן ותו"ל):

גליון הש"ס

גמ' בבלי דעת פרט למתכוין. עי' לקמן דף ט' ע"ב ותוס' שם ד"ה ור"ש: **שם** מה יער רשות. עי' לקמן דף ח' ע"ב:

והאמר רב יצחק בר' יוסף אמר רבי יוחנן: רבי, ורבי יהודה בן רועץ, וב"ש, ור"ש, ור"ע, כולהו סבירי להו: יש אם למקרא! היינו דקאמר להו "ועוד". אמר רב פפא: מאן דשדא פיסא לדיקלא ואתר תמרי, ואזול תמרי וקטול — באנו למחלוקת דרבי ורבנן. פשיטא! מהו דתימא: ככח כחו דמי, קמ"ל. אלא כח כחו, לרבי היכי משכחת לה? כגון דשדא פיסא ומחיה לגרמא, ואזיל גרמא ומחיה לכבאסא ואתר תמרי, ואזול תמרי וקטול.

מתני' הזורק אבן לרה"ר והרג — ה"ז גולה. ר"א בן יעקב אומר: אם משיצאתה האבן מידו הוציא הלה את ראשו וקבלה — ה"ז פטור. זרק את האבן לחצרו והרג, אם יש רשות לניזק ליכנס לשם — גולה, ואם לאו — אינו גולה. שנאמר: "ואשר יבא את רעהו ביער", מה היער רשות לניזק ולמזיק ליכנס לשם — אף כל רשות לניזק ולמזיק להכנס לשם, יצא חצר בעל הבית, שאין רשות לניזק (ולמזיק) ליכנס לשם. אבא שאול אומר: מה חטבת עצים רשות — אף כל רשות, יצא האב המכה את בנו, והרב הרודה את תלמידו, ושליח ב"ד.

גמ' לרה"ר — מזיד הוא! אמר רב שמואל בר יצחק: בסותר את כותלו. איבעי ליה לעיוני! בסותר את כותלו בלילה. בלילה נמי איבעי ליה לעיוני! בסותר את כותלו לאשפה. האי אשפה ה"ד? אי שכיחי בה רבים — פושע הוא, אי לא שכיחי בה רבים — אנוס הוא! א"ר פפא: לא צריכא אלא לאשפה העשויה ליפנות בה בלילה ואין עשויה ליפנות בה ביום, ואיכא דמקרי ויתיב; פושע לא הוי — דהא אינה עשויה ליפנות בה ביום, אונס נמי לא הוי — דהא איכא דמקרי ויתיב. ת"ר: "ומצא" — פרט לממציא את עצמו. מכאן אמר רבי אליעזר בן יעקב: אם משיצתה האבן מידו הוציא הלה את ראשו וקבלה — פטור. למימרא ד"מצא" מעיקרא משמע? ורמינהי: "ומצא" — פרט למצוי, שלא ימכור ברחוק ויגאול בקרוב, ברעה ויגאול ביפה! אמר רבא: הכא מעניינא דקרא והתם מעניינא דקרא; התם מעניינא דקרא: "ומצא" דומיא ד"והשיגה ידו", מה "והשיגה ידו" מהשתא — אף "מצא" נמי מהשתא. הכא מעניינא דקרא: "ומצא" דומיא דיער, מה יער מידי דאיתיה מעיקרא — אף "ומצא" נמי, מידי דאיתיה מעיקרא. "הזורק את האבן" וכו'. א"ל ההוא מרבנן לרבא: ממאי דמחטבת עצים דרשות? דלמא מחטבת עצים דסוכה ומחטבת עצים דמערכה, ואפ"ה אמר רחמנא ליגלי! א"ל: כיון דאם מצא חטוב (אינו חוטב) לאו מצוה, השתא נמי לאו מצוה. איתיביה רבינא לרבא: יצא האב המכה את בנו והרב הרודה את תלמידו ושליח ב"ד; לימא: כיון דאילו גמיר לאו מצוה — השתא נמי לאו מצוה! התם אע"ג דגמיר — מצוה, דכתיב: "יסר בנך ויניחך ויתן מעדנים לנפשך". הדר אמר רבא: לאו מילתא היא דאמרי. "ואשר יבא את רעהו ביער" — (מה יער) דאי בעי עייל ואי בעי לא עייל, ואי סלקא דעתך מצוה — מי סגיא דלא עייל? אמר ליה רב אדא בר אהבה לרבא: כל היכא דכתיב "אשר", דאי בעי הוא? אלא מעתה, "ואיש אשר יטמא ולא יתחטא" אי בעי מיטמא אי בעי לא מיטמא? מת מצוה דלא סגי דלא מיטמא — הכי נמי דפטור? שאני התם דאמר קרא טמא

רש"י

הא דרב יצחק בר' יוסף בסנהדרין בשמעתא קמייתא (דף ז.). היינו. דקא הדר רבי ואמר "ועוד" למילתיה בגזירה שוה. פיסא = רגב, גוש עפר. ואתר תמרי. והשיר תמרים. באנו למחלוקת. דמן העץ המתבקע. מהו דתימא. הא לרבי ככח כחו דמי ופטור, שהרג היה כח ראשון ונשירת התמרים היה כח שני — קמ"ל שהרגו כגרזן והתמרים כקיסם הניתז. לגרמא. הוא עץ שהתמרים תלוין אללו. ומחיה לכבאסא. הוא אשכול התמרים המקובצים יחד. **מתני'** ר"א בן יעקב. מפרש טעמא בגמרא. האב המכה את בנו. להטותו לדרך (ג) אחרת. ושליח ב"ד. המלקה ארבעים לחייב מלקות. **גמ'** ליפנות בה. בני אדם לנקביהם. ואיכא דמיקרי ויתיב. ליפנות ביום. ומצא. משמע שהוא שם ומאליו נשירת נשל הברזל. פרט לממציא עצמו. אחרי כן הוציא הלה את ראשו מן החלון וקיבל האבן במוחו. ומצא פרט למצוי. במוכר שדה אחוזתו ובא לגאלו כתיב: "והשיגה ידו ומצא" — פרט למצוי. (ג) אם היתה גאולה זו מצויה בידו כשמכרה — אין כופין את הלוקח להחזירה לו ליפדות. השתא נמי. כי לא מצא חטובה, אין החטבה מצוה אלא עשיית הסוכה. לאו מצוה. להכותו. לאו מילתא היא דאמרי. לקיים טובה מזו היה לי להציל מן המקרא עצמו, דלאו בחטבה דמצוה איירי. דאי בעי מיטמא אי בעי לא מיטמא. אותו חייב לך הכתוב כרת אם נכנס למקדש בטומאה זו. ה"נ דפטור. מכרת. לרבות

תוספות

היינו דקאמר להו ועוד. פירוש: משמע דמעיקרא ה"א טעמא משום אם למסורת, ובתר הכי קאמר "ועוד". כלומר, אע"ג דס"ל אם למקרא, מ"מ הכא איכא למשמע מגזירה שוה. ותימה: דמעיקרא נמי לא תלי טעמא במסורת, אלא משום דלא כתיב "מעצו"! ואמר ה"ר יוסף בכור שור דהיא היא, וה"ק: וכי נאמר "ונשל הברזל מעצו"? דאי (ד) כתיב כן — אז הוי מיושב לומר יש אם למקרא לקרות ונָשַל כדקרי, וכדאמרי רבנן. והלא לא נאמר אלא "מן העץ", וא"כ אין לשון המקרא דקרינן ונָשַל מיושב על זה! אלא ודאי "מן העץ" מוכיח דיש אם למסורת שהוא ונִישֵל כמו והִשִיל, וזה הלשון מיושב על "מן העץ", דמן העץ המתבקע. (ה) והשתא ניחא הא דקאמר "ועוד". וכן *פירש בסנהדרין גבי "יראה" "יראה", דמשמע שפיר *מן המסורת דהיינו יִרְאֶה, משום דפשטיה דקרא משמע, דכתיב בתריה "את פני האדון" וגו', א"כ משמע: יראה זכורך פני האדון, והיינו לפי המסורת. אבל לפי המקרא דקרינן יֵרָאֶה — הל"ל "לפני האדון".

מהו דתימא ככח כחו דמי. ולא דמי לעץ המתבקע, דהתם נגע במה שבידו בשעת התזת העץ, אבל הכא שכבר יצא מידו בשעת התזת תמרים, דמי שפיר לכח כחו, אימא לא ליחייב — קמ"ל.

לא צריכא אלא כו'. פירוש: דמהשתא לא צריך לאוקומא בסותר, דהוא הדין בזורק ממש.

באשפה העשויה וכו'. והשתא מיירי ביום, ובזורק לאשפה ולא בסותר כותלו. וא"ת: ולינקוט באינה עשויה ליפנות כלל, (ו) וגם בלילה איכא דמקרי ויתיב, וכדקאמר השתא! וי"ל: דא"כ אנוס הוא, דלית ליה לאסוקי אדעתיה הוא דמקרי ויתיב, כיון שאינה עשויה ליפנות כלל. אבל השתא (ז) בעשויה ליפנות בלילה, אית ליה לאסוקי גם ביום הוא דמקרי ויתיב.

אף ע"ג דגמיר מצוה קא עביד כו'. וא"ת: מ"מ קשה משליח ב"ד, דכיון דאילו לקה כבר לאו מצוה קא עביד וכו'! וי"ל: דמ"מ איכא מצוה מתחילה. מה שאין כן בחטיבת עלים דסוכה, (ח) ואם מצאן חטובות לא היה שם חטיבת מצוה מעולם, שהרי לא נחטבו לכך. וליכא למימר נמי: כיון דאילו לא חטא לאו מצוה היא וכו' — דהסיא לאו שליח ב"ד מיקרי. ולא דמי לרבו ואביו, דלעולם שמו, (ט) זה על בנו וזה על תלמידו. (לעיל*)

בלא איבה פרט לשונא. תימה: אמאי איצטריך האי קרא? תיפוק ליה דכתיב במשנה תורה: "והוא לא שונא"! (י) ול"ע. ושמא י"ל דבמשנה תורה נחזרת ונשנית בשביל דבר שנתחדש מיער. והרבה פרשיות יש בענין זה במשנה תורה. אבל לא קשה מ"ולא אויב לו" ד"אלה מסעי", דהוה איצטריך למימר אפילו (כ) לא אויב לו [לעדים ולדיינים] כדאמרי' בסנהדרין (דף כט.). *במשנה תורה כתיב נמי: "כי לא שונא הוא לו" (ל) משום פרשה שנשנית) כך נראה למשי"ח.

עין משפט נר מצוה

יב א מיי' פ"ו מהלכות רוצח הלכה טו סמג עשין עה:
יג ב מיי' שם הל' יא:
יד ג ד מיי' שם הלכה ו:
טו ה ו ז מיי' שם הל' ז:
טז ח מיי' שם הלכה ח:
יז ט מיי' שם הל' ט:
יח י מיי' פי"א מהל' שמיטין הלכה יז סמג לאוין ערה:
יט כ מיי' פ"ה מהלכות רוצח הלכה ה ו סמג עשין עה:

רבינו חננאל

והלא מפורש בתחלת סנהדרין כי רבי יש אם למקרא סבירא ליה. אמר לך כתב למעלה לחטוב עצים וכתב למטה ונשל הברזל מן העץ מה העצים הכתובים למעלה העצים המתבקעין הן אף עץ הכתוב למטה מן העץ המתבקע. וחכ"א גולה מאי טעמא ונשל כתיב מכל מקום (א) אמר רב פפא האי דשדא פיסא. פי' טיט שיבש ונעשה כאבן לדיקלא ואתר תמרי ואזול תמרי וקטול לרבי דמחייב בהתזת בקעת חייב דתמרי במקום בקעת עומדין לרבנן כח כחו הוא ופטור. אלא לרבי כח כחו היכי הוי. כגון דשדא פיסא ומחייה לגרמא (ב) ואזל גרמא ומחייה לכבסא פירוש סנסני (של) תמרים (ג) ואתר תמרי אזול תמרי וקטול היינו כח כחו ופטור: הזורק אבן ברשות הרבים והרג הא ודאי מזיד הוא והאי דתנן גולה אוקימנא בסותר את כותלו. ירושלמי כגון שהיה כותלו גוהה והיה סותרו לאשפה העשויה להיפנות בה בלילה ואינה עשויה להיפנות בה ביום ואיכא דמיקרי יתיב ומיפנה בה פושע לא הוי דהא אינה עשויה להיפנות בה ביום אנוס נמי לא הוי דהא איכא דמיקרי ויתיב לפיכך גולה. ת"ר ומצא את רעהו פרט לממציא את עצמו מיכן א"ר אליעזר בן יעקב אם משיצאת האבן מידו הוציא הלה את ראשו וקיבלה פטור. ואסיק' האי ומצא מידי דהוה מעיקרא משמע דומיא דיער והאי דכתב ומצא כדי גאולתו מידי דלא הוה מעיקרא אלא השתא איזדמן ליה דומיא דהשיגה ידו: הזורק אבן לחצרו והרג אם יש רשות לניזק ליכנס לשם גולה כו'. אבא שאול אומר מה חטבת עצים רשות אף כל רשות יצא האב המכה בנו והרב הרודה את תלמידו ושליח ב"ד. ומקשו עליה וממאי דהאי דכתב לחטוב עצים דרשות הן דלמא חטבת עצים למערכה או עצים לעשות סוכה דאינון מצוה ואפילו הכי גולה. ודחי רבא כיון דאי מצא עצים חטובים למערכה ולסוכה [אינו חוטב] חטבת עצים דהשתא לאו מצוה היא. ואקשינן עליה אי הכי הני נמי האב לבנו והרב לתלמידו כיון דאילו גמירי לאו מצוה קא עביד בהכאתן אף בדלא גמירי אינה מצוה. ופרקינן הני אע"ג דגמירי מצוה קא עביד דכתב יסר בנך ויניחך וגו'. והדר אמר רבא [illegible]

סנהדרין ז. | ב"ק לג. | רש"א מ"ז | כסה"מ ל"ג אף כל רשות | ב"ק לב: | דברים יט | סם לג. | דברים יט | ויקרא כה | ערכין ל: | משלי כט | שבת סג. וש"נ | במדבר יט

גליון הש"ס

מתני' אם יש רשות לניזק. עי' ב"ק דף לב ע"ב תוד"ה דלא סגי: שם מה היער. לעיל ז ע"ב: גמ' הכא מעניינא. עי' סוטה דף מה ע"א.

הגהות הב"ח

(א) גמ' הכא מעניינא דקרא. נ"ב עיין בסנהדרין דף פא [illegible]

"טָמֵא יִהְיֶה" — מ"מ. הַהוּא מִיבָּעֵי לֵיהּ *לְכִדְתַנְיָא: "טָמֵא יִהְיֶה" — אלְרַבּוֹת טְבוּל יוֹם, "טוּמְאָתוֹ בוֹ" — בלְרַבּוֹת מְחוּסַּר כִּפּוּרִים! א"ל: אֲנָא מֵ"עוֹד (טוּמְאָתוֹ") קָא אָמִינָא. אִיכָּא דְּמַתְנֵי לָהּ אַהָא: °"בֶּחָרִישׁ וּבַקָּצִיר תִּשְׁבֹּת", *ר"ע אוֹמֵר: אֵינוֹ צָרִיךְ לוֹמַר חָרִישׁ שֶׁל שְׁבִיעִית וְקָצִיר שֶׁל שְׁבִיעִית, שֶׁהֲרֵי כְּבָר נֶאֱמַר: °"שָׂדְךָ לֹא תִזְרָע וְכַרְמְךָ לֹא תִזְמֹר". אֶלָּא, אֲפִילּוּ חָרִישׁ שֶׁל עֶרֶב שְׁבִיעִית שֶׁנִּכְנָס לִשְׁבִיעִית, וְקָצִיר שֶׁל שְׁבִיעִית שֶׁיּוֹצֵא לְמוֹצָאֵי שְׁבִיעִית. רַבִּי יִשְׁמָעֵאל אוֹמֵר: מָה חָרִישׁ רְשׁוּת — אַף קָצִיר רְשׁוּת, גיָצָא קְצִיר הָעוֹמֶר שֶׁהוּא מִצְוָה. א"ל הַהוּא מֵרַבָּנָן לְרָבָא: מִמַּאי דַּחֲרִישָׁה דִּרְשׁוּת? דִּלְמָא חֲרִישַׁת עוֹמֶר דְּמִצְוָה, וְאפ"ה אָמַר רַחֲמָנָא "תִּשְׁבֹּת"! א"ל: כֵּיוָן דְּאִם מָצָא חָרוּשׁ אֵינוֹ חוֹרֵשׁ — לָאו מִצְוָה. אֵיתִיבֵיהּ רָבִינָא לְרָבָא: יָצָא הָאָב הַמַּכֶּה אֶת בְּנוֹ, וְהָרַב הָרוֹדֶה אֶת תַּלְמִידוֹ, וּשְׁלִיחַ ב"ד. וְאַמַּאי? לֵימָא: כֵּיוָן דְּאִילּוּ גָּמִיר לָאו מִצְוָה — הַשְׁתָּא נַמִי לָאו מִצְוָה! הָתָם אע"ג דְּגָמִיר נַמִי מִצְוָה קָא עָבֵיד, דִּכְתִיב: °"יַסֵּר בִּנְךָ וִינִיחֶךָ". *הֲדַר אָמַר רָבָא: לָאו מִילְּתָא הִיא דַּאֲמַרִי. (א) קְצִירָה דּוּמְיָא דַּחֲרִישָׁה, מָה חֲרִישָׁה — מָצָא חָרוּשׁ אֵינוֹ חוֹרֵשׁ, אַף קְצִירָה נַמִי — (מָצָא קָצוּר אֵינוֹ קוֹצֵר.) וְאִי ס"ד מִצְוָה, מָצָא קָצוּר אֵינוֹ קוֹצֵר?! מִצְוָה לִקְצוֹר וּלְהָבִיא!§ **מתני'** יהָאָב גּוֹלֶה עַל יְדֵי הַבֵּן, וְהַבֵּן גּוֹלֶה ע"י הָאָב. ההַכֹּל גּוֹלִין עַל יְדֵי יִשְׂרָאֵל, וְיִשְׂרָאֵל גּוֹלִין עַל יְדֵיהֶן, חוּץ *מִגֵּר תּוֹשָׁב. וְגֵר תּוֹשָׁב[א] אֵינוֹ גּוֹלֶה אֶלָּא עַל יְדֵי גֵּר תּוֹשָׁב.§ **גמ'** "הָאָב גּוֹלֶה ע"י הַבֵּן". וְהָאָמַרְתְּ יָצָא הָאָב הַמַּכֶּה אֶת בְּנוֹ! דְּגָמִיר. וְהָאָמַרְתְּ: אע"ג דְּגָמִיר מִצְוָה קָעָבֵיד! בְּשׁוּלְיָא דְּנַגָּרֵי. שׁוּלְיָא דְּנַגָּרֵי חִיּוּתָא הִיא דְּלַמְּדֵיהּ! ידְּגָמֵיר אוּמָנוּתָא אַחֲרִיתֵי.§ "וְהַבֵּן גּוֹלֶה ע"י הָאָב" כו'.§ וּרְמִינְהִי: °"מַכֵּה נֶפֶשׁ" — פְּרָט לְמַכֶּה אָבִיו! אָמַר רַב כָּהֲנָא: לָא קַשְׁיָא, הָא — ר"ש, וְהָא — רַבָּנַן; *לר"ש דְּאָמַר: חֶנֶק חָמוּר מִסַּיִף — שִׁגְגַת סַיִף נִיתְּנָה לְכַפָּרָה, שִׁגְגַת חֶנֶק לֹא נִיתְּנָה לְכַפָּרָה. לְרַבָּנַן דְּאָמְרִי: סַיִף חָמוּר מֵחֶנֶק — הוֹרֵג אָבִיו [בְּשׁוֹגֵג] שִׁגְגַת סַיִף הוּא, וְשִׁגְגַת סַיִף נִיתְּנָה לְכַפָּרָה. רָבָא אָמַר: חפְּרָט לְעוֹשֶׂה חַבּוּרָה בְּאָבִיו בְּשׁוֹגֵג. ס"ד אָמִינָא: כֵּיוָן דְּבְמֵזִיד בַּר קְטָלָא הוּא — בְּשׁוֹגֵג נַמִי לִיגְלֵי, קמ"ל.§ "הַכֹּל גּוֹלִין עַל יְדֵי יִשְׂרָאֵל" וכו'.§ "הַכֹּל גּוֹלִין עַל יְדֵי יִשְׂרָאֵל" לְאִיתוּיֵי מַאי? לְאִיתוּיֵי עֶבֶד וְכוּתִי. תָּנֵינָא לְהָא, דְּת"ר: טעֶבֶד וְכוּתִי גּוֹלֶה וְלוֹקֶה ע"י יִשְׂרָאֵל, וְיִשְׂרָאֵל גּוֹלֶה וְלוֹקֶה ע"י כּוּתִי וְעֶבֶד. בִּשְׁלָמָא עֶבֶד וְכוּתִי גּוֹלֶה ע"י יִשְׂרָאֵל וְלוֹקֶה, גּוֹלֶה — דְּקַטְלֵיהּ, וְלוֹקֶה — דְּלַטְיֵיהּ. אֶלָּא יִשְׂרָאֵל גּוֹלֶה וְלוֹקֶה ע"י כּוּתִי; בִּשְׁלָמָא גּוֹלֶה — דְּקַטְלֵיהּ. אֶלָּא לוֹקֶה אַמַּאי, דְּלַטְיֵיהּ? °"וְנָשִׂיא בְעַמְּךָ לֹא תָאֹר" — *בְּעוֹשֶׂה מַעֲשֵׂה עַמְּךָ! אֶלָּא אָמַר רַב אַחָא בַּר יַעֲקֹב: כְּגוֹן שֶׁהֵעִיד בּוֹ וְהוּזַם. דִּכְוָותֵיהּ גַּבֵּי עֶבֶד — שֶׁהֵעִיד בּוֹ וְהוּזַם, עֶבֶד בַּר עֵדוּת הוּא?! אֶלָּא אָמַר רַב אַחָא בְּרֵיהּ דְּרַב אִיקָא: הָכָא בְּמַאי עָסְקִינַן — יכְּגוֹן שֶׁהִכָּהוּ הַכָּאָה
שֶׁאֵין

תורה אור: שמות לד | ויקרא כה | משלי כט | במדבר לה | שמות כב

רש"י

לרבות טבול יום. שאם נכנס למקדש ענוש כרת. לרבות מחוסר כיפורים. מאותן טומאות הצריכות קרבן, וטבל והעריב שמשו ולא הביא כפרתו ונכנס למקדש — חייב. וארבע טומאות הן הטעונות קרבן: הזב והזבה והיולדת והמצורע. מעוד קאמינא. "עוד טומאתו בו", "עוד" קרא יתירא, לדרשא הוא. איכא דמתני לה. להא דא"ל ההוא מרבנן לרבא, והא דאותביה רבינא אהא. אין צ"ל חריש וקציר של שביעית כו'. דעל כרחך בשביעית דשמיטה הכתוב מדבר, דאי בשביעי כדכתיב, דאיום השביעי קאי — מאי שנא חריש וקציר דנקט? אלא ה"ק: ששת ימים תעבוד וביום השביעי תשבות, והששה שאתה עובד בהן — בחריש ובקציר תשבות. (ב) הנכנס לשביעית. (וחריש של שביעית) שלא יחרוש בששית חרישה המועלת לשביעית. וקציר של שביעית היוצא למוצאי שביעית. שאם הביאה שליש בשביעית — מאז היא ראויה ליקצר, ואם קוצרה בשמינית צריך לנהוג בה קדושת שביעית. רבי ישמעאל אומר מה חריש רשות כו'. ובשבת קאי. ולהכי נקט חריש וקציר — לומר לך: מה החריש שאני אוסר לך בשבת חריש של רשות הוא, שאין לנו חריש של מצוה, אף קציר איני אוסר לך אלא של רשות. יצא קציר העומר. אם מצא חרוש אינו צריך לחרוש. אבל קציר, אפילו מצא קצור — מצוה לקצור לשמה, דכתיב: "וקצרתם והבאתם את עומר". לאו מילתא היא דאמרי. שהיה לי להשיבו תשובה נצחת, דקרא לאו במצוה איירי. מאי טעמא קציר דומיא דחריש. מה חריש בכל מקום, מצא חרוש אין מצוה לחרוש — אף קציר בהכי עסקי', שאם מצא קצור אין מצוה לקצור. יצא קציר העומר, שאפילו מצא קצור מצוה לקצור. ואי ס"ד מצוה. בקציר של מצוה, מצא קצור אינו קוצר?! תמיהא היא זו. מתני' ע"י הבן. אם הרגו לבנו בשוגג. חוץ מגר תושב. שאין ישראל גולה על ידו. (ג) הכל גולין. מפרש בגמרא לאיתויי מאי. גמ' בשוליא דנגרי. בלימוד חרש עצים, שאינו מלמדו תורה אלא אומנות. שוליא = יוינד"רינו. חיותיה הוא. ואף זו מצוה על האב ללמדו. דילפינן לה מקרא בפרק קמא דקדושין (דף ל:) דכתיב: "ראה חיים עם אשה אשר אהבת", הקיש אומנות שהוא חיותו לאשה: כשם שאביו חייב להשיאו אשה, כדכתיב: "וקחו לבניכם נשים", כך חייב ללמדו אומנות. מכה נפש. גבי הורג בשגגה כתיב, "לנוס שמה מכה נפש בשגגה". פרט למכה אביו. שלא חייב גלות אלא למי שהכאתו תלויה בנפש, שאינו חייב עליו אלא אם כן הרגו. יצא מכה אביו שהוא חייב עליו מיתה בחבורה בעלמא. וקא ס"ד דממעט ליה מגלות אפילו הרגו. לרבנן שמעון דאמר. בסנהדרין בפ' "ד' מיתות" (דף מט.): חנק חמור מסייף, ולדידיה ההורג את אביו בחנק. דתנן (שם דף פא.): מי שנתחייב ב' מיתות ב"ד נידון בחמורה. וההורג אביו חייב שתי מיתות, שהעושה חבורה באביו מן הנחנקין הן, והמכה נפש מן הנהרגין, וכאן יש חבורת אביו ורציחה. ולר"ש דאמר חנק חמור, אם היה זה מזיד היה בחנק, ועכשיו שהוא שוגג — לא נתנה שגגתו לכפרה בגלות. אם נתנה תורה כפרה לשגגת סייף שהיא קלה, לא נתנה כפרה לשגגת חנק. ולרבנן דאמרי סייף חמור מחנק הורג אביו שגגת סייף הוא. שהרי אילו מזיד היה — נידון בחמורה שהיא סייף, ושגגת סייף נתנה לכפרה בגלות. רבא אמר. ברייתא נמי רבנן, וההורג את אביו נמי גולה, דשגגת סייף היא. והא דקתני: פרט למכה אביו — לאו להורגו קא ממעיט, אלא בעושה בו חבורה בשוגג. לוקה דלטייה. ואמרינן [בשבועות] (דף לה.): המקלל את חבירו עובר בלא תעשה, ואתיא ב"מה הצד" מהמקלל דיין ונשיא וחרש (סנהדרין דף סו). שהעיד בו. שהוא חייב מלקות.
שאין

תוספות

טמא יהיה מכל מקום. קשה: לישתוק מ"אשר" ומ"יהיה"! ויש לומר: ד"אשר" אורחיה דקרא הוא. דלמא חרישת העומר דמצוה ואמר רחמנא תשבות. קשה: לישתוק מיניה ד"תשבות", ומהיכי תיתי לן? דהא למישרי מצרכין קרא! וי"ל: דהא לא הוה רק לסתור דרשא דאשמעינן מה חריש רשות, ומעתה נאמר דאתא לדרשא אחרינא. אינו צ"ל חריש וקציר של שביעית כו'. תימה: דבשלמא קציר כתיב בהאי ענינא, "את ספיח קצירך לא תקצור", אבל חרישה לא כתיב כלל התם! וכ"ת דילפינן מקראי דכתיבי כל שאר עבודות קרקע — הא איכא מ"ד פ"ק דמו"ק (דף ג.) דדוקא אהנך דכתיבי בהדיא מיחייב אבל אינך לא. וחרישה גופה ממעט התם, מדקאמר: החורש בשביעית אינו לוקה! (ד) וי"ל: דכיון דקסבר ד"קציר" אתי לתוספת — "חריש" נמי אתא לתוספת. והא אמרת יצא האב המכה בנו. קשה (ה) [לר"י]: דהיינו דוקא כשמייסרו ומכהו בתוכחתו, אבל אם הלך ביער והורגו בשוגג למה לא יגלה? וי"ל: דמשמע ליה דמיירי בכל ענין, אף אם מכהו לייסרו, דאם לא כן — אמאי נקט טפי בן מאדם אחר.
אלמא

עין משפט נר מצוה

כ א ב מיי' פ"ג מהלכות ביאת מקדש הלכה ו ז והלכה יד:
כא ג מיי' פ"ז מהלכות תמידין הלכה ו סמג עשין קנט:
כב ד מיי' פ"ה מהלכות רוצח הלכה ה סמג עשין עה:
כג ה מיי' שם הל' ג:
כד ו מיי' שם [עיין כ"מ]:
כה ז מיי' שם הל' ה:
כו ח מיי' פ"ז שם הלכה טו:
כז ט מיי' פ"ה שם הלכה ג:
כח י מיי' פט"ז מהל' סנהדרין הלכה יב סמג לאוין קנט:

רבינו חננאל

דכתב עוד טומאתו בו עוד לרבויי למת מצוה. טמא יהיה לרבות טבול יום. טומאתו בו לרבות מחוסר כפורים. איכא דמתני לה להא דאמר ליה ההוא מרבנן לרבא ושינויא דשני ליה רבא אהא בחריש ובקציר תשבות ר' עקיבא אומר אין צ"ל חריש של שביעית וקציר של שביעית כו' ופשוטה היא: האב גולה על ידי הבן. כלומר אם הכה האב את בנו והרגו הרי זה גולה ואוקמה שלא הכהו ללמדו תורה ולא מוסר אלא הכהו ללמדו אומנות והוא דידע אומנות אחרת דכיון דאית ליה אומנות אחרת הא אית ליה חיותא נמצא האב מכהו שלא ברשות לפיכך גולה אבל המכהו ללמדו תורה או מוסר אינו גולה. רמינן ברייתא דקתני בן המכה אביו אינו גולה. כלומר לא סגי ליה בגלות. אמתני' דקתני הבן גולה ע"י האב. ופריק רב כהנא ברייתא ר' שמעון מתני' לרבנן ופשוטה היא. ורבא אמר בשהרגו הבן לאביו דברי הכל גולה וברייתא שעשה בו חבורה ולא הרגו והכי קתני מכה נפש פרט למכה אביו בשוגג ועשה בו חבורה שאינו גולה מ"ט דסד"א כיון שהבן עושה חבורה באביו במזיד אע"פ שלא הרגו נהרג בשוגג נמי כיון שעשה בו חבורה ליגלי קמ"ל דלא: הכל גולין ע"י ישראל כלומר כל ההורג ישראל גולה. וישראל גולה על ידיהן לאיתויי עבד וכותי שאם הרגן ישראל גולה על ידיהן. כדתניא עבד וכותי גולה ע"י ישראל אם הרגו ואם קללו לוקה מדכתב נשיא בעמך לא תאור. ישראל גולה ע"י עבד וכותי אם הרגן ואם הכהו הכאה

מסורת הש"ס

נזיר מה:
לרש"י לא גרסי' רש"ל
שביעית פ"א מ"ד מו"ק ג: [ר"ה ט.]
רש"א מ"ז
[שבת סג: וש"נ]
רש"א מ"ז
[בסה"מ הגי' חוץ מעל ידי גר]
[סנהדרין מט:]
ב"מ מח: סב. סנהדרין פה. [ב"ק לד: יבמות כב: ב"ב ז.]

הגהות הגר"א

[א] במשנה וגר תושב גולה ע"י גר תושב כצ"ל. (וכן הוא לקמן ע' א' ובירושלמי):

הגהות הב"ח

(א) גמ' לאו מלתא היא דאמרי מ"ט קצירה וכו' אף קצירה נמי מצא קצור אינו קוצר יצא קציר העומר שאפי' מצא קצור מצוה לקצור ולהביא ואי ס"ד מצוה מצא קצור אינו קוצר מצוה כצ"ל: (ב) רש"י ד"ה אין צריך לומר וכו' תשבות הס"ד ואח"כ מ"ה חריש של שביעית הנכנס לשביעית שלא יחרוש

בשמיות: (ג) ד"ה הכל גולין נ"ל קודם ד"ה חוץ מגר: (ד) תוס' ד"ה אינו וכו' וי"ל כיון דקסבר דקציר אתי לתוספת. נ"ב פי' דהא דקאמר א"ל לומר חריש לאו דוקא דלאפי' צריך לומר חריש מ"מ כיון דאינו צריך לומר קציר ובע"כ דקציר אתא לתוספת בקציר הנכנס למ"ש א"כ חריש נמי אתא לתוספת בחריש הנכנס לשביעית וא"כ השתא תשבינן לקרא דכתיב חריש כאילו א"ל אלא לענין תוספת ודו"ק: (ה) ד"ה והא וכו' קשה לרש"י דהיינו:

שֶׁאֵין בָּהּ שָׁוֶה פְּרוּטָה. *דא״ר אַמִי א״ר יוֹחָנָן: אהִכָּהוּ הַכָּאָה שֶׁאֵין בָּהּ שָׁוֶה פְּרוּטָה — לוֹקֶה. *וְלָא מַקְשִׁינַן הַכָּאָה לִקְלָלָה.§ "חוּץ (א) מֵעַל יְדֵי גֵּר תּוֹשָׁב" וכו'.§ אַלְמָא גֵּר תּוֹשָׁב גּוֹי הוּא. אֵימָא סֵיפָא: גֵּר תּוֹשָׁב גּוֹלֶה ע״י גֵּר תּוֹשָׁב! אָמַר רַב כָּהֲנָא: לָא קַשְׁיָא, בכָּאן — בְּגֵר תּוֹשָׁב שֶׁהָרַג גֵּר תּוֹשָׁב, כָּאן — בְּגֵר תּוֹשָׁב שֶׁהָרַג יִשְׂרָאֵל. אִיכָּא דְּרָמֵי קְרָאֵי אַהֲדָדֵי; כְּתִיב: °"לִבְנֵי יִשְׂרָאֵל וְלַגֵּר וְלַתּוֹשָׁב בְּתוֹכָם תִּהְיֶינָה שֵׁשׁ הֶעָרִים", וּכְתִיב: °"וְהָיוּ לָכֶם הֶעָרִים לְמִקְלָט" — (ב) לָכֶם וְלֹא לְגֵרִים! אָמַר רַב כָּהֲנָא: ל״ק, כָּאן — בְּגֵר תּוֹשָׁב שֶׁהָרַג יִשְׂרָאֵל, כָּאן — בְּגֵר תּוֹשָׁב שֶׁהָרַג גֵּר תּוֹשָׁב. וּרְמִינְהִי: לְפִיכָךְ גֵּר וְגוֹי שֶׁהָרְגוּ — נֶהֱרָגִין; קָתָנֵי גֵּר דּוּמְיָא דְּגוֹי: מָה גּוֹי, לָא שְׁנָא דְּקָטַל בַּר מִינֵּיהּ וְלָא שְׁנָא דְּקָטַל דְּלָאו בַּר מִינֵּיהּ — נֶהֱרָג, אַף גֵּר, לָא שְׁנָא דְּקָטַל בַּר מִינֵּיהּ וְלָא שְׁנָא קָטַל דְּלָאו בַּר מִינֵּיהּ — נֶהֱרָג! אָמַר רַב חִסְדָּא: ל״ק: כָּאן — שֶׁהֲרָגוֹ דֶּרֶךְ יְרִידָה, כָּאן — שֶׁהֲרָגוֹ דֶּרֶךְ עֲלִיָּיה. דֶּרֶךְ יְרִידָה, דְּיִשְׂרָאֵל גָּלֵי — אִיהוּ נַמִי סָגֵי לֵיהּ בְּגָלוּת. דֶּרֶךְ עֲלִיָּיה, דְּיִשְׂרָאֵל פָּטוּר — הוּא נֶהֱרָג. א״ל (ג) רָבָא: וְלָאו ק״ו הוּא? וּמַה דֶּרֶךְ יְרִידָה דְּיִשְׂרָאֵל גָּלֵי — אִיהוּ נַמִי סָגֵי לֵיהּ בְּגָלוּת, דֶּרֶךְ עֲלִיָּיה דְּיִשְׂרָאֵל פָּטוּר, אִיהוּ נֶהֱרָג?! אֶלָּא אָמַר (ד) רָבָא: גבְּאוֹמֵר מוּתָּר. א״ל אַבָּיֵי: *אוֹמֵר מוּתָּר — אָנוּס הוּא! א״ל: שֶׁאֲנִי אוֹמֵר, אוֹמֵר מוּתָּר — קָרוֹב לְמֵזִיד הוּא. וְאָזְדוּ לְטַעֲמַיְיהוּ, דְּאִיתְּמַר: כְּסָבוּר בְּהֵמָה וְנִמְצָא אָדָם, גּוֹי וְנִמְצָא גֵּר תּוֹשָׁב. רָבָא אוֹמֵר: חַיָּיב, *אוֹמֵר מוּתָּר — קָרוֹב לְמֵזִיד הוּא. רַב חִסְדָּא אוֹמֵר: פָּטוּר, אוֹמֵר מוּתָּר אָנוּס הוּא. אֵיתִיבֵיהּ רָבָא לְרַב חִסְדָּא: °"הִנְּךָ מֵת עַל הָאִשָּׁה אֲשֶׁר לָקַחְתָּ", מַאי לָאו בִּידֵי אָדָם? לָא, בִּידֵי שָׁמַיִם. דַּיְקָא נַמִי, דִּכְתִיב: °"מֵחֲטוֹא לִי". וּלְטַעְמָיךְ, °"וְחָטָאתִי לֵאלֹהִים", לֵאלֹהִים וְלֹא לְאָדָם? אֶלָּא, דִּינוֹ מָסוּר לְאָדָם — הָכָא נַמִי דִּינוֹ מָסוּר לְאָדָם. אֵיתִיבֵיהּ אַבָּיֵי לְרָבָא: °"הֲגוֹי גַּם צַדִּיק תַּהֲרוֹג"! הָתָם כִּדְקָא מְהַדְּרִי (ה) עִלָּוֵיהּ: °"וְעַתָּה הָשֵׁב אֵשֶׁת הָאִישׁ כִּי נָבִיא הוּא", אֵשֶׁת

רש"י

שֶׁאֵין בָּהּ שָׁוֶה פְּרוּטָה. שֶׁאִם יֵשׁ בָּהּ תַּשְׁלוּמֵי פְּרוּטָה – מְשַׁלֵּם וְאֵינוֹ לוֹקֶה. דִּילְפִינַן בִּכְתוּבּוֹת בְּ"אֵלּוּ נְעָרוֹת" (דף לג:): בְּפֵירוּשׁ רִיבְּתָה תּוֹרָה חוֹבֵל בַּחֲבֵירוֹ לְתַשְׁלוּמִין, וְכִי אֵין בָּהּ שָׁוֶה פְּרוּטָה לוֹקֶה שֶׁעָבַר עַל "לֹא יֹסִיף" "פֶּן יֹסִיף" (דברים כה). וְלָא מַקְשִׁינַן הַכָּאָה לִקְלָלָה. לוֹמַר שֶׁכְּשֵׁם שֶׁאֵינוֹ לוֹקֶה עַל קִלְלָתוֹ דִּכְתִיב "בְּעַמְּךָ" – כָּךְ לֹא יִלְקֶה עַל הַכָּאָתוֹ. וּפְלוּגְתָּא הִיא בְּסַנְהֶדְרִין, דְּאִיכָּא דְּמַקִּישׁ וְאִיכָּא דְּלָא מַקִּישׁ. חוּץ מִגֵּר תּוֹשָׁב. וּמַשְׁמַע דְּמִתַּרְוַיְיהוּ מְמַעֵט לֵיהּ, דְּלָא הוּא גּוֹלֶה ע"י הֲרִיגָתוֹ אֶלָּא נֶהֱרָג, וְלֹא יִשְׂרָאֵל גּוֹלֶה עָלָיו. ל"ק כו'. גֵּר תּוֹשָׁב שֶׁהָרַג גֵּר תּוֹשָׁב. גּוֹלֶה, כִּדְקָתָנֵי בְּהֶדְיָא. וְרֵישָׁא כְּשֶׁהָרַג אֶת יִשְׂרָאֵל אֵינוֹ גּוֹלֶה – דְּלָא סַגֵּי לֵיהּ בְּגָלוּת. לְפִיכָךְ. אַשֶּׁבַע מִצְוֹת שֶׁנִּצְטַוּוּ בְּנֵי נֹחַ קָאֵי. (ו) וְקַיְי"ל: אַזְהָרָתָן זוֹ הִיא מִיתָתָן, לְפִיכָךְ גֵּר תּוֹשָׁב אוֹ גּוֹי שֶׁהָרְגוּ – נֶהֱרָגִין, וַאֲפִי' בְּשׁוֹגֵג, שֶׁאֵין בְּנֵי נֹחַ צְרִיכִין הַתְרָאָה, כִּדְאָמְרִינַן בְּסַנְהֶדְרִין (דף נז.). מַה גּוֹי ל"ש קָטַל בַּר מִינֵיהּ. גּוֹי כְּמוֹתוֹ. לָאו בַּר מִינֵיהּ. יִשְׂרָאֵל. אַף גֵּר תּוֹשָׁב לָא שְׁנָא קָטַל בַּר מִינֵיהּ. גֵּר תּוֹשָׁב כְּמוֹתוֹ. דְּלָאו בַּר מִינֵיהּ. יִשְׂרָאֵל. בְּאוֹמֵר מוּתָּר. נֶהֱרָג, דְּלָאו בַּר גָּלוּת הוּא. וְאָזְדוּ לְטַעֲמַיְיהוּ. רַב חִסְדָּא דְּלָא בָּעֵי לְשַׁנּוּיֵי בְּאוֹמֵר מוּתָּר, דְּקָסָבַר אָנוּס הוּא. (ז) וְרָבָא דְּקָאָמַר נֶהֱרָג. כְּסָבוּר בְּהֵמָה. ה"ז כְּאוֹמֵר מוּתָּר, שֶׁהָיָה לוֹ לִלְמוֹד. וְאַף זֶה הָיָה לוֹ לְעַיֵּין, וּבְגֵר תּוֹשָׁב עָסְקִינַן. חַיָּיב. מִיתָה. מַאי לָאו בִּידֵי אָדָם. בְּדִינֵי בְּנֵי נֹחַ. וְזֶה אוֹמֵר מוּתָּר הָיָה – כְּסָבוּר אֲחוֹת אַבְרָהָם הִיא. לֵאלֹהִים וְלֹא לְאָדָם. וַהֲלֹא יוֹדֵעַ שֶׁהִיא אֵשֶׁת אִישׁ! הֲגוֹי גַּם צַדִּיק תַּהֲרוֹג. קס"ד שֶׁהוֹדָה לוֹ הקב"ה, אַלְמָא אָנוּס הוּא. כִּדְקָא מְהַדְּרֵי לֵיהּ עִילָּוֵיהּ. לֹא הוֹדָה לִדְבָרָיו, שֶׁהֵשִׁיב לוֹ תְּשׁוּבָה שֶׁמְּחַיֵּיב מִיתָה. שֶׁאֵינוֹ צַדִּיק בַּדָּבָר, שֶׁהָיָה לוֹ לִלְמוֹד דֶּרֶךְ אֶרֶץ, כִּדְמְפָרֵשׁ וְאָזִיל. מתני'

תוספות

אלמא גר תושב גוי הוא. (אינו) מדקדק מדאתי למעוטי גר תושב, לפי שאינו ממעט אלא גר תושב שהרג ישראל, שאינו גולה אלא נהרג, וכן ישראל שהרג גר תושב דפטור. דכן מוכיח לשון מתני' דקתני "הכל גולין ע"י ישראל וישראל ע"י כולן חוץ מגר תושב", דלא הוי בכלל דהאי הכל דאין גולין ע"י ישראל, וכן ישראל אינו גולה על ידו. (אלא) קא סלקא דעתיה דכיון דישראל אינו גולה ע"י גר תושב, ולא גר תושב ע"י ישראל — אלמא גר תושב דינו כגוי, א"כ הוא הדין גר תושב לגר תושב, מידי דהוה אגוי לגוי. ולכך קאמר: אימא סיפא וכו'. ומשני: רישא דוקא קאמר — גר תושב לישראל, אבל גר תושב לגר תושב לא, וכדמייתי בתר הכי מקרא. ובתוספ' ראיתי שדחק לפרש דמעיקרא סלקא דעתיה דגר תושב וישראל גולין זה ע"י זה, ו"חוץ" דגר תושב דקתני במתני' אתא למעוטי שאין גר תושב גולה ע"י הכל ולא הכל על ידו. ולא ידענא מאי קאמר, חדא, דלא היכא דקתני*) "חוץ" וכו' קאי אכל מה דלעיל מיניה. ואף את"ל דהאי "חוץ" אתי למעוטי דלא הוי בכלל ישראל לגלות ע"י הכל והכל על ידו, (מ"מ) קשה, דהא לא קתני כללא גבי ישראל, ו"חוץ" משמע דאתי לאפוקי מכללא. ועוד, דגר תושב לאו בכלל ישראל הוא, ואמאי איצטריך לאפוקי? וע"ק, דא"כ דס"ד מעיקרא דישראל וגר תושב גולין זה ע"י זה, מאי קאמר: אלמא גוי הוא? אי גוי (ח) — לא יגלה ישראל על ידו, ולא הוא ע"י ישראל! **דרך** עלייה דישראל פטור הוא נהרג. וא"ת: אמאי לא הויא דומיא דגוי, דאפי' דרך ירידה נהרג! וי"ל: דמ"מ הוא דומיא דגוי, מה גוי לא שנא בר מיניה ל"ש לאו בר מיניה כו', ובכך הוי סגי דומיא דגוי בחדא מילתא. **אמר** ליה (ט) רבא לא כ"ש הוא ומה דרך ירידה וכו'. וא"ת: אדרבה, היא הנותנת: דרך ירידה ניתן לישראל לכפרה, דסגי ליה בגלות, אבל דרך עלייה לא ניתן לישראל לכפרה — חמור הוא ואינו גולה, דלא סגי בגלות. דה"נ אמרינן בפ"ק (לעיל דף ב:)! וי"ל: דלית ליה האי טעמא. דדרך עלייה לאו משום דלא סגי ליה בגלות, אלא משום דקיל הוא ביותר מירידה, דהוי אנוס ביותר, והלכך לא מצי אמרת דחמור ביותר מירידה. **ואזדו** לטעמייהו. רב חסדא, דמוקי לה דרך עלייה ואז נהרג, ולא מוקי לה באומר מותר — משום דס"ל דאומר מותר אנוס הוא ולא מיקטל. (י) ורבא אית ליה איפכא, דדרך עלייה לא מיקטל, *אבל אומר מותר — מיקטל, דהיה לו ללמוד ולא למד. **כסבור** בהמה ונמצא אדם. רבא אמר חייב, דהיה לו לעיין אם אדם אם בהמה. *וא"נ אומר מותר — היה לו ללמוד. וא"ל נמצא אדם גר תושב, מדקאמר: ונמצא גר תושב. וכן הא דקאמר חייב — איירי בגר תושב, דאי בישראל — לא מיחייב אגר תושב. ועוד, דאי בישראל, א"כ חייב דקאמר (כ) רבא — חייב גלות קאמר, וזה אינו, דהא לעיל ממעטינן אומר מותר מגלות. אלא על כרחך איירי שההורג נמי גר תושב, ורבא דאמר חייב — חייב מיתה קאמר. **דאומר** מותר קרוב למזיד הוא. פי': משום דהיה לו ללמוד. והכא נמי היה לו לעיין. **ורב** חסדא אומר פטור דאומר מותר אנוס הוא. וא"ת: רב חסדא, היכי מתרץ ברייתא דלעיל (דף ז:) דקתני: פרט למזיד, ואוקימנא דר"ל לאומר מותר, ולדידיה הא אומר מותר לא הוי מזיד! וי"ל: דרב חסדא סבר דמ"מ קרי ליה מזיד, משום דבמזיד נהרג, שיודע בטוב שהוא הורגו. וא"ת: דבריש פירקין (דף ז:) אמרינן: "בבלי דעת" — פרט למתכוין לבהמה והרג לאדם. ולמה לי קרא? תיפוק ליה משום דחשיב אומר מותר, כדמשמע הכא, ואומר מותר הוינא ממעט מ"בשגגה"! וי"ל: דלעיל איירי כגון דאיכא בהמה ואדם לפניו, ונתכוין לבהמה והרג אדם. אבל הכא, שלאותו דבר שנתכוין נמצא שהוא אדם, ומשום הכי קאמר (ל) רבא שהוא קרוב למזיד. **אלא** דינו מסור לאדם וכו'. לפי הגי' ה"פ: אלא אע"ג דכתיב "וחטאתי לאלהים", מ"מ הוי דינו מסור לאדם — פי': חייב בדיני אדם. וקשה, דלישנא לא משמע הכי. לכן נראה כאידך גירסא: אלא דינו מסור לשמים וכו'. פי': אלא לכך נקט "וחטאתי לאלהים", דאע"ג דחייב אף בדיני אדם, משום דדינו היה מסור לשמים לפי שלא היו שם עדים — הלכך אין דינו מסור אלא לשמים. ה"נ דכתיב "מחטוא לי" — היינו דדינו מסור לשמים ולא לאדם, לפי שלא *ידע מעולם שהיא אשת איש. ולעולם חייב בדיני אדם. כך נראה למשי"ח. **התם** כדאהדרו ליה. שלא היה צדיק, כדמסיק ואזיל: "השב אשת האיש כי נביא הוא", דה"ל ללמוד. ורב חסדא לית ליה האי דרשא ד"כי נביא הוא". אבל ליכא לפרושי דאהדרו ליה דכתיב: "ואם אינך משיב דע כי מות תמות", שאחרי שהודיעו שהיא אשת איש א"ל הכי. ומ"מ י"ל: דאיצטריך לומר לו כן — ש"מ שהיה אומר לו שכך דינו גם למי שטעה, לפי שהיה לו ללמוד ולא למד. והא דקאמר "אשת נביא הוא" וכו' — מילתא באפי נפשיה היא, ולא משנויא הוא כמו לפירוש הקונט'. והא דמסיק דהיה לו ללמוד כו' — מיתוקמא שפיר גם כרב חסדא, דמדרך ארץ יש לו ללמוד. ומיהו נמי ניחא לשיטת קונטרס.

*) רש"א חוץ אתי למעוטי מכללא ואם נאמר דאתי למעוטי כו' ע"י וקשה

ורבי

מסורת הש"ס

כתובות לב: סנהדרין פה. | [סנהדרין פה:] | תורה אור | במדבר לה | שם | [לעיל ז:] | [שם] | בראשית כ | שם | שם לט | שם כ | שם

ס"י ידעו העולם

עין משפט נר מצוה

רש"א מ"ז

כט א מיי' פט"ז מהל' סנהדרין הל' י"ב ופ"ה מהל' חובל הל' ג סמג עשין ע טוש"ע ח"מ סי' תכ סעיף ב:

ל ב מיי' פ"ה מהל' רוצח הלכה ג והל' ד:

לא ג מיי' שם הל' ד ופ"י מהל' מלכים הלכה א:

רבינו חננאל

שאין בה שוה פרוטה לוקה. ולא מקשינן הכאת עבד וכותי לקללתו ולא אמרינן כשם שישראל המקלל עבד וכותי פטור ולא קרינן ביה ונשיא בעמך לא תאור כך המכה אותן פטור אלא ישראל המכה עבד או כותי חייב: חוץ מעל ידי גר תושב. כלומר אין ישראל גולה אם הרג גר תושב. אלמא גר תושב גוי הוא ואסיקנא גר תושב שהרג ישראל נהרג וכ"ש גוי שהרג ישראל. גר תושב שהרג גר תושב גולה שנאמר לבני ישראל לגר ולתושב בתוכם תהיינה שש הערים האלה למקלט וגו': כסבור בהמה ונמצא אדם כו'. פי' גר תושב שהרג כסבור בהמה ונמצא אדם כנעני ונמצא גר תושב (רבה) [רבא] אמר חייב אומר מותר קרוב למזיד הוא רב חסדא אמר פטור אומר מותר אנוס הוא. איתיביה רבא לרב חסדא הנך מת על האשה אשר לקחת והנה הוא לא לקחה אלא [שסבר] שהוא מותר וקתני הנך מת מאי לאו בידי אדם וש"מ אומר מותר חייב. ודחי לא הנך מת בידי שמים ופטור מדיני אדם. ודייקא מדכתב מחטוא לי ש"מ בידי שמים הוא. אי הכי האי דכתב ביוסף לאשת אדוניו וחטאתי לאלהים הכי נמי דדינו לשמים והא אשת איש (הא) [היא] (ודינם) [ודינה] בידי אדם. אלא הכי קאמר החטא לאלהים ודינו בידי אדם. ומותיב אביי לרבא וכי האומר מותר חייב והכתיב הגוי גם צדיק תהרוג מכלל שאינו חייב. ומשני

גי' רש"א והכי נמי אמרינן אומר מותר כו'

הגהות הב"ח

(א) גמ' בפיסקא חוץ מגר תושב כצ"ל ותיבו' מעל ידי נמחק: (ב) שם לכם ולא לגרים. נ"ב עיין לקמן ד' יג ע"א: (ג) שם א"ל רבה ולאו ק"ו: (ד) שם אמר רבה באומר מותר: (ה) שם כדקא מהדרי ליה עילויה: (ו) רש"י ד"ה לפיכך וכו' דקיימא לן: (ז) ד"ה ואזדו וכו' ורבה דאמר: (ח) תוס' ד"ה אלמא וכו' אי עובד כוכבים הוא לא יגלה ישראל: (ט) ד"ה אמר ליה רבה ולא וכו' דניתן לישראל לכפרה סגי ליה בגלות אבל דרך עלייה דלא: (י) ד"ה ואזדו וכו' ורבה אית ליה איפכא: (כ) ד"ה כסבור וכו' דקאמר רבה חייב וכו' ורבה לאמר חייב: (ל) ד"ה ורב חסדא וכו' קאמר רבה שהוא קרוב למזיד:

*אֵשֶׁת נָבִיא הוּא דְּתִיהְדַּר, דְּלָאו נָבִיא לָא תֵּיהְדַּר?! אֶלָּא, כִּדְאָמַר ר' שְׁמוּאֵל בַּר נַחְמָנִי. דְּאָמַר ר' שְׁמוּאֵל בַּר נַחְמָנִי אָמַר ר' יוֹנָתָן: הָכִי קָאָמַר לֵיהּ, °"וְעַתָּה הָשֵׁב (אֶת) אֵשֶׁת הָאִישׁ" – מִכׇּל מָקוֹם, וּדְקָאָמְרַתְּ "הֲגוֹי גַּם צַדִּיק תַּהֲרוֹג, הֲלֹא הוּא אָמַר לִי אֲחוֹתִי הִיא" וגו' – נָבִיא הוּא וּמִמְּךָ לָמַד; אַכְסְנַאי (א) הוּא שֶׁבָּא לָעִיר, עַל עִסְקֵי אֲכִילָה וּשְׁתִיָּיה שׁוֹאֲלִין אוֹתוֹ, כְּלוּם שׁוֹאֲלִין אוֹתוֹ "אִשְׁתְּךָ זוֹ"? "אֲחוֹתְךָ זוֹ"? מִכָּאן [א]שֶׁבֶּן נֹחַ נֶהֱרָג, שֶׁהָיָה לוֹ לִלְמוֹד וְלֹא לָמַד.§ **מתני'** [ב]הַסּוּמָא אֵינוֹ גּוֹלֶה, דִּבְרֵי רַבִּי יְהוּדָה. ר' מֵאִיר אוֹמֵר: גּוֹלֶה. [ג]הַשּׂוֹנֵא אֵינוֹ גּוֹלֶה. *רַבִּי יוֹסֵי אוֹמֵר: הַשּׂוֹנֵא נֶהֱרָג, מִפְּנֵי שֶׁהוּא כְּמוּעָד. רַבִּי שִׁמְעוֹן אוֹמֵר: יֵשׁ שׂוֹנֵא גּוֹלֶה וְיֵשׁ שׂוֹנֵא שֶׁאֵינוֹ גּוֹלֶה. זֶה הַכְּלָל: כׇּל שֶׁהוּא יָכוֹל לוֹמַר לְדַעַת הָרַג – אֵינוֹ גּוֹלֶה, וְשֶׁלֹּא לְדַעַת הָרַג – הֲרֵי זֶה גּוֹלֶה.§ **גמ'** *ת"ר: °"בְּלֹא רְאוֹת" – פְּרָט לְסוּמָא, דִּבְרֵי רַבִּי יְהוּדָה. רַבִּי מֵאִיר אוֹמֵר: "בְּלֹא רְאוֹת" – לְרַבּוֹת אֶת הַסּוּמָא. מַאי טַעְמָא דְּרַבִּי יְהוּדָה? דִּכְתִיב: °"וַאֲשֶׁר יָבֹא אֶת רֵעֵהוּ בַיַּעַר" – אֲפִילּוּ סוּמָא, אֲתָא "בְּלֹא רְאוֹת" מַעֲטֵיהּ. וְרַבִּי מֵאִיר: "בְּלֹא רְאוֹת" – לְמַעֵט, "בִּבְלִי דַעַת" – לְמַעֵט, הָוֵי מִיעוּט אַחַר מִיעוּט, *וְאֵין מִיעוּט אַחַר מִיעוּט אֶלָּא לְרַבּוֹת. וְרַבִּי יְהוּדָה: "בִּבְלִי דַעַת" – *פְּרָט לְמִתְכַּוֵּין הוּא דַּאֲתָא.§ ר' יוֹסֵי אוֹמֵר: הַשּׂוֹנֵא נֶהֱרָג" כו'.§ וְהָא לָא אַתְרוּ בֵּיהּ! מַתְנִיתִין רַבִּי יוֹסֵי בַּר יְהוּדָה הִיא. דְּתַנְיָא, *רַבִּי יוֹסֵי בַּר יְהוּדָה אוֹמֵר: חָבֵר אֵינוֹ צָרִיךְ הַתְרָאָה, לְפִי שֶׁלֹּא נִיתְּנָה הַתְרָאָה אֶלָּא לְהַבְחִין בֵּין שׁוֹגֵג לְמֵזִיד.§ "רַבִּי שִׁמְעוֹן אוֹמֵר יֵשׁ שׂוֹנֵא גּוֹלֶה" וכו'.§ תַּנְיָא: כֵּיצַד אָמַר רַבִּי שִׁמְעוֹן יֵשׁ שׂוֹנֵא גּוֹלֶה וְיֵשׁ שׂוֹנֵא שֶׁאֵינוֹ גּוֹלֶה? נִפְסַק – גּוֹלֶה, נִשְׁמַט – אֵינוֹ גּוֹלֶה. וְהָתַנְיָא, ר' שִׁמְעוֹן אוֹמֵר: לְעוֹלָם אֵינוֹ גּוֹלֶה עַד שֶׁיִּשָּׁמֵט מַחְצְלוֹ מִיָּדוֹ. קַשְׁיָא נִפְסַק אַנִּפְסַק, קַשְׁיָא נִשְׁמַט אַנִּשְׁמַט! (ב) נִפְסַק אַנִּפְסַק לָא קַשְׁיָא, הָא בְּאוֹהֵב וְהָא בְּשׂוֹנֵא. נִשְׁמַט אַנִּשְׁמַט לָא קַשְׁיָא, הָא רַבִּי, וְהָא רַבָּנַן.§ **מתני'** לְהֵיכָן גּוֹלִין – [ד]לְעָרֵי מִקְלָט, לְשָׁלֹשׁ שֶׁבְּעֵבֶר הַיַּרְדֵּן וּלְשָׁלֹשׁ שֶׁבְּאֶרֶץ כְּנַעַן, [ה]שֶׁנֶּאֱמַר: °"אֵת שְׁלֹשׁ הֶעָרִים תִּתְּנוּ מֵעֵבֶר לַיַּרְדֵּן וְאֵת שְׁלֹשׁ הֶעָרִים תִּתְּנוּ בְּאֶרֶץ כְּנָעַן" וגו'. עַד שֶׁלֹּא נִבְחֲרוּ שָׁלֹשׁ שֶׁבְּאֶרֶץ יִשְׂרָאֵל [ו]לֹא הָיוּ שָׁלֹשׁ שֶׁבְּעֵבֶר הַיַּרְדֵּן קוֹלְטוֹת, שֶׁנֶּאֱמַר: "שֵׁשׁ עָרֵי מִקְלָט תִּהְיֶינָה" – עַד שֶׁיִּהְיוּ *שִׁשְׁתָּן קוֹלְטוֹת כְּאַחַת. [ז]וּמְכוּוָּנוֹת לָהֶן דְּרָכִים מִזּוֹ לָזוֹ, שֶׁנֶּאֱמַר: °"תָּכִין לְךָ הַדֶּרֶךְ וְשִׁלַּשְׁתָּ" וגו'. [ח]וּמוֹסְרִין לָהֶן שְׁנֵי ת"ח, שֶׁמָּא יַהַרְגֶנּוּ בַּדֶּרֶךְ. וִידַבְּרוּ אֵלָיו. רַבִּי מֵאִיר אוֹמֵר (*אַף) הוּא מְדַבֵּר ע"י עַצְמוֹ, שֶׁנֶּאֱמַר: °"וְזֶה דְּבַר הָרוֹצֵחַ". רַבִּי יוֹסֵי *בַּר יְהוּדָה אוֹמֵר: [ט]בַּתְּחִלָּה, אֶחָד שׁוֹגֵג וְאֶחָד מֵזִיד מַקְדִּימִין לְעָרֵי מִקְלָט, וּב"ד שׁוֹלְחִין וּמְבִיאִין אוֹתוֹ מִשָּׁם. מִי שֶׁנִּתְחַיֵּיב מִיתָה בְּבֵ"ד – הֲרָגוּהוּ, וְשֶׁלֹּא נִתְחַיֵּיב מִיתָה – פְּטָרוּהוּ. מִי שֶׁנִּתְחַיֵּיב גָּלוּת – מַחֲזִירִין אוֹתוֹ לִמְקוֹמוֹ, שֶׁנֶּאֱמַר: °"וְהֵשִׁיבוּ אוֹתוֹ הָעֵדָה אֶל עִיר מִקְלָטוֹ" וגו'.§ **גמ'** תָּנוּ רַבָּנַן: *[י]שָׁלֹשׁ עָרִים הִבְדִּיל מֹשֶׁה בְּעֵבֶר הַיַּרְדֵּן, וּכְנֶגְדָּן הִבְדִּיל יְהוֹשֻׁעַ בְּאֶרֶץ כְּנַעַן, וּמְכוּוָּנוֹת הָיוּ כְּמִין שְׁתֵּי שׁוּרוֹת שֶׁבַּכֶּרֶם: °חֶבְרוֹן בִּיהוּדָה כְּנֶגֶד °בֶּצֶר בַּמִּדְבָּר, שְׁכֶם בְּהַר אֶפְרַיִם כְּנֶגֶד רָמוֹת בַּגִּלְעָד, קֶדֶשׁ בְּהַר נַפְתָּלִי כְּנֶגֶד גּוֹלָן בַּבָּשָׁן. "וְשִׁלַּשְׁתָּ" – [כ]שֶׁיִּהְיוּ מְשׁוּלָּשִׁין, שֶׁיְּהֵא מִדָּרוֹם לְחֶבְרוֹן כְּמֵחֶבְרוֹן לִשְׁכֶם, וּמֵחֶבְרוֹן לִשְׁכֶם כְּמִשְּׁכֶם לְקֶדֶשׁ, וּמִשְּׁכֶם לְקֶדֶשׁ כְּמִקֶּדֶשׁ לַצָּפוֹן. בְּעֵבֶר הַיַּרְדֵּן תְּלָת, בְּאֶרֶץ יִשְׂרָאֵל תְּלָת?! אָמַר אַבַּיֵי: בְּגִלְעָד שְׁכִיחֵי רוֹצְחִים, דִּכְתִיב

תורה אור: בראשית כ; במדבר לה; דברים יט; במדבר לה; דברים יט; שם; במדבר לה; יהושע כ; דברים ד

רש"י

מתני' מִפְּנֵי שֶׁהוּא כְּמוּעָד. כְּמוּתְרֶה עָלָיו וְעוֹבֵר עַל הַתְרָאָה, דְּוַדַּאי לְדַעַת הֲרָגוֹ. וְיֵשׁ שׂוֹנֵא שֶׁאֵינוֹ גּוֹלֶה. וְלֹא נֶהֱרָג. כָּל. הֲרִיגָה שֶׁיְּכוֹלִין לוֹמַר עַל הֲרִיגָה זוֹ שֶׁלְּדַעַת הָיְתָה – אֵינוֹ גּוֹלֶה, לְפִי שֶׁחָשׁוּד הוּא עַל כָּךְ. שֶׁלֹּא לְדַעַת הָרַג. כְּשֶׁהֲרִיגָה זוֹ וַדַּאי שֶׁלֹּא לְדַעַת, שֶׁאֵין אָדָם יָכוֹל לוֹמַר עָלֶיהָ לְדַעַת הָיְתָה – גּוֹלֶה. וּבַגְּמָ' מְפָרֵשׁ לָהּ.

גמ' בְּלֹא רְאוֹת פְּרָט לְסוּמָא. דְּמַשְׁמַע: כָּאן לֹא רָאָה, אֲבָל רוֹאֶה בְּמָקוֹם אַחֵר. פְּרָט לְסוּמָא, שֶׁאֵינוֹ רוֹאֶה בְּשׁוּם מָקוֹם. פְּרָט לְמִתְכַּוֵּין. כִּדְאָמְרַן לְעֵיל (דף ז:). לְהַבְחִין בֵּין שׁוֹגֵג לְמֵזִיד. שֶׁלֹּא יָכוֹל לוֹמַר: לֹא הָיִיתִי יוֹדֵעַ שֶׁאָסוּר. נִפְסַק. הַחֶבֶל וְנָפַל עָלָיו – אֵין לוֹמַר בָּא לְדַעַת זֶה. נִשְׁמַט. הַחֶבֶל מִיָּדוֹ וְנָפְלָה עָלָיו – אֵינוֹ גּוֹלֶה, שֶׁיֵּשׁ לוֹמַר לְדַעַת עָשָׂה. לְעוֹלָם אֵינוֹ גּוֹלֶה. לֹא אוֹהֵב וְלֹא שׂוֹנֵא בְּנִפְסַק, אֶלָּא בְּנִשְׁמַט. מַחְצְלוֹ. הוּא מַעְגִּילָה. שֶׁפְּעָמִים שֶׁטּוֹחִין בַּמַּחְצָלִים שֶׁהוּא כְּלִי אוּמָּנוּת שֶׁל בּוֹנִים, וּבְלַעַ"ז טרואיל"ה. הָכִי גָּרְסִי': נִשְׁמַט אַנִּשְׁמַט לָא קַשְׁיָא הָא בְּאוֹהֵב הָא בְּשׂוֹנֵא נִפְסַק אַנִּפְסַק לָא קַשְׁיָא הָא רַבִּי וְהָא רַבָּנַן. (ג) הָא דְּקָתָנֵי נִשְׁמַט גּוֹלֶה – בְּאוֹהֵב, דְּלָא חֲשִׁיד דְּעָבֵיד מִדַּעַת. וּדְקָתָנֵי נִשְׁמַט אֵינוֹ גּוֹלֶה – בְּשׂוֹנֵא, כִּדְקָתָנֵי בְּהָדְיָא בַּבָּרַיְיתָא: יֵשׁ שׂוֹנֵא שֶׁאֵינוֹ גּוֹלֶה, וּמְפָרֵשׁ מִילְּתֵיהּ: נִשְׁמַט אֵינוֹ גּוֹלֶה. נִפְסַק אַנִּפְסַק לָא קַשְׁיָא הָא רַבִּי וְהָא רַבָּנַן. הָא דְּקָתָנֵי: נִפְסַק גּוֹלֶה אֲפִי' בְּשׂוֹנֵא, וְכׇל שֶׁכֵּן בְּאוֹהֵב – *רַבָּנַן. וְאַלִּיבָּא דְּר' שִׁמְעוֹן הוּא, דְּאָמַר: נִשְׁמַט הַבַּרְזֶל מִקַּתּוֹ וְהָרַג – גּוֹלֶה. וְנִפְסַק הַחֶבֶל דּוּמְיָא דְּנִשְׁמַט הַבַּרְזֶל מִקַּתּוֹ הִיא, שֶׁנִּשְׁאַר הָאֶגֶד בְּיָדוֹ. וְהָא דְּקָתָנֵי: נִפְסַק אֵינוֹ גּוֹלֶה – רַבִּי הִיא, דְּאָמַר: נִשְׁמַט הַבַּרְזֶל מִקַּתּוֹ אֵינוֹ גּוֹלֶה, וְהוּא הַדִּין לְחֶבֶל הַנִּפְסָק עַד שֶׁיִּשָּׁמֵט מַחְצְלוֹ מִיָּדוֹ, שֶׁאֵין נִשְׁאָר בְּיָדוֹ כְּלוּם, דּוּמְיָא דְּמִן הָעֵץ הַמִּתְבַּקֵּעַ. וּלְרַבִּי אַלִּיבָּא דְּר' שִׁמְעוֹן אֵין לְךָ שׂוֹנֵא גּוֹלֶה. כָּךְ מָצָאתִי גִּירְסָא בִּתְשׁוּבוֹת הַגְּאוֹנִים, וְכֵן עִיקָּר. וְגִירְסַת הַסְּפָרִים מְשׁוּבֶּשֶׁת הִיא, וְטָעוּ לְדַמּוֹת נִשְׁמַט הַחֶבֶל לְנִשְׁמַט הַבַּרְזֶל. וְאִי אֶפְשָׁר לְהַעֲמִידָהּ וּלְפָרֵשׁ. נִפְסַק אַנִּפְסַק לָא קַשְׁיָא הָא בְּאוֹהֵב הָא בְּשׂוֹנֵא, דְּהָא עַל כָּרְחָךְ הָא דְּקָתָנֵי נִפְסַק גּוֹלֶה – בְּשׂוֹנֵא מְפוֹרָשׁ, וְהֵיאַךְ תֹּאמַר: הָא דְּקָתָנֵי נִפְסַק אֵינוֹ גּוֹלֶה בְּאוֹהֵב, הַשְׁתָּא בְּשׂוֹנֵא גּוֹלֶה בְּאוֹהֵב לֹא כׇּל שֶׁכֵּן? וְכִי יֵשׁ לְךָ לוֹמַר שֶׁגּוֹלֶה בְּשׂוֹנֵא וְאֵינוֹ גּוֹלֶה בְּאוֹהֵב?! וְעוֹד, נִשְׁמַט אַנִּשְׁמַט לָא קַשְׁיָא: הָא רַבִּי וְהָא רַבָּנַן – הֵיאַךְ תֹּאמַר: הָא דְּקָתָנֵי נִשְׁמַט אֵינוֹ גּוֹלֶה רַבִּי הִיא דְּאָמַר נִשְׁמַט אֵינוֹ גּוֹלֶה אֲפִי' בְּאוֹהֵב?! אִם כֵּן אֵין הַטַּעַם מִפְּנֵי שֶׁיָּכוֹל לוֹמַר לְדַעַת נֶהֱרַג, וְר' שִׁמְעוֹן תָּלֵי טַעְמָא בְּהָכִי! **מתני'** עַד שֶׁלֹּא נִבְחֲרוּ שָׁלֹשׁ שֶׁבְּאֶרֶץ כְּנַעַן. הַיְינוּ כׇּל אַרְבַּע עֶשְׂרֵה שָׁנָה שֶׁכָּבְשׁוּ וְחִלְּקוּ, וְאַחַ"כ הִבְדִּיל יְהוֹשֻׁעַ. לֹא הָיוּ שָׁלֹשׁ. שֶׁהִבְדִּיל מֹשֶׁה בְּעֵבֶר הַיַּרְדֵּן קוֹלְטוֹת. וִידַבְּרוּ אֵלָיו. אֶל גּוֹאֵל הַדָּם, וְאוֹמְרִין לוֹ: אַל תִּנְהַג בּוֹ מִנְהַג שׁוֹפְכֵי דָמִים, בִּשְׁגָגָה בָּא מַעֲשֶׂה לְיָדוֹ. בַּתְּחִלָּה. כְּלוֹמַר, תְּחִלַּת מִשְׁפַּט כׇּל הָרוֹצְחִים וַאֲפִילּוּ מְזִידִין. וְיָלֵיף טַעְמָא בְּסִפְרָא דְּבֵי רַב מִ"וְאָרַב לוֹ" וגו' "וְנָס אֶל אַחַת" וגו'. **גמ'** וּמְכוּוָּנוֹת הָיוּ. אֵלּוּ נֶגֶד אֵלּוּ בִּשְׁתֵּי שׁוּרוֹת, כְּמוֹ שְׁתֵּי שׁוּרוֹת שֶׁבַּכֶּרֶם. וְשִׁלַּשְׁתָּ אֶת גְּבוּל אַרְצְךָ וגו' שֶׁיִּהְיוּ מְשׁוּלָּשׁוֹת. כְּלוֹמַר, שֶׁמַּחְלֶקֶת הָאָרֶץ חֲלָקוֹת רְחָבָהּ שֶׁל אֶרֶץ יִשְׂרָאֵל לְאַרְבַּעַת רְבָעִים כְּמוֹ שֶׁמְּפָרֵשׁ וְהוֹלֵךְ, שֶׁיְּהֵא מִדְּרוֹמָהּ שֶׁבְּאֶרֶץ יִשְׂרָאֵל לְחֶבְרוֹן כְּמֵחֶבְרוֹן לִשְׁכֶם כו'. בְּעֵבֶר הַיַּרְדֵּן תְּלָת כו'. בִּתְמִיָּה: בְּנַחֲלַת שְׁנֵי שְׁבָטִים שְׁלֹשָׁה כְּמוֹ בְּנַחֲלַת עֲשָׂרָה שְׁבָטִים? בְּגִלְעָד. שֶׁהָיָה בְּעֵבֶר הַיַּרְדֵּן, שְׁכִיחֵי רוֹצְחִים.

עוקבין

תוספות

ורבי יהודה ההוא מבעי ליה פרט למתכוין וכו'. (ד) דר' מאיר סבר: פרט למתכוין וכו' שמעינן מ"שגגה", ותרתי שמע מינה.

נשמט אנשמט לא קשיא כאן באוהב כאן בשונא נפסק אנפסק לא קשיא הא רבי הא רבנן. וא"ת: לרבי היכי משכחת לה שונא שיגלה? דבנשמט – אוהב גולה ולא שונא, ואם בנפסק – אפי' אוהב אינו גולה. ואין *זו סברא לומר דלית ליה לרבי דר' שמעון *דהוי רביה! ויש לומר: דמכל מקום משכחת לה – כגון שנפל מן הגג עליו, דידוע לכל שלא נפל מדעת, שהרי היה בסכנת מות.

(ה) **משולשות**. שיהא מתחלת ארץ ישראל עד ראשונה כמו מראשונה לשניה. שלחלוקה שוה היה א"י ובאמצע היו ערי מקלט. וכן יש לפרש ההיא דמגילה (דף יט. ושם) דקאמר: נקראת אגרת, שאם תפרה הכל שלשה חוטין גידין כשרה, ובלבד שיהא משולשין. ופירושו הוי כי הכא, שצריך שמתחלת התפירה עד חוט של גידין כמו עד שניה של גידין, ומשניה עד שלישית כמו משלישית עד סוף התפירה. ולא כדברי המפרשים משולשות – אחד בתחלה ואחד באמצע ואחד בסוף*.

בגלעד שכיחי רוצחים. פי': ולהכי הוצרכו לערי מקלט, (ו) לפי כשהורגים מזיד בלא עדים – הקב"ה מזמנן לפונדק אחד, כדאמרי' לקמן (דף י:)*.

והא

רבינו חננאל

הכי קאמר דקאמרת הגוי גם צדיק תהרוג הלא הוא אמר לי אחותי היא נביא הוא וממך למד. כלומר כיון שראה אותך שואלו על עסקי אשתו נתיירא שלא תהרגנו ולפיכך אמר לך אחותי היא מיכן לבן נח שנהרג שהיה לו ללמוד ולא למד: הסומא אינו גולה כו'. ת"ר בלא ראות פרט לסומא שאינו גולה דברי ר' יהודה. ר' מאיר אומר בלא ראות למעט הסומא בבלי דעת למעט הסומא הוי מיעוט אחר מיעוט ואין מיעוט אחר מיעוט אלא לרבות אפי' סומא גולה. השונא אינו גולה. ר' יוסי אומר השונא (אינו) נהרג מפני שהוא כמועד. וכו' ר' יוסי בר יהודה דתני חבר אינו צריך התראה לפי שלא ניתנה התראה אלא להבחין בין שוגג למזיד והאי כיון דשונא הוא ודאי מזיד הוא. תניא כיצד א"ר שמעון יש שונא גולה ויש שונא שאינו גולה נפסק גולה כגון שנפסק. אבל נשמט אינו גולה שהוא שונא במזיד שמט. והתניא ר' שמעון אומר לעולם אינו גולה עד שישמט מחצלו מידו ושנינן לא קשיא הא דתני נשמט אינו גולה כרבי דתני נשמט הברזל מקתו והרג רבי אומר אינו גולה והא דתנא גולה כרבנן דאמרי גולה (א): להיכן גולין לערי מקלט לשלש שבעבר הירדן ולשלש שבארץ כנען: ת"ר שלש ערים הבדיל משה בעבר הירדן וכנגדן הבדיל יהושע בארץ כנען. ומכוונות היו חברון ביהודה כנגד בצר במדבר כו'. שלשת שתהיינה משולשות מדרום לחברון כמחברון לשכם כו'. אמר אביי בגלעד שכיחי רוצחים

(א) פירוש זה לאחתוני הראשונים. עי' רש"י רמב"ן וריטב"א:

עין משפט נר מצוה

לב א מיי' פ"ו מהל' מלכים הלכה ח:

לפי גירסת תוספות לא גרסי' בברייתא ר"ש. מהרש"א ומהר"ם.

לג ב מיי' פ"ו מהל' רוצח הל' י סמג עשין עה:

[עי' מהרש"א ומהר"ם]

לד ג מיי' שם הל' י סמג שם:

לה ד מיי' שם פ"ה הל' א סמג שם:

לו ה מיי' שם פ"ח הל' א סמג עשין עו:

לז ו מיי' שם הל' ג:

לח ז מיי' שם הל' ה:

לט ח מיי' שם פ"ה הל' ה:

מ ט מיי' שם פ"ח הלכה ז:

מא י מיי' שם פ"ח הל' ב:

מב כ מיי' שם הלכה ה:

[וע"ע תוספות בכורות נד. ד"ה שיחון]

[והרמב"ן בפי' החומש כתב בזה"ל ותע"ע שאין המקלט אלא בשוגגין היו שופכים דמים במרמה ומרחין עצמן כשוגגים והולך להרבות להם ערי מקלט לקלוט את כולן שלא נודע מי המזיד וכו']

[עי' תוי"ט]

מסורת הש"ס

ב"ק לב.

לעיל ו:

ב"ק פו: נדרים פז.

דרבנן דר"ש היא דאמרו נשמט כו' רש"ל

[יומא מג. וש"נ]

[לעיל ז:]

סנהדרין ח: מא. עב: לעיל ו:

[גיר' ירושלמי שלשתן]

[בכס"מ ר"ה ברבי יהודה]

(תוספתא פ"ב)

הגהות הב"ח

(א) גמ' אכסנאי שבא לעיר כצ"ל ותיבת הוא נמחק: (ב) שם קשיא נשמט אנשמט (נפסק אנפסק וכו' והא רבנן) תא"מ ונ"ב ס"א נשמט אנשמט ל"ק הא רבי והא רבנן נפסק אנפסק ל"ק הא באוהב והא בשונא: (ג) רש"י ד"ה הכי גרסי' וכו' הא דקתני: (ד) תוס' ד"ה ורבי יהודה וכו' ור' מאיר סבר פרט למתכוין שמעינן כצ"ל ותיבת וכו' נמחק: (ה) ד"ה משולשין וכו' שלחלוקה שוה היו ערי מקלט באמצע ארץ ישראל וכן יש לפרש: (ו) ד"ה בגלעד וכו' לערי מקלט הרבה לפי שבהורגים מזיד בלא עדים. נ"ב ועמ"ש תוכה שוגגין הרבה בגלעד:

גליון הש"ס תום' ד"ה נשמט וכו' דהוי רביה. כלאותא שבת דף קמז ע"ב:

עוֹקְבִין. אוֹרְבִין. מַהַאי גִּיסָא וּמֵהַאי גִּיסָא דִּמְרַחֲקִי. חֶבְרוֹן וְקֶדֶשׁ רְחוֹקוֹת מִגְּבוּלֵי הָאָרֶץ *שְׁנֵי רְבִיעֵי הָאָרֶץ, וְהַהוֹרֵג בְּסוֹף הַגְּבוּל צָרִיךְ לָנוּס רְבִיעַ הָאָרֶץ. ומ"ש מְצִיעָאֵי דִּמְקָרְבִי. הַהוֹרֵג בֵּין חֶבְרוֹן לִשְׁכֶם וּבֵין שְׁכֶם לְקֶדֶשׁ קָרוֹב לְמִקְלָט מִיכָּן וּמִיכָּן. בֵּין לָדַעַת בֵּין שֶׁלֹּא לָדַעַת. בֵּין שֶׁבָּרַח שָׁם לָדַעַת קְלִיטָה, בֵּין [שֶׁלֹּא] בָּרַח שָׁם (שֶׁלֹּא) לָדַעַת [קְלִיטָה], שֶׁלֹּא הָיָה יוֹדֵעַ שֶׁהִיא קוֹלֶטֶת. פַּרְוָודָהא. כְּפָרִים וַחֲצֵרִים הַסְּמוּכוֹת לָהּ וְנִקְרָאוֹת עַל שְׁמָהּ, נִתְּנוּ לְכָלֵב. וְעָרֵי מִבְצָר. כְּרַכִּים גְּדוֹלִים שֶׁהָיוּ בְּנַחֲלַת נַפְתָּלִי, הַצִּדִּים צֵר וגו'. עָרִים הַלָּלוּ. עָרֵי מִקְלָט. טִירִין קְטַנִּים. לְפִי שֶׁאֵין מְזוֹנוֹת מְצוּיִין שָׁם. וְלֹא כְּרַכִּים גְּדוֹלִים. שֶׁהַכֹּל נִקְבָּצִים שָׁם תָּמִיד, וִיהֵא רֶגֶל גּוֹאֵל הַדָּם מְצוּיָה שָׁם וְיֶאֱרוֹב לוֹ. כְּגוֹן סְלִיקוּם. עִיר מִגְדָּל, וְיֵשׁ כְּפָר סָמוּךְ הַנִּקְרָא אַקְרָא דִּסְלִיקוּם. כָּךְ קֶדֶשׁ הָעִיר מִגְדָּל, וְעִיר בֵּינוֹנִי סְמוּכָה לָהּ הַנִּקְרֵאת עַל שְׁמָהּ. וְאִם אֵין שָׁם מַיִם. כְּשֶׁנָּפְלוּ בְּגוֹרָל בִּימֵי יְהוֹשֻׁעַ לַלְוִיִּם הֵבִיאוּ לָהֶם אַמּוֹת מַיִם אַחֲרֵי כֵן מִן הַנְּהָרוֹת הָרְחוֹקִים. בִּמְקוֹם שְׁוָקִים. שֶׁיִּמָּצְאוּ מְזוֹנוֹת לִקְנוֹת. בִּמְקוֹם אוּכְלוּסִין. שֶׁיְּהוּ כְּפָרִים וְיִישּׁוּב סְמוּכִים לָהֶם, שֶׁלֹּא יָבוֹאוּ גּוֹאֲלֵי הַדָּם מְרוּבִּים עַל הָעִיר בְּחַיִל. כְּלֵי זַיִן. שֶׁלֹּא יִקְנֶה גּוֹאֵל הַדָּם שָׁם זַיִן וְיַהֲרוֹג. שֶׁאִם יָבִיא כְּלֵי זַיִן מִמְּקוֹמוֹ יַרְגִּישׁוּ בּוֹ. וּכְלֵי מְצוּדָה. אַף בָּהֶם הוֹרְגִין חַיּוֹת. מַאי קְרָא. דְּמַתְקְנִינַן לְהוּ לְרוֹצְחִין דָּבָר שֶׁצְּרִיכִין לוֹ. לְתַלְמִיד שֶׁאֵינוֹ הָגוּן. שֶׁלֹּא יְבִיאוּהוּ עֲווֹנוֹתָיו לִידֵי הֲרִיגָה בְּשׁוֹגֵג וְיִגְלֶה, דְּאָמְרִי' לְקַמָּן (עמוד ב) שֶׁאֵינוֹ מָצוּי אֶלָּא בָּרְשָׁעִים. לִימָנוֹת בְּהַצָּלָה תְּחִלָּה. שֶׁפָּתַח הַכָּתוּב בּוֹ בְּעָרֵי מִקְלָט תְּחִלָּה. הַזֹּרַח שֶׁמֶשׁ לָרוֹצְחִים. לְהָכִין לָהֶם חַיּוּתָם, כְּגוֹן הָנָךְ מִילֵּי דִּלְעֵיל. הִזְרַחְתָּ שֶׁמֶשׁ לָרוֹצְחִים. בְּהַבְדָּלָה זוֹ, וְיָפֶה עָשִׂיתָ. לְלַמֵּד בֶּהָמוֹן. לִדְרוֹשׁ בָּרַבִּים. שֶׁכָּל תְּבוּאָה שֶׁלּוֹ. שֶׁבָּקִי בַּמִּקְרָא בַּמִּשְׁנָה וּבַהֲלָכוֹת וּבָאֲגָדוֹת. וְרַבָּנַן וְאִיתֵּימָא רַב מָרִי אָמְרִי מִי אוֹהֵב בֶּהָמוֹן וגו' הָאוֹהֵב ת"ח לוֹ תְּבוּאָה. הַתּוֹרָה מְחַזֶּרֶת עָלָיו וְעַל זַרְעוֹ, כִּדְאָמְרִינַן בְּעָלְמָא (שבת דף כג:): הַאי מַאן דְּרָחֵים רַבָּנַן הָוְיָין לֵיהּ בְּנִין רַבָּנַן. [יָהֲבוּ רַבָּנַן עֵינַיְיהוּ בְּרַבָּה. שֶׁהָיָה אוֹהֵב תַּלְמִידֵי חֲכָמִים בְּיוֹתֵר, וְהָיוּ לוֹ בָּנִים ת"ח]. רַב אַשִׁי אָמַר כו'. בְּדְרַב אַשִׁי ◦גָּרְסִי' "לִלְמוֹד", בִּדְרָבִינָא גָּרְסִי' "לְלַמֵּד". לִלְמוֹד בֶּהָמוֹן. עִם חֲבֵרִים רַבִּים. נוֹאֲלוּ שָׂרֵי צוֹעַן. (ב) נָשְׂאוּ שָׂרֵי נוֹף, אַלְמָא הַנּוֹאֵל נָשָׂא לַחֲטוֹא. לְלַמֵּד בֶּהָמוֹן. מַרְבֶּה תַּלְמִידִים. לוֹ תְּבוּאָה. לְפִי שֶׁעַל יְדֵיהֶם יַרְבֶּה הַפִּלְפּוּל, וְנוֹתֵן לֵב לְתָרֵץ קוּשְׁיוֹתֵיהֶם. בִּשְׁעָרַיִךְ. בִּשְׁבִיל שְׁעָרַיִךְ. מֵאֶלֶף עוֹלוֹת כו'. מִקְרָא כָּתוּב: "אֶלֶף עוֹלוֹת יַעֲלֶה שְׁלֹמֹה" וגו' (מלכים א ג).

(הושע ו) דִּכְתִיב: °"גִּלְעָד קִרְיַת פֹּעֲלֵי אָוֶן עֲקֻבָּה מִדָּם". מַאי "עֲקוּבָּה מִדָּם"? א"ר אֶלְעָזָר: שֶׁהָיוּ עוֹקְבִין לַהֲרוֹג נְפָשׁוֹת. וּמַאי שְׁנָא מֵהַאי גִּיסָא וּמֵהַאי גִּיסָא דִּמְרַחֲקִי, וּמַאי שְׁנָא מְצִיעָאֵי דִּמְקָרְבִי? אָמַר אַבַּיֵי: בִּשְׁכֶם נַמִּי שְׁכִיחִי רוֹצְחִים, דִּכְתִיב: (שם) °"וּכְחַכֵּי אִישׁ גְּדוּדִים חֶבֶר כֹּהֲנִים דֶּרֶךְ יְרַצְּחוּ שֶׁכְמָה" וגו'. מַאי "חֶבֶר כֹּהֲנִים"? א"ר אֶלְעָזָר: שֶׁהָיוּ מִתְחַבְּרִין לַהֲרוֹג נְפָשׁוֹת כְּכֹהֲנִים הַלָּלוּ שֶׁמִּתְחַבְּרִין לַחֲלוֹק תְּרוּמוֹת בְּבֵית הַגְּרָנוֹת. וְתוּ לֵיכָּא? וְהָא כְּתִיב: (במדבר לה) °"וַעֲלֵיהֶם תִּתְּנוּ אַרְבָּעִים וּשְׁתַּיִם עִיר"! אָמַר אַבַּיֵי: אהַלָּלוּ (א) קוֹלְטוֹת בֵּין לָדַעַת בֵּין שֶׁלֹּא לָדַעַת, הַלָּלוּ — לָדַעַת קוֹלְטוֹת, שֶׁלֹּא לָדַעַת אֵינָן קוֹלְטוֹת. *וְחֶבְרוֹן עִיר מִקְלָט הוּא? וְהָכְתִיב: (שופטים א) °"וַיִּתְּנוּ לְכָלֵב אֶת חֶבְרוֹן כַּאֲשֶׁר דִּבֶּר מֹשֶׁה"! אָמַר אַבַּיֵי: *פַּרְוָודָהא, דִּכְתִיב: (יהושע כא) °"וְאֶת שְׂדֵה הָעִיר וְאֶת חֲצֵרֶיהָ נָתְנוּ לְכָלֵב בֶּן יְפֻנֶּה". וְקֶדֶשׁ עִיר מִקְלָט הֲוַאי? וְהָכְתִיב: (שם יט) °"וְעָרֵי מִבְצָר הַצִּדִּים צֵר וְחַמַּת רַקַּת וְכִנָּרֶת [וגו'] וְקֶדֶשׁ וְאֶדְרֶעִי וְעֵין חָצוֹר", *וְתַנְיָא: עָרִים הַלָּלוּ אֵין עוֹשִׂין אוֹתָן לֹא טִירִין קְטַנִּים וְלֹא כְּרַכִּים גְּדוֹלִים, אֶלָּא עֲיָירוֹת בֵּינוֹנִיּוֹת! *אָמַר רַב יוֹסֵף: תַּרְתֵּי קֶדֶשׁ הֲוַאי, אָמַר רַב אַשִׁי: כְּגוֹן סְלִיקוּם וְאַקְרָא דִּסְלִיקוּם. גּוּפָא, בעָרִים הַלָּלוּ [תוספתא פ"ב ע"ש] אֵין עוֹשִׂין אוֹתָן לֹא טִירִין קְטַנִּים וְלֹא כְּרַכִּין גְּדוֹלִים, אֶלָּא עֲיָירוֹת בֵּינוֹנִיּוֹת. *וְאֵין מוֹשִׁיבִין אוֹתָן אֶלָּא בִּמְקוֹם מַיִם, וְאִם אֵין שָׁם מַיִם — מְבִיאִין לָהֶם מַיִם. וְאֵין מוֹשִׁיבִין אוֹתָן אֶלָּא בִּמְקוֹם שְׁוָקִים, וְאֵין מוֹשִׁיבִין אוֹתָן אֶלָּא בִּמְקוֹם אוּכְלוּסִין. נִתְמַעֲטוּ אוּכְלוּסֵיהֶן — מוֹסִיפִין עֲלֵיהֶן, נִתְמַעֲטוּ דִּיּוּרֵיהֶן — מְבִיאִין לָהֶם כֹּהֲנִים לְוִיִּם וְיִשְׂרְאֵלִים. וְאֵין מוֹכְרִין בָּהֶן לֹא כְּלֵי זַיִן וְלֹא כְּלֵי מְצוּדָה, דִּבְרֵי רַבִּי נְחֶמְיָה, וַחֲכָמִים מַתִּירִין. גוְשָׁוִין שֶׁאֵין פּוֹרְסִין בְּתוֹכָן מְצוּדוֹת, וְאֵין מַפְשִׁילִין (דברים ד) לְתוֹכָן חֲבָלִים, כְּדֵי שֶׁלֹּא תְּהֵא רֶגֶל גּוֹאֵל הַדָּם מְצוּיָה שָׁם. א"ר יִצְחָק: מַאי קְרָא? °"וְנָס אֶל אַחַת מִן הֶעָרִים הָאֵל וָחָי" — עֲבִיד לֵיהּ מִידֵּי דְּתֶהֱוֵי לֵיהּ חַיּוּתָא. תָּנָא: דתַּלְמִיד שֶׁגָּלָה — מַגְלִין רַבּוֹ עִמּוֹ, שֶׁנֶּאֱמַר: "וָחָי" — עֲבִיד לֵיהּ מִידֵּי דְּתֶהֱוֵי לֵיהּ (נ"א א"ר זירא) חַיּוּתָא. *אָמַר ר' זְעֵירָא: מִכָּאן השֶׁלֹּא יִשְׁנֶה אָדָם *לְתַלְמִיד שֶׁאֵינוֹ הָגוּן. א"ר יוֹחָנָן: והָרַב שֶׁגָּלָה — מַגְלִין יְשִׁיבָתוֹ עִמּוֹ. (שם) אִינִי? וְהָא א"ר יוֹחָנָן: מִנַּיִן לְדִבְרֵי תוֹרָה שֶׁהֵן קוֹלְטִין, שֶׁנֶּאֱמַר: °"אֶת בֶּצֶר בַּמִּדְבָּר" וגו', [וּכְתִיב בַּתְרֵיהּ] (שם) °"וְזֹאת הַתּוֹרָה"! לָא קַשְׁיָא; הָא — בְּעִידָּנָא דְּעָסֵיק בַּהּ, הָא — בְּעִידָּנָא דְּלָא עָסֵיק בַּהּ. וְאִי בָּעֵית אֵימָא: מַאי קוֹלְטִין — מִמַּלְאַךְ הַמָּוֶת. זכִּי הָא דְּרַב חִסְדָּא הֲוָה יָתֵיב וְגָרֵים בְּבֵי רַב, וְלָא הֲוָה קָא יָכוֹל שְׁלִיחָא [דְּמַלְאָכָא דְּמוֹתָא] לְמִיקְרַב לְגַבֵּיהּ, דְּלָא הֲוָה שָׁתֵיק פּוּמֵיהּ מִגִּירְסָא. סְלֵיק וִיתֵיב אַאַרְזָא דְּבֵי רַב, פְּקַע אַרְזָא וְשָׁתֵיק, וְיָכֵיל לֵיהּ. א"ר תַּנְחוּם בַּר חֲנִילַאי: מִפְּנֵי מָה זָכָה רְאוּבֵן לִימָּנוֹת בְּהַצָּלָה תְּחִלָּה? מִפְּנֵי שֶׁהוּא פָּתַח בְּהַצָּלָה תְּחִלָּה, שֶׁנֶּאֱמַר: (בראשית לז) °"וַיִּשְׁמַע רְאוּבֵן וַיַּצִּילֵהוּ מִיָּדָם". דָּרַשׁ רַבִּי שִׂמְלַאי: מַאי דִּכְתִיב (דברים ד) °"אָז יַבְדִּיל מֹשֶׁה שָׁלֹשׁ עָרִים בְּעֵבֶר הַיַּרְדֵּן מִזְרְחָה [שָׁמֶשׁ]"? אָמַר לוֹ הקב"ה לְמֹשֶׁה: הַזְרַח שֶׁמֶשׁ לָרוֹצְחִים. אִיכָּא דְּאָמְרִי, א"ל: הִזְרַחְתָּ שֶׁמֶשׁ לָרוֹצְחִים. דָּרַשׁ רַבִּי סִימַאי: מַאי דִּכְתִיב: (קהלת ה) °"אֹהֵב כֶּסֶף לֹא יִשְׂבַּע כֶּסֶף וּמִי אֹהֵב בֶּהָמוֹן לֹא תְבוּאָה"? "אֹהֵב כֶּסֶף לֹא יִשְׂבַּע כֶּסֶף" — זֶה מֹשֶׁה רַבֵּינוּ, שֶׁהָיָה יוֹדֵעַ שֶׁאֵין שָׁלֹשׁ עָרִים שֶׁבְּעֵבֶר הַיַּרְדֵּן קוֹלְטוֹת עַד שֶׁלֹּא נִבְחֲרוּ שָׁלֹשׁ בְּאֶרֶץ כְּנַעַן, וְאָמַר: מִצְוָה שֶׁבָּאָה לְיָדִי אֲקַיְּימֶנָּה. "וּמִי אֹהֵב בֶּהָמוֹן לֹא תְבוּאָה", לְמִי נָאֶה לְלַמֵּד בֶּהָמוֹן — מִי שֶׁכָּל תְּבוּאָה שֶׁלּוֹ. וְהַיְינוּ *דא"ר אֶלְעָזָר: מַאי דִּכְתִיב (הוריות יג: מגילה יח.) (תהלים קו) °"מִי יְמַלֵּל גְּבוּרוֹת ה' יַשְׁמִיעַ כָּל תְּהִלָּתוֹ"? לְמִי נָאֶה (לְלַמֵּד) [לְמַלֵּל] גְּבוּרוֹת ה' — מִי שֶׁיָּכוֹל לְהַשְׁמִיעַ כָּל תְּהִלָּתוֹ. וְרַבָּנַן, וְאִיתֵּימָא רַבָּה בַּר מָרִי אָמַר: "מִי אֹהֵב בֶּהָמוֹן לוֹ תְבוּאָה" — כָּל הָאוֹהֵב *(לְמַלְּמֵד) בֶּהָמוֹן — לוֹ תְּבוּאָה. (בדפו"י ליתא) יָהֲבוּ בֵּיהּ רַבָּנַן עֵינַיְיהוּ בְּרָבָא בְּרֵיהּ דְּרַבָּה. (סִימָן: אַשִׁי לִלְמוֹד רָבִינָא לְלַמֵּד). רַב אַשִׁי אָמַר: כָּל הָאוֹהֵב לִלְמוֹד בֶּהָמוֹן לוֹ תְּבוּאָה. וְהַיְינוּ *דא"ר יוֹסֵי בַּר' חֲנִינָא, מַאי דִּכְתִיב: (תענית ז. ברכות סג:) (ירמיה נ) °"חֶרֶב אֶל הַבַּדִּים וְנֹאָלוּ" — חֶרֶב עַל צַוְּארֵי שׂוֹנְאֵיהֶם שֶׁל ת"ח שֶׁיּוֹשְׁבִין וְעוֹסְקִין בַּתּוֹרָה בַּד בְּבַד. וְלֹא עוֹד אֶלָּא שֶׁמִּטַּפְּשִׁין, כְּתִיב הָכָא "וְנֹאָלוּ" וּכְתִיב הָתָם (במדבר יב) °"אֲשֶׁר נוֹאַלְנוּ". וְלֹא עוֹד אֶלָּא שֶׁחוֹטְאִין, שֶׁנֶּאֱמַר "וַאֲשֶׁר חָטָאנוּ". וְאִיבָּעֵית אֵימָא מֵהָכָא: (ישעיה יט) °"נוֹאֲלוּ שָׂרֵי צֹעַן". רָבִינָא אָמַר: כָּל הָאוֹהֵב לְלַמֵּד בֶּהָמוֹן — לוֹ תְּבוּאָה. וְהַיְינוּ דְּאָמַר *רַבִּי: הַרְבֵּה תּוֹרָה לָמַדְתִּי מֵרַבּוֹתַי, וּמֵחֲבֵירַי יוֹתֵר מֵהֶם, וּמִתַּלְמִידַי [תענית ז. ע"ש] יוֹתֵר מִכּוּלָּם. א"ר יְהוֹשֻׁעַ בֶּן לֵוִי, מַאי דִּכְתִיב: (תהלים קכב) °"עוֹמְדוֹת הָיוּ רַגְלֵינוּ בִּשְׁעָרַיִךְ יְרוּשָׁלָםִ"? מִי גָּרַם לְרַגְלֵינוּ שֶׁיַּעַמְדוּ בַּמִּלְחָמָה — שַׁעֲרֵי יְרוּשָׁלַםִ, שֶׁהָיוּ עוֹסְקִים בַּתּוֹרָה. וא"ר יְהוֹשֻׁעַ בֶּן לֵוִי, מַאי דִּכְתִיב: (שם) °"שִׁיר הַמַּעֲלוֹת לְדָוִד שָׂמַחְתִּי בְּאוֹמְרִים לִי בֵּית ה' נֵלֵךְ"? אָמַר דָּוִד לִפְנֵי הַקָּדוֹשׁ בָּרוּךְ הוּא: רבש"ע, שָׁמַעְתִּי בְּנֵי אָדָם שֶׁהָיוּ אוֹמְרִים: מָתַי יָמוּת זָקֵן זֶה וְיָבֹא שְׁלֹמֹה בְּנוֹ וְיִבְנֶה בֵּית הַבְּחִירָה וְנַעֲלֶה לָרֶגֶל, וְשָׂמַחְתִּי. [שבת ל.] *אָמַר לוֹ הקב"ה: (תהלים פד) °"כִּי טוֹב יוֹם בַּחֲצֵרֶיךָ מֵאָלֶף", טוֹב לִי יוֹם אֶחָד שֶׁאַתָּה עוֹסֵק בַּתּוֹרָה לְפָנַי, מֵאֶלֶף עוֹלוֹת שֶׁעָתִיד שְׁלֹמֹה בִּנְךָ לְהַקְרִיב לְפָנַי עַל גַּבֵּי הַמִּזְבֵּחַ. § "וּמְכוּוָּנוֹת לָהֶם דְּרָכִים" וכו'. תַּנְיָא, *ר' אֱלִיעֶזֶר בֶּן יַעֲקֹב אוֹמֵר: [תוספתא פ"ג]

מקלט

מסורת הש"ס: נ"ל רביעית. ב"ב קכב:. ס"א הואי. [לפי מ"ש הערוך בערך פרוור ע"ש נ"ל פרוורהא בריי"ש והעיר המוסף הערוך שם פירושו בלשון יוני מגרשי הערים וכפרים נקרא פרוור]. [תוספתא פ"ב ע"ש]. נ"א א"ר זירא. (ערכין לג: ע"ש). [שם לב:]. חולין קלג. ע"ש. בדפו"י ליתא.

עין משפט נר מצוה:
מג א מיי' פ"ח מהל' רוצח הל' ט והל' י סמג עשין עז:
מד ב ג מיי' שם הלכה ח הכל שם:
מה ד מיי' שם פ"ז הל' א סמג עשין טו:
מו ה מיי' פ"ד מהל' ת"ת הלכה א סמג עשין יב טוש"ע י"ד סימן רמו ס"ז:
מז ו מיי' פ"ז מהל' רוצח הלכה א סמג עשין טו:

הגהות הב"ח
(א) גמ' אמר אביי הללו. נ"ב פירוש הני שש: (ב) רש"י ד"ה נואלו שרי צוען נשאו. נ"ב נשאו פרש"י נתעו:

גליון הש"ס
גמ' כי הא דרב חסדא. עיין שבת דף ל ע"ב: רש"י ד"ה רב אשי וכו' גרסי' ללמוד. צלה לתרץ דלמה הקדים לאשון דברי רב אשי לדרבינא הא רבינא קשיש מיניה לזה כתב רש"י דדברי רב אשי ללמוד ודרבינא ללמד מש"ה נקט כסדר ללמוד ואח"כ ללמד:

רבינו חננאל
שנאמר גלעד קרית פועלי און עקובה מדם. א"ר אלעזר שהיו עוקבים להרוג נפשות. ובשכם נמי שכיחי רצחנים שנאמר דרך ירצחו שכמה. חבר כהנים שהיו מתחברים גדודים להרוג כחבורות כהנים שהיו עוברים על הגרנות בחילוק תרומה. ואסיק' אלו שש ערי מקלט קולטות לדעת ושלא לדעת והאי דכתיב ועליהם תתנו ארבעים ושתים עיר אינן קולטות אלא לדעת. חברון היתה עיר מקלט ושדה העיר וחצריה נתנו לכלב. וקדש עיר מקלט הוא והכתיב וערי מבצר הצדים צר וחמת רקת וכנרת [וגו'] וקדש ואדרעי. ושנינן תרתי קדש הוו. ואין עושין בערי מקלט דברים שגורמין להיות רגלו של גואל הדם מצויה שם. תנא תלמיד שגלה מגלין רבו עמו שנאמר וחי עביד ליה מידי דתיהוי ליה חיותא. א"ר זירא מיכן שלא ישנה אדם לתלמיד שאינו הגון. א"ר יוחנן הרב שגלה מגלין ישיבתו עמו. איני והאמר ר' יוחנן מנין לדברי תורה שקולטין שנאמר את בצר במדבר וכתיב וזאת התורה. ופרקינן קולטין ממלאך המות בעדנא דעסק בה כדרב חסדא דהוה גריס יתיב בבי רב ולא הוה יכול שליחא (א) למיקרב גביה דלא הוה שתיק פומיה מגירסא. סליק יתיב אארזא דבי רב פקע ארזא ושתיק ויכיל ליה. אוהב כסף לא ישבע כסף זה משה רבינו שהיה יודע שאין שלש ערים שבעבר הירדן קולטות עד שלא נבחרו שלש בארץ כנען. ומי אוהב בהמון לא תבואה. למי נאה ללמד בהמון מי שכל תבואה שלו. למי נאה למלל גבורות ה' מי שיכול להשמיע כל תהלתו. רב אשי אמר כל האוהב ללמוד בהמון לו תבואה. רבינא אמר כל האוהב ללמד בהמון לו תבואה. והיינו דאמר רבי הרבה תורה למדתי מרבותי ומחבירי יותר מהם ומתלמידי יותר מכולם. עומדות היו רגלינו בשעריך ירושלים מי גרם לרגלינו שיעמדו במלחמה שערי ירושלים שהיו עוסקים בתורה. וכן אמר הקב"ה לדוד טוב לי יום שאתה מתעסק בתורה בחצריך מאלף עולות

(א) מלת דמלאכא דמותא ליתא בגמ' בכל הספרים.

מח א מיי' פ"ח מהל' רוצח הלכה ה סמג עשין עו:
מט ב מיי' פ"ה מהל' תשובה הל' א ופ"ו כל הפרק ע"ש:
נ ג מיי' פ"ה מהל' רוצח הלכה ט:
נא ד מיי' שם הל' ח:
נב ה ו מיי' שם פ"ז הלכה ו:

והא תניא רבי יוסי בר' יהודה אומר וכו'. וא"ת: ואמאי לא מייתי ממתניתין דר' יוסי בר יהודה דמתני'? וי"ל: דממתני' איכא למימר דלא חייבים קאמר, אלא מאליהם היו גולין בשביל שהיו טועים, כדקאמר רבי הכא בברייתא. אבל בברייתא מוכח שפיר דחייבין קאמר, מדמייתי פסוק גבי מזיד. אבל דמתני' לא מייתי קרא גבי מזיד. כן נראה למשי"ח. ועוד נראה, דע"כ בברייתא ליכא למימר דמאליהן קאמר, *דע"כ היינו רבי.

רש"א דא"כ

חד אמר מביאין עגלה ערופה. תימה, דהא תנן (סוטה דף מד:): עגלה ערופה אין מודדין אלא מעיר שיש בה ב"ד! וי"ל: דהתם מיירי כגון דליכא עיירות טובא ובהדא מינייהו יש ב"ד, כיון דמצי לאוקומי קרא דמקיימי ליה. אבל הכא מיירי כגון שאין שם ב"ד בכל העיירות הסמוכות, הלכך אמרינן דמ"מ מודדין מינייהו.

אפילו

תורה אור

א"מקלט" היה כתוב על פרשת דרכים, כדי שיכיר הרוצח ויפנה לשם. אמר *רב כהנא: מאי קרא? °"תכין לך הדרך" — עשה [לך] הכנה לדרך. רב חמא בר חנינא פתח לה פתחא להאי פרשתא מהכא: °"טוב וישר ה' על כן יורה חטאים בדרך", אם לחטאים יורה — ק"ו לצדיקים. ר"ש בן לקיש פתח לה פתחא להאי פרשתא מהכא: °"ואשר לא צדה והאלהים אנה לידו" וגו'. (א) °"כאשר יאמר משל הקדמוני מרשעים יצא רשע" וגו', במה הכתוב מדבר — בשני בני אדם שהרגו את הנפש, אחד הרג בשוגג ואחד הרג במזיד, לזה אין עדים ולזה אין עדים. הקב"ה מזמינן לפונדק אחד, זה שהרג במזיד יושב תחת הסולם, וזה שהרג בשוגג יורד בסולם, ונפל עליו והרגו. זה שהרג במזיד — נהרג, וזה שהרג בשוגג — גולה. אמר רבה בר רב הונא אמר רב הונא, ואמרי לה אמר רב הונא א"ר אלעזר: מן התורה ומן הנביאים ומן הכתובים — בבדרך שאדם רוצה לילך בה מוליכין אותו. מן התורה — דכתיב: °"לא תלך עמהם", וכתיב: °"קום לך אתם". מן הנביאים — דכתיב: °"אני ה' אלהיך מלמדך להועיל מדריכך בדרך (זו) תלך". מן הכתובים — דכתיב: °"אם ללצים הוא יליץ ולענוים יתן חן". אמר רב הונא: גרוצח שגלה לעיר מקלטו ומצאו גואל הדם והרגו — פטור. קסבר: °"ולו אין משפט מות" — בגואל הדם הוא דכתיב. מיתיבי: "ולו אין משפט מות" — ברוצח הכתוב מדבר. אתה אומר ברוצח, או אינו אלא בגואל הדם? כשהוא אומר: *°"והוא לא שונא לו מתמול שלשום" — הוי אומר: ברוצח הכתוב מדבר! הוא דאמר כי האי תנא, דתניא: "ולו אין משפט מות" — בגואל הדם הכתוב מדבר. אתה אומר בגואל הדם הכתוב מדבר, או אינו אלא ברוצח? כשהוא אומר: °"כי לא שונא הוא לו מתמול שלשום" — הרי רוצח אמור, הא מה אני מקיים "ולו אין משפט מות" — בגואל הדם. תנן: מוסרין לו שני ת"ח, שמא יהרגנו בדרך, וידברו אליו; מאי לאו דמתרו ביה דאי קטיל בר קטלא הוא? לא, כדתניא: ידברו אליו דברים הראוים לו, דאומרים לו: אל תנהג בו מנהג שופכי דמים, בשגגה בא מעשה לידו. ר"מ אומר: הוא מדבר ע"י עצמו, שנאמר: °"וזה דבר הרוצח". אמרו לו: הרבה שליחות עושה. אמר מר: בשגגה בא מעשה לידו. פשיטא, דאי במזיד — בר גלות הוא? אין, והא תניא, ר' יוסי בר' יהודה אומר: בתחלה אחד שוגג ואחד מזיד מקדימין לערי מקלט, וב"ד שולחין ומביאין אותם משם. מי שנתחייב מיתה — הרגוהו, שנאמר: °"ושלחו זקני עירו ולקחו אותו משם ונתנו אותו ביד גואל הדם ומת". מי שלא נתחייב — פטרוהו, שנאמר: °"והצילו העדה את הרוצח מיד גואל הדם". מי שנתחייב גלות — מחזירין אותו למקומו, שנא': °"והשיבו אותו העדה אל עיר מקלטו אשר נס שמה". רבי אומר: מעצמן הן גולין, כסבורין הן: אחד שוגג ואחד מזיד — קולטות, והן אינן יודעין שבשוגג קולטות במזיד אינן קולטות. א"ר אלעזר: העיר שרובה רוצחים — אינה קולטת, שנאמר: °"ודבר באזני זקני העיר ההיא את דבריו" — ולא שהושוו דבריהן לדבריו. וא"ר אלעזר: יעיר שאין בה זקנים — אינה קולטת, דבעינן "זקני העיר" וליכא. איתמר, עיר שאין בה זקנים, רבי אמי ור' אסי, חד אומר: קולטת, וחד אומר: אינה קולטת. למאן דאמר אינה קולטת — בעינן "זקני העיר" וליכא, למאן דאמר קולטת — מצוה בעלמא. ועיר שאין בה זקנים, ר' אמי ורבי אסי, חד אמר: נעשה בה בן סורר ומורה. וחד אמר: אין נעשה בה בן סורר ומורה. למ"ד אין נעשה בה בן סורר ומורה — בעינן °"זקני עירו" וליכא, למ"ד נעשה בה בן סורר ומורה — מצוה בעלמא. ועיר שאין בה זקנים, ר' אמי ור' אסי, חד אמר: מביאה עגלה ערופה, וחד אמר: אינה מביאה עגלה ערופה. למ"ד אינה מביאה עגלה ערופה — בעינן °"זקני העיר ההיא" וליכא, למאן דאמר מביאה עגלה ערופה — מצוה בעלמא. א"ר חמא בר חנינא: מפני מה נאמרה פרשת רוצחים

בלשון

דברים יט | תהלים כה | שמות כא | ש"א כד | במדבר כב | במדבר כב | ישעיה מח | משלי ג | דברים יט | שם | שם | שם | שם | במדבר לה | שם | יהושע כ | דברים כא | שם

נ"א רב הונא

[נ"ל כי לא שונא הוא לו]

מקלט היה כתוב על פרשת דרכים. בכל מקום שהיו שני דרכים מתפצלים, אחד פונה לעיר מקלט — היה עץ תקוע בתוכו דרך וכתוב בו "מקלט". פתח ליה פיתחא. כשהיה רוצה לדרוש בפרשת רוצחים היה מתחיל כן. והאלהים אנה לידו. זהו שאמר הכתוב: "כאשר יאמר משל הקדמוני מרשעים יצא רשע". "משל הקדמוני" היא התורה, שהיא משל הקב"ה שהוא קדמונו של עולם, והיא אמרה: מרשעים יצא רשע. והיכן אמרה — "והאלהים אנה לידו", והיאך הקב"ה ממציא מכשול לאדם לחטוא? אלא ע"י שהיו שניהם רשעים ההורג והנהרג, ההורג היה חייב גלות ואין עד בדבר והוא לא גלה, והנהרג היה חייב מיתה ואין עד בדבר ולא נהרג, לפיכך הקב"ה מזמנן לפונדק אחד כו'. במה הכתוב מדבר. "והאלהים אנה לידו". נופל עליו והורגו. ויש עדים, ויגלה על כרחו. בדרך תלך. בדרך אשר תבחר לילך. אם ללצים. בא אדם להתחבר. הוא יליץ. אין מעכבין בידו. ומצאו גואל הדם. בדרך (ב) בהליכתו. בגואל הדם הכתוב מדבר. וה"ק: פן ירדוף גואל הדם אחרי הרוצח והשיגו והכהו נפש, ולא יתיירא מב"ד כי לו אין משפט מות. וסוף המקרא האומר "כי לא שונא הוא" וגו' מוסב על ראשו: "פן ירדוף גואל הדם" אני אומר לך להכין לו הדרך, כי לא שונא היה לו ולא הרגו מדעת. ברוצח הכתוב מדבר. וה"ק: פן ירדוף והשיגו והכהו, והוא לא היה ראוי למות כי לא שונא היה להרוג ולא הרגו מדעת. הרי רוצח אמור כו'. שאין לו משפט מות, ולא היה צריך לכתוב בשבילו "ולו אין משפט מות". הרבה שליחות עושה. דברים שאינן נעשים ע"י האדם, נעשים ומתקבלים על ידי הרבה שלוחים. פשיטא. כיון דהוא גולה — ודאי בשוגג הרג, דאי במזיד הרג וכי גולה היה? ה"ג: דאי במזיד בר גלות הוא. בתמיהה. בתחלה. תחלת משפטן של רוצחים ועיקרו זהו — אחד שוגג ואחד מזיד כו'. ויליף טעמא מקרא: "וכי יהיה איש שונא לרעהו וארב לו וקם עליו" וגו', משמע: אם הורגו בכוונה — ינוס, וכתיב בתריה "ושלחו זקני עירו" וגו'. רבי אומר. לא אמר הכתוב שיגלה, אלא הוא טועה וגולה, ולימדך הכתוב שיקחוהו משם ויהרגוהו. ודבר באזני זקני העיר ההיא. מקרא בספר יהושע. מצוה בעלמא. מלוה שיהו שם זקנים, ומיהו כי אין בה זקנים נמי קלטה. בבן סורר ומורה. כתיב (דברים כא): "והוציאו אותו אל זקני עירו".

בלשון

הגהות הב"ח

(א) גמ' אנה לידו וגו' וזהו שאמר הכתוב כאשר יאמר משל: (ב) רש"י ד"ה ומצאו גואל הדם בדרך בהליכתו. נ"ב כלומר דאלו כבר היה בעיר מקלט ויצא חוץ לתחום ומצאו והרגו פלוגתא דתנאי היא לקמן במתני' דף יא ע"ב ובגמ' דף יב ע"א:

גליון הש"ס

גמ' זה שהרג במזיד נהרג. עיין סוטה דף י ע"ב תוס' ד"ה מי:

רבינו חננאל

עולות שעתיד שלמה בנך להקריב על גבי המזבח. תניא רבי אלעזר בן יעקב אומר מקלט מקלט היה כתוב על פרשת דרכים כדי שיכיר הרוצח ויפנה לשם שנאמר תכין לך הדרך. עשה הכנה לדרך: מרשעים יצא רשע. כגון אחד שהרג בשוגג ואחד שהרג במזיד ואין בהן עדים זימנם הקב"ה למקום אחד זה שהרג במזיד ישב תחת הסולם וזה שהרג שוגג היה יורד מן הסולם נפל עליו והרגו זה שהרג במזיד נהרג וזה שהרג בשוגג גולה: מן התורה ומן הנביאים ומן הכתובים בדרך שאדם רוצה לילך שם מוליכין אותו. מן התורה דכתיב לא תלך עמהם וכיון שרצה נאמר לו קום לך אתם. מן הנביאים אני ה' אלהיך מלמדך להועיל מדריכך בדרך תלך. מן הכתובים אם ללצים הוא יליץ ולענוים יתן חן: ולו אין משפט מות בגואל [הדם] שמצא הרוצח והרגו הכתוב מדבר. (ודברו) [וידברו] אליו דברים הראויין לו אומרין להן אל תנהגו בו מנהג הרצחנים בשגגה בא לידו. א"ר אלעזר עיר שרובה רצחנין אינה קולטת שנאמר ודבר באזני זקני העיר ההיא את דבריו ולא שהשוו דבריהם לדבריו. וכן עיר שאין בה זקנים אינה קולטת ואין נעשה בה בן סורר ומורה. וכן אינה מביאה עגלה ערופה דבעינא בה זקני העיר ההיא וליכא. מפני מה נאמר פרשת רצחנין בלשון

בִּלְשׁוֹן עַזָּה, דִּכְתִיב: °"וַיְדַבֵּר ה' אֶל יְהוֹשֻׁעַ לֵאמֹר, דַּבֵּר אֶל בְּנֵי יִשְׂרָאֵל לֵאמֹר תְּנוּ לָכֶם אֶת עָרֵי הַמִּקְלָט אֲשֶׁר דִּבַּרְתִּי אֲלֵיכֶם" וגו' – מִפְּנֵי שֶׁהֵן שֶׁל תּוֹרָה. לְמֵימְרָא דְּכָל דִּיבּוּר לָשׁוֹן קָשֶׁה? אִין, כִּדְכְתִיב: °"דִּבֶּר הָאִישׁ אֲדֹנֵי הָאָרֶץ אִתָּנוּ קָשׁוֹת". וְהָתַנְיָא: *°"נִדְבְּרוּ", אֵין "נִדְבְּרוּ" אֶלָּא לְשׁוֹן נַחַת, וְכֵן הוּא אוֹמֵר: °"יַדְבֵּר עַמִּים תַּחְתֵּינוּ"! "דַּבֵּר" לְחוּד, "יַדְבֵּר" לְחוּד.§ (סימנ"י רבנ"ן מהמנ"י וספר"י). פְּלִיגִי בָּהּ רַבִּי יְהוּדָה וְרַבָּנַן, חַד אוֹמֵר: מִפְּנֵי שֶׁשִּׁישָּׁהֵם, וְחַד אוֹמֵר: מִפְּנֵי שֶׁהֵן שֶׁל תּוֹרָה. °"וַיִּכְתֹּב יְהוֹשֻׁעַ אֶת הַדְּבָרִים הָאֵלֶּה בְּסֵפֶר תּוֹרַת אֱלֹהִים", פְּלִיגִי בָּהּ *ר' יְהוּדָה וְר' נְחֶמְיָה, חַד אוֹמֵר: שְׁמוֹנָה פְסוּקִים, וְחַד אוֹמֵר: עָרֵי מִקְלָט. בִּשְׁלָמָא לְמ"ד ח' פְּסוּקִים – הַיְינוּ דִּכְתִיב "בְּסֵפֶר תּוֹרַת אֱלֹהִים", אֶלָּא לְמ"ד עָרֵי מִקְלָט – מַאי "בְּסֵפֶר תּוֹרַת אֱלֹהִים"? ה"ק: וַיִּכְתֹּב יְהוֹשֻׁעַ בְּסִפְרוֹ אֶת הַדְּבָרִים הָאֵלֶּה הַכְּתוּבִים בְּסֵפֶר תּוֹרַת אֱלֹהִים. *סֵפֶר שֶׁתְּפָרוֹ בְּפִשְׁתָּן, פְּלִיגִי בָּהּ ר' יְהוּדָה וְר"מ. חַד אוֹמֵר: כָּשֵׁר, וְחַד אוֹמֵר: אפָּסוּל. לְמ"ד פָּסוּל – דִּכְתִיב: °"לְמַעַן תִּהְיֶה תּוֹרַת ה' בְּפִיךָ", *וְאִיתַּקַּשׁ כָּל הַתּוֹרָה כּוּלָּהּ לִתְפִילִּין, מַה תְּפִילִּין בהֲלָכָה לְמֹשֶׁה מִסִּינַי לְתוֹפְרָן בְּגִידִין – אַף כָּל לְתוֹפְרָן בְּגִידִין. וְאִידָךְ: כִּי אִיתַּקַּשׁ – *לְמוּתָּר בְּפִיךָ, לְהִלְכוֹתָיו לָא אִיתַּקַּשׁ. אָמַר רַב: חֲזֵינַן לְהוּ *לִתְפִילִּין דְּבֵי חֲבִיבִי דִּתְפִירִי בְּכִיתָּנָא, וְלֵית הִלְכְתָא כְּווֹתֵיהּ.§

מתני' גאֶחָד מָשׁוּחַ בְּשֶׁמֶן הַמִּשְׁחָה, וְאֶחָד הַמְרוּבֶּה בִּבְגָדִים, וְאֶחָד שֶׁעָבַר מִמְּשִׁיחָתוֹ – *מַחֲזִירִין אֶת הָרוֹצֵחַ. *רַבִּי יְהוּדָה אוֹמֵר: אַף מְשׁוּחַ מִלְחָמָה מַחֲזִיר אֶת הָרוֹצֵחַ. לְפִיכָךְ אִימּוֹתֵיהֶן שֶׁל כֹּהֲנִים מְסַפְּקוֹת לָהֶן מִחְיָה וּכְסוּת, כְּדֵי שֶׁלֹּא יִתְפַּלְּלוּ עַל בְּנֵיהֶם שֶׁיָּמוּתוּ.§

גמ' מְנָא הָנֵי מִילֵּי? אָמַר רַב כָּהֲנָא, דְּאָמַר קְרָא: °"וְיָשַׁב בָּהּ עַד מוֹת הַכֹּהֵן הַגָּדוֹל", וּכְתִיב: °"כִּי בְעִיר מִקְלָטוֹ יֵשֵׁב עַד מוֹת הַכֹּהֵן הַגָּדֹל", וּכְתִיב: °"וְאַחֲרֵי מוֹת הַכֹּהֵן הַגָּדוֹל". וְר' יְהוּדָה: כְּתִיב קְרָא אַחֲרִינָא – °"לָשׁוּב לָשֶׁבֶת בָּאָרֶץ עַד מוֹת הַכֹּהֵן" (וגו'). וְאִידָךְ: מִדְּלָא כְּתִיב "הַגָּדוֹל" – חַד מֵהָנָךְ הוּא.§ "לְפִיכָךְ אִימּוֹתֵיהֶן שֶׁל כֹּהֲנִים" וכו'.§ טַעְמָא דְּלָא מְצַלּוּ, הָא מְצַלּוּ מָיְיתִי? וְהָכְתִיב: °"כַּצִּפּוֹר לָנוּד כַּדְּרוֹר לָעוּף כֵּן קִלְלַת חִנָּם לֹא תָבֹא"! *(א"ל) הַהוּא סָבָא: מִפִּירְקֵיהּ דְּרָבָא שְׁמִיעַ לִי, שֶׁהָיָה לָהֶן לְבַקֵּשׁ רַחֲמִים עַל דּוֹרָן וְלֹא בִּקְשׁוּ. וְאִיכָּא *דְּמַתְנֵי: כְּדֵי שֶׁיִּתְפַּלְּלוּ עַל בְּנֵיהֶם שֶׁלֹּא יָמוּתוּ. טַעְמָא – דִּמְצַלּוּ, הָא לָא מְצַלּוּ – מָיְיתִי?! מַאי הֲוָה לֵיהּ לְמֶעְבַּד? הָכָא *אָמְרִינַן: טוֹבִיָּה חֲטָא וְזִיגּוּד מִנַּגֵּיד. הָתָם אָמְרִי: שְׁכֶם נְסִיב *וּמַבְגָּאֵי *גָּזֵיר. אָמַר (לֵיהּ) הַהוּא סָבָא: מִפִּירְקֵיהּ דְּרָבָא שְׁמִיעַ לִי, שֶׁהָיָה לָהֶן לְבַקֵּשׁ רַחֲמִים עַל דּוֹרָן וְלֹא בִּקְשׁוּ. כִּי הָא, דְּהַהוּא גַּבְרָא דְּאַכְלֵיהּ אַרְיָא בְּרַחוּק תְּלָתָא פַּרְסֵי מִינֵּיהּ דְּר' יְהוֹשֻׁעַ בֶּן לֵוִי, וְלָא אִישְׁתַּעֵי אֵלִיָּהוּ בַּהֲדֵיהּ תְּלָתָא יוֹמֵי. *אָמַר רַב יְהוּדָה אָמַר רַב: קִלְלַת חָכָם, אֲפִי' בְּחִנָּם הִיא בָּאָה. מְנָלַן? מֵאֲחִיתוֹפֶל. *שֶׁבְּשָׁעָה שֶׁכָּרָה דָּוִד שִׁיתִין קָפָא תְּהוֹמָא, בְּעָא לְמִישְׁטְפָא לְעָלְמָא. אֲמַר: *מַהוּ לִכְתּוֹב שֵׁם אַחַסְפָּא וּמִישְׁדָּא בִּתְהוֹמָא, דְּלֵיקוּ אַדּוּכְתֵּיהּ? לֵיכָּא דְּאָמַר לֵיהּ מִידֵּי. אָמַר: כָּל הַיּוֹדֵעַ דָּבָר זֶה וְאֵינוֹ אוֹמְרוֹ – יֵחָנֵק בִּגְרוֹנוֹ. נָשָׂא אֲחִיתוֹפֶל ק"ו בְּעַצְמוֹ, אָמַר: *וּמָה לַעֲשׂוֹת שָׁלוֹם בֵּין אִישׁ לְאִשְׁתּוֹ, אָמְרָה הַתּוֹרָה: שְׁמִי שֶׁנִּכְתַּב בִּקְדוּשָּׁה יִמָּחֶה עַל הַמַּיִם, לְכָל הָעוֹלָם כּוּלּוֹ לֹא כָּל שֶׁכֵּן? א"ל: שָׁרֵי. כְּתַב שֵׁם אַחַסְפָּא, שְׁדִי אַתְּהוֹמָא, נָחַת וְקָם אַדּוּכְתֵּיהּ. וְאפ"ה כְּתִיב: °"וַאֲחִיתֹפֶל רָאָה כִּי לֹא נֶעֶשְׂתָה עֲצָתוֹ וַיַּחֲבֹשׁ אֶת הַחֲמוֹר וַיָּקָם וַיֵּלֶךְ אֶל בֵּיתוֹ (וְ)אֶל עִירוֹ וַיְצַו אֶל בֵּיתוֹ וַיֵּחָנַק" וגו'. א"ר אַבָּהוּ: קִלְלַת חָכָם אֲפִילּוּ עַל תְּנַאי הִיא בָּאָה. מְנָלַן? מֵעֵלִי, דְּקָאָמַר לֵיהּ [עֵלִי] לִשְׁמוּאֵל: °"כֹּה יַעֲשֶׂה לְּךָ אֱלֹהִים וְכֹה יוֹסִיף אִם תְּכַחֵד מִמֶּנִּי דָּבָר". וְאַף עַל גַּב דִּכְתִיב: °"וַיַּגֶּד לוֹ שְׁמוּאֵל אֶת כָּל הַדְּבָרִים וְלֹא כִחֵד מִמֶּנּוּ" – [וְאפ"ה] כְּתִיב: °"וְלֹא הָלְכוּ בָנָיו בִּדְרָכָיו" וגו'. אָמַר

בְּלָשׁוֹן עַזָּה. בְּכָל יְהוֹשֻׁעַ כְּתִיב "וַיֹּאמֶר ה'", וְכָאן נֶאֱמַר "וַיְדַבֵּר ה' אֶל יְהוֹשֻׁעַ", וְדִיבּוּר לָשׁוֹן עַז הוּא. מִפְּנֵי שֶׁהֵן שֶׁל תּוֹרָה. אֲבָל שְׁאָר אֲמִירוֹת שֶׁאָמַר – לֹא אָמַר דָּבָר לְקַיֵּים מִצְוָה הַכְּתוּבָה בַּתּוֹרָה, חוּץ מִזּוֹ. יַדְבֵּר עַמִּים. יַנְהֵל עַמִּים תַּחְתֵּינוּ. מִפְּנֵי שֶׁשִּׁישָּׁהֵם. שֶׁלֹּא הִפְרִישָׁם לְאַחַר שֶׁחִלְּקוּ מִיָּד, עַד שֶׁנֶּאֱמַר לוֹ מִפִּי הקב"ה. פְּלִיגֵי בָּהּ. בְּפֵירוּשָׁא דְּהַאי קְרָא, מַה כָּתַב יְהוֹשֻׁעַ בְּס"ת. חַד אָמַר שְׁמוֹנָה פְּסוּקִים. מִ"וַּיָּמָת שָׁם מֹשֶׁה" עַד סֵיפָא. וְחַד אָמַר: בְּפָרָשַׁת עָרֵי מִקְלָט הוּא אוֹמֵר, שֶׁכְּתוּבָה בְּסֵפֶר יְהוֹשֻׁעַ. לְמַעַן תִּהְיֶה תּוֹרַת וגו'. וְרֵישֵׁיהּ דִּקְרָא מִשְׁתָּעֵי בִּתְפִילִּין, וְאִיתַּקַּשׁ הָכָא תּוֹרָה לִתְפִילִּין. כִּי אִיתַּקַּשׁ לְמוּתָּר בְּפִיךָ. דִּכְתִיב בְּהַאי קְרָא "בְּפִיךָ" – מִן הַמּוּתָּר בְּפִיךָ, שֶׁאֵין נִכְתָּבִין עַל עוֹר בְּהֵמָה טְמֵאָה. לְהִלְכוֹתֵיהֶן. לְדָבָר שֶׁאֵינוֹ כָּתוּב בַּתּוֹרָה. וּבִתְפִילִּין גּוּפַיְיהוּ לָא גָּמְרִינַן לֵיהּ אֶלָּא מֵהֲלָכָה לְמֹשֶׁה מִסִּינַי, לָא יָלְפִי' בְּהֶיקֵּשָׁא. דְּבֵי חֲבִיבִי. דּוֹדִי, אֲחִי אַבָּא, וְהוּא רַבִּי חִיָּיא. מתני' אֶחָד כֹּהֵן מָשׁוּחַ בְּשֶׁמֶן הַמִּשְׁחָה. הֵם כֹּהֲנִים גְּדוֹלִים שֶׁהָיוּ עַד יֹאשִׁיָּהוּ. וְאֶחָד הַמְרוּבֶּה בִּבְגָדִים. הֵם שֶׁשִּׁימְּשׁוּ מִיֹּאשִׁיָּהוּ וָאֵילָךְ, שֶׁנִּגְנַז שֶׁמֶן הַמִּשְׁחָה כִּדְאָמְרִינַן בְּהוֹרָיוֹת (דף יב.), וְשׁוּב לֹא נִמְשְׁחוּ כֹּהֲנִים וְלֹא הָיְתָה נִיכֶּרֶת כְּהוּנָּה גְּדוֹלָה בָּהֶם אֶלָּא בְּרִיבּוּי בְּגָדִים, שֶׁמְּשַׁמֵּשׁ בח' בְּגָדִים. וְאֶחָד שֶׁעָבַר מִמְּשִׁיחוּתוֹ. שֶׁאֵירַע פְּסוּל בְּכ"ג וְשִׁימֵּשׁ אַחֵר תַּחְתָּיו, וּכְשֶׁנִּתְרַפֵּא כֹּהֵן – חָזַר לַעֲבוֹדָתוֹ וְעָבַר זֶה מִמְּשִׁיחוּתוֹ. מַחֲזִירִין אֶת הָרוֹצֵחַ. בְּמִיתָתָן, כְּמוֹ שֶׁנֶּאֱמַר: "וְאַחֲרֵי מוֹת הַכֹּהֵן הַגָּדוֹל יָשׁוּב הָרוֹצֵחַ". מְשׁוּחַ מִלְחָמָה. כֹּהֵן הַמָּשׁוּחַ לוֹמַר בַּמִּלְחָמָה צָרְכֵי הַמִּלְחָמָה, "אַל יֵרַךְ לְבַבְכֶם" וְכָל הָעִנְיָן (דברים כ). גמ' וְיָשַׁב בָּהּ עַד מוֹת הַכֹּהֵן הַגָּדוֹל. הָא חַד, "כִּי בְעִיר מִקְלָטוֹ יֵשֵׁב עַד מוֹת הַכֹּהֵן הַגָּדֹל" – הָא תְּרֵי, "וְאַחֲרֵי מוֹת הַכֹּהֵן הַגָּדוֹל יָשׁוּב הָרוֹצֵחַ" – הָא תְּלָתָא. שֶׁהָיָה לָהֶן לְבַקֵּשׁ רַחֲמִים עַל דּוֹרָן. הִלְכָּךְ לָאו קִלְלַת חִנָּם הִיא. הָכָא אָמְרִי. בְּבָבֶל אוֹמְרִין מָשָׁל זֶה עַל אָדָם שֶׁלּוֹקֶה בִּשְׁבִיל סֵרָחוֹן שֶׁל אֲחֵרִים. טוֹבִיָּה חָטָא וְזִיגּוּד מְנַגֵּיד. מִשּׁוּם הַהִיא דְּאָמְרִי' בְּ"עַרְבֵי פְסָחִים": טוֹבִיָּה חָטָא, וְזִיגּוּד מְסַהֵיד בֵּיהּ בְּיָחִידִי, שֶׁלֹּא הָיָה עֵד שֵׁנִי בַּדָּבָר, וְנַגְדֵּי' רַב פַּפָּא לְזִיגּוּד. א"ל: טוֹבִיָּה חָטָא וְזִיגּוּד מְנַגֵּיד. וּמֵאָז הָיְתָה לְמָשָׁל. הָתָם אָמְרִי'. בְּא"י אוֹמְרִין מָשָׁל זֶה. שְׁכֶם נְסִיב מַבְגַּאי גְּזַר. שְׁכֶם בֶּן חֲמוֹר לָקַח אֶת דִּינָה בַּת יַעֲקֹב וְהַהֲנָאָה שֶׁלּוֹ, וּשְׁאָר בְּנֵי הָעִיר שֶׁלֹּא נֶהֱנוּ מָלוּ עַצְמָן וְנִצְטַעֲרוּ. מַבְגַּאי – שֵׁם אִישׁ מִבְּנֵי הָעִיר. שֶׁכָּרָה דָּוִד שִׁיתִין. יְסוֹדוֹת שֶׁל בֵּית הַמִּקְדָּשׁ. וּבִגְמָרַת יְרוּשַׁלְמִי (סנהדרין פ"י) מָצִינוּ "תִּימוֹלְיוֹס שֶׁל בֵּית הַמִּקְדָּשׁ", וְהוּא יְסוֹד בְּלָשׁוֹן יְוָנִי. קָפָא תְּהוֹמָא. צָף הַתְּהוֹם. בִּגְמָרַת יְרוּשַׁלְמִי (שם) שֶׁמָּצָא שָׁם חֶרֶס שֶׁהִגְבִּיהַּ קוֹלוֹ וְאָמַר לוֹ: אַל תִּטְלֵנִי מִכָּאן שֶׁאֲנִי כָּבוּשׁ עַל הַתְּהוֹם מִיּוֹם מַתַּן תּוֹרָה שֶׁרָעֲדָה כָּל הָאָרֶץ. וְלֹא שָׁמַע דָּוִד לִדְבָרָיו, וּנְטָלוֹ. מִי שָׁרֵי לְמִכְתַּב שֵׁם. פֶּן יִמְחָקוּהוּ הַמַּיִם, וְעוֹבֵר מִשּׁוּם "וְאִבַּדְתֶּם אֶת שְׁמָם" (דברים יב) וְ"לֹא תַעֲשׂוּן כֵּן" וגו' (שם). נָשָׂא אֲחִיתוֹפֶל כו'. יֵשׁ תֵּימָה בַּדָּבָר, שֶׁהֲרֵי לֹא קָנָה דָּוִד אֶת הַגּוֹרֶן מֵאֲרַוְנָה הַיְבוּסִי עַד מַעֲשֵׂה דְּהַסָּתָה שֶׁהָיְתָה לְאַחַר מִיתַת אֲחִיתוֹפֶל ג' שָׁנִים. וּלְפִי דְּבָרִים הַלָּלוּ צְרִיכִין אָנוּ לוֹמַר שֶׁאע"פ שֶׁלֹּא קָנָה הַגּוֹרֶן, יוֹדֵעַ הָיָה מִנְּעוּרָיו, מִיּוֹם [שֶׁנִּמְשַׁח] וְיָשְׁבוּ הוּא וּשְׁמוּאֵל בְּנָוִית הָרָמָה וְדָקְקוּ בְּסֵפֶר יְהוֹשֻׁעַ וּמָצְאוּ מָקוֹם לְבֵית הַמִּקְדָּשׁ, כִּדְכְתִיב: "עַד אֶמְצָא מָקוֹם" וגו' וּכְדִדְרָשִׁינַן לֵיהּ בִּזְבָחִים בְּ"אֵיזֶהוּ מְקוֹמָן" (דף נד.), וְחָפַר הַיְסוֹדוֹת בִּרְשׁוּתוֹ. יִמָּחֶה עַל הַמַּיִם. דִּכְתִיב בְּסוֹטָה (במדבר ה): "וּמָחָה אֶל מֵי הַמָּרִים", וְהַרְבֵּה הַזְכָּרוֹת בַּפָּרָשָׁה, וְאפ"ה כְּתִיב "וּמָחָה" כו'. וּקְלָלָה זוֹ בְּחִנָּם הָיְתָה, שֶׁלֹּא הָיָה מְקַלְּלוֹ אֶלָּא אִם אֵינוֹ אוֹמֵר. אֲפִי' עַל תְּנַאי. וְלֹא נִתְקַיֵּים הַתְּנַאי, אעפ"כ הִיא בָּאָה, דְּהָא קְלָלָה עַל תְּנַאי הָיְתָה "אִם תְּכַחֵד מִמֶּנִּי" וְלֹא נִתְקַיֵּים שֶׁלֹּא כִּיחֵד, וְאעפ"כ נִתְקַיְּימָה הַקְּלָלָה, דִּכְתִיב: "וְלֹא הָלְכוּ בָנָיו בִּדְרָכָיו" וגו', וְזוֹ קְלָלָה קִלְּלוֹ עֵלִי: "כֹּה יַעֲשֶׂה לְּךָ", כְּמוֹ שֶׁנַּעֲשָׂה לִי שֶׁאֵין בָּנַי מְהוּגָּנִין. וְחָטָאתִי

עין משפט נר מצוה

נג א מיי' פ"ו מהל' ס"ת הלכה יג סמג עשין כה טוש"ע י"ד סי' רעח סעיף א:

נד ב מיי' פ"ג מהל' תפילין הלכה טו סמג עשין כב טוש"ע א"ח סי' לב סעיף מט:

נה ג מיי' פ"ז מהל' רוצח הלכה ט סמג עשין עז:

מסורת הש"ס: שבת סג. | [קדושין לה.] | [שבת כח: קח.] | ס"א לספרי | [ירושל' ל"ג] | [הוריות יב:] | [נ"ל אמר ההוא] | ס"י דאמרי | פסחים קיג: | [גיר' הערוך קטעו] | [מלשון בגא כלומר שוכבי אדמה. ערוך] | [סנהדרין נג:] ברכות נו. | סוכה נג. | נ"א מי איכא דידע אי שרי כו' | [שבת קטז. סוכה נג: נדרים סו: חולין קמא.]

גליון הש"ס

גמ' ר"י ור' נחמיה חד אמר. עי' ב"ב טו ע"א: שם ספר שתפרו בפשתן. עיין מגילה דף ח ע"ב ודף יט ע"א:

רבינו חננאל

בלשון עז שנאמר וידבר ה' אל יהושע לאמר דבר אל בני ישראל לאמר תנו לכם את ערי מקלט וכו'. ומנא לן דכל דבור לשון קשה הוא שנאמר דבר האיש אדוני הארץ אתנו קשות וגו'. איני והתניא אז נדברו ואין נדברו אלא לשון נחת שנאמר ידבר עמים תחתינו. ושנינן דבר לחוד ידבר לחוד. כלומר דבר קשה ידבר ניחותא: מאי בספר תורת אלהים. הכי קאמר ויכתוב יהושע את הדברים האלה בספרו הכתובין בספר תורת אלהים: ספר שתפרו בפשתן רבי יהודה ור' מאיר חד אמר פסול שנאמר למען תהיה תורת ה' בפיך ואיתקש כל התורה לתפילין מה תפילין הלכה למשה מסיני לתפרן בגידין אף כל התורה כולה בגידין. וחד אמר כשר כי איתקשא תורה לתפילין להיכתב במותר בפיך להלכותיו לא איתקיש. אמר רב חזינא להו לתפילין דבי חביבי דתפירי בכיתנא ולית הלכתא כוותיה: אחד משוח (מלחמה) בשמן המשחה ואחד מרובה בגדים כו' וישב בה עד מות הכהן הגדול לפיכך אימותיהן של כהנים גדולים היו מספקין א) בגדים לרצחנים כו' ואקשינן למימרא דאי מצלו צלותיה מתקבלא והכתיב כן קללת חנם לא תבא. ופרקינן היה להם לבקש רחמים על דורם שלא יארע כזה בימיהם. כההוא דאכליה אריה ברחוק ג' פרסי מאתריה דרבי יהושע בן לוי ולא אישתעי אליהו בהדיה ג' יומי: פי' טוביה חטא וזיגוד מינגיד. העיד זיגוד על טוביה שחטא ומפני שהיה עד אחד נתחייב מלקות ונעשה כמו משל בפי הכל אחד חטא וזה לוקה. והוא כמו שכם שביקש לישא דינה והעיר כולה נימולים. פי' מבגאי לשון באגי. כן זה הדבר. כלומר זה הרג וכהן הגדול מתחייב. ופריק שהיה לו לבקש רחמים על דורו ולא ביקש: **ירושלמי** רבי יוסי בן חלפתא אומר עתים עתים הם לתפלה. שנא' ואני תפלתי לך ה' עת רצון. שאלו לחכמה מהו עונשו של חוטא. אמרה להם חטאים תרדף רעה. והנבואה אמרה הנפש החוטאת היא תמות. והתורה אמרה יביא קרבן ויתכפר לו שנאמר ונרצה לו. והקב"ה אמר יעשה תשובה שנאמר טוב וישר ה' על כן יורה חטאים בדרך כלומר יורה להן דרך תשובה. אמר רב קללת חכם אפילו בחנם מתקיימת. מנא לן מאחיתופל שקללו דוד ואמר כל היודע אם מותר לכתוב שם אחספא ולמשדייא בתהומא לאוקומיה ולא יאמר יחנק בגרונו. ואע"ג דבתר הכי אמר ליה אחיתופל שרי. נתקיימה בו הקללה שנאמר ויצו אל ביתו ויחנק. א"ר אבהו קללת חכם אפילו על תנאי באה מנא לן מעלי דאמר ליה לשמואל כה יעשה לך אלהים. יבעטו גם בניך. ואע"ג דכתיב ויגד לו שמואל את כל הדברים ולא כחד ממנו. הא כתיב ולא הלכו בניו בדרכיו: אמר

א) אולי צ"ל מזון ובגדים.

אפילו על תנאי צריך הפרה מנלן מיהודה. יש מדקדקין מכאן דנידויים שלנו, אפי' אותם שיש להם זמן — אין לנדות עצמן מספק. (ג) שהרי הכא התנה בדבר שלא היה בידו לקיים, דשמא היה מעכבו יוסף או יקראנו אסון בדרך, ולכך חל מעיקרו גם הנידוי על התנאי. אבל שאר תנאים דבידו לקיים, כגון שמנדין את האדם שלא יעשה הדבר — ודאי לא חל הנידוי כלל מעיקרו. דכיון דבידו הוא משעת הנידוי אנו יודעים בודאי שלא בדעתו לעשות הדבר — ודאי לא חל הנידוי כלל מעיקרו*. **מי** גרם לראובן שהודה יהודה. תימה, דהא אמרינן במדרש: "וישב ראובן אל הבור", מהיכן שב? מבית אביו, שישב בתענית על מעשה בלהה. וזה היה קודם מעשה דיהודה! וי"ל: דמ"מ לא הודה ברבים עד מעשה דיהודה. **מי** גרם לראובן שהודה. ולכל יש לנו סמך מן המקרא: "יהודה אתה יודוך אחיך" ומתרגמינן: את הודית *כך יודוך אחיך. פירוש: (ד) הודית ולא בוש כך יודוך אחיך, שבשביל שהתחלת להודות בא ראובן והודה. **אמר** אביי ק"ו ומה מי שגלה כו'. תימה: מהאי דינא נילף נמי לנגמר דינו בלא כ"ג שלא יגלה כלל: ומה מי שגלה כבר לפני מיתת כ"ג יוצא במיתתו של כ"ג, מי שלא גלה לפני מותו אינו דין שלא יגלה אחר מותו? דהכי אמרינן בערכין (דף כט: ושם): מכורה כבר יוצאה, שאינה מכורה אינו דין שלא תמכר? ונפקא לן מהאי דינא דאינה נמכרת כלל אחר הבאת סימנין עד עולם! ונראה דלא קשיא מידי, דהא מיתת הכהן כפרה הוא כדאמר בסמוך, וכפרה לא שייכא אלא למי שמחויב *בבריה. והלכך, דוקא לפי שנגמר ונתחייב גלות ואח"כ מת כ"ג — מכפרת מיתת כ"ג שלא יגלה כלל מק"ו כדקאמר התלמוד, אבל נגמר דינו בלא כ"ג שכבר מת כ"ג קודם גמר דין של זה — ודאי ליכא למילף מק"ו, דהיאך תכפר מיתת כ"ג? וליכא למימר דתתכפר לו מיתת כ"ג השתא כשנגמר דינו, דהא לא מיכפרא אלא בשעת מיתה.*) ולאחר כך ובשעת מיתה לא היה זה חייב. ולא דמי להיא דערכין דמכורה כבר יוצאה וכו', דהתם משעת הבאת סימנין מתחלת גדלותה ושוב לא יפסיק ממנה הגדלות לעולם, ולכך שייך למילף שפיר דלא תמכר כלל אחר התחלת סימנין עד עולם. כן נראה למשי"ח. **מידי** גלות קא מכפרא. תימה: אין ה"נ, מדאמר בריש מכילתין (דף ב:): הם שלא עשו מעשה נגלו כי היכי דתהוי להו כפרה. אלמא גלות מכפרת! וי"ל: דהכא כפרה לפטרו מגלות קאמר. דהא בעי למילף דמי שלא גלה עדיין דמיתת כ"ג תועיל לפטרו מגלות מק"ו, הלכך שפיר משני: מידי גלות מכפרת מיתת כ"ג מכפרת, פירוש: (ה) מיפטרא מגלות, שהרי אפילו לא גלה אלא יום אחד ומת הכ"ג הוא חוזר, ואילו לא מת הכהן, אפילו שהה שם זמן מרובה אינו יוצא. על כרחך כפרה זו במיתת כהן תלויה, כדפירשתי. כן נראה למשי"ח.

*) רש"א ולא לאחר כך.

אמר רב יהודה אמר רב: ^אנידוי על תנאי *צריך הפרה. מנלן? מיהודה, דכתיב: "אם לא הביאותיו אליך" וגו'. *וא"ר שמואל בר נחמני א"ר יונתן: מאי דכתיב "יחי ראובן ואל ימות וגו' וזאת ליהודה"? כל אותן מ' שנה שהיו ישראל במדבר, עצמותיו של יהודה היו מגולגלין בארון, עד שעמד משה ובקש עליו רחמים. אמר לפניו: רבונו של עולם, מי גרם לראובן שיודה — יהודה, "וזאת ליהודה שמע ה' קול יהודה". עאל איבריה לשפא, לא הוה קא מעיילי ליה למתיבתא דרקיע — "ואל עמו תביאנו". לא הוה קא ידע למישקל *ומיטרח בשמעתא בהדי רבנן — "ידיו רב לו", לא הוה ידע לפרוקי קושיא — "ועזר מצריו תהיה". איבעיא להו: במיתת כולן הוא חוזר, או דלמא ^בבמיתת אחד מהן? ת"ש: נגמר דינו בלא כ"ג — אינו יוצא משם לעולם; ואם איתא — ליהדר *(ביה) בההוא! בדליכא.§

מתני' ^גמשנגמר דינו מת כ"ג — ה"ז אינו גולה. אם עד שלא נגמר דינו מת כ"ג, ומינו אחר תחתיו, ולאחר מכאן נגמר דינו — חוזר במיתתו של שני. ^דה נגמר דינו בלא כ"ג, *וההורג כ"ג, וכ"ג שהרג — אינו יוצא משם לעולם. ^ואינו יוצא לא לעדות מצוה, ולא לעדות ממון, ולא לעדות נפשות. ואפי' ישראל צריכים לו, ואפי' שר צבא ישראל כיואב בן צרויה — אינו יוצא משם לעולם, שנאמר: "אשר נס שמה" — *שם *תהא דירתו, שם תהא מיתתו, שם תהא קבורתו. כשם שהעיר קולטת כך תחומה קולט. רוצח שיצא חוץ לתחום ומצאו גואל הדם, רבי יוסי הגלילי אומר: מצוה ביד גואל הדם, ורשות ביד כל אדם. רבי עקיבא אומר: ^זרשות ביד גואל הדם, וכל אדם *[א] חייבין עליו.§ **גמ'** מ"ט? אמר אביי, ק"ו: ומה מי שגלה כבר — יצא עכשיו, מי שלא גלה — אינו דין שלא יגלה? ודלמא, האי דגלה — איכפר ליה, האי דלא גלה — לא? מידי גלות קא מכפרא? מיתת כהן הוא דמכפרא.§ "אם עד שלא נגמר דינו" וכו'.§ מנא הני מילי? אמר רב כהנא, דאמר קרא: "וישב בה עד מות הכהן הגדול אשר משח אותו בשמן הקדש", וכי הוא מושחו? אלא זה שנמשח בימיו. מאי הוה ליה למעבד? היה לו לבקש רחמים שיגמור דינו לזכות, ולא ביקש. אמר אביי, *נקטינן: ^חנגמר דינו ומת — מוליכין את עצמותיו לשם, דכתיב: "לשוב לשבת בארץ עד מות הכהן", ואיזהו ישיבה שהיא בארץ — הוי אומר זו קבורה. תנא: ^טמת קודם שמת כ"ג — מוליכין עצמותיו על קברי אבותיו, דכתיב: "ישוב הרוצח אל ארץ אחוזתו", איזהו ישיבה שהיא בארץ אחוזתו — הוי אומר זו קבורה. נגמר דינו, ונעשה כהן בן גרושה או בן חלוצה, פליגי בה רבי אמי ור' יצחק נפחא, חד אומר: מתה כהונה, וחד אומר: ^יבטלה כהונה. לימא בפלוגתא דר"א ורבי יהושע קא מיפלגי. דתנן: *היה עומד ומקריב ע"ג המזבח, ונודע שהוא בן גרושה או בן חלוצה. ר"א אומר: כל קרבנות שהקריב פסולין, ורבי יהושע ^כמכשיר. מאן דאמר מתה — כר' יהושע, ומאן דאמר בטלה — כרבי אליעזר?

אליבא

*) [בתוספ' פ"ב דרש לה דכתיב שלש פעמים שמה]

וחטאתי לך. לשון נידוי הוא, שיהא מנודה לפניו. מאי דכתיב יחי ראובן וגו' וזאת ליהודה. מה ראה לסמוך יהודה לראובן, ומה ראה להתחיל בברכת יהודה בלשון "וזאת ליהודה"? אלא לפי שהיו עצמות כל השבטים שלהן קיים, ושל יהודה מגולגלין, אמר לשון זה: "יחי ראובן" כלומר, ראובן שלו קיימת כאילו הוא חי — וזאת תהיה ליהודה שהם מגולגלין. עצמות כל השבטים יצאו ממצרים ונקברו בניהם במדבר, וזהו שאמר יוסף לאחיו (שמות יג): "והעליתם (א) עצמותי מזה אתכם" עם עצמותיכם. עאל איבריה לשפא. נכנסו עצמותיו למקום חיבורם ששפו משם, כמו "דשף מדוכתיה" (חולין דף מב:). לשפא = איטלוי"ש בלע"ז. למישקל ולמטרח. לישא וליתן. ידיו רב לו. יהי בו כח לריב ריבו לעצמו נגד חביריו. ליהדר בהנך. במיתת מרובה בבגדים או בשעבר ממשיחותו! אלא לאו ש"מ כולהו. **מתני'** ה"ז אינו גולה. מפרש טעמא בגמ' מק"ו. חוזר במיתתו של שני. יליף טעמא בגמ'. נגמר דינו בלא כ"ג. שלא מינו אחר תחתיו עד שנגמר דינו של זה לגלות. **גמ'** שנמשח בימיו. משעשה זה רוצח. מאי הוה ליה. להאי כהן למיעבד מאחר שעדיין לא היה כ"ג כשהרג זה, למה הוא נענש? תנא רוצח בערי מקלט, ומת כ"ג אחר זמן. (ב) לשבת בארץ. בתוך הקרקע. ונעשה כ"ג בן גרושה. שבאו עליו עדות שהוא חלל. מתה כהונה. הרי הוא כמת, ואין הרוצח גולה. בטלה כהונה. איגלאי מילתא למפרע שלא היה כ"ג, והוה ליה האי רוצח נגמר דינו בלא כהן גדול, ואינו חוזר לעולם.

אליבא

נו א מיי' פ"ז מהל' ת"ת הלכה יא סמג לאוין רח טוש"ע י"ד סי' שלד סעיף לג:
נז ב מיי' פ"ז מהל' רוצח הלכה טו:
נח ג מיי' שם הלכה יח:
נט ד מיי' שם הל' ט:
ס ה מיי' שם הל' ח:
[וכרב אלפס עוד במ"ק פ"ג דף קפ. גרס נידוי על תנאי אפי' מעצמו צריך וכו']
סא ו מיי' שם פ"ח הלכה יא:
סב ז מיי' שם פ"ה הלכה י:
סג ח ט מיי' שם פ"ז הל' ג:
סד י מיי' שם הל' יב:
[ועיין רבא דבה"א שלפנינו איתא כך יודון אחיך גם בשאר תרגום לא מצאתי לפי שעה ועי' תרגום יונתן וירושלמי]
סה כ מיי' פ"ו מהל' ביאת מקדש הל' י:
נ"א כפרה
[ועי' תוי"ט דגרס אין חייבין לאפוקי מרש"ל שהגיה ומחק מלת אין ע"ש והעתיק הכ"מ אין חייבין ולהכריחם גם בברייתא דלקמן יב. ר"ע אומר רשות וכו' וכל אדם חייבין לריכין אנו להגיה דל"ל אין חייבין וניחא לפ"ז דלא שאל הש"ס לקמן גם אהך פלוגתא דכל אדם מ"ע דר"י הגלילי ודרבי עקיבא מסום פלוגתא התוי"ט אין סוס פלוגתא בזה דכל אדם ע"ש]

רש"א אפילו מעצמו וכן נוסחת שאלתות
ב"ק נב. סוטה ז: ע"ש
[בשאלתות איתא ולמיטרא]
הגריעב"ץ מחק ת"ו
סנהדרין יח:
לקמן יב.
במדבר לה
[פירושו עיין רש"י בעירובין ה. בד"ה והתם רב נחמן]
פסחים עב: קדושין ס [תרומות פ"ח מ"א]

רבינו חננאל

אמר רב יהודה אמר רב נידוי על תנאי אפי' מעצמו א) צריך הפרה. מנא לן מיהודה שנאמר אם לא הביאותיו אליך והצגתיו לפניך וחטאתי לך כל הימים ואשכחנן שהיו עצמותיו מגולגלין בארון עד שבקש עליהם רחמים מרע"ה שנאמר שמע ה' קול יהודה: נגמר דינו לגלות ומת הכהן הגדול אינו גולה. מיתת כהן גדול מכפרת לו. אמר אביי נקטי' נגמר דינו ומת מוליכין עצמותיו של הורג בעיר מקלט. שנא' לשוב לשבת בארץ עד מות הכהן הגדול ואיזו היא ישיבה בארץ הוי אומר זו קבורה. תנא מת הרוצח ומת כהן גדול [וכו'] בן גרושה או בן חלוצה רבי אמי ורבי יצחק חד אמר מתה כהונה. וחד אמר בטלה כהונה. ובפלוגתא דתנן היה עומד ומקריב ונודע שהוא בן גרושה או בן חלוצה רבי אליעזר אומר כל קרבנות שהקריב פסולין הן ורבי יהושע מכשיר. ואמי כי

א) וכן הגיה הרש"א וכ"ה ברי"ף ורא"ש פ"ג דמ"ק:

אילן

הגהות הב"ח (א) רש"י ד"ה מאי וכו' והעליתם את עצמותי: (ב) ד"ה לשבת נ"ל קודם ד"ה תנא: (ג) תוס' ד"ה אפי' וכו' אין לנדות עצמן מספק ולאו מילתא הוא שהרי הכא התנה וכו' למשעת הנדוי: (ד) ד"ה מי גרס וכו' פירוש אתה הודית ולא בושת כך יודוך: (ה) ד"ה מידי וכו' פירוש למיפטרי' וכו' אינו יוצא ואם כן על כרחך כפרה:

הגהות הגר"א [א] משנה וכל אדם אין חייבין כצ"ל (וכ"ה בדפו"י ובמשניות ובירושלמי ובכל הראשונים וגירסא שלפני הוגה ע"פ הרש"ל ועי' תוי"ט):

גליון הש"ס **גמ'** נגמר דינו. עיין יומא דף עג ע"א תוס' ד"ה וכולן: **תוס'** ד"ה אפי' וכו' לא חל הנידוי כלל מעיקרו. עי' כתובות דף סט ע"א תוס' ד"ה ובשמתא:

אליבא דרבי אליעזר כ"ע לא פליגי. כלומר, מאן דאמר מיתה – ודאי כרבי יהושע אמר ולא כרבי אליעזר, דאליבא דרבי אליעזר ליכא למ"ד מיתה, כיון דלגבי עבודותיו אמר פסולות למפרע – ודאי אין זה כהן. כי פליגי אליבא דרבי יהושע. כלומר, אין אנו צריכין לומר מ"ד בטלה כרבי אליעזר ולא כרבי יהושע, דאליבא דרבי יהושע איכא למימר דפליגי. פועל ידיו תרצה. עבודותיו כשירות, אבל לענין שאר דבריו אינו כהן. טעה יואב. בדרשא ד"מעם מזבחי תקחנו" ולא מעל מזבחי, וכסבור דהיינו מעל מזבחי. מזבח בית עולמים. דכתיב "מזבחי", המיוחד לי. ה"ג: והוא תפס במזבח של במה, שעשה דוד לפני הארון שהיה באהל אשר נטה לו דוד בעיר דוד, כדכתיב: "וינס יואב אל אהל ה'" ומצינו בדברי הימים שעשה דוד מזבח לפניו. ואי אפשר לומר מזבח של שילה, שהוא היה בימי דוד ושלמה *(היה בגבעון). שרו של רומי. סמאל, שיברח לבצרה. שבתחלה יפרע ממנו כשיבוא הקב"ה להחריב, דכתיב (ישעיהו כד): "יפקוד ה' על צבא המרום במרום" ואחר כך "על מלכי האדמה על האדמה". חמוץ בגדים. מדמו של סמאל. ואף על פי שאין המלאכים בשר ודם כתב בו הכתוב כעין הריגת הבשר, לשבר את האוזן מה שהיא יכולה לשמוע. לא נתנו לקבורה. ללוים שהן שלהם. תיפוק ליה. דאין בונין בית במגרש דא"כ הוי ליה מגרש עיר. אין עושין. שדה של לוים. מגרש, שנתנו ללוים אלפים אמה סביב העיר, כדכתיב (במדבר לה): "ומדותם מחוץ לעיר", (ג) *וכתיב: "מקיר העיר וחוצה אלף אמה" וגו', הא כיצד? אלף אמה מגרש שאין בו לא בית ולא שדה, והשאר שדות וכרמים. למחילות. תחת הקרקע, שאין אוכלות במגרש כלום מלמעלה, ואי לאו דכתיב: "בה" ולא בתחומה – הייתי אומר ידור בתחומה במערה. ורצח. איכא לפרושי לשון ציווי, כמו (שמות לו): "ועשה בצלאל ואהליאב", ואיכא לפרושי לשון רשות, כמו: "ועשה ה' להם" וגו' (דברים לא). סופו חמור מתחלתו. סופו – לאחר שיצא חוץ לתחום, תחלתו – הריגתה. אב שהרג את הבן. בנו השני נעשה גואל הדם של אחיו, והורג את אביו. הא דתניא נעשה. רבי יוסי הגלילי היא, דאמר: מצוה לגואל הדם. לכל אין הבן נעשה וכו'. לכל עבירות שבתורה אין הבן נעשה שליח ב"ד על אביו, לא להלקותו ולא לנדותו, חוץ ממסית. ה"ג: אלא לא קשיא הא בבנו הא בבן בנו. הא דתניא: אין בנו נעשה גואל הדם – בבנו של רוצח קאמר, והא דתניא: בנו נעשה לו גואל הדם – בבנו של הרוג קאמר, שהוא בן בנו של רוצח °ואינו מוזהר על כבודו. מתני' הכל הולך אחר הנוף. אפי' הוא בעיקרו שבתוך התחום – הרי הוא כיוצא חוץ לתחום. ואם עיקרו חוץ לתחום ונופו בתוך התחום – אף העיקר קולט. גמ' אילן שהוא עומד בפנים. בירושלים. (ד) ולענין אכילת מעשר שני בירושלים היא שנויה. מכנגד החומה וכו'. אלמא, לא נופו שדינן בתר עיקר, ולא עיקר בתר נוף. בחומה תלה רחמנא. דכתיב (דברים יב): "לפני ה' אלהיך תאכלנו". בדירה תלה רחמנא. דכתיב (במדבר לה): "כי בעיר מקלטו ישב", ונופו ראוי לדירה יותר מעיקרו. בירושלים. לענין מעשר – הלך אחר הנוף.

רבי

קדושין סו: | *[נ"ל כגכשון ולאו אמרינן] | זבחים קיח: יום שמת בו עלי נחרב נוב ועשו משכן שילה כך איתא בכו"י | [עי' תוס' כתובות נח. ד"ה בלאו] | [נ"ל את פאת קדמה אלפים באמה] | ב"ב כד: ערכין לג: [תוספ' פ"ה] | *[סנהדרין מה:] | [עי' תוס' ר"ה כו. ד"ה דרחמנא] | [בילקוט ליתא וכן בכ"מ ליתא והתניא במזיד וכו'] | [עי' תוס' סוטה כה. כד. ד"ה ור' יונתן וכו' מה שכתבו בסוף דבריהם ותוס' מנחות יז: ד"ה מאי כו'] | מע"ש פ"ג מ"ז | [נ"ל דתנן] פ"ג מ"ז דמעשרות

תורה אור

אליבא דרבי אליעזר כולי עלמא לא פליגי, כי
פליגי – אליבא דר' יהושע; מאן דאמר מתה
– כרבי יהושע. ומאן דאמר בטלה – עד כאן
דברים לג לא קאמר רבי יהושע התם, דכתיב: °"ברך ה'
חילו ופועל ידיו תרצה" – *אפי' חללין שבו,
אבל הכא – אפי' רבי יהושע מודה.§ "נגמר דינו"
וכו'.§ אמר רב יהודה אמר רב: שתי טעיות
מ"א ב טעה יואב באותה שעה, דכתיב: °"וינס יואב
אל אהל ה' ויחזק בקרנות המזבח", טעה –
אשאינו קולט אלא גגו, והוא תפס בקרנותיו.
טעה – בשאינו קולט אלא מזבח בית עולמים, והוא תפס מזבח של שילה.
אביי אומר: בהא נמי מיטעא טעה – טעה גשאינו קולט אלא כהן ועבודה בידו,
והוא זר היה. אמר ריש לקיש: שלש טעיות עתיד שרו של רומי לטעות, דכתיב:
ישעיה סג °"מי זה בא מאדום חמוץ בגדים מבצרה", טועה – שאינה קולטת אלא *בצר
והוא גולה לבצרה, טועה – שאינה קולטת אלא שוגג והוא מזיד היה, טועה –
שאינה קולטת אלא אדם והוא מלאך הוא. אמר ר' אבהו: דערי מקלט לא נתנו
במדבר לה לקבורה, דכתיב: °"ומגרשיהם יהיו לבהמתם ולרכושם ולכל חייתם" – לחיים נתנו
ולא לקבורה. מיתיבי: "שמה" – השם תהא דירתו, שם תהא מיתתו, שם תהא
קבורתו! רוצח שאני, דגלי ביה רחמנא.§ "כשם שהעיר קולטת" וכו'.§ ורמינהו:
שם °"וישב בה" – ובה, ולא בתחומה! אמר אביי: לא קשיא, זכאן – לקלוט, כאן – לדור. לדור?
*תיפוק ליה חדאין עושין שדה מגרש, ולא מגרש שדה, לא מגרש עיר, ולא עיר
מגרש! אמר רב ששת: לא נצרכה אלא למחילות.§ "רוצח שיצא חוץ לתחום"
שם וכו'.§ ת"ר: °"ורצח גואל הדם את הרוצח" – *מצוה ביד גואל הדם. אין (א) גואל הדם
– רשות ביד כל אדם, דברי רבי יוסי הגלילי. ר' עקיבא אומר: רשות ביד גואל
הדם, וכל אדם [א] חייבין עליו. מאי טעמא דרבי יוסי הגלילי – מי כתיב "אם רצח"?
ורבי עקיבא: מי כתיב "ירצח"? אמר מר זוטרא בר טוביה אמר רב: רוצח שיצא
חוץ לתחום, ומצאו גואל הדם והרגו – נהרג עליו. כמאן? לא כר' יוסי הגלילי ולא
שם כר"ע! הוא דאמר כי האי תנא, דתניא, ר' אליעזר אומר: °"עד עמדו (ב) לפני העדה
שם למשפט", מה ת"ל? לפי שנאמר °"ורצח גואל הדם את הרוצח", יכול מיד? ת"ל "עד
עמדו לפני העדה למשפט". ורבי יוסי ורבי עקיבא, האי "עד עמדו לפני העדה
למשפט" מאי דרשי ביה? ההוא מיבעי ליה לכדתניא, רבי עקיבא אומר: *טמנין
לסנהדרין שראו אחד שהרג את הנפש, שאין ממיתין אותו עד שיעמוד בב"ד
שם אחר? ת"ל: "עד עמדו לפני העדה למשפט" – עד שיעמוד בב"ד אחר. ת"ר: °"אם
יצא יצא הרוצח", אין לי אלא במזיד, בשוגג מנין? ת"ל "אם יצא יצא" מ"מ. והתניא:
[ב] *(והורגו) במזיד נהרג, כבשוגג גולה! לא קשיא, הא – כמאן דאמר: אמרינן
א)דברה תורה כלשון בני אדם, הא – כמאן דאמר: לא אמרינן דברה תורה
כלשון בני אדם. אמר אביי: *מסתברא כמ"ד דברה תורה כלשון בני אדם,
שלא יהא סופו חמור מתחלתו, מה תחלתו – במזיד נהרג בשוגג גולה, אף
סופו – במזיד נהרג בשוגג גולה. תני חדא: אב שהרג – בנו נעשה לו גואל
הדם, ותניא אידך: לאין בנו נעשה לו גואל הדם. לימא הא רבי יוסי הגלילי
והא ר"ע? ותסברא, בין למ"ד מצוה בין למ"ד רשות, מי שרי? *והאמר רבה בר
רב הונא, וכן תנא דבי רבי ישמעאל: מלכל אין הבן נעשה שליח לאביו
דברים יג להכותו ולקללתו, נחוץ ממסית, שהרי אמרה תורה °"לא תחמול ולא תכסה
עליו"! אלא, לא קשיא: סהא – בבנו, והא – בבן בנו.§ מתני' עאילן שהוא עומד
בתוך התחום ונופו נוטה חוץ לתחום, או עומד חוץ לתחום ונופו נוטה בתוך
התחום – הכל הולך אחר הנוף.§ גמ' ורמינהי:* אילן שהוא עומד [ג] ב (בתוך
הפנים) ונוטה לחוץ, או עומד בחוץ ונוטה לפנים, מכנגד החומה ולפנים – כלפנים,
מכנגד החומה ולחוץ – כלחוץ! מעשר אערי מקלט קא רמית? מעשר בחומה תלה
רחמנא, ערי מקלט בדירה תלה רחמנא, בנופו – מתדר ליה, בעיקרו – לא מתדר
ליה. ורמי מעשר אמעשר, *דתניא: *בירושלים הלך אחר הנוף, בערי מקלט
הלך אחר הנוף! אמר רב כהנא: לא קשיא: הא – ר' יהודה, והא – רבנן. דתניא,
ר'

א) [ברכות לא: קדושין יז: וש"נ] ב) [נ"ל בפנים כך איתא במשנה דמעשר שני פ"ג מ"ז]

אילן שהוא *לפנים מכנגד החומה ולפנים כלפנים. תימה: דבשילהי "כילד צולין" (פסחים דף פה:) [וכס] אמרי' (ה) דגגות לא נתקדשו, ואם כן *(הוו) מעשר שני אין אוכלין על האילן! וי"ל: דמיירי שענפיו מוטעין שאין בהן ארבע, דלא חשיבי, והוי כאילו עומדת באויר כנגד הקרקע. עוד יש לומר: דמיירי [אפי'] באילן שענפיו מרובין, ואויר ירושלים כירושלים. אימור

[נ"ל שהוא עומד וכו' ונוטה לפנים וכו']

סו א ב ג מיי' פ"ה מהל' רוצח הלכה יג סמג עשין עה:
סז ד מיי' שם פ"ז הל' ד ופי"ז מהל' סנהדרין הל"ג סמג עשין קה:
סח ה מיי' פ"ז מהל' רוצח הל"ג והל"ח סמג עשין עה טו:
סט ו מיי' שם פ"ח הלכה יא סמג עשין עה:
ע ח מיי' פ"ג מהלכות שמיטין הלכה ז סמג עשין קנה:
עא ט מיי' פ"ה מהלכות רוצח הלכה ה:
עב י מיי' שם פ"ה הל"ב:
עג כ מיי' שם הלכה יא:
עד ל מיי' שם פ"ז הל"ב:
עה מ מיי' פ"ה מהל' ממרים הל"ד סמג לאוין ריג טוש"ע יו"ד סי' רמא סעיף ה:
עו נ מיי' שם:
עז ס מיי' פ"ח מהלכות רוצח הלכה ג:
עח ע מיי' שם פ"ח הלכה יז:

[לעיל יא:]

רבינו חננאל

כי פליגי אליבא דרבי יהושע מאן דאמר מתה כרבי יהושע כלומר קרבנותיו כשרין (בחי עכשיו) [בחי ועכשיו] מת ומאן דאמר בטלה אמר לך עד כאן לא מכשר רבי יהושע התם אלא משום דכתיב ברך ה' חילו ופועל ידיו תרצה אפילו חולין שבו תרצה אבל הכא אפילו רבי יהושע מודה דבטלה כהונה: נגמר דינו בלא כהן גדול ואח"כ נתמנה כ"ג ומי שהרג כ"ג וכ"ג שהרג אינו יוצא משם לעולם לא לעדות מצוה ולא לעדות ממון ולא לעדות נפשות ואפילו כל ישראל צריכין לו כיואב בן צרויה אינו יוצא משם לעולם: א"ר יהודה אמר רב שתי טעיות טעה יואב כו': ירושלמי רבי יוחנן שלח לרבנן דתמן תרין מילין אתון אמרין בשם רב (ולו) [ולית] אינון כן אתון אמרין בשם רב לא התירו ביפת תואר אלא בעילה ראשונה ואני אומר לא ראשונה ולא אחרונה אלא אחר כל המעשים שנאמר ואחר כן תבא אליה ובעלתה ותוב אמריתו כי טעה יואב והחזיק בקרנות המזבח ואין הקרנות קולטות אלא גגו ולא גג שבשילה קולט אלא גג בית העולמים קולט ואני אומר לא הקרנות קולטות ולא הגג קולט לא של שילה ולא של בית העולמים ואינן קולטות אלא ערי מקלט בלבד. ואפשר יואב תחכמוני ראש השלשים היה טועה בדבר זה אלא לסנהדרין ברח אמר מוטב יהרג [דין] שירשוהו בניו דתנן הרוגי ב"ד נכסיהן ליורשין הרוגי מלכות נכסיהן למלך מיד אמר

שלמה וכו' לממונו אני צריך להסיר דמי חנם אני צריך ג): כשם שהעיר קולטת כך תחומה קולטת ואע"פ שאינו דר בתחומה ג) אע"ג דיש שם מחילה אבל קולטת ואין רשות לגואל הדם להורגו בתחומה. הריגת הרוצח מצוה ביד גואל הדם וביד כל אדם דברי ר' יוסי הגלילי ר' עקיבא אומר גואל הדם רשות וכל אדם אין ד) חייבין עליו משום דרב אמרו רוצח שיצא חוץ לתחום ה) קודם שנגמר דינו רשות לגלות ומצאו גואל הדם והרגו נהרג עליו. ומתמהינן כמאן דלא כר' יוסי הגלילי דאמר מצוה ולא כר' עקיבא דאמר רשות מ"מ לתרווייהו פטור. ואמרינן רב כי האי תנא דאמר כר' אליעזר וכו' ת"ר אם יצא יצא הרוצח אין לי אלא במזיד כו' אמר אביי מסתברא כמאן דאמר דברה תורה כלשון בני אדם וכו' שלא יהא סופו חמור מתחלתו מה תחלתו שבשוגג גולה אף סופו במזיד נהרג בשוגג גולה: תני חדא אב שהרג בנו נעשה לו גואל הדם ואוקימנא בבן בנו דהיינו בנו של הרוג וכו' אליפו ו) אליפו נעשה גואל הדם של בנו שלו והרג עשו אביו אבל אם הרג עשו רעואל בנו (של)

אין] אליפו גואל דם אחיו מיד אביו: [מתני'] אילן שהוא עומד בתוך התחום ונופו נוטה חוץ לתחום כו' עד הכל הולך אחר הנוף. ורמינן עלה הא דתנן במעשר שני פ"ג אילן שהוא עומד בפנים ונוטה לחוץ או עומד בחוץ ונוטה לפנים מכנגד החומה ולפנים כלפנים מכנגד החומה ולחוץ כלחוץ. ופרקינן שאני מעשר דבחומה תלה רחמנא שנאמר ואכלת לפני ה' אלהיך במקום וגו' פי' אין נאכלין חוץ לחומת ירושלים בלא פריה ואין נפדין לפנים מן החומה אלא נאכלין בתורת מעשר שני וכו' מפורש בתלמוד ארץ ישראל במקומו לפיכך כל הפירות שהן חוץ לחומה חשובין כחוץ ומה שהן בפנים כלפנים אבל ערי מקלט ישיבה כתב בהו בנוף אפשר להיות ישיבה בעיקרו לא: ורמי מעשר אמעשר דהא תנן במעשרות סוף פ"ג [מ"י] בערי מקלט הכל הולך אחר הנוף ובירושלים הכל הולך אחר הנוף. ופריק רב כהנא לא קשיא הא דתני אחר הנוף לר"י והא דתני

הגהות הב"ח (א) גמ' אין לו גואל הדם: (ב) שם רבי אליעזר אומר עד עמדו. נ"ב ריש פרקין (דף יב) ולא ימות הרוצח עד עמדו וגו': (ג) רש"י ד"ה מגרש וכו' ומדותם מחוץ לעיר אלפים אמה וכתב מקיר העיר וחוצה אלף אמה: (ד) ד"ה אילן וכו' ולענין וכו': (ה) תוס' ד"ה אילן וכו' אמרינן דגגין לא נתקדשו וא"כ אי הוי מעשר שני אין אוכלין על האילן וכו' כלומר עומדין באויר וכו' וי"ל דמיירי שענפיו מוטעין וכו' ואויר ירושלים כירושלים:

הגהות הגר"א [א] גמ' וכל אדם אין חייבין כו"ל: [ב] שם והורגו. נמחק (וכן ליתא בדפוסים ישנים): [ג] שם עומד בפנים כו"ל:

גליון הש"ס רש"י ד"ה טעה יואב וכו' ולא מעל מזבחי. עי' יומא דף פה ע"א ברש"י ד"ה ולא מעל מזבחי ונ"ש: בר"ה ה"ג אלא וכו' ואינו מוזהר על כבודו. עי' בלבוש הרלב"ח פרשת תולדות.

א) במשנה איתא ואינו יוצא לא לעדות מצוה וכו' ונשמע דקאי אלוקמונים דיוצאים במיתת כה"ג ... ב) עי' סנהדרין מח ע"ב ... ג) עי' לעיל יא ... ד) כ"ה הגירסא בכת"י ... ה) פי' רבינו ... ו) ...

עט א מיי' פ"ז מהלכות מעשר שני הלכה טו וע"ש בכ"מ:

פ ב ג מיי' פ"ז מהל' רוצח הלכה ה סמג עשין מה מו:

פא ד מיי' שם הלכה ז:

תורה אור

ר' יְהוּדָה אוֹמֵר: בִּמְעָרָה — הוֹלֵךְ אַחַר פִּתְחָהּ, בְּאִילָן — הוֹלֵךְ אַחַר נוֹפוֹ. אֵימוּר דְּשָׁמְעַתְּ לֵיהּ לְר"י גַּבֵּי מַעֲשֵׂר לְחוּמְרָא: עִיקָּרוֹ בַּחוּץ וְנוֹפוֹ בִּפְנִים — כִּי הֵיכִי דִּבְנוֹפוֹ לָא מָצֵי פָּרֵיק, בְּעִיקָּרוֹ נַמִּי לָא מָצֵי פָּרֵיק; עִיקָּרוֹ מִבִּפְנִים וְנוֹפוֹ מִבַּחוּץ — כִּי הֵיכִי דִּבְנוֹפוֹ לָא מָצֵי אָכֵיל בְּלֹא פְּדִיָּיה, בְּעִיקָּרוֹ נַמִּי לָא מָצֵי אָכֵיל בְּלֹא פְּדִיָּיה. אֶלָּא גַּבֵּי עָרֵי מִקְלָט, בִּשְׁלָמָא עִיקָּרוֹ בַּחוּץ וְנוֹפוֹ בִּפְנִים — כִּי הֵיכִי דִּבְנוֹפוֹ לָא מָצֵי קָטֵיל לֵיהּ, בְּעִיקָּרוֹ נַמִּי לָא מָצֵי קָטֵיל לֵיהּ. אֶלָּא עִיקָּרוֹ בִּפְנִים וְנוֹפוֹ בַּחוּץ, כִּי הֵיכִי דִּבְנוֹפוֹ מָצֵי קָטֵיל לֵיהּ — בְּעִיקָּרוֹ נַמִּי מָצֵי קָטֵיל לֵיהּ?! הָא גַּוַּאי קָאֵי! אָמַר (א) רָבָא: בְּעִיקָּרוֹ — דְּכוּלֵּי עָלְמָא לָא פְּלִיגִי דְּלָא מָצֵי קָטֵיל. קָאֵי בְּנוֹפוֹ וְיָכוֹל לְהוֹרְגוֹ בְּחִצִּים וּבִצְרוֹרוֹת — דְּכ"ע לָא פְּלִיגִי דְּמָצֵי קָטֵיל לֵיהּ. כִּי פְּלִיגִי — בְּמֶהֱוֵי עִיקָּרוֹ דַּרְגָּא לְנוֹפוֹ, מָר סָבַר: הָוֵי עִיקָּרוֹ דַּרְגָּא לְנוֹפוֹ, וּמָר סָבַר: לָא הָוֵי עִיקָּרוֹ דַּרְגָּא לְנוֹפוֹ. רַב אַשִׁי אָמַר: אמַאי "אַחַר הַנּוֹף" — אַף אַחַר הַנּוֹף.§ **מַתְנִי'** בהָרַג בְּאוֹתָהּ הָעִיר — גּוֹלֶה מִשְּׁכוּנָה לִשְׁכוּנָה. וּבֶן לֵוִי גּוֹלֶה מֵעִיר לְעִיר.§ **גמ'** *ת"ר: °"וְשַׂמְתִּי לְךָ מָקוֹם" וגו', "וְשַׂמְתִּי לְךָ" — בְּחַיֶּיךָ, "מָקוֹם" (ב) — מִמְּקוֹמְךָ, "אֲשֶׁר יָנוּס שָׁמָּה" — מְלַמֵּד שֶׁהָיוּ יִשְׂרָאֵל מְגַלִּין בַּמִּדְבָּר, לְהֵיכָן מְגַלִּין — לְמַחֲנֵה לְוִיָּה. גמִכָּאן אָמְרוּ: בֶּן לֵוִי שֶׁהָרַג — גּוֹלֶה מִפֶּלֶךְ לְפֶלֶךְ, וְאִם גָּלָה לְפִלְכּוֹ — פִּלְכּוֹ קוֹלְטוֹ. אָמַר רַב אַחָא בְּרֵיהּ דְּרַב אִיקָא: מַאי קְרָא? °"כִּי בְעִיר מִקְלָטוֹ יֵשֵׁב" — עִיר שֶׁקְּלָטַתּוּ כְּבָר.§ **מַתְנִי'** (ג) דכַּיּוֹצֵא בּוֹ רוֹצֵחַ שֶׁגָּלָה לְעִיר מִקְלָטוֹ וְרָצוּ אַנְשֵׁי הָעִיר לְכַבְּדוֹ — יֹאמַר לָהֶם "רוֹצֵחַ אָנִי". אָמְרוּ לוֹ "אַף עַל פִּי כֵן" — יְקַבֵּל מֵהֶן, שֶׁנֶּאֱמַר: °"וְזֶה דְּבַר הָרוֹצֵחַ".

מַעֲלִים

שמות כא | במדבר לה | דברים יט

רַבִּי יְהוּדָה. לְעִנְיַן מַעֲשֵׂר קָמְרָה לְמִילְּתֵיהּ. הוֹלֵךְ אַחַר פִּתְחָהּ. כּוּלָּהּ בִּפְנִים וּפִתְחָהּ לַחוּץ – כְּלַחוּץ, כּוּלָּהּ בַּחוּץ וּפִתְחָהּ לִפְנִים – כְּלִפְנִים. בְּאִילָן הוֹלֵךְ אַחַר נוֹפוֹ. וּמַתְנִיתִין דְּהָכָא [א] *וּבָרַיְיתָא – רַבִּי יְהוּדָה, וּמַתְנִי' דְּאִילָן שֶׁהוּא עוֹמֵד בִּפְנִים כו' – רַבָּנַן, וְשִׁינּוּיָא קַמָּא לֵיתָא. אֵימוּר דְּשָׁמְעַתְּ לֵיהּ כו'. כְּלוֹמַר, הֵיכִי בָּעֵית לְאוֹקְמָהּ לְהָא דְּקָתָנֵי בִּירוּשָׁלַיִם הַלֵּךְ אַחַר הַנּוֹף כו' כְּר' יְהוּדָה? נִיחָא אִי תְּנָא בָּהּ חֲדָא: בִּירוּשָׁלַיִם הַלֵּךְ אַחַר הַנּוֹף, וְלָא תְּנָא בָּהּ: בְּעָרֵי מִקְלָט הַלֵּךְ אַחַר הַנּוֹף – הֲוָה מוֹקְמִינַן לָהּ כְּרַבִּי יְהוּדָה. אֲבָל הַשְׁתָּא מַאן לַיְית לָךְ? אֵימוּר דְּשָׁמְעַתְּ לֵיהּ לְרַבִּי יְהוּדָה גַּבֵּי מַעֲשֵׂר דְּאִילָן הַלֵּךְ אַחַר הַנּוֹף, מִשּׁוּם דְּאִיכָּא לְמֵימַר לְחוּמְרָא בֵּין עִיקָּרוֹ בִּפְנִים וְנוֹפוֹ בַּחוּץ בֵּין עִיקָּרוֹ בַּחוּץ וְנוֹפוֹ בִּפְנִים. דִּגְבֵי מַעֲשֵׂר אִיכָּא, בֵּין בִּפְנִים בֵּין בַּחוּץ, חֲדָא לְחוּמְרָא וַחֲדָא לְקוּלָּא: חוֹמֶר בִּפְנִים מִבַּחוּץ – שֶׁבַּחוּץ יָכוֹל לְפָדוֹתוֹ וּבִפְנִים אֵינוֹ יָכוֹל לְפָדוֹתוֹ, דְּקָלְטֵי לֵיהּ מְחִיצוֹת. וְחוֹמֶר בַּחוּץ מִבִּפְנִים – שֶׁאֵינוֹ נֶאֱכָל בַּחוּץ בְּלֹא פְּדִיָּיה וּבִפְנִים אוֹכְלוֹ בְּלֹא פְּדִיָּיה. וְאִיכָּא לְמֵימַר, כִּי אָמַר רַבִּי יְהוּדָה הַלֵּךְ אַחַר הַנּוֹף – לְחוּמְרָא קָאָמַר, כִּדְמְפָרֵשׁ וְאָזֵיל. עִיקָּרוֹ בַּחוּץ וְנוֹפוֹ בִּפְנִים כו'. הַלֵּךְ אַחַר הַנּוֹף לְעִנְיַן פְּדִיָּיה. עִיקָּרוֹ בִּפְנִים וְנוֹפוֹ לַחוּץ. הַלֵּךְ אַחַר הַנּוֹף לְעִנְיַן אֲכִילָה, דְּמִשְׁדֵּי עִיקָּרוֹ בָּתַר נוֹפוֹ, וְאָסוּר לְאוֹכְלוֹ בְּעִיקָּרוֹ אא"כ פְּדָאוֹ (ד) מִקּוֹדֶם שֶׁנִּכְנַס. אֶלָּא בְּעָרֵי מִקְלָט. עַל כָּרְחָךְ עִיקָּרוֹ בִּפְנִים וְנוֹפוֹ לַחוּץ לָא מַשְׁכַּחַתְּ לָהּ אֶלָּא לְקוּלָּא. אָמַר רָבָא בְּעִיקָּרוֹ כּוּלֵּי עָלְמָא לָא פְּלִיגִי כו'. לְעוֹלָם כִּדְקָמָא מְשַׁנֵּינַן: הָא רַבִּי יְהוּדָה וְהָא רַבָּנַן, דִּלְרַבָּנַן לָא שָׁדֵינַן לָא נוֹף בָּתַר עִיקָּרוֹ וְלָא עִיקָּרוֹ בָּתַר נוֹף, לָא בְּמַעֲשֵׂר וְלָא בְּעָרֵי מִקְלָט, כִּדְקָתָנֵי קַמַּיְיתָא: מִכְּנֶגֶד הַחוֹמָה וְלִפְנִים כְּלִפְנִים. וְרַבִּי יְהוּדָה פָּלֵיג וְאָמַר: שָׁדֵי עִיקָּרוֹ בָּתַר נוֹפוֹ. וּדְקָאָמְרַתְּ דִּלְמָא לְחוּמְרָא קָאָמַר – אֲנַן נַמִּי לְחוּמְרָא אָמְרִינַן לָהּ לְעִנְיַן מַעֲשֵׂר כִּדַאֲמָרַן. וּלְעִנְיַן מִקְלָט, הֵיכָא דְּעִיקָּרוֹ בַּחוּץ וְנוֹפוֹ בִּפְנִים דְּחוּמְרָא הוּא – שָׁדֵי עִיקָּרוֹ בָּתַר נוֹפוֹ, וְאִם רוֹצֵחַ בְּעִיקָּרוֹ לָא מָצֵי קָטֵיל לֵיהּ. וְהֵיכָא דְּעִיקָּרוֹ בִּפְנִים וְנוֹפוֹ בַּחוּץ, דְּקָאָמַר בָּהּ רַבִּי יְהוּדָה הַלֵּךְ אַחַר הַנּוֹף – לָאו לְמִישְׁדֵּי עִיקָּרוֹ בָּתַר נוֹפוֹ וּלְמֵימַר (ה) דְּכִי הֵיכִי דִּבְנוֹפוֹ מָצֵי קָטֵיל לֵיהּ בְּעִיקָּרוֹ נַמִּי מָצֵי קָטֵיל קָאָמַר, דִּבְעִיקָּרוֹ שֶׁבִּפְנִים כּוּלֵּי עָלְמָא לָא פְּלִיגִי דְּלָא מָצֵי קָטֵיל. וְהֵיכָא דְּקָאֵי רוֹצֵחַ בְּנוֹפוֹ שֶׁבַּחוּץ וְיָכוֹל גּוֹאֵל הַדָּם לַעֲמוֹד חוּץ לַתְּחוּם וּלְהוֹרְגוֹ בְּחִצִּים וּבִצְרוֹרוֹת – כּוּלֵּי עָלְמָא לָא פְּלִיגִי דְּמָצֵי קָטֵיל, דִּלְכוּלֵּי עָלְמָא נוֹף בָּתַר עִיקָּר לָא שָׁדֵינַן. כִּי פְּלִיגִי, דְּקָאָמַר ר' יְהוּדָה הַלֵּךְ אַחַר הַנּוֹף – לְמֶהֱוֵי עִיקָּרוֹ דַּרְגָּא לְנוֹפוֹ, שֶׁיִּכָּנֵס גּוֹאֵל הַדָּם בְּתוֹךְ הַתְּחוּם וְיַעֲלֶה דֶּרֶךְ הָעִיקָּר וְיַהַרְגֶנּוּ בְּנוֹפוֹ קָאָמַר. וְכִי הַךְ קוּלָּא אִית לֵיהּ לְר' יְהוּדָה, דְּהָא לָאו עִיקָּר שָׁדֵי בָּתַר נוֹף, אֶלָּא כָּל חַד כִּדְקָאֵי. רַב אַשִׁי אָמַר מַאי אַחַר הַנּוֹף. דְּקָאָמַר מַתְנִי' דְּהָכָא, וְכֵן בָּרַיְיתָא *)בְּעָרֵי מִקְלָט – אַף אַחַר הַנּוֹף, וְרַבִּי יְהוּדָה הִיא וְכוּלְּהוּ לְחוּמְרָא. וּלְעִנְיַן מַעֲשֵׂר – כִּדְשַׁנֵּינַן, וּלְעִנְיַן מִקְלָט – אַף אַחַר הַנּוֹף קָאָמַר, דְּהֵיכָא דְּעִיקָּרוֹ בַּחוּץ וְנוֹפוֹ בִּפְנִים – שָׁדֵי עִיקָּרוֹ בָּתַר נוֹפוֹ לְחוּמְרָא וְלָא תֵּימָא כִּדְקָאֵי קָאֵי. אֲבָל הֵיכָא דְּעִיקָּרוֹ בִּפְנִים וְנוֹפוֹ בַּחוּץ – שָׁדֵי נוֹפוֹ בָּתַר עִיקָּרוֹ וְלָא מָצֵי קָטֵיל בְּנוֹפוֹ. וּמִשּׁוּם דִּבְכוּלֵּי גְּמָרָא שָׁדֵינַן נוֹף בָּתַר עִיקָּר אִצְטְרִיךְ הָכָא לְמֵימַר דִּלְעִנְיַן מִקְלָט זִמְנִין דְּשָׁדֵינַן עִיקָּר בָּתַר נוֹף לְחוּמְרָא. **מַתְנִי'** הָרַג בְּאוֹתָהּ הָעִיר. רוֹצֵחַ שֶׁגָּלָה לְעִיר מִקְלָט, וְחָזַר וְהָרַג בְּאוֹתָהּ הָעִיר בְּשׁוֹגֵג. גּוֹלֶה מִשְּׁכוּנָה לִשְׁכוּנָה. בְּתוֹךְ הָעִיר, כִּי מִן הָעִיר אֵינוֹ רַשַּׁאי לָצֵאת מִפְּנֵי רְצִיחָה רִאשׁוֹנָה. וּבֶן לֵוִי. שֶׁהוּא מִיּוֹשְׁבֵי הָעִיר וְהָרַג בְּשׁוֹגֵג – גּוֹלֶה מֵעִיר לְעִיר, שֶׁהוּא רַשַּׁאי לָצֵאת מִן הָעִיר, שֶׁלֹּא גָּלָה שָׁם. **גמ'** וְשַׂמְתִּי לְךָ בְּחַיֶּיךָ. כָּאן הִבְטִיחוֹ הַקָּדוֹשׁ בָּרוּךְ הוּא לְמֹשֶׁה שֶׁיִּזְכֶּה לְמִצְוָה זוֹ בְּחַיָּיו, שֶׁהִבְדִּיל שָׁלֹשׁ עָרִים. מָקוֹם (ו) מִמְּקוֹמְךָ. שֶׁתְּהֵא מַחֲנֶה לְוִיָּה קוֹלֶטֶת. וְאַף עָרֵי מִקְלָט יִהְיוּ עָרֵי לְוִיָּה. פֶּלֶךְ. מְדִינָה (ז). מַאי קְרָא. דְּפִלְכּוֹ קוֹלְטוֹ. וּדְמַתְנִי' נַמִּי, דְּקָתָנֵי: גּוֹלֶה מִשְּׁכוּנָה לִשְׁכוּנָה. בְּעִיר מִקְלָטוֹ. קְרָא יְתֵירָא הוּא, דְּמָצֵי לְמִכְתַּב "כִּי שָׁם יֵשֵׁב". **מַתְנִי'** אִם אָמְרוּ לוֹ אעפ"כ. אָנוּ רוֹצִים לְכַבֶּדְךָ – יְקַבֵּל מֵהֶם.

מַעֲלִים

*) [נע"ק שערי משנה היא]

אימור דשמעת ליה לרבי יהודה (ח) לחומרא. וצריך עיון: מנא ליה דלא אמרינן גם להקל? וי"ל: דמסברא אית ליה דלא פליגי רבי יהודה ורבנן כולי האי כי אם בחומרא בעלמא. **גבי** מעשר לחומרא עיקרו בחוץ ונופו בפנים כי היכי דבנופו לא מצי פריק כו'. פי': לא אזלינן בתר נוף לקולא, לומר דכי היכי דבנופו דבפנים מצי אכיל בלא פדייה — הכי נמי בעיקרו מבחוץ מצי אכיל ליה בלא פדייה. אלא לחומרא דוקא, לומר דלא מצי פריק ליה בעיקרו. ומשמע דפשיטא ליה דבנוף גופיה מצי אכיל, דנהי דשדינן עיקר בתר נוף לחומרא, מ"מ נוף לא שדינן בתר עיקרו גם לחומרא.

מר סבר עיקרו הוי דרגא כו'. קצת קשה: מנא ליה לאפלוגי רבנן ארבי יהודה בהא? ויש לומר: דמשמע מתוך הברייתא דפליגי (ט) לרבי יהודה בתרתי, בין במעשר בין בערי מקלט, מדנקט ערי מקלט גבי ירושלים.

רב אשי מאי אחר הנוף. פי': רב אשי בא (י) למידק הא דפרכינן: אלא עיקרו בפנים ונופו לחוץ הכא נמי דבעיקרו מצי קטיל? וקאמר דאף אחר הנוף קתני מתני', דגם אחר הנוף אזלינן היכי דהוי חומרא, (כ) כמו דעיקרו בחוץ ונופו בפנים דשדינן עיקרו בתר נופו ואף בעיקר לא מצי קטיל. וה"ה דאזלינן בתר עיקר למישדייה נופו בתר עיקרו לחומרא, כגון בעיקרו בפנים ונופו לחוץ, דאף בנופו לא קטלינן, דאזלינן בתר עיקרו. וקשה: דא"כ כי היכי דקתני הולך אחר הנוף דהיינו אף אחר הנוף — ה"ה דהוה מצי למתני: (ל) הכל הולך אחר העיקר! ועוד קשה, דהא לעיל גבי מעשר, כי קאמר דאזלינן בתר הנוף לחומרא, משמע דמכל מקום פשיטא ליה דדין נוף עצמו לא היה בטל כלל, דלא שדינן ליה בתר עיקרו כדפרישית לעיל! ולכך ניחא פירוש הר"ס, דודאי דין נוף עצמו לא היה בטל לעולם גם לחומרא כדפירשתי. והכי קאמר: אף לאחר הנוף שדינן ליה עיקר לחומרא. (מ) כמו עיקרו בחוץ ונופו בפנים, כי היכי דנופו לא מצי קטיל — בעיקר נמי לא מצי קטיל. והוא הדין דעיקר אזיל בתר נפשיה, שיש לעיקר דין עצמו, כגון דעיקרו בפנים ונופו בחוץ, אע"ג דבנופו מצי קטיל כדפירש, דלעולם יש לו לנוף דין עצמו גם להקל, מכל מקום דעיקר מבפנים לא מצי קטיל, דלא שדינן העיקר בתר הנוף לקולא רק לחומרא. אבל הקונטרס פירש: אף אחר הנוף — משום דבכולי התלמוד שדינן לנוף בתר העיקר אצטריך למימר הכא גבי מקלט דזימנין דשדינן עיקר בתר הנוף לחומרא. לפי זה ניחא קצת הא דנקט אחר הנוף טפי מאחר העיקר. מיהו גם זה קשיא, דהא לענין מעשר לא שדינן לעולם בתר עיקרו כדפ"ל. לכך ניחא (נ) לפי' הר"ס.

פלכו קולטו. קשה: דהא אמרינן כבר גולה מפלך [לפלך]. ועוד, הא קאמר: בן לוי גולה מעיר לעיר! ויש לומר: דאם גולה מעיר לעיר יהיה רשאי לילך בכל העיר ובתחומיה, ואם יגלה לפלכו — פלכו קולטו בו שלא יצא משכונה לשכונה*.

מעלים

רבינו חננאל

דתני במקום שהוא נוטה לרבנן. ודחינן אימור דשמעת ליה לר' יהודה דאזיל בתר הנוף לחומרא כו' כדמפרש ופשוטה היא: אמר רבא אי קאי בעיקרו ועיקרו לפנים מן התחום דברי הכל לא מצי קטיל ליה דקלטיה עיקרו קאי בנופו והוא חוץ לתחום ויכול להורגו בדבר הנזרק דברי הכל מצי קטיל ליה כי פליגי במהוי עיקרו דרגא לנופו לעלות משום להרגו ר' יהודה סבר [הוי] עיקרו דרגא לנופו דאחר הנוף אזלינן ורבנן סברי לא. רב אשי אמר מאי אחר הנוף דקתני הכל אנה נוטה (אף) [ואף] אחר הנוף (א)

א) אולי ר"ל דחזינן אנה נוטה האילן ומה שנוטה לפנים ודאי קולט בין עיקר בין נוף ועוד אזלינן אף אחר הנוף דאם הנוף בפנים אף העיקר שבחוץ קולטו. וכפי' הר"ס בתוס':

הגהות הגר"א

[א] רש"י ד"ה באילן וברייתא רבים קו על מלת וברייתא (כלומר דמתניתין היא. אבל מלות כה"ג בכ"מ ברש"י ותוס' ועי' שיטה מקובצת ב"ק עה ע"ב).

[עי' תוס' זבחים קיז. ד"ה עיר]

הגהות הב"ח

(א) גמ' אמר רבא בעיקרו וכו' קטיל לא קאי: (ב) שם בחייך מקום במקומך אשר ינוס יבו ישראל גולין במדבר לה גולין למחנה לויה. דדרך לפ ולאחריו לך מקום מקום שהוא שלך הכי מחנה לויה: (ג) שם שקלטתו כבר כוולא בת סוף גמרא ואח"כ מתני' המשנה רולת: (ד) רש"י ד"ה מקום ... בתוי"ט בפירוש משנה סוף פ"ג דמעשרות ותמה מבואר מה שכתון בתיבת שנכנס ודוק היטב: (ה) ד"ה אמר רבא וכו' ולמימר כי הך

[וקג"ע דהאי מתנה היא]

זבחים קיז. ע"ש

שבועות פ"י מ"ח [ג רש"ל ותוי"ט]

דבנופו מלי וכו' וכי הך קולא לית ליה לר' יהודה וכו' כדקאי קאי הס"ד: (ו) ד"ה מקום במקומך. נ"ב עי' בזבחים דף קיז ע"א: (ז) ד"ה פלך מדינה. נ"ב פי' עיר: (ח) תוס' ד"ה אימור וכו' לר' יהודה גבי מעשר לחומרא: (ט) ד"ה מר סבר וכו' דפליגי לר' יהודה בתרתי בין במעשר בין בערי מקלט מדנקט ירושלים בבא בלאפי נפשיה הס"ד: (י) ד"ה רב אשי וכו' הנוף כו' פי' רב אשי בא לתרץ הא דפרכינן וכו' הכי נמי דבעיקרו: (כ) בא"ד היכי דהוי חומרא כגון בעיקרו בחוץ וכו' הוא הדין כצ"ל ואות ו' נמחק: (ל) בא"ד הדין דהוה מלי למיתני הלך כצ"ל ותיבת הכל נמחק: (מ) בא"ד עיקר לחומרא כגון עיקרו בחוץ וכו' כי היכי דבנופו לא מלי וכו' מכל מקום בעיקר מבפנים: (נ) בא"ד פי' הר"ס כצ"ל ואות ל' נמחק:

אמַעֲלִים הָיוּ שָׂכָר לַלְוִיִּם, דִּבְרֵי רַבִּי יְהוּדָה. רַבִּי מֵאִיר אוֹמֵר: לֹא הָיוּ מַעֲלִים לָהֶן שָׂכָר. וְחוֹזֵר לַשְּׂרָרָה שֶׁהָיָה בָּהּ, דִּבְרֵי רַבִּי מֵאִיר. רַבִּי יְהוּדָה אוֹמֵר: בלֹא הָיָה חוֹזֵר לַשְּׂרָרָה שֶׁהָיָה בָּהּ.§ **גמ'** אָמַר רַב כַּהֲנָא: מַחֲלוֹקֶת בְּשֵׁשׁ, דְּמָר סָבַר: (במדבר לה) °"לָכֶם" – לִקְלִיטָה, וּמָר סָבַר: "לָכֶם" – לְכָל צָרְכֵיכֶם. אֲבָל בְּאַרְבָּעִים וּשְׁתַּיִם – דִּבְרֵי הַכֹּל הָיוּ מַעֲלִין לָהֶם שָׂכָר. א"ל רָבָא: הָא וַדַּאי (א) "לָכֶם" – לְכָל צָרְכֵיכֶם מַשְׁמַע! אֶלָּא אָמַר רָבָא: גמַחֲלוֹקֶת בְּאַרְבָּעִים וּשְׁתַּיִם, דְּמָר סָבַר: (שם) °"וַעֲלֵיהֶם תִּתְּנוּ" כִּי הָנָךְ – לִקְלִיטָה, וּמָר סָבַר: "וַעֲלֵיהֶם תִּתְּנוּ" כִּי הָנָךְ, מָה הָנָךְ לְכָל צָרְכֵיכֶם – אַף הָנֵי נַמִּי לְכָל צָרְכֵיכֶם, אֲבָל בְּשֵׁשׁ – דדִּבְרֵי הַכֹּל לֹא הָיוּ מַעֲלִים לָהֶן שָׂכָר.§ "חוֹזֵר לַשְּׂרָרָה שֶׁהָיָה בָּהּ" כו'.§ תָּנוּ רַבָּנַן: (ויקרא כה) °"וְשָׁב אֶל מִשְׁפַּחְתּוֹ וְאֶל אֲחֻזַּת אֲבֹתָיו יָשׁוּב" לְמִשְׁפַּחְתּוֹ הוּא שָׁב, [דד] וְאֵינוֹ שָׁב לְמַה שֶּׁהֶחְזִיקוּ אֲבוֹתָיו, דִּבְרֵי ר"י. ר"מ אוֹמֵר: אַף הוּא שָׁב לְמַה שֶּׁהֶחְזִיקוּ אֲבוֹתָיו, "אֶל אֲחֻזַּת אֲבֹתָיו" – כַּאֲבוֹתָיו. וְכֵן בַּגּוֹלֶה, [א] כְּשֶׁהוּא אוֹמֵר "יָשׁוּב" – לְרַבּוֹת אֶת הָרוֹצֵחַ. מַאי "וְכֵן בַּגּוֹלֶה"? כִּדְתַנְיָא: (במדבר לה) °"יָשׁוּב הָרֹצֵחַ אֶל אֶרֶץ אֲחֻזָּתוֹ" – לְאֶרֶץ אֲחוּזָּתוֹ הוּא שָׁב, וְאֵינוֹ שָׁב לְמַה שֶּׁהֶחְזִיקוּ אֲבוֹתָיו, דִּבְרֵי רַבִּי יְהוּדָה. ר"מ אוֹמֵר: אַף הוּא שָׁב לְמַה שֶּׁהֶחְזִיקוּ אֲבוֹתָיו; גָּמַר שִׁיבָה שִׁיבָה מֵהָתָם.§

הדרן עלך אלו הן הגולין

וְאֵלּוּ *הֵן הַלּוֹקִין: ההַבָּא עַל אֲחוֹתוֹ, וְעַל אֲחוֹת אָבִיו, וְעַל אֲחוֹת אִמּוֹ, וְעַל אֲחוֹת אִשְׁתּוֹ, וְעַל אֵשֶׁת אָחִיו, וְעַל אֵשֶׁת אֲחִי אָבִיו, וְעַל הַנִּדָּה. יאַלְמָנָה לְכֹהֵן גָּדוֹל, גְּרוּשָׁה וַחֲלוּצָה לְכֹהֵן הֶדְיוֹט, זמַמְזֶרֶת וּנְתִינָה לְיִשְׂרָאֵל, בַּת יִשְׂרָאֵל לְנָתִין וּלְמַמְזֵר. *חאַלְמָנָה וּגְרוּשָׁה חַיָּיבִין עָלֶיהָ מִשּׁוּם (ב) שְׁנֵי שֵׁמוֹת, טגְּרוּשָׁה וַחֲלוּצָה אֵינוֹ חַיָּיב אֶלָּא מִשּׁוּם אַחַת בִּלְבַד.§ יהַטָּמֵא שֶׁאָכַל אֶת הַקֹּדֶשׁ, וְהַבָּא אֶל הַמִּקְדָּשׁ טָמֵא, וְאוֹכֵל חֵלֶב וְדָם וְנוֹתָר וּפִגּוּל וְטָמֵא, וְהַשּׁוֹחֵט וּמַעֲלֶה בַּחוּץ, וְהָאוֹכֵל חָמֵץ בְּפֶסַח, וְהָאוֹכֵל וְהָעוֹשֶׂה מְלָאכָה בְּיוֹם הַכִּפּוּרִים, וְהַמְפַטֵּם אֶת הַשֶּׁמֶן, וְהַמְפַטֵּם אֶת הַקְּטֹרֶת, וְהַסָּךְ בְּשֶׁמֶן הַמִּשְׁחָה, וְהָאוֹכֵל נְבֵלוֹת וּטְרֵפוֹת שְׁקָצִים וּרְמָשִׂים. אָכַל טֶבֶל וּמַעֲשֵׂר רִאשׁוֹן שֶׁלֹּא נִטְּלָה תְּרוּמָתוֹ, וּמַעֲשֵׂר שֵׁנִי *וְהֶקְדֵּשׁ שֶׁלֹּא נִפְדּוּ. כַּמָּה יֹאכַל מִן הַטֶּבֶל וִיהֵא חַיָּיב? רַבִּי שִׁמְעוֹן אוֹמֵר: כָּל שֶׁהוּא, וַחֲכָמִים אוֹמְרִים: כַּכְּזַיִת. אָמַר לָהֶן רַבִּי שִׁמְעוֹן: *אִי אַתֶּם מוֹדִים לִי לבְּאוֹכֵל נְמָלָה כָּל שֶׁהוּא שֶׁהוּא חַיָּיב? אָמְרוּ לוֹ: ממִפְּנֵי שֶׁהִיא כִּבְרִיָּיתָהּ. אָמַר לָהֶן: אַף *חִטָּה אַחַת כִּבְרִיָּיתָהּ.§ **גמ'** חַיָּיבֵי כָרֵיתוֹת קָא תָּנֵי, חַיָּיבֵי מִיתוֹת ב"ד לָא קָתָנֵי; מַתְנִיתִין מַנִּי? רַבִּי עֲקִיבָא הִיא. דְּתַנְיָא: אֶחָד חַיָּיבֵי כָרֵיתוֹת וְאֶחָד חַיָּיבֵי מִיתוֹת בֵּית דִּין

יֶשְׁנוֹ

מַעֲלִים הָיוּ. הֶעָרִים שָׂכָר לַלְוִיִּם. שֶׁרוֹצְחִים שׂוֹכְרִים מֵהֶם אֶת בָּתֵּי הַדִּירָה. חוֹזֵר לַשְּׂרָרָה שֶׁהָיָה בָּהּ. אִם הָיָה נָשִׂיא אוֹ רֹאשׁ בֵּית אָב, חוֹזֵר לִגְדוּלָּתוֹ כְּשֶׁיָּשׁוּב לְעִירוֹ בְּמִיתַת כה"ג. **גמ'** מַחֲלוֹקֶת בְּשֵׁשׁ. עָרֵי מִקְלָט. לָכֶם. לָרוֹצְחִים נֶאֱמַר: "וְהָיוּ לָכֶם הֶעָרִים לְמִקְלָט". וְשָׁב אֶל מִשְׁפַּחְתּוֹ. בְּעֶבֶד עִבְרִי כְּתִיב, כְּשֶׁיּוֹצֵא חָפְשִׁי בְּשֵׁשׁ אוֹ בַּיּוֹבֵל. לְמַה שֶּׁהוּחְזְקוּ אֲבוֹתָיו. לִשְׂרָרָה. אֶל אֲחֻזַּת אֲבוֹתָיו כַּאֲבוֹתָיו. סֵיפָא דְּמִילְּתֵיהּ דְּרַבִּי מֵאִיר הִיא, וּמֵבִיא רְאָיָה לִדְבָרָיו מִסּוֹף הַמִּקְרָא שֶׁחוֹזֵר לִגְדוּלָּתוֹ, שֶׁנֶּאֱמַר: "וְאֶל אֲחֻזַּת אֲבוֹתָיו" – אֶל כָּל חֶזְקַת אֲבוֹתָיו. וְכֵן בַּגּוֹלָה. כְּמַחֲלוֹקֶת בְּעֶבֶד עִבְרִי כָּךְ מַחֲלוֹקֶת בְּרוֹצֵחַ שֶׁגָּלָה וְחָזַר בְּמִיתַת הַכֹּהֵן. וּמֵהָכָא יָלֵיף, דִּכְשֶׁהוּא אוֹמֵר כָּאן "יָשׁוּב" קְרָא יְתֵירָא, דְּמָצֵי לְמִכְתַּב "וְשָׁב אֶל מִשְׁפַּחְתּוֹ וְאֶל אֲחֻזַּת אֲבוֹתָיו" וְלִשְׁתּוֹק. לְרַבּוֹת אֶת הָרוֹצֵחַ. דְּמוּפְנֶה לָדוּן הֵימֶנּוּ גְּזֵירָה שָׁוָה: נֶאֱמַר כָּאן "יָשׁוּב" וְנֶאֱמַר בְּרוֹצֵחַ "יָשׁוּב הָרוֹצֵחַ אֶל אֶרֶץ אֲחוּזָּתוֹ", כִּדְמְפָרֵשׁ וְאָזֵיל: מַאי וְכֵן בַּגּוֹלָה? וּמַסְקָנָא: גָּמַר שִׁיבָה שִׁיבָה מֵהָתָם.

הדרן עלך אלו הן הגולין

אֵלּוּ הֵן הַלּוֹקִין. אֵלּוּ לָאו דַּוְקָא, דְּתָנָא וְשַׁיֵּיר לוֹקִין טוּבָא. אֶלָּא תָּנָא חַיָּיבֵי כְּרֵיתוֹת לְאַשְׁמוּעִינַן דְּיֵשׁ מַלְקוֹת בְּחַיָּיבֵי כְּרֵיתוֹת, וְתָנָא אַלְמָנָה וּגְרוּשָׁה לְאַשְׁמוּעִינַן (ג) אַלְמָנָה וּגְרוּשָׁה חַיָּיב עָלֶיהָ מִשּׁוּם שְׁתֵּי שֵׁמוֹת וְכוּ', וְתָנָא טֶבֶל וּמַעֲשֵׂר רִאשׁוֹן שֶׁלֹּא נִטְּלָה תְּרוּמָתוֹ דְּלָא מְפָרֵשׁ לָאו דִּידְהוּ בְּהֶדְיָא, וְכֵן הֶקְדֵּשׁ שֶׁלֹּא נִפְדָּה. וְאַיְּידֵי דְּתָנָא הֶקְדֵּשׁ תָּנָא מַעֲשֵׂר שֵׁנִי (ד) בְּהֶדְיָא, דְּתַרְוַיְיהוּ מַלְקוֹת דִּידְהוּ מִשּׁוּם מְחוּסְּרֵי פְּדִיָּיה. וְכֵן בְּרוּבָּן יֵשׁ דָּבָר חָדָשׁ. (ה) נְתִינָה. מִן הַגִּבְעוֹנִין הִיא, וּמַלְקוֹת מִשּׁוּם "לֹא תִתְחַתֵּן בָּם" (דברים ז). אַלְמָנָה וּגְרוּשָׁה. שֶׁנִּתְאַלְמְנָה מֵאִישׁ אֶחָד וְנִתְגָּרְשָׁה מֵאִישׁ אַחֵר, חַיָּיב עָלֶיהָ שְׁתֵּי מַלְקוֹת מִשּׁוּם שְׁתֵּי שֵׁמוֹת, מִשּׁוּם שְׁתֵּי אַזְהָרוֹת, שֶׁשְּׁתֵּיהֶן מְפוֹרָשׁוֹת בַּמִּקְרָא וְאַזְהָרָה אַתַּרְוַיְיהוּ קַיְּימָא. גְּרוּשָׁה וַחֲלוּצָה. גְּרוּשָׁה וְהִיא חֲלוּצָה – אֵינוֹ חַיָּיב עָלֶיהָ אֶלָּא מִשּׁוּם גְּרוּשָׁה. שֶׁהַחֲלוּצָה אֵינָהּ כְּתוּבָה, אֶלָּא מְרַבּוּיָא מַיְיתִינַן לָהּ דְּתַנְיָא בְּקִדּוּשִׁין (דף עח.): "גְּרוּשָׁה", אֵין לִי אֶלָּא גְּרוּשָׁה, חֲלוּצָה מִנַּיִן? ת"ל "וְאִשָּׁה". טָמֵא שֶׁאָכַל אֶת הַקּוֹדֶשׁ. אַזְהָרָתוֹ מְפָרֵשׁ בַּגְּמָרָא. נוֹתָר. כְּתִיב בֵּיהּ (שמות כט): "וְשָׂרַפְתָּ אֶת הַנּוֹתָר בָּאֵשׁ לֹא יֵאָכֵל כִּי קֹדֶשׁ הוּא". וְאַזְהָרַת פִּגּוּל נַמִּי מֵהָכָא, מִדִּכְתִיב: "כִּי קֹדֶשׁ הוּא", כְּלוֹמַר מִפְּנֵי שֶׁהוּא קוֹדֶשׁ שֶׁנִּפְסַל, לָמַדְנוּ מִכָּאן כָּל שֶׁבַּקֹּדֶשׁ פָּסוּל, בָּא הַכָּתוּב לִיתֵּן לֹא תַעֲשֶׂה עַל אֲכִילָתוֹ, וְהָכִי אָמְרִינַן לְקַמָּן. וְאַזְהָרַת טָמֵא – "וְהַבָּשָׂר אֲשֶׁר יִגַּע בְּכָל טָמֵא לֹא יֵאָכֵל" (ויקרא ז). וְהַשּׁוֹחֵט. קָדָשִׁים בַּחוּץ, אוֹ הַמַּעֲלֶה קָדָשִׁים בַּחוּץ. אַזְהָרַת מַעֲלֶה – "הִשָּׁמֶר לְךָ פֶּן תַּעֲלֶה" וגו' (דברים יב), אַזְהָרַת שׁוֹחֵט יָלְפִינַן בִּזְבָחִים בְּפֶרֶק "הַשּׁוֹחֵט וְהַמַּעֲלֶה" (דף קו.) אִיכָּא דְיָלֵיף מִ"לֹא יִזְבְּחוּ עוֹד" וגו' וְאִיכָּא דְיָלֵיף לָהּ מִגְּזֵירָה שָׁוָה דַּהֲבָאָה הֲבָאָה, שׁוֹחֵט מִמַּעֲלֶה. הָאוֹכֵל בְּיוֹם הַכִּפּוּרִים. וְיָלֵיף אַזְהָרְתֵּיהּ בְּפֶרֶק בַּתְרָא דְּיוֹמָא (דף פא.). הַמְפַטֵּם אֶת הַשֶּׁמֶן. הָעוֹשֶׂה שֶׁמֶן כְּדוּגְמַת שֶׁמֶן הַמִּשְׁחָה. וְאַזְהָרְתֵּיהּ – "וּבְמַתְכֻּנְתּוֹ לֹא תַעֲשׂוּ כָּמוֹהוּ" (שמות ל). וְכֵן בִּקְטֹרֶת – "וּבְמַתְכֻּנְתָּהּ לֹא תַעֲשׂוּ לָכֶם" (שם). וְהַסָּךְ בְּשֶׁמֶן הַמִּשְׁחָה. מֵאוֹתוֹ שֶׁעָשָׂה מֹשֶׁה בַּמִּדְבָּר, דִּכְתִיב: "עַל בְּשַׂר אָדָם לֹא יִיסָךְ" (שם). אָכַל טֶבֶל. אַזְהָרְתֵּיהּ מִ"וְלֹא יְחַלְּלוּ אֶת קָדְשֵׁי בְּנֵי יִשְׂרָאֵל אֲשֶׁר יָרִימוּ" – בַּעֲתִידִין לִתְרוֹם הַכָּתוּב מְדַבֵּר. וְהָכִי מְפָרֵשׁ לָהּ בְּסַנְהֶדְרִין בְּ"אֵלּוּ הֵן הַנִּשְׂרָפִין" (דף פג.). וּמַעֲשֵׂר רִאשׁוֹן שֶׁלֹּא נִטְּלָה תְּרוּמָתוֹ. אַף הוּא טֶבֶל. וּמַעֲשֵׂר שֵׁנִי שֶׁלֹּא נִפְדָּה. וְהוּא אוֹכְלוֹ חוּץ לִירוּשָׁלַיִם, וּכְתִיב: "לֹא תוּכַל לֶאֱכוֹל בִּשְׁעָרֶיךָ" וגו' (דברים יב). הֶקְדֵּשׁ שֶׁלֹּא נִפְדָּה. אַזְהָרָתוֹ אֵינוֹ מְפוֹרֶשֶׁת כָּל כָּךְ. וְנִרְאֶה בְּעֵינַי דְּמֵהָכָא אָתָא, דְּתַנְיָא (סנהדרין שם): הַזָּר בִּמְעִילָה, רַבִּי אוֹמֵר: בְּמִיתָה, וַחֲכָמִים אוֹמְרִים: בְּאַזְהָרָה. וְאָמְרִי': *מַאי טַעְמֵיהּ דְּרַבִּי? אָתְיָא "חֵטְא" "חֵטְא" מִתְּרוּמָה. וְרַבָּנַן מִיעֵט רַחֲמָנָא "וּמֵתוּ בוֹ" וְלֹא בִּמְעִילָה. מִמִּיתָה הוּא דְּמַעֲטֵיהּ, וּגְזֵירָה שָׁוָה כִּדְקַיְימָא קַיְימָא, וְיָלְפִינַן אַזְהָרָה דִּמְעִילָה מֵאַזְהָרָה דִּתְרוּמָה דִּכְתִיב בָּהּ: "וְכָל זָר לֹא יֹאכַל קֹדֶשׁ". וְרוֹב הִלְכוֹת מְעִילָה הִיא לְמֵדָהּ מִתְּרוּמָה בְּתוֹרַת כֹּהֲנִים בִּגְזֵירָה שָׁוָה זוֹ. בְּאוֹכֵל נְמָלָה גָּרְסִינַן שֶׁהוּא חַיָּיב. מִשּׁוּם "שֶׁרֶץ הַשֹּׁרֵץ עַל הָאָרֶץ". **גמ'** חַיָּיבֵי כָרֵיתוֹת קָתָנֵי. כָּל חַיָּיבֵי כָרֵיתוֹת שֶׁאֵין בָּהֶן מִיתַת ב"ד הוּזְכְּרוּ בְּמִשְׁנָתֵנוּ לְעִנְיַן מַלְקוֹת, וְאֶחָד מִכָּל חַיָּיבֵי מִיתוֹת בֵּית דִּין לֹא הוּזְכַּר בָּהּ לִלְקוֹת אִם הִתְרוּ בוֹ לְמַלְקוֹת.

יֶשְׁנוֹ

מעלים היו שכר ללוים. פי': רוצחים הבאים ודרים שם צריכין להעלות מס וארנונא ללוים. דלא תימא גזירת המלך על הלוים לעכב אותם בעירן. **לכם** לכל צרכיכם. דאין צריכים להעלות שום דבר ללוים. **גמר** שיבה שיבה. נראה דהיינו דוקא לרבי מאיר, דאצטריך לג"ש, אבל לרבי יהודה – הא איכא קרא בהדיא גבי רוצח. וא"כ הא דקתני לעיל: וכן בגולה כו' ממילתא דר' מאיר הוא.

הדרן עלך אלו הן הגולין

ואלו הן הלוקין הבא על אחותו כו'. תנא ושייר: טמא ששימש, זר שאכל תרומה, ובעל מום ששימש, אונן מקריב, מזיח חושן, מכבה גחלת על גבי מערכה. אלא לא חשיב לאוי גרידי אלא באותן שיש בהן חידוש. והא דקא חשיב כריתות דאין בהן מיתת ב"ד – לאשמועינן דאע"ג דאיכא כרת לוקין. ואין צריך למצוא בהם חידוש בהנך כריתות דקתני. ובקונטרס דחק למצוא בהם חידוש. אלמנה לכהן גדול נקט משום דבעי למיתני אלמנה וגרושה חייב משום שתי שמות.

גרושה וחלוצה אינו חייב אלא אחת. פי' הקונט': משום *גרושה, דחלוצה מייתי לה (ו) "ואשה גרושה". משמע לפירושו דבחלוצה לחודה איכא מלקות דאורייתא. וזה אינו, דהא אמרינן בפ' "עשרה יוחסין" (קדושין דף עח.): (אחות) חלוצה דרבנן. והא דלעיל תנא וחלוצה – אגב גרושה תניא. אי נמי, מכת מרדות דרבנן. והא, כיון דהיא גם גרושה – לוקה בה מלקות דגרושה, שהיא דאורייתא, ולא לקי מכת מרדות דרבנן.

רבי

עין משפט נר מצוה

פב א מיי' פ"ח מהל' רוצח הלכה י:
פג ב מיי' שם פ"ז הל"ד:
פד ג ד מיי' שם פ"ח הל"י:
פה [דד] מיי' פ"ג מהל' עבדים דין ח:
א ה מיי' פי"ט מהל' סנהדרין הלכה א [מן סי' א עד סי' ז] ופ"א מהל' איסורי ביאה הל"ז:
ב ו מיי' פי"ט מהל' סנהדרין הל"ד [סי' קנא קנג] ופי"ז מהלכות איסורי ביאה הלכה ב ג:
ג ז מיי' פי"ט מהלכות סנהדרין הל"ד [סי' קנז] ופט"ו מהל' א"ב הל"ב:
ד ח מיי' פי"ז מהלכות איסורי ביאה הל' ט:
ה ט מיי' שם הלכה ז:
ו י הכל במיי' פי"ט מהל' סנהדרין:
ז כ מיי' פ"ב מהלכות מאכלות אסורות הל' יט והלכה כב:
ח ל מ מיי' שם פ"ב הל' כא סמג לאוין קלב:

רש"א משום דחלוצה מגרושה

רבינו חננאל

מעלות א) היו שכר ללוים מפני ששוכנין בהן: חוזר לשררה שהיה בה דברי ר' מאיר ר' יהודה אומר לא היה חוזר לשררה: אחד הרוצח שגלה ואחד הנמכר לעבד עברי כשחוזרין אין חוזרין לשררה שהיו בה דברי רבי יהודה:

הדרן עלך אלו הן הגולין

ואלו הן הלוקין הבא על אחותו ועל אחות אביו כו'. דייקינן מדקתני חייבי כריתות במתניתין וחייבי מיתות לא קתני ש"מ מתניתין ר' עקיבא היא דתני ר'

א) כ"ה הגיר' בירושל' וכל"ל ברש"י וז"ש היו הערים כו'.

[עי' תוס' חולין נו. בסוף ד"ה מ"ע דרבנן וכו' מה שהניחו בתימה]

הגהות הב"ח

(א) גמ' לכם לכל צרכיכם. נ"ב ע"ל דף ט ע"א דדרשינן ליה למעוטי דוקא לכם ולא לגרים: (ב) במשנה משום שתי שמות וכו' והאוכל חלב: (ג) רש"י ד"ה אלו וכו' לאשמועי' דאלמנה וגרושה: (ד) שם בא"ד מעשר שני בהדיה: (ה) ד"ה נתינים מן הגבעונים הן ומלקות: (ו) תוס' ד"ה גרושה וכו' דחלוצה מייתי לה מוי"ו ואשה גרושה משמע דבא לפרש דבחלוצה לחודה:

מגילה כח: סוכה מ. מגילה ז: ב"ק קכ.

הגהות הגר"א

[א] גמ' כשהוא אומר כו'. נ"ל שנאמר:

כתובות לג:

קדושין עח.

[עי' תוס' זבחים מה. ד"ה דומיא]

[כסה"מ אין]

[שם פד.]

עין משפט נר מצוה

ט א מיי' פי"ח מהלכות סנהדרין הל"א ופ"ה מהל' איסורי ביאה הל"ג סמג לאוין קה.
י ב מיי' פי"ח מהלכות סנהדרין הלכה ב:
יא ג מיי' פי"ח מהל' איסורי ביאה הל"א והל"ג:
יב ד מיי' פי"ח מהלכות שגגות הלכה ב סמג עשין ריג:

ישנו בכלל מלקות ארבעים, דברי רבי ישמעאל. ר"ע אומר: אחייבי כריתות ישנו בכלל מלקות ארבעים, שאם עשו תשובה ב"ד של מעלה מוחלין להן. חייבי מיתות ב"ד אינו בכלל מלקות ארבעים, שאם עשו תשובה אין ב"ד של מטה מוחלין להן. *ר' יצחק אומר: חייבי כריתות בכלל היו, ולמה יצאת כרת באחותו – לדונו בכרת ולא במלקות. מ"ט דר' ישמעאל? דכתיב: °"אם לא תשמור לעשות את כל דברי התורה הזאת", וכתיב, °"והפלא ה' את מכותך", *הפלאה זו איני יודע מה היא, כשהוא אומר: °"והפילו השופט והכהו לפניו" הוי אומר: הפלאה זו – מלקות היא, וכתיב: °"אם לא תשמור לעשות את כל" וגו'. אי הכי, חייבי עשה נמי! "אם לא תשמור" כתיב, וכדרבי אבין א"ר אילעי, *דאמר רבי אבין א"ר אילעי: כל מקום שנאמר "השמר" "פן" ו"אל" – אינו אלא לא תעשה. אי הכי, לאו שאין בו מעשה נמי! °"לעשות" כתיב. לאו שניתק לעשה נמי! דומיא *דלאו דחסימה. השתא דאתית להכי כולהו נמי דומיא דלאו דחסימה. ור"ע מאי טעמא? °"כדי רשעתו", *משום רשעה אחת אתה מחייבו, ואי אתה מחייבו משום שתי רשעיות. ור' ישמעאל: הני מילי מיתה וממון, או מלקות וממון, אבל מיתה ומלקות – מיתה אריכתא היא. ולרבי עקיבא, אי הכי חייבי כריתות נמי! מאי אמרת, שאם עשו תשובה? השתא מיהת לא עבדי! אמר רבי אבהו: (א) בפירוש ריבתה תורה חייבי כריתות למלקות, דגמר °"לעיני" °מ"לעיניך". מתקיף לה ר' אבא בר ממל: אי הכי, חייבי מיתות ב"ד נמי, נגמרם °"מעיני" מ"לעיניך"! דנין "לעיני" מ"לעיניך", ואין דנין "מעיני" מ"לעיניך" – ומאי נפקא מיניה? והא *תנא דבי ר' ישמעאל: °"ושב הכהן" °"ובא הכהן" – זו היא שיבה וזו היא ביאה! ועוד, לגמור "מעיני" מ"לעיני", דהא גמור "לעיני" מ"לעיניך"! קבלה מיניה רבי שמואל בר רב יצחק: "כדי רשעתו" – משום רשעה אחת אתה מחייבו ואי אתה מחייבו משום שתי רשעיות – ברשעה המסורה לב"ד הכתוב מדבר. ברבא אמר: אתרו ביה לקטלא – כ"ע לא פליגי דאין לוקה ומת. כי פליגי – דאתרו ביה למלקות, *ררבי ישמעאל סבר: גלאו שניתן לאזהרת מיתת ב"ד – לוקין עליו, ור"ע סבר: *בלאו שניתן לאזהרת מיתת ב"ד – אין לוקין עליו. ור"ע, אי הכי חייבי כריתות נמי, לאו שניתן לאזהרת כרת הוא! א"ל רב מרדכי לרב אשי, הכי אמר אבימי מהגרוניא משמיה דרבא: ג*חייבי כריתות לא צריכי התראה, שהרי פסח ומילה ענש אף על פי שלא הזהיר. ודלמא אזהרה לקרבן, *דהא פסח ומילה דלית בהו אזהרה דלא מייתי קרבן! דהתם לאו היינו טעמא, אלא משום *דאיתקש כל התורה כולה לעבודה זרה: מה עבודה זרה – שב ואל תעשה, אף כל – שב ואל תעשה, לאפוקי הני דקום עשה. רבינא אמר: לעולם כדאמרינן

רש"י

ישנו בכלל מלקות ארבעים. השתא סלקא (ג) דעתך שאם התרו בו מיתה ומלקות לוקה ומת. שאם עשו תשובה כו'. לא גרסי' לה בדברי ר' ישמעאל. רבי עקיבא אומר חייבי כריתות. אם התרו בהם מלקות – ישנו בכלל מלקות ולוקין, ואין כאן משום חייבי שתי רשעיות שאתה עונשו מלקות עם הכרת. ולמה אין שתי רשעיות – לפי שיכול לפטור עצמו מעונש הכרת על ידי תשובה מב"ד של מעלה. אבל חייבי מיתות אינן בכלל מלקות, שיש כאן שתי פורענויות, מלקות ומיתה, ומשילקה סופו ליהרג, שאפי' יעשה תשובה אין ב"ד שלמטה מוחלין לו את המיתה. רבי יצחק אומר. אף חייבי כריתות שהתרו בהן למלקות אינן בכלל מלקות, לפי שכל חייבי כריתות של עריות בכלל היו, דכתיב (ויקרא יח) "כי כל אשר יעשה מכל התועבות האלה ונכרתו הנפשות" וגו'. למה יצאת כרת באחותו. לעצמה, דכתיב ב"קדושים תהיו": "ואיש *(כי) יקח את אחותו" וגו'. לדונו בכרת. לכך שנה כרת שלהן, לומר שאין כהן עונש אלא כרת לבדו. לאו שאין בו מעשה נמי. אלמה אמרינן בכמה דוכתי: לאו שאין בו מעשה אין לוקין עליו? דומיא דלאו דחסימה. שהוא כתוב אצל פרשת מלקות. ורבי עקיבא. כיון דאמר אי אתה מחייבו משום שתי רשעיות – חייבי כריתות נמי לא לילקו, דהא שתי רשעיות ניהו, שעדיין עונש הכרת עליו! מאי אמרת. לשנויי הך קושיא, שאם עשה תשובה. הטעם שנתתי למעלה, שהוא יכול לפטור את עצמו מן הכרת ע"י תשובה? השתא מיהא עדיין לא שב ואתה מלקהו בעוד עונש הכרת עליו. לעיני. "ונכרתו לעיני בני עמם", וכתיב במלקות: "ונקלה אחיך לעיניך". נגמר מעיני. דכתיב בעבודה זרה: "אם מעיני העדה נעשתה לשגגה". זו היא שיבה כו'. למידין זה מזה גזירה שוה, מה שיבה חולץ וקוצה וטח – אף ביאה חולץ וקוצה וטח. ועוד נגמר מעיני. דמיתות ב"ד מ"לעיני" דכריתות, מה כריתות לוקה דהא גמרת "לעיני" מ"לעיניך" – אף מיתות ב"ד ילקה. קיבלה מיניה רבי שמואל. לתשובה זו מרבי אבא בר ממל, ושני עלה: ברשעה המסורה לב"ד הכתוב מדבר. ב"ד הוזהרו שאם התרו בו אל יחייבוהו שתי רשעיות, כגון ממון ומלקות או מיתה ומלקות או מיתה וממון, אבל כרת לא ע"י ב"ד הוא. ויש לפרש: קיבלה מיניה רבי שמואל מרבי אבהו תירוץ זה על אתקפתא דר' אבא בר ממל. דאתרו ביה למלקות. לחודיה. לאזהרת מיתת ב"ד. לאזהרת דבר שמחייבין עליו מיתת ב"ד. אין לוקין עליו. כשהתרו בו מלקות בלא מיתה, לפי שלא ניתן לאו זה לאזהרת עונש מלקות כשאר לאוין, שהרי הוצרך להזהירו, שאם לא כן לא היה יכול לחייבו מיתה. פסח ומילה. אין בהן לא תעשה וענש (ג) להם כרת. לקרבן. שאם יעשה שוגג יביא קרבן. פסח ומילה. אין קרבן בשוגג שלהן, כדאמרינן בכריתות בפ"ק: הפסח והמילה מצות עשה. כלומר, אינו בכלל שאר כריתות למנותן עם שאר כריתות שמנוי שם כולם, לומר שאם עשאום כולם בהעלם אחד חייב קרבנות כמספר הכריתות. התם לאו היינו טעמא. מה שאין מביאין קרבן על פסח ומילה – אין הטעם בשביל שאין בהם אזהרה, אלא בשביל שהם מצות עשה, דהוקשה כל התורה כולה לענין קרבן לעבודה זרה, שנאמר בפרשת "שלח לך אנשים" אצל קרבן עבודה זרה "תורה אחת יהיה לכם לעושה בשגגה" – כאן הוקשו כל עבירות שבתורה בשגגתן לעבודה זרה לענין קרבן: מה עבודה זרה כרת שלו על דבר שהוא שב ולא תעשה כן, והוא לא תעשה – אף כל שב ואל תעשה. אבל כרת של עמוד ועשה והוא ישב ולא עשה – אין בו קרבן, ופסח ומילה עמוד ועשה הוא. אבל חייבי כריתות כגון "אשר יעשה מכל" (ויקרא יח) – לשון שב ואל תעשה הוא, ואפילו לא נאמרה בו אזהרת לאו היה קרבן בא עליו. כדאמרינן

תוספות

רבי יצחק אומר חייבי כריתות בכלל היו. פי' בקונטרס: בכלל כל העריות, דכתיב: "ונכרתו (כל) הנפשות". ולמה יצא כרת באחותו – דכתיב: "ואיש אשר יקח את אחותו". וקשה: דהיה לו לומר דאחותו בכלל כל העריות היתה! לכן נראה לפרש: דחייבי כריתות בכלל מלקות (ד) הן, דהא גמרינן דבכל לאו איכא מלקות מן "והיה אם בן הכות הרשע". ולמה יצאת כרת באחותו, שהרי אחותו כתובה היתה עם העריות ב"אחרי מות" – "ונכרתו הנפשות"! אלא לכך יצאת ב"קדושים" – לדונו בכרת ולא במלקות, כלומר אין חייבי כריתות לוקין.

רבי יצחק אומר חייבי כריתות כו'. וקשה: (ה) לרבי יצחק, לאו דכל כריתות למה לי? דהא אסיקנא דקרבן לא בעי אזהרה! ושמא יש לומר דנכתבו לעונש יתירא, מידי דהוה אלאו שבכללות ולאו הניתק לעשה.

ורבי עקיבא מאי טעמא. נהי (ו) דאם חייבי מיתות אם עשו תשובה אין ב"ד של מטה מוחלין לו, (ז) ומה בכך? וליעבד ליה תרתי.

ברשעה המסורה לב"ד הכתוב מדבר. וטעמא דרבי עקיבא משום "כדי רשעתו". ולפי זה בחייבי מיתות דלא התרו בו למיתה, דליכא מיתה, והתרו בו למלקות, דהשתא ליכא אלא רשעה דמלקות – לקי. וקשה: דבעלמא (שבת קנד.) *פריך גבי לאו דממחמר: לאו שניתן לאזהרת מיתת ב"ד הוא ואין לוקין עליו, ואף כי ליכא התם רשעה דמיתה! וי"ל: דהתם היינו כרבא, דמוקי למילתיה דרבי עקיבא בהתרו בו למלקות, ואפילו הכי לא לקי, דהוי לאו שניתן לאזהרת מיתת בית דין ואין לוקין עליו*.

מה עבודה זרה שב ואל תעשה אף כו'. לאפוקי הני דהוי קום ועשה. וקשה: דא"כ מה אמר פרק בתרא דעירובין (דף נו.): לר"ע דאמר כי כתיב "ושמרת את החוקה" לפסח, ואי איתא לר' אבין דאמר "השמר" לא תעשה הוא, הא דתנן (כריתות דף ב.): פסח אין לו קרבן מפני שהוא קום ועשה, ואם איתא קום ולא תעשה הוא. ומאי פריך? הא מ"מ אינה דומיא לעבודה זרה דהוי שב ואל תעשה, וזה מה שתעשה! וי"ל: דמכל מקום קשה

גליון הש"ס

גמ' רבא אמר אתרו ביה לקטלא. עי' ברז"ה ורמב"ן סוף מסכתין. שם ר"ע סבר לאו שניתן. עי' סנהדרין דף פ ע"א. שם חייבי כריתות לא צריכי התראה. עי' יבמות דף נה ע"ב ד"ה לכרת נתנה. שם התם לאו ה"ט. עי' ב"ק דף קח ע"ב תוספות ד"ה מאי. שבועות דף יח ע"ב תד"ה ל"ת. זבחים דף קו ע"א תד"ה אזהרה.

[ועמ"ש תוס' ב"ק עד: ד"ה הוה ליה כו' וע"ע תוס' שבת קנד. ד"ה בלאו]

רבינו חננאל

עקיבא חייבי כריתות ישנן בכלל מלקות ארבעים שאם עשו תשובה ב"ד של מעלה מוחלין להן חייבי מיתות ב"ד אינן בכלל מלקות ארבעים שאם עשו תשובה אין ב"ד של מטה מוחלין להן. ותניא אחד חייבי כריתות ואחד חייבי מיתות ב"ד ישנן בכלל מלקות ארבעים דברי ר' ישמעאל שנא' והפלא ה' הפלאה זו היא מלקות וכתיב אם לא תשמור לעשות את כל דברי התורה הזאת: כל חובין שבתורה שיש בהן לאו ישנן בכלל מלקות ארבעים חוץ מלאו שאין בו מעשה ולאו שניתק לעשה דבעינן לאו דומיא דלא תחסום שור בדישו וסמיך ליה קרא לחייבי מלקות וקסבר מלקות ומיתה מיתה אריכתא היא ואינה שתי רשעיות וכן ממון ומלקות. ובא ר' אבהו ופירש טעמא דר' עקיבא ואמר בפירוש ריבתה תורה חייבי כריתות למלקות דגמר לה ג"ש לעיני מלעיניך. בחייבי מלקות כתיב ונקלה אחיך לעיניך ובחייבי כריתות כתיב ונכרתו לעיני בני עמם מה להלן מלקות אף לעיני דכתיב בחייבי כריתות מלקות ואקשינן ליגמר נמי ג"ש מעיני דכתיב באיש שעינה באשה דהיא חייבי מיתות ב"ד ונעלם מעיני אישה מלעיניך דמלקות ויהוו חייבי מיתות ב"ד במלקות: ואסיקנא כתיב כדי רשעתו משום רשעה אחת אתה מחייבו ואי אתה מחייבו משום שתי רשעיות. ברשעה המסורה בב"ד כגון מיתה ומלקות הכתוב מדבר אבל חייב כריתות (שהיא) [היא] רשעה המסורה בידי שמים: רבא אמר בחייבי מיתות ב"ד דאתרו ביה למלקות פליגי ר' ישמעאל סבר לאו שניתן לאזהרת מיתת ב"ד לוקין עליו ור"ע סבר אין לוקין עליו. ואקשינן לר' עקיבא חייבי כריתות נמי לאו שניתן לאזהרת כרת הוא. ודחו משמיה דרבא חייבי כריתות לאו בני אזהרה נינהו שהרי פסח ומילה ענש אע"פ שלא הזהיר: א) ודלמא פסח ומילה דלא כתיבא בהו אזהרה לא אתיא אזהרה אלא לחייב השוגג בקרבן, ודחו' לאו משום הא טעמא לא מייתי קרבן בפסח ומילה אלא משום דאיתקש כל התורה כולה לעבודה זרה מה עבודה זרה שב ולא תעשה ועושה בשגגה (מי חייב) [מחייב] קרבן לאפוקי פסח ומילה דקום עשה נינהו רבינא אמר (רבי) [טעמא דרבי...]

מסורת הש"ס

[לקמן כג: מגילה ז: כתובות לג: כריתות ב:]
[שבת קלה: ע"ש תמורה ג:]
[נ"ל אחר]
שבועות ד. לו. סוטה ה. עירובין צו. זבחים קו. ע"ש מנחות נו: נט: ע"ז נא:
[פסחים מח: לקמן טו.]
כתובות לג. [לעיל ד: וש"נ]
עירובין נא. חולין פה. יבמות יז: נדה כב: יומא ב: נזיר ה: הוריות ח: מנחות ד. מה: בכורות לב.
שבועות ז.
[שבת קנד. עירובין יז: ב"ק עד: סנהד' פו: שבועות כט]
כריתות ג:
[וסם שבת סט. קנג: קנד.]
[נ"ל התועבות האלה]

הגהות הב"ח

(א) גמ' בפירוש ריבתה תורה חייבי כריתות למלקות. [illegible]

כדאמרינן מעיקרא, שאם עשו תשובה – ב"ד של מעלה מוחלין להן. מאי אמרת, הא לא עבוד תשובה? לא פסיקא מילתא לכרת. רבי יצחק אומר: חייבי כריתות בכלל היו, ולמה יצאת כרת באחותו – לדונו בכרת ולא במלקות. ורבנן, כרת באחותו למה לי? לחלק, וכדרבי יוחנן. *דאמר רבי יוחנן: שאם עשאן כולם בהעלם אחד – חייב על כל אחת ואחת. ורבי יצחק, לחלק מנא ליה? נפקא ליה מ"ואל אשה בנדת טומאתה", (ויקרא יח) לחייב על כל אשה ואשה. ורבנן נמי, תיפוק ליה מהא! אין הכי נמי. ואלא כרת דאחותו למה לי? לחייבו על אחותו ועל אחות אביו ועל אחות אמו. פשיטא, הרי גופין מוחלקין, הרי שמות מוחלקין! אלא, לחייבו על אחותו שהיא אחות אביו שהיא אחות אמו. והיכי משכחת לה – ברשיעא בר רשיעא. ור' יצחק, הא מנא ליה? נפקא ליה מק"ו. (א) דתניא, *אמר ר"ע: שאלתי את רבן גמליאל ורבי יהושע באיטליז של עימאום, שהלכו ליקח בהמה למשתה בנו של ר"ג: הבא על אחותו שהיא אחות אביו שהיא אחות אמו, מהו? *[אינו] חייב על כולן אלא אחת, או חייב על כל אחת ואחת? אמרו לו: זו לא שמענו, אבל שמענו: הבא על חמש נשים נדות בהעלם אחד – שחייב על כל אחת ואחת, ונראין דברים מק"ו: ומה נדה שהיא שם אחד חייב על כל אחת ואחת, כאן ששלשה שמות – לא כל שכן? ואידך, ק"ו פריכא הוא: מה לנדה, שכן גופין מוחלקין. (ב) ולאידך נמי, האי ודאי ק"ו פריכא הוא! אלא נפקא ליה מ"אחותו" (שם כ) דסיפא. ואידך, "אחותו" דסיפא למה לי? לחייבו על אחותו בת אביו ובת אמו, לומר *שאין עונשין מן הדין. ואידך, איבעית אימא: גמר עונש מאזהרה. ואיבעית אימא: נפקא ליה מ"אחותו"

רש"י

כדאמרינן מעיקרא. טעמיה דר' עקיבא משום שתי רשעיות הוא. ודקאמרת: חייבי כריתות נמי שתי רשעיות הן, דלאפוקי עונש כרת עליו – לא פסיקא מילתא לכרת, הואיל והוא תלוי בתשובה. ורבנן. רבי ישמעאל ור"ע. לחלק. לפי שנכלל כל העריות בכרת אחת, הייתי אומר: אם עשאן כולם בהעלם אחד אינו חייב אלא חטאת אחת – לכך יצאה כרת באחותו לחלק. דהוי דבר שהיה בכלל ויצא מן הכלל ללמד על עצמו, שמתחייב עליה לעצמה אם (ג) עשאה עם חברותיה, ולא ללמד על עצמו יצא אלא ללמד על הכלל כולו יצא: מה אחותו מיוחדת שהיא ערוה וחייבין עליה בפני עצמה, אף כל שהיא ערוה חייבין עליה בפני עצמה. מואל אשה. דמצי למכתב "ולנדה לא תקרב". לחייבו על אחותו ועל אחות אביו כו'. אם בא על שלשתן בהעלם אחד. הרי שמות מוחלקין. שיש אזהרה בכל אחת, והרי הן כשאר כל העריות. ברשיעא בר רשיעא. הבא על אמו והוליד שתי בנות, וחזר ובא על אחת מהן והוליד בן, ובא הבן על אחות אמו שהיא אחותו ואחות אביו. באטליז. במקום שמוכרין הבשר במקולין. מאחותו דסיפא. "ערות אחותו גלה" (ויקרא כ). שאין עונשין מן הדין. שהרי ענש על בת אמו שלא בת אביו, ובת אביו שלא בת אמו, שנאמר (שם): "בת אביו או בת אמו", ויש לומר כ"ש שענש על בת אביו ובת אמו. אבל אם אמרת כך – ענשת מן הדין, לכך נאמר אחותו דסיפא. גמר עונש מאזהרה. דלענין אזהרה כתיב "אחותך היא" יתירא, להזהיר על אחותו בת אביו ובת אמו, שנאמר (שם יח): "ערות בת אשת אביך מולדת אביך אחותך היא". ומה אזהרה לא חלק בין אחותו בת אביו שלא בת אמו [ובת אמו שלא בת אביו] ולאחותו שהיא בת אביו ובת אמו – אף בעונש ענש על אחותו בת אביו ואמו, כאחותו דבת אביו שלא בת אמו ובת אמו שלא בת אביו.

מאחותו

תוספות

*קשה ליענה ד"קום עשה", דמשמע דליכא בהן שום לאו. הקשה הר"ר שלמה מדרוי"ש: (דמ"מ קשה) נהי דקרבן לא בעי אזהרה, מ"מ הנך דליכא אלא חד כרת, כמו מפטם וסך, דלא ידעינן דחלוקין לחטאות אלא משום שהם לאוין מוחלקין, לרבי אלעזר דאמר רבי אושעיא ואצטריכו לחלק, א"כ לא לילקי עלייהו, כי היכי דלעינן למימר אי קרבן בעי אזהרה דלא לקי אלאו דכריתות! וי"ל: דמ"מ נהי דאצטריכו לחלק, בשביל זה לא נמנע מללמוד ממנו מלקות, כיון דידעינן בהו חיוב קרבן בלא לאו. נהי דחילוק לא ידענא אלא מלאוין, מ"מ ילקו.

*לאפוקי הני. פסח ומילה, (ד) דבקום עשה נינהו. קשה: ל"ל היקשא לאפוקי פסח ומילה? תיפוק ליה מדאמרינן בת"כ: "ועשה אחת" – יצא מסית ומדיח ומקלל אביו ואמו ועדים זוממין שאין בהן מעשה, דאין בהן קרבן. וה"ה פסח ומילה, דאי מימנע ולא עביד ליכא מעשה! ושמא י"ל: דאצטריך דרשא דהכא משום דבת"כ איכא דרשא אחריתי, דמפרש מסית ומדיח דלאו בני קרבן נינהו משום דבעינן דומיא דעבודה זרה דיש בו כרת, ופסח ומילה הוו בכרת, והוה אמינא דהוויין בקרבן. מיהו, ממילה קשה: למה לי קרא? דהא לא הויא בכרת דומיא דעבודה זרה, דהא לעולם לא יתברר שיהא בכרת עד שימות, דלעולם יכול למול עצמו וליפטר מכרת! וי"ל: דלעולם כל זמן שלא מל עונש כרת עליו.

ההוא מיבעי ליה לחייבו על אחותו שהיא בת אביו ובת אמו. וא"ת: ל"ל (ה) ב"קדושים" תיפוק ליה, גבי אזהרה כתיב "אחותך היא" יתירא לאחותו בת אביו ובת אמו, וכתיב (ויקרא יח) "ונכרתו הנפשות העושות"! וי"ל: ד"ונכרתו" לא קאי אלא אעריות המפורשות בהדיא. ונהי דבקרא כתיב "ערות בת אשת אביך מולדת אביך אחותך היא", מ"מ מיירי טפי מאחותו שהיא מאשת אביו ובת אביו. אבל בת אביו ובת אמו (ומאונסים) לא ידעינן אלא מיתורא דקרא "אחותך היא".

ואידך. (ו) רבי יצחק, גמר עונש מאזהרה. תימה: דבכריתות פ"ק (דף ג.) א"ר יצחק עונשין מן הדין, דקאמר: לר' יצחק כדאית ליה, ולרבנן כדאית להו, לומר דאין עונשין מן הדין. וכן לקמן בפרקין (דף יז:) דקאמר: אפי' למאן דאמר עונשין מן הדין כו', ופי' דהיינו ר' יצחק. ותימה: דבכל שינויי דהכא משמע דספיר אית ליה לר' יצחק דאין עונשין מן הדין! ונראה: דלהאי שינויא דקאמר גמר עונש מאזהרה – סבר ר' יצחק עונשין מן הדין. דהכי פירושא: גמר עונש מאזהרה משום דאיכא קל וחומר להענישן, וכיון דהשווה באזהרה הוא הדין נמי בעונש, כיון דאיכא קל וחומר להענישן. ומעתה אמר רבי יצחק בכל דוכתי נמי עונשין מן הדין דהיינו היכא (ז) שאין צריך לענין אזהרה. ומהאי טעמא היכא דגמיר עונש מאזהרה היינו דוקא דאיכא להענישו מן הדין, דאם לא כן בחייבי לאוין נמי, כגון גבי ממזר עמוני, נילף בהם עונש כרת מהאי טעמא דגמר עונש מאזהרה, דכי היכי דהשווה לענין אזהרה הוא הדין לענין עונש. אלא כדפי', דדוקא משום דאיכא להענישו מן הדין קאמר גמר (גמר) עונש מאזהרה. כך נראה למשי"ח, וצריך עיון. *הכי גרים רש"י: ואידך סבר לה כר"א דאמר שני לאוין וכרת אחד חלוקים לקרבן. והלכך במפטם וסך דחלוקין בלאוין ידעינן שחלוקין לחטאות. וא"ת: כיון דלאוין מוחלקין, א"כ ל"ל אחותו דסיפא דדריש לחלק? תיפוק ליה דלאוין מוחלקין! ופי' בקונטרס: דכיון דאתא להכי – בעריות נמי לא בעי חילוק, ולא אצטריך ליה למדרש "אל אשה" דלעיל, ולא דריש אחותו לחלק, ואייתר ליה עיקר [*קרא דכרת] באחותו לדונו בכרת ולא במלקות, ואחותו *דסיפא לאחותו שהיא בת אביו ובת אמו לומר שאין עונשין. (ח) ואחותו דרישא לא אצטריך ליה, ולדרשא אחריתא אתיא. אי נמי אורחיה דקרא הוא. עוד יש מפרשים: דספיר אצטריך דרשא לאחותו שהיא אחות אביו ואחות אמו, דנהי דאיכא לאוין מוחלקין, מ"מ הואיל והם גוף אחד אימא לא ליחייב אלא אחת. דלא דמי למפטם וסך שהם עבודות מוחלקות, וספיר אתי (ט) מרבי אלעזר. אבל בפרק קמא דכריתות (דף ג.) משמע כפירוש הקונטרס. דפריך אהא מילתא: וכי מאחר דלאוין מוחלקין בו, כרת באחותו למה לי? פי': דדרשינן מינה חילוק בעריות ואליבא דר"א, תיפוק ליה חילוק משום דלאוין מוחלקין כמו מפטם וסך? ומאי פריך? והא לא דמי, כדפירשתי! לכן נראה כפירוש הקונטרס.

ההוא

רבינו חננאל

דרבי] עקיבא לעולם שאם עשו תשובה ב"ד של מעלה מוחלין להן מאי קושיא הא לא עשו תשובה לא פסיקא מילתא דכרת דכל אימת דעשה תשובה מוחלין לו אבל מיתות ב"ד אינו כן: ר' יצחק אמר חייבי כריתות בכלל היו. פי' אלו שפירשה בהן התורה כרת כגון אחותו וכיוצא בה הן בכלל כי כל אשר יעשה מכל התועבות האלה ונכרתו הנפשות העושות מקרב עמם א) ולמה יצא כרת ונכתבה באחותו לדונו בכרת ולא במלקות. ורבנן כרת באחותו למה להו לחלק: לחייבו על אחותו שהיא (היא) אחות אביו והיא אחות אמו. משכחת לה ברשיעא בן רשיעא אמר ר' אדא בר אהבה כגון שבא אביו על אמו והוליד שתי בנות וחזר ובא על אחת מהן והוליד בן ובא אותו הבן על אחות אמו שהיא אחות אביו והיא אחות אביו מן האם וזהו רשיעא בן רשיעא ומפורש בכריתות פ"ג (דף טו ע"א) אבל לחלק שאם שגג מביא קרבן על כל אחת מהן נפקא להו מואל אשה בנדת טומאתה לחלק על כל אשה ואשה:

א) כפירוש רש"י.

עין משפט נר מצוה:
יג א מיי' פ"ד מהלכות שגגות הלכה א סמג עשין ריג:
יד ב ג מיי' שם הל' ב:
טו ד מיי' שם פ"ה הל' ג סמג שם:

רש"א שמעינן מלישנא | רש"א מ"ז | שייך לעיל סוף ע"ב | זה שייך לע"ב | רש"ל דרישא

מסורת הש"ס: כריתות ב: יבמות נה. | להו. יעב"ץ | כריתות טו. | רש"א חייב א' על כולן | רש"א [ועי' רש"ל] | לעיל ה: סנהדרין נד. וש"נ | רש"א

הגהות הב"ח

(א) גמ' דתנן אמר ר' עקיבא. נ"ב משנה פ"ג דכריתות: (ב) שם ואידך מי האי ולאי: (ג) רש"י ד"ה לחלק וכו' אם עשאה עם: *תום' ד"ה (בכף הקודם) מה עבודת כוכבים וכו' לא"כ "מאי פריך" פ' בתרא דעירובין וכו' מה שתעשה "הוא" וי"ל: (ד) ד"ה לאפוקי הני פסח ומילה דקום: (ה) ד"ה ההוא וכו' וא"ת ל"ל מקרא דבקדושים תיפוק ליה דגבי אזהרה: (ו) ד"ה ואידך פי' ר' יצחק וכו' וה"פ גמר עונש: (ז) בא"ד דהיינו היכא דשוין לענין אזהרה ומהאי טעמא דהכא דגמיר עונש מאזהרה דהיינו דוקא משום דאיכא להענישו מן הדין וכו' ממזר ועמוני: (ח) ד"ה הכי גרס וכו' שאין עונשין מן הדין ואחותו דרישא: (ט) בא"ד אתי מדרבי אלעזר:

טז א מיי' פ"א מהלכות כלי המקדש הלכה ד והלכה ה סמג לאוין רלב רלג:

יז ב מיי' פ"ו מהלכות איסורי ביאה הלכה ה סמג לאוין קיא טוש"ע יו"ד סי' קפג סעיף יד:

יח ג מיי' פי"א מהלכות פסולי המוקדשין הלי"ג:

יט ד מיי' פ"ז מהלכות תרומות הלכה א:

כ ה מיי' פי"א מהלכות פסולי המוקדשין הלי"ב:

כא ו מיי' שם הלכה טו:

ההוא לתרומה הוא דאתא. ותימה: דהיכן מלינו חומר בתרומה מבקדשים, ד"בכל קדש לא תגע" מוקי לה רבי יוחנן לנגיעת תרומה – אלמא לקי, ובנגיעה דקדש לא לקי! ותירץ הר"ר שלמה מדרוייי"ש נ"ע, דהכי קאמר: ההוא לנגיעת תרומה הוא דאתאי, לאשמועינן דפוסל תרומה עד מלאת ימי טהרה שהיא כטבול יום. ולא קאמר דאיכא מלקות בנגיעת תרומה. אבל מכל מקום קשה, דאיך קאמר רבי יוחנן דקרא דכתיב ביה קדש דמיירי לתרומה? וי"ל: משום דגבי האי קרא כתיב "עד מלאת ימי טהרה", ובקדשים – עד לאחר כפרה. אי נמי, על כרחך צריך לאוקמה בתרומה, דלקדשים נפקא לן מגזירה שוה ד"טומאתו" "טומאתו" גמיר ליה.

כל לא תעשה שקדמו עשה לוקין עליו. תימה: דהא לאו דגזילה שקדמו עשה ד"והשיב הגזלה אשר גזל", ואפ"ה אין לוקין עליו! וי"ל: דשאני גבי לאו דגזילה, שאין לקיים העשה אלא לאחר שגזלה, והלכך לאו שניתק *מעליו הוא. אבל "קדמו" דקאמר הכא – לאו דוקא קדמו, אלא היינו (ה) דשייך העשה קודם שעבר הלאו. [נ"ל מעליו]

תנינא

מ"אחותו" דרישא. ואידך: ההוא מיבעי ליה לחלק אכרת למפטם ולסך. ואידך: סבר (א) כר' אלעזר א"ר הושעיא: *דאמר רבי אלעזר אמר רבי הושעיא: כל מקום שאתה מוצא שני לאוין וכרת אחד – חלוקין הן לקרבן. ואי בעית אימא: (ב) לא סבר לה כר' אלעזר, ונפקא ליה מ"ואיש אשר ישכב את אשה דוה". ואידך: ההוא מיבעי ליה לכדרבי יוחנן. *דאמר ר' יוחנן משום ר' שמעון בן יוחי: מנין שאין האשה טמאה עד שיצא מדוה דרך ערותה – שנאמר: "ואיש אשר ישכב את אשה דוה וגלה את ערותה" וגו', במלמד שאין האשה טמאה עד שיצא מדוה דרך ערותה.§ "וטמא שאכל את הקדש". בשלמא הבא למקדש טמא – כתיב עונש וכתיב אזהרה; עונש – דכתיב: "את משכן ה' טמא ונכרתה", אזהרה – "ולא יטמאו את מחניהם". אלא טמא שאכל את הקדש, בשלמא עונש כתיב – "והנפש אשר תאכל בשר מזבח השלמים אשר לה' וטומאתו עליו ונכרתה", אלא *אזהרה מנין? ריש לקיש אומר: ג"בכל קדש לא תגע", רבי יוחנן אומר, תני ברדלא: אתיא "טומאתו" "טומאתו", כתיב הכא: "וטומאתו עליו ונכרתה" וכתיב התם: "טמא יהיה עוד טומאתו בו", מה להלן עונש ואזהרה – אף כאן עונש ואזהרה. בשלמא ריש לקיש לא אמר כרבי יוחנן – *גזירה שוה לא גמיר. אלא ר' יוחנן, מאי טעמא לא אמר כריש לקיש? אמר לך: ההוא *אזהרה לתרומה. וריש לקיש, אזהרה לתרומה מנא ליה? נפקא ליה מ"איש איש מזרע אהרן והוא צרוע או זב", *ואי זהו דבר שהוא שוה בזרעו של אהרן – הוי אומר זו תרומה. ואידך: ההוא לאכילה, והא לנגיעה. וריש לקיש, האי "בכל קדש לא תגע" להכי הוא דאתא? ההוא מיבעי ליה לטמא שנגע בקדש! דאיתמר, *טמא שנגע בקדש, ריש לקיש אומר: לוקה, רבי יוחנן אומר: האינו לוקה. ריש לקיש אומר: לוקה, "בכל קדש לא תגע". רבי יוחנן אומר: אין לוקה, ההוא אזהרה לתרומה הוא דאתא! טמא שנגע בקדש – מדאפקיה רחמנא בלשון נגיעה, (ג) *אזהרה (לאוכל) – אתקוש קדש למקדש. ואכתי, להכי הוא דאתא? ההוא מיבעי ליה לטמא שאכל בשר קדש לפני זריקת דמים. דאיתמר, טמא שאכל בשר קדש לפני זריקת דמים, ריש לקיש אומר: לוקה, רבי יוחנן אומר: ואינו לוקה. ריש לקיש אומר: לוקה, "בכל קדש לא תגע", לא שנא לפני זריקה ולא שנא לאחר זריקה. רבי יוחנן אומר: אינו לוקה; רבי יוחנן לטעמיה, דאמר *קרא "טומאתו" "טומאתו", וכי כתיב "טומאתו" – לאחר זריקה הוא דכתיב! ההיא מ"בכל קדש" נפקא. תניא כוותיה דריש לקיש: "בכל קדש לא תגע" – אזהרה לאוכל. אתה אומר אזהרה לאוכל, או אינו אלא אזהרה לנוגע? ת"ל: "בכל קדש לא תגע ואל המקדש" וגו' – מקיש קדש למקדש, מה מקדש דבר שיש בו נטילת נשמה – אף *כל דבר שיש בו נטילת נשמה. ואי בנגיעה – מי איכא נטילת נשמה? אלא באכילה. אמר רבה בר בר חנה אמר רבי יוחנן: °כל לא תעשה שקדמו עשה – לוקין עליו.

אמרו

[ויקרא כ] [במדבר יט] [שם ה] [ויקרא ז] [שם יב] [במדבר יט] [ויקרא כב]

מאחותו דרישא. דמצי למכתב "כי יקח את בת אביו או בת אמו". למפטם וסך. דהוו נמי שני לאוין וכרת אחד, והוצרך לנו לחלק ביניהם כמו שהוצרך חילוק בעריות, אם אינו ענין כאן תנהו ענין להו. ה"ג לא להך שיטתא: ההוא מיבעי ליה לחלק כרת למפטם וסך ואידך סבר לה כר"א א"ר הושעיא כו' ואיבעית אימא נפקא ליה מואיש אשר ישכב את אשה דוה וגו' ואידך ההוא מיבעי ליה כו'. והכי פירושא: ואידך ס"ל כר"א דאמר עלה שהלאוין מחלקין לחטאות, ועל מפטם וסך אמרי' במס' כריתות (דף ג.) שהן שני לאוין – "על בשר אדם לא ייסך" "ובמתכונתו לא תעשו כמוהו", וכרת אחת – "איש אשר ירקח כמוהו ואשר יתן ממנו" וגו', (ד) חילוק חטאות ביניהם – שהלאוין מחלקין לחטאות. וכיון דאתו להכי – בעריות נמי לא בעי חילוק, ולא מצטריך ליה למדרש "אל אשה" דלעיל, ואייתר ליה עיקר קרא דכרת באחותו לדונו בכרת ולא במלקות, ו"אחותו" דסיפא לחייבו על אחותו שהיא אחות אביו ואחות אמו, ו"אחותו" דרישא לחייבו על אחותו בת אביו ובת אמו, לומר שאין עונשין מן הדין. ואיבעית אימא, אי נמי לא סבר לה לדר' אלעזר, נפקא ליה חילוק בעריות מן "ואיש אשר ישכב את אשה דוה" וגו' דכתיב ביה כרת יתירא לומר שחייבין עליה לעצמה, וממנה תלמד כל הכלל. ואם אינו ענין לגופה, דהא נפקא לן מ"ואל אשה" לחלק על כל אשה, תנהו ענין לאחר שני לאוין וכרת אחת, כגון מפטם וסך. שיצא מדוה דרך ערותה. לאפוקי דרך דופן דלא. אלא אזהרה מנלן. ליכא למימר מ"בקדשים לא יאכל" וגו', דלא מיירי בקדשים אלא בתרומה, דכתיב ביה "איש איש מזרע אהרן" – דבר השוה בזרעו של אהרן, ומוקמינן ליה בתרומה שהיא שוה בכהנים ובנשים. ואף החוזרת, שאינה חוזרת לחזה ושוק, חוזרת לתרומה. מבכל קדש לא תגע. ודרשינן ליה לקמן אזהרה לאוכל. תני ברדלא. שם חכם. כתיב וטומאתו עליו. בטמא שאכל את הקדש, וכתיב: "עוד טומאתו בו" בבא אל המקדש טמא. גזירה שוה לא גמר. ולא למדה מרבו. ששוה בזרעו של אהרן. בכהנים ובנשים. אבל קדשים אין נאכלין אלא לזכרים. וכי תימא: איכא חזה ושוק – ליתא בחוזרת, כגון אלמנה וגרושה וזרע אין לה, דאמר מר חוזרת לתרומה ואינה חוזרת לחזה ושוק. והכי מפרשינן לה ביבמות (דף פז.). ההוא אזהרה לתרומה. לנגיעת תרומה. טמא שנגע בקדש כו'. תירוצא הוא דמתרץ ר"ל. מדאיתקש קדש למקדש. בהאי קרא: "בכל קדש לא תגע, ואל המקדש לא תבא", ודרשינן לקמן: מה מקדש יש באזהרתו נטילת נשמה, שהבא אל המקדש טמא בכרת – אף אזהרת קדש דבר שיש בו נטילת נשמה, והיינו אכילה שענוש עליה כרת, דאילו בנגיעה ליכא כרת. ר' יוחנן לטעמיה. דאמר: אזהרה לאוכל קדש בטומאתו נפקא מ"טומאתו" "טומאתו", והאי "וטומאתו עליו" דכתיב בעונש דקדש – לאחר זריקה הוא. דתניא בתורת כהנים ומייתינן לה במנחות בפ' שלישי (דף כה:): יכול יהו חייבין עליו משום טומאה קודם זריקה? תלמוד לומר "כל טהור יאכל בשר והנפש אשר תאכל בשר" וגו', הניתר לטהורים חייבין עליו משום טומאה, שאין ניתר לטהורים אין חייבין עליו משום טומאה. ההוא מבכל. מרבויא ד"בכל" דריש ריש לקיש אף לפני זריקה. תניא כריש לקיש. דיליף אזהרה לטמא שאכל את הקדש מ"בכל קדש לא תגע". כל לא תעשה שקדמו עשה לוקין עליו. הא אתא לאשמועינן דאפילו למאן דאמר לאו הניתק לעשה אין לוקין עליו, כדתניא:* "לא תותירו והנותר תשרפו" – בא הכתוב ליתן עשה אחר לא תעשה, לומר שאין לוקין עליו. שנתק הכתוב את העשה להיות ענשו של לאו ותקונו, לומר: לא תעשה כך, ואם עשית – עשה זאת והפטר. ואשמעינן רבי יוחנן: הני מילי בעשה הבא אחר הלאו, שאין אתה יכול לקיימו אלא לאחר עבירת הלאו. אבל עשה שקדם את הלאו ואתה יכול לקיימו קודם עבירת הלאו – אין זה ניתוק הלאו, ואפילו תקיימנו אחר עבירת הלאו – לא נפטרת מן המלקות.

אמרו

[כריתות ג.] [נדה מא:] [זבחים לג:] [מוכן עפמ"ש תוס' שבת נ: ד"ה ג"ש] [שבועות ז. [יבמות עה.]] [[יבמות עה:]] [[זבחים לג:]] [רש"א אזהרה מדאורייתא] [רש"א אתיא] [יבמות עה. [זבחים לג:]] [רש"א קדש] [[לעיל ד:]]

רבינו חננאל

וכר' אלעזר אמר רבי אושעיא דאמר כל מקום שאתה מוצא שני לאוין וכרת [אחד] כגון המפטם והסך שמן המשחה שנאמר על בשר אדם לא ייסך ובמתכונתו לא תעשו כמוהו קדש הוא הנה ב' לאוין וכתי' איש אשר ירקח כמוהו ואשר יתן ממנו על זר ונכרת מעמיו הנה כרת על הרוקח ועל הנותן על זר (כי כל) [כל כי] האי גוונא חלוקין הן לקרבן. ואיש אשר ישכב את אשה דוה וגלה את ערותה מלמד שאין אשה טמאה עד שיצא (ממנה) [מדוה] דרך ערותה. הבא למקדש טמא אזהרתיה מולא יטמאו את מחניהם עונש את (מקדש) [משכן] ה' טמא ונכרתה. טמא שאכל את הקודש עונש שנאמר והנפש אשר תאכל בשר מזבח השלמים אשר לה' וטומאתו עליו ונכרתה. אזהרה ריש לקיש אמר מבכל קדש לא תגע. דייק [מקדש] לא תגע א) תניא כותיה בכל קדש לא תגע אזהרה לאוכל או אינו אלא אזהרה לנוגע ת"ל בכל קדש לא תגע ואל המקדש לא תבוא מקיש קדש למקדש מה מקדש דבר שכתב בו נטילת נשמה והיא כרת מפורש ביבמות פרק הערל (דף עה. ע"ש) אף קדש דבר שכתב בו נטילת נשמה והוא כרת למעוטי נגיעה דלא אשכחנן דכתי' ביה כרת. והא דאמר ריש לקיש טמא שאכל בשר קדש לפני זריקת דם לוקה דייק מבכל קדש. ועוד דייק מדאפקא רחמנא לאכילה בלשון נגיעה מיכן לנוגע בקדש והוא טמא לוקה. ור' יוחנן לטעמיה שנאמר והנפש אשר תאכל בשר מזבח השלמים אשר לה' וטומאתו עליו ואינו ראוי לאכילה אלא לאחר זריקה דאי לפני זריקה למה לי משום טומאה תיפוק לי' אכתי לא נראה לאכילה. כל לא תעשה שקדמו עשה לוקה עליו

א) נ"ל דייק מקדש לא תגע דהוא אזהרה לאוכל ותניא כוותיה וכו'.

גליון הש"ס

גמ' כל לא תעשה שקדמו עשה. עי' פסחים דף נ ע"א תוס' ד"ה לא הוזל:

הגהות הב"ח

(א) גמ' סבר לה כר' אלעזר: (ב) שם ואיבעית אימא נפקא ליה מואיש כנ"ל ותיבות לא סבר לה כר' אלעזר נמחק: (ג) שם ואזהרה לאוכל איתקש קדש וכו' לטמא שאכל בשר קדש לפני זריקה. נ"ב פי' אי אמרת טמא שאכל קדש מקרא אחריני נפקא לן איזהור לן בכל קדש לא תגע ליליף מינה לא לפני זריקה דהא לגופה אתא לטמא שאכל קודש וכו' מהיכי תיתי ליליף מיניה נמי לפני זריקה: (ד) רש"י ד"ה ס"ג וכו' יתן ממנו וגו' אם כן חילוק חטאות ביניהם: (ה) תוס' ד"ה כל וכו' לא לוקה קדמו אלא היינו לומר דשייך העשה:

אָמְרוּ לוֹ. אֲחֵרִים שֶׁשְּׁמָעוּהוּ מִשְּׁמוֹ וְלֹא שְׁמָעוּהוּ מִפִּיו: אָמַרְתָּ דָּבָר זֶה? אָמַר לָהֶם לֹא. חָזַר בּוֹ. כְּתִיבָא וְתַנְיָא. מָצִינוּ כָּתוּב לֹא תַעֲשֶׂה שֶׁקְּדָמוֹ עֲשֵׂה, וְתָנֵינַן עֲלֵיהּ דְּלוֹקִין וְלֹא סַגֵּי לֵיהּ בְּקִיּוּם הָעֲשֵׂה. תְּנִינָא הַבָּא אֶל הַמִּקְדָּשׁ טָמֵא. קָא חָשֵׁיב לֵיהּ בְּ"אֵלּוּ הֵן הַלּוֹקִין". מִשּׁוּם דְּקַשְׁיָא לֵיהּ אוֹנֵס. נַעֲרָה בְּתוּלָה, דְּאַשְׁכְּחַן בֵּיהּ לֹא תַעֲשֶׂה שֶׁקְּדָמוֹ עֲשֵׂה, דִּכְתִיב (דברים כב) "וְלוֹ תִהְיֶה לְאִשָּׁה לֹא יוּכַל לְשַׁלְּחָהּ", וְתַנְיָא עֲלָהּ שֶׁמְּקַיֵּים אֶת הָעֲשֵׂה אִם גֵּירְשָׁהּ, יַחֲזִירֶנָּה וְיִפָּטֵר. אַלְמָא לָאו שֶׁנִּיתַּק לַעֲשֵׂה חָשֵׁיב לֵיהּ. אִם יִשְׂרָאֵל הוּא. שֶׁיָּכוֹל לְקַיֵּים הָעֲשֵׂה וְיַחֲזִירֶנָּה – מַחֲזִיר וְאֵינוֹ לוֹקֶה. וְאִם כֹּהֵן הוּא. שֶׁאָסוּר בִּגְרוּשָׁה – לוֹקֶה וְאֵינוֹ מַחֲזִיר. וְאַמַּאי. אִם יִשְׂרָאֵל הוּא מַחֲזִיר וְאֵינוֹ לוֹקֶה, אִם אִיתָא לְדְרַבִּי יוֹחָנָן? הָא לֹא תַעֲשֶׂה שֶׁקְּדָמוֹ עֲשֵׂה הוּא! אָמַר עוּלָּא. הַאי לָאו שֶׁנִּיתַּק לַעֲשֵׂה הוּא, דְּאִי לָאו לְנַתּוֹקֵי לָאוֵי אֲתָא הַאי עֲשֵׂה לֹא הֲוָה מִצְטְרִיךְ לְמִכְתְּבֵיהּ, דְּאִי לִתְחִלָּתוֹ, וְלוֹמַר שֶׁיִּשָּׂאֶנָּה – לֹא יֹאמַר "וְלוֹ תִהְיֶה לְאִשָּׁה", וְנִגְמַר מִמּוֹצִיא שֵׁם רַע דִּכְתִיב בֵּיהּ נַמִי "וְלוֹ תִהְיֶה לְאִשָּׁה לֹא יוּכַל לְשַׁלְּחָהּ". אִם אֵינוֹ עִנְיָן. לִפְנֵי הַגֵּירוּשִׁין וְלוֹמַר שֶׁיִּשָּׂאֶנָּה – תְּנֵהוּ עִנְיָן לְאַחַר הַגֵּירוּשִׁין, לוֹמַר שֶׁאִם שִׁלְּחָהּ יַחֲזִירֶנָּה וְתִהְיֶה לוֹ לְאִשָּׁה וְיִפָּטֵר מִן הַלָּאו. וְאַכַּתִּי. הָא אִיצְטְרִיךְ לְמִכְתְּבֵיהּ, וְשָׁנוּ עִנְיָן לְפָנָיו, דְּאִי לֹא כַּתְבֵיהּ – אוֹנֵס מִמּוֹצִיא שֵׁם רַע לֹא גָּמַר, דְּאִיכָּא לְמִיפְרַךְ: מָה לְמוֹצִיא שֵׁם רַע – דִּין הוּא שֶׁיִּקְנְסוּהוּ לְכָנְסָהּ, שֶׁכֵּן לוֹקֶה וּמְשַׁלֵּם בִּתְחִלָּתוֹ, כִּדְכְתִיב: "וְיִסְּרוּ אוֹתוֹ וְעָנְשׁוּ אוֹתוֹ", וְאָמְרִינַן בִּכְתוּבּוֹת (דף מו.) "וְיִסְּרוּ" זֶה מַלְקוֹת. מָה אוֹנֵס שֶׁאֵינוֹ לוֹקֶה. בִּתְחִלָּתוֹ, אָמַר רַחֲמָנָא "וְלוֹ תִהְיֶה לְאִשָּׁה", מוֹצִיא שֵׁם רַע לֹא כָּל שֶׁכֵּן. וְאִם אֵינוֹ עִנְיָן לְפָנָיו. שֶׁהֲרֵי בְּעַצְמוֹ כָּתוּב כֵּן, תְּנֵהוּ עִנְיָן לְאַחֲרָיו. שֶׁהֲרֵי אִשְׁתּוֹ הִיא. שֶׁכְּבָר קִידְּשָׁהּ וּנְשָׂאָהּ. וְגָמַר מִינֵּיהּ. דְּהֵיכִי דְּמוֹצִיא שֵׁם רַע לֹא לָקֵי בְּגֵירוּשִׁין אִם הֶחֱזִיר, אוֹנֵס נַמִי לֹא לָקֵי. אִי בְּקַ"ו. מָה מוֹצִיא שֵׁם רַע שֶׁלּוֹקֶה וּמְשַׁלֵּם בִּתְחִלָּתוֹ אֵינוֹ לוֹקֶה בְּגֵירוּשִׁין, אוֹנֵס לֹא כָּל שֶׁכֵּן. אֶלָּא אָמַר רָבָא. הָא דְּתַנְיָא בְּאוֹנֵס מַחֲזִיר וְאֵינוֹ לוֹקֶה, טַעְמָא מִשּׁוּם דְּעַל כָּרְחָךְ לָאו שֶׁנִּיתַּק לַעֲשֵׂה הוּא. דְּקָאָמַר קְרָא: "כָּל יָמָיו", לֹא הֲוָה לֵיהּ לְמִיכְתַּב אֶלָּא "לֹא יוּכַל לְשַׁלְּחָהּ", מַאי "כָּל יָמָיו"? הָכִי קָאָמַר: לֹא תְּהֵא בְּשִׁילּוּחֶיהָ כָּל יָמָיו, אֶלָּא יַחֲזִירֶנָּה. וְעַל כָּרְחָךְ עֲמוֹד וְהַחֲזֵר קָאָמַר, וְהָכִי קָאָמַר: וְלוֹ תִהְיֶה לְאִשָּׁה אִם שִׁלְּחָהּ, שֶׁלֹּא יְהוּ שִׁילּוּחֶיהָ לְכָל יָמָיו. הֲרֵי הָעֲשֵׂה אַחַר הַעֲבָרַת הַלָּאו. וְהָא לָא דָּמֵי לְאוֹיֵהּ. הָא דְּאָמַר ר' יוֹחָנָן: לֹא תַעֲשֶׂה שֶׁקְּדָמוֹ עֲשֵׂה לוֹקִין עָלָיו – הָא לֹא דָּמֵי לְאוֹיֵהּ לְלָאו דַּחֲסִימָה, שֶׁאֵין בּוֹ עֲשֵׂה וְהוּא סָמוּךְ לְפָרָשַׁת מַלְקוֹת. מִיגְרַע גָּרַע. בִּתְמִיהָה. הַהוּא לְנַתּוֹקֵי לְאוֹיֵהּ אֲתָא. עֲשֵׂה שֶׁאֵינוֹ מִתְקַיֵּים אֶלָּא לְאַחַר עֲבֵרַת הַלָּאו – לְנַתֵּק אֶת הַלָּאו מֵעוֹנֶשׁ מַלְקוֹת הוּא דְּבָא. הַנִּיחָא לְמַאן דְּתָנֵי בִּטְּלוֹ וְלֹא בִּטְּלוֹ אֶלָּא לְמַאן דְּתָנֵי קִיְּימוֹ וְלֹא קִיְּימוֹ מַאי אִיכָּא לְמֵימַר. הָא דְּאָמַרְתְּ "כָּל יָמָיו בַּעֲמוֹד וְהַחֲזֵר קָאֵי" עֲשִׂיתוֹ לָאו שֶׁנִּיתַּק לַעֲשֵׂה וְהִרְחַבְתָּ לוֹ זְמַן לְקִיּוּם הָעֲשֵׂה כָּל יָמָיו. וְלִדְבָרֶיךָ הָא דְּתַנְיָא מַחֲזִיר וְאֵינוֹ לוֹקֶה לְעוֹלָם קָאָמַר, כָּל זְמַן שֶׁיָּכוֹל לוֹמַר "אֲנִי מַחֲזִיר" אֵין ב"ד מַלְקִין אוֹתוֹ – הַנִּיחָא לְמַאן דְּתָנֵי לְקַמָּן בְּלָאו הַנִּיתָּק לַעֲשֵׂה: בִּטֵּל אֶת הָעֲשֵׂה – חַיָּיב עַל הַלָּאו, לֹא בִּטֵּל אֶת הָעֲשֵׂה – פָּטוּר, שֶׁהַלָּאו תָּלוּי בְּבִיטּוּל הָעֲשֵׂה וְאֵינוֹ נִגְמָר עַד שֶׁיְּבַטֵּל אֶת הָעֲשֵׂה בְּיָדַיִם בִּיטּוּל עוֹלָם שֶׁלֹּא יוּכַל לְהִתְקַיֵּים עוֹד – אִיכָּא לְמֵימַר כָּל יָמָיו יֵשׁ לוֹ תַּקָּנָה בַּחֲזָרָה, שֶׁאֵין מְבַטֵּל אֶת הָעֲשֵׂה אֶלָּא א"כ מַדִּירָהּ שֶׁלֹּא תֵּהָנֶה מִמֶּנּוּ נֶדֶר שֶׁאֵין לוֹ הֲפָרָה כִּדְלְקַמָּן. אֶלָּא לְמַאן דְּתָנֵי: קִיֵּים אֶת הָעֲשֵׂה פָּטוּר, לֹא קִיְּימוֹ חַיָּיב, שֶׁהָעֲשֵׂה תִּיקּוּנוֹ שֶׁל לָאו הוּא וְאֵין הַלָּאו תָּלוּי בְּבִיטּוּל הָעֲשֵׂה, שֶׁמִּשָּׁעָה שֶׁעָבַר הַלָּאו נִגְמָר, אֲבָל הָעֲשֵׂה נִיתַּן לַעֲקוֹר הַמַּלְקוֹת, וְלִכְשֶׁיָּבֹא לְבֵית דִּין אוֹ יְקַיֵּים הָעֲשֵׂה וְיִפָּטֵר אוֹ יִלְקֶה – לֵיכָּא לְמֵימַר "כָּל יָמָיו בַּעֲמוֹד וְהַחֲזֵר קָאֵי" כִּדְקָאָמְרַתְּ, שֶׁאִם לֹא יַחֲזִירֶנָּה – מִיָּד כְּשֶׁיָּבֹא לְב"ד יַלְקוּהוּ, דְּהָא לֵיכָּא לְמֵימַר יְקַיֵּים לְאַחַר זְמַן, דְּא"כ לֹא קִיֵּים הֵיכִי דָּמֵי? לְעוֹלָם הוּא יָכוֹל לוֹמַר "אֲנִי מְקַיֵּים"!

תורה אור

אָמְרוּ לוֹ: אָמַרְתָּ? אֲמַר לְהוּ: לָא. אֲמַר רַבָּה: הָאֱלֹהִים! אֲמָרָהּ, וּכְתִיבָא וְתַנְיָא; כְּתִיבָא – "וַיְשַׁלְּחוּ מִן הַמַּחֲנֶה" [וגו'] "וְלֹא יְטַמְּאוּ אֶת מַחֲנֵיהֶם" (במדבר ה), תְּנִינָא – הַבָּא לַמִּקְדָּשׁ טָמֵא. אֶלָּא מַאי טַעְמָא קָא הָדַר בֵּיהּ – מִשּׁוּם דְּקַשְׁיָא לֵיהּ אוֹנֵס. דְּתַנְיָא: *אוֹנֵס שֶׁגֵּירֵשׁ, אִם יִשְׂרָאֵל הוּא – מַחֲזִיר וְאֵינוֹ לוֹקֶה, אִם כֹּהֵן הוּא – לוֹקֶה וְאֵינוֹ מַחֲזִיר. אִם יִשְׂרָאֵל הוּא מַחֲזִיר וְאֵינוֹ לוֹקֶה, אַמַּאי? לֹא תַעֲשֶׂה שֶׁקְּדָמוֹ עֲשֵׂה הוּא, וְלִילְקֵי! אָמַר עוּלָּא: לֹא יֹאמַר "לוֹ תִהְיֶה לְאִשָּׁה" בְּאוֹנֵס, וְלִיגְמַר מִמּוֹצִיא שֵׁם רַע: וּמָה מוֹצִיא שֵׁם רַע שֶׁלֹּא עָשָׂה מַעֲשֶׂה – אָמַר רַחֲמָנָא "וְלוֹ תִהְיֶה לְאִשָּׁה" (דברים כב), אוֹנֵס לֹא כָּל שֶׁכֵּן? (לָמָּה נֶאֱמַר?) אִם אֵינוֹ עִנְיָן לְפָנָיו תְּנֵהוּ עִנְיָן לְאַחֲרָיו, שֶׁאִם גֵּירֵשׁ יַחֲזִיר. וְאַכַּתִּי, אוֹנֵס מִמּוֹצִיא שֵׁם רַע לָא גָּמַר, דְּאִיכָּא לְמִיפְרַךְ: מָה לְמוֹצִיא שֵׁם רַע – שֶׁכֵּן לוֹקֶה וּמְשַׁלֵּם! אֶלָּא, לֹא יֹאמַר "לוֹ תִהְיֶה לְאִשָּׁה" בְּמוֹצִיא שֵׁם רַע, וְלִיגְמַר מֵאוֹנֵס: וּמָה אוֹנֵס שֶׁאֵינוֹ לוֹקֶה וּמְשַׁלֵּם – אָמַר רַחֲמָנָא "וְלוֹ תִהְיֶה לְאִשָּׁה", מוֹצִיא שֵׁם רַע לֹא כָּל שֶׁכֵּן? וְלָמָּה נֶאֱמַר? אִם אֵינוֹ עִנְיָן לְמוֹצִיא שֵׁם רַע – תְּנֵהוּ עִנְיָן לְאוֹנֵס, אִם אֵינוֹ עִנְיָן לְפָנָיו – תְּנֵהוּ עִנְיָן לְאַחֲרָיו. וּמוֹצִיא שֵׁם רַע מֵאוֹנֵס נַמִי לָא גָּמַר, דְּאִיכָּא לְמִיפְרַךְ: מָה לְאוֹנֵס – שֶׁכֵּן עָשָׂה מַעֲשֶׂה! אֶלָּא, לֹא יֹאמַר "לוֹ תִהְיֶה לְאִשָּׁה" בְּמוֹצִיא שֵׁם רַע, שֶׁהֲרֵי אִשְׁתּוֹ הִיא. לָמָּה נֶאֱמַר? אִם אֵינוֹ עִנְיָן לְמוֹצִיא שֵׁם רַע – תְּנֵהוּ עִנְיָן לְאוֹנֵס, וְאִם אֵינוֹ עִנְיָן לְפָנָיו – תְּנֵהוּ עִנְיָן לְאַחֲרָיו. וְאֵימָא: וְאִם אֵינוֹ עִנְיָן לְפָנָיו דְּמוֹצִיא שֵׁם רַע – תְּנֵהוּ עִנְיָן לְאַחֲרָיו דִּידֵיהּ, דְּלָא לָקֵי! אִין הָכִי נַמִי, וְאָתֵי אוֹנֵס וְגָמַר מִינֵּיהּ. בְּמַאי גָּמַר מִינֵּיהּ? (א) אִי בְּקַל וָחוֹמֶר אִי בְּ"מַה מָּצִינוּ" – אִיכָּא לְמִיפְרַךְ (כִּדְפָרְכִינַן:) מָה לְמוֹצִיא שֵׁם רַע שֶׁכֵּן לֹא עָשָׂה מַעֲשֶׂה! אֶלָּא אָמַר רָבָא: *כָּל יָמָיו בַּעֲמוֹד וְהַחֲזֵר. וְכֵן כִּי אֲתָא רָבִין א"ר יוֹחָנָן: כָּל יָמָיו בַּעֲמוֹד וְהַחֲזֵר. א"ל רַב פַּפָּא לְרָבָא: וְהָא לָא דָּמֵי לְאוֹיֵהּ *לְלָאו דַּחֲסִימָה! א"ל: מִשּׁוּם דִּכְתַב בֵּיהּ רַחֲמָנָא עֲשֵׂה יְתֵירָא מִגְרַע גָּרַע? אִי הָכִי, לָאו שֶׁנִּיתַּק לַעֲשֵׂה נַמִי, לֵימָא: מִשּׁוּם דִּכְתַב בֵּיהּ רַחֲמָנָא עֲשֵׂה יְתֵירָא מִגְרַע גָּרַע? א"ל: הַהוּא לְנַתּוֹקֵי לָאו הוּא דַּאֲתָא. הַנִּיחָא לְמַאן דְּאָמַר *בִּיטְּלוֹ וְלֹא בִּיטְּלוֹ, אֶלָּא לְמַאן דְּאָמַר קִיְּימוֹ וְלֹא קִיְּימוֹ, מַאי אִיכָּא לְמֵימַר? מִידֵי

תנינא הבא למקדש טמא. לוקה משום דלא הוי לאו הניתק לעשה, לפי שקדמו עשה ללאו. וא"ת: דלמא שאני התם, דאיכא תרי לאוי: "ולא יטמאו מחניהם" "ולא יטמאו מקדשי", ולא אתי חד עשה ועקר תרי לאוין. דהכי משנינן בתמורה (דף ד: ושם) גבי "המר ימיר", דמשום הכי לא הוי לאו הניתק לעשה, משום דאיכא תרי לאוין ולא עקר חד עשה תרי לאוין! וי"ל: דלא דמי, דשאני התם דתרי לאוין סמוכין להדדי: "לא יחליפנו ולא ימיר אותו". אבל הכא דלאין סמוכים, אי איתא דלא קדמו עשה הוה ניתק*. **אם** כהן הוא לוקה ואינו מחזיר. וליכא למימר דאתי עשה ודחי לא תעשה (ב) ועשה שאינו שוה בכל, דהא אי אמרה "לא בעינא ליה" ליכא עשה כלל. **כל** ימיו בעמוד והחזר קאי. פירש בקונטרס דקאי א"לא יוכל לשלחה כל ימיו" – שילוח שלא יהא כל ימיו. ובפ' "עשרה יוחסין" (קדושין דף עח.) פירש דקאי א"לו תהיה לאשה" דלעיל, דהכי קאמר: תהיה לאשה כל ימיו, כלומר שכל ימיו הוא ב"לו תהיה לאשה" בעמוד והחזר. **הניחא** למאן דתני בטלו ולא בטלו. פירש בקונטרס דקאי לשינויא דרבא דכל ימיו בעמוד והחזר, ויש לו תקנה בהחזרה, שאין מבטל העשה אלא אם כן הדירה, דאז אינו יכול לומר עדיין "אשאנה". אלא למאן דתני קיימו (ג) מאי איכא למימר? בכולי שמעתא פירש הקונט' ד"קיימו" היינו כשמזהירין אותו ב"ד לקיים העשה הוא מקיימו. וקשה: דאם כן, מאי פריך דלמאן דאמר קיימו ולא קיימו אינו כל ימיו בעמוד והחזר? הא שפיר משכחת לה דהוי בעמוד והחזר כל כמה דלא בא לב"ד! לכך נראה, דלא מיקרי "קיימו" אלא

[ועי' תוס' חולין פ: ד"ה הנח]

[לקמן עז. תמורה ה.]

רש"א מ"ו

רש"א מ"ז

[גיטין ג. תמורה ה.]

[לעיל יג: פסחים מח:]

[לקמן עז. חולין קמא.]

לא נמצא כן בכתוב וצ"ל ואל המקדש לא תבא וכן הביאו הרמב"ם בס' המצות מצות ל"ת עשה מלוה ע"כ ללאו יתירה (וע"ע תוס' חולין פא. סוף ד"ה פ: הנח למתוסר)

כב א מיי' פ"א מהל' נערה הל' ז סמג עשין נז טוש"ע אה"ע סי' קעז סעיף ג:

הגהות הב"ח

(א) גמרא במאי גמר מיניה (אי בק"ו וכו' אלא אמר רבא) תא"מ וג"כ ד"ה אי בק"ו איכא למיפרך מה למוציא שם רע כו' לא עשה מעשה אי מה מצינו איכא למיפרך דפרכינן אלא אמר רבא: (ב) תוס' ד"ה אם וכו' עשה שאינו שוה בכל הוא: (ג) ד"ה הניחא וכו' קיימו ולא קיימו מאי איכא למימר:

גליון הש"ס

תום' ד"ה אם וכו' דלאתי עשה. עיין יבמות דף ה ע"א תוס' ד"ה ולכתי אונטריך:

רבינו חננאל

כגון וישלחו מן המחנה כל צרוע וגו' הרי עשה אל מחוץ למחנה תשלחום ולא יטמאו את מחניהם הרי לא תעשה ולוקין עליו. וקשיא ליה לר' יוחנן אי הכי אמאי תניא אונס שגירש אם ישראל הוא מחזיר ואינו לוקה אם כהן הוא לוקה ואינו מחזיר ישראל מחזיר ואינו לוקה אמאי אינו לוקה לא תעשה שקדמו עשה הוא שנאמר ולו תהיה לאשה תחת אשר ענה לא יוכל שלחה כל ימיו. ובא עולא לפרק כי זה לא תעשה שניתק לעשה הוא דהאי ולו תהיה לאשה דכתב באונס אינו צריך לפניו דגמר ממוציא שם רע אלא לאחריו הוא דאתא שאם יגרש יחזור ויקחנה ולו תהיה לאשה לפיכך לא לקי. ודחי' להאי סברא הכי אונס ממוציא שם רע לא גמר דאיכא למיפרך כו'. אלא לא הוה צריך למכתב ולו תהיה לאשה במוציא שם רע שהרי כבר אשתו היא למה נאמר ללמד שאם גירש מוציא שם רע אחרי שלקה ונענש אינו לוקה אלא מחזירה בעל כרחו ודיו וגמר אונס ממוציא שם רע שמחזיר ואינו לוקה. ודחי' איכא למיפרך מה למוציא שם רע שכן לא עשה מעשה תאמר באונס שעשה מעשה ופריק רבא למה אונס אינו לוקה משום דכל ימיו בעמוד והחזר קאי ומיתקן (דלאו) [הלאו] שבו וכן א"ר יוחנן. ואקשינן והא לא דמי לאו שקדמו עשה ללאו דחסימה. ומתמהינן משום דכתב עשה תירא גרע ליה. ואקשי' אי הכי לאו שניתק לעשה נמי נימא הכי משום דכתב ביה גבי נותר לא תותירו ממנו עד בקר והדר כתב והנותר ממנו עד בקר באש תשרופו מיגרע גרע. ופרקינן האי והנותר ממנו עד בקר לתקוניה ללאויה הוא דאתא. כלומר אם עבר והותיר ישרפנו בבקר ודיו. ואמרינן הא ניחא למאן דתני כל מצות לא תעשה שיש בה קום עשה קיים עשה שבה פטור לא קיים חייב (א) היינו דאיכא למימר לתקוניה לאוי הוא דאתא אלא למאן דתני ביטלו חייב כגון שהאכיל הנותר לכלבים הוא דחייב דהא לא אפשר למישרפיה אבל (ב) הכא אם הנותר כמות שהוא אע"פ שלא שרפו אינו חייב מאי איכא למימר ופרקינן מאן

(א) גירסת רבינו בכל הסוגיא להיפך מגירסת רש"י ועי' רמב"ן וריטב"א. (ב) ב"ה גם בערוך ערך קם אבל נראה כגירסת רש"י ... [illegible]

מִידֵי הוּא טַעְמָא אֶלָּא לְרַבִּי יוֹחָנָן, הָאָמַר לֵיהּ רַבִּי יוֹחָנָן לְתַנָּא: תְּנֵי, בִּטְּלוֹ – חַיָּיב, (א) וְלֹא בִטְּלוֹ – פָּטוּר. דְּתָנֵי תַּנָּא קַמֵּיהּ דְּרַבִּי יוֹחָנָן: כׇּל מִצְוַת לֹא תַעֲשֶׂה שֶׁיֵּשׁ בָּהּ קוּם עֲשֵׂה, קִיֵּים עֲשֵׂה שֶׁבָּהּ – פָּטוּר, בִּיטֵּל עֲשֵׂה שֶׁבָּהּ – חַיָּיב. א"ל: מַאי קָא אָמְרַתְּ? קִיֵּים פָּטוּר – לֹא קִיֵּים חַיָּיב, בִּיטֵּל חַיָּיב – לֹא בִיטֵּל פָּטוּר! תְּנֵי: *בִּיטְּלוֹ וְלֹא בִיטְּלוֹ. וְרַבִּי שִׁמְעוֹן בֶּן לָקִישׁ אוֹמֵר: קִיְּימוֹ וְלֹא קִיְּימוֹ. בְּמַאי קָא מִיפַּלְגִי – *בְּהַתְרָאַת סָפֵק קָא מִיפַּלְגִי, מָר סָבַר: הַתְרָאַת סָפֵק שְׁמָהּ הַתְרָאָה, וּמָר סָבַר: הַתְרָאַת סָפֵק *לֹא שְׁמָהּ הַתְרָאָה. וְאָזְדוּ לְטַעְמַיְיהוּ, *דְּאִיתְּמַר: "שְׁבוּעָה שֶׁאוֹכַל כִּכָּר זֶה הַיּוֹם", וְעָבַר הַיּוֹם וְלֹא אֲכָלָהּ, רַבִּי יוֹחָנָן וְר"ל דְּאָמְרִי תַּרְוַיְיהוּ: אֵינוֹ לוֹקֶה. רַבִּי יוֹחָנָן אוֹמֵר: אֵינוֹ לוֹקֶה מִשּׁוּם

מידי הוא טעמא אלא לרבי יוחנן. מי הולך לדרוש כל ימיו בעמוד והחזר – ר' יוחנן, שאמר: לא תעשה שקדמו עשה לוקין עליו, וקשיא ליה אונס שגירש דקתני אינו לוקה, והולך לעשותו לאו שניתק לעשה. האמר ליה רבי יוחנן לתנא. לקמן: תני בטלו חייב לא בטלו פטור. אבל ר"ל דקתני: קיימו ולא קיימו – לא דריש ליה לעמוד והחזר, אלא לפני הגירושין, אומר: כל ימיו תהיה לו לאשה ולא ישלחנה. ולדידיה לאו שקדמו עשה ולאו שניתק לעשה שוין ואין לוקין עליהן, אלא יקיים העשה מיד כשיזהירוהו ב"ד להחזיר. א"ל מאי קאמרת. אי בקיים תיתני פטור – בלא קיים תיתני חייב, ואע"פ שלא ביטל. ואי בביטל תיתני חיובא – על כרחך תיתני פטורא בלא ביטל, ואע"פ שלא קיים. ה"ג: תני בטלו ולא בטלו. בטל עשה שבה – חייב, לא בטל עשה שבה – פטור. קיימו ולא קיימו. קיימו פטור, לא קיימו כשאומרין לו קיים – מלקין אותו. ורבי יוחנן מוקים לה למתניתין בלאו הניתק לעשה, דאילו בלאו שקדמו עשה סבירא ליה דלוקין. ולריש לקיש, בין ניתק בין קדמו עשה שוין. רבי יוחנן סבר התראת ספק שמה התראה. ואע"ג דכל לא תעשה שניתק לעשה לדבריו התראת ספק היא, שהרי כשעובר על הלאו צריך להתרות בו, והוא אמר שגומר הלאו בביטול העשה תלוי, וכשמתרין בו אל תגרש ספק הוא שמא לא יבטל את העשה להדירה בהנאה, ולכשידירה ויבטלנו קאמר דלקי, אלמא התראת ספק שמה התראה. ור"ל קסבר התראת ספק לא שמה התראה. הלכך, אם היה גומר הלאו תלוי בביטול העשה – לא היה לוקה עליו. אלא הלאו משגירש נגמר, והויא לה התראת ודאי, והעשה ניתן להיות תחת המלקות, ולכשיבא לבית דין או יקיים או ילקה. ואי קשיא: לרבי יוחנן נמי איכא למימר (ב) בהתראת ודאי, ויתרו בו כשבא לבטל את העשה שהוא עקירת הלאו! לעולם התראה בשעה שעובר על אזהרתו בעינן, ואפילו היא תלויה בדבר אחר. כדאמרינן בשבועות (דף כח:): "שבועה שלא אוכל ככר זו אם אוכל זו", אכליה לתנאיה והדר אכליה לאיסוריה – התראת ודאי היא, אכליה לאיסוריה והדר אכליה לתנאיה – הויא התראה ספק. אלמא התראה בשעת איסור בעינן, ואע"פ שאין הלאו נגמר עד שיאכל את של תנאי. דאמרי תרוייהו אינו לוקה. ומיהו טעמיה דמר לאו כי טעמיה דמר. אוכל ולא אכל. עבר על שבועתו כשהוא יושב (ג) ובטל ואין כאן מעשה. והתראת ספק נמי הויא, שהרי תלה זמן לשבועתו כל היום.
משום

אלא דוקא כשמקיים העשה אחר שעבר הלאו בתוך כדי דיבור. וכן פי' הקונטרס בפרק "שילוח הקן" (חולין דף קמא.). ומיהו קצת קשה, דא"כ צריך לפרש הא דקתני מחזיר ואינו לוקה – שמחזיר מיד בתוך כדי דיבור אחר הגירושין, וכן המשלח ואינו לוקה. ולא משמע הכי כלל, דהא משמע מסדר אתקנתא קאי היאך יפטר ממלקות שיחזיר או ישלח, ואפי' אחר כדי דיבור נמי (ד) משמע, שבא לשאול עליו לבית דין אם יש לו תקנה. דאי דוקא בתוך כדי דיבור – הכי הוה ליה למימר: אם החזיר אינו לוקה. ושמא יש ליישב פירוש הקונטרס דמתניתין, (ה) דהכא ליכא למימר דשפיר הוי כל ימיו בעמוד והחזר, דמשמע לעולם אף כשבא לב"ד כל זמן שבידו להחזיר, אפילו מיאן להחזיר כשבא לב"ד, דהא דרשינן ליה מיתורא ד"כל ימיו", דהכי קאמר: לא יוכל לשלחה שילוחין שיהו שילוחיה כל ימיו, דהיינו באינו מחזיר כלל.

*מידי הוא טעמא אלא לר' יוחנן הא אמר ליה רבי יוחנן לתנא תני ביטלו חייב לא ביטלו פטור. משמע, אבל רבי שמעון בן לקיש דאית ליה קיימו ולא קיימו – לית ליה תירוצא דבעמוד והחזר קאי, דדריש: כל ימיו תהיה לו לאשה ולא ישלחנה. וא"ת: לילקי גם כי החזירה, דהאי אינו לאו הניתק לעשה הוא, שקדמו עשה ללאו לריש לקיש דלית ליה דרשה דעמוד והחזר קאי! ופי' בקונטרס דלריש לקיש לאו שקדמו לעשה ולאו שניתק לעשה שוין, ואין לוקין עליו אלא יקיים העשה מיד כשיזהירו לו בית דין להחזירה. וקשה: לריש לקיש, דסבירא ליה לאו שניתק לעשה ולאו שקדמו עשה שוין, טמא שבא אל המקדש דמתני' אמאי לקי? הרי הוא ניתק לעשה, ויקיים העשה כשיזהירו לו ב"ד לצאת מן המקדש, כיון דאית ליה לאו שקדמו עשה (ו) אין לוקין עליו! וי"ל: דמיירי שמזהירין אותו לצאת ואומר שלא יצא, ומיד לקי לריש לקיש דסבר קיימו ולא קיימו. וא"ת: א"כ מאי פריך לעיל: כתיבה ותנינה, תנינה טמא שבא אל המקדש דלקי. ואמאי לא דחי אותה, דכי נמי לאו שקדמו (ז) לעשה אין לוקין – הכא לקי כשמזהירין לו ב"ד לצאת והוא אומר שלא יצא? ויש לומר: דהאי טעמא דפריכנא לא שייך אלא לריש לקיש דאמר קיימו ולא קיימו, אבל הכא דמייתי תנינה היינו אליבא דר' יוחנן דאית ליה ביטלו ולא ביטלו, וא"כ כי נמי מזהירין (ח) לא יצא ולא מיחייב כיון דעדיין לא ביטל. ודוחק הוא האי תירוצא. ולכך פי' הר"ר שלמה מדרוי"ש: "הניחא למ"ד ביטלו" קאי אאתקפתא דלעיל, דדייק ממתני' דהטמאה הבא אל מקדש דלאו שהקדימו (ט) לעשה לוקין, דאי אין לוקין דמשום שניתק לעשה וכל כמה שלא בטלו חשיב ניתק כל כמה שבידו, וא"כ כיון שאם ירצה לצאת, היאך לקי? הא לא משכחת ביטלו. אלא למ"ד תני קיימו ולא קיימו, א"כ היכי דייק לאו שקדמו לעשה לוקין עליו? כי נמי אין לוקין משום דחשיב ניתק לעשה – הכא לוקין, דמשכחת ליה לא קיימו משנכנס למקדש טמא והזהירו לו שיצא ואינו יוצא! ועוד ראיה להאי פירושא דקאי לעיל כדפי', דאי כפ"ה דפי' דקאי אעמוד והחזר – קשה, דכיון ד"כל ימיו" דרשינן: כל ימיו בעמוד והחזר קאי, א"כ מאי פריך למ"ד קיימו? נהי דבשאר לאו הניתק לעשה לקי בשלא קיימו כשיזהירו ב"ד, מ"מ הכא גלי קרא דלא לקי כשלא קיימו כיון דהוה בעמוד והחזר כל ימיו! ומיהו י"ל דלא מיסתברא ליה להעדיפו משאר לאו הניתק לעשה שבתלמוד משום דדרשינן ביה "כל ימיו". כך הקשה מסי"ח ותירץ. וצ"ע. **במאי** קא מיפלגי בהתראת ספק דרבי יוחנן **אית** ליה שמה התראה וריש לקיש **אית** ליה **לאו** שמה התראה. (י) ופי': לכך לא תני ריש לקיש בטלו חייב, כגון שלקח האם מעל הבנים ושחטה, דלא לקי משום דהוי התראת ספק ושמא לא יבטל העשה, וכל אימת דלא ביטל עשה פטור ולא לקי. *והוי משכחת ליה התראת ודאי כגון שהתרו בו בשעה שמבטל. ותי' רש"י דלעולם בעינן התראה בשעה שעובר על אזהרתו, ואפילו היא תלויה בדבר, כדאמרינן בשבועות (דף כח:) גבי שמעתא דככרות, ולכך לא מצי אמר רשב"ל בטלו ולא בטלו, ולכך אמר: קיימו פטור לא קיימו חייב. וא"ת: (כ) לא קיים שילוח האם כשבית דין הזהירו לו – לא לילקי, דבשעה שעבר התראת ספק היא, דשמא יקיים העשה וישלחנה תכף לאחר שנטלה! וי"ל: דהשתא מיהא עובר ב"לא תקח האם", דהא לא קרי מחוסר מעשה, וא"כ יש לנו לומר שלא יקיימנה אם הוא עושה לעולם מה שהוא עושה עתה שלא משלחה, שעובר בלאו ואינו מקיים העשה. *דהכי נמי אמרינן בנזיר שהיה שותה דלוקה על כל אחת (לקמן דף כא.) דלא הוי התראת ספק משום דשמא ישאל על נזירותו, משום דכיון שהוא עומד הוא עובר, ויש לנו לומר שמעולם יעמוד כמו שהוא עכשיו ולא ישאל לחכם לעולם – והלכך לקי כל כמה דלא שאל, ושפיר הוי התראת ודאי. הכא נמי יש לנו לומר דלעולם לא יקיים העשה, והוי התראת ודאי. אבל לרבי יוחנן דתלי מלקות בביטול העשה – הוי ליה מחוסר מעשה, דכל אימת דלא עשה שום דבר ולא ביטל שום דבר לא ילקה. ופ"ה קשה להבין. והשתא לא מפרש התלמוד טעמא אמאי לא אמר ר' יוחנן קיימו ולא קיימו כריש לקיש, דודאי בטלו ולא בטלו מסתברא טפי, ולא הוצרך לומר טעמא אלא (ל) רשב"ל אמאי לא אמר כר' יוחנן. **ועבר** היום ולא אכלה רשב"ל **אומר פטור** דהוי **התראת ספק**. ואם תאמר: למאי דפרישית, דאי עומד לעולם כאשר הוא עושה עכשיו עובר, ולא הוי התראת ספק, א"כ הכא נמי לא הוי התראת ספק! ויש לומר: (מ) מ"מ אינו *מתחייב עדיין סמוך להתראה לעבור. דדוקא גבי נזיר ששתה יין מיד ועובר אמרינן דיש לנו לומר שלא ישאל כאשר אינו נשאל עכשיו.
אי

אמרינן וכו' כל אחת ואחת דלא הוי התראת ספק דשמא ישאל על נזירותו משום דכיון שהוא עומד עכשיו הוא עובר יש לנו לומר שלעולם יעמוד כמו שהוא עכשיו וכו' הכי נמי יש לנו לומר הכא דלעולם לא יקיים העשה: (ל) בא"ד אלא לרשב"ל אמאי: (מ) ד"ה ועבר וכו' וי"ל דמ"מ אינו מתחייב כיון דסמוך להתראה עדיין לא עבר דדוקא גבי נזיר ששתה יין ועובר מיד אמרינן דיש:

עין משפט נר מצוה

כג א מיי' פט"ז מהל' סנהדרין הלכה ד סמג עשין קה וע"ש בכ"מ ובפ' י"ח שם הלכה ב:

כד ב מיי' שם פט"ז הלכה ד ופ"ה מהל' שבועות הלכה ג וע"ש בכ"מ:

כה ג מיי' פ"ד מהל' שבועות הלכה כ:

רבינו חננאל

מאן תני כל לא תעשה שקדמו עשה לוקין עליו ר' יוחנן האמר ר' יוחנן לתנא תני קיימו ולא קיימו. וריש לקיש אמר בטלו ולא בטלו במאי פליגי בהתראת ספק כגון שלקח האם על הבנים ומתרין בו לא תקחנה ריש לקיש אמר כגון זו התראת ספק היא שיתכן לו אחרי שיקחנה ישלחנה והיכי היא התראת ודאי כגון שבא לשחטה והתרו בו אם תשחט אותה תלקה ושחטה ור' יוחנן אמר אפילו התראה בלקיחה שמה התראה. ואזדו לטעמייהו דאיתמר שבועה שאוכל ככר זה היום ועבר היום ולא אכלה ר' יוחנן ור' שמעון בן לקיש דאמרי תרוייהו אינו לוקה ר' יוחנן אמר אינו לוקה כו'.

הגהות הב"ח

(א) גמ' בטלו חייב לא כצ"ל ואות ו' נמחק: (ב) רש"י ד"ה ור"ל לקיש וכו' איכא למימר בה התראת ודאי: (ג) ד"ה אוכל וכו' ובטל כצ"ל ואות ו' נמחק: (ד) תוס' ד"ה הניחא וכו' אחר כדי דבור נמי הלשון משמע שבא לשאול: (ה) בא"ד פי' הקונטרס דמתניתין דליכא למימר הא דקאמר הכא דהוי כל ימיו בעמוד והחזר דמשמע שפיר לעולם אף כשבא לב"ד כצ"ל והד"א עם ד"ה מידי הוא וכו' דלריש לקיש לאו שקדמו עשה כצ"ל ואות ו' נמחק: (ו) בא"ד שקדמו עשה נמי אין לוקין עליו וי"ל: (ז) בא"ד דכי נמי לאו שקדמו עשה אין: (ח) בא"ד א"כ כי נמי מזהירין שיצא ולא יצא לא מחייב: (ט) בא"ד דלאו שהקדימו עשה לוקין דאי אין לוקין משום שניתק וכו' כיון שאם ירצה לצאת היאך לקי וכו' היכי דייק לאו שקדמו עשה וכו' דקאי אלעיל כדפי': (י) ד"ה במאי וכו' לא שמה התראה פי' ולכך לא תני וכו' האם מעל הבנים ואח"כ שחטה דלא לקי משום דהוי התראת ספק דשמא לא יבטל העשה וכל אימת דלא ביטל עשה פטור ולא קשיא ממאי לא לקי הא משכחת ליה וכו' שמבטלו תי' רש"י: (כ) בא"ד וא"ת לא קיים שילוח האם כשב"ד הזהירו וכו' אלא לילקי וכו' וי"ל כיון דהשתא מיהא וכו' וא"כ יש לנו לומר שלא יקיימנה אח"כ אלא אם הוא עושה לעולם וכו' והכי נמי

מסורת הש"ס

שבועות כח.

[חולין פא.]

פסחים סג: שבועות ג: כא. תמורה ג:

גליון הש"ס

תוס' ד"ה במאי וכו' הכי אמרינן בנזיר. עי' שבת דף ד ע"א תוס' ד"ה קודם. גיטין דף לג ע"ב תוס' ד"ה ואפקעינהו:

רש"א וא"ת הא משכחת

רש"א מתחיל

מִשּׁוּם דַּהֲוֵי לָאו שֶׁאֵין בּוֹ מַעֲשֶׂה, וְכָל לָאו שֶׁאֵין בּוֹ מַעֲשֶׂה – אֵין לוֹקִין עָלָיו. ר"ל אוֹמֵר: אֵינוֹ לוֹקֶה מִשּׁוּם דַּהֲוֵי הַתְרָאַת סָפֵק, וְכָל הַתְרָאַת סָפֵק *לֹא שְׁמָהּ הַתְרָאָה. וְתַרְוַיְיהוּ אַלִּיבָּא דְּרַבִּי יְהוּדָה. דְּתַנְיָא: *°"וְלֹא תוֹתִירוּ מִמֶּנּוּ עַד בֹּקֶר וְהַנּוֹתָר מִמֶּנּוּ עַד בֹּקֶר" וגו', *בָּא הַכָּתוּב לִיתֵּן עֲשֵׂה אַחַר לֹא תַעֲשֶׂה, לוֹמַר שֶׁאֵין לוֹקִין עָלָיו, דִּבְרֵי רַבִּי יְהוּדָה. ר' יוֹחָנָן דָּיֵיק הָכִי: טַעְמָא דְּבָא הַכָּתוּב, הָא לֹא בָּא הַכָּתוּב – לוֹקֶה; אַלְמָא: הַתְרָאַת סָפֵק שְׁמָהּ הַתְרָאָה. ור"ל דָּיֵיק הָכִי: טַעְמָא דְּבָא הַכָּתוּב, הָא לֹא בָּא הַכָּתוּב – לוֹקֶה. אַלְמָא: לָאו שֶׁאֵין בּוֹ מַעֲשֶׂה לוֹקִין עָלָיו. ור"ש בֶּן לָקִישׁ נַמִי, הָא וַדַּאי הַתְרָאַת סָפֵק הוּא! סָבַר לָהּ כְּאִידָךְ תַּנָּא דר' יְהוּדָה. דְּתַנְיָא: *הִכָּה זֶה וְחָזַר וְהִכָּה זֶה, קִילֵּל זֶה וְחָזַר וְקִילֵּל זֶה, הִכָּה שְׁנֵיהֶם בְּבַת אַחַת אוֹ קִילֵּל שְׁנֵיהֶם בְּבַת אַחַת – חַיָּיב. רַבִּי יְהוּדָה אוֹמֵר: בְּבַת אַחַת – חַיָּיב, בְּזֶה אַחַר זֶה – פָּטוּר. וְרַבִּי יוֹחָנָן נַמִי, הָא וַדַּאי לָאו שֶׁאֵין בּוֹ מַעֲשֶׂה הוּא! סָבַר לָהּ כִּי הָא *דְּאָמַר רַב אִידִי בַּר אָבִין אָמַר רַב עַמְרָם א"ר יִצְחָק א"ר יוֹחָנָן: (א) ר' יְהוּדָה אוֹמֵר מִשּׁוּם רַבִּי יוֹסֵי הַגְּלִילִי: *כָּל לֹא תַעֲשֶׂה שֶׁבַּתּוֹרָה, לָאו שֶׁיֵּשׁ בּוֹ מַעֲשֶׂה – לוֹקִין עָלָיו, לָאו שֶׁאֵין בּוֹ מַעֲשֶׂה – אֵין לוֹקִין עָלָיו, חוּץ מִן הַנִּשְׁבָּע, *וּמֵימֵר, וְהַמְקַלֵּל אֶת חֲבֵירוֹ בַּשֵּׁם. קַשְׁיָא דְּרַבִּי יְהוּדָה אַדְּרַבִּי יְהוּדָה! אִי לר"ש בֶּן לָקִישׁ – תְּרֵי תַּנָּאֵי אַלִּיבָּא דְּרַבִּי יְהוּדָה, אִי לְרַבִּי יוֹחָנָן – לָא קַשְׁיָא; הָא – דִּידֵיהּ, הָא – דְּרַבֵּיהּ. *תְּנַן הָתָם: הַנּוֹטֵל אֵם עַל הַבָּנִים, רַבִּי יְהוּדָה אוֹמֵר: לוֹקֶה וְאֵינוֹ מְשַׁלֵּחַ. וחכ"א: מְשַׁלֵּחַ וְאֵינוֹ לוֹקֶה; זֶה הַכְּלָל: כָּל מִצְוַת לֹא תַעֲשֶׂה שֶׁיֵּשׁ בָּהּ קוּם עֲשֵׂה – אֵין חַיָּיבִין עָלֶיהָ. א"ר יוֹחָנָן: (ב) אֵין לָנוּ אֶלָּא זֹאת וְעוֹד אַחֶרֶת. א"ל ר' אֶלְעָזָר: הֵיכָא? א"ל: לְכִי תִּשְׁכַּח. נְפַק דַּק וְאַשְׁכַּח, דְּתַנְיָא: *אוֹנֵס שֶׁגֵּירֵשׁ, אִם יִשְׂרָאֵל הוּא – מַחֲזִיר וְאֵינוֹ לוֹקֶה, וְאִם כֹּהֵן הוּא – לוֹקֶה וְאֵינוֹ מַחֲזִיר. הָנִיחָא לְמַאן דְּתָנֵי *קִיְּימוֹ וְלֹא קִיְּימוֹ. אֶלָּא לְמַאן דְּתָנֵי בִּיטְּלוֹ וְלֹא בִּיטְּלוֹ, בִּשְׁלָמָא גַּבֵּי שִׁילּוּחַ הַקֵּן מַשְׁכַּחַתְּ לַהּ, אֶלָּא אוֹנֵס בִּיטְּלוֹ וְלֹא בִּיטְּלוֹ הֵיכִי מַשְׁכַּחַתְּ לַהּ? *אִי דְּקַטְלָהּ – קָם לֵיהּ בִּדְרַבָּה מִינֵּיהּ! אָמַר רַב שִׁימִי מִחוֹזְנָאָה: *כְּגוֹן שֶׁקִּיבֵּל לַהּ קִידּוּשִׁין מֵאַחֵר. אָמַר *רַב: אִי שַׁוְּויתֵיהּ שָׁלִיחַ – אִיהִי קָא מְבַטְּלָא לֵיהּ, אִי לָא שַׁוְּויתֵיהּ שָׁלִיחַ – כָּל כְּמִינֵּיהּ? וְלָאו כְּלוּם הִיא! אֶלָּא אָמַר רַב שִׁימִי מִנְּהַרְדְּעָא: כְּגוֹן שֶׁהִדִּירָהּ בָּרַבִּים. הָנִיחָא *לְמ"ד נֶדֶר שֶׁהוּדַּר בָּרַבִּים אֵין לוֹ הֲפָרָה, אֶלָּא לְמ"ד יֵשׁ לוֹ הֲפָרָה, מַאי אִיכָּא לְמֵימַר? דְּמַדִּירָהּ לַהּ עַל דַּעַת רַבִּים. דְּאָמַר *אַמֵּימָר: הִלְכְתָא, נֶדֶר שֶׁהוּדַּר בָּרַבִּים – יֵשׁ לוֹ הֲפָרָה, עַל דַּעַת רַבִּים – אֵין לוֹ הֲפָרָה. וְתוּ לֵיכָּא? וְהָא אִיכָּא (סִימָן: גָּזֵ"ל מַשְׁכַּ"ן וּפֵאָ"ה): גָּזֵל, דְּרַחֲמָנָא אָמַר °"לֹא תִגְזוֹל", °"וְהֵשִׁיב אֶת הַגְּזֵלָה". מַשְׁכּוֹן, דְּרַחֲמָנָא אָמַר °"לֹא תָבֹא אֶל בֵּיתוֹ לַעֲבוֹט עֲבֹטוֹ. הָשֵׁב תָּשִׁיב לוֹ *הָעֲבוֹט כְּבֹא הַשֶּׁמֶשׁ", וּמַשְׁכַּחַתְּ לַהּ בְּקִיְּימוֹ וְלֹא קִיְּימוֹ, וּבִיטְּלוֹ וְלֹא בִּיטְּלוֹ! הָתָם כֵּיוָן דְּחַיָּיב בְּתַשְׁלוּמִין – *אֵין לוֹקֶה וּמְשַׁלֵּם. מַתְקִיף לַהּ רַבִּי זֵירָא: הָא אִיכָּא מַשְׁכּוֹנוֹ שֶׁל גֵּר, וּמֵת הַגֵּר!
הָתָם

תורה אור: שמות יב | ויקרא יט | שם ה | דברים כד

רש"י

מִשּׁוּם דה"ל לָאו שֶׁאֵין בּוֹ מַעֲשֶׂה. אֲבָל מִשּׁוּם הַתְרָאַת סָפֵק לָא הֲוָה מִפְּטַר, דְּהַתְרָאַת סָפֵק שְׁמָהּ הַתְרָאָה. מִשּׁוּם דְּהָוְיָא לָהּ הַתְרָאַת סָפֵק. אֲבָל מִשּׁוּם לָאו שֶׁאֵין בּוֹ מַעֲשֶׂה לָא הֲוָה מִפְּטַר, דְּקָסָבַר לָאו שֶׁאֵין בּוֹ מַעֲשֶׂה לוֹקִין עָלָיו. וְתַרְוַיְיהוּ אַלִּיבָּא דְּרַבִּי יְהוּדָה. דְּאָמַר גַּבֵּי נוֹתָר אִיצְטְרִיךְ לְנַתּוֹקֵי לָאו לַעֲשֵׂה, אע"ג דְּהַתְרָאַת סָפֵק הִיא וְלָאו שֶׁאֵין בּוֹ מַעֲשֶׂה הוּא. ר' יוֹחָנָן דָּיֵיק מִינָּהּ: אַלְמָא הַתְרָאַת סָפֵק שְׁמָהּ הַתְרָאָה, וְר"ל דָּיֵיק מִינָּהּ: אַלְמָא לָאו שֶׁאֵין בּוֹ מַעֲשֶׂה לוֹקִין עָלָיו. וּלְקַמֵּיהּ פָּרֵיךְ לְתַרְוַיְיהוּ אִיכָּא לְמֵידַק מִינָּהּ. הָא וַדַּאי הַתְרָאַת סָפֵק הִיא. הַךְ דְּנוֹתָר, וְאִיכָּא לְמֵידַק נַמִי מִינָּהּ הַתְרָאַת סָפֵק שְׁמָהּ הַתְרָאָה. כִּי אִידָךְ תַּנָּא. דְּאָמַר: לָא שְׁמָהּ הַתְרָאָה. הִכָּה זֶה כו'. מִי שֶׁגֵּירֵשׁ אֶת אִשְׁתּוֹ וְנִישֵּׂאת וְיָלְדָה, סָפֵק בֶּן ט' לָרִאשׁוֹן סָפֵק בֶּן ז' לָאַחֲרוֹן. הִכָּה זֶה וְחָזַר וְהִכָּה זֶה בִּשְׁתֵּי הַתְרָאוֹת, דְּהָוְיָא לָהּ כָּל חֲדָא הַתְרָאַת סָפֵק. בְּבַת אַחַת. בְּהַתְרָאָה אַחַת בְּתוֹךְ כְּדֵי דִּיבּוּר, דְּהָוְיָא לָהּ הַתְרָאַת וַדַּאי, דְּמִמָּה נַפְשָׁךְ חַד מִינַּיְיהוּ אֲבוּהּ. חוּץ מִנִּשְׁבָּע וּמֵמִיר וּמְקַלֵּל אֶת חֲבֵירוֹ בַּשֵּׁם. שֶׁל הקב"ה. וְטַעְמָא מְפָרֵשׁ בִּתְמוּרָה בפ"ק. וְאִי קַשְׁיָא: הָא דִּלְעֵיל נַמִי נִשְׁבָּע הוּא, וְאַמַּאי פָּטַר לֵיהּ ר' יוֹחָנָן מִשּׁוּם לָאו שֶׁאֵין בּוֹ מַעֲשֶׂה? בְּהֶדְיָא מוֹקְמִינָא לָהּ לְהָא דְּקָתָנֵי נִשְׁבָּע בְּדָבָר שֶׁאֵין בּוֹ מַעֲשֶׂה לוֹקֶה – בִּשְׁבוּעָה דִּלְשֶׁעָבַר, כְּגוֹן "אָכַלְתִּי" וְלֹא אָכַל, אוֹ "לֹא אָכַלְתִּי" וְאָכַל. אֲבָל בְּ"אוֹכַל" וְלֹא אָכַל – לָא לָקֵי. וְטַעְמוֹ מְפָרֵשׁ בִּשְׁבוּעוֹת וּבִתְמוּרָה מִקַּמַּי. קַשְׁיָא דְּרַבִּי יְהוּדָה אַדְּרַבִּי יְהוּדָה. לְתַרְוַיְיהוּ. לר"ש. דְּקַשְׁיָא לֵיהּ הַתְרָאַת סָפֵק – תְּרֵי תַּנָּאֵי אַלִּיבָּא דר' יְהוּדָה. לר' יוֹחָנָן. דְּקַשְׁיָא לֵיהּ לָאו שֶׁאֵין בּוֹ מַעֲשֶׂה. הָא דִּידֵיהּ וְהָא דְּרַבֵּיהּ. לר' יְהוּדָה לָאו שֶׁאֵין בּוֹ מַעֲשֶׂה לוֹקִין עָלָיו, וְהָא דְּתַנְיָא אֵין לוֹקִין עָלָיו – מִשּׁוּם ר' יוֹסֵי הַגְּלִילִי אֲמָרָהּ. לוֹקֶה וְאֵינוֹ מְשַׁלֵּחַ. קָסָבַר: "שַׁלֵּחַ" מֵעִיקָּרָא מַשְׁמַע, לֹא תִקַּח הָאֵם אֶלָּא שַׁלְּחֶנָּה קוֹדֶם לְקִיחָה. וְאע"ג דִּכְתִיב בָּתַר "לֹא תִקַּח" – לָאו לְמֵימְרָא דְּאִם לָקַחַת שַׁלַּח וְנֶיהֱוֵי לָאו שֶׁנִּיתַּק לַעֲשֵׂה, אֶלָּא לָאו שֶׁקְּדָמוֹ עֲשֵׂה הוּא. וַחכ"א כו'. קָסָבְרִי: "שַׁלֵּחַ" אַחַר "לֹא תִקַּח" מַשְׁמַע, כְּדִכְתִיב, וַהֲוָה לֵיהּ נִיתָּק לַעֲשֵׂה: וְאִם לְקַחְתָּ – שַׁלַּח. זֶה הַכְּלָל כָּל מִצְוַת לֹא תַעֲשֶׂה כו'. אֵין לוֹקִין עָלֶיהָ אֶלָּא יְקַיֵּים הָעֲשֵׂה וְיִפָּטֵר. א"ר יוֹחָנָן אָנוּ אֵין לָנוּ כו'. כְּלוֹמַר, מְשַׁלֵּחַ וְאֵינוֹ לוֹקֶה, הָא לֹא שִׁלַּח – לוֹקֶה. וְרַבִּי יוֹחָנָן בִּיטְּלוֹ וְלֹא בִּיטְּלוֹ אִית לֵיהּ, וּמַשְׁמַע לֵיהּ מְשַׁלֵּחַ דְּקָתָנֵי – מְשַׁלֵּחַ לִכְשֶׁיִּרְצֶה וְאֵינוֹ לוֹקֶה, וְאֵימָתַי הוּא לוֹקֶה – כְּשֶׁיַּהַרְגֶנָּה וִיבַטֵּל אֶת הָעֲשֵׂה בְּיָדַיִם. וְהַיְינוּ דְּקָאָמַר "אָנוּ אֵין לָנוּ" כו', כְּלוֹמַר, אע"ג דְּקָתָנֵי מַתְנִי' זֶה הַכְּלָל כו', דְּמַשְׁמַע כָּל מִצְוֹת לֹא תַעֲשֶׂה שֶׁיֵּשׁ בָּהּ קוּם עֲשֵׂה שָׁוֹות לָזוֹ, אָנוּ אֵין לָנוּ בְּכוּלָּן שָׁוֶה לָזוֹ שֶׁיְּהֵא פְּטוּר הַמַּלְקוֹת תָּלוּי בְּקִיּוּם הָעֲשֵׂה, אֶלָּא בֵּין קִיֵּים בֵּין לֹא קִיֵּים פָּטוּר, אֶלָּא זוֹ וְעוֹד אַחֶרֶת דְּמַשְׁכַּחַתְּ בְּהוּ דְּלָקֵי עַל יְדֵי בִּיטּוּל הָעֲשֵׂה. דְּאִילּוּ בְּכוּלְּהוּ לָא מַשְׁכַּחַתְּ בִּיטְּלוֹ אֶלָּא בְּהָנֵי תְּרֵי. מַחֲזִיר וְאֵינוֹ לוֹקֶה. אַף כָּאן תָּלָה פְּטוּרוֹ שֶׁל מַלְקוֹת בְּקִיּוּם הָעֲשֵׂה. הָנִיחָא לְמַאן דְּתָנֵי. לֹא קִיְּימוֹ לוֹקֶה, מַשְׁכַּחַתְּ בֵּיהּ מַלְקוֹת בְּלֹא קִיְּימוֹ. אֶלָּא לְמַאן דְּתָנֵי בִּיטְּלוֹ. לוֹקֶה, הֵיכִי מַשְׁכַּחַתְּ לָהּ? הָנִיחָא בְּשִׁילּוּחַ הַקֵּן מַשְׁכַּחַתְּ לָהּ. בִּיטְּלוֹ – כְּשֶׁשְּׁחָטָהּ. אֶלָּא הָכָא הֵיכִי מַשְׁכַּחַתְּ לָהּ? בִּדְרַבָּה מִינֵּיהּ. מִיתָה, וְאֵין בּוֹ מַלְקוֹת. כָּל כְּמִינֵּיהּ. בִּתְמִיָּה: וְכִי כָּל הֵימֶנּוּ שֶׁתִּתְקַדֵּשׁ עַל יְדֵי קַבָּלָתוֹ? הָנִיחָא לְמַאן דְּאָמַר כו'. פְּלוּגְתָּא הִיא בְּמַסֶּכֶת גִּיטִּין בְּ"הַשּׁוֹלֵחַ גֵּט" (דף לה:). עַל דַּעַת רַבִּים. שֶׁמָּצָא בָּהּ עָוֹן, (ג) שֶׁאֲסוּרָה לוֹ, וְהִדִּירָהּ עַל דַּעַת רַבִּים וְעַל דַּעַת בֵּית דִּין. וְתוּ לֵיכָּא. מִצְוֹת לֹא תַעֲשֶׂה שֶׁיֵּשׁ בָּהּ קוּם עֲשֵׂה דְּלִילְקֵי עֲלָהּ? מַשְׁכּוֹן. מַשְׁכַּחַתְּ לָהּ בִּיטְּלוֹ – כְּשֶׁשְּׂרָפוֹ. הֲרֵי מַשְׁכּוֹנוֹ שֶׁל גֵּר. וּמֵת הַגֵּר וְאֵין לוֹ יוֹרְשִׁין, דְּלֵיתָא בְּתַשְׁלוּמִין.
הָתָם

תוספות

אי דקטלה קם ליה בדרבה מיניה. ואם מתה – א"כ לא בטלה איהו. ואם תאמר: דלמא מיירי דקטלה ומ"מ לא הוי קם ליה בדרבה מיניה, דמיירי שהרגה בשוגג! (ד) וי"ל: דא"כ היינו כמו מתה מאליה *כיון דהרגה שלא במתכוין. כך הקשה משי"ח ותירץ.

כגון שהדירה ברבים. פי' הקונט': שמצא בה עון שאסורה לו, והדירה. ולא נראה, דא"כ אינו מצוה לקיימה! אלא נראה שהדירה בלא שום עון, ושפיר אל עליה, כגון דאמר "קונם תשמישך עלי" כדאיתא בנדרים (דף *פא:).

והא איכא העבט תעביטנו לא תבוא אל ביתו השב תשיב לו ומשכחת לה כו'. וא"ת: והא הוי עשה שקדמו לאו, דהשבת העבוט שייך קודם שיעבור לילך אל ביתו לעבוט עבוטו, דבמשכנו ברשות שייך השבת העבוט! *וי"ל: דדרשינן בפרק "אלו מציאות" (ב"מ לא:) מיתורא ד"השב תשיב" דקאי למשכנו שלא ברשות, א"כ על כרחך שייך עשה ד"השב תשיב לו" לאחר שעבר, כדאמרינן לעיל: אם אינו ענין לפניו תנהו ענין לאחריו.

התם איתא בתשלומין. כששרפו, וחייב ממון – הלכך לא משכחת ביה בטלו, דכל אימת דיש לו ממון לא ילקה. ויש ספרים דגרסי: ואינו לוקה ומשלם. כלומר, הכא על כרחך אינו לוקה, הואיל ומיפטר בתשלומין. אבל ליכא לפרושי דתרתי לא עבדינן ליה מלקות וממון משום "כדי רשעתו", והלכך משלם ואינו לוקה. דזה אינו, חדא – דא"כ אדרבה יש לנו לומר ילקה ולא ישלם, דבפ' "אלו נערות" (כתובות דף לג:) אמר ר' יוחנן דהיכא שמלינו ממון ומלקות מילקא לקי ממונא לא משלם. ועוד, דא"כ

רבינו חננאל

ותרוייהו אליבא דר' יהודה דתניא ולא תותירו ממנו עד בקר בא הכתוב ליתן עשה אחר לא תעשה לומר שאין לוקין עליו דברי ר' יהודה. ר' יוחנן דייק הכי טעמא דבא הכתוב הא לא בא הכתוב לוקה אלמא התראת ספק שמה התראה. וריש לקיש דייק לאו שאין בו מעשה לוקין עליו. ואקשינן לריש לקיש והא התראת ספק היא שמתרין בו לא תותירו ויתכן שלא יותיר ואם יותיר ישרפנו ולמה אמר טעמא דבא הכתוב הא לא בא הכתוב חייב. ופריק ריש לקיש דאמר [כאידך דלא כר'] [כאידך תנא דר'] יהודה דתניא בענין מי שגירש אשתו ולא שהתה ג' חדשים וניסת וילדה ואין ידוע אם בן ט' לראשון אם בן ז' לאחרון ועמד זה הילוד והכה זה וחזר והכה זה קילל זה וחזר וקילל זה וכו' ר' יהודה אומר בבת אחת חייב שאחד מהן אביו. בזה אחר זה פטור שמפני כשמתרין בו כך אומרים לו אל תכה זה שאם תחזור ותכה האחר תתחייב נמצאת התראה זו בספק שיתכן שלא יכה ושלא יקלל האחר ולא יתחייב וכל כי האי גוונא בהתראת ספק פטור. ואקשינן ולר' יוחנן לאו

דנותר לאו שאין בו מעשה הוא אמאי תני ר' יהודה טעמא דבא הכתוב הא לא בא הכתוב חייב. ופריק ר' יוחנן דאמר כי האי דאמר ר' יהודה משום ר' יוסי הגלילי כל לא תעשה שבתורה יש בו מעשה לוקין עליו אין בו מעשה אין לוקין עליו חוץ מן הנשבע ומימר והמקלל את חברו בשם. אי הכי קשיא דר' יהודה אדר' יהודה הכא תני טעמא דבא הכתוב הא לא בא הכתוב לוקה מכלל דלאו שאין בו מעשה לוקין עליו והדר תני כל שאין בו מעשה אין לוקין עליו. ופרקינן לר' יוחנן לאו שאין בו מעשה אין לוקין עליו. הא דר' יהודה הא דר' יוסי הגלילי. וכן פריק ריש לקיש בהתראת ספק תרי תנאי ואליבא דר' יהודה. תנן התם במסכת שחיטת חולין הנוטל אם על הבנים ר' יהודה אומר לוקה ואינו משלח וחכ"א משלח ואינו לוקה. זה הכלל כל מצות לא תעשה שיש בה קום עשה אין חייבין עליה. א"ר יוחנן אנו אין לנו אלא זאת ועוד אחרת. נפק ר' אלעזר דק ואשכח האי דתניא אונס שגירש אם ישראל הוא מחזיר ואינו לוקה ואם כהן הוא לוקה ואינו מחזיר. ואמרינן הניחא למאן דתני קיימו ולא קיימו נמצא אונס שגירש שוה לנוטל אם על הבנים. אלא למאן דתני ביטלו ולא ביטלו בשלמא גבי שילוח הקן משכחת לה דביטלו כגון דשחטה לאם אלא אונס היכי משכחת לה דביטלו אי קטלה לאיתתיה קם ליה (והשאר חסר):

עין משפט נר מצוה

כו א מיי' פי"ט מהל' קרבן פסח הל' י ופי"ח מהל' פסולי המוקדשים הלכה ט:

כז ב מיי' פי"ח מהל' סנהדרין הלכה ה [וברב אלפס שבועות סוף פ"ג דף יג.]:

כח ג מיי' שם הלכה ב [וברב אלפס שם]:

כט ד מיי' פי"ג מהל' שחיטה הלכה א סמג עשין סה טוש"ע י"ד סי' רצב סעיף ו:

(צ"ל דף טו:)

ל ה מיי' פ"א מהל' נערה הלכה ז ועיין בכ"מ בפע"ן מהלכות סנהדרין הל' ד:

[עיין מהרש"ם]

לא ו מיי' פי"ו מהל' שבועות הל' ח סמג לאוין רלח טוש"ע י"ד סי' רכח סעיף כו:

לב ז מיי' שם טוש"ע שם סעיף כח:

לג ח מיי' פט"ו מהל' סנהדרין הל' יב ופי"א הלכה ב ופ"ג מהל' גניבה הל' א ופ"ו מהל' נערה הלכה יא ופ"ו מהל' תרומות הלכה ב ופ"ד מהל' חובל הל' ט טור ח"מ סי' שנ:

וממיר. יעב"ץ

מסורת הש"ס

[חולין פא.] | לעיל ד: פסחים פד. סנהדרין סג. חולין פג: נא. קמא. תמורה ד: שבועות ג. | יבמות קא. [חולין פב: נא.] | תמורה ג. שבועות כא. | [תוספתא מכות פ"ד] | חולין קמא. [לקמן יז.] | [לעיל טו. תמורה ה.] | [לעיל טו. חולין קמא.] | [צ"ל רבא יעב"ץ] | גיטין לה: | [גיטין לו. בכורות מו. ערכין כג.] | לפנינו בקרא את העבוט

הגהות הב"ח

(א) גמ' א"ר יוחנן אומר היה ר' יהודה משום רבי יוסי הגלילי: (ב) שם א"ר יוחנן אנו אין לנו: (ג) רש"י ד"ה על דעת רבים שמצא בה עון. נ"ב דבלא עון לא מצי להדירה דהא משועבד לה: (ד) תוס' ד"ה אי דקטלה וכו' שהרגה בשוגג. נ"ב פי' ולהכי לא ממעט חייבי מיתות שוגגין חייבין מלקות עיין פ' אלו נערות סוף דף ל"ג:

גליון הש"ס

גמ' אי דקטלה קם ליה בדרבה מיניה. קשה לי הא משכחת היכא שטריפה דלאו חייב מיתה ומכל מקום כפשוטו היה הכתוב עליו דלא יוכל לשלחה והעשה דלו תהיה לאשה וצ"ע: תום' ד"ה אי וכו' כיון דהרגה שלא במתכוין. קשה לי למ"מ משכחת במזיד ולא אתרו ביה.

התם גברא בר תשלומין הוא, ושיעבודא דגר הוא דקא פקע. והא איכא פאה, דרחמנא אמר (ויקרא כג) °"לא תכלה פאת וגו' לעני ולגר תעזוב אותם" וגו', (א) דמשכחת לה בקיימו ולא קיימו! ביטלו ולא ביטלו! *דתנן: *מצות פאה להפריש מן הקמה, לא הפריש מן הקמה — מפריש מן העומרין, לא הפריש מן העומרין — מפריש מן הכרי, עד שלא מירח. מירחו — מעשר ונותן לו! כדרבי ישמעאל, דאמר: אאף מפריש מן העיסה. ולר' ישמעאל נמי משכחת לה, דאכל עיסה! באלא, זאת ועוד אחרת — אהא, אבל אונס — לא. דהיכא אמרינן על דעת רבים אין לו הפרה — לדבר הרשות, גאבל לדבר מצוה — יש לו הפרה. כי הא *דההוא מקרי דרדקי דהוה פשע בינוקי, אדריה רב אחא, ואהדריה רבינא, דלא אשתכח דדייק כוותיה.§ "והאוכל נבילות וטריפות שקצים ורמשים" וכו'.§ אמר רב יהודה: דהאי מאן דאכל ביניתא דבי כרבא מלקינן ליה משום (שם יא) °"שרץ השורץ על הארץ". ההוא דאכל ביניתא דבי כרבא — ונגדיה רב יהודה. *אמר אביי: ה*אכל פוטיתא — לוקה ארבעה. נמלה — לוקה חמש, משום "שרץ השורץ על הארץ". וצרעה — לוקה שש, משום (דברים יד) °"שרץ העוף". אמר רב אחאי: זהמשהה את נקביו עובר משום (ויקרא כ) °"לא תשקצו". אמר רב ביבי בר אביי: חהאי מאן דשתי בקרנא דאומנא קא עבר משום "לא תשקצו". אמר *רבא בר רב הונא: טריסק תשעה נמלים, והביא אחד חי והשלימן לכזית — לוקה ו', ה' משום בריה ואחד משום כזית נבילה. *רבא א"ר יוחנן: אפילו שנים והוא. רב יוסף אמר: *אפילו אחד והוא. ולא פליגי, הא ברברבי והא בזוטרי.§ "אכל טבל ומעשר ראשון" כו'.§ אמר רב: יאכל טבל של מעשר עני — לוקה. כמאן — כי האי תנא, דתניא, *אמר ר' יוסי: יכול לא יהא חייב אלא על הטבל שלא הורם ממנו כל עיקר, הורם ממנו תרומה גדולה ולא הורם ממנו מעשר ראשון, מעשר ראשון ולא מעשר שני, ואפי' מעשר עני, מנין? ת"ל: (דברים יב) °"לא תוכל לאכול בשעריך" וגו', ולהלן הוא אומר: (שם כו) °"ואכלו בשעריך ושבעו", מה להלן מעשר עני — אף כאן מעשר עני, ואמר רחמנא: "לא תוכל". *אמר רב יוסף: כתנאי, *ר"א אומר: אין צריך לקרות את השם על מעשר עני של דמאי, וחכ"א: קורא

רש"י

התם גברא בר תשלומין הוא. כששרפו, ולא נתחייב מלקות בביטול זה. והאי דלא משלם — משום דשיעבודא דגר קא פקע לאחר זמן. תעזוב אותם. וקא סבר תעזוב לאחר עבירת הלאו משמע, לא תכלה, ואם כליתיה — תעזוב אותם. משכחת לה בביטלו. כגון שטחנן את החטין, דתו לית ליה לקיומיה לעשה שהרי קנאן בשינוי, כדתניא בשלמים: חטה היא מחייבו ליתנה אבל את טחנן — לא. מירחו. ונתחייב במעשר — מעשר תחלה את הכרי ואחר כך נותן לו הפאה, שלא להפסיד את העני. שהלקט והשכחה והפאה פטורין מן המעשר, וזה הביאן לידי חיוב. אבל לדבר מצוה. כגון הכא, דכל ימיו בעמוד והחזר קאי — יש לו הפרה. דהוה פשע בינוקי. מכה אותם יותר מדאי. אדריה רב אחא. שלא ילמד עוד תינוקות. ביניתא דבי כרבא. תולעת הנמצאת בכרוב שקורין לייל"א. אבל פוטיתא. בלע שרץ המים. לוקה ארבעה. שני לאוין כתובין בשרץ המים, אחד בתורת כהנים (יא) ואחד במשנה תורה (יד), ושני לאוין כתובין בשרץ סתם "(ולא) תשקצו את נפשותיכם בכל השרץ השרץ" "ולא תטמאו בהם" ומשמע בין שרץ המים בין שרץ הארץ, הרי ד'. נמלה. בלע נמלה חיה, הואיל ובריה שלימה היא — אכילתה בכל שהוא, ולוקה חמש: שני לאוין הכתובין בשרץ סתם כמו שפירשתי, ושלשה לאוין הכתובין בשרץ הארץ בתורת כהנים. צרעה לוקה שש. חמש משום שרץ הארץ, ואחד משום שרץ העוף, דכתיב במשנה תורה (יד) "וכל שרץ העוף טמא הוא לכם לא יאכלו". אבל "לא תשקצו את נפשותיכם בבהמה ובעוף" וגו' הכתוב בפרשת "קדושים תהיו" אינו מן המנין, דלאו בשרץ כתיב. ואע"ג דכתיב ביה "אשר תרמש האדמה" — לשון בריות גדולות הוא, ו"שרץ" לשון קטנה ונמוכה שנגררת בהלוכה בקושי ונראית כרוחשת. בקרנא דאומנא. מקיזי דם בקרן במציצה. ריסק. מיעך וכיתת, וביטלן מתורת בריה. משום כזית נבלה. שכשבולעו הוא מת ומצטרף לכזית נבלה. אפילו שנים. מרוסקין והוא. אם גדולים הן להיות כזית בין שלשתם כדמפרש ואזיל, ולא פליגי. טבל של מעשר עני. שהופרשו כל מעשרותיו חוץ מזה — לוקה. ואע"ג דמעשר עני אין בו קדושה, שהרי לזרים נאכל ובכל מקום, אפ"ה טביל. מה להלן מעשר עני. דכתיב: "לגר ליתום ולאלמנה" ובעונא דשנה השלישית, אף "בשעריך" האמור כאן יש ללמוד ממנו מעשר עני, וה"ק: לא תוכל לאכול טבל בעוד שהמעשר בתוכו שכתב בו "בשעריך". אין צריך לקרות את השם. [דאמרינן] (סוטה דף מח.) דיוחנן כה"ג שלח בכל גבול ישראל וראה את עמי הארץ שהיו מעשרין על המעשרות חוץ מתרומה גדולה, אמר להן לישראל: בני, כשם שתרומה במיתה כך הטבל במיתה. עמד ותיקן: הלוקח מעם הארץ יפריש כל המעשרות ומעכבן לעצמו, ואוכל מעשר ראשון שהרי מותר לזרים, ומעשר שני אוכלו בירושלים, ואם שנת מעשר עני היא נחלקו ר' אליעזר וחכמים. וקאמר ר' אליעזר דלא מיבעי אפרושי מספק דלא צריך, אלא אפילו לקרות עליו את השם ולומר "מעשר עני של פרי זה יהא בצפונו או בדרומו" נמי לא צריך. קורא

תוספות

דא"כ מאי פריך: והרי משכונו של גר ומת הגר, ומשני: התם גברא בר תשלומין ושיעבודא דגר פקע. ומאי שנא? הא כיון דלא משלם א"כ ביטלו ולילקי, וליכא נמי שתי רשעיות! לכן נ"ל כדפירשתי: כיון דגברא בר תשלומין וכל אימת דמשלם לא לקי, הלכך לא משכחת ליה ביטלו. אבל קשה: לר"ל מיהא משכחת שפיר קיימו ולא קיימו, כשב"ד הזהירו להחזיר ואומר שלא יחזיר! ונראה למורי, דודאי הכי נמי דמשכחת לה לר"ל, אבל לרבי יוחנן דאמר "זאת ועוד אחרת" ותו לא — הוא דאמר לטעמיה ביטלו ולא ביטלו, אבל לר"ל משכחת לה שפיר *בהדירה (ב) והשבת העבוט. אבל קשה: דמשמע דמקשה פריך שפיר, *וקיימו נקט אגב גררא.

ביניתא דבי כרבא. פי' הקונט': תולעת הנמצאת בכרוב ונקר' לייל"א. וקשה: דמאי קמ"ל? פשיטא דשרץ גמור הוא! ופר"ת: ביניתא — כמו דג קטן הנמצא במתריסה.* וקמ"ל דאע"ג (ג) דנמצא במים היה מותר לפי שיש לו קשקשים — אפ"ה לוקה, אע"ג דאי הוי במים טהור.

ריסק ט' נמלים ואחד חי. פי': שלם. אבל ודאי הוה מת, דאי ר"ל חי ממש — א"כ היאך משלים לכזית נבילות? וא"ת: ול"ל שיהא שלם? בכזית ממנו ליליקי משום לאו דשרצים. דלכך אתא אכילה דשרצים, לומר דאי איכא כזית הרבה ואכל חד (ד) זית חייב! דליכא למימר דאתא לומר דבעינן דאית ביה כזית, ולעולם בעינן שיהא שלם. דהא ליתא, דנמלה כל שהוא חייב. א"כ על כרחך אכילה אתא למידרש היכא דאיכא ה' זיתים או ד' ואכל חד (ה) מינייהו דחייב. וי"ל: לכך נקט אחד שלם, דאיכא לאוי דשרצים דלא נכתבו בלשון אכילה ומאותם לא ילקה עד שיאכל הבריה שלימה. אבל ודאי היכא דכתיב ביה לאו בלשון אכילה — לקי אף כשהבריה אינה שלימה. אבל קשה: היכא יצטרף אותו שלם לכזית נבילות? והלא אין איסור נבלה חל עליו. דה"נ אמר במס' מעילה פרק "קדשי מזבח" (דף טו. וטס) דאין איסור נבילה חל על איסור (נבלת) בהמה טמאה! וי"ל: דהכא אתיא כמאן דלית ליה איסור חל על איסור. דאיכא מאן דאמר התם דלאכילה נמי מצטרפין ללקות משום נבלה טמאה וטהורה, ואע"ג שאין (ו) איסור כולל ולא איסור מוסיף. והטעם — משום דמצינו דאיסור נבלה חל על איסור דחלב. ואפילו למאן דלית ליה איסור חל על איסור כלל אמרינן נמי דטמאים מצטרפין מהאי טעמא [וע"ע תוס' חולין נו: ד"ה "ור' יהודה"].

ואפילו שנים והוא. וא"ת: ומאי חידוש הוא בשנים יותר מבעשר, כיון דבשנים [והוא] איכא כזית? וי"ל: דקמ"ל רבותא טפי, דכיון דעתה כשהוא חי שלם משלימו לכזית אע"פ שאם היה מרוסק כמו האחר לא היה משלימו לכזית. אבל בט' נמלים דאיכא סגי, אפילו נתרסקו כולם היה משלים, שיש מהם הרבה.

ולא פליגי הא ברברבי הא בזוטרי. פי': ברברבי — אחד והוא. ולא ידענא, (ז) כיון דנחית להכי — לימא בחד לבד לוקה שש משום בריה ומשום כזית נבלה! ושמא לא שכיח דבחד איכא כזית. ורבנן

עין משפט נר מצוה

לד א מיי' פ"ח מהל' מתנות עניים הל' ב סמג לאוין רפד:

לה ב מיי' שם הל' ג והלכה ה:

לו ג מיי' פ"ו מהל' שבועות הלכה ח סמג לאוין רמא טוש"ע י"ד סי' רכח סעיף כה:

[נ"ל בלא הדירה מהרש"א]

גירסת רש"א שפיר לתרוייהו כו'

לז ד מיי' פ"ב מהל' מאכלות אסורות הל' יד סמג לאוין קלב טוש"ע י"ד סי' פד סעיף ו:

[וכ"כ הערוך בערך ביניתא בשם השאלתות ודע דבשאלתות שלפנינו לא מצאתי]

לח ה מיי' שם הל' כג [וברב אלפס חולין סוף פ"ג וביאור ארוך בזה דף רפב.]

לט ו מיי' שם הל' כב:

מ ז מיי' שם פי"ז הל' לא ופ"ב מהל' דעות הל' א סמג לאוין קמח טוש"ע א"ח סי' ג סעיף יז [וברב אלפס ברכות פרק ג דף טז:]

מא ח מיי' שם הל' כ סמג שם טוש"ע י"ד סי' קנז סעיף ו [וברב אלפס שם].

מב ט מיי' פ"ב מהל' מאכלות אסורות הלכה כב:

מג י מיי' שם פ"י הל' כ:

מסורת הש"ס

ב"ק לג. סנהדרין פו: תמורה ו.

גיטין לו. [בכורות מו.]

[נ"ל תא]

פסחים כד. עירובין כח

[נ"א רבה]

[נ"ל רבה]

[בדפוסי הגי' רב יוסף אמר ר' יוחנן]

יבמות פו.

[נדרים פד. ע"ש]

נדרים פד. דמאי פ"ד מ"ג

הגהות הב"ח

(א) גמ' דמשכחת לה: (ב) תוס' ד"ה (בע"א) התם וכו' בהדירה וגזלה והשבת העבוט אבל קשה דמשמע דמקשה פריך לה לר"ל מדנקט קיימו ולא קיימו וי"ל דלא פריך אלא לר' יוחנן אבל לר"ל אתא שפיר וקיימו נקט אגב גררא כצ"ל: (ג) ד"ה ביניתא וכו' דאף על גב היכא דנמצא במים וכו' דאי הוה במים טהור: (ד) ד"ה ריסק וכו' חד כזית חייב וכו' דהא ליתא דנמלה: (ה) באה"ד ואכל חד כזית מינייהו דחייב: (ו) באה"ד ואע"ג שאין בו לא איסור כולל: (ז) ד"ה ולא וכו' כיון דנחית:

גליון הש"ס

גמ' אבל פוטיתא. עיין מ"ק דף ב ע"ב תוס' ד"ה חייב: רש"י ד"ה משום כזית נבילה שכשבולעו הוא מת. עיין חולין דף קב ע"ב רש"י ד"ה בחיי ואולי י"ל דנמלה זוטרא חיותה ומת בשעת הבליעה אבל צפור אינה מתה:

מסכת מכות פרק שלישי – אלו הן הלוקין

*קוֹרֵא אֶת הַשֵּׁם וְאֵינוֹ צָרִיךְ לְהַפְרִישׁ; מַאי לָאו בְּהָא קָא מִיפַּלְגִי, דְּמָר סָבַר: וַדַּאי טוֹבְלוֹ, וּמָר סָבַר: וַדַּאי אֵינוֹ טוֹבְלוֹ? אֲמַר לֵיהּ אַבָּיֵי: אִי הָכִי, אַדְּמִיפַּלְגִי בִּסְפֵיקוֹ – לִיפַּלְגוּ בְּוַדַּאי! אֶלָּא, דְּכוּלֵּי עָלְמָא וַדַּאי טוֹבְלוֹ. וְהָכָא בְּהָא קָא מִיפַּלְגִי; מָר סָבַר: לֹא נֶחְשְׁדוּ עַמֵּי הָאָרֶץ עַל מַעֲשַׂר עָנִי שֶׁל דְּמַאי, כֵּיוָן דְּמָמוֹנָא הוּא – אַפְרוֹשֵׁי מַפְרִישׁ. וְרַבָּנַן סָבְרִי: כֵּיוָן [א] דִּטְרִיחָא לֵיהּ מִילְּתָא – [ב]לָא מַפְרִישׁ.§ "כַּמָּה יֹאכַל מִן הַטֶּבֶל" וכו'.§ אָמַר רַב בֵּיבָי אָמַר רַבִּי שִׁמְעוֹן בֶּן לָקִישׁ: מַחֲלוֹקֶת בְּחִטָּה, אֲבָל בְּקֶמַח – דִּבְרֵי הַכֹּל כַּזַּיִת. וְרַבִּי יִרְמְיָה אָמַר רַבִּי שִׁמְעוֹן בֶּן לָקִישׁ: כְּמַחֲלוֹקֶת בְּזוֹ כָּךְ מַחֲלוֹקֶת בְּזוֹ. תְּנַן, אָמַר לָהֶם ר' שִׁמְעוֹן: אִי אַתֶּם מוֹדִים לִי בְּאוֹכֵל נְמָלָה כׇּל שֶׁהוּא שֶׁהוּא חַיָּיב? אָמְרוּ לוֹ: מִפְּנֵי שֶׁהִיא כִּבְרִיָּיתָהּ. אָמַר לָהֶן: אַף חִטָּה אַחַת כִּבְרִיָּיתָהּ; חִטָּה – אִין, קֶמַח – לָא! לְדִבְרֵיהֶם קָאָמַר לְהוּ: לְדִידִי – אֲפִילּוּ קֶמַח נַמִי, אֶלָּא לְדִידְכוּ – אוֹדוּ לִי מִיהַת דְּחִטָּה אַחַת כִּבְרִיָּיתָהּ. וְרַבָּנַן: [ג]בְּרִיַּית נְשָׁמָה – חֲשׁוּבָה, חִטָּה – לָא חֲשׁוּבָה. תַּנְיָא כְּוָתֵיהּ דְּרַבִּי יִרְמְיָה, *רַבִּי שִׁמְעוֹן אוֹמֵר: כׇּל שֶׁהוּא לְמַכּוֹת, לֹא אָמְרוּ כַּזַּיִת אֶלָּא לְעִנְיַן קׇרְבָּן.§ **מתני'** הָאוֹכֵל בִּכּוּרִים עַד שֶׁלֹּא קָרָא עֲלֵיהֶם, [ד]קׇדְשֵׁי קָדָשִׁים חוּץ לַקְּלָעִים, [ה]קָדָשִׁים קַלִּים [ו]וּמַעֲשֵׂר שֵׁנִי חוּץ לַחוֹמָה, [ז]הַשּׁוֹבֵר אֶת הָעֶצֶם בְּפֶסַח הַטָּהוֹר – ה"ז לוֹקֶה אַרְבָּעִים. אֲבָל *הַמּוֹתִיר [ח]בַּטָּהוֹר [ט]וְהַשּׁוֹבֵר בַּטָּמֵא – אֵינוֹ לוֹקֶה אַרְבָּעִים. *הַנּוֹטֵל אֵם עַל הַבָּנִים, *רַבִּי יְהוּדָה אוֹמֵר: לוֹקֶה. וְאֵינוֹ מְשַׁלֵּחַ, וַחֲכָמִים אוֹמְרִים: [י]מְשַׁלֵּחַ וְאֵינוֹ לוֹקֶה. [כ]זֶה הַכְּלָל: כׇּל מִצְוַת לֹא תַעֲשֶׂה שֶׁיֵּשׁ בָּהּ קוּם עֲשֵׂה – אֵין חַיָּיבִין עָלֶיהָ.§ **גמ'** אָמַר רַבָּה בַּר בַּר חָנָה א"ר יוֹחָנָן: זוֹ דִּבְרֵי רַבִּי עֲקִיבָא סְתִימְתָּאָה, אֲבָל חֲכָמִים אוֹמְרִים: *[ל]בִּכּוּרִים – הַנָּחָה מְעַכֶּבֶת בָּהֶן, קְרִיאָה אֵין מְעַכֶּבֶת בָּהֶן. וְלֵימָא זוֹ דִּבְרֵי רַבִּי שִׁמְעוֹן סְתִימְתָּאָה! הָא קָא מַשְׁמַע לָן, דְּרַבִּי עֲקִיבָא כְּרַבִּי שִׁמְעוֹן סְבִירָא לֵיהּ. מַאי ר' שִׁמְעוֹן? *דְּתַנְיָא: °"וּתְרוּמַת יָדֶךָ" – אֵלּוּ בִּכּוּרִים. אָמַר רַבִּי שִׁמְעוֹן: מַה בָּא זֶה לְלַמְּדֵנוּ? אִם לְאוֹכְלָן חוּץ לַחוֹמָה – קַל וָחוֹמֶר מִמַּעֲשֵׂר הַקַּל: וּמַה מַּעֲשֵׂר הַקַּל אוֹכְלָן חוּץ לַחוֹמָה לוֹקֶה – בִּכּוּרִים לֹא כׇּל שֶׁכֵּן? הָא לֹא בָּא הַכָּתוּב אֶלָּא לְאוֹכֵל מִבִּכּוּרִים עַד שֶׁלֹּא קָרָא עֲלֵיהֶן, שֶׁהוּא לוֹקֶה. °"וְנִדְבוֹתֶיךָ" – זוֹ תּוֹדָה וּשְׁלָמִים. אָמַר רַבִּי שִׁמְעוֹן: מַה בָּא זֶה לְלַמְּדֵנוּ? אִם לְאוֹכְלָן חוּץ לַחוֹמָה – קַל וָחוֹמֶר מִמַּעֲשֵׂר, הָא לֹא בָּא הַכָּתוּב אֶלָּא [מ]לְאוֹכֵל בְּתוֹדָה וּבִשְׁלָמִים לִפְנֵי זְרִיקָה, שֶׁהוּא לוֹקֶה. °"וּבְכוֹרוֹת" – זֶה הַבְּכוֹר. אָמַר ר' שִׁמְעוֹן: מַה בָּא זֶה לְלַמְּדֵנוּ? אִם לְאוֹכְלָן חוּץ לַחוֹמָה – ק"ו מִמַּעֲשֵׂר, אִם לִפְנֵי זְרִיקָה – ק"ו מִתּוֹדָה וּשְׁלָמִים! הָא לֹא בָּא הַכָּתוּב אֶלָּא [נ]לְאוֹכֵל מִן הַבְּכוֹר אֲפִי' לְאַחַר זְרִיקָה, שֶׁהוּא לוֹקֶה. °"בְּקָרְךָ וְצֹאנֶךָ" – זוֹ חַטָּאת וְאָשָׁם. אָמַר רַבִּי שִׁמְעוֹן: מַה בָּא זֶה לְלַמְּדֵנוּ? אִם לְאוֹכְלָן חוּץ לַחוֹמָה – קַל וָחוֹמֶר מִמַּעֲשֵׂר, אִם לִפְנֵי זְרִיקָה – קַל וָחוֹמֶר מִתּוֹדָה וּשְׁלָמִים, אִם לְאַחַר זְרִיקָה – קַל וָחוֹמֶר מִבְּכוֹר! הָא לֹא בָּא הַכָּתוּב אֶלָּא [ס]לְאוֹכֵל מֵחַטָּאת וְאָשָׁם אֲפִילּוּ לְאַחַר זְרִיקָה חוּץ לַקְּלָעִים, שֶׁהוּא לוֹקֶה. °"נְדָרֶיךָ" – זוֹ עוֹלָה. אָמַר ר"ש: מַה בָּא זֶה לְלַמְּדֵנוּ? אִם לְאוֹכְלָן חוּץ לַחוֹמָה – ק"ו מִמַּעֲשֵׂר, אִם לִפְנֵי זְרִיקָה – קַל וָחוֹמֶר מִתּוֹדָה וּשְׁלָמִים, אִם לְאַחַר זְרִיקָה – ק"ו מִבְּכוֹר, אִם חוּץ לַקְּלָעִים – קַל וָחוֹמֶר מֵחַטָּאת וְאָשָׁם! הָא לֹא בָּא הַכָּתוּב אֶלָּא

לְאוֹכֵל

רש"י

קוֹרֵא וְאֵין צָרִיךְ לְהַפְרִישׁ. דְּכֵיוָן שֶׁקָּרָא עָלָיו שֵׁם – יָצָא הַכְּרִי מִתּוֹרַת טֶבֶל. וּשְׁאָר הַמַּעַשְׂרוֹת הוּא צָרִיךְ לְהַפְרִישׁ עַל כָּרְחָךְ, לְפִי שֶׁצָּרִיךְ לְהַפְרִישׁ מִמַּעֲשֵׂר רִאשׁוֹן תְּרוּמַת מַעֲשֵׂר וְלִיתְּנָהּ לַכֹּהֵן, שֶׁהִיא בְּמִיתָה לְזָרִים. וּמַעֲשֵׂר שֵׁנִי צָרִיךְ לְהַעֲלוֹתוֹ לִירוּשָׁלַיִם וּלְאׇכְלוֹ. רַבָּנַן סָבְרִי וַדַּאי טָבֵיל. לְפִיכָךְ סְפֵיקוֹ צָרִיךְ לְהוֹצִיאוֹ מִידֵי סָפֵק טֶבֶל. לֹא נֶחְשְׁדוּ. דְּמָמוֹנָא הוּא, אֵין בּוֹ אִיסּוּר אֲכִילָה אֶלָּא גָּזֵל עֲנִיִּים, וְאִיהוּ לְגָזֵל עֲנִיִּים לָא חָיֵישׁ. אַפְרוֹשֵׁי מַפְרִישׁ לֵיהּ. לְאַפְקוּעֵי טִיבְלֵיהּ, וְהוּ לְמַעֲשֵׂר רִאשׁוֹן לָא מַפְרִישׁ, דְּקָסָבַר: אִי מַפְרִישְׁנָא לֵיהּ בָּעֵינָא לְאַפְרוֹשֵׁי תְּרוּמַת מַעֲשֵׂר מִינֵּיהּ שֶׁהוּא בְּמִיתָה וְלִיתְּנָהּ לַכֹּהֵן. וּמַעֲשֵׂר שֵׁנִי נַמִי, אִי מַפְרִישְׁנָא לֵיהּ בָּעֵינַן אַסּוּקֵיהּ וּמֵיכְלֵיהּ בִּירוּשָׁלַיִם. מַחֲלוֹקֶת בְּחִטָּה. שֶׁהִיא מַחֲלוֹקֶת בְּזוֹ. דְּקָסָבַר ר' שִׁמְעוֹן בְּכׇל הָאִיסּוּרִין כׇּל שֶׁהוּא לְמַכּוֹת, וְלֹא אָמְרוּ כַּזַּיִת אֶלָּא לְעִנְיַן קׇרְבָּן עַל שִׁגְגַת כָּרֵת, וַהֲלָכָה לְמֹשֶׁה מִסִּינַי הִיא. **מתני'** עַד שֶׁלֹּא קָרָא עֲלֵיהֶן. "אֲרַמִּי אוֹבֵד" וגו'. וּבַגְּמָרָא יָלֵיף הֵיכָן הוּזְהַר. קׇדְשֵׁי קָדָשִׁים חוּץ לַקְּלָעִים. אוֹ שֶׁאָכַל קׇדְשֵׁי קָדָשִׁים בִּזְמַן מִשְׁכָּן חוּץ לַקְּלָעִים. וּבַגְּמָרָא מְפָרֵשׁ הֵיכָן מוּזְהָר. קָדָשִׁים קַלִּים. חוּץ לַחוֹמָה, אַזְהָרָתֵיהּ מִ"לֹא תוּכַל לֶאֱכוֹל בִּשְׁעָרֶיךָ" וגו', וְכֵן מַעֲשֵׂר שֵׁנִי. וּבַגְּמָרָא פָּרֵיךְ: מַעֲשֵׂר שֵׁנִי (א) תְּנָא לֵיהּ לְעֵיל – מַעֲשֵׂר שֵׁנִי וְהֶקְדֵּשׁ שֶׁלֹּא נִפְדּוּ, וְהַיְינוּ שֶׁאֲכָלוֹ חוּץ לַחוֹמָה בְּלֹא פִּדְיוֹן. הַמּוֹתִיר בַּטָּהוֹר אֵינוֹ לוֹקֶה. כִּדְאָמַר לְעֵיל: בָּא הַכָּתוּב לִיתֵּן עֲשֵׂה אַחַר לֹא תַעֲשֶׂה כו'. הַשּׁוֹבֵר. עֶצֶם בַּטְּמֵאָה, כִּדְאָמְרִינַן בִּפְסָחִים (דף פג.): "וְעֶצֶם לֹא תִשְׁבְּרוּ בוֹ" – בְּכָשֵׁר וְלֹא בְּפָסוּל. לוֹקֶה וְאֵינוֹ מְשַׁלֵּחַ. קָסָבַר: "שַׁלֵּחַ" מֵעִיקָּרָא מַשְׁמַע, וְאֵין כָּאן לָאו שֶׁנִּיתַּק לַעֲשֵׂה. דְּאע"ג דִּכְתִיב: "שַׁלֵּחַ תְּשַׁלַּח" אַחַר "לֹא תִקַּח" – לָאו לְמֵימְרָא דְּאִם לְקָחָהּ שַׁלַּח. אֶלָּא, לֹא תִקַּח אֶלָּא שֶׁלְּחֶנָּה קוֹדֶם לְקִיחָה. וַחֲכָמִים אוֹמְרִים מְשַׁלֵּחַ וְאֵינוֹ לוֹקֶה. קָסָבְרִי: "שַׁלֵּחַ" אַחַר לְקִיחָה מַשְׁמַע, וְלָאו שֶׁנִּיתַּק לַעֲשֵׂה הוּא. **גמ'** זוֹ דִּבְרֵי ר' עֲקִיבָא. מַתְנִיתִין, דְּקָתָנֵי בִּכּוּרִים קְרִיָּיה מְעַכֶּבֶת בָּהוּ – ר' עֲקִיבָא הִיא, שֶׁהָיָה רָגִיל רַבִּי לִסְתּוֹם דְּבָרָיו בַּמִּשְׁנָה בִּסְתָם בְּכַמָּה מְקוֹמוֹת. וְהָכִי שְׁמִיעַ לֵיהּ לְר' יוֹחָנָן דְּאִית לֵיהּ לְר' עֲקִיבָא קְרִיָּיה מְעַכֶּבֶ' בִּכּוּרִים. הַנָּחָה. לִפְנֵי הַמִּזְבֵּחַ מְעַכֶּבֶת בָּהֶן, דִּשְׁנָה בָּהּ קְרָא (דברים כו) "וְהִנַּחְתּוֹ לִפְנֵי" וגו' (שם) "וְהִנַּחְתּוֹ לִפְנֵי" וגו'. וְנֵימָא זוֹ דִּבְרֵי ר' שִׁמְעוֹן. דַּהֲוֵי לֵיהּ לְאֵיתוּיֵי סַיַּיעְתָּא לְמִילְּתֵיהּ *מִמַּתְנִיתִין דִּלְקַמָּן, דְּשָׁמְעִינַן לְר' שִׁמְעוֹן בָּהּ דְּאִית לֵיהּ כִּי מַתְנִיתִין דִּקְרִיָּיה מְעַכְּבָא בְּהוּ. מַאי ר' שִׁמְעוֹן. הֵיכָא שָׁמַעְנָא לֵיהּ דְּאָמַר הָכִי. וּתְרוּמַת יָדֶךָ. סֵיפֵיהּ דְּהַאי קְרָא הוּא "לֹא תוּכַל לֶאֱכוֹל בִּשְׁעָרֶיךָ מַעְשַׂר דְּגָנְךָ וְתִירֹשְׁךָ וְיִצְהָרֶךָ וּבְכוֹרֹת בְּקָרְךָ וְצֹאנֶךָ וְכׇל נְדָרֶיךָ אֲשֶׁר תִּדֹּר וְנִדְבוֹתֶיךָ וּתְרוּמַת יָדֶךָ". וְדָרֵישׁ ר' שִׁמְעוֹן לִקְרָא מִסֵּיפֵיהּ לְרֵישֵׁיהּ, דְּאִי הֲוָה דָּרֵישׁ לֵיהּ מֵרֵישֵׁיהּ לְסֵיפֵיהּ לָא מִדְרִישׁ לֵיהּ כִּי הַאי גַּוְונָא. וּלְקַמֵּיהּ מְפָרְשִׁינָא לֵיהּ. תְּרוּמַת יָדְךָ אֵלּוּ בִּכּוּרִים. דִּכְתִיב (דברים כו): "וְלָקַח הַכֹּהֵן הַטֶּנֶא מִיָּדֶךָ". אִם לְאוֹכֵל. בִּכּוּרִים חוּץ לַחוֹמָה, לֶאֱסוֹר, כִּדְמַשְׁמַע קְרָא: "לֹא תוּכַל לֶאֱכוֹל בִּשְׁעָרֶיךָ" וגו'. קַל וָחוֹמֶר מִמַּעֲשֵׂר הַקַּל. שֶׁהֲרֵי כְּתִיב בִּתְחִלַּת הַמִּקְרָא: "מַעְשַׂר דְּגָנְךָ". וּלְקַמֵּיהּ מְפָרֵשׁ מַאי חוּמֶר דְּבִכּוּרִים מִמַּעֲשֵׂר. עַד שֶׁלֹּא קָרָא עֲלֵיהֶן. "אֲרַמִּי אוֹבֵד אָבִי", דְּאִם אֵינוֹ עִנְיָן חוּץ לַחוֹמָה תְּנֵהוּ עִנְיָן לְאִיסּוּר אַחֵר הָרָאוּי לָהֶם. לִפְנֵי זְרִיקָה שֶׁהוּא לוֹקֶה. דְּאִם אֵינוֹ עִנְיָן חוּץ לַחוֹמָה תְּנֵהוּ עִנְיָן לְכָךְ, שֶׁזֶּהוּ אִיסּוּר הֶחָמוּר שֶׁאַתָּה יָכוֹל לְתַתּוֹ לְעִנְיַן לָאו, שֶׁאֵין בּוֹ אַזְהָרָה מְפוֹרֶשֶׁת בְּמָקוֹם אַחֵר אֶלָּא עֲשֵׂה בִּלְבַד (שם יב) "וְדַם זְבָחֶיךָ יִשָּׁפֵךְ וְהַבָּשָׂר תֹּאכֵל". קַל וָחוֹמֶר מִתּוֹדָה וּשְׁלָמִים. וּלְקַמֵּיהּ מְפָרֵשׁ מַאי חוּמְרֵיהּ דִּבְכוֹר מִתּוֹדָה וּשְׁלָמִים. אֲפִילּוּ לְאַחַר זְרִיקָה שֶׁהוּא לוֹקֶה. אִם זָר הוּא, שֶׁאֵין הַבְּכוֹר נֶאֱכָל אֶלָּא לַכֹּהֲנִים, וְזוֹ הִיא אַזְהָרָתוֹ. וּבְמָקוֹם אַחֵר עֲשֵׂה הוּא, דְּאַשְׁכְּחַן בֵּיהּ "אַךְ בְּכוֹר שׁוֹר וגו' וּבְשָׂרָם יִהְיֶה לָּךְ" וגו' (במדבר יח). וְהוּא זָר. אִם לְאוֹכֵל לְאַחַר זְרִיקָה. וְהוּא זָר – קַל וָחוֹמֶר מִבְּכוֹר. וּלְקַמֵּיהּ מְפָרֵשׁ מַאי חוּמְרָא דְּחַטָּאת מִבְּכוֹר. חוּץ לַקְּלָעִים. וְאַזְהָרַת עֲשֵׂה מָצִינוּ בָּהּ בְּמָקוֹם אַחֵר (ויקרא ו): "בְּמָקוֹם קָדוֹשׁ תֵּאָכֵל בַּחֲצַר אֹהֶל מוֹעֵד".

תוספות

ורבנן ברייית נשמה חשובה חטה לא חשובה. תימה: דבפרק "גיד הנשה" (חולין דף נו. ושם) אמרינן: שאני גיד דבריה הוא ולא בטיל, ואע"ג דלית ביה נשמה! וי"ל: דהכי קאמר, שאני גיד דבריה הוא, וכיון דאתיא מברייית נשמה שפיר הויא בריה. ולא נראה, דהא נבלה דקא אתי מברייית נשמה ואעפ"כ לא הויא בריה! אלא על כרחך הטעם תלוי דכל שאובד שמו כשנחתך – הוי בריה. וניחא מנבילה שאינו אובדת שמה, שלפעמים אף כשנחתכה קורין אותה נבילה ולכך לא הוי בריה, אבל גיד אובד שמו על ידי שנחתך. אבל ק"ק לי: *מאי קאמר הכא בריית נשמה חשיבא ליה? *לימא דלדבריו דר"ש (ב) אמרי: לדידן אפילו נמי אית ביה נשמה לא הוי בריה, אלא לדידך דבריה הוא אודי לי מיהא דכיון דליכא נשמה דבטלה.

דלמאי

עין משפט נר מצוה

מד א מיי' פ"ט מהל' מעשר הלכה ג:

מה ב מיי' שם הל' א:

מו ג מיי' פ"ב מהל' מאכלות אסורות הל' כא סמג לאוין קלב טוש"ע י"ד סי' ק סעיף א:

מז ד ה מיי' פי"א מהל' מעשה קרבנות הל' ה סמג לאוין שכה:

מח ו מיי' פ"ב מהל' מעשר שני הל' ה סמג לאוין רסד:

מט ז מיי' פ"י מהל' קרבן פסח הל' א סמג לאוין שכו:

נ ח מיי' שם הל' יא:

נא ט מיי' שם הל' א:

נב י מיי' פי"ג מהל' שחיטה הל' א סמג לאוין רסה טוש"ע י"ד סי' רלב סעיף ו:

נג כ מיי' שם הל' ב ופט"ז מהל' סנהדרין הל' ד ופי"א הל' ב ופ"א מהל' נערה הלכה ז ופ"א מהל' מתנות עניים הל' ג:

נד ל מיי' פ"ג מהל' בכורים הל' ג והל' ד סמג לאוין רס:

נה מ מיי' פי"א מהל' מעשה קרבנות הל' ד סמג לאוין שכב:

נו נ מיי' פ"א מהלכות בכורות הל' טז סמג לאוין שמג:

נז ס מיי' פי"א מהל' מעשה קרבנות הל' ה סמג לאוין שכה:

הגהות הב"ח

(א) רש"י ד"ה קדשים וכו' מעשר שני הא תנא: (ב) תוס' ד"ה ורבנן וכו' לדבריו דר"ש קא אמרי וכו' אודי לן מיהא:

הגהות הגר"א

[א] גמ' דטריחא. נ"ל דסגיא:

מסורת הש"ס

תורה אור

[וע"ע בתוס' חולין נו. סד"ה מ"ט דרבנן]

רש"א וי"ל

שבועות כה: מעילה יח.

שבועות ג: פסחים פג. פד.

לקמן יח.

חולין קמא. לעיל טז.

[עי' בתוספתא פ"ד]

חולין קכ: פסחים לו: יבמות עג: מעילה טו.

דברים יב

שם

שם

שם

שם

נ"ל ממתניתא

נח א מיי' פי"ח מהל' מעשה קרבנות הל' א סמג לאוין שכה:
נט ב מיי' פ"ג מהל' ביכורים הל' א:
ס ג מיי' פ"ג מהל' מעשר שני הל' ה סמג לאוין רסד:
סא ד מיי' פ"ד מהל' מעשר שני הל' ט:

אֶלָּא אלָאוֹכֵל מִן הָעוֹלָה לְאַחַר זְרִיקָה, אֲפִילּוּ בִּפְנִים, שֶׁהוּא לוֹקֶה. אָמַר רָבָא: דִּילִידָא אִימֵּיהּ כְּר"ש – תֵּילִיד, וְאִי לָא – לָא תֵּילִיד. וְאע"ג דְּאִית לְהוּ פִּירְכָא: מַאי חוּמְרָא דְּבִכּוּרִים מִמַּעֲשֵׂר – שֶׁכֵּן באֲסוּרִים לְזָרִים, אַדְּרַבָּה מַעֲשֵׂר חָמוּר, שֶׁכֵּן גאָסוּר לְאוֹנֵן; וּמַאי חוּמְרָא דְּתוֹדָה וּשְׁלָמִים מִמַּעֲשֵׂר – שֶׁכֵּן טְעוּנִין מַתַּן דָּמִים וְאֵימוּרִין לְגַבֵּי מִזְבֵּחַ, אַדְּרַבָּה מַעֲשֵׂר חָמוּר, שֶׁכֵּן דטְעוּנִין כֶּסֶף צוּרָה; וּמַאי חוּמְרָא דִּבְכוֹר מִתּוֹדָה וּשְׁלָמִים – שֶׁכֵּן קְדוּשָּׁתוֹ מֵרֶחֶם, אַדְּרַבָּה תּוֹדָה וּשְׁלָמִים חֲמוּרִים, שֶׁכֵּן טְעוּנִים סְמִיכָה וּנְסָכִים וּתְנוּפַת חָזֶה וָשׁוֹק; וּמַאי חוּמְרָא דְּחַטָּאת וְאָשָׁם מִבְּכוֹר – שֶׁכֵּן קָדְשֵׁי קָדָשִׁים, אַדְּרַבָּה בְּכוֹר חָמוּר, שֶׁכֵּן קְדוּשָּׁתוֹ מֵרֶחֶם; וּמַאי חוּמְרָא דְּעוֹלָה מֵחַטָּאת וְאָשָׁם – שֶׁכֵּן כָּלִיל, אַדְּרַבָּה חַטָּאת וְאָשָׁם חֲמִירִי, שֶׁכֵּן מְכַפְּרִי; וְכוּלְּהוּ חֲמִירִי מֵעוֹלָה, דְּאִית בְּהוּ שְׁתֵּי אֲכִילוֹת! אֶלָּא מַאי דִּילִידָא אִימֵּיהּ כְּרַבִּי שִׁמְעוֹן? דִּלְמַאי דִּסְבִירָא לֵיהּ לְדִידֵיהּ, מְסָרֵס לֵיהּ לִקְרָא וְדָרֵישׁ לֵיהּ. וְכִי מַזְהִירִין מִן הַדִּין? הָא *אֲפִילּוּ לְמַאן דְּאָמַר עוֹנְשִׁין מִן הַדִּין, אֵין מַזְהִירִין מִן הַדִּין! אִיסּוּרָא בְּעָלְמָא. וְהָאָמַר רָבָא: זָר שֶׁאָכַל מִן הָעוֹלָה לִפְנֵי זְרִיקָה חוּץ לַחוֹמָה, לְרַבִּי שִׁמְעוֹן לוֹקֶה חָמֵשׁ! חֲמִשָּׁה אִיסּוּרִין הָווּ. וְהָא אֲנַן תְּנַן: אֵלּוּ הֵן הַלּוֹקִין אֶלָּא

לְאוֹכֵל עוֹלָה. אֲפִי' לְאַחַר זְרִיקָה, וַאֲפִי' כֹּהֵן, שֶׁהוּא לוֹקֶה. וְאַזְהָרַת עֲשֵׂה אַשְׁכַּחַן בָּהּ בְּעָלְמָא (ויקרא א): "וְעָרְכוּ בְּנֵי אַהֲרֹן" וגו' – כָּלִיל הִיא וְלֹא לַאֲכִילָה. דִּילִידָא אִימֵּיהּ כְּר' שִׁמְעוֹן תֵּילִיד. כָּל שֶׁאִמּוֹ יוֹלֶדֶת תְּבַקֵּשׁ רַחֲמִים: יְהִי רָצוֹן שֶׁיְּהֵא כְּר' שִׁמְעוֹן. וְאע"ג דְּאִית בֵּיהּ פִּירְכָא. לְמִילְּתֵיהּ, כִּדְמַפְרֵשׁ פִּירְכָא בְּכוּלְּהוּ וְאָזֵיל. בִּכּוּרִים. מוּתָּרִים לְאוֹנֵן לְר' שִׁמְעוֹן, בִּיבָמוֹת בְּפֶרֶק "הֶעָרֵל" (דף עג.). אוֹנֵן. יוֹם מִיתַת מֵתוֹ. טָעוּן כֶּסֶף צוּרָה. לְפִדְיוֹנוֹ, דִּכְתִיב (דברים יד): "וְצַרְתָּ הַכֶּסֶף בְּיָדְךָ" – דָּבָר שֶׁיֵּשׁ עָלָיו צוּרָה. בְּכוֹר אֵינוֹ טָעוּן לֹא סְמִיכָה וְלֹא נְסָכִים. כִּדְתְנַן בִּמְנָחוֹת בְּפֶ' "שְׁתֵּי מִדּוֹת" (דף צב.). אֶלָּא מַאי הִיא דִּילִידָא אִימֵּיהּ כו'. הוֹאִיל וְאִית פִּירְכָא לְמִילְּתֵיהּ, מַהוּ שִׁבְחוֹ? דִּלְמַאי דִּסְבִירָא לֵיהּ מְסָרֵס לִקְרָא וְדָרֵישׁ לֵיהּ. לְפִי דַּעְתּוֹ, שֶׁהַחוֹמָרִים שֶׁהוּא מוֹנֶה בְּאוֹתוֹ שֶׁהוּא מוֹנֶה חֲמוּרִים נִרְאִין לוֹ חוֹמֶר – סֵרֵס אֶת הַמִּקְרָא לְדוֹרְשׁוֹ בְּהֶסֵּק לְמַעְלָה אִיסּוּרִין שֶׁמָּנָה, שֶׁאִם דְּרָשׁוֹ כְּסִדְרוֹ – לֹא הָיָה יָכוֹל לִלְמוֹד מִמֶּנּוּ הָאִיסּוּרִין הַלָּלוּ בְּכָל אֶחָד וְאֶחָד. שֶׁאִם דָּרַשׁ תְּחִלָּה: "וּבְכוֹרוֹת" זֶה הַבְּכוֹר, וְכִי מַה בָּא לְלַמְּדֵנוּ? אִם לְאוֹכְלוֹ חוּץ לַחוֹמָה ק"ו מִמַּעֲשֵׂר, אִם לְאוֹכֵל לִפְנֵי זְרִיקָה ק"ו מִתּוֹדָה וּשְׁלָמִים – אֵין זֶה נָכוֹן, שֶׁעֲדַיִין לֹא מָצָא בְּתוֹדָה וּשְׁלָמִים. וְעַל כָּרְחוֹ הָיָה צָרִיךְ לוֹמַר: הָא לֹא בָּא הַכָּתוּב אֶלָּא לְאוֹכֵל מִן הַבְּכוֹר לִפְנֵי זְרִיקָה שֶׁהוּא לוֹקֶה, וּמֵעַתָּה אֵין לוֹ אַזְהָרָה לְאוֹכֵל מִמֶּנּוּ לְאַחַר זְרִיקָה וְהוּא זָר. וְכֵן בְּכוּלָּן זֶה אַחַר זֶה. וְכִי מַזְהִירִין מִן הַדִּין. דְּקָאָמַר: אִם לְאוֹכְלוֹ חוּץ לַחוֹמָה קַל וָחוֹמֶר מִמַּעֲשֵׂר כו', וְתוּ: אִם לִפְנֵי זְרִיקָה קַל וָחוֹמֶר מִתּוֹדָה – דִּלְמָא כּוּלְּהוּ חוּץ לַחוֹמָה אָתוּ, וּדְקָאֶמְרַתְּ: קַל וָחוֹמֶר – אֵין מַזְהִירִין מִן הַדִּין, וְאֵין כָּאן "אִם אֵינוֹ עִנְיָן". וַאֲפִי' לְמַאן דְּאָמַר כו'. דְּהָא ר' יִצְחָק דְּאִית לֵיהּ בַּאֲחוֹתוֹ בַּת אָבִיו וּבַת אִמּוֹ עוֹנְשִׁין מִן הַדִּין, וּבָעֵי אַזְהָרָה אִיכָּא קְרָא יְתֵירָא. אִיסּוּרָא בְּעָלְמָא. הַאי דְּקָא מַיְיתֵי בְּכוּלְּהוּ אַזְהָרָה בְּק"ו – לְאִיסּוּרֵי בְּעָלְמָא קָאָמַר, וְלֹא לְמַלְקוֹת. זָר שֶׁאָכַל מִן הָעוֹלָה כו'. דַּוְקָא זָר קָאָמַר. וְאע"ג דְּלְכֹהֵן לְגַבֵּי עוֹלָה זָר הוּא – הָכָא זָר דַּוְקָא קָאָמַר, דְּאִי כֹּהֵן – בְּצִיר לֵיהּ חַד לָאו. דְּהָא חָמֵשׁ קָאָמַר, חַד מִשּׁוּם חוּץ לַחוֹמָה דְּאָתֵי בְּקַל וָחוֹמֶר מִמַּעֲשֵׂר, וְחַד מִשּׁוּם לִפְנֵי זְרִיקָה דְּאָתֵי בְּקַל וָחוֹמֶר מִתּוֹדָה וּשְׁלָמִים, וְחַד מִשּׁוּם זָר גָּמוּר אֲפִי' לְאַחַר זְרִיקָה דְּאָתֵי בְּקַל וָחוֹמֶר מִבְּכוֹר וְכ"ש לִפְנֵי זְרִיקָה, וְחַד מִשּׁוּם אוֹכֵל חוּץ לַקְּלָעִים דְּאָתֵי בְּקַל וָחוֹמֶר מֵחַטָּאת וְאָשָׁם, וְחַד מִשּׁוּם אוֹכֵל עוֹלָה וַאֲפִילּוּ כֹּהֵן וּבְתוֹךְ הַקְּלָעִים, וְכָל שֶׁכֵּן זָר חוּץ לַקְּלָעִים וְחוּץ לַחוֹמָה. אַלְמָא לוֹקֶה חָמֵשׁ. מִשּׁוּם חֲמִשָּׁה אִיסּוּרִים. קָאָמַר, וְלֹא לִלְקוֹת עֲלֵיהֶן. וְהָאֲנַן תְּנַן אֵלּוּ הֵן הַלּוֹקִין. וְקָתָנֵי בִּכּוּרִים וְאוֹכֵל קָדְשֵׁי קָדָשִׁים חוּץ לַקְּלָעִים. קְרָא

דלמאי דסבירא ליה לדידיה מסרס ליה לקרא ודריש ליה. דאילו היה דורש המקרא כסדרו – לא היה נפקא ליה מקרא כדדריש השתא, כדפ"ה. ואם תאמר: אכתי אמאי משבח לר' שמעון בכך? אדרבה, קשה: מנלן למדרש הכי ולסרוסי לקרא? ויש לומר: דשפיר קדריש, דעל כרחך בכור לא אתא לקודם זריקה אע"פ שנכתב קודם לתודה, (א) דמכל מקום אי להכי אתא – לישתוק מיניה וילפינן ליה שפיר מתודה שנכתב בסוף. כך נראה למשי"ח, וכדפירש בתוספות, דעל כרחך תודה אתיא לקודם זריקה, דאיסורא אחרינא ליכא לאוקמא בה, דליכא לאוקמי (ב) *(בה) אחר זריקה, דשרי לזרים. והלכך ליכא למימר דמוקמינן בכור שנכתב קודם לפני זריקה, דאתי בקל וחומר מתודה. (ג)וכולהו דמסתבר, דהא מכל מקום על כרחך צריך לאוקמי תודה לפני זריקה. אע"ג *דאד לד חמור הוא אצל עולה, מכל מקום לא אתא אלא להכי כדפירש. ואם כן סוף סוף משמע (ד) בבכור. **איסורא** בעלמא. איתא בכולהו. (ה) הא דמרבה אזהרה לכל חד וחד והוי בדבר חדש היינו איסורא בעלמא, אבל עיקרא דמלקות דכל חד וחד אתא חוץ לחומה, ואתי ק"ו דר' שמעון ומגלה בכולהו איסור בכל חד וחד בחדש, בבכורים עד שלא קורין, ובתודה עד שלא זרק. ואם תאמר: ומנלן לר' שמעון לפרושי איסור חדש בהו? הא נריכא למלקות חוץ לחומה. ומאי קאמר בבכורים חוץ לחומה קל וחומר ממעשר, אלא לא בא הכתוב אלא לאוכל עד שלא קרא עליהן? הא שפיר איצטריך למלקות דחוץ לחומה, וכן לכולהו! ויש לומר: דמסתברא ליה לר' שמעון דכל קרא אתא לשני דברים, לאיתויי איסור חדש וגם לאיתויי נמי למלקות חוץ לחומה. והכי קאמר: אם ללמדנו בבכורים איסור לחוץ לחומה – הרי קל וחומר ממעשר. אלא לאורויי איסור דעד שלא קרו, וגם נמי אתו למלקות לחוץ לחומה. והא דקתני בתודה ושלמים "אלא לאוכל לפני זריקה לוקה" – לאו דוקא לוקה, אלא איסור בעלמא, ובכולהו לוקה לאו דוקא. ופריך, והא אמר רבא: זר שאכל מן העולה לפני זריקה כו' לר' שמעון לוקה חמש, חד משום חוץ לחומה דאתי בקל וחומר ממעשר, וחד משום לאו דלפני זריקה כו', אלמא דר' שמעון מלקות קאמר ולא איסורא! ומשני: מאי חמש – חמש איסורי, וליכא מלקות אלא באוכל חוץ לחומה גרידא. והא אנן תנן אלו הן הלוקין. פירש הקונטרס: וקתני בכורים עד שלא קרא עליהן וקדשי קדשים חוץ לקלעים. מה שהזכיר בקונטרס קדשי קדשים – קשה, דמזה לא משני מידי, כדפירש הקונטרס גופיה במסקנא! לכ"נ לפרש דהתלמוד לא פריך אלא מבכורים, דמקדשי קדשים לא פריך התלמוד, דהתם איכא אזהרה כמו שאפרש מ"בשר בשדה טרפה" כדפי' הקונטרס בסמוך. (ו) אבל מקדשים קלים לא פריך התלמוד, דהתם עיקר מלקות איכא מפשטיה דקרא בלא שום ייתור. מכדי כתיב "והבאתם שמה" – לכתוב "לא תוכל לאוכלם" וקאי אקרא דלעיל שהם מפורשים בו. הלכך לאוכל חוץ לחומה לקי לא (ז) בעי קרא שהרי כולן מפורשים בו, ולכך לא הוי לאו שבכללות, מהדר פרושי בכל חד למה לי? שמע מינה ליחודי לאו לכל חד וחד כאילו כתוב בכל אחד פעם שניה לאו דחוץ לחומה, וכיון דאינו ענין לו תנהו ענין לדבר אחר, הלכך בכורים לאוכל עד שלא קרא עליהן אתא, וכן לכל חד וחד למילתיה לדבר חדש. ואם תאמר: בכל הקדשים הכתובים בכאן דייך אם תתן הלאו ענין למלקות לפני זריקה, בכולן חוץ מבכורים. אע"ג דילפינן מקל וחומר – אין מזהירין מן הדין. דבשלמים ותודה ע"כ צריך לאוקומי קודם זריקה, דלא שייך בהו איסור דבכורים! ופרש"י: אין הכי נמי, דהא (ח) דפטרינן לכולהו איצטריך באוכל לפני זריקה. והא דר' שמעון מפרש לבכור לאזהרה לאוכל אחר זריקה – איסורא קאמר. מחטאת ואשם דתני חוץ לקלעים לוקה – היינו משום "בשר בשדה טרפה לא תאכלו" הוא דנפקא, כדלקמן. ולוקה חמשה דאמר רבא – חמש איסורי קאמר. וצריך לומר הכא כדפרישית לעיל, דרמינן ליה לר"ש דבכור אתי לאזהרה דאיסורא לאחר זריקה, והא איצטריך ללקות לאוכל *[חוץ לחומה לפי] שאין עונשין מן הדין. אלא משמע ליה דלאו דבכור ודכולהו אתו לשני דברים, חדא לאיסור וחדא למלקות לפני זריקה. ולכך אמר ר"ש דלאו דבכור לא הוצרך לאיסור לפני זריקה, דמקל וחומר דתודה למדנו, אלא איסור דלאחר זריקה. וכן בחטאת ועולה. ע"כ. וטובא קשה: דמנא ליה הא לר"ש דאזהרה דכל חדא אתו משום איסור ומלקות? דהא אזהרה דבכורים לא אתי אלא למלקות בבכורים דעד שלא קרא, ולשום איסור חדש לא אתי. ותודה נמי לא אתי אלא למלקות דלפני זריקה. ומנליה דאיך אתו בשביל איסור חדש דבכל חד? אימא דלא אתי אלא משום מלקות דלפני זריקה גרידא! ותו, מאי קאמר בתודה ובכולהו: אי לאו חוץ לחומה קל וחומר ממעשר? היה לו לומר דמגופיה (ט) אתא, דמאי למיכתב "לא תוכל לאוכלם", דבשביל זה לא היה לו למהדר ולפרש! ועוד קשה: ללישנא דר"ש דאמר: אלא לאוכל מבכור אחר זריקה שלוקה, ואינו אלא איסור בעלמא! ועוד קשה: דכיון דהא דמרבינן איסורין (י) בעלמא הוא, כדפירש הקונטרס

נ"ל בזר וכ"א כרש"א

גירסת רש"א דייתר הוא אצל עולה ואם"כ סוף סוף כו'

גי' רש"ל וגי' רש"א וני' [חוץ לחומה] לפני זריקה

[זבחים קו: ענין עונשין מן הדין עי' עוד בסנהדרין נד. וש"נ]

הגהות הב"ח

(א) תוס' ד"ה דלמאי וכו' קודם לתודה לאי להכי כצ"ל ותיבת דמכל מקום נמחק: (ב) בא"ד דליכא לאוקומיה לאחר זריקה דהא שרי לזרים כצ"ל ותיבת בה נמחק: (ג) בא"ד בקל וחומר מתודה והכי מסתבר הלא: (ד) בא"ד סוף סוף משמע דבבכור אתא לאחר זריקה הס"ד: (ה) ד"ה איסורא כו' בכולהו פי' הא דמרבה וכו' בכל חד וחד בדבר חדש בבכורים עד שלא קרא ובתודה: (ו) בא"ד כדפי' הקונטרס בסמוך ומקדשים קלים נמי לא פריך כצ"ל ותיבת אבל נמחק: (ז) בא"ד חוץ לחומה לא צריך קרא שהרי כולן וכו' כצ"ל ותיבת לקי נמחק: (ח) בא"ד אין הכי נמי דהא דדרשינן לכולהו איצטריך לאוכל לפני זריקה וחטאת ואשם דקתני חוץ לקלעים: (ט) בא"ד דמגופיה דקרא אתא דמאי: (י) בא"ד ועוד קשה דכיון דהא דמרבינן איסורין בעלמא הוא דקאמר הקונטרס למה לי היקש להוסיף ליה לכל חד וחד נכתוב קרא לאיסור כפי' הקונטרס לעיל כצ"ל וכו' פי' לאוכלה בכל חד עשה דתודה שמעינן מקרא ודם זבחיך ישפך והבשר תאכל ואכל כתיב וגו' בכור וגו' ובבשרו יהיה לך וגו' ובחטאת ואשם ועולה כדפרש"י בעמוד זה:

קרא יתירא הוא. האי קרא ד"לא תוכל לאכול" דקא מני לכולהו בגוייה. דמכדי כתיב לעיל מיניה "והבאתם שמה", וכולהו בהאי קרא כתיבי – ליכתוב בתריה "לא תוכל לאכלם בשעריך" אם על חוץ לחומה בא להזהיר. ולאו שבכללות לא הוי, כיון דאכולה קאי הוי לאו אכל חד וחד. והיכי דמי לאו שבכללות – כגון "לא תאכל כי אם צלי אש", וכגון "מכל אשר יעשה מגפן היין" וגו' (א) למיהוי לאו באנפיה נפשיה. הכי גרסינן: מיהדר פרושי בכל חד למה לי ש"מ ליחודי לאו לכל חד וחד. כאילו חזר וכתב בכל אחד לאו דחוץ לחומה, וכיון דאינו ענין לו תנהו ענין לדבר אחר (ב). הלכך בבכורים לאוכל עד שלא קרא עליהן חמש, ואיכא כל חד וחד למילתיה חמש. וא"ת: בכל הקדשים הכתובים כאן דייק אם תתן את הלאו ענין לאוכל לפני זריקה, כולן חוץ מבכורים! אין הכי נמי, ומתניתא דקתני לוקין באוכל קדשי קדשים חוץ לקלעים – מ"ובשר בשדה טרפה לא תאכלו" נפקא כדלקמן, ולוקה חמש דקאמר רבא – חמשה איסורי קאמר. ה"ג: ולילקי נמי משום וזר לא יאכל. דכתיב במלואים, (ג) ומדכתיב "כי קדש הם" ונתן טעם לדבר לפי שהם קדשי קדשים, להזהיר את הזר על כל קדשי קדשים. דחזי לכהן. כדכתיב רישיה דקרא: "ואכלו אותם אשר כופר בהם". כיון שיצא בשר חוץ למחיצתו נאסר. מ"בשדה" יתירא קא דייק – כשדה שאין בו מחיצות, ולמדנו מכאן קדשי קדשים חוץ לקלעים, ועובר שהוציא את ידו בשעת שחיטת אמו.

תורה אור

דברים יב **אלא** קרא יתירא הוא, מכדי כתיב °"והבאת שם ואכלת לפני ה' אלהיך במקום" וגו', לכתוב רחמנא "לא תוכל לאוכלם", מיהדר מפרש בהו רחמנא למה לי? אלא ליחודי להו לאוי לכל חד וחד. גופא, אמר רבא: זר שאכל מן העולה לפני זריקה חוץ לחומה – לרבי שמעון לוקה חמש. ולילקי נמי משום שמות כט °"וזר לא יאכל כי קדש הם". אהני מילי היכא דלכהנים חזי, הכא דלכהנים נמי לא חזי. שם כב ולילקי נמי משום °"ובשר בשדה טרפה לא תאכלו", *כיון שיצא בשר חוץ למחיצתו – נאסר! הני מילי היכא דבפנים חזי, הכא דבפנים נמי לא חזי. ולילקי נמי כדר' אליעזר, שם כט *דאמר ר' אליעזר: °"לא יאכל כי קדש (הוא)", נ"ל הם כל

אלא קרא יתירא הוא כו'. פירש הקונטרס, למה לי? תיפוק ליה דכל חד וחד נדמו לאיסור כדפריש (הקונט') לעיל במילתיה דר' שמעון! מיהו יש לומר דאיסורא (ד) לאו לא אשמועינן אלא מהכא. כך נראה למשי"ח. אבל מכל מקום קושיות אחרות קשו שפיר. לכן נראה לפרש איסור בעלמא – פירוש: איסור דחוץ לחומה ילפינן מקל וחומר דמעשר. אע"ג דמלקות לא אשמועינן מקל וחומר, דאין מזהירין מן הדין, מכל מקום כיון דאיסורא שמעינן כבר באוכל חוץ לחומה – טוב לי להעמיד לאו בדבר אחר שיהיה בו חידוש יותר שלא מלינו עדיין איסור לאו, כגון בכורים עד שלא (ה) קרא עליהם, ובכל חד וחד למילתיה. כדאמרי' בעלמא*: כל היכא דאיכא למידרש דרשינן ולא מוקמינן בלאוי יתירי. דלא דמי להא דפריך פרק "כל שעה" (פסחים דף כד. ושם): ודלמא לייחודי (ו) לאו באפי נפשי' הוא, דודאי טפי אית לן לאוקומיה אנפשיה מלומר תנהו לענין שאר איסורין שבתורה, אבל (ז) כל חד בנפשיה מוקמינן ליה. והשתא ניחא דקתני בברייתא: תנהו ענין לאוכל בכורים עד שלא קרא עליהן דלוקה, וכן כולם. והאמר רבא: זר שאכל העולה לפני זריקה לוקה חמש. והלא אין מלקות אלא ללאו חדש, ומה שבא לחדש בעולה היינו כהן האוכל ממנו לאחר זריקה! ומסיק (ח) לה: חמשה איסורי. והא אנן תנן: אלו הן הלוקין, וקתני קדשים קלים ומעשר שני חוץ לחומה. אלמא בתודה ושלמים דחוץ לחומה לקי, ולדידך – הא אוקימנא הלאו לפני זריקה! אלא קרא יתירא הוא, מכדי כתיב "והבאתם שמה", (ט) דאהדר ומפרש בכל חד למה לי? שמע מינה לייחודי לאו בכל חד וחד. כלומר, לכתוב "לא תוכל לאוכלם", והזהרה מלינו כדסלקא דעתיה עד השתא, דמוקמי איסור חוץ לחומה בכל חד מקל וחומר ממעשר, ועיקר הלאו דכל חד וחד למלקות בדבר חדש הוא דקאתי בכל חד. והשתא דחזר ומפרש בכולהו – לייחודי לאו בכל חד וחד, כלומר לגלויי לו למלקות באיסור דחוץ לחומה בכל חד וחד. והשתא איכא שני מלקיות בכל חד וחד, (י) מחוץ לחומה מקרא אחרא, ומלקות בדבר חדש כמו שאנו מעמידין בו עיקר הלאו בקרא קמא. אבל מה שכבור למד מתודה, וחטאת משתיהן, ועולה משלשתן – הנהו לאיסור ולא למלקות, דלא מהני הייתור אלא לגלויי לאיסור דחוץ לחומה. דילפינן כולהו מקל וחומר ממעשר לומר דמלקות נמי איכא. ולוקה חמש דקאמר רבא – לאו חמש מלקות. והכי קאמר בסוגיא [כדפרש"י]. ואם תאמר: ומעשר גופיה אמאי הדר ופרט ביה? ויש לומר דמעשר צריך על כרחך לכתוב בהדיא, והא דקאמר (כ) "לא תוכל לאוכלם" – אשארא. דהא ודאי אי לא כתיב מעשר בהדיא, ולא כתיב אלא "לא תוכל לאוכלם" – לא הייתי דורש דבר חדש, דודאי אין (ל) בכן ייתור לומר מה בא זה ללמדנו מקל וחומר למעשר, שהרי אין אריכות דקרא יותר משאם היה מפרש מעשר לבדו. ומיהו קשה למשי"ח: דא"כ היכי ילפינן כולהו איך מתודה לענין לפני זריקה, וכן (מ) בבכור? הא ליכא שום ייתור אריכות לשון, דהא כולהו נפקי בחדא מ"לא תוכל לאוכלם"! אלא ודאי צריך לומר דכיון דכולן מפורשים בקרא דלעיל "והבאתם שמה" וגו', כי הדר כתיב "לא תוכל לאוכלם" הרי כאילו נפרשו כולם בההוא לאו, ושפיר גמיר חד מחבריה בקל וחומר כאילו נכתב בהדיא. ומכל מקום לא קשה (נ) קושיא שפריך: מעשר גופיה אמאי הדר, לפרוט ביה. דאיכא למימר דאגב אידך כתביה. כדאמרינן (ב"ק דף סד:): פרשה שנאמרה ונשנית – בשביל דבר חדש שנתחדש. ועוד, דע"כ ה"א ליכא במעשר לאו בחוץ לחומה, מדפריש באידך ושייר במעשר, דהא השתא "לא תוכל לאוכלם" לא קאי אעיקרא. ור"י מפרש: לייחודי לאו לכל חד וחד – דלהני הייתור לגלויי לן דעל כל איסורין שאנו שומעים בכולן מקלים וחמורים הללו, שבכולן יש חיוב מלקות. ולפי זה, לוקה ה' דקאמר רבא – לוקה ה' ממש. וקשה: דא"כ, מאי פריך בסמוך: ולילקי משום דר"א וכו'? לישני דהא (ס) דר"א לאו שבכללות הוא ואין לוקין עליו, דהכי אמרינן פרק "כל שעה" (פסחים דף מא:), ורבא קא חשיב מלקות! ויש לומר דהא"נ דמצי לשנויי הכי, אלא עדיפא מיניה משני דלא שייר הכא כלל אותו לאו. וא"ת: לפי' שפירש "והא תנן אלו הן הלוקין", דפריך מהא דתנן קדשים קלים חוץ לחומה (ע) לילקי – לישני דמלקות חוץ לחומה מטעם "ובשר בשדה טרפה" כיון שילא חוץ למחיצתו נאסר! ואומר הר"י: דקים ליה להתלמוד דטעמא דמתניתין דמחייב (פ) חוץ לחומה – לאו מהאי קרא, דאם כן ליתני קדשי קדשים שילאו חוץ מן הקלעים וקדשים קלים, והוי משמע דמכיון שילאו חוץ לחומה נאסרו אפילו חזר ואכלם בפנים לוקה עליהן, כדאיתא בפרק "בהמה המקשה" (חולין דף סח: ושם). והשתא דקתני חוץ לחומה משמע שיש מלקות מטעם שאדם האוכלו עומד חוץ לחומה, והיינו מקרא ד"לא תוכל לאכול בשעריך". וק"ק: בברייתא דמוקי רבי שמעון "בקרך ולאנך" חוץ לקלעים, תיפוק לי מקרא ד"ובשר בשדה טרפה" וגו'! וכן בריש "בהמה המקשה" (שם) דקאמר: לפי שמלינו במעשר שאם יצא חוץ למחיצה וחזר דמותר, מדכתיב "לא תוכל לאכול בשעריך" – בשעריך הוא דלא תיכול, הא יצאו חוץ *לקלעים מותרין. וקשה, דהא חטאת ואשם נמי כתיבי בהאי קרא, ואפילו הכי יצאו וחזרו אסורין! ופירש ריב"א: דודאי גבי חטאת ואשם הכי אמר קרא: לא תוכל לאכול בשעריך (אלא) כ"א תוך הקלעים, אבל מעשר ובכורים אמרינן בהאי פירקא דלית ביה לאו עד שיראו פני הבית, וקאמר "לא תוכל [לאכול] בשעריך", משמע: בשעריך ודאי לא תיכול, אבל אם חזרו ודאי מותרין. **ולילקי** משום זר לא יאכל קדש. רש"י פירש דלא גרסינן ליה, משום דההוא בתרומה כתיב. ואף כי גמרי "חטא" "חטא" מתרומה, אפ"ה לא ניחא דסוף סוף ליתיה אלא בשוה פרוטה וישנו *(כמו) אכילה, ורבא קא מני אלא אכילת כזית. אלא גרס: "וזר לא יאכל כי קדש הם".

ולילקי משום ובשר בשדה טרפה לא תאכלו. וקשה: אמאי לא אמרי' "בשר בשדה" לאו שבכללות, (ג) דאמרי' בסוף פרק "גיד הנשה" (שם דף קב: ושם) דלאוכל בשר מן החי לוקה משום "בשר בשדה" שהרי כולל הוא כל חסרון מחילה, בין הוליא עובר ידו חוץ לאמו בין הוליא חוץ לחומה. דמאי שנא מ"ואם צלי אש" דחשבו לאו שבכללות? וי"ל: דלא חשבינן לאו שבכללות אלא כגון "אם צלי אש" שכולל נא ומבושל, וכן כל שבקודש פסול דיוצא וטמא ופסולין אחרים שהן שני שמות. אבל הכא שכולל כל יוצא לבד, ושם יוצא חדא היא, רק דהוי בכמה דרכים – לא חשיב ליה לאו שבכללות. תדע, דהא לאו דנותר נפיק מ"ושרפת הנותר באש לא יאכל", והתם מיניה חזינן נותר דתודה ונותר דקדשים קלים ונותר דקדשי קדשים, ולא חשיב לאו שבכללות. כך נראה למשי"ח. [וע' היטב תוס' יומא לו: ד"ה לאו דנדבה וכו']. כל

ל' והבאתם שמה וגו' ואכלתם שם לפני ה' אלהיכם וגו'

[זבחים פב: חולין סח.]

זבחים כד. מעילה יז: ע"ש במעילה איתא דתניא כי אליעזר אומר לא יאכל וכו'

רש"א למחיצתו

רש"א כלא

סב א מיי' פי"א מהל' מעשה קרבנות הל' ח סמג לאוין שכו:

[פסחים כד:]

הגהות הב"ח

(א) רש"י ד"ה קרא וכו' מגפן היין וגו'. הס"ד והשאר נמחק: (ב) ד"ה הכי גרסינן וכו' תנהו ענין לדבר אחר למיהוי לאו באנפי נפשיה הלכך בבכורים: (ג) ד"ה ה"ג ולילקי וכו' ומדכתב כי: (ד) תום' ד"ה (בדף הקודם) איסור וכו' יש לומר דאיסורא דלאו לא: (ה) בא"ד עד שלא קרא עליהם וכן בכל חד וחד למילתיה: (ו) בא"ד ליתודי ליה לאו באפי נפשיה הוא לאתא דודאי. נ"ב כלומר לגופיה וה"ג התם בהדיא: (ז) בא"ד אבל הכא כל חד באפי נפשיה מוקמינן. נ"ב כלומר לגופיה ולא לענין שאר איסורין שבתורה: (ח) בא"ד ומסיק חמשה כצ"ל ותיבת לה נמחק: (ט) בא"ד והבאתם שמה מהדר ומפרש: (י) בא"ד בכל חד וחד מלקות לחוץ לחומה מקרא יתירא אתיא וכו' עיקר הלאו מקרא קמא וכו' ולא מהני הייתור וכו' דילפינן לכולהו מקל וחומר ממעשר: (כ) בא"ד והא דקאמר לכתוב לא תוכל לאוכלם: (ל) בא"ד דודאי אין כאן יתור לומר מה בא זה ללמדנו הא אתיא מקל וחומר ממעשר שהרי אין: (מ) בא"ד מתודה לענין לפני זריקה וכן לענין לאחר זריקה מבכור הא ליכא שום ייתור: (נ) בא"ד לא קשה הך קושיא דפריך מעשר גופיה אמאי הדר פרט ביה וכו' דע"כ ה"א ליכא במעשר: (ס) בא"ד לישני דהא דר"א לאו שבכללות וכו' ממש וי"ל דהא"נ דמצי: (ע) בא"ד חוץ לחומה לילקי לישני למלקות: (פ) בא"ד דמחייב מלקות חוץ לחומה לאו וכו' ולקדשים קלים שיצאו חוץ לחומה והוי משמע וכו' ואפילו חזר: (צ) ד"ה ולילקי משום ובשר וכו' שבכללות הוא דאמרינן וכו' חוץ לרחם אמו בין הוציא וכו' מאם צלי:

עין משפט
נר מצוה

סג א מיי' פי"ח מהל' פסולי מוקדשי' הל' ג:

סד ב מיי' פי"א מהל' מעשה קרבנות הל' ח סמג לאוין שכו:

[ועי' תוס' יומא לו: ד"ה לאו וכו' ותוס' פסחים כד. ד"ה הא]

סה ג מיי' שם פי"ז הל' ו:

סו ד ה מיי' פ"ג מהל' בכורים הל' יב:

רש"א שייריה כלל והס"ד

הגהות הב"ח

(א) גמ' בכליל תהיה לא תאכל ליתן לא תעשה: (ב) רש"י ד"ה בא הכתוב וכו' דכתיב בנותר. נ"ב בפ' המלואים: (ג) תום' ד"ה כל וכו' אבל לפירוש לעיל קשה דפירשתי דלוקה דוקא קאמר כדפרש"י אם כן וכו' שבכללות כדפרש"י וי"ל דאין הכי נמי דהוה יכול: (ד) ד"ה הנחה וכו' לתנופה אם כן אין כאן כתוב שנוי בהנחה לעכב ומסתברא דלא: (ה) ד"ה ומאן וכו' להנחה דמעכבת וקשה דבספרי דרש פרשת כי תבא בין והניחו בין: (ו) בא"ד והנחה לא מעכבת והא דקאמר הכא מאן תנא דפליג עליה דר' יהודה הכי קאמר מאן תנא דפליג עליה דר' יהודה הכי קאמר מאן תנא דמפיק ליה לתנופה: (ז) בא"ד ותרי קראי והניחו והנחתו תרוייהו להנחה דמעכבת וקאמר ר' יהודה וכו' לא כתיב ביה תנופה:

[וסס לא נמצא כלוס רק בספרי וכן בפרש"י בחומש ועי' רש"א ומהר"מ]

הגהות הגר"א

[א] גמ' ר"י והניחו זו וכו' כשהוא אומר והנחתו הרי כו' מקיים והניחו זו תנופה כצ"ל (ועי' שנות אליהו פ"ג דבכורים):

כל שבקדש פסול בא הכתוב ליתן כו'. ואם תאמר: אמאי לא משני: מש"ה לא לקי — דהוי לאו שבכללות, דכולל פסול דיוצא וטמא ופסולין אחרים! וי"ל: דלפירוש הקונטרס דלעיל ניחא, דפירש דלוקה דקאמר אינו רוצה לומר כ"א איסור בעלמא, ומש"ה פריך: נהי דמלקות לא הוי משום לאו שבכללות, מ"מ איסורא מיהא איכא. ולילקי דקאמר — לאו דוקא*. אבל לפירוש (ג) ר"י דלעיל קשה, דפירש דלוקה דוקא קאמר כדפי', א"כ "ולילקי" דקאמר הכא דוקא קאמר, ואמאי? הלא הוי לאו שבכללות כדפי'! ויש לומר: דאין הכי נמי היה יכול לשנויי, אבל עדיפא מיניה משני, דלא *איירי כלל *מזר שאכל חטאת לפני זריקה דפטור. והא דאמר לעיל ר"ש (דף יז.): אם לאוכל חטאת לפני זריקה קל וחומר מתודה — איסור בעלמא ולא מלקות. **ואמר** ליה ראוין לקריאה משקרא עליהן. ואז דוקא מותר, ואי לא — אסורים. אלמא קריאה מעכבת. **הנחה** אהנחה לא קשיא הא רבי יהודה הא רבנן דתניא רבי יהודה אומר כו'. ומדאוקי רבי יהודה "והנחתו" לתנופה, (ד) ואם כן אין כאן שנוי כתוב לעכב בהנחה, ומסתברא דלא מעכב. וקשה: הרי קריאה דלא שנה הכתוב לעכב, ומעכב לרבי שמעון, ומנא ליה לרבי יהודה דהנחה דלא שנה הכתוב לעכב דלא מעכב? ומשי"ח תירץ דלא קשה, דהא גם לר"ש לא היתה קריאה מעכבת אי לא משום דגלי קרא מ"לא תוכל לאכול בשעריך" כדלעיל. כך נראה למשי"ח. **ומאן** תנא דפליג ארבי יהודה רבי אליעזר ברבי יעקב הוא דתניא וכו'. פירוש דאפיק תנופה מג"ש, וא"כ "והניחו" "והנחתו" תרווייהו להנחה (ה) מעכבת. וקשה: דבפרק "חרש"* פרש"י בין "והניחו" בין "והנחתו" איירי בתנופה. וראייה, דהתם מוכח דבעי ב' תנופות, ומוכח מן "והניחו" "והנחתו"! לכך פי' הר"ר אברהם בר יצחק, דר"א בן יעקב ס"ל הכי: דתרי קראי איירי בתנופה, ושתי תנופות היו, ולא איירי כלל בהנחה, (ו) דהנחה לא מעכבת. והא [דקאמר] מאן דפליג עליה דר' יהודה — הכי קאמר: דמפיק ליה לתנופה מקרא אחרינא. ורבנן דאית להו הנחה מעכבת, היינו תנא קמא בר פלוגתיה דר' יהודה דמסכת בכורים פ"ג (משנה ו), דתניא: עודהו בסל קורא "והגדת היום" עד שהוא גומר כל הפרשה כולה. ואית ליה דליכא תנופה כלל, ותרי קראי (ז) בהנחה מעכבת. וקאמר ר' יהודה התם: קורא עד "ארמי אובד אבי" וגו', הגיע ל"ארמי" מוריד הסל מעל כתפו ואוחזו בשפתותיו, וכהן מניח ידיו תחתיו ומניפו, וקורא כל הפרשה כולה וגומרה. ובמילתיה דר' יהודה יש לתמוה, דבשמעתין מפיק תנופה מ"והנחתו" שכתוב אחר כל הקריאה, ואם כן מגליה דמתחלת הקריאה הוא מניף? ותו, מגליה לרבי יהודה דכהן היה מניף? דבקרא "והנחתו" לא כתיב ביה כהן, ובקרא קמא דכתיב "ולקח הכהן הטנא" לא כתיב בהן תנופה!

אבל שבקדש פסול, בא הכתוב ליתן לא תעשה על אכילתו! הני מילי היכא דקודם פסולו חזי, הכא דקודם פסולו נמי לא חזי. ולילקי נמי כאידך דר' אליעזר. דתניא, *רבי אליעזר אומר: כל שהוא ב"כליל תהיה" (א) ליתן לא תעשה על אכילתו! אין הכי נמי, ורבא מהאי קרא קאמר. אמר רב גידל אמר רב: (סימן כוז"א) כהן שאכל מחטאת ואשם לפני זריקה — לוקה. מאי טעמא? דאמר קרא "ואכלו אותם אשר כופר בהם", לאחר כפרה — אין, לפני כפרה — לא; לאו הבא מכלל עשה — לאו הוא. מתיב רבא: *"וכל בהמה מפרסת פרסה ושוסעת שסע שתי פרסות מעלת גרה בבהמה אותה תאכלו", "אותה תאכלו" ואין בהמה אחרת תאכלו; ואי כדקאמרת, "את זה לא תאכלו" למה לי? אלא אי איתמר הכי איתמר, אמר רב גידל אמר רב: זר שאכל מחטאת ואשם לפני זריקה — פטור, מאי טעמא — דאמר קרא "ואכלו אותם אשר כופר בהם", כל היכא דקרינן ביה "ואכלו אותם אשר כופר בהם" — קרינן ביה "וזר לא יאכל *קדש", וכל היכא דלא קרינן ביה "ואכלו אותם אשר כופר בהם" — לא קרינן ביה "וזר לא יאכל". אמר ר' אלעזר אמר ר' הושעיא *בכורים, הנחה מעכבת בהן, קרייה אין מעכבת בהן. ומי אמר ר' אלעזר הכי? והא אמר רבי אלעזר אמר רבי הושעיא: הפריש בכורים קודם לחג ועבר עליהן החג — ירקבו; מאי לאו משום דלא מצי למיקרי עליהן? ואי ס"ד קרייה אין מעכבת בהן, אמאי ירקבו? כדרבי זירא. *דאמר ר' זירא: כל הראוי לבילה — אין בילה מעכבת בו, וכל שאינו ראוי לבילה — בילה מעכבת בו. ר' אחא בר יעקב מתני לה כדרבי אסי אמר רבי יוחנן, וקשיא ליה דרבי יוחנן אדרבי יוחנן: ומי אמר רבי יוחנן בכורים הנחה מעכבת בהן קרייה אין מעכבת בהן? והא בעא מיניה רבי אסי מרבי יוחנן: בכורים מאימתי מותרין לכהנים? ואמר ליה: הראוין לקרייה — משקרא עליהן, ושאין ראוין לקרייה — משיראו פני הבית. קשיא קרייה אקרייה, קשיא הנחה אהנחה! קרייה אקרייה לא קשיא; הא — רבי שמעון, הא — רבנן. הנחה אהנחה נמי לא קשיא, הא — רבי יהודה, והא — רבנן. מאי רבי יהודה? דתניא, *ר' יהודה אומר: [א] "והנחתו" — זו תנופה. אתה אומר זו תנופה, או אינו אלא הנחה ממש? כשהוא אומר "והניחו" — הרי הנחה אמור, הא מה אני מקיים "והנחתו" — זו תנופה. ומאן תנא דפליג עליה דרבי יהודה? ר' אליעזר בן יעקב היא, *דתניא: "ולקח הכהן הטנא מידך" — ילימד על הבכורים שטעונין תנופה, דברי רבי אליעזר בן יעקב. מאי טעמא דרבי אליעזר בן יעקב? אתיא "יד" "יד" משלמים: כתיב הכא "ולקח הכהן הטנא מידך", *וכתיב "ידיו תביאינה את אשי ה'" מה כאן כהן — אף להלן כהן, מה להלן בעלים — אף כאן בעלים. הא כיצד? המניח כהן ידיו תחת ידי בעלים ומניף. אמר רבא בר אדא אמר ר' יצחק: בכורים מאימתי

[נ"ל זר שאכל חטאת]

בא הכתוב ליתן לא תעשה על אכילתו. דכתיב בנותר: (ב) "לא יאכל כי קדש הוא", נתן טעם לדבר — כי קדש הוא שנפסל, וכמו כן כל הקדשים שנפסלו. ה"מ היכא דקודם פסולו חזי. כנותר. אותה תאכלו. [דכתיב] "כל בהמה מפרסת פרסה וגו' אותה תאכלו" ולא בהמה טמאה שאין סימנין הללו בהו, אלמא לאו הבא מכלל עשה עשה. קרינא ביה וזר לא יאכל. דהוא סיפיה דהאי קרא. "וכל זר לא יאכל קדש" לאו בקדשים משתעי אלא בתרומה, כדכתיב ברישא דעניינא: "איש איש מזרע אהרן" — דבר השוה בזרעו של אהרן. בכורים לפני החג בני קרייה נינהו, לאחר החג לאו בני קרייה נינהו. דכתיב בתר קרייה: "ושמחת בכל הטוב", מעצרת ועד החג שהוא זמן שמחת לקיטת פירות מביא וקורא, מן החג ועד חנוכה מביא ואינו קורא (בכורים פ"א משנה ו). הפריש לפני החג. חלה עליהן חובת קרייה, ועבר עליהן החג, שאינן ראוין עוד לקרייה — ירקבו. כדרבי זירא. לעולם בראוין לקרייה לא מעכבא קרייה. אבל באלו שעבר זמנן ואינן ראוין עוד לקרייה — מעכבא קרייה, כדרבי זירא. דאמר כל הראוי לבילה כו'. במסכת מנחות (דף קג:) תנן: "הרי עלי ששים ואחד עשרון" — מביא ששים בכלי אחד ואחד בכלי אחר. דעד ששים יכולין ליבלל בכלי אחד, אבל ששים ואחד קים להו לרבנן דאינן נבללין יפה. והוינן בה: וכי אינן נבללין מאי הוי? והאנן תנן: אם לא בלל — כשר! ומשני רבי זירא: כל הראוי לבילה אין בילה מעכבת בו כו'. מתני לה. להא דרבי אלעזר אמר רבי הושעיא כדרב אסי אמר רבי יוחנן, דרב אסי אמרה משמיה דרבי יוחנן. הראוין לקרייה. מעצרת ועד החג. משיראו פני הבית. משיכנסו לעזרה. והנחה לא מעכבת כלל. הא רבי יהודה. לרבי יהודה לא מעכבא הנחה, דדריש "והנחתו" יתירא לתנופה, ואין מקרא שנוי בהנחה לעכב. ולרבנן דלא דרשי ליה להכי, מיבעי להו לשנות בהנחה לעכב. והנחתו זו תנופה. קרי ביה "והנחתו" לשון "ולא נחם אלהים" וגו' (שמות יג), שהוא מנחה אותו לארבע רוחות ומעלה ומוריד. מאן תנא דפליג עליה. למימר הנחה מעכבא. רבי אליעזר בן יעקב היא. דנפקא ליה תנופה מקרא אחרינא. מה להלן בעלים. דההוא בבעלים משתעי, דכתיב: "יביא את קרבנו לה' מזבח שלמיו" וסמיך ליה "ידיו תביאינה". מאימתי

[מנחות עד:]

[זבחים לד. ע"ש נ"ע]

[נ"ל וזר לא יאכל קדש הם]

לעיל יז.

ב"ב פא: חולין קנ: קדו כה. יבמות קג: נדה מנחות יח: קג: נדרים

סוכה מז: מנחות סא:

ג"ז סס

ג"ז סס קדושין לו: [סוס יט.] [נ"ל וכתיב התם]

בכורים מאימתי חייבים עליהם. זר מיתה, והכהן מלקות חוץ לחומה, שמלגותו בפנים בעזרה. יכול

מֵאֵימָתַי חַיָּיבִין עֲלֵיהֶן. מִיתָה, זָר הָאוֹכְלָן. שְׁלֹשָׁה דְּבָרִים. זוֹ אַחַת מֵהֶן, וְכוּלָּן שְׁנוּיִין בְּסִפְרִי (ג). יָכוֹל יַעֲלֶה אָדָם כו'. קָסָבַר קְדוּשַּׁת הָאָרֶץ לֹא בָּטְלָה וְצָרִיךְ לְהַפְרִישׁ מַעַשְׂרוֹת. וְקָאָמַר: יָכוֹל יַעֲלֶנּוּ וְיֹאכְלֶנּוּ בִּירוּשָׁלַיִם בְּלֹא פִּדְיוֹן. ת"ל כו'. לְפִיכָךְ טָעוּן בַּיִת. וּלְקַמֵּיהּ פָּרֵיךְ: מַאי שְׁנָא בְּכוֹר דִּפְשִׁיטָא לֵיהּ, וּמַעֲשֵׂר מִיבָּעֵי לֵיהּ. מִצְוָה מִי לֵיכָּא. וְכֵיוָן דְּמִצְוָה אִיכָּא — נִפְרוֹךְ נָמֵי קְרִיָּיה דְּמִצְוָה! לָא פְּסִיקָא לֵיהּ. וּמִיהוּ בְּיִשְׂרָאֵל אֲפִילּוּ עִיכּוּבָא אִיכָּא לְמֵימַר. וְנֵיהְדַּר דִּינָא וְנֵיתֵי בְּמָה הַצַּד. לָמָּה לִי הֶיקֵּשָׁא? נֵימָא בְּכוֹר יוֹכִיחַ, וְחָזַר הַדִּין, הַצַּד הַשָּׁוֶה שֶׁבָּהֶן שֶׁטְּעוּנִין הֲבָאַת מָקוֹם, וְאֵינָן נוֹהֲגִין אֶלָּא בִּפְנֵי הַבַּיִת. צַד מִזְבֵּחַ. זֶה לְמַתַּן דָּמִים וְזֶה לְהַנָּחָה. וּמַאי קָסָבַר. הַאי תַּנָּא, דִּפְשִׁיטָא לֵיהּ בְּכוֹר טְפֵי מִמַּעֲשֵׂר. אִי קָסָבַר קְדוּשָּׁה רִאשׁוֹנָה. שֶׁל בַּיִת קִדְּשָׁה לִשְׁעָתָהּ וְקִדְּשָׁה לֶעָתִיד לָבֹא, כִּי הֵיכִי דִּסְבִירָא לֵיהּ בִּקְדוּשַּׁת הָאָרֶץ, וְקָא מִיבַּעְיָא לֵיהּ: מִי קָרֵינָא בֵּיהּ הַשְׁתָּא בְּלֹא חוֹמָה "לִפְנֵי ה' אֱלֹהֶיךָ" אוֹ לָא, וְקָא פָּשֵׁיט מַעֲשֵׂר מִבְּכוֹר. אֲפִי' בְּכוֹר נָמֵי. יִקְרַב וְיֵאָכֵל, דְּהָא מַאן דְּאִית לֵיהּ קְדוּשָּׁה לֶעָתִיד לָבֹא סְבִירָא לֵיהּ מַקְרִיבִים אע"פ שֶׁאֵין בַּיִת, כְּדְאָמְרִינַן בִּ"מְגִילָּה נִקְרֵאת" (דף י.). ה"ג: וְאִי קָסָבַר לֹא קִדְּשָׁה אֲפִילּוּ בְּכוֹר נָמֵי תִּיבָּעֵי. וְאִי קָסָבַר קְדוּשַּׁת הַבַּיִת בָּטְלָה, וּמִיבַּעְיָא לֵיהּ בְּמַעֲשֵׂר הוֹאִיל וְאֵינוֹ צָרִיךְ לַבַּיִת אִי מִתְאַכִּיל בִּירוּשָׁלַיִם "לִפְנֵי ה'" קָרֵינָא בֵּיהּ אִי לָא — אֲפִי' בְּכוֹר נָמֵי כִּי הַאי גַּוְונָא תִּיבָּעֵי לֵיהּ, כְּגוֹן בְּכוֹר שֶׁנִּזְרַק דָּמוֹ וְחָרַב הַבַּיִת וַעֲדַיִין בְּשָׂרוֹ קַיָּים מַהוּ שֶׁיֹּאכְלוּהוּ. אָמַר רָבִינָא לְעוֹלָם קָסָבַר לֹא קִדְּשָׁה וְהָכָא. דְּקָא פָּשֵׁיט לֵיהּ לְמַעֲשֵׂר מִבְּכוֹר — בִּבְכוֹר שֶׁאֵינוֹ צָרִיךְ לַבַּיִת, דּוּמְיָא דְּמַעֲשֵׂר עָסְקִינַן. וְהָא דִּפְשִׁיטָא לֵיהּ דְּלָא מִתְאַכִּיל — מִשּׁוּם דְּאִיתְקַשׁ בְּשָׂרוֹ לְדָמוֹ, דִּכְתִיב: "וְאֶת דָּמָם תִּזְרוֹק עַל הַמִּזְבֵּחַ וגו' וּבְשָׂרָם יִהְיֶה לָּךְ" וגו' וְיָלֵיף מִינֵּיהּ: בְּשָׁעָה שֶׁהָיָה רָאוּי לִזְרִיקַת דָּם אַתָּה אוֹכֵל אֶת הַבָּשָׂר וְלֹא מִשֶּׁנֶּהֶרַס הַמִּזְבֵּחַ. וְכִי דָּבָר הַלָּמֵד בְּהֶיקֵּשׁ. מִן הַדָּם, חוֹזֵר וּמְלַמֵּד. עַל הַמַּעֲשֵׂר בְּהֶיקֵּשׁ? הָא קַיְימָא לָן בִּזְבָחִים בְּ"אֵיזֶהוּ מְקוֹמָן" (דף מט:) שֶׁאֵין לְמֵדִין בְּקָדָשִׁים לָמֵד מִן הַלָּמֵד! חוּלִּין הוּא. וּבְחוּלִּין לְמֵדִין לָמֵד מִן הַלָּמֵד.
הֲנִיחָא

יומא ס. תמורה כא. תוספתא סנהדרין פ"ג
[חגיגה ג: וש"נ]
[זבחים נ. ס:]

תורה אור

מֵאֵימָתַי (א) מְחַיְּיבִין עֲלֵיהֶן — מִשֶּׁיֵּרָאוּ פְּנֵי הַבַּיִת. כְּמַאן — כִּי הַאי תַּנָּא. דְּתַנְיָא, רַבִּי אֱלִיעֶזֶר אוֹמֵר: בִּכּוּרִים מִקְצָתָן בַּחוּץ וּמִקְצָתָן בִּפְנִים, שֶׁבַּחוּץ — הֲרֵי הֵן כְּחוּלִּין לְכָל דִּבְרֵיהֶם, שֶׁבִּפְנִים — הֲרֵי הֵן כְּהֶקְדֵּשׁ לְכָל דִּבְרֵיהֶם. אָמַר רַב שֵׁשֶׁת: בִּכּוּרִים, הַנָּחָה מְעַכֶּבֶת בָּהֶן, קְרִיָּיה אֵין מְעַכֶּבֶת בָּהֶן. כְּמַאן — כִּי הַאי תַּנָּא. *דְּתַנְיָא, רַבִּי יוֹסֵי אוֹמֵר שְׁלֹשָׁה דְּבָרִים מִשּׁוּם שְׁלֹשָׁה זְקֵנִים, רַבִּי יִשְׁמָעֵאל אוֹמֵר: יָכוֹל יַעֲלֶה אָדָם מַעֲשֵׂר שֵׁנִי בַּזְּמַן הַזֶּה בִּירוּשָׁלַיִם וְיֹאכְלֶנּוּ? וְדִין הוּא: בְּכוֹר טָעוּן הֲבָאַת מָקוֹם, וּמַעֲשֵׂר שֵׁנִי טָעוּן הֲבָאַת מָקוֹם, מָה בְּכוֹר אֵינוֹ אֶלָּא בִּפְנֵי הַבַּיִת — אַף מַעֲשֵׂר אֵינוֹ אֶלָּא בִּפְנֵי הַבַּיִת. מָה לִבְכוֹר שֶׁכֵּן טָעוּן מַתַּן דָּמִים וְאֵימוּרִין לְגַבֵּי מִזְבֵּחַ! בִּכּוּרִים יוֹכִיחוּ. מָה לְבִכּוּרִים שֶׁכֵּן טְעוּנִים הַנָּחָה! ת"ל: "וְאָכַלְתָּ [שָׁם] לִפְנֵי ה' אֱלֹהֶיךָ" וגו' — מַקִּישׁ מַעֲשַׂר לִבְכוֹר, מָה בְּכוֹר אֵינוֹ אֶלָּא לִפְנֵי הַבַּיִת — אַף מַעֲשֵׂר אֵינוֹ אֶלָּא לִפְנֵי הַבַּיִת. וְאִם אִיתָא, לִיפְרוֹךְ: מָה לְבִכּוּרִים, שֶׁכֵּן טְעוּנִין קְרִיָּיה וְהַנָּחָה! א"ר אַשִׁי: נְהִי דְּעִיכּוּבָא לֵיכָּא, מִצְוָה מִי לֵיכָּא? וְלֵימָא מִצְוָה וְלִיפְרוֹךְ! אֶלָּא אָמַר רַב אַשִׁי: כֵּיוָן (ג) דְּאִיכָּא בִּכּוּרֵי הַגֵּר, דִּבְעֵי לְמֵימַר "אֲשֶׁר נִשְׁבַּע [ה'] לַאֲבוֹתֵינוּ" וְלָא מָצֵי אָמַר — לָא פְּסִיקָא לֵיהּ. וְלֵיהֲדַר דִּינָא, וְלֵיתֵי בְּ"מָה הַצַּד"! מִשּׁוּם דְּאִיכָּא לְמִיפְרַךְ: מָה לְהַצַּד הַשָּׁוֶה שֶׁבָּהֶן שֶׁכֵּן יֵשׁ בָּהֶן צַד מִזְבֵּחַ. וּמַאי קָסָבַר? אִי קָסָבַר *קְדוּשָּׁה רִאשׁוֹנָה קִדְּשָׁה לִשְׁעָתָהּ וְקִדְּשָׁה לֶעָתִיד לָבֹא — אֲפִי' בְּכוֹר נָמֵי, אִי קָסָבַר קְדוּשָּׁה רִאשׁוֹנָה קִדְּשָׁה לִשְׁעָתָהּ וְלֹא קִדְּשָׁה לֶעָתִיד לָבֹא — אֲפִילּוּ בְּכוֹר נָמֵי תִּבְּעֵי! אָמַר רָבִינָא: לְעוֹלָם קָסָבַר קִדְּשָׁה לִשְׁעָתָהּ וְלֹא קִדְּשָׁה לֶעָתִיד לָבֹא, וְהָכָא בִּבְכוֹר שֶׁנִּזְרַק דָּמוֹ קוֹדֶם חוּרְבַּן הַבַּיִת, וְחָרַב הַבַּיִת וַעֲדַיִין בְּשָׂרוֹ קַיָּים. וּמַקְּשִׁינַן בְּשָׂרוֹ לְדָמוֹ, מָה דָּמוֹ בַּמִּזְבֵּחַ — אַף בְּשָׂרוֹ בַּמִּזְבֵּחַ, וּמַקִּישׁ מַעֲשַׂר לִבְכוֹר. וְכִי דָּבָר הַלָּמֵד בְּהֶקֵּשׁ חוֹזֵר וּמְלַמֵּד בְּהֶקֵּשׁ? *מַעֲשַׂר דָּגָן חוּלִּין הוּא.
הֲנִיחָא

דברים יד
שם כו

יכול יעלה אדם מעשר (ד) בידו בזמן הזה. ויאכלנו בלא פדיון, דקדושה (*ירושלים) לא בטלה לענין מעשרות.

ולימא מצוה כו'. פירוש: שכן טעונין קריאה למצוה קודם שיאכל בכורים. ומעשר שני אוכלין אותו בלא שום *קריאה. ומה שקורין למעשר — בשנה שלישית היה, ואז לא היה נוהג כלל מעשר שני.

מה להצד השוה שבהן שכן יש בהן צד מזבח. ויש למפרך: שכן אסורים לזרים, כדפריך רבה לעיל.* והא דאמר בברייתא בכורים יוכיחו, צ"ל דמיירי בבכורים שהופרשו בפני חורבן הבית. דאם הופרשו אחר הבית אינן קודשין כלל וחולין הן, דתנן פרק שני* דבכורים: יש בתרומה ומעשר מה שאין כן בבכורים, שהתרומה והמעשר אוסרין ויש להם שיעור ונוהגין בכל הפירות בפני הבית ושלא בפני הבית, ובכורים אינן אלא בשבעה מינין ובפני הבית.

אפילו בכור נמי. צ"ל דמיירי אם עשה מזבח וזרק דמו, אליבא (ה) דקדושת בית לא בטלה, דמקריבין אע"פ שאין בית. דבלא מזבח — פשיטא דבכור לא, דהא בעי מתן דם ואימורים. ואם תאמר: לימא דבכור דברייתא, דקאמר "מה בכור" וכו', מיירי היכא דלא עשה מזבח! וי"ל: דלהכי ודאי לא הוה מדמי בכור למעשר, ולא דמי ליה מעשר.

ואי סבר לא קדשה אפילו בכור נמי תיבעי. כך גרסת רש"י, דמוקי ליה בבכור שנשחט ונזרק דמו קודם חורבן, דהשתא הוי דומיא דמעשר, כדפ"ה. וא"ת: אי לא קדשה, אם כן לא משכחת לה מעשר, דקדושת הארץ בטלה! וי"ל: דודאי קדושת בית לא קדשה, אבל קדושת הארץ קדשה לעתיד לבא לענין מעשרות. אבל קשה: דאי לא קדשה קדושת הבית לעולם, א"כ במות מותרות, דהא בהא תליא כדמוכח במגילה (דף י.), ואם כן יביא מעשר שני ויהא נאכל בכל ערי ישראל, כדאמרינן בזבחים (דף קיז:): באו לנוב ולגבעון הותרו הבמות, וקדשים קלים ומעשר שני נאכלין בכל העיר! וי"ל: דמיירי שגדל לפני הבית, שהוזקק להביאו למקום. ובהכי ניחא נמי קושיא קמייתא. ומסיק דלעולם לא קדשה כהאי גוונא. אבל קשה לגירסא זו, דאמרינן למסקנא דלא קדשה, אם כן מאי מיבעי (ו) לעיל "יכול יעלה"? פשיטא דלא יעלה בירושלים יותר משאר עיירות כיון דלא קדשה! ותו, גבי בכור נמי למה לי היקשא דבשרו לדמו? תיפוק ליה (ז) דבלאו היקשא דהיכא דאכיל הוי להו כחוץ לחומה כיון דלא קדשה, והוי ליה כאוכל קדשים בחוץ! ועוד קשה, דקאמר: ולעולם דלא קדשה כו' ומקשינן בשרו לדמו, משמע דאי אמר קדשה — מתאכיל בכור בלא בית, ולא הוי ממעטינן (ח) מהך היקישא. וקשה, דהא מוכח פרק "קדשי קדשים" (זבחים ס.) דמזבח שנפגם אין אוכלין קדשים קלים, ואמאי? הא מוכח הכא היכי דקדשה דנאכל אפילו ליכא מזבח, ושאני הכא דלא קדשה! לכן נראה לומר דגרים לעיל "ואי סבר לא קדשה מעשר נמי". והכי פירושא: אפילו מעשר נמי לא יהא מתאכיל בירושלים כלל בלא פדיון, דלא הוי כלל "לפני ה' אלהיך". ואין לתמוה: אי לא קדשה אם כן לא משכחת מעשר, דקדושת הארץ בטלה! דודאי קדושת בית לא קידשה, אבל קדושת הארץ קדשה לעתיד לבא לענין מעשרות, ולא תליא הא בהא. אבל הכא מיירי שאין המזבח כלל בנוי. וגרים: לעולם קדושה ראשונה קדשה לעתיד לבא. וטעמא דבכור לאו משום קדושת (ט) הארץ, אלא משום דאתקש בשרו לדמו, דבעינן שיהא המזבח קיים בשעת אכילת בשרו. הלכך כל כמה דילפינן דבכור לא מתאכיל — מעשר נמי לא מתאכיל בלא פדיון. ואם תאמר: ברייתא דאמרה בכורים יוכיחו — מנלן דבכורים לא מתאכלי כשאין מזבח אם הונחו אצל מזבח וחרב, דבעי למילף מעשר מינייהו? ויש לומר: דודאי הא דאמרינן בברייתא בכורים יוכיחו, מיירי בבכורים שלא הובאו כלל בפני הבית עד לאחר חורבן. ובודאי היה להתלמוד להשיב דאם כן לא שייך כלל לדמות מעשר לבכורים אלו, שהרי צריכים הנחה וצריכים לבית גם בשביל הנחה ולא בשביל אכילה לחוד, ומעשר לא צריך לבית אלא בשביל אכילה לבד. אלא דלא חייש ליה לפי שאינו נשאר במסקנא. ומה שזקוק התלמוד להעמיד בבכור שנזרק דמו לפני הבית, ואינו מעמידו כשהובא אחר הבית כמו בכורים — משום דתנא מסיים קרא דהקיש הכתוב, ואין נכון להעמיד בבכור שהוא אחרי הבית, שלא דמי כלל למעשר, דהא מחוסר מתן דם ואימורין כדפ"ל, ולא שייך להקיש מעשר לבכור אלא דוקא כשאין הבכור צריך לבית אלא דוקא בשביל האכילה ד"לפני ה'", והשתא הויא דומיא דמעשר. דודאי במשא ומתן יכול להיות דומה מעשר לבכורים שהובאו אחר הבית אף על גב דלא נשאר במסקנא. ובכור נמי שבתחלת הברייתא — יכול היה להיות בבכור שאחר הבית. אלא שאז לא היה טועה, דהא לא שייך כלל לדמות לו מעשר, והיינו דמותיב: שכן אין טעון מתן דמים.
רישא

סז א מיי' פ"ג מהל' בכורים הל' א סמג עשין קלט:
רש"א קריאה והוידוי מעשר שני בשנה כו'
סח ב מיי' שם הל' ב:
סט ג מיי' פ"ב מהל' מעשר שני הל' א סמג עשין קלו:
[דף יז: ולפנינו הגרסא רבא]
ע ד מיי' פ"א מהל' תרומות הל' ה ופ"ו מהל' בית הבחירה הל' טז:
[משנה ג]

הגהות הב"ח
(א) גמרא מאימתי חייבין כצ"ל ואות מ' נמחק: (ב) שם דאיכא בכורי הגר נ"ב עיין בתוס' ר"פ הספינה דף פא ד"ה למעוטי אדמת נכרי: (ג) רש"י ד"ה שלשה וכו' בספרי נ"ב ובמסכת תמורה דף כ"א: (ד) תוס' ד"ה יכול יעלה אדם מעשר שני בזמן: (ה) ד"ה אפילו וכו' אליבא דמ"ד דקדושת בית: (ו) ד"ה ואי וכו' מאי מיבעי ליה לעיל: (ז) בא"ד תיפוק ליה בלאו היקשא דכל היכא דאכיל הוי להו וכו' קשה דקאמר לעולם כצ"ל ואות ו' נמחק: (ח) בא"ד ולא הוי ממעטינן ליה מהך היקישא וכו' אין אוכלין קדשי קדשים וקדשים קלים: (ט) בא"ד וטעמא דבכור לאו משום קדושת הבית אלא:

עא א מיי' פ"ג מהל' מעשר שני הל' א סמג לאוין רסד:
עב ב מיי' פט"ו מהל' טומאת אוכלין הל' יא סמג עשין רמו:
עג ג מיי' פ"ב מהל' מעשר שני הל' ח ופ"ג הל' ג סמג עשין קמא:
עד ד ה מיי' שם פ"ב הל' ח סמג שם:
עה ו מיי' שם הל' ו:

הניחא למאן דאמר בתר למד אזלינן, אלא למאן דאמר בתר מלמד אזלינן — מאי איכא למימר? דם ובשר חדא מילתא היא. "קדשים" וכו'. תנינא חדא זימנא: מעשר שני והקדש שלא נפדו! אמר רבי יוסי בר חנינא: סיפא במעשר שני טהור וגברא טהור, (א) דקא אכיל חוץ לחומה. רישא במעשר שני טמא וגברא טמא, וקא אכיל ליה בירושלים. ומנ"ל דמחייב עליה משום טומאה? *דתניא, ר"ש אומר: "לא בערתי ממנו בטמא" — בין שאני טמא והוא טהור, בין שאני טהור והוא טמא. והיכן מוזהר על אכילה איני יודע. טומאת הגוף — בהדיא כתיב, "נפש אשר תגע בו וטמאה עד הערב ולא יאכל מן הקדשים" וגו'! אלא, טומאת עצמו מנין? *דכתיב: "לא תוכל לאכול בשעריך", ולהלן הוא אומר: "בשעריך תאכלנו הטמא והטהור", ותניא דבי רבי ישמעאל: אפילו טמא וטהור אוכלין בקערה אחת ואין חוששין, וקאמר רחמנא: היאך (ב) טמא דשרי לך גבי טהור התם — הכא לא תיכול. ומנ"ל דבר פדייה הוא? *דאמר ר"א: מנין למעשר שני שנטמא שפודין אותו אפילו בירושלים — ת"ל: "כי לא תוכל שאתו", ואין שאת אלא אכילה, שנאמר "וישא משאות מאת פניו". א"ר ביבי א"ר אסי: מנין למעשר שני טהור שפודין אותו אפילו בפסיעה אחת חוץ לחומה? שנאמר: "כי לא תוכל שאתו". האי מבעי ליה לכדרבי *אליעזר! א"כ, לימא קרא "לא תוכל לאוכלו", מאי שאתו? ואימא כולו להכי הוא דאתא! א"כ לימא קרא "לא תוכל ליטלו", מאי "שאתו" — ש"מ תרתי. יתיב רב חנינא ורב הושעיא (ג) וקא מבעיא להו: אפיתחא דירושלים, מהו? פשיטא, הוא בחוץ ומשאו בפנים — קלטוהו מחיצות, הוא בפנים ומשאו בחוץ — מהו? *תנא להו ההוא סבא בדבי רבי שמעון בן יוחי: "כי ירחק ממך המקום" — ממילואך. בעי רב פפא: נקיט ליה בקניא, מאי? תיקו. אמר ר' אסי אמר ר' יוחנן: מעשר שני מאימתי חייבין עליו — משראה פני החומה, מ"ט — דאמר קרא: "לפני ה' אלהיך תאכלנו" (שנה בשנה), וכתיב: "(כי) לא תוכל לאכול בשעריך", כל היכא דקרינן ביה "לפני ה' אלהיך תאכלנו" — קרינן ביה "לא תוכל לאכול בשעריך", וכל היכא דלא קרינן ביה "לפני ה' אלהיך תאכלנו" — לא קרינן ביה "לא תוכל לאכול בשעריך". מיתיבי, *רבי יוסי אומר: כהן שעלתה בידו תאנה של טבל, אמר: תאנה זו תרומתה בעוקצה, מעשר ראשון בצפונה, ומעשר שני לדרומה, והיא שנת מעשר שני והוא בירושלים, או מעשר עני והוא בגבולין; אכלה — לוקה

רישא במעשר שני טמא וגברא טמא. אי או קאמר, דבחדא מינייהו לקי. **הוא** בפנים ומשאו מבחוץ מהו אמר ליה כי ירחק ממך המקום ממך ממלואך. כך גירסת הקונטרס. וי"ג: ממך לחוליה, כלומר ממך גופך, והרי גופו בפנים. וקשה על זה, דאם כן אדם שגופו בירושלים ופירות מעשר שני שלו בעירו — א"כ לא יוכל לחללם כיון שגופו בירושלים. וזה אינו, דעד כאן לא מיבעיא ליה לרב פפא אלא בדנקיט קניא, ואי לא (ו) קניא — מודה דיכול לפדותם אע"ג דגופו בפנים, כיון שהפירות חוץ לירושלים, והוא נותן טעם דהא קרינן בו "לא תוכל שאתו" אף בגופו בפנים! ושמא איכא למימר דשבקיה לקרא ד"ממך" דמשמע מגופך, דאיהו קא דחיק, ומוקמי אנפשיה היכא דלא שייך שם "לא תוכל שאתו" שאינו מחוסר טעינה, כזה שהוא על כתפיו, ורב פפא מיבעיא ליה בקניא. כך נראה למשי"ח. אבל על גירס' ד"ממילואך" קשה: ד"ממילואך" היינו המשוי, כדפירש הקונטרס (ז) *גבי משאו מבפנים וגופו מבחוץ, וכיון שמשאו מבחוץ קרינן "כי ירחק ממלואך"! וי"ל ד"ממלואך" מגלה לנו דהגוף והמשוי בחד, והוה ליה במקצת המשוי בפנים.

אמר רבי יוחנן מאימתי מעשר שני חייבים עליו משיראה פני הבית. וקשה: דכיון דקודם שיראה פני הבית הכי נמי דמותר לאכלו חוץ, א"כ למה הוזקק לעולם לפדות מעשר שני? וי"ל: דודאי ליכא לאו, אבל עשה איכא, דכתיב: "ונתת הכסף בידך" — אבל בלא פדייה לא.

מיתיבי רבי יוסי אומר כו'. ה"ה דמצי לאותובי (ח) מתניתין דאוקי לעיל סיפא במעשר שני טהור דאכיל חוץ לחומה, אלא ודאי משני דעיילינהו ואפקינהו. אבל הכא קשיא: מאי איכא למימרא? ובמתני' ליכא למפרך, דהא קא *מהני ליה למלקות דלא השמיענו שום חידוש בכסס.

הניחא למאן דאמר כו'. פלוגתא היא ב"איזהו מקומן"*. רישא במעשר שני טמא. וקאכיל ליה בירושלים בלא פדייה. ה"ג: והיכן מוזהר על אכילה שלא יאכלנו בטומאה איני יודע ת"ל לא תוכל וגו'. כך היא שנויה בספרי, וכשקבעוה כאן לא הספיקו לגומרה עד דאקשי גמרא: טומאת הגוף בהדיא כתיב ביה: "ולא יאכל מן הקדשים כי אם רחץ" וגו' ומוקמינן לה ביבמות* במעשר (ד), מדכתיב "כי אם רחץ", הא רחץ — טהור, דטבל ועלה אוכל במעשר. (דהיינו גופו טהור ואלה נשמתו בטהרה לא פירש יותר, מכאן ואילך לשון תלמידו ר' יהודה בר' נתן*). (ה) כך הוא לשון הברייתא: (כלומר) איני יודע להיכן מוזהר לכך תלמוד לומר "לא תוכל" וגו'. והתלמוד לא שביק ליה לפסוקי מילתיה, אלא קדים ופריך ומתמה: מאי קאמר איני יודע? הא טומאת הגוף בהדיא כתיבא "נפש אשר תגע בו כו' לא יאכל מן הקדשים כי אם רחץ בשרו במים", ואמרינן ביבמות דהאי קרא במעשר שני קאמר, דטבל ועלה אוכל כו'. ולהלן הוא אומר. בבכור בעל מום (שנפדה) "בשעריך תאכלנו", ולעיל מיניה כתיב "כי יהיה בו מום". אפילו טמא וטהור. דאע"ג דאסור בגיזה ועבודה, כדאמרינן (בכורות דף טו.): "בכל אות נפשך תזבח ואכלת בשר", "תזבח" — ולא גיזה, "ואכלת" — ולא לכלביך, "בשר" — ולא חלב, אפי' הכי טמא וטהור אוכלין אותו בקערה אחת, דנאכלים בטומאת הגוף ובטומאת עצמן. דכיון דטמא אוכל בהן, היינו בטומאת הגוף — אוכל הטהור, וכשהטהור אוכל עמו לאחר שנגע בו — היינו טהור אוכל טומאת עצמו, שאכל את הטמא. האי טמא דשראי לך התם. בבכור בעל מום, דכתיב ביה "בשעריך". הכא — גבי מעשר "לא תוכל". והיינו "לא תוכל לאכול בשעריך", כלומר אי אתה רשאי לאכול מעשר שני בתורת בכור שכתוב בו "בשעריך", דבעל מום דבכור נאכל בטומאת עצמו ובטומאת הגוף, וזה אסור. ומנלן דבר פדייה הוא. מעשר שני שנטמא. דמדקאמר במתני' שלא נפדה — מכלל דאי בעי פריק, ואפילו בירושלים. דאע"ג דמעשר שני טהור אינו נפדה בירושלים, דכתיב "כי ירחק ממך ונתת בכסף" — בריחוק מקום אתה פודה ולא בקירוב מקום (קדושין דף נו.). ואין שאת אלא אכילה. והכי קאמר קרא: כי ירחק ממך — שיהא מעשר טהור חוץ לירושלים, או אפילו הוא בירושלים אלא שאי אתה יכול לאוכלו, שנטמא — ונתת בכסף. אפילו בפסיעה אחת. אע"ג דכתיב "ירחק" דמשמע טובא — ת"ל "כי לא תוכל שאתו" לנושאו ולהביאו לפנים מן החומה. דהכתוב לא תלה הדבר בריחוק אלא בנטילה, דכל זמן דאיכא למיעבד אכתי נטילה והבאה לפנים אפילו פסיעה אחת — פודה אותו. לכדר' אלעזר. למעשר שני שנטמא. מאי שאתו. שמע מינה לכדרב אסי. יתיב רב חנינא ורב הושעיא אפיתחא דירושלים וקא מיבעי להו. ממלואך. מכל מילוי שלך, ומשא של אדם חשיב מלואו. דלא תימא "ממך" ממקלתך, דכל זמן שרחק מקלתך יהא נפדה. אלא כי ירחק ממלואך — פדה, אבל כשאתה בפנים או משאך בפנים — לא רחק המקום ממלואך, ושוב לא תפדה, אלא "ואכלת שם". בעי רב פפא. הוא מבפנים ונקיט משאו בקניא ארוך מבחוץ. מהו. כיון דלאו ממש על כתיפו הוא — אין זה מלואו, והרי הוא כמוטל לארץ ונפדה. או דלמא, כיון דנקיט ליה — משאו קרינא ביה. תיקו. כן נראה בעיני רבי ועיקר. משיראה פני החומה. וחוץ לחומה דמתני' היינו דעיילינהו ואפקינהו. דלא קרינא ביה לפני ה' אלהיך. דלא הכניסו לפנים. כהן שעלתה בידו תאנה של טבל ואמר תאנה זו תרומתה בעוקצה. בצד זנבה. מעשר ראשון בצפונה. בצד צפון שלה, והוא אוחזה כנגד מזרח. וכן מעשר שני בדרומה. תרומה בעוקציה כו'. דבעי "ראשית", שיהא שיריה ניכרין, והלכך בעינן סיום. והאי דתנן (דמאי פ"ז מ"ד): "שני לוגין שאני עתיד להפריש הרי הן תרומה במקומן" פליג אהא, דלא בעי "ראשית" שיהא שיריה ניכרין. *והיא שנת מעשר שני. ואותה שנה שניה שראוי ליתן בה מעשר שני. והוא בירושלים. כשקרא שמות הללו על אותה תאנה. מעשר עני בגבולין. או שהיא שנת מעשר שלישית, ואמר "מעשר עני בדרומה". ולא אמר: מעשר שני והוא אפי' בגבולין. לוקה

[זבחים ל.] [עה.] והוא תתנו של רש"י ז"ל יבמות עג: רש"א ת"ל פסחים לו: ב"מ סנהדרין קיב: [נ"ל אלעזר] [נ"ל כי אם לפני כו'] [תוס' פ"ג וע' תוס' ר"ה יב. ד"ה תנה כו'] רש"א מה"ד מע בדרומה ואותה כו'

הגהות הב"ח

(א) גמרא וקא אכיל ליה חוץ לחומה: (ב) שם טמא דשראי לך (גבי טהור התם) תא"מ ונ"ב ס"א גבי בכור: (ג) שם רב חנינא ורב הושעיא וקא מבעיא להו אפיתחא דירושלים מהו פשיטא תא"מ ונ"ב ס"א ורב הושעיא וקא מיבעי להו אפיתחא דירושלים מהו פשיטא הוה כו': (ד) רש"י ד"ה ה"ג והיכן וכו' ביבמות במעשר מדכתיב: (ה) ד"ה איני יודע כך הוא לשון הברייתא כלומר איני יודע להיכן מוזהר לכך תלמוד לומר וכו' ולא תוכל: (ו) תוס' ד"ה הוא בפנים וכו' ואי לא נקיט קניא מודה: (ז) בא"ד קשה דממילואך היינו המשוי כדפי' הקונטרס וכיון דמשאו מבחוץ קרינן ביה כי ירחק ממלואך: (ח) ד"ה מיתיבי וכו' לאותובי ממתניתין אלא דלמתני' ודאי משני וכו' ולמתניתין ליכא למיפרך מאי מני להו למלקות:

לוקה אחת. דלא הוציאה מידי טבל בקריאת שם זה, וקאכיל מעשר ראשון הטבול לתרומת מעשר, וקעבר אלאו דטבל. אבל איסור תרומה דקאכיל — ליכא, דהא כהן הוא. ונהי (ג) אי הוה קאמר "תרומת מעשר במקומה" הוי אכיל כולה ולא לקי מידי, דהוה תרומת מעשר לכהן והוא כהן, ומעשר ראשון ומעשר שני לא לקי, דהא אף לזרים שרי. הכי גרסינן: טעמא דמעשר שני בירושלים ומעשר עני בגבולין הא מעשר שני בגבולין לוקה שלש. דעיילה לירושלים, וקרא עליה שם, והדר אפקיה חוץ, דחזא מעשר שני פני החומה, הלכך לוקה שלש. אי הכי מאי למימרא. דבשלמא אי אמרת מעשר שני בגבולין לוקה שלש אע"ג דלא חזא פני החומה — אשמועינן טובא, דמחייבין עליו אע"פ שלא ראה פני חומה, ואיצטריך למיתניה משום דיוקא דידה: הא בגבולין. אלא אי אמרת בדעיילה ואפקיה — מאי למימרא? לא היה איצטריכא ולאו דיוקא דידה, דהא פשיטא דאפילו כהן לוקה על הטבל וזר על התרומה ועל מעשר שני חוץ לחומה! דעיילה בטיבלה. להביא תבואה בירושלים, וקלטוהו מחיצות למעשר שני העתיד ליפרש ממנה. וקסבר מתנות שלא הורמו כמי שהורמו דמיין. ודמי כמאן דעייל מעשר שני בעיניה, דהוה ליה ראה פני החומה, והלכך כי אפקיה לוקה עליו, וכגון דאפקיה נמי בטיבליה. שנגמרה מלאכתן. למעשר, כדמפרש בזרעים (מעשרות פ"א מ"ה): מאימתי גמר מלאכתן למעשר? בחיטין משימרח הכרי, בדילועין משיפקסו כו'. שיפדה מעשר שני. עדיין יש לו פדייה. דכיון דלא נגמרה מלאכתן — לא אמרינן כמי שהורמו דמיין, ורואה פני החומה, ואין לו פדייה. יחזיר מעשר שני ויאכל בירושלים. דקסברי בית שמאי כמי שהורמו דמיין. יפדה ויאכל בכל מקום. מדמתני רבי יוסי אליבא דבית הלל יפדה — ש"מ דהכי סבירא ליה, דבית שמאי במקום בית הלל אינה משנה. ומדקאמר יפדה ש"מ דמתנות שלא הורמו לאו כמי שהורמו דמיין, ולא ראה פני החומה, ויש לו פדייה. ואי ס"ד כו'. רבינא אמר. הא דדייקינן לעיל: הא בגבולין לוקה שלש, וקא בעית: מאי למימרא — איצטריך כגון דנקיט ליה בקניא, וקא משמע לן דכמאן דראה פני החומה דמי, ולוקה משום "לא תוכל" אי הדר אפקיה ואכליה. ותפשוט מינה בעיא דרב פפא דבעא לעיל.

לוקה אחת. וזר שאכלה — לוקה שתים. שאילו בתחלה אכלה — אינו לוקה אלא אחת; טעמא דאיתיה בירושלים, הא בגבולין — לוקה שלש, (א) דאע"ג דלאו רואה פני חומה! דעיילי ואפקי. אי הכי מאי למימרא? הכא במאי עסקינן — כגון דעיילינהו בטיבלייהו, וקסבר: *מתנות שלא הורמו כמי שהורמו דמיין. וסבר ר' יוסי מתנות שלא הורמו כמי שהורמו דמי? *והתניא, רבי שמעון בן יהודה אומר משום רבי יוסי: *לא נחלקו בית שמאי ובית הלל על פירות שלא נגמרה מלאכתן ועברו בירושלים, שיפדה מעשר שני שלהן ויאכל בכל מקום. ועל מה נחלקו — על פירות שנגמרה מלאכתן ועברו בירושלים, שבית שמאי אומרים: יחזיר מעשר שני שלהם ויאכל בירושלים, וב"ה אומרים: יפדה ויאכל בכל מקום; ואי סלקא דעתך מתנות שלא הורמו כמי שהורמו דמיין — הא קלטוהו מחיצות! *אמר *רבה: מחיצה לאכול — דאורייתא, מחיצה לקלוט — דרבנן. וכי גזור רבנן — כי איתיה בעייניה, בטבליה לא גזור רבנן. רבינא אמר: כגון דנקיט ליה בקניא, ותפשוט *בעיא דרב פפא.§

מתני' הקורח קרחה בראשו, והמקיף פאת ראשו, והמשחית פאת זקנו, [ו] והשורט שריטה אחת על המת — חייב. שרט שריטה (ג) אחת על חמשה מתים, או חמש שריטות על מת אחד — חייב על כל אחת ואחת. *על הראש — שתים, אחת מכאן ואחת מכאן, *על הזקן — שתים מכאן ושתים מכאן, ואחת מלמטה. רבי אליעזר אומר: אם נטלו כולן כאחת — אינו חייב אלא אחת. *ואינו חייב עד שיטלנו בתער. רבי אליעזר אומר: אפילו לקטו במלקט או ברהיטני — חייב.§ **גמ'** תנו רבנן: *"לא יקרחו", יכול אפילו קרח ארבע וחמש קריחות לא יהא חייב אלא אחת? תלמוד לומר: "קרחה" — לחייב על כל קרחה וקרחה. "בראשם" מה תלמוד לומר? לפי שנאמר: "לא תתגודדו ולא תשימו קרחה בין עיניכם למת", יכול לא יהא חייב אלא על בין העינים בלבד, מנין לרבות כל הראש? תלמוד לומר "בראשם" — לרבות כל הראש. ואין לי אלא *בכהנים, שריבה בהן הכתוב מצות יתירות, ישראל מנין? נאמר כאן "קרחה" ונאמר להלן "קרחה", מה להלן חייב על כל קרחה וקרחה, וחייב על הראש כבין העינים — אף כאן חייב על כל קרחה וקרחה, וחייב על הראש כבין העינים. ומה להלן על מת — אף כאן על מת. הני ד' וה' קריחות ה"ד? אילימא בזה אחר זה, ובחמש התראות — פשיטא! אלא

הא בגבולין לוקה. מדנקט "והיא שנת מעשר שני והוא בירושלים" שמע מינה דאילו היה בגבולין לוקה שלש. **אמר** רבא מחיצה לאכול מדאורייתא מחיצה לקלוט מדרבנן. הלכך, לגבי דין פדייה לא אמרינן (ז) מתנה שלא הורמו כמי שהורמו דמיין, לענין שקלטוהו ואסור לפדותו. אבל לענין שלוקין בגבולין — אמרינן כמי שהורמו דמיין, והוי ראו פני הבית.

רבינא אמר כגון דנקיט ליה בקניא. הא דאמר בגבולין לוקה שלש מיירי כשהאיש עומד *בין הקניס ונקיט ליה לקנה מבחוץ. ואשמעינן דלוקה דבכך קרית ביה ראיית פני הבית, ולוקה כשאוכלו במקומו דעדיין אינו בפנים לגמרי, (ח) ולפשוט בעיא דרב פפא.

לחייב על כל קרחה וקרחה היכי דמי אילימא בזה אחר זה ובחמש התראות פשיטא אלא בבת אחת ובחדא התראה. זו גירסת הספרים. והקונטרס לא גריס "בבת אחת", אלא "בחדא התראה". וכן פי' "לעולם בזה אחר זה". ושמא היינו טעמא, משום דאי בבת אחת הכל קרחה חדא היא. ויש ליישב בבת אחת, ומיירי שעשה שיעור ה' קרחות. והוא הדין דבזה אחר זה נמי היה יכול להקשות, אלא הכי קאמר: אילימא גם בבת אחת ובחדא התראה. לא

מתני' הקורח קרחה בראשו. על המת, כדמפרש בגמרא. והמקיף פאת ראשו. (ד) משום דבעי למימר הי ניהו פאתי ראשו נקיט ליה. שרט. עושה חבורה בעצמו משום צער מתו. השורט שריטה אחת על המת חייב. הכא לאו דוקא נקט שריטה אחת, אלא משום דבעי לפלוגי לקמיה בין שריטה אחת לשתי שריטות נקיט ליה נמי הכא. וכמדומה דלא גרסינן ליה. שריטה אחת על ה' מתים או ה' שריטות על מת אחד. בגמרא מרבי ליה דחייב על כל אחת ואחת. חייב על הראש. על הקפת הראש חייב שתי מלקיות, דשתי פאות יש לו לראש. שהראש כשתי חתיכות, מקום השיער חתיכה אחת, ומקום הפנים והזקן חתיכה אחת, ומתחברות זו עם זו בצד האוזן מלפניו, מקום שלועזין טנפל"א, ושם נקרא פאה ששם סוף הראש מקום חיבור הפרקים. ונמצא שיש לו שתי פאות, לצידעא מכאן ולצידעא מכאן, וחייב עליהן שתים אפילו נטלן בבת אחת בשתי ידיו, ואע"ג דחד התראה קא מתרה ליה "אל תקיף", דזיל הכא פאה איכא וזיל הכא פאה איכא, כדאמר לקמן גבי קרחה וגבי שריטה דמייתינן (ה) דחייב על כל קרחה וקרחה ועל כל שרט ושרט. ונהי דהכא לא צריך לאתויי מקרא, דמסתמא כי היכי דאמרינן "ושרט" לחייב על כל שרט ושרט ה"נ אמרינן "פאת" לחייב על כל פאה ופאה, דהא לאו מיתורא דקרא שמעינן ליה כולי האי. *כ"ש, וגימגום, כדאמרינן לקמן, דסכינהו לחמש אצבעתיה נשה, דאע"ג דליכא אלא חדא התראה מחייבינן ליה חמש. שתים מכאן. חמש פאות יש לו לזקן: אחד למטה מן האוזן מקום שלחי התחתון יוצא ומתפרד שם, ושם נקרא פאה בחודו של לחי שבולט לחוץ, ששם מתחלת הזקן. וכל מה שלמעלה עד הצידעא בכלל פאת הראש היא. ושתי השיבולות, כל אחד מהן לסוף הלחי, ונקרא פאה. ואחת מלמטה — שיער שבין השיבולת באמצע הסנטר שלועזין מנט"ן. ואינו חייב עד שיטלנו בתער. תנא קמא קאמר לה, ורבי אליעזר פליג עליה. **גמ'** הכי גרסינן: לא יקרחו קרחה יכול אפילו קרח כו' תלמוד לומר קרחה. דקרא יתירא (ו) הוא. בראשם מה תלמוד לומר. לאו דוקא קאמר ליה, דהא ודאי איצטריך משום דהוה אמינא קרחה כל דהו. אלא מידרש קא דריש ליה: "בראשם" משמע כל הראש, שלפי שאמר כו'. ולא תתגודדו. בישראל כתיב, ו"לא יקרחו" בכהנים. בין העינים. בראש, סמוך לפדחת. ואין לי. דחייב על כל הראש אלא כהנים, דהאי בכהנים כתיב.

ה"ג

עין משפט נר מצוה:
עו א מיי' פ"ה מהל' איסות הלכה ו:
עז ב מיי' פ"ב מהל' מעשר שני הל' ה:
עח ג מיי' שם הל' ט:
עט ד מיי' פי"ט מהל' סנהדרין הל' ד [סי' קמג] ופי"ב מהל' ע"ז הל' טו סמג לאוין סב טוש"ע י"ד סי' קפ סעיף ט:
גי' מהר"ס מבפנים
פ ה מיי' פי"ט מהל' סנהדרין הל' ד [סימן קמ] ופי"ב מהל' ע"ז הל' א סמג שם טוש"ע י"ד סי' קפא סעיף ב:
פא ו מיי' שם בהל' סנהדרין הל' ז [סי' קמא] ופי"ב מהל' ע"ז הל' ז סמג שם טוש"ע שם סעיף י:
[ו] מיי' שם בהל' סנהדרין הל' ד סי' קמב:
פב ז מיי' פי"ב מהל' ע"ז הל' יב סמג שם טוש"ע י"ד סי' קפ סעיף ח:
פג ח מיי' שם הל' א סמג שם טוש"ע י"ד סי' קפא סעיף א:
פד ט מיי' שם הל' ז סמג שם טוש"ע שם סעיף יא:
פה י מיי' וסמג שם טוש"ע שם סעיף י:
פו כ מיי' שם הל' טו סמג שם טוש"ע י"ד סי' קפ סעיף י:
פז ל מ מיי' שם טוש"ע שם סעיף ט:

(עי' תוס' שבועות ג. ד"ה ועל)

הגהות הב"ח
(א) גמרא ואע"ג דלאו רואה וכו' דעיילה ואפקה וכו' כגון דעיילה בטיבלה וקסבר מתנות: (ב) שם במשנה שריטה (אחת) תז"מ וג"ב ס"א לאינו: (ג) רש"י ד"ה לוקה וכו' ונהי דלאו: (ד) ד"ה והמקיף פאת ראשו משום. נ"ב כלומר לית ביה דבר חדש ע"ל בפרש"י ריש פירקין: (ה) ד"ה חייב וכו' דמייתינן מקרא דחייב על כל קרחה וכו' ושרט וה"נ הכא דהכא לא צריך וכו' כולי האי אלא ממשמעות ודלאמרי' לקמן בדף זה ריש ע"ב דסכינהו וכו' חמש וגימגום הס"ד: (ו) ד"ה הכי גרסינן וכו' יתירא הוא. נ"ב ס"א כדאמרינן לקמן דסכינהו לה' אלבעותיו נשה דאע"ג דליכא אלא חדא התראה מחייבין עלה חמש: (ז) תוס' ד"ה אמר וכו' לא אמרינן מתנות וכו' שקלטוהו מחיצות ואסור לפדותו אבל לענין שלוקים בגבולין על אכילתו אמרי' כמי: (ח) ד"ה רבינא וכו' לגמרי ותפשוט:

מסורת הש"ס:
נדרים פה. קדושין נח: ב"ק קכב: חולין קל: בכורות יא.
[ג"ל והתנן]
[מ"ש פ"ג מ"ו]
סנהדרין קו: ע"ש ב"מ נג: ע"ש
[לעיל יט:]
שבועות ב: [וע"ש תוס' ד"ה חייב]
נזיר מ:
קדושין לו: [יבמות ה. וש"נ]
ויקרא כא
דברים יד
ס"א רבא
ה"א כן שמעתי וגירסת ס"א וכ"ש הוא וגי' רש"י יש כאן גמגום

אֶלָּא בַּחֲדָא הַתְרָאָה — מִי מְחַיֵּיב? וְהָתְנַן: נָזִיר שֶׁהָיָה שׁוֹתֶה יַיִן כָּל הַיּוֹם — אֵינוֹ חַיָּיב אֶלָּא אַחַת. אָמְרוּ לוֹ "אַל תִּשְׁתֶּה", "אַל תִּשְׁתֶּה", וְהוּא שׁוֹתֶה — חַיָּיב עַל כָּל אַחַת וְאַחַת! לָא צְרִיכָא, דְּסָךְ חָמֵשׁ אֶצְבְּעוֹתָיו *נָשָׁא וְאוֹתְבִינְהוּ בְּבַת אַחַת, דְּהָוְיָא לֵיהּ הַתְרָאָה לְכָל חֲדָא וַחֲדָא. וְכַמָּה שִׁיעוּר קָרְחָה? רַב הוּנָא אוֹמֵר: כְּדֵי שֶׁיֵּרָאֶה מֵרֹאשׁוֹ. רַבִּי יוֹחָנָן אוֹמֵר מִשּׁוּם ר"א *בְּרַבִּי שִׁמְעוֹן: כִּגְרִיס. (*כְּתַנָּאֵי: כַּמָּה שִׁיעוּר קָרְחָה — (א) כִּגְרִיס), אֲחֵרִים אוֹמְרִים: כְּדֵי שֶׁיֵּרָאֶה מֵרֹאשׁוֹ. אָמַר רַב יְהוּדָה בַּר חֲבִיבָא: פְּלִיגִי בַּהּ תְּלָתָא תַּנָּאֵי, חַד אוֹמֵר: כִּגְרִיס, וְחַד אוֹמֵר: כְּדֵי שֶׁיֵּרָאֶה מֵרֹאשׁוֹ, וְחַד אוֹמֵר: כִּשְׁתֵּי שְׂעָרוֹת. וְאִיכָּא דְּמַפֵּיק שְׁתֵּי שְׂעָרוֹת וּמְעַיֵּיל בְּכַעֲדָשָׁה. וְסִימָנָךְ: *בַּהֶרֶת כִּגְרִיס וּמִחְיָה בְּכַעֲדָשָׁה. *תָּנָא: הַנּוֹטֵל מְלֹא פִּי הַזּוּג בְּשַׁבָּת — חַיָּיב. וְכַמָּה מְלֹא פִּי הַזּוּג? אָמַר רַב יְהוּדָה: שְׁתַּיִם. וְהָתַנְיָא: לְקָרְחָה שְׁתַּיִם! אֵימָא: וְכֵן לְקָרְחָה שְׁתַּיִם. תַּנְיָא נַמִי הָכִי: הַנּוֹטֵל מְלֹא פִּי הַזּוּג בְּשַׁבָּת — חַיָּיב. וְכַמָּה מְלֹא פִּי הַזּוּג — שְׁתַּיִם, רַבִּי אֱלִיעֶזֶר אוֹמֵר: אַחַת. וּמוֹדִים חֲכָמִים לְרַבִּי אֱלִיעֶזֶר בִּמְלַקֵּט לְבָנוֹת מִתּוֹךְ שְׁחוֹרוֹת, אֲפִילּוּ אַחַת, שֶׁהוּא חַיָּיב. וְדָבָר זֶה אֲפִילּוּ בְּחוֹל אָסוּר, מִשּׁוּם שֶׁנֶּאֱמַר: "לֹא יִלְבַּשׁ גֶּבֶר שִׂמְלַת אִשָּׁה". § "וְהַמַּקִּיף פְּאַת רֹאשׁוֹ" וכו'. § ת"ר: "פְּאַת רֹאשׁוֹ" — סוֹף רֹאשׁוֹ, וְאֵיזֶהוּ סוֹף רֹאשׁוֹ — זֶה הַמַּשְׁוֶה צְדָעָיו לַאֲחוֹרֵי אׇזְנוֹ וּלְפַדַּחְתּוֹ. תָּנֵי תַּנָּא קַמֵּיהּ דְּרַב חִסְדָּא: אֶחָד הַמַּקִּיף וְאֶחָד הַנִּיקָּף, לוֹקֶה. *אֲמַר לֵיהּ: מַאן דְּאָכֵיל תַּמְרֵי בְּאַרְבֵּילָא לָקֵי?! דְּאָמַר לָךְ: מַנִּי — רַבִּי יְהוּדָה הִיא, דְּאָמַר: *לָאו שֶׁאֵין בּוֹ מַעֲשֶׂה לוֹקִין עָלָיו. רָבָא אוֹמֵר: בְּמַקִּיף לְעַצְמוֹ, וְדִבְרֵי הַכֹּל. רַב אָשֵׁי אוֹמֵר: בִּמְסַיֵּיעַ, וְדִבְרֵי הַכֹּל. § "וְהַמַּשְׁחִית פְּאַת זְקָנוֹ". § ת"ר: "פְּאַת זְקָנוֹ" — סוֹף זְקָנוֹ, וְאֵיזֶהוּ סוֹף זְקָנוֹ — שִׁבּוֹלֶת זְקָנוֹ. § "וְהַמְשָׂרֵט שְׂרִיטָה אַחַת" וכו'. § ת"ר: "וְשֶׂרֶט", יָכוֹל אֲפִילּוּ שָׂרַט עַל בֵּיתוֹ שֶׁנָּפַל וְעַל סְפִינָתוֹ שֶׁטָּבְעָה בַּיָּם? ת"ל: "לָנֶפֶשׁ" — אֵינוֹ חַיָּיב אֶלָּא עַל הַמֵּת בִּלְבַד. וּמִנַּיִן לִמְשָׂרֵט חָמֵשׁ שְׂרִיטוֹת עַל מֵת אֶחָד, שֶׁהוּא חַיָּיב עַל כָּל אַחַת וְאַחַת? ת"ל: "וְשֶׂרֶט", לְחַיֵּיב עַל כָּל שְׂרִיטָה וּשְׂרִיטָה. רַבִּי יוֹסֵי אוֹמֵר: מִנַּיִן לִמְשָׂרֵט שְׂרִיטָה אַחַת עַל ה' מֵתִים, שֶׁהוּא חַיָּיב עַל כָּל (ג) אַחַת וְאַחַת? ת"ל: "לָנֶפֶשׁ" — לְחַיֵּיב עַל כָּל נֶפֶשׁ וָנֶפֶשׁ. וְהָא אַפִּיקְתֵּיהּ לְבֵיתוֹ שֶׁנָּפַל וְלִסְפִינָתוֹ שֶׁטָּבְעָה בַּיָּם! קָסָבַר

ה"ג: אֶלָּא בַּחֲדָא הַתְרָאָה. וְלָא גָּרְסִינַן "בְּבַת אַחַת". אֶלָּא דְּאַתְרוּ בֵּיהּ חֲדָא הַתְרָאָה, וַאֲתָא אִיהוּ וְקָרַח בָּזֶה אַחַר זֶה, מִי מִיחַיַּיב? וְהָתְנַן כו' אֵינוֹ חַיָּיב אֶלָּא אַחַת הוֹאִיל וְלָא אַתְרוּ בּוֹ אֶלָּא חֲדָא הַתְרָאָה, וְאַע"ג דִּשְׁתִיָּיה בָּזֶה אַחַר זֶה הִיא, דִּשְׁתִיָּיה בְּבַת אַחַת כָּל הַיּוֹם לֵיכָּא. אַל תִּשְׁתֶּה אַל תִּשְׁתֶּה. מַתְרִין בּוֹ לְכָל שְׁתִיָּיה וּשְׁתִיָּיה. נָשָׂא. פֵּירוּשׁ: סַם שֶׁמַּשִּׁיר אֶת הַשֵּׂיעָר, וְהַסָּךְ מִמֶּנּוּ אֵינוֹ צוֹמֵחַ שֵׂיעָר בְּגוּפוֹ. וְאוֹתְבִינְהוּ בְּבַת אַחַת. בְּה' מְקוֹמוֹת, דְּהָווּ לְהוּ ה' קְרִיחוֹת וּבַחֲדָא הַתְרָאָה. דְּכֵיוָן דִּבְבַת אַחַת קָא עָבֵיד, מַאי חָזֵית דְּחָיְילָא הַתְרָאָה אַהַאי אֶצְבַּע טְפֵי מֵהַאי? וְהַתְרָאַת סָפֵק לָא מִיחַשְּׁבָא, דְּהַתְרָאָה אַכּוּלְּהוּ אֶצְבָּעוֹת שַׁדְיָא וּמַנְחָא, וּלְאַלְתַּר מִתְבָּרֵר לוֹ אִם חוֹשֵׁשׁ לְהַתְרָאָתוֹ אוֹ לָא. שֶׁיֵּרָאֶה מֵרֹאשׁוֹ. שֶׁיֵּרָאֶה מִבְּשַׂר הָרֹאשׁ עָרוֹם. אָמַר רַב יְהוּדָה בַּר חֲבִיבָא פְּלִיגִי בָּהּ תְּלָתָא תַּנָּאֵי. אִיכָּא דְּמַפֵּיק שְׁתֵּי שְׂעָרוֹת וּמְעַיֵּיל כַּעֲדָשָׁה. וְסִימָנָךְ. דְּלָא תֵּימָא: מַפֵּיק כִּגְרִיס וּמְעַיֵּיל כַּעֲדָשָׁה. מִשְׁנָה זוֹ בַּהֶרֶת כִּגְרִיס וּמִחְיָה כַּעֲדָשָׁה, דְּהָכָא נַמִי בְּשִׁיעוּרֵי קָרְחָה אִיכָּא כִּגְרִיס וְכַעֲדָשָׁה, וּמֵהָשְׁתָּא יָדְעִינַן דְּלָא אַפִּיקְנָא אֶלָּא שְׁתֵּי שְׂעָרוֹת. דְּיֵרָאֶה מֵרֹאשׁוֹ לָא הָווּ צְרִיכִים לְאַפּוּקֵי, דְּשָׁוֶה הוּא לְדִבְרֵי כּוּלָּם, דְּאֵין זֶה שִׁיעוּר קָבוּעַ. הָכִי גָּרְסִינַן: תָּנָא הַנּוֹטֵל מְלֹא פִּי הַזּוּג בְּשַׁבָּת. וְלָא גָּרְסִינַן "תַּנְיָא". פִּי הַזּוּג. חוּדָּן שֶׁל מִסְפָּרַיִם. אֵימָא וְכֵן לְקָרְחָה שְׁתַּיִם. וּלְפָרוּשֵׁי אֲתָא. בִּמְלַקֵּט. שְׂעָרוֹת לְבָנוֹת מִתּוֹךְ שְׁחוֹרוֹת. דְּכֵיוָן דְּאָדָם מַקְפִּיד עַל שֵׂעָר לָבָן אֶחָד שֶׁבֵּין שְׂעָרוֹתָיו שְׁחוֹרוֹת כְּדֵי שֶׁלֹּא יֵרָאֶה זָקֵן, אָמְרִינַן דִּכְשֶׁהוּא מְלַקֵּט אוֹתוֹ מִבֵּין הַשְּׁחוֹרוֹת מְלָאכָה חֲשׁוּבָה הִיא לוֹ, וְחַיָּיב מִשּׁוּם גּוֹזֵז, כֵּיוָן דְּחָיֵישׁ לִגְזִיזָה זוֹ. "שְׁחוֹרוֹת מִתּוֹךְ לְבָנוֹת" לָא גָּרְסִינַן. אַף בְּחוֹל אָסוּר. שֶׁמִּתְנָאֶה עַצְמוֹ בְּנוֹיֵי אִשָּׁה. וְאֵיזֶהוּ סוֹף רֹאשׁוֹ. בְּאֵיזֶה עִנְיָן יְהֵא מַקִּיף סוֹף הָרֹאשׁ שֶׁיְּהֵא חַיָּיב בְּ"בַל תַּקִּיפוּ". הַמַּשְׁוֶה צְדָעָיו לַאֲחוֹרֵי אׇזְנוֹ וּלְפַדַּחְתּוֹ. אֲחוֹרֵי אׇזְנוֹ אֵין שֵׂעָר כְּלוּם, וְכָךְ בְּמִצְחוֹ אֵין שֵׂעָר כְּלוּם. אֲבָל בִּצְדָעָיו שֶׁבָּאֶמְצַע יֵשׁ שֵׂעָר, וְאִם הוּא מַשְׁוֶה וְנוֹטֵל כָּל הַשֵּׂעָר שֶׁבִּצְדָעָיו לְמִדַּת אֲחוֹרֵי אׇזְנוֹ וּפַדַּחְתּוֹ — זֶהוּ מַקִּיף סוֹף הָרֹאשׁ. דְּאָכֵיל תַּמְרֵי בְּאַרְבֵּילָא. הָאוֹכֵל תְּמָרִים בִּכְבָרָה יְהֵא לוֹקֶה? בִּתְמִיָּה. כְּלוֹמַר, נִיקָּף מָה פָּשַׁע שֶׁהוּא לוֹקֶה? לָאו שֶׁאֵין בּוֹ מַעֲשֶׂה הָוֵי וְלָא לִילְקֵי! דְּאָמַר לָךְ מַנִּי. הַשּׁוֹאֵל לְךָ: כְּמַאן קָאָמְרַתְּ נִיקָּף לוֹקֶה? אֵימָא לֵיהּ: ר' יְהוּדָה הִיא, דְּאָמַר לְעֵיל (דף ד: טז.): לָאו שֶׁאֵין בּוֹ מַעֲשֶׂה לוֹקִין. וְהַיְינוּ לָאו שֶׁאֵין בּוֹ מַעֲשֶׂה, דְּנִיקָּף הוּא דְּקָא עָבַר אַלָּאו דְּ"לֹא תַקִּיפוּ", דְּמַשְׁמְעִינַן לִקְרָא הָכִי: "לֹא תַקִּיפוּ" — לֹא תַּנִּיחוּ לְהַקִּיף, דְּמַנִּיחַ לְהַקִּיף כְּמַקִּיף. א"נ, מִדְּאַפְּקֵיהּ בִּלְשׁוֹן רַבִּים דִּכְתִיב "לֹא תַקִּיפוּ" מַשְׁמַע דְּאַתְּרֵי קָא מַזְהַר רַחֲמָנָא, נִיקָּף וּמַקִּיף. רָבָא אָמַר. לָא צְרִיכַתְּ לְאוֹקוּמֵי כְּר' יְהוּדָה הָךְ בָּרַיְיתָא דְּתָנֵי תַּנָּא קַמֵּיהּ דְּרַב חִסְדָּא. דְּקַיְימָא בְּמַקִּיף אֶת עַצְמוֹ, וְקמ"ל דְּחַיָּיב תַּרְתֵּי מִשּׁוּם מַקִּיף וּמִשּׁוּם נִיקָּף, דְּסד"א: לָא לִילְקֵי אֶלָּא חֲדָא, קמ"ל. וְדִבְרֵי הַכֹּל. דְּלָא צָרִיךְ לְאַתְרוּיֵי ר' יְהוּדָה הִיא. מְסַיֵּיעַ. מַזְמִין הַשְּׂעָרוֹת לַמַּקִּיף. שִׁיבּוֹלֶת זָקָן. כּוּלְּהוּ חָמֵשׁ פֵּאוֹת דְּקָא חָשֵׁיב בְּמַתְנִיתִין בִּכְלַל שִׁיבּוֹלֶת הֵם. ת"ל וְשָׂרַט. דְּמָצֵי לְמִיכְתַּב "לָנֶפֶשׁ לֹא תִשְׂרְטוּ" בִּמְקוֹם "וְשֶׂרֶט לָנֶפֶשׁ לֹא תִתְּנוּ". לָשׁוֹן אַחֵר: ת"ל "וְשֶׂרֶט" — מְרִיבּוּיָא דְּוָי"ו. ר' יוֹסֵי אוֹמֵר כו'. ר' יוֹסֵי מוֹסִיף חִיּוּבֵי. הָא אַפִּיקְתֵּיהּ לְבֵיתוֹ שֶׁנָּפַל. וְהָא וַדַּאי ר' יוֹסֵי לָא פָּלֵיג בְּהַהִיא, דְּהֵיאַךְ יְהֵא מוֹצִיא הַפָּסוּק מִידֵי פְּשׁוּטוֹ. קָסָבַר

לא צריכא שסך ה' אצבעותיו נשא. ותימה: אכתי מאי תירץ, כיון דליכא אלא חדא התראה, אמאי מחייב ה'? ואי משום דעשה בבת אחת — מה בכך, כיון דחד לאו היכא? וכי אדם אוכל ב' זיתי חלב בבת אחת ובחדא התראה, מי מחייב שתי מלקיות משום דהויא ליה התראה אכל חדא וחדא? ויש לומר: דשאני הכא דגלי קרא (ג) אכל קרחה וקרחה, דקרחות מחלקות כגון גופים מוחלקין. מיהו קשה: למה הוצרך לפרש בקרחה דעל ידי נשא? לוקמי (ד) בקרחה בידו שיעור ה' קרחות בבת אחת, ומ"מ לא קשה מהא דנזיר שותה כו', דשאני הכא דגלי קרא דקרחות מחלקות כמו גופים מוחלקין! ויש לומר: דלא מתוקמא ליה בקרחה וקרח בידו בבת אחת, משום דקרח בידו קרחה במקום אחד והכל אחד בלי הפסק שיעור בינתים, וכה"ג חשיב הכל קרחה אחת, ואין כאן על כל קרחה וקרחה. להכי מוקי לה בה' אצבעותיו בנשא, ואותבינהו בבת אחת, ופי': בה' מקומות רחוקים קצת זה מזה, שיש הפסק שיעור בין קרחה לקרחה, וקרינן ביה "על כל קרחה וקרחה". ואם תאמר: סוף סוף לוקמה אפילו בזה אחר זה ובחמשה מקומות רחוקים קצת כדפי', ומיתוקם שפיר גם בקורח ותולש בידו בלא נשא ובחדא התראה, משום דגלי קרא דקרחות מחלקות! ומתוך פי' הקונט' משמע דה"כ לא היה מחייב כי אם אקרחה קמייתא שהיתה בידו בתוך כדי דיבור להתראה, דאאינך קרחות לא מיחייב משום דאינם בתוך כדי דיבור להתראה, ומצי למימר "אישתלאי". וקשה: כיון דהתחיל לעבור תוך כדי דיבור להתראה — לא מצי למימר "אישתלאי", כדמוכח פרק "י' יוחסין" (קדושין דף עז: ושם) גבי *ה' אלמנות בזה אחר זה, דמחייב אכל חדא וחדא ואפי' בחד התראה משום דגופים מוחלקים, אע"ג דליכא בתוך כדי דבור כ"א באלמנה קמייתא! לכך נראה: דאין הכי נמי, הוה מצי לאוקומי בזה אחר זה כדפי', אלא נקט בבת אחת לרבותא, דאפילו באות' דהוה קשה ליה מיחייב, ומתוקמא שפיר. כך פירוש בשיטה. ומיהו (ה) ניחא לפירוש דגרסינן "בבת אחת" וכו', אבל לגירסא ראשונה דגרס "אלא בחדא התראה", פירוש: ומשום קרחה, זה אחר זה מאי איכא למימר? וי"ל: דמ"מ קאמר בבת אחת לרבותא טפי, דאפי' בבת אחת משכחת לה בחמשה מקומות מוחלקין בהפסק שיעור, כגון דסך אצבעותיו בנשא, וכל שכן בזה אחר זה, דמיתוקמא בה' מקומות אפי' בקורח בידו.

במלקט *(שחורות מתוך לבנות) שהוא חייב. פרשב"ם דאתא דוקא כר' יהודה, דאמר: מלאכה שאינה צריכה לגופה חייב עליה.

על

עין משפט נר מצוה:
פח א מיי' פי"ב מהל' ע"ז הל' טו סמג לאוין סב:
פט ב מיי' פ"ה מהל' נזירות הל' י סמג לאוין רכ:
צ ג מיי' פי"ב מהל' ע"ז הל' טו סמג לאוין סב:
צא ד מיי' שם סמג שם טוש"ע יו"ד סי' קפ סעיף ט:
צב ה ו מיי' פ"ט מהל' שבת הל' ט סמג לאוין סה טוש"ע א"ח סי' שמ סעיף א:
[illegible]
צג ז מיי' פי"ב מהל' ע"ז הל' י סמג לאוין ס טוש"ע יו"ד סי' קפב סעיף ו:
צד ח מיי' שם הל' א סמג לאוין נח טוש"ע יו"ד סי' קפא סעיף א:
נגעים פ"ו מ"ב
צה ט מיי' שם טוש"ע שם סעיף ד:
צו י מיי' שם סמג לאוין סב טוש"ע יו"ד סי' קפא סעיף ד:
צז כ מיי' שם הל' יב טוש"ע שם סי' קפ סעיף ח:
[נ"ל ג']
[נ"ל לבנות מתוך שחורות]

מסורת הש"ס:
קדושין עז: נזיר לח: חולין פב. [לקמן כב.]
[ב"ק פו.]
[גיר' רי"ף ר"א בן שמוע]
שבת צד:
[שם ותוספתא דשבת פ... ע"ש]
[סנהדרין פט:]
[לעיל ז: וש"נ]

תורה אור: דברים כב; ויקרא יט; שם

הגהות הב"ח
(א) גמרא כתנאי כמה שיעור קרחה רשב"א אומר כגריס אחרים אומרים: (ב) שם על כל אחד ואחד ת"ל לנפש: (ג) תום' ד"ה לא צריכא וכו' דגלי קרא דחייב אכל קרחה וקרחה דקרחות מחלקות כמו גופים מוחלקין: (ד) בא"ד לוקמי בקורח בידו וכו' וי"ל דלא מיתוקמא ליה בקורח בידו שיעור ה' קרחות בבת אחת משום דהקורח בידו קרחה במקום אחד והכל ביחד בלי הפסק שיעור בינתיים כה"ג כנ"ל והוא נמחק: (ה) בא"ד ומיהו הא ניחא למאי דגרסינן בבת אחת:

קָסָבַר רַבִּי יוֹסֵי: שְׂרִיטָה וּגְדִידָה אַחַת הִיא, וּכְתִיב הָתָם "לָמֵת". אָמַר שְׁמוּאֵל: הַמְשָׂרֵט בִּכְלִי – חַיָּיב. מֵיתִיבֵי: שְׂרִיטָה וּגְדִידָה אַחַת הִיא, אֶלָּא שֶׁשְּׂרִיטָה בַּיָּד וּגְדִידָה בִּכְלִי! הוּא דְּאָמַר כְּרַבִּי יוֹסֵי. תָּנֵי תַּנָּא קַמֵּיהּ *דְּרַבִּי יוֹחָנָן: עַל מֵת, בֵּין בַּיָּד בֵּין בִּכְלִי – חַיָּיב, עַל עֲבוֹדָה זָרָה, בַּיָּד – חַיָּיב, בִּכְלִי – פָּטוּר. וְהָא אִיפְּכָא כְּתִיב: °"וַיִּתְגֹּדְדוּ כְּמִשְׁפָּטָם בַּחֲרָבוֹת וּבָרְמָחִים"! אֶלָּא אֵימָא: בַּיָּד פָּטוּר, בִּכְלִי חַיָּיב.§ "וְחַיָּיב עַל הָרֹאשׁ".§ מַחֲוֵי רַב שֵׁשֶׁת בֵּין פִּירְקֵי (א) רֵישָׁא.§ "וְעַל הַזָּקָן שְׁתַּיִם מִכָּאן וּשְׁתַּיִם מִכָּאן וְאַחַת מִלְּמַטָּה".§ מַחֲוֵי רַב שֵׁשֶׁת בֵּין פִּירְקֵי (ב) דִּיקְנָא.§ "רַבִּי אֱלִיעֶזֶר אוֹמֵר: אִם נְטָלָן" וכו'.§ קָסָבַר: חַד לָאו הוּא.§ "וְאֵינוֹ חַיָּיב עַד שֶׁיִּטְּלֶנּוּ בְּתַעַר".§ ת"ר: °"וּפְאַת זְקָנָם לֹא יְגַלֵּחוּ", *יָכוֹל אֲפִי' גִּלְּחוֹ בְּמִסְפָּרַיִם יְהֵא חַיָּיב? ת"ל: °"לֹא תַשְׁחִית", אִי "לֹא תַשְׁחִית", יָכוֹל אִם לִקְּטוֹ בְּמַלְקֵט וּרְהִיטְנִי יְהֵא חַיָּיב? תַּלְמוּד לוֹמַר: "לֹא יְגַלֵּחוּ". הָא כֵּיצַד – גִּילּוּחַ שֶׁיֵּשׁ בּוֹ הַשְׁחָתָה, הֱוֵי אוֹמֵר זֶה תַּעַר.§ "רַבִּי אֱלִיעֶזֶר אוֹמֵר אֲפִילּוּ לִקְּטוֹ בְּמַלְקֵט וּרְהִיטְנִי (יְהֵא) חַיָּיב".§ מַה נַּפְשָׁךְ, אִי גָּמֵיר גְּזֵירָה שָׁוָה – לִיבְעֵי תַּעַר, אִי לָא גָּמֵיר ג"ש – מִסְפָּרַיִם נַמִּי [לָא]! לְעוֹלָם גָּמֵיר ג"ש, וְקָסָבַר: הָנֵי נַמִּי גִּילּוּחַ עָבְדִי.§ **מתני'** הַכּוֹתֵב כְּתוֹבֶת קַעֲקַע. אכָּתַב וְלֹא קִעְקַע, קִעְקַע וְלֹא כָּתַב – אֵינוֹ חַיָּיב, עַד שֶׁיִּכְתּוֹב וִיקַעְקֵעַ, *בְּיָדוֹ וּבִכְחוֹל וּבְכָל דָּבָר שֶׁהוּא רוֹשֵׁם. ר"ש בֶּן יְהוּדָה מִשּׁוּם ר' שִׁמְעוֹן אוֹמֵר: אֵינוֹ חַיָּיב עַד שֶׁיִּכְתּוֹב שָׁם *אֶת הַשֵּׁם, שֶׁנֶּאֱמַר: °"וּכְתֹבֶת קַעֲקַע לֹא תִתְּנוּ בָּכֶם אֲנִי ה'".§ **גמ'** אֲמַר לֵיהּ רַב אַחָא בְּרֵיהּ דְּרָבָא לְרַב אַשִׁי: עַד דְּיִכְתּוֹב (ג) "אֲנִי ה'" מַמָּשׁ? אֲמַר לֵיהּ: לָא, כִּדְתָנֵי בַּר קַפָּרָא: אֵינוֹ חַיָּיב עַד שֶׁיִּכְתּוֹב שֵׁם עֲבוֹדָה זָרָה, שֶׁנֶּאֱמַר: "וּכְתֹבֶת קַעֲקַע לֹא תִתְּנוּ בָּכֶם אֲנִי ה'" – אֲנִי ה' וְלֹא אַחֵר.§ אָמַר רַב מַלְכִּיָּא אָמַר רַב אַדָּא בַּר אַהֲבָה: אָסוּר לוֹ לָאָדָם שֶׁיִּתֵּן אֵפֶר מִקְלֶה עַל גַּבֵּי מַכָּתוֹ, מִפְּנֵי שֶׁנִּרְאֵית כִּכְתוֹבֶת קַעֲקַע. *אָמַר רַב (ד) *נַחְמָן בְּרֵיהּ דְּרַב אִיקָא: שַׁפּוּד, שְׁפָחוֹת וְגוּמּוֹת – רַב מַלְכִּיּוֹ; בְּלוֹרִית, אֵפֶר מִקְלֶה וּגְבִינָה – רַב מַלְכִּיָּא. רַב פַּפָּא אָמַר: מַתְנִיתִין וּמַתְנִיתָא – רַב מַלְכִּיָּא, שְׁמַעְתְּתָא – רַב מַלְכִּיּוֹ; וְסִימָנֵיךְ: מַתְנִיתָא מַלְכְּתָא. מַאי בֵּינַיְיהוּ? אִיכָּא בֵּינַיְיהוּ שְׁפָחוֹת. רַב בֵּיבַי בַּר אַבָּיֵי קָפֵיד אֲפִי' אַרִיבְדָּא דְּכוּסִילְתָּא. רַב אַשִׁי אָמַר: בכָּל מָקוֹם שֶׁיֵּשׁ שָׁם מַכָּה – מַכָּתוֹ (ה) מוֹכִיחַ עָלָיו.§ **מתני'** גנָזִיר שֶׁהָיָה *שׁוֹתֶה יַיִן כָּל הַיּוֹם – אֵין חַיָּיב אֶלָּא אַחַת; אָמְרוּ לוֹ "אַל תִּשְׁתֶּה", "אַל תִּשְׁתֶּה", וְהוּא שׁוֹתֶה – חַיָּיב עַל כָּל אַחַת וְאַחַת. דהָיָה מְטַמֵּא לְמֵתִים כָּל הַיּוֹם – אֵינוֹ חַיָּיב אֶלָּא אַחַת; אָמְרוּ לוֹ "אַל תִּטַּמֵּא", "אַל תִּטַּמֵּא", וְהוּא מִטַּמֵּא – חַיָּיב עַל כָּל אַחַת וְאַחַת. ההָיָה מְגַלֵּחַ כָּל הַיּוֹם – אֵינוֹ חַיָּיב אֶלָּא אַחַת; אָמְרוּ לוֹ "אַל תְּגַלֵּחַ", "אַל תְּגַלֵּחַ", וְהוּא מְגַלֵּחַ – חַיָּיב עַל כָּל אַחַת וְאַחַת. והָיָה לָבוּשׁ בְּכִלְאַיִם כָּל הַיּוֹם – אֵינוֹ חַיָּיב אֶלָּא אַחַת; אָמְרוּ לוֹ "אַל תִּלְבַּשׁ", "אַל תִּלְבַּשׁ", וְהוּא פּוֹשֵׁט וְלוֹבֵשׁ – חַיָּיב עַל כָּל אַחַת וְאַחַת.

יש

קָסָבַר רַבִּי יוֹסֵי שְׂרִיטָה וּגְדִידָה אַחַת הִיא. דְּתַרְוַיְיהוּ בֵּין בַּיָּד בֵּין בִּכְלִי, וּכְתִיב בִּגְדִידָה לָמֵת "לֹא תִתְגֹּדְדוּ וְלֹא תָשִׂימוּ קָרְחָה" וגו'. הַמְשָׂרֵט בִּכְלִי חַיָּיב. הָא וַדַּאי פְּשִׁיטָא לְכוּלֵּי עָלְמָא דְּעִיקַּר גְּדִידָה מַשְׁמַע בִּכְלִי וְעִיקַּר שְׂרִיטָה מַשְׁמַע בַּיָּד. וְקָאָמַר שְׁמוּאֵל: הַמְשָׂרֵט בִּכְלִי עַל הַמֵּת חַיָּיב, וְלָא קָאָמַר "הַמְגַדֵּד בִּכְלִי" – לְאַשְׁמוּעִינַן דְּאִם שְׂרִיטָה שַׁיָּיךְ בִּכְלִי, וְהָעוֹשֶׂה חַבּוּרָה בְּעַצְמוֹ בִּכְלִי עַל הַמֵּת חַיָּיב שְׁנֵי לָאוִין, מִשּׁוּם מְשָׂרֵט וּמִשּׁוּם מְגַדֵּד, דִּגְדִידָה וּשְׂרִיטָה אַחַת הִיא, דְּתַרְוַיְיהוּ בֵּין בַּיָּד בֵּין בִּכְלִי. מֵיתִיבֵי גְּדִידָה וּשְׂרִיטָה אַחַת הִיא. כְּלוֹמַר, בֵּין שְׂרִיטָה בֵּין גְּדִידָה עִנְיַן חַבּוּרָה הֵם, וּשְׁנֵיהֶם עַל מֵת, אֶלָּא שְׂרִיטָה בַּיָּד גְּדִידָה בִּכְלִי. וְקַשְׁיָא לִשְׁמוּאֵל דְּאָמַר תַּרְוַיְיהוּ בֵּין בַּיָּד בֵּין בִּכְלִי, דְּמִדְּקָאָמַר "הַמְשָׂרֵט בִּכְלִי" וְלָא קָאָמַר "הַמְגַדֵּד בִּכְלִי" – מִכְּלָל דִּשְׂרִיטָה שַׁיְּיכָא בִּכְלִי כִּגְדִידָה! עַל הַמֵּת בֵּין בַּיָּד בֵּין בִּכְלִי חַיָּיב. דִּשְׂרִיטָה וּגְדִידָה כְּתִיב, דְּתַרְוַיְיהוּ אַסְרִינְהוּ רַחֲמָנָא. עַל עֲבוֹדָה זָרָה. דְּיֵשׁ עֲבוֹדָה זָרָה שֶׁעוֹבְדִין אוֹתָהּ בְּכָךְ, שֶׁעוֹשִׂין בִּבְשָׂרָם חַבּוּרוֹת וּפְלָעוֹת. בַּיָּד חַיָּיב. דְּדֶרֶךְ עֲבוֹדָתָהּ בְּכָךְ. וַאֲפִי' עֲבוֹדָה זָרָה שֶׁאֵין עֲבוֹדָתָהּ בְּכָךְ חַיָּיב, דַּעֲבוֹדָה גְּמוּרָה הִיא בַּיָּד. וְהָא אִיפְּכָא כְּתִיב. דְּבִכְלִי דֶּרֶךְ עֲבוֹדָה הוּא לַעֲבוֹדָה זָרָה, דִּכְתִיב "וַיִּתְגֹּדְדוּ כְּמִשְׁפָּטָם" – עָשׂוּ גְּדִידָה כְּדֶרֶךְ שֶׁהָיוּ רְגִילִין לַעֲשׂוֹת בַּחֲרָבוֹת וּבָרְמָחִים, אַלְמָא דֶּרֶךְ עֲבוֹדָה בִּכְלִי! בֵּי פִּירְקֵי דְּרֵישָׁא. מְקוֹם הַפְּרָקִים, שֶׁמִּתְחַבְּרִים שָׁם פִּירְקֵי הָעֲצָמוֹת, וְהַיְינוּ בַּצְּדָעִים. פֶּרֶק = יונט"ר. בֵּי פִּירְקֵי דְּדִיקְנָא. פֶּרֶק רִאשׁוֹן שֶׁל זָקָן. הַיְינוּ תַּחַת הָאוֹזֶן, מָקוֹם שֶׁלֶּחִי הַתַּחְתּוֹן יוֹצֵא מִשָּׁם, וְשָׁם נִקְרָא פֵּאָה, בְּחוּדּוֹ שֶׁל לֶחִי שֶׁבּוֹלֵט לַחוּץ. וּשְׁתֵּי הַשִּׁבּוֹלֶת שֶׁבַּסַּנְטֵר, מְקוֹם חִבּוּר שְׁנֵי הַלְּחָיַיִם, יֵשׁ עֶצֶם קָטָן שֶׁמְּחַבֵּר הַלְּחָיַיִם יַחַד, שֶׁמִּכָּאן וּמִכָּאן נִקְרָא פֵּאָה, שֶׁכָּל אֶחָד מֵהֶן לְסוֹף הַלֶּחִי. הֲרֵי שְׁתַּיִם מִכָּאן וּשְׁתַּיִם מִכָּאן. וְאַחַת מִלְּמַטָּה הוּא הַשֵּׂעָר שֶׁבֵּין ב' הַשִּׁבּוֹלֶת שֶׁבַּסַּנְטֵר, וּפֶרֶק הוּא בִּפְנֵי עַצְמוֹ. וּפְאַת זְקָנָם לֹא יְגַלֵּחוּ. גַּבֵּי כֹּהֲנִים כְּתִיב. "וְלֹא תַשְׁחִית אֵת פְּאַת זְקָנֶךָ" בְּיִשְׂרָאֵל כְּתִיב, וְיָלְפִינַן לְהוּ בִּג"ש הַאי מֵהַאי דִּ"פְאַת" "פְאַת". וְהָכִי אָמְרִי' בְּהֶדְיָא בְּפֶרֶק קַמָּא דְּקִדּוּשִׁין (דף לה:): ג"ש דִּ"פְאַת" "פְאַת" לְהָכִי הוּא דַּאֲתָא, דְּתַנְיָא: "לֹא יְגַלֵּחוּ" כו'. ת"ל לֹא תַשְׁחִית. וּמִסְפָּרַיִם אֵינָן מַשְׁחִיתִים, שֶׁאֵין חוֹתְכִין שֵׂעָר בְּצַד עִיקָּר כְּתַעַר. גִּילּוּחַ שֶׁיֵּשׁ בּוֹ הַשְׁחָתָה. דֶּרֶךְ לְגַלֵּחַ בּוֹ וּמַשְׁחִית, וְהַיְינוּ תַּעַר. אֲבָל רְהִיטְנִי, מַשְׁחִית וְאֵין דֶּרֶךְ לְגַלֵּחַ בּוֹ. וּמִסְפָּרַיִם, מְגַלְּחִין וְאֵין מַשְׁחִיתִים. אִי גָּמֵיר גְּזֵירָה שָׁוָה. הַהִיא גְּזֵירָה שָׁוָה דִּ"פְאַת" "פְאַת" קָאָמַר, וּבְמַסֶּכֶת קִדּוּשִׁין הִיא (שם). מִסְפָּרַיִם מְנָא לֵיהּ דְּמוּתָּר לְגַלֵּחַ בָּהֶם? דְּלָא קָאָסְרִי אֶלָּא מַלְקֵט וּרְהִיטְנִי, שֶׁיֵּשׁ בָּהֶן הַשְׁחָתָה. גִּילּוּחַ עָבְדִי. הַשְׁחָתָתָן עוֹשֶׂה גִּילּוּחַ. כְּלוֹמַר גִּילּוּחַ מִיקְרֵי, דְּדֶרֶךְ לְגַלֵּחַ בָּהֶן. **מתני'** כְּתוֹבֶת קַעֲקַע. כּוֹתֵב תְּחִלָּה עַל בְּשָׂרוֹ בְּסַם אוֹ בְּסִיקְרָא, וְאַחַ"כ מְקַעְקֵעַ הַבָּשָׂר בְּמַחַט אוֹ בְּסַכִּין, וְנִכְנַס הַצֶּבַע בֵּין הָעוֹר לַבָּשָׂר וְנִרְאֶה בּוֹ כָּל הַיָּמִים. קַעֲקַע = פויינטוור"ר. וְאָסוּר לִכְתּוֹב שׁוּם כְּתִיבָה בָּעוֹלָם עַל בְּשָׂרוֹ בְּעִנְיָן זֶה, שֶׁכָּךְ גְּזֵירַת הַכָּתוּב. אֶת הַשֵּׁם. מְפָרֵשׁ בַּגְּמָרָא דְּשֵׁם עֲבוֹדָה זָרָה קָאָמַר. **גמ'** עַד שֶׁיִּכְתּוֹב אֲנִי ה' מַמָּשׁ. עַל תֵּיבוֹת הַלָּלוּ: "אֲנִי ה'" אַתָּה מְחַיְּיבוֹ מִשּׁוּם כְּתוֹבֶת קַעֲקַע. וּכְתוֹבֶת קַעֲקַע לֹא תִתְּנוּ בָּכֶם. שׁוּם כְּתוֹבֶת קַעֲקַע לֹא *יַעֲשׂוּ לְפָנַי, שֶׁאֲנִי ה' וַאֲסוּרִין אַתֶּם לִכְתּוֹב שֵׁם אַחֵר עַל בִּשְׂרְכֶם. אַלְמָא עִיקַּר חִיּוּבָא מִשּׁוּם שֵׁם עֲבוֹדָה זָרָה הוּא. וּמִיהוּ אָסוּר לִכְתּוֹב שׁוּם כְּתִיבָה בָּעוֹלָם אֲפִי' לר"ש, אֶלָּא דְּחִיּוּב מַלְקוֹת לֵיכָּא. אֵפֶר מִקְלֶה. דַּוְקָא קָאָמַר, לְפִי שֶׁקָּשֶׁה הִיא וּמְקַעְקַעַת מְקוֹם הַמַּכָּה וְהָרוֹשֶׁם נִרְאֶה שָׁם אַחַר זְמַן. אֲבָל עָפָר בְּעָלְמָא לֹא. שַׁפּוּד. בְּפ' "אֵין נָדִין" (ביצה דף כח:): (ו) שַׁפּוּד שֶׁצָּלוּ בּוֹ בָּשָׂר אָסוּר לְטַלְטְלוֹ. א"ר מַלְכִּיּוֹ א"ר אַדָּא: וְשׁוֹמְטוֹ וּמַנִּיחוֹ בְּקֶרֶן זָוִית. וְהַיְינוּ שְׁמַעְתְּתָא, דְּעִילּוּיֵהּ מִילְּתָא דַּאֲמוֹרָא אֲמָרָהּ. שְׁפָחוֹת. מִשְׁנָה הִיא בְּפ' "אַע"פ" (כתובות דף נט:), ר' אֱלִיעֶזֶר אוֹמֵר: אֲפִי' הִכְנִיסָה לוֹ מֵאָה וכו'. אָמַר רַב מַלְכִּיּוֹ א"ר אַדָּא(ז): הֲלָכָה כְּרַבִּי אֱלִיעֶזֶר (שם סא:). וְהַיְינוּ מִשְׁנָה, דְּאַמַּתְנִי' קָאֵי וְלָא קָאָמַר מִילְּתָא בְּאַפֵּי נַפְשֵׁיהּ. גּוּמּוֹת. (ח) *בְּנִדָּה בְּ"בָא סִימָן" (דף נב.), ר' חֶלְבּוֹ אָמַר רַב הוּנָא: שְׁתֵּי שְׂעָרוֹת שֶׁאָמְרוּ צָרִיךְ שֶׁיְּהֵא בְּעִיקָּרָן גּוּמּוֹת. רַב מַלְכִּיּוֹ אָמַר רַב אַדָּא בַּר אַהֲבָה: גּוּמּוֹת אַע"פ שֶׁאֵין בּוֹ שְׂעָרוֹת. בְּלוֹרִית. בְּפֶרֶק "אֵין מַעֲמִידִין" בַּע"ז (דף כט.) ת"ר: גּוֹי הַמִּסְתַּפֵּר מִיִּשְׂרָאֵל כו', וְכַמָּה? אָמַר רַב מַלְכִּיּוֹ אָמַר רַב אַדָּא: (ט) שָׁלֹשׁ אֶצְבָּעוֹת לְכָל רוּחַ. וְהַיְינוּ מַתְנִיתָא. אֵפֶר מִקְלֶה. הָכָא. (י) וּשְׁמַעְתָּא הִיא, דְּלָאו אַמַּתְנִי' קָאֵי, אֶלָּא מִילְּתָא בְּאַפֵּי נַפְשֵׁיהּ קָאָמַר: אָסוּר לוֹ לָאָדָם כו'. גְּבִינָה. נַמִּי בְּ"אֵין מַעֲמִידִין". דְּקָתָנֵי בַּמִּשְׁנָה: וּגְבִינוֹת בֵּית אוּנְיָיקִי. וּבָעֵי בַּגְּמָרָא: מ"ט? אָמַר רַב מַלְכִּיָּא אָמַר רַב אַדָּא: (כ) מִפְּנֵי שֶׁמַּחֲלִיקִין כו'. וְהַיְינוּ מִשְׁנָה, דְּאַמַּתְנִי' קָאֵי. מַתְנִי' וּמַתְנִיתָ'. רַב פַּפָּא אַסִּימָנָא דְּרַב מַלְכִּיּוֹ קָאֵי, לְגָרוֹעֵי מִינֵּיהּ שְׁפָחוֹת. דְּכוּלְּהוּ מַתְנִי' רַב מַלְכִּיָּא אֲמָרִינְהוּ, כְּלוֹמַר, מִשְׁנָה דִּשְׁפָחוֹת דְּאוֹקְמָהּ כְּרַב מַלְכִּיּוֹ – רַב מַלְכִּיָּא אֲמָרָהּ. וּמַתְנִיתָא דְּקָאָמַר – לָאו דַּוְקָא, אֶלָּא דְּבָסִימָנָא דְּרַב מַלְכִּיּוֹ לֵיכָּא מַתְנִי'. וּשְׁמַעְתָּתָא דְּרַב מַלְכִּיּוֹ – וּמַה שֶּׁנִּשְׁאַר מִן הַשְּׁמַעְתּוֹת בְּסִימָנוֹ שֶׁל רַב מַלְכִּיּוֹ, דְּהַיְינוּ שַׁפּוּד וְגוּמּוֹת – רַב מַלְכִּיּוֹ אֲמָרִינְהוּ. וְהַיְינוּ דְּקָאָמַר: אִיכָּא בֵּינַיְיהוּ שְׁפָחוֹת, וְלָא קָאָמַר שְׁפָחוֹת וְאֵפֶר מִקְלֶה, אֶלָּא שְׁפָחוֹת גְּרֵידָא מְגָרְעִינַן, וּדְרַב מַלְכִּיּוֹ כִּדְקָאֵי קָאֵי. מַתְנִיתָא מַלְכְּתָא. מִשְׁנָיוֹת וּבָרַיְיתוֹת עִיקָּר הֵן. וְהַיְינוּ סִימָן: מִי שֶׁשְּׁמוֹ דּוֹמֶה לִנְקֵבָה, מוֹקְמִינַן כּוּלְּהוּ מַתְנְיָיתָא דְּהָווּ נַמִּי לָשׁוֹן נְקֵבָה אַלִּיבֵּיהּ, וְהַיְינוּ רַב מַלְכִּיָּא שֶׁשְּׁמוֹ דּוֹמֶה לִנְקֵבָה. וּמַשְׁמָעוּתוֹ שֶׁל שֵׁם נַמִּי מַשְׁמַע לְשׁוֹן מַלְכוּת, וְהַיְינוּ מִשְׁנָיוֹת וּבָרַיְיתוֹת שֶׁהֵן עִיקָּר, וְלֹא שְׁמַעְתּוֹת. וְאִית דִּמְפָרֵשׁ: אִיכָּא בֵּינַיְיהוּ שְׁפָחוֹת (ל) וּמִקְלֶה, מַשְׁמַע: שְׁפָחוֹת וְשֶׁכְּנֶגְדָּהּ. כָּךְ לְשׁוֹן ה"ה. רִיבְדָּא = מַכָּה. כּוּסִילְתָּא. כְּלִי שֶׁמַּכֶּה בּוֹ. בְּלַעַ"ז פליימ"א. **מתני'** הָיָה לָבוּשׁ כִּלְאַיִם. אֶחָד מִן הַשּׁוּק וְלֹא נָזִיר.

יש

על עבודה זרה ביד חייב. פי' הקונטרס: חייב מיתה (מ) בכדרכה, ולקי שלא כדרכה מ"לא תעבדם" יתירא. בכלי פטור, דאינו בכלל עבודה, דאינו (חייב) אלא ביד.

רב אשי אומר מכתו מוכחת עליו. וכן הלכה.

ואפילו

צח א מיי' פי"ב מהלכות ע"ז הלכה יא סמג לאוין סא טוש"ע יו"ד סי' קפ ס"א:
צט ב טוש"ע שם ס"ג:
ק ג מיי' פ"ה מהלכות נזירות הלכה י סמג לאוין רכ:
קא ד מיי' שם הל' טז ופ"ג מהל' אבל הל' ז סמג שם וסי' רלד:
קב ה מיי' פ"ה מהל' נזירות הלי"ג סמג לאוין רכ:
קג ו מיי' פ"י מהלכות כלאים הל' ל סמג לאוין רפג:

ג' רי"ף ורא"ש דרב נחמן
מ"א יח
קדושין לה: נזיר מ: נח:
ויקרא כא
שם יט
רש"ל
[ג"ל בדיון]
[כסה"מ ל"ג את]
שם
ע"ז כט. ביצה כח: כתובות סא: נדה נב.
[ובכל המקומות איתא ר' חנינא]
קדושין עז: חולין פב: נזיר מב.
בס"י תעשו לפי כו'

הגהות הב"ח

(א) גמ' בין פירקי רדישא: (ב) שם בין פירקי דדיקנא: (ג) שם בריה דרבא לרב אשי עד דיכתוב. נ"ב פי' היה שואלו אם כך הוא פי' המשנה: (ד) שם אמר רב חיננא בריה דרב איקא שפוד: (ה) שם מכתו מוכחת עליו: (ו) רש"י ד"ה שפוד בפרק אין נדין אמר שמואל שפוד שצלו וכו' א"ר אדא בר אהבה שומטו: (ז) ד"ה שפחות וכו' א"ר אדא בר אהבה הלכה כר"א: (ח) ד"ה גומות שמעתתא היא בפ' בא סימן לענין מיאון אמר ר' מלכיו אמר ר' אדא בר אהבה גומות אע"פ שאין שם שתי שערות גדולה היא ואינה ממאנת דאין גומא אא"כ היה בה שער ונשרו הס"ד: (ט) ד"ה בלורית וכו' א"ר אדא בר אהבה שלש: (י) ד"ה אפר וכו' שמעתא כצ"ל ואות ו' נמחק: (כ) ד"ה גבינה וכו' אמר ר' אדא בר אהבה מפני: (ל) ד"ה מתניתא מלכתא וכו' שפחות ואפר מקלה דמשמע: (מ) תוס' ד"ה על וכו' חייב מיתה אף שלא בכדרכה ולקי:

קד א מיי' פ"י מהלכות כלאים הלכה ל סמג לאוין רפג:

קה ב ג מיי' שם פ"א הל' ב סמג שם טור שו"ע יו"ד סי' רצו ס"א:

קו ד מיי' פ"א מהלכות יו"ט הלכה ג:

יש *חורש תלם א' וחייב עליו משום שמונה לאוין: החורש בשור וחמור, והן מוקדשין, וכלאים בכרם, ובשביעית, ויום טוב, וכהן ונזיר בבית הטומאה. חנניא בן חכינאי אומר: אף הלובש כלאים. אמרו לו: אינו השם. אמר להם: אף הנזיר לא הוא השם.§ **גמ'** *אמר רב ביבי אמר ר' יוסי: (א) פושט ולובש לובש ממש, או) אפי' מכניס ומוציא בית יד אונקלי שלו? מחוי רב אחא בריה דרב איקא: עיולי ואפוקי. רב אשי אומר: *אפילו לא שהה אלא כדי לפשוט וללבוש – חייב.§ "יש חורש תלם" וכו'.§ *א"ר ינאי: בחבורה נמנו וגמרו: המחפה בכלאים – לוקה. אמר להן רבי יוחנן: לאו משנתנו היא זו: יש חורש תלם אחד וחייב עליו משום שמונה לאוין: החורש בשור ובחמור, והן מוקדשין, וכלאים בכרם; האי חורש דמחייב משום כלאים היכי משכחת לה, לאו דמיכסי בהדיה דאזיל? א"ל: *אי לאו דדלאי לך *חספא מי משכחת מרגניתא תותה? אמר ליה ריש לקיש לר' יוחנן: *אי לאו דקילסך גברא רבה, הוה אמינא: מתני' מני – רבי עקיבא היא, דאמר: המקיים כלאים – לוקה. מאי רבי עקיבא – דתניא: *המנכש והמחפה בכלאים – לוקה, רבי עקיבא אומר: אף המקיים. מאי טעמא דר' עקיבא? *דתניא: "שדך לא תזרע כלאים" – אין לי אלא זורע, מקיים מנין – ת"ל: ("בהמתך לא תרביע) כלאים שדך לא (תזרע כלאים"). אמר ליה עולא לרב נחמן: *ולילקי נמי משום זורע ביום טוב! א"ל: *תנא ושייר. א"ל: *תנא (ב) קתני שמונה, ואת אמרת תנא ושייר?! אמר (ג) רבא: א) ויש חילוק מלאכות בשבת, ואין חילוק מלאכות ביום טוב. אמר ליה: (ד) *עדא תהא. איתיביה אביי: ואין חילוק מלאכות ביום טוב? ב) והתנן: המבשל גיד (ה) בחלב ביו"ט ואכלו – לוקה חמש; לוקה משום אוכל גיד, ולוקה משום מבשל ביום טוב שלא לצורך, ולוקה משום מבשל גיד בחלב, ולוקה משום אוכל בשר בחלב, ולוקה משום

א) [פסחים מח.] ב) נ"ל והתניא ג) פסחים מז: ע"ש ביצה יב: ע"ש

יש חורש תלם אחד. יש עובר ב"לא תחרוש בשור ובחמור" ונלקטים עליו איסורים הרבה עם אותו לאו בלבד. ובהא לא קא עסיק שאם חורש בכמה שוורים וכמה חמורים והרי נלקטים איסורין הרבה עליו, דלכל הפסוקות קאמר, ואלא בכלאים קאי, נלקט עליו כל איסורין שהוא יכול. והן מוקדשין. בגמ' מוקי ליה בבכור, (ו) בְּכוֹר שׁוֹר וּפֶטֶר חֲמוֹר, וְקָעָבַר בְּהֶן מִשּׁוּם "לֹא תַעֲבוֹד בִּבְכוֹר שׁוֹרֶךָ" וְאַלִּיבָּא דְּרַבִּי יְהוּדָה דְּאָמַר בְּפ"ק דִּבְכוֹרוֹת (דף ט:): פֶּטֶר חֲמוֹר אָסוּר בַּהֲנָאָה, דִּבְכְלָל "לֹא תַעֲבוֹד" הוּא. וְאע"ג דִּבְקְרָא כְּתִיב "בְּכוֹר שׁוֹרֶךָ", אִיהוּ דָּרֵישׁ לֵיהּ "בְּכוֹר שׁוֹרֶךָ" לְמַעוּטֵי שׁוּתָּפוּת וְלָא לְמַעוּטֵי פֶּטֶר חֲמוֹר. אִי נַמִי, מַתְנִי' כְּמַאן דִּמְמַעֵט פֶּטֶר חֲמוֹר מֵהָכָא – שׁוֹר וַחֲמוֹר דְּקָתָנֵי בְּמַתְנִי' לָאו דַּוְקָא, דְּשׁוֹר וְשֶׂה קָאָמַר, וְהַאי דְּנָקַט חֲמוֹר מִשּׁוּם לִישָּׁנָא דִּקְרָא, דְּגַבֵּי כִּלְאַיִם כְּתִיב שׁוֹר וַחֲמוֹר, וְהוּא הַדִּין לְכָל שְׁנֵי מִינִין. וּמִשּׁוּם הֲנָאָה דְּמִיתְהֲנֵי מֵהֶקְדֵּשׁ וַהֲוָה לֵיהּ הֵזִיד בִּמְעִילָה – לָא לָקֵי, דִּבְכוֹר לָאו בַּר מְעִילָה הוּא, דְּהָא מָמוֹן כֹּהֵן הוּא, דְּאֵין מְעִילָה אֶלָּא בְּקָדְשֵׁי גָּבוֹהַּ, דְּ"מִקָּדְשֵׁי ה'" כְּתִיב. וְאֵין מְעִילָה בִּבְכוֹר אֶלָּא בְּנֶהֱנֶה מִן הָאֵימוּרִים אַחַר זְרִיקַת דָּמִים, דְּהָנְהוּ לַגָּבוֹהַּ נִינְהוּ, וְהוּא הַדִּין לְכָל קָדָשִׁים קַלִּים. וּבְקָדְשֵׁי קָדָשִׁים יֵשׁ בָּהֶן מְעִילָה לִפְנֵי זְרִיקַת דָּמִים, דִּלְגָבוֹהַּ נִינְהוּ, אֲבָל מִשֶּׁנִּזְרַק הַדָּם – זָכוּ בְּהוּ כֹּהֲנִים מִשּׁוּלְחַן גָּבוֹהַּ, וַהֲוָה לֵיהּ מָמוֹן כֹּהֵן וְאֵין בּוֹ מְעִילָה. וְכֵן מוּכָח בְּר"ה (דף כח.): בְּשׁוֹפָר שֶׁל עוֹלָה לֹא יִתְקַע, וְאִם תָּקַע יָצָא. בְּשׁוֹפָר שֶׁל שְׁלָמִים לֹא יִתְקַע, וְאִם תָּקַע לֹא יָצָא. מַאי טַעֲמָא? עוֹלָה דְּבַת מְעִילָה הִיא כֵּיוָן דְּמָעַל בָּהּ נָפְקָא לְחוּלִּין, שְׁלָמִים דְּלָאו בְּנֵי מְעִילָה נִינְהוּ לָא נָפְקֵי לְחוּלִּין. וְהָכִי נַמִי מוּכָח בְּמַס' מְעִילָה וּבְכַמָּה דּוּכְתֵּי. וְכִלְאַיִם בְּכֶרֶם. דִּמְכַסֵּי בַּהֲדֵי דְּאָזֵיל וּמְחַפֶּה (ז) *)בְּזוֹרֵעַ. שְׁבִיעִית. נַמִי מִשּׁוּם זוֹרֵעַ בַּשְּׁבִיעִית. וְיוֹם טוֹב. דְּקָעָבֵיד חֲרִישָׁה בְּיו"ט. כֹּהֵן. וְהוּא נָזִיר, וְהוֹלֵךְ בִּמְקוֹם טוּמְאָה אַחַר מַחֲרַשְׁתּוֹ, דְּאִיכָּא חַד לָאו מִשּׁוּם כֹּהֵן – "לְנֶפֶשׁ לֹא יִטַּמָּא בְּעַמָּיו", וְחַד מִשּׁוּם נָזִיר – "עַל כָּל נַפְשׁוֹת מֵת לֹא יָבוֹא". אֵינוּ הַשֵּׁם. (ח) אֵינוּ לָאו זֶה נִלְקָט עָלָיו מִשּׁוּם חֲרִישָׁה אֶלָּא מִשּׁוּם לְבִישָׁה. אַף נָזִיר. נָזִיר וְכֹהֵן קָאָמַר, וְלָא דָּיֵיק. אֵינוּ הַשֵּׁם. אֵין לָאו שֶׁלּוֹ בָּא עָלָיו מִשּׁוּם חֲרִישָׁה אֶלָּא מִשּׁוּם כְּנִיסָה, שֶׁנִּכְנַס לִמְקוֹם טוּמְאָה. גמ' אֲפִילּוּ מַכְנִיס וּמוֹצִיא בֵּית יַד אוּנְקְלִי שֶׁלּוֹ. מַכְנִיס וּמוֹצִיא יָדוֹ בְּבֵית יַד חֲלוּקוֹ דָּמֵי כְּפוֹשֵׁט וְלוֹבֵשׁ. עַיּוּלֵי וְאַפּוּקֵי. מַמָּשׁ. בַּחֲבוּרָה. נראה לי: יוֹם אֲסִיפָה אוֹ יוֹם וַועַד הָיָה לָהֶם שֶׁקּוֹרִין "חֲבוּרָה". דְּדָלַאי. הִגְבַּהְתִּי. מִי מַשְׁכַּחַתְ מַרְגָּנִיתָא. דְּאִי לָאו דְּאָמְרִי לָךְ, הֲוֵי אָמְרַתְּ חוֹרֵשׁ דִּמְחַיֵּיב בְּכִלְאַיִם לָאו מִשּׁוּם זוֹרֵעַ אֶלָּא מִשּׁוּם (מָקוֹם) מְקַיֵּים, דְּשָׁבֵיק וְלָא עָקַר לְהוּ. אִי לָאו דְּקִלְּסָךְ גַּבְרָא רַבָּה. רַבִּי יַנַּאי (ט), הֲוָה מוֹקִימְנָא מַתְנִיתָא דִּמְחַיְּיבָא חוֹרֵשׁ בְּכִלְאַיִם דְּמִשּׁוּם מְקַיֵּים הוּא, וּכְרַבִּי עֲקִיבָא. וּמַאן דְּאִית לֵיהּ מְקַיֵּים בְּכִלְאַיִם פָּטוּר – פּוֹטֵר נַמִי בִּמְחַפֶּה. אֲבָל רַבִּי יַנַּאי קִלְּסָךְ וְהוֹדָה לָךְ דִּמְחַפֶּה מִשּׁוּם זוֹרֵעַ מִיחַיֵּיב לְכוּלֵּי עָלְמָא, דְּמִדְּקָאָמַר רַבִּי יַנַּאי: הַמְחַפֶּה בְּכִלְאַיִם לוֹקֶה, וְלָא קָאָמַר "מְקַיֵּים בְּכִלְאַיִם לוֹקֶה" – ש"מ דַּעֲדִיף לֵיהּ מְחַפֶּה מִמְּקַיֵּים, דִּמְחַפֶּה כְּזוֹרֵעַ חֲשִׁיב לֵיהּ וְחַיָּיב לְכוּלֵּי עָלְמָא. וְכִי אָמְרַתְּ לֵיהּ: לֹא מִשְׁנָתֵנוּ הִיא – הוֹדָה לִדְבָרֶיךָ שֶׁיָּפֶה אָמַרְתָּ. וְאִי לָאו דְּקִלְּסָךְ הֲוָה אָמִינָא טַעַם דְּמַתְנִיתִין מִשּׁוּם מְקַיֵּים, דִּמְקַיֵּים בְּכִלְאַיִם לוֹקֶה לְרַבִּי עֲקִיבָא. וְכֵן בַּשְּׁבִיעִית מִשּׁוּם חוֹרֵשׁ מְחַיֵּיב לֵיהּ תַּנָּא דְּמַתְנִיתִין, וּמַאן דְּפָטַר בִּמְקַיֵּים פָּטַר נַמִי בִּמְחַפֶּה. מַאי רַבִּי עֲקִיבָא דְּתַנְיָא הַמְנַכֵּשׁ וְהַמְחַפֶּה. וְלָא גָּרְסִינַן "דִּתְנַן", דְּבָרַיְיתָא הִיא וְלָא מִשְׁנָה. הַמְנַכֵּשׁ וְהַמְחַפֶּה בְּכִלְאַיִם לוֹקֶה רַבִּי עֲקִיבָא אוֹמֵר אַף הַמְקַיֵּים. כּוּלָּהּ רַבִּי עֲקִיבָא קָאָמַר לָהּ: הַמְנַכֵּשׁ וְהַמְחַפֶּה בְּכִלְאַיִם לוֹקֶה, דִּמְקַיֵּים הוּא, שֶׁר"ע כו'. וְהָכִי מַתְנֵי לֵיהּ בְּמוֹעֵד קָטָן. וְרַבָּנַן דִּפְלִיגֵי עֲלֵיהּ דְּרַבִּי עֲקִיבָא סְבִירָא לְהוּ מְחַפֶּה אֵינוֹ לוֹקֶה, דְּמַאן דְּפָטַר בִּמְקַיֵּים פָּטַר בִּמְחַפֶּה, וְהַמְנַכֵּשׁ עוֹקֵר עֲשָׂבִים רָעִים כְּדֵי שֶׁיִּגְדְּלוּ הָאֲחֵרִים יוֹתֵר – לוֹקֶה, דַּחֲשִׁיב כְּזוֹרֵעַ כִּלְאַיִם. בְּהֶמְתְּךָ לֹא תַרְבִּיעַ כִּלְאַיִם שָׂדְךָ לֹא תִזְרַע כִּלְאָיִם. וְשָׁמְעִינַן לֵיהּ הָכִי: כִּלְאַיִם שָׂדְךָ לֹא. דְּעָקְרִינַן לֵיהּ מִפְּשָׁטֵיהּ לִדְרָשָׁא, (י) דַּהֲוָה מָצֵי לְמִיכְתַּב "בְּהֶמְתְּךָ כִּלְאַיִם לֹא תַרְבִּיעַ", וּמִדְּכְתַב בְּהֶמְתְּךָ כִּלְאַיִם לְשָׂדֶה – שְׁמַע מִינָּהּ לְהָכִי הוּא דַּאֲתָא. וְלִילְקֵי נַמִי מִשּׁוּם זוֹרֵעַ. דְּהָא נִמְנוּ וְגָמְרוּ דִּמְחַפֶּה זוֹרֵעַ הוּא, כְּדַאֲמָרַן. וְאֵין חִילּוּק מְלָאכוֹת בְּיוֹם טוֹב. אִם עָשָׂה שְׁתַּיִם וְשָׁלֹשׁ מְלָאכוֹת בְּהֶעְלֵם אֶחָד, אוֹ עָשָׂה מְלָאכָה שֶׁיֵּשׁ בָּהּ (כ) שְׁתַּיִם – אֵינוֹ חַיָּיב אֶלָּא אַחַת. לְמ"ד הַבְעָרָה לְחַלֵּק יָצָאת (שבת דף ע.) – סְבִירָא לֵיהּ אֵין חִילּוּק מְלָאכוֹת בְּיו"ט, דְּבְיו"ט לֹא יָצָאת הַבְעָרָה. ומ"ד נַמִי הַבְעָרָה לְלָאו יָצָאת, וְנָפְקָא לֵיהּ חִילּוּק מְלָאכוֹת מִ"וְעָשָׂה אַחַת מֵהֵנָּה" – הָנֵי מִילֵּי בְּאִיסּוּרֵי דְּאִית בְּהֶן חִיּוּב חַטָּאת, כְּגוֹן מְלָאכוֹת דְּשַׁבָּת דִּזְדוֹנָן כָּרֵת וְשִׁגְגָתָן חַטָּאת, דְּבַהַהִיא פָּרָשָׁה דְּ"וְעָשָׂה מֵאַחַת מֵהֵנָּה" קַמַּיְירֵי בְּחַטָּאת. אֲבָל יו"ט דְּחִיּוּב מַלְקוּת הוּא וְאֵין זְדוֹנוֹ כָּרֵת – אֵין בּוֹ חִילּוּק מְלָאכוֹת. לוֹקֶה מִשּׁוּם מְבַשֵּׁל. גִּיד בְּיוֹם טוֹב. וּמִשּׁוּם מְבַשֵּׁל בָּשָׂר בְּחָלָב – קָסָבַר יֵשׁ בְּגִידִין בְּנוֹתֵן טַעַם. תְּלָתָא "לֹא תְבַשֵּׁל" כְּתִיבֵי: חַד לַאֲכִילָה וְחַד לַהֲנָאָה וְחַד לְבִישּׁוּל, בִּשְׁחִיטַת חוּלִּין (דף קטו:).

משום

*) [נ"ל כזורע או שג"ל בזורע]

ואפילו לא שהה אלא (ג) להפשיט מלבוש חייב. ובלא שהה לא מיחייב. ולא דמי דין זה להך דפ"ב דשבועות (דף טז:) (ושם) דאיבעיא להו מי צריך שהייה למלקות גבי טומאת מקדש ונזיר בקבר דשמא מחייב בלא שהה, והכא אמרי' דלא מיחייב בלא שהייה. דלא דמי לשהייה דהתם, דכיון דבידו לפרוש מן הטומאה, כי נמי לא שהה כדי השתחוואות דין הוא דמחייב. אבל הכא, דאין לו שהות לפשוט וללבוש – אין כאן עבירה אחרת, דעדיין הלבישה הראשונה קיימת. דהתם נמי אינו חייב עד שיוכל לפרוש מן הטומאה.

(לעיל ע"א) **מחוי** ליה רב ששת בין פירקי. לפ"ה כדאיתא שתים מכאן ושתים מכאן. ולפר"ת כמו שפירש בשבועות (דף ג.).

(ג"ז שם) **לא** יגלחו. וא"ת: מאי מייתי מ"לא יגלחו"? הא גבי כהנים כתיבא! וי"ל: דגמרינן מיניה.

החורש בשור וחמור והן מוקדשין. (מ) ופ"ה: בכור שור עובר משום "לא תעבוד בבכור שורך", וחמור קדשי בדק הבית, ולקי משום דהזיד במעילה באזהרה. וי"א פטר חמור, וכמ"ד אסור בהנאה. ולא נהירא, דאינו כן, דליכא למ"ד דלקי הנהנה ממנו. ולא נראה לר"י פירוש הקונטרס דפירש דחמור לקי מלאו דהזיד במעילה, דבגמ' קאמר מידי דאיתיה בשאלה לא קתני, והקדש דמתני' איירי בבכור דליתיה בשאלה. לכך מפרש ר"י דעל החמור אינו לוקה, ויכול להיות שהוא חולין. (נ) "והן מוקדשין" בשור וחמור לאו דוקא, דליכא מוקדשין אלא בשור, וליכא אלא ב' לאוין בשור וחמור. אבל בכלאי הכרם איכא ב' מלקות, דמיירי שהיה זורע בכרם חטה ושעורה וחרצן וחפה אותם בחרישה, דקא עבד תרתי: חדא דזרע כלאי זרעים, ועוד דזרע כלאי הכרם*. אלא

[יבמות נב: ב"מ יז:]

[ודבריהם יותר מבוארים בפסחים מז. ד"ה והן מוקדשין]

פסחים מז.

[נ"ל אמר רב ביבי אמר רב אסי לא פושט ולובש ממש אלא אפי' וכו' כך הגירסא בילקוט וכן הי' בתוס' שבועות יז. ד"ה אין וכו']

נ"ל ליה

[עי' תוס' ב"מ יז. ד"ה אי לאו]

[יבמות נב:]

ע"ז סה. ע"ש מ"ק ב: ע"ש [תוספ' כלאים פ"א]

*שם [ע"ש]

ויקרא יט

שם

[סוכה נב. וש"נ]

[עי' תוס' מנחות יח: ד"ה מנין]

כמו זאת תהא וכן פי' רש"י בהשולח (גיטין דף מה.) גבי עדא תהא כמו זאת כו' רש"ל

תורה אור

הגהות הב"ח

(א) גמ' אמר ר' ביבי אמר ר' יוסי לא פושט ולובש ממש אלא אפילו מכניס: (ב) שם תנא קתני שמנה. נ"ב עי' תוס' פ"ק דקדושין דף טז ע"ב ד"ה הא ובתוס' דף ג' ד"ה למעוטי: (ג) שם אמר ליה רבה יש חילוק: (ד) שם עדא תהא. נ"ב כמו זאת תהא כלומר זו היא סברא נכונה דלא קא חשיב לדלוקי משום זורע ביו"ט משום דקחשיב חורש ביו"ט ואינו חייב ב' מלאכות ביו"ט כשעשאן בבת אחת: (ה) שם גיד הנשה בחלב ביו"ט: (ו) רש"י ד"ה והן מוקדשין וכו' בכור שור ופטר חמור וקעבר בכן וכו' דשור ושה קאמר נ"ב פי' וחייב ב' משום שור ומשום שה: (ז) ד"ה וכלאים בכרם וכו' ומחפה וחייב משום זורע: (ח) ד"ה אינו השם אין לאו זה וכו': (ט) ד"ה אי לאו וכו' ר' ינאי הס"ד ואח"כ מ"ה הוה אוקימנא מתניתין: (י) ד"ה בהמתך וכו' נ"ב עיין בע"ש:

גליון הש"ס

גמ' א"ר ינאי בחבורה נמנו. כעין זה יבמות קז ע"ב: שם ולילקי נמי משום זורע ביו"ט. קשה לי דבלא"ה קשה דלילקי נמי בחורש משום מחמר... תוס' ד"ה החורש וכו' מפרש ר"י. ועי' תוס' זבחים דף ע"ב ד"ה לדוקות:

(כ) ד"ה ואין חילוק וכו' שיש בה שתי לאוין אינו חייב: (ג) תוס' ד"ה ואפי' לא שהה אלא כדי להפשיט וללבוש חייב וכו' לשהייה דהתם כיון דבידו וכו' כדי השתחוואה דין הוא דמחייב אבל: (מ) ד"ה החורש וכו' פ"ה וכו' אסור בהנאה ולי נראה דאינו כן: (נ) בא"ד ויכול להיות שהוא חולין ולוקה קאמר והן מוקדשים תרוייהו בשור והחמור דליכא מוקדשים אלא בשור וליכא ב' לאוין כו"ל ותיבת אלא נמחק:

אלא הכא במאי עסקינן שבישלו בעצי הקדש. ואם תאמר: ולילקי משום הזיד במעילה באזהרה! וי"ל: דלא חשיב אלא לאו דאיתנהו בפחות משוה פרוטה.

מתקיף לה רב אושעיא וליחשוב נמי משום זורע בנחל איתן. קשה: דהשתא (ד) פריך טובא *(ונפרוך דלא) משני מידי! וצריך לומר (ה) דע"כ דתנא תנא ושייר. ולעיל קאמר: אלא תני תנא שמונה ואת אמרת תנא ושייר! ואומר הר"ס: דלא דמי לעיל, דקתני שמונה ומני י"ט בחד, ואם איתא דאיכא תו מלקות משום י"ט היה לו למנותן בשתים. אבל הכא יכול להיות דלא איירי תנא למיחשב כל הני גווני דזורע בנחל איתן ומוחק את השם.

אמר ליה כגון דאמר שלא אחרוש בין בחול בין ביו"ט. וקשה: דהכתי ליתא בלאו והן, כדפריך פ"ג דשבועות (דף כד. ושם) גבי "שלא אוכל נבילה ושחוטה", דפריך: מי איתא בלאו והן! ואולי י"ל דמשכחת לה בהן, כגון עפר תיחוח, דלית בה חיובא מן התורה באותה חרישה.

שהרי גוף אחד (ו) ועשאו הכתוב ב' גופים. הקונטרס פירש כגרסתו. ור"ת פירש בענין אחר, כמין חומר, דכתיב ביה "כלבי וכאיל" שהם ב' מינין. ובזה הפירוש מיושב הא דאמרי' בבכורות (דף לג.): תלתא "לבי ואיל" כתיבי בו, חד לכדרב יצחק וחד לכדר' (*יהושע) ופירוש הקונטרס לא אתפרש למילתייהו. והשתא ניחא (ז) הא דרבי יצחק ורבי *יהושע דהכא*.

המנהיג בשור פסולי המוקדשים לוקה. ודוקא אי מושך השור משוי בגופו, אבל בלא המשכה אין לוקה בהנהגה, דאם לא כן לעולם לא יוכלו להנהיג שור פסולי המוקדשים ממקום אחר*.

[נ"ל הושעיא] [נ"ל הושעיא] [*ועי' תוס' חולין קטו. ד"ה בשני] [ועי' תוס' שבת נג: ד"ה והתקן]

משום הבערה; ואם איתא – משום הבערה לא (א) מחייב, דהא איחייב ליה משום בשולו! אפיק הבערה ועייל גיד הנשה של נבילה. והתני ר' חייא: לוקה שתים על אכילתו ושלש על בשולו; ואי איתא – שלש על אכילתו הוא חייב! אלא, אפיק הבערה ועייל עצי אשירה,
דברים יג ואזהרתיה מהכא: "ולא ידבק בידך" וגו'. א"ל רב אחא בריה דרבא לרב אשי: ולילקי נמי
שם ז משום "לא תביא תועבה אל ביתך"! אלא הכא במאי עסקינן – כגון שבישלו בעצי הקדש,
שם יב ואזהרתיה מהכא: "ואשריהם תשרפון באש לא תעשון כן לה' אלהיכם". § סימן שנבא"י שנ"ז. § מתקיף לה רב הושעיא: וליחשוב נמי
שם כא הזורע בנחל איתן, ואזהרתיה מהכא: "אשר לא יעבד בו ולא יזרע"! מתקיף לה רב חנניא: וליחשוב נמי המוחק את השם בהליכתו,
שם יב ואזהרתיה מהכא: "ואבדתם את שמם וגו' (ו)לא תעשון כן לה' אלהיכם"! מתקיף לה ר' אבהו: וליחשוב נמי הקוצץ את בהרתו, ואזהרתיה
שם כד מהכא: "השמר בנגע הצרעת"! מתקיף לה אביי: וליחשוב נמי המזיח החושן מעל האפוד
שמות כה והמסיר בדי ארון, ואזהרתיה מהכא: "(ו)לא יסורו",
שם כח "ולא יזח החושן"! מתקיף לה רב אשי: וליחשוב נמי החורש בעצי אשירה, ואזהרתיה
דברים יג מהכא: "ולא ידבק בידך מאומה" וגו'! מתקיף לה רבינא: וליחשוב נמי הקוצץ אילנות
שם כ טובות, ואזהרתיה מהכא: "כי ממנו תאכל ואותו לא תכרות"! א"ל רבי זעירא לרבי מני: וליחשוב נמי כגון דאמר "שבועה שלא אחרוש ביום טוב"! התם לא קא חלה שבועה, מושבע ועומד מהר סיני הוא. א"ל: כגון דאמר "שבועה שלא אחרוש בין בחול בין ביו"ט", דמגו דחלה עליה שבועה בחול – חלה עליה נמי ביו"ט! *מידי דאיתיה בשאילה לא קתני. ולא? *והרי הקדש! בבכור. והרי נזיר! בנזיר שמשון. נזיר שמשון בר איטמויי למתים הוא?! אלא, האי תנא איסור כולל לית ליה. אמר רבי הושעיא: המרביע שור פסולי המוקדשים לוקה שנים. אמר רבי יצחק: המנהיג בשור פסולי המוקדשים – לוקה, שהרי גוף אחד הוא ועשאו הכתוב כשני גופים. § **מתני'** כמה מלקין אותו – ארבעים חסר אחת,
שם כה שנא': "במספר ארבעים" – מנין *שהוא סמוך לארבעים. ר' יהודה אומר: ארבעים שלימות הוא לוקה, והיכן הוא לוקה את היתירה – בין כתפיו. *)אין אומדין אותו אלא במכות ראויות להשתלש. אמדוהו לקבל ארבעים ולוקה מקצת, ואמדו

*) [כריתות יח.]

משום הבערה. דאי הוה איהו מבעיר וחבירו מבשל – הוו תרוייהו חייבין, דמבעיר ומבשל אבות מלאכות. אלמא מיחייב משום יו"ט שתים, הבערה ובישול! ה"ג: ואם איתא (ב) אהבערה לא ליחייב דהא איחייב ליה משום מבשל. גיד הנשה של נבילה. דלוקה אף משום נבילה שאכל. שלש על בישולו. בישול בשר בחלב, ובישול שלא לצורך יו"ט, והבערה שלא לצורך. ושתים על אכילתו – אכילת גיד, ואכילת בשר בחלב. ואם איתא דמפקת הבערה ומעיילת אכילת נבילה, הוי איסור ג' על אכילתו. ואזהרת עצי הקדש מהכא "ואשריהם תשרפון באש לא תעשון כן לה' אלהיכם". השמר בנגע הצרעת. ואמרינן (שבת דף קלג.) בקוצץ בהרתו הכתוב מדבר, ו"השמר" הוא לא תעשה. נילקי נמי. כגון שהיו כלי מחרישה מעצי אשירה. קוצץ אילנות טובות. בהליכתו. מי קא חיילא עליה. הא הוה ליה נשבע שלא יבטל המצות, ונפקא לן מ"להרע או להטיב" בשבועות (דף כה.) דאין זו שבועה! מיגו דחיילא עליה שבועה כו'. היינו איסור כולל. ואיסור מוסיף – כגון שבתחילה עלמה נוסף איסור, כגון אילו נוסף על היו"ט איסור ע"י שבועה זו. וה"ל מוסיף, דומיא דאשת איש ונעשית חמותו, דמוסיף הוא, דמעיקרא קיימא ליה בחנק והשתא קיימא ליה *בסקילה. א"נ, חלב נותר, מעיקרא קאי עליה באיסור חלב והשתא איתוסף עליה איסור נותר. ואיסור כולל היינו שאין איסור נוסף על התחילה, אלא כולל אחרים באיסורא. כגון שנשא אחות חמותו, דמיגו דמיתסר בכולהו אחוותא איתסר נמי בחמותו משום אחות אשה. אי נמי, כגון חמותו ונעשית אשת איש, דמיגו דכייל כולי עלמא באיסור אשת איש כללה נמי לדידיה לחייבו שתים. בנזיר שמשון. ע"י מלאך קיבל נזירות עליו, דהכתוב אין לו שאלה, דלאוי שנמעלה הוא. נזיר שמשון בר טמויי למתים הוא. כלום אסור הוא ליטמא למתים אדם שמקבל נזירתו ע"י מלאך? הא אמרינן במס' נזיר (דף ד:): שמשון הותר ליטמא למתים, ובעי לאפוקי מהאי קרא "ויך מהם וחמשים" וגו', ופריך ליה: אימא דשוינהו גוסקין! אלא גמרא. ואית דמפרשי: נזיר שמשון – נזיר מן הבטן. וקשיא לן: הויא נמי בשאלה איתיה, שהיה אביו יכול לישאל עליו. ואפילו מת אביו, בשאלה מיהא הוה ההוא שעתא! המרביע שור פסולי המוקדשין. שנפדה, אפילו על מינו – לוקה, שהרי גוף אחד (ג) ועשאו הכתוב שני גופין. דתורת חולין ותורת קדשים יש עליו: תורת חולין – שמותר באכילה מחוץ לפתח אהל מועד כאילו לא הוקדש מעולם, ותורת קדשים – שאסור בגיזה ועבודה, כדאמרינן בספרי: "בכל אות נפשך תזבח ואכלת בשר" במה הכתוב מדבר? אם בבשר תאוה – הרי כבר אמור "כי ירחיב ה' אלהיך את גבולך וגו' כי תאוה נפשך" וגו', אם באכילת קדשים – הרי כבר אמור "כי אם במקום וגו' שם תעלה" וגו', הא אין הכתוב מדבר אלא בפסולי המוקדשין שנפדו, "תזבח" – ולא גיזה, "בשר" – ולא חלב, "ואכלת" – ולא לכלביך. והלכך אסור להרביעו אפי' עם מינו משום כלאים, שמרביע חולין על קדשים או קדשים על חולין. וכן במנהיג, אפילו מנהיגו עם מינו, ואפילו מנהיגו בפני עצמו – חולין וקדשים הוא, וחייב משום כלאים דחרישה, דהוא עצמו כלאים, שעשאן הכתוב שני גופין. ולא שמעתי ראיה מנלן דחולין וקדשים כלאים זה בזה, ודבר תימה הוא. **מתני'** שנאמר במספר ארבעים. "והפילו השופט והכהו לפניו כדי רשעתו במספר" (דברים כה) וסמיך ליה "ארבעים יכנו", ודרשינן כמאן דכתיב במספר ארבעים – מנין שהוא סוכם את הארבעים. כדמפרש בגמ', דמדלא כתיב: "יכנו ארבעים במספר", אלא "במספר ארבעים יכנו", שמעינן דהכי קאמר: מנין הסוכם הארבעים – חשבון המשלים סכום של ארבעים, שגורם לקרות אחריו ארבעים, והיינו שלשים ותשע. ראויות להשתלש. בגמרא מפרש.

ואמדו

תורה אור

[סנהדרין נו.] [רש"א בשריפה] [שבועות כד:] [שם]

קז א מיי' פי"ט מהלכות רוצח הלכה ט סמג עשין עט:

קח ב ג מיי' פ"ו מהל' יסודי התורה הל"ח:

קט ד מיי' פ"י מהלכות טומאת צרעת הל"א סמג לאוין שנ:

קי ה מיי' פ"ט מהלכות כלי המקדש הל"ט:

קיא ו מיי' שם פ"ב הלכה יג:

קיב ז מיי' פ"ז מהלכות ע"ז הלכה ב:

קיג ח מיי' פ"ו מהלכות מלכים הלכה ח:

קיד ט מיי' פ"ט מהל' כלאים הל"א:

קטו כ מיי' פי"ז מהלכות סנהדרין הלכה א סמג לאוין קמא:

קטז ל מיי' שם הל"ב:

גליון הש"ס

רש"י ד"ה מיגו דחיילא וכו' כללה נמי לדידיה. תוס' ד"ה מתקיף וכו' דלא דמי. כעין זה נזיר דף לח ע"ב תוס' ד"ה ונלקי.

[בלחם משנה ריש פי"ז מהל' סנהדרין כתב פשוט דזה טעות וצריך להיות בגמ' סוכם את הארבעים לכן אמר בגמ' כן משמע ומבואר בפי' וכן בסמ"ג הביאו את הארבעים וגם הר"ן בסוף מסכת זו כתב פירוש המשנה מנין סוכם תרגום ותוכן לבנים סכום וכו']

הגהות הב"ח

(א) גמ' משום הבערה לא ליחייב דהא: (ב) רש"י ד"ה ה"ג ואם איתא. נ"ב כלומר דל"ג אהבערה לא ליחייב הואיל דחזו ליה לגרסינן בספרים ובפ' אלו עוברין הוא דגרסינן ליה וע"ש בדף מ ע"ב: (ג) ד"ה המרביע וכו' גוף אחד הוא ועשאו: (ד) תוס' ד"ה מתקיף וכו' דהשתא דפריך טובא נפרוך. נ"ב כלומר א"כ קשה מאי קא משני ועכ"פ נ"ל דתלמודא קא סמיך אשינויא דתנא ושייר כו': (ה) בא"ד וצריך לומר ע"כ וכו' ולעיל קאמר א"ל תני תנא שמנה וכו' דלא דמי ללעיל דקתני שמנה ומני י"ט. נ"ב וע"ע במ"ש התוס' רפ"ק דיבמות דף ג ע"ב ופ"ק דקדושין דף טז: (ו) ד"ה שהרי גוף אחד הוא ועשאו וכו' כגירסתו. נ"ב כלומר כפי שיטתו דטעמא דפסולי המוקדשין הם שני גופין דמקצתו קדשים ומקצתו חולין כמו שפי' בחולין דף קטו ע"ב: (ז) בא"ד ניחא דהוי דר' יצחק:

קיז א מיי' פט"ז מהל' סנהדרין הל"ב סמג לאוין קנט:
קיח ב מיי' שם הלכה ג ועי' בכ"מ:
קיט ג ד מיי' שם הל"ד וע"ש בכ"מ:
קכ ה מיי' שם פט"ז הלכה ח סמג שם:
קכא ו מיי' שם הל"ט:
קכב ז מיי' שם הל"י:
קכג ח מיי' שם הל"ט:
קכד ט מיי' שם הל"ח:
קכה י מיי' שם הל"ב:
קכו כ מיי' שם פי"ז הלכה ה:

וְאָמְדוּ שֶׁאֵין יָכוֹל לְקַבֵּל פָּטוּר. דְּכֵיוָן דְּנִתְבַּזָּה בְּבֵית דִּין וְלָקָה קְצָת – סַגֵּי לֵיהּ בְּהָכִי. אֲבָל לֹא לָקָה, אֶלָּא אֲמָדוּהוּ לְאַרְבָּעִים וְחָזְרוּ וְאָמְדוּ שֶׁאֵין יָכוֹל לְקַבֵּל כּוּלָּם – לָא מִיפַּטַר, דְּאֵין רַשָּׁאִין לִגְרוֹעַ הָאוֹמֶד, אֶלָּא לוֹקֶה אַחַר זְמַן. וְהָכִי נַמִּי אִם אֲמָדוּהוּ לִשְׁמוֹנָה עָשָׂר, וּמִשֶּׁלָּקָה חָזְרוּ וְאָמְדוּ שֶׁיָּכוֹל עֲדַיִין לְקַבֵּל אַרְבָּעִים – פָּטוּר מִשּׁוּם דְּלָקָה. אֲבָל לֹא לָקָה – רַשָּׁאִין לְהוֹסִיף עַל אוֹמֶד רִאשׁוֹן. **גמ'** כַּמָּה טִפְּשָׁאֵי שְׁאָר אֱינָשֵׁי. כַּמָּה שׁוֹטִים הַלָּלוּ, רוֹב בְּנֵי אָדָם. וּרְמִינְהוּ אֲמָדוּהוּ לְקַבֵּל אַרְבָּעִים וְחָזְרוּ (ג) וְאָמְדוּ שֶׁאֵין יָכוֹל פּוֹטְרִין אוֹתוֹ. אַע"ג דְּלֹא לָקָה, אַלְמָא דְּלָא שָׁנֵי בֵּין לָקָה לְלֹא לָקָה. וְהי"נ, בֵּין שֶׁאֲמָדוּהוּ לְאַרְבָּעִים בֵּין שֶׁאֲמָדוּהוּ לִשְׁמוֹנָה עֶשְׂרֵה לָא עָבְדִינַן לֵיהּ אֶלָּא אוֹמֶד רִאשׁוֹן, וְקָשֶׁה בֵּין מֵרֵישָׁא וּבֵין מִסֵּיפָא. הָא דַּאֲמָדוּהוּ לְיוֹמֵיהּ. מַתְנִיתִין בַּאֲמָדוּהוּ לְיוֹמֵיהּ לְקַבֵּל מ' אוֹ שְׁמוֹנָה עֶשְׂרֵה, וְהִלְכָּךְ כִּי חָזְרוּ וְאָמְדוּ בּוֹ בַּיּוֹם שֶׁאֵין יָכוֹל לְקַבֵּל אוֹ יָכוֹל – אִיגַּלַּאי מִילְּתָא דְּאוֹמֶד שֶׁלִּפְנֵי לֹא הָיָה כְּלוּם בֵּין דְּבוֹ בַּיּוֹם סָתְרוּ כָּל מַה שֶּׁאָמְדוּ, שֶׁהֲרֵי זֶה לֹא נִשְׁתַּנָּה וְלֹא הִכְחִישׁ בְּשָׁעוֹת מוּעָטוֹת כָּזֶה, וְיֵשׁ לוֹמַר דְּהֵם טָעוּ בָּאוֹמֶד. הִלְכָּךְ כִּי אָמְדוּ תְּחִלָּה לְאַרְבָּעִים וְחָזְרוּ וְאָמְדוּ בּוֹ בַּיּוֹם שֶׁאֵין יָכוֹל לְקַבֵּל, אִם לָקָה מִקְצָתָן – פּוֹטְרִין אוֹתוֹ שֶׁהֲרֵי נִתְבַּזָּה, וְאִם לֹא לָקָה – הֲרֵי הוּא כְּמִי שֶׁלֹּא אֲמָדוּהוּ כְּלָל וְעַכְשָׁיו הוּא דִּמְעַיְּינוּ בְּדִינֵיהּ וְאָמְרוּ אֵין יָכוֹל, וּמַמְתִּינִין לוֹ עַד שֶׁיַּבְרִיא וְיִהְיוּ אוֹמְדִין אוֹתוֹ אוֹמֶד הָרָאוּי לוֹ. וְכֵן אָמְדוּ תְּחִלָּה לְי"ח וּבוֹ בַּיּוֹם חָזְרוּ וְאָמְדוּ שֶׁיָּכוֹל לְקַבֵּל אַרְבָּעִים – אִיגַּלַּאי מִילְּתָא דְּטָעוּ בְּאוֹמֶד רִאשׁוֹן וְאֵינוֹ כְּלוּם. וְהִלְכָּךְ אִם לָקָה כְּבָר כָּל הַשְּׁמוֹנֶה עֶשְׂרֵה – פּוֹטְרִין אוֹתוֹ, דְּכֵיוָן דְּיָּצָא מִבֵּ"ד כְּבָר בִּזָּיוֹן בֵּ"ד הוּא לְהַחֲזִירוֹ. אֲבָל לֹא לָקָה – רַשָּׁאִין לְהוֹסִיף עַל אוֹמֶד רִאשׁוֹן, דְּאֵינוֹ כְּלוּם. וּבָרַיְיתָא בְּדַאֲמָדוּהוּ לְמָחָר אוֹ לְיוֹמָא אוּחְרָא. לְיוֹם אַחֵר, דְּהַהוּא וַדַּאי אוֹמֶד גָּמוּר הוּא, שֶׁיָּפֶה עִיְּינוּ שֶׁהָיָה יָכוֹל זֶה לְקַבֵּל עַד אוֹתוֹ יוֹם כָּךְ וְכָךְ מַכּוֹת, אֶלָּא נִשְׁתַּנָּה וְהִכְחִישׁ. הִלְכָּךְ כִּי אֲמָדוּהוּ לְאַרְבָּעִים עַד יוֹם פְּלוֹנִי וּכְשֶׁהִגִּיעַ יוֹם פְּלוֹנִי אָמְדוּ שֶׁאֵין יָכוֹל לְקַבֵּל כּוּלָּם – אוֹמֶד רִאשׁוֹן אוֹמֶד גָּמוּר הָיָה, וְהוֹאִיל וְנִשְׁתַּנָּה וְנִתְקַלְקֵל שֶׁאֵין יָכוֹל לְקַבֵּל – פָּטוּר אע"פ שֶׁלֹּא לָקָה, שֶׁהֲרֵי נִתְבַּזָּה בְּאוֹתוֹ אוֹמֶד. וְכִי אֲמָדוּהוּ נַמִּי לִשְׁמוֹנֶה עֶשְׂרֵה עַד יוֹם פְּלוֹנִי, וּכְשֶׁהִגִּיעַ יוֹם פְּלוֹנִי אָמְדוּ שֶׁיָּכוֹל לְקַבֵּל אַרְבָּעִים – אֵין לוֹקֶה אֶלָּא אוֹמֶד רִאשׁוֹן, דְּאוֹמֶד גָּמוּר הָיָה. כָּךְ נִרְאֶה לְרַבִּי.

וְאָמְדוּ שֶׁאֵין יָכוֹל לְקַבֵּל אַרְבָּעִים — פָּטוּר. אֲמָדוּהוּ לְקַבֵּל שְׁמוֹנֶה עֶשְׂרֵה, וּמִשֶּׁלָּקָה אָמְדוּ שֶׁיָּכוֹל הוּא לְקַבֵּל אַרְבָּעִים — פָּטוּר.§ **גמ'** מ"ט? אִי כְּתִיב "אַרְבָּעִים בְּמִסְפָּר" הֲוָה אָמֵינָא: אַרְבָּעִים בְּמִנְיָינָא, הַשְׁתָּא דִּכְתִיב "בְּמִסְפָּר אַרְבָּעִים" — מִנְיָן שֶׁהוּא סוֹכֵם אֶת הָאַרְבָּעִים. אָמַר רָבָא: כַּמָּה טִפְּשָׁאֵי שְׁאָר אֱינָשֵׁי, *דְּקָיְימִי מִקַּמֵּי סֵפֶר תּוֹרָה וְלָא קָיְימִי מִקַּמֵּי גַּבְרָא רַבָּה, דְּאִילּוּ בְּסֵ"ת כְּתִיב אַרְבָּעִים — וַאֲתוּ רַבָּנַן בַּצְרוּ חֲדָא.§ "רַבִּי יְהוּדָה אוֹמֵר אַרְבָּעִים שְׁלֵימוֹת" *וכו'.§ אָמַר ר' יִצְחָק: מַאי טַעְמָא דְּרַבִּי יְהוּדָה — דִּכְתִיב: "מָה הַמַּכּוֹת הָאֵלֶּה בֵּין יָדֶיךָ וְאָמַר אֲשֶׁר הֻכֵּיתִי בֵּית מְאַהֲבָי". וְרַבָּנַן: הַהוּא בְּתִינוֹקוֹת שֶׁל בֵּית רַבָּן הוּא דִּכְתִיב.§ "אֵין אוֹמְדִין אֶלָּא בְּמַכּוֹת הָרְאוּיוֹת" וכו'.§ לָקָה — אִין, לֹא לָקָה — לָא. וּרְמִינְהוּ: אֲמָדוּהוּ לְקַבֵּל אַרְבָּעִים, וְחָזְרוּ (א) וְאָמְדוּ שֶׁאֵין יָכוֹל לְקַבֵּל אַרְבָּעִים — פָּטוּר. אֲמָדוּהוּ לְקַבֵּל שְׁמוֹנֶה עֶשְׂרֵה וְחָזְרוּ וַאֲמָדוּהוּ שֶׁיָּכוֹל לְקַבֵּל אַרְבָּעִים — פָּטוּר! אָמַר רַב שֵׁשֶׁת: לָא קַשְׁיָא, הָא — דַּאֲמָדוּהוּ לְיוֹמֵיהּ, הָא — דַּאֲמָדוּהוּ לְמָחָר וּלְיוֹמָא אוּחְרָא.§ **מתני'** עָבַר עֲבֵירָה שֶׁיֵּשׁ בָּהּ שְׁנֵי לָאוִין, אֲמָדוּהוּ אוֹמֶד אֶחָד — לוֹקֶה וּפָטוּר, וְאִם לָאו — לוֹקֶה וּמִתְרַפֵּא, וְחוֹזֵר וְלוֹקֶה.§ **גמ'** וְהָתַנְיָא: אֵין אוֹמְדִין אוֹמֶד אֶחָד לִשְׁנֵי לָאוִין! אָמַר רַב שֵׁשֶׁת: לָא קַשְׁיָא, הָא — דַּאֲמָדוּהוּ לְאַרְבָּעִים וַחֲדָא, הָא — דַּאֲמָדוּהוּ לְאַרְבָּעִים וְתַרְתֵּי.§ **מתני'** כֵּיצַד מַלְקִין אוֹתוֹ? כּוֹפֵת שְׁתֵּי יָדָיו עַל הָעַמּוּד הֵילָךְ וְהֵילָךְ, וְחַזַּן הַכְּנֶסֶת *אוֹחֵז בִּבְגָדָיו, אִם נִקְרְעוּ — נִקְרְעוּ, וְאִם נִפְרְמוּ — נִפְרְמוּ, עַד שֶׁהוּא מְגַלֶּה אֶת לִבּוֹ. וְהָאֶבֶן נְתוּנָה מֵאַחֲרָיו. חַזַּן הַכְּנֶסֶת עוֹמֵד עָלֶיהָ, וּרְצוּעָה בְּיָדוֹ שֶׁל עֵגֶל, כְּפוּלָה (ב) אֶחָד לִשְׁנַיִם וּשְׁנַיִם לְאַרְבָּעָה, וּשְׁתֵּי רְצוּעוֹת שֶׁל *חֲמוֹר עוֹלוֹת וְיוֹרְדוֹת בָּהּ. יָדָהּ טֶפַח וְרָחְבָּהּ טֶפַח, וְרֹאשָׁהּ מַגַּעַת עַל פִּי כְרֵיסוֹ. וּמַכֶּה אוֹתוֹ שְׁלִישׁ מִלְּפָנָיו וּשְׁתֵּי יָדוֹת מִלְּאַחֲרָיו. וְאֵינוֹ מַכֶּה אוֹתוֹ לֹא עוֹמֵד וְלֹא יוֹשֵׁב, אֶלָּא מוּטֶּה, שֶׁנֶּאֱמַר: "וְהִפִּילוֹ הַשֹּׁפֵט". וְהַמַּכֶּה מַכֶּה בְיָדוֹ אַחַת בְּכָל כֹּחוֹ. וְהַקּוֹרֵא קוֹרֵא: "אִם לֹא תִשְׁמֹר לַעֲשׂוֹת וגו' וְהִפְלָא ה' אֶת מַכֹּתְךָ וְאֵת מַכּוֹת" וגו', וְחוֹזֵר לִתְחִלַּת הַמִּקְרָא. [א] "וּשְׁמַרְתֶּם אֶת דִּבְרֵי הַבְּרִית הַזֹּאת" וגו', וְחוֹתֵם: "וְהוּא רַחוּם יְכַפֵּר עָוֹן" וגו', וְחוֹזֵר לִתְחִלַּת הַמִּקְרָא. וְאִם מֵת תַּחַת יָדוֹ — פָּטוּר. הוֹסִיף לוֹ עוֹד רְצוּעָה אַחַת וָמֵת — הֲרֵי זֶה גּוֹלֶה עַל יָדוֹ. נִתְקַלְקֵל, בֵּין בְּרֵיעִי בֵּין בְּמַיִם — פָּטוּר. רַבִּי יְהוּדָה אוֹמֵר: הָאִישׁ בְּרֵיעִי, וְהָאִשָּׁה בְּמַיִם.§ **גמ'** מ"ט

א) כ"ק פד. ב) שם לב:

זכריה יג | דברים כה | שם כח | שם כט | תהלים עח

הא דאמדוהו ליומי. (ה) בו ביום שאמדוהו לקבל חזרו ואמדוהו שלא יוכל — אז אמרה מתני' דלוקה. דאי לא לקי — אזלינן בתר אומד הראשון, ונמתין לו עד שיבריא וילקה כמו שאמדוהו. אבל אם אמדוהו אומד שני למחר — שמא הכחיש אחר הראשון, ואזלינן בתר האחרון ופטור, שהרי אמדוהו שאין יכול ללקות כלל. וכן מדינא סיפא, אמדוהו מתחלה לקבל י"ח, ובו ביום אמדוהו לקבל כולם אזלינן בתר השני ולוקה, אם לא לקה כבר כל הי"ח. ובריית' באמדוהו ביום אחרון, אבל אומד ראשון היה טעות, ואזלינן בתר בתרא. רבי

לִישָׁנָא אַחֲרִינָא: מַתְנִי' דַּאֲמָדוּהוּ לְיוֹמֵיהּ לְקַבֵּל אַרְבָּעִים, וְהִלְכָּךְ אֵין פּוֹטְרִין אוֹתוֹ אֶלָּא אִם כֵּן לָקָה – דְּוַדַּאי יְהֵא בּוֹ כֹּחַ לְקַבֵּל קְצָת מִן הַמַּכּוֹת. אֲמָדוּהוּ לְקַבֵּל לְיוֹם אוֹ לְיוֹמַיִם – וַדַּאי אֵין בּוֹ כֹּחַ, וְאִם חָזְרוּ בָּהֶם פָּטוּר מִיַּד. וְכֵן קִיבֵּל ר' מֵה"ע. וְלָא נְהִירָא, דְּמִשּׁוּם דַּאֲמָדוּהוּ לְיוֹמֵיהּ אַמַּאי בְּרִירָה לָן שֶׁיְּהֵא בּוֹ כֹּחַ לְקַבֵּל קְצָת מִן הַמַּכּוֹת? הֵם אוֹמְדִין שֶׁאֵין יָכוֹל וַאֲנַן אָמְרִינַן לִילְקֵי וְלֵימוּת?! וְעוֹד, דְּאִם לָקָה אָמְרִינַן בְּמַתְנִיתִין, וְלָא דְּמַלְקִינַן לֵיהּ לְכַתְּחִלָּה. מ"ר. **מתני'** עֲבֵירָה שֶׁיֵּשׁ בָּהּ שְׁנֵי לָאוִין. כְּגוֹן חוֹרֵשׁ בְּשׁוֹר וַחֲמוֹר וְכִלְאַיִם בְּכֶרֶם. וְאִם לָאו. דְּלֹא אֲמָדוּהוּ אוֹמֶד אֶחָד, אֶלָּא לְכָל לָאו אֲמָדוּהוּ תְּחִלָּה – לוֹקֶה וּמִתְרַפֵּא. **גמ'** אֲמָדוּהוּ לְאַרְבָּעִים וַחֲדָא. כָּל מַה שֶּׁאוֹמְדִין עָלָיו עַד שְׁלֹשִׁים וָתֵשַׁע מְקַבְּלִינַן מִשּׁוּם חַד לָאו, דְּכָךְ הוּא דִּינוֹ לְמַלְקוֹת אַרְבָּעִים חָסֵר אַחַת עַל לָאו אֶחָד. וְאִם מוֹסִיפִין עָלָיו אֲפִילּוּ שָׁלֹשׁ מַכּוֹת, דַּהֲווּ לְהוּ אַרְבָּעִים וְתַרְתֵּי – חֲשׁוּבִין אוֹתָן שָׁלֹשׁ אוֹמֶד לְלָאו הָאַחֵר. וְאִם לֹא הוֹסִיפוּ אֶלָּא שְׁתַּיִם מַכּוֹת, דַּהֲווּ לְהוּ אַרְבָּעִים וַחֲדָא – לוֹקֶה שְׁלֹשִׁים וָתֵשַׁע מִשּׁוּם לָאו אֶחָד וּמִתְרַפֵּא, וְחוֹזֵר וְלוֹקֶה, דְּמַכּוֹת שֶׁאֵינָן רְאוּיוֹת לְהִשְׁתַּלֵּשׁ לָא מַלְקִינַן לֵיהּ. **מתני'** עַל הָעַמּוּד. עֵץ אֶחָד נָעוּץ בַּקַּרְקַע וְגָבוֹהַּ כְּנֶגֶד שְׁתֵּי אַמּוֹת אוֹ אַמָּה וָחֵצִי, וְהוּא כָּפוּף וּמוּטֶּה עַל אוֹתוֹ הָעַמּוּד כְּאָדָם הַנִּסְמָךְ עַל כְּרִיס דֶּלֶת וְתוֹלֶה יָדָיו לְמַטָּה, וְכוֹפְתִין לוֹ יָדָיו בְּצִידֵּי הָעַמּוּד. חַזָּן. שַׁמַּשׁ הַקָּהָל. *וְלֹא שָׁמַעְתִּי בּוֹ שׁוּם מַשְׁמָעוּת. נִפְרְמוּ. דקוזושר"א בְּלַעַ"ז, קְרִיעָה שֶׁל תְּפִירָה. מֵאַחֲרָיו. שֶׁל נִידּוֹן. כְּפוּלָה אַחַת לִשְׁתַּיִם. וְעוֹד לִרְצוּעָה אַחֶרֶת כְּפוּלָה לִשְׁתַּיִם, הַיְינוּ שְׁתַּיִם רְצוּעוֹת שֶׁהֵן אַרְבַּע(ד). וְאוֹתָן הַשְּׁתֵּי רְצוּעוֹת עוֹלוֹת וְיוֹרְדוֹת בָּהּ. כְּלוֹמַר, אוֹתָן שְׁתֵּי רְצוּעוֹת הָיוּ תְּלוּיוֹת בְּאֶמְצַע הָרְצוּעָה. וְשֶׁל חֲמוֹר, לְקַיֵּים בָּהֶן "יָדַע שׁוֹר קֹנֵהוּ" כו'. *)הָיָה מַכֶּה. וּכְשֶׁהוּא מַגְבִּיהַּ יָדוֹ וּמוֹרִיד הֵן עוֹלוֹת וְיוֹרְדוֹת. כָּךְ קִיבֵּל רַבִּי מֵעִיקָּרָא, וְלָא נְהִירָא. לָשׁוֹן אַחֵר מִפִּי רַבִּי: עוֹלוֹת וְיוֹרְדוֹת – כֵּן דֶּרֶךְ תְּפִירָה שֶׁל רְצוּעָה, רֹאשׁ רְצוּעָה בְּנֶקֶב כְּנֶגֶד מַטָּה וְחוֹזֵר וְתוֹחֵב בְּנֶקֶב אַחֵר דֶּרֶךְ מַעְלָה, וְנִרְאֶה כְּמַעֲלֶה וּמוֹרִיד. יָדָהּ טֶפַח. מַקֵּל שֶׁתְּלוּיָה בָּהּ הָרְצוּעָה טֶפַח, וּרְצוּעָה עַצְמָהּ רְחָבָה טֶפַח. וּמַגַּעַת עַד פִּי כְּרֵיסוֹ – שֶׁמְּשַׁעֵר כָּךְ שֶׁכְּשֶׁהוּא מַכֶּה כָּלֶה רֹאשָׁהּ שֶׁל רְצוּעָה בְּפִי כְּרֵיסוֹ, בִּתְחִלַּת כְּרֵיסוֹ. שֶׁהַמַּכֶּה עוֹמֵד בְּצַד הַמּוּכֶּה וּמַכֶּה אוֹתוֹ בְּרוֹחַב גַּבּוֹ, הִלְכָּךְ הָרְצוּעָה אָרוֹךְ כָּל גַּבּוֹ עַד מָקוֹם שֶׁמַּתְחִיל שָׁם הַכְּרֵס. וְאַף ע"ג דַּאֲמָרַן לְעֵיל שֶׁהָאֶבֶן נְתוּנָה לוֹ לַאֲחוֹרָיו, אעפ"כ הָיָה הוּא מַתְפַּשֵּׁט עַצְמוֹ לְצַד יָדוֹ וְהָיָה מַכֶּה בְּחָזֵהוּ. עַל הַבֶּטֶן, שְׁלִישׁ מִלְּפָנָיו. וּשְׁתֵּי יָדוֹת מֵאֲחוֹרָיו. בַּגְּמָרָא מְפָרֵשׁ טַעְמָא. וְהַקּוֹרֵא קוֹרֵא אִם לֹא תִשְׁמוֹר. הָא מִפְשָׁט פְּשִׁיטָא לָן דִּבְעֵי קְרִיאָה, כְּדַאֲמָרַן [בכריתות] (דף יא.): "בִּקֹּרֶת תִּהְיֶה" – בִּקְרִיאָה תְּהֵא, דִּלְהָכִי קָתָנֵי הָכָא וְהַקּוֹרֵא. אִם מֵת תַּחַת יָדוֹ פָּטוּר. דִּשְׁלִיחַ בֵּ"ד הוּא, וַאֲמָרַן לְעֵיל (דף ח:): יָצָא הַמַּכֶּה אֶת בְּנוֹ וּשְׁלִיחַ בֵּ"ד. הוֹסִיף לוֹ רְצוּעָה. עַל הָאוֹמֶד, וּמֵת – ה"ז גּוֹלֶה עַל יָדוֹ. וְלָא דָּמֵי לְהִכֻּהוּ עֲשָׂרָה בְּנֵי אָדָם בְּעֶשֶׂר מַקְלוֹת, דְּאָמְרִינַן בְּ"הַנִּשְׂרָפִין" (סנהדרין דף עח.) כּוּלָּן פְּטוּרִין, דְּהָתָם אוֹקִימְנָא לָהּ בְּגוֹסֵס בִּידֵי אָדָם. נִתְקַלְקֵל כו' פָּטוּר. דִּכְתִיב "וְנִקְלָה", וַהֲרֵי נִקְלָה. **גמ'** אֵין

*) הג"ה רש"ל

הגהות הב"ח
(א) גמ' וחזרו ואמדו שאין יכול לקבל: (ב) שם במשנה כפולה אחת לשתים ושתים לארבע ושתי: (ג) רש"י ד"ה ורמינהו וכו' וחזרו ואמדוהו ואמרו אינו יכול וכו' דלא שני לן בין לקה ללא לקה דהא הכא בין שאמדוהו כצ"ל ותיבת נמי נמחק: (ד) ד"ה כפולה וכו' [illegible] נמחק: (ה) תוס' ד"ה הא דאמדוהו ליומי וכו' [illegible]

הגהות הגר"א
[א] במשנה (ושמרתם את כו' עד לתחלת המקרא) תא"מ וכן ליתא בירושלמי ועי' רש"ש והגהב"ח א"ח ס"ס תר"ז):

קדושין לג: [ע"ש]
[נ"ל וכו' בין כתפיו]
[משום דכתיב בו ונקה מנוה לטלו כ"ל תוי סוטה ח. ד"ה והכהן]
[וממה דאיתמר לקמן כ פיסקת ושתי רצועות תנא של חמור וכו' דבמשנה לא תנא של חמור וכן במשנ' שבמשניות ליתא והכי אי' ושתי רצועות עולות וכו']
ורש"ל אומר שהוא לא מצא פירוש רואה לגרס העיר

תורה אור

גמ' (א) מ"ט – משום "נקלה". אמר רב ששת משום רבי אלעזר בן עזריה: מנין לרצועה שהיא של עגל – דכתיב: °"ארבעים יכנו", וסמיך ליה °"לא תחסום שור בדישו". *ואמר רב ששת משום רבי אלעזר בן עזריה: אמנין ליבמה שנפלה לפני מוכה שחין שאין חוסמין אותה – דכתיב: "לא תחסום שור בדישו", וסמיך ליה °"כי ישבו אחים יחדו" וגו'. ואמר *רב ששת משום ר' אלעזר בן עזריה: בכל המבזה את המועדים – כאילו עובד עבודה זרה, דכתיב: °"אלהי מסכה לא תעשה לך", וסמיך ליה: °"את חג המצות תשמור". ואמר רב ששת משום ר' אלעזר בן עזריה: כל המספר לשון הרע, וכל המקבל לשון הרע, וכל המעיד עדות שקר – ראוי להשליכו לכלבים, דכתיב: °"לכלב תשליכון אותו", וסמיך ליה: °"לא תשא שמע שוא" וגו', קרי ביה נמי "לא תשיא". § "ושתי רצועות" וכו'. § תנא: גשל חמור. כדדריש ההוא גלילאה עליה דרב חסדא: °"ידע שור קונהו וחמור אבוס בעליו ישראל לא ידע" וגו', אמר הקב"ה: יבא מי שמכיר אבוס בעליו ויפרע ממי שאינו מכיר אבוס בעליו. § "ידה טפח" וכו'. § אמר אביי: שמע מינה כל חד וחד לפום גביה עבדינן ליה. אמר ליה רבא: אם כן נפיש להו רצועות טובא! אלא אמר רבא: אבקתא אית ליה, כי בעי – מיקטר ביה, כי בעי – מרפה בה. § "מלקין אותו" וכו'. § מנא הני מילי? אמר רב כהנא, דאמר קרא: °"והפילו השופט והכהו לפניו כדי רשעתו במספר" – רשעה אחת מלפניו, שתי רשעיות מאחריו. § "אין מלקין אותו" וכו'. § אמר רב חסדא אמר רבי יוחנן: מנין לרצועה שהיא מוכפלת – שנאמר "והפילו". והא מיבעי ליה לגופיה! א"כ לכתוב קרא "יטיהו", מאי "הפילו"? ש"מ תרתי. § "המכה מכה בידו". § תנו רבנן: דאין מעמידין חזנין אלא חסירי כח ויתירי מדע, רבי יהודה אומר: אפילו חסירי מדע ויתירי כח. אמר רבא: כוותיה דרבי יהודה מסתברא, דכתיב: °"לא יוסיף פן יוסיף"; אי אמרת בשלמא חסירי מדע – היינו דצריך לאזהורי, אלא אי אמרת יתירי מדע – מי צריך לאזהורי? ורבנן: אין מזרזין אלא למזרז. תנא: הכשהוא מגביה – מגביה בשתי ידיו, וכשהוא מכה – מכה בידו אחת, כי היכי *דליתה מדידיה. § "והקורא קורא" כו'. § תנו רבנן: *והגדול שבדיינין קורא, השני מונה, והשלישי אומר "הכהו". בזמן שמכה מרובה – מאריך, בזמן שמכה מועטת – מקצר. והא אנן תנן: חוזר לתחלת המקרא! – זמצוה לצמצם, ואי לא צמצם – חוזר לתחלת המקרא. תנו רבנן: "מכה רבה", אין לי אלא מכה רבה, מכה מועטת מנין – ת"ל: [א] "לא יוסיף". אם כן, מה תלמוד לומר "מכה רבה" – לימד על הראשונות שהן מכה רבה. § "נתקלקל" וכו'. § תנו רבנן: *אחד האיש ואחד האשה בריעי ולא במים, דברי רבי מאיר. רבי יהודה אומר: האיש בריעי והאשה במים. וחכ"א: אחד האיש ואחד האשה בין בריעי בין במים. והתניא, רבי יהודה אומר: אחד האיש ואחד האשה בריעי! אמר רב נחמן בר יצחק: שניהם שוין בריעי. אמר שמואל: *כפתוהו חורץ מבית דין – פטור. מיתיבי: טקלה, בין בראשונה בין בשניה – פוטרין אותו. ינפסקה רצועה, בשניה – פוטרין אותו, בראשונה – אין פוטרין אותו; אמאי? להוי כרץ! התם רץ, הכא לא רץ. ת"ר: *כאמדוהו לכשילקה (ג) קלה – *פוטרין אותו, לכשיצא מבית דין קלה – מלקין אותו. ולא עוד, אלא אפילו קלה בתחלה – מלקין אותו, שנאמר: °"והכהו [וגו'] ונקלה", ולא *שלקה כבר בבית דין. § **מתני'** *לכל חייבי כריתות שלקו – נפטרו ידי כריתתם, שנאמר: °"ונקלה אחיך לעיניך" – כשלקה הרי הוא כאחיך, דברי רבי חנניה בן גמליאל. ואמר רבי חנניה בן גמליאל: מה אם העובר עבירה אחת נוטל נפשו עליה, העושה מצוה אחת – על אחת כמה וכמה שתנתן לו נפשו. ר"ש אומר: ממקומו הוא למד, שנאמר: °"ונכרתו הנפשות העושות" וגו', ואומר אשר

(דברים כה; שם; שם; שמות לד; שם; שם כב; שם כג; ישעיה א; דברים כה; שם; שם; שם; ויקרא יח)

אין חוסמין. אין מנגערין בה, שלא תאמר "אי אפשי בו". **את המועדות.** חולו של מועד. **חג המצות תשמור.** מפרש בחגיגה (דף יח.): אם בראשון ושביעי – הרי כבר אמור, הא לא בא להזהיר אלא על חולו של מועד שאסור בעשיית מלאכה. **אל תשת ידך עם רשע להיות עד חמס.** היינו מעיד עדות שקר. **אבקתא.** כמו "מאבק אביק"* [ע"ז יז:]. **במספר.** שתי רשעיות מאחריו. **אפילו יתירי כח ואפילו** חסירי מדע. דאין להקפיד בכך. **אי אמרת בשלמא דאפילו חסירי מדע.** יכולין להעמיד בהן, היינו דאיצטריך כו' למוזרז [יבמות ז.]. **מכה מועטת.** כגון שאמדוהו לפחות מכה בסידור אחד. **אין לי אלא מכה רבה כו'.** רישא דברייתא הכי איתא בסיפרי: אין לי אלא בזמן שמוסיפין על מנין ארבעים, על כל אומד ואומד שאמדוהו בית דין מנין? ת"ל: [ב] לא יוסיף מכל מקום. מכה רבה, אין לי אלא מכה רבה כו'. אין לי דחייב על "לא יוסיף" אלא בזמן שהכהו מכות הרבה על האומד, מכות מועטות אפילו שתי מכות או אחת מנין דאסור להוסיף? ת"ל: "לא יוסיף" – [ג]לא יוסיף להכותו על אלה, על מנין האומד. **שהוא מכה רבה.** שניתן להכותו* בעל כורחו, כן נראה לרבי. ובלשון אחר קיבל רבי. ה"ג: ת"ר אחד האיש ואחד האשה בריעי ולא במים דברי רבי מאיר. רבי יהודה אומר האיש בריעי והאשה במים. וחכמים אומרים אחד האיש ואחד האשה בין בריעי בין במים. והתניא רבי יהודה אומר אחד האיש ואחד האשה בריעי. אמר רבי יצחק הא דקאמר רבי יהודה אחד האיש ואחד האשה בריעי הכי קאמר שניהן שוין בריעי. דמשנתקלקל בריעי פטורין, אבל במים איכא פלוגתא. **קלה.** נתקלקל בריעי. ולישנא דקרא נקט "ונקלה" לשון זלזול. **בין בראשונה בין בשניה.** בין קודם שהכהו כלל, בין לאחר שהכהו. והיינו ראשונה – הגבהה ראשונה שמגביה ידו להכות, אם נתקלקל באותה הגבהה מחמת פחד או שנתקלקל בהגבהה שניה, דהיינו לאחר שהכהו. **פוטרין אותו.** ד"נקלה" קרינא ביה, דהא קלה. **נפסקה הרצועה.** אם בהגבהה שניה נפסקה – פוטרין אותו, דהא נקלה באותה הכאה שהכהו. ואם קודם שהכהו נפסקה, כשהרים ידו להכות – אין זו קלה. **לכשילקה קלה.** פירושו: לכשילקה יקלה, שאמדוהו שאם ילקוהו מיד יתקלקל בריעי – פוטרים ד"פן יוסיף ונקלה" כתיב, דאין נותנין לו מכה שיקלה עליה מיד. כך שמעתי. אבל אמדוהו שלא יתקלקל עד לאחר המלקות – מלקין אותו. **קלה תחלה.** קודם שקיבל שום הכאה – מלקין אותו אחרי כן. **מתני'** על אחת כמה וכמה שתנתן לו נפשו. דמדה טובה מרובה ממדת פורענות אחד מחמש מאות. דבמדת פורענות כתיב (שמות כ): "פוקד עון אבות על בנים על שלשים ועל רבעים", ובמדה טובה כתיב (שם): "עושה חסד לאלפים" ומתרגמינן: לאלפין דרי, ארבעה דורות כנגד אלפים דורות היינו אחד מחמש מאות. מיעוט "לאלפים" אינו פחות משני אלפים, וכל שכן אם כפשוטו דמשמע אלפים עד סוף כל הדורות. **דכתיב.** אחר כל העריות "ונכרתו הנפשות העושות", הרי חייב כרת על הנכשל בהן ונתן חיים למונע ונבדל מהם, דכתיב קודם העריות: "ושמרתם את חוקותי ואת משפטי" וגו'. אשר

פסחים קיח. | [נ"ל בכל כחו תוי"ט] | כריתות יא. ב"ק לב: | [תוספ' פ"ד] | שבועות כח. | [תוספ' פ"ד] | נ"א שנקלה

רבי יהודה אומר (בעינן יתירי כח ו)חסירי מדע. נ"ל דפליג אתנא קמא דקאמר אין מעמידין כלל חסירי מדע, דאין מדקדקין בדבר. דהא טעמא דגמרא אין נכון לכאורה לומר לרבי יהודה מעמידין דוקא חסירי מדע.

שניהם שוין (ג). ומיהו אשה אף במים.

קלה. כל הנתקלקל בריעי, איש ואשה, משהגביה הרצועה להלקותו בראשונה או בשניה – פוטרין אותו ואין מכין אותו כלל. אבל נפסקה – דוקא כי נפסקה בשניה, שלקה אחת, ולא שנפסקה בראשון קודם שלקה כלל.

והבאת

קכז א מיי' פ"ב מהל' יבום הל' יד סמג עשין כא טוש"ע אה"ע סי' קסה סעיף ד [וברב אלפס כתובות סמוך לסוף פרק ז דף קא]:

קכח ב מיי' פ"ו מהל' י"ט הל' טז:

קכט ג מיי' פט"ז מהל' סנהדרין הל' ח:

קל ד ה מיי' שם הל' ט:

קלא ו ז מיי' שם הל' יא:

קלב ח מיי' שם פי"ז הל' ו:

קלג ט י כ מיי' שם הלכה ה:

קלד ל מיי' שם הל' ז:

נ"א דתיתי מרזיא [וכ"ה בערוך ערך רז א']

רש"א אין מלקין

[מגילה ז:]

הגהות הב"ח

(א) גמ' (מ"ט משום נקלה) תא"מ ונ"ב ס"א אין זה: (ב) שם ת"ר אמדוהו לכשילקה יקלה פוטרין וכו' מב"ד יקלה מלקין וכו' ולא שיקלה כבר בב"ד: (ג) תוס' ד"ה שניהם שוין בריעי ומיהו:

הגהות הגר"א

[א] גמ' לא יוסיף. נמחק ונ"ב על אלה (וכ"ה בספרי): [ב] רש"י ד"ה אין לי כו' "לא" נ"ל "פן": [ג] שם לא יוסיף. נ"ל על אלה:

קלה א מיי' פ"א מהל' שביתת עשור הל' ב סמג לאוין סח טוש"ע א"ח סי' תריא ס"ב:

אשר יעשה אותם האדם וחי בהם. וסמיך ליה "איש איש אל כל שאר בשרו", דמשמע: מי שעושה חוקותי אני נותן חיים לו, ואלו הן חוקותי – איש איש וגו', הא למדת כל היושב ואינו עובר כו'. לזכות את ישראל. כדי שיהיו מקבלין שכר במה שמונעין עצמן מן העבירות, לפיכך הרבה להן. שלא היה צריך לצוות כמה מצות וכמה אזהרות על שקצים ונבלות, שאין לך אדם שאינו קץ בהן, אלא כדי שיקבלו שכר על שפורשין מהן. גמ' תנינא. במסכת מגילה: אין בין שבת כו'. בהכרת. °לשון "הכרת תכרת" (במדבר טו), ואינו שם דבר. הא. מתני' דמגילה

והבאת מעשר. פירש הקונטרס: שקנס עזרא ללוים ותיקן שיביאוהו לכהנים כמו התרומה. וכמדומה מלשונו שעוד פירש פירוש אחר, שיפרשו מכל פירות אילן כמו שתיקן חזקיהו, וכדכתיב "וכפרוץ הדבר". באוריה

°"אשר יעשה אותם האדם וחי בהם", הא כל *היושב ולא עבר עבירה נותנין לו שכר כעושה מצוה. ר"ש בר רבי אומר: הרי הוא אומר: °"רק חזק לבלתי אכול (את) הדם כי הדם הוא הנפש" וגו'. ומה אם הדם, שנפשו של אדם קצה ממנו – הפורש ממנו מקבל שכר, *גזל ועריות, שנפשו של אדם מתאוה להן ומחמדתן – הפורש מהן על אחת כמה וכמה שיזכה לו ולדורותיו ולדורות דורותיו עד סוף כל הדורות. ר' חנניא בן עקשיא אומר: רצה הקב"ה לזכות את ישראל, לפיכך הרבה להם תורה ומצות, שנאמר °"ה' חפץ למען צדקו יגדיל תורה ויאדיר".§ גמ' *א"ר יוחנן: חלוקין עליו חבריו על רבי חנניה בן גמליאל. אמר רב אדא בר אהבה, אמרי בי רב, תנינן: *אין *בין שבת ליום הכפורים אלא שזה זדונו בידי אדם וזה זדונו בהכרת; ואם איתא – אידי ואידי בידי אדם הוא. רב נחמן (*בר יצחק) אומר: הא מני – רבי יצחק היא, דאמר: מלקות בחייבי כריתות ליכא. דתניא, *רבי יצחק אומר: חייבי כריתות בכלל היו, ולמה יצאת כרת באחותו – לדונו בכרת ולא במלקות. רב אשי אמר: אפילו תימא רבנן, זה – עיקר זדונו בידי אדם, וזה – עיקר זדונו בידי שמים. אמר רב אדא בר אהבה אמר רב: הלכה כר' חנניה בן גמליאל. אמר רב יוסף: מאן סליק לעילא ואתא ואמר? אמר ליה אביי: אלא הא דאמר רבי יהושע בן לוי: שלשה דברים עשו ב"ד של מטה והסכימו ב"ד של מעלה על ידם, מאן סליק לעילא ואתא ואמר? אלא קראי קא דרשינן – ה"נ קראי קא דרשינן. גופא, א"ר יהושע בן לוי: שלשה דברים עשו ב"ד של מטה והסכימו ב"ד של מעלה על ידם, [אלו הן] מקרא מגילה, ושאילת שלום [בשם] והבאת מעשר. מקרא מגילה – דכתיב: °"קימו וקבלו היהודים", *קיימו למעלה מה שקבלו למטה, ושאילת שלום (א) – דכתיב: °"והנה בועז בא מבית לחם ויאמר לקוצרים ה' עמכם", ואומר: °"ה' עמך גבור החיל". *מאי "ואומר"? וכי תימא, בועז הוא דעביד מדעתיה, ומשמיא לא אסכימו על ידו – ת"ש: ואומר "ה' עמך גבור החיל". הבאת מעשר – דכתיב: °"הביאו את כל המעשר אל בית האוצר ויהי טרף בביתי ובחנוני נא בזאת אמר ה' צבאות אם לא אפתח לכם את ארובות השמים והריקותי לכם ברכה עד בלי די". *מאי "עד בלי די"? *אמר רמי בר רב: עד שיבלו שפתותיכם מלומר "די". א"ר אלעזר: בג' מקומות הופיע רוח הקודש: בבית דינו של שם, ובבית דינו של שמואל הרמתי, ובבית דינו של שלמה. בבית דינו של שם – דכתיב: °"ויכר יהודה ויאמר צדקה ממני". *מנא ידע? דלמא כי היכי דאזל איהו לגבה – אזל נמי איניש אחרינא [לגבה]? יצאת בת קול ואמרה: ממני יצאו כבושים.§ בבית דינו של שמואל – דכתיב: °"הנני ענו בי נגד ה' ונגד משיחו את שור מי לקחתי ויאמרו לא עשקתנו ולא רצותנו *ויאמר עד ה' ועד משיחו כי לא מצאתם בידי מאומה ויאמר עד"; "ויאמרו"? "ויאמר" מיבעי ליה! יצאת בת קול ואמרה: אני עד בדבר זה. בבית דינו של שלמה – דכתיב: °"ויען המלך ויאמר תנו לה את הילד החי והמת לא תמיתוהו (כי) היא אמו"; מנא ידע? דלמא איערומא מיערמא! יצאת בת קול ואמרה "היא אמו". אמר רבא: ממאי? דלמא יהודה, כיון דחשיב ירחי ויומי ואיתרמי – דחזינן מחזקינן, דלא חזינן לא מחזקינן. שמואל נמי – כולהו ישראל קרי להו בלשון יחידי, דכתיב: °"ישראל נושע בה'". שלמה נמי – מדהא קא מרחמתא והא לא קא מרחמתא! אלא גמרא.§ דרש רבי שמלאי: שש מאות ושלש עשרה מצות נאמרו לו למשה, שלש מאות וששים וחמש לאוין כמנין ימות החמה, ומאתים וארבעים ושמונה עשה כנגד איבריו של אדם. אמר רב המנונא: מאי קרא – °"תורה צוה לנו משה מורשה", "תורה" בגימטריא

שית

תורה אור: ויקרא יח · דברים יב · ישעיה מב · אסתר ט · רות ב · שופטים ו · מלאכי ג · בראשית לח · שמואל א יב · מלכים א ג · ישעיה מה · דברים לג

רבי יצחק היא, ולרבי קאמר דזדון כרת בידי שמים ולא בידי אדם. אבל מאן דסבירא ליה דמלקות איכא בחייבי כריתות – מודי לרבי חנניא דנפטרו מידי כריתתן כיון שלקו, ואיצטריך ליה לרבי יוחנן לאשמעינן דחלוקין. רב אשי אמר אפי' תימא. מתני' דמגילה רבנן היא, דאמרי חייבי כריתות ישנן בכלל מלקות ארבעים, ואפילו הכי מודו לר' חנניא דנפטרו מידי כריתתן. ודקא אמרת מיתה וכרת בידי אדם הוא – לא דמי, דזה עיקר זדונו בידי אדם – עיקר עונש של שבת בידי אדם, דקאי בסקילה, ועיקר עונשו של יום הכפורים בידי שמים. דאע"ג דאיכא חיוב מלקות בחייבי כריתות, הוא אינו עיקר החיוב, דכרת חמור ממלקות, ואי מזיד בלא התראה הוא הוי בכרת, ונמצא חיובו החמור בידי שמים, ואזלינן בתר עיקר החיוב אזלינן, וכן עיקר. מורי. ואית דפרשי: עיקר זדונו – תחלתו בר כרת הוא, ואילו לא לקי נכרת. ולא הוירא, דהא תרוייהו בהדדי איתנהו ביה, לרבנן דאמרי מלקות בחייבי כריתות איכא. מקרא מגילה. דמברכין על מקרא מגילה. ושאילת שלום בשם. דמותר לאדם לשאול בשלום חבירו בשם, כגון "ישים ה' עליך שלום", ואין בו משום מוציא שם שמים לבטלה. מרבי. ל"א: שאילת שלום בשם – דחייב אדם לשאול בשלום חבירו בשם. ולמו נמי כי שיילינן אהדדי מדכרינן שם, ד"שלום" שמו של הקב"ה, דכתיב (שופטים ו): "ויקרא לו ה' שלום". לשם ה'. והבאת מעשר. כדאמרינן ביבמות (דף פו:) דעזרא הסופר קנסינהו ללוים לפי שלא עלו עמו, וצוה להביא כל המעשרות אל לשכת בית ה', והיו הכהנים והלוים שוים במעשר ראשון, דכתיב בעזרא (נחמיה י): "והיה הכהן בן אהרן עם הלוים *במעשר הלוים". וגם חזקיהו עשה כמו כן, הכין לשכות להביא כל המעשרות לכהן כדי שלא יקבלום הלוים שהיו עובדי עבודה זרה, כדכתיב בדברי הימים (ב לא): "ויאמר חזקיהו להכין לשכות בבית ה' ויכינו ויביאו את התרומה *ואת המעשר". וגם הוא תיקן להעלות לירושלים מעשר ירק ומעשר אילן, דכתיב (שם): "וכפרוץ הדבר הרבו בני ישראל ראשית דגן תירוש ויצהר" וגו', ומפרש בנדרים (דף נה.): מאי "וכפרוץ"? הא כל הני דאורייתא נינהו! ומשני: מעשר ירק ומעשר אילן. וכתיב בתרי עשר* דקאמר להו נביא לישראל "הביאו את כל המעשר אל בית האוצר [וגו'] ובחנוני נא בזאת" וגו', אלמא דהסכימו. ואומר ה' עמך גבור החיל. מדקאמר ליה מלאך לגדעון בשאלת שלום בשם – אלמא דהסכימו. הופיע. נגלה והוכיח בשעת הצורך, בלע"ז ברוב"ר. כך שמעתי. ל"א: הופיע – נשמעה בקול גדול, כדמתרגמינן רבי. בבית דינו של שם. לא היה שם חי באותה שעה, שהרי מת, אלא בית דין של אחריו של מבניו ותלמידיו, וקרי ליה בית דין של שם כמו בית שמאי ובית הלל. ממני יצאו כבושים. דברים נעלמים הללו מאתי יצאו. שלפי שיהודה היה מלך והיא זכתה לצאת ממנה מלכים *מתוך שהיתה צנועה בבית חמיה, יצאתה גזירה זו מלפני שלא יכלו זרע משיהם. כך קיבל רבי מעיקרא. לישנא אחרינא: מאתי היתה שיצאו ממנה שני בנים הללו לכבוש העולם, שהרי עתיד דוד ומשיח לצאת ממנה. בית דינו של שמואל. לעולם ישראל אמרו "עד", (ג) דהא דכתיב "ויאמר" – בני ישראל איקרו יחיד. רמ"ח מצות עשה. דכל אבר ואבר אומר לו עשה מצוה. שס"ה [מצות] לא תעשה. שבכל יום מזהירים עליו שלא לעבור. מפי משה

שית

[קדושין לט:] · [חגיגה יח.] · [מגילה ז: ע"ש] · שם · [שם ליתא] · [לעיל יג: וש"נ] · מגילה ז. · ברכות נד. [ודף סג.] · תענית ט. [כב: ע"ש] שב לב: וע"ש · [סוטה י:] · [נ"ל בעשר] · [נ"ל והמעשר] · מלאכי ג · [מגילה י:]

נ"א אמר ר"ח אמר רב

[נ"ל ויאמר אליהם עד ה' בכם ועד משיחו היום הזה]

הגהות הב"ח

(א) גמרא ושאילת שלום בשם דכתיב: (ג) רש"י ד"ה בית דינו וכו' עד והא דכתיב:

גליון הש"ס

רש"י ד"ה בהכרת. לשון הכרת. עי' תוי"ט פרק א משנה ב לחלה.

תורה אור

שִׁית מְאָה וְחַד סְרֵי הָוֵי, "אָנֹכִי" וְ"לֹא יִהְיֶה לְךָ" – מִפִּי הַגְּבוּרָה שְׁמַעְנוּם. (סִימָן דמשמ"ק ס"ק).§

בָּא דָּוִד וְהֶעֱמִידָן עַל אַחַת עֶשְׂרֵה, דִּכְתִיב: °"מִזְמוֹר לְדָוִד [ה'] מִי יָגוּר בְּאָהֳלֶךָ מִי יִשְׁכֹּן בְּהַר קָדְשֶׁךָ. הוֹלֵךְ תָּמִים וּפֹעֵל צֶדֶק וְדֹבֵר אֱמֶת בִּלְבָבוֹ, לֹא רָגַל עַל לְשֹׁנוֹ לֹא עָשָׂה לְרֵעֵהוּ רָעָה וְחֶרְפָּה לֹא נָשָׂא עַל קְרֹבוֹ. נִבְזֶה בְּעֵינָיו נִמְאָס וְאֶת יִרְאֵי ה' יְכַבֵּד נִשְׁבַּע לְהָרַע וְלֹא יָמִר. כַּסְפּוֹ לֹא נָתַן בְּנֶשֶׁךְ וְשֹׁחַד עַל נָקִי לֹא לָקָח עֹשֵׂה אֵלֶּה לֹא יִמּוֹט לְעוֹלָם". "הוֹלֵךְ תָּמִים" – זֶה אַבְרָהָם, דִּכְתִיב: °"הִתְהַלֵּךְ לְפָנַי וֶהְיֵה תָמִים", "פּוֹעֵל צֶדֶק" – כְּגוֹן אַבָּא חִלְקִיָּהוּ, "וְדוֹבֵר אֱמֶת בִּלְבָבוֹ" – כְּגוֹן רַב סָפְרָא, "לֹא רָגַל עַל לְשׁוֹנוֹ" – זֶה יַעֲקֹב אָבִינוּ, דִּכְתִיב: °"אוּלַי יְמֻשֵּׁנִי אָבִי וְהָיִיתִי בְעֵינָיו כִּמְתַעְתֵּעַ", "לֹא עָשָׂה לְרֵעֵהוּ רָעָה" – *שֶׁלֹּא יָרַד לְאוּמָּנוּת חֲבֵירוֹ, "וְחֶרְפָּה לֹא נָשָׂא עַל קְרוֹבוֹ" – זֶה הַמְקָרֵב אֶת קְרוֹבָיו, "נִבְזֶה בְּעֵינָיו נִמְאָס" – זֶה חִזְקִיָּהוּ הַמֶּלֶךְ שֶׁגֵּירֵר עַצְמוֹת אָבִיו בְּמִטָּה שֶׁל חֲבָלִים, "וְאֶת *יִרְאֵי ה' יְכַבֵּד" – זֶה יְהוֹשָׁפָט מֶלֶךְ יְהוּדָה, אשֶׁבְּשָׁעָה שֶׁהָיָה רוֹאֶה תַּלְמִיד חָכָם הָיָה עוֹמֵד מִכִּסְאוֹ וּמְחַבְּקוֹ וּמְנַשְּׁקוֹ וְקוֹרֵא לוֹ *("אָבִי אָבִי,) רַבִּי רַבִּי, מָרִי מָרִי". "נִשְׁבַּע לְהָרַע וְלֹא יָמִיר" – כְּר' יוֹחָנָן, *דְּא"ר יוֹחָנָן: אֱהֵא בְּתַעֲנִית עַד שֶׁאָבֹא לְבֵיתִי. "כַּסְפּוֹ לֹא נָתַן בְּנֶשֶׁךְ" – אֲפִילּוּ בְּרִבִּית גּוֹי, "וְשׁוֹחַד עַל נָקִי לֹא לָקָח" – כְּגוֹן ר' יִשְׁמָעֵאל בְּר' יוֹסֵי. כְּתִיב: "עוֹשֵׂה אֵלֶּה לֹא יִמּוֹט לְעוֹלָם", *כְּשֶׁהָיָה ר"ג מַגִּיעַ לַמִּקְרָא הַזֶּה הָיָה בּוֹכֶה, אָמַר: מַאן דְּעָבֵיד לְהוּ לְכוּלְּהוּ – הוּא דְּלָא יִמּוֹט, הָא חֲדָא מִינַּיְיהוּ – יִמּוֹט! אֲמַרוּ לֵיהּ: מִי כְּתִיב "עוֹשֵׂה כָּל אֵלֶּה"? "עוֹשֵׂה אֵלֶּה" כְּתִיב, אֲפִילּוּ בַּחֲדָא מִינַּיְיהוּ. דְּאִי לָא תֵּימָא הָכִי – כְּתִיב קְרָא אַחֲרִינָא °"אַל תִּטַּמְּאוּ בְּכָל אֵלֶּה", הָתָם נַמִי, הַנּוֹגֵעַ בְּכָל אֵלֶּה הוּא דְּמִטַּמֵּא, בַּחֲדָא מִינַּיְיהוּ לָא?! אֶלָּא לָאו, בְּאַחַת מִכָּל אֵלֶּה, הָכָא נַמִי – בְּאַחַת מִכָּל אֵלּוּ. בָּא יְשַׁעְיָהוּ וְהֶעֱמִידָן עַל שֵׁשׁ, דִּכְתִיב: °"הוֹלֵךְ צְדָקוֹת וְדוֹבֵר מֵישָׁרִים מוֹאֵס בְּבֶצַע מַעֲשַׁקּוֹת נוֹעֵר כַּפָּיו מִתְּמוֹךְ בַּשּׁוֹחַד אוֹטֵם אָזְנוֹ מִשְּׁמוֹעַ דָּמִים וְעוֹצֵם עֵינָיו מֵרְאוֹת בְּרָע". "הוֹלֵךְ צְדָקוֹת" – זֶה אַבְרָהָם אָבִינוּ, דִּכְתִיב: °"כִּי יְדַעְתִּיו לְמַעַן אֲשֶׁר יְצַוֶּה" וגו', "וְדוֹבֵר מֵישָׁרִים" – זֶה שֶׁאֵינוֹ מַקְנִיט פְּנֵי חֲבֵירוֹ בָּרַבִּים, "מוֹאֵס בְּבֶצַע מַעֲשַׁקּוֹת" – *כְּגוֹן ר' יִשְׁמָעֵאל בֶּן אֱלִישָׁע, "נוֹעֵר כַּפָּיו מִתְּמוֹךְ בַּשּׁוֹחַד" – כְּגוֹן *ר' יִשְׁמָעֵאל בְּר' יוֹסֵי, "אוֹטֵם אָזְנוֹ מִשְּׁמוֹעַ דָּמִים" (א) – דְּלָא שָׁמַע בְּזִילוּתָא דְּצוּרְבָא מֵרַבָּנַן וְשָׁתֵיק, כְּגוֹן *ר"א בְּרַבִּי שִׁמְעוֹן. "וְעוֹצֵם עֵינָיו מֵרְאוֹת בְּרָע" – כִּדְרַבִּי חִיָּיא בַּר אַבָּא, *דְּאָמַר ר' חִיָּיא בַּר אַבָּא: בזֶה שֶׁאֵינוֹ מִסְתַּכֵּל בְּנָשִׁים בְּשָׁעָה שֶׁעוֹמְדוֹת עַל הַכְּבִיסָה. וּכְתִיב: °"הוּא מְרוֹמִים יִשְׁכֹּן" [וגו'] בָּא מִיכָה וְהֶעֱמִידָן עַל שָׁלֹשׁ, *דִּכְתִיב: °"הִגִּיד לְךָ אָדָם מַה טּוֹב וּמָה ה' דּוֹרֵשׁ מִמְּךָ כִּי אִם עֲשׂוֹת מִשְׁפָּט וְאַהֲבַת חֶסֶד וְהַצְנֵעַ לֶכֶת עִם (ה') אֱלֹהֶיךָ". "עֲשׂוֹת מִשְׁפָּט" – זֶה הַדִּין, "אַהֲבַת חֶסֶד" – זֶה גְּמִילוּת חֲסָדִים, "וְהַצְנֵעַ לֶכֶת" – זֶה הוֹצָאַת הַמֵּת וְהַכְנָסַת כַּלָּה. *וַהֲלֹא דְּבָרִים קַל וָחוֹמֶר: וּמָה דְּבָרִים שֶׁאֵין דַּרְכָּן לַעֲשׂוֹתָן בְּצִנְעָא – אָמְרָה תּוֹרָה "וְהַצְנֵעַ לֶכֶת", דְּבָרִים שֶׁדַּרְכָּן לַעֲשׂוֹתָן בְּצִנְעָא – עַל אַחַת כַּמָּה וְכַמָּה! חָזַר יְשַׁעְיָהוּ וְהֶעֱמִידָן עַל שְׁתַּיִם, שֶׁנֶּאֱמַר: °"כֹּה אָמַר ה' שִׁמְרוּ מִשְׁפָּט וַעֲשׂוּ צְדָקָה". בָּא עָמוֹס וְהֶעֱמִידָן עַל אַחַת, שֶׁנֶּאֱמַר: °"כֹּה אָמַר ה' לְבֵית יִשְׂרָאֵל דִּרְשׁוּנִי וִחְיוּ". מַתְקִיף לָהּ רַב נַחְמָן בַּר יִצְחָק: אֵימָא, דִּרְשׁוּנִי בְּכָל הַתּוֹרָה כּוּלָּהּ! אֶלָּא, בָּא חֲבַקּוּק וְהֶעֱמִידָן עַל אַחַת, שֶׁנֶּאֱמַר: °"וְצַדִּיק בֶּאֱמוּנָתוֹ יִחְיֶה". אָמַר ר' יוֹסֵי בַּר חֲנִינָא: אַרְבַּע גְּזֵירוֹת גָּזַר מֹשֶׁה רַבֵּינוּ עַל יִשְׂרָאֵל, בָּאוּ אַרְבָּעָה נְבִיאִים וּבִיטְּלוּם. מֹשֶׁה אָמַר °"וַיִּשְׁכֹּן יִשְׂרָאֵל בֶּטַח בָּדָד עֵין יַעֲקֹב" – בָּא עָמוֹס וּבִיטְּלָהּ, [שֶׁנֶּאֱמַר:] °"חֲדַל נָא מִי יָקוּם יַעֲקֹב" וגו', וּכְתִיב: °"נִיחַם ה' עַל זֹאת" [וגו'], מֹשֶׁה אָמַר: °"וּבַגּוֹיִם הָהֵם לֹא תַרְגִּיעַ" – בָּא יִרְמְיָה *וְאָמַר: °"הָלוֹךְ לְהַרְגִּיעוֹ יִשְׂרָאֵל". מֹשֶׁה אָמַר: °"פּוֹקֵד עֲוֹן אָבוֹת עַל בָּנִים" – בָּא יְחֶזְקֵאל וּבִיטְּלָהּ, °"הַנֶּפֶשׁ הַחוֹטֵאת הִיא תָמוּת". מֹשֶׁה אָמַר °"וַאֲבַדְתֶּם בַּגּוֹיִם" – בָּא יְשַׁעְיָהוּ *וְאָמַר: °"וְהָיָה בַּיּוֹם הַהוּא יִתָּקַע בְּשׁוֹפָר גָּדוֹל" וגו'. אֲמַר רַב: מִסְתַּפֵּינָא מֵהַאי קְרָא "וַאֲבַדְתֶּם בַּגּוֹיִם". מַתְקִיף לָהּ רַב פָּפָּא: גדִּלְמָא כַּאֲבֵידָה הַמִּתְבַּקֶּשֶׁת, דִּכְתִיב: °"תָּעִיתִי כְּשֶׂה אֹבֵד בַּקֵּשׁ עַבְדֶּךָ"! אֶלָּא מִסֵּיפָא [דִּקְרָא]: °"וְאָכְלָה אֶתְכֶם אֶרֶץ אֹיְבֵיכֶם". מַתְקִיף לָהּ מָר זוּטְרָא:* דִּלְמָא כַּאֲכִילַת קִישּׁוּאִין וְדִילּוּעִין. וּכְבָר הָיָה ר"ג וְרַבִּי אֶלְעָזָר בֶּן עֲזַרְיָה וְרַבִּי יְהוֹשֻׁעַ וְרַבִּי עֲקִיבָא מְהַלְּכִין בַּדֶּרֶךְ, וְשָׁמְעוּ קוֹל הֲמוֹנָהּ שֶׁל רוֹמִי *מִפְּלָטָה [בְּרחוק] מֵאָה וְעֶשְׂרִים מִיל, וְהִתְחִילוּ בּוֹכִין וְרַבִּי עֲקִיבָא מְשַׂחֵק. אָמְרוּ לוֹ: מִפְּנֵי מָה אַתָּה מְשַׂחֵק? אָמַר לָהֶם: וְאַתֶּם מִפְּנֵי מָה אַתֶּם בּוֹכִים? אָמְרוּ לוֹ: הַלָּלוּ גּוֹיִם, שֶׁמִּשְׁתַּחֲוִים לַעֲצַבִּים וּמְקַטְּרִים לַעֲבוֹדָה זָרָה, יוֹשְׁבִין בֶּטַח וְהַשְׁקֵט, וְאָנוּ בֵּית הֲדוֹם רַגְלֵי אֱלֹהֵינוּ שָׂרוּף בָּאֵשׁ

שִׁית מְאָה וְחַד סְרֵי. וְהַיְינוּ דִּכְתִיב: "תּוֹרָה צִוָּה לָנוּ מֹשֶׁה", וּשְׁתַּיִם מִפִּי הַגְּבוּרָה, הֲרֵי שִׁית מְאָה וּתְלֵיסַר. מִפִּי הַגְּבוּרָה שְׁמַעֲנוּם. דִּכְתִיב: "אַחַת דִּבֶּר אֱלֹהִים וּשְׁתַּיִם זוּ *שָׁמָעְנוּ", בִּמְכִילְתָּא. וְהֶעֱמִידָן עַל אַחַת עֶשְׂרֵה. שֶׁבִּתְחִלָּה הָיוּ צַדִּיקִים, וְהָיוּ יְכוֹלִים לְקַבֵּל עוֹל מִצְוֹת הַרְבֵּה, אֲבָל דּוֹרוֹת הָאַחֲרוֹנִים לֹא הָיוּ צַדִּיקִים כָּל כָּךְ, וְאִם בָּאוּ לִשְׁמוֹר כּוּלָּן אֵין לְךָ אָדָם שֶׁזּוֹכֶה, וּבָא דָּוִד וְהֶעֱמִידָן כו' כְּדֵי שֶׁיִּזְכּוּ אִם יְקַיְּימוּ י"א מִצְוֹת הַלָּלוּ. וְכֵן כָּל שָׁעָה, דּוֹרוֹת שֶׁל מַטָּה הוֹלְכִין וּמִתְמַעֲטִין אוֹתוֹ. רַב סָפְרָא. בִּשְׁאִלְתּוֹת דְּרַב אַחָאי* (שאילתא לו): וְהָכִי הֲוָה עוּבְדָּא, דְּרַב סָפְרָא הָיָה לוֹ חֵפֶץ אֶחָד לִמְכּוֹר, וּבָא אָדָם אֶחָד לְפָנָיו בְּשָׁעָה שֶׁהָיָה קוֹרֵא ק"ש, וְאָמַר לוֹ: תֵּן לִי הַחֵפֶץ בְּכָךְ וְכָךְ דָּמִים, וְלֹא עֲנָהוּ מִפְּנֵי שֶׁהָיָה קוֹרֵא ק"ש. כִּסְבוּר זֶה שֶׁלֹּא הָיָה רוֹצֶה לִיתְּנוֹ בְּדָמִים הַלָּלוּ, וְהוֹסִיף, אָמַר: תְּנֵהוּ לִי בְּכָךְ יוֹתֵר. לְאַחַר שֶׁסִּיֵּים ק"ש אָמַר לוֹ: טוֹל הַחֵפֶץ בַּדָּמִים שֶׁאָמַרְתָּ בָּרִאשׁוֹנָה, שֶׁבְּאוֹתָן דָּמִים הָיָה דַּעְתִּי לִיתְּנָם לְךָ. (אַף) לֹא רָגַל עַל לְשׁוֹנוֹ [כו']. לֹא רָצָה לְשַׁקֵּר מִתְּחִלָּה, שֶׁאָמַר "אוּלַי יְמֻשֵּׁנִי [אָבִי]", אֶלָּא שֶׁאִמּוֹ הִכְרִיחַתּוּ וְעַל פִּי הַדִּבּוּר, דִּכְתִיב: "עָלַי קִלְלָתְךָ בְּנִי", וּמְתַרְגְּמִינַן: "אֲלַי אִתְאֲמַר בִּנְבוּאָה [דְּלָא יֵיתוּן לְוָטַיָּא עֲלָךְ בְּרִי]". וְחֶרְפָּה לֹא נָשָׂא עַל קְרוֹבוֹ. לֹא סָבַל חֶרְפַּת קְרוֹבוֹ. נִבְזֶה בְּעֵינָיו נִמְאָס. הַנִּמְאָס לְהקב"ה – נִבְזֶה הוּא בְּעֵינָיו שֶׁל אָדָם, זֶה חִזְקִיָּהוּ שֶׁנִּבְזֶה הָיָה בְּעֵינָיו אָבִיו שֶׁנִּמְאָס בַּעֲבוֹדָה זָרָה. שֶׁגֵּירְרוֹ בְּמִטָּה שֶׁל חֲבָלִים. וּמְגַלָּה הִיא* וְלָא קָרָא. (וְקוֹרֵא לוֹ רַבִּי רַבִּי). וַאֲפִילּוּ לְגוֹי. כְּדֵי שֶׁלֹּא יִמְשׁוֹךְ וְיָבֹא לְהַלְווֹת לְיִשְׂרָאֵל בְּרִבִּית. שׁוֹחַד עַל נָקִי לֹא לָקָח. אֲפִילּוּ שׁוֹחַד שֶׁהָיָה רַשַּׁאי לִיקַּח. כְּגוֹן ר' יִשְׁמָעֵאל בְּרַבִּי יוֹסֵי. שֶׁהָיָה אֲרִיסוֹ מֵבִיא לוֹ מִשֶּׁלּוֹ [קוֹדֶם זְמַנּוֹ] וְלֹא רָצָה לִיקַּח כְּדֵי לִהְיוֹת לוֹ דַּיָּין*. בְּבֶצַע מַעֲשַׁקּוֹת. שֶׁלֹּא רָצָה לִיטּוֹל לְעַצְמוֹ רֵאשִׁית הַגֵּז שֶׁהֵבִיא לוֹ אָדָם אֶחָד שֶׁבָּא לָדוּן לְפָנָיו, וְאַע"ג דַּהֲוָה כֹּהֵן רַבִּי יִשְׁמָעֵאל בֶּן אֱלִישָׁע, מִשּׁוּם דְּדָמֵי כְּאִילּוּ עוֹשְׁקוֹ לַכֹּהֵן, שֶׁהָיָה רָגִיל זֶה לִיתֵּן לוֹ מַתְּנוֹתָיו. אוֹטֵם אָזְנוֹ מִשְּׁמוֹעַ דָּמִים. אָזְנוֹ *חֲתוּמָה וּסְתוּמָה בְּדָבָר זֶה שֶׁלֹּא יִשְׁמַע בּוֹ דְּבַר גְּנַאי, וְשׁוֹתֵק. וְהַיְינוּ "דָּמִים" – לְשׁוֹן שְׁתִיקָה. כְּגוֹן רַבִּי אֶלְעָזָר בְּרַבִּי שִׁמְעוֹן. בְּ"הַשּׂוֹכֵר אֶת הַפּוֹעֲלִים" (ב"מ דף פג,ב) דִּנְפַק רֵישׁ גַּלּוּתָא מְהוּרְבֵיהּ, וְאִתְחֲזֵי לְאִיתְּתֵיהּ בְּחֶלְמָא וַאֲמַר לָהּ: הָאי דְּשָׁמְעִית בְּזִילוּתָא דְּצוּרְבָא מֵרַבָּנַן וְלָא מָחֵאי כִּדְמִצְבְּעֵי לִי. אֲלָמָא כְּשֶׁחַיִּין הֲוָה רָגִיל לְדַקְדֵּק בְּכָךְ, וּלְפִיכָךְ הִקְפִּיד הקב"ה עָלָיו עַל אוֹתוֹ הַפַּעַם שֶׁלֹּא מִיחָה. זוֹ הוֹצָאַת הַמֵּת וְהַכְנָסַת הַכַּלָּה. דִּכְתִיב בְּהוּ "לֶכֶת", "טוֹב לָלֶכֶת אֶל בֵּית אֵבֶל מִלֶּכֶת" וגו'. בָּא יְשַׁעְיָה בֶּן אָמוֹץ. כָּל שָׁעָה דּוֹרוֹת שֶׁל מַטָּה הָיוּ מִתְמַעֲטִין. חֲדַל נָא. אוֹתָהּ בְּרָכָה שֶׁאָמַר מֹשֶׁה "וַיִּשְׁכֹּן יִשְׂרָאֵל בֶּטַח בָּדָד עֵין יַעֲקֹב", כְּלוֹמַר, אֵימָתַי יִשְׁכּוֹן יִשְׂרָאֵל בֶּטַח – כְּשֶׁיִּהְיוּ צַדִּיקִים כְּעֵין יַעֲקֹב. מִי יָקוּם יַעֲקֹב. מִי יוּכַל לִהְיוֹת חָסִיד כְּיַעֲקֹב, "כִּי קָטֹן הוּא" – קְטַנִּים הֵם הַטּוֹבִים, שֶׁיִּהְיוּ צַדִּיקִים כְּיַעֲקֹב.

מכאן ואילך מפירוש רבינו גרשום. ב"ב פח

הָלוֹךְ לְהַרְגִּיעוֹ יִשְׂרָאֵל. שֶׁיְּהֵא לָהֶם מְנוּחָה בְּגָלוּתָן. בְּשׁוֹפָר גָּדוֹל וגו' "וּבָאוּ הָאוֹבְדִים בְּאֶרֶץ", מְלַמֵּד שֶׁלֹּא יְהוּ אֲבוּדִים בֵּין הַגּוֹיִם. כַּאֲבֵידָה הַמִּתְבַּקֶּשֶׁת. וְנִמְצֵאת לְאַחַר זְמַן. כַּאֲכִילַת קִשּׁוּאִין וְדִילּוּעִין. שֶׁאוֹכְלִים מִקְצָתָם וּמְקַיְּמִים מִקְצָתָם אֵין אוֹכְלִין. מִפַּלְטֵירוֹ. בֵּית שֶׁל רוֹמִי. *וּמַה לְעוֹבְרֵי רְצוֹנוֹ כָּךְ. שֶׁמִּשְׁתַּחֲוִים לַעֲבוֹדָה זָרָה שֶׁלָּהֶם יוֹשְׁבִים בְּהַשְׁקֵט וְשַׁלְוָה, יִשְׂרָאֵל שֶׁעוֹשִׂין רְצוֹנוֹ עַל אַחַת כַּמָּה וְכַמָּה שֶׁיְּשַׁלֵּם לָהֶם שָׂכָר טוֹב. קָרְעוּ בִּגְדֵיהֶם. דְּדִינוֹ לִיקָּרַע כָּךְ. וַהֲלֹא אוּרִיָּה בְּמִקְדָּשׁ רִאשׁוֹן הָיָה. כַּכָּתוּב בְּסֵפֶר מְלָכִים. זְכַרְיָה מִנְּבִיאִים אַחֲרוֹנִים הָיָה. שֶׁהָיָה בְּמִקְדָּשׁ שֵׁנִי. תָּלָה הַכָּתוּב נְבוּאָתוֹ שֶׁל זְכַרְיָה בִּנְבוּאָתוֹ שֶׁל אוּרִיָּה. כְּלוֹמַר, שֶׁפּוּרְעָנוּת שֶׁנִּיבָּא אוּרִיָּה, שֶׁאָמַר: "יְרוּשָׁלַיִם לְעִיִּים תִּהְיֶה וְהַר הַבַּיִת לְבָמוֹת יָעַר" נִתְקַיֵּים – כְּמוֹ כֵן עָתִיד לְהִתְקַיֵּים דִּבְרֵי נִיחוּמִים שֶׁל זְכַרְיָה, שֶׁיִּבָּנֶה בֵּית הַמִּקְדָּשׁ בִּמְהֵרָה בְיָמֵינוּ אָמֵן סֶלָה.

הדרן עלך אלו הן הלוקין וסליקא לה מסכת מכות

[נ"ל שמעתי] [הוריות ח.] [פרשת ויחי] [תענית כג] [סנהדרין פח.] שם מז. [כתובות קג:] [בע"י ל"ג] [תענית יב.] [פסחים נו.] סנהדרין פח. [כתובות קה:] ס"י אטומה

תהלים טו, בראשית יז, שם כז, ויקרא יח, ישעיה לג

בראשית יח, [כתובות קה.], [ב"מ פה.], ב"ב נז:, ישעיה לג, [סוכה מט:], [נ"ז שם], ישעיה נו, עמוס ה, חבקוק ב, דברים לג, עמוס ז, שם, דברים כח, שמות לד, ירמיה לא, יחזקאל יח, ויקרא כו, ישעיה כז, תהלים קיט, ויקרא כו

כתובות קה:, מיכה ו, [בע"י ובטלה], [בע"י ובטלה], [בע"י ואיתימא רב אשי], נ"א מפטילוס

קלו א מיי' פ"ב מהל' מלכים הל' ה:

קלז ב מיי' פכ"א מהל' איסורי ביאה הלכה כא סמג לאוין קכז טוש"ע אה"ע סי' כא ס"א:

הגהות הב"ח

(א) גמרא משמוע דמים כגון ר"א בר' שמעון דלא שמע בזילותא דצורבא מרבנן:

גליון הש"ס

גמ' שלא ירד לאומנות חבירו. עיין ב"ב דף כ ע"ב וסנהדרין דף פא ע"א: **שם** אפי' ברבית גוי. כדאיתא בבא מציעא דף ע ע"ב: **שם** דלמא כאבידה המתבקשת. סנהדרין דף קט ע"ב:

נ"א א"ל ר"ע אלא מעתה אל תטמאו בכל אלה ובבולהו אין כו'

תורה אור

בָּאֵשׁ, וְלֹא נִבְכֶּה?! אָמַר לָהֶן: לְכָךְ אֲנִי *מְצַחֵק, וּמַה *לְעוֹבְרֵי רְצוֹנוֹ כָּךְ – לְעוֹשֵׂי רְצוֹנוֹ עַל אַחַת כַּמָּה וְכַמָּה! שׁוּב פַּעַם אַחַת הָיוּ עוֹלִין לִירוּשָׁלַיִם, כֵּיוָן שֶׁהִגִּיעוּ לְהַר הַצּוֹפִים, קָרְעוּ בִּגְדֵיהֶם. כֵּיוָן שֶׁהִגִּיעוּ לְהַר הַבַּיִת, רָאוּ שׁוּעָל שֶׁיָּצָא מִבֵּית קָדְשֵׁי הַקֳּדָשִׁים, הִתְחִילוּ הֵן בּוֹכִין וְר"ע *מְצַחֵק. אָמְרוּ לוֹ: מִפְּנֵי מָה אַתָּה מְצַחֵק? אָמַר לָהֶם: מִפְּנֵי מָה אַתֶּם בּוֹכִים? אָמְרוּ לוֹ: מָקוֹם שֶׁכָּתוּב בּוֹ: °"וְהַזָּר הַקָּרֵב יוּמָת" (במדבר א) וְעַכְשָׁיו שׁוּעָלִים הִלְּכוּ בוֹ, וְלֹא נִבְכֶּה? אָמַר לָהֶן: לְכָךְ אֲנִי מְצַחֵק, דִּכְתִיב: °"וְאָעִידָה לִּי עֵדִים נֶאֱמָנִים אֵת אוּרִיָּה הַכֹּהֵן וְאֶת זְכַרְיָה בֶּן יְבֶרֶכְיָהוּ" (ישעיה ח). וְכִי מָה עִנְיַן אוּרִיָּה אֵצֶל זְכַרְיָה? אוּרִיָּה בְּמִקְדָּשׁ רִאשׁוֹן, וּזְכַרְיָה בְּמִקְדָּשׁ שֵׁנִי! אֶלָּא, תָּלָה הַכָּתוּב נְבוּאָתוֹ שֶׁל זְכַרְיָה בִּנְבוּאָתוֹ שֶׁל אוּרִיָּה; בְּאוּרִיָּה כְּתִיב: °"לָכֵן בִּגְלַלְכֶם צִיּוֹן שָׂדֶה תֵחָרֵשׁ" (מיכה ג) [וגו'], בִּזְכַרְיָה כְּתִיב: °"עוֹד יֵשְׁבוּ זְקֵנִים וּזְקֵנוֹת בִּרְחוֹבוֹת יְרוּשָׁלָםִ" (זכריה ח). עַד שֶׁלֹּא נִתְקַיְּימָה נְבוּאָתוֹ שֶׁל אוּרִיָּה – הָיִיתִי מִתְיָירֵא שֶׁלֹּא תִּתְקַיֵּים נְבוּאָתוֹ שֶׁל זְכַרְיָה, עַכְשָׁיו שֶׁנִּתְקַיְּימָה נְבוּאָתוֹ שֶׁל אוּרִיָּה – בְּיָדוּעַ שֶׁנְּבוּאָתוֹ שֶׁל זְכַרְיָה מִתְקַיֶּימֶת. בַּלָּשׁוֹן הַזֶּה אָמְרוּ לוֹ: עֲקִיבָא נִיחַמְתָּנוּ, עֲקִיבָא נִיחַמְתָּנוּ.*§

באוריה כתיב לכן בגללכם ציון שדה תחרש. וקשה: דהא בכל המקרא לא מלינו פסוק זה מנבואתו של אוריה, כי אם בנבואתו של מיכה המורשתי! ויש לומר: דסמיך אהא דאיתא בספר ירמיה (לא) שנתנבא ירמיה על פורענות ונתקבלו הכהנים והנביאים להרגו מפני שהיה מדבר פורענות, ואמרו להם השרים: אין אנו מסכימין, שהרי מיכה דיבר מפורענות ולא נהרג, וגם אוריה וגו' – משמע שדבר אוריה כמו מיכה. ומה פורענות דבר מיכה – הוא קרא זה, והוי כמו שדבר אוריה. אבל קשה: מנלן דאותה נבואה דכתיב: "עוד ישבו זקנים וזקנות ברחובות" היא לעולם הבא? דלמא היא בעולם (א) קודם גאולה! וי"ל: דממה שהוא אמר ב"פסח שני" (פסחים דף סח,) ניחא, דקאמר: עתידים (*מתים שיחיו) דכתיב: "עוד ישבו זקנים וזקנות ברחובות וילכו על משענותם", ועל אלישע שהחיה המת כתיב: "משענתו", וגמרינן "משענת" דהאי קרא מ"משענת" דאלישע, מה להלן החיה המת אף כאן תחיית המתים. וא"כ ע"כ האי נבואה לעתיד לבא, שהרי עבר בית ראשון ובית שני שלא היתה תחיית המתים, וניחא הכל. והשם יזכנו לראות משיח, אמן.

[ובילקוט איתא משחק וכ"ה בע"י] *[נדרים נ:]

נ"ל משחק

[בע"י הג' ה' ינחמ אמן]

[נ"ל לליקוס שיחיו מתים]

הגהות הב"ח

(א) תוס' ד"ה באוריה וכו' בעולם הזה קודם גאולה וכו' דקאמר התם עתידין וכו' ברחובות ירושלים [illegible] ויושבו:

הדרן עלך אלו הן הלוקין וסליקא לה מסכת מכות

The following paragraph is recited three times:

הַדְרָן עֲלָךְ מַסֶּכֶת מַכּוֹת וְהַדְרָךְ עֲלָן, דַּעְתָּן עֲלָךְ מַסֶּכֶת מַכּוֹת וְדַעְתָּךְ עֲלָן, לָא נִתְנְשֵׁי מִנָּךְ מַסֶּכֶת מַכּוֹת וְלָא תִתְנְשִׁי מִנָּן, לָא בְּעָלְמָא הָדֵין וְלָא בְּעָלְמָא דְאָתֵי.

יְהִי רָצוֹן מִלְּפָנֶיךָ יהוה אֱלֹהֵינוּ וֵאלֹהֵי אֲבוֹתֵינוּ, שֶׁתְּהֵא תוֹרָתְךָ אֻמָּנוּתֵנוּ בָּעוֹלָם הַזֶּה, וּתְהֵא עִמָּנוּ לָעוֹלָם הַבָּא. חֲנִינָא בַּר פַּפָּא, רָמֵי בַּר פַּפָּא, נַחְמָן בַּר פַּפָּא, אֲחַאי בַּר פַּפָּא, אַבָּא מָרִי בַּר פַּפָּא, רַפְרָם בַּר פַּפָּא, רָכִישׁ בַּר פַּפָּא, סוּרְחַב בַּר פַּפָּא, אַדָּא בַּר פַּפָּא, דָּרוּ בַּר פַּפָּא.

הַעֲרֶב נָא יהוה אֱלֹהֵינוּ אֶת דִּבְרֵי תוֹרָתְךָ בְּפִינוּ וּבְפִי עַמְּךָ בֵּית יִשְׂרָאֵל, וְנִהְיֶה אֲנַחְנוּ וְצֶאֱצָאֵינוּ (וְצֶאֱצָאֵי צֶאֱצָאֵינוּ) וְצֶאֱצָאֵי עַמְּךָ בֵּית יִשְׂרָאֵל, כֻּלָּנוּ יוֹדְעֵי שְׁמֶךָ וְלוֹמְדֵי תוֹרָתְךָ לִשְׁמָהּ. תהלים קיט מֵאֹיְבַי תְּחַכְּמֵנִי מִצְוֹתֶךָ כִּי לְעוֹלָם הִיא־לִי: יְהִי־לִבִּי תָמִים בְּחֻקֶּיךָ לְמַעַן לֹא אֵבוֹשׁ: לְעוֹלָם לֹא־אֶשְׁכַּח פִּקּוּדֶיךָ כִּי־בָם חִיִּיתָנִי: בָּרוּךְ אַתָּה יהוה לַמְּדֵנִי חֻקֶּיךָ: אָמֵן אָמֵן אָמֵן סֶלָה וָעֶד.

מוֹדִים אֲנַחְנוּ לְפָנֶיךָ יהוה אֱלֹהֵינוּ וֵאלֹהֵי אֲבוֹתֵינוּ שֶׁשַּׂמְתָּ חֶלְקֵנוּ מִיּוֹשְׁבֵי בֵּית הַמִּדְרָשׁ, וְלֹא שַׂמְתָּ חֶלְקֵנוּ מִיּוֹשְׁבֵי קְרָנוֹת. שֶׁאָנוּ מַשְׁכִּימִים וְהֵם מַשְׁכִּימִים, אָנוּ מַשְׁכִּימִים לְדִבְרֵי תוֹרָה, וְהֵם מַשְׁכִּימִים לִדְבָרִים בְּטֵלִים. אָנוּ עֲמֵלִים וְהֵם עֲמֵלִים, אָנוּ עֲמֵלִים וּמְקַבְּלִים שָׂכָר, וְהֵם עֲמֵלִים וְאֵינָם מְקַבְּלִים שָׂכָר. אָנוּ רָצִים וְהֵם רָצִים, אָנוּ רָצִים לְחַיֵּי הָעוֹלָם הַבָּא, וְהֵם רָצִים לִבְאֵר שַׁחַת, שֶׁנֶּאֱמַר: תהלים נה וְאַתָּה אֱלֹהִים תּוֹרִדֵם לִבְאֵר שַׁחַת אַנְשֵׁי דָמִים וּמִרְמָה לֹא־יֶחֱצוּ יְמֵיהֶם וַאֲנִי אֶבְטַח־בָּךְ:

יְהִי רָצוֹן מִלְּפָנֶיךָ יהוה אֱלֹהַי, כְּשֵׁם שֶׁעֲזַרְתַּנִי לְסַיֵּם מַסֶּכֶת מַכּוֹת כֵּן תְּעַזְרֵנִי לְהַתְחִיל מַסֶּכְתּוֹת וּסְפָרִים אֲחֵרִים וּלְסַיְּמָם, לִלְמֹד וּלְלַמֵּד לִשְׁמֹר וְלַעֲשׂוֹת וּלְקַיֵּם אֶת כָּל דִּבְרֵי תַלְמוּד תּוֹרָתְךָ בְּאַהֲבָה, וּזְכוּת כָּל הַתַּנָּאִים וְאָמוֹרָאִים וְתַלְמִידֵי חֲכָמִים יַעֲמֹד לִי וּלְזַרְעִי שֶׁלֹּא תָמוּשׁ הַתּוֹרָה מִפִּי וּמִפִּי זַרְעִי וְזֶרַע זַרְעִי עַד עוֹלָם, וְיִתְקַיֵּם בִּי: משלי ו בְּהִתְהַלֶּכְךָ תַּנְחֶה אֹתָךְ בְּשָׁכְבְּךָ תִּשְׁמֹר עָלֶיךָ וַהֲקִיצוֹתָ הִיא תְשִׂיחֶךָ: משלי ט כִּי־בִי יִרְבּוּ יָמֶיךָ וְיוֹסִיפוּ לְךָ שְׁנוֹת חַיִּים: משלי ג אֹרֶךְ יָמִים בִּימִינָהּ בִּשְׂמֹאולָהּ עֹשֶׁר וְכָבוֹד: תהלים כט יהוה עֹז לְעַמּוֹ יִתֵּן יהוה יְבָרֵךְ אֶת־עַמּוֹ בַשָּׁלוֹם:

The following paragraph is recited three times:

הַדְרָן We shall return to you, tractate *Makkot*, and your glory is upon us. Our thoughts are upon you, tractate *Makkot*, and your thoughts are upon us. We will not be forgotten from you, tractate *Makkot*, and you will not be forgotten from us; neither in this world nor in the World-to-Come.

יְהִי רָצוֹן May it be Your will, Lord our God and God of our ancestors, that Your Torah will be our avocation in this world and will accompany us to the World-to-Come. Ḥanina bar Pappa, Ramei bar Pappa, Naḥman bar Pappa, Aḥai bar Pappa, Abba Mari bar Pappa, Rafram bar Pappa, Rakhish bar Pappa, Surḥav bar Pappa, Adda bar Pappa, Daru bar Pappa.

הַעֲרֶב נָא Please, Lord our God, make the words of Your Torah sweet in our mouths and in the mouths of Your people, the house of Israel, so that we, our descendants (and their descendants), and the descendants of Your people, the house of Israel, may all know Your name and study Your Torah for its own sake. Your commandments Psalms 119 make me wiser than my enemies, for they are ever with me. Let my heart be undivided in Your statutes, in order that I may not be put to shame. I will never forget Your precepts, for with them You have quickened me. Blessed are You, O Lord; teach me Your statutes. Amen, Amen, Amen, Selah, Forever.

מוֹדִים We give thanks before You, Lord Our God and God of our ancestors, that You have placed our lot among those who sit in the study hall and that you have not given us our portion among those who sit idly on street corners. We rise early and they rise early. We rise early to pursue matters of Torah and they rise early to pursue frivolous matters. We toil and they toil. We toil and receive a reward and they toil and do not receive a reward. We run and they run. We run to the life of the World-to-Come and they run to the pit of destruction, as it is stated: Psalms 55 But You, God, will bring them down into the pit of destruction; men of blood and deceit shall not live out half their days; but as for me, I will trust in You.

יְהִי רָצוֹן May it be Your will, Lord my God, just as you have assisted me in completing tractate *Makkot* so assist me to begin other tractates and books and conclude them to learn and to teach, to observe and to perform, and to fulfill all the teachings of Your Torah with love. And may the merit of all the *tanna'im* and *amora'im* and Torah scholars stand for me and my descendants so that the Torah will not move from my mouth and from the mouths of my descendants and the descendants of my descendants forever. And may the verse: Proverbs 6 When you walk, it shall lead you, when you lie down, it shall watch over you; and when you awaken, it shall talk with you be fulfilled in me. For in the Torah your days shall be Proverbs 9 multiplied, and the years of your life shall be increased. Length of days is in her right hand; in her left hand are Proverbs 3 riches and honor. May the Lord give strength to His Psalms 29 people; the Lord will bless His people with peace.

The following קדיש *requires the presence of a* מנין*.*

יִתְגַּדַּל וְיִתְקַדַּשׁ שְׁמֵהּ רַבָּא

בְּעָלְמָא דְּהוּא עָתִיד לְאִתְחַדָּתָא

וּלְאַחֲיָאָה מֵתַיָּא, וּלְאַסָּקָא יָתְהוֹן לְחַיֵּי עָלְמָא

וּלְמִבְנֵא קַרְתָּא דִּירוּשְׁלֵם, וּלְשַׁכְלָלָא הֵיכְלֵהּ בְּגַוַּהּ

וּלְמֶעְקַר פָּלְחָנָא נֻכְרָאָה מֵאַרְעָא

וְלַאֲתָבָא פָּלְחָנָא דִשְׁמַיָּא לְאַתְרֵהּ

וְיַמְלִיךְ קֻדְשָׁא בְּרִיךְ הוּא בְּמַלְכוּתֵהּ וִיקָרֵהּ

(נוסח ספרד: וְיַצְמַח פּוּרְקָנֵהּ וִיקָרֵב מְשִׁיחֵהּ)

בְּחַיֵּיכוֹן וּבְיוֹמֵיכוֹן וּבְחַיֵּי דְכָל בֵּית יִשְׂרָאֵל

בַּעֲגָלָא וּבִזְמַן קָרִיב, וְאִמְרוּ אָמֵן.

יְהֵא שְׁמֵהּ רַבָּא מְבָרַךְ לְעָלַם וּלְעָלְמֵי עָלְמַיָּא.

יִתְבָּרַךְ וְיִשְׁתַּבַּח וְיִתְפָּאַר וְיִתְרוֹמַם וְיִתְנַשֵּׂא

וְיִתְהַדָּר וְיִתְעַלֶּה וְיִתְהַלָּל

שְׁמֵהּ דְּקֻדְשָׁא בְּרִיךְ הוּא

לְעֵֽלָּא מִן כָּל בִּרְכָתָא

/בעשרת ימי תשובה: לְעֵֽלָּא לְעֵֽלָּא מִכָּל בִּרְכָתָא/

וְשִׁירָתָא, תֻּשְׁבְּחָתָא וְנֶחֱמָתָא, דַּאֲמִירָן בְּעָלְמָא

וְאִמְרוּ אָמֵן. (קהל: אָמֵן)

עַל יִשְׂרָאֵל וְעַל רַבָּנָן

וְעַל תַּלְמִידֵיהוֹן וְעַל כָּל תַּלְמִידֵי תַלְמִידֵיהוֹן

וְעַל כָּל מָאן דְּעָסְקִין בְּאוֹרַיְתָא

דִּי בְּאַתְרָא (בארץ ישראל: קַדִּישָׁא) הָדֵין, וְדִי בְּכָל אֲתַר וַאֲתַר

יְהֵא לְהוֹן וּלְכוֹן שְׁלָמָא רַבָּא

חִנָּא וְחִסְדָּא, וְרַחֲמֵי, וְחַיֵּי אֲרִיכֵי, וּמְזוֹנֵי רְוִיחֵי

וּפֻרְקָנָא מִן קֳדָם אֲבוּהוֹן דִּי בִשְׁמַיָּא

וְאִמְרוּ אָמֵן.

יְהֵא שְׁלָמָא רַבָּא מִן שְׁמַיָּא

וְחַיִּים (טוֹבִים) עָלֵינוּ וְעַל כָּל יִשְׂרָאֵל

וְאִמְרוּ אָמֵן.

Bow, take three steps back, as if taking leave of the Divine Presence, then bow, first left, then right, then center, while saying:

עֹשֶׂה שָׁלוֹם/ בעשרת ימי תשובה: הַשָּׁלוֹם/ בִּמְרוֹמָיו

הוּא יַעֲשֶׂה בְרַחֲמָיו שָׁלוֹם, עָלֵינוּ וְעַל כָּל יִשְׂרָאֵל

וְאִמְרוּ אָמֵן.

The following Kaddish requires the presence of a minyan.

Magnified and sanctified may His great name be,
in the world that will in future be renewed,
reviving the dead and raising them up to eternal life.
He will rebuild the city of Jerusalem
and in it re-establish His Temple.
He will remove alien worship from the earth
and restore to its place the worship of Heaven.
Then the Holy One, blessed be He,
will reign in His sovereignty and splendor.
May it be in your lifetime and in your days,
(*Nusaḥ Sepharad:* make His salvation flourish,
and hasten His messiah,)
and in the lifetime of all the House of Israel,
swiftly and soon – and say: Amen.

May His great name be blessed for ever and all time.

Blessed and praised,
glorified and exalted,
raised and honored,
uplifted and lauded
be the name of the Holy One,
blessed be He,
beyond any blessing,
song, praise and consolation uttered in the world –
and say: Amen.

To Israel, to the teachers,
their disciples and their disciples' disciples,
and to all who engage in the study of Torah,
in this (*in Israel add:* holy) place or elsewhere,
may there come to them and you great peace,
grace, kindness and compassion,
long life, ample sustenance and deliverance,
from their Father in Heaven –
and say: Amen.

May there be great peace from heaven,
and (good) life for us and all Israel –
and say: Amen.

Bow, take three steps back, as if taking leave of the Divine Presence, then bow, first left, then right, then center, while saying:

May He who makes peace in His high places,
in His compassion make peace for us and all Israel –
and say: Amen.

KOREN TALMUD BAVLI

THE NOÉ EDITION

MAKKOT

COMMENTARY BY

Rabbi Adin Even-Israel Steinsaltz

EDITOR-IN-CHIEF

Rabbi Dr Tzvi Hersh Weinreb

SENIOR CONTENT EDITOR

Rabbi Dr Shalom Z Berger

EXECUTIVE EDITOR

Rabbi Joshua Schreier

•

STEINSALTZ CENTER
KOREN PUBLISHERS JERUSALEM

Supported by the Matanel Foundation

Koren Talmud Bavli, The Noe Edition
Vol. 25: Tractate Makkot
Paperback, ISBN, 978-965-7766-22-4

First Hebrew/English paperback edition, 2021

Koren Publishers Jerusalem Ltd.
PO Box 4044, Jerusalem 91040, ISRAEL
PO Box 8531, New Milford, CT 06776, USA
www.korenpub.com

Steinsaltz Center

Steinsaltz Center is the parent organization of institutions established by Rabbi Adin Even-Israel Steinsaltz

PO Box 45187, Jerusalem 91450 ISRAEL
Telephone: +972 2 646 0900, Fax +972 2 624 9454
www.steinsaltz-center.org

Printed in Turkey

הִנֵּה יָמִים בָּאִים, נְאֻם אֲדֹנָי יֱהוִֹה, וְהִשְׁלַחְתִּי רָעָב בָּאָרֶץ,
לֹא־רָעָב לַלֶּחֶם וְלֹא־צָמָא לַמַּיִם, כִּי אִם־לִשְׁמֹעַ אֵת דִּבְרֵי יהוה.

Behold, days are coming – says the Lord God – I will send a hunger to the land, not a hunger for bread nor a thirst for water, but to hear the words of the Lord. (AMOS 8:11)

The Noé edition of the Koren Talmud Bavli
with the commentary of Rabbi Adin Even-Israel Steinsaltz
is dedicated to all those who open its covers
to quench their thirst for Jewish Knowledge,
in our generation of Torah renaissance.

This beautiful edition is for the young, the aged,
the novice and the savant alike,
as it unites the depth of Torah knowledge
with the best of academic scholarship.

Within its exquisite and vibrant pages,
words become worlds.

It will claim its place in the library of classics,
in the bookcases of the Beit Midrash,
the classrooms of our schools,
and in the offices of professionals and business people
who carve out precious time to grapple with its timeless wisdom.

For the Student and the Scholar

DEDICATED BY LEO AND SUE NOÉ

Executive Director, Steinsaltz Center

Rabbi Meni Even-Israel

Managing Editor

Rabbi Jason Rappoport

Senior Content Editor

Rabbi Dr. Shalom Z. Berger

Editors

Rabbi Dr. Joshua Amaru, *Coordinating Editor*
Rabbi Yehoshua Duker, *Senior Editor*
Rabbi Avishai Magence, *Content Curator*
Yedidya Naveh, *Content Curator*
Rabbi Yehonatan Eliav, *Hebrew Edition*
Tal Avrahami
Menucha Chwat
Betzalel Philip Edwards
Rabbi Dov Foxbrunner
Rabbi Yonatan Shai Freedman
Raphael Friedman
Rabbi Ayal Geffon
Nechama Greenberg
Elisha Loewenstern
Rabbi Jonathan Mishkin
Avi Steinhart
Rabbi Yitzchak Twersky

Copy Editors

Aliza Israel, *Coordinator*
Ita Olesker
Debbie Ismailoff
Ilana Sobel
Deena Nataf
Eliana Kurlantzick Yorav
Erica Hirsch Edvi
Sara Henna Dahan
Oritt Sinclair
Nava Wieder

Language Consultants

Dr. Stéphanie E. Binder, *Greek & Latin*
Rabbi Yaakov Hoffman, *Arabic*
Dr. Shai Secunda, *Persian*
Shira Shmidman, *Aramaic*

Design & Typesetting

Dena Landowne Bailey, *Typesetting*
Tani Bayer, *Jacket Design*
Raphaël Freeman, *Design & Typography*

Images

Eliahu Misgav, *Illustration & Image Acquisition*
Daniel Gdalevich, *Illustration & Image Acquisition*

Introduction by the Publisher

The Talmud has sustained and inspired Jews for thousands of years. Throughout Jewish history, an elite cadre of scholars has absorbed its learning and passed it on to succeeding generations. The Talmud has been the fundamental text of our people.

Beginning in the 1960s, Rabbi Adin Even-Israel Steinsaltz שליט״א created a revolution in the history of Talmud study. His translation of the Talmud, first into modern Hebrew and then into other languages, as well the practical learning aids he added to the text, have enabled millions of people around the world to access and master the complexity and context of the world of Talmud.

It is thus a privilege to present the *Koren Talmud Bavli*, an English translation of the talmudic text with the brilliant elucidation of Rabbi Steinsaltz. The depth and breadth of his knowledge are unique in our time. His rootedness in the tradition and his reach into the world beyond it are inspirational.

Working with Rabbi Steinsaltz on this remarkable project has been not only an honor, but a great pleasure. Never shy to express an opinion, with wisdom and humor, Rabbi Steinsaltz sparkles in conversation, demonstrating his knowledge (both sacred and worldly), sharing his wide-ranging interests, and, above all, radiating his passion. I am grateful for the unique opportunity to work closely with him, and I wish him many more years of writing and teaching.

Our intentions in publishing this new edition of the Talmud are threefold. First, we seek to fully clarify the talmudic page to the reader – textually, intellectually, and graphically. Second, we seek to utilize today's most sophisticated technologies, both in print and electronic formats, to provide the reader with a comprehensive set of study tools. And third, we seek to help readers advance in their process of Talmud study.

To achieve these goals, the *Koren Talmud Bavli* is unique in a number of ways:

- The classic *tzurat hadaf* of Vilna, used by scholars since the 1800s, has been reset for great clarity, and opens from the Hebrew "front" of the book. Full *nikkud* has been added to both the talmudic text and Rashi's commentary, allowing for a more fluent reading with the correct pronunciation; the commentaries of *Tosafot* have been punctuated. Upon the advice of many English-speaking teachers of Talmud, we have separated these core pages from the translation, thereby enabling the advanced student to approach the text without the distraction of the translation. This also reduces the number of volumes in the set. At the bottom of each *daf*, there is a reference to the corresponding English pages. In addition, the Vilna edition was read against other manuscripts and older print editions, so that texts which had been removed by non-Jewish censors have been restored to their rightful place.
- The English translation, which starts on the English "front" of the book, reproduces the *menukad* Talmud text alongside the English translation (in bold) and commentary and explanation (in a lighter font). The Hebrew and Aramaic text is presented in logical paragraphs. This allows for a fluent reading of the text for the non-Hebrew or non-Aramaic reader. It also allows for the Hebrew reader to refer easily to the text alongside. Where the original text features dialogue or poetry, the English text is laid out in a manner appropriate to the genre. Each page refers to the relevant *daf*.

- Critical contextual tools surround the text and translation: personality notes, providing short biographies of the Sages; language notes, explaining foreign terms borrowed from Greek, Latin, Persian, or Arabic; and background notes, giving information essential to the understanding of the text, including history, geography, botany, archaeology, zoology, astronomy, and aspects of daily life in the talmudic era.
- Halakhic summaries provide references to the authoritative legal decisions made over the centuries by the rabbis. They explain the reasons behind each halakhic decision as well as the ruling's close connection to the Talmud and its various interpreters.
- Photographs, drawings, and other illustrations have been added throughout the text – in full color in the Standard and Electronic editions, and in black and white in the Daf Yomi edition – to visually elucidate the text.

This is not an exhaustive list of features of this edition, it merely presents an overview for the English-speaking reader who may not be familiar with the "total approach" to Talmud pioneered by Rabbi Steinsaltz.

Several professionals have helped bring this vast collaborative project to fruition. My many colleagues are noted on the Acknowledgments page, and the leadership of this project has been exceptional.

RABBI MENACHEM EVEN-ISRAEL, DIRECTOR OF THE STEINSALTZ CENTER, was the driving force behind this enterprise. With enthusiasm and energy, he formed the happy alliance with Koren and established close relationships among all involved in the work.

RABBI DR. TZVI HERSH WEINREB שליט״א, EDITOR-IN-CHIEF, brought to this project his profound knowledge of Torah, intellectual literacy of Talmud, and erudition of Western literature. It is to him that the text owes its very high standard, both in form and content, and the logical manner in which the beauty of the Talmud is presented.

RABBI JOSHUA SCHREIER, EXECUTIVE EDITOR, assembled an outstanding group of scholars, translators, editors, and proofreaders, whose standards and discipline enabled this project to proceed in a timely and highly professional manner.

RABBI MEIR HANEGBI, EDITOR OF THE HEBREW EDITION OF THE STEINSALTZ TALMUD, lent his invaluable assistance throughout the work process, supervising the reproduction of the Vilna pages.

RAPHAËL FREEMAN, EXECUTIVE EDITOR OF KOREN, created this Talmud's unique typographic design which, true to the Koren approach, is both elegant and user friendly.

It has been an enriching experience for all of us at Koren Publishers Jerusalem to work with the Steinsaltz Center to develop and produce the *Koren Talmud Bavli*. We pray that this publication will be a source of great learning and, ultimately, greater *avodat Hashem* for all Jews.

Matthew Miller, Publisher
Koren Publishers Jerusalem
Jerusalem 5772

Contents

For the vocalized Vilna Shas layout, please open as a Hebrew book.

Introduction to **Makkot**

Tractate *Makkot* complements and completes tractate *Sanhedrin*. There are some who hold that in the original division of the Mishna into sixty tractates, *Makkot* was actually part of tractate *Sanhedrin*. This tractate addresses the punishments imposed by the courts upon one who violates Torah law, while the earlier tractates in *Seder Nezikin*, or the Order of Damages, whose primary focus is on civil law, deal with different forms of conflict between one person and another. Nevertheless, this tractate appears as an independent entity because tractate *Sanhedrin* addresses the most severe transgressions, punishable by execution, while tractate *Makkot* primarily addresses transgressions for which the court imposes other punishments.

In Jewish jurisprudence there are three punishments other than the death penalty: Monetary payment, exile, and lashes. Fundamentally, there is no punishment of incarceration in Torah law, although occasionally the authorities would secure a suspect to prevent him from fleeing (see Leviticus 24:12 and Numbers 15:34; but see also *Sanhedrin* 81b). Tractate *Makkot* primarily addresses the practices associated with these forms of punishment.

Discussion in tractate *Makkot* centers upon three general topics: The *halakhot* of conspiring witnesses, the *halakhot* of exile, and the *halakhot* of lashes. Although these topics appear elsewhere in the Talmud, their most extensive elucidation is here. While they have little in common with each other, they were all included in this tractate because they complete the treatment of the *halakhot* of punishments that began in tractate *Sanhedrin*.

The source of the *halakhot* of conspiring witnesses is explicit in the Torah (Deuteronomy 19:16–21), and some of the *halakhot* concerning them are explicated in tractate *Sanhedrin*. The basic *halakha* of conspiring witnesses is that if witnesses provide testimony in court that creates liability for a person to be executed, to receive lashes, or to remit a monetary payment, and other witnesses testify and undermine the initial testimony, since the first set of witnesses conspired to harm the defendant they receive the same punishment that they sought to have inflicted upon him.

The fundamental problem with regard to the issue of conspiring witnesses is the question: How can it be proven that the first set of witnesses do indeed fall into the category of: "The witness is a false witness; he has testified falsely against his brother" (Deuteronomy 19:18)? After all, the testimony of two witnesses, after interrogation, is considered a statement of absolute truth, to the extent that the witnesses themselves are not deemed credible if they claim that they lied in their testimony. Why then is the second set of witnesses deemed more credible than the first?

A partial solution to this problem stems from the procedure of rendering witnesses conspiring witnesses, as the only way that the second testimony can prevail over the first is when the second set of witnesses testify: At that time, you, the first set of

witnesses, were with us in such and such place. According to that testimony, the first set of witnesses could not possibly have testified truthfully. It must be noted that the Gemara already said: The *halakha* of conspiring witnesses is a novel matter (*Bava Kamma* 72b and *Sanhedrin* 27a), with its own unique set of *halakhot*, and therefore standard halakhic categories do not necessarily apply to it and it cannot serve as a precedent for other areas. For that reason, the Sages parsed the relevant verses very carefully, deriving *halakhot* from their precise language, and did not add restrictions or decrees to that which was written in the Torah.

There are two additional matters to address. The first is in a case where it is impossible to fulfill the language of the verse: "And you shall do to him as he conspired to do to his brother" (Deuteronomy 19:19), without imposing a disproportionate punishment upon the witnesses. If it is impossible to impose the punishment of "as he conspired," why should the conspiring witnesses go unpunished? The second is a more essential question: Why are the conspiring witnesses not punished for violating the prohibition against false testimony that is explicit in the Ten Commandments: "You shall not bear false witness against your neighbor" (Exodus 20:13)? These two problems resolve each other, as in every case where it is impossible to impose the punishment of "as he conspired," the witnesses are flogged for providing false testimony.

Exile for an unwitting murderer is also a unique *halakha* from several perspectives. The verses indicate that there are three complementary aspects to exile: It effects atonement for the murderer and for the land; it protects the murderer from the blood redeemer, a relative of the victim who may take it upon himself to kill the murderer; and it is a punishment. Since there are three separate purposes to exile, it follows that not in every case in which a person causes death is he liable to be exiled. This may be because the transgression committed by the murderer is extremely severe and the atonement provided by exile does not suffice; or because it was an incident that transpired due to circumstances beyond his control, for which he is not liable to be exiled, and therefore does not require protection from the blood redeemer.

The examples of transgressions for which one is liable to be exiled that appear in the Torah indicate that the elements of the transgression are clearly defined. They all involve unwitting killing that on the one hand does not involve criminal negligence but on the other hand could have been avoided had the killer exercised appropriate caution.

The atonement aspect of exile in a city of refuge is manifest in the *halakha* that the unwitting murderer returns from the city of refuge to his home after the death of the High Priest. With regard to the protection aspect, it is prohibited for the blood redeemer to kill the murderer as long as the latter is in the city of refuge and its environs. Finally, the punishment aspect of exile fits the crime: On the one hand the extent of the murderer's sentence is exile to a city of refuge and the means for his physical and spiritual sustenance remain at his disposal, while on the other hand, he may not leave the city of refuge for any reason. He must remain there for the duration of his life and is buried there, unless the High Priest predeceases him.

The punishment of lashes is also written explicitly in the Torah, although it is not clear who is the wicked person who is liable to receive lashes. There is a consensus in rabbinic tradition with regard to who is liable to receive lashes: One who intentionally violates a prohibition by Torah law.

The punishment of lashes contains the principles of punishment, deterrence, and atonement. The punishment itself is severe and the number of lashes is defined in

the Torah. Due to that severity, an individual who is liable to receive lashes must be examined to determine whether his physical condition will enable him to bear them. That the lashes are administered in public, adding humiliation to the physical pain, serves as a deterrent. With regard to atonement, after the transgressor is flogged he reassumes the status of: "Your brother" (Deuteronomy 25:3), and his sin is expiated (see *Megilla* 7b). This expiation is effective even for people who were convicted of severe transgressions that are punishable by excision from the World-to-Come [*karet*]. In fact, one of the motivations in historical attempts to restore rabbinic ordination as it existed in talmudic times is the desire to restore the atonement aspect of the lashes.

In practice, the punishment of lashes was not all that common, because, as explained in this tractate, there are several prohibitions whose transgression does not fulfill the precise requirements needed in order to be liable to receive lashes. Moreover, lashes, like the death penalty, are administered only to one about whom it is clear that he sinned intentionally. In order to establish that certainty, not only are two witnesses required but forewarning is required as well. Furthermore, it is explained in this tractate that when one is liable to receive two punishments for performing one transgression, and one of those punishments is lashes, the lashes are superseded by the other punishment. This is the case when the other punishment is the death penalty, and the same is true when in addition to lashes the other punishment is monetary payment.

As stated above, the primary focus of tractate *Makkot* is the *halakhot* of conspiring witnesses, the *halakhot* of exile, and the *halakhot* of lashes. As is often the case in the Gemara, in the course of discussion other halakhic matters are elucidated, some of which are discussed only here, with regard to the limitations and definitions of various prohibitions for which one is liable to receive lashes. There is also extensive aggadic material in this tractate, most of which addresses the opposite perspective: The reward for mitzvot and the fact that even matters that seem negative can augur the ultimate good that will be in the future.

Tractate *Makkot* consists of three chapters, each addressing one of the three principal topics it focuses on.

Chapter One discusses the various facets of the *halakhot* of conspiring witnesses.

Chapter Two defines the acts of murder for which one is liable to be exiled and the manner in which the punishment of exile takes place in practice.

Chapter Three examines the *halakhot* of lashes, both in terms of ascertaining the types of transgressions for which one receives lashes and by analyzing several specific prohibitions for whose violation one is liable to receive lashes. It also addresses the manner in which the punishment of lashes is administered in practice.

Introduction to **Perek I**

If an unrighteous witness rises up against any man to bear perverted witness against him, the two men between whom the dispute is shall stand before the Lord, before the priests and the judges who shall be in those days. And the judges shall inquire diligently, and if the witness is a false witness, and has testified falsely against his brother, you shall do unto him as he conspired to do to his brother. So shall you remove the evil from your midst. And those that remain shall hear, and fear, and shall henceforth commit no more such evil in your midst. And your eyes shall not pity: Life for life, eye for eye, tooth for tooth, hand for hand, foot for foot.

(Deuteronomy 19:16–21)

In the detailed discussion of conspiring witnesses in this chapter, several fundamental matters are analyzed. One problem relates to the testimony of conspiring witnesses: At what point is their testimony deemed testimony in terms of liability if they are rendered conspiring witnesses? Is there any significance to the number of conspiring witnesses and the number of witnesses rendering them conspiring witnesses? What is the *halakha* with regard to a large set of witnesses who testify together where some of them are rendered conspiring witnesses? When are witnesses considered a single set in terms of combining them into a single testimony and in terms of their being rendered conspiring witnesses? Is there a difference between cases of capital law and cases of monetary law in this regard? These questions relate to the *halakhot* of testimony in general and the ramifications with regard to conspiring witnesses in particular.

Another topic addressed in detail is the manner in which witnesses are rendered conspiring. How is testimony rendered void as conspiring testimony and at what point in the testimony are the witnesses liable as conspiring witnesses? What is the *halakha* when there are several sets of witnesses testifying to render each other conspiring witnesses? Concerning this, the primary discussion relates to the principles of conspiring witnesses, some of which are Torah edicts, even though the Sages provide explanations and rationales for these principles, which they derive from inferences drawn from the verses. This chapter also explores the question of whether witnesses are rendered conspiring witnesses only by means of direct testimony or whether testimony can be voided based on the assumption that the first set of witnesses could not possibly have seen the incident about which they are testifying.

The third problem examined in this chapter relates to the halakhic details of the punishment of conspiring witnesses. Although the language of the verse: "As he conspired," defines their punishment, the question arises: Is each conspiring witness liable to receive the entire punishment, i.e., does each witness who sought to render the defendant liable to receive lashes receive the entire number of lashes and is each witness who sought to render the defendant liable to remit a monetary payment liable to pay the entire sum of that payment? Or do the conspiring witnesses divide the punishment among themselves?

Another question that arises is: What can be done in cases where it is not possible to punish the conspiring witnesses with the precise punishment that they plotted to have inflicted on their victim, either because it is not possible in practice, or the

punishment cannot be carried out due to a Torah edict, or because imposing that punishment will lead to the punishment of others who committed no wrongdoing? Can conspiring witnesses be punished simply because they violated the prohibition against bearing false witness? There are several more specific questions, among them: How is the degree of damage that the witnesses plotted to cause calculated in cases of monetary law when the testimony of the witnesses is only partially false, e.g., with regard to the duration of a loan?

The primary focus of this chapter is the clarification of these questions. In addition, more general questions are addressed with regard to the *halakhot* of testimony and with regard to cases of capital law.

מתני׳ כֵּיצַד הָעֵדִים נַעֲשִׂים זוֹמְמִין? ״מְעִידִין אָנוּ בְּאִישׁ פְּלוֹנִי שֶׁהוּא בֶּן גְּרוּשָׁה אוֹ בֶּן חֲלוּצָה״ – אֵין אוֹמְרִים יֵעָשֶׂה זֶה בֶּן גְּרוּשָׁה אוֹ בֶּן חֲלוּצָה תַּחְתָּיו, אֶלָּא לוֹקֶה אַרְבָּעִים.

MISHNA How are witnesses rendered conspiring witnesses? This applies in a case where two witnesses came before the court and said: **We testify with regard to so-and-so,** who is a priest, **that he is the son of a divorced woman**[H] **or the son of a *ḥalutza*,**[N] a *yevama* who performed the rite of *ḥalitza* to free herself from the levirate bond. Those testimonies render him a *ḥalal* (see Leviticus 21:6–7), one disqualified from the priesthood due to flawed lineage. If a second set of witnesses testifies in court and renders the first set conspiring witnesses, **one does not say** with regard to each of the conspiring witnesses: **This** witness **shall be rendered the son of a divorced woman or the son of a *ḥalutza* in his stead. Rather, he receives forty lashes** as punishment for his false testimony.

״מְעִידִין אָנוּ בְּאִישׁ פְּלוֹנִי שֶׁהוּא חַיָּיב לִגְלוֹת״ – אֵין אוֹמְרִים יִגְלֶה זֶה תַּחְתָּיו, אֶלָּא לוֹקֶה אַרְבָּעִים.

Likewise, in a case where two witnesses came before the court and said: **We testify with regard to so-and-so that he is liable to be exiled**[H] to a city of refuge for unwittingly killing another (see Numbers 35:11), and a second set of witnesses testifies in court and renders the first set conspiring witnesses, **one does not say** with regard to each of the conspiring witnesses: **This** witness **shall be exiled in his stead. Rather, he receives forty lashes.**

גמ׳ הָא ״כֵּיצַד אֵין הָעֵדִים נַעֲשִׂים זוֹמְמִין״ מִיבְּעֵי לֵיהּ! וְעוֹד, מִדְּקָתָנֵי לְקַמָּן: אֲבָל אָמְרוּ לָהֶם ״הֵיאַךְ אַתֶּם מְעִידִין, הֲרֵי בְּאוֹתוֹ הַיּוֹם אַתֶּם הֱיִיתֶם עִמָּנוּ בְּמָקוֹם פְּלוֹנִי״ – הֲרֵי אֵלּוּ זוֹמְמִין, מִכְּלָל דְּאֵלּוּ אֵין זוֹמְמִין!

GEMARA The Gemara analyzes the opening question of the mishna: **But** based on the cases discussed in the mishna, the *tanna* **should have** asked: **How are witnesses not rendered conspiring** witnesses? The standard punishment for conspiring witnesses is the punishment that they conspired to have inflicted upon the subject of their testimony. The mishna cites anomalous cases where their punishment does not correspond to the punishment they sought to have inflicted. The Gemara asks: **And furthermore, from** the fact **that** the *tanna* **teaches** in a mishna cited **later** (5a): **But** if the second set of witnesses attempting to render the first set conspiring witnesses **said to them: How** can **you testify** to that incident when **on that day you were with us in such and such place, these** first witnesses **are conspiring** witnesses. One learns **by inference** from the final phrase in the cited passage: These are conspiring witnesses, that **those** enumerated in the mishna here **are not conspiring** witnesses.

תַּנָּא הָתָם קָאֵי: כָּל הַזּוֹמְמִין מַקְדִּימִין לְאוֹתָהּ מִיתָה, חוּץ מִזּוֹמְמֵי בַּת כֹּהֵן וּבוֹעֲלָהּ שֶׁאֵין מַקְדִּימִין לְאוֹתָהּ מִיתָה, אֶלָּא לְמִיתָה אַחֶרֶת.

The Gemara answers both questions: **The *tanna* is standing there**[N] in his studies, at the end of tractate *Sanhedrin*, which immediately precedes *Makkot*, and *Makkot* is often appended to the end of *Sanhedrin*. The mishna there teaches (89a): **All** those **who are** rendered **conspiring witnesses are led to** be executed with **the same** mode of **execution** with which they conspired to have their victim executed, **except for conspiring** witnesses who testified that **the daughter of a priest and her paramour** committed adultery,[H] where the daughter of the priest would be executed by burning (see Leviticus 21:9) and her paramour would be executed by strangulation. In **that** case, they are **not taken directly to** be executed with **the same** mode of **execution** that they sought to have inflicted on the woman; **rather,** they are executed with **a different** mode of **execution,** the one they sought to have inflicted on the paramour.

HALAKHA

That he is the son of a divorced woman, etc. – שֶׁהוּא בֶּן גְּרוּשָׁה: In a case where witnesses testified that a priest is disqualified from the priesthood, e.g., he is the son of a divorced woman or a *ḥalutza*, and the same applies in a case where witnesses testified that an Israelite is a *mamzer* or a Canaanite slave, if they were found to be conspiring witnesses, they receive forty lashes but their lineage is not affected. Some early commentaries disagree with regard to the son of a *ḥalutza*, and assert that in that case, the witnesses are not flogged by Torah law (Rambam *Sefer Shofetim, Hilkhot Edut* 20:8; *Tur, Ḥoshen Mishpat* 38).

That he is liable to be exiled – שֶׁהוּא חַיָּיב גָּלוּת: If witnesses who testified that one unwittingly killed another and is therefore liable to be exiled were found to be conspiring witnesses, they receive forty lashes but are not exiled themselves (Rambam *Sefer Shofetim, Hilkhot Edut* 20:8; *Tur, Ḥoshen Mishpat* 38).

For conspiring witnesses who testified that the daughter of a priest and her paramour committed adultery – מְזוֹמְמֵי בַּת כֹּהֵן וּבוֹעֲלָהּ: If two witnesses testified that a man committed adultery with the married daughter of a priest, and the man was sentenced to death by strangulation and the woman to death by burning, and then the witnesses were found to be conspiring witnesses, they are executed by strangulation and not by burning. This *halakha* was learned through tradition (Rambam *Sefer Shofetim, Hilkhot Edut* 20:10).

NOTES

The son of a *ḥalutza* – בֶּן חֲלוּצָה: The son of woman who underwent *ḥalitza* is disqualified from the priesthood by rabbinic decree. Some early commentaries hold that since their disqualification is not by Torah law, the witnesses who sought to disqualify them should not be flogged. According to that opinion, the mishna mentions the *ḥalutza* only because the son of a divorced woman and the son of a *ḥalutza* are mentioned together regularly in *mishnayot* and *baraitot* (Ramban; Ritva). By contrast, from the formulation of the *halakha* in the Rambam, it appears that conspiring witnesses who testified that the priest is the son of a *ḥalutza* are flogged. The commentaries explain that although his disqualification is by rabbinic law, since, in practice, the witnesses conspired, they are punished for that testimony (see *Arukh LaNer* and Rabbi Akiva Eiger).

The *tanna* is standing there – תַּנָּא הָתָם קָאֵי: This tractate is a continuation of tractate *Sanhedrin*, and the mishna cited in the Gemara here appears at the end of the tenth chapter (89a) of *Sanhedrin* in the Babylonian Talmud. That mishna addresses the issue of conspiring witnesses who are punished in a manner other than as they conspired. In the case discussed in the mishna, they conspire to have the daughter of the priest executed by burning and are instead executed with the less stringent death of strangulation. In the Jerusalem Talmud, the chapter in which the mishna is cited is the eleventh and final chapter of *Sanhedrin*. The Ritva proves from the fact that the Gemara relates to that mishna as the final mishna in tractate *Sanhedrin* that the Babylonian *amora'im* arranged the chapters in the same order that they appear in the Jerusalem Talmud.

וְיֵשׁ עֵדִים זוֹמְמִין אֲחֵרִים, שֶׁאֵין עוֹשִׂין בָּהֶן דִּין הֲזַמָּה כָּל עִיקָּר, אֶלָּא מַלְקוֹת אַרְבָּעִים. כֵּיצַד? ״מְעִידִין אָנוּ בְּאִישׁ פְּלוֹנִי שֶׁהוּא בֶּן גְּרוּשָׁה אוֹ בֶּן חֲלוּצָה״ – אֵין אוֹמְרִים יֵעָשֶׂה זֶה בֶּן גְּרוּשָׁה אוֹ בֶּן חֲלוּצָה תַּחְתָּיו, אֶלָּא לוֹקֶה אֶת הָאַרְבָּעִים.

Therefore, the *tanna* continues in this first mishna in *Makkot*: **And there are other conspiring witnesses with regard to whom** the court **does not apply the *halakhot*** governing the punishment in standard cases of **conspiring** testimony **at all,** and they do not receive the punishment they sought to have inflicted. **Rather,** they receive **forty lashes. How,** and in what cases, is this applied? This is applied in a case where two witnesses came before the court and said: **We testify with regard to so-and-so that he is the son of a divorced woman or the son of a *ḥalutza*, one does not say** with regard to each of the conspiring witnesses: **This** witness **shall be rendered the son of a divorced woman or the son of a *ḥalutza* in his stead. Rather, he receives forty lashes.**

מְנָהָנֵי מִילֵּי? אָמַר רַבִּי יְהוֹשֻׁעַ בֶּן לֵוִי אָמַר רַבִּי שִׁמְעוֹן בֶּן לָקִישׁ: דְּאָמַר קְרָא ״וַעֲשִׂיתֶם לוֹ כַּאֲשֶׁר זָמַם״, ״לוֹ״ – וְלֹא לְזַרְעוֹ. וְלִיפְסְלוּהוּ לְדִידֵיהּ וְלָא לִיפְסְלוּ לְזַרְעֵיהּ! בָּעֵינַן ״כַּאֲשֶׁר זָמַם לַעֲשׂוֹת״ וְלֵיכָּא.

The Gemara asks: **From where is this matter** derived that the court does not punish the witnesses with the punishment they sought to have inflicted and disqualify them from the priesthood? **Rabbi Yehoshua ben Levi says** that **Rabbi Shimon ben Lakish says:** It is derived from a verse, **as the verse states: "And you shall do to him as he conspired"** (Deuteronomy 19:19), from which the Gemara infers: It is done **"to him," but not to his offspring.** Rendering the witness a *ḥalal* would disqualify his offspring as well. The Gemara challenges: **Let** the court **invalidate** the witness **and not invalidate his offspring.** The Gemara explains: That too would not accord with the directive in the verse, as based on the verse **we require** that the punishment be **"as he conspired to do"** (Deuteronomy 19:19), **and** that is **not** the case here, as the witness conspired to disqualify the subject of his testimony and his offspring.

בַּר פַּדָּא אוֹמֵר: קַל וָחוֹמֶר, וּמָה הַמְחַלֵּל אֵינוֹ מִתְחַלֵּל, הַבָּא לְחַלֵּל וְלֹא חִילֵּל – אֵינוֹ דִּין שֶׁלֹּא יִתְחַלֵּל? מַתְקִיף לַהּ רָבִינָא: אִם כֵּן, בִּטַּלְתָּ תּוֹרַת עֵדִים זוֹמְמִין:

Bar Padda says that this alternative form of punishment is derived through **an *a fortiori*** inference: **If one who** actually **disqualifies** another from the priesthood, i.e., a priest who fathers a son with a divorcée disqualifies their son from the priesthood, **is not** himself **disqualified** from the priesthood, so too with regard to this witness **who came to disqualify** another from the priesthood but was unsuccessful **and did not disqualify** him because he was rendered a conspiring witness, **isn't it logical that he should not be disqualified? Ravina objects to this** reasoning: **If so,** that the failure of the conspiring witnesses to achieve their objective is the consideration at the basis of the *a fortiori* inference, **you have** thereby **rendered the *halakha* of conspiring witnesses obsolete,** as one could claim:

Perek **I**
Daf **2** Amud **b**

וּמָה הַסּוֹקֵל אֵינוֹ נִסְקָל, הַבָּא לִסְקוֹל וְלֹא סָקַל – אֵינוֹ דִּין שֶׁלֹּא יִסָּקֵל? אֶלָּא, מְחַוַּורְתָּא כִּדְשַׁנֵּינַן מֵעִיקָּרָא.

If one who stones another, i.e., who testified that another is liable to be executed via the death penalty of stoning and was rendered a conspiring witness after that person was executed, **is not stoned,**[N] as the *halakha* is that conspiring witnesses receive the punishment that they conspired to have inflicted and not the punishment that they actually had inflicted, then with regard to a conspiring witness **who came to stone** another **and** was unsuccessful **and did not stone** him, as he was rendered a conspiring witness before that person was executed, **isn't it logical that he should not be stoned?** The Gemara concludes: **Rather, it is clear as we answered initially:** "And you shall do to him as he conspired"; this should be done to him, but not to his offspring.

NOTES

One who stones is not stoned – הַסּוֹקֵל אֵינוֹ נִסְקָל: Rashi and Rabbeinu Ḥananel explain: If one who causes the stoning of another by conspiring testimony is not stoned, based on the derivation from the verse: "And you shall do to him as he conspired" (Deuteronomy 19:19), from which it is derived: As he conspired and not as he did, then all the more so in the case of witnesses who conspired to have one executed by stoning but were unsuccessful, because they were rendered conspiring witnesses before the accused was executed, they should not be stoned. Rabbeinu Tam explains: If one who stones another to death is executed not by stoning but by decapitation, like all murderers, then all the more so should one who merely conspired unsuccessfully to have another stoned be spared this severe form of death (Ramban, citing Rabbi Avraham *Av Beit Din*; see Ritva).

"מְעִידִין אָנוּ בְּאִישׁ פְּלוֹנִי שֶׁהוּא חַיָּיב גָּלוּת" כו׳. מְנָא הָנֵי מִילֵּי? אָמַר רֵישׁ לָקִישׁ: דְּאָמַר קְרָא "הוּא יָנוּס אֶל אַחַת הֶעָרִים" – הוּא, וְלֹא זוֹמְמִין.

§ The mishna teaches that in a case where two witnesses came before the court and said: **We testify with regard to so-and-so that he is liable to** be punished with **exile,** one does not say that these witnesses shall be exiled in his stead; rather, they receive forty lashes. The Gemara asks: **From where is this matter** derived? **Reish Lakish says:** It is derived from a verse, **as the verse states** with regard to an unwitting killer: **"And he shall flee to one of the cities"** (Deuteronomy 19:5), and the Gemara infers: **He** shall flee, **but conspiring** witnesses shall **not.**

רַבִּי יוֹחָנָן אוֹמֵר: קַל וָחוֹמֶר, וּמָה הוּא שֶׁעָשָׂה מַעֲשֶׂה – בְּמֵזִיד אֵינוֹ גּוֹלֶה, הֵן שֶׁלֹּא עָשׂוּ מַעֲשֶׂה – בְּמֵזִיד אֵינוֹ דִּין שֶׁלֹּא יִגְלוּ?!

Rabbi Yoḥanan says: It is derived through **an *a fortiori*** inference: **If** the killer, **who performed an action** that, had he done so **intentionally, he would not be exiled** for it even if he were not sentenced to death, e.g., because there was no forewarning, then in the case of the conspiring witnesses, **who did not perform an action,** as their conspiracy was exposed and their testimony rejected, even if they testified **intentionally, isn't it logical that they should not be exiled?**

וְהִיא נוֹתֶנֶת (וַהֲלֹא דִּין הוּא): הוּא שֶׁעָשָׂה מַעֲשֶׂה – בְּמֵזִיד לָא לִיגְלֵי, כִּי הֵיכִי דְּלָא תֶּיהֱוֵי לֵיהּ כַּפָּרָה, הֵן שֶׁלֹּא עָשׂוּ מַעֲשֶׂה – בְּמֵזִיד נָמֵי לִיגְלוּ, כִּי הֵיכִי דְּלֶיהֱוֵי לְהוּ כַּפָּרָה! אֶלָּא מְיחַוַּורְתָּא כִּדְרֵישׁ לָקִישׁ.

The Gemara challenges: **But that** distinction **provides** support to the contrary. **Could this not** be derived through **logical inference?** With regard to **one who performed an action,** i.e., killed a person, if he did so **intentionally, let** him **not be exiled so that he will not have atonement** for his action, and he will instead receive harsh punishment at the hand of Heaven. With regard to the conspiring witnesses, **who did not perform an action,** even if they testified **intentionally, let them also be exiled so that they will have atonement** for their misdeed. The Gemara concludes: **Rather, it is clear in accordance with** the explanation **of Reish Lakish:** "And he shall flee to one of the cities"; he, but not conspiring witnesses.

אָמַר עוּלָּא: רֶמֶז לְעֵדִים זוֹמְמִין מִן הַתּוֹרָה מִנַּיִן? רֶמֶז לְעֵדִים זוֹמְמִין?! וְהָא כְּתִיב: "וַעֲשִׂיתֶם לוֹ כַּאֲשֶׁר זָמַם"! אֶלָּא, רֶמֶז לְעֵדִים זוֹמְמִין שֶׁלּוֹקִין מִן הַתּוֹרָה, מִנַּיִן? דִּכְתִיב: "וְהִצְדִּיקוּ אֶת הַצַּדִּיק וְהִרְשִׁיעוּ אֶת הָרָשָׁע. וְהָיָה אִם בִּן הַכּוֹת הָרָשָׁע"; מִשּׁוּם וְהִצְדִּיקוּ אֶת הַצַּדִּיק – וְהִרְשִׁיעוּ אֶת הָרָשָׁע, וְהָיָה אִם בִּן הַכּוֹת הָרָשָׁע?

§ **Ulla says: From where** is **an allusion in the Torah to conspiring witnesses** derived? The Gemara asks: Is **an allusion to conspiring witnesses** required? **But isn't it written** explicitly: **"And you shall do to him as he conspired"** (Deuteronomy 19:19)? **Rather,** Ulla's question is: **From where** is **an allusion in the Torah to** the *halakha* **that conspiring witnesses are flogged** in certain cases derived? It is derived from that **which is written:** "If there is a quarrel between people and they come to judgment, and the judges judge them, **and they vindicated the righteous and condemned the wicked, and it shall be if the wicked is deserving of lashes"** (Deuteronomy 25:1–2). Ostensibly, this verse is difficult: Is it **due to** the fact that **"they vindicated the righteous"** that they **"condemned the wicked, and it shall be if the wicked is deserving of lashes"?** In most disputes, the fact that one party is vindicated does not necessarily lead to lashes for the other party.

אֶלָּא, עֵדִים שֶׁהִרְשִׁיעוּ אֶת הַצַּדִּיק, וַאֲתוּ עֵדִים אַחֲרִינֵי וְהִצְדִּיקוּ אֶת הַצַּדִּיק דְּמֵעִיקָּרָא וְשַׁוְּינְהוּ לְהָנֵי רְשָׁעִים – "וְהָיָה אִם בִּן הַכּוֹת הָרָשָׁע".

Rather, the verse is addressing the case of **witnesses who,** through their testimony, **condemned the righteous, and other witnesses came and vindicated the original righteous** person **and rendered these** first set of witnesses **wicked** conspiring witnesses. In that case, the verse states: **"And it shall be if the wicked is deserving of lashes,"** indicating that lashes are an appropriate punishment for conspiring witnesses.

וְתִיפּוֹק לֵיהּ מִ"לֹּא תַעֲנֶה"! מִשּׁוּם דְּהָוֵי לָאו שֶׁאֵין בּוֹ מַעֲשֶׂה, וְכׇל לָאו שֶׁאֵין בּוֹ מַעֲשֶׂה אֵין לוֹקִין עָלָיו.

The Gemara asks: **And** why not **derive** the *halakha* that conspiring witnesses are liable to receive lashes **from** the prohibition: **"You shall not bear** false witness against your neighbor" (Exodus 20:13)? The Gemara answers: One is not flogged for violating that prohibition, **due to** the fact **that it is a prohibition that does not involve an action,**[H] as one violates it through speech, not action, **and** the principle is: For **every prohibition that does not involve an action, one is not flogged for its** violation. Therefore, it was necessary to derive the *halakha* from the verse: "And they vindicated the righteous."

HALAKHA

A prohibition that does not involve an action – לָאו שֶׁאֵין בּוֹ מַעֲשֶׂה: The court does not administer lashes to one who violates a prohibition that does not involve an action. There are exceptions to this principle: One who takes a false oath, one who substitutes a non-sacred animal for a sacrificial animal, and one who curses another in the name of God. The cases of one who defames his bride and of conspiring witnesses were not enumerated by the Rambam because the punishment of lashes for these transgressions is written explicitly in the Torah (Rambam *Sefer Shofetim, Hilkhot Sanhedrin* 18:2 and *Kesef Mishne* there).

תָּנוּ רַבָּנַן: אַרְבָּעָה דְּבָרִים נֶאֶמְרוּ בְּעֵדִים זוֹמְמִין: אֵין נַעֲשִׂין בֶּן גְּרוּשָׁה וּבֶן חֲלוּצָה, וְאֵין גּוֹלִין לְעָרֵי מִקְלָט, וְאֵין מְשַׁלְּמִין אֶת הַכּוֹפֶר, וְאֵין נִמְכָּרִין בְּעֶבֶד עִבְרִי. מִשּׁוּם רַבִּי עֲקִיבָא אָמְרוּ: אַף אֵין מְשַׁלְּמִין עַל פִּי עַצְמָן.

§ **The Sages taught** in a *baraita*: **Four matters were stated with regard to conspiring witnesses,** i.e., there are four cases in which their punishment deviates from the norm. **They are not rendered the son of a divorced woman or the son of a *ḥalutza*; they are not exiled to a city of refuge; they do not pay the ransom**[HB] if they testified that the forewarned ox of someone killed another; **and they are not sold as a Hebrew slave**[H] in a case where they testified that one stole property and he would be sold into slavery if he lacked the means to repay the owner. The Sages **said in the name of Rabbi Akiva: They also do not pay based on their own** admission. If they were rendered conspiring witnesses in one court, and before that court managed to collect the payment that they owed, they appeared in a different court and admitted that they had been rendered conspiring witnesses, they are exempt from payment.

״אֵין נַעֲשִׂין בֶּן גְּרוּשָׁה וּבֶן חֲלוּצָה״ – כְּדַאֲמָרַן. ״וְאֵין גּוֹלִין לְעָרֵי מִקְלָט״ – כְּדַאֲמָרַן. ״וְאֵין מְשַׁלְּמִין אֶת הַכּוֹפֶר״ – קָסָבְרִי: כּוֹפְרָא – כַּפָּרָה, וְהָנֵי לָאו בְּנֵי כַּפָּרָה נִינְהוּ.

The Gemara elaborates: **They are not rendered the son of a divorced woman or the son of a *ḥalutza*, as we stated** and explained earlier. **And they are not exiled to a city of refuge, as we stated** and explained earlier. **And they do not pay the ransom,** as these Sages **hold** that **the ransom** paid by one whose ox killed another is **atonement**[H] for him, as he is liable for the actions of his animal, and it is not payment of damages. **And these** conspiring witnesses **are not subject to** a need for **atonement,** as their ox did not kill anyone.

מַאן תָּנָא כּוֹפְרָא כַּפָּרָה? אָמַר רַב חִסְדָּא: רַבִּי יִשְׁמָעֵאל בְּנוֹ שֶׁל רַבִּי יוֹחָנָן בֶּן בְּרוֹקָה הִיא. דְּתַנְיָא: ״וְנָתַן פִּדְיֹן נַפְשׁוֹ״ – דְּמֵי נִיזָּק. רַבִּי יִשְׁמָעֵאל בְּנוֹ שֶׁל רַבִּי יוֹחָנָן בֶּן בְּרוֹקָה אוֹמֵר: דְּמֵי מַזִּיק; מַאי לָאו בְּהָא קָא מִיפַּלְגִי, דְּמָר סָבַר: כּוֹפְרָא מָמוֹנָא, וּמָר סָבַר: כּוֹפְרָא כַּפָּרָה?

The Gemara asks: **Who is the *tanna*** who **taught** that **the ransom** is **atonement? Rav Ḥisda says: It is Rabbi Yishmael, son of Rabbi Yoḥanan ben Beroka, as it is taught** in a *baraita* with regard to the verse concerning a case where the ox of one person gored another: "If ransom is imposed upon him, **and he shall give the redemption of his soul**" (Exodus 21:30); the term "his soul" means **the value of the victim,** i.e., the owner of the ox must pay the heirs of the deceased his value as it would be assessed were he sold as a slave in the market. **Rabbi Yishmael, son of Rabbi Yoḥanan ben Beroka, says:** The term "his soul" means **the value of the one liable for the damage. What, is it not** that **they disagree with regard to this** principle: **That** one **Sage,** the Rabbis, **holds** that **the ransom** is **monetary restitution** for the damage that his ox caused the victim; **and** one **Sage,** Rabbi Yishmael, **holds** that **the ransom** is **atonement,** as he thereby redeems his own soul from death at the hand of Heaven?

אָמַר רַב פַּפָּא: לָא, דְּכוּלֵּי עָלְמָא כּוֹפְרָא כַּפָּרָה, וְהָכָא בְּהָא קָא מִיפַּלְגִי; מָר סָבַר: בְּדְנִיזָּק שָׁיְימִינַן, וּמָר סָבַר: בִּדְמַזִּיק שָׁיְימִינַן.

Rav Pappa says: No, perhaps **everyone agrees** that **the ransom** is **atonement, and here,** it is **with regard to this** matter that **they disagree:** One **Sage,** the Rabbis, **holds** that **we assess** the payment **in** terms of the value **of** the **victim;**[H] **and** one **Sage,** Rabbi Yishmael, **holds** that **we assess** the payment **in** terms of the value **of** the **one liable for the damage.**

מַאי טַעֲמַיְיהוּ דְּרַבָּנַן? נֶאֱמַר הֲשָׁתָה לְמַטָּה וְנֶאֱמַר הֲשָׁתָה לְמַעְלָה, מַה לְּהַלָּן בִּדְנִיזָּק – אַף כָּאן בִּדְנִיזָּק.

The Gemara asks: **What is the reason** for the opinion **of the Rabbis,** who abandon the straightforward meaning of the verse? The Rabbis derive it in the following manner: **Imposition is stated below** with regard to one whose ox killed another: "If ransom is imposed upon him" (Exodus 21:30), **and imposition is stated above,** in the case of one who struck a pregnant woman, causing her to miscarry: "He shall be punished, as the husband of the woman imposes upon him" (Exodus 21:22). **Just as there,** with regard to the miscarriage, it is **in** terms of the value **of** the **victim,** the fetus, that we assess the payment, **here too,** in the case of the ransom, it is **in** terms of the value **of** the **victim** that we assess the payment.

וְרַבִּי יִשְׁמָעֵאל: ״וְנָתַן פִּדְיֹן נַפְשׁוֹ״ כְּתִיב. וְרַבָּנַן: אִין, ״פִּדְיוֹן נַפְשׁוֹ״ כְּתִיב, מִיהוּ כִּי שָׁיְימִינַן – בִּדְנִיזָּק שָׁיְימִינַן.

And Rabbi Yishmael, son of Rabbi Yoḥanan ben Beroka, says: **"And he shall give the redemption of his soul" is written,** indicating that the sum is based on the value of the one seeking atonement. **And the Rabbis** explain: **Yes,** the phrase **"redemption of his soul" is written,** and the payment functions to redeem his soul. **Nevertheless, when we assess** the sum of the redemption payment, it is **in** terms of the value **of** the **victim** that **we assess** the payment.[N]

HALAKHA

They do not pay the ransom – אֵין מְשַׁלְּמִין אֶת הַכּוֹפֶר: If witnesses who testified that one's animal killed a person were found to be conspiring witnesses, the Rambam maintains that they are flogged but are not liable to pay ransom. The Ramban holds that they are not flogged. The Meiri agrees with the Rambam that they are flogged but are not liable to pay ransom, but he holds that they are liable to pay the owner the value of his ox that they conspired to have stoned on the basis of their testimony (Rambam *Sefer Shofetim*, *Hilkhot Edut* 20:8; *Tur*, *Ḥoshen Mishpat* 38).

They are not sold as Hebrew slaves – אֵין נִמְכָּרִין בְּעֶבֶד עִבְרִי: The Rambam holds, based on the straightforward meaning of the *baraita*, that if witnesses testify that a person was sold into slavery and they are found to be conspiring witnesses, they are flogged but are not sold into slavery. The *Tur* writes that if they testified that a person without means stole an item and he was convicted and sentenced to be sold into slavery, and they are found to be conspiring witnesses, they are flogged, as indicated in the statement of Rava (Rambam *Sefer Shofetim*, *Hilkhot Edut* 20:8; *Tur*, *Ḥoshen Mishpat* 38).

The ransom is atonement – כּוֹפְרָא כַּפָּרָה: When the Torah states with regard to one whose ox killed a person: "And its owner shall also be killed," the reference is to death at the hand of Heaven. If he pays the ransom mentioned in the following verse, this atones for his sin, per the conclusion of Rav Pappa. If he refuses to pay, the court seizes his property as collateral (Rambam *Sefer Nezikin*, *Hilkhot Nizkei Mamon* 10:4).

We assess the payment in terms of the value of the victim – בִּדְנִיזָּק שָׁיְימִינַן: The sum of the ransom is calculated based on the judges' assessment of the value of the victim, in accordance with the opinion of the Rabbis, contrary to the individual opinion of Rabbi Yishmael, son of Rabbi Yoḥanan ben Beroka (Rambam *Sefer Nezikin*, *Hilkhot Nizkei Mamon* 11:1).

BACKGROUND

Ransom – כּוֹפֶר: This term refers to the payment given by one whose forewarned animal killed a person (see Exodus 21:28–30).

NOTES

Nevertheless…in terms of the value of the victim we assess the payment – מִיהוּ...שָׁיְימִינַן: Although the payment is in order to effect his atonement, since the Torah did not set a fixed sum for that payment, the Rabbis hold that it is appropriate for him to pay the heirs of the victim remuneration for their loss, in order to gain atonement for his transgression.

"וְאֵין נִמְכָּרִין בְּעֶבֶד עִבְרִי". סָבַר רַב הַמְנוּנָא לְמֵימַר: הָנֵי מִילֵּי – הֵיכָא דְּאִית לֵיהּ לְדִידֵיהּ, דְּמִיגּוֹ דְּאִיהוּ לָא נְזַדַּבַּן – אִינְהוּ נַמִּי לָא מִיזְדַּבְּנוּ. אֲבָל הֵיכָא דְּלֵית לֵיהּ לְדִידֵיהּ, אַף עַל גַּב דְּאִית לְהוּ לְדִידְהוּ – מִיזְדַּבְּנוּ.

§ The *baraita* teaches: Conspiring witnesses **are not sold as a Hebrew slave** in a case where they testified that one stole property. **Rav Hamnuna thought to say: This statement** applies only in a case where the falsely accused **has** means **of his own** to repay the sum of the alleged theft, **as since,** had the testimony been true, **he would not have been sold** for his transgression, the witnesses too are **not sold** when they are rendered conspiring witnesses. **But** in a case **where** the falsely accused **does not have** means **of his own,** and would have been sold into slavery had their testimony been accepted, **even if** the witnesses **have** means **of their own, they are sold,** as they sought to have slavery inflicted upon him.

אֲמַר לֵיהּ רָבָא: וְלֵימְרוּ לֵיהּ: אִי אַנְתְּ הֲוָה לָךְ, מִי הֲוָה מִיזְדַּבְּנַתְּ? אֲנַן נַמִּי לָא מִיזְדַּבְּנִינַן! אֶלָּא סָבַר רַב הַמְנוּנָא לְמֵימַר: הָנֵי מִילֵּי הֵיכָא דְּאִית לֵיהּ, אוֹ לְדִידֵיהּ אוֹ לְדִידְהוּ. אֲבָל הֵיכָא דְּלֵית לֵיהּ, לָא לְדִידֵיהּ וְלָא לְדִידְהוּ – מִזְדַּבְּנִי. אֲמַר לֵיהּ רָבָא: "וְנִמְכַּר בִּגְנֵבָתוֹ" אָמַר רַחֲמָנָא, בִּגְנֵבָתוֹ וְלֹא בִּזְמָמוֹ.

Rava said to him: And let the witnesses **say to** the person against whom they testified: **If you had** money, **would you have been sold? We too will not be sold.** Since they have the means, they can pay the sum that they owe and not be sold as slaves. **Rather,** the Gemara proposes an alternative formulation of the statement of Rav Hamnuna. **Rav Hamnuna thought to say: This statement** applies only in a case **where either he,** the falsely accused, **or they,** the witnesses, **have** the means to pay the sum; **but** in a case **where neither he nor they have** the means, the witnesses **are sold.** In that case, had their testimony stood, the alleged thief would have been sold into slavery, and they too lack the means to pay the sum that they are liable to pay as conspiring witnesses. Therefore, they are sold. **Rava said to him:** That is not so, as **the Merciful One states: "And he shall be sold for his theft"** (Exodus 21:30), from which it is inferred: **For his theft, but not for his conspiring** testimony.

"מִשּׁוּם רַבִּי עֲקִיבָא אָמְרוּ" וכו׳. מַאי טַעְמָא דְּרַבִּי עֲקִיבָא? קָסָבַר קְנָסָא הוּא, וּקְנָס אֵין מְשַׁלֵּם עַל פִּי עַצְמוֹ. אָמַר רַבָּה: תֵּדַע, שֶׁהֲרֵי לֹא עָשׂוּ מַעֲשֶׂה, [וְנֶהֱרָגִים] וּמְשַׁלְּמִין. אָמַר רַב נַחְמָן: תֵּדַע, שֶׁהֲרֵי מָמוֹן בְּיַד בְּעָלִים, וּמְשַׁלְּמִים.

§ It is taught in the *baraita*: The Sages **said in the name of Rabbi Akiva:** They also do not pay based on their own admission. The Gemara explains: **What is the reason** for the opinion **of Rabbi Akiva? He holds** that money paid by a convicted conspiring witnesses **is a fine** [*kenasa*],[HL] **and** the principle is: **One does not pay a fine based on his own** admission;[N] one pays a fine only on the basis of testimony. **Rabba says: Know** that it is a fine, **as** these witnesses **did not perform an action** and caused no actual damage, **and yet they are executed or pay** depending on the nature of their testimony, indicating that it is a fine rather than a monetary restitution. **Rav Naḥman says: Know** that it is a fine rather than a monetary restitution for damages, **as the money** they sought to compel him to pay ultimately remains **in the possession of the owner** against whom they testified, **and yet they pay** him.

NOTES

One does not pay a fine based on his own admission – קְנָס אֵין מְשַׁלֵּם עַל פִּי עַצְמוֹ: Rashi states that this *halakha* is based on the verse: "He who is convicted by judges shall pay double to his neighbor" (Exodus 22:8), from which the Sages derive the exclusion of one who was convicted not by the court but by his own admission.

HALAKHA

It is a fine, etc. – קְנָסָא הוּא וכו׳: The payment that conspiring witnesses are liable to pay is a fine; therefore, they do not pay based on their own admission. The *halakha* is in accordance with the opinion of Rabbi Akiva, as indicated by the fact that the *amora'im* discuss his opinion (Rashba). In what case does this apply? It is in a case where witnesses were cross-examined in court and then admitted that they testified falsely, or where they claimed that they testified falsely and only later were rendered conspiring witnesses. But if they claimed that they had testified and were rendered conspiring witnesses in another court and were sentenced to pay a certain amount, they are liable to pay, as at that point their obligation is transformed into full-fledged monetary restitution and no longer has the status of a fine. In any case, even if they were not sentenced in another court, they are required to pay any damages that resulted from their testimony, based on the liability for damage caused by indirect action (Rambam *Sefer Shofetim, Hilkhot Edut* 18:8; *Shulḥan Arukh, Ḥoshen Mishpat* 29:2, 29:38 in the comment of Rema, and *Shakh* there).

LANGUAGE

Fine [*kenasa*] – קְנָסָא: From the Latin census, a term meaning both counting of residents as well as evaluation of citizens' property for the purpose of establishing tax rates and determining other rights.

The term evolved into the Greek κῆνσος, *kensos*, meaning poll tax, tax registration, or the payment of property taxes. It was apparently adopted as a loanword by Hebrew and Aramaic from the Greek. That resulted in a change in meaning, as in Hebrew and Aramaic it is employed in cases where one caused damage to another in reference to payment of a fixed sum as punishment independent of payment of damages.

Frieze depicting a Roman census, second century BCE

מַאי נִיהוּ – דְּלָא עָשׂוּ מַעֲשֶׂה, הַיְינוּ דְּרַבָּה! אֵימָא: וְכֵן אָמַר רַב נַחְמָן.

The Gemara is puzzled by this: **What is** the meaning of the statement: The money remains in the possession of the owner? It means **that they did not perform an action. That is** identical to the reasoning **of Rabba,** and it is not an additional explanation. The Gemara emends the formulation of the presentation of the statement. **Say: And likewise Rav Naḥman says:** Know that it is so, as the money remains in the possession of the owner. Rav Naḥman is not disagreeing with Rabba; he merely formulates the statement differently.

אָמַר רַב יְהוּדָה אָמַר רַב: עֵד זוֹמֵם מְשַׁלֵּם לְפִי חֶלְקוֹ. מַאי ״מְשַׁלֵּם לְפִי חֶלְקוֹ״? אִילֵימָא דְּהַאי מְשַׁלֵּם פַּלְגָא וְהַאי מְשַׁלֵּם פַּלְגָא – תָּנֵינָא: מְשַׁלְּשִׁין בְּמָמוֹן וְאֵין מְשַׁלְּשִׁין בְּמַלְקוֹת!

§ Apropos the statement of Rabbi Akiva in the *baraita*, **Rav Yehuda says** that **Rav says: A conspiring witness pays according to his share.**[H] The Gemara asks: **What** is the meaning of: **Pays according to his share? If we say** that it means **that this** witness **pays half** of the sum that the set conspired to render another liable to pay with their testimony, **and that** witness **pays** the other **half, we** already **learned** this in a mishna (5a): When punishing conspiring witnesses, **one divides** the punishment of **money** among them, **but one does not divide** the punishment of **lashes** among them; each receives the full thirty-nine lashes.

אֶלָּא, כְּגוֹן דְּאִיתְזוּם חַד מִינַּיְיהוּ, דִּמְשַׁלֵּם פַּלְגָא דִּידֵיהּ. וּמִי מְשַׁלֵּם? וְהָא תַּנְיָא: אֵין עֵד זוֹמֵם מְשַׁלֵּם מָמוֹן עַד שֶׁיּוּזְמוּ שְׁנֵיהֶם!

Rather, the Gemara explains that the expression: Pays according to his share, means that in a case **where** only **one of** the set **was rendered a conspiring** witness, the *halakha* is **that he pays his half** of the sum. The Gemara asks: **And does** he **pay** at all in that case? **But isn't it taught** in a *baraita*: **A conspiring witness pays money only when both were rendered conspiring** witnesses? If only one was rendered a conspiring witness, he does not pay.

אָמַר רָבָא: בְּאוֹמֵר ״עֵדוּת שֶׁקֶר הֵעַדְתִּי״. כָּל כְּמִינֵּיהּ?! כֵּיוָן שֶׁהִגִּיד שׁוּב אֵינוֹ חוֹזֵר וּמַגִּיד!

Rava says: The statement is not referring to a case of conspiring witnesses; rather, Rav's statement applies **to** the case of one who **says:** It was **false testimony** that **I testified.**[N] The Gemara asks: **Is it in his** power[N] to have this statement accepted by the court? That runs counter to the principle: **Once** a witness **stated** his testimony **he may not then state** a revision of that testimony.[H]

אֶלָּא, בְּאוֹמֵר ״הֵעַדְנוּ וְהוּזַמְנוּ בְּבֵית דִּין פְּלוֹנִי״. כְּמַאן – דְּלָא כְּרַבִּי עֲקִיבָא, דְּאִי כְּרַבִּי עֲקִיבָא – הָא אָמַר: אַף אֵינוֹ מְשַׁלֵּם עַל פִּי עַצְמוֹ!

The Gemara answers: **Rather,** Rav's statement applies **to** the case of one who **says: We testified and were rendered conspiring** witnesses **in such and such a court.** Since he was already convicted as a conspiring witness, it is as though he is admitting an obligation to give monetary restitution, and he is therefore liable to pay his share. The Gemara asks: **In accordance with whose** opinion is this *halakha*? It is **not in accordance with** the opinion **of Rabbi Akiva, since if** it were **in accordance with** the opinion **of Rabbi Akiva, doesn't he say:** A conspiring witness **also does not pay based on his own** admission?

אֶלָּא, בְּאוֹמֵר ״הֵעַדְנוּ וְהוּזַמְנוּ בְּבֵית דִּין פְּלוֹנִי וְחוּיַּיבְנוּ מָמוֹן״;

The Gemara answers: **Rather,** Rav's statement applies **to** the case of one who **says: We testified and were rendered conspiring** witnesses **in such and such a court and we were rendered liable** to pay a specific sum of **money.** In that scenario, Rabbi Akiva would concede that one pays on the basis of his own admission. Once the court rendered him liable to pay a specific sum, his admission is not that he is liable to pay a fine, in which case he would be exempt. Once the court actually instructed them to pay, the debt has the status of any other monetary restitution, and one does pay monetary restitution based on his own admission.

סָלְקָא דַּעְתָּךְ אָמִינָא: כֵּיוָן דִּלְחַבְרֵיהּ לָא מָצֵי מְחַיֵּיב לֵיהּ – אִיהוּ נַמִי לָא מִיחַיַּיב, קָא מַשְׁמַע לָן.

The Gemara explains the novel element in Rav's statement: It might **enter your mind to say** that **since he is unable to render his fellow** witness **liable** to pay based on his admission, as only the testimony of two witnesses is capable of doing so, **he too is not liable** to pay based on that admission. To counter this, Rav **teaches us** that his admission that he owes money renders him liable him to pay.

HALAKHA

A conspiring witness pays according to his share – עֵד זוֹמֵם מְשַׁלֵּם לְפִי חֶלְקוֹ: If a witness states that his previously stated testimony was false and that he was then found to be a conspiring witness and was sentenced to pay by a court, and his fellow witness does not concede the truth of these assertions, the first witness pays his share according to his testimony (Rambam *Sefer Shofetim*, *Hilkhot Edut* 18:8).

He may not then state a revision of that testimony – אֵינוֹ חוֹזֵר וּמַגִּיד: A witness who has been cross-examined in court may not retract his testimony or even add anything that contradicts any part of his original testimony (Rambam *Sefer Shofetim*, *Hilkhot Edut* 3:5; *Shulḥan Arukh*, *Ḥoshen Mishpat* 29:1).

NOTES

It was false testimony that I testified – עֵדוּת שֶׁקֶר הֵעַדְתִּי: This formulation is not a reference to the fact that he was rendered a conspiring witness, which involves testimony that the witness was not present at the time and place of the incident about which he testified; rather, the reference here is to contradicted testimony. Rabbeinu Ḥananel explains that he is liable to pay for damage caused by indirect action, as his speech caused harm to another. Others explain that this witness establishes himself as a conspiring witness. Although the phrase indicates that the content of the testimony was false, it can be understood that he is saying that he was elsewhere when the incident in question transpired, which is similar to being rendered a conspiring witness. Although it remains different from a standard case of conspiring witnesses, which requires the testimony of others, the Gemara does not address that issue because in any case, it rejects this possibility due to other difficulties (Ritva; see *Tosafot*).

Is it in his power, etc. – כָּל כְּמִינֵּיהּ וכו׳: Rabbeinu Ḥananel, consistent with his explanation cited in the previous note, understands that one certainly does not pay based on his own admission at all, as his earlier testimony remains valid. Other early commentaries, who maintain that the reference here is to one who established himself as a conspiring witness, note that the very fact that he cannot retract his initial testimony is the reason that he should be liable to pay as a conspiring witness, as his prior testimony remains valid. They answer that he must certainly pay, but the payment is not that of a conspiring witness; he was not rendered a conspiring witness because once a witness stated his testimony he may not then state a revision of that testimony and render himself a conspiring witness (Ramban), or because the principle: As he conspired and not as he did, is not fulfilled in this case, as the accused against whom they testified must pay based on the testimony (Ritva, citing the Ramah). According to this explanation, when Rav Yehuda says that Rav says his *halakha* with regard to a conspiring witness, he was not being precise.

מתני׳ ״מְעִידִין אָנוּ אֶת אִישׁ פְּלוֹנִי שֶׁגֵּירַשׁ אֶת אִשְׁתּוֹ וְלֹא נָתַן לָהּ כְּתוּבָּתָהּ״; וַהֲלֹא בֵּין הַיּוֹם וּבֵין לְמָחָר סוֹפוֹ לִיתֵּן לָהּ כְּתוּבָּתָהּ.

MISHNA In the case of witnesses who said: **We testify** with regard to **a man** called **so-and-so that he divorced his wife and did not give her** payment of **her marriage contract,**[BH] and they were then rendered conspiring witnesses, the question arises with regard to the manner in which the sum of their payment is calculated. It is not possible to render the witnesses liable to pay the entire sum of the marriage contract, as they can claim: **But isn't** it so that **either today or tomorrow,** i.e., at some point in the future, he may divorce his wife or die and **ultimately he** will be liable **to give her** payment of **her marriage contract?** That being the case, the witnesses did not conspire to render him liable to pay a sum that he would otherwise not be liable to pay.

אוֹמְדִין כַּמָּה אָדָם רוֹצֶה לִיתֵּן בִּכְתוּבָּתָהּ שֶׁל זוֹ, שֶׁאִם נִתְאַלְמְנָה אוֹ נִתְגָּרְשָׁה, וְאִם מֵתָה, יִירָשֶׁנָּה בַּעְלָהּ.

The sum of their payment is calculated as follows: The court **assesses how much** money another **person** would be **willing to give in** order to purchase the rights to **this** woman's **marriage contract,** cognizant of the uncertainty **that if she was widowed or divorced** the purchaser will receive payment of the marriage contract **but if she dies, her husband will inherit** from **her,** and the one who purchased her marriage contract will receive nothing.

גמ׳ כֵּיצַד שָׁמִין? אָמַר רַב חִסְדָּא: בַּבַּעַל.

GEMARA The mishna establishes that the payment of the conspiring witnesses is calculated based on the sum that one would be willing to pay for rights to payment of the marriage contract, taking into consideration the uncertainty whether he will ultimately receive that payment. The Gemara asks: **How does** the court **assess** that sum? **Rav Ḥisda says:** One calculates the sum **in** terms of **the husband:**[N] How much would one be willing to pay for the husband's rights to the marriage contract based on the likelihood that his wife will die first and he will inherit from her?

רַב נָתָן בַּר אוֹשַׁעְיָא אוֹמֵר: בָּאִשָּׁה.

Rav Natan bar Oshaya says: One calculates the sum **in** terms of **the wife:**[N] How much would one be willing to pay for the wife's rights to the marriage contract based on the likelihood that the husband will die first or divorce her?

BACKGROUND

Marriage contract – כְּתוּבָּה: This is a legal document given by a husband to his wife upon their marriage, in which he commits to fulfill certain obligations to her during their marriage and in the event of its termination. The contract includes a lien on the husband's estate to ensure payment of the minimum sum that he is liable to pay if she is divorced or widowed: Two hundred dinars for a virgin bride and one hundred dinars for other brides. These minimum sums have remained in force throughout the centuries, up until the present day, though marriage contracts have almost always stipulated a good deal more money in practice. While the Talmud delineates the general guidelines for drafting the marriage contract, the particular provisions and stipulations of each contract are often based on local custom. In addition, the marriage contract may include individual agreements between the husband and wife. The marriage contract provides the marriage with halakhic legitimacy. In the absence of a marriage contract, the relationship between the couple is characterized as licentious.

Marriage contract, Venice, eighteenth century

HALAKHA

That he divorced his wife and did not give her payment of her marriage contract – שֶׁגֵּירַשׁ אֶת אִשְׁתּוֹ וְלֹא נָתַן לָהּ כְּתוּבָּתָהּ: In a case where witnesses testified that a certain person divorced his wife and did not give her payment of her marriage contract, and they were rendered conspiring witnesses, they do not pay the husband the entire value of the marriage contract, as conceivably the husband would be liable to pay it anyway if he divorced his wife, or if he dies payment would be taken from his estate. Rather, the court assesses how much a person would be willing to pay for the rights to the payment of the marriage contract, and that is the sum that the witnesses must pay (Jerusalem Talmud; *Penei Moshe*). This assessment is based on both the woman herself and her marriage contract. The assessment of the woman is based on her age, her health, and her relationship with her husband, as well as based on the value of the marriage contract, as people are willing to pay more for the possibility of receiving a larger sum. This is in accordance with the opinion of Rav Pappa, as explained by the Rif.

The *Tur* writes that the court assesses the value of the marriage contract based on the woman, specifically her condition and her relationship with her husband, and in terms of the marriage contract, specifically the land designated for the collection of her marriage contract, whether it is superior-quality land, intermediate-quality land, or inferior-quality land. That sum is then subtracted from the sum of the marriage contract, and the conspiring witnesses pay the difference to the husband (Rashi; Rosh; *Beit Yosef*). They are not liable to pay the value of profits from the usufruct property that they sought to cause the husband to lose, unless they were aware of the existence of that property, nor need they pay the woman's sustenance (Rambam *Sefer Shofetim*, *Hilkhot Edut* 21:1; *Tur*, *Ḥoshen Mishpat* 38; *Arukh HaShulḥan*, *Ḥoshen Mishpat* 38:18).

NOTES

In terms of the husband – בַּבַּעַל: Rashi explains that the court assesses the value of the marriage contract according to the price that the husband could receive for selling his rights to the marriage contract. This is greater than the sum the wife would receive in exchange for her rights, because he has possession of the usufruct property and therefore the purchaser could receive it after the wife's death without litigation, and because he is entitled to all profits from the land for the duration of the marriage. The commentaries propose varying interpretations of these three opinions cited in the Gemara.

In terms of the wife – בָּאִשָּׁה: Rashi explains that the court assesses how much one would be willing to pay the wife for the possibility that he will receive payment of her marriage contract in the event that her husband predeceases her or divorces her. That sum is smaller than the sum that one would pay for the husband's rights. According to this opinion in the Gemara, the amount that one would be willing to pay to the woman for rights to her marriage contract is deducted from the total sum of the marriage contract itself, and the conspiring witnesses must pay the difference to the husband.

NOTES

In terms of the wife and her marriage contract – בְּאִשָּׁה וּבִכְתוּבָּתָהּ: Rashi explains that Rav Pappa agrees with Rav Natan and merely notes that the court assessment is based exclusively on the value of the marriage contract, without factoring the husband's loss of the profits from the usufruct property that his wife brought to the marriage. The reason is that the witnesses can claim that they were unaware of the existence of that property. Some commentaries conclude on that basis that if the witnesses were aware of the existence of that property, they must pay the husband the amount of profits from the usufruct property that they conspired to cause him to lose.

BACKGROUND

One thousand dinars – אֶלֶף זוּז: The magnitude of this sum is such that its buying power was greater than eight months of wages for a typical laborer.

HALAKHA

On the condition to give the money back to him from now until thirty days – עַל מְנָת לִיתְּנָן מִכָּאן וְעַד שְׁלֹשִׁים יוֹם: If witnesses testified that so-and-so was liable to repay a loan within thirty days, and he claimed that several years remained before he would be liable to repay the loan, and the witnesses were rendered conspiring witnesses, the court assesses how much one would be willing to pay in order to maintain possession of the sum in question for the longer period rather than the shorter period (*Tur*), and the conspiring witnesses pay that amount. The *Arukh HaShulhan* writes that this applies even if the longer period included the Sabbatical Year, in accordance with the conclusion that the Sabbatical Year does not abrogate long-term loans (Rambam *Sefer Shofetim*, *Hilkhot Edut* 21:2; *Tur*, *Hoshen Mishpat* 38; *Arukh HaShulhan*, *Hoshen Mishpat* 38:17).

אָמַר רַב פָּפָּא: בְּאִשָּׁה וּבִכְתוּבָּתָהּ.

Rav Pappa says: One calculates the sum **in** terms of **the wife,** as Rav Natan bar Oshaya said, **and** the assessment is done **in** terms of the sum of **her marriage contract.**[N] One does not include in the calculation any usufruct property that the wife brought with her into the marriage, the profits of which belong to the husband, despite the fact that as a result of the testimony of the conspiring witnesses the husband would lose his rights to those profits. One calculates the sum only in terms of her marriage contract.

מתני׳ ״מְעִידִין אָנוּ בְּאִישׁ פְּלוֹנִי שֶׁהוּא חַיָּיב לַחֲבֵירוֹ אֶלֶף זוּז עַל מְנָת לִיתְּנָן לוֹ מִכָּאן וְעַד שְׁלֹשִׁים יוֹם״, וְהוּא אוֹמֵר: מִכָּאן וְעַד עֶשֶׂר שָׁנִים,

MISHNA In the case of witnesses who said: **We testify with regard to a man** called so-and-so **that he owes another** person **one thousand dinars**[B] that he borrowed **on the condition** that he is **to give** the money back **to him from now until thirty days**[H] have passed, **and** the borrower **says** that he borrowed that sum but it was on the condition that he is to give the money back to him **from now until ten years** have passed, and they were rendered conspiring witnesses, here too, it is not possible to render the witnesses liable to pay the entire sum.

אוֹמְדִים כַּמָּה אָדָם רוֹצֶה לִיתֵּן וְיִהְיוּ בְּיָדוֹ אֶלֶף זוּז, בֵּין נוֹתְנָן מִכָּאן וְעַד שְׁלֹשִׁים יוֹם, בֵּין נוֹתְנָן מִכָּאן וְעַד עֶשֶׂר שָׁנִים.

Rather, the court **estimates how much** money **a person** would be **willing to give** so that he **would** keep a loan of **one thousand dinars in his possession,** and one calculates the difference **between** that sum in a situation where he would be required to **give** the money back **from now until thirty days** have passed, **and** that same sum in a situation where he would be required to **give** the money back **from now until ten years** have passed. That difference is the sum that the testimony of the conspiring witnesses sought to have the borrower lose; therefore, it is the sum that they must pay.

גמ׳ אָמַר רַב יְהוּדָה אָמַר שְׁמוּאֵל: הַמַּלְוֶה אֶת חֲבֵירוֹ לְעֶשֶׂר שָׁנִים – שְׁבִיעִית מְשַׁמַּטְתּוֹ.

GEMARA **Rav Yehuda** says that **Shmuel says:** In the case of **one who lends** money to **another for** a period of **ten years, the Sabbatical** Year **abrogates** the debt (see Deuteronomy 15:1–11) and absolves the borrower of the obligation to repay it.

Perek **I**
Daf **3** Amud **b**

וְאַף עַל גַּב דְּהַשְׁתָּא לָא קָרֵינַן בֵּיהּ ״לֹא יִגֹּשׂ״ – סוֹף אָתֵי לִידֵי ״לֹא יִגֹּשׂ״.

And even though now, during the Sabbatical Year, **we do not** yet **read concerning his** loan the prohibition: **"He shall not exact it** of his neighbor and his brother, because the Lord's release has been proclaimed" (Deuteronomy 15:2), as the time for repayment has not yet arrived, **ultimately,** when the time for repayment arrives, he will **come to** a situation where the prohibition **"He shall not exact it"** applies. Therefore, like all other debts it is abrogated by the Sabbatical Year.

מְתִיב רַב כָּהֲנָא: אוֹמְדִים כַּמָּה אָדָם רוֹצֶה לִיתֵּן וְיִהְיוּ אֶלֶף זוּז בְּיָדוֹ, בֵּין לִיתֵּן מִכָּאן וְעַד שְׁלֹשִׁים יוֹם וּבֵין לִיתֵּן מִכָּאן וְעַד עֶשֶׂר שָׁנִים; וְאִי אָמְרַתְּ שְׁבִיעִית מְשַׁמַּטְתּוֹ – כּוּלְּהוּ נַמִי בָּעֵי שַׁלּוּמֵי לֵיהּ!

Rav Kahana raises an objection from the mishna: Rather, the court **estimates how much** money **a person** would be **willing to give** so that he **would** keep a loan of **one thousand dinars in his possession,** and one calculates the difference **between** that sum in a situation where he would be required **to give** the money back **from now until thirty days** have passed, **and** that same sum in a situation where he would be required to **give** the money back **from now until ten years** have passed. **And if you say** that **the Sabbatical** Year **abrogates** a ten-year loan, the conspiring witnesses **need** to **pay** the borrower **the entire** sum of the loan **as well,** as their testimony sought to render the borrower liable to pay a debt that by right should be entirely forgiven.

אֲמַר רָבָא: הָכָא בְּמַאי עָסְקִינַן – בְּמַלְוֶה עַל הַמַּשְׁכּוֹן, וּבְמוֹסֵר שְׁטָרוֹתָיו לְבֵית דִּין. דִּתְנַן: הַמַּלְוֶה עַל הַמַּשְׁכּוֹן וְהַמּוֹסֵר שְׁטָרוֹתָיו לְבֵית דִּין – אֵין מְשַׁמְּטִין.

Rava said: What are we dealing with here in our mishna? We are dealing with debts that are not abrogated with the passing of the Sabbatical Year, e.g., **in** the case of one who **lends** money **on** the basis of **collateral,**[NH] **or in** the case of one who **transfers his** promissory **notes to the court**[NH] for collection. **As we learned** in a mishna (*Shevi'it* 10:2): In the cases of **one who lends** money **on** the basis of **collateral and one who transfers his** promissory **notes to the court** for collection, the Sabbatical Year **does not abrogate** those loans. In those cases, the debt would not have been forgiven during the Sabbatical Year. Therefore, the conspiring witnesses are not liable to pay the entire sum.

אִיכָּא דְּאָמְרִי, אָמַר רַב יְהוּדָה אָמַר שְׁמוּאֵל: הַמַּלְוֶה אֶת חֲבֵירוֹ לְעֶשֶׂר שָׁנִים – אֵין שְׁבִיעִית מְשַׁמַּטְתּוֹ. וְאַף עַל גַּב דְּאָתֵי לִידֵי "לֹא יִגֹּשׂ" – הַשְׁתָּא מִיהָא לָא קָרֵינַן בֵּיהּ "לֹא יִגֹּשׂ".

There are those who state another version of this discussion: **Rav Yehuda says** that **Shmuel says:** In the case of **one who lends** money to **another for** a period of **ten years,**[H] **the Sabbatical** Year **does not abrogate** the debt. **And even though** when the time for repayment arrives he will **come to** a situation where the prohibition **"He shall not exact it"** applies, **now, in any event,** during the Sabbatical Year **we do not** yet **read** the prohibition of **"He shall not exact it" concerning his** loan.

אָמַר רַב כָּהֲנָא: אַף אֲנַן נָמֵי תְּנֵינָא: אוֹמְדִין כַּמָּה אָדָם רוֹצֶה לִיתֵּן וְיִהְיוּ אֶלֶף זוּז בְּיָדוֹ, בֵּין לִיתֵּן מִכָּאן וְעַד שְׁלֹשִׁים יוֹם וּבֵין לִיתֵּן מִכָּאן וְעַד עֶשֶׂר שָׁנִים; וְאִי אָמְרַתְּ שְׁבִיעִית מְשַׁמַּטְתּוֹ – כּוּלְּהוּ נָמֵי בָּעוּ שַׁלּוֹמֵי לֵיהּ.

Rav Kahana says: We learn this ruling in the mishna **as well:** The court **estimates how much** money **a person** would be **willing to give** so that a loan of **one thousand dinars will be in his possession,** and one calculates the difference **between** that sum in a situation where he would be required **to give** the money back **from now until thirty days** have passed, **and** that sum in a situation where he would be required **to give** the money back **from now until ten years** have passed. **And if you say** that **the Sabbatical** Year **abrogates** a ten-year loan, then the conspiring witnesses **should pay** the borrower **the entire** sum of the loan **as well,** as their testimony sought to render the borrower liable to pay a debt that by right should be entirely forgiven. The fact that they are not required to pay the entire sum proves that a ten-year loan is not abrogated by the Sabbatical Year.

אֲמַר רָבָא: הָכָא בְּמַאי עָסְקִינַן – בְּמַלְוֶה עַל הַמַּשְׁכּוֹן וּבְמוֹסֵר שְׁטָרוֹתָיו לְבֵית דִּין. דִּתְנַן: הַמַּלְוֶה עַל הַמַּשְׁכּוֹן וְהַמּוֹסֵר שְׁטָרוֹתָיו לְבֵית דִּין – אֵין מְשַׁמְּטִין.

Rava said: No proof may be cited from there, as **what are we dealing with here** in our mishna? We are dealing with debts that are not abrogated with the passing of the Sabbatical Year, e.g., **in** the case of one who **lends** money **on** the basis of **collateral, or in** the case of one who **transfers his** promissory **notes to the court** for collection. **As we learned** in a mishna (*Shevi'it* 10:2): In the cases of **one who lends** money **on** the basis of **collateral and one who transfers his** promissory **notes to the court** for collection, the Sabbatical Year **does not abrogate** those loans. In those cases, the debt would not have been forgiven during the Sabbatical Year. Therefore, the conspiring witnesses are not liable to pay the entire sum.

NOTES

In the case of one who lends money on the basis of collateral – בְּמַלְוֶה עַל הַמַּשְׁכּוֹן: Rashi explains that in order for a loan to be subject to the provisions of the Sabbatical Year it must be available to the lender in the sense that were it not for the abrogation of the loan by the Sabbatical Year the lender would demand repayment. In a case where there is a collateral, the lender will not demand repayment from the borrower because he has the borrower's property in his possession as collateral.

In the case of one who transfers his promissory notes to the court – הַמּוֹסֵר שְׁטָרוֹתָיו לְבֵית דִּין: In this case the Sabbatical Year does not abrogate the loan because it is the court, not the lender, that is demanding repayment from the borrower. Therefore the prohibition: He shall not exact it, does not apply.

HALAKHA

In the case of one who lends money on the basis of collateral – בְּמַלְוֶה עַל הַמַּשְׁכּוֹן: The portion of a loan against which there is collateral is not abrogated by the Sabbatical Year. The *Tur*, citing the Rosh, rules that even the portion of the loan not covered by collateral is not abrogated (Rambam *Sefer Zera'im, Hilkhot Shemitta VeYovel* 9:14; *Shulḥan Arukh, Ḥoshen Mishpat* 67:12).

In the case of one who transfers his promissory notes to the court – הַמּוֹסֵר שְׁטָרוֹתָיו לְבֵית דִּין: If one transfers his promissory notes to the court and empowers the court to collect his debt, the Sabbatical Year does not abrogate his loan (Rambam *Sefer Zera'im, Hilkhot Shemitta VeYovel* 9:15; *Shulḥan Arukh, Ḥoshen Mishpat* 67:11).

One who lends another for ten years – הַמַּלְוֶה אֶת חֲבֵירוֹ לְעֶשֶׂר שָׁנִים: In a case of one who lends money to another for a period of ten years or for any other fixed period that includes the Sabbatical Year, the Sabbatical Year does not abrogate the loan, in accordance with the opinion of most authorities, based on the latter version in the Gemara (Rambam *Sefer Zera'im, Hilkhot Shemitta VeYovel* 9:9; *Shulḥan Arukh, Ḥoshen Mishpat* 67:10).

NOTES

On the condition that there is no exploitation in this transaction – עַל מְנָת שֶׁאֵין בּוֹ אוֹנָאָה: Rashi understands that this is a case where the seller stipulates that the prohibition and provisions of exploitation do not apply to this transaction. Since that is untrue, the stipulation nullifies the transaction. Most commentaries explain the matter in the manner that the Rashbam (cited in *Tosafot*) explains it: His intent was to say that the transaction is conditional on the prohibition of provisions of exploitation not applying to it. One does not have the authority to nullify a prohibition.

וְאָמַר רַב יְהוּדָה אָמַר שְׁמוּאֵל: הָאוֹמֵר לַחֲבֵירוֹ ״עַל מְנָת שֶׁלֹּא תְּשַׁמְּטֵנִי שְׁבִיעִית״ – שְׁבִיעִית מְשַׁמֶּטֶת. לֵימָא קָסָבַר שְׁמוּאֵל מַתְנֶה עַל מַה שֶּׁכָּתוּב בַּתּוֹרָה הוּא, וְכׇל הַמַּתְנֶה עַל מַה שֶּׁכָּתוּב בַּתּוֹרָה – תְּנָאוֹ בָּטֵל?

§ **And Rav Yehuda says** that **Shmuel says** with regard to abrogation of debts: In the case of **one who says to another** the stipulation: I am lending you money **on the condition that the Sabbatical** Year **will not abrogate my** debt, even if the borrower agrees to that stipulation, **the Sabbatical** Year **abrogates** the debt. The Gemara suggests: **Let us say** that **Shmuel holds** that the lender who proposed that stipulation **is** one who **stipulates counter to that which is written in the Torah,**[H] **and** in the case of **anyone who stipulates counter to that which is written in the Torah, his stipulation is voided.**

וְהָא אִיתְּמַר, הָאוֹמֵר לַחֲבֵירוֹ: ״עַל מְנָת שֶׁאֵין לְךָ עָלַי אוֹנָאָה״, רַב אוֹמֵר: יֵשׁ לוֹ עָלָיו אוֹנָאָה, וּשְׁמוּאֵל אוֹמֵר: אֵין לוֹ עָלָיו אוֹנָאָה!

The Gemara asks: **But wasn't it stated** that there is a dispute between Rav and Shmuel concerning this matter? In the case of **one who says to another** the stipulation: I am selling you this item **on the condition that you have no** claim of **exploitation**[B] **against me**[H] if I charge you more than the item is worth, **Rav says:** The buyer **has** a claim of **exploitation against him,** as one cannot stipulate to waive the *halakha* of exploitation. **And Shmuel says: He has no** claim of **exploitation against him.** Apparently, according to Shmuel, one may stipulate to waive a Torah law in monetary matters, as it is tantamount to waiving his rights to money due him and it is not in effect counter to that which is written in the Torah.

הָא אִיתְּמַר עֲלַהּ, אָמַר רַב עָנָן: לְדִידִי מִפָּרְשָׁא לִיהּ מִינֵּיהּ דִּשְׁמוּאֵל: ״עַל מְנָת שֶׁאֵין לְךָ עָלַי אוֹנָאָה״ – אֵין לוֹ עָלָיו אוֹנָאָה, ״עַל מְנָת שֶׁאֵין בּוֹ אוֹנָאָה״ – הֲרֵי יֵשׁ בּוֹ אוֹנָאָה;

The Gemara answers: **Wasn't it stated with regard to that** *halakha* that **Rav Anan said: It was explained to me** personally **by Shmuel** himself that the matter depends on the formulation of the stipulation. If the seller stipulates: **On the condition that you have no** claim of **exploitation against me,** then the buyer **has no** claim of **exploitation against him,** as it is as though he is waiving his right to money due him. But if the seller stipulates: **On the condition that there is no** prohibition of **exploitation in** this transaction,[N] **there is** a prohibition of **exploitation in** that transaction.

HALAKHA

One who stipulates counter to that which is written in the Torah – הַמַּתְנֶה עַל מַה שֶּׁכָּתוּב בַּתּוֹרָה: In the case of anyone who stipulates a condition that runs counter to that which is written in the Torah, his stipulation is null, excepting monetary matters. For example, if one betroths a woman and stipulates that the betrothal is conditional on his exemption from the obligation to feed and clothe her, his stipulation is valid. But if he stipulates that the betrothal is conditional on his exemption from fulfilling his conjugal obligations to her, his stipulation is null and the betrothal is in effect.

The Rema, citing *Haggahot Maimoniyyot*, writes that the status of a stipulation that runs counter to a prohibition by rabbinic law is similar to that of a stipulation that runs counter to that which is written in the Torah. The *Ḥelkat Meḥokek* states that some say the Sages buttressed their ordinances and decrees, rendering them more stringent than Torah law in the sense that the stipulation is null even with regard to monetary matters (Rambam *Sefer Nashim, Hilkhot Ishut* 6:9–10; *Shulḥan Arukh, Even HaEzer* 38:5).

On the condition that you have no claim of exploitation against me – עַל מְנָת שֶׁאֵין לְךָ עָלַי אוֹנָאָה: In the case of one who sells an item to another on condition that the buyer has no claim of exploitation against him, the buyer can nevertheless claim that he was exploited. This applies only in a case where he is unaware of the extent of the exploitation and therefore unable to relinquish his rights to that sum. That is the ruling all the more so in a case where the seller says: On the condition that there is no prohibition of exploitation in this transaction. If the buyer was aware of the difference between the asking price and the actual price, he is not entitled to claim that he was exploited. The *halakha* is in accordance with the opinion of Rav, and Rava's explanation of Rav's opinion in *Bava Metzia* (51a), because a *baraita* is cited in support of his opinion (Rambam *Sefer Kinyan, Hilkhot Mekhira* 13:3–4; *Shulḥan Arukh, Ḥoshen Mishpat* 227:21).

BACKGROUND

Exploitation – אוֹנָאָה: In a business transaction with regard to the price of the item, this term refers to the prohibition against deceiving or taking unfair advantage of another person (see Leviticus 25:14). If either the buyer or the seller exploits the other, the injured party has the right to be reimbursed for the deviation of the sale price from the value of the sale item. By rabbinic law, one may exercise that right and demand reimbursement, if the sum of the deviation between price and value is one-sixth of the article's value. If the sum of the deviation is greater than one-sixth of the article's value, the sale is void. If the deviation is less than one-sixth, the injured party is not entitled to reimbursement based on the assumption that the injured party will forgive a deviation between price and value that small. A claim of exploitation may be lodged for only a limited period after a transaction, which is the time necessary for the buyer to have the item appraised by an expert (see Rambam *Sefer Kinyan, Hilkhot Mekhira* 12:5).

הָכָא נַמִי, "עַל מְנָת שֶׁלֹּא תְּשַׁמְּטֵנִי בַּשְּׁבִיעִית" – אֵין שְׁבִיעִית מְשַׁמַּטְתּוֹ, "עַל מְנָת שֶׁלֹּא תְּשַׁמְּטֵנִי שְׁבִיעִית" – שְׁבִיעִית מְשַׁמַּטְתּוֹ.

Rav Anan continues: **Here too,** if the lender stipulated to the borrower: I am lending you money **on the condition that you will not abrogate** the debt **during the Sabbatical** Year,[H] **the Sabbatical** Year **does not abrogate** his debt, as the borrower is merely waiving money due him. But if he stipulated: **On the condition that the Sabbatical** Year **will not abrogate my** debt, **the Sabbatical** Year **abrogates** the debt, as that is a stipulation to nullify the *halakha* of the Sabbatical Year concerning that loan, and one may not stipulate counter to that which is written in the Torah.

תָּנָא: הַמַּלְוֶה אֶת חֲבֵירוֹ סְתָם – אֵינוֹ רַשַּׁאי לְתוֹבְעוֹ פָּחוֹת מִשְּׁלֹשִׁים יוֹם. סָבַר רַבָּה בַּר בַּר חָנָה קַמֵּיהּ דְּרַב לְמֵימַר: הָנֵי מִילֵּי בְּמַלְוֶה בִּשְׁטָר, דְּלָא עָבֵד אִינִישׁ דְּטָרַח דְּכָתַב שְׁטָר בְּצִיר מִתְּלָתִין יוֹמִין. אֲבָל מַלְוֶה עַל פֶּה – לָא. אֲמַר לֵיהּ רַב: הָכִי אֲמַר חֲבִיבִי – אֶחָד הַמַּלְוֶה בִּשְׁטָר, וְאֶחָד הַמַּלְוֶה עַל פֶּה.

§ Apropos the loan discussed in the mishna, the Gemara cites a Sage who **taught: One who lends** money to **another for an** unspecified period[H] **is not permitted to demand** repayment **from him less than thirty days** after the loan took place. The Gemara comments: **Rabba bar bar Ḥana,** who was seated **before Rav, thought to say: This statement** applies only **with regard to a loan with** a promissory **note, as a person does not typically exert** himself **to write** a promissory **note** for a loan whose duration is **less than thirty days. But** with regard to **a loan by oral** agreement, **no,** it may be for less than thirty days. **Rav said to him:** This is what **my uncle,** Rabbi Ḥiyya, **said:** This *halakha* applies to **both one who lends with** a promissory **note and one who lends by oral** agreement. If one fails to establish a time for repayment of the loan, he may not demand repayment until thirty days have passed since the loan was given.

תַּנְיָא נַמִי הָכִי: הַמַּלְוֶה אֶת חֲבֵירוֹ סְתָם – אֵינוֹ רַשַּׁאי לְתוֹבְעוֹ פָּחוֹת מִשְּׁלֹשִׁים יוֹם, אֶחָד הַמַּלְוֶה בִּשְׁטָר וְאֶחָד הַמַּלְוֶה עַל פֶּה.

The Gemara notes: **That is also taught** in a *baraita*: **One who lends** money to **another** for **an unspecified** period **is not permitted to demand** repayment **from him less than thirty days** after the loan took place, and that is the case with regard to **both one who lends with** a promissory **note and one who lends by oral** agreement.

אֲמַר לֵיהּ שְׁמוּאֵל לְרַב מַתָּנָה: לָא תֵּיתִיב אַכַּרְעָיךְ עַד דִּמְפָרְשַׁתְּ לָהּ לְהָא שְׁמַעְתָּא; מְנָא הָא מִילְּתָא דַּאֲמוּר רַבָּנַן: הַמַּלְוֶה אֶת חֲבֵירוֹ סְתָם אֵינוֹ רַשַּׁאי לְתוֹבְעוֹ פָּחוֹת מִשְּׁלֹשִׁים יוֹם, אֶחָד הַמַּלְוֶה בִּשְׁטָר וְאֶחָד הַמַּלְוֶה עַל פֶּה?

The Gemara relates: **Shmuel said to Rav Mattana: You shall not sit on your feet until you have explained this *halakha***; explain it immediately. **From where is this matter that the Sages stated** derived: **One who lends** money to **another for an unspecified** period **is not permitted to demand** repayment **from him less than thirty days** after the loan took place, and that is the case with regard to **both one who lends with** a promissory **note and one who lends by oral** agreement?

אֲמַר לֵיהּ: דִּכְתִיב "קָרְבָה שְׁנַת הַשֶּׁבַע שְׁנַת הַשְּׁמִטָּה"; מִמַּשְׁמַע שֶׁנֶּאֱמַר "קָרְבָה שְׁנַת הַשֶּׁבַע" אֵינִי יוֹדֵעַ שֶׁהִיא שְׁנַת שְׁמִטָּה? אֶלָּא מַה תַּלְמוּד לוֹמַר "שְׁנַת הַשְּׁמִטָּה" – לוֹמַר לְךָ: [יֵשׁ] שְׁמִטָּה אַחֶרֶת שֶׁהִיא כָּזוֹ, וְאֵיזוֹ – זוֹ הַמַּלְוֶה אֶת חֲבֵירוֹ סְתָם, שֶׁאֵינוֹ רַשַּׁאי לְתוֹבְעוֹ בְּפָחוֹת מִשְּׁלֹשִׁים יוֹם, דְּאָמַר מָר: שְׁלֹשִׁים יוֹם בְּשָׁנָה חָשׁוּב שָׁנָה.

Rav Mattana **said to him** that it is derived from a verse, **as it is written: "The seventh year, the Sabbatical Year, approaches"** (Deuteronomy 15:9). The question arises: **From** the fact **that it is stated: "The seventh year…approaches," don't I know that it is the Sabbatical Year? Rather,** why must **the verse state: "The Sabbatical Year"?** It is **to tell you** that **there is another** period **that is like the Sabbatical** Year; **and which** period **is it? It is** the period in the case of **one who lends** money to **another** for **an unspecified** period, **who is not permitted to demand** repayment **from him less than thirty days** after the loan took place. During that period, as during the Sabbatical Year, one may not exact payment for his loan. In what sense can that period be characterized as a year? It is **as the Master said: Thirty days in a year are considered a year.**

HALAKHA

On the condition that you will not abrogate the debt during the Sabbatical Year – עַל מְנָת שֶׁלֹּא תְּשַׁמְּטֵנִי בַּשְּׁבִיעִית: In a case of one who lends money to another with the stipulation that the Sabbatical Year will not abrogate his debt, the Sabbatical Year abrogates his debt. If he stipulates that the borrower will not abrogate the debt during the Sabbatical Year, the stipulation is valid, as one who accepts a financial obligation counter to the Torah is obligated to fulfill that commitment, in accordance with the opinion of Shmuel. See the *Leḥem Mishne* and the commentaries on the *Shulḥan Arukh*, who address the apparent contradiction between this *halakha* and the ruling of the Rambam in the previous note with regard to exploitation (Rambam *Sefer Zera'im*, *Hilkhot Shemitta VeYovel* 9:10; *Shulḥan Arukh*, *Ḥoshen Mishpat* 67:9).

One who lends money to another for an unspecified period – הַמַּלְוֶה אֶת חֲבֵירוֹ סְתָם: One who lends money to another for an unspecified period of time may not demand payment until thirty days have passed. There is no difference in this respect whether it was a loan with a promissory note or a loan by oral agreement. If there was a fixed custom in the place where the loan was transacted establishing a different minimum time period, or if the lender explicitly stipulated a different time period, that is the determinative period, in accordance with the statement of Rav (Rambam *Sefer Mishpatim*, *Hilkhot Malve VeLoveh* 13:5; *Shulḥan Arukh*, *Ḥoshen Mishpat* 73:1).

HALAKHA

One who opens a new neck opening on Shabbat – הַפּוֹתֵחַ בֵּית הַצַּוָּאר בְּשַׁבָּת: One who opens a neck opening in a garment on Shabbat is liable to bring a sin-offering for violating the primary category of labor of striking a blow with a hammer, or for violating the primary category of tearing if his intent was to then sew the garment (*Beit Yosef*). The Rema writes that this *halakha* applies even to a garment that had an opening that was sewn shut by a craftsman (Rambam *Sefer Zera'im*, *Hilkhot Shabbat* 10:10; *Shulḥan Arukh*, *Oraḥ Ḥayyim* 317:3; for the ruling in the case of the barrel, see Rambam *Sefer Zera'im*, *Hilkhot Shabbat* 23:2; *Shulḥan Arukh*, *Oraḥ Ḥayyim* 314:6).

וְאָמַר רַב יְהוּדָה אָמַר רַב: הַפּוֹתֵחַ בֵּית הַצַּוָּאר בְּשַׁבָּת חַיָּיב חַטָּאת. מַתְקִיף לַהּ רַב כָּהֲנָא: וְכִי מַה בֵּין זֶה לִמְגוּפַת חָבִית? אָמַר לֵיהּ: זֶה – חִבּוּר, וְזֶה אֵינוֹ חִבּוּר.

§ **And Rav Yehuda says** that **Rav says: One who** unwittingly **opens**[N] a new **neck opening**[B] in a shirt **on Shabbat**[NH] by cutting through the fabric and threads that kept it closed is **liable** to bring **a sin-offering.**[N] By creating the opening he renders the shirt fit to wear, thereby fashioning a utensil on Shabbat. **Rav Kahana objects to this: And what** is the difference **between this and the stopper of** a wine **barrel,**[B] which the Sages permitted piercing on Shabbat in order to serve wine to guests? There too, by piercing the stopper he fashions a utensil. Rava **said to him:** The cases are not comparable: In **this** case, that of the neck opening of a shirt, the material closing the neck hole is considered **a connecting** element, i.e., it is an organic part of the weave of the fabric; **and in that** case, that of the stopper of the barrel, the stopper is **not** considered **a connecting** element, as its purpose is to be removed from the barrel.

NOTES

And Rav Yehuda says…one who unwittingly opens – וְאָמַר רַב יְהוּדָה...הַפּוֹתֵחַ: Rashi explains that although this *halakha* is unrelated to the topic under discussion, it is cited here due to its structural similarity to the previous discussion with regard to a loan for a period of ten years, i.e., a statement by Rav Yehuda, followed by a question by Rav Kahana, and Rava's attempt to resolve the difficulty.

One who opens a new neck opening on Shabbat – הַפּוֹתֵחַ בֵּית הַצַּוָּאר בְּשַׁבָּת: The commentaries disagree as to the precise nature of this action, and there are halakhic ramifications to that disagreement. Rashi explains that the case refers to a new garment in which a neck opening was not yet opened. Others maintain that there is an opening, but the owner seeks to widen the opening and sew a proper collar onto it (*Tosefot Rabbeinu Peretz*, citing Rabbeinu Yitzḥak of Dampierre). The Ramban, citing Rabbeinu Tam, explains that there is a neck opening in the garment in question, but temporary stitches were sewn by launderers to close the neck opening to ensure that the garment would maintain its form in the laundry. Ripping those threads enables one to wear the garment.

Liable to bring a sin-offering – חַיָּיב חַטָּאת: He is liable to bring a sin-offering to atone for having unwittingly performed a labor prohibited on Shabbat by Torah law. There are differences of opinion as to the nature of the prohibited labor involved in ripping a neck opening, dependent somewhat on the dispute concerning the action that was performed. According to Rashi's explanation it appears that he is liable for completing preparation of a vessel, which falls under the rubric of the primary category of labor of striking a blow with a hammer, as creating the neck opening completes the garment. From the Rambam it appears that he is liable for tearing, although some dispute this interpretation of the Rambam. See the Ramban, who notes that it must be explained that the tearing of the neck opening was performed with the intent to then sew it, as only in that case is one liable for tearing.

BACKGROUND

One who opens a neck opening – הַפּוֹתֵחַ בֵּית הַצַּוָּאר: In this image it is clear that even the garments of prominent people had a neck opening in the fabric rather than a collar. Creating that opening transformed the fabric into a garment that could be worn. Some explain that the Gemara is referring to ripping the stitches that were sewn temporarily by launderers to close the neck opening, in order to ensure that the garment would maintain its form in the laundry.

Bust of Roman emperor Antoninus Pius showing neck opening in a garment

Stopper of a barrel – מְגוּפַת חָבִית: An earthenware stopper was used to seal the narrow mouth of a wine barrel. The stopper was in essence an independent vessel, but when wine was transported or placed in storage for an extended period of time, the stoppers were often cemented in place to ensure the barrel remained sealed. When the time arrived to open the barrel, one would break the mortar and extract the cover.

Illustration of earthenware barrel with stopper

וְאָמַר רַב יְהוּדָה אָמַר רַב: שְׁלֹשֶׁת לוּגִּין מַיִם שֶׁנָּפַל לְתוֹכָן קוֹרְטוֹב שֶׁל יַיִן, וּמַרְאֵיהֶן כְּמַרְאֵה יַיִן, וְנָפְלוּ לְמִקְוֶה – לֹא פְּסָלוּהוּ. מַתְקִיף לַהּ רַב כָּהֲנָא: וְכִי מַה בֵּין זֶה לְמֵי צֶבַע? דִּתְנַן, רַבִּי יוֹסֵי אוֹמֵר: מֵי צֶבַע פּוֹסְלִין אֶת הַמִּקְוֶה בִּשְׁלֹשֶׁת לוּגִּין! אֲמַר לֵיהּ רָבָא: הָתָם מַיָּא דְּצִבְעָא מִקְּרֵי, הָכָא – חַמְרָא מְזִיגָא מִקְּרֵי.

§ **And Rav Yehuda says that Rav says:** In the case of **three *log*[B]** of drawn **water[H] into which one sixty-fourth of a *log* [*kortov*][L]** of **wine fell, and the color of** the water **is like the color of wine, and** that liquid **fell into a ritual bath** containing less than forty *se'a*,[B] although the Sages ruled that three *log* of drawn water invalidate a ritual bath, in this case the liquid **does not invalidate it,** because the halakhic status of the liquid that fell into the ritual bath is that of wine, and wine does not invalidate a ritual bath. **Rav Kahana objects to this: And what** is the difference **between this** case of water into which wine fell **and** the case of **dye water, as we learned** in a mishna (*Mikvaot* 7:3): **Rabbi Yosei says: Dye water in** the amount of **three *log* invalidates a ritual bath?**[H] The wine, like the dye, colors the water. **Rava said to him:** The difference is that **there** the mixture **is called dye water,** where the water maintains the status of water; **here it is called diluted wine.**

וְהָתָנֵי רַבִּי חִיָּיא: הוֹרִידוּ אֶת הַמִּקְוֶה! אֲמַר רָבָא: לָא קַשְׁיָא: הָא – רַבִּי יוֹחָנָן בֶּן נוּרִי, הָא – רַבָּנַן. דִּתְנַן: שְׁלֹשֶׁת לוּגִּין מַיִם

The Gemara asks with regard to Rav's statement: **But didn't Rabbi Ḥiyya teach** that three *log* of water into which a *kortov* of wine fell **reduce the ritual bath** into a state where it is no longer valid? **Rava said** that this *baraita* is **not difficult,** as **this** statement of Rav is in accordance with the opinion of **Rabbi Yoḥanan ben Nuri,** and **that** *baraita* taught by Rabbi Ḥiyya is in accordance with the opinion of **the Rabbis,** who disagree with Rabbi Yoḥanan ben Nuri. **As we learned** in a mishna (*Mikvaot* 7:5): In a case where there are **three *log*** of drawn **water**

BACKGROUND

Log – לוֹגִין: This is the basic liquid measure used by the Sages. It is equivalent to the volume of six eggs, one-quarter of a *kav*, or one twenty-fourth of a *se'a*. A range of modern opinions estimates this volume to be between 300 and 600 ml.

Forty *se'a* – אַרְבָּעִים סְאָה: Forty *se'a* is the minimum quantity of water necessary for a ritual bath, which is the equivalent of eighty *hin* or 5,760 egg-bulks. The forty-*se'a* measure serves as the basis for all modern calculations of the various measures of volume, since the Talmud tells us that the dimensions of a ritual bath must be three cubits by one cubit by one cubit; this is the equivalent of forty *se'a* in volume. Consequently, according to the standard method of converting talmudic measurements of Rav Ḥayyim Na'e, a ritual bath must contain 332 ℓ of water, and according to the *Ḥazon Ish*, it must contain 573 ℓ.

HALAKHA

Three *log* of drawn water, etc. – שְׁלֹשֶׁת לוּגִּין מַיִם וכו׳: If three *log* of drawn water fall into a ritual bath in which there was less than forty *se'a* of water, the ritual bath is not valid, provided that the three *log* consisted exclusively of water and maintained the appearance of water. If a small amount of wine fell into those three *log*, giving the water the appearance of wine, or if there was less than three *log* of water and milk was intermingled with the water for a total of three *log*, those mixtures do not invalidate the ritual bath (Rambam *Sefer Tahara*, *Hilkhot Mikvaot* 7:10; *Shulḥan Arukh*, *Yoreh De'a* 201:23).

Dye water in the amount of three *log* invalidates a ritual bath – מֵי צֶבַע פּוֹסְלִין אֶת הַמִּקְוֶה בִּשְׁלֹשֶׁת לוּגִּין: Three *log* of dye water invalidates a ritual bath in which there was less than forty *se'a*, even though the dye water does not have the appearance of water, in accordance with the opinion of Rabbi Yosei. If the dye water falls into a ritual bath with at least forty *se'a*, even if the dye water alters the ritual bath's appearance, the dye water does not invalidate the ritual bath (Rambam *Sefer Tahara*, *Hilkhot Mikvaot* 7:8; *Shulḥan Arukh*, *Yoreh De'a* 201:24–25).

LANGUAGE

Kortov – קוֹרְטוֹב: The source of this word is unclear. Some have suggested several Greek and Latin sources, while others have said that it might be of Semitic origin, based on the term *karatz*, meaning cut. As explained elsewhere (see *Bava Batra* 90b), a *kortov* is a standard unit of measurement equal to one-eighth of an eighth, or one sixty-fourth, of a *log*, which is equivalent to between 5 and 9 cu cm.

חָסֵר קוֹרְטוֹב, שֶׁנָּפַל לְתוֹכָן קוֹרְטוֹב יַיִן וּמַרְאֵיהֶן כְּמַרְאֵה יַיִן, וְנָפְלוּ לַמִּקְוֶה – לֹא פְּסָלוּהוּ. וְכֵן שְׁלֹשָׁה לוֹגִין מַיִם חָסֵר קוֹרְטוֹב שֶׁנָּפַל לְתוֹכָן קוֹרְטוֹב חָלָב, וּמַרְאֵיהֶן כְּמַרְאֵה מַיִם, וְנָפְלוּ לַמִּקְוֶה – לֹא פְּסָלוּהוּ.

less one *kortov*[H] or any small measure of water, **into which a *kortov* of wine fell,** increasing the measure of liquid to a total of three *log*, **and the appearance** of those three *log* is **like the appearance of wine; and** then those three *log* **fell into a ritual bath,** completing its requisite forty *se'a*, **it did not invalidate** the ritual bath, because three *log* of drawn water invalidate the ritual bath, and less than that measure of water fell into the ritual bath. **And likewise,** in a case where there are **three *log*** of drawn **water less one *kortov* into which a *kortov* of milk**[N] **fell and** the **appearance** of those three *log* is **like the appearance of water, and** those three *log* **fell into a ritual bath,** completing its requisite forty *se'a*, **it did not invalidate** the ritual bath, because in this case too, less than three *log* of drawn water fell into the ritual bath.

רַבִּי יוֹחָנָן בֶּן נוּרִי אוֹמֵר: הַכֹּל הוֹלֵךְ אַחַר הַמַּרְאֶה.

Rabbi Yoḥanan ben Nuri says: Everything follows the appearance[N] of those three *log*. Therefore, if it has the appearance of wine it does not invalidate the ritual bath; if it has the appearance of water it invalidates the ritual bath. Perhaps Rav Yehuda says that Rav says that the mixture of water and wine does not invalidate the ritual bath because he holds in accordance with the opinion of Rabbi Yoḥanan ben Nuri that everything follows the appearance. Rabbi Ḥiyya holds in accordance with the opinion of the first *tanna* that the amount of drawn water is the decisive factor, and therefore, regardless of its appearance, three *log* of water invalidates a ritual bath.

הָא מִיבַּעְיָא בְּעֵי לַהּ רַב פָּפָּא, דְּבָעֵי רַב פָּפָּא: רַב תָּנֵי "חָסֵר קוֹרְטוֹב" בְּרֵישָׁא, אֲבָל שְׁלֹשָׁה לוֹגִין לְתַנָּא קַמָּא פָּסְלִי, וַאֲתָא רַבִּי יוֹחָנָן לְמֵימַר: הַכֹּל הוֹלֵךְ אַחַר הַמַּרְאֶה, וְרַב אוֹמֵר כְּרַבִּי יוֹחָנָן בֶּן נוּרִי.

The Gemara asks: **Wasn't** this matter already **raised as a dilemma by Rav Pappa? As Rav Pappa raised a dilemma:** There are two ways to explain the mishna. One is that **Rav teaches:** In a case where there are three *log* of drawn water **less one *kortov*, in the first clause. But** in a case where there are **three** complete *log* of water, **according to the first *tanna*, it invalidates** the ritual bath even if its appearance is that of wine. **And Rabbi Yoḥanan** ben Nuri **comes to say: Everything follows the appearance,** meaning that even in that case, if its appearance is that of wine it does not invalidate the ritual bath. **And** if that is the dispute, **Rav states** his opinion **in accordance with** the opinion of **Rabbi Yoḥanan ben Nuri.**

אוֹ דִּלְמָא: רַב לָא תָּנֵי "חָסֵר קוֹרְטוֹב" בְּרֵישָׁא, וְרַבִּי יוֹחָנָן בֶּן נוּרִי כִּי פָּלֵיג – אַסֵּיפָא הוּא דִּפְלִיג,

Or perhaps Rav did not teach: In a case where there are three *log* of drawn water **less one *kortov*, in the first clause** of the mishna; rather, he taught: In a case where there are three complete *log* of water into which a *kortov* of wine fell. According to this version of the mishna, even the first *tanna* agrees that if its appearance is that of wine it does not invalidate the ritual bath. **And when Rabbi Yoḥanan ben Nuri disagrees, it is** only **with regard to the latter clause that he disagrees,** in the case of three *log* of drawn water less one *kortov* into which a *kortov* of milk fell and the appearance of those three *log* is like the appearance of water. The first *tanna* holds that in order to invalidate a ritual bath two criteria must be fulfilled: There must be three *log* of water and its appearance must be that of water. In this case there is less than three *log* of water. Rabbi Yoḥanan ben Nuri holds that there is only one criterion, appearance. Therefore, in the case of milk, the ritual bath is invalidated.

HALAKHA

Three *log* less one *kortov*, etc. – שְׁלוֹשָׁה לוֹגִין חָסֵר קוֹרְטוֹב וכו׳: If a small amount of wine is intermingled with three *log* of drawn water and changes the water's appearance, and that mixture fell into a ritual bath, it does not invalidate the ritual bath. If milk fell into slightly less than three *log* of water, it does not invalidate a ritual bath, even though the appearance of the mixture is that of water. A ritual bath in which there is less than forty *se'a* is invalidated only by three *log* of drawn water that have the appearance of water. These *halakhot* apply to liquid that does not affect the appearance of the water in the ritual bath, but if it alters the appearance of the water, it invalidates the ritual bath (Rambam *Sefer Tahara*, *Hilkhot Mikvaot* 7:11; *Shulḥan Arukh*, *Yoreh De'a* 201:23 and *Shakh* there).

NOTES

And likewise where there are three *log*…milk – וְכֵן שְׁלֹשָׁה לוֹגִין...חָלָב: According to the Rabbis, there is no difference whether it was wine or milk that fell into the water, as even though the milk does not alter the color of the water, it does not invalidate the ritual bath, because the three *log* of liquid that fell into the ritual bath is one *kortov* short of three *log* of water. They hold that there are two conditions for three *log* of liquid to invalidate a ritual bath: There must be three complete *log* of water that have the appearance of water.

Everything follows the appearance – הַכֹּל הוֹלֵךְ אַחַר הַמַּרְאֶה: This constitutes both a leniency and a stringency. It leads to leniency if wine is added to three *log* of water, as a result of which the mixture does not invalidate the ritual bath. It leads to stringency if milk is added to less than three *log* of water creating a mixture totaling three *log*, as the mixture invalidates the ritual bath even though less than three *log* of water fell into the ritual bath (see Rashi).

וְרַב דְּאָמַר כְּדִבְרֵי הַכֹּל?

And according to this latter rendering of the dispute, **Rav states** his opinion **in accordance with** the opinion of **everyone.** Why then does Rava state: This statement of Rav is in accordance with the opinion of Rabbi Yoḥanan ben Nuri?

לְרַב פָּפָּא מִיבַּעְיָא לֵיהּ, לְרָבָא פְּשִׁיטָא לֵיהּ.

The Gemara answers: This is not difficult, as although **for Rav Pappa** there **is a dilemma** how to interpret the mishna, **for Rava** it is **obvious.**

אֲמַר רַב יוֹסֵף: לָא שְׁמִיעָא לִי הָא שְׁמַעְתָּא. אֲמַר לֵיהּ אַבָּיֵי: אַתְּ אֲמַרְתְּ לַהּ נִיהֲלַן, וְהָכִי אֲמַרְתְּ נִיהֲלַן: דְּרַב לָא תָּנֵי "חָסֵר קוֹרְטוֹב" בְּרֵישָׁא, וְרַבִּי יוֹחָנָן אַסֵּיפָא פָּלֵיג, וְרַב דְּאָמַר כְּדִבְרֵי הַכֹּל.

Apropos this discussion, the Gemara relates that **Rav Yosef said: I did not hear this *halakha*** with regard to the dilemma whether the first clause of the mishna includes the phrase: Less one *kortov*. **Abaye said to him: You said it to us,** but you forgot due to your illness. **And this is** what **you said to us:**[N] **Rav did not teach: Less one *kortov*, in the first** clause of the mishna, **and Rabbi Yoḥanan** ben Nuri **disagrees** only **with regard to the latter clause,** and it is **Rav who states** his opinion **in accordance with** the opinion of **everyone.**

וְאָמַר רַב יְהוּדָה אָמַר רַב: חָבִית מְלֵיאָה מַיִם שֶׁנָּפְלָה לַיָּם הַגָּדוֹל – הַטּוֹבֵל שָׁם לֹא עָלְתָה לוֹ טְבִילָה, חָיְישִׁינַן לִשְׁלֹשָׁה לוּגִּין שֶׁלֹּא יְהוּ בְּמָקוֹם אֶחָד. וְדַוְקָא לַיָּם הַגָּדוֹל, דְּקָאֵי וְקַיְימָא, אֲבָל נַהֲרָא בְּעָלְמָא – לָא.

§ **And Rav Yehuda says** that **Rav says:** In the case of **a barrel full of** drawn **water**[H] **that fell into the Mediterranean Sea,** concerning **one who immerses there** in the spot where the water fell, the **immersion did not effect his** purification,[N] because **we are concerned that three *log*** of drawn water **should not be** collected **in one place,** in the place where he immerses. The Gemara qualifies this *halakha*: **And** this applies **specifically to the Mediterranean Sea, whose** waters **are** largely **stagnant. But** in the case of **a standard river,** whose waters flow, **no,** this *halakha* does not apply, as the water from the barrel will immediately intermingle with the river water.

תַּנְיָא נַמִי הָכִי: חָבִית מְלֵיאָה יַיִן שֶׁנָּפְלָה לַיָּם הַגָּדוֹל – הַטּוֹבֵל שָׁם לֹא עָלְתָה לוֹ טְבִילָה, חָיְישִׁינַן לִשְׁלֹשָׁה לוּגִּין שְׁאוּבִין שֶׁלֹּא יְהוּ בְּמָקוֹם אֶחָד. וְכֵן כִּכָּר שֶׁל תְּרוּמָה שֶׁנָּפַל שָׁם טָמֵא.

The Gemara notes: **This is also taught** in a *baraita*: In the case of **a barrel full of wine**[N] **that fell into the Mediterranean Sea,** concerning **one who immerses there,** the **immersion did not effect his** purification, because **we are concerned that three *log* of drawn** wine that is unfit for immersion **should not be** collected **in one place. And likewise, a loaf**[H] **of *teruma* that fell there,** where the wine fell, **is impure** through contact with the wine.

מַאי "וְכֵן"? מַהוּ דְּתֵימָא: הָתָם אוֹקֵי גַּבְרָא אַחֶזְקֵיהּ, הָכָא אוֹקֵי תְּרוּמָה אַחֶזְקָהּ, קָא מַשְׁמַע לַן.

The Gemara asks: **What** is added by the clause introduced with the term: **And likewise?** If the concern is that the wine remained in one place and did not intermingle with the seawater, ostensibly that concern applies to *halakhot* of ritual impurity. The Gemara answers: **Lest you say** that **there,** with regard to immersion, the reason he is impure is that since there is uncertainty whether his immersion effected his purification, the principle is: **Establish the person on his presumptive status** of impurity. But **here,** in the case of a loaf of *teruma*, since there is uncertainty whether it was rendered impure, the principle is: **Establish the *teruma* on its presumptive status** of purity. Therefore, the *tanna* of the *baraita* **teaches us** that the concern that the loaf touched the wine is substantial to the extent that it prevails even over the loaf's presumptive status of purity.

HALAKHA

A barrel full of drawn water, etc. – חָבִית מְלֵאָה מַיִם וכו׳: If a barrel filled with drawn water fell into the sea, even the Mediterranean Sea, any immersion performed in that place is not valid, as three *log* of the water from the barrel are assumed to have remained in one place. If the contents of the barrel spilled into a river or any other body of flowing water, immersion there is effective, in accordance with the statement of Rav Yehuda in the name of Rav (Rambam *Sefer Tahara, Hilkhot Mikvaot* 6:10).

And likewise a loaf – וְכֵן כִּכָּר: If a loaf of *teruma* fell into a place where a barrel of drawn water spilled, it is rendered impure by the drawn water, as stated in the *baraita* (Rambam *Sefer Tahara, Hilkhot Mikvaot* 6:10, and see *Mishne LaMelekh* there).

NOTES

And this is what you said to us, etc. – וְהָכִי אֲמַרְתְּ נִיהֲלַן וכו׳: There are three opinions with regard to Rav's version of the mishna in *Mikvaot*: According to Rava, Rav's version of the first clause includes the phrase: Less one *kortov*, and as a result Rav holds in accordance with the opinion of Rabbi Yoḥanan ben Nuri rather than the opinion of first *tanna*. According to Rav Yosef, Rav's version does not include the phrase: Less one *kortov*. Rav Pappa was uncertain whether Rav's version includes that phrase.

The immersion did not effect his purification – לֹא עָלְתָה לוֹ טְבִילָה: The straightforward understanding of this matter is that there is concern lest the drawn water remain in one spot and the one who immerses will immerse in the drawn water rather than the seawater. See *Tosafot* and the Ramban, who question that understanding. The *halakha* is that even if a large quantity of drawn water falls into a valid ritual bath, it is assimilated into the water of the ritual bath through contact with that water, and immersion in the drawn water that was purified through contact is effective. Based on that understanding, *Tosafot* cite a variant reading in the *baraita* that the reference is to a barrel of wine, which is not assimilated into the ritual bath through contact with its water (see Ramban and Meiri).

A barrel full of wine, etc. – חָבִית מְלֵיאָה יַיִן וכו׳: Here Rashi's version is: A barrel of wine, as it appears in the *Tosefta*. *Tosafot* note that there is no alternative to that version, as, if it were a barrel of water, why would the *teruma* be rendered impure? If it is a barrel of wine, the person could have rendered the wine impure and the wine would have proceeded to render the *teruma* impure (see Ramban and Meiri).

מתני׳ ״מְעִידִין אָנוּ בְּאִישׁ פְּלוֹנִי שֶׁחַיָּיב לַחֲבֵירוֹ מָאתַיִם זוּז״, וְנִמְצְאוּ זוֹמְמִין – לוֹקִין וּמְשַׁלְּמִין, שֶׁלֹּא הַשֵּׁם הַמְבִיאָן לִידֵי מַכּוֹת מְבִיאָן לִידֵי תַשְׁלוּמִין, דִּבְרֵי רַבִּי מֵאִיר. וַחֲכָמִים אוֹמְרִים כׇּל הַמְשַׁלֵּם אֵינוֹ לוֹקֶה.

MISHNA If witnesses said: **We testify with regard to a man** called **so-and-so that he is liable to** pay **another** person **two hundred dinars, and they were found** to be **conspiring** witnesses, **they are flogged, and they pay** the money they sought to render him liable to pay. Why do they receive two punishments? It is due to the fact **that the source that brings them to** liability to receive **lashes is not** the source that **brings them to** liability for **payment;** this is **the statement of Rabbi Meir. And the Rabbis say: Anyone who pays** as punishment for a transgression **is not flogged**[H] for that same transgression.

״מְעִידִין אָנוּ בְּאִישׁ פְּלוֹנִי שֶׁהוּא חַיָּיב מַלְקוֹת אַרְבָּעִים״, וְנִמְצְאוּ זוֹמְמִין – לוֹקִין שְׁמוֹנִים, מִשּׁוּם ״לֹא תַעֲנֶה בְרֵעֲךָ עֵד שָׁקֶר״ וּמִשּׁוּם ״וַעֲשִׂיתֶם לוֹ כַּאֲשֶׁר זָמַם״, דִּבְרֵי רַבִּי מֵאִיר. וַחֲכָמִים אוֹמְרִים: אֵין לוֹקִין אֶלָּא אַרְבָּעִים.

Likewise, if witnesses said: **We testify with regard to a man** called **so-and-so that he is liable** to receive **forty lashes, and they were discovered** to be **conspiring** witnesses, **they are flogged** with **eighty** lashes; one set of lashes **due to** violation of the prohibition: **"You shall not bear false witness against your neighbor"** (Exodus 20:13), **and** one set of lashes **due to** the verse: **"And you shall do to him as he conspired"** (Deuteronomy 19:19), which is the punishment for conspiring witnesses; this is **the statement of Rabbi Meir. And the Rabbis say: They are flogged** with **only forty** lashes,[H] due to the verse "And you shall do to him as he conspired."

HALAKHA

Anyone who pays is not flogged – כׇּל הַמְשַׁלֵּם אֵינוֹ לוֹקֶה: Conspiring witnesses who were sentenced to pay the money that they conspired to render the accused liable to pay are not flogged, in accordance with the opinion of the Rabbis (Rambam *Sefer Shofetim, Hilkhot Edut* 18:1; *Tur, Hoshen Mishpat* 38).

They are flogged only forty lashes – אֵין לוֹקִין אֶלָּא אַרְבָּעִים: Conspiring witnesses who sought to render the accused liable to receive lashes are themselves flogged with only forty lashes, in accordance with the opinion of the Rabbis (Rambam *Sefer Shofetim, Hilkhot Edut* 18:1).

Perek **I**
Daf **4** Amud **b**

גמ׳ בִּשְׁלָמָא לְרַבָּנַן – ״כְּדֵי רִשְׁעָתוֹ״ כְּתִיב, מִשּׁוּם רִשְׁעָה אַחַת אַתָּה מְחַיְּיבוֹ, וְאִי אַתָּה מְחַיְּיבוֹ מִשּׁוּם שְׁתֵּי רִשְׁעָיוֹת. אֶלָּא רַבִּי מֵאִיר מַאי טַעְמָא?

GEMARA With regard to the initial dispute between Rabbi Meir and the Rabbis in the mishna whether conspiring witnesses pay and are flogged, the Gemara asks: **Granted,** according **to the Rabbis,** the verse that states: "The judge shall cause him to lie down, and to be beaten before him, **according to the measure of his wickedness"** (Deuteronomy 25:2), **is written** concerning one who was liable to receive lashes. From "according to the measure of his wickedness" it is inferred with regard to an individual who commits one transgression: **For one evildoing**[NH] **you can render him liable, but you cannot render him liable for two evildoings,** i.e., one cannot receive two punishments for the same act. **But** according to **Rabbi Meir, what is the reason** that he is punished twice for committing a single transgression?

אָמַר עוּלָּא: גָּמַר מִמּוֹצִיא שֵׁם רַע, מָה מוֹצִיא שֵׁם רַע לוֹקֶה וּמְשַׁלֵּם – אַף כׇּל לוֹקֶה וּמְשַׁלֵּם. מָה לְמוֹצִיא שֵׁם רַע שֶׁכֵּן קְנָס! סָבַר לַהּ כְּרַבִּי עֲקִיבָא, דְּאָמַר: עֵדִים זוֹמְמִין קְנָסָא הוּא.

Ulla said: Rabbi Meir **derived** this *halakha* **from** the *halakha* concerning **one who defames** his wife, claiming that when he consummated the marriage he discovered that she was not a virgin: **Just as the defamer**[H] **is flogged and pays,** as it is written: "And they shall chastise him and fine him one hundred silver coins" (Deuteronomy 22:18–19), **so too, anyone** who commits a transgression punishable with lashes and a monetary payment **is flogged and pays.** The Gemara questions this derivation: **What** is notable **about** the case of **a defamer?** It is notable **in that** the payment of the defamer **is a fine,** which is a fixed sum that the Torah deems him liable to pay. How can the *halakha* of conspiring witnesses, whose payment is monetary restitution, be derived from there? The Gemara answers: Rabbi Meir **holds in accordance with** the opinion of **Rabbi Akiva, who says:** The payment that **conspiring witnesses** are liable to pay **is a fine.**

NOTES

Granted, according to the Rabbis…for one evildoing – בִּשְׁלָמָא לְרַבָּנַן...מִשּׁוּם רִשְׁעָה אַחַת: This discussion applies exclusively to the first dispute in the mishna, which explores whether a conspiring witness receives two punishments for performing one action; i.e., whether he both is flogged and pays the money that they conspired to render the accused liable to pay. With regard to the second dispute, whether one is flogged with two sets of lashes, even the Rabbis concede that the phrase in the verse "according to the measure of his wickedness" does not exempt one from being flogged with two sets of lashes if he violated two prohibitions in the performance of one action. This is explained in several places in the Mishna (Rashash).

HALAKHA

For one evildoing – מִשּׁוּם רִשְׁעָה אַחַת: A person is not both flogged and rendered liable to pay remuneration for violating one prohibition. In any case where one is flogged he is exempt from payment, with the exception of conspiring witnesses, who pay and are not flogged, based on a Torah decree (Rambam *Sefer Nashim, Hilkhot Na'ara Betula* 1:11; *Sefer Zera'im, Hilkhot Terumot* 6:6; and *Sefer Nezikin, Hilkhot Geneiva* 3:1).

Defamer – מוֹצִיא שֵׁם רַע: If one defames a young Jewish woman, claiming that when consummating the marriage he discovered that she was not a virgin, and it is subsequently determined that he lied, he is flogged and pays a fine of one hundred silver coins. This *halakha* is an exception to the principle that one does not receive two punishments for violating one prohibition, due to the fact that both punishments are explicit in the Torah (Rambam *Sefer Nashim, Hilkhot Na'ara Betula* 3:1).

אִיכָּא דְּמַתְנֵי לְהָא דְּעוּלָּא אַהָא, דְּתַנְיָא: ״לֹא תוֹתִירוּ מִמֶּנּוּ עַד בֹּקֶר וְהַנֹּתָר מִמֶּנּוּ עַד בֹּקֶר״ וגו׳ – בָּא הַכָּתוּב לִיתֵּן עֲשֵׂה אַחַר לֹא תַעֲשֶׂה, לוֹמַר שֶׁאֵין לוֹקִין עָלָיו, דִּבְרֵי רַבִּי יְהוּדָה.

The Gemara comments: **There are those who teach this** statement **of Ulla with regard to that which is taught** in a *baraita*: It is stated with regard to the Paschal offering: **"And you shall let nothing of it remain**[H] **until morning, but that which remains of it until morning** you shall burn with fire" (Exodus 12:10). **The verse comes to provide a positive mitzva** to burn the remains **after** it has taught **a prohibition,** which states: "You shall let nothing of it remain," **to say that one is not flogged for its** violation; this is **the statement of Rabbi Yehuda.** This is a prohibition whose transgression entails the fulfillment of a positive mitzva, in which the mitzva serves to rectify the violation of the prohibition, and no lashes are administered.

רַבִּי עֲקִיבָא אוֹמֵר: לֹא מִן הַשֵּׁם הוּא זֶה, אֶלָּא מִשּׁוּם דַּהֲוָה לֵיהּ לָאו שֶׁאֵין בּוֹ מַעֲשֶׂה, וְכׇל לָאו שֶׁאֵין בּוֹ מַעֲשֶׂה אֵין לוֹקִין עָלָיו. מִכְּלַל דְּרַבִּי יְהוּדָה סָבַר לָאו שֶׁאֵין בּוֹ מַעֲשֶׂה לוֹקִין עָלָיו. מְנָא לֵיהּ?

Rabbi Akiva says: The fact that one is not flogged **is not for** that **reason; rather,** it is **due to** the fact **that** this prohibition: "And you shall let nothing of it remain," **is a prohibition that does not involve an action,** as one violates the prohibition through failure to take action, **and** concerning **any prohibition that does not involve an action, one is not flogged for its** violation. The Gemara learns **by inference that Rabbi Yehuda holds** in principle with regard to **a prohibition that does not involve an action,** that **one is flogged for its** violation. **From where does** Rabbi Yehuda derive that one is flogged in that case?

אֲמַר עוּלָּא: גָּמַר מִמּוֹצִיא שֵׁם רַע, מַה מּוֹצִיא שֵׁם רַע לָאו שֶׁאֵין בּוֹ מַעֲשֶׂה לוֹקִין עָלָיו – אַף כׇּל לָאו שֶׁאֵין בּוֹ מַעֲשֶׂה לוֹקִין עָלָיו. מַה לְּמוֹצִיא שֵׁם רַע שֶׁכֵּן לוֹקֶה וּמְשַׁלֵּם!

Ulla said: Rabbi Yehuda **derived** this *halakha* **from the defamer; just as the defamer** violates **a prohibition that does not involve an action,** as it involves only speech, and **one is flogged for its** violation, **so too,** with regard to **any prohibition that does not involve an action, one is flogged for its** violation. The Gemara questions this derivation: **What** is notable **about** the case of the **defamer?** It is notable **in that he is flogged and pays** for violation of a single prohibition. Due to that stringency, other less stringent prohibitions cannot be derived from the case of the defamer.

אֶלָּא אָמַר רֵישׁ לָקִישׁ: גָּמַר מֵעֵדִים זוֹמְמִין, מָה עֵדִים זוֹמְמִין לָאו שֶׁאֵין בּוֹ מַעֲשֶׂה לוֹקִין עָלָיו – אַף כׇּל לָאו שֶׁאֵין בּוֹ מַעֲשֶׂה לוֹקִין עָלָיו. מַה לְּעֵדִים זוֹמְמִין שֶׁכֵּן אֵין צְרִיכִין הַתְרָאָה!

Rather, Reish Lakish says: Rabbi Yehuda **derives** this principle **from** the case of **conspiring witnesses. Just as the conspiring witnesses** violate **a prohibition that does not involve an action** and an individual **is flogged for its** violation, **so too,** with regard to **any prohibition that does not involve an action, one is flogged for its** violation. The Gemara questions this derivation: **What** is notable **about** the case of **conspiring witnesses?** It is notable **in that** the witnesses **do not require forewarning**[H] in order to administer their punishment, which is an exception to the principle that corporal punishment may be administered only after forewarning. Due to that stringency, other less stringent prohibitions cannot be derived from the case of conspiring witnesses.

מוֹצִיא שֵׁם רַע יוֹכִיחַ. וְחָזַר הַדִּין, לֹא רְאִי זֶה כִּרְאִי זֶה וְלֹא רְאִי זֶה כִּרְאִי זֶה, הַצַּד הַשָּׁוֶה שֶׁבָּהֶן – לָאו שֶׁאֵין בּוֹ מַעֲשֶׂה וְלוֹקִין עָלָיו – אַף כׇּל לָאו שֶׁאֵין בּוֹ מַעֲשֶׂה לוֹקִין עָלָיו.

The Gemara answers: **The** case of the **defamer will prove** that the absence of forewarning is not a significant factor, as the defamer requires forewarning and nevertheless is flogged for a prohibition that does not involve an action. **And the inference has reverted** to its starting point. The defining **characteristic of this** case **is not like** the defining **characteristic of that** case, and the defining **characteristic of that** case is not like the defining **characteristic of this** case. **Their common denominator** is that in both cases there is **a prohibition that does not involve an action and one is flogged for its** violation. **So too,** with regard to **any prohibition that does not involve an action, one is flogged for its** violation.

מַה לְּהַצַּד הַשָּׁוֶה שֶׁבָּהֶן שֶׁכֵּן קְנָס! הָא לָא קַשְׁיָא, רַבִּי יְהוּדָה לָא סְבַר לַהּ כְּרַבִּי עֲקִיבָא.

The Gemara questions this derivation: **What** is notable **about their common denominator?** They are notable **in that** payment in both cases is **a fine,** and therefore other, less stringent prohibitions cannot be derived from them. The Gemara answers: **This is not difficult; Rabbi Yehuda does not hold in accordance with** the opinion of **Rabbi Akiva** that the payment of conspiring witnesses is a fine. In his opinion, therefore, that is not a common denominator.

HALAKHA

And you shall let nothing of it remain, etc. – וְלֹא תוֹתִירוּ וכו׳: One who intentionally leaves over meat of the Paschal offering until the morning of the fifteenth of Nisan, and likewise anyone who fails to partake of sacrificial food within its appointed time, violates a prohibition. He is not flogged for the latter violation because it is a prohibition that entails fulfillment of a positive mitzva. See *Kesef Mishne* and *Mishne LaMelekh*, who discuss why the Rambam does not base his ruling on the fact that it is a prohibition that does not involve an action (Rambam *Sefer Avoda, Hilkhot Pesulei HaMukdashin* 18:9 and *Sefer Korbanot, Hilkhot Korban Pesaḥ* 10:11).

Conspiring witnesses…do not require forewarning – עֵדִים זוֹמְמִין אֵין...צְרִיכִים הַתְרָאָה: Conspiring witnesses are punished even without forewarning (Rambam *Sefer Shofetim, Hilkhot Edut* 18:4; *Tur, Ḥoshen Mishpat* 38).

אֶלָּא, מַה לְּהַצַּד הַשָּׁוֶה שֶׁבָּהֶן שֶׁכֵּן יֵשׁ בָּהֶן צַד חָמוּר! וְרַבִּי יְהוּדָה, צַד חָמוּר לָא פָּרֵיךְ.

Rather, the Gemara proposes an alternative refutation: **What is** notable **about their common denominator?** They are notable **in that** the cases of the defamer and of conspiring witnesses **both contain a stringent aspect;** therefore, other, less stringent prohibitions cannot be derived from them. The stringency in the case of the defamer is that he both is flogged and pays, and the stringency in the case of conspiring witnesses is that they do not require forewarning. The Gemara answers: **And Rabbi Yehuda does not refute** a derivation from a common denominator based on the fact that both cases contain a different **stringent aspect.** He holds that the mere fact that there is a stringency in each does not serve as a common denominator.

וְרַבָּנַן, הַאי "לֹא תַעֲנֶה בְרֵעֲךָ עֵד שָׁקֶר" מַאי דָּרְשִׁי בֵּיהּ?

§ The Gemara resumes its analysis of the dispute between Rabbi Meir and the Rabbis in the case of conspiring witnesses who testify that another is liable to receive lashes. Rabbi Meir holds that they are flogged with eighty lashes, one set of lashes due to violation of the prohibition: "You shall not bear false witness against your neighbor" (Exodus 20:13), and one set of lashes due to the verse: "And you shall do to him as he conspired" (Deuteronomy 19:19). The Rabbis say: They are flogged with only forty lashes, due to the verse "And you shall do to him as he conspired." The Gemara asks: **And** with regard to **the Rabbis,** concerning **this** verse: **"You shall not bear false witness against your neighbor," what do they derive from it,** if one is not flogged for its violation?

הַהוּא מִיבְּעֵי לֵיהּ לְאַזְהָרָה לְעֵדִים זוֹמְמִין. וְרַבִּי מֵאִיר, אַזְהָרָה לְעֵדִים זוֹמְמִין מְנָא לֵיהּ? אֲמַר רַבִּי יִרְמְיָה: נָפְקָא לֵיהּ מִ"וְהַנִּשְׁאָרִים יִשְׁמְעוּ וְיִרָאוּ וְלֹא יֹסִיפוּ עוֹד".

The Gemara answers: **They require that** verse **as a prohibition against conspiring witnesses.** Every punishment enumerated in the Torah, including that of conspiring witnesses, is accompanied by an explicit verse prohibiting the action that results in the punishment. The Gemara asks: **And** with regard to **Rabbi Meir,** who holds that conspiring witnesses are flogged for violating this prohibition, **from where does he** derive **a prohibition for conspiring witnesses? Rabbi Yirmeya said: He derives it from** the verse written in the context of conspiring witnesses: **"And those who remain shall hear and fear, and shall not continue** to perform **any more** evil of this kind in your midst" (Deuteronomy 19:20). The verse warns that conspiring witnesses should not continue with their sinful conduct.

וְרַבָּנַן, הַהוּא מִיבְּעֵי לֵיהּ

The Gemara asks: **And** concerning **the Rabbis,** what do they derive from that verse? The Gemara answers: **That** verse **is necessary** according to the Rabbis

לְהַכְרָזָה. וְרַבִּי מֵאִיר, הַכְרָזָה מִ"יִּשְׁמְעוּ וְיִרָאוּ" נָפְקָא.

for the requirement of **proclamation.**[H] When the witnesses are taken to their execution, there is a mitzva for the court to publicly proclaim the transgression for which they are being punished, in order to deter others from committing the same transgression. **And Rabbi Meir derives** the requirement of **proclamation from** the phrase in that verse: **"Shall hear and fear."** The prohibition is derived from the phrase "and shall not continue to perform any more evil."

HALAKHA

Proclamation – הַכְרָזָה: A court that sentenced conspiring witnesses writes and sends to every city a proclamation that so-and-so and so-and-so testified, were rendered conspiring witnesses, and received such and such punishment, i.e., execution, lashes, or monetary payment (Rambam *Sefer Shofetim*, *Hilkhot Edut* 18:7 and *Hilkhot Mamrim* 3:8).

מתני׳ מְשַׁלְּשִׁין בְּמָמוֹן וְאֵין מְשַׁלְּשִׁין בְּמַכּוֹת. כֵּיצַד? הֵעִידוּהוּ שֶׁהוּא חַיָּיב לַחֲבֵירוֹ מָאתַיִם זוּז וְנִמְצְאוּ זוֹמְמִין – מְשַׁלְּשִׁין בֵּינֵיהֶם. אֲבָל אִם הֵעִידוּהוּ שֶׁהוּא חַיָּיב מַלְקוֹת אַרְבָּעִים וְנִמְצְאוּ זוֹמְמִין – כׇּל אֶחָד וְאֶחָד לוֹקֶה אַרְבָּעִים.

MISHNA When punishing conspiring witnesses based on the verse: "As he conspired to do to his brother" (Deuteronomy 19:19), **one divides** the punishment **of money** among them, **but one does not divide** the punishment **of lashes**[H] among them; each receives thirty-nine lashes. The mishna elaborates: **How so?** If the witnesses **testified about** someone **that he owes another** person **two hundred dinars and they were** then **found** to be **conspiring** witnesses, the witnesses **divide** the sum **among themselves** and pay a total of two hundred dinars. **But if they testified about** someone **that he was liable** to receive **forty lashes and they were** then **found** to be **conspiring** witnesses, **each and every one** of the witnesses **receives forty lashes.**

גמ׳ מְנָא הָנֵי מִילֵּי? אָמַר אַבָּיֵי: נֶאֱמַר ״רָשָׁע״ בְּחַיָּיבֵי מַלְקִיּוֹת, וְנֶאֱמַר ״רָשָׁע״ בְּחַיָּיבֵי מִיתוֹת בֵּית דִּין, מָה לְהַלָּן אֵין מִיתָה לְמֶחֱצָה – אַף כָּאן אֵין מַלְקוֹת לְמֶחֱצָה.

GEMARA The Gemara asks: **From where are these matters,** that the witnesses do not divide the punishment of lashes among themselves, derived? **Abaye said: "Wicked"** (Deuteronomy 25:2), **is stated with regard to those liable** to receive **lashes, and: "Wicked"** (Numbers 35:31), **is stated with regard to those liable** to receive **a court**-imposed **death** penalty. **Just as there,** with regard to those sentenced to be executed, **there is no partial death** penalty, **so too here,** with regard to those liable to receive lashes, **there is no partial** administering of **lashes.**

רָבָא אָמַר: בְּעִינַן ״כַּאֲשֶׁר זָמַם לַעֲשׂוֹת לְאָחִיו״, וְלֵיכָּא. אִי הָכִי, מָמוֹן נָמֵי! מָמוֹן מִצְטָרֵף, מַלְקוֹת לָא מִצְטָרֵף.

Rava said: The reason the punishment of lashes is not divided is that **we require** fulfillment of the verse: **"As he conspired to do to his brother"** (Deuteronomy 19:19), **and** were the conspiring witness to receive fewer than thirty-nine lashes, the verse would **not** be fulfilled. The Gemara asks: **If so,** in the case of **money too,** one should not divide the sum between them, as each sought to cause the defendant loss of the entire sum. The Gemara answers: Sums of **money** paid by the witnesses can **combine,** as the person against whom they testified receives the entire sum that they sought to cause him to lose, but **lashes** administered to the witnesses **cannot combine.**

מתני׳ אֵין הָעֵדִים נַעֲשִׂים זוֹמְמִין עַד שֶׁיָּזִימּוּ אֶת עַצְמָן.

MISHNA **Witnesses are not rendered conspiring** witnesses **until** the witnesses who come to render them conspiring **impeach** the witnesses **themselves**[HN] and not merely their testimony.

כֵּיצַד? אָמְרוּ: ״מְעִידִין אָנוּ בְּאִישׁ פְּלוֹנִי שֶׁהָרַג אֶת הַנֶּפֶשׁ״. אָמְרוּ לָהֶם: ״הֵיאַךְ אַתֶּם מְעִידִין? שֶׁהֲרֵי נֶהֱרָג זֶה, אוֹ הַהוֹרֵג זֶה, הָיָה עִמָּנוּ אוֹתוֹ הַיּוֹם בְּמָקוֹם פְּלוֹנִי״! אֵין אֵלּוּ זוֹמְמִין. אֲבָל אָמְרוּ לָהֶם: ״הֵיאַךְ אַתֶּם מְעִידִין? שֶׁהֲרֵי אַתֶּם הֱיִיתֶם עִמָּנוּ אוֹתוֹ הַיּוֹם בְּמָקוֹם פְּלוֹנִי״ – הֲרֵי אֵלּוּ זוֹמְמִין, וְנֶהֱרָגִין עַל פִּיהֶם.

How so? A set of witnesses **said: We testify with regard to a man** called **so-and-so that he killed a person,** and they attested to the precise time and place that the murder took place. Then, a second set of witnesses came to court and **said to them: How can you testify** about this event? **This** person **who was killed, or this** person **who killed, was with us,** i.e., with the second set of witnesses, on **that day in such and such place,** which is not the location identified by the first set of witnesses. In that case, although the second set of witnesses contradicted the testimony of the first set, **these** first witnesses are **not** rendered **conspiring** witnesses. **But** if the second set of witnesses came to court and **said to them: How can you testify** about that event? **You were with us** on **that day in such and such place.** In this case, **these** first witnesses are rendered **conspiring** witnesses, **and are executed on the basis of their,** i.e., the second set's, testimony.

HALAKHA

One divides the punishment of money but one does not divide the punishment of lashes – מְשַׁלְּשִׁין בְּמָמוֹן וְאֵין מְשַׁלְּשִׁין בְּמַכּוֹת: If witnesses who testified that a person owed money to another were rendered conspiring witnesses, the conspiring witnesses divide equally between them the payment owed to the defendant. If their testimony resulted in their liability to receive lashes, each receives thirty-nine lashes or the number of lashes that he can withstand (Rambam *Sefer Shofetim, Hilkhot Edut* 18:1; *Tur, Ḥoshen Mishpat* 38).

Until the witnesses impeach the witnesses themselves – עַד שֶׁיָּזִימּוּ אֶת עַצְמָן: Witnesses are not rendered conspiring witnesses if their testimony is contradicted by other witnesses, e.g., if the second set testifies that the perpetrator or the victim was with them elsewhere at that time. They are rendered conspiring witnesses only by testimony that addresses the witnesses themselves, e.g., if the second set testifies that the first set was with them elsewhere at the time that they claimed to have witnessed the incident (Rambam *Sefer Shofetim, Hilkhot Edut* 18:2; *Tur, Ḥoshen Mishpat* 38).

NOTES

Until the witnesses impeach the witnesses themselves – עַד שֶׁיָּזִימּוּ אֶת עַצְמָן: In other words, the testimony must address the witnesses and not their testimony (see Rashi and *Tosafot*). This *halakha* is based on the fact that if a second set of witnesses testifies that the incident did not occur in the manner described by the first, this is merely a case of two contradictory testimonies regarding the same event. Although both testimonies are disregarded, the first set of witnesses are not thereby rendered conspiring witnesses. By contrast, if the second set of witnesses testifies, saying to the first set: You were with us, the second set of witnesses is not addressing the event at all, as they are not required to know whether the victim was killed or when the incident transpired. Rather, they are providing unchallenged testimony with regard to the first set of witnesses, who become defendants. If a second set of witnesses testified that the first set of witnesses violated a prohibition, e.g., committed murder, the first set of witnesses would not be deemed credible to claim: We did not kill him. In this case too, when the second set of witnesses testifies that the first set of witnesses could not have witnessed the incident because they were with them elsewhere, the first set of witnesses is not deemed credible to contradict them (Ramban's Commentary on the Torah; *Tur*; see *Penei Yehoshua* and Abravanel's Commentary on the Torah).

בָּאוּ אֲחֵרִים – וְהֱזִימוּם, בָּאוּ אֲחֵרִים – וְהֱזִימוּם, אֲפִילּוּ מֵאָה – כּוּלָּם יֵהָרְגוּ. רַבִּי יְהוּדָה אוֹמֵר: אִיסְטָטִית הִיא זוֹ, וְאֵינוֹ נֶהֱרָג אֶלָּא כַּת הָרִאשׁוֹנָה בִּלְבַד.

If **other** witnesses, i.e., a third set, **came** and corroborated the testimony of the first set of witnesses, and the second set of witnesses testified that this third set of witnesses were also with them elsewhere that day **and rendered them conspiring** witnesses, and similarly, if yet **other** witnesses, i.e., a fourth set, **came** and corroborated the testimony of the first set of witnesses **and** the second set **rendered them conspiring** witnesses,[NH] **even** if **one hundred** sets of witnesses were all rendered conspiring witnesses by the same second set of witnesses, **all of them are executed** on the basis of their testimony, as the authority of two witnesses is equivalent to the authority of numerous witnesses. **Rabbi Yehuda says: This** situation where a set of witnesses renders all the others conspiring witnesses **is a conspiracy** [*istatit*],[L] as there is room for suspicion that they simply decided to impeach all witnesses who offer that testimony, **and** it is **only the first set alone** that is **executed.**

גמ׳ מְנָא הָנֵי מִילֵּי? אֲמַר רַב אַדָּא: דְּאָמַר קְרָא: ״וְהִנֵּה עֵד שֶׁקֶר הָעֵד שֶׁקֶר עָנָה״ – עַד שֶׁתִּשָּׁקֵר גּוּפָהּ שֶׁל עֵדוּת.

GEMARA With regard to the *halakha* that witnesses are rendered conspiring witnesses only if the second set testifies that the first set was with them elsewhere at that time, and not if they directly contradict the testimony of the first set, the Gemara asks: **From where are these matters** derived? **Rav Adda said:** It is derived from a verse, **as the verse states** with regard to conspiring witnesses: **"And the witness is a false witness; he testified falsely** against his brother" (Deuteronomy 19:18), indicating that they are not rendered conspiring witnesses **until the body of the testimony is rendered false,** i.e., the testimony with regard to the actual witnesses was proven wrong, as they were not there at the time of the event in question.

דְּבֵי רַבִּי יִשְׁמָעֵאל תָּנָא: ״לַעֲנוֹת בּוֹ סָרָה״ – עַד שֶׁתִּסָּרֶה גּוּפָהּ שֶׁל עֵדוּת.

The school of Rabbi Yishmael taught a different source for this *halakha*. It is stated in that passage: "If an unrighteous witness rise up against any man **to bear perverted witness against him"** (Deuteronomy 19:16), indicating that the witnesses are not rendered conspiring witnesses **until the body of the testimony is rendered perverted,** but not through contradiction of any aspect of the testimony.

אָמַר רָבָא: בָּאוּ שְׁנַיִם וְאָמְרוּ ״בְּמִזְרַח בִּירָה הָרַג פְּלוֹנִי אֶת הַנֶּפֶשׁ״, וּבָאוּ שְׁנַיִם וְאָמְרוּ ״וַהֲלֹא בְּמַעֲרַב בִּירָה עִמָּנוּ הֱיִיתֶם״ – חָזֵינַן, אִי כִּדְקַיְימִי בְּמַעֲרַב בִּירָה מִיחֲזָא חָזוּ לְמִזְרַח בִּירָה – אֵין אֵלּוּ זוֹמְמִין, וְאִם לָאו – הֲרֵי אֵלּוּ זוֹמְמִין.

§ **Rava says: Two** witnesses **came and said: So-and-so killed a person to the east of a building** [*bira*],[LH] **and two** other witnesses **came** to court **and said** to the first set: **But were you not with us to the west of the building** at that time? How can you testify to an incident that transpired on the other side of the building? **We see: If, when** people **are standing to the west of the building they see to the east of the building, these** witnesses **are not conspiring** witnesses. **But if** it is **not** possible to see from one side of the building to the other, **these** witnesses **are conspiring** witnesses.

פְּשִׁיטָא! מַהוּ דְּתֵימָא: לֵיחוּשׁ לִנְהוֹרָא בָּרִיא, קָמַשְׁמַע לַן.

The Gemara asks: Isn't that **obvious?** The Gemara answers: **Lest you say: Let us be concerned about** the possibility that these witnesses have particularly **good eyesight**[B] and were able to see that far despite a typical person's being unable to see that far. Therefore, Rava **teaches us** that one does not take that possibility into account.

NOTES

If other witnesses came and the second set rendered them conspiring witnesses, etc. – **בָּאוּ אֲחֵרִים וְהֱזִימוּם וכו׳**: Most commentaries (Rashi; Rabbeinu Ḥananel; Rif; Rambam) explain that one set of witnesses came and testified with regard to a certain incident, and a second set came and rendered them conspiring witnesses. A third set of witnesses came and corroborated the testimony of the first set, and the second set came and rendered them conspiring witnesses, claiming that they too were with them elsewhere. The second set proceeds to render all subsequent sets of witnesses, who corroborate the testimony of the first set, conspiring witnesses. By contrast, the Ramban adopts the explanation of the *ge'onim*, which is cited and rejected by the Rif, that the mishna is referring to a series of witnesses, each rendering the previous set conspiring witnesses. The Ramban writes that this explanation is supported by a *baraita* in the *Tosefta* that addresses a case of that kind.

LANGUAGE

Conspiracy [*istatit*] – **אִיסְטָטִית**: There are many variants of this term and many explanations with regard to its precise meaning. Apparently, the primary version of the term is *istatit*, from the Greek στάσις, *stasis*, which has many connotations. In this context it means faction of conspirators, conspiracy, or plot.

Building [*bira*] – **בִּירָה**: A parallel term in Assyrian means fortified city. The word has different connotations in biblical Hebrew and in rabbinic Hebrew. Here the reference is to a large building.

BACKGROUND

Good eyesight – **נְהוֹרָא בָּרִיא**: The distance from which an average person, who is not nearsighted, can discern items is relatively static. As is the case with the other senses, there are exceptional individuals who clearly have greater visual acuity than most. Nevertheless, the Gemara explains, one does not take these exceptional people into account, but rather bases the estimate on the abilities of typical people, especially because it is unlikely that both witnesses happened to have exceptional vision.

HALAKHA

If other witnesses came and the second set rendered them conspiring witnesses – **בָּאוּ אֲחֵרִים וְהֱזִימוּם**: The fact that the testimony of the second set is deemed credible is a Torah decree. Even if the first set consisted of one hundred witnesses, and two witnesses came and testified that all one hundred were with them elsewhere at the time, the testimony of the latter is deemed credible. This is the case even if those one hundred witnesses testify as fifty sets of witnesses, who testify in succession, in accordance with the Rif's interpretation of the mishna.

The Rambam writes that if a set of witnesses testifies that Reuven killed Shimon, and another set of witnesses rendered the first set conspiring witnesses, the first set of witnesses are to be executed and Reuven is spared. If a third set renders the second set conspiring witnesses, the second set and Reuven are to be executed, and the first set is spared. If a fourth set renders the third set conspiring witnesses, the third set and first set are to be executed, and Reuven and the second set are spared. This is the procedure even if one hundred sets come to court and provide alternating testimony, in accordance with the interpretation of the mishna and the *Tosefta* by the *ge'onim* (Rambam *Sefer Shofetim*, *Hilkhot Edut* 18:3, 20:5–6; *Tur*, *Ḥoshen Mishpat* 38).

To the east of a building, etc. – **בְּמִזְרַח בִּירָה וכו׳**: In a case where two witnesses testified that one person killed another east of a building, and other witnesses came and testified that the first set was with them to the west of the building, if there is a vantage point from which the east side can be viewed from the west side, the first set of witnesses are not conspiring witnesses. If there is no vantage point from which that view is possible, they are conspiring witnesses, and one does not speculate that perhaps their vision is superior to that of anyone else (Rambam *Sefer Shofetim*, *Hilkhot Edut* 19:1; *Tur*, *Ḥoshen Mishpat* 38).

וְאָמַר רָבָא: בָּאוּ שְׁנַיִם וְאָמְרוּ: ״בְּסוּרָא בְּצַפְרָא בְּחַד בְּשַׁבְּתָא הָרַג פְּלוֹנִי אֶת הַנֶּפֶשׁ״, וּבָאוּ שְׁנַיִם וְאָמְרוּ ״בְּפַנְיָא בְּחַד בְּשַׁבְּתָא עִמָּנוּ הֱיִיתֶם בִּנְהַרְדְּעָא״ – חָזֵינַן, אִי מִצַּפְרָא לְפַנְיָא מָצֵי אָזֵיל מִסּוּרָא לִנְהַרְדְּעָא – לָא הָווּ זוֹמְמִין, וְאִי לָאו – הָווּ זוֹמְמִין.

And Rava says: If two witnesses **came and said: So-and-so killed a person in Sura in the morning on Sunday,**[H] **and two** other witnesses **came** to court **and said** to the first set: **In the evening on Sunday you were with us in Neharde'a, we see: If** one **is able to travel from Sura to Neharde'a from morning until evening they are not conspiring** witnesses, as conceivably they could have witnessed the murder in Sura and traveled to Neharde'a by evening. **And if** it is **not** possible to travel that distance in that period of time, **they are conspiring** witnesses.

פְּשִׁיטָא! מַהוּ דְּתֵימָא: לֵיחוּשׁ לְגַמְלָא פָּרְחָא, קָא מַשְׁמַע לָן.

The Gemara asks: Isn't that **obvious?** The Gemara answers: **Lest you say: Let us be concerned about** the possibility that these witnesses traveled on **a flying camel,**[B] i.e., one that runs so quickly that it enabled them to traverse the distance faster than the typical person. Therefore, Rava **teaches us** that one need not take that possibility into account.

וְאָמַר רָבָא: בָּאוּ שְׁנַיִם וְאָמְרוּ ״בְּחַד בְּשַׁבְּתָא הָרַג פְּלוֹנִי אֶת הַנֶּפֶשׁ״, וּבָאוּ שְׁנַיִם וְאָמְרוּ ״עִמָּנוּ הֱיִיתֶם בְּחַד בְּשַׁבְּתָא, אֶלָּא בִּתְרֵי בְּשַׁבְּתָא הָרַג פְּלוֹנִי אֶת הַנֶּפֶשׁ״. וְלֹא עוֹד אֶלָּא אֲפִילּוּ אָמְרוּ ״עֶרֶב שַׁבָּת הָרַג פְּלוֹנִי אֶת הַנֶּפֶשׁ״ – נֶהֱרָגִין, דִּבְעִידָּנָא דְּקָא מְסַהֲדִי גַּבְרָא לָאו בַּר קְטָלָא הוּא.

And Rava says: If **two** witnesses **came and said: On Sunday so-and-so killed a person, and two** other witnesses **came and said: You were with us on Sunday, but on Monday** that same **so-and-so killed** that same **person. Moreover, even** if the second set of witnesses **said:** On **Shabbat eve so-and-so killed** that same **person,** the first set of witnesses **is executed,** despite the fact that the person against whom they testified was liable to be executed without their testimony. The reason they are liable is **that at the time that they testified,** conspiring to have him executed by the court, **the man** was **not** yet **liable** for **execution** by the court.

מַאי קָא מַשְׁמַע לָן? תָּנֵינָא: לְפִיכָךְ, נִמְצֵאת אַחַת מֵהֶן זוֹמֶמֶת – הוּא וְהֵן נֶהֱרָגִין, וְהַשְּׁנִיָּה פְּטוּרָה!

The Gemara asks: **What is** Rava **teaching us? We learn** in a mishna (6b) with regard to two sets of witnesses who testified that one person killed another: **Therefore,** if **one of** the sets of witnesses **was found** to be a set of **conspiring** witnesses, **he,** the accused, **and they,** the conspiring witnesses, **are executed** by the court, **and the second** set of witnesses **is exempt.** The accused is executed because the testimony of the witnesses who were not rendered conspiring witnesses remains unchallenged. The first set of witnesses is executed because they were rendered conspiring witnesses. Clearly, conspiring witnesses may be executed even though they testified against a guilty person who was sentenced to death, provided that their testimony was delivered before he was sentenced.

סֵיפָא, מַה שֶּׁאֵין כֵּן בִּגְמַר דִּין, אִיצְטְרִיכָא לֵיהּ: בָּאוּ שְׁנַיִם וְאָמְרוּ ״בְּחַד בְּשַׁבְּתָא נִגְמַר דִּינוֹ שֶׁל פְּלוֹנִי״, וּבָאוּ שְׁנַיִם וְאָמְרוּ ״בְּחַד בְּשַׁבְּתָא עִמָּנוּ הֱיִיתֶם, אֶלָּא בְּעֶרֶב שַׁבָּת נִגְמַר דִּינוֹ שֶׁל פְּלוֹנִי״. וְלֹא עוֹד אֶלָּא, אֲפִילּוּ אָמְרוּ: ״בִּתְרֵי בְּשַׁבְּתָא נִגְמַר דִּינוֹ שֶׁל פְּלוֹנִי״ – אֵין אֵלּוּ נֶהֱרָגִין, דִּבְעִידָּנָא דְּקָא מְסַהֲדִי גַּבְרָא בַּר קְטָלָא הוּא.

The Gemara answers: It was **the latter clause** of this *halakha*, teaching **that it is not so with regard to** the **verdict,** that contains a novel element, and therefore it **was necessary for** Rava to teach it, and in the context of teaching the latter *halakha* he taught the first case as well. The latter clause is: If **two** witnesses **came** on Tuesday **and said: On Sunday so-and-so was sentenced**[H] to death in a certain court, **and two** other witnesses **came and said: On Sunday you were with us** elsewhere and you could not have witnessed the verdict in that court, **but on Shabbat eve** the same **so-and-so was sentenced** to death, the first set of witnesses are not executed. **Moreover, even** if the second set of witnesses **said: On Monday** the same **so-and-so was sentenced** to death, the first set of witnesses **are not executed, as at the time that they testified** against him, on Tuesday, **the man was** already **liable to be executed,** and it is as though they conspired to kill a dead man.

וְכֵן לְעִנְיַן תַּשְׁלוּמֵי קְנָס,

The Gemara adds: **And likewise,** the same *halakha* that applies with regard to witnesses who testify about one who is sentenced to death applies **to the matter of payments of a fine.**[N]

HALAKHA

So-and-so killed a person in Sura in the morning on Sunday – בְּסוּרָא בְּצַפְרָא בְּחַד בְּשַׁבְּתָא הָרַג פְּלוֹנִי אֶת הַנֶּפֶשׁ: If two witnesses testified that one person killed another in Jerusalem, and a second set testifies that the first set was with them in Lod that evening, one observes whether it is at all possible to reach Lod from Jerusalem within that period of time, even if it is possible only on horseback. If it is possible, the first set of witnesses are not conspiring witnesses; if not, they are conspiring witnesses, and one does not speculate that perhaps they rode a uniquely fast horse. If two witnesses said that one person killed another in a certain place on Sunday, and two others testified that the first set was with them elsewhere on that day, but that person killed the other on the following day, or even if they testify that he killed the other person several days earlier, both the killer and the first set of witnesses are executed. Since the killer had not yet been sentenced at the time of the testimony of the first set of witnesses, even though he had already committed the murder, they are conspiring witnesses (Rambam *Sefer Shofetim*, *Hilkhot Edut* 19:1–2; *Tur*, *Ḥoshen Mishpat* 38).

On Sunday so-and-so was sentenced, etc. – בְּחַד בְּשַׁבְּתָא נִגְמַר דִּינוֹ שֶׁל פְּלוֹנִי וכו׳: If two witnesses testified on Tuesday that a person was sentenced to death in another court on Sunday, and two others testified that the first set was with them elsewhere on Sunday, but that person was sentenced on Shabbat eve or Monday, the first set is not executed, as when they testified that they witnessed his sentencing he had already been sentenced to death (Rambam *Sefer Shofetim*, *Hilkhot Edut* 19:2).

BACKGROUND

Flying camel – גַּמְלָא פָּרְחָא: There are several breeds of camel, used for different purposes. Most camels are employed as beasts of burden, and they walk slowly. Racing camels are capable of running fast, like a galloping horse, for an extended period. Apparently, the term flying camel refers to a camel of this sort.

Racing camels

NOTES

And likewise with regard to the matter of payments of a fine – וְכֵן לְעִנְיַן תַּשְׁלוּמֵי קְנָס: The reason is that even if the incident occurred as they said, the accused can exempt himself from payment of the fine if he admits his liability. That is not the case with regard to testimony that one owes another person money, because once other witnesses come and establish that he is liable to pay, there is no difference whether it transpired on one day or another. Nor can one say, as he can in cases of capital law, that ultimately the accused might not be executed, as the witnesses in cases of monetary law are not cross-examined as thoroughly as they are in cases of capital law (Ritva).

HALAKHA

On Sunday he stole and slaughtered or sold, etc. – **בְּחַד בְּשַׁבְּתָא גָּנַב וְטָבַח וּמָכַר וכו׳**: If two witnesses testified on Tuesday that on Sunday a person stole an animal and then either slaughtered it or sold it and was sentenced, and two others testified that the first set was with them elsewhere on Sunday, but he was sentenced on Shabbat eve, or even if they said that he stole the animal and then slaughtered or sold it on Sunday and was sentenced on Monday, the first set is not liable to pay the fine, as the thief was already liable to pay the fine when they testified that they witnessed his sentencing. The same applies to all similar cases (Rambam *Sefer Shofetim*, *Hilkhot Edut* 19:2).

בָּאוּ שְׁנַיִם וְאָמְרוּ ״בְּחַד בְּשַׁבְּתָא גָּנַב וְטָבַח וּמָכַר״, וּבָאוּ שְׁנַיִם וְאָמְרוּ ״בְּחַד בְּשַׁבְּתָא עִמָּנוּ הֱיִיתֶם, אֶלָּא בִּתְרֵי בְּשַׁבְּתָא גָּנַב וְטָבַח וּמָכַר״ – מְשַׁלְּמִין. וְלֹא עוֹד אֶלָּא, אֲפִילּוּ אָמְרוּ ״בְּעֶרֶב שַׁבָּת גָּנַב וְטָבַח וּמָכַר״ – מְשַׁלְּמִין, דִּבְעִידָּנָא דְּקָא מְסַהֲדִי גַּבְרָא לָאו בַּר תַּשְׁלוּמִין הוּא.

The Gemara explains: If **two** witnesses **came and said: On Sunday** this person **stole and** then **slaughtered or sold** an ox or a lamb, thereby rendering him liable to pay a fine of four or five times the value of the stolen animal (see Exodus 21:37), **and** then **two** other witnesses **came and said** to the first set of witnesses: **On Sunday you were with us** elsewhere, **but on Monday** this same person **stole and** then **slaughtered or sold** an ox or a lamb, the first set of witnesses **pay** the accused four or five times the value of the stolen animal. This is because at the time that according to their testimony he stole the animals, he had not yet stolen. **Moreover, even** if the second set of witnesses **said:** It was earlier, **on Shabbat eve,** that he **stole and** then **slaughtered or sold** the animals, the first set of witnesses **pay** the accused the amount of the fine he would have had to pay, **as at the time that they testified the** accused **man** had **not** yet been found **liable for payment** by the court, and he could have admitted his guilt and exempted himself from paying the fine. They conspired to render him liable.

בָּאוּ שְׁנַיִם וְאָמְרוּ: ״בְּחַד בְּשַׁבְּתָא גָּנַב וְטָבַח וּמָכַר וְנִגְמַר דִּינוֹ״, וּבָאוּ שְׁנַיִם וְאָמְרוּ ״בְּחַד בְּשַׁבְּתָא עִמָּנוּ הֱיִיתֶם, אֶלָּא עֶרֶב שַׁבָּת גָּנַב וְטָבַח וּמָכַר וְנִגְמַר דִּינוֹ״. וְלֹא עוֹד אֶלָּא, אֲפִילּוּ אָמְרוּ ״בְּחַד בְּשַׁבְּתָא גָּנַב וְטָבַח וּמָכַר, וּבִתְרֵי בְּשַׁבְּתָא נִגְמַר דִּינוֹ״ – אֵין מְשַׁלְּמִין, דִּבְעִידָּנָא דְּקָא מְסַהֲדִי גַּבְרָא בַּר תַּשְׁלוּמִין הוּא.

But if **two** witnesses **came** on Tuesday **and said: On Sunday** this person **stole and** then **slaughtered or sold**[H] an ox or a lamb **and was sentenced** to pay a fine of four or five times the value of the stolen animal, **and two** other witnesses **came and said: On Sunday you were with us, but** that person **stole and** then **slaughtered or sold** an ox or a lamb, **and was sentenced on Shabbat eve,** the first set of witnesses are exempt from payment. **Moreover, even** if the second set of witnesses **said: On Sunday he stole and** then **slaughtered or sold** an ox or a lamb, corroborating the testimony of the first set, **and on Monday he was sentenced** to pay the fine, the first set of witnesses **do not pay** the accused. This is **because at the time that they testified** against him, on Tuesday, **the man** had already been found **liable for payment** by the court, and therefore they are not conspiring witnesses.

״רַבִּי יְהוּדָה אוֹמֵר אִיסְטָטִית הִיא זוֹ״ כו׳.

§ The mishna teaches that **Rabbi Yehuda says** that if a single set of witnesses rendered numerous sets of witnesses, all of whom testified that one person killed another, conspiring witnesses, **this** situation **is a conspiracy,** and only the first set of conspiring witnesses is executed.

Perek **I**
Daf **5** Amud **b**

אִי אִיסְטָטִית הִיא זוֹ – אֲפִילּוּ כַּת רִאשׁוֹנָה נַמִּי לָא! אֲמַר רַבִּי אַבָּהוּ: שֶׁקָּדְמוּ וַהֲרָגוּ.

The Gemara asks: **If** Rabbi Yehuda states that **this** situation **is a conspiracy,** and there is suspicion that the second set is not truthful, let **even** the **first set** of witnesses who were rendered conspiring witnesses based on their testimony **also not** be executed. **Rabbi Abbahu said:** The mishna is referring to a case **where** the judges **already executed** the first set of witnesses. Rabbi Yehuda is saying that no witnesses are executed other than the first set of witnesses, who were already executed.

מַאי דַּהֲוָה הֲוָה! אֶלָּא אֲמַר רָבָא, הָכִי קָאָמַר: אִם אֵינָהּ אֶלָּא כַּת אַחַת – נֶהֱרֶגֶת, אִי אִיכָּא טְפֵי – אֵין נֶהֱרָגִין. הָא ״בִּלְבַד״ קָאָמַר! קַשְׁיָא.

The Gemara challenges: If so, **what was,** already **was;** there is no point in stating it as a *halakha*. **Rather, Rava said this** is what Rabbi Yehuda **is saying: If it is only one set** of witnesses that is rendered conspiring witnesses by the second set, the witnesses **are executed; if there is more** than one set **they are not executed** at all. The Gemara asks: **But doesn't** Rabbi Yehuda **say:** It is only the first set **alone** that is executed? This indicates that contrary to Rava's explanation, it is a case involving more than one set of witnesses. The Gemara notes: Indeed, this matter is **difficult.**

הַהִיא אִיתְּתָא דְּאַתְאִי סָהֲדֵי – וְאִישְׁתַּקוּר, אַיְיתִי סָהֲדֵי – וְאִישְׁתַּקוּר, אָזְלָה אַיְיתִי סָהֲדֵי אַחֲרִינֵי דְּלָא אִישְׁתַּקוּר. אָמַר רֵישׁ לָקִישׁ: הוּחְזְקָה זוֹ. אָמַר לֵיהּ רַבִּי אֶלְעָזָר: אִם הִיא הוּחְזְקָה, כׇּל יִשְׂרָאֵל מִי הוּחְזְקוּ?!

Apropos the dispute in the mishna, the Gemara relates: There was a **certain woman who brought witnesses** to testify on her behalf, **and they were** proven to be **liars. She brought** other **witnesses, and they** too **were** proven to be **liars. She went** and **brought** yet **other witnesses, who were not** proven to be **liars.** There is an amoraic dispute whether the testimony of the third set of witnesses is accepted. **Reish Lakish said: This** woman **has assumed the presumptive status** of dishonesty because of her repeated reliance on false witnesses; therefore, the testimony of the third set is rejected. **Rabbi Elazar said to him: If she has assumed the presumptive status**[H] of dishonesty, **has the entire Jewish people assumed** that **presumptive status?** Why assume that these witnesses are dishonest?

זִימְנִין הֲווֹ יָתְבִי קַמֵּיהּ דְּרַבִּי יוֹחָנָן, אֲתָא כִּי הַאי מַעֲשֶׂה לְקַמַּיְיהוּ. אָמַר רֵישׁ לָקִישׁ: הוּחְזְקָה זוֹ. אָמַר לֵיהּ רַבִּי יוֹחָנָן: אִם הוּחְזְקָה זוֹ, כׇּל יִשְׂרָאֵל מִי הוּחְזְקוּ?! הֲדַר חַזְיֵיהּ לְרַבִּי אֶלְעָזָר בִּישׁוּת, אֲמַר לֵיהּ: שְׁמַעְתְּ מִילֵּי מִבַּר נַפָּחָא וְלָא אֲמַרְתְּ לִי מִשְּׁמֵיהּ?!

The Gemara relates: On another **occasion,** Reish Lakish and Rabbi Elazar **were sitting before Rabbi Yoḥanan** and **an incident similar to this** one **came before them** for judgment. **Reish Lakish said: This** woman **has assumed the presumptive status** of dishonesty. **Rabbi Yoḥanan said to him: If she has assumed the presumptive status** of dishonesty, **has the entire Jewish people assumed** that **presumptive status?** When Reish Lakish heard Rabbi Yoḥanan respond in a manner identical to the earlier response of Rabbi Elazar, **he turned** his head and **glared angrily at Rabbi Elazar,** and **he said to him: You heard** this **matter from bar Nappaḥa,**[L] i.e., Rabbi Yoḥanan, **and you did not say** it **to me in his name?** Had I known that you were stating Rabbi Yoḥanan's opinion I would have accepted it.

לֵימָא רֵישׁ לָקִישׁ דַּאֲמַר כְּרַבִּי יְהוּדָה, וְרַבִּי יוֹחָנָן דַּאֲמַר כְּרַבָּנַן?

The Gemara suggests: **Let us say** that **Reish Lakish stated** his opinion that this woman has assumed the presumptive status of dishonesty **in accordance with** the opinion of **Rabbi Yehuda,** who invalidates the testimony of witnesses based on suspicion that arises due to the circumstances even though there is no proof that they lied. **And Rabbi Yoḥanan stated** his opinion **in accordance with** the opinion of **the Rabbis,** who do not invalidate testimony based on unsubstantiated suspicion.

אָמַר לָךְ רֵישׁ לָקִישׁ: אֲנָא דַּאֲמַרִי לָךְ אֲפִילּוּ לְרַבָּנַן; עַד כָּאן לָא קָא אָמְרִי רַבָּנַן הָתָם דְּלֵיכָּא דְּקָא מְהַדַּר, אֲבָל הָכָא – אִיכָּא הָא דְּקָא מְהַדְּרָא.

The Gemara rejects this suggestion: **Reish Lakish** could **say to you: I state** my opinion **even in accordance with** the opinion of **the Rabbis,** as **the Rabbis say** that one relies on witnesses who render multiple sets of witnesses conspiring witnesses **only there,** in the mishna, in a case **where there is no one who is seeking** to hire witnesses to testify on his behalf, and one could assert that their testimony is true. **But here, there is this** woman **who is seeking** to hire witnesses to testify on her behalf, which arouses suspicion that she hired them to lie on her behalf.

וְרַבִּי יוֹחָנָן אָמַר לָךְ: אֲנָא דַּאֲמַרִי אֲפִילּוּ לְרַבִּי יְהוּדָה; עַד כָּאן לָא קָאָמַר רַבִּי יְהוּדָה הָתָם – דְּאָמְרִינַן: אַטּוּ כּוּלֵּי עָלְמָא גַּבֵּי הָנֵי הֲווֹ קַיְימִי? אֲבָל הָכָא – הָנֵי יָדְעִי בְּסַהֲדוּתָא, וְהָנֵי לָא יָדְעִי בְּסַהֲדוּתָא.

And Rabbi Yoḥanan could **say to you: I state** my opinion **even in accordance with** the opinion of **Rabbi Yehuda,** as **Rabbi Yehuda says** that the testimony of the second set is invalid based on unsubstantiated suspicion **only there,** in the mishna, where circumstances exacerbate the suspicion that they are lying, **as we say: Is that to say** that **everyone,** the numerous sets of witnesses, **was standing near these** witnesses who testify in order to render them conspiring witnesses? **But here,** perhaps **these** witnesses who came last and were not proven to be liars **know** the content **of the testimony, and these** witnesses who were proven to be liars **do not know** the content **of the testimony.** The fact that the testimony of the first sets of witnesses was rendered void has no bearing on the status of other witnesses.

מתני׳ אֵין הָעֵדִים זוֹמְמִין נֶהֱרָגִין עַד שֶׁיִּגָּמֵר הַדִּין, שֶׁהֲרֵי הַצְּדוֹקִין אוֹמְרִים: עַד שֶׁיֵּהָרֵג, שֶׁנֶּאֱמַר ״נֶפֶשׁ תַּחַת נָפֶשׁ״.

MISHNA The conspiring witnesses are executed only if they are rendered conspiring witnesses after **the verdict** of the accused **is concluded.**[H] This is in contrast to the opinion of the Sadducees, **as the Sadducees say:** Conspiring witnesses are executed **only** if they are rendered conspiring witnesses after the accused **is killed** on the basis of their testimony, **as it is stated: "A life for a life"** (Exodus 21:23; see Deuteronomy 19:21).

HALAKHA

If she has assumed the presumptive status, etc. – אִם הִיא הוּחְזְקָה וכו׳: If an individual brought witnesses and their testimony was contradicted, and he then brought other witnesses whose testimony was also contradicted, and he continued to bring witnesses whose testimony was contradicted, until he finally brought witnesses whose testimony is not contradicted, their testimony is accepted, and one does not say it is evident that all the witnesses he solicits are false witnesses. Even if he has assumed the presumptive status of dishonesty, that does not mean that the entire Jewish people has assumed that presumptive status, as stated by Rabbi Yoḥanan and Rabbi Elazar (Rambam *Sefer Shofetim, Hilkhot Edut* 22:5; *Shulḥan Arukh, Ḥoshen Mishpat* 31:4).

Only after the verdict is concluded – עַד שֶׁיִּגָּמֵר הַדִּין: Conspiring witnesses are executed only if the court delivers a verdict based on their testimony (Rambam *Sefer Shofetim, Hilkhot Edut* 20:1; *Tur, Ḥoshen Mishpat* 38).

LANGUAGE

Bar Nappaḥa – בַּר נַפָּחָא: In several places in the Babylonian Talmud, and more frequently in the Jerusalem Talmud, Rabbi Yoḥanan is called bar Nappaḥa. Little is known about Rabbi Yoḥanan's family, as he was orphaned at a young age. Nevertheless, some attribute the appellation, which means son of a blacksmith, to his father's occupation. Others (see Rashi on *Sanhedrin* 96a) explain that he was given this name due to his renowned beauty. To avoid endangering his beauty by mentioning it, they chose an appellation that represents the opposite of beauty, since blacksmiths are perpetually covered in soot. Alternatively, it alludes to his craftsmanship in Torah (*Avoda Zara* 50b).

אָמְרוּ לָהֶם חֲכָמִים: וַהֲלֹא כְּבָר נֶאֱמַר "וַעֲשִׂיתֶם לוֹ כַּאֲשֶׁר זָמַם לַעֲשׂוֹת לְאָחִיו" – וַהֲרֵי אָחִיו קַיָּים. וְאִם כֵּן לָמָּה נֶאֱמַר "נֶפֶשׁ תַּחַת נָפֶשׁ"? יָכוֹל מִשָּׁעָה שֶׁקִּבְּלוּ עֵדוּתָן יֵהָרְגוּ – תַּלְמוּד לוֹמַר: "נֶפֶשׁ תַּחַת נָפֶשׁ", הָא אֵינָם נֶהֱרָגִין עַד שֶׁיִּגָּמֵר הַדִּין.

The Rabbis said to the Sadducees: **But wasn't it already stated: "And you shall do to him as he conspired to do to his brother"** (Deuteronomy 19:19), **and** this latter verse indicates that **his** accused **brother is alive?**[N] **And if so, why is it stated: "A life for a life"?** One **might** have thought that if they are rendered conspiring witnesses **from the moment** the judges **accepted their testimony** in court, **they will be executed,** even though no verdict was concluded. Therefore, **the verse states: "A life for a life,"** teaching that **they are executed only** if they are rendered conspiring witnesses after **the verdict** of the accused **will be concluded,** from the moment that the court is on the verge of taking his life.

גמ׳ תָּנָא, בְּרִיבִּי אוֹמֵר: לֹא הָרְגוּ – נֶהֱרָגִין, הָרְגוּ – אֵין נֶהֱרָגִין. אָמַר אָבִיו: בְּנִי, לָאו קַל וָחוֹמֶר הוּא?

GEMARA It is **taught** with regard to the *halakha* in the mishna that a Sage referred to as **the Distinguished** [*Beribbi*][L] **says:** If the conspiring witnesses have **not** yet **killed** the accused with their testimony **they are executed,** but if **they killed** the accused with their testimony **they are not executed.**[NH] **The father of** that Sage, who was also a prominent Sage, **said** to him: **My son,** is this matter **not** derived through **an *a fortiori*** inference? If, when they were unsuccessful in their attempt to kill the accused they are executed, all the more so if they were successful in killing him should they be executed.

אָמַר לוֹ: לִימַּדְתָּנוּ רַבֵּינוּ שֶׁאֵין עוֹנְשִׁין מִן הַדִּין. דְּתַנְיָא: "אִישׁ אֲשֶׁר יִקַּח [אֶת] אֲחֹתוֹ בַּת אָבִיו אוֹ בַת אִמּוֹ", אֵין לִי אֶלָּא בַּת אָבִיו שֶׁלֹּא בַּת אִמּוֹ, וּבַת אִמּוֹ שֶׁלֹּא בַּת אָבִיו, בַּת אִמּוֹ וּבַת אָבִיו מִנַּיִן? תַּלְמוּד לוֹמַר "עֶרְוַת אֲחֹתוֹ גִּלָּה".

He said to his father: **You have taught us, our teacher, that one does not administer punishment** based **on** an ***a fortiori* inference.**[B] The punishment must be stated in the Torah. **As it is taught** in a *baraita* that among the relatives with whom engaging in intercourse is forbidden it states: **"A man who takes his sister, the daughter of his father or the daughter of his mother"** (Leviticus 20:17): **I have** derived **only the daughter of his father who is not the daughter of his mother, or the daughter of his mother who is not the daughter of his father. From where** is it derived that one is liable for engaging in intercourse with his sister who is both **the daughter of his mother and the daughter of his father?** It is derived from a verse, as **the verse states: "He has uncovered the nakedness of his sister"** (Leviticus 20:17), indicating that one is liable for engaging in intercourse with any sister.

עַד שֶׁלֹּא יֹאמַר, יֵשׁ לִי בַּדִּין: אִם עָנַשׁ עַל בַּת אָבִיו שֶׁלֹּא בַּת אִמּוֹ, וּבַת אִמּוֹ שֶׁלֹּא בַּת אָבִיו – בַּת אָבִיו וּבַת אִמּוֹ לֹא כׇּל שֶׁכֵּן? הָא לָמַדְתָּ שֶׁאֵין עוֹנְשִׁין מִן הַדִּין.

The *baraita* continues: Even **if** the verse **had not stated** that one is liable for engaging in intercourse with his sister, i.e., one's sister with whom he has both parents in common, **I have** proof **from** an *a fortiori* **inference: If** the Torah **punished** an individual for engaging in intercourse **with the daughter of his father who is not the daughter of his mother, or** for engaging in intercourse with **the daughter of his mother who is not the daughter of his father,** is it **not all the more so** clear that he should be punished for engaging in intercourse with his sister who is both **the daughter of his father and the daughter of his mother?** From the fact that the Torah explicitly prohibited intercourse in that case and did not rely on the inference, **you learn that one does not administer punishment** based **on** an *a fortiori* **inference.**

NOTES

And his brother is alive – וַהֲרֵי אָחִיו קַיָּים: Some understand that the term in the verse "to his brother" indicates that the reference is to a living person, and this appears to be Rashi's understanding. By contrast, the Ritva explains that the term brother would be appropriate even if the accused had been executed, as all Jews, living or dead, are considered brothers. Instead, proof is from the phrase "as he conspired," from which it is inferred: But not as he succeeded in doing.

If they killed with their testimony they are not executed – הָרְגוּ אֵין נֶהֱרָגִין: The Rambam indicates this *halakha* applies only in cases where their testimony leads to execution of the accused. But if their testimony led to the accused paying or receiving lashes they are still liable for punishment, although others disagree with regard to lashes.

Several explanations were suggested for this *halakha*. The Rambam writes that it is learned through tradition. Others infer it from the language of the phrase in the verse "as he conspired to do to his brother," from which it is derived that his brother is alive (see Meiri and Radbaz).

The Meiri presents an explanation, citing the *ge'onim*: Since they sinned in an intentional and premeditated manner and not in an angry outburst, and they are guilty of both false testimony and murder, their punishment is too great for atonement by an earthly court and only a heavenly court can appropriately punish them; see a similar explanation in the *Kesef Mishne*. The Meiri himself says that since the court has already taken action and executed the accused, one does undermine its action. Retrying the case would undermine the authority of the court in all areas.

The Ramban's Commentary on the Torah says that based on the verse: "God is present in the assembly of the Lord" (Psalms 82:1), it is evident that the court receives heavenly guidance to reach a just verdict. If the court already implemented its verdict, presumably the accused deserved his fate (see the second explanation in the *Kesef Mishne* and see *Be'er HaGola*, chapter 2).

LANGUAGE

Distinguished [*Beribbi*] – בְּרִיבִּי: This appellation, *beribbi* or *berabbi*, is a contraction for ben Rabbi, meaning son of Rabbi. Already during the tannaitic era this term was used as an honorific for a distinguished Torah scholar who was significant in his generation. According to this understanding of the term, it can be explained to mean: Son of the prominent, or son of Sages. This appellation was employed whether the father of the Sage in question was actually prominent, e.g., Rabbi Oshaya *Beribbi*, who was the son of Rabbi Ḥama bar Rabbi Bisa, or whether his father was not prominent. Occasionally, a Sage is called simply *Berabbi*, an honorific without a name.

With few exceptions, when the term *berabbi* appears after the name of one Sage and is followed by the name of another Sage, the term means son of the latter Sage. When it appears after the name of a Sage but is not followed by the name of another Sage it is a reference to the prominence of that Sage.

HALAKHA

If they killed with their testimony they are not executed – הָרְגוּ אֵין נֶהֱרָגִין: If the accused was executed by the court, and the witnesses were then rendered conspiring witnesses, they are not executed. If the accused was flogged based on their testimony, they are flogged, and if the accused made a monetary payment based on their testimony they must reimburse him. Some commentaries disagree and hold that if the accused was flogged the conspiring witnesses are not flogged (Rambam *Sefer Shofetim*, *Hilkhot Edut* 20:2, and Ra'avad and *Kesef Mishne* there).

BACKGROUND

One does not administer punishment based on an *a fortiori* inference – אֵין עוֹנְשִׁין מִן הַדִּין: Even though an *a fortiori* inference is one of the hermeneutic principles through which the Torah is interpreted, and it is a logical inference, one does not rely on those inferences to administer corporal punishment. Some commentaries explain that the rationale for this principle, assuming that it is not merely a Torah edict and it has a rationale, is that there is always the possibility that the *a fortiori* inference will be refuted (*Halikhot Olam*). Alternatively, due to the principle governing *a fortiori* inferences: It is sufficient for the conclusion that emerges from an *a fortiori* inference to be like its source, because the source is more lenient than the result, the sinner who violated a severe prohibition would receive a less severe punishment. Since the punishments effect atonement for the sinner, if a severe offender receives a less severe punishment he will not have gained atonement for his sin (Maharsha).

עוֹנֶשׁ שָׁמַעְנוּ, אַזְהָרָה מִנַּיִן? תַּלְמוּד לוֹמַר ״עֶרְוַת אֲחוֹתְךָ בַת אָבִיךָ אוֹ בַת אִמֶּךָ״. אֵין לִי אֶלָּא בַּת אָבִיו שֶׁלֹּא בַּת אִמּוֹ, וּבַת אִמּוֹ שֶׁלֹּא בַּת אָבִיו. בַּת אָבִיו וּבַת אִמּוֹ מִנַּיִן? תַּלְמוּד לוֹמַר ״עֶרְוַת בַּת אֵשֶׁת אָבִיךָ מוֹלֶדֶת אָבִיךָ אֲחוֹתְךָ הִוא״.

The *baraita* continues: **We heard** from that verse (Leviticus 20:17) the **punishment** for engaging in intercourse with one's sister with whom he has both parents in common. **From where** is the **prohibition** against engaging in those acts of intercourse derived? It is derived from a verse, as **the verse states: "The nakedness of your sister, the daughter of your father or the daughter of your mother…** you shall not uncover" (Leviticus 18:9). **I have** derived the prohibition against engaging in intercourse **only** with **the daughter of his father who is not the daughter of his mother,** or with **the daughter of his mother who is not the daughter of his father. From where** do I derive a prohibition against engaging in intercourse with his sister who is both **the daughter of his father and the daughter of his mother?** It is derived from a verse, as **the verse states: "The nakedness of the daughter of your father's wife, born of your father; she is your sister"** (Leviticus 18:11), indicating that engaging in intercourse with any sister is prohibited.

עַד שֶׁלֹּא יֹאמַר, יֵשׁ לִי מִן הַדִּין: מָה אִם הוּזְהַר עַל בַּת אִמּוֹ שֶׁלֹּא בַּת אָבִיו, וּבַת אָבִיו שֶׁלֹּא בַּת אִמּוֹ – בַּת אָבִיו וּבַת אִמּוֹ לֹא כׇּל שֶׁכֵּן? הָא לָמַדְתָּ שֶׁאֵין מַזְהִירִין מִן הַדִּין.

The *baraita* continues: Even **if** the verse **had not stated** that engaging in intercourse with one's sister with whom he has both parents in common is forbidden, **I have** proof for this **from** an *a fortiori* **inference: If one was prohibited** from engaging in intercourse **with the daughter of his mother who is not the daughter of his father,** and with **the daughter of his father who is not the daughter of his mother,** is it **not all the more so** clear that he is prohibited from engaging in intercourse with his sister who is both **the daughter of his father and the daughter of his mother? You learn** from this **that one does not** derive **a prohibition** based **on** an *a fortiori* **inference.**

חַיָּיבֵי מַלְקִיּוֹת מִנַּיִן? תַּלְמוּד לוֹמַר ״רָשָׁע״ ״רָשָׁע״.

The *baraita* continues: **From where** is it derived that one does not administer punishment to **those liable** to receive **lashes**[N] based on an *a fortiori* inference, and that the principle is not limited to capital punishment? **The verse states** a verbal analogy between the term "wicked" written with regard to those liable to be executed and the term "wicked" written with regard to those liable to receive lashes. With regard to those liable to be executed, it is written: "Who is **wicked** and deserves to die" (Numbers 35:3). With regard to those liable to receive lashes, it is written: "And it shall be if the **wicked** is deserving of lashes" (Deuteronomy 25:2).

חַיָּיבֵי גָלֻיּוֹת מִנַּיִן? אָתְיָא ״רֹצֵחַ״ ״רֹצֵחַ״.

From where is it derived that one does not administer punishment to **those liable to be exiled** based on an *a fortiori* inference? It is **derived** by means of a verbal analogy between the term **"murderer"** written with regard to those who kill intentionally (see Numbers 35:21) and the term **"murderer"** written with regard to those who kill unwittingly (see Numbers 35:11). The conclusion is that one does not administer any punishment based on an *a fortiori* inference.

NOTES

From where is it derived that one does not administer punishment to those liable to receive lashes – חַיָּיבֵי מַלְקִיּוֹת מִנַּיִן: Rashi and *Tosafot* understand this question not as a continuation of the previous discussion but as a question concerning the matter discussed in the mishna, i.e., that conspiring witnesses who sought to have the accused executed are themselves executed only if the court reached a verdict sentencing the accused to death. From where, then, is it derived with regard to conspiring witnesses who sought to have the accused receive lashes that they receive lashes only if the court reached a verdict that the accused is liable to receive lashes? *Tosafot* add an explanation concerning the source that the same is true with regard to conspiring witnesses who sought to render another liable in a monetary payment.

Rabbeinu Ḥananel claims that these questions constitute a continuation of the previous matter, an attempt to prove that one does not administer punishment based on a derivation from an *a fortiori* inference, neither with regard to the death penalty, nor with regard to lashes, nor with regard to exile. This explains why the Gemara did not ask the same question concerning monetary liability, as one administers financial punishment based on a derivation from an *a fortiori* inference.

תַּנְיָא, אָמַר רַבִּי יְהוּדָה בֶּן טַבַּאי: אֶרְאֶה בְּנֶחָמָה אִם לֹא הָרַגְתִּי עֵד זוֹמֵם, לְהוֹצִיא מִלִּבָּן שֶׁל צְדוֹקִים, שֶׁהָיוּ אוֹמְרִים: אֵין הָעֵדִים זוֹמְמִין נֶהֱרָגִין עַד שֶׁיֵּהָרֵג הַנִּדּוֹן.

§ Apropos the dispute between the Sadducees and the Sages, **it is taught** in a *baraita*: **Rabbi Yehuda ben Tabbai**[P] **says** in the form of an oath: **I will** not **see the** future **consolation**[N] of the Jewish people **if I did not** as a member of the court **kill** a single **conspiring witness,** in order **to eradicate** this reasoning **from the hearts of the Sadducees, who would say: The conspiring witnesses are executed only** if they are rendered conspiring witnesses after the accused **will be killed.** Rabbi Yehuda ben Tabbai killed the conspiring witness while the accused remained alive.

אָמַר לוֹ שִׁמְעוֹן בֶּן שָׁטַח: אֶרְאֶה בְּנֶחָמָה אִם לֹא שָׁפַכְתָּ דָּם נָקִי, שֶׁהֲרֵי אָמְרוּ חֲכָמִים: אֵין הָעֵדִים זוֹמְמִין נֶהֱרָגִין עַד שֶׁיָּזוֹמּוּ שְׁנֵיהֶם, וְאֵין לוֹקִין עַד שֶׁיָּזוֹמּוּ שְׁנֵיהֶם.

Shimon ben Shataḥ[P] **said to him: I will** not **see the consolation** of the Jewish people **if you did not shed** thereby **innocent blood, as the Sages said: Conspiring witnesses are not executed unless both of them are rendered conspiring** witnesses,[N] **and they are not flogged unless both of them are rendered conspiring** witnesses. In this case, only one was rendered a conspiring witness.

מִיָּד קִבֵּל עָלָיו רַבִּי יְהוּדָה בֶּן טַבַּאי שֶׁאֵינוֹ מוֹרֶה הוֹרָאָה אֶלָּא לִפְנֵי שִׁמְעוֹן בֶּן שָׁטַח. וְכָל יָמָיו שֶׁל רַבִּי יְהוּדָה בֶּן טַבַּאי הָיָה מִשְׁתַּטֵּחַ עַל קִבְרוֹ שֶׁל אוֹתוֹ הָעֵד, וְהָיָה קוֹלוֹ נִשְׁמַע, וְכִסְבוּרִין הָעָם לוֹמַר קוֹלוֹ שֶׁל הָרוּג. אָמַר: קוֹלִי שֶׁלִּי הוּא, תֵּדְעוּ, לְמָחָר הוּא מֵת אֵין קוֹלוֹ נִשְׁמַע.

Rabbi Yehuda ben Tabbai immediately accepted a commitment **upon himself that he would issue a halakhic ruling only** when he was **before Shimon ben Shataḥ,** to avoid mistakes in the future. **And** throughout **all of Rabbi Yehuda ben Tabbai's days he would** tearfully **prostrate himself on the grave of that witness** whom he executed, to request forgiveness for having done so, **and his voice was heard** from a distance. **And the people thought to say** that it was **the voice of** the **executed** witness that was heard. Rabbi Yehuda ben Tabbai **said** to them: **It is my voice. Know** that this is so, as **tomorrow,** i.e., sometime in the future, **he,** referring to himself, **will die,** and **his voice will** no longer **be heard.**

אֲמַר לֵיהּ רַב אַחָא בְּרֵיהּ דְּרָבָא לְרַב אַשִׁי: דִּלְמָא בְּדִינָא קָם בַּהֲדֵיהּ, אִי נַמִּי פַּיּוּסֵי פַּיְּסֵיהּ.

Rav Aḥa, son of Rava, said to Rav Ashi: The fact that the voice will cease after Rabbi Yehuda ben Tabbai's death is inconclusive as proof that the voice is not that of the executed witness. **Perhaps** the reason that the voice of the executed person will no longer be heard is that **he confronted** Rabbi Yehuda ben Tabbai **in trial** before the heavenly court, obviating the need for crying from his grave. **Alternatively,** perhaps Rabbi Yehuda ben Tabbai **appeased** the executed witness in the World-to-Come, and there is silence because no grievances remained.

NOTES

I will not see the consolation – **אֶרְאֶה בְּנֶחָמָה**: The literal translation of his statement is: I will see the consolation. Although it is clear that the intention of Rabbi Yehuda ben Tabbai was to take an oath that he acted in the manner described, the formulation of the oath is difficult, as he should have stated explicitly: I will not see the future consolation.

Rashi explains that Rabbi Yehuda ben Tabbai was speaking euphemistically, preferring to say that he will experience the redemption, although he meant that he would not see the redemption. Alternatively, Rashi explains that his statement is unrelated to the ultimate redemption. Rather, he is saying that he would be forced to accept condolences as his son will die if he did not kill a single conspiring witness to eradicate this reasoning from the hearts of the Sadducees.

Conspiring witnesses are not executed unless both of them are rendered conspiring witnesses – **אֵין הָעֵדִים זוֹמְמִין נֶהֱרָגִין עַד שֶׁיָּזוֹמּוּ שְׁנֵיהֶם**: The later commentaries ask: A close reading of the words of Rabbi Yehuda ben Tabbai indicates that he was aware that by Torah law he should not have executed the witness, as he stated that he executed the witness in order to eradicate the reasoning from the hearts of the Sadducees. Evidently, the execution was in accordance with the ruling (*Sanhedrin* 46a) that the court may administer lashes and capital punishment, even when not required by Torah law, to erect a fence around the Torah. Why, then, did Shimon ben Shataḥ criticize his ruling by citing the *halakha* derived from the verse?

Ḥazon Yeḥezkel explains that Shimon ben Shataḥ's criticism was as follows: The *halakha* that conspiring witnesses are not executed unless they are both rendered conspiring witnesses is derived from a verse, and was also disputed by the Sadducees. Therefore, although executing the witness served the function of countering the reasoning of the Saducees with regard to the *halakha* of witnesses becoming conspiring witnesses as soon as the verdict is issued, it strengthened the reasoning of the Saducees concerning their opinion that even one witness can be executed as a conspiring witness.

PERSONALITIES

Yehuda ben Tabbai – **יְהוּדָה בֶּן טַבַּאי**: Yehuda ben Tabbai was a member of one of the pairs of *tanna'im* during the early tannaitic era listed in the first chapter of tractate *Avot*; his counterpart was Shimon ben Shataḥ.

The *tanna'im* disagree as to whether Yehuda ben Tabbai was the *Nasi* of the Sanhedrin or the deputy *Nasi*. Some claim that he filled the role of *Nasi* when Shimon ben Shataḥ was forced to flee from the king. In any event, it is apparent that Yehuda ben Tabbai considered himself a disciple-colleague of Shimon ben Shataḥ.

No details are known about the life of Yehuda ben Tabbai or where he lived. It is related, however, that when they sought to appoint him to a position on the Sanhedrin he fled to Alexandria, and he acquiesced to assume the position only after receiving letters from Eretz Yisrael beseeching him to return. It is stated in the Jerusalem Talmud that he played a role in issuing the rabbinic decree that reconstituted metal vessels reassume the impurity that existed before they were broken.

Shimon ben Shataḥ – **שִׁמְעוֹן בֶּן שָׁטַח**: The *Nasi* of the Sanhedrin during the reign of Alexander Jannaeus, Shimon ben Shataḥ was one of the most significant leaders of the Jewish people and proponents of the Oral Law. He was a member of one of the pairs of *tanna'im* in the early tannaitic period; his counterpart was Yehuda ben Tabbai. He was an authoritative leader who insisted on observing the minutiae of Torah law. He took vigorous action against anyone who sought to undermine the established *halakha*, whether the pressure to do so originated from outside the Jewish community or from various sectarian groups within the community. During his tenure as *Nasi*, witchcraft was eliminated from Eretz Yisrael through the enforcement of a series of decrees. He also revised and enhanced the authority of marriage contracts.

Shimon ben Shataḥ was exacting with regard to juridical protocol (see *Avot* 1:9) and refused to convict a man based on circumstantial evidence. The Gemara relates that he once saw an individual chase another into a ruin. He followed and discovered the pursued individual dying and his pursuer standing over him holding a bloody knife. Shimon ben Shataḥ ruled that the person could not be convicted without the testimony of witnesses. He said that God would exact punishment from the guilty, and soon thereafter the pursuer was bitten by a snake and died (*Sanhedrin* 37b).

His insistence on the preeminence of the Sanhedrin's jurisdiction led him to both subpoena the king and insist that the latter treat the court with the same deference with which an ordinary citizen would treat it. Due to that confrontation, and for a number of other reasons, he clashed with the Hasmonean king Alexander Jannaeus and was forced to go into hiding on several different occasions. On one of those occasions he and Yehuda ben Tabbai fled to Alexandria. As evident from the account in tractate *Berakhot* (48a), he would not compromise his principles, neither in the face of threats nor due to demonstrations of respect or flattery. When people testified falsely against his son in an attempt to take revenge against him, he and his son submitted to the punishment so that the procedures of jurisprudence would not be compromised.

Although his sister, Salome Alexandra, or Shlomtzion in Hebrew, was wife of Alexander Jannaeus, Shimon ben Shataḥ continued to practice his profession as a tanner. Before the king's death, he advised his wife to improve relations with the Pharisees after his demise. When she succeeded him, she appointed Shimon ben Shataḥ as effective leader of the nation in charge of domestic affairs. Among his enduring contributions to the Jewish people was his establishment of universal primary education. In every respect, Shimon ben Shataḥ's tenure was considered a joyful period in the history of the Jewish people.

Artist's conception of Shimon ben Shataḥ confronting Alexander Jannaeus

מתני׳ ״עַל פִּי שְׁנַיִם עֵדִים אוֹ שְׁלֹשָׁה עֵדִים יוּמַת הַמֵּת״, אִם מִתְקַיֶּימֶת הָעֵדוּת בִּשְׁנַיִם, לָמָּה פָּרַט הַכָּתוּב בִּשְׁלֹשָׁה? אֶלָּא לְהַקִּישׁ שְׁלֹשָׁה לִשְׁנַיִם: מַה שְּׁלֹשָׁה מְזִימִּין אֶת הַשְּׁנַיִם – אַף הַשְּׁנַיִם יָזוֹמּוּ אֶת הַשְּׁלֹשָׁה. וּמִנַּיִן אֲפִילּוּ מֵאָה – תַּלְמוּד לוֹמַר: ״עֵדִים״.

MISHNA It is written: **"At the mouth of two witnesses or three witnesses shall he who is to die be executed"** (Deuteronomy 17:6). The question is: **If the testimony is valid with two** witnesses, **why did the verse specify** that it is valid **with three? Rather,** it is **to juxtapose** and liken **three to two: Just as three** witnesses **can render the two** witnesses **conspiring** witnesses, **so too, the two** witnesses **can render the three** witnesses **conspiring** witnesses. **And from where** is it derived that two witnesses can render **even one hundred** witnesses conspiring witnesses?[H] It is derived from a verse, as **the verse states:** "Three **witnesses.**" Since the verse is obviously discussing witnesses, the term witnesses is superfluous, as it could have stated: Two or three. The term "witnesses" teaches that two witnesses can render a set of witnesses conspiring witnesses irrespective of their number.

רַבִּי שִׁמְעוֹן אוֹמֵר: מַה שְּׁנַיִם אֵינָן נֶהֱרָגִין עַד שֶׁיִּהְיוּ שְׁנֵיהֶם זוֹמְמִין – אַף שְׁלֹשָׁה אֵינָן נֶהֱרָגִין עַד שֶׁיִּהְיוּ שְׁלָשְׁתָּם זוֹמְמִין, וּמִנַּיִן אֲפִילּוּ מֵאָה – תַּלְמוּד לוֹמַר: ״עֵדִים״.

Rabbi Shimon says that three witnesses are mentioned in the verse in order to teach: **Just as two** witnesses who testified that a person is liable to be executed **are not killed** for this testimony **unless both of them are** found to be **conspiring** witnesses, **so too, three** witnesses who testified together **are not killed unless** all **three of them are** found to be **conspiring** witnesses.[H] **And from where** is it derived that the same *halakha* applies **even** to **one hundred** witnesses? It is derived from a verse, as **the verse states:** "Three **witnesses.**" The superfluous term "witnesses" teaches that the status of all witnesses who come to court as a single set of witnesses is that of one testimony with regard to this *halakha*.

רַבִּי עֲקִיבָא אוֹמֵר: לֹא בָּא הַשְּׁלִישִׁי לְהָקֵל, אֶלָּא לְהַחְמִיר עָלָיו, וְלַעֲשׂוֹת דִּינוֹ כַּיּוֹצֵא בְּאֵלּוּ.

Rabbi Akiva says: The third witness mentioned in this verse **does not come** for the judges **to be lenient** concerning him; **rather,** its mention comes for the judges **to be stringent concerning him and to render his halakhic status like** that of **these** two witnesses who testified with him. One could claim that since the testimony of the third witness is superfluous, as the testimony of the other two witnesses sufficed, the third witness and any other witnesses beyond the first two should be exempt. Therefore, the verse teaches that since he testified with them and was rendered a conspiring witness with them, he too is executed.

וְאִם כֵּן עָנַשׁ הַכָּתוּב לַנִּטְפָּל לְעוֹבְרֵי עֲבֵירָה כְּעוֹבְרֵי עֲבֵירָה – עַל אַחַת כַּמָּה וְכַמָּה יְשַׁלֵּם שָׂכָר לַנִּטְפָּל לְעוֹשֵׂי מִצְוָה כְּעוֹשֵׂי מִצְוָה.

One can learn a moral from this *halakha*: **And if the verse punished one who associates with transgressors** with a punishment **like** the one received by the **transgressors,** even though his role in the transgression is ancillary, **all the more so will** God **pay a reward to one who associates with those who perform a mitzva like** the reward of those **who perform** the **mitzva** themselves, even though his role in performing the mitzva is ancillary.

וּמַה שְּׁנַיִם, נִמְצָא אֶחָד מֵהֶן קָרוֹב אוֹ פָּסוּל עֵדוּתָן בְּטֵלָה – אַף שְׁלֹשָׁה, נִמְצָא אֶחָד מֵהֶן קָרוֹב אוֹ פָּסוּל עֵדוּתָן בְּטֵלָה. מִנַּיִן אֲפִילּוּ מֵאָה – תַּלְמוּד לוֹמַר ״עֵדִים״.

The mishna cites another derivation based on the juxtaposition of two to three: **And just as** with regard to **two** witnesses, if **one of them is found** to be **a relative or** is otherwise **disqualified, their** entire **testimony is voided,** as it is no longer the testimony of two witnesses, **so too,** with regard to **three** witnesses who came to testify as one set, if **one of them is found** to be **a relative or** is otherwise **disqualified, their** entire **testimony is voided,** even though two valid witnesses remain. **From where** is it derived that the same *halakha* applies **even** in the case of **one hundred** witnesses? It is derived from a verse, as **the verse states: "Witnesses."**

HALAKHA

And from where is it derived that two witnesses can render even one hundred witnesses conspiring witnesses, etc. – **וּמִנַּיִן אֲפִילּוּ מֵאָה וכו׳**: The fact that the testimony of the second set of witnesses is deemed more credible rather than that of the first set is a Torah edict. Even if the first set consisted of one hundred witnesses, and two others came and testified that the first set of witnesses were with them elsewhere, they render the first set of witnesses conspiring witnesses. The *Tur* explains: Why is the testimony of the second set deemed credible? It is because their testimony is about the first set of witnesses, not their testimony. It is as though they testified that the first set of witnesses committed murder or performed a prohibited labor on Shabbat. The first set of witnesses is not deemed credible to rebut that testimony (Rambam *Sefer Shofetim, Hilkhot Edut* 18:3; *Tur, Ḥoshen Mishpat* 38).

Unless all three of them are conspiring witnesses – **עַד שֶׁיִּהְיוּ שְׁלָשְׁתָּן זוֹמְמִין**: If three, or even one hundred, witnesses testified as one set of witnesses, and some of them were rendered conspiring witnesses, they are punished only when all of them are rendered conspiring witnesses. The *halakha* is in accordance with the opinion of Rabbi Shimon, as the discussion in the Gemara is conducted with regard to his opinion (Rambam *Sefer Shofetim, Hilkhot Edut* 20:3 and *Kesef Mishne* there; *Tur, Ḥoshen Mishpat* 38).

אָמַר רַבִּי יוֹסֵי: בַּמֶּה דְּבָרִים אֲמוּרִים – בְּדִינֵי נְפָשׁוֹת, אֲבָל בְּדִינֵי מָמוֹנוֹת – תִּתְקַיֵּים הָעֵדוּת בַּשְּׁאָר. רַבִּי אוֹמֵר: אֶחָד דִּינֵי מָמוֹנוֹת וְאֶחָד דִּינֵי נְפָשׁוֹת.

Rabbi Yosei says: In what case **is this statement,** that if one of the three witnesses is disqualified the entire testimony is voided, **said?** It is said **with regard to** cases of **capital law,** which are adjudicated stringently. **But with regard to** cases of **monetary law,** which are adjudicated more leniently, even if one of the witnesses is disqualified, **the testimony will be validated with** the testimony of **the rest** of the witnesses, and if it is sufficient the case can be adjudicated on that basis. **Rabbi** Yehuda HaNasi disagrees and **says:** If one of the three witnesses is disqualified the entire testimony is voided in **both** cases of **monetary law and** cases of **capital law.**[H]

וְאֵימָתַי – בִּזְמַן שֶׁהִתְרוּ בָּהֶן, אֲבָל בִּזְמַן שֶׁלֹּא הִתְרוּ בָּהֶן – מָה יַעֲשׂוּ שְׁנֵי אַחִין שֶׁרָאוּ בְּאֶחָד שֶׁהָרַג אֶת הַנֶּפֶשׁ.

And when does one disqualified witness void the entire testimony? Only **when** the witnesses **forewarned them**[N] before they performed the transgression, thereby demonstrating their desire to fill the role of witnesses in that case. **But when they did not forewarn them, what shall two brothers do** in a case **where** they, together with others, **saw someone who killed a person?** Will the murderer escape punishment because two relatives happened to be there at the time of the murder and their presence voids the entire testimony? No, the testimony is voided by the presence of relatives or disqualified witnesses only when their intent was to testify. If that was not their intent, they do not void the testimony.

גמ׳ אָמַר רָבָא: וְהוּא שֶׁהֵעִידוּ כּוּלָּם בְּתוֹךְ כְּדֵי דִיבּוּר. אֲמַר לֵיהּ רַב אַחָא מִדִּפְתִּי לְרָבִינָא: מִכְּדִי, תּוֹךְ כְּדֵי דִיבּוּר הֵיכִי דָּמֵי – כְּדֵי שְׁאֵילַת תַּלְמִיד לָרַב, מֵאָה טוּבָא הָווּ!

GEMARA Apropos the statement in the mishna that the halakhic status of one hundred witnesses equals that of two witnesses with regard to the *halakha* of conspiring witnesses among other *halakhot*, **Rava says: And that** is their status only in a case **where all** the witnesses **testified**[H] **within** the time required **for speaking** a short phrase.[H] If their testimony extended over a longer period, the testimony of the witnesses does not constitute one testimony. **Rav Aḥa of Difti said to Ravina: Now, what are the circumstances** of the period of time indicated by the words: **Within** the time required **for speaking** a short phrase? It is a period whose duration is **equivalent** to the duration of **the greeting of a student to a rabbi:** *Shalom alekha, rabbi*, which means: Greetings to you, my teacher. The duration of the testimony of **one hundred** witnesses **is** always **greater** than the duration of that greeting. How, then, can one hundred witnesses testify within the time required for speaking a short phrase?

אֲמַר לֵיהּ: כָּל חַד וְחַד בְּתוֹךְ כְּדֵי דִיבּוּר שֶׁל חֲבֵירוֹ.

Ravina **said to him:** Rava means that **each and every** witness must begin testifying **within** the time required **for speaking** a short phrase **after the other** witness completes his testimony. The result is an uninterrupted series of testimonies that combine into a single testimony.

"רַבִּי עֲקִיבָא אוֹמֵר לֹא בָּא שְׁלִישִׁי כו׳ וּמָה שְׁנַיִם" כו׳. אֲמַר לֵיהּ רַב פָּפָּא לְאַבָּיֵי: אֶלָּא מֵעַתָּה הָרוּג יַצִּיל! כְּשֶׁהֲרָגוֹ מֵאֲחוֹרָיו.

§ The mishna teaches that **Rabbi Akiva says: The third** witness mentioned in this verse **does not come** for the judges to be lenient concerning him; rather, its mention comes for the judges to be stringent concerning him and to render his halakhic status like that of these two witnesses who testified with him. **And just as** with regard to **two** witnesses, if one of them was found to be a relative or otherwise disqualified their entire testimony is voided, the same is true for a set consisting of numerous witnesses. **Rav Pappa said to Abaye: But if that is so,** that a relative or other disqualified witness who witnesses an incident voids the entire testimony, the **murdered** victim **should spare** the accused from execution because the victim himself witnessed his own murder, and he is considered a disqualified witness because of his personal stake in the verdict. Therefore, the entire testimony should be voided. Abaye said to Rav Pappa: A murderer is executed only **when he killed** the victim **from behind him** and the victim did not witness his murder.

HALAKHA

Both monetary law and capital law – אֶחָד דִּינֵי מָמוֹנוֹת וְאֶחָד דִּינֵי נְפָשׁוֹת: If one of the witnesses was found to be a relative or was otherwise disqualified from testifying, the entire testimony is voided, both in cases of capital law and in cases of monetary law. That is the *halakha* only if those disqualified witnesses had intent to testify, but if they did not have intent to testify, the testimony of the valid witnesses is unaffected. The *halakha* is in accordance with the opinion of Rabbi Yehuda HaNasi, as Rav Naḥman rules in accordance with his opinion and Rava explains his opinion in the Gemara (Rambam *Sefer Shofetim, Hilkhot Edut* 5:3–4; *Shulḥan Arukh, Ḥoshen Mishpat* 36:1).

And that is their status only where all testified, etc. – וְהוּא שֶׁהֵעִידוּ כּוּלָּם וכו׳: The Rambam holds that if as many as one hundred witnesses each testified within the time required for speaking a short phrase after the witness who preceded him, they are punished as conspiring witnesses only if all of them are rendered conspiring witnesses. If more time elapsed between their testimonies, the first two witnesses who are rendered conspiring witnesses are punished, even though there were others who were not rendered conspiring witnesses. Nevertheless, the testimony is voided because at least one of the witnesses was found to be disqualified.

The Ra'avad disagrees with the Rambam and holds that if more time elapsed and they are divided into separate sets of witnesses, those who were rendered conspiring witnesses are punished but the testimony of the others remains valid (Rambam *Sefer Shofetim, Hilkhot Edut* 20:3, and see *Kesef Mishne* and Radbaz there; *Tur, Ḥoshen Mishpat* 38).

Within the time required for speaking a short phrase – תּוֹךְ כְּדֵי דִיבּוּר: This is a period of time whose duration is equivalent to the duration of the greeting of a student to a rabbi: *Shalom alekha, rabbi*, which means: Greetings to you, my teacher (Rambam *Sefer HaMadda, Hilkhot Talmud Torah* 5:5; *Sefer Hafla'a, Hilkhot Shevuot* 2:17; and *Sefer Shofetim, Hilkhot Edut* 20:3; *Shulḥan Arukh, Yoreh De'a* 242:16).

NOTES

When the witnesses forewarned them – בִּזְמַן שֶׁהִתְרוּ בָּהֶן: Rashi and most commentaries explain that the witnesses indicate their intent to testify by forewarning the perpetrator, and those disqualified witnesses who did not forewarn the perpetrator do not invalidate the testimony of the others. The term: Them, is difficult according to this explanation (see Meiri). Others maintain that it is the witnesses who are forewarned upon their arrival in court with the question: Is it to testify that you came to court, or is it to observe that you came to court (Rabbeinu Yehonatan of Lunel; Rid; Riaz).

נִרְבָּע יַצִּיל! כְּשֶׁרְבָעוֹ מֵאֲחוֹרָיו.

Rav Pappa said to Abaye: It is not uncommon for a murder to take place without the knowledge of the victim. But in a case where one is sentenced to death for sodomizing a male, why is he executed? **The one who was sodomized should spare** the accused from execution. Here too, since the victim witnessed the sodomy, and he is disqualified from bearing witness due to his personal stake in the verdict, the entire testimony should be voided. The Gemara answers: The sodomizer, too, is executed only **when he sodomized** the victim **from behind him,** and the victim did not witness the act of sodomy.

הוֹרֵג וְרוֹבֵעַ יַצִּילוּ! אִישְׁתִּיק. כִּי אֲתָא לְקַמֵּיהּ דְּרָבָא, אֲמַר לֵיהּ: ״יָקוּם דָּבָר״ – בִּמְקַיְּימֵי דָּבָר הַכָּתוּב מְדַבֵּר.

Rav Pappa said to Abaye: Although it is possible to construct a scenario where the victim did not witness the act, it is difficult to construct a scenario where the perpetrator did not witness the act. Therefore, the **murderer and the one who sodomizes should spare** themselves from execution and void the testimony because they witnessed the act, and they are disqualified from bearing witness on the grounds that a person is not capable of testifying about himself. Abaye **was silent** and was unable to respond. **When** Rav Pappa **came before Rava** with this question, Rava **said to him:** It is written: "According to two witnesses or three witnesses **shall a matter be established**" (Deuteronomy 19:15); it is **with regard to** those who **establish a matter** as legal fact in court that **the verse is speaking.** It is only witnesses who are relatives or otherwise disqualified who void the entire testimony, not subjects of the matter. Therefore, there is no basis for the questions of Rav Pappa.

״אָמַר רַבִּי יוֹסֵי בַּמֶּה דְּבָרִים אֲמוּרִים כו׳ מָה יַעֲשׂוּ שְׁנֵי אַחִים״ וכו׳. הֵיכִי אָמְרִינַן לְהוּ?

§ The mishna teaches that **Rabbi Yosei says: In what** case **is this statement said... what shall two brothers do** in a case where they, together with others, saw someone who killed a person? Rabbi Yosei says that it is only with regard to cases of capital law that one disqualified witness voids the entire testimony, and Rabbi Yehuda HaNasi says that this is the *halakha* even with regard to cases of monetary law. The mishna continues and says that it is only if the witnesses forewarned the perpetrators that they are classified as witnesses capable of voiding the entire testimony. The Gemara poses a question: **How do we,** the members of the court, formulate what we **say to** the witnesses in order to ascertain whether their intent was to testify?

אָמַר רָבָא, הָכִי אָמְרִינַן לְהוּ: לְמֵיחֱזֵי אֲתֵיתוּ אוֹ לְאַסְהוֹדֵי אֲתֵיתוּ? אִי אָמְרִי לְאַסְהוֹדֵי אֲתוּ – נִמְצָא אֶחָד מֵהֶן קָרוֹב אוֹ פָּסוּל עֵדוּתָן בְּטֵלָה, אִי אָמְרִי לְמֵיחֱזֵי אֲתוּ – מָה יַעֲשׂוּ שְׁנֵי אַחִין שֶׁרָאוּ בְּאֶחָד שֶׁהָרַג אֶת הַנֶּפֶשׁ.

Rava says: This is what **we say to** the witnesses who come to the court: **Did you come to observe**[NH] the proceedings **or did you come to testify? If** the witnesses **say they came to testify,** then if **one of them is found** to be **a relative or** otherwise **disqualified, their** entire **testimony is voided. If** the witnesses **say** that **they came to observe,** in that situation, **what shall two brothers do** in a case **where they saw someone who killed a person?** It is certainly unusual for those who witnessed the murder to not even attend the court hearing.

אִיתְּמַר, אָמַר רַב יְהוּדָה אָמַר שְׁמוּאֵל: הֲלָכָה כְּרַבִּי יוֹסֵי, וְרַב נַחְמָן אוֹמֵר: הֲלָכָה כְּרַבִּי.

With regard to the dispute in the mishna, **it was stated** that there is an amoraic dispute: **Rav Yehuda says** that **Shmuel says:** The ***halakha*** is **in accordance with** the opinion of **Rabbi Yosei, and Rav Naḥman says:** The ***halakha*** is **in accordance with** the opinion of **Rabbi** Yehuda HaNasi.

NOTES

Did you come to observe, etc. – לְמֵיחֱזֵי אֲתֵיתוּ וכו׳: Rashi explains that the following question is posed to the disqualified witnesses or relatives: At the time of the incident that you witnessed, was your intention to testify about that incident, or was your intent merely to observe, e.g., they heard someone scream and while seeking to ascertain its cause witnessed a murder. Many commentaries maintain that the question is posed concerning their arrival in court: Is it to testify that you came to court or is it to observe that you came to court, as you were motivated by curiosity? This is the basis of the dispute between the authorities whether disqualified witnesses void the testimony if they witnessed the incident with the intent to testify, or only if they came to court to testify.

The Ritva writes that the custom of designating specific witnesses to serve as witnesses to a betrothal to the exclusion of all others is based on Rashi's opinion, due to the concern that one of the relatives present might have in mind to witness the betrothal with the intent to testify.

Tosafot offer a different explanation, citing Rav Ḥayyim HaKohen. The question is posed to the valid witnesses: Was it your intent to testify together with the disqualified witnesses? The Rif concurs. Others hold that this question is posed to all the witnesses.

HALAKHA

Did you come to observe, etc. – לְמֵיחֱזֵי אֲתֵיתוּ וכו׳: How does one determine whether the testimony of disqualified witnesses is joined with the testimony of the valid witnesses? When a large group of witnesses arrives at the court they are asked whether at the time of the incident in question their intent was to testify. All witnesses who state that their intent was to testify are taken aside and are investigated to determine whether any of them is a relative or disqualified from serving as a witness for another reason. Some say, citing the Rosh, that even if the potential witness's intent at the time of the incident was to testify, the testimony is nullified only if he actually came to court and testified (Rambam *Sefer Shofetim, Hilkhot Edut* 5:5; *Shulḥan Arukh, Ḥoshen Mishpat* 36:1, and *Sma* and *Shakh* there).

מתני׳ הָיוּ שְׁנַיִם רוֹאִין אוֹתוֹ מֵחַלּוֹן זֶה, וּשְׁנַיִם רוֹאִין אוֹתוֹ מֵחַלּוֹן זֶה, וְאֶחָד מַתְרֶה בּוֹ בָּאֶמְצַע; בִּזְמַן שֶׁמִּקְצָתָן רוֹאִין אֵלּוּ אֶת אֵלּוּ – הֲרֵי אֵלּוּ עֵדוּת אַחַת, וְאִם לָאו – הֲרֵי אֵלּוּ שְׁתֵּי עֵדִיּוֹת. לְפִיכָךְ, אִם נִמְצֵאת אַחַת מֵהֶן זוֹמֶמֶת – הוּא וְהֵן נֶהֱרָגִין, וְהַשְּׁנִיָּה פְּטוּרָה.

MISHNA In a case where there **were two** witnesses **observing** an individual[H] violating a capital transgression **from this window** in a house, **and two observing him from that window** in a house, **and one** person was **forewarning** the transgressor **in the middle** between the two sets of witnesses, the *halakha* depends on the circumstances. In a situation **where some of** the witnesses observing from the two windows **see each other,** the testimony of all **these** witnesses constitutes **one testimony, but if** they do **not** see each other, the testimony of **these** witnesses constitutes **two** independent **testimonies. Therefore,** as two independent sets of witnesses, **if one of** the sets **was found** to be a set of **conspiring** witnesses, while the testimony of the other set remained valid, both **he,** the one accused of violating the capital transgression, **and they,** the conspiring witnesses, **are executed, and the second** set, whose testimony remained valid, **is exempt.**

רַבִּי יוֹסֵי אוֹמֵר: לְעוֹלָם אֵין נֶהֱרָגִין עַד שֶׁיְּהוּ שְׁנֵי עֵדָיו מַתְרִין בּוֹ, שֶׁנֶּאֱמַר "עַל פִּי שְׁנַיִם עֵדִים". דָּבָר אַחֵר: "עַל פִּי שְׁנַיִם עֵדִים" – שֶׁלֹּא תְּהֵא סַנְהֶדְרִין שׁוֹמַעַת מִפִּי הַתּוּרְגְּמָן.

Rabbi Yosei says: Transgressors **are never executed unless his two witnesses are** the ones **forewarning him, as it is stated: "At the mouth of two witnesses…** he who is to be put to death shall die" (Deuteronomy 17:6), from which it is derived that it is from the mouths of the two witnesses that the accused must be forewarned, and forewarning issued by someone else is insufficient. **Alternatively,** from the phrase **"at the mouth of two witnesses"** one derives **that** the judges must hear the testimony directly from the witnesses, and the **Sanhedrin will not hear** testimony **from the mouth of an interpreter.**[H]

גמ׳ אָמַר רַב זוּטְרָא בַּר טוֹבִיָּא אָמַר רַב: מִנַּיִן לְעֵדוּת מְיוּחֶדֶת שֶׁהִיא פְּסוּלָה – שֶׁנֶּאֱמַר "לֹא יוּמַת עַל פִּי עֵד אֶחָד"; מַאי "אֶחָד"? אִילֵימָא עֵד אֶחָד מַמָּשׁ – מֵרֵישָׁא שָׁמְעִינַן לַהּ: "עַל פִּי שְׁנַיִם עֵדִים". אֶלָּא מַאי "אֶחָד" – אֶחָד אֶחָד.

GEMARA **Rav Zutra bar Tuvya says** that **Rav says: From where** is it derived with regard **to disjointed testimony,**[H] in which each of the witnesses saw the incident independent of the other, **that it is not valid?** It is derived from a verse, **as it is stated: "He shall not die at the mouth of one witness"** (Deuteronomy 17:6). The exposition is as follows: **What** is the meaning of **"one** witness"? **If we say** that it means **one witness literally, we learn it from the first** portion of the verse: **"At the mouth of two witnesses,"** indicating that the testimony of fewer than two witnesses is not valid. **Rather, what** is the meaning of **"one** witness"? It means that the accused is not executed based on the testimony of people who witnessed an incident with **one** witness here and **one** witness elsewhere.

תַּנְיָא נַמִי הָכִי: "לֹא יוּמַת עַל פִּי עֵד אֶחָד" – לְהָבִיא שְׁנַיִם שֶׁרוֹאִים אוֹתוֹ אֶחָד מֵחַלּוֹן זֶה וְאֶחָד מֵחַלּוֹן זֶה, וְאֵין רוֹאִין זֶה אֶת זֶה, שֶׁאֵין מִצְטָרְפִין. וְלֹא עוֹד אֶלָּא, אֲפִילּוּ בָּזֶה אַחַר זֶה בְּחַלּוֹן אֶחָד אֵין מִצְטָרְפִין.

The Gemara notes: **This is also taught** in a *baraita*: It is written: **"He shall not die at the mouth of one witness,"** from which it is derived **to include** the *halakha* that in the case of **two** witnesses **who observe** an individual violating a capital transgression, **one from this window and one from that window, and they do not see each other, that they do not join** to constitute a set of witnesses. **Moreover, even** if they witnessed the same transgression from the same perspective, watching the incident not at the same time but **one after the other in one window, they do not join** to constitute a set of witnesses.

אֲמַר לֵיהּ רַב פָּפָּא לְאַבָּיֵי: הַשְׁתָּא, וּמָה אֶחָד מֵחַלּוֹן זֶה וְאֶחָד מֵחַלּוֹן זֶה, דְּהַאי קָא חָזֵי כּוּלּוֹ מַעֲשֶׂה וְהַאי קָא חָזֵי כּוּלּוֹ מַעֲשֶׂה – אָמְרַתְּ לָא מִצְטָרְפִי; בָּזֶה אַחַר זֶה, דְּהַאי חָזֵי פַּלְגָא דְּמַעֲשֶׂה וְהַאי חָזֵי פַּלְגָא דְּמַעֲשֶׂה, מִיבַּעְיָא? אֲמַר לֵיהּ: לָא נִצְרְכָא אֶלָּא לְבוֹעֵל אֶת הָעֶרְוָה.

Rav Pappa said to Abaye: Why is it necessary to mention both cases? Now **if** in the case where **one** witness views the incident **from this window and one** witness views the incident **from that window, where this** witness **sees the entire incident and that** witness **sees the entire incident, you say** that **they do not join** to testify together as two witnesses, if they see the incident **one after the other, where this** witness **sees half** the **incident and that** witness **sees half** the **incident,** is it **necessary** to say that the witnesses do not join together? Abaye **said to him:** It **is necessary** to state this *halakha* **only** with regard **to a** case where they witnessed one who **engages in intercourse with a forbidden relative,** which is a continuing act, and each of the witnesses saw sufficient behavior to render the transgressor liable. The *tanna* of the *baraita* teaches that even in that case, they do not join to constitute a set of witnesses.

HALAKHA

Two witnesses observing an individual, etc. – שְׁנַיִם רוֹאִין אוֹתוֹ וכו׳: If two witnesses observed the transgressor from one window and two observed him from another window, and one person stood in the middle and forewarned him, the two sets of witnesses are considered a single set of witnesses provided that at least one of the witnesses in each set are able to see one of the witnesses in the other. If they are unable to see each other, and they are not amalgamated into one set by means of the one delivering the forewarning, they are considered two independent sets of witnesses, in accordance with the opinion of Rava. Therefore, if one set is rendered conspiring witnesses they are executed, and the accused is executed on the basis of the testimony of the other set of witnesses (Rambam *Sefer Shofetim*, *Hilkhot Edut* 4:1).

That the Sanhedrin will not hear testimony from the mouth of an interpreter – שֶׁלֹּא תְּהֵא סַנְהֶדְרִין שׁוֹמַעַת מִפִּי הַתּוּרְגְּמָן: Judges must be capable of understanding the language in which the testimony is delivered and may not hear the testimony through an interpreter. They must also be capable of understanding the language in which the litigants state their claims. Nevertheless, judges may employ the services of an interpreter to respond to the litigants in their own language, in accordance with the incident in the Gemara involving Rava.

If the judge does not require an interpreter at all, and one of the litigants seeks to employ an interpreter to articulate his claims after first voicing those claims himself, he may do so. The *Sma* comments that the reason for the current custom according to which court cases are conducted by means of attorneys is that anyone who comes for judgment before established judges implicitly accepts to be judged according to the protocols determined by the court before which they appear, which may allow this practice (Rambam *Sefer Shofetim*, *Hilkhot Edut* 21:8; *Shulḥan Arukh*, *Ḥoshen Mishpat* 17:6, 28:6; see Rambam *Sefer Shofetim*, *Hilkhot Sanhedrin* 2:6).

Disjointed testimony – עֵדוּת מְיוּחֶדֶת: The witnesses in cases of capital law must see the transgressor together, and must testify in court together. How so? If one sees an individual violate the transgression from one window, and the other witness sees him violate the transgression from a different window, the two witnesses constitute a single set of witnesses only if they can see each other. If they were together in one room and one of them looked out the window and saw one person performing prohibited labor on Shabbat and saw another person who forewarned him not to do so, and then he moved back into the house and the second witness looked out the same window and saw the person performing the same prohibited labor, they do not constitute a set of witnesses because they did not witness the act together (Rambam *Sefer Shofetim*, *Hilkhot Edut* 4:1).

אָמַר רָבָא: אִם הָיוּ רוֹאִין אֶת הַמַּתְרֶה, אוֹ הַמַּתְרֶה רוֹאֶה אוֹתָן – מִצְטָרְפִין. אָמַר רָבָא: מַתְרֶה שֶׁאָמְרוּ – אֲפִילּוּ מִפִּי עַצְמוֹ, וַאֲפִילּוּ מִפִּי הַשֵּׁד.

Apropos witnesses joining to constitute a set of witnesses, **Rava says:** Even if the witness in either window is unable to see the witness in the other window, **if** the witness in each window **sees the one who is forewarning** the accused,[H] **or if the one who is forewarning** the accused **could see** the two disjointed witnesses, **they join** to constitute a set of witnesses. **Rava says:** The one **forewarning** the accused of **whom** the Sages **spoke** need not be a third witness, but **even** if the victim forewarns the murderer **from his own mouth,**[NH] **and even** if the forewarning emerged **from the mouth of a demon,**[N] meaning the source of the forewarning is unknown, the forewarning is legitimate.

אָמַר רַב נַחְמָן: עֵדוּת מְיוּחֶדֶת כְּשֵׁירָה בְּדִינֵי מָמוֹנוֹת, דִּכְתִיב ״לֹא יוּמַת עַל פִּי עֵד אֶחָד״ – בְּדִינֵי נְפָשׁוֹת הוּא דְּאֵין כְּשֵׁירָה, אֲבָל בְּדִינֵי מָמוֹנוֹת כְּשֵׁירָה.

Rav Naḥman says: Disjointed testimony of two witnesses, each of whom observed an incident independent of the other, **is valid** in cases of **monetary law,**[H] **as it is written: "He shall not die at the mouth of one witness"** (Deuteronomy 17:6). This indicates that **it is** only **with regard to** cases of **capital law that** disjointed testimony **is not valid, but with regard to** cases of **monetary law** that testimony **is valid.**

מַתְקִיף לַהּ רַב זוּטְרָא: אֶלָּא מֵעַתָּה בְּדִינֵי נְפָשׁוֹת תַּצִּיל, אַלְמָּה תְּנַן: הוּא וְהֵן נֶהֱרָגִין? קַשְׁיָא.

Rav Zutra objects to this: But if that is so, and disjointed testimony is effective in certain cases, **in** cases of **capital law** disjointed testimony **should spare** the accused from execution.[N] Since one must exploit every avenue possible to prevent executions, in a case where some of the disjointed witnesses were rendered conspiring witnesses, the entire testimony should be voided on their account. **Why,** then, **did we learn** in the mishna that if one set witnessed the capital transgression from one window and one set from the other window, and one set was found to be a set of conspiring witnesses, **he,** the accused, **and they,** the conspiring witnesses, **are executed?** The Gemara comments: Indeed, that is **difficult** according to Rav Naḥman.

״רַבִּי יוֹסֵי אוֹמֵר״ וכו׳. אֲמַר לֵיהּ רַב פָּפָּא לְאַבָּיֵי: וּמִי אִית לֵיהּ לְרַבִּי יוֹסֵי הַאי סְבָרָא? וְהָתְנַן, רַבִּי יוֹסֵי אוֹמֵר: הַשּׂוֹנֵא נֶהֱרָג מִפְּנֵי שֶׁהוּא כְּמוּעָד וּמוּתְרֶה!

§ The mishna teaches that **Rabbi Yosei says:** Perpetrators are never executed unless his two witnesses are the ones forewarning him. **Rav Pappa said to Abaye: And is Rabbi Yosei of** the opinion that **this** line of **reasoning** is correct, and forewarning by the witnesses is indispensable? **But didn't we learn** in a mishna (9b): **Rabbi Yosei says: An enemy** who commits murder cannot claim that he killed the victim unwittingly. Rather, **he is executed** even if there was no forewarning, **due to** the fact **that his** halakhic status **is like** that of one who is **cautioned and forewarned.** Apparently, Rabbi Yosei does not always require that there be forewarning.

אֲמַר לֵיהּ: הַהוּא – רַבִּי יוֹסֵי בַּר יְהוּדָה הִיא. דְּתַנְיָא, רַבִּי יוֹסֵי בַּר יְהוּדָה אוֹמֵר: חָבֵר אֵין צָרִיךְ הַתְרָאָה, לְפִי שֶׁלֹּא נִיתְּנָה הַתְרָאָה אֶלָּא לְהַבְחִין בֵּין שׁוֹגֵג לְמֵזִיד.

Abaye **said to him: That** statement in the mishna you cited that is attributed to Rabbi Yosei **is** actually the opinion of **Rabbi Yosei bar Yehuda, as it is taught** in a *baraita*: **Rabbi Yosei bar Yehuda says: A *ḥaver* does not require forewarning, as forewarning was instituted only to distinguish between** one who commits a transgression **unwittingly and** one who does so **intentionally.** A *ḥaver*, who is a Torah scholar, does not require forewarning to distinguish between them. Rabbi Yosei ben Ḥalafta, whose opinion is cited in the mishna here, is of the opinion that forewarning is a necessary prerequisite to executing someone who is judged liable, and that forewarning must be issued by the witnesses.

HALAKHA

If the witness in each window sees the one who is forewarning the accused – אִם הָיוּ רוֹאִין אֶת הַמַּתְרֶה: If the person forewarning the transgressor is able to see the witnesses and they are able to see him, even though the witnesses are unable to see each other they constitute a set of witnesses and are eligible to testify, in accordance with the statement of Rava (Rambam *Sefer Shofetim, Hilkhot Sanhedrin* 12:2).

Forewarning…even from his own mouth, etc. – מַתְרֶה...אֲפִילּוּ מִפִּי עַצְמוֹ וכו׳: There is no difference whether the forewarning was issued by one of the witnesses or whether it was issued by another person. Even if the forewarning was issued by one who is disqualified from testifying, e.g., a woman or a Canaanite slave, or if the witnesses heard the forewarning and did not see from where it originated, or if the transgressor stated the forewarning himself, the transgressor is executed (Rambam *Sefer Shofetim, Hilkhot Sanhedrin* 12:2).

Disjointed testimony…in cases of monetary law – עֵדוּת מְיוּחֶדֶת...בְּדִינֵי מָמוֹנוֹת: In monetary matters, even if the witnesses are unable to see each other they constitute a set of witnesses and are eligible to testify. How so? If one witness testifies that one person borrowed money from another in his presence on a certain date or if he testifies that one person admitted in his presence that he owed money to the other, and the second witness testifies that the person borrowed the money or admitted to his owing money to another on a different day, they constitute a set of witnesses and are eligible to testify. The *halakha* is the same if one witness testifies that the person borrowed in his presence and the second witness testifies that the person admitted to the debt his presence, or if the first witness testifies that the person admitted to the debt in his presence and the second testifies that the person borrowed in his presence. In all these cases they constitute a set of witnesses and are eligible to testify. Likewise, their testimony is valid even if they testify in court on different days. That is the *halakha* with regard to testimony concerning ritual matters as well, e.g., a woman entering into seclusion with a man (Rambam *Sefer Shofetim, Hilkhot Sanhedrin* 4:2–3; *Shulḥan Arukh, Ḥoshen Mishpat* 30:6 and *Even HaEzer* 11:1, and in the comment of Rema).

NOTES

From his own mouth – מִפִּי עַצְמוֹ: Rashi and Rabbeinu Ḥananel explain that this phrase refers to a situation where the victim forewarns his killer. By contrast, from the language of the Rambam it appears that it is the transgressor who states the forewarning. The Meiri explains that the reference is to a case where upon seeing a person approaching him to forewarn him, the transgressor said: There is no need to forewarn me; I know that I am about to violate a prohibition for which I am liable to receive such and such a punishment.

From the mouth of a demon – מִפִּי הַשֵּׁד: The Rambam and the Meiri explain this metaphorically: It means that he heard a forewarning but did not see who issued it.

But if that is so in capital law disjointed testimony should spare him from execution – אֶלָּא מֵעַתָּה בְּדִינֵי נְפָשׁוֹת תַּצִּיל: This question is difficult to understand, as the Gemara just derived from a verse that disjointed testimony is not valid in cases of capital law. Rashi explains that since there is one area where disjointed testimony is valid, that should be reason enough for the court to justify sparing the accused in cases of capital law. This is because the court is required to seek any means possible to spare him.

NOTES

Certain people who spoke a foreign language – הָנְהוּ לָעוֹזֵי: From the description of the incident it appears that these foreigners were the litigants, but from the context in which it is cited it appears that they were witnesses, as that is the case described in the mishna. The *Baḥ* therefore concludes that in this respect there is no difference between witnesses and litigants, and that is the *halakha*.

"דָּבָר אַחֵר: "עַל פִּי שְׁנַיִם עֵדִים" – שֶׁלֹּא תְּהֵא סַנְהֶדְרִין שׁוֹמַעַת מִפִּי הַתּוּרְגְּמָן". הָנְהוּ לָעוֹזֵי דַּאֲתוּ לְקַמֵּיהּ דְּרָבָא, אוֹקֵי רָבָא תּוּרְגְּמָן בֵּינַיְיהוּ. וְהֵיכִי עָבֵיד הָכִי? וְהָתְנַן: שֶׁלֹּא תְּהֵא סַנְהֶדְרִין שׁוֹמַעַת מִפִּי הַתּוּרְגְּמָן! רָבָא מֵידַע הֲוָה יָדַע מַה דַּהֲווּ אָמְרִי, וְאַהֲדוּרֵי הוּא דְּלָא הֲוָה יָדַע.

§ The mishna teaches: **Alternatively,** from the phrase in the verse **"at the mouth of two witnesses"** one derives **that the Sanhedrin will not hear** testimony **from the mouth of an interpreter.** The Gemara relates: There were **certain** people who spoke **a foreign language**[N] **who came before Rava** for judgment. **Rava installed an interpreter between them** and heard the testimony through the interpreter. The Gemara asks: **And how did he do so? But didn't we learn** in the mishna **that the Sanhedrin will not hear** testimony **from the mouth of an interpreter?** The Gemara answers: **Rava knew what they were saying,** as he understood their language, **but he did not know** how to **respond** to them in their language. He posed questions through the interpreter but understood the answers on his own, as required by the mishna.

HALAKHA

Relatives of the guarantor, etc. – קָרִיבֵיהּ דְּעָרְבָא וכו׳: Witnesses related to the guarantor are disqualified from testifying with regard to a loan, both in a case where the borrower denies that there was a loan and they seek to testify that he borrowed the money (Rashi) and in a case where the borrower claims that he repaid the debt and they seek to testify that he did not (*Shulḥan Arukh*, *Ḥoshen Mishpat* 33:16).

One whose verdict was delivered and he fled – מִי שֶׁנִּגְמַר דִּינוֹ וּבָרַח: In the case of one whose verdict was delivered and he fled and came before another court, the verdict is not overturned. Rather, if two witnesses come and testify that he was sentenced to death in court, he is executed on the basis of their testimony. This *halakha* applies to a murderer, but in other cases of capital law, the witnesses who testified in the first trial must appear before the second court and testify that the accused was sentenced to death, and the witnesses execute the perpetrator themselves (*Sanhedrin* 45a). They must testify before a court of twenty-three (Rambam *Sefer Shofetim*, *Hilkhot Sanhedrin* 13:7).

The mitzva to establish a Sanhedrin is in effect both in Eretz Yisrael and outside Eretz Yisrael – סַנְהֶדְרִין נוֹהֶגֶת בָּאָרֶץ וּבְחוּצָה לָאָרֶץ: When the Sanhedrin has the authority to adjudicate cases of capital law in Eretz Yisrael, its members adjudicate those cases outside Eretz Yisrael as well, provided that the Sages of the Sanhedrin who sit in judgment outside Eretz Yisrael were ordained in Eretz Yisrael (Rambam *Sefer Shofetim*, *Hilkhot Sanhedrin* 4:12, 14:14).

A Sanhedrin that executes once in seven years, etc. – סַנְהֶדְרִין הַהוֹרֶגֶת אַחַת בְּשָׁבוּעַ וכו׳: The court must judge cases of capital law in a deliberate manner. Any court that executes a transgressor once in seven years is characterized as destructive. Nevertheless, if the testimony warrants reaching a verdict of death against the accused, the court is required to execute him, even if the result is one execution a day (Rambam *Sefer Shofetim*, *Hilkhot Sanhedrin* 14:10).

אֶילְעָא וְטוֹבִיָּה קָרִיבֵיהּ דְּעָרְבָא הֲוָה, סָבַר רַב פַּפָּא לְמֵימַר: גַּבֵּי לֹוֶה וּמַלְוֶה רְחִיקִי נִינְהוּ. אֲמַר לֵיהּ רַב הוּנָא בְּרֵיהּ דְּרַב יְהוֹשֻׁעַ לְרַב פַּפָּא: אִי לֵית לֵיהּ לְלֹוֶה – לָאו בָּתַר עָרְבָא אָזֵיל מַלְוֶה?

Apropos disqualified witnesses, the Gemara relates: Two people called **Ile'a and Tuviyya,** who signed as witnesses on a promissory note, **were relatives of the guarantor**[H] of the loan. **Rav Pappa thought to say** that since **vis-à-vis the borrower and lender** these witnesses **are distant** and are not related, their testimony on the document is valid. **Rav Huna, son of Rav Yehoshua, said to Rav Pappa: If the borrower does not have** the means to repay the loan, **doesn't** the **lender pursue the guarantor** to claim his debt? Therefore, the guarantor is party to the loan, and his relatives are not eligible to serve as witnesses on the promissory note.

מתני׳ מִי שֶׁנִּגְמַר דִּינוֹ וּבָרַח, וּבָא לִפְנֵי אוֹתוֹ בֵּית דִּין – אֵין סוֹתְרִין אֶת דִּינוֹ. כָּל מָקוֹם שֶׁיַּעַמְדוּ שְׁנַיִם, וְיֹאמְרוּ "מְעִידִים אָנוּ בְּאִישׁ פְּלוֹנִי שֶׁנִּגְמַר דִּינוֹ בְּבֵית דִּין שֶׁל פְּלוֹנִי, וּפְלוֹנִי וּפְלוֹנִי עֵדָיו" – הֲרֵי זֶה יֵהָרֵג.

MISHNA This mishna continues to discuss the matter of testimony in the case of one who is liable to be executed. Concerning **one whose verdict was delivered** and he was sentenced to death **and he fled,**[H] **and he** then **came before the same court** that sentenced him, **they do not overturn his verdict** and retry him. Rather, the court administers the previous verdict. Consequently, in **any place where two** witnesses **will stand and say: We testify with regard to a man** called **so-and-so that his verdict was delivered** and he was sentenced to death **in the court of so-and-so, and so-and-so and so-and-so** were **his witnesses, that** person **shall be executed** on the basis of that testimony.

סַנְהֶדְרִין נוֹהֶגֶת בָּאָרֶץ וּבְחוּצָה לָאָרֶץ. סַנְהֶדְרִין הַהוֹרֶגֶת אֶחָד בְּשָׁבוּעַ נִקְרֵאת חוֹבְלָנִית, רַבִּי אֱלִיעֶזֶר בֶּן עֲזַרְיָה אוֹמֵר: אֶחָד לְשִׁבְעִים שָׁנָה. רַבִּי טַרְפוֹן וְרַבִּי עֲקִיבָא אוֹמְרִים: אִילּוּ הָיִינוּ בְּסַנְהֶדְרִין – לֹא נֶהֱרַג אָדָם מֵעוֹלָם. רַבָּן שִׁמְעוֹן בֶּן גַּמְלִיאֵל אוֹמֵר: אַף הֵן מַרְבִּין שׁוֹפְכֵי דָמִים בְּיִשְׂרָאֵל.

The mishna continues: The mitzva to establish **a Sanhedrin** with the authority to administer capital punishments **is in effect** both **in Eretz** Yisrael **and outside Eretz** Yisrael.[H] **A Sanhedrin that executes** a transgressor **once in seven years**[H] **is characterized** as **a destructive** tribunal. Since the Sanhedrin would subject the testimony to exacting scrutiny, it was extremely rare for a defendant to be executed. **Rabbi Elazar ben Azarya says:** This categorization applies to a Sanhedrin that executes a transgressor **once in seventy years. Rabbi Tarfon and Rabbi Akiva say: If we had been** members **of the Sanhedrin,** we would have conducted trials in a manner whereby **no person would have ever been executed. Rabban Shimon ben Gamliel says:** In adopting that approach, **they too** would **increase** the number of **murderers among the Jewish people.** The death penalty would lose its deterrent value, as all potential murderers would know that no one is ever executed.

גמ׳ לִפְנֵי אוֹתוֹ בֵּית דִּין הוּא דְּאֵין סוֹתְרִין, הָא לִפְנֵי בֵּית דִּין אַחֵר – סוֹתְרִין. הָא תָּנֵי סֵיפָא: כָּל מָקוֹם שֶׁיַּעַמְדוּ שְׁנַיִם וְיֹאמְרוּ "מְעִידִין אָנוּ אֶת אִישׁ פְּלוֹנִי שֶׁנִּגְמַר דִּינוֹ בְּבֵית דִּין פְּלוֹנִי, וּפְלוֹנִי וּפְלוֹנִי עֵדָיו" – הֲרֵי זֶה נֶהֱרָג!

GEMARA The Gemara infers: **It is** in the case of one who comes **before the same court that they do not overturn** the verdict, **but** if one comes **before a different court they overturn** the verdict and retry the case. The Gemara asks: **Isn't it taught in the latter clause** of the mishna: **Any place where two** witnesses **will stand and say: We testify with regard to a man** called **so-and-so that his verdict was delivered** and he was sentenced to death **in the court of so-and-so, and so-and-so and so-and-so** were **his witnesses, that** person **shall be executed** on the basis of that testimony? This indicates that the verdict is not overturned and the defendant is not retried even before another court.

אֲמַר אַבַּיֵי: לָא קַשְׁיָא, כָּאן – בְּאֶרֶץ יִשְׂרָאֵל, כָּאן – בְּחוּצָה לָאָרֶץ.

Abaye said: This apparent contradiction is **not difficult,** as **here,** in the first clause of the mishna, from which it was inferred that the second court overturns the initial verdict, it is referring to a case where the initial verdict was outside Eretz Yisrael and the defendant came before a court **in Eretz Yisrael. There,** in the latter clause, which indicates that the second court sustains the initial verdict and does not retry the defendant, it is referring to a case where the initial verdict was in Eretz Yisrael, and the case subsequently came before a court **outside Eretz** Yisrael.

דְּתַנְיָא, רַבִּי יְהוּדָה בֶּן דּוֹסְתַּאי אוֹמֵר מִשּׁוּם רַבִּי שִׁמְעוֹן בֶּן שָׁטַח: בָּרַח מֵאֶרֶץ לְחוּצָה לָאָרֶץ – אֵין סוֹתְרִין אֶת דִּינוֹ, מֵחוּצָה לָאָרֶץ לָאָרֶץ – סוֹתְרִין אֶת דִּינוֹ, מִפְּנֵי זְכוּתָהּ שֶׁל אֶרֶץ יִשְׂרָאֵל.

This is **as it is taught** in a *baraita*, that **Rabbi Yehuda ben Dostai says in the name of Rabbi Shimon ben Shataḥ:** If a convicted defendant **fled from Eretz** Yisrael **to outside Eretz** Yisrael **one does not overturn his verdict.** Rather, they implement the initial verdict. But if one fled **from outside Eretz** Yisrael **to Eretz** Yisrael,[H] **one overturns his verdict** and the defendant is retried. Perhaps, **due to the merit of Eretz Yisrael,** the court will discover a reason to exonerate him.

״סַנְהֶדְרִין נוֹהֶגֶת״ כו׳. מְנָא הָנֵי מִילֵּי? דְּתָנוּ רַבָּנַן: ״וְהָיוּ אֵלֶּה לָכֶם לְחֻקַּת מִשְׁפָּט לְדֹרֹתֵיכֶם״ – לָמַדְנוּ לְסַנְהֶדְרִין שֶׁנּוֹהֶגֶת בָּאָרֶץ וּבְחוּצָה לָאָרֶץ.

§ The mishna teaches: The mitzva to establish **a Sanhedrin** with the authority to administer capital punishments **is in effect** both in Eretz Yisrael and outside Eretz Yisrael. The Gemara clarifies: **From where are these matters** derived? It is **as the Sages taught:** It is written with regard to the sentencing of murderers: **"And these shall be for you as a statute of justice for your generations** in all your dwelling places" (Numbers 35:29), from which **we learn that** the mitzva to establish a **Sanhedrin is in effect** both **in Eretz** Yisrael **and outside Eretz** Yisrael.

אִם כֵּן מַה תַּלְמוּד לוֹמַר ״בִּשְׁעָרֶיךָ״? בִּשְׁעָרֶיךָ אַתָּה מוֹשִׁיב בָּתֵּי דִינִים בְּכָל פֶּלֶךְ וּפֶלֶךְ וּבְכָל עִיר וָעִיר, וּבְחוּצָה לָאָרֶץ אַתָּה מוֹשִׁיב בְּכָל פֶּלֶךְ וּפֶלֶךְ, וְאִי אַתָּה מוֹשִׁיב בְּכָל עִיר וָעִיר.

If so, what is the meaning when **the verse states:** "Judges and officers you shall appoint **in all your gates**" (Deuteronomy 16:18), which indicates that the mitzva to establish a Sanhedrin is in effect where the gates are yours, i.e., only in Eretz Yisrael? The explanation is as follows: **In your gates,** in Eretz Yisrael, **you establish courts**[H] **in each and every district and in each and every city, and outside Eretz** Yisrael **you establish**[N] courts **in each and every district, but you do not establish** courts **in each and every city.** The requirement to establish courts in every city is only in Eretz Yisrael.

״סַנְהֶדְרִין הַהוֹרֶגֶת״ וכו׳. אִיבַּעְיָא לְהוּ: אַחַת לְשִׁבְעִים שָׁנָה נִקְרֵאת חַבְלָנִית, אוֹ דִּלְמָא אוֹרַח אַרְעָא הִיא? תֵּיקוּ.

§ The mishna teaches: **A Sanhedrin that executes** once in seven years is characterized as a destructive tribunal. Rabbi Elazar ben Azarya says: This categorization applies to a Sanhedrin that executes once in seventy years. **A dilemma was raised before** the Sages: Is Rabbi Elazar ben Azarya saying that a Sanhedrin that executes **once in seventy,** rather than seven, **years is characterized as a destructive** tribunal? **Or perhaps** he is saying that **standard conduct is** for a Sanhedrin to execute once in seventy years, and only if it executes more than one person during that period is it characterized as destructive? The Gemara concludes: The dilemma **shall stand** unresolved.

״רַבִּי טַרְפוֹן וְרַבִּי עֲקִיבָא אוֹמְרִים: אִילּוּ הָיִינוּ״ וכו׳. הֵיכִי הָווּ עָבְדִי? רַבִּי יוֹחָנָן וְרַבִּי אֶלְעָזָר דְּאָמְרִי תַּרְוַיְיהוּ: רְאִיתֶם טְרֵיפָה הָרַג שָׁלֵם הָרַג?

The mishna teaches that **Rabbi Tarfon and Rabbi Akiva say: If we had been** members of the Sanhedrin, we would have conducted the trials in a manner where no person would have ever been executed. The Gemara asks: **How would they have acted** to spare the accused from execution if witnesses testified that he intentionally committed murder? **Rabbi Yoḥanan and Rabbi Elazar both say** that they would have asked the witnesses: **Did you see** whether the accused **killed a *tereifa*,**[NH] i.e., a person with a condition that would lead to his death within twelve months, or if **he killed** someone who was **intact?** The halakhic status of a *tereifa* is like that of one who is dead, in the sense that one who kills him is not executed. Since no witness can be certain with regard to the victim's physical condition, they would invalidate any testimony to a murder.

HALAKHA

But if one fled from outside Eretz Yisrael to Eretz Yisrael, etc. – מֵחוּצָה לָאָרֶץ לָאָרֶץ וכו׳: If one is sentenced in a court outside Eretz Yisrael and flees and appears in a court inside Eretz Yisrael, the verdict is overturned and the accused is retried, in accordance with the statement of Shimon ben Shataḥ. If the judges who sentence him outside Eretz Yisrael reconvene in Eretz Yisrael and the one sentenced appears before them, they do not overturn the verdict (Rambam *Sefer Shofetim, Hilkhot Sanhedrin* 13:8).

In your gates you establish courts, etc. – בִּשְׁעָרֶיךָ אַתָּה מוֹשִׁיב בָּתֵּי דִינִים וכו׳: The mitzva to establish a court in each and every district and in each and every city is in effect only in Eretz Yisrael. Outside Eretz Yisrael there is no mitzva to establish a court in every district. The *Kesef Mishne* and the *Leḥem Mishne* cite a variant reading in the Rambam consistent with the Gemara here that outside Eretz Yisrael there is a mitzva to establish courts in each and every district but not in each and every city. The Radbaz upholds the standard version of the Rambam that outside of Eretz Yisrael there is neither a mitzva to establish courts in each and every district nor is there a mitzva to do so in each and every city (Rambam *Sefer Shofetim, Hilkhot Sanhedrin* 1:2).

Did you see whether the accused killed a *tereifa*, etc. – רְאִיתֶם טְרֵיפָה הָרַג וכו׳: One who kills a *tereifa*, even if the victim was eating, drinking, and walking in the marketplace, is exempt from a court-imposed death penalty. The presumptive status of all people is that they are intact and not *tereifot*, and their murderers are put to death unless it is medically established that the present status of the victim, due to a blow that was struck or due to illness, will lead to his death. The *halakha* is in accordance with the opinion of Rabban Gamliel in the mishna, contrary to the opinions of Rabbi Tarfon and Rabbi Akiva (Rambam *Sefer Nezikin, Hilkhot Rotze'aḥ UShmirat HaNefesh* 2:8 and *Kesef Mishne* there).

NOTES

And outside Eretz Yisrael you establish, etc. – וּבְחוּצָה לָאָרֶץ אַתָּה מוֹשִׁיב וכו׳: The Meiri cites a variant reading: And outside Eretz Yisrael you neither establish courts in each and every district nor establish them in each and every city. He explains that according to the Rambam, in Eretz Yisrael they establish a Sanhedrin in every district and every city. Outside of Eretz Yisrael there is no obligation of that kind; they establish courts there where necessary.

Did you see whether the accused killed a *tereifa* – רְאִיתֶם טְרֵיפָה הָרַג: The commentaries, foremost among them Rabbeinu Tam, note that based on the Gemara in tractate *Ḥullin* (11b) and on reason, one need not consider far-fetched possibilities, e.g., that the victim was a *tereifa*, as one relies upon presumptive status and upon the majority. Rabbeinu Tam explains (see *Sefer HaYashar*) that the Gemara here is not saying the accused will be exonerated based on the distant possibility that the victim might have been a *tereifa*. Rather, the witnesses are asked questions until at some point they do not know the answer, or contradict each other, which will render their testimony void. *Tosafot* add that the statement in the Gemara: No person would have ever been executed, does not mean that the accused would always be exonerated, but that Rabbi Akiva and Rabbi Tarfon would cross-examine the witnesses so extensively that it would be difficult to convict the accused.

אֲמַר רַב אַשִׁי: אִם תִּמְצָא לוֹמַר שָׁלֵם הֲוָה, דִּלְמָא בִּמְקוֹם סַיִיף נֶקֶב הֲוָה.

Rav Ashi said: Even **if you say** that they examined him postmortem and **he was intact** the testimony could be challenged, as **perhaps in the place** that the **sword** pierced the victim's body **there was a perforation** in one of the organs that renders the person a *tereifa*, but which was rendered undetectable by the wound caused by the sword.

בְּבוֹעֵל אֶת הָעֶרְוָה הֵיכִי הֲווּ עָבְדִי? אַבַּיֵי וְרָבָא דְּאָמְרִי תַּרְוַייהוּ: רְאִיתֶם כְּמִכְחוֹל בִּשְׁפוֹפֶרֶת? וְרַבָּנַן, הֵיכִי דָּיְינוּ? כִּשְׁמוּאֵל, דְּאָמַר שְׁמוּאֵל: בִּמְנָאֲפִים – מִשֶּׁיֵּרָאוּ כִּמְנָאֲפִים.

The Gemara asks: **With regard to one who engages in intercourse with a forbidden relative, how would they have acted** to spare the accused from execution? **Abaye and Rava both say** that they would have asked the witnesses: **Did you see** the intercourse, **like a brush** entering **into a tube?**[B] Since witnesses rarely witness the act that closely, one could claim that the testimony is incomplete. The Gemara asks: **And** concerning **the Rabbis,** who disagree with Rabbi Tarfon and Rabbi Akiva, **how would they** have **adjudicated** that case? The Gemara answers: They hold **in accordance with** the statement of **Shmuel, as Shmuel says: In** cases involving **adulterers** one can testify and convict them **from when they will appear as adulterers,**[H] without any need for him to witness the act in graphic detail.

הדרן עלך כיצד העדים

BACKGROUND

Brush into a tube – מִכְחוֹל בִּשְׁפוֹפֶרֶת: This refers specifically to a tube of kohl, an stibnite-based eye shadow, the use of which dates back to ancient times. It served both cosmetic purposes, to create the impression that the eye is larger, and medicinal purposes. The substance was stored in a thin tube or a pair of matching tubes, and was applied by means of a brush that was apparently a thin reed.

Kohl tube with applicator, fourteenth century BCE

HALAKHA

In cases involving adulterers from when they will appear as adulterers – בִּמְנָאֲפִים מִשֶּׁיֵּרָאוּ כִּמְנָאֲפִים: When testifying that someone engaged in intercourse with forbidden relatives, witnesses are not required to testify that they witnessed the act in graphic detail, like a brush entering into a tube. It is sufficient if they saw the man and woman in an embrace typical of those engaging in intercourse. One need not entertain the possibility that perhaps it was merely an embrace and they did not proceed to engage in intercourse. This testimony is also sufficient to deem a woman adulterous and render her forbidden to her husband (Rambam *Sefer Kedusha*, *Hilkhot Issurei Bia* 1:19; *Shulḥan Arukh*, *Even HaEzer* 20:1, in the comment of Rema, 178:16).

Summary of **Perek I**

Witnesses can be rendered conspiring witnesses only if their testimony fulfills all the criteria of testimony. Therefore, in a case where a set of witnesses came to court and one of them was a disqualified witness, since their testimony is not valid, if they are later rendered conspiring witnesses they are not punished accordingly. Likewise, witnesses are rendered conspiring witnesses only if all of them are rendered as such, and if there was testimony that only one of them was conspiring, not only does the other witness go unpunished, even the witness against whom there was testimony goes unpunished.

Just as depending on the circumstances witnesses join together or do not join together to constitute a single testimony, in general, the *halakha* is the same concerning conspiring testimony. There is a difference in that regard between cases of monetary law and cases of capital law.

Witnesses can be rendered conspiring only if their testimony was accepted. There is a Torah edict that if the sentence was already implemented, even if the witnesses were later rendered conspiring they are not punished, as it is written: "And you shall do to him as he conspired to do to his brother" (Deuteronomy 19:21), from which it is inferred: As he conspired to do, but not as he did.

A second set of witnesses renders the first set conspiring witnesses only if they testify: You were with us elsewhere at the time that you testified that you witnessed the incident and not where you claimed to be, because only through testimony directed at the witnesses themselves can they be rendered conspiring witnesses. By contrast, when the second set contradicts the testimony of the first set, they do not render them conspiring witnesses. Although their testimony is rendered void, the conspiring witnesses are not punished.

As with testimony in general, with regard to rendering witnesses as conspiring, the testimony of two witnesses is considered full-fledged testimony and their authority equals that of more numerous witnesses opposing them. Therefore, one set of witnesses can render several sets of witnesses as conspiring witnesses.

In theory, all conspiring witnesses should be flogged for bearing false witness. Despite this, based on the principle: "According to the measure of his wickedness" (Deuteronomy 25:2), from which it is inferred with regard to one who commits one transgression: For one evildoing you can render him liable, but you cannot render him liable for two evildoings, i.e., one cannot receive two punishments for the same act, if a conspiring witness is liable to be executed or to remit a monetary payment, he is not flogged for bearing false witness. In a case where it is not possible to punish

the witnesses as they plotted, e.g., if they testified that one's lineage is flawed, or that one is liable to be exiled, the conspiring witnesses are flogged.

When the conspiring witnesses are liable to receive either the death penalty or lashes, each one is given the entire punishment. When they are liable to remit a monetary payment they divide the payment between them, as in that case the defendant receives the entire payment that the witnesses sought to cause him to lose. In any case that the witnesses seek to render the defendant liable to pay, they are not necessarily liable to pay the sum that they mentioned in their testimony; rather, they pay an amount based on an assessment of the actual loss that the defendant would have suffered had his conviction not been overturned.

With regard to cases of capital law, the Gemara concluded that anyone who was sentenced to death in court and fled, and then was apprehended by that court or by another court, is not retried and the original verdict is implemented; unless he fled from outside of Eretz Yisrael to Eretz Yisrael. In that case he is retried. The Sages concluded that although one must take great care to keep death sentences to a minimum, they must not be completely abolished, because that would result in an increase in the number of murderers among the Jewish people.

Introduction to **Perek II**

You shall designate three cities for you in the midst of your land, which the Lord your God gives you to possess it. Prepare for you the road, and divide the borders of your land, which the Lord your God causes you to inherit, into three parts, that every murderer may flee there. And this is the matter of the murderer, who shall flee there and live: Who kills his neighbor unawares, as he did not hate him from before; and as one who goes with his neighbor into the forest to hew wood, and his hand fetches a stroke with the ax to cut down the tree, and the blade displaces from the wood and finds his neighbor and he dies; he shall flee to one of these cities and live. Lest the blood redeemer pursue the murderer, while his heart is hot, and overtake him, because the way is long, and strike him fatally; and for him there is no sentence of death, as he did not hate him from before. Therefore I command you, saying: You shall designate three cities for you.

(Deuteronomy 19:2–7)

Then the congregation shall judge between the murderer and the blood redeemer according to these laws; and the congregation shall rescue the murderer from the hands of the blood redeemer, and the congregation shall restore him to his city of refuge, that he fled there; and he shall dwell there until the death of the High Priest, who was anointed with the sacred oil. And if the murderer shall at any time go beyond the border of his city of refuge, where he flees; and the blood redeemer finds him outside the border of his city of refuge and the blood redeemer murders the murderer, he has no blood; for in his city of refuge he shall dwell until the death of the High Priest; and after the death of the High Priest the murderer shall return to his ancestral land. And these matters shall be for you a statute of law unto you throughout your generations in all your dwellings.

(Numbers 35:24–29)

The *halakhot* of an unintentional murderer and cities of refuge are mentioned in several places (Exodus 21:13; Numbers 35:6–29; Deuteronomy 4:41–43, 19:1–13; Joshua 20:1–9). Despite all those verses, there remain several matters that are not sufficiently clear and require elaboration based on the tradition of the Oral Law and the statements of the Sages.

The myriad practical problems with regard to the punishment of exile can be divided into two primary categories. The first is the precise definition of an unintentional murderer, and the second is the halakhic details of the punishment of exile. In tractate *Sanhedrin*, the criteria for defining an intentional murderer who is liable to receive a court-imposed death penalty are detailed: Two people must testify that they witnessed the act, a forewarning that indicates that the act was premeditated and performed with intent must have occurred, and the act must have been performed in a manner where the death of a victim was a direct result of the act.

The unintentional murderer is liable to be exiled, yet not every murderer not characterized as an intentional murderer is categorized as an unintentional murderer. On the one hand there are cases where the victim was killed with no culpability on the part of the one who caused the death, e.g., death due to circumstances beyond the murderer's control, in which case he is not liable to be exiled. There are also incidents where not all the criteria for executing the murderer are in place, even though it is clear that he is guilty of intentional murder. It is evident that exile is not merely punishment and protection for the murderer, but also serves as atonement for his sin. In that case, the murderer is not entitled to that atonement. Defining the

precise specifications of murder that engenders liability for exile is one of the primary focuses of this chapter.

Likewise, the *halakhot* of exile itself are clarified here: How does the unintentional murderer reach the city of refuge? What are the boundaries of the cities of refuge in terms of providing protection from the blood redeemer? Is it permitted for the unintentional murderer to leave the city of refuge under any circumstances? In addition, how does the exile exist in the city of refuge? Who is the High Priest whose death enables the unintentional murderer to return to his place of residence? When is the murderer ultimately released from exile?

The details of the cities of refuge, their identity and their number, and their unique *halakhot* are the second topic discussed in this chapter.

In general, this chapter is the primary source for clarification of the *halakhot* of the unintentional murderer and the cities of refuge.

מתני׳ אֵלּוּ הֵן הַגּוֹלִין: הַהוֹרֵג נֶפֶשׁ בִּשְׁגָגָה. הָיָה מְעַגֵּל בְּמַעְגִּילָה וְנָפְלָה עָלָיו וַהֲרָגַתּוּ, הָיָה מְשַׁלְשֵׁל בְּחָבִית וְנָפְלָה עָלָיו וַהֲרָגַתּוּ, הָיָה יוֹרֵד בְּסוּלָּם וְנָפַל עָלָיו וַהֲרָגַתּוּ – הֲרֵי זֶה גּוֹלֶה. אֲבָל אִם הָיָה מוֹשֵׁךְ בְּמַעְגִּילָה וְנָפְלָה עָלָיו וַהֲרָגַתּוּ, הָיָה דּוֹלֶה בְּחָבִית וְנִפְסַק הַחֶבֶל וְנָפְלָה עָלָיו וַהֲרָגַתּוּ,

MISHNA **These are** the people **who are exiled:**[H] Anyone **who kills a person unintentionally.** Whether one is liable to be exiled depends on the particular circumstances of the case: If **one was rolling**[HN] **a roller**[NB] to smooth the covering of mortar that he applied to seal his roof **and** the roller **fell upon** a person **and killed him,** or if **one was lowering a barrel** from the roof **and it fell on** a person **and killed him,** or if he **was descending a ladder and he fell on** a person **and killed him,** in all of these cases, **he is exiled. But if one was pulling a roller** toward him **and it fell** from his hands **upon** a person **and killed him,** or if **one was lifting a barrel and the rope was severed and it fell upon** a person **and killed him,**

HALAKHA

These are the people who are exiled – אֵלּוּ הֵן הַגּוֹלִין: One who kills unintentionally is exiled from his place of residence to a city of refuge. It is a positive mitzva to exile him there.

There are three categories of unintentional murderers: One whose action is deemed unintentional, who is exiled to a city of refuge and spared from death; one whose unintentional action borders on being an action performed due to circumstances beyond his control, who is exempt from exile and if the blood redeemer, i.e., a relative of the victim who may take it upon himself to kill the murderer, indeed kills him, he is liable to be executed; and one whose unintentional action borders on the intentional, due to his negligence, and he is not exiled, as the atonement provided by exile is insufficient due to the severity of his transgression (Rambam *Sefer Nezikin*, *Hilkhot Rotze'aḥ UShmirat HaNefesh* 5:1, 6:1–4).

One was rolling, etc. – הָיָה מְעַגֵּל וכו׳: If one was raising a barrel to the roof, and the rope snapped and the barrel fell down and killed someone, or if he was climbing a ladder and fell upon and killed someone below him, he is exempt from exile, as this borders on being an action performed due to circumstances beyond his control. If he was lowering the barrel, descending the ladder, or rolling a roller, and the barrel, the person himself, or the roller fell upon and killed someone below him, he is liable to be exiled (Rambam *Sefer Nezikin*, *Hilkhot Rotze'aḥ UShmirat HaNefesh* 6:12).

NOTES

One was rolling – הָיָה מְעַגֵּל: Rolling in this context is the pushing of the roller away from him; pulling is bringing it back toward him. Rashi and the Riaz explain that although in talmudic times roofs were typically flat, the plaster with which they covered them was applied so that the roof's surface had a slight incline to facilitate the draining of rainwater. In smoothing the plaster, one rolls the roller from the apex of the roof in a downward motion, thereby fulfilling the criterion established at the end of the mishna: Any murderer who kills unintentionally through his downward motion is exiled.

Roller – מַעְגִּילָה: Rashi explains that this is a thick, smooth piece of wood used to smooth the layer of plaster on the roof. *Tosafot* maintain that it is a round, elongated stone with handles on each side that one would roll over the cement to smooth it. Rabbeinu Yehonatan of Lunel claims that it refers to an apparatus that functioned as a type of elevator on which stones or other building materials were raised to the rooftop.

BACKGROUND

Roller – מַעְגִּילָה: A roller was virtually indispensable in the treatment of roofs. Roofs in the talmudic period typically consisted of wooden beams with the gaps between them sealed with several layers of plaster. After placing the plaster, they would smooth it with a roller, which was usually a cylindrical stone with holes on each side through which a handle or handles were inserted. The one smoothing the plaster would push the implement in one direction and pull it back.

Stone rollers for compressing plaster, from the Second Temple period

HALAKHA

Any murderer who kills unintentionally through his downward motion – כָּל שֶׁבְּדֶרֶךְ יְרִידָתוֹ: The principle is that one who commits unintentional murder in a downward motion is liable to be exiled, and one who commits unintentional murder not in a downward motion is exempt from being exiled (Rambam *Sefer Nezikin, Hilkhot Rotze'aḥ UShmirat HaNefesh* 6:13).

To exclude the one who says that it is permitted – פְּרָט לְאוֹמֵר מוּתָּר: If one was of the opinion that it is permitted to kill, his action borders on the intentional, and he is not exiled to a city of refuge (Rambam *Sefer Nezikin, Hilkhot Rotze'aḥ UShmirat HaNefesh* 6:10).

To exclude the one with intent to kill an animal, etc. – פְּרָט לַמִּתְכַּוֵּין לַהֲרוֹג בְּהֵמָה וכו׳: The action of one who intended to kill one person and killed another borders on the intentional, and he is not exiled to a city of refuge (Rambam *Sefer Nezikin, Hilkhot Rotze'aḥ UShmirat HaNefesh* 6:10).

הָיָה עוֹלֶה בְסוּלָּם וְנָפַל עָלָיו וַהֲרָגוֹ – הֲרֵי זֶה אֵינוֹ גוֹלֶה. זֶה הַכְּלָל: כָּל שֶׁבְּדֶרֶךְ יְרִידָתוֹ – גּוֹלֶה, וְשֶׁלֹּא בְּדֶרֶךְ יְרִידָתוֹ – אֵינוֹ גוֹלֶה.

or if **one was climbing a ladder and he fell upon** a person **and killed him, that** unintentional murderer **is not exiled. This is the principle: Any** murderer **who** kills unintentionally **through his downward** motion[H] **is exiled,**[N] **and** one who kills **not through his downward** motion **is not exiled.**

גמ׳ מְנָא הָנֵי מִילֵּי? דְּאָמַר שְׁמוּאֵל: דְּאָמַר קְרָא ״וַיַּפֵּל עָלָיו וַיָּמֹת״ – עַד שֶׁיִּפּוֹל דֶּרֶךְ נְפִילָה.

GEMARA The Gemara asks with regard to the principle that one is exiled only if he killed unintentionally through a downward motion: **From where are these matters** derived? It is derived from a verse, **as Shmuel says that the verse states** with regard to those exiled to a city of refuge: **"And he cast it down upon him and dies"** (Numbers 35:23), indicating that one is not liable to be exiled **unless** the item **falls in a downward** motion.

תָּנוּ רַבָּנַן: ״בִּשְׁגָגָה״ – פְּרָט לְמֵזִיד, ״בִּבְלִי דַעַת״ – פְּרָט לַמִּתְכַּוֵּין.

The Sages taught in a *baraita* derivations from verses written with regard to the unintentional murderer: **"Unintentionally"** (Numbers 35:11); to **exclude** from exile **the** one who kills **intentionally. "Unawares"** (Deuteronomy 19:4); to **exclude** from exile **the** one who kills **with intent.**

מֵזִיד? פְּשִׁיטָא, בַּר קְטָלָא הוּא! אֶלָּא אָמַר רָבָא: אֵימָא, פְּרָט לְאוֹמֵר מוּתָּר. אֲמַר לֵיהּ אַבָּיֵי: אִי אוֹמֵר מוּתָּר – אָנוּס הוּא! אֲמַר לֵיהּ: שֶׁאֲנִי אוֹמֵר: הָאוֹמֵר מוּתָּר – קָרוֹב לְמֵזִיד הוּא.

The Gemara asks: Why is a derivation necessary to exclude one who kills **intentionally?** It is **obvious** that he is not exiled; **he is subject to** the **death** penalty. **Rather, Rava said: Say** that the type of intentional killer referred to is meant to **exclude the** one who **says** that **it is permitted**[H] to kill the victim. The verse teaches that this person is neither executed nor is he exiled. **Abaye said to** Rava: **If** the reference is to one who **says** that **it is permitted, he** is **a victim of circumstances beyond his control,** as he did not know any better. How could that be characterized as intentional? Rava **said to him:** That is not a problem, **as I say** that with regard to **one who says** that **it is permitted,** his action **borders on the intentional.**[N]

״״בִּבְלִי דַעַת׳ פְּרָט לַמִּתְכַּוֵּין״. מִתְכַּוֵּין? פְּשִׁיטָא, בַּר קְטָלָא הוּא! אָמַר רַבָּה: פְּרָט לַמִּתְכַּוֵּין לַהֲרוֹג אֶת הַבְּהֵמָה וְהָרַג אֶת הָאָדָם, לְגוֹי וְהָרַג אֶת יִשְׂרָאֵל, לְנֵפֶל וְהָרַג בֶּן קַיָּימָא.

The *baraita* states: **"Unawares";** to **exclude** from exile **the** one who kills **with intent.** The Gemara asks: **With intent?** It is **obvious** that he is not exiled; **he is subject to** the **death** penalty. **Rabba said:** The reference is to **exclude the** one who acted **with** the **intent to kill an animal**[H] **and he killed a person** inadvertently, or one who acted with the intent **to** kill **a gentile and he killed a Jew,** or one who acted with the intent **to** kill **a non-viable newborn and he killed a viable** newborn.

NOTES

Any murderer who kills unintentionally through his downward motion is exiled – כָּל שֶׁבְּדֶרֶךְ יְרִידָתוֹ גּוֹלֶה: Although Shmuel derives this principle from a verse, the Rambam explains its rationale as follows: Since everyone is aware that items fall, and that falling items or people pose a danger to those below, presumably any incident that occurs as the result of a downward motion can be attributed to a lack of caution, and therefore, the unintentional murderer is exiled. For that incident to result from an upward motion is rare and borders upon being an action performed due to circumstances beyond his control, and he is not exiled for it (Meiri).

He is a victim of circumstances beyond his control…his action borders on the intentional – אָנוּס הוּא...קָרוֹב לְמֵזִיד הוּא: With regard to exile, there is no difference between one whose action was performed due to circumstances beyond his control and one whose action bordered on the intentional. In neither case is the murderer exiled. One who acted due to circumstances beyond his control is not exiled because he is not guilty at all, and the atonement provided by exile would be insufficient due to the severity of the transgression of the one whose action bordered on the intentional. The Rambam maintains that there is a difference in the halakhic status of the two with regard to the case of a blood redeemer taking vengeance. If the blood redeemer kills an unintentional murderer who acted due to circumstances beyond his control, the former's status is that of a murderer. But if the blood redeemer kills an unintentional murderer whose action bordered on the intentional, he is exempt.

תָּנוּ רַבָּנַן: "אִם בְּפֶתַע" – פְּרָט לְקֶרֶן זָוִית, "בְּלֹא אֵיבָה" – פְּרָט לְשׂוֹנֵא, "הֲדָפוֹ" – שֶׁדְּחָפוֹ בְּגוּפוֹ, "אוֹ הִשְׁלִיךְ עָלָיו" – לְהָבִיא יְרִידָה שֶׁהִיא צוֹרֶךְ עֲלִיָּה, "בְּלֹא צְדִיָּה" – פְּרָט לְמִתְכַּוֵּין לְצַד זֶה וְהָלְכָה לָהּ לְצַד אַחֵר.

The Sages taught in a *baraita* based on the verse written with regard to an unintentional murderer: "And if suddenly, without enmity, he thrust him or cast upon him any vessel without lying in wait" (Numbers 35:22). **"If suddenly"**; this serves to **exclude** one who unintentionally kills another that he encounters at **a corner.**[NH] **"Without enmity"**; this serves to **exclude** one who unintentionally kills his **enemy,**[H] as even if the act appears unintentional, the presumption is that it was not. **"He thrust him"**; this indicates **that** even if he unintentionally **shoved him with his body**[NH] and killed him, he is liable to be exiled. **"Or cast upon him"**; this serves to **include** the case of **a downward** motion **that is for the purpose of an upward** motion,[H] e.g., if one bent down in order to lift an item from the ground, and in the process of bending down he killed another unintentionally, he is exiled. **"Without lying in wait"**;[N] this serves to **exclude** one who **had** the **intent** to throw a stone **to this side and it went to a different side**[H] and killed a person.

"וַאֲשֶׁר לֹא צָדָה" – פְּרָט לְמִתְכַּוֵּין לִזְרוֹק שְׁתַּיִם וְזָרַק אַרְבַּע. "וַאֲשֶׁר יָבֹא אֶת רֵעֵהוּ בַיַּעַר" – מָה יַעַר רְשׁוּת לַנִּיזָּק וְלַמַּזִּיק לִיכָּנֵס לְשָׁם, אַף כׇּל רְשׁוּת לַנִּיזָּק וְלַמַּזִּיק לִיכָּנֵס לְשָׁם.

And it is written with regard to an unintentional murderer: **"And who did not lie in wait"** (Exodus 21:13); this serves to **exclude** one who **had intent to throw** a stone **two** cubits[NH] **and he** inadvertently **threw** it **four** cubits and killed a person. And it is written concerning an unintentional murderer: **"And as one who goes with his neighbor into the forest"** (Deuteronomy 19:5), from which it is derived: **Just as a forest** is ownerless property, and there is **permission for the victim and for the assailant**[H] **to enter there, so too,** unintentional murder that occurs in **any** place where there is **permission for the victim and for the assailant to enter there,** is punishable with exile. The unintentional murder of one who entered the assailant's property without his permission is not cause for the murderer to be exiled.

בְּעָא מִינֵּיהּ רַבִּי אַבָּהוּ מֵרַבִּי יוֹחָנָן: הָיָה עוֹלֶה בְּסוּלָּם, וְנִשְׁמַט הַשְּׁלִיבָה מִתַּחְתָּיו וְנָפְלָה וְהָרְגָה, מַהוּ? כִּי הַאי גַּוְונָא עֲלִיָּה הִיא אוֹ יְרִידָה הִיא? אֲמַר לֵיהּ: כְּבָר נָגַעְתָּ בִּירִידָה שֶׁהִיא צוֹרֶךְ עֲלִיָּה.

§ The Gemara cites a related discussion. **Rabbi Abbahu raised a dilemma before Rabbi Yoḥanan: If one was ascending a ladder and the rung was displaced**[NH] **from beneath him, and** the rung **fell and killed** another, **what is** the *halakha* with regard to his being exiled? **In a case like this, is** it considered killing in **an upward** motion, as he was climbing the ladder, and therefore he is exempt, **or is** it considered killing in **a downward** motion, as when he stepped on the rung he pushed it down, and therefore he is liable? Rabbi Yoḥanan **said to him:** In the scenario you described, **you already touched upon** the case in the *baraita* cited above, the case of unintentional murder that is performed with **a downward** motion **that is for the purpose of an upward** motion. The ruling in the *baraita* is that one is liable to be exiled in that case.

NOTES

If suddenly, this serves to exclude one who unintentionally kills another at a corner – אִם בְּפֶתַע פְּרָט לְקֶרֶן זָוִית: Rashi explains that the term "suddenly [*befeta*]" is referring to an immediate and proximate occurrence. In this case, one with a knife in his hand who collides with another when rounding a corner was not yet next to the victim when drawing his knife (see Ritva and Rabbeinu Ḥananel).

He thrust him, this indicates that even if he unintentionally shoved him with his body – הֲדָפוֹ שֶׁדְּחָפוֹ בְּגוּפוֹ: The language of the *baraita* indicates that he is exiled even in that case, and Rashi explains that the reference is to one who pushed another without the intent to do so. The Rambam and the Meiri maintain that the *baraita* should be understood: He thrust him, to exclude one who shoved him with his body. One who shoves another and causes his death is not exiled, as his action borders on the intentional.

Without lying in wait [*tzediyya*] – בְּלֹא צְדִיָּה: Rashi explains that the term *tzediyya* is related to the term *tzad*, side, and it means facing a particular side. If one was facing one side and an item slipped out of his hand and went in a different direction, he is not liable to be exiled, as it is deemed an action performed due to circumstances beyond his control. The Rambam agrees. The Meiri explains that the reason he is not exiled is that his action bordered on the intentional.

To throw a stone two cubits, etc. – לִזְרוֹק שְׁתַּיִם וכו׳: These are cases where the item flew farther than he intended, e.g., four cubits instead of two, or eight instead of four. *Tosafot* cite two explanations suggested by Rashi in *Bava Kamma* (26b). According to one explanation, from this verse it is derived that one who does so is not liable to be executed as a murderer, but he is liable to be exiled. According to the second explanation, he is exempt from exile as well. *Tosafot* and Rabbeinu Ḥananel agree with the second explanation, as in that case his action borders on the intentional and therefore the atonement provided by exile is insufficient. The Rambam agrees.

The rung was displaced – נִשְׁמַט הַשְּׁלִיבָה: The question is whether the determining factor that caused the death of the person below is the action of the person, in which case it is an upward motion, or that of the item, the rung, whose motion was downward (Rashi).

HALAKHA

To exclude one who unintentionally kills another at a corner – פְּרָט לְקֶרֶן זָוִית: One who unintentionally kills another while rounding a corner is not exiled to a city of refuge, as his action borders on the intentional (Rambam *Sefer Nezikin, Hilkhot Rotze'aḥ UShmirat HaNefesh* 6:10).

To exclude one who unintentionally kills his enemy – פְּרָט לְשׂוֹנֵא: If one unintentionally kills an enemy, he is not exiled to a city of refuge, as presumably his action borders on the intentional. An enemy, in this context, is anyone who did not speak to him for three days due to enmity (Rambam *Sefer Nezikin, Hilkhot Rotze'aḥ UShmirat HaNefesh* 6:10).

That even if he unintentionally shoved him with his body – שֶׁדְּחָפוֹ בְּגוּפוֹ: The action of one who caused the death of another by shoving him with his body borders on the intentional, and he is not exiled to a city of refuge (Rambam *Sefer Nezikin, Hilkhot Rotze'aḥ UShmirat HaNefesh* 6:10).

Downward motion that is for the purpose of an upward motion – יְרִידָה שֶׁהִיא לְצוֹרֶךְ עֲלִיָּה: One who kills another while performing an upward motion and one who kills another while performing a downward motion that was performed for the purpose of an upward motion is not liable to be exiled. The *Kesef Mishne* and others find the Rambam's ruling on this matter difficult (Rambam *Sefer Nezikin, Hilkhot Rotze'aḥ UShmirat HaNefesh* 6:13).

One who had intent to throw to this side and it went to a different side, etc. – מִתְכַּוֵּין לְצַד זֶה וְהָלְכָה לָהּ לְצַד אַחֵר וכו׳: The action of one whose intent was to throw an item to one side but it went in a different direction and killed another borders on the intentional and he is not exiled to a city of refuge (Rambam *Sefer Nezikin, Hilkhot Rotze'aḥ UShmirat HaNefesh* 6:14).

One who had intent to throw a stone two cubits, etc. – מִתְכַּוֵּין לִזְרוֹק שְׁתַּיִם וכו׳: The action of one whose intent was to throw an object two cubits and who threw it four cubits and killed a person borders on the intentional, and he is not exiled to a city of refuge (Rambam *Sefer Nezikin, Hilkhot Rotze'aḥ UShmirat HaNefesh* 6:10).

Just as a forest is ownerless and there is permission for the victim and for the assailant – מָה יַעַר רְשׁוּת לַנִּיזָּק וְלַמַּזִּיק: One is liable to be exiled only if he unintentionally murdered another in a place where it is permitted for both the victim and the assailant to enter. Therefore, if one enters the courtyard of another without permission and the owner of the courtyard murdered him unintentionally, the owner is exempt from exile. If one entered with permission, the owner is exiled (Rambam *Sefer Nezikin, Hilkhot Rotze'aḥ UShmirat HaNefesh* 6:11).

One was ascending a ladder and the rung was displaced – הָיָה עוֹלֶה בְּסוּלָּם וְנִשְׁמַט שְׁלִיבָה: One who unintentionally kills in a downward motion that is for the purpose of an upward motion is not exiled to a city of refuge. How so? If one was climbing a ladder and a rung was displaced from beneath him and killed a person below him, he is exempt from exile. See the *Kesef Mishne* and others, who seek to reconcile the opinion of the Rambam with the Gemara (Rambam *Sefer Nezikin, Hilkhot Rotze'aḥ UShmirat HaNefesh* 6:14).

אֵיתִיבֵיהּ: זֶה הַכְּלָל, כָּל שֶׁבְּדֶרֶךְ יְרִידָתוֹ – גּוֹלֶה, שֶׁלֹּא בְּדֶרֶךְ יְרִידָתוֹ – אֵינוֹ גּוֹלֶה. "שֶׁלֹּא בְּדֶרֶךְ יְרִידָתוֹ" לְאֵיתוֹיֵי מַאי? לָאו לְאֵיתוֹיֵי כְּהַאי גַּוְונָא? וְלִיטַעֲמִיךְ, "כָּל שֶׁבְּדֶרֶךְ יְרִידָתוֹ" לְאֵיתוֹיֵי מַאי?

Rabbi Abbahu **raised an objection to** the explanation of Rabbi Yoḥanan from the mishna, which states: **This is the principle: Any** murderer **who** kills unintentionally **through his downward** motion **is exiled, and** one **who** kills **not through his downward** motion **is not exiled.** Rabbi Abbahu clarifies: With regard to the phrase in the mishna: One **who** kills **not through his downward** motion, **what** case that was not already specified does this serve **to add? Is it not to add a case like this,** and to teach that even though the death was caused by the falling rung, since the assailant was ascending the ladder at the time, he is not exiled? Rabbi Yoḥanan replied: **And according to your reasoning** that this apparently extraneous phrase serves to include a case that is not addressed explicitly, with regard to the previous phrase in the mishna: **Any** murderer **who** kills unintentionally **through his downward** motion, what case that was not already specified does this serve **to add?**

אֶלָּא לְאֵיתוֹיֵי קַצָּב, הָכָא נַמִּי – לְאֵיתוֹיֵי קַצָּב. דְּתַנְיָא: קַצָּב שֶׁהָיָה מְקַצֵּב; תָּנָא חֲדָא: לְפָנָיו חַיָּיב לְאַחֲרָיו פָּטוּר, וְתַנְיָא אִידָּךְ: לְאַחֲרָיו חַיָּיב לְפָנָיו פָּטוּר, וְתַנְיָא אִידָּךְ: בֵּין לְפָנָיו בֵּין לְאַחֲרָיו חַיָּיב, וְתַנְיָא אִידָּךְ: בֵּין לְפָנָיו בֵּין לְאַחֲרָיו פָּטוּר. וְלָא קַשְׁיָא;

Rather, one may say that it serves **to add** the case of **a butcher. Here too,** in the latter clause, the phrase: One who kills not through his downward motion, serves **to add** the case of **a butcher, as it is taught** in a *baraita*: With regard to **a butcher who was chopping**[B] animal limbs with a cleaver, **one** Sage **taught** that if he killed a person **in front of him,** he is **liable** to be exiled; if he killed a person **behind him,** he is **exempt. And it is taught** in **another** *baraita*: If he killed a person **behind him,** he is **liable;** if he killed a person **in front of him,** he is **exempt. And it is taught** in **another** *baraita*: **Both** if he killed a person **in front of him and** if he killed a person **behind him,** he is **liable. And it is taught** in **another** *baraita*: **Both** if he killed a person **in front of him and** if he killed a person **behind him,** he is **exempt. And** although these *baraitot* appear contradictory, the apparent contradiction is **not difficult.**

כָּאן – בִּירִידָה שֶׁלְּפָנָיו וַעֲלִיָּה שֶׁלְּאַחֲרָיו, כָּאן – בַּעֲלִיָּה שֶׁלְּפָנָיו וִירִידָה שֶׁלְּאַחֲרָיו,

When a butcher is about to cut the meat of an animal, he raises the cleaver and lowers it behind him in order to create momentum that will generate power. Then he raises the cleaver from behind him and brings it down forcefully onto the meat. In that process, the butcher lowers the cleaver in front of him and behind him and raises the cleaver both in front of him and behind him. Each of the four *baraitot* addresses a different stage of the process. **Here,** the *baraita* that says he is liable if he unintentionally murders a person in front of him and exempt if he unintentionally murders a person behind him, is referring to a case where the butcher swings the cleaver **with a downward** motion **in front of him**[NH] **and an upward** motion **behind him. There,** the *baraita* that says he is exempt if he unintentionally murders a person in front of him and liable if he unintentionally murders a person behind him, is referring to a case where the butcher swings the cleaver **with an upward** motion **in front of him and a downward** motion **behind him.**

כָּאן – בִּירִידָה שֶׁלְּפָנָיו וְשֶׁל אַחֲרָיו, כָּאן – בַּעֲלִיָּה שֶׁלְּפָנָיו וְשֶׁל אַחֲרָיו.

In addition, **here,** the *baraita* where he is liable in both instances, is referring to a case where the butcher swings the cleaver **with a downward** motion both **in front of him and behind him. There,** the *baraita* where he is exempt in both instances, is referring to a case where the butcher swings the cleaver **with an upward** motion both **in front of him and behind him.** The two phrases that constitute the principle in the mishna teach that the determining factor is whether the motion is upward or downward, not whether it is in front of him or behind him. This is Rabbi Yoḥanan's reply to the objection of Rabbi Abbahu.

לֵימָא כְּתַנָּאֵי: הָיָה עוֹלֶה בְּסוּלָּם וְנִשְׁמְטָה שְׁלִיבָה מִתַּחְתָּיו, תָּנֵי חֲדָא: חַיָּיב, וְתַנְיָא אִידָּךְ: פָּטוּר. מַאי לָאו בְּהָא קָא מִיפַּלְגִי, דְּמָר סָבַר: יְרִידָה הִיא, וּמָר סָבַר: עֲלִיָּה הִיא?

The Gemara suggests: **Let us say** that Rabbi Abbahu's dilemma with regard to unintentional murder committed by one climbing a ladder is **the subject of** a dispute between *tanna'im*: If **one was ascending a ladder and its rung was displaced from beneath him, it is taught** in **one** *baraita* that he is **liable, and it is taught** in **another** *baraita* that he is **exempt. What, is it not** that the *tanna'im* **disagree with regard to this, as one Sage holds: It is** unintentional murder in **a downward** motion, and therefore he is liable, **and one Sage holds: It is** unintentional murder in **an upward** motion, and therefore he is exempt?

BACKGROUND

Butcher who was chopping – קַצָּב שֶׁהָיָה מְקַצֵּב: A butcher [*katzav*], called by this name because he chops and cuts [*mekatzev*] the meat of the animal, uses a cleaver or small ax to cut the parts of the animal limbs and its bones. In order to effectively cut the meat in a manner that will cause as little damage as possible, the butcher must employ great force. He therefore raises the cleaver and lowers it powerfully. Occasionally, in order to generate greater momentum, he lowers the implement behind him and then raises it above his head and lowers it onto the meat.

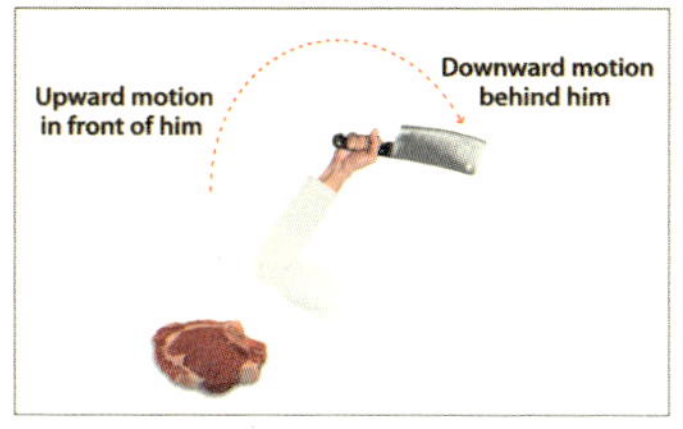

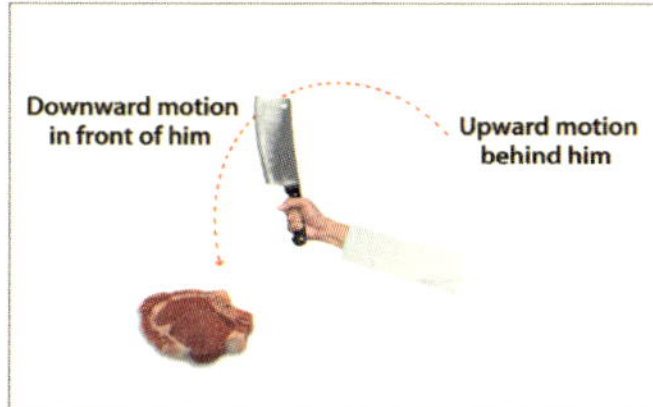

Motions involved in cleaving meat

NOTES

With a downward motion in front of him, etc. – בִּירִידָה שֶׁלְּפָנָיו וכו׳: Rashi explains that whether it was before or behind him, whether he lowered the ax in order to raise it or whether he raised the ax in order to lower it, the determining factor is the motion that he performed: If he raised the ax he is exempt, and if he lowered the ax he is liable. The Ritva agrees. Rabbeinu Ḥananel explains that if his objective was to raise the ax he is exempt even if the murder was caused in a downward motion, and if his objective was to lower the ax he is liable even if the murder was caused in an upward motion. Rabbeinu Ḥananel adds that this is the understanding in the Jerusalem Talmud. The Rambam agrees.

HALAKHA

With a downward motion in front of him, etc. – בִּירִידָה שֶׁלְּפָנָיו וכו׳: In a case where a butcher chopping meat raised the arm holding the cleaver behind him and lowered it in front of him to break a bone, if he kills in the course of the initial motion that entails raising the cleaver in front of him and lowering it behind him to create momentum, he is not liable to be exiled. If he kills in the course of the second motion, which entails raising the cleaver behind him and lowering it in front of him, he is liable to be exiled. The principle is: Any murderer who kills unintentionally through his downward motion is exiled, and one who kills not through his downward motion is not exiled. This is in accordance with the explanation of Rabbeinu Ḥananel and the Jerusalem Talmud (Rambam *Sefer Nezikin, Hilkhot Rotze'aḥ UShmirat HaNefesh* 6:13).

לָא, דְּכוּלֵּי עָלְמָא עֲלִיָּה הִיא, וְלָא קַשְׁיָא: כָּאן – לִנְזָקִין, כָּאן – לְגָלוּת.

The Gemara rejects that parallel: **No,** that is not the point of contention, **as everyone agrees** that **it is an upward** motion, **and** there is no dispute between the Sages in the *baraitot*. Nevertheless, the apparent contradiction between them is **not difficult,** as **here,** in the *baraita* that rules him liable, the reference is **to** payment of **damages,**[H] as with regard to one's liability to pay damages, there is no difference between upward and downward motions, or between intentional and unwitting damage; and **there,** in the *baraita* that rules him exempt, the reference is **to exile,** from which one who murders unintentionally in an upward motion is exempt by Torah edict.

אִיבָּעֵית אֵימָא: הָא וְהָא לְגָלוּת, וְלָא קַשְׁיָא; הָא – דְּאַתְלִיעַ, הָא – דְּלָא אַתְלִיעַ.

If you wish, say instead that in both **this** *baraita* **and that** *baraita* the reference is **to exile, and** it is **not difficult,** as **this** *baraita,* where the ruling is that he is liable, is referring to a case **where** the rung of the ladder **was worm infested** and he should have been cautious before stepping on it, and **that** *baraita,* where the ruling is that he is exempt, is referring to a case **where** the rung **was not worm infested,** as in that case it is murder due to circumstances beyond his control, as he could not have anticipated that the rung would be displaced.

וְאִיבָּעֵית אֵימָא: הָא וְהָא דְּלָא אַתְלִיעַ, וְלָא קַשְׁיָא; הָא – דְּמִיהֲדַק, וְהָא – דְּלָא מִיהֲדַק.

And if you wish, say that in both **this** *baraita* **and that** *baraita* the reference is to a rung that **was not worm infested, and** it is **not difficult,** as **this** *baraita,* where the ruling is that he is exempt, is referring to a case **where** the rung **was tightly** inserted into the ladder, and therefore he could not have foreseen that it would be displaced, **and that** *baraita,* where the ruling is that he is liable, is referring to a case **where** the rung **was not tightly** inserted[N] and he should have anticipated its displacement.

מתני׳ נִשְׁמַט הַבַּרְזֶל מִקַּתּוֹ וְהָרַג, רַבִּי אוֹמֵר: אֵינוֹ גּוֹלֶה, וַחֲכָמִים אוֹמְרִים: גּוֹלֶה. מִן הָעֵץ הַמִּתְבַּקֵּעַ, רַבִּי אוֹמֵר: גּוֹלֶה, וַחֲכָמִים אוֹמְרִים: אֵינוֹ גּוֹלֶה.

MISHNA If **the blade** of an ax or hatchet **was displaced from its handle,**[NH] and it flew through the air **and killed** a person, **Rabbi** Yehuda HaNasi **says: He is not exiled, and the Rabbis say:** He is **exiled.** If part **of a tree that is being split**[NH] flew through the air and killed a person, **Rabbi** Yehuda HaNasi **says:** The murderer is **exiled, and the Rabbis say: He is not exiled.**

גמ׳ תַּנְיָא, אָמַר לָהֶם רַבִּי לַחֲכָמִים: וְכִי נֶאֱמַר ״וְנָשַׁל הַבַּרְזֶל מֵעֵצוֹ״? וַהֲלֹא לֹא נֶאֱמַר אֶלָּא ״מִן הָעֵץ״! וְעוֹד, נֶאֱמַר עֵץ לְמַטָּה וְנֶאֱמַר עֵץ לְמַעְלָה, מָה עֵץ הָאָמוּר לְמַעְלָה – מִן הָעֵץ הַמִּתְבַּקֵּעַ, אַף עֵץ הָאָמוּר לְמַטָּה – מִן הָעֵץ הַמִּתְבַּקֵּעַ!

GEMARA **It is taught** in a *baraita* that **Rabbi** Yehuda HaNasi **said to the Rabbis: Is it stated** in the verse: **And the blade displaces from its wood** handle? **But isn't it stated:** "And the blade displaces **from the wood**" (Deuteronomy 19:5), indicating that it is a wood chip from the tree that causes the death of the person? **And furthermore:** ***Etz*** **is stated below:** "And the blade displaces from the *etz*," **and** ***etz*** **is stated above,** earlier in the same verse: "And his hand wields the ax to cut down the *etz*." **Just as** the term ***etz*** **stated above** is referring to wood **from the tree that is being split, so too,** the term ***etz*** **stated below** is referring to wood **from the tree that is being split,** not to the wood of the ax handle.

NOTES

Where the rung was not tightly inserted – דְּלָא מִיהֲדַק: Rashi explains that the two answers concerning the stability of the rung distinguish between a case that is considered an upward motion, in which case one is exempt, and one that is considered a downward motion, in which case one is liable. Rashi explains that if the rung was worm infested or loose it was already sagging when he stepped on it; therefore, it is classified as a downward motion. If the rung was not worm infested and tightly inserted it is classified as an upward motion (see Rabbeinu Ḥananel and Ramban).

If the blade was displaced from its handle – נִשְׁמַט הַבַּרְזֶל מִקַּתּוֹ: Rabbeinu Ḥananel explains that according to Rabbi Yehuda HaNasi, the fact that the blade was displaced from its handle indicates that it was loosely attached; therefore, the action borders on the intentional. Others maintain that the displacement of the blade from its handle could not be anticipated, and therefore his action is due to circumstances beyond his control (Rabbeinu Yehonatan of Lunel; Rid).

Part of a tree that is being split – מִן הָעֵץ הַמִּתְבַּקֵּעַ: Rashi explains that in the process of the tree's being chopped down part of the tree broke off and flew through the air and killed someone. According to the Rambam, this is a case where the blade was displaced by the force of the ax striking the tree (see Jerusalem Talmud). Rabbeinu Ḥananel cites both explanations.

HALAKHA

Here the reference is to payment of damages – כָּאן לִנְזָקִין: In the case of one who was ascending a ladder and a rung was displaced from beneath him and caused damage, if the rung was not tightly fitted and sturdy he is liable to pay damages, provided that it took place in the domain of the victim of the damage. If the rung was tightly fitted and sturdy and was displaced or became worm infested he is exempt, as that is considered an act of God. The *Maggid Mishne* writes that the Rambam had a variant reading of the Gemara: And if you wish, say instead that in both this *baraita* and that *baraita* the reference is to damage (Rambam *Sefer Nezikin, Hilkhot Ḥovel UMazik* 6:4; *Shulḥan Arukh, Ḥoshen Mishpat* 378:3).

If the blade was displaced from its handle – נִשְׁמַט הַבַּרְזֶל מִקַּתּוֹ: If the blade was displaced from its handle and killed a person, the one wielding the ax is liable to be exiled, in accordance with the opinion of the Rabbis (Rambam *Sefer Nezikin, Hilkhot Rotze'aḥ UShmirat HaNefesh* 6:15).

Part of a tree that is being split – מִן הָעֵץ הַמִּתְבַּקֵּעַ: If the blade was displaced by the force of the ax striking the tree and killed someone, the wielder of the ax is not liable to be exiled, as this is a force generated by the strength of his action, and it is like an action performed due to circumstances beyond his control, in accordance with the opinion of Rabbis, according to Rabbeinu Ḥananel's explanation of the mishna and Gemara (Rambam *Sefer Nezikin, Hilkhot Rotze'aḥ UShmirat HaNefesh* 6:15).

אָמַר רַב חִיָּיא בַּר אַשִׁי אָמַר רַב: וּשְׁנֵיהֶם מִקְּרָא אֶחָד דָּרְשׁוּ – ״וְנָשַׁל הַבַּרְזֶל מִן הָעֵץ״, רַבִּי סָבַר: יֵשׁ אֵם לַמָּסוֹרֶת, וְ״נִישֵּׁל״ כְּתִיב. וְרַבָּנַן סָבְרִי: יֵשׁ אֵם לַמִּקְרָא, וְ״נָשַׁל״ קָרֵינַן.

Rav Ḥiyya bar Ashi says that **Rav says: And both of them,** Rabbi Yehuda HaNasi and the Rabbis, **interpreted one verse** to arrive at their rulings. The verse states: **"And the blade displaces [*venashal*] from the wood." Rabbi** Yehuda HaNasi **holds:** The **tradition** of the manner in which the verses in the Torah are written **is authoritative,** and one derives *halakhot* based on the manner in which the words are written, not on the manner in which they are vocalized. **And it is written *venishel*,** a transitive verb, indicating that the blade displaced wood chips from the tree. **And the Rabbis maintain:** The **vocalization** of the Torah **is authoritative,**[B] **and we read** the term as ***venashal*,** an intransitive verb indicating that the blade is displaced from its wooden handle and kills a person.

וְרַבִּי, יֵשׁ אֵם לַמָּסוֹרֶת סְבִירָא לֵיהּ?

The Gemara asks: **And does Rabbi** Yehuda HaNasi **hold** that the **tradition** of the manner in which the verses in the Torah are written **is authoritative?**

BACKGROUND

Plene

Defective

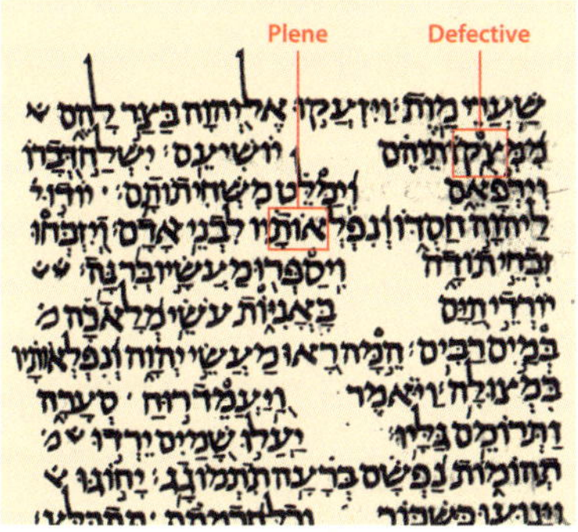

Excerpt from the Leningrad Codex, with defective and plene spellings

BACKGROUND

The tradition is authoritative…the vocalization is authoritative – יֵשׁ אֵם לַמָּסוֹרֶת...יֵשׁ אֵם לַמִּקְרָא: The written form of the Torah as it appears in Torah scrolls lacks vowels. All Hebrew letters are consonants, but several letters occasionally serve as *matres lectionis*, the Latin term whose literal meaning is mothers of reading. When used in this manner, these letters, *alef*, *heh*, *vav*, and *yod*, are not pronounced at all but indicate the correct pronunciation of the words in which they appear. A word can thereby be written defective, without these additional letters, or plene, with them. Some Sages maintain that the tradition of the manner in which the verses in the Torah are written is authoritative, and one derives *halakhot* based on the spelling of the words. By contrast, others hold that the vocalization of the Torah is authoritative, meaning that one derives *halakhot* based on the pronunciation of the words, although it diverges from the spelling. This dispute applies only when the written and vocalized texts of the Torah are entirely different. If it is possible to reconcile the two readings, as is the case here, this is certainly preferable.

Perek **II**
Daf **8** Amud **a**

HALAKHA

One who cast a clod onto a palm tree – מַאן דִּשְׁדָא פִּיסָא לְדִיקְלָא: If one cast a stone at a palm tree in order to cause dates to fall, and they fell upon a child and killed him, the one who cast the stone is exempt from exile, as that is merely a force generated by the force of his action, in accordance with the statement of Rav Pappa (Rambam *Sefer Nezikin*, *Hilkhot Rotze'aḥ UShmirat HaNefesh* 6:15).

וְהָאָמַר רַב יִצְחָק בְּרַבִּי יוֹסֵף אָמַר רַבִּי יוֹחָנָן: רַבִּי, וְרַבִּי יְהוּדָה בֶּן רוֹעֵץ, וּבֵית שַׁמַּאי, וְרַבִּי שִׁמְעוֹן, וְרַבִּי עֲקִיבָא, כּוּלְּהוּ סְבִירִי לְהוּ: יֵשׁ אֵם לַמִּקְרָא! הַיְינוּ דְּקָאָמַר לְהוּ ״וְעוֹד״.

But doesn't Rav Yitzḥak, son of Rabbi Yosef, say that **Rabbi Yoḥanan says: Rabbi** Yehuda HaNasi, **and Rabbi Yehuda ben Roetz, and Beit Shammai, and Rabbi Shimon, and Rabbi Akiva all hold** that the **vocalization** of the Torah **is authoritative,** not the manner in which it is written? How can Rav Ḥiyya bar Ashi ascribe Rabbi Yehuda HaNasi's ruling to the contrary opinion? The Gemara answers: **That is** the reason **that** Rabbi Yehuda HaNasi **said to** the Rabbis: **And furthermore.** Rabbi Yehuda HaNasi said to them: If the tradition of the manner in which the verses in the Torah are written is authoritative, that supports my interpretation of the verse; if not, there is an additional proof.

אָמַר רַב פַּפָּא: מַאן דִּשְׁדָא פִּיסָא לְדִיקְלָא וְאַתַּר תַּמְרֵי, וַאֲזוּל תַּמְרֵי וּקְטוּל – בָּאנוּ לְמַחֲלוֹקֶת דְּרַבִּי וְרַבָּנַן. פְּשִׁיטָא! מַהוּ דְּתֵימָא: כְּכֹחַ כֹּחוֹ דָּמֵי, קָא מַשְׁמַע לָן.

Rav Pappa said: In the case of **one who cast a clod** of earth **onto a palm tree,**[H] **and he severed dates** from the tree, **and the dates went** upon a person **and killed him, we have arrived at the dispute** between **Rabbi** Yehuda HaNasi **and the Rabbis** in a case where one was splitting wood and a wood chip flew through the air and killed a person In that case, Rabbi Yehuda HaNasi deems him liable to be exiled, and the Rabbis deem him exempt from exile. The Gemara asks: Isn't that **obvious?** The cases are identical. What novel element is Rav Pappa introducing? The Gemara answers: The parallel between the cases drawn by Rav Pappa is necessary. **Lest you say** that these severed dates were not propelled by the force of his action but **are like** an item propelled by **a force** generated by the **force of his** action, and even Rabbi Yehuda HaNasi would concede that in that case he is exempt from exile, Rav Pappa **teaches us** that the dates are considered to have been severed by the force of his action.

אֶלָּא כֹּחַ כֹּחוֹ, לְרַבִּי הֵיכִי מַשְׁכַּחַתְּ לַהּ? כְּגוֹן דִּשְׁדָא פִּיסָא וּמַחְיֵיהּ לְגַרְמָא, וְאָזֵיל גַּרְמָא וּמַחְיֵיהּ לְכִבְאסָא וְאַתַּר תַּמְרֵי, וַאֲזוּל תַּמְרֵי וְקָטוּל.

The Gemara asks: **But according to Rabbi** Yehuda HaNasi, **how can you find** circumstances of **a force** generated by the **force of his** action where he would be exempt from exile? The Gemara answers: It can be found in a case **where one cast a clod** of earth **and it struck a branch** of the palm tree, **and the branch,** propelled by the clod, **proceeded to strike a cluster of dates** [*likhevasa*][L] **and severed** the **dates** from the branch they were on **and the dates proceeded to kill** a person.

מתני׳ הַזּוֹרֵק אֶבֶן לִרְשׁוּת הָרַבִּים וְהָרַג – הֲרֵי זֶה גּוֹלֶה. רַבִּי אֱלִיעֶזֶר בֶּן יַעֲקֹב אוֹמֵר: אִם מִשֶּׁיָּצָאתָה הָאֶבֶן מִיָּדוֹ הוֹצִיא הַלָּה אֶת רֹאשׁוֹ וְקִבְּלָהּ – הֲרֵי זֶה פָּטוּר.

MISHNA

One who threw a stone into the public domain and killed a person **is exiled. Rabbi Eliezer ben Ya'akov says: If after the stone left his hand**[H] **the other** person **placed his head out** into the public domain **and received** a blow from the stone, **he is exempt,** as when he cast the stone into the public domain there was no one there.

זָרַק אֶת הָאֶבֶן לַחֲצֵרוֹ וְהָרַג, אִם יֵשׁ רְשׁוּת לַנִּיזָּק לִיכָּנֵס לְשָׁם – גּוֹלֶה, וְאִם לָאו – אֵינוֹ גּוֹלֶה. שֶׁנֶּאֱמַר: ״וַאֲשֶׁר יָבֹא אֶת רֵעֵהוּ בַיַּעַר״, מָה הַיַּעַר רְשׁוּת לַנִּיזָּק וְלַמַּזִּיק לִיכָּנֵס לְשָׁם – אַף כׇּל רְשׁוּת לַנִּיזָּק וְלַמַּזִּיק לְהִכָּנֵס לְשָׁם, יָצָא חֲצַר בַּעַל הַבַּיִת, שֶׁאֵין רְשׁוּת לַנִּיזָּק וְלַמַּזִּיק לִיכָּנֵס לְשָׁם.

In the case of one who **threw the stone into his courtyard**[H] **and killed** a person, **if the victim had permission to enter into there,** the murderer is **exiled, but if not, he is not exiled, as it is stated** with regard to the cities of refuge: **"And as one who goes with his neighbor into the forest"** (Deuteronomy 19:5), from which it is derived: **Just as** with regard to **a forest, the victim and the assailant** both **have** equal **permission to enter there, so too,** with regard to **all** places that **the victim and the assailant have permission to enter there,** the killer is liable. This serves **to exclude** the **courtyard of the homeowner, where the victim and the assailant do not** both **have permission to enter there.** Since the victim had no right to enter his courtyard, the unintentional murderer is exempt from exile.

אַבָּא שָׁאוּל אוֹמֵר: מָה חֲטָבַת עֵצִים רְשׁוּת – אַף כׇּל רְשׁוּת, יָצָא הָאָב הַמַּכֶּה אֶת בְּנוֹ, וְהָרַב הָרוֹדֶה אֶת תַּלְמִידוֹ, וּשְׁלִיחַ בֵּית דִּין.

Abba Shaul says: Another *halakha* can be derived from that verse: **Just as the cutting of wood** that is mentioned in the verse is **optional, so too, all** those liable to be exiled are examples of cases where the unintentional murderer was engaged in an activity that is **optional.** This serves **to exclude a father who strikes his son,**[HN] **and a teacher who oppresses his student, and an agent of the court**[N] deputized to flog transgressors. If, in the course of performing the mitzva with which they are charged, they unintentionally murdered the son, the student, or the person being flogged, respectively, they are exempt.

גמ׳ לִרְשׁוּת הָרַבִּים – מֵזִיד הוּא! אָמַר רַב שְׁמוּאֵל בַּר יִצְחָק: בְּסוֹתֵר אֶת כּוֹתְלוֹ. אִיבְּעֵי לֵיהּ לְעַיּוּנֵי! בְּסוֹתֵר אֶת כּוֹתְלוֹ בַּלַּיְלָה. בַּלַּיְלָה נָמֵי אִיבְּעֵי לֵיהּ לְעַיּוּנֵי!

GEMARA

The mishna teaches: One who threw a stone into the public domain and killed a person is exiled. The Gemara asks: If he threw the stone **into the public domain,** why is he exiled? **He is an intentional** murderer.[H] He knows that there are generally people in the public domain and is aware that he is likely to harm someone with the stone. **Rav Shmuel bar Yitzḥak says:** The reference in the mishna is not to one who threw a stone for no reason; rather, it is a case **where one is demolishing his wall,** and one of the stones struck a person. The Gemara counters: That too is intentional, as **he should have examined** the other side of the wall to determine if there was anyone there. The Gemara answers: It is a case **where one is demolishing his wall at night,** when passersby are scarce. The Gemara asks: **At night too he is required to examine** the other side of the wall to determine if there is anyone there, as although it is uncommon, people are apt to walk through a public domain at all hours.

LANGUAGE

Cluster of dates [*kevasa*] – כִּבָאסָא: This Aramaic word is similar to, and is perhaps derived from, the Arabic كباسة, *kibāsah*, meaning a palm branch.

Remnants of dates and pits found at Qumran in the Judean Desert

HALAKHA

If after the stone left his hand, etc. – אִם מִשֶּׁיָּצָאתָה הָאֶבֶן מִיָּדוֹ וכו׳: If one threw a stone, and after it left his hand a person placed his head out and the stone struck him and he died, the person who threw the stone is exempt from exile, in accordance with the statement of Rabbi Eliezer ben Ya'akov (Rambam *Sefer Nezikin, Hilkhot Rotze'aḥ UShmirat HaNefesh* 6:9).

Threw the stone into his courtyard – זָרַק אֶת הָאֶבֶן לַחֲצֵרוֹ: In a case where one threw a stone into his own courtyard and killed another, if that other person had permission to be in the courtyard, the one who threw the stone is liable to be exiled; if not, he is exempt (Rambam *Sefer Nezikin, Hilkhot Rotze'aḥ UShmirat HaNefesh* 6:11).

A father who strikes his son, etc. – אָב הַמַּכֶּה אֶת בְּנוֹ וכו׳: If a father struck a son who refused to study Torah, general wisdom, or a profession, and he unintentionally killed him; or if a rabbi disciplined his recalcitrant student and unintentionally killed him; or if an agent of the court struck a person who was summoned to the court and failed to appear and unintentionally killed him, each is exempt from exile, as the killing took place in the course of the performance of a mitzva. The Ra'avad disagrees with the Rambam with regard to an agent of the court, and he holds that the exemption applies only to an agent of the court who flogged a person with more lashes than the court assessed that he could bear (Rambam *Sefer Nezikin, Hilkhot Rotze'aḥ UShmirat HaNefesh* 5:5–6 and *Migdal Oz* there).

Into the public domain he is an intentional murderer – לִרְשׁוּת הָרַבִּים מֵזִיד הוּא: With regard to one who throws a stone into the public domain, or one who demolishes a wall and its stones fall into a public domain and kill a person, it is an action that borders on the intentional and he is not exiled to a city of refuge whether he did so by day or night. He is guilty of negligence, as he should have looked to ensure that there was no one nearby when throwing the stone or demolishing the wall (Rambam *Sefer Nezikin, Hilkhot Rotze'aḥ UShmirat HaNefesh* 6:6).

NOTES

A father who strikes his son – אָב הַמַּכֶּה אֶת בְּנוֹ: The Rambam notes that this applies only to a father who unintentionally killed his son in the course of imposing necessary discipline. Otherwise, his status is like that of any person who strikes another.

Agent of the court – שְׁלִיחַ בֵּית דִּין: Rashi and Rabbeinu Yehonatan of Lunel explain that the reference is to an agent of the court administering forty lashes, in the course of which he kills the person being flogged. The Rambam explains that the reference here is to an agent of the court dispatched to enforce the ruling of the court or ensure that one who was summoned appears in court, and the agent strikes the person in the course of executing his mission.

בְּסוֹתֵר אֶת כּוֹתְלוֹ לָאַשְׁפָּה. הַאי אַשְׁפָּה הֵיכִי דָּמֵי? אִי שְׁכִיחִי בָּהּ רַבִּים – פּוֹשֵׁעַ הוּא, אִי לָא שְׁכִיחִי בָּהּ רַבִּים – אָנוּס הוּא!

The Gemara answers: The reference in the mishna is to a case **where one demolishes his wall into a scrap heap,**[B] where there is no reasonable expectation to find anyone there, as it is located out of the way. The Gemara asks: **What are the circumstances of this scrap heap? If it is frequented by the multitudes** because it is utilized as a bathroom, **he is negligent; if it is not frequented by the multitudes,** although it is a public domain in the sense that it is not private property, **he is a victim of circumstances beyond his control,** as there was no reason to consider the possibility that someone was there.[H]

אֲמַר רַב פַּפָּא: לָא צְרִיכָא אֶלָּא לָאַשְׁפָּה הָעֲשׂוּיָה לִיפָּנוֹת בָּהּ בַּלַּיְלָה וְאֵין עֲשׂוּיָה לִיפָּנוֹת בָּהּ בַּיּוֹם, וְאִיכָּא דְּמִקְּרֵי וְיָתֵיב; פּוֹשֵׁעַ לָא הָוֵי – דְּהָא אֵינָהּ עֲשׂוּיָה לִיפָּנוֹת בָּהּ בַּיּוֹם, אוֹנֶס נַמִי לָא הָוֵי – דְּהָא אִיכָּא דְּמִקְּרֵי וְיָתֵיב.

Rav Pappa said: It is **necessary** to state this *halakha* **only in** the case of **a scrap heap that is utilized** for people **to defecate there at night**[H] **but is not utilized** for people **to defecate there during the day, but it happens** on occasion that one **will sit** there and defecate during the day. One who demolishes his wall into the scrap heap during the day **is neither negligent, as** the scrap heap **is not utilized** for people **to defecate there during the day, nor is he a victim of circumstances beyond his control, as it happens** on occasion that one **will sit** there and defecate during the day, which he should have considered. Therefore, his status is that of an unintentional murderer who is liable to be exiled.

״רַבִּי אֱלִיעֶזֶר בֶּן יַעֲקֹב אוֹמֵר״ וכו׳. תָּנוּ רַבָּנַן: ״וּמָצָא״ – פְּרָט לַמַּמְצִיא אֶת עַצְמוֹ. מִכָּאן אָמַר רַבִּי אֱלִיעֶזֶר בֶּן יַעֲקֹב: אִם מִשֶּׁיָּצְתָה הָאֶבֶן מִיָּדוֹ הוֹצִיא הַלָּה אֶת רֹאשׁוֹ וְקִבְּלָהּ – פָּטוּר.

§ The mishna teaches that **Rabbi Eliezer ben Ya'akov says:** If after the stone left his hand the other person placed his head out into the public domain and received a blow from the stone, he is exempt. The Gemara cites a related *baraita*. **The Sages taught** that it is written: "And the blade displaces from the wood and finds his neighbor and he dies" (Deuteronomy 19:5), from which it is inferred: **"And finds";** this serves **to exclude** one who **presents himself** and is thereby killed by the stone. **From here Rabbi Eliezer ben Ya'akov says: If after the stone left his hand the other** person **placed his head out** into the public domain **and received** a blow from the stone, the murderer is **exempt.**

לְמֵימְרָא דְּ״מָצָא״ מֵעִיקָּרָא מַשְׁמַע? וּרְמִינְהִי: ״וּמָצָא״ – פְּרָט לַמָּצוּי, שֶׁלֹּא יִמְכּוֹר בְּרָחוֹק וְיִגְאוֹל בְּקָרוֹב, בְּרָעָה וְיִגְאוֹל בְּיָפָה!

The Gemara asks: Is that **to say that** the term **"and finds" indicates** an item that was there **initially,** prior to the incident in question? **And** the Gemara **raises a contradiction** from that which is written with regard to one who seeks to redeem an ancestral field that he sold: "And he acquires the means and finds sufficient funds for his redemption" (Leviticus 25:26). The term **"and finds"** serves **to exclude** one who, in order to accrue funds to redeem his field, sells a field that was **found** in his possession when he originally sold the field. It means **that he may not sell**[N] land that he owns **in a distant** place[H] **and redeem** land that he owns **in a proximate** place, or sell **a low-quality** tract of land **and redeem with** the funds accrued from that sale **high-quality** land. One may not exploit his right to redeem his land for his own advantage. This *baraita* indicates that the term "and finds" indicates an item that was not there at the time but presents itself later.

אֲמַר רָבָא: הָכָא מֵעִנְיָינֵיהּ דִּקְרָא וְהָתָם מֵעִנְיָינֵיהּ דִּקְרָא; הָתָם מֵעִנְיָינֵיהּ דִּקְרָא: ״וּמָצָא״ דּוּמְיָא דְּ״וְהִשִּׂיגָה יָדוֹ״, מָה ״הִשִּׂיגָה יָדוֹ״ מֵהָשְׁתָּא – אַף ״מָצָא״ נַמִי מֵהָשְׁתָּא. הָכָא מֵעִנְיָינֵיהּ דִּקְרָא: ״וּמָצָא״ דּוּמְיָא דְּיַעַר, מַה יַּעַר מִידֵּי דְּאִיתֵיהּ מֵעִיקָּרָא – אַף ״וּמָצָא״ נַמִי, מִידֵּי דְּאִיתֵיהּ מֵעִיקָּרָא.

Rava said: This is not difficult, as **here,** with regard to exile, the term is interpreted in keeping **with the context of the verse, and there,** with regard to the redemption of land, the term is interpreted in keeping **with the context of the verse. There,** the term is interpreted in keeping **with the context of the verse.** The term **"and finds"** is **similar to** the phrase that precedes it: **"And he acquires the means." Just as** the meaning of the phrase **"he acquires the means"** is that he acquires the means **from now,** as had he possessed the means beforehand he would not have sold his ancestral field at all, **so too,** the meaning of the term **"and finds"** is **also** that he finds sufficient funds **from now** and no earlier. **Here,** with regard to exile, the term is interpreted in keeping **with the context of the verse,** as the term **"and finds"** is **similar** to **a forest: Just as a forest** is **an entity that is there initially, so too,** the term **"and finds" also** is referring to **an entity that is there initially.**

BACKGROUND

Scrap heap – אַשְׁפָּה: The scrap heap mentioned refers to a place off the beaten path where people would throw scrap items and other objects no longer in use. Sometimes the scrap heap was located in a private domain, although others would discard their items there; at other times it was located in the public domain. As it was off the beaten path, the scrap heap would be used as a bathroom. Some scrap heaps were obscured from the view of passersby, and they were utilized as a bathroom both during the day and at night. Others were not sufficiently obscured for use during the day or were located in a place where people congregated during the day, and were used as a bathroom only at night.

HALAKHA

One demolishes his wall into a scrap heap – בְּסוֹתֵר כָּתְלוֹ לָאַשְׁפָּה: With regard to one who demolishes his wall into a scrap heap at night, if it is frequented by the multitudes, his action borders on the intentional and he is not exiled to a city of refuge. If it is not frequented by the multitudes, he is victim of circumstances beyond his control and is exempt from exile (Rambam *Sefer Nezikin, Hilkhot Rotze'aḥ UShmirat HaNefesh* 6:7).

That is utilized for people to defecate there at night – הָעֲשׂוּיָה לִיפָּנוֹת בַּלַּיְלָה: If one demolished his wall by day into a scrap heap where people defecate at night but not by day, and a person happened to be there and was struck by a stone from the wall and died, the one who demolished the wall is exiled. If the victim came and sat there after the stone was dislodged from the wall, he is exempt, in accordance with the statement of Rabbi Eliezer ben Ya'akov in the mishna (Rambam *Sefer Nezikin, Hilkhot Rotze'aḥ UShmirat HaNefesh* 6:8 and *Kesef Mishne* there).

That he may not sell in a distant place – שֶׁלֹּא יִמְכּוֹר בְּרָחוֹק: If one sold his ancestral field and retained possession of other fields, and he then sold those fields in order to finance the reacquisition of the field he sold, the buyer who purchased the field is not required to sell it back to him (Rambam *Sefer Zera'im, Hilkhot Shemitta VeYovel* 11:17).

NOTES

To exclude one who sells a field that was found in his possession that he may not sell, etc. – פְּרָט לַמָּצוּי שֶׁלֹּא יִמְכּוֹר וכו׳: The reference here is to one who sold his ancestral field and later obtained the means to redeem it. In that case, the buyer cannot prevent his reacquisition of the field. The *halakha* derived from this verse is that if the prior owner seeks to finance that reacquisition by selling a field that had been in his possession when he sold the field in question, the buyer is not required to acquiesce to his demand but may choose to retain the field until the Jubilee Year.

״הַזּוֹרֵק אֶת הָאֶבֶן״ וכו׳. אֲמַר לֵיהּ הַהוּא מֵרַבָּנַן לְרָבָא: מִמַּאי דִּמְחַטֶּבֶת עֵצִים דִּרְשׁוּת? דִּלְמָא מֵחֲטָבַת עֵצִים דְּסוּכָּה וּמֵחֲטָבַת עֵצִים דְּמַעֲרָכָה, וַאֲפִילּוּ הָכִי אָמַר רַחֲמָנָא לִיגְלֵי! אֲמַר לֵיהּ: כֵּיוָן דְּאִם מָצָא חָטוּב אֵינוֹ חוֹטֵב לָאו מִצְוָה, הָשְׁתָּא נַמִי לָאו מִצְוָה.

§ The mishna teaches: **One who throws a stone, etc.** Abba Shaul derives from the verse: "And as when one goes with his neighbor into the forest" (Deuteronomy 19:5): Just as the cutting of wood mentioned in the verse is optional, so too, all those liable to be exiled are in cases where the unintentional murderer was engaged in an activity that is optional. **One of the Sages said to Rava: From where** do you know **that** the derivation is **from the cutting of wood** for a purpose **that is optional? Perhaps** the derivation is **from the cutting of wood for** the purpose of building **a *sukka* or from cutting wood for the arrangement** of wood on the altar, both of which are obligatory, since they are mitzvot, **and even so the Merciful One states: Let him be exiled.** Rava **said to him: Since if one found** wood already **cut he does not cut** other wood, as in that case it is **not a mitzva** to cut, **now,** when there is no wood cut **as well,** although he is cutting wood to facilitate fulfillment of a mitzva, the act of cutting the wood itself is **not a mitzva.**

אֵיתִיבֵיהּ רָבִינָא לְרָבָא: יָצָא הָאָב הַמַּכֶּה אֶת בְּנוֹ וְהָרַב הָרוֹדֶה אֶת תַּלְמִידוֹ וּשְׁלִיחַ בֵּית דִּין; לֵימָא: כֵּיוָן דְּאִילּוּ גָּמֵיר לָאו מִצְוָה – הָשְׁתָּא נַמִי לָאו מִצְוָה! הָתָם אַף עַל גַּב דְּגָמֵיר – מִצְוָה, דִּכְתִיב: ״יַסֵּר בִּנְךָ וִינִיחֶךָ וְיִתֵּן מַעֲדַנִּים לְנַפְשֶׁךָ״.

Ravina raised an objection to the opinion of **Rava** from clause of the mishna that states that the example of the forest serves **to exclude a father who strikes his son, and a teacher who oppresses his student, and an agent of the court. Let us say** with regard to a father who strikes his son: **Since if** the son was **learned,** it is **not a mitzva** to strike him, **now,** in a case where the son is not learned and the father strikes him to facilitate his education **too,** it is **not a mitzva,** and therefore he should be exiled. Rava replied: **There, even though** the son **is learned,** it is **a mitzva** to strike him from time to time, **as it is written: "Chastise your son, and he will give you rest; and he will give delight to your soul"** (Proverbs 29:17).

הֲדַר אֲמַר רָבָא: לָאו מִילְּתָא הִיא דַּאֲמַרִי. ״וַאֲשֶׁר יָבֹא אֶת רֵעֵהוּ בַיַּעַר״ – מַה יַּעַר דְּאִי בָּעֵי עָיֵיל וְאִי בָּעֵי לָא עָיֵיל, וְאִי סָלְקָא דַּעְתָּךְ מִצְוָה – מִי סַגְיָא דְּלָא עָיֵיל?

Rava then said: That which I said is nothing, as there is a different proof that the verse is not referring to cutting wood in fulfillment of a mitzva. It is written: **"And as when one** [*ve'asher*] **goes with his neighbor into the forest."** Based on the term *asher*, which indicates that the entering into the forest may or may not occur, **what** is the nature of the **forest** mentioned in the verse? It is a place **where if one wants** to, **he enters** the forest, **and if one wants** to, **he does not enter. And if it enters your mind** that the verse is referring to one who cuts wood to fulfill **a mitzva, would it suffice if he did not enter** the forest? He must enter the forest to fulfill the mitzva.

אֲמַר לֵיהּ רַב אַדָּא בַּר אַהֲבָה לְרָבָא: כׇּל הֵיכָא דִּכְתִיב ״אֲשֶׁר״, דְּאִי בָּעֵי הוּא? אֶלָּא מֵעַתָּה, ״וְאִישׁ אֲשֶׁר יִטְמָא וְלֹא יִתְחַטָּא״ אִי בָּעֵי מִיטַּמֵּא אִי בָּעֵי לָא מִיטַּמֵּא? מֵת מִצְוָה דְּלָא סַגִּי דְּלָא מִיטַּמֵּא – הָכִי נַמִי דְּפָטוּר?

Rav Adda bar Ahava said to Rava: Is it so that **wherever** the term *asher* **is written** in the Torah it is a case **where if he wants** to he does so, and it is not referring to a mitzva or an obligation? **If that is so,** that which is written: **"And a man who** [*asher*] **becomes impure and does not purify himself,** and that soul shall be excised … as he has impurified the Sanctuary of God" (Numbers 19:20), can be referring only to a case where **if he wants** to **he becomes impure,** and **if he wants** to, **he does not become impure.** But in the case of **a corpse with no one to bury it** [*met mitzva*], **where it would not suffice for him not to become impure** in the process of burying it, would you say: **So too, he is exempt** from the punishment of *karet* if he enters the Temple in a state of impurity?

שָׁאנֵי הָתָם דְּאָמַר קְרָא:

Rava replied: **There it is different, as the verse states** with regard to one impure with impurity imparted by a corpse:

Perek **II**
Daf **8** Amud **b**

״טָמֵא יִהְיֶה״ – מִכׇּל מָקוֹם.

"He shall be impure" (Numbers 19:13), indicating that the same *halakhot* apply **in any case,** unrelated to the manner in which he became impure.

הַהוּא מִיבָּעֵי לֵיהּ לְכִדְתַנְיָא: ״טָמֵא יִהְיֶה״ – לְרַבּוֹת טְבוּל יוֹם, ״טוּמְאָתוֹ בוֹ״ – לְרַבּוֹת מְחוּסַּר כִּיפּוּרִים! אֲמַר לֵיהּ: אֲנָא מֵ״עוֹד טוּמְאָתוֹ״ קָא אָמֵינָא.

The Gemara challenges: **He requires that** verse for a different derivation, **as that which is taught** in a *baraita*: The phrase **"He shall be impure"** serves **to include one who immersed that day** and whose purification process will be completed at nightfall. If he enters the Temple before nightfall, he is also liable to receive *karet*. The phrase later in that verse: **"His impurity is upon him,"** serves **to include one who has not yet** brought **an atonement** offering[N][H] to complete the purification process, e.g., a leper or a *zav*. Rava **said to** Ravina: **I said** that the *halakha* that one rendered impure by a *met mitzva* is liable to receive *karet* is derived **from** the extraneous term "yet," in the phrase later in that same verse: **"His impurity is yet** upon him," which indicates that one is liable for entering the Temple in a state of impurity regardless of the manner in which he became impure. That is one version of the discussion.

אִיכָּא דְּמַתְנֵי לָהּ אַהָא: ״בֶּחָרִישׁ וּבַקָּצִיר תִּשְׁבֹּת״, רַבִּי עֲקִיבָא אוֹמֵר: אֵינוֹ צָרִיךְ לוֹמַר חָרִישׁ שֶׁל שְׁבִיעִית וְקָצִיר שֶׁל שְׁבִיעִית, שֶׁהֲרֵי כְּבָר נֶאֱמַר: ״שָׂדְךָ לֹא תִזְרָע וְכַרְמְךָ לֹא תִזְמֹר״. אֶלָּא, אֲפִילּוּ חָרִישׁ שֶׁל עֶרֶב שְׁבִיעִית שֶׁנִּכְנַס לַשְּׁבִיעִית, וְקָצִיר שֶׁל שְׁבִיעִית שֶׁיָּצָא לְמוֹצָאֵי שְׁבִיעִית.

Some teach this exchange **with regard to this** *baraita*: **"In plowing and in harvest you shall rest"** (Exodus 34:21). **Rabbi Akiva says:** This verse is referring to the Sabbatical Year. The Torah **does not need to state**[N] the prohibition against **plowing** during the **Sabbatical** Year **or harvesting** during the **Sabbatical** Year, **as it is already stated: "You shall neither sow your field, nor prune your vineyard"** (Leviticus 25:4). What, then, is derived from this verse? **Rather,** it is derived that **even plowing** on the **eve of** the **Sabbatical** Year,[H] **which** facilitates growth of crops when the **Sabbatical** Year **enters, and** the **harvest of** crops that grew during the **Sabbatical** Year, **which emerged** and were reaped after the **conclusion of the Sabbatical** Year,[H] are prohibited.

רַבִּי יִשְׁמָעֵאל אוֹמֵר: מָה חָרִישׁ רְשׁוּת – אַף קָצִיר רְשׁוּת, יָצָא קְצִיר הָעוֹמֶר שֶׁהוּא מִצְוָה.

Rabbi Yishmael says: This verse in Exodus is not referring to the Sabbatical Year; rather, the reference is to plowing and harvesting on Shabbat. **Just as plowing** is **optional,** as there is no case where there is a mitzva to plow per se, **so too,** the **harvesting** mentioned in the verse is **optional.** This serves to exclude from the prohibition **the harvesting of** barley for **the** *omer* offering,[H] **which is a mitzva,** and is therefore permitted on Shabbat.

אֲמַר לֵיהּ הַהוּא מֵרַבָּנַן לְרָבָא: מִמַּאי דַּחֲרִישָׁה דִּרְשׁוּת? דִּלְמָא חֲרִישַׁת עוֹמֶר דְּמִצְוָה, וַאֲפִילּוּ הָכִי אָמַר רַחֲמָנָא ״תִּשְׁבֹּת״! אֲמַר לֵיהּ: כֵּיוָן דְּאִם מָצָא חָרוּשׁ אֵינוֹ חוֹרֵשׁ – לָאו מִצְוָה.

One of the Sages said to Rava: From where does Rabbi Yishmael ascertain **that** the **plowing** mentioned in the verse is referring to plowing **that** is **optional? Perhaps** the reference is to **plowing** a field to grow barley for use in the *omer* offering, **which** is **a mitzva, and even so the Merciful One states: "You shall rest."** Rava **said to him: Since if** one **found** the field already **plowed,** he need **not plow** the field but he may directly proceed to sow the barley in the plowed field, clearly, even if one plows a field to facilitate fulfillment of a mitzva, plowing is **not a mitzva** per se.

NOTES

One who immersed that day…one who has not yet brought an atonement offering – טְבוּל יוֹם...מְחוּסַּר כִּיפּוּרִים: One who immersed that day is one whose process of purification is completed only after sunset. With regard to one who has not yet brought an atonement offering, there are four types of impurity from which the purification process is not complete until the atonement offering is sacrificed on the eighth day, the day after immersion on the seventh day: A *zav*, a *zava*, a woman after childbirth, and a leper. Although it is permitted for them to partake of *teruma* after immersion on the seventh day and sunset, they may not partake of sacrificial food until they sacrifice their atonement offerings.

Does not need to state, etc. – אֵינוֹ צָרִיךְ לוֹמַר וכו׳: Rabbi Akiva holds that although this verse is written in the context of Shabbat, the reference is to the Sabbatical Year, as it was already derived that it is prohibited to perform labor on Shabbat, and there is no reason for the Torah to specify plowing and reaping.

HALAKHA

One who immersed that day…one who has not yet brought an atonement offering – טְבוּל יוֹם...מְחוּסַּר כִּפּוּרִים: One who immersed that day may not enter the women's courtyard in the Temple until sunset. After sunset, even if he has not yet brought an atonement offering, he may enter the women's courtyard. Even for the one lacking atonement it is prohibited to enter the Israelite courtyard. If they entered, they are liable to receive lashes for rebelliousness by rabbinic law. Only one who is required to immerse by Torah law is liable to be punished with *karet* for entering the Temple, even after immersing that day. He is liable to receive *karet* only if he enters the Israelite courtyard. If one who has not yet brought an atonement offering entered the Temple, even if he enters the Israelite courtyard, he is not liable to receive *karet*. The Ra'avad disagrees; he asserts that it is evident from the *Tosefta* that one who has not yet brought an atonement offering is also liable to receive *karet* if he enters the Israelite courtyard (Rambam *Sefer Avoda, Hilkhot Biat HaMikdash* 3:6, 7, 9, 13–14, and *Kesef Mishne* there).

Plowing on the eve of the Sabbatical Year – חָרִישׁ שֶׁל עֶרֶב שְׁבִיעִית: There is a *halakha* transmitted to Moses from Sinai that it is prohibited to work the land thirty days before the start of the Sabbatical Year. Even today when observance of the Sabbatical Year is by rabbinic law according to the Rambam, it is forbidden to plant, graft, and layer trees immediately before the Sabbatical Year. Any tree planted within forty-four days of the beginning of the Sabbatical Year must be uprooted (Rambam *Sefer Zera'im, Hilkhot Shemitta VeYovel* 3:1, 11).

Harvest of crops that grew during the Sabbatical Year which emerged after the conclusion of the Sabbatical Year – קָצִיר שֶׁל שְׁבִיעִית שֶׁיָּצָא לְמוֹצָאֵי שְׁבִיעִית: The status of the produce of the Sabbatical Year that reached the stage of development before the beginning of the eighth year that would render one obligated to tithe that produce, were it to be one of the other six years of the Sabbatical cycle, is that of Sabbatical Year produce in every sense, even though it was not harvested during the Sabbatical year (Rambam *Sefer Zera'im, Hilkhot Shemitta VeYovel* 4:9, 13).

Harvesting of barley for the *omer* offering – קְצִיר הָעוֹמֶר: There is a mitzva to harvest the *omer* on the night of the sixteenth of Nisan, whether that occurs during the week or on Shabbat. Although there is a mitzva by Torah law to harvest the barley from the new crop that is still attached to the ground for the sake of the *omer*, if there is no standing barley to be found, one may bring the *omer* from barley that was already harvested (Rambam *Sefer Avoda, Hilkhot Temidin UMusafin* 7:6, 8).

אֵיתִיבֵיהּ רָבִינָא לְרָבָא: יָצָא הָאָב הַמַּכֶּה אֶת בְּנוֹ, וְהָרַב הָרוֹדֶה אֶת תַּלְמִידוֹ, וּשְׁלִיחַ בֵּית דִּין. וְאַמַּאי? לֵימָא: כֵּיוָן דְּאִילּוּ גְּמִיר לָאו מִצְוָה – הַשְׁתָּא נַמִי לָאו מִצְוָה! הָתָם אַף עַל גַּב דִּגְמִיר נַמִי מִצְוָה קָא עָבֵיד, דִּכְתִיב ״יַסֵּר בִּנְךָ וִינִיחֶךָ״.

Ravina raised an objection to the opinion of **Rava** from the clause of the mishna that states that the example of the forest serves **to exclude a father who strikes his son, and a teacher who oppresses his student, and an agent of the court. And** according to your opinion, **why** are a father who strikes his son and a teacher who oppresses his student excluded from exile? **Let us say** with regard to a father who strikes his son: **Since if** the son was **learned,** it is **not a mitzva** to strike him, **now,** in a case where the son is not learned and he strikes him to facilitate his education **too,** it is **not a mitzva,** and therefore he should be exiled. Rava replied: **There, even if** the son **is learned,** the father **is performing a mitzva** by striking him from time to time, **as it is written: "Chastise your son, and he will give you rest; and he will give delight to your soul"** (Proverbs 29:17).

הֲדַר אָמַר רָבָא: לָאו מִילְּתָא הִיא דַּאֲמַרִי. קְצִירָה דּוּמְיָא דַּחֲרִישָׁה, מָה חֲרִישָׁה – מָצָא חָרוּשׁ אֵינוֹ חוֹרֵשׁ, אַף קְצִירָה נַמִי – מָצָא קָצוּר אֵינוֹ קוֹצֵר. וְאִי סָלְקָא דַּעְתָּךְ מִצְוָה, מָצָא קָצוּר אֵינוֹ קוֹצֵר?! מִצְוָה לִקְצוֹר וּלְהָבִיא!

Rava then said: That which I said is nothing, as there is a different proof that the verse is not referring to plowing that is a mitzva. Based on the juxtaposition of the two, it is derived that **harvesting is similar to plowing: Just as** in the case of **plowing,** if **one found** the field already **plowed, he** need **not plow,** as there is no case where there is a mitzva to plow per se, **so too** with regard to **harvesting as well,** as if **one found** the barley already **harvested, he** need **not harvest. And if it enters your mind** that the reference in the verse is to plowing and harvesting for the purpose of **a mitzva,** is it so that if **one found** the barley already **harvested, he** need **not harvest?** There is **a mitzva to harvest and bring** the barley for the *omer* offering. The prohibition in the verse applies only to harvesting that is optional.

מתני׳ הָאָב גּוֹלֶה עַל יְדֵי הַבֵּן, וְהַבֵּן גּוֹלֶה עַל יְדֵי הָאָב. הַכֹּל גּוֹלִין עַל יְדֵי יִשְׂרָאֵל, וְיִשְׂרָאֵל גּוֹלִין עַל יְדֵיהֶן, חוּץ מִגֵּר תּוֹשָׁב. וְגֵר תּוֹשָׁב אֵינוֹ גּוֹלֶה אֶלָּא עַל יְדֵי גֵּר תּוֹשָׁב.

MISHNA The father is exiled to a city of refuge **due to** his unintentional murder of his **son.**[H] **And the son is exiled due to** his unintentional murder of his **father. Everyone is exiled due to** their unintentional murder of **a Jew,**[H] **and a Jew is exiled due to** his unintentional murder of any of **them, except for** the unintentional murder of **a gentile who resides in Eretz Yisrael and observes the seven Noahide mitzvot** [***ger toshav***].[N] **And a** ***ger toshav*** **is exiled only due to** his unintentional murder of **a** ***ger toshav.***

גמ׳ ״הָאָב גּוֹלֶה עַל יְדֵי הַבֵּן״. וְהָאָמַרְתְּ יָצָא הָאָב הַמַּכֶּה אֶת בְּנוֹ! דִּגְמִיר. הָאָמַרְתְּ: אַף עַל גַּב דִּגְמִיר מִצְוָה קָעָבֵיד! בְּשׁוּלְיָא דְּנַגָּרֵי.

GEMARA The mishna teaches: **The father is exiled** to a city of refuge **due to** his unintentional murder of his **son.** The Gemara asks: **But didn't you say** in the previous mishna: **To exclude a father who strikes his son,** who is not exiled? The Gemara answers: This mishna is referring to a son **who is learned,** and there is no mitzva to strike him; therefore, since the striking is optional, the father is exiled. The Gemara asks: **But didn't you say: Even if** the son **is learned,** the father **performs a mitzva** by striking his son? The Gemara answers: This ruling of the mishna is stated **with regard to a carpenter's apprentice** [***bishevaleya***].[L] Since the father is teaching his son carpentry, not Torah, there is no mitzva to strike him to spur him to study.

שׁוּלְיָא דְּנַגָּרֵי חַיּוּתָא הִיא דְּלַמְדֵיהּ! דִּגְמִיר אוּמָּנוּתָא אַחֲרִיתִי.

The Gemara challenges: In the case of **a carpenter's apprentice,** his father **is teaching him a livelihood,** which is also a mitzva. The Gemara answers: The reference is to a son **who has** already **learned another craft,** and since he is able to earn his livelihood there is no mitzva to teach him a second craft.

״וְהַבֵּן גּוֹלֶה עַל יְדֵי הָאָב״ כו׳. וּרְמִינְהִי: ״מַכֵּה נֶפֶשׁ״ – פְּרָט לְמַכֵּה אָבִיו! אָמַר רַב כָּהֲנָא: לָא קַשְׁיָא, הָא – רַבִּי שִׁמְעוֹן, וְהָא – רַבָּנַן;

§ The mishna teaches: **And the son is exiled due to** his unintentional murder of his **father. And** the Gemara **raises a contradiction** from a *baraita*. It is written: "And a murderer shall flee there, one who strikes a person unintentionally" (Numbers 35:11), from which it is derived that **one who strikes a person** is exiled. This serves **to exclude one who strikes his father,** whose punishment for doing so intentionally is more severe than that of the standard intentional murderer, and therefore the son is not subject to exile. **Rav Kahana said:** This is **not difficult; this** *baraita* is in accordance with the opinion of **Rabbi Shimon, and that** mishna is in accordance with the opinion of **the Rabbis.** Rabbi Shimon and the Rabbis disagree (*Sanhedrin* 50a) whether a son who kills his father intentionally is executed by strangulation or by the sword.

HALAKHA

The father is exiled due to his son, etc. – **הָאָב גּוֹלֶה עַל יְדֵי הַבֵּן וכו׳**: A son who unintentionally kills his father is exiled. Likewise, a father is exiled if he unintentionally kills his son not in the course of teaching him, or in the course of teaching him an additional trade not required by the son (Rambam *Sefer Nezikin, Hilkhot Rotze'aḥ UShmirat HaNefesh* 5:5).

Everyone is exiled due to a Jew, etc. – **הַכֹּל גּוֹלִין עַל יְדֵי יִשְׂרָאֵל וכו׳**: If a Jew unintentionally killed a Canaanite slave or a *ger toshav*, he is exiled. A slave who unintentionally killed a Jew or a *ger toshav*, and a *ger toshav* who unintentionally killed a slave (see *Kesef Mishne*) or another *ger toshav* are also exiled. If a *ger toshav* killed a Jew, even if he did so unintentionally, he is executed. The Ra'avad disagrees with the Rambam with regard to a Jew who unintentionally killed a *ger toshav*, as from the mishna it is clear that he is not exiled. The *Kesef Mishne* states that there is a scribal error in the text of the Rambam. See, however, *Tosefot Yom Tov*, who justifies the Rambam's opinion (Rambam *Sefer Nezikin, Hilkhot Rotze'aḥ UShmirat HaNefesh* 5:3).

NOTES

Except for a ***ger toshav*** – **חוּץ מִגֵּר תּוֹשָׁב**: There is a variant reading of the mishna: Except for due to a *ger toshav*. *Tosefot Yom Tov*, preceded by early commentaries, explains the variant readings as the basis of a dispute between the Rambam and the Ra'avad with regard to the *halakha* concerning exile and a *ger toshav*. According to the version: Except for due to a *ger toshav*, a Jew who kills a *ger toshav* is not liable to be exiled. Rashi explains the version that appears in the Gemara in that manner. According to the version: Except for a *ger toshav*, if a *ger toshav* unintentionally kills a Jew, he is executed, not exiled. All descendants of Noah are executed for unintentionally killing a Jew. If a *ger toshav* unintentionally killed another *ger toshav* or a Canaanite slave, he is exiled. One cannot conclude based on the mishna according to this version that a Jew who unintentionally kills a *ger toshav* is not exiled. The Rambam's opinion is based on this second version (see 9a).

LANGUAGE

Apprentice [***shevaleya***] – **שׁוּלְיָא**: This word is related to the Mandaic *shevalya* or *ashvalya*, the term for disciple in that Aramaic dialect. A variant reading of the text reads *shavalya*, spelled with a double *vav*, which is related to *shavalya* spelled with a *beit*, meaning one led by others.

לְרַבִּי שִׁמְעוֹן דְּאָמַר: חֶנֶק חָמוּר מִסַּיִיף – שִׁגְגַת סַיִיף נִיתְּנָה לְכַפָּרָה, שִׁגְגַת חֶנֶק לֹא נִיתְּנָה לְכַפָּרָה.

According to Rabbi Shimon, who says: Strangulation is more **severe than** execution by the **sword,** which is why a son who kills his father is liable to be executed by strangulation, one who commits the **unwitting** violation of a prohibition punishable by execution by the **sword,** i.e., intentional murder in general, **is eligible for atonement** by means of exile; one who commits the **unwitting** violation of a prohibition punishable by the more severe death of **strangulation,** i.e., intentional murder of a parent, **is not eligible for atonement** by means of exile.

לְרַבָּנַן דְּאָמְרִי: סַיִיף חָמוּר מֵחֶנֶק – הוֹרֵג אָבִיו [בְּשׁוֹגֵג] שִׁגְגַת סַיִיף הוּא, וְשִׁגְגַת סַיִיף נִיתְּנָה לְכַפָּרָה.

By contrast, **according to the Rabbis, who say:** Execution by the **sword** is more **severe than strangulation,** which is why a son who kills his father is liable to be executed by strangulation, a son who **unintentionally kills his father** has performed **an unwitting** violation of a prohibition punishable by execution by the **sword. And** one who commits **an unwitting** violation of a prohibition punishable by execution by the **sword,** i.e., intentional murder in general, **is eligible for atonement** by means of exile.

רָבָא אָמַר: פְּרָט לְעוֹשֶׂה חַבּוּרָה בְּאָבִיו בְּשׁוֹגֵג. סָלְקָא דַּעְתָּךְ אָמִינָא: כֵּיוָן דִּבְמֵזִיד בַּר קְטָלָא הוּא – בְּשׁוֹגֵג נַמִי לִיגְלֵי, קָא מַשְׁמַע לָן.

Rava says: That which was derived in the *baraita* that one who strikes a person is exiled, to exclude one who strikes his father, who is not exiled, is not referring to a son who unintentionally kills his father, as in that case the son is certainly exiled. Rather, it is **to exclude one** who **inflicts a wound on his father**[H] **unwittingly.** The novel element of this derivation is that **it enters your mind to say: Since** in a case **where** he wounded his father **intentionally, he is liable to be executed** like a murderer (see Exodus 21:15), if he did so **unwittingly, let him also be exiled** like an unintentional murderer. Therefore, this derivation **teaches us** that exile is administered specifically to an unintentional murderer, but it is not administered to the unwitting performer of any other transgression.

״הַכֹּל גּוֹלִין עַל יְדֵי יִשְׂרָאֵל״ וכו׳. ״הַכֹּל גּוֹלִין עַל יְדֵי יִשְׂרָאֵל״ לְאִיתּוֹיֵי מַאי? לְאִיתּוֹיֵי עֶבֶד וְכוּתִי. תָּנֵינָא לְהָא, דְּתָנוּ רַבָּנַן: עֶבֶד וְכוּתִי גּוֹלֶה וְלוֹקֶה עַל יְדֵי יִשְׂרָאֵל, וְיִשְׂרָאֵל גּוֹלֶה וְלוֹקֶה עַל יְדֵי כּוּתִי וְעֶבֶד.

§ The mishna teaches: **Everyone is exiled due to** their unintentional murder of **a Jew,** and a Jew is exiled due to his unintentional murder of any of them. The Gemara asks: **Everyone is exiled due to** their unintentional murder of **a Jew: What** case that was not already specified does this phrase serve **to add?** The Gemara answers: It serves **to add** a Canaanite **slave and a Samaritan.**[N] The Gemara notes: **We learn** by inference from this mishna **that which the Sages taught** explicitly in a *baraita*: A Canaanite **slave and a Samaritan are exiled**[H] **and flogged due to a Jew, and a Jew is exiled and flogged due to a Samaritan and** a Canaanite **slave.**

בִּשְׁלָמָא עֶבֶד וְכוּתִי גּוֹלֶה עַל יְדֵי יִשְׂרָאֵל וְלוֹקֶה, גּוֹלֶה – דִּקְטָלֵיהּ, וְלוֹקֶה – דְּלַטְיֵיהּ. אֶלָּא יִשְׂרָאֵל גּוֹלֶה וְלוֹקֶה עַל יְדֵי כּוּתִי; בִּשְׁלָמָא גּוֹלֶה – דִּקְטָלֵיהּ. אֶלָּא לוֹקֶה אַמַּאי, דְּלַטְיֵיהּ? ״וְנָשִׂיא בְעַמְּךָ לֹא תָאֹר״ – בְּעוֹשֶׂה מַעֲשֵׂה עַמְּךָ!

The Gemara analyzes the *baraita*: **Granted, a slave and a Samaritan are exiled and flogged due to a Jew;** either of them is **exiled** in a case **where he killed** a Jew unintentionally, **and flogged** in a case **where he cursed** the Jew, thereby violating a Torah prohibition. **But** with regard to the *halakha* that **a Jew is exiled and flogged due to a Samaritan, granted,** the Jew is **exiled** in a case **where** he **killed** the Samaritan unintentionally, **but** the Jew **is flogged for** violating **what** prohibition? **For cursing** the Samaritan? Isn't that prohibition derived from the verse: **"And a leader in your people you may not curse"** (Exodus 22:27), from which it is inferred that the prohibition is in effect only **with regard to** one who **performs an action** characteristic **of your people,** who comports himself as an observant, God-fearing Jew? Even if the conversion of the Samaritans was valid, they regularly violate numerous prohibitions, and they do not comport themselves as observant Jews.

אֶלָּא אָמַר רַב אַחָא בַּר יַעֲקֹב: כְּגוֹן שֶׁהֵעִיד בּוֹ וְהוּזַם. דִּכְווֹתֵיהּ גַּבֵּי עֶבֶד – שֶׁהֵעִיד בּוֹ וְהוּזַם, עֶבֶד בַּר עֵדוּת הוּא?! אֶלָּא אָמַר רַב אַחָא בְּרֵיהּ דְּרַב אִיקָא: הָכָא בְּמַאי עָסְקִינַן – כְּגוֹן שֶׁהִכָּהוּ הַכָּאָה

Rather, Rav Aḥa bar Ya'akov said: This *baraita* is not referring to lashes administered for cursing; rather, one is flogged in a case **where** a Jew **testified against** a Samaritan and a Samaritan testified against a Jew **and he was rendered a conspiring witness.** The Gemara asks: Does that mean that **in the corresponding** situation **with regard to** a Canaanite **slave,** a slave is flogged in a case **where** he **testified against** a Jew **and was rendered a conspiring witness? Is a slave eligible to** give **testimony? Rather, Rav Aḥa, son of Rav Ika, said: What are we dealing with here?** The Jew is flogged due to a slave and a Samaritan, and the slave and the Samaritan are flogged due to the Jew in a case **where one struck** the other with **a blow**

HALAKHA

To exclude one who inflicts a wound on his father – פְּרָט לְעוֹשֶׂה חַבּוּרָה בְּאָבִיו: Although one who inflicts a wound on his father is liable to be executed, if he did so unintentionally he is not liable to be exiled (Rambam *Sefer Nezikin, Hilkhot Rotze'aḥ UShmirat HaNefesh* 7:15).

A slave and a Samaritan are exiled, etc. – עֶבֶד וְכוּתִי גּוֹלֶה וכו׳: One who kills a Canaanite slave intentionally is executed. If he did so unintentionally he is exiled. The later commentaries explain that the Rambam omitted the *halakha* of a Samaritan because he is of the opinion that the status of a Samaritan is that of a gentile (Rambam *Sefer Nezikin, Hilkhot Rotze'aḥ UShmirat HaNefesh* 5:3).

NOTES

A slave and a Samaritan – עֶבֶד וְכוּתִי: People in these two categories are not considered Jews in every sense. The slave here is a Canaanite slave who immersed. He is not obligated to fulfill all the mitzvot that Jewish men are obligated to fulfill; rather, he is obligated to fulfill the mitzvot that Jewish women are obligated to fulfill. In addition, it is prohibited for him to marry a Jewish woman. There is a dispute between the Sages whether the conversion of the Samaritans, who were transferred to the kingdom of Israel after it was conquered by Sennacherib, was a bona fide conversion. In any event, even according to Rabbi Meir's opinion that their conversion was legitimate, they later deviated from the proper path and rejected the Oral Law. Therefore, their practice greatly deviates from normative *halakha* in several areas.

שֶׁאֵין בָּהּ שָׁוֶה פְּרוּטָה. דְּאָמַר רַבִּי אַמִּי אָמַר רַבִּי יוֹחָנָן: הִכָּהוּ הַכָּאָה שֶׁאֵין בָּהּ שָׁוֶה פְּרוּטָה – לוֹקֶה. וְלָא מַקְּשִׁינַן הַכָּאָה לִקְלָלָה.

that does not have the capacity to cause damage **worth one *peruta*, as Rabbi Ami says** that **Rabbi Yoḥanan says:** Although one who strikes another pays damages and is not flogged, if **he struck him** with **a blow that does not have** the capacity to cause damage **worth one *peruta*,**[H] since there is no payment, **he is flogged**[N] for violating a Torah prohibition. The Gemara comments: **And** according to this opinion, contrary to those who hold that based on their virtual juxtaposition (see Exodus 21:15, 17) or on an analogy between them, the *halakhot* of striking and cursing are identical, **we do not liken striking to cursing.** Therefore, although one is flogged for cursing another only if the other comports himself as an observant, God-fearing Jew, one is liable for striking another even if the other was a sinner, e.g., a Samaritan.

״חוּץ מֵעַל יְדֵי גֵּר תּוֹשָׁב״ וכו׳. אַלְמָא גֵּר תּוֹשָׁב גּוֹי הוּא. אֵימָא סֵיפָא: גֵּר תּוֹשָׁב גּוֹלֶה עַל יְדֵי גֵּר תּוֹשָׁב! אֲמַר רַב כָּהֲנָא: לָא קַשְׁיָא, כָּאן – בְּגֵר תּוֹשָׁב שֶׁהָרַג גֵּר תּוֹשָׁב, כָּאן – בְּגֵר תּוֹשָׁב שֶׁהָרַג יִשְׂרָאֵל.

§ The mishna teaches: Everyone is exiled due to their unintentional murder of a Jew, and a Jew is exiled due to all of them, **except for** when it is **due to a *ger toshav*.**[N] And a *ger toshav* is exiled due to his unintentional murder of a *ger toshav*. The Gemara comments: **Apparently,** one may conclude that **a *ger toshav* is a gentile,** and therefore he is not exiled when he unintentionally kills a Jew. **Say the latter clause** of the mishna: **A *ger toshav* is exiled due to** his unintentional murder of **a *ger toshav*,** indicating that his halakhic status is not that of a gentile, as gentiles are not liable to be exiled. There is an apparent contradiction between the two clauses in the mishna. **Rav Kahana said:** This is **not difficult. Here,** in the latter clause of the mishna, it is **in** the case of **a *ger toshav* who killed**[H] **a *ger toshav*** that he is exiled; **there,** in the first clause, it is **in** the case of **a *ger toshav* who killed a Jew.** In the case described in the first clause he is not exiled, as his halakhic status is not that of a Jew, for whom the sin of unintentional murder of a Jew can be atoned through exile.

אִיכָּא דְּרָמֵי קְרָאֵי אַהֲדָדֵי; כְּתִיב ״לִבְנֵי יִשְׂרָאֵל וְלַגֵּר וְלַתּוֹשָׁב בְּתוֹכָם תִּהְיֶינָה שֵׁשׁ הֶעָרִים״, וּכְתִיב ״וְהָיוּ לָכֶם הֶעָרִים לְמִקְלָט״ – לָכֶם וְלֹא לְגֵרִים! אֲמַר רַב כָּהֲנָא: לָא קַשְׁיָא, כָּאן – בְּגֵר תּוֹשָׁב שֶׁהָרַג יִשְׂרָאֵל, כָּאן – בְּגֵר תּוֹשָׁב שֶׁהָרַג גֵּר תּוֹשָׁב.

There are those **who raised a contradiction between** two **verses. It is written: "For the children of Israel and for the stranger and for the resident** [*velatoshav*] **among them, shall** these **six cities be** for refuge" (Numbers 35:15), indicating that a *ger toshav* is exiled. **And it is written** in a previous verse: **"And the cities shall be for you for refuge"** (Numbers 35:12), from which it is inferred: A refuge **for you but not for a** *ger toshav*, indicating that a *ger toshav* is not exiled. **Rav Kahana said:** This is **not difficult. Here,** the verse that indicates that they are not exiled is **concerning a *ger toshav* who killed a Jew; there,** the verse that indicates that they are exiled is **concerning a *ger toshav* who killed a *ger toshav*.**

וּרְמִינְהִי: לְפִיכָךְ גֵּר וְגוֹי שֶׁהָרְגוּ – נֶהֱרָגִין; קָתָנֵי גֵּר דּוּמְיָא דְּגוֹי: מַה גּוֹי, לָא שְׁנָא דִּקְטַל בַּר מִינֵיהּ וְלָא שְׁנָא דִּקְטַל דְּלָאו בַּר מִינֵיהּ – נֶהֱרָג, אַף גֵּר, לָא שְׁנָא דִּקְטַל בַּר מִינֵיהּ וְלָא שְׁנָא קְטַל דְּלָאו בַּר מִינֵיהּ – נֶהֱרָג!

And the Gemara **raises a contradiction** to the *halakha* of the mishna from a *baraita*, which teaches: **Therefore, a** *ger toshav* **and a gentile who killed** a person **are killed,** even if they did so unintentionally. The Gemara infers based on the juxtaposition of a *ger toshav* and a gentile in the *baraita*: The *tanna* **teaches** the case of **a** *ger toshav* in a manner **similar** to the case of **a gentile: Just as** with regard to **a gentile** it is **no different** in a case **where he killed one of his kind,**[H] a gentile, **and** it is **no different** in a case **where he killed one not of his kind,** a Jew, as in either case **he is executed** and is not exiled, **so too,** with regard to **a** *ger toshav*, it is **no different** in a case **where he killed one of his kind,** a *ger toshav*, **and** it is **no different** in a case **where he killed one not of his kind,** a Jew, as in either case **he is executed** and is not exiled.

HALAKHA

A blow that does not have the capacity to cause damage worth one *peruta* – הַכָּאָה שֶׁאֵין בָּהּ שָׁוֶה פְּרוּטָה: One who strikes another and causes damage worth less than one *peruta* is liable to receive lashes for violating a prohibition, because there is no payment to exempt him from lashes. Even if one strikes a Canaanite slave belonging to another (Rambam; *Baḥ*; Gra) and the blow causes damage worth less than one *peruta* he is flogged, because the slave is obligated in the fulfillment of certain mitzvot (Rambam *Sefer Nezikin*, *Hilkhot Ḥovel UMazik* 5:3 and *Sefer Shofetim*, *Hilkhot Sanhedrin* 16:12 and *Kesef Mishne* there; *Shulḥan Arukh*, *Ḥoshen Mishpat* 420:2).

Ger toshav who killed – גֵּר תּוֹשָׁב שֶׁהָרַג: If a *ger toshav* unintentionally killed another *ger toshav* or a slave he is exiled. If he killed a Jew he is executed even if he did so unintentionally, as the halakhic status of a person is always that of one forewarned, in accordance with the statement of Rav Kahana (Rambam *Sefer Nezikin*, *Hilkhot Rotze'aḥ UShmirat HaNefesh* 5:3–4).

Where he killed one of his kind – דִּקְטַל בַּר מִינֵיהּ: If a gentile unintentionally killed another gentile, although he is not executed, he is not admitted to a city of refuge. If the blood redeemer killed him, he is not liable to be executed (Rambam *Sefer Nezikin*, *Hilkhot Rotze'aḥ UShmirat HaNefesh* 5:4 and *Sefer Shofetim*, *Hilkhot Melakhim* 10:1).

NOTES

He is flogged – לוֹקֶה: He is flogged for violating the Torah prohibition: "He shall not exceed, lest he exceed to strike him" (Deuteronomy 25:3). The terms "he shall not" and "lest" are both formulations that indicate a prohibition.

Ger toshav – גֵּר תּוֹשָׁב: A *ger toshav*, as opposed to a convert, who is a full-fledged member of the Jewish people, is a gentile who lives in Eretz Yisrael and has accepted upon himself to fulfill certain mitzvot. With regard to several areas of *halakha*, his status is somewhere between that of a Jew and that of a gentile. The precise mitzvot that a gentile must accept in order to be accorded *ger toshav* status is subject to a tannaitic dispute in tractate *Avoda Zara* (64b). Most authorities rule in accordance with the opinion of the Rabbis that a *ger toshav* is a gentile who accepts upon himself to fulfill the seven Noahide mitzvot.

HALAKHA

Where the *ger toshav* says it is permitted – בְּאוֹמֵר מוּתָּר: If one *ger toshav* killed another *ger toshav* based on his understanding that it is permitted to do so, his action borders on the intentional. Since it was his intention to kill, he is executed, in accordance with the statement of Rava (Rambam *Sefer Nezikin, Hilkhot Rotze'aḥ UShmirat HaNefesh* 5:4).

אָמַר רַב חִסְדָּא: לָא קַשְׁיָא: כָּאן – שֶׁהֲרָגוֹ דֶּרֶךְ יְרִידָה, כָּאן – שֶׁהֲרָגוֹ דֶּרֶךְ עֲלִיָּיה. דֶּרֶךְ יְרִידָה, דְּיִשְׂרָאֵל גָּלֵי – אִיהוּ נַמִּי סַגִּי לֵיהּ בְּגָלוּת. דֶּרֶךְ עֲלִיָּיה, דְּיִשְׂרָאֵל פָּטוּר – הוּא נֶהֱרָג.

Rav Ḥisda said: The contradiction between the mishna and the *baraita* is **not difficult. Here,** the mishna is referring to a case **where he killed him in a downward** motion; **there,** the *baraita* is referring to a case **where he killed him in an upward** motion. Rav Ḥisda elaborates: If one *ger toshav* killed another *ger toshav* **in a downward** motion, which is a case **where** if the perpetrator were **a Jew,** he would **be exiled,** the *ger toshav* **also suffices with exile.** But if the *ger toshav* killed his counterpart **in an upward** motion, which is a case **where** if the perpetrator were **a Jew,** he would **be exempt** from exile, the *ger toshav* **is executed.**

אָמַר לֵיהּ רָבָא: וְלָאו קַל וָחוֹמֶר הוּא? וּמָה דֶּרֶךְ יְרִידָה דְּיִשְׂרָאֵל גָּלֵי – אִיהוּ נַמִּי סַגִּי לֵיהּ בְּגָלוּת, דֶּרֶךְ עֲלִיָּיה דְּיִשְׂרָאֵל פָּטוּר, אִיהוּ נֶהֱרָג?!

Rava said to him: And is it not derived by means of **an *a fortiori*** inference[N] to the contrary? **If** one unintentionally kills another in a **downward** motion, which is a case **where** if the perpetrator were **a Jew,** he would **be exiled,** the *ger toshav* **also suffices with exile** and nothing more, but if he killed in **an upward** motion, which is a case **where** if the perpetrator were **a Jew,** he would **be exempt** from exile, is **he killed?**

אֶלָּא אָמַר רָבָא: בְּאוֹמֵר מוּתָּר. אָמַר לֵיהּ אַבָּיֵי: אוֹמֵר מוּתָּר – אָנוּס הוּא! אָמַר לֵיהּ: שֶׁאֲנִי אוֹמֵר, אוֹמֵר מוּתָּר – קָרוֹב לְמֵזִיד הוּא.

Rather, Rava said: The case in the *baraita* where a *ger toshav* is killed rather than exiled is **where** the *ger toshav* who killed another *ger toshav* **says** that **it is permitted**[H] to kill the victim. If he killed him unintentionally he is exiled, in accordance with the ruling in the mishna. **Abaye said to him:** One who **says** that **it is permitted** to kill the victim **is a victim of circumstances beyond his control,** as he was unaware of the prohibition. Why, then, should he be executed? Rava **said to him:** That is not a problem, **as I say** that with regard to **one who says** that **it is permitted,** since he intended to kill the other, his action **borders on the intentional.**

וְאָזְדוּ לְטַעֲמַיְיהוּ, דְּאִיתְּמַר: כִּסְבוּר בְּהֵמָה וְנִמְצָא אָדָם, גּוֹי וְנִמְצָא גֵּר תּוֹשָׁב. רָבָא אוֹמֵר: חַיָּיב, אוֹמֵר מוּתָּר – קָרוֹב לְמֵזִיד הוּא. רַב חִסְדָּא אוֹמֵר: פָּטוּר, אוֹמֵר מוּתָּר – אָנוּס הוּא.

The Gemara observes: **And** Rava and Rav Ḥisda **follow their** standard line of **reasoning, as** is indicated by the fact that **it was stated** that they disagree in the case of a *ger toshav* who killed a person. If **he thought** he was killing **an animal and it was discovered** that it was **a person,** or if he thought he was killing **a gentile and it was discovered** that he was **a *ger toshav*, Rava says** he is **liable** to be executed, as with regard to **one who says** that **it is permitted,** his action **borders on the intentional.**[N] **Rav Ḥisda says** he is **exempt,** as one who **says** that **it is permitted** to kill the victim **is a victim of circumstances beyond his control.**

אֵיתִיבֵיהּ רָבָא לְרַב חִסְדָּא: ״הִנְּךָ מֵת עַל הָאִשָּׁה אֲשֶׁר לָקַחְתָּ״, מַאי לָאו בִּידֵי אָדָם?

Rava raised an objection to the opinion of **Rav Ḥisda** from that which is written with regard to Abimelech, king of Gerar, who took Sarah, Abraham's wife: "And God came to Abimelech in a dream of the night and said to him: **You shall die for the woman you took,** as she is a man's wife" (Genesis 20:3). When Abimelech took Sarah he was under the impression that she was unmarried, as Abraham said that she was his sister. Despite the fact that Abimelech was one who says that it is permitted, he was liable to be executed for his action. **What, is it not** that he was liable to be executed **at the hand of** a court composed of **people,** indicating that one who says that it is permitted is liable?

NOTES

And is it not an *a fortiori* inference, etc. – וְלָאו קַל וָחוֹמֶר הוּא וכו׳: Rava is of the opinion that one who unintentionally kills in an upward motion has not performed a more severe transgression; on the contrary, one who kills unintentionally in an upward motion borders on being a victim of circumstances beyond his control. The Ritva explains that this is the basis of the dispute between Rav Ḥisda and Rava. Rav Ḥisda maintains that one who killed in an upward motion is not exiled because he performed a more severe transgression, and therefore the atonement provided by exile is insufficient. Rava holds that one who killed in an upward motion is not exiled because it is a less severe transgression.

One who says that it is permitted borders on the intentional – אוֹמֵר מוּתָּר קָרוֹב לְמֵזִיד: This is not the typical case of one who says that it is permitted, just as in general the action of one who says that a prohibited action is permitted borders on the intentional, because it was his responsibility to educate himself to distinguish between permitted and prohibited actions, and therefore it was his negligence that led to his transgression. Nevertheless, here too, it was his negligence that caused the murder, as he should have determined whom he was killing (Rashi). The Ramban (7b) maintains that this is a typical case of one who says that it is permitted with regard to these *halakhot*.

לָא, בִּידֵי שָׁמַיִם. דַּיְקָא נַמִי, דִּכְתִיב: "מֵחֲטוֹא לִי".

The Gemara rejects that conclusion: **No,** it means that he was liable to be executed **at the hand of Heaven,** but not by a court. The Gemara adds: The language of the verses **is also precise** in this regard, **as it is written:** "And I also prevented you **from sinning against Me**" (Genesis 20:6), indicating that it was a sin vis-à-vis God and was not in the jurisdiction of a court of men.

וּלְטַעְמִיךְ, "וְחָטָאתִי לֵאלֹהִים", לֵאלֹהִים וְלֹא לְאָדָם? אֶלָּא, דִּינוֹ מָסוּר לְאָדָם – הָכָא נַמִי דִּינוֹ מָסוּר לְאָדָם.

The Gemara asks: **And according to your reasoning** that based on the formulation of the verse one concludes that it was a sin exclusively vis-à-vis God, where Joseph says to Potiphar's wife: "And how can I perform this great evil, **and sin to God**" (Genesis 39:9), may one also infer that it was a sin **vis-à-vis God and not vis-à-vis man?** Joseph is referring to adultery, which is punishable by execution according to the Noahide laws as well. **Rather,** in that case it means that although he performed a sin vis-à-vis God, **his judgment is given over to** the ruling of **man; here too,** in the verse about Abimelech, it can be explained that although he performed a sin vis-à-vis God, **his judgment is given over to** the ruling of **man.** There is no proof from this verse with regard to the status of one who says that it is permitted to perform a transgression.

אֵיתִיבֵיהּ אַבָּיֵי לְרָבָא: "הֲגוֹי גַּם צַדִּיק תַּהֲרֹג"! הָתָם כִּדְקָא מְהַדְּרִי עֲלֵיהּ: "וְעַתָּה הָשֵׁב אֵשֶׁת הָאִישׁ כִּי נָבִיא הוּא",

Abaye raised an objection to the opinion of **Rava** from the reply of Abimelech: **"Will You even slay a righteous nation?"** (Genesis 20:4). God appears to accept Abimelech's contention, as He did not respond by calling him wicked, indicating that one who says that it is permitted to perform a transgression is a victim of circumstances beyond his control. The Gemara rejects that understanding. **There,** the reason for the rejection of Abimelech's contention **is as they responded to him** from Heaven: **"And now, restore the man's wife, as he is a prophet"** (Genesis 20:7).

Perek **II**
Daf **9** Amud **b**

אֵשֶׁת נָבִיא הוּא דְּתִיהְדַּר, דְּלָאו נָבִיא לָא תֵּיהְדַּר?!

This Gemara questions that response. **Is it the wife of a prophet that is returned,** and the wife of one **who is not a prophet is not returned?**

אֶלָּא, כִּדְאָמַר רַבִּי שְׁמוּאֵל בַּר נַחְמָנִי. דְּאָמַר רַבִּי שְׁמוּאֵל בַּר נַחְמָנִי אָמַר רַבִּי יוֹנָתָן: הָכִי קָאָמַר לֵיהּ, "וְעַתָּה הָשֵׁב אֵשֶׁת הָאִישׁ" – מִכׇּל מָקוֹם, וּדְקָאָמְרַתְּ "הֲגוֹי גַּם צַדִּיק תַּהֲרֹג, הֲלֹא הוּא אָמַר לִי אֲחֹתִי הִיא" וגו' – נָבִיא הוּא וּמִמְּךָ לָמַד; אַכְסְנַאי הוּא שֶׁבָּא לָעִיר, עַל עִסְקֵי אֲכִילָה וּשְׁתִיָּה שׁוֹאֲלִין אוֹתוֹ, כְּלוּם שׁוֹאֲלִין אוֹתוֹ "אִשְׁתְּךָ זוֹ"? "אֲחוֹתְךָ זוֹ"?

Rather, the explanation is **as Rabbi Shmuel bar Naḥmani says, as Rabbi Shmuel bar Naḥmani says that Rabbi Yonatan says: This** is what God **is saying to** Abimelech: **"And now, restore the man's wife"** (Genesis 20:7), **in any case,** whether or not he is a prophet. **And** as for **that which you said: "Will You even slay a righteous nation? Didn't he say to me: She is my sister"** (Genesis 20:4–5), claiming that you are a victim of circumstances beyond your control and exempt from punishment, that is not a valid claim. **He is a prophet and** it is **from you** that **he learned** to conduct himself in that manner. With regard to **a stranger** [*akhsenai*][L] **who comes to the city, one asks him about matters of eating and drinking,** e.g., whether he is hungry or thirsty. **Does one ask him: Is that your wife?** Is **that your sister?** Abraham understood from this line of questioning that you are suspect with regard to abducting women, and that is the reason that he introduced Sarah as his sister. Therefore, you are liable to be executed for her abduction.

מִכָּאן שֶׁבֶּן נֹחַ נֶהֱרָג, שֶׁהָיָה לוֹ לִלְמוֹד וְלֹא לָמַד.

The Gemara comments: **From here** it is derived **that a descendant of Noah,** i.e., a gentile, **is executed** for a capital offense even if he says that it is permitted, **as he should have learned**[HN] that it is prohibited **and he did not learn.**

LANGUAGE

Stranger [*akhsenai*] – אַכְסְנַאי: Apparently from the Greek ξενία, *xenia*, which can mean the status of an alien, and strangeness. In this context the term appears to deviate from its standard meaning.

HALAKHA

As he should have learned – שֶׁהָיָה לוֹ לִלְמוֹד: A descendant of Noah who unwittingly violated one of the mitzvot that he is obligated to observe is exempt from punishment, with the exception of unintentional murder, as in that case if the blood redeemer kills him, the blood redeemer is not executed. That is the case only if he performed the transgression without intent, e.g., if he engaged in intercourse with the wife of another man under the impression that she was his wife or a single woman. If he knew that she was the wife of another man but was under the impression that intercourse with her is permitted, his action borders on the intentional and he is liable to be executed, as it was incumbent upon him to learn the *halakha* and he failed to do so. The *halakha* is in accordance with the opinion of Rava, who holds that one who says that it is permitted to perform a transgression is liable, and the statement of Rabbi Shmuel bar Naḥmani supports his ruling (Rambam *Sefer Shofetim*, *Hilkhot Melakhim* 10:1 and *Kesef Mishne* there).

NOTES

As he should have learned – שֶׁהָיָה לוֹ לִלְמוֹד: The Ritva explains that the *halakha* is that one who performs a transgression because he says it is permitted is liable. In this case, had Abraham deceived Abimelech, he would have been deemed a victim of circumstances beyond his control and he would have been exempt. Since Abraham misled Abimelech in response to Abimelech's statement, it is as though Abraham said nothing, and Abimelech's status is that of one who says that it is permitted to perform the transgression.

HALAKHA

A blind person is not exiled – הַסּוּמָא אֵינוֹ גּוֹלֶה: A blind person who killed unintentionally is not exiled, as he borders on being a victim of circumstances beyond his control. The *halakha* is in accordance with the opinion of Rabbi Yehuda in his dispute with Rabbi Meir (Rambam *Sefer Nezikin, Hilkhot Rotze'aḥ UShmirat HaNefesh* 6:14).

The enemy of the victim is not exiled – הַשּׂוֹנֵא אֵינוֹ גּוֹלֶה: One who unintentionally kills his enemy is not admitted to a city of refuge, as presumably his action borders on the intentional. As explained elsewhere (*Sanhedrin* 27b), an enemy in this context is anyone who did not speak to the other man for three days due to enmity (Rambam *Sefer Nezikin, Hilkhot Rotze'aḥ UShmirat HaNefesh* 6:10).

מתני׳ הַסּוּמָא אֵינוֹ גּוֹלֶה, דִּבְרֵי רַבִּי יְהוּדָה. רַבִּי מֵאִיר אוֹמֵר: גּוֹלֶה. הַשּׂוֹנֵא אֵינוֹ גּוֹלֶה. רַבִּי יוֹסֵי אוֹמֵר: הַשּׂוֹנֵא נֶהֱרָג, מִפְּנֵי שֶׁהוּא כְּמוּעָד. רַבִּי שִׁמְעוֹן אוֹמֵר: יֵשׁ שׂוֹנֵא גּוֹלֶה וְיֵשׁ שׂוֹנֵא שֶׁאֵינוֹ גּוֹלֶה. זֶה הַכְּלָל: כֹּל שֶׁהוּא יָכוֹל לוֹמַר לְדַעַת הָרַג – אֵינוֹ גּוֹלֶה, וְשֶׁלֹּא לְדַעַת הָרַג – הֲרֵי זֶה גּוֹלֶה.

MISHNA **A blind person** who unintentionally murdered another **is not exiled;**[H] this is **the statement of Rabbi Yehuda. Rabbi Meir says:** He is **exiled. The enemy** of the victim **is not exiled,**[H] as presumably it was not a completely unintentional act. **Rabbi Yosei says:** Not only is **an enemy** not exiled, but he **is executed** by the court, **because** his halakhic status is **like** that of one who is **forewarned** by witnesses not to perform the action, as presumably he performed the action intentionally. **Rabbi Shimon says: There is an enemy who is exiled and there is an enemy who is not exiled. This is the principle:** In **any** case **where** an observer **could say he killed knowingly,** where circumstances lead to the assumption that it was an intentional act, the enemy **is not exiled,** even if he claims that he acted unintentionally. **And** if it is clear that **he killed unknowingly,** as circumstances indicate that he acted unintentionally, **he is exiled,** even though the victim is his enemy.

גמ׳ תָּנוּ רַבָּנַן: ״בְּלֹא רְאוֹת״ – פְּרָט לְסוּמָא, דִּבְרֵי רַבִּי יְהוּדָה. רַבִּי מֵאִיר אוֹמֵר: ״בְּלֹא רְאוֹת״ – לְרַבּוֹת אֶת הַסּוּמָא.

GEMARA Apropos the dispute in the mishna between Rabbi Yehuda and Rabbi Meir with regard to a blind person, **the Sages taught:** It is written that one is exiled to a city of refuge if he killed another **"without seeing"** (Numbers 35:23), indicating that the reference is to one who has the capacity to see. This serves **to exclude a blind person;** this is **the statement of Rabbi Yehuda. Rabbi Meir says:** On the contrary, the term **"without seeing"** serves **to include a blind person.**

מַאי טַעְמָא דְּרַבִּי יְהוּדָה? דִּכְתִיב: ״וַאֲשֶׁר יָבֹא אֶת רֵעֵהוּ בַיַּעַר״ – אֲפִילּוּ סוּמָא, אֲתָא ״בְּלֹא רְאוֹת״ מַעֲטֵיהּ.

The Gemara elaborates: **What is the reason** for the opinion **of Rabbi Yehuda?** It is **as it is written** with regard to those who are exiled: **"And as one who goes with his neighbor into the forest"** (Deuteronomy 19:5), which is stated in general terms, applying **even to a blind person.** The phrase **"without seeing" comes** and **excludes** a blind person from this *halakha*.

וְרַבִּי מֵאִיר: ״בְּלֹא רְאוֹת״ – לְמַעֵט, ״בִּבְלִי דַעַת״ – לְמַעֵט, הָוֵי מִיעוּט אַחַר מִיעוּט, וְאֵין מִיעוּט אַחַר מִיעוּט אֶלָּא לְרַבּוֹת.

And Rabbi Meir interprets the verses differently: **"Without seeing"** serves **to exclude** a blind person, and **"without knowledge"** (Deuteronomy 19:4) also serves **to exclude** a blind person. **This is** an example of **a restrictive expression following a restrictive expression, and** there is a hermeneutical principle that **a restrictive expression following a restrictive expression** serves **only to amplify** the *halakha* and include additional cases. In this case, it includes a blind person in the *halakhot* of exile as well.

וְרַבִּי יְהוּדָה: ״בִּבְלִי דַעַת״ – פְּרָט לְמִתְכַּוֵּין הוּא דַּאֲתָא.

The Gemara asks: **And** how does **Rabbi Yehuda** respond to that derivation? The Gemara answers that Rabbi Yehuda says that the phrase **"without knowledge" comes to exclude one with intent,** e.g., one who had intent to kill an animal and who killed a person, from the *halakha* of exile. Rabbi Yehuda interprets the two restrictive expressions as excluding two unrelated cases from the *halakha* of exile, and therefore the principle of: A restrictive expression following a restrictive expression serves only to amplify, is not relevant in this case.

״רַבִּי יוֹסֵי אוֹמֵר: הַשּׂוֹנֵא נֶהֱרָג״ כּוּ׳. וְהָא לָא אַתְרוּ בֵּיהּ! מַתְנִיתִין רַבִּי יוֹסֵי בַּר יְהוּדָה הִיא. דְּתַנְיָא, רַבִּי יוֹסֵי בַּר יְהוּדָה אוֹמֵר: חָבֵר אֵינוֹ צָרִיךְ הַתְרָאָה, לְפִי שֶׁלֹּא נִיתְּנָה הַתְרָאָה אֶלָּא לְהַבְחִין בֵּין שׁוֹגֵג לְמֵזִיד.

§ The mishna teaches that **Rabbi Yosei says: An enemy is executed** because his halakhic status is like that of one who is forewarned. The Gemara asks: **But** why is an enemy executed? The witness **did not** actually **forewarn him,** and courts administer corporal punishment only to a defendant who was forewarned. The Gemara answers: **The mishna is** in accordance with the opinion of **Rabbi Yosei, son of Rabbi Yehuda, as it is taught** in a *baraita* that **Rabbi Yosei, son of Rabbi Yehuda, says: One** who is **devoted to the meticulous observance of mitzvot** [*ḥaver*] **does not require forewarning** for the court to administer corporal punishment to him, **because** fundamentally the obligation to issue **forewarning was established only to distinguish between unwitting and intentional** actions. The presumptive status of a *ḥaver* is that of one who knows the *halakha*; therefore, his action is presumed to have been intentional.

"רַבִּי שִׁמְעוֹן אוֹמֵר יֵשׁ שׂוֹנֵא גּוֹלֶה" וכו'. תַּנְיָא: כֵּיצַד אָמַר רַבִּי שִׁמְעוֹן יֵשׁ שׂוֹנֵא גּוֹלֶה וְיֵשׁ שׂוֹנֵא שֶׁאֵינוֹ גּוֹלֶה? נִפְסַק – גּוֹלֶה, נִשְׁמַט – אֵינוֹ גּוֹלֶה.

§ The mishna teaches that **Rabbi Shimon says: There is an enemy who is exiled** and there is an enemy who is not exiled. The Gemara adds: **It is taught** in a *baraita*: In **what** circumstances **did Rabbi Shimon say** that **there is an enemy who is exiled and there is an enemy who is not exiled?** He said that in a case where the rope **snapped** and the object attached to the rope fell and killed a person, he is **exiled,** as that appears to be an accident. But if an object **was displaced** from his hands, **he is not exiled,** as presumably he loosened his grip until it fell.

וְהָתַנְיָא, רַבִּי שִׁמְעוֹן אוֹמֵר: לְעוֹלָם אֵינוֹ גּוֹלֶה עַד שֶׁיִּשָּׁמֵט מַחְצְלוֹ מִיָּדוֹ. קַשְׁיָא נִפְסַק אַנִּפְסַק, קַשְׁיָא נִשְׁמַט אַנִּשְׁמַט!

The Gemara asks: **But isn't it taught** in a *baraita* that **Rabbi Shimon says: One is never exiled unless his trowel** with which he was working **was displaced from his hand?** As Rabbi Shimon stated that *halakha* without distinguishing between friend and enemy, therefore, the apparent contradiction between a case where the rope **snapped,** according to the first *baraita,* **and** a case where the rope **snapped,** according to the second *baraita,* is **difficult.** And the apparent contradiction between a case where the object **was displaced,** according to the first *baraita,* **and** a case where the object **was displaced,** according to the second *baraita,* is **difficult.**

נִפְסַק אַנִּפְסַק לָא קַשְׁיָא, הָא בְּאוֹהֵב וְהָא בְּשׂוֹנֵא.

The Gemara answers: The apparent contradiction between a case where the rope **snapped** according to the first *baraita* **and** a case where the rope **snapped** according to the second is **not difficult. This** case in the second *baraita* is referring **to a friend** of the victim, and presumably if the rope snapped it is considered a case of circumstances beyond his control and he is exempt from exile, **and that** case in the first *baraita* is referring **to an enemy** of the victim. In that case, although the presumption is that the act was not intentional, due to his enmity toward the victim, it is also not assumed to be the result of circumstances that were completely beyond his control. Therefore, he is exiled.

נִשְׁמַט אַנִּשְׁמַט לָא קַשְׁיָא, הָא רַבִּי, וְהָא רַבָּנַן.

The apparent contradiction between a case where the object **was displaced** according to the first *baraita* **and** a case where the object **was displaced** according to the second *baraita* is **not difficult,** as **this** case in the first *baraita* is the opinion of **Rabbi** Yehuda HaNasi, who ruled in a mishna (7b) that if the blade of one's ax was displaced from its handle and flew through the air and killed a person, he is exempt from exile, in accordance with the opinion of Rabbi Shimon, **and that** case in the second *baraita* is the opinion of **the Rabbis,**[N] who rule that in that case, the person wielding the ax is exiled, in accordance with the opinion of Rabbi Shimon.

NOTES

This is the opinion of Rabbi Yehuda HaNasi and that is the opinion of the Rabbis – הָא רַבִּי וְהָא רַבָּנַן: Rabbi Yehuda HaNasi holds that one is not liable to be exiled if the blade was displaced from its handle. Here too, he is exempt for an object that was displaced from his hand.

מתני׳ לְהֵיכָן גּוֹלִין – לְעָרֵי מִקְלָט, לְשָׁלֹשׁ שֶׁבְּעֵבֶר הַיַּרְדֵּן וּלְשָׁלֹשׁ שֶׁבְּאֶרֶץ כְּנַעַן, שֶׁנֶּאֱמַר "אֵת שְׁלֹשׁ הֶעָרִים תִּתְּנוּ מֵעֵבֶר לַיַּרְדֵּן וְאֵת שְׁלֹשׁ הֶעָרִים תִּתְּנוּ בְּאֶרֶץ כְּנָעַן" וגו'. עַד שֶׁלֹּא נִבְחֲרוּ שָׁלֹשׁ שֶׁבְּאֶרֶץ יִשְׂרָאֵל לֹא הָיוּ שָׁלֹשׁ שֶׁבְּעֵבֶר הַיַּרְדֵּן קוֹלְטוֹת, שֶׁנֶּאֱמַר "שֵׁשׁ עָרֵי מִקְלָט תִּהְיֶינָה" – עַד שֶׁיִּהְיוּ שִׁשְׁתָּן קוֹלְטוֹת כְּאַחַת.

MISHNA **To where are** the unintentional murderers **exiled?**[H] They are exiled **to cities of refuge, to three** cities **that** were **in the** east **bank of the Jordan**[H] **and to three cities that** were **in the land of Canaan,** i.e., Eretz Yisrael, **as it is stated: "Three cities shall you give beyond the Jordan and three cities shall you give in the land of Canaan;** they shall be cities of refuge" (Numbers 35:14). The mishna comments: **Until** the **three** cities of refuge **that** were **in Eretz Yisrael were selected,**[H] an unintentional murderer **would not be admitted** to the **three that** were **in the** east **bank of the Jordan,** even though the latter three were already selected by Moses (see Deuteronomy 4:41), **as it is stated: "Six cities of refuge shall they be"** (Numbers 35:13), from which it is derived that they do not become cities of refuge **until** all **six of them admit** unintentional murderers **as one.**

HALAKHA

To where are the unintentional murderers exiled, etc. – לְהֵיכָן גּוֹלִין וכו׳: One who kills another unintentionally is exiled from his residence and goes to a city of refuge. There is a mitzva to send one who is exiled to one of these cities (Rambam *Sefer Nezikin, Hilkhot Rotze'aḥ UShmirat HaNefesh* 5:1).

To three cities that were in the east bank of the Jordan, etc. – לְשָׁלֹשׁ שֶׁבְּעֵבֶר הַיַּרְדֵּן וכו׳: There is a mitzva to designate cities of refuge. The cities of refuge total six cities, three designated by Moses in the east bank of the Jordan, and three designated by Joshua in Eretz Yisrael (Rambam *Sefer Nezikin, Hilkhot Rotze'aḥ UShmirat HaNefesh* 8:1–2).

Until the three cities of refuge that were in Eretz Yisrael were selected, etc. – עַד שֶׁלֹּא נִבְחֲרוּ שָׁלֹשׁ שֶׁבְּאֶרֶץ יִשְׂרָאֵל וכו׳: Unintentional murderers were not admitted to the cities of refuge until all six were designated (Rambam *Sefer Nezikin, Hilkhot Rotze'aḥ UShmirat HaNefesh* 8:3).

וּמְכוּוָּנוֹת לָהֶן דְּרָכִים מִזּוֹ לָזוֹ, שֶׁנֶּאֱמַר "תָּכִין לְךָ הַדֶּרֶךְ וְשִׁלַּשְׁתָּ" וגו׳.

The mishna continues: **And roads were aligned for them**[H] **from this** city, i.e., all cities, **to that** city, i.e., they would pave and straighten the access roads to the cities of refuge, **as it is stated: "Prepare for you the road, and divide** the borders of your land, which the Lord your God causes you to inherit, into three parts, that every murderer may flee there" (Deuteronomy 19:3).

וּמוֹסְרִין לָהֶן שְׁנֵי תַּלְמִידֵי חֲכָמִים, שֶׁמָּא יַהַרְגֶנּוּ בַּדֶּרֶךְ. וִידַבְּרוּ אֵלָיו. רַבִּי מֵאִיר אוֹמֵר אַף הוּא מְדַבֵּר עַל יְדֵי עַצְמוֹ, שֶׁנֶּאֱמַר: "וְזֶה דְּבַר הָרֹצֵחַ".

And the court **would provide** the unintentional murderers fleeing to a city of refuge with **two Torah scholars,**[H] due to the concern that **perhaps** the blood redeemer, i.e., a relative of the murder victim seeking to avenge his death, **will** seek to **kill him in transit, and** in that case **they,** the scholars, **will talk to** the blood redeemer and dissuade him from killing the unintentional murderer. **Rabbi Meir says:** The unintentional murderer **also speaks** [*medabber*][N] **on his own behalf** to dissuade the blood redeemer, **as it is stated: "And this is the matter** [*devar*] **of the murderer,** who shall flee there and live" (Deuteronomy 19:4), indicating that the murderer himself speaks.

רַבִּי יוֹסֵי בַּר יְהוּדָה אוֹמֵר: בַּתְּחִלָּה, אֶחָד שׁוֹגֵג וְאֶחָד מֵזִיד מַקְדִּימִין לְעָרֵי מִקְלָט, וּבֵית דִּין שׁוֹלְחִין וּמְבִיאִין אוֹתוֹ מִשָּׁם. מִי שֶׁנִּתְחַיֵּיב מִיתָה בְּבֵית דִּין – הֲרָגוּהוּ, וְשֶׁלֹּא נִתְחַיֵּיב מִיתָה – פְּטָרוּהוּ. מִי שֶׁנִּתְחַיֵּיב גָּלוּת – מַחֲזִירִין אוֹתוֹ לִמְקוֹמוֹ, שֶׁנֶּאֱמַר "וְהֵשִׁיבוּ אֹתוֹ הָעֵדָה אֶל עִיר מִקְלָטוֹ" וגו׳.

Rabbi Yosei bar Yehuda says: Initially, either one who killed another **unintentionally or** one who killed another **intentionally** would **hurry** and flee **to the cities of refuge,**[H] **and the court** in his city would **send** for him **and** would **bring him from there** to stand trial. For **one who was** found **liable** to receive the **death** penalty **in court** for intentional murder, the court would **execute him, and** for **one who was not** found **liable** to receive the **death** penalty, e.g., if they deemed that the death occurred due to circumstances beyond his control, **they** would **free him.** For **one who was** found **liable to be exiled,** the court would **restore him to his place** in the city of refuge, **as it is stated:** "And the congregation shall judge between the murderer and the blood redeemer… **and the congregation shall restore him to his city of refuge,** that he fled there" (Numbers 35:24–25), indicating that he had been in a city of refuge before his trial.

גמ׳ תָּנוּ רַבָּנַן: שָׁלֹשׁ עָרִים הִבְדִּיל מֹשֶׁה בְּעֵבֶר הַיַּרְדֵּן, וּכְנֶגְדָּן הִבְדִּיל יְהוֹשֻׁעַ בְּאֶרֶץ כְּנַעַן, וּמְכוּוָּנוֹת הָיוּ כְּמִין שְׁתֵּי שׁוּרוֹת שֶׁבַּכֶּרֶם: חֶבְרוֹן בְּהַר יְהוּדָה כְּנֶגֶד בֶּצֶר בַּמִּדְבָּר, שְׁכֶם בְּהַר אֶפְרַיִם כְּנֶגֶד רָמוֹת בַּגִּלְעָד, קֶדֶשׁ בְּהַר נַפְתָּלִי כְּנֶגֶד גּוֹלָן בַּבָּשָׁן. "וְשִׁלַּשְׁתָּ" – שֶׁיְּהוּ מְשׁוּלָּשִׁין, שֶׁיְּהֵא מִדָּרוֹם לְחֶבְרוֹן כְּמֵחֶבְרוֹן לִשְׁכֶם, וּמֵחֶבְרוֹן לִשְׁכֶם כְּמִשְּׁכֶם לְקֶדֶשׁ, וּמִשְּׁכֶם לְקֶדֶשׁ כְּמִקֶּדֶשׁ לַצָּפוֹן.

GEMARA **The Sages taught: Moses designated three cities**[B] of refuge **in the east bank of the Jordan, and corresponding to them, Joshua designated** three cities of refuge **in the land of Canaan. And the cities were aligned like two rows** of vines **in a vineyard:** In Eretz Yisrael there was **Hebron in Mount Judea, corresponding to Bezer in the wilderness; Shechem in Mount Ephraim, corresponding to Ramoth in the Gilead;** and **Kadesh in Mount Naphtali, corresponding to Golan in the Bashan.** From the term **"And you shall divide** [*veshilashta*]" (Deuteronomy 19:3), it is derived **that** the three cities in Eretz Yisrael will serve as **three** [*meshulashin*] lines of demarcation[HN] dividing the length of the land into four equal parts, in a manner **that** the distance **from the southern** border of Eretz Yisrael **to Hebron,** the southernmost city of refuge, **will be like** the distance **from Hebron to Shechem, and** the distance **from Hebron to Shechem** will be **like** the distance **from Shechem to Kadesh, and** the distance **from Shechem to Kadesh** will be **like** the distance **from Kadesh to the northern** border.

בְּעֵבֶר הַיַּרְדֵּן תְּלָת, בְּאֶרֶץ יִשְׂרָאֵל תְּלָת?! אָמַר אַבַּיֵי: בְּגִלְעָד שְׁכִיחִי רוֹצְחִים,

The Gemara questions the distribution of the cities: Why were there **three** cities designated **on the east bank of the Jordan,** where two and a half tribes resided, and **three** cities designated **in Eretz Yisrael,** where more than nine tribes resided? **Abaye said: In Gilead,** which is located on the east bank of the Jordan, **murderers are common.**

HALAKHA

And roads were aligned for them – וּמְכוּוָּנוֹת לָהֶן דְּרָכִים: There is a mitzva for the court to broaden and smooth the roads to the cities of refuge, and to ensure that all obstacles are removed from them (Rambam *Sefer Nezikin, Hilkhot Rotze'aḥ UShmirat HaNefesh* 8:5).

And the court would provide them with two Torah scholars – וּמוֹסְרִים לָהֶן תַּלְמִידֵי חֲכָמִים: When one found guilty of unintentional murder is returned to the city of refuge he is accompanied by two Torah scholars in the event that the blood redeemer will seek to avenge his relative's murder and kill him en route. The Torah scholars would say to the relative of the murder victim: Do not accord him treatment appropriate for murderers, as he came to be involved in the incident unintentionally (Rambam *Sefer Nezikin, Hilkhot Rotze'aḥ UShmirat HaNefesh* 5:8).

Hurry to the cities of refuge, etc. – מַקְדִּימִין לְעָרֵי מִקְלָט וכו׳: Initially, all murderers, intentional and unintentional alike, would flee to a city of refuge. The court of the city where the murder occurred would then summon and try them. Those found to be guilty of intentional murder would be executed, those found to be not guilty would be released, and those found guilty of unintentional murder would be returned to exile in the city of refuge (Rambam *Sefer Nezikin, Hilkhot Rotze'aḥ UShmirat HaNefesh* 5:7).

That the three cities will serve as three lines of demarcation – שֶׁיְּהוּ מְשׁוּלָּשִׁין: There is a mitzva to measure the distance between the three cities of refuge in order to ensure that the distance between any two successive cities of refuge is equal to the distance between any other two successive cities of refuge. In addition, there is a mitzva to measure the distance between the northernmost city and the northern border and the southernmost city and the southern border in order to ensure that the distance between them is equal to the distance between any two successive cities of refuge (Rambam *Sefer Nezikin, Hilkhot Rotze'aḥ UShmirat HaNefesh* 8:7).

BACKGROUND

Three cities – שָׁלֹשׁ עָרִים: In this map one sees the three cities of refuge east of the Jordan River aligned with the three cities west of the Jordan.

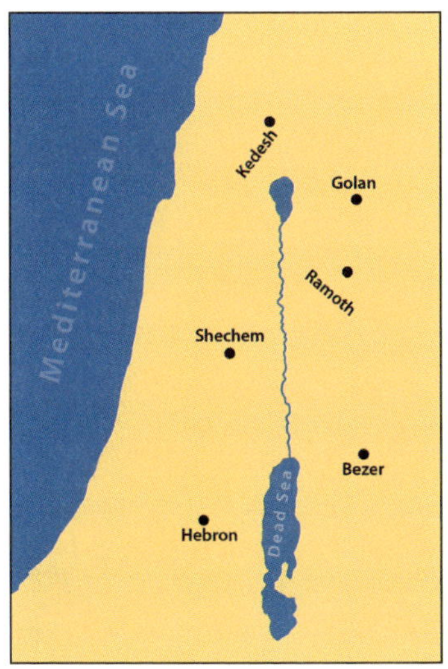

Cities of refuge

NOTES

The unintentional murderer also speaks – אַף הוּא מְדַבֵּר: The variant reading of the Rambam omits the word: Too, that appears in other versions of the text (see Rid and Ritva on 10b). According to that version, Rabbi Meir holds that the Torah scholars were not required to speak for the unintentional murderer; rather, he was required to speak on his own behalf. According to the Rid's reading, the mishna here cites the verse: "And he shall speak his statement in the ears of the elders of that city" (Joshua 20:4). The reference is to that which is stated to the inhabitants of the city of refuge.

That the three cities will serve as three lines of demarcation – שֶׁיְּהוּ מְשׁוּלָּשִׁין: This does not mean that the land was divided into three sections, each containing a city of refuge. Rather, the cities served as lines of demarcation dividing the land into four equal parts.

דִּכְתִיב ״גִּלְעָד קִרְיַת פֹּעֲלֵי אָוֶן עֲקֻבָּה מִדָּם״. מַאי ״עֲקֻבָּה מִדָּם״? אָמַר רַבִּי אֶלְעָזָר: שֶׁהָיוּ עוֹקְבִין לַהֲרוֹג נְפָשׁוֹת.

Therefore, a greater number of cities of refuge per capita were required there, **as it is written: "Gilead is a city of those who work iniquity; it is covered [*akuba*] with blood"** (Hosea 6:8). **What is** the meaning of: **Covered [*akuba*] with blood? Rabbi Elazar says:** It means **that they would set an ambush [*okevin*] to kill people.**

וּמַאי שְׁנָא מֵהַאי גִּיסָא וּמֵהַאי גִּיסָא דִּמְרַחֲקִי, וּמַאי שְׁנָא מְצִיעָאֵי דִּמְקָרְבִי?

The Gemara asks: **And what is different** about the cities of refuge closest to the border on **this** southern **side** of the country **and from** the border on **that** northern **side** of the country, **that are distanced** one-quarter of the length of Eretz Yisrael from the border, **and what is different** about the city of refuge in the **middle** of the country, **which is** relatively **close** to any potential murderers? The maximum distance that one would need to travel to reach the middle city is one-half the distance from the northern and southern borders to their respective cities of refuge.

אֲמַר אַבָּיֵי: בִּשְׁכֶם נַמִּי שְׁכִיחִי רוֹצְחִים, דִּכְתִיב ״וּכְחַכֵּי אִישׁ גְּדוּדִים חֶבֶר כֹּהֲנִים דֶּרֶךְ יְרַצְּחוּ שֶׁכְמָה״ וגו׳. מַאי ״חֶבֶר כֹּהֲנִים״? אָמַר רַבִּי אֶלְעָזָר: שֶׁהָיוּ מִתְחַבְּרִין לַהֲרוֹג נְפָשׁוֹת כְּכֹהֲנִים הַלָּלוּ שֶׁמִּתְחַבְּרִין לַחֲלוֹק תְּרוּמוֹת בְּבֵית הַגְּרָנוֹת.

Abaye said: Murderers are also common in Shechem, as it is written: "And as troops of robbers wait for a man, so does the band of priests; they murder in the way toward Shechem, yes, they commit enormity" (Hosea 6:9). **What** is the meaning of **"the band of priests"? Rabbi Elazar says:** It means **that** the people **would band together to kill people, like those priests who band together to distribute *teruma*** among themselves **in the granaries.**

וְתוּ לֵיכָּא? וְהָא כְּתִיב ״וַעֲלֵיהֶם תִּתְּנוּ אַרְבָּעִים וּשְׁתַּיִם עִיר״! אֲמַר אַבָּיֵי: הַלָּלוּ קוֹלְטוֹת בֵּין לְדַעַת בֵּין שֶׁלֹּא לְדַעַת, הַלָּלוּ – לְדַעַת קוֹלְטוֹת, שֶׁלֹּא לְדַעַת אֵינָן קוֹלְטוֹת.

The Gemara asks: **And are there no more** cities of refuge beyond these six? **But isn't it written:** "And the cities that you shall give to the Levites: The six cities of refuge you shall give for the murderer to flee there, **and beyond them you shall give forty-two cities"** (Numbers 35:6), indicating that the status of all the Levite cities is that of cities of refuge? **Abaye said:** With regard to **these** six cities designated specifically for this purpose, unintentional murderers in need of refuge are **admitted**[H] there **whether** they entered the cities **deliberately,** aware that they are cities of refuge, or **whether** they entered **inadvertently.** By contrast, with regard to **those** forty-two Levite cities, unintentional murderers are **admitted** only if they entered the cities **deliberately,** but if they entered the cities **inadvertently,** they are **not admitted** to the cities.

וְחֶבְרוֹן עִיר מִקְלָט הוּא? וְהָכְתִיב ״וַיִּתְּנוּ לְכָלֵב אֶת חֶבְרוֹן כַּאֲשֶׁר דִּבֶּר מֹשֶׁה״! אֲמַר אַבָּיֵי: פַּרְווֹדָהָא, דִּכְתִיב ״וְאֶת שְׂדֵה הָעִיר וְאֶת חֲצֵרֶיהָ נָתְנוּ לְכָלֵב בֶּן יְפֻנֶּה״.

The Gemara asks: **And is Hebron a city of refuge? But isn't it written: "And they gave Hebron to Caleb, as Moses had spoken"** (Judges 1:20)? This indicates that Hebron belonged to Caleb from the tribe of Judah, and it was not a Levite city. **Abaye said: Its suburbs [*parvadaha*]**[L] were given to Caleb; the city itself was a city of priests, **as it is written** in the context of the distribution of the Levite cities: "And they gave them Kiryat Arba…which is Hebron…**and the field of the city and its courtyards they gave to Caleb, son of Jephunneh"** (Joshua 21:11–12).

וְקֶדֶשׁ עִיר מִקְלָט הֲוַאי? וְהָכְתִיב ״וְעָרֵי מִבְצָר הַצִּדִּים צֵר וְחַמַּת רַקַּת וְכִנֶּרֶת וגו׳ וְקֶדֶשׁ וְאֶדְרֶעִי וְעֵין חָצוֹר״, וְתַנְיָא: עָרִים הַלָּלוּ אֵין עוֹשִׂין אוֹתָן לֹא טִירִין קְטַנִּים וְלֹא כְּרַכִּים גְּדוֹלִים, אֶלָּא עֲיָירוֹת בֵּינוֹנִיּוֹת! אֲמַר רַב יוֹסֵף: תַּרְתֵּי קֶדֶשׁ הֲוַאי, אֲמַר רַב אַשִׁי: כְּגוֹן סְלִיקוּם וְאַקְרָא דִּסְלִיקוּם.

The Gemara further asks: **And is Kadesh a city of refuge? But isn't it written: "And the fortified cities were Ziddim Zer, and Hammath, Rakkath, and Chinnereth…and Kedesh and Edrei and En Hazor"** (Joshua 19:35–37), **and it is taught** in a *baraita*: With regard to **these cities** of refuge, **one does not establish them** in **small settlements [*tirin*]**[LN] **or** in **large cities;**[N] **rather,** one establishes them in **intermediate**-sized **towns?** Apparently, Kadesh was a large, fortified city. **Rav Yosef said: There were two** cities named **Kedesh,** and the one listed among the fortified cities in the book of Joshua is not the one that was a city of refuge. **Rav Ashi said:** The listing of Kadesh among the fortified cities is not difficult, as it is **similar to** the two adjacent yet separate cities of **Selikum and the fortification [*ve'akra*]**[L] **of Selikum.**[B] Likewise, there was the fortified city of Kadesh, mentioned in Joshua, and the city itself, which was an intermediate city that served as city of refuge.

HALAKHA

These six cities…admitted, etc. – הַלָּלוּ קוֹלְטוֹת וכו׳: All Levite cities are cities of refuge. The difference between Levite cities and the original six cities of refuge is that an unintentional murderer is admitted to a city of refuge explicitly designated for that purpose whether he enters the city deliberately or otherwise. He is admitted to the other Levite cities only if he enters those cities deliberately (Rambam *Sefer Nezikin, Hilkhot Rotze'aḥ UShmirat HaNefesh* 8:9).

LANGUAGE

Suburb [*parvad*] – פַּרְווֹד: More accurate readings of this word, such as that preserved in the Yemenite manuscript of tractate *Makkot* held by the Yad HaRav Herzog Library, have a *reish* instead of a *dalet* and read *parvar*. The term comes from Middle Persian parwār, meaning city environs.

Settlements [*tirin*] – טִירִין: This term refers to small settlements. Some maintain that it refers to a bounded area not surrounded by a wall. The biblical word *tira*, commonly translated as fortress, is also held by some to mean a small, unwalled encampment.

Fortification [*akra*] – אַקְרָא: From the Greek ἄκρα, *akra*, meaning the highest point, a citadel.

NOTES

Small settlements – טִירִין קְטַנִּים: One does not establish cities of refuge in small settlements because there is an insufficient amount of food (Rashi). In *Arakhin* 33b Rashi explains that the reason is that a city of refuge must be large enough to accommodate all the unintentional murderers.

Large cities – כְּרַכִּים גְּדוֹלִים: Because people are constantly entering and exiting the city, the blood redeemer may also happen to visit that city (Rashi). Alternatively, since there are so many people entering and exiting the city, the blood redeemer will enter the city without attracting the attention of the unintentional murderer exiled there (Meiri).

BACKGROUND

Selikum and the fortification of Selikum – סְלִיקוּם וְאַקְרָא דִּסְלִיקוּם: The reference is apparently to cities called Seleucia. There were several cities named for King Seleucus, who built them in his kingdom.

One theory is that the Selikum mentioned here refers to the city Seleucia on the Tigris River, a large fortified city, and the fortification of Selikum refers to one of the other cities with the same name, the modern Kirkuk in Kurdistan.

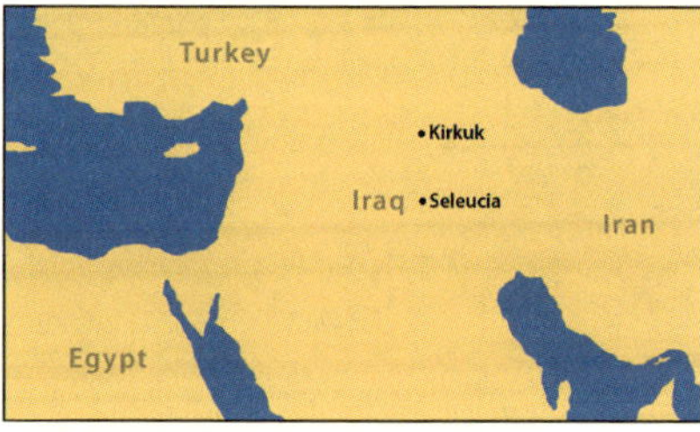

Map showing Seleucia and Kirkuk

גּוּפָא, עָרִים הַלָּלוּ אֵין עוֹשִׂין אוֹתָן לֹא טִירִין קְטַנִּים וְלֹא כְּרַכִּין גְּדוֹלִים, אֶלָּא עֲיָירוֹת בֵּינוֹנִיּוֹת. וְאֵין מוֹשִׁיבִין אוֹתָן אֶלָּא בִּמְקוֹם מַיִם, וְאִם אֵין שָׁם מַיִם – מְבִיאִין לָהֶם מַיִם. וְאֵין מוֹשִׁיבִין אוֹתָן אֶלָּא בִּמְקוֹם שְׁוָוקִים, וְאֵין מוֹשִׁיבִין אוֹתָן אֶלָּא בִּמְקוֹם אוּכְלוּסִין. נִתְמַעֲטוּ אוּכְלוּסֵיהֶן – מוֹסִיפִין עֲלֵיהֶן, נִתְמַעֲטוּ דִּיּוּרֵיהֶן – מְבִיאִין לָהֶם כֹּהֲנִים לְוִיִּם וְיִשְׂרְאֵלִים.

§ The Gemara discusses **the matter itself,** and it cites the complete *baraita*: With regard to **these cities** of refuge, **one does not establish them** in **small settlements**[H] **or** in **large cities; rather,** one establishes them in **intermediate**-sized **towns. And one establishes them only in a place** where **water** is available, **and if there is no water** available **there,** as there is no spring accessible from the city, **one brings them water** by digging a canal. **And one establishes them only in a place** where there are **markets, and one establishes them only in a populated place,** where there are many people who regularly frequent the town. If the **population** of the surrounding areas **diminishes, one adds to it.** If the number of **residents** in the city of refuge itself **diminishes, one brings** new residents to the city, among them **priests, Levites, and Israelites.**

וְאֵין מוֹכְרִין בָּהֶן לֹא כְּלֵי זַיִן וְלֹא כְּלֵי מְצוּדָה, דִּבְרֵי רַבִּי נְחֶמְיָה, וַחֲכָמִים מַתִּירִין. וְשָׁוִין שֶׁאֵין פּוֹרְסִין בְּתוֹכָן מְצוּדוֹת, וְאֵין מַפְשִׁילִין לְתוֹכָן חֲבָלִים, כְּדֵי שֶׁלֹּא תְּהֵא רֶגֶל גּוֹאֵל הַדָּם מְצוּיָה שָׁם.

The *baraita* continues: **And one may not sell weapons or hunting tools** in the cities of refuge, to prevent the blood redeemer from gaining access to means that he could exploit to kill the unintentional murderer who fled to the city of refuge; this is **the statement of Rabbi Neḥemya. And the Rabbis permit** selling weapons and hunting tools. **And** Rabbi Neḥemya and the Rabbis **agree that one may not spread nets in** the cities of refuge, **nor may they braid** [*mafshilin*][L] **ropes in** those cities, **so that the foot of the blood redeemer will not be found there.** If the blood redeemer were to enter the city of refuge to purchase nets or ropes, he is apt to encounter the murderer and kill him.

אָמַר רַבִּי יִצְחָק: מַאי קְרָא? ״וְנָס אֶל אַחַת מִן הֶעָרִים הָאֵל וָחָי״ – עֲבֵיד לֵיהּ מִידֵּי דְּתֶהֱוֵי לֵיהּ חִיּוּתָא.

Rabbi Yitzḥak says: What is the verse from which these matters are derived? It is written: **"And he shall flee to one of these cities and live"** (Deuteronomy 4:42), meaning: **Perform some** actions **for** the unintentional murderer so **that** life in the city of refuge **will be** conducive to **living for him.** All these steps are taken to facilitate that objective.

תָּנָא: תַּלְמִיד שֶׁגָּלָה – מַגְלִין רַבּוֹ עִמּוֹ, שֶׁנֶּאֱמַר ״וָחָי״ – עֲבֵיד לֵיהּ מִידֵּי דְּתֶהֱוֵי לֵיהּ חִיּוּתָא. אָמַר רַבִּי זְעֵירָא: מִכָּאן שֶׁלֹּא יִשְׁנֶה אָדָם לְתַלְמִיד שֶׁאֵינוֹ הָגוּן.

The Sages **taught:** In the case of **a student who was exiled,**[H] **his teacher is exiled** to the city of refuge **with him,** so that the student can continue studying Torah with him there, **as it is stated:** "And he shall flee to one of these cities **and live,"** from which it is derived: **Perform some** actions **for** the unintentional murderer so **that** life in the city **will be** conducive to **living for him.** Since Torah study is an integral component of his life, arrangements must be made to ensure continuity in that facet of his existence. **Rabbi Zeira says: From here** one learns **that a person should not teach a student who is not fit,**[HN] as that may result in the teacher following the student into exile.

אָמַר רַבִּי יוֹחָנָן: הָרַב שֶׁגָּלָה – מַגְלִין יְשִׁיבָתוֹ עִמּוֹ. אִינִי? וְהָא אָמַר רַבִּי יוֹחָנָן: מִנַּיִן לְדִבְרֵי תוֹרָה שֶׁהֵן קוֹלְטִין, שֶׁנֶּאֱמַר ״אֶת בֶּצֶר בַּמִּדְבָּר״ וגו׳, [וּכְתִיב בָּתְרֵיהּ] ״וְזֹאת הַתּוֹרָה״!

Rabbi Yoḥanan says: In the case of **a teacher** of Torah **who was exiled,**[N] **his school is exiled with him.** The Gemara asks: **Is that so** that a teacher of Torah is exiled? **But doesn't Rabbi Yoḥanan** himself **say: From where** is it derived **that matters of Torah provide refuge,** i.e., that the blood redeemer may not harm one who is engaged in Torah? It is derived from a verse, **as it is stated: "Bezer in the wilderness,** in the flatlands, for the Reubenites; and Ramoth in Gilead, for the Gadites; and Golan in Bashan, for the Manassites" (Deuteronomy 4:43), in the list of cities of refuge designated by Moses, **and it is written thereafter: "And this is the Torah"** (Deuteronomy 4:44). Based on that juxtaposition it is derived that the status of Torah is like that of a city of refuge.

לָא קַשְׁיָא; הָא – בְּעִידָּנָא דְּעָסֵיק בַּהּ, הָא – בְּעִידָּנָא דְּלָא עָסֵיק בַּהּ.

The Gemara answers: This is **not difficult,** as **this** statement of Rabbi Yoḥanan, that the status of Torah is like that of a city of refuge, is referring to Torah **at the time that one is engaged in its** study, and **that** statement of Rabbi Yoḥanan, that the teacher of Torah must take his school to the city of refuge, is referring to the teacher of Torah **at the time that he is not engaged in its** study. His mere presence in a city of refuge provides him with continuous protection.

HALAKHA

One does not establish them in small settlements, etc. – אֵין עוֹשִׂין אוֹתָן לֹא טִירִין קְטַנִּים וכו׳: One does not establish these cities of refuge in small settlements or large cities; rather, one establishes them in intermediate-sized towns. And one establishes them only in a place where there are many people who regularly frequent the town. If the population of the surrounding areas diminishes, one adds to it. If the number of residents in the city of refuge itself diminishes, one brings new residents to the city, among them priests, Levites, and Israelites. One may not spread nets in the cities of refuge, nor may they braid ropes in those cities, so that the blood redeemer will not be found there (Rambam *Sefer Nezikin, Hilkhot Rotze'aḥ UShmirat HaNefesh* 8:8).

Student who was exiled, etc. – תַּלְמִיד שֶׁגָּלָה וכו׳: If a student is exiled, his teacher is exiled with him, as it is written: "And he shall flee to one of these cities and live" (Deuteronomy 4:42), indicating that one must provide him with what he needs to live. For the wise and those who seek wisdom, life in the absence of Torah study is tantamount to death. Similarly, if a teacher is exiled, his school is exiled with him (Rambam *Sefer Nezikin, Hilkhot Rotze'aḥ UShmirat HaNefesh* 7:1).

That a person should not teach a student who is not fit – שֶׁלֹּא יִשְׁנֶה אָדָם לְתַלְמִיד שֶׁאֵינוֹ הָגוּן: One may teach Torah only to a decent student whose actions are virtuous or an artless person whose nature is unknown (*Kesef Mishne*). If the student is corrupt, one reforms him and accustoms him to follow the virtuous path. After he is examined and found to be virtuous, he is allowed to enter the study hall and one may teach him Torah (Rambam *Sefer HaMadda, Hilkhot Talmud Torah* 4:1; *Shulḥan Arukh, Yoreh De'a* 246:7).

LANGUAGE

Braid [*mafshilin*] – מַפְשִׁילִין: The root of this word likely means weaving or wrapping. Bundles of flax or cotton were woven and wrapped in order to fashion ropes.

NOTES

Student who is not fit – תַּלְמִיד שֶׁאֵינוֹ הָגוּן: One who happened to murder another unintentionally must have sins that require atonement, and he is punished as atonement for his sins.

Teacher who was exiled, etc. – רַב שֶׁגָּלָה וכו׳: The reason a teacher is exiled would appear to be to ensure that his Torah will continue to sustain him, as a teacher learns much of his Torah from his students.

וְאִי בָּעֵית אֵימָא: מַאי קוֹלְטִין – מִמַּלְאַךְ הַמָּוֶת. כִּי הָא דְּרַב חִסְדָּא הֲוָה יָתֵיב וְגָרֵיס בְּבֵי רַב, וְלָא הֲוָה קָא יָכוֹל שְׁלִיחָא [דְּמַלְאֲכָא דְּמוֹתָא] לְמִיקְרַב לְגַבֵּיהּ, דְּלָא הֲוָה שָׁתֵיק פּוּמֵיהּ מִגִּירְסָא. סְלֵיק וִיתֵיב אַאַרְזָא דְּבֵי רַב, פְּקַע אַרְזָא וְשָׁתֵיק, וְיָכֵיל לֵיהּ.

And if you wish, say: What is the meaning of Rabbi Yoḥanan's statement that matters of Torah **provide refuge?** It means protection, but not for an unintentional murderer from the blood redeemer; rather, it means protection **from the Angel of Death.** This is **as** it was in **this** incident **where Rav Ḥisda was sitting and studying in the study hall of Rav and the agent of the Angel of Death was unable to approach him** and take his life **because his mouth was not silent from his study** for even a moment. The agent **ascended and sat on the cedar** tree **of the study hall of Rav.**[B] **The cedar** tree **broke and Rav Ḥisda was** momentarily **silent,** startled by the sudden noise, **and** the agent of the Angel of Death **overcame him.** Apparently, matters of Torah provide protection from the Angel of Death only when one is actively engaged in their study.

אָמַר רַבִּי תַּנְחוּם בַּר חֲנִילָאי: מִפְּנֵי מָה זָכָה רְאוּבֵן לִימָּנוֹת בַּהַצָּלָה תְּחִלָּה? מִפְּנֵי שֶׁהוּא פָּתַח בַּהַצָּלָה תְּחִלָּה, שֶׁנֶּאֱמַר "וַיִּשְׁמַע רְאוּבֵן וַיַּצִּלֵהוּ מִיָּדָם".

§ **Rabbi Tanḥum bar Ḥanilai says: For what** reason **was Reuben privileged to be enumerated first in the rescue,** as the first city of refuge listed is Bezer (see Deuteronomy 4:43), which is located in the tribal portion of Reuben? It is **due to** the fact **that he began the rescue** of Joseph **first, as it is stated: "And Reuben heard and delivered him from their hands"** (Genesis 37:21).

דָּרַשׁ רַבִּי שִׂמְלַאי: מַאי דִּכְתִיב "אָז יַבְדִּיל מֹשֶׁה שָׁלֹשׁ עָרִים בְּעֵבֶר הַיַּרְדֵּן מִזְרְחָה [שָׁמֶשׁ]"? אָמַר לוֹ הַקָּדוֹשׁ בָּרוּךְ הוּא לְמֹשֶׁה: הַזְרַח שֶׁמֶשׁ לָרוֹצְחִים. אִיכָּא דְּאָמְרִי, אָמַר לוֹ: הִזְרַחְתָּ שֶׁמֶשׁ לָרוֹצְחִים.

Rabbi Simlai taught: What is the meaning of that **which is written: "Then Moses separated three cities beyond the Jordan, to the east of the sun** [*mizreḥa shamesh*]" (Deuteronomy 4:41)? **The Holy One, Blessed be He, said to Moses: Shine the sun** [*hazraḥ shemesh*] **for murderers,** i.e., provide them with the hope of rescue. **Some say** that God **said to** Moses: In designating these cities of refuge **you have shined the sun for murderers.**

דָּרַשׁ רַבִּי סִימָאי: מַאי דִּכְתִיב "אֹהֵב כֶּסֶף לֹא יִשְׂבַּע כֶּסֶף וּמִי אֹהֵב בֶּהָמוֹן לֹא תְבוּאָה"? "אֹהֵב כֶּסֶף לֹא יִשְׂבַּע כֶּסֶף" – זֶה מֹשֶׁה רַבֵּינוּ, שֶׁהָיָה יוֹדֵעַ שֶׁאֵין שָׁלֹשׁ עָרִים שֶׁבְּעֵבֶר הַיַּרְדֵּן קוֹלְטוֹת עַד שֶׁלֹּא נִבְחֲרוּ שָׁלֹשׁ בְּאֶרֶץ כְּנַעַן, וְאָמַר: מִצְוָה שֶׁבָּאָה לְיָדִי אֲקַיְּימֶנָּה.

On a related note, **Rabbi Simai taught: What** is the meaning of that **which is written: "He who loves silver shall not be satisfied with silver; nor he who loves abundance with increase"** (Ecclesiastes 5:9)? **"He who loves silver shall not be satisfied with silver"; this** is a reference to **Moses our teacher,** whose love of mitzvot was so great **that** although **he knew that** an unintentional murderer **would not be admitted to the three cities** of refuge **that were in** the east **bank of the Jordan until** the **three** cities of refuge **that** were **in the land of Canaan were selected, and** that his designation of cities of refuge would have no practical ramifications in his lifetime, **he** nevertheless **said:** When there is **a mitzva that has come my way, I will fulfill it.**

"וּמִי אֹהֵב בֶּהָמוֹן לֹא תְבוּאָה", לְמִי נָאֶה לְלַמֵּד בְּהָמוֹן – מִי שֶׁכָּל תְּבוּאָה שֶׁלּוֹ. וְהַיְינוּ דְּאָמַר רַבִּי אֶלְעָזָר: מַאי דִּכְתִיב "מִי יְמַלֵּל גְּבוּרוֹת ה׳ יַשְׁמִיעַ כָּל תְּהִלָּתוֹ"? לְמִי נָאֶה (לְלַמֵּד) [לְמַלֵּל] גְּבוּרוֹת ה׳ – מִי שֶׁיָּכוֹל לְהַשְׁמִיעַ כָּל תְּהִלָּתוֹ.

The next phrase in that verse: **"Nor he who loves abundance with increase,"** is also interpreted as referring to Torah: **For whom is it fitting to teach an abundance** of people? **One** for **whom all** its **increase belongs to him,** i.e., one who knows all the content of the Torah is worthy of teaching it in public. **And that is** identical to that **which Rabbi Elazar says: What** is the meaning of that **which is written: "Who can express the mighty acts of God, or make all His praise heard"** (Psalms 106:2)? **For whom is it fitting to express the mighty acts of God?** It is **one who can make all His praise heard.** One who knows only part of it is unfit to teach the multitudes.

וְרַבָּנַן, וְאִיתֵימָא רַבָּה בַּר מָרִי אָמַר: "מִי אֹהֵב בֶּהָמוֹן לוֹ תְבוּאָה" – כָּל הָאוֹהֵב לַמְלַמֵּד בְּהָמוֹן – לוֹ תְּבוּאָה. יְהַבוּ בֵּיהּ רַבָּנַן עֵינַיְיהוּ בְּרָבָא בְּרֵיהּ דְּרַבָּה.

And the Rabbis say, **and some say Rabba bar Mari says,** that the passage **"nor he who loves abundance with increase"** means **whoever loves** a Torah scholar **who teaches in** the presence of **an abundance** of people, **to him shall be increase,** i.e., sons who are Torah scholars. The Gemara relates: When they heard that interpretation, **the Sages cast their eyes upon Rava, son of Rabba,**[P] who loved Torah scholars who disseminate Torah, and he was blessed with sons who were Torah scholars.

(סִימָן: אַשִׁי לִלְמוֹד וְרָבִינָא לְלַמֵּד)

The Gemara provides **a mnemonic**[B] for the ensuing interpretations of the second part of the verse cited earlier (Ecclesiastes 5:9): **Ashi to study, Ravina to teach.**

BACKGROUND

The cedar of the study hall of Rav – אַרְזָא דְּבֵי רַב: Rashi explains elsewhere that the reference is to the central pillar supporting the study hall in the school of Rav. This study hall remained active many years after Rav's passing.

Mnemonic – סִימָן: Because the Talmud was studied orally for many generations, mnemonics were employed to facilitate remembering a series of statements and the order in which they were taught.

PERSONALITIES

Rava son of Rabba – רָבָא בְּרֵיהּ דְּרַבָּה: A fourth-generation Babylonian *amora*, this Rava was the son of the great *amora* Rabba and a colleague of Abaye and Rava. Apparently, he was the premier student of Rav Yosef, to whom he would send halakhic questions. He engaged in halakhic discussions primarily with Abaye and Rava.

רַב אַשִׁי אָמַר: כׇּל הָאוֹהֵב לִלְמוֹד בְּהָמוֹן – לוֹ תְּבוּאָה. וְהַיְינוּ דְּאָמַר רַבִּי יוֹסֵי בְּרַבִּי חֲנִינָא: מַאי דִּכְתִיב "חֶרֶב אֶל הַבַּדִּים וְנֹאָלוּ" – חֶרֶב עַל צַוָּארֵי שׂוֹנְאֵיהֶם שֶׁל תַּלְמִידֵי חֲכָמִים שֶׁיּוֹשְׁבִין וְעוֹסְקִין בַּתּוֹרָה בַּד בְּבַד. וְלֹא עוֹד אֶלָּא שֶׁמִּטַּפְּשִׁין, כְּתִיב הָכָא "וְנֹאָלוּ" וּכְתִיב הָתָם "אֲשֶׁר נוֹאַלְנוּ". וְלֹא עוֹד אֶלָּא שֶׁחוֹטְאִין, שֶׁנֶּאֱמַר "וַאֲשֶׁר חָטָאנוּ". וְאִיבָּעֵית אֵימָא מֵהָכָא: "נוֹאֲלוּ שָׂרֵי צֹעַן".

Rav Ashi says: Anyone who loves to study in abundance, i.e., with many colleagues, **to him shall be increase,** i.e., he will succeed in his studies. **And that is** parallel to that **which Rabbi Yosei, son of Rabbi Ḥanina, says: What** is the meaning of that **which is written: "A sword is upon the *baddim, veno'alu*"** (Jeremiah 50:36)? It is fitting that **a sword** be placed **on the necks of the enemies of Torah scholars,** a euphemism for Torah scholars, **who sit and engage in** the study of **the Torah individually** [***bad bevad***]. **Moreover, they grow foolish** through individual study, as **it is written here: *Veno'alu,* and it is written there: "For we have been foolish** [***no'alnu***]**"** (Numbers 12:11). **Moreover, they** thereby **sin, as it is stated** immediately thereafter: **"And for we have sinned." And if you wish, say** that **from here** it is derived that *no'alu* means sinned: **"The ministers of Zoan have sinned** [***no'alu***]**"** (Isaiah 19:13).

רָבִינָא אָמַר: כׇּל הָאוֹהֵב לְלַמֵּד בְּהָמוֹן – לוֹ תְּבוּאָה. וְהַיְינוּ דְּאָמַר רַבִּי: הַרְבֵּה תּוֹרָה לָמַדְתִּי מֵרַבּוֹתַי, וּמֵחֲבֵירַי יוֹתֵר מֵהֶם, וּמִתַּלְמִידַי יוֹתֵר מִכּוּלָּן.

Ravina says that there is a different interpretation of the verse cited earlier (Ecclesiastes 5:9): **Anyone who loves to teach in abundance,** before the multitudes, **to him shall be increase,** as his Torah knowledge is enhanced through those lectures. **And that is** the parallel to that **which Rabbi** Yehuda HaNasi **says: Much Torah have I studied from my teachers, and** I have learned **more from my colleagues** than **from them, and** I have learned **more from my students** than **from all of them.**

אָמַר רַבִּי יְהוֹשֻׁעַ בֶּן לֵוִי: מַאי דִּכְתִיב "עֹמְדוֹת הָיוּ רַגְלֵינוּ בִּשְׁעָרַיִךְ יְרוּשָׁלָ͏ִם"? מִי גָּרַם לְרַגְלֵינוּ שֶׁיַּעַמְדוּ בַּמִּלְחָמָה – שַׁעֲרֵי יְרוּשָׁלַ͏ִם, שֶׁהָיוּ עוֹסְקִים בַּתּוֹרָה.

Apropos the virtue of Torah study, **Rabbi Yehoshua ben Levi says: What** is the meaning of that **which is written: "Our feet were standing in your gates, Jerusalem"** (Psalms 122:2)? **What caused our feet to withstand** the enemies **in war?** It is **the gates of Jerusalem, where they were engaged in Torah** study. He interprets the term "in your gates" to mean: Because of your gates, the place of justice and Torah.

וְאָמַר רַבִּי יְהוֹשֻׁעַ בֶּן לֵוִי: מַאי דִּכְתִיב "שִׁיר הַמַּעֲלוֹת לְדָוִד שָׂמַחְתִּי בְּאֹמְרִים לִי בֵּית ה׳ נֵלֵךְ"? אָמַר דָּוִד לִפְנֵי הַקָּדוֹשׁ בָּרוּךְ הוּא: רִבּוֹנוֹ שֶׁל עוֹלָם, שָׁמַעְתִּי בְּנֵי אָדָם שֶׁהָיוּ אוֹמְרִים: מָתַי יָמוּת זָקֵן זֶה וְיָבֹא שְׁלֹמֹה בְנוֹ וְיִבְנֶה בֵּית הַבְּחִירָה וְנַעֲלֶה לָרֶגֶל, וְשָׂמַחְתִּי. אָמַר לוֹ הַקָּדוֹשׁ בָּרוּךְ הוּא: "כִּי טוֹב יוֹם בַּחֲצֵרֶיךָ מֵאָלֶף", טוֹב לִי יוֹם אֶחָד שֶׁאַתָּה עוֹסֵק בַּתּוֹרָה לְפָנַי, מֵאֶלֶף עוֹלוֹת שֶׁעָתִיד שְׁלֹמֹה בִּנְךָ לְהַקְרִיב לְפָנַי עַל גַּבֵּי הַמִּזְבֵּחַ.

And Rabbi Yehoshua ben Levi says: What is the meaning of that **which is written: "A song of the ascents to David: I rejoiced when they said to me, let us go to the house of God"** (Psalms 122:1)? **David said before the Holy One, Blessed be He: Master of the Universe, I heard people who were saying** in reference to me: **When will this old man die, and Solomon his son will come** and succeed him **and build the Temple and we will ascend** there **for the pilgrimage Festival?** It was common knowledge that the Temple would be constructed by David's successor. David continued: **And** despite my pain that I am not privileged to build the Temple, **I rejoiced. The Holy One, Blessed be He, said to him: "For better is one day in your courtyard than one thousand"** (Psalms 84:11), meaning, **I prefer one day** during **which you engage in** the study of **Torah before Me than** the **one thousand burnt-offerings that your son Solomon is destined to sacrifice before Me upon the altar** (see 1 Kings 3:4).

"וּמְכֻוָּונוֹת לָהֶם דְּרָכִים" וכו׳. תַּנְיָא, רַבִּי אֱלִיעֶזֶר בֶּן יַעֲקֹב אוֹמֵר:

§ The mishna teaches: **And roads were aligned for them** from this city to that city. **It is taught** in a *baraita* that **Rabbi Eliezer ben Ya'akov says:**

Perek **II**
Daf **10** Amud **b**

HALAKHA

Refuge was written – מִקְלָט הָיָה כָּתוּב: The term refuge was written at the crossroads, directing the unintentional murderers to the city of refuge, in accordance with the statement of Rabbi Eliezer ben Ya'akov (Rambam *Sefer Nezikin, Hilkhot Rotze'aḥ UShmirat HaNefesh* 8:5).

"מִקְלָט" הָיָה כָּתוּב עַל פָּרָשַׁת דְּרָכִים, כְּדֵי שֶׁיַּכִּיר הָרוֹצֵחַ וְיִפְנֶה לְשָׁם. אָמַר רַב כָּהֲנָא: מַאי קְרָא? "תָּכִין לְךָ הַדֶּרֶךְ" – עֲשֵׂה [לְךָ] הֲכָנָה לַדֶּרֶךְ.

Refuge was written[H] **on** signs at every **crossroads** marking the path to a city of refuge, **so that the** unintentional **murderer would identify** the route to the city of refuge **and turn to go there. Rav Kahana said: What is the verse** from which this is derived? **"Prepare for you the road"** (Deuteronomy 19:3), meaning: **Perform for you preparation of the road.**

רַב חָמָא בַּר חֲנִינָא פְּתַח לַהּ פִּתְחָא לְהַאי פָּרְשְׁתָּא מֵהָכָא: ״טוֹב וְיָשָׁר ה׳ עַל כֵּן יוֹרֶה חַטָּאִים בַּדָּרֶךְ״, אִם לְחַטָּאִים יוֹרֶה – קַל וָחוֹמֶר לַצַּדִּיקִים.

§ Apropos that *halakha*, the Gemara cites that **Rav Ḥama bar Ḥanina introduced this portion** with regard to the *halakhot* of exile **with an introduction**[B] **from here: "Good and upright is God; therefore He directs sinners along the way"** (Psalms 25:8). He said: **If He directs sinners** by commanding the placing of signs directing them to the city of refuge, it may be inferred ***a fortiori*** that He will assist and direct **the righteous** along the path of righteousness.

רַבִּי שִׁמְעוֹן בֶּן לָקִישׁ פְּתַח לַהּ פִּתְחָא לְהַאי פָּרְשְׁתָּא מֵהָכָא: ״וַאֲשֶׁר לֹא צָדָה וְהָאֱלֹהִים אִנָּה לְיָדוֹ״ וגו׳. ״כַּאֲשֶׁר יֹאמַר מְשַׁל הַקַּדְמֹנִי מֵרְשָׁעִים יֵצֵא רֶשַׁע״ וגו׳,

Rabbi Shimon ben Lakish introduced this portion with an introduction from here: It is stated with regard to an unintentional murderer: **"And one who did not lie in wait, but God caused it to come to his hand,** and I will appoint you a place where he may flee" (Exodus 21:13). Now this is puzzling. Why would God cause one to sin in this manner? The verse states: **"As the ancient parable says:**[N] **From the wicked comes forth wickedness"** (1 Samuel 24:13). Evil incidents befall those who have already sinned.

בַּמֶּה הַכָּתוּב מְדַבֵּר – בִּשְׁנֵי בְנֵי אָדָם שֶׁהָרְגוּ אֶת הַנֶּפֶשׁ, אֶחָד הָרַג בְּשׁוֹגֵג וְאֶחָד הָרַג בְּמֵזִיד, לָזֶה אֵין עֵדִים וְלָזֶה אֵין עֵדִים. הַקָּדוֹשׁ בָּרוּךְ הוּא מְזַמְּינָן לְפוּנְדָּק אֶחָד, זֶה שֶׁהָרַג בְּמֵזִיד יוֹשֵׁב תַּחַת הַסּוּלָּם, וְזֶה שֶׁהָרַג בְּשׁוֹגֵג יוֹרֵד בַּסּוּלָּם, וְנָפַל עָלָיו וַהֲרָגוֹ. זֶה שֶׁהָרַג בְּמֵזִיד – נֶהֱרַג, וְזֶה שֶׁהָרַג בְּשׁוֹגֵג – גּוֹלֶה.

Reish Lakish explains: In this light, the verse "But God caused it to come to his hand" may be understood. **With regard to what** scenario **is the verse speaking?** It is **with regard to two people who killed a person,** where **one killed unintentionally** while **the other killed intentionally. For this** person **there are no witnesses** to his action, **and for that** person **there are no witnesses** to his action; therefore, neither received the appropriate punishment of exile and execution, respectively. **The Holy One, Blessed be He, summons them to one inn.** This person **who killed intentionally sits beneath a ladder, and that** person **who killed unintentionally descends the ladder, and** he **falls upon him and kills him.** There were witnesses to that incident and therefore, **that** person **who killed intentionally is killed, and that** person **who killed unintentionally is exiled,** each receiving what he deserved.

אָמַר רַבָּה בַּר רַב הוּנָא אָמַר רַב הוּנָא, וְאָמְרִי לַהּ אָמַר רַב הוּנָא אָמַר רַבִּי אֶלְעָזָר: מִן הַתּוֹרָה וּמִן הַנְּבִיאִים וּמִן הַכְּתוּבִים – בְּדֶרֶךְ שֶׁאָדָם רוֹצֶה לֵילֵךְ בָּהּ מוֹלִיכִין אוֹתוֹ.

Apropos the path upon which God leads people, the Gemara cites a statement that **Rabba bar Rav Huna says** that **Rav Huna says, and some say** it was a statement that **Rav Huna says** that **Rabbi Elazar says: From the Torah, from the Prophets, and from the Writings** one learns that **along the path a person wishes to proceed,**[H] **one leads** and assists **him.**

מִן הַתּוֹרָה – דִּכְתִיב ״לֹא תֵלֵךְ עִמָּהֶם״, וּכְתִיב ״קוּם לֵךְ אִתָּם״. מִן הַנְּבִיאִים – דִּכְתִיב ״אֲנִי ה׳ אֱלֹהֶיךָ מְלַמֶּדְךָ לְהוֹעִיל מַדְרִיכְךָ בְּדֶרֶךְ (זוֹ) תֵּלֵךְ״. מִן הַכְּתוּבִים – דִּכְתִיב ״אִם לַלֵּצִים הוּא יָלִיץ וְלַעֲנָוִים יִתֶּן חֵן״.

One learns this **from the Torah, as it is written** that initially God said to Balaam with regard to the contingent dispatched by Balak: **"You shall not go with them"** (Numbers 22:12). After Balaam implored Him and indicated his desire to go with them, **it is written: "Arise, go with them"** (Numbers 22:20). One learns this **from the Prophets, as it is written: "I am the Lord your God, Who teaches you for your profit, Who leads you on the path that you go"** (Isaiah 48:17), indicating that along the path that one seeks to go, God will direct him. One learns this **from the Writings, as it is written: "If one seeks the cynics, He will cause him to join the cynics, but to the humble He will give grace"** (Proverbs 3:34), indicating that if one chooses cynicism God will direct him there and if he opts for humility God will grant him grace.

אָמַר רַב הוּנָא: רוֹצֵחַ שֶׁגָּלָה לְעִיר מִקְלָט וּמְצָאוֹ גּוֹאֵל הַדָּם וַהֲרָגוֹ – פָּטוּר. קָסָבַר: ״וְלוֹ אֵין מִשְׁפַּט מָוֶת״ – בְּגוֹאֵל הַדָּם הוּא דִּכְתִיב.

§ The Gemara resumes its discussion of the *halakhot* of exile. **Rav Huna says:** In the case of an unintentional **murderer who was exiled to a city of refuge, and the blood redeemer found him**[H] on the way **and killed him,** he is **exempt.** The Gemara notes: **Rav Huna holds** that the verse: "Lest the blood redeemer pursue the murderer… and strike him fatally… **and for him there is no sentence of death,** as he did not hate him from before" (Deuteronomy 19:6), **is written with regard to the blood redeemer,** teaching that the blood redeemer is not liable to be executed for killing the murderer.

BACKGROUND

Introduced this portion with an introduction – פָּתַח לַהּ פִּיתְחָא: It was customary that Sages of the Talmud would introduce a sermon with regard to a particular portion in the Torah with a verse from the Prophets or Writings, which he would interpret in a manner that connected it to the portion in question. There are many examples of aggadic midrash that are similarly structured.

NOTES

As the ancient parable says – כַּאֲשֶׁר יֹאמַר מְשַׁל הַקַּדְמֹנִי: Rashi explains that the ancient parable is referring to the Torah, which contains the words of God, Who preceded the world. Reish Lakish explains that the meaning of the verse in the Torah: "But God caused it to come to his hand," parallels the parable: "From the wicked comes forth wickedness."

HALAKHA

Along the path a person wishes to proceed, etc. – בְּדֶרֶךְ שֶׁאָדָם רוֹצֶה לֵילֵךְ וכו׳: Everyone has the ability to choose whether to become a righteous person or a wicked person (Rambam *Sefer HaMadda*, *Hilkhot Teshuva* 5:1, see chapter 6 there).

A murderer that the blood redeemer found – רוֹצֵחַ שֶׁמְּצָאוֹ גּוֹאֵל הַדָּם: If an unintentional murderer was discovered by a blood redeemer and killed outside his city of refuge, the blood redeemer is exempt from liability for murder, whether he found him before he entered the city of refuge or after he returned with the Torah scholars accompanying him, in accordance with the statement of Rav Huna (Rambam *Sefer Nezikin*, *Hilkhot Rotze'aḥ UShmirat HaNefesh* 5:9).

מֵיתִיבֵי: ״וְלוֹ אֵין מִשְׁפַּט מָוֶת״ – בְּרוֹצֵחַ הַכָּתוּב מְדַבֵּר. אַתָּה אוֹמֵר בְּרוֹצֵחַ, אוֹ אֵינוֹ אֶלָּא בְּגוֹאֵל הַדָּם? כְּשֶׁהוּא אוֹמֵר ״וְהוּא לֹא שֹׂנֵא לוֹ מִתְּמוֹל שִׁלְשׁוֹם״ – הֱוֵי אוֹמֵר: בְּרוֹצֵחַ הַכָּתוּב מְדַבֵּר!

The Gemara **raises an objection** to the opinion of Rav Huna from a *baraita*: **"And for him there is no sentence of death"; the verse is speaking with regard to the** unintentional **murderer,** teaching that the unintentional murderer is not liable to be executed. That is why the Jewish people were commanded to establish cities of refuge to protect him. The *baraita* proceeds to prove that the verse is written with regard to the murderer. **Do you say** that it is speaking **with regard to the** unintentional **murderer, or** is it speaking **only with regard to the blood redeemer? When it states** in an earlier verse: **"And he did not hate him from before"** (Deuteronomy 19:4), it is clear that the reference is to the unintentional murderer, and therefore, **you must say** that in the phrase: "And for him there is no sentence of death," **the verse is speaking with regard to the** unintentional **murderer.**

הוּא דְּאָמַר כִּי הַאי תַּנָּא, דְּתַנְיָא: ״וְלוֹ אֵין מִשְׁפַּט מָוֶת״ – בְּגוֹאֵל הַדָּם הַכָּתוּב מְדַבֵּר. אַתָּה אוֹמֵר בְּגוֹאֵל הַדָּם הַכָּתוּב מְדַבֵּר, אוֹ אֵינוֹ אֶלָּא בְּרוֹצֵחַ? כְּשֶׁהוּא אוֹמֵר ״כִּי לֹא שׂוֹנֵא הוּא לוֹ מִתְּמוֹל שִׁלְשׁוֹם״ – הֲרֵי רוֹצֵחַ אָמוּר, הָא מָה אֲנִי מְקַיֵּים ״וְלוֹ אֵין מִשְׁפַּט מָוֶת״ – בְּגוֹאֵל הַדָּם הַכָּתוּב מְדַבֵּר.

The Gemara answers: Rav Huna **states** his opinion **in accordance with** the opinion of **that** following ***tanna*****, as it is taught** in another *baraita*: **"And for him there is no sentence of death"; the verse is speaking with regard to the blood redeemer.** The *baraita* clarifies: **Do you say** that it is speaking **with regard to the blood redeemer, or** is it speaking **only with regard to** the unintentional **murderer? When it states: "As he did not hate him from before,"** the unintentional **murderer** is already **stated,** as that phrase certainly is referring to him. **How do I realize** the meaning of the verse: **"And for him there is no sentence of death"?** It is **with regard to the blood redeemer** that **the verse is speaking.**

תְּנַן: מוֹסְרִין לוֹ שְׁנֵי תַּלְמִידֵי חֲכָמִים, שֶׁמָּא יַהַרְגֶנּוּ בַּדֶּרֶךְ, וִידַבְּרוּ אֵלָיו; מַאי לָאו דְּמַתְרוּ בֵּיהּ דְּאִי קָטֵיל בַּר קְטָלָא הוּא?

The Gemara cites proof concerning Rav Huna's ruling from the mishna. **We learned** in the mishna: **And they would provide** the unintentional murderer fleeing to a city of refuge with **two Torah scholars,** due to the concern that **perhaps** the blood redeemer **will** seek to **kill him in transit, and** in that case **they will talk to** the blood redeemer. The Gemara asks: **What, is it not that** the Torah scholars **forewarn him that if he kills** the unintentional murderer **he** would be **liable to be executed?** That contradicts Rav Huna's opinion that a blood redeemer who kills the unintentional murderer is exempt.

לָא, כִּדְתַנְיָא: וִידַבְּרוּ אֵלָיו דְּבָרִים הָרְאוּיִים לוֹ, אוֹמְרִים לוֹ: אַל תִּנְהַג בּוֹ מִנְהַג שׁוֹפְכֵי דָמִים, בִּשְׁגָגָה בָּא מַעֲשֶׂה לְיָדוֹ. רַבִּי מֵאִיר אוֹמֵר: הוּא מְדַבֵּר עַל יְדֵי עַצְמוֹ, שֶׁנֶּאֱמַר ״וְזֶה דְּבַר הָרֹצֵחַ״. אָמְרוּ לוֹ: הַרְבֵּה שְׁלִיחוּת עוֹשָׂה.

The Gemara rejects this proof: **No,** the statement of the Torah scholars to the blood redeemer can be explained **as it is taught** in a *baraita*: **And they will speak to him** about **matters**[H] **appropriate to him. They say to** the blood redeemer: **Do not accord**[N] **him treatment** appropriate for **murderers,** as it was **unintentionally** that **he came to be involved in the incident. Rabbi Meir says:** The unintentional murderer too **speaks** [***medabber***] **on his own behalf** to dissuade the blood redeemer, **as it is stated: "And this is the matter** [***devar***] **of the murderer,** who shall flee there and live" (Deuteronomy 19:4), indicating that the murderer himself apologizes and speaks to the blood redeemer. The Sages **said to** Rabbi Meir: **Many** matters **are performed** more effectively through **agency.**

אָמַר מָר: בִּשְׁגָגָה בָּא מַעֲשֶׂה לְיָדוֹ. פְּשִׁיטָא, דְּאִי בְּמֵזִיד – בַּר גָּלוּת הוּא? אִין.

The Gemara analyzes the *baraita*. **The Master says** in the *baraita*: It was **unintentionally** that **he came to be involved in the incident.** The Gemara asks: Isn't this **obvious? As, if it were intentionally** that he killed a person, **is he liable to be exiled?** The Gemara answers: **Yes,** even intentional murderers flee to a city of refuge on occasion.

וְהָא תַּנְיָא, רַבִּי יוֹסֵי בְּרַבִּי יְהוּדָה אוֹמֵר: בַּתְּחִלָּה אֶחָד שׁוֹגֵג וְאֶחָד מֵזִיד מַקְדִּימִין לְעָרֵי מִקְלָט, וּבֵית דִּין שׁוֹלְחִין וּמְבִיאִין אוֹתָם מִשָּׁם.

The Gemara continues: **And so it is taught** in a *baraita*: **Rabbi Yosei, son of Rabbi Yehuda, says: Initially, either** one who killed another **unintentionally or** one who killed another **intentionally** would **hurry** and flee **to the cities of refuge, and the court** in his city would **send** for him **and** would **bring him from there** to stand trial.

NOTES

They say to the blood redeemer, do not accord, etc. – **אוֹמְרִים לוֹ אַל תִּנְהַג וכו׳**: In other words, they try to persuade the blood redeemer not to kill the unintentional murderer.

HALAKHA

And they will speak to him about matters, etc. – **וִידַבְּרוּ אֵלָיו דְּבָרִים וכו׳**: The court provides one sentenced to exile with two Torah scholars to accompany him to the city of refuge. They say to the blood redeemer: Do not accord him treatment appropriate for murderers, as he came to be involved in the incident unintentionally (Rambam *Sefer Nezikin, Hilkhot Rotze'aḥ UShmirat HaNefesh* 5:7).

מִי שֶׁנִּתְחַיֵּיב מִיתָה – הֲרָגוּהוּ, שֶׁנֶּאֱמַר "וְשָׁלְחוּ זִקְנֵי עִירוֹ וְלָקְחוּ אֹתוֹ מִשָּׁם וְנָתְנוּ אֹתוֹ בְּיַד גֹּאֵל הַדָּם וָמֵת". מִי שֶׁלֹּא נִתְחַיֵּיב – פְּטָרוּהוּ, שֶׁנֶּאֱמַר "וְהִצִּילוּ הָעֵדָה אֶת הָרֹצֵחַ מִיַּד גֹּאֵל הַדָּם". מִי שֶׁנִּתְחַיֵּיב גָּלוּת – מַחֲזִירִין אוֹתוֹ לִמְקוֹמוֹ, שֶׁנֶּאֱמַר "וְהֵשִׁיבוּ אֹתוֹ הָעֵדָה אֶל עִיר מִקְלָטוֹ אֲשֶׁר נָס שָׁמָּה".

The *baraita* continues: With regard to **one who was** found **liable** to receive the **death** penalty for intentional murder, after the trial the court **would execute him, as it is stated: "And the elders of his city shall send and take him from there and deliver him into the hands of the blood redeemer and he shall die"** (Deuteronomy 19:12). And with regard to **one who was not** found **liable** to receive the **death** penalty, e.g., if they deemed that it was due to circumstances beyond his control, **they freed him, as it is stated: "And the congregation shall rescue the murderer from the hands of the blood redeemer"** (Numbers 35:25). With regard to **one who was** found **liable to be exiled,** the court would **restore him to his place** in the city of refuge, **as it is stated:** "And the congregation shall judge between the murderer and the blood redeemer… **and the congregation shall restore him to his city of refuge, that he fled there"** (Numbers 35:24–25).

רַבִּי אוֹמֵר: מֵעַצְמָן הֵן גּוֹלִין, כִּסְבוּרִין הֵן: אֶחָד שׁוֹגֵג וְאֶחָד מֵזִיד – קוֹלְטוֹת, וְהֵן אֵינָן יוֹדְעִין שֶׁבְּשׁוֹגֵג קוֹלְטוֹת בְּמֵזִיד אֵינָן קוֹלְטוֹת.

The *baraita* continues: **Rabbi** Yehuda HaNasi **says:** The Torah does not command intentional murderers to flee to a city of refuge; rather, the Torah is cognizant of the fact that in practice, intentional murderers **would exile** themselves **on their own,** as **they thought** that they would be **admitted** to these cities, which would provide refuge for **both unintentional and intentional** murderers, **and they do not know that** only those who murder **unintentionally are admitted** to these cities, but those who murder **intentionally are not admitted.**

אָמַר רַבִּי אֶלְעָזָר: עִיר שֶׁרוּבָּהּ רוֹצְחִים – אֵינָהּ קוֹלֶטֶת, שֶׁנֶּאֱמַר "וְדִבֶּר בְּאָזְנֵי זִקְנֵי הָעִיר הַהִיא אֶת דְּבָרָיו" – וְלֹא שֶׁהוּשְׁווּ דִּבְרֵיהֶן לִדְבָרָיו.

§ **Rabbi Elazar says:** An unintentional murderer **is not admitted to a city** of refuge **whose majority** consists of unintentional **murderers,**[H] **as it is stated** with regard to an unintentional murderer who fled to a city of refuge: **"And he shall speak his matters in the ears of the elders of that city"** (Joshua 20:4), indicating that there is some novel element in the matters that he seeks to convey to the elders of the town, **but not when their matters are equal to his matters,** as those elders made the same statements when they arrived at the city of refuge as unintentional murderers.

וְאָמַר רַבִּי אֶלְעָזָר: עִיר שֶׁאֵין בָּהּ זְקֵנִים – אֵינָהּ קוֹלֶטֶת, דִּבְעֵינַן "זִקְנֵי הָעִיר" וְלֵיכָּא. אִיתְּמַר, עִיר שֶׁאֵין בָּהּ זְקֵנִים, רַבִּי אַמִּי וְרַבִּי אַסִּי, חַד אוֹמֵר: קוֹלֶטֶת, וְחַד אוֹמֵר: אֵינָהּ קוֹלֶטֶת. לְמַאן דְּאָמַר אֵינָהּ קוֹלֶטֶת – בָּעֵינַן "זִקְנֵי הָעִיר" וְלֵיכָּא, לְמַאן דְּאָמַר קוֹלֶטֶת – מִצְוָה בְּעָלְמָא.

And Rabbi Elazar says: An unintentional murderer **is not admitted to a city in which there are no elders,**[H] **as we require** the fulfillment of the verse: "And he shall speak in the ears of **the elders of the city"** (Joshua 20:4), **and there are none. It was stated: A city in which there are no elders** is the subject of a dispute between **Rabbi Ami and Rabbi Asi. One says:** An unintentional murderer **is admitted** there, **and one says:** An unintentional murderer **is not admitted** there. The Gemara explains: **According to the one who says** that an unintentional murderer **is not admitted to a city in which there are no elders,** his reasoning is due to the fact that **we require** the presence of **the elders of the city and there are none. According to the one who says** that an unintentional murderer **is admitted** there, his reasoning is that he holds that speaking to the elders is **merely a mitzva** *ab initio*, but it does not affect the city's status as a city of refuge.

וְעִיר שֶׁאֵין בָּהּ זְקֵנִים, רַבִּי אַמִּי וְרַבִּי אַסִּי, חַד אָמַר: נַעֲשֶׂה בָּהּ בֵּן סוֹרֵר וּמוֹרֶה. וְחַד אָמַר: אֵין נַעֲשֶׂה בָּהּ בֵּן סוֹרֵר וּמוֹרֶה. לְמַאן דְּאָמַר אֵין נַעֲשֶׂה בָּהּ בֵּן סוֹרֵר וּמוֹרֶה – בָּעֵינַן "זִקְנֵי עִירוֹ" וְלֵיכָּא, לְמַאן דְּאָמַר נַעֲשֶׂה בָּהּ בֵּן סוֹרֵר וּמוֹרֶה – מִצְוָה בְּעָלְמָא.

And a city in which there are no elders is the subject of another dispute between **Rabbi Ami and Rabbi Asi. One says:** One **can become a wayward and rebellious son in it. And one says:** One **cannot become a wayward and rebellious son in it.** The Gemara explains: **According to the one who says** that one **cannot become wayward and rebellious son in it,** it is due to the fact that **we require** the presence of the elders of the city, as it is written: "And his father and mother shall take hold of him and bring him out to **the elders of his city** and the gate of his place" (Deuteronomy 21:19), **and there are none. According to the one who says** that one **can become a wayward and rebellious son in it,** the presence of the elders is **merely a mitzva** *ab initio*.

HALAKHA

A city of refuge whose majority consists of unintentional murderers – עִיר שֶׁרוּבָּהּ רוֹצְחִים: An unintentional murderer is not admitted to a city, the majority of whose population consists of unwitting murderers, in accordance with the statement of Rabbi Elazar (Rambam *Sefer Nezikin, Hilkhot Rotze'aḥ UShmirat HaNefesh* 7:6).

City in which there are no elders – עִיר שֶׁאֵין בָּהּ זְקֵנִים: An unintentional murderer is not admitted to a city in which there are no elders, in accordance with the statement of Rabbi Elazar (Rambam *Sefer Nezikin, Hilkhot Rotze'aḥ UShmirat HaNefesh* 7:6).

BACKGROUND

Heifer whose neck is broken – עֶגְלָה עֲרוּפָה: The mitzva of the heifer whose neck is broken is stated in the Torah (see Deuteronomy 21:1–9). When a murder victim is found outside a town and it is unknown who killed him, the elders of the town nearest to the corpse must bring a heifer "which has not been worked and which has not drawn a yoke" (Deuteronomy 21:3). The heifer is taken to an untilled riverbed, where the elders must break its neck. They then wash their hands and recite a statement absolving themselves of guilt for the death. It is prohibited to derive benefit from the heifer even after its neck has been broken.

וְעִיר שֶׁאֵין בָּהּ זְקֵנִים, רַבִּי אַמִי וְרַבִּי אַסִי, חַד אָמַר: מְבִיאָה עֶגְלָה עֲרוּפָה, וְחַד אָמַר: אֵינָהּ מְבִיאָה עֶגְלָה עֲרוּפָה. לְמַאן דְּאָמַר אֵינָהּ מְבִיאָה עֶגְלָה עֲרוּפָה – בָּעֵינַן ״זִקְנֵי הָעִיר הַהִיא״ וְלֵיכָּא, לְמַאן דְּאָמַר מְבִיאָה עֶגְלָה עֲרוּפָה – מִצְוָה בְּעָלְמָא.

And a city in which there are no elders is the subject of another dispute between **Rabbi Ami and Rabbi Asi. One says:** If a corpse was discovered proximate to that city, the inhabitants of the city **bring a heifer whose neck is broken.**[B] **And one says:** The inhabitants of the city **do not bring a heifer whose neck is broken.** The Gemara explains: **According to the one who says** that the inhabitants of the city **do not bring a heifer whose neck is broken,** it is due to the fact that **we require** the presence of the elders of the city, as it is written: "And **the elders of that city** shall bring the calf down to a rough valley" (Deuteronomy 21:4), **and there are no** elders. **According to the one who says** that the inhabitants of the city **bring a heifer whose neck is broken,** the presence of the elders is **merely a mitzva** *ab initio*.

אָמַר רַבִּי חָמָא בַּר חֲנִינָא: מִפְּנֵי מָה נֶאֶמְרָה פָּרָשַׁת רוֹצְחִים

§ **Rabbi Ḥama bar Ḥanina says: For what** reason **was the portion** discussing **murderers stated**

Perek **II**
Daf **11** Amud **a**

בְּלָשׁוֹן עַזָּה, דִּכְתִיב ״וַיְדַבֵּר ה׳ אֶל יְהוֹשֻׁעַ לֵאמֹר, דַּבֵּר אֶל בְּנֵי יִשְׂרָאֵל לֵאמֹר תְּנוּ לָכֶם אֶת עָרֵי הַמִּקְלָט אֲשֶׁר דִּבַּרְתִּי אֲלֵיכֶם״ וגו׳ – מִפְּנֵי שֶׁהֵן שֶׁל תּוֹרָה.

with harsh language, as it is written: "And the Lord spoke [*vayedabber*] **to Joshua saying: Speak** [*dabber*] **to the children of Israel, saying: Assign you the cities of refuge of which I spoke** [*dibbarti*] **to you** by means of Moses" (Joshua 20:1–2). Why does the Torah repeatedly employ a term of *dibbur*, connoting harsh speech, as opposed to the term of *amira*, connoting neutral speech? It is **due to** the fact **that** the cities of refuge **are** a mitzva **of the Torah,** and therefore they warrant emphasis.

לְמֵימְרָא דְּכׇל דִּיבּוּר לָשׁוֹן קָשֶׁה? אִין, כִּדְכְתִיב ״דִּבֶּר הָאִישׁ אֲדֹנֵי הָאָרֶץ אִתָּנוּ קָשׁוֹת״. וְהָתַנְיָא: ״נִדְבְּרוּ״, אֵין ״נִדְבְּרוּ״ אֶלָּא לָשׁוֹן נַחַת, וְכֵן הוּא אוֹמֵר ״יַדְבֵּר עַמִּים תַּחְתֵּינוּ״! ״דִּבֵּר״ לְחוּד, ״יַדְבֵּר״ לְחוּד.

The Gemara asks: **Is that to say that all** instances of **speaking** [*dibbur*] indicate **harsh language?** The Gemara answers: **Yes, as it is written** with regard to Joseph's brothers: **"The man, the lord of the land, spoke** [*dibber*] **harshly to us"** (Genesis 42:30). The Gemara asks: **But isn't it taught** in a *baraita* with regard to the verse: "Then **they** who feared the Lord **spoke** [*nidberu*] with one another" (Malachi 3:16), that the term **"they spoke" is nothing other than a term of gentleness, and likewise,** the same is true of the verse which **states: "He subdues** [*yadber*] **peoples under us"** (Psalms 47:4), meaning that God will calmly and gently conduct the nations under the influence of the Jewish people? The Gemara answers: The meaning of ***dibber*** **is discrete** and the meaning of ***yadber*** **is discrete.** There is a difference between the two conjugations of the same root.

(סימנ״י רבנ״ן מהמנ״י וספר״י).

The Gemara provides **a mnemonic** for the disputes involving Rabbi Yehuda that follow: **Rabbis;** ***mehemni***, i.e., the dispute with Rabbi Neḥemya; **and** the dispute with regard to Torah **scrolls** sewn with threads of flax.

פְּלִיגִי בָּהּ רַבִּי יְהוּדָה וְרַבָּנַן, חַד אוֹמֵר: מִפְּנֵי שֶׁשִּׁיהָם, וְחַד אוֹמֵר: מִפְּנֵי שֶׁהֵן שֶׁל תּוֹרָה.

The Gemara resumes the discussion of the harsh language employed in the portion discussing murderers in the book of Joshua. **Rabbi Yehuda and the Rabbis disagree with regard to this** matter. **One says** harsh language was employed **because** Joshua **delayed** fulfilling the mitzva of designating cities of refuge, **and one says** it is **because** the cities of refuge **are** a mitzva **of the Torah,** and therefore they warrant emphasis.

״וַיִּכְתֹּב יְהוֹשֻׁעַ אֶת הַדְּבָרִים הָאֵלֶּה בְּסֵפֶר תּוֹרַת אֱלֹהִים״, פְּלִיגִי בָּהּ רַבִּי יְהוּדָה וְרַבִּי נְחֶמְיָה, חַד אוֹמֵר: שְׁמֹנָה פְּסוּקִים, וְחַד אוֹמֵר: עָרֵי מִקְלָט.

The Gemara cites an additional dispute with regard to the portion of the cities of refuge in the book of Joshua. It is written: **"And Joshua wrote these matters in the scroll of the Torah of God"** (Joshua 24:26). **Rabbi Yehuda and Rabbi Neḥemya disagree with regard to this** matter. **One says:** The reference is to the final **eight verses** in the Torah that record the death of Moses and were recorded by Joshua in the scroll of the Torah, in addition to the rest of the Torah that was written by Moses (see *Bava Batra* 15a). **And one says:** The reference is to the portion of the **cities of refuge** that appears in the book of Joshua.

בִּשְׁלָמָא לְמַאן דְּאָמַר שְׁמֹנָה פְּסוּקִים – הַיְינוּ דִּכְתִיב ״בְּסֵפֶר תּוֹרַת אֱלֹהִים״, אֶלָּא לְמַאן דְּאָמַר עָרֵי מִקְלָט – מַאי ״בְּסֵפֶר תּוֹרַת אֱלֹהִים״? הָכִי קָאָמַר: וַיִּכְתּוֹב יְהוֹשֻׁעַ בְּסִפְרוֹ אֶת הַדְּבָרִים הָאֵלֶּה הַכְּתוּבִים בְּסֵפֶר תּוֹרַת אֱלֹהִים.

The Gemara discusses these two opinions: **Granted, according to the one who says that** the reference is to the final **eight verses** in the Torah, **that is** the reason **that it is written:** "And Joshua wrote these matters **in the scroll of the Torah of God,**" as he wrote those verses and they were included in the Torah. **But according to the one who says** that the reference is to the portion of the **cities of refuge** in the book of Joshua, **what is** the meaning of the phrase **"in the scroll of the Torah of God"?** They appear in the book of Joshua, not in the Torah. The Gemara answers: **This** is what the verse **is saying: And Joshua wrote in his book these matters that are** also **written in the scroll of the Torah of God.**

סֵפֶר שֶׁתְּפָרוֹ בְּפִשְׁתָּן, פְּלִיגִי בָּהּ רַבִּי יְהוּדָה וְרַבִּי מֵאִיר. חַד אוֹמֵר: כָּשֵׁר, וְחַד אוֹמֵר: פָּסוּל.

The Gemara proceeds to cite another dispute between Rabbi Yehuda and one of the Sages in which it is not clear which opinion is attributable to which Sage. In the case of a Torah **scroll where one sewed its** sheets **with linen** threads,[H] **Rabbi Yehuda and Rabbi Meir disagree with regard to this** matter. **One says:** The Torah scroll is **fit** for use, **and one says:** The Torah scroll is **unfit** for use.

לְמַאן דְּאָמַר פָּסוּל – דִּכְתִיב ״לְמַעַן תִּהְיֶה תּוֹרַת ה׳ בְּפִיךָ״, וְאִיתַּקַּשׁ כָּל הַתּוֹרָה כּוּלָּהּ לִתְפִילִּין, מָה תְּפִילִּין הֲלָכָה לְמֹשֶׁה מִסִּינַי לְתוֹפְרָן בְּגִידִין – אַף כֹּל לְתָפְרָן בְּגִידִין. וְאִידָּךְ: כִּי אִיתַּקַּשׁ – לְמוּתָּר בְּפִיךָ, לְהִלְכוֹתָיו לָא אִיתַּקַּשׁ.

The Gemara elaborates: **According to the one who says** that the Torah scroll is **unfit** for use, the reason is **as it is written** with regard to phylacteries: "And it shall be for you a sign on your hand and a memorial between your eyes, **in order that the Torah of God shall be in your mouth"** (Exodus 13:9). **And** in this verse **the entire Torah is juxtaposed** and likened **to phylacteries: Just as** with regard to **phylacteries,** there is **a** ***halakha*** transmitted **to Moses from Sinai to sew them with sinews,**[HB] **so too,** with regard to **all** sheets of the Torah scroll, there is a requirement **to sew them with sinews. And the other** Sage holds: **When** the Torah scroll **is juxtaposed** and likened to phylacteries, it is only **with regard to** the principle that the sheets of the Torah scroll may be prepared only from a species of animal **that is permitted to your mouth,** i.e., that it is permitted for a Jew to eat; but with regard **to its** other ***halakhot*****, it is not juxtaposed** and likened to phylacteries.

אֲמַר רַב: חֲזֵינַן לְהוּ לִתְפִילִּין דְּבֵי חֲבִיבִי דִּתְפִירִי בְּכִיתָּנָא, וְלֵית הִלְכְתָא כְּוָותֵיהּ.

Rav said: I saw that the phylacteries[N] **of the house of my uncle,** Rabbi Ḥiyya, **were sewn with linen. But the** ***halakha*** **is not in accordance with his** opinion; phylacteries may be sewn only with sinews.

מתני׳ אֶחָד מָשׁוּחַ בְּשֶׁמֶן הַמִּשְׁחָה, וְאֶחָד הַמְרוּבֶּה בִּבְגָדִים, וְאֶחָד שֶׁעָבַר מִמְּשִׁיחוּתוֹ – מַחֲזִירִין אֶת הָרוֹצֵחַ. רַבִּי יְהוּדָה אוֹמֵר: אַף מְשׁוּחַ מִלְחָמָה מַחֲזִיר אֶת הָרוֹצֵחַ.

MISHNA The Torah states that an unintentional murderer is required to remain in the city of refuge to which he fled until the death of the High Priest. The mishna elaborates: With regard to High Priests, who were appointed in several different manners, **one anointed with the anointing oil,**[H] which was the method through which High Priests were consecrated until the oil was sequestered toward the end of the First Temple period; **and one** consecrated by donning **multiple garments,** the eight vestments unique to the High Priest, which was the practice during the Second Temple period; **and one** who received a temporary appointment due to the unfitness of the serving High Priest, **who departed from his anointment** with the restoration of the serving High Priest to active service, their deaths **facilitate** the **return of the murderer** from the city of refuge to his home. **Rabbi Yehuda says: Even** the death of a priest **anointed for war** to address the soldiers (see Deuteronomy 20:1–7) **facilitates** the **return of the murderer.**

לְפִיכָךְ אִימּוֹתֵיהֶן שֶׁל כֹּהֲנִים מְסַפְּקוֹת לָהֶן מִחְיָה וּכְסוּת, כְּדֵי שֶׁלֹּא יִתְפַּלְלוּ עַל בְּנֵיהֶם שֶׁיָּמוּתוּ.

The mishna continues: **Therefore, the mothers of** High Priests would **provide** those exiled to cities of refuge with **sustenance and garments so that they would not pray that their sons would die.** The more comfortable their lives in the city of refuge, the less urgency they would feel to leave, and the less likely it would be that they would pray for the death of the High Priests.

HALAKHA

Torah scroll where one sewed its sheets with linen threads – סֵפֶר שֶׁתְּפָרוֹ בְּפִשְׁתָּן: The sheets of a Torah scroll must be sewn with the sinews of a kosher domesticated or undomesticated animal. If it was sewn with any other thread, or with the sinew of a non-kosher animal, the Torah scroll is not valid for use until he sews them with halakhically acceptable sinews (Rambam *Sefer Ahava, Hilkhot Sefer Torah* 9:13; *Shulḥan Arukh, Yoreh De'a* 278:1).

Phylacteries…to sew them with sinews – תְּפִילִּין...לְתוֹפְרָן בְּגִידִין: Phylacteries must be sewn with the sinews of a kosher domesticated or undomesticated animal, even if the animal was an unslaughtered carcass or a *tereifa*. This is a *halakha* transmitted to Moses from Sinai. The sinews of an ox should be used *ab initio*. The later commentaries disagree as to whether in exigent circumstances one may sew the phylacteries with the hide or innards of a kosher animal (Rambam *Sefer Ahava, Hilkhot Tefillin* 3:9; *Shulḥan Arukh, Oraḥ Ḥayyim* 32:49).

One anointed with the anointing oil, etc. – אֶחָד מָשׁוּחַ בְּשֶׁמֶן הַמִּשְׁחָה וכו׳: Upon the death of the High Priest, whether he was installed by means of anointing with the anointing oil, or whether he was installed by donning the eight vestments of the High Priest, the unintentional murderer returns home from the city of refuge. Whether the High Priest was still serving or whether he was no longer on active duty, the murderer returns home upon his death. The murderer does not return upon the death of a priest anointed for war to address the troops, as his status is that of a common priest (Rambam *Sefer Nezikin, Hilkhot Rotze'aḥ UShmirat HaNefesh* 7:9).

BACKGROUND

To sew them with sinews – לְתוֹפְרָן בְּגִידִין: Although both phylacteries and Torah scrolls are sewn, it is sheets of parchment that are sewn in the Torah scrolls, while it is boxes that are sewn in the phylacteries in order to shape the leather.

The sinews are dense white fibers that attach the muscles to the bones in order to control movement of the limbs. In order to render it suitable for use in sewing, the sinew is beaten and separated into its component fibers. The longest and most durable fibers, sometimes made of several entwined fibers, are used much in the manner of cotton or linen threads.

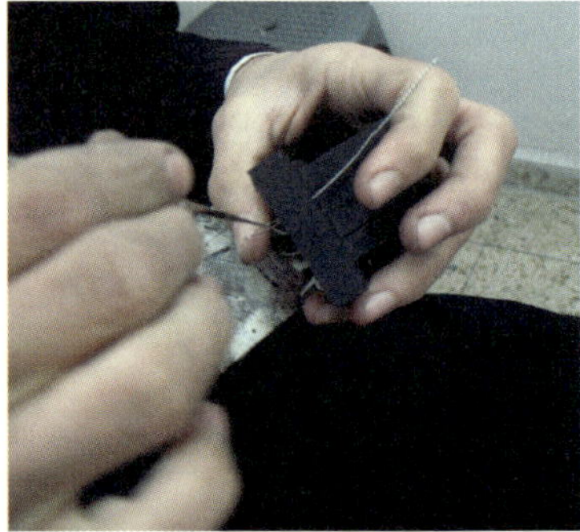

Sewing phylacteries

NOTES

I saw that the phylacteries – חֲזֵינַן לְהוּ לִתְפִילִּין: The early commentaries question this statement, as everyone agrees with regard to phylacteries that it is a *halakha* transmitted to Moses from Sinai; the dispute is limited to sewing a Torah scroll. Therefore, there is a variant reading: I saw that the phylacteries of the house of my uncle, Rabbi Ḥiyya, were sewn with linen, or his book of Psalms was sewn with linen (see *Tosefot HaRash* and Rid).

גמ׳ מְנָא הָנֵי מִילֵּי? אֲמַר רַב כָּהֲנָא: דְּאָמַר קְרָא ״וְיָשַׁב בָּהּ עַד מוֹת הַכֹּהֵן הַגָּדֹל״, וּכְתִיב ״כִּי בְעִיר מִקְלָטוֹ יֵשֵׁב עַד מוֹת הַכֹּהֵן הַגָּדֹל״, וּכְתִיב ״וְאַחֲרֵי מוֹת הַכֹּהֵן הַגָּדֹל״.

GEMARA The Gemara asks: **From where are these matters,** that the death of these High Priests facilitates the return of the murderer, derived? **Rav Kahana said** they are derived from a verse, **as the verse states: "And he shall dwell there until the death of the High Priest** who was anointed with the sacred oil" (Numbers 35:25), **and it is written: "For in his city of refuge he shall dwell until the death of the High Priest"** (Numbers 35:28), **and it is written: "And after the death of the High Priest** the murderer shall return to his ancestral land" (Numbers 35:28). The three mentions of the death of the High Priest correspond to the three types of High Priest enumerated by the first *tanna* of the mishna: One anointed with oil, one consecrated by donning the eight vestments, and one who was relieved of his position.

וְרַבִּי יְהוּדָה: כְּתִיב קְרָא אַחֲרִינָא – ״לָשׁוּב לָשֶׁבֶת בָּאָרֶץ עַד מוֹת הַכֹּהֵן״ (וגו׳). וְאִידָּךְ: מִדְּלָא כְּתִיב ״הַגָּדוֹל״ – חַד מֵהָנָךְ הוּא.

And Rabbi Yehuda holds that **another verse is written:** "And you shall take no ransom for him that fled to his city of refuge, **to return and dwell in the land until the death of the priest"** (Numbers 35:32), from which it is derived that the death of the priest anointed for war also facilitates the return of the murderer. **And the other** *tanna* says: **From** the fact **that High** Priest **is not written** in that verse, it is clear that the reference is not to an additional type of High Priest; rather, the reference **is** to **one of those** High Priests mentioned in the preceding verses.

״לְפִיכָךְ אִימּוֹתֵיהֶן שֶׁל כֹּהֲנִים״ כו׳. טַעְמָא דְּלָא מְצַלּוּ, הָא מְצַלּוּ מָיְיתִי? וְהָכְתִיב ״כַּצִּפּוֹר לָנוּד כַּדְּרוֹר לָעוּף כֵּן קִלְלַת חִנָּם לֹא תָבֹא״! אֲמַר לֵיהּ הַהוּא סָבָא: מִפִּירְקֵיהּ דְּרָבָא שְׁמִיעַ לִי, שֶׁהָיָה לָהֶן לְבַקֵּשׁ רַחֲמִים עַל דּוֹרָן וְלֹא בִּקְּשׁוּ.

§ The mishna teaches: **Therefore, the mothers of** High **Priests** would provide those exiled to cities of refuge with sustenance and garments so that they would not pray that their sons will die. The Gemara asks: **The reason** that the High Priest will not die **is that they do not pray; but if they prayed** for the death of the High Priest, would he **die? But isn't it written: "As the wandering sparrow, as the flying swallow, so a curse that is baseless shall come home"** (Proverbs 26:2)? Why does the mishna express concern over a baseless curse? **A certain elder said to him: I heard in the lecture** delivered **by Rava** that it is not a baseless curse, as the High Priests share the blame for the unintentional murders performed by these people, **as they should have pleaded for mercy for their generation,** that no murder should transpire, even unintentionally, **and they did not plead.** Due to their share in the blame, prayers for their death could be effective.

וְאִיכָּא דְּמַתְנֵי: כְּדֵי שֶׁיִּתְפַּלְּלוּ עַל בְּנֵיהֶם שֶׁלֹּא יָמוּתוּ. טַעֲמָא – דִּמְצַלּוּ, הָא לָא מְצַלּוּ – מָיְיתִי?! מַאי הֲוָה לֵיהּ לְמֶעֱבַד? הָכָא אָמְרִינַן: טוֹבִיָּה חֲטָא וְזִיגוּד מִנְּגִיד.

And some teach a variant reading of the mishna: Therefore, the mothers of High Priests would provide those exiled to cities of refuge with sustenance and garments, **so that** those exiled **would pray that their sons will not die.** The Gemara infers: **The reason** that the High Priests will not die **is that they pray, but if they did not pray** for the High Priest not to die, would the High Priest **die? What could** the High Priest **have done** to prevent the unintentional murder? **Here,** in Babylonia, **we say** an adage to describe a situation of that sort: **Toviyya sinned and Zigud is flogged.** Toviyya violated a prohibition and Zigud came as a single witness to testify against him. Since the testimony of a single witness is not valid in court, he is flogged for defaming Toviyya. The sinner is unpunished and the person who sought to testify against him is flogged. This became a colloquialism for a situation where one is punished for the sin of another.

הָתָם אָמְרִי: שְׁכֶם נְסֵיב וּמַבְגָּאי גְּזֵיר.

There, in Eretz Yisrael, **they say** a different adage with the same application: **Shechem married** a woman **and Mavgai**[L] **circumcised** himself. This is based on the episode of the abduction of Dinah in the city of Shechem (see Genesis, chapter 34), where Shechem compelled all the male residents of the city to undergo circumcision so that he could marry Dinah. Shechem married Dinah, while the rest of the males suffered the pain of circumcision and received no benefit.

LANGUAGE

Mavgai – מַבְגָּאי: Some maintain that this is a first name, and in fact, it is employed as a first name elsewhere (*Eruvin* 64b). Perhaps it is from the Greek name Βάγος, Bagos, and it is cited here as an example of a common gentile first name.

אֲמַר לֵיהּ הַהוּא סָבָא: מִפִּירְקֵיהּ דְּרָבָא שְׁמִיעַ לִי, שֶׁהָיָה לָהֶן לְבַקֵּשׁ רַחֲמִים עַל דּוֹרָן וְלֹא בִּקְּשׁוּ. כִּי הָא, דְּהַהוּא גַּבְרָא דְּאַכְלֵיהּ אַרְיָא בְּרְחוּק תְּלָתָא פַּרְסֵי מִינֵּיהּ דְּרַבִּי יְהוֹשֻׁעַ בֶּן לֵוִי, וְלָא אִישְׁתָּעֵי אֵלִיָּהוּ בַּהֲדֵיהּ תְּלָתָא יוֹמֵי.

A certain elder said to him: I heard in the lecture delivered **by Rava** that the High Priests share the blame, **as they should have pleaded for mercy for their generation and they did not plead.** Consequently, they required the exiles to pray on their own behalf. The Gemara illustrates the concept of the responsibility held by the spiritual leadership: This is **like** in **this** incident **where a certain man was eaten by a lion at a distance of three parasangs**[B] **from** the place of residence of **Rabbi Yehoshua ben Levi, and Elijah**[B] the prophet **did not speak with him** for **three days** because of his failure to pray that an incident of this kind would not transpire in his place of residence.

אָמַר רַב יְהוּדָה אָמַר רַב: קִלְלַת חָכָם, אֲפִילּוּ בְּחִנָּם הִיא בָּאָה. מְנָלַן? מֵאֲחִיתוֹפֶל. שֶׁבְּשָׁעָה שֶׁכָּרָה דָּוִד שִׁיתִין קָפָא תְּהוֹמָא, בְּעָא לְמִישְׁטְפָא לְעָלְמָא. אֲמַר: מַהוּ לִכְתּוֹב שֵׁם אַחַסְפָּא וּמִישְׁדָא בִּתְהוֹמָא, דְּלֵיקוּ אַדּוּכְתֵּיהּ? לֵיכָּא דַּאֲמַר לֵיהּ מִידֵּי. אָמַר: כָּל הַיּוֹדֵעַ דָּבָר זֶה וְאֵינוֹ אוֹמְרוֹ – יֵחָנֵק בִּגְרוֹנוֹ.

Apropos curses that are realized, **Rav Yehuda says** that **Rav says:** With regard to **the curse of a Sage, even** if it is **baseless,** i.e., based on a mistaken premise, **it** nevertheless **comes** to fruition and affects the object of the curse. **From where do we** derive this? It is derived **from** this incident involving **Ahithophel. When David dug the drainpipes** in preparation for building the Temple, the waters of **the depths rose** and **sought to inundate the world.** David **said: What is** the *halakha*? Is it permitted **to write** the sacred **name on an earthenware shard and throw** it **into the depths,** so **that** the water will subside and **stand in its place? There was no one who said anything to him.** David **said: Anyone who knows** the answer to **this matter and does not say it shall be strangled.**

נָשָׂא אֲחִיתוֹפֶל קַל וָחוֹמֶר בְּעַצְמוֹ, אָמַר: וּמַה לַעֲשׂוֹת שָׁלוֹם בֵּין אִישׁ לְאִשְׁתּוֹ, אָמְרָה הַתּוֹרָה: שְׁמִי שֶׁנִּכְתָּב בִּקְדוּשָּׁה יִמָּחֶה עַל הַמַּיִם, לְכָל הָעוֹלָם כּוּלּוֹ לֹא כָּל שֶׁכֵּן? אֲמַר לֵיהּ: שָׁרֵי. כְּתַב שֵׁם אַחַסְפָּא, שְׁדִי אַתְּהוֹמָא, נְחַת וְקָם אַדּוּכְתֵּיהּ.

Then **Ahithophel raised an** ***a fortiori*** inference **on his own** and **said: And if** in order **to make peace between a man and his wife** in the case of a *sota*, when the husband suspects his wife of having committed adultery, **the Torah says: My name that was written in sanctity shall be erased on the water,** then, in order **to establish peace for the whole world in its entirety, is it not all the more so** permitted? Ahithophel **said to** David: **It is permitted.** David **wrote** the sacred **name on an earthenware shard** and **cast it into the depths,** and the water in the depths **subsided and stood in its place.**

וַאֲפִילּוּ הָכִי כְּתִיב ״וַאֲחִיתֹפֶל רָאָה כִּי לֹא נֶעֶשְׂתָה עֲצָתוֹ וַיַּחֲבֹשׁ אֶת הַחֲמוֹר וַיָּקָם וַיֵּלֶךְ אֶל בֵּיתוֹ (וְ)אֶל עִירוֹ וַיְצַו אֶל בֵּיתוֹ וַיֵּחָנַק״ וגו׳.

And even so it is written that during the rebellion of Absalom: **"And Ahithophel saw that his counsel was not taken, and he saddled his donkey and he arose and went to his house, to his town, and he commanded his household and strangled himself"** (II Samuel 17:23). Although David stipulated that his curse would take effect only if one who knows the answer fails to share it with him, and Ahithophel did not fail to share it with him, the curse was realized.

אָמַר רַבִּי אַבָּהוּ: קִלְלַת חָכָם אֲפִילּוּ עַל תְּנַאי הִיא בָּאָה. מְנָלַן? מֵעֵלִי, דְּקָאָמַר לֵיהּ [עֵלִי] לִשְׁמוּאֵל ״כֹּה יַעֲשֶׂה לְּךָ אֱלֹהִים וְכֹה יוֹסִיף אִם תְּכַחֵד מִמֶּנִּי דָּבָר״. וְאַף עַל גַּב דִּכְתִיב ״וַיַּגֶּד לוֹ שְׁמוּאֵל אֶת כָּל הַדְּבָרִים וְלֹא כִחֵד מִמֶּנּוּ״ – [וַאֲפִילּוּ הָכִי] כְּתִיב ״וְלֹא הָלְכוּ בָנָיו בִּדְרָכָיו״ וגו׳.

The Gemara cites a similar statement: **Rabbi Abbahu says:** With regard to **the curse of a Sage, even** if it is stated **conditionally, it comes** to realization. **From where do we** derive this? It is derived **from** an incident involving **Eli** the High Priest, **as Eli said to Samuel,** after the latter had received a prophetic vision with regard to Eli, that his sons do not follow his path: **"Therefore may God do to you, and more also, if you hide any matter from me** of all the matters that He spoke unto you" (I Samuel 3:17). **And even though it is written** immediately thereafter: **"And Samuel told him all the matters, and did not hide from him"** (I Samuel 3:18), **it is written** at the time of Samuel's death: **"And his sons did not follow in his ways"** (I Samuel 8:3), indicating that God did to Samuel as he prophesied with regard to Eli, and his own sons did not follow his path. Despite the fact that Eli stated the curse conditionally, Samuel was affected by the curse.

BACKGROUND

Three parasangs – תְּלָתָא פַּרְסֵי: A parasang is a Persian measurement, equal to four *mil*. In terms of modern measurements, three parasangs are roughly equal to 12 km.

Elijah – אֵלִיָּהוּ: In many places in the Talmud and the midrash, Elijah the prophet appears to various people, primarily Sages, and resolves their dilemmas. As it is stated in the Prophets (see II Kings 2:11), Elijah did not die, and he continues serving as an emissary of God.

LANGUAGE

Place [*shafa*] – שָׁפָא: Some maintain that this is from the Greek σιπύη, *sipuē*, meaning bin.

NOTES

With the death of all of the High Priests – בְּמִיתַת כּוּלָּן: This means through the death of all the High Priests listed in the mishna, as several can serve concurrently.

אָמַר רַב יְהוּדָה אָמַר רַב: נִידּוּי עַל תְּנַאי צָרִיךְ הֲפָרָה. מְנָלַן? מִיהוּדָה, דִּכְתִיב ״אִם לֹא הֲבִיאֹתִיו אֵלֶיךָ״ וגו׳. וְאָמַר רַבִּי שְׁמוּאֵל בַּר נַחְמָנִי אָמַר רַבִּי יוֹנָתָן: מַאי דִּכְתִיב ״יְחִי רְאוּבֵן וְאַל יָמֹת וגו׳...וְזֹאת לִיהוּדָה״?

Apropos declarations that take effect even if they were stated conditionally and the condition was not fulfilled, **Rav Yehuda says** that **Rav says: Ostracism** that was declared **conditionally**[H] **requires nullification**, even though the condition was not fulfilled. **From where do we** derive this? It is derived **from Judah, as it is written** with regard to his request that his father allow the brothers to take Benjamin to Egypt: **"If I do not bring him to you**…I would have sinned to you for all days" (Genesis 43:9), i.e., I will remain ostracized as a sinner. **And Rabbi Shmuel bar Naḥmani says** that **Rabbi Yonatan says: What** is the meaning of that **which is written: "Let Reuben live and not die"** (Deuteronomy 33:6), followed immediately by the verse: **"And this for Judah"** (Deuteronomy 33:7)? Why was the blessing of Judah linked to that of Reuben?

כָּל אוֹתָן אַרְבָּעִים שָׁנָה שֶׁהָיוּ יִשְׂרָאֵל בַּמִּדְבָּר, עַצְמוֹתָיו שֶׁל יְהוּדָה הָיוּ מְגוּלְגָּלִין בָּאָרוֹן, עַד שֶׁעָמַד מֹשֶׁה וּבִקֵּשׁ עָלָיו רַחֲמִים. אָמַר לְפָנָיו: רִבּוֹנוֹ שֶׁל עוֹלָם, מִי גָּרַם לִרְאוּבֵן שֶׁיּוֹדֶה – יְהוּדָה, ״וְזֹאת לִיהוּדָה...שְׁמַע ה׳ קוֹל יְהוּדָה״.

Throughout those forty years that the children of **Israel were in the wilderness, Judah's bones were rattling in the coffin,** detached from one another, because the ostracism that he declared upon himself remained in effect, **until Moses stood and entreated** God to have **mercy upon him.** Moses **said before Him: Master of the Universe, who caused Reuben to confess** his sin with Bilhah? It was **Judah.** Judah's confession to his sin with Tamar led Reuben to confess to his own sin. Moses continued: **"And this is for Judah…hear God, the voice of Judah"** (Deuteronomy 33:7).

עָאל אֵיבְרֵיהּ לְשָׁפָא, לָא הֲוָה קָא מְעַיְּילִי לֵיהּ לִמְתִיבְתָּא דִּרְקִיעַ – ״וְאֶל עַמּוֹ תְּבִיאֶנּוּ״. לָא הֲוָה קָא יָדַע לְמִישְׁקַל וּמִיטְרַח בִּשְׁמַעְתָּא בַּהֲדֵי רַבָּנַן – ״יָדָיו רָב לוֹ״, לָא הֲוָה יָדַע לְפָרוֹקֵי קוּשְׁיָא – ״וְעֵזֶר מִצָּרָיו תִּהְיֶה״.

At that point **his limbs entered** their designated **place** [*leshafa*][L] and no longer rattled, but the Heavenly court still **would not** allow **him** to **enter the heavenly academy.** Moses continued: **"And bring him to his people"** (Deuteronomy 33:7), so that he may join the other righteous people in Heaven. That request was also granted, but Judah **did not know** how **to engage in the give-and-take of** ***halakha*** **with the Sages** in the heavenly academy. Moses continued: **"His hands shall contend for him"** (Deuteronomy 33:7). That request was also granted, but Judah **did not know** how **to resolve** any **difficulty** raised to reject his opinion until Moses prayed: **"And You shall be a help against his adversaries"** (Deuteronomy 33:7).

אִיבַּעְיָא לְהוּ: בְּמִיתַת כּוּלָּן הוּא חוֹזֵר, אוֹ דִּלְמָא בְּמִיתַת אֶחָד מֵהֶן?

The mishna enumerates those High Priests whose death facilitates the return of unintentional murderers to their homes from the city of refuge to which they fled. **A dilemma was raised before** the Sages: Is it only **with the death of all of** the High Priests[N] enumerated in the mishna that the unintentional murderer **returns, or perhaps** it is even **with the death of one of them**[H] that he returns?

תָּא שְׁמַע: נִגְמַר דִּינוֹ בְּלֹא כֹּהֵן גָּדוֹל – אֵינוֹ יוֹצֵא מִשָּׁם לְעוֹלָם; וְאִם אִיתָא – לִיהֲדַר בֵּיהּ בִּדְהָנָךְ! בִּדְלֵיכָּא.

The Gemara suggests: **Come** and **hear** a resolution to the dilemma from the succeeding mishna: If the **verdict** of a murderer **was decided** at a time **when** there was **no** one filling the position of **High Priest, he never leaves** the city of refuge. **And if it is so** that the death of any of those listed in the mishna facilitates his return, **let him return with** the death of one **of these** other High Priests, the one who was sanctified by donning the eight vestments or a priest who was relieved of his position. The Gemara rejects the proof: The mishna is referring to a case **where there were no** High Priests when the verdict was decided.

HALAKHA

Ostracism that was declared conditionally – נִידּוּי עַל תְּנַאי: Ostracism that was declared conditionally, even if one ostracized himself, must be rescinded even if he fulfilled the condition, in accordance with the statement of Rav Yehuda. The Rambam maintains that if one is a Torah scholar he may rescind his own ostracism. The Ra'avad disagrees, noting that Judah did not rescind his ostracism. The *Shulḥan Arukh* writes that it is specifically when the person in question is uncertain whether he will be able to fulfill the provisions of the ostracism that the ostracism must be rescinded, but if he is certain that he can abide by the provisions of the ostracism, it does not require rescinding, in accordance with the opinion of Rabbeinu Tam (Rambam *Sefer HaMadda*, *Hilkhot Talmud Torah* 7:11; *Shulḥan Arukh*, *Yoreh De'a* 334:30).

With the death of one of them – בְּמִיתַת אֶחָד מֵהֶן: The death of any High Priest enables the return of unintentional murderers from exile. The commentaries on the Rambam question the source of his ruling, as the dilemma remains unresolved in the Gemara. The *Mishne LaMelekh* suggests that since this is a matter of life and death, as, if the ruling is that the murderer can leave only after the death of all the High Priests, and he left after the death of one, the blood redeemer can kill him, the ruling is lenient (Rambam *Sefer Nezikin*, *Hilkhot Rotze'aḥ UShmirat HaNefesh* 7:9, and see *Mirkevet HaMishne* there).

מתני׳ מִשֶּׁנִּגְמַר דִּינוֹ מֵת כֹּהֵן גָּדוֹל – הֲרֵי זֶה אֵינוֹ גּוֹלֶה. אִם עַד שֶׁלֹּא נִגְמַר דִּינוֹ מֵת כֹּהֵן גָּדוֹל, וּמִנּוּ אַחֵר תַּחְתָּיו, וּלְאַחַר מִכֵּן נִגְמַר דִּינוֹ – חוֹזֵר בְּמִיתָתוֹ שֶׁל שֵׁנִי. נִגְמַר דִּינוֹ בְּלֹא כֹּהֵן גָּדוֹל, וְהַהוֹרֵג כֹּהֵן גָּדוֹל, וְכֹהֵן גָּדוֹל שֶׁהָרַג – אֵינוֹ יוֹצֵא מִשָּׁם לְעוֹלָם.

MISHNA If, **after** the unintentional murderer's **verdict was decided** and he was sentenced to exile, **the High Priest died,**[H] he **is not exiled,** as the death of the High Priest exempts him from exile. **If** it was **before his verdict was decided** that **the High Priest died and they appointed another in his place, and thereafter his verdict was decided, he returns** from exile **with the death of the second** High Priest. If **the verdict of** a murderer **was decided** at a time **when** there was **no High Priest,**[H] **and** likewise in the cases of **one who** unintentionally **killed a High Priest and** in the case of **a High Priest who killed**[N] unintentionally, the unintentional murderer **never leaves** the city of refuge.

וְאֵינוֹ יוֹצֵא לֹא לְעֵדוּת מִצְוָה, וְלֹא לְעֵדוּת מָמוֹן, וְלֹא לְעֵדוּת נְפָשׁוֹת. וַאֲפִילּוּ יִשְׂרָאֵל צְרִיכִים לוֹ, וַאֲפִילּוּ שַׂר צְבָא יִשְׂרָאֵל כְּיוֹאָב בֶּן צְרוּיָה – אֵינוֹ יוֹצֵא מִשָּׁם לְעוֹלָם, שֶׁנֶּאֱמַר ״אֲשֶׁר נָס שָׁמָּה״ – שָׁם תְּהֵא דִּירָתוֹ, שָׁם תְּהֵא מִיתָתוֹ, שָׁם תְּהֵא קְבוּרָתוֹ.

And one who is exiled may **not leave** the city at all, **either for testimony**[H] relating to **a mitzva,**[N] **or for testimony** relating to **monetary matters, or for testimony** relating to **capital** matters. **And even if the Jewish people require** his services, **and even** if he is **the general of the army of Israel like Joab ben Zeruiah, he never leaves** the city of refuge, **as it is stated:** "And the congregation shall restore him to his city of refuge, **that he fled there**" (Numbers 35:25), from which it is derived: **There shall be his dwelling, there shall be his death, there shall be his burial.**

כְּשֵׁם שֶׁהָעִיר קוֹלֶטֶת כָּךְ תְּחוּמָהּ קוֹלֵט. רוֹצֵחַ שֶׁיָּצָא חוּץ לַתְּחוּם וּמְצָאוֹ גּוֹאֵל הַדָּם, רַבִּי יוֹסֵי הַגְּלִילִי אוֹמֵר: מִצְוָה בְּיַד גּוֹאֵל הַדָּם, וּרְשׁוּת בְּיַד כׇּל אָדָם. רַבִּי עֲקִיבָא אוֹמֵר: רְשׁוּת בְּיַד גּוֹאֵל הַדָּם, וְכׇל אָדָם חַיָּיבִין עָלָיו.

The mishna continues: **Just as** an unintentional murderer **is admitted** to **the city**[H] of refuge, **so is he admitted to its outskirts, located** within the Shabbat **boundary.** Once he entered the outskirts of the city, the blood redeemer may not kill him. In a case **where a murderer emerged beyond the** Shabbat **boundary** of the city of refuge **and the blood redeemer found him** there, **Rabbi Yosei HaGelili says:** It is **a mitzva for the blood redeemer** to kill him, **and** it is **optional for every** other **person**[H] to do so. **Rabbi Akiva says:** It is **optional for the blood redeemer, and every** other **person is liable for** killing **him.**

גמ׳ מַאי טַעְמָא? אָמַר אַבָּיֵי, קַל וָחוֹמֶר: וּמַה מִּי שֶׁגָּלָה כְּבָר – יֵצֵא עַכְשָׁיו, מִי שֶׁלֹּא גָּלָה – אֵינוֹ דִּין שֶׁלֹּא יִגְלֶה? וְדִלְמָא, הַאי דִּגְלָה – אִיכַּפַּר לֵיהּ, הַאי דְּלָא גְּלָה – לָא? מִידֵּי גָּלוּת קָא מְכַפְּרָא? מִיתַת כֹּהֵן הוּא דִּמְכַפְּרָא.

GEMARA The mishna teaches: If after the unintentional murderer's verdict was decided and he was sentenced to exile, the High Priest died, the unintentional murderer is not exiled. The Gemara asks: **What is the reason** for this? **Abaye says:** It is derived through **an** ***a fortiori*** inference: **If one who was already exiled now emerges** with the death of this High Priest, with regard to **one who was not** yet **exiled, is it not right that he should not be exiled?** The Gemara rejects this reasoning: **And perhaps** with regard to **this** one, **who was** already **exiled,** his sin **was atoned** for by his exile, and therefore the death of the High Priest facilitates his return, but **that** one, **who was not** yet **exiled, no,** his sin was not atoned for and the death of the High Priest should not prevent his exile. The Gemara rebuts: **Is** it his **exile** that **atones**[N] for his sin? **It is the death of the High Priest that atones** for his sin, and the High Priest died.

NOTES

And one who killed a High Priest and a High Priest who killed – וְהַהוֹרֵג כֹּהֵן גָּדוֹל וְכֹהֵן גָּדוֹל שֶׁהָרַג: Some say that this is referring to a case where another High Priest was not yet appointed before he was sentenced, and therefore he cannot return home upon the death of the High Priest. Early commentaries attribute this interpretation to Rashi; apparently the Rambam agrees. Others claim that due to the severity of the sin of killing the High Priest, and due to his having lost the opportunity, through his own actions, to have his sin atoned for, there is no remedy to his situation (Rabbeinu Yehonatan of Lunel; Ritva).

For testimony relating to a mitzva – לְעֵדוּת מִצְוָה: The reference is, for example, to testimony with regard to the New Moon (Rabbeinu Yehonatan of Lunel; Rabbi Ovadya Bartenura). Others added that this example was cited because it is a mitzva that affects the entire Jewish people.

Is it exile that atones – מִידֵּי גָּלוּת קָא מְכַפְּרָא: Some sought to prove from here that exile is neither punishment nor atonement for the murderer; rather, it is merely to the unintentional murderer's benefit, as it protects him from the blood redeemer. The early commentaries write that this cannot be, as the Gemara earlier (2b) states that exile effects atonement, even though it is not the primary generator of his atonement.

HALAKHA

If after the verdict was decided the High Priest died, etc. – מִשֶּׁנִּגְמַר דִּינוֹ מֵת כֹּהֵן גָּדוֹל וכו׳: If an unintentional murderer was sentenced to exile and the High Priest died before he was exiled, he is exempt from exile. If the High Priest died before he was sentenced and another was appointed in his place, the murderer returns home upon the death of the High Priest who was alive when he was sentenced (Rambam *Sefer Nezikin, Hilkhot Rotze'aḥ UShmirat HaNefesh* 7:11).

If the verdict of a murderer was decided when there was no High Priest – נִגְמַר דִּינוֹ בְּלֹא כֹּהֵן גָּדוֹל: An unintentional murderer who was sentenced to exile when there was no High Priest, or if he unintentionally murdered the only High Priest, or in the case of a High Priest who unintentionally killed a person, he is exiled and must remain in his city of refuge for the duration of his life (Rambam *Sefer Nezikin, Hilkhot Rotze'aḥ UShmirat HaNefesh* 7:10).

And one who is exiled may not leave the city at all, either for testimony, etc. – וְאֵינוֹ יוֹצֵא לֹא לְעֵדוּת וכו׳: An exiled unintentional murderer may not leave his city of refuge, not even to perform a mitzva or to provide testimony in a monetary or capital case. He may not leave the city of refuge to save a life with his testimony or to rescue people from invading troops, a flooding river, a fire, or a rockslide. Even if the Jewish people require his leadership in order to be saved, as in the case of Joab ben Zeruiah, he may not leave the city of refuge until the death of the High Priest. If he leaves the city, he is in danger of being killed by the blood redeemer (Rambam *Sefer Nezikin, Hilkhot Rotze'aḥ UShmirat HaNefesh* 7:8).

Just as an unintentional murderer is admitted to the city, etc. – כְּשֵׁם שֶׁהָעִיר קוֹלֶטֶת וכו׳: Just as an unintentional murderer is admitted to the city of refuge, so is he admitted to its outskirts, located within the Shabbat boundary (Rambam *Sefer Nezikin, Hilkhot Rotze'aḥ UShmirat HaNefesh* 8:11).

It is optional for every other person, etc. – רְשׁוּת בְּיַד כׇּל אָדָם וכו׳: One who fled to a city of refuge and then intentionally left the city has placed himself in danger of being killed. It is permitted for the blood redeemer to kill him, and if any other person kills him, that person is not liable. The *halakha* is in accordance with the opinion of Rabbi Akiva in his disputes with his colleagues, based on the version in the Gemara: And all other people are not liable for killing him, and in accordance with the opinion of Abaye in the Gemara (Rambam *Sefer Nezikin, Hilkhot Rotze'aḥ UShmirat HaNefesh* 5:10).

״אִם עַד שֶׁלֹּא נִגְמַר דִּינוֹ״ וכו׳, מְנָא הָנֵי מִילֵּי? אֲמַר רַב כָּהֲנָא: דְּאָמַר קְרָא ״וְיָשַׁב בָּהּ עַד מוֹת הַכֹּהֵן הַגָּדֹל אֲשֶׁר מָשַׁח אֹתוֹ בְּשֶׁמֶן הַקֹּדֶשׁ״, וְכִי הוּא מוֹשְׁחוֹ? אֶלָּא זֶה שֶׁנִּמְשַׁח בְּיָמָיו.

The mishna teaches: **If** it was **before his verdict was decided** that the High Priest died and they appointed another in his place, and thereafter his verdict was decided, he returns with the death of the second High Priest. The Gemara asks: **From where are these matters** derived? **Rav Kahana said** that they are derived from a verse, **as the verse states: "And he shall dwell there until the death of the High Priest, whom he anointed with the sacred oil"** (Numbers 35:25). **Now is** it the unintentional murderer who **anoints** the High Priest? **Rather,** the reference is to **that** High Priest **who was anointed during his days,** after he committed the unintentional murder.

מַאי הֲוָה לֵיהּ לְמֶעֱבַד? הָיָה לוֹ לְבַקֵּשׁ רַחֲמִים שֶׁיִּגְמוֹר דִּינוֹ לִזְכוּת, וְלֹא בִּיקֵּשׁ.

The Gemara asks: Why is his return home dependent on the death of the second High Priest? Earlier (11a), the Gemara explained that the High Priest bears a share of the responsibility for unintentional murderers, as he should have pleaded for mercy for his generation and he did not do so. In this case, as the High Priest in question was appointed only after the murder transpired, **what could he have done** to prevent the unintentional murder? The Gemara answers: **He should have pleaded for mercy that** the **verdict of** the unintentional murderer **would be decided** by the court **favorably,** so that he would not be sentenced to exile, **and he did not plead.**

אֲמַר אַבַּיֵי, נָקְטִינַן: נִגְמַר דִּינוֹ וּמֵת – מוֹלִיכִין אֶת עַצְמוֹתָיו לְשָׁם, דִּכְתִיב ״לָשׁוּב לָשֶׁבֶת בָּאָרֶץ עַד מוֹת הַכֹּהֵן״, וְאֵיזֶהוּ יְשִׁיבָה שֶׁהִיא בָּאָרֶץ – הֱוֵי אוֹמֵר זוֹ קְבוּרָה. תָּנָא: מֵת קוֹדֶם שֶׁמֵּת כֹּהֵן גָּדוֹל – מוֹלִיכִין עַצְמוֹתָיו עַל קִבְרֵי אֲבוֹתָיו, דִּכְתִיב ״יָשׁוּב הָרֹצֵחַ אֶל אֶרֶץ אֲחֻזָּתוֹ״, אֵיזֶהוּ יְשִׁיבָה שֶׁהִיא בְּאֶרֶץ אֲחוּזָּתוֹ – הֱוֵי אוֹמֵר זוֹ קְבוּרָה.

§ **Abaye said: We have a tradition** that with regard to an unintentional murderer **whose verdict was decided** and who was sentenced to exile, **and he died**[H] before he was exiled to the city of refuge, **one transports his bones** to the city of refuge, and buries him **there, as it is written: "To return and dwell in the land until the death of the priest"** (Numbers 35:32). **And what is** the **dwelling that is in the land? You must say it is** referring to his **burial.** A Sage **taught:** If an unintentional murderer **died** in a city of refuge **before the High Priest died,**[H] **one transports his bones to the graves of his ancestors** after the High Priest dies, **as it is written: "The murderer shall return to his ancestral land"** (Numbers 35:28). **What is** the **dwelling that is** taking place **in his ancestral land? You must say it is** his **burial.**

נִגְמַר דִּינוֹ, וְנַעֲשָׂה כֹּהֵן בֶּן גְּרוּשָׁה אוֹ בֶּן חֲלוּצָה, פְּלִיגִי בָּהּ רַבִּי אַמִי וְרַבִּי יִצְחָק נַפָּחָא, חַד אוֹמֵר: מֵתָה כְּהוּנָּה, וְחַד אוֹמֵר: בָּטְלָה כְּהוּנָּה.

§ The Gemara cites a dispute with regard to a case where the murderer's **verdict was decided,** i.e., he was sentenced to exile, **and the** High **Priest** filling the position at the time **was deemed the son of a divorced woman**[H] **or the son of a *ḥalutza*,** and the High Priest was thereby disqualified from the priesthood. **Rabbi Ami and Rabbi Yitzḥak Nappaḥa disagree with regard to this** matter. **One says: The priesthood died,** i.e., it is as though the High Priest died, and all exiles return home from the city of refuge. **And** the other **one says: The priesthood is voided,** i.e., it is as though there was no High Priest filling the position during that period, and therefore, the exiles may never leave the city of refuge.

לֵימָא בִּפְלוּגְתָּא דְּרַבִּי אֱלִיעֶזֶר וְרַבִּי יְהוֹשֻׁעַ קָא מִיפַּלְגִי. דִּתְנַן: הָיָה עוֹמֵד וּמַקְרִיב עַל גַּבֵּי הַמִּזְבֵּחַ, וְנוֹדַע שֶׁהוּא בֶּן גְּרוּשָׁה אוֹ בֶּן חֲלוּצָה. רַבִּי אֱלִיעֶזֶר אוֹמֵר: כָּל קָרְבָּנוֹת שֶׁהִקְרִיב פְּסוּלִין, וְרַבִּי יְהוֹשֻׁעַ מַכְשִׁיר.

The Gemara suggests: **Let us say** that these *amora'im*, Rabbi Ami and Rabbi Yitzḥak Nappaḥa, **disagree with regard to** the issue that is the subject of **the dispute** between **Rabbi Eliezer and Rabbi Yehoshua, as we learned** in a mishna (*Terumot* 8:1): If a priest **was standing and sacrificing**[H] offerings **upon the altar, and it became known that he was the son of a divorced woman or the son of a *ḥalutza*,** and he was disqualified from the Temple service, **Rabbi Eliezer says: All offerings that he sacrificed** up to that point are **not valid,** as it is apparent that he is not and never was fit for Temple service, **and Rabbi Yehoshua deems** all offerings that he already sacrificed as **valid.**

מַאן דְּאָמַר מֵתָה – כְּרַבִּי יְהוֹשֻׁעַ, וּמַאן דְּאָמַר בָּטְלָה – כְּרַבִּי אֱלִיעֶזֶר?

The Gemara explains: Let us say that **the one who says** here that the priesthood **died** holds **in accordance with** the opinion of **Rabbi Yehoshua.** He holds that the High Priest is disqualified only from the time of the discovery that he is disqualified from the priesthood and forward, while any service performed previous to that discovery is valid. The discovery that he is disqualified from the priesthood is like the High Priest's death, but his priesthood is not invalidated retroactively. **And the one who says** that the priesthood is **voided** holds **in accordance with** the opinion of **Rabbi Eliezer,** and since his priesthood is voided retroactively, there was no High Priest filling the position when he was sentenced.

HALAKHA

An unintentional murderer whose verdict was decided and he died – נִגְמַר דִּינוֹ וּמֵת: If an unintentional murderer who was sentenced to exile died before reaching the city of refuge, his remains are transported there and buried there, in accordance with the statement of Abaye (Rambam *Sefer Nezikin, Hilkhot Rotze'aḥ UShmirat HaNefesh* 7:3).

If an unintentional murderer died before the High Priest died – מֵת קוֹדֶם שֶׁמֵּת כֹּהֵן גָּדוֹל: An unintentional murderer who died in a city of refuge is buried there. After the death of the High Priest his bones are transferred to his ancestral burial plot, as it is taught in the *baraita* (Rambam *Sefer Nezikin, Hilkhot Rotze'aḥ UShmirat HaNefesh* 7:3).

The High Priest was deemed the son of a divorced woman, etc. – נַעֲשָׂה כֹּהֵן בֶּן גְּרוּשָׁה וכו׳: The Rambam rules that if one was sentenced to exile and the High Priest serving at the time was disqualified from the priesthood, e.g., if he was discovered to be the son of a divorced woman or the son of a *ḥalutza*, his priesthood is negated, and the status of the murderer is that of one who was sentenced at a time when there was no High Priest, and therefore the murderer may never leave his city of refuge. See the *Kesef Mishne*, who explains that the Rambam's ruling is based on the conclusion of the Gemara in tractate *Kiddushin* (66b) of the Babylonian Talmud and tractate *Terumot* (8:1) of the Jerusalem Talmud (Rambam *Sefer Nezikin, Hilkhot Rotze'aḥ UShmirat HaNefesh* 7:12).

If a priest was standing and sacrificing, etc. – הָיָה עוֹמֵד וּמַקְרִיב וכו׳: If a priest was serving in the Temple and it was discovered that he was disqualified from the priesthood, any service that he performed in the past is valid, as the *halakha* is in accordance with the opinion of Rabbi Yehoshua in his dispute with Rabbi Eliezer. He may not continue his service, but if he does continue to serve his service is not invalidated, although some authorities dispute this and deem his service invalid from that point forward (Rambam *Sefer Avoda, Hilkhot Biat HaMikdash* 6:10).

אַלִּיבָּא דְּרַבִּי אֱלִיעֶזֶר כּוּלֵּי עָלְמָא לָא פְּלִיגִי, כִּי פְּלִיגִי – אַלִּיבָּא דְּרַבִּי יְהוֹשֻׁעַ; מַאן דְּאָמַר מֵתָה – כְּרַבִּי יְהוֹשֻׁעַ. וּמַאן דְּאָמַר בָּטְלָה – עַד כָּאן לָא קָאָמַר רַבִּי יְהוֹשֻׁעַ הָתָם, דִּכְתִיב ״בָּרֵךְ ה׳ חֵילוֹ וּפֹעַל יָדָיו תִּרְצֶה״ – אֲפִילּוּ חֻלָּלִין שֶׁבּוֹ, אֲבָל הָכָא – אֲפִילּוּ רַבִּי יְהוֹשֻׁעַ מוֹדֶה.

The Gemara rejects this parallel: **According to** the opinion **of Rabbi Eliezer, everyone agrees** that he holds that the priesthood is voided. **When they disagree,** it is **according to** the opinion **of Rabbi Yehoshua: The one who says** the priesthood is **dead** holds **in accordance with** the straightforward understanding of the opinion of **Rabbi Yehoshua. And the one who says** the priesthood is **voided** can also hold in accordance with his opinion and explain that **Rabbi Yehoshua states** his opinion **only there,** with regard to Temple service, **as it is written: "Bless, God, his property** [*ḥeilo*], **and accept the work of his hands"** (Deuteronomy 33:11).[N] The term *ḥeilo* is interpreted homiletically to mean that **even** the offerings of **those disqualified from Temple service due to flawed lineage** [*ḥalalin*] are accepted after the fact. **But here,** with regard to the status of the priest, **even Rabbi Yehoshua concedes** that the priesthood is voided retroactively.

״נִגְמַר דִּינוֹ״ וכו׳. אָמַר רַב יְהוּדָה אָמַר רַב: שְׁתֵּי טָעֻיוֹת טָעָה יוֹאָב בְּאוֹתָהּ שָׁעָה, דִּכְתִיב ״וַיָּנָס יוֹאָב אֶל אֹהֶל ה׳ וַיַּחֲזֵק בְּקַרְנוֹת הַמִּזְבֵּחַ״,

§ The mishna teaches: If **the verdict of** a murderer was decided at a time when there was no High Priest, and likewise in the cases of one who unintentionally killed a High Priest and in the case of a High Priest who killed unintentionally, the unintentional murderer never leaves the city of refuge. And one who is exiled may not leave the city at all; even if the Jewish people require his services, and even if he is the general of the army of the Jewish people like Joab ben Zeruiah, he does not leave the city of refuge ever. **Rav Yehuda says** that **Rav says: Joab made two errors**[N] **at that moment,** when he fled from Solomon, **as it is written: "And Joab fled to the Tent of God and grasped the horns of the altar"** (I Kings 2:28).

טָעָה – שֶׁאֵינוֹ קוֹלֵט אֶלָּא גַּגּוֹ, וְהוּא תָּפַס בְּקַרְנוֹתָיו. טָעָה – שֶׁאֵינוֹ קוֹלֵט אֶלָּא מִזְבַּח בֵּית עוֹלָמִים, וְהוּא תָּפַס מִזְבֵּחַ שֶׁל שִׁילֹה. אַבָּיֵי אוֹמֵר: בְּהָא נַמִי מִיטְעָא טָעָה – טָעָה שֶׁאֵינוֹ קוֹלֵט אֶלָּא כֹּהֵן וַעֲבוֹדָה בְּיָדוֹ, וְהוּא זָר הָיָה.

He erred in **that only the top of** the altar **provides refuge, and he grasped its corners.** Moreover, **he erred** in **that only the altar of the eternal House,** i.e., the Temple. **provides refuge, and he grasped the altar at Shiloh. Abaye said:** It is **with regard to this** that Joab **also erred,** as the altar **provides refuge**[H] **only** for **a priest** who grasps the roof of the altar **and his service is in his hand, and** Joab **was a non-priest.**

אָמַר רֵישׁ לָקִישׁ: שָׁלֹשׁ טָעֻיוֹת עָתִיד שָׂרוֹ שֶׁל רוֹמִי לִטְעוֹת, דִּכְתִיב ״מִי זֶה בָּא מֵאֱדוֹם חֲמוּץ בְּגָדִים מִבָּצְרָה״, טוֹעֶה – שֶׁאֵינָהּ קוֹלֶטֶת אֶלָּא בֶּצֶר וְהוּא גּוֹלֶה לְבָצְרָה, טוֹעֶה – שֶׁאֵינָהּ קוֹלֶטֶת אֶלָּא שׁוֹגֵג וְהוּא מֵזִיד הָיָה, טוֹעֶה – שֶׁאֵינָהּ קוֹלֶטֶת אֶלָּא אָדָם וְהוּא מַלְאָךְ הוּא.

Apropos errors, the Gemara cites that **Reish Lakish says: The angel of Rome is destined to make three errors, as it is written: "Who is this who comes from Edom, with crimsoned garments from Bozrah?"** (Isaiah 63:1), which is a parable for God's arrival after killing the angel of Rome in Bozrah. The angel of Rome will **err** in **that** it is **only** the city of **Bezer** that **provides refuge and he exiled** himself **to Bozrah;** he will **err** in **that it provides refuge only** to **an unintentional** murderer **and he was an intentional** murderer; and he will **err** in **that it provides refuge only to a person and he is an angel.**

אָמַר רַבִּי אַבָּהוּ: עָרֵי מִקְלָט לֹא נִתְּנוּ לִקְבוּרָה, דִּכְתִיב ״וּמִגְרְשֵׁיהֶם יִהְיוּ לִבְהֶמְתָּם וְלִרְכֻשָׁם וּלְכֹל חַיָּתָם״ – לְחַיִּים נִתְּנוּ וְלֹא לִקְבוּרָה. מֵיתִיבִי: ״שָׁמָּה״ – שָׁם תְּהֵא דִּירָתוֹ, שָׁם תְּהֵא מִיתָתוֹ, שָׁם תְּהֵא קְבוּרָתוֹ! רוֹצֵחַ שָׁאנֵי, דְּגַלֵּי בֵּיהּ רַחֲמָנָא.

§ The Gemara resumes its analysis of the mishna. **Rabbi Abbahu says: Cities of refuge were not given for** the purpose of **burial**[NH] of unintentional murderers within them, **as it is written** with regard to the Levite cities: **"And their open land shall be for their cattle, and for their property, and for all their beasts** [*ḥayyatam*]**"** (Numbers 35:3), from which it is derived: **For life** [*leḥayyim*] **they are given, but not for burial.** Even Levites who reside in these cities are buried beyond the open land surrounding the city. The Gemara **raises an objection** to this from the mishna's interpretation of the term: "That he fled **there"** (Numbers 35:25), from which it is derived: **There shall be his dwelling, there shall be his death, there shall be his burial.** The Gemara answers: **A murderer is different,**[N] **as the Merciful One revealed concerning him** that he is to be buried there. That does not apply to the other residents of the city.

NOTES

And accept the work of his hands – וּפֹעַל יָדָיו תִּרְצֶה: This is understood as a special directive that the Temple service of a disqualified priest, the work of his hands, is accepted (Rashi). According to the opinion that his priesthood is negated, although his service is accepted, his personal status as a priest is retroactively negated. According to the opinion that the priesthood died, since his Temple service is accepted after the fact, his priesthood is not entirely negated.

Joab made two errors – שְׁתֵּי טָעֻיוֹת טָעָה יוֹאָב: As related in the book of Kings (see I Kings 2:5–6), on his deathbed, David commanded Solomon to make certain that Joab would be executed for killing two generals of the army of Israel, Abner, son of Ner, and Amasa, son of Jether.

Cities of refuge were not given for burial, etc. – עָרֵי מִקְלָט לֹא נִתְּנוּ לִקְבוּרָה וכו׳: Cities of refuge are Levite cities. Additionally, all the other Levite cities serve as cities of refuge, the only difference being that the other Levite cities provide refuge only if the murderer enters the city deliberately (see 10b).

A murderer is different – רוֹצֵחַ שָׁאנֵי: The reason is that there is a Torah edict that unintentional murderers are to be buried in a city of refuge; by contrast, it was not permitted for Levites to be buried there. Furthermore, the burial of the murderers there is temporary, as their remains would be reinterred in their ancestral burial plot after the death of the High Priest (Meiri).

HALAKHA

Refuge provided by the altar – קְלִיטָה בְּמִזְבֵּחַ: The altar functions like a city of refuge in providing protection for an unintentional murderer. Therefore, in the case of an unintentional murderer protected by the altar, if the blood redeemer killed him, he is liable to be executed. Only the roof of the altar of the Temple provides refuge, and only to a priest in the midst of his Temple service. It does not provide refuge for a non-priest, or for a priest who is not in the midst of his service, or for a priest who was not on the roof of the altar but standing adjacent to it, or for one grasping the horns of the altar. One protected by the altar does not remain there but instead is provided with an escort to accompany him to a city of refuge.

These provisions apply to an unintentional murderer liable to be exiled. One fleeing the king who seeks to have him executed for sedition, or one fleeing the court that issued a provisional edict to execute him is protected by the altar, even if he is a non-priest. In that case, he is removed from the altar only if he was forewarned, tried based on the testimony of witnesses, and sentenced to be executed (Rambam *Sefer Nezikin, Hilkhot Rotze'aḥ UShmirat HaNefesh* 5:12–14).

Cities of refuge were not given for burial – עָרֵי מִקְלָט לֹא נִתְּנוּ לִקְבוּרָה: Levites who live in cities of refuge are buried neither in the cities nor in the environs delineated in the Torah, which total three thousand cubits in each direction (Rambam *Sefer Zera'im, Hilkhot Shemitta VeYovel* 13:3 and *Sefer Nezikin, Hilkhot Rotze'aḥ UShmirat HaNefesh* 7:4).

״כְּשֵׁם שֶׁהָעִיר קוֹלֶטֶת״ וכו׳. וּרְמִינְהוּ: ״וְיָשַׁב בָּהּ״ – בָּהּ, וְלֹא בִּתְחוּמָהּ! אָמַר אַבָּיֵי: לָא קַשְׁיָא, כָּאן – לִקְלוֹט, כָּאן – לָדוּר.

The mishna teaches: **Just as** an unintentional murderer **is admitted** to **the city** of refuge, so is he admitted to its outskirts, located within the Shabbat boundary. **And** the Gemara **raises a contradiction** from a *baraita* with regard to that which is written concerning the unintentional murderer: **"And he shall dwell in it"** (Numbers 35:25), from which it is inferred: **"In it," but not within its boundary. Abaye said:** This is **not difficult. Here,** the mishna is referring to the unintentional murderer being **admitted** to the city, which will provide refuge from the blood redeemer, who may not kill him there. **There,** the *baraita* is referring to the place where it is permitted for the murderer **to dwell,**[H] i.e., within the city itself and not on its outskirts.

לָדוּר? תֵּיפוֹק לֵיהּ דְּאֵין עוֹשִׂין שָׂדֶה מִגְרָשׁ, וְלֹא מִגְרָשׁ שָׂדֶה, לֹא מִגְרָשׁ עִיר, וְלֹא עִיר מִגְרָשׁ! אָמַר רַב שֵׁשֶׁת: לֹא נִצְרְכָה אֶלָּא לִמְחִילּוֹת.

The Gemara asks: Why is it necessary to state that the murderer may not **dwell** on the outskirts of the city? **Let him derive** that *halakha* from the fact **that one may not render the field** of a Levite city **an open space,**[HN] **nor an open space a field, nor an open space** part of the **city, nor** the **city an open space.** Apparently, the outskirts of the city, whose status is that of an open space, may not be utilized for residential purposes. **Rav Sheshet said: It is necessary** to state this *halakha* **only for tunnels.** If a murderer excavated a tunnel on the outskirts of the city, although he did not violate the prohibition against ruining the fields of the city, he may not reside there based on the *halakha* by Torah law that he must reside inside the city.

״רוֹצֵחַ שֶׁיָּצָא חוּץ לַתְּחוּם״ וכו׳. תָּנוּ רַבָּנַן: ״וְרָצַח גֹּאֵל הַדָּם אֶת הָרֹצֵחַ״ – מִצְוָה בְּיַד גּוֹאֵל הַדָּם. אֵין גּוֹאֵל הַדָּם – רְשׁוּת בְּיַד כׇּל אָדָם, דִּבְרֵי רַבִּי יוֹסֵי הַגְּלִילִי. רַבִּי עֲקִיבָא אוֹמֵר: רְשׁוּת בְּיַד גּוֹאֵל הַדָּם, וְכׇל אָדָם חַיָּיבִין עָלָיו.

§ The mishna teaches a dispute between Rabbi Yosei HaGelili and Rabbi Akiva with regard to a case **where** the unintentional **murderer emerged beyond the** Shabbat **boundary** of the city of refuge, and the blood redeemer found him there. **The Sages taught** that it is written: "And the blood redeemer finds him outside the border of his city of refuge **and the blood redeemer murders the murderer,** he has no blood" (Numbers 35:27): It is **a mitzva for the blood redeemer** to kill him, and if **there is no blood redeemer** available to fulfill this mitzva, **it is optional for any person** to do so; this is **the statement of Rabbi Yosei HaGelili. Rabbi Akiva says:** It is **optional for the blood redeemer** to kill him, **and any** other **person is liable for** killing **him.**[N]

מַאי טַעְמָא דְּרַבִּי יוֹסֵי הַגְּלִילִי – מִי כְּתִיב ״אִם רָצַח״? וְרַבִּי עֲקִיבָא: מִי כְּתִיב ״יִרְצַח״?

The Gemara analyzes the mishna: **What is the reason** for the opinion **of Rabbi Yosei HaGelili?** He says: **Is it written: If** the blood redeemer **murders** the unintentional murderer, he has no blood? It states: "And the blood redeemer murders the murderer," indicating that it is a mitzva. **And Rabbi Akiva** says: **Is it written:** The blood redeemer **shall murder,** in the imperative? It merely states: "And the blood redeemer murders," which is merely relating the scenario under discussion.

אָמַר מָר זוּטְרָא בַּר טוֹבִיָּה אָמַר רַב: רוֹצֵחַ שֶׁיָּצָא חוּץ לַתְּחוּם, וּמְצָאוֹ גּוֹאֵל הַדָּם וַהֲרָגוֹ – נֶהֱרָג עָלָיו. כְּמַאן? לָא כְּרַבִּי יוֹסֵי הַגְּלִילִי וְלָא כְּרַבִּי עֲקִיבָא!

On a related note, the Gemara cites that **Mar Zutra bar Toviyya says** that **Rav says:** In the case of **a murderer who emerged beyond the** Shabbat **boundary** of the city of refuge, **and the blood redeemer found him** there **and killed him,** the blood redeemer is **executed for** killing **him.** The Gemara asks: **In accordance with whose** opinion did Rav issue this ruling? He issued it **neither in accordance with** the opinion of **Rabbi Yosei HaGelili,** who maintains that there is a mitzva for the blood redeemer to kill him, **nor in accordance with** the opinion of **Rabbi Akiva,** who says the blood redeemer has the option of killing him.

הוּא דְּאָמַר כִּי הַאי תַּנָּא, דְּתַנְיָא, רַבִּי אֱלִיעֶזֶר אוֹמֵר: ״עַד עׇמְדוֹ לִפְנֵי הָעֵדָה לַמִּשְׁפָּט״, מָה תַּלְמוּד לוֹמַר? לְפִי שֶׁנֶּאֱמַר ״וְרָצַח גֹּאֵל הַדָּם אֶת הָרֹצֵחַ״, יָכוֹל מִיָּד? תַּלְמוּד לוֹמַר ״עַד עׇמְדוֹ לִפְנֵי הָעֵדָה לַמִּשְׁפָּט״.

The Gemara answers: Rav **states** this ruling **in accordance with** the opinion of **that** ***tanna*****, as it is taught** in a *baraita* that **Rabbi Eliezer says** with regard to the verse: "And the murderer shall not die, **until he stands before the congregation for judgment**" (Numbers 35:12): **Why** must **the verse state** this? It is necessary **since it is stated:** "And the blood redeemer finds him… **and the blood redeemer murders the murderer**" (Numbers 35:27). One **might** have thought that the blood redeemer may murderer him **immediately;** therefore, **the verse states: "Until he stands**[N] **before the congregation for judgment,"** from which it is derived that the blood redeemer may kill the murderer after only he is convicted in court. Mar Zutra bar Toviyya says that Rav says that the blood redeemer is liable if he kills the murderer before he is convicted.

HALAKHA

Here being admitted, there to dwell – כָּאן לִקְלוֹט כָּאן לָדוּר: While an unintentional murderer is admitted anywhere within the boundaries of the city of refuge, he must dwell within the city itself (Rambam *Sefer Nezikin, Hilkhot Rotze'aḥ UShmirat HaNefesh* 8:11).

One may not render the field of a Levite city an open space, etc. – אֵין עוֹשִׂין שָׂדֶה מִגְרָשׁ וכו׳: The land of Levite cities may not be reclassified as land of the open space adjacent to the city, nor may the land of its open space be appended to the city. Similarly, the land of the open space of the city may not be reclassified as part of the city field, nor may land of the field be reclassified as open space. The *halakha* applies to other cities in Eretz Yisrael as well, in accordance with the mishna in tractate *Arakhin* 33b (Rambam *Sefer Zera'im, Hilkhot Shemitta VeYovel* 13:4–6).

NOTES

One may not render the field of a Levite city an open space, etc. – אֵין עוֹשִׂין שָׂדֶה מִגְרָשׁ וכו׳: The provisions of the Levite cities, which include the cities of refuge, are detailed in the book of Numbers (chapter 35), where it states that there is an area measuring two thousand cubits beyond the city walls appended on all sides of each city. The one thousand cubits closer to the city serve as open space, and no dwellings or fields may be established there. The one thousand cubits farther from the city serve as the city's field, where trees are planted and other agricultural activity is undertaken. Since the measure of the field and the open space is determined by Torah law, it may not be altered.

And any person is liable for killing him – וְכׇל אָדָם חַיָּיבִין עָלָיו: This is the version of the text according to the Maharshal, as otherwise there would be no clear difference between the two *tanna'im* with regard to people that are not the blood redeemer. The version cited by virtually all early commentaries is: And any person is not liable for killing him. The reason is that by leaving the city of refuge, the murderer has rendered himself subject to being killed, and even Rabbi Akiva concedes that there is no liability for killing him.

The verse states: Until he stands, etc. – תַּלְמוּד לוֹמַר עַד עׇמְדוֹ וכו׳: The Ran (*Sanhedrin* 45a) explains that this *halakha* applies to an unintentional murderer as well. If he leaves the city of refuge and the court sentences him to death for doing so, the blood redeemer is first in line to kill him. Rabbeinu Ḥananel explains that Rabbi Eliezer is referring to an unintentional murderer who was not yet been sentenced to exile by the local court and it is only in that case that the blood redeemer may not kill him. Once the court sentences him to exile, Rabbi Eliezer concedes to Rabbi Yosei HaGelili and Rabbi Akiva that it is permitted for the blood redeemer to kill him, or perhaps there is even a mitzva for him to do so.

וְרַבִּי יוֹסֵי וְרַבִּי עֲקִיבָא, הַאי "עַד עָמְדוֹ לִפְנֵי הָעֵדָה לַמִּשְׁפָּט" מַאי דָּרְשִׁי בֵּיהּ? הַהוּא מִיבְּעֵי לֵיהּ לְכִדְתַנְיָא, רַבִּי עֲקִיבָא אוֹמֵר: מִנַּיִן לְסַנְהֶדְרִין שֶׁרָאוּ אֶחָד שֶׁהָרַג אֶת הַנֶּפֶשׁ, שֶׁאֵין מְמִיתִין אוֹתוֹ עַד שֶׁיַּעֲמוֹד בְּבֵית דִּין אַחֵר? תַּלְמוּד לוֹמַר "עַד עָמְדוֹ לִפְנֵי הָעֵדָה לַמִּשְׁפָּט" – עַד שֶׁיַּעֲמוֹד בְּבֵית דִּין אַחֵר.

The Gemara asks: **And** as for **Rabbi Yosei** HaGelili **and Rabbi Akiva,** with regard to **this** verse: **"Until he stands before the congregation for judgment," what** do they **derive from it?** The Gemara answers: **That** verse **is necessary for that which is taught** in a *baraita* that **Rabbi Akiva says: From where** is it derived in the case of **a Sanhedrin that saw one kill**[H] **a person that** they **may not execute him until he stands** trial **in a different court?** It is derived from a verse, **as the verse states: "Until he stands before the congregation for judgment,"** meaning: **Until he stands** before **a different court.** Since they themselves witnessed the murder, they are no longer capable of considering the possibility that he may be innocent.

תָּנוּ רַבָּנַן: "אִם יָצֹא יֵצֵא הָרֹצֵחַ", אֵין לִי אֶלָּא בְּמֵזִיד, בְּשׁוֹגֵג מִנַּיִן? תַּלְמוּד לוֹמַר "אִם יָצֹא יֵצֵא" מִכָּל מָקוֹם.

The Sages taught in a *baraita* with regard to the verse: **"And if the murderer emerges** [*yatzo yetze*] ... and the blood redeemer murders the murderer, he has no blood" (Numbers 35:26–27): **I have** derived **only** that the blood redeemer may kill the unintentional murderer if the unintentional murderer emerges from the city **intentionally. From where** is it derived that the same applies if he emerges **unwittingly?** It is derived from this verse, as **the verse states: "If** *yatzo yetze*"; the doubled form of the verb serves to teach that this *halakha* applies **in any case** where the unintentional murderer emerges from the city of refuge.

וְהָתַנְיָא: וְהַהוֹרְגוֹ בְּמֵזִיד נֶהֱרָג, בְּשׁוֹגֵג גּוֹלֶה! לָא קַשְׁיָא, הָא – כְּמַאן דְּאָמַר: אָמְרִינַן דִּבְּרָה תּוֹרָה כִּלְשׁוֹן בְּנֵי אָדָם, הָא – כְּמַאן דְּאָמַר: לָא אָמְרִינַן דִּבְּרָה תּוֹרָה כִּלְשׁוֹן בְּנֵי אָדָם.

The Gemara asks: **But isn't it taught** in a *baraita* with regard to an unintentional murderer who emerged from the city of refuge unwittingly: **And one who kills him intentionally is executed,**[N] and one who kills him **unintentionally is exiled?**[H] The Gemara answers: This is **not difficult,** as **this** second *baraita* is **in accordance with** the opinion of **the one who says** that **we say: The Torah spoke in the language of people,** and no *halakha* is derived from the doubled form of the verb: *Yatzo yetze*, as it is merely a rhetorical flourish, and **that** first *baraita* **is in accordance with** the opinion of **the one who says** that **we do not say: The Torah spoke in the language of people,** and the compound verb was employed in order to derive that the blood redeemer may kill the unintentional murderer even if he emerged from the city of refuge unwittingly.

אָמַר אַבָּיֵי: מִסְתַּבְּרָא כְּמַאן דְּאָמַר דִּבְּרָה תּוֹרָה כִּלְשׁוֹן בְּנֵי אָדָם, שֶׁלֹּא יְהֵא סוֹפוֹ חָמוּר מִתְּחִלָּתוֹ, מָה תְּחִלָּתוֹ – בְּמֵזִיד נֶהֱרָג בְּשׁוֹגֵג גּוֹלֶה, אַף סוֹפוֹ – בְּמֵזִיד נֶהֱרָג בְּשׁוֹגֵג גּוֹלֶה.

Abaye said: It stands to reason that the *halakha* is **in accordance with** the opinion of **the one who says: The Torah spoke in the language of people,** and the blood redeemer is liable for killing an unintentional murderer who emerged from the city of refuge unwittingly, in order to ensure **that** the **ultimate** punishment of the unintentional murderer, when he emerges from the city of refuge, **will not be more severe than his initial** punishment, when he is sentenced in court. **Just as** with regard to **his initial** punishment for murder, if he killed **intentionally he is executed,** and if he killed **unintentionally he is exiled, so too,** with regard to **his ultimate** punishment, if he emerges from the city of refuge **intentionally he is killed** by the blood redeemer, and if he emerges **unwittingly he is** returned to **exile** in the city of refuge.

תָּנֵי חֲדָא: אָב שֶׁהָרַג – בְּנוֹ נַעֲשֶׂה לוֹ גּוֹאֵל הַדָּם, וְתַנְיָא אִידָךְ: אֵין בְּנוֹ נַעֲשֶׂה לוֹ גּוֹאֵל הַדָּם. לֵימָא הָא רַבִּי יוֹסֵי הַגְּלִילִי וְהָא רַבִּי עֲקִיבָא?

§ It **is taught** in **one** *baraita*: In the case of **a father who killed** his son, **his** surviving **son becomes his blood redeemer** and may kill him. **And it is taught** in **another** *baraita*: **His son does not become his blood redeemer.**[H] The Gemara suggests: **Let us say** that **this** *baraita*, which states that his son does become his blood redeemer, is in accordance with the opinion of **Rabbi Yosei HaGelili.** Since there is a mitzva for the blood redeemer to kill the murderer, this mitzva applies equally to a son. **And that** *baraita*, which states that a son does not become a blood redeemer to kill his father, is in accordance with the opinion of **Rabbi Akiva,** who holds that the blood redeemer has only the option, not a mitzva, to kill the murderer.

HALAKHA

Sanhedrin that saw one kill – **סַנְהֶדְרִין שֶׁרָאוּ אֶחָד שֶׁהָרַג:** An intentional murderer is not executed by witnesses and onlookers until he is taken to court for trial and sentenced to death. The *halakha* applies to all those liable to be executed (Rambam *Sefer Nezikin, Hilkhot Rotze'aḥ UShmirat HaNefesh* 1:5).

Intentionally is executed, unwittingly is exiled – **בְּמֵזִיד נֶהֱרָג בְּשׁוֹגֵג גּוֹלֶה:** If an unintentional murderer intentionally leaves the city of refuge he thereby subjects himself to being killed. It is permitted for the blood redeemer to kill him, and anyone else who kills him is not liable. If he unwittingly leaves the city of refuge, anyone who kills him is liable to be exiled, in accordance with the opinions of Rabbi Akiva and Abaye (*Kesef Mishne*). See the commentaries on the Rambam, who discuss whether this is the *halakha* only with regard to one who kills him unintentionally or if it applies to one who kills him intentionally (Rambam *Sefer Nezikin, Hilkhot Rotze'aḥ UShmirat HaNefesh* 5:10).

His son does not become his blood redeemer – **אֵין בְּנוֹ נַעֲשֶׂה לוֹ גּוֹאֵל הַדָּם:** In the case of a father who unintentionally killed his son, if his son had a son, that son is his blood redeemer and may kill his grandfather. If the murdered son had no sons, the victim's brothers do not assume the status of blood redeemers and may not kill their father. The father is judged in court and executed if found guilty (Rambam *Sefer Nezikin, Hilkhot Rotze'aḥ UShmirat HaNefesh* 1:3 and *Sefer Shofetim, Hilkhot Mamrim* 5:15).

NOTES

One who kills him intentionally is executed – **הַהוֹרְגוֹ בְּמֵזִיד נֶהֱרָג:** According to this version of the text, the reference is to one who killed an unintentional murderer who left his city of refuge. If he killed him intentionally he is killed; if he killed him unintentionally he is exiled, just as is the case involving any other person. The difficulty is that the *baraita* states explicitly that it is prohibited to kill one who left his city of refuge unwittingly. Abaye's statement at the conclusion of the discussion in the Gemara is not compatible with that explanation. Other versions omit the term: One who kills him; therefore, the text merely reads: Intentionally, he is executed (see Ritva; Gra). According to that version, the *baraita* is referring to the exiled murderer: If he left the city of refuge intentionally, the blood redeemer may kill him; if he emerged unwittingly, he is exiled, i.e., the unintentional murderer must return to the city of refuge, and the blood redeemer may kill him only if he forewarns him that if he fails to return to the city he will kill him (Riaz).

וְתִסְבְּרָא, בֵּין לְמַאן דְּאָמַר מִצְוָה בֵּין לְמַאן דְּאָמַר רְשׁוּת, מִי שָׁרֵי? וְהָאָמַר רַבָּה בַּר רַב הוּנָא, וְכֵן תָּנָא דְּבֵי רַבִּי יִשְׁמָעֵאל: לַכֹּל אֵין הַבֵּן נַעֲשֶׂה שָׁלִיחַ לְאָבִיו לְהַכּוֹתוֹ וּלְקַלְּלוֹ, חוּץ מִמֵּסִית, שֶׁהֲרֵי אָמְרָה תּוֹרָה "לֹא תַחְמֹל וְלֹא תְכַסֶּה עָלָיו"!

The Gemara rejects that understanding. **And** how can **you understand** it in that manner? **Both according to the one who says** that there is **a mitzva** for the blood redeemer to kill the unintentional murderer **and according to the one who says** that it is **optional, is it permitted** for a son to do so? **But doesn't Rabba bar Rav Huna say, and likewise the school of Rabbi Yishmael taught: With regard to all** transgressions of the Torah, even if the father is liable to receive lashes or be ostracized, **a son does not become an agent** of the court **to flog his father**[H] **or to curse him, apart from** the case of a father who acted as **one who incites** others to engage in idol worship, **as the Torah states** in his regard: **"You shall neither spare nor conceal him"** (Deuteronomy 13:9)?

אֶלָּא, לָא קַשְׁיָא: הָא – בִּבְנוֹ, וְהָא – בְּבֶן בְּנוֹ.

Rather, the Gemara suggests that the apparent contradiction between the two *baraitot* is **not difficult,** as **this** *baraita*, which says that the son does not become a blood redeemer to kill his father, is referring **to his son, and that** *baraita*, which says that the son does become a blood redeemer, is referring **to the son of his son,** who can become a blood redeemer to kill his grandfather, as the grandson is not required to honor his grandfather as he is required to honor his father.

מתני׳ אִילָן שֶׁהוּא עוֹמֵד בְּתוֹךְ הַתְּחוּם וְנוֹפוֹ נוֹטֶה חוּץ לַתְּחוּם, אוֹ עוֹמֵד חוּץ לַתְּחוּם וְנוֹפוֹ נוֹטֶה בְּתוֹךְ הַתְּחוּם – הַכֹּל הוֹלֵךְ אַחַר הַנּוֹף.

MISHNA The previous mishna teaches that the halakhic status of the outskirts of the city is like that of the city itself in terms of the unintentional murderer being provided refuge there. The mishna adds: With regard to **a tree that stands within the** Shabbat **boundary** of a city of refuge, **whose boughs extend outside the boundary,**[B] **or** a tree that **stands outside the boundary**[H] **and its boughs extend inside the boundary,** the status of the tree, whether it is considered inside or outside the boundary, in **all** cases **follows the boughs.**

גמ׳ וּרְמִינְהִי: אִילָן שֶׁהוּא עוֹמֵד בְּתוֹךְ הַפְּנִים וְנוֹטֶה לַחוּץ, אוֹ עוֹמֵד בַּחוּץ וְנוֹטֶה לִפְנִים, מִכְּנֶגֶד הַחוֹמָה וְלִפְנִים – כְּלִפְנִים, מִכְּנֶגֶד הַחוֹמָה וְלַחוּץ – כְּלַחוּץ!

GEMARA And the Gemara **raises a contradiction** from a mishna (*Ma'aser Sheni* 3:7) taught with regard to second tithe. Second-tithe produce must be consumed within Jerusalem or redeemed outside of Jerusalem: With regard to **a tree that stands within** Jerusalem, **and** whose boughs **extend outside** the city wall, **or** a tree that **stands outside** the city wall **and** whose boughs **extend inside** the wall, the principle is: The halakhic status of any part of the tree that is **above the wall and inward** is that of an area **within** the wall and the halakhic status of any part of the tree that is **above the wall and outward** is that of an area **outside** the wall. Apparently, the trunk does not follow the boughs and the boughs do not follow the trunk. The status of each part of the tree is determined by its position relative to the wall.

מַעֲשֵׂר אַעָרֵי מִקְלָט קָא רָמֵית? מַעֲשֵׂר בְּחוֹמָה תָּלָה רַחֲמָנָא, עָרֵי מִקְלָט בְּדִירָה תָּלָה רַחֲמָנָא, בְּנוֹפוֹ – מִתְדַּר לֵיהּ, בְּעִיקָּרוֹ – לָא מִתְדַּר לֵיהּ.

The Gemara rejects the parallel between the cases. **Are you raising a contradiction** between the *halakha* of second **tithe and** the *halakha* of **cities of refuge?** With regard to the *halakha* of second **tithe, the Merciful One made** the status of the tree **dependent on the wall,** and with regard to **cities of refuge, the Merciful One made** the status of the tree **dependent on dwelling. One can dwell in its boughs,** but **one cannot dwell in its trunk.** Therefore, with regard to cities of refuge, the halakhic status of the tree is determined by the boughs.

וְרָמֵי מַעֲשֵׂר אַמַּעֲשֵׂר, דְּתַנְיָא: בִּירוּשָׁלַיִם הַלֵּךְ אַחַר הַנּוֹף, בְּעָרֵי מִקְלָט הַלֵּךְ אַחַר הַנּוֹף! אָמַר רַב כָּהֲנָא: לָא קַשְׁיָא: הָא – רַבִּי יְהוּדָה, וְהָא – רַבָּנַן. דְּתַנְיָא,

And the Gemara **raises a contradiction** between the previous *baraita* with regard to the *halakha* of second **tithe and** another *baraita* with regard to the *halakha* of second **tithe, as it is taught** in a *baraita* (see *Ma'asrot* 3:10): **In Jerusalem, follow the boughs** in determining the status of the tree with regard to consuming second-tithe produce, and likewise, **with regard to cities of refuge, follow the boughs** in determining the status of the tree with regard to providing refuge for an unintentional murderer. **Rav Kahana said:** This apparent contradiction is **not difficult,** as **this** *baraita* is in accordance with the opinion of **Rabbi Yehuda, and that** *baraita* is in accordance with the opinion of **the Rabbis. As it is taught** in a *baraita* with regard to partaking of second tithe in Jerusalem:

HALAKHA

A son does not become an agent to flog his father, etc. – אֵין הַבֵּן נַעֲשֶׂה שָׁלִיחַ לְאָבִיו לְהַכּוֹתוֹ וכו׳: If one's father or mother violated a prohibition for which they are liable to receive lashes, and the son was employed as the attendant of the court, the son may not administer the lashes. Similarly, if it was determined that his parents are to be ostracized, the son may not act as an agent of the court to ostracize them, nor may he strike them or demean them as an agent of the court. This is the *halakha* even if they are unrepentant and were deserving of their punishment. The exception is one who incites others to engage in idol worship. In that case the son of the inciter may act as the agent of the court to administer punishment (Rambam *Sefer Nezikin, Hilkhot Mamrim* 5:14; *Shulḥan Arukh, Yoreh De'a* 241:5).

Tree that stands…outside the boundary – אִילָן שֶׁהוּא עוֹמֵד...חוּץ לַתְּחוּם: If a tree was situated within the boundary of a city of refuge and its boughs extended outside the boundary, once the murderer is standing beneath the boughs, the city of refuge affords him protection. If the tree was outside the boundary and its boughs extended within the boundary, once the murderer is standing at the base of the tree, the city of refuge affords him protection (Rambam *Sefer Nezikin, Hilkhot Rotze'aḥ UShmirat HaNefesh* 8:11, and see *Kesef Mishne* there).

BACKGROUND

Tree and its boughs – אִילָן וְנוֹפוֹ:

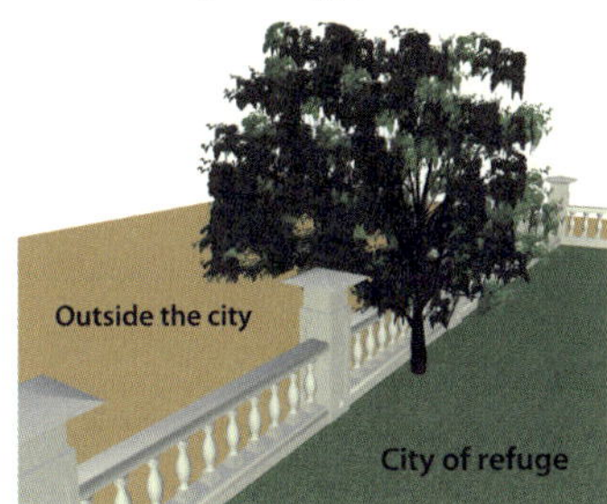

Tree with its boughs leaning outside the city

רַבִּי יְהוּדָה אוֹמֵר: בִּמְעָרָה – הוֹלֵךְ אַחַר פִּתְחָהּ, בְּאִילָן – הוֹלֵךְ אַחַר נוֹפוֹ.

Rabbi Yehuda says: With regard to a cave, follow its entrance; if the entrance is inside the city, the status of the entire cave is that of part of the city, and one may partake of tithes in it. **With regard to a tree, follow its boughs.**[N] The *baraita* that states that with regard to second tithe in Jerusalem and cities of refuge one follows the boughs is in accordance with the opinion of Rabbi Yehuda.

אֵימוּר דְּשָׁמְעַתְּ לֵיהּ לְרַבִּי יְהוּדָה גַּבֵּי מַעֲשֵׂר לְחוּמְרָא: עִיקָּרוֹ בַּחוּץ וְנוֹפוֹ בִּפְנִים – כִּי הֵיכִי דִּבְנוֹפוֹ לָא מָצֵי פָּרֵיק, בְּעִיקָּרוֹ נַמִּי לָא מָצֵי פָּרֵיק; עִיקָּרוֹ מִבִּפְנִים וְנוֹפוֹ מִבַּחוּץ – כִּי הֵיכִי דִּבְנוֹפוֹ לָא מָצֵי אָכֵיל בְּלֹא פְּדִיָּיה, בְּעִיקָּרוֹ נַמִּי לָא מָצֵי אָכֵיל בְּלֹא פְּדִיָּיה.

The Gemara rejects that explanation. **Say that you heard Rabbi Yehuda** express this opinion **with regard to** second-**tithe** produce in a situation where his ruling is **a stringency,**[N] as in the case where the **trunk** of a tree **is outside** Jerusalem **and its boughs are inside** Jerusalem, **just as among its boughs, one may not redeem** second-tithe produce,[N] and he must partake of it in Jerusalem, **so too at its trunk he may not redeem** second-tithe produce, even though it stands outside of Jerusalem. So too in a case where the **trunk** of a tree **is inside and its boughs outside,** there is a stringency: **Just as among its boughs, one may not partake** of second-tithe produce **without redemption, so too at its trunk he may not partake** of second-tithe produce **without redemption,** even though it stands inside Jerusalem.

אֶלָּא גַּבֵּי עָרֵי מִקְלָט, בִּשְׁלָמָא עִיקָּרוֹ בַּחוּץ וְנוֹפוֹ בִּפְנִים – כִּי הֵיכִי דִּבְנוֹפוֹ לָא מָצֵי קָטֵיל לֵיהּ, בְּעִיקָּרוֹ נַמִּי לָא מָצֵי קָטֵיל לֵיהּ. אֶלָּא עִיקָּרוֹ בִּפְנִים וְנוֹפוֹ בַּחוּץ, כִּי הֵיכִי דִּבְנוֹפוֹ מָצֵי קָטֵיל לֵיהּ – בְּעִיקָּרוֹ נַמִּי מָצֵי קָטֵיל לֵיהּ?! הָא גַּוַּאי קָאֵי!

But with regard to cities of refuge, it may be otherwise: **Granted,** if **its trunk** is **outside** the boundary **and its boughs** are **inside, just as among its boughs,** the blood redeemer **may not kill** the unintentional murderer, **so too at its trunk, he may not kill him. But if its trunk** was **inside and its boughs outside,** would one say that **just as among its boughs,** the blood redeemer **may kill him, at its trunk, he may also kill him? Isn't** the unintentional murderer **standing inside** the city of refuge? How could one say that it is permitted for the blood redeemer to kill him inside the city?

אֲמַר רָבָא: בְּעִיקָּרוֹ – דְּכוּלֵּי עָלְמָא לָא פְּלִיגִי דְּלָא מָצֵי קָטֵיל. קָאֵי בְּנוֹפוֹ וְיָכוֹל לְהוֹרְגוֹ בְּחִצִּים וּבִצְרוֹרוֹת – דְּכוּלֵּי עָלְמָא לָא פְּלִיגִי דְּמָצֵי קָטֵיל לֵיהּ.

Rava said that it can be explained as follows: In the case where its trunk is inside the boundary and its boughs outside, and the unintentional murderer was standing **at its trunk, everyone agrees that** the blood redeemer **may not kill** him, and when Rabbi Yehuda said that the trunk follows the boughs, he did not intend to include that case. If the murderer **is standing among the boughs** of the tree, **and** the blood redeemer **is able to kill him with arrows and pebbles, everyone,** including the Rabbis, **agrees that** the blood redeemer **may kill him,** as the boughs are outside the city.

כִּי פְּלִיגִי – בְּמֶהֱוֵי עִיקָּרוֹ דַּרְגָּא לְנוֹפוֹ, מָר סָבַר: הָוֵי עִיקָּרוֹ דַּרְגָּא לְנוֹפוֹ, וּמָר סָבַר: לָא הָוֵי עִיקָּרוֹ דַּרְגָּא לְנוֹפוֹ.

When they disagree is with regard to whether **its trunk can become a step for its boughs,** enabling the blood redeemer to gain access to the unintentional murderer there. **One Sage,** Rabbi Yehuda, **holds: Its trunk can become a step for its boughs;** the blood redeemer may gain access to the boughs extending outside the boundary and kill the unintentional murderer by climbing the trunk inside the city. It was in that context that Rabbi Yehuda says that the trunk follows the boughs. **And one Sage,** the Rabbis, **holds: Its trunk cannot become a step for its boughs.**

רַב אַשִׁי אֲמַר: מַאי "אַחַר הַנּוֹף" – אַף אַחַר הַנּוֹף.

Rav Ashi said: What is the meaning of Rabbi Yehuda's statement: **Follow its boughs?** It does not mean that the location of the boughs is the only determining factor; rather, it means that in addition to the trunk, **follow the boughs as well**[NH] in a case where it is a stringency. Therefore, with regard to a city of refuge a tree whose trunk is inside the boundary and its boughs extend beyond the boundary, the halakhic status of the boughs is the same as what it would be were they inside the boundary.

NOTES

With regard to a tree follow its boughs – בְּאִילָן הוֹלֵךְ אַחַר נוֹפוֹ: On this basis, the Gemara rejects its initial response that there is a difference between the *halakhot* of cities of refuge and the *halakhot* of tithes in this regard. Rather, the Gemara says that the mishna here and the mishna in tractate *Ma'asrot* (3:10) state that both in Jerusalem and in cities of refuge follow the boughs, in accordance with the opinion of Rabbi Yehuda. Meanwhile, the other mishna (*Ma'aser Sheni* 3:7), which states that the wall, not the boughs, is the determining factor, is in accordance with the opinion of the Rabbis (see Gra and *Arukh LaNer*).

Say that you heard…where his ruling is a stringency – אֵימוּר דְּשָׁמְעַתְּ...לְחוּמְרָא: *Tosafot* ask: Why say that Rabbi Yehuda says follow the boughs only as a stringency? Perhaps he maintains that this is the *halakha* in all cases. They answer that the Gemara prefers to explain the dispute in a manner where the opinions of Rabbi Yehuda and the Rabbis are not diametrically opposed. Rather, fundamentally, Rabbi Yehuda agrees with the reasoning of the Rabbis, and he merely rules stringently with regard to the boughs.

Among its boughs one may not redeem second-tithe produce, etc. – בְּנוֹפוֹ לָא מָצֵי פָּרֵיק וכו׳: There are two aspects to the *halakhot* of second tithe in Jerusalem. One is that second-tithe produce may be eaten only in Jerusalem. The second is that any second-tithe produce that has not yet been taken into Jerusalem may be redeemed with money, but once it enters the city it may no longer be redeemed. Therefore, following the boughs can lead to a stringent ruling with regard to both aspects. If the boughs extend outside the city, one may not partake of second-tithe produce near its trunk. If the boughs extend into the city, one may not redeem second-tithe produce that reached the trunk of that tree.

Follow the boughs as well – אַף אַחַר הַנּוֹף: Rashi says that Rav Ashi, like Rava, explains in accordance with the opinion of Rav Kahana that everything is based on the opinion of Rabbi Yehuda. Yet, while Rava holds that according to Rabbi Yehuda a blood redeemer may kill a murderer located under boughs outside the city even though the trunk of the tree is inside the city, as one follows the boughs, Rav Ashi holds that Rabbi Yehuda rules stringently in that case and follows the trunk. Therefore, the blood redeemer may not kill a murderer located under boughs outside the city. On the contrary, Rav Ashi understands that Rabbi Yehuda is saying that in general, the trunk alone is the determining factor, and it is only with regard to a city of refuge that the boughs are taken into account at all. Therefore, not only may the blood redeemer not kill the murderer under the boughs outside the city when the trunk is inside the city, but even if the trunk was outside the city and the boughs inside, the blood redeemer may not kill the murderer near the trunk outside the city, because one follows the boughs in that case. *Tosafot* question Rashi's explanation, and maintain that according to Rav Ashi, the boughs are never entirely disregarded, not even in the case of a stringency. Therefore, if the trunk was inside the city and the boughs outside, the blood redeemer may kill him under the boughs. The novel element in Rav Ashi's opinion is with regard to the trunk: One follows the boughs and rules stringently even if the murderer is standing near the trunk. The Ramban writes that in the Jerusalem Talmud in tractate *Ma'aser Sheni* (3:4) a similar conclusion is reached.

HALAKHA

Follow the boughs as well – אַף אַחַר הַנּוֹף: If a tree is situated within the walls of Jerusalem and its boughs extend outside the walls, it is prohibited to partake of second-tithe produce under those boughs. Despite this, second-tithe produce that was brought beneath those boughs may no longer be redeemed, as it is considered to have entered the city. The Rambam rules in accordance with the opinion of Rav Ashi, as he is a later authority and his opinion is logical, and one follows the boughs only in cases of stringency (Rambam *Sefer Zera'im*, *Hilkhot Ma'aser Sheni* 2:15 and *Kesef Mishne* there).

HALAKHA

If an unintentional murderer unintentionally killed a person in the same city – הָרַג בְּאוֹתָהּ הָעִיר: If an unintentional murderer unintentionally killed a person in his city of refuge he is exiled from one neighborhood to another within that city, but he may not leave the city (Rambam *Sefer Nezikin*, *Hilkhot Rotze'aḥ UShmirat HaNefesh* 7:5).

Levite who killed – בֶּן לֵוִי שֶׁהָרַג: If a Levite unintentionally killed a person inside the city of his residence, he is exiled to a different Levite city. If the unintentional murder occurred outside the city of his residence, he is admitted to that city, in accordance with the Rambam's explanation of the phrase: If he was exiled to his district (Rambam *Sefer Nezikin*, *Hilkhot Rotze'aḥ UShmirat HaNefesh* 7:5).

A murderer whom the people of the city sought to honor – רוֹצֵחַ שֶׁרָצוּ לְכַבְּדוֹ: If the inhabitants of a city of refuge seek to honor an unintentional murderer upon his arrival, he must say to them: I am a murderer. If they respond: Nevertheless, we wish to honor you, he may accept the honor (Rambam *Sefer Nezikin*, *Hilkhot Rotze'aḥ UShmirat HaNefesh* 7:7).

מתני׳ הָרַג בְּאוֹתָהּ הָעִיר – גּוֹלֶה מִשְּׁכוּנָה לִשְׁכוּנָה. וּבֶן לֵוִי גּוֹלֶה מֵעִיר לְעִיר.

MISHNA If an unintentional murderer, exiled to a city of refuge, unintentionally **killed** a person **in the same city,**[H] he **is exiled from** that **neighborhood** where he resided **to** another **neighborhood** within that city. **And a Levite** who is a permanent resident of a city of refuge and unintentionally killed a person **is exiled from** that **city to** another **city.**

גמ׳ תָּנוּ רַבָּנַן: "וְשַׂמְתִּי לְךָ מָקוֹם" וגו׳, "וְשַׂמְתִּי לְךָ" – בְּחַיֶּיךָ, "מָקוֹם" – מִמְּקוֹמְךָ, "אֲשֶׁר יָנוּס שָׁמָּה". מְלַמֵּד שֶׁהָיוּ יִשְׂרָאֵל מַגְלִין בַּמִּדְבָּר, לְהֵיכָן מַגְלִין – לְמַחֲנֵה לְוִיָּה.

GEMARA Apropos the *halakha* in the mishna that a Levite is exiled from one city to another city, the Gemara cites that which **the Sages taught** with regard to the verse: "And one who did not lie in wait…**and I will appoint for you a place** where he may flee" (Exodus 21:13). **"And I will appoint for you"**; God said to Moses: There will be a place that provides refuge for unintentional murderers already **during your lifetime. "A place"**; it will be **from your place,**[N] meaning the Levite camp served as the place that provided refuge in the wilderness. **"Where he may flee"**; this **teaches that Israel would exile** unintentional murderers **in the wilderness** as well, before they entered the land. **To where** did **they exile** unintentional murderers when they were in the wilderness? They exiled them **to the Levite camp,** which provided refuge.

מִכָּאן אָמְרוּ: בֶּן לֵוִי שֶׁהָרַג – גּוֹלֶה מִפֶּלֶךְ לְפֶלֶךְ, וְאִם גָּלָה לְפִלְכּוֹ – פִּלְכּוֹ קוֹלְטוֹ. אֲמַר רַב אַחָא בְּרֵיהּ דְּרַב אִיקָא: מַאי קְרָא? "כִּי בְעִיר מִקְלָטוֹ יֵשֵׁב" – עִיר שֶׁקְּלָטַתּוּ כְּבָר.

From here the Sages **said: A Levite who killed**[H] unintentionally **is exiled from** one **district to** another **district,** to a different Levite city in the other district. **And if he was exiled to** a city in **his** own **district, he is admitted to** the city in **his district,**[N] which provides him with refuge. **Rav Aḥa, son of Rav Ika, said: What is the verse** from which it is derived that a murderer who unintentionally killed in the city of refuge where he was exiled is exiled to another neighborhood in that same city? It is derived from a verse, as it is stated: **"For in his city of refuge he shall dwell"** (Numbers 35:28), indicating that it is **a city** in **which he was already admitted,** as the verse is referring to it as his city, and he shall continue to reside there as well.

מתני׳ כַּיּוֹצֵא בּוֹ רוֹצֵחַ שֶׁגָּלָה לְעִיר מִקְלָטוֹ וְרָצוּ אַנְשֵׁי הָעִיר לְכַבְּדוֹ – יֹאמַר לָהֶם "רוֹצֵחַ אָנִי". אָמְרוּ לוֹ "אַף עַל פִּי כֵן" – יְקַבֵּל מֵהֶן, שֶׁנֶּאֱמַר "וְזֶה דְּבַר הָרוֹצֵחַ".

MISHNA **Similarly,**[N] in the case of **a murderer who was exiled to a city of refuge and the people of the city sought to honor him**[H] due to his prominence, **he shall say to them: I am a murderer.** If the residents of the city **say to him:** We are aware of your status and **nevertheless,** we wish to honor you, **he may accept** the honor **from them, as it is stated: "And this is the matter [*devar*] of the murderer"** (Deuteronomy 19:4), from which it is derived that the murderer is required to say [*ledabber*] to them that he is a murderer. He is not required to tell them any more than that.

NOTES

A place, from your place – מָקוֹם מִמְּקוֹמְךָ: Rashi in *Zevaḥim* (117a) explains that this is derived from reading the verse "I will appoint for you a place" to mean: Your place. In other words, an unintentional murderer is admitted to Moses' place, the Levite camp where he lived.

He is admitted to the city in his district [*pilkho*] – פִּלְכּוֹ קוֹלְטוֹ: Rashi and the Rambam explain that *pelekh* here means district, and the *Baḥ* says that the reference is to the city. That was the understanding in *Tosafot* and it means that he is exiled within the city from one neighborhood to another. The early commentaries ask: How can it be said that he is admitted to his city after it was already stated that he is exiled from one city to another? They answer that one must be exiled from one city to another city *ab initio*. But if he moves from one neighborhood to another within the same city, it is effective after the fact (*Tosafot* on *Zevaḥim* 117a; see *Tosefot Rabbeinu Peretz*).

Similarly – כַּיּוֹצֵא בּוֹ: Many commentaries question the use of this term, as there appears to be no connection between the matters discussed in this mishna and those discussed in the previous one. *Tosefot Yom Tov* and the Maharsha explain simply that this mishna appears in tractate *Shevi'it* as well, and in that context, there is a connection between the mishna and the one that precedes it. There, the mishna states that if one seeks to return a debt during the Sabbatical Year, the creditor must say to him: I forgive the debt. If the debtor says: Nevertheless, I wish to repay the debt, the creditor may accept repayment. In this mishna too, after the initial refusal, once the residents of the city say: Nevertheless, we wish to honor you, he may accept the honor.

מַעֲלִים הָיוּ שָׂכָר לַלְוִיִּם, דִּבְרֵי רַבִּי יְהוּדָה. רַבִּי מֵאִיר אוֹמֵר: לֹא הָיוּ מַעֲלִים לָהֶן שָׂכָר. וְחוֹזֵר לַשְּׂרָרָה שֶׁהָיָה בָּהּ, דִּבְרֵי רַבִּי מֵאִיר. רַבִּי יְהוּדָה אוֹמֵר: לֹא הָיָה חוֹזֵר לַשְּׂרָרָה שֶׁהָיָה בָּהּ.

The unintentional murderers **would pay**[N] **a fee to the Levites**[H] as rent for their living quarters in the cities of refuge, which were Levite cities; this is **the statement of Rabbi Yehuda. Rabbi Meir says: They would not pay a fee to them,** but would reside rent free, as they are required to live there by Torah law. They also disagreed with regard to the status of the unintentional murderer when he returns home after the death of the High Priest. **He returns to the** same public **office that he occupied** prior to his exile; this is **the statement of Rabbi Meir. Rabbi Yehuda says: He does not return to the office**[H] **that he occupied.**

גמ׳ אָמַר רַב כָּהֲנָא: מַחְלוֹקֶת בְּשֵׁשׁ, דְּמָר סָבַר: ״לָכֶם״ – לִקְלִיטָה, וּמָר סָבַר: ״לָכֶם״ – לְכׇל צׇרְכֵיכֶם. אֲבָל בְּאַרְבָּעִים וּשְׁתַּיִם – דִּבְרֵי הַכֹּל הָיוּ מַעֲלִין לָהֶם שָׂכָר.

GEMARA **Rav Kahana said:** This **dispute** between Rabbi Yehuda and Rabbi Meir is with regard to payment of rent to the Levite landlords **in the six** cities of refuge designated in the Torah and in the book of Joshua, **as one Sage,** Rabbi Yehuda, **holds** that in the verse: "They shall be cities of refuge for you" (Numbers 35:11), the term **"for you"** means that the cities shall be for you only **for providing refuge,** and therefore they must pay rent to the Levites. **And one Sage,** Rabbi Meir, **holds** that the term **"for you"** means **for all your needs;** therefore, they are not required to pay rent. **But with regard to the forty-two** additional Levite cities, which also served as cities of refuge, **everyone agrees** that the unintentional murderers **would pay rent to** the Levite landlords.

אֲמַר לֵיהּ רָבָא: הָא וַדַּאי ״לָכֶם״ – לְכׇל צׇרְכֵיכֶם מַשְׁמַע! אֶלָּא אָמַר רָבָא: מַחְלוֹקֶת בְּאַרְבָּעִים וּשְׁתַּיִם, דְּמָר סָבַר: ״וַעֲלֵיהֶם תִּתְּנוּ״ כִּי הָנָךְ – לִקְלִיטָה, וּמָר סָבַר: ״וַעֲלֵיהֶם תִּתְּנוּ״ כִּי הָנָךְ, מָה הָנָךְ לְכׇל צׇרְכֵיכֶם – אַף הָנֵי נָמֵי לְכׇל צׇרְכֵיכֶם, אֲבָל בְּשֵׁשׁ – דִּבְרֵי הַכֹּל לֹא הָיוּ מַעֲלִים לָהֶן שָׂכָר.

Rava said to him: But the term **"for you" certainly indicates for all your needs;** therefore, the dispute cannot be as Rav Kahana explains it. **Rather, Rava said:** The **dispute** is only **with regard to** the **forty-two** Levite cities, **as one Sage,** Rabbi Yehuda, **holds** that from the verse: "They shall be the six cities of refuge… **and beside them you shall give** forty-two cities" (Numbers 35:6), it is derived that the forty-two cities are **like these** original six cities, only insofar as **with regard to** the unintentional murderer being **admitted. And** one **Sage,** Rabbi Meir, **holds** that from the verse: "They shall be the six cities of refuge… **and beside them you shall give** forty-two cities," it is derived that the forty-two cities are **like these** original six cities in every sense: **Just as those** six cities were given to you, i.e., the unintentional murderers, **for all your needs, so too, these** forty-two cities were given to you, i.e., the unintentional murderers, **for all your needs. But with regard to** the **six** cities specifically designated as cities of refuge, **everyone agrees** that unintentional murderers **would not pay** the Levites **a fee.**

NOTES

The murderers would pay – מַעֲלִים הָיוּ: Those exiled to a city of refuge would pay rent to the Levite or priestly homeowners in those cities (Rashi). *Tosafot* explain that this is not referring to rent, but to the exile's obligation to pay city taxes, as the Torah merely mandates that the Levites must accept the exiled murderers in their cities, not that they must pay the exiles' share of the tax burden.

HALAKHA

The murderers would pay a fee to the Levites – מַעֲלִים הָיוּ שָׂכָר לַלְוִיִּם: An unintentional murderer who resides in a city of refuge does not pay rent to the Levites. If he fled from one Levite city to another, he pays rent. The *halakha* is in accordance with the opinion of Rabbi Yehuda in his dispute with Rabbi Meir, based on Rava's explanation of the mishna, as Rava is a later authority (Rambam *Sefer Zera'im, Hilkhot Rotze'aḥ UShmirat HaNefesh* 8:10).

He does not return to the office – לֹא הָיָה חוֹזֵר לַשְּׂרָרָה: Although the transgression of the unintentional murderer is atoned for by the death of the High Priest, he does not reassume his previous prominent office but must assume a less prominent position all his life, due to the heinous nature of the incident in which he was involved. The *halakha* is in accordance with the opinion of Rabbi Yehuda in his dispute with Rabbi Meir (Rambam *Sefer Nezikin, Hilkhot Rotze'aḥ UShmirat HaNefesh* 7:14; see *Shulḥan Arukh, Oraḥ Ḥayyim* 153:22 and commentaries there).

"חוזר לְשְׂרָרָה שֶׁהָיָה בָּהּ" כו׳. תָּנוּ רַבָּנַן: "וְשָׁב אֶל מִשְׁפַּחְתּוֹ וְאֶל אֲחֻזַּת אֲבוֹתָיו יָשׁוּב" – לְמִשְׁפַּחְתּוֹ הוּא שָׁב, וְאֵינוֹ שָׁב לְמַה שֶּׁהֶחְזִיקוּ אֲבוֹתָיו, דִּבְרֵי רַבִּי יְהוּדָה. רַבִּי מֵאִיר אוֹמֵר: אַף הוּא שָׁב לְמַה שֶּׁהֶחְזִיקוּ אֲבוֹתָיו, "אֶל אֲחֻזַּת אֲבוֹתָיו" – כַּאֲבוֹתָיו.

§ The mishna teaches that there is a dispute as to whether the unintentional murderer **returns to the** same public **office that he occupied** prior to his exile. On a related note, **the Sages taught** with regard to a Hebrew slave liberated during the Jubilee Year, about whom it is written: **"And he returns to his family, and to the estate of his fathers he shall return"** (Leviticus 25:41): **He returns to his family, but he does not return to that** status of prominence and honor **that his ancestors held;** this is **the statement of Rabbi Yehuda. Rabbi Meir says: He even returns to that** status of prominence and honor **that his ancestors held.** From the phrase **"to the estate of his fathers** he shall return," it is derived that he returns to be **like his fathers.**

וְכֵן בַּגּוֹלֶה, כְּשֶׁהוּא אוֹמֵר "יָשׁוּב" – לְרַבּוֹת אֶת הָרוֹצֵחַ.

And likewise, the same is true **with regard to an exile** sent to a city of refuge, as **when** the verse **states:** "To the estate of his fathers **he shall return,"** the term "he shall return" is redundant and it serves **to include the** unintentional **murderer.**

מַאי "וְכֵן בַּגּוֹלֶה"? כִּדְתַנְיָא: "יָשׁוּב הָרֹצֵחַ אֶל אֶרֶץ אֲחֻזָּתוֹ" – לְאֶרֶץ אֲחוּזָּתוֹ הוּא שָׁב, וְאֵינוֹ שָׁב לְמַה שֶּׁהֶחְזִיקוּ אֲבוֹתָיו, דִּבְרֵי רַבִּי יְהוּדָה. רַבִּי מֵאִיר אוֹמֵר: אַף הוּא שָׁב לְמַה שֶּׁהֶחְזִיקוּ אֲבוֹתָיו; גָּמַר שִׁיבָה שִׁיבָה מֵהָתָם.

The Gemara asks: **What** is the meaning of: **And likewise,** the same is true **with regard to an exile?**[N] The Gemara explains: It is **as it is taught** in a *baraita* with regard to the verse: **"The murderer shall return to his ancestral land"** (Numbers 35:28), from which it is derived that **he returns to his ancestral land, but he does not return to that** status of prominence and honor **that his ancestors held;**[H] this is **the statement of Rabbi Yehuda. Rabbi Meir says: He even returns to that** status of prominence and honor **that his ancestors held.** Rabbi Meir **derives** this by means of a verbal analogy **from there,** i.e., between the term of **"return"** written with regard to the unintentional murderer, and the term of **"return"** written with regard to the Hebrew slave. The verbal analogy teaches that just as a Hebrew slave returns to his father's estate and the status of prominence held by his ancestors, so too, the unintentional murderer returns to his ancestral land and to the status of prominence held by his ancestors.

הדרן עלך אלו הן הגולין

NOTES

What is the meaning of: And likewise with regard to an exile – מַאי וְכֵן בַּגּוֹלֶה: The Ritva explains that the question is: Is this part of the statement of Rabbi Meir, or is this stated even according to the opinion of Rabbi Yehuda?

HALAKHA

He does not return to that status that his ancestors held – אֵינוֹ שָׁב לְמַה שֶּׁהֶחְזִיקוּ אֲבוֹתָיו: One who was sold as a Hebrew slave does not reassume his previous prominent position, as the *halakha* is in accordance with the opinion of Rabbi Yehuda in his dispute with Rabbi Meir (Rambam *Sefer Kinyan, Hilkhot Avadim* 3:8).

Summary of **Perek II**

Anyone who unintentionally and without negligence killed a Jew, a Canaanite slave, a Samaritan, and some say a *ger toshav*, is exiled to a city of refuge. One is exiled for unintentionally killing his relative or student unless he was sanctioned to strike him.

One who unintentionally kills in a case where his action is considered to be bordering on circumstances beyond his control is exempt from punishment. If he unintentionally killed another in a case where his action borders on the intentional, the city of refuge does not provide him with protection from the blood redeemer, and, due to the severity of his crime, the atonement provided by exile is insufficient to atone for his sin.

As a rule, if the killing act took place in a downward motion, whether it was the murderer himself who was descending, or whether an implement that he was holding was wielded in a downward motion, e.g., an ax used to chop wood, the murderer is exiled. Because it is understood that objects tend to fall, it was his negligence that led to the object striking and killing another. If the killing act took place in an upward motion, the killing is considered to be bordering on circumstances beyond his control. The status of a downward motion performed for the purpose of an upward motion or an upward motion performed for the purpose of a downward motion is that of an upward motion. One is liable only if the murder was perpetrated by the force of his action and not if it was perpetrated by a force generated by the force of his action. If one was chopping a tree and the blade of the ax was displaced from the force of striking the tree and killed another, he is not exiled.

There are six cities of refuge, three on the eastern side of the Jordan River, which were designated by Moses, and three in Eretz Yisrael, which were designated by Joshua. Beyond the cities of refuge mentioned explicitly in the Bible, the forty-two Levite cities also served as cities of refuge. In the Levite cities, the unintentional murderer is protected only if he entered the city with the intention of seeking protection from the blood redeemer there.

The authorities would tend to the roads leading to the cities of refuge to ensure easy access, and they would ensure a steady supply of food and water to those cities. The cities of refuge were not large cities, and products that would attract many visitors to the city were not manufactured there.

Initially, all murderers are exiled to the cities of refuge, after which they are summoned to the court for trial in their cities of residence. After one who murdered unintentionally is sentenced to exile, two Torah scholars accompany him to the city of refuge. Not only does the city itself protect the unintentional murderer, but even the area surrounding the city provides protection. Nevertheless, the unintentional murderer must reside within the city itself. As long as he is in the city or in

the surrounding area, or if he left the city unwittingly, the blood redeemer may not kill him. If the blood redeemer killed him, he is liable to be sentenced as a murderer.

The unintentional murderer who resides in the city of refuge may not leave it for any purpose, whether for his own needs or for the needs of the public. Others tend to their needs, e.g., a husband supports his exiled wife. The unintentional murderer does not pay rent in the city of exile. If he dies there, he is buried there.

With the death of the High Priest who filled that position when the unintentional murderer was sentenced to exile, the murderer leaves the city of refuge and returns home. Even then, if he filled a position of prominence before the murder, he is not restored to that position when he returns.

Introduction to **Perek III**

If there will be a controversy between people, and they come unto judgment, and the judges judge them, and they justify the righteous and condemn the wicked. And it shall be, if the wicked man deserves to be flogged, that the judge shall cause him to lie down, and to be flogged before him, according to the measure of his wickedness, by number. Forty lashes he shall flog him, he shall not exceed; lest he exceed and flog him beyond those many lashes, and your brother shall be debased before your eyes. You shall not muzzle the ox when he threshes the grain.

(Deuteronomy 25:1–4)

From the Torah, it is learned that there are times that the court punishes the wicked by administering lashes. Yet, based on the Torah itself, the identity of the wicked person liable to receive lashes is not clear. Is it anyone who violates any of the mitzvot in the Torah? Alternatively, if it is only one who performed certain specific transgressions, what are the transgressions for which one is liable to receive lashes?

Based on the juxtaposition of the verses with regard to the punishment of lashes to the verse that prohibits the muzzling of an ox when it threshes, which is topically unrelated to the preceding and succeeding verses, the Sages derived that one is flogged only for transgression of prohibitions that are similar to the prohibition of muzzling, e.g., those that are explicit in the Torah.

The Gemara also explores what is done to a person who violates a prohibition that entails a punishment in addition to lashes, e.g., death, excision from the World-to-Come [*karet*], or monetary payment, and whether he receives both punishments or he receives just one, and if so, which one. Likewise, what is the ruling when one performs one action and violates several different prohibitions; is he flogged with only one set of lashes, or is he flogged with one set of lashes for each prohibition that he violates? Furthermore, is one who performs that same transgression a second time flogged for each time that he performs the transgression? The Gemara also must establish the *halakha* in cases of prohibitions where the Torah obligates the transgressor to fulfill a mitzva to rectify the violation. In those cases, is the transgressor flogged, or does fulfilling the mitzva suffice to remedy the prohibition?

Another aspect that requires clarification with regard to lashes is how the punishment is implemented. While the Torah established a clear, fixed number of lashes to be administered, the Gemara investigates if that is the number of lashes administered to every transgressor, even if it kills him. Furthermore, it is clear from the verses that the objective of the lashes is to debase the transgressor. The question arises: If in the course of the lashes he is debased in a different manner, is he exempted from the remainder of the lashes?

The answers to these questions, as well as clarification of practical details, e.g., who administers the lashes and how the lashes are administered, must be articulated and established.

Clarifying these matters is the focus of this chapter, and in the course of that clarification, the details of several of the transgressions mentioned in the mishna are clarified as well.

מתני׳ אֵלּוּ הֵן הַלּוֹקִין: הַבָּא עַל אֲחוֹתוֹ, וְעַל אֲחוֹת אָבִיו, וְעַל אֲחוֹת אִמּוֹ, וְעַל אֲחוֹת אִשְׁתּוֹ, וְעַל אֵשֶׁת אָחִיו, וְעַל אֵשֶׁת אֲחִי אָבִיו, וְעַל הַנִּדָּה. אַלְמָנָה לְכֹהֵן גָּדוֹל, גְּרוּשָׁה וַחֲלוּצָה לְכֹהֵן הֶדְיוֹט, מַמְזֶרֶת וּנְתִינָה לְיִשְׂרָאֵל, בַּת יִשְׂרָאֵל לְנָתִין וּלְמַמְזֵר.

MISHNA After enumerating in tractate *Sanhedrin* those liable to be executed and in the previous chapter those liable to be exiled, the mishna proceeds to enumerate those liable to receive lashes. **These are the people**[N] **who are flogged** by Torah law for violating a prohibition: **One who engages in intercourse with his sister,**[H] **or with his father's sister, or with his mother's sister, or with his wife's sister, or with his brother's wife, or with the wife of his father's brother, or with a menstruating woman.** Likewise, one is flogged in the case of **a widow** who married **a High Priest,**[H] **a divorcée or a *ḥalutza*** who married **an ordinary priest, a *mamzeret*,**[H] i.e., a daughter born from an incestuous or adulterous relationship, **or a Gibeonite woman**[NH] who married **a Jew** of unflawed lineage, and **a Jewish woman** of unflawed lineage who married **a Gibeonite or a *mamzer*,** i.e., a son born from an incestuous or adulterous relationship.

אַלְמָנָה וּגְרוּשָׁה חַיָּיבִין עָלֶיהָ מִשּׁוּם שְׁנֵי שֵׁמוֹת, גְּרוּשָׁה וַחֲלוּצָה אֵינוֹ חַיָּיב אֶלָּא מִשּׁוּם אַחַת בִּלְבַד.

The mishna elaborates: If a woman was both **a widow and a divorcée,**[H] as after she was widowed she remarried and was divorced, a High Priest **is liable** to receive two sets of lashes **for** marrying **her due to** the violation of **two** different **prohibitions,** that of his marrying a widow and that of his marrying a divorced woman. If a woman was both **a divorcée and a *ḥalutza*,**[NH] from two different men, an ordinary priest who marries her **is liable** to receive **only** one set of lashes, **due to** the violation of **one** prohibition **alone.**

הַטָּמֵא שֶׁאָכַל אֶת הַקֹּדֶשׁ, וְהַבָּא אֶל הַמִּקְדָּשׁ טָמֵא, וְאוֹכֵל חֵלֶב וְדָם וְנוֹתָר וּפִיגּוּל וְטָמֵא,

The mishna continues enumerating those liable to receive lashes: **A ritually impure person who ate**[H] **sacrificial** food **and one who entered the Temple** while **ritually impure. And one** who **eats** the forbidden **fat** of a domesticated animal; **or blood; or *notar*,** leftover flesh from an offering after the time allotted for its consumption; **or *piggul*,** an offering invalidated due to intent to sprinkle its blood, burn its fats on the altar, or consume it, beyond its designated time; **or** one who partakes of an offering that became **impure,** is flogged.

NOTES

These are the people – **אֵלּוּ הֵן**: The commentaries note that this is not a comprehensive list of all those liable to receive lashes, which, according to the Meiri's calculation, number 207. The mishna lists only those prohibitions that contain a novel element, or that are similar to other prohibitions that were mentioned due to containing a novel element.

Gibeonite woman – **נְתִינָה**: This refers to a member of the Gibeonite nation, inhabitants of Canaan who deceitfully entered into a covenant with Joshua, who then relegated them to labor as woodchoppers and water drawers. The early commentaries write that based on this mishna, marriage with them is prohibited by Torah law, like the others listed in the mishna. According to Rashi, this prohibition is derived from the verse: "You shall not marry them" (Deuteronomy 7:3), that is stated with regard to the inhabitants of Canaan. Other commentaries add that this indicates that the prohibition addresses marriage with them after their conversion, as marriage with gentiles does not take effect.

By contrast, the Rambam and Rashi (*Yevamot* 78b) hold that the prohibition to marry Gibeonites is not by Torah law, as by Torah law it is permitted to marry Canaanite converts, just as it is permitted to marry other converts apart from Egyptians, Edomites, Ammonites, and Moabites. Rather, Joshua and King David issued a decree prohibiting Gibeonites from entering the congregation and marrying a Jew. The Ritva writes that some versions of the text omit the case of a Gibeonite altogether (see *Mishne LaMelekh*).

A divorcée and a *ḥalutza* – **גְּרוּשָׁה וַחֲלוּצָה**: Rashi explains that the reason a priest is not flogged with two sets of lashes for engaging in intercourse with a woman who is both a divorcée and a *ḥalutza* is that the prohibition with regard to the *ḥalutza* is derived by means of an amplification from the prohibition written with regard to the divorcée. Therefore, he violated only one prohibition. Most early commentaries maintain that the prohibition of a priest engaging in intercourse with a *ḥalutza* is by rabbinic law, and that the derivation is a mere support, not a full-fledged derivation (*Tosafot*; Ramban).

HALAKHA

One who engages in intercourse with his sister, etc. – **הַבָּא עַל אֲחוֹתוֹ וכו׳**: One is flogged for violating any prohibition punishable by *karet* but not punishable by a court-imposed death penalty. These cases include one who engages in intercourse with his sister, his father's sister, his mother's sister, his wife's sister during the lifetime of his wife, his brother's wife, the wife of his father's brother, or a menstruating woman (Rambam *Sefer Kedusha, Hilkhot Issurei Bia* 1:7 and *Sefer Shofetim, Hilkhot Sanhedrin* 19:1).

A widow who married a High Priest, etc. – **אַלְמָנָה לְכֹהֵן גָּדוֹל וכו׳**: In the case of either a High Priest who engaged in intercourse with a widow even if he did not betroth her, or any priest who betrothed a divorcée and engaged in intercourse with her, both the man and woman are flogged for violating a prohibition (Rambam *Sefer Kedusha, Hilkhot Issurei Bia* 17:2–3 and *Sefer Shofetim, Hilkhot Sanhedrin* 19:4).

Mamzeret – **מַמְזֶרֶת**: In the case of a *mamzer* who marries a Jewish woman or a *mamzeret* who marries a Jewish man, if they engage in intercourse they are liable to receive lashes by Torah law (Rambam *Sefer Nashim, Hilkhot Ishut* 1:7; *Sefer Kedusha, Hilkhot Issurei Bia* 15:2; and *Sefer Shofetim, Hilkhot Sanhedrin* 19:4).

Gibeonite woman – **נְתִינָה**: There is no Torah prohibition forbidding a convert from the seven Canaanite nations to marry into the Jewish people. It is well known that of those nations only the Gibeonites converted. King David issued a decree that the Gibeonites may never marry into the congregation, and the prohibition is by rabbinic law. Other early commentaries disagree and maintain that it is prohibited by Torah law to marry the Gibeonites (Rambam *Sefer Nashim, Hilkhot Ishut* 1:7 and *Sefer Kedusha, Hilkhot Issurei Bia* 12:22–24; see *Shulḥan Arukh, Even HaEzer* 4:1, 16:1).

A widow and a divorcée, etc. – **אַלְמָנָה וּגְרוּשָׁה וכו׳**: If a widow married and was divorced, a High Priest who engages in intercourse with her is flogged with two sets of lashes (Rambam *Sefer Kedusha, Hilkhot Issurei Bia* 17:9).

A divorcée and a *ḥalutza* – **גְּרוּשָׁה וַחֲלוּצָה**: It is not prohibited by Torah law for a priest to marry a *ḥalutza*; the prohibition is by rabbinic law. If a priest married a *ḥalutza* and engaged in intercourse with her he is flogged with lashes for rebelliousness by rabbinic law. *Tosafot* maintain that if a divorcée married, and her husband then died and she performed *ḥalitza* with her brother-in-law, a priest who then marries her is flogged with only one set of lashes (Rambam *Sefer Kedusha, Hilkhot Issurei Bia* 17:7 and *Mishne LaMelekh* there; see *Shulḥan Arukh, Even HaEzer* 6:1).

A ritually impure person who ate, etc. – **הַטָּמֵא שֶׁאָכַל וכו׳**: The following are liable to receive *karet* and to receive lashes: A ritually impure person who ate sacrificial food; a ritually impure person who entered the Temple courtyard; one who eats forbidden fats, blood, offerings disqualified due to *piggul*, leavened bread on Passover, or any food on Yom Kippur; one who performs labor on Yom Kippur; one who slaughters and sacrifices sacrificial animals outside the Temple; one who blends the anointing oil or the incense using the precise components and weights used by Moses; and one who applies the anointing oil on his skin. One who eats impure sacrificial meat receives lashes only and does not receive *karet*. One who eats *notar* is not flogged, as it is a prohibition that entails performance of a positive mitzva that rectifies it (Rambam *Sefer Avoda, Hilkhot Pesulei HaMukdashin* 18:9 and *Sefer Shofetim, Hilkhot Sanhedrin* 19:1, 4).

וְהַשּׁוֹחֵט וּמַעֲלֶה בַּחוּץ, וְהָאוֹכֵל חָמֵץ בְּפֶסַח, וְהָאוֹכֵל וְהָעוֹשֶׂה מְלָאכָה בְּיוֹם הַכִּפּוּרִים, וְהַמְפַטֵּם אֶת הַשֶּׁמֶן, וְהַמְפַטֵּם אֶת הַקְּטוֹרֶת, וְהַסָּךְ בְּשֶׁמֶן הַמִּשְׁחָה, וְהָאוֹכֵל נְבֵילוֹת וּטְרֵיפוֹת שְׁקָצִים וּרְמָשִׂים.

And one who slaughters a sacrificial animal **or sacrifices** it on an altar **outside** the Temple courtyard, **and one who eats leavened bread on Passover, and one who eats** on Yom Kippur **and one who performs labor on Yom Kippur, and one who blends the** anointing **oil** for non-sacred use, **and one who blends the incense** that was burned on the altar in the Sanctuary for non-sacred use, **and one who applies the anointing oil, and one who eats unslaughtered** animal or bird **carcasses,**[H] **or** ***tereifot,*** which are animals or birds with a condition that will lead to their death within twelve months, or **repugnant creatures, or creeping animals,**[N] is liable to receive lashes.

אָכַל טֶבֶל וּמַעֲשֵׂר רִאשׁוֹן שֶׁלֹּא נִטְּלָה תְּרוּמָתוֹ, וּמַעֲשֵׂר שֵׁנִי וְהֶקְדֵּשׁ שֶׁלֹּא נִפְדּוּ.

If **one ate untithed produce,**[B] i.e., produce from which *terumot*[B] and tithes were not separated; **or first-tithe**[B] produce **whose** *teruma* of the tithe **was not taken; or second-tithe**[B] produce **or sacrificial** food **that was not redeemed;**[N] he is liable to receive lashes.

כַּמָּה יֹאכַל מִן הַטֶּבֶל וִיהֵא חַיָּיב? רַבִּי שִׁמְעוֹן אוֹמֵר: כׇּל שֶׁהוּא, וַחֲכָמִים אוֹמְרִים: כַּזַּיִת. אָמַר לָהֶן רַבִּי שִׁמְעוֹן: אִי אַתֶּם מוֹדִים לִי בְּאוֹכֵל נְמָלָה כׇּל שֶׁהוּא שֶׁהוּא חַיָּיב? אָמְרוּ לוֹ: מִפְּנֵי שֶׁהִיא כִּבְרִיָּיתָהּ. אָמַר לָהֶן: אַף חִטָּה אַחַת כִּבְרִיָּיתָהּ.

With regard to the measure for liability for eating forbidden food, the mishna asks: **How much does one** need to **eat from untithed produce**[H] **and be liable** to receive lashes? **Rabbi Shimon says:** If one ate **any amount** of untithed produce he is liable to receive lashes. **And the Rabbis say:** He is liable only if he eats **an olive-bulk,**[B] which is the minimum measure characterized as eating. **Rabbi Shimon said to them: Do you not concede to me with regard to one who eats an ant of any size**[H] **that he is liable** to receive lashes? The Rabbis **said to** Rabbi Shimon: He receives lashes for eating an ant of any size **due to** the fact **that it is** an intact entity in the form **of its creation,** and that is what the Torah prohibited. Rabbi Shimon **said to them: One** kernel of **wheat** is **also** in the form **of its creation,** and therefore one should be liable to receive lashes for eating any intact entity.

HALAKHA

One who eats unslaughtered carcasses, etc. – הָאוֹכֵל נְבֵלוֹת וכו׳: One who eats unslaughtered animal carcasses, *tereifot*, repugnant creatures, creeping animals, second-tithe produce outside Jerusalem after it had already entered Jerusalem, or impure second-tithe produce in Jerusalem before it is redeemed is liable to receive lashes. Likewise, one who benefits from consecrated property before it is redeemed is liable to receive lashes. One who eats untithed produce from which *teruma* and the *teruma* of the tithe have not been separated is liable to be punished with death at the hand of Heaven and is flogged by the court (Rambam *Sefer Shofetim*, *Hilkhot Sanhedrin* 19:2, 4).

How much does one need to eat from untithed produce – כַּמָּה יֹאכַל מִן הַטֶּבֶל: One who intentionally eats an olive-bulk of untithed produce is liable to receive lashes, in accordance with the opinion of the Rabbis (Rambam *Sefer Kedusha*, *Hilkhot Ma'akhalot Assurot* 10:19, 24).

With regard to one who eats an ant of any size – בְּאוֹכֵל נְמָלָה כׇּל שֶׁהוּא: One who eats a non-kosher entity, e.g., an insect, regardless of its size, is liable to receive lashes by Torah law, provided that it is whole (Rambam *Sefer Kedusha*, *Hilkhot Ma'akhalot Assurot* 2:21).

NOTES

Repugnant creatures or creeping animals – שְׁקָצִים וּרְמָשִׂים: This expression includes all non-kosher animals.

Second-tithe produce or sacrificial food that was not redeemed – מַעֲשֵׂר שֵׁנִי וְהֶקְדֵּשׁ שֶׁלֹּא נִפְדּוּ: Second-tithe produce must be eaten in Jerusalem in a state of purity. Alternatively, one may redeem it and bring the redemption money to Jerusalem and purchase food to be eaten there. The mishna later (17a) states that with regard to second-tithe produce that had entered the city of Jerusalem, one who eats it outside of Jerusalem is flogged. The mishna here is referring to one who eats impure second-tithe produce, which must be redeemed before he is permitted to partake of it. It is mentioned here because this case is not clearly stated in the Torah.

BACKGROUND

Untithed produce – טֶבֶל: This is produce from which *teruma* and tithes have not been separated. The Torah forbids consumption of untithed produce, and one who eats untithed produce is punished with death at the hand of Heaven. Once tithes are separated, even if they have not yet been given to the priest, Levite, or poor person for whom they are intended, the remaining produce no longer has the status of untithed produce, and it may be eaten.

Teruma – תְּרוּמָה: When the term *teruma* appears without qualification it refers to *teruma gedola*, the great *teruma*, which is given to a priest. The Torah commands that *teruma* be separated from grain, wine, and oil, and the Sages extended the scope of this mitzva to include all produce. This mitzva applies only in Eretz Yisrael.

After the first fruits have been set aside, a certain portion of the produce must be separated for the priests. The Torah does not specify the measure of *teruma* that must be separated; one fulfills his obligation by Torah law by separating even a single kernel of grain from an entire crop. The Sages established guidelines for separating *teruma*: One-fortieth of the produce for a generous gift, one-fiftieth for an average gift, and one-sixtieth for a miserly gift. One must separate *teruma* before he separates the other tithes.

Teruma is sacred and may be eaten only by a priest and his household, in a state of ritual purity (see Leviticus 22:9–15). To underscore that purity, the Sages obligated the priests to wash their hands before partaking of *teruma*; this is the source for the practice of ritually washing one's hands before eating bread. A ritually impure priest or a non-priest who partakes of *teruma* is subject to death at the hand of Heaven. If *teruma* contracts ritual impurity it is prohibited to partake of it and it must be burned. Nevertheless, it remains the property of the priest and he may benefit from its destruction, e.g., by using it as fuel.

Today one does not give *teruma* to the priests because they have no definite proof of their priestly lineage. Nevertheless, the obligation to separate *teruma* remains, although only a small portion of the produce is separated.

First tithe – מַעֲשֵׂר רִאשׁוֹן: After *teruma* is separated, one-tenth of the remaining produce is separated to be given to the Levites. This produce is called first tithe, and the owner may give it to any Levite of his choice. A Levite who receives first tithe is obligated to separate one-tenth of it as *teruma* of the tithe and give it to a priest. The remaining first-tithe produce is the property of the Levite. It is non-sacred and may be eaten even by those who are neither priests nor Levites. Produce from which first tithe was not separated has the status of untithed produce and may not be eaten. As some people were insufficiently conscientious about separating first tithe, the Sages instituted that first tithe must be separated from doubtfully tithed produce as well. In that case, one need not give it to a Levite.

Second tithe – מַעֲשֵׂר שֵׁנִי: Second tithe is one-tenth of the produce that remains after *teruma* was separated to be given to the priests and first tithe was separated to be given to the Levites. Second tithe is separated during the first, second, fourth, and fifth years of the Sabbatical cycle. After second tithe is separated, one brings it to Jerusalem and eats it there in a state of purity.

If the journey to Jerusalem is too long, rendering it difficult to transport the second-tithe produce there, or if the produce became ritually impure, one may redeem it for a sum equal to its value. If one redeems his own produce, he is obligated to add one-fifth of its value to the redemption money. The redemption money is taken to Jerusalem, where it is used to purchase food to be eaten in Jerusalem.

The Gemara teaches that one who eats second-tithe produce outside of Jerusalem is flogged only if that produce had previously entered the city. The mishna here is referring to one who eats impure second-tithe produce, which must be redeemed before one is permitted to partake of it.

Olive-bulk – כַּזַּיִת: An olive-bulk is one of the most significant halakhic units of volume, as by Torah law, the act of eating is defined as consuming one olive-bulk, and every mitzva or prohibition by Torah law that relates to eating is defined by this measure. The olive-bulk is measured in terms of the water displacement caused by a particular species of olive.

The precise measure of an olive-bulk is not clear. One talmudic passage indicates that it is almost half an egg-bulk, and another indicates that it is less than one-third of an egg-bulk. Based on that disparity, as well as the range of opinions with regard to the measure of an egg-bulk, the opinions with regard to the measure of an olive-bulk range from 5 cc to 50 cc.

Olives and olive trees are commonly found throughout Eretz Yisrael, and are an exceptionally long-lived species. Some olive trees from the time of the Sages are alive today and still bear fruit.

Ancient olive tree in Jerusalem

גמ׳ חַיָּיבֵי כָרֵיתוֹת קָא תָנֵי, חַיָּיבֵי מִיתוֹת בֵּית דִּין לָא קָתָנֵי; מַתְנִיתִין מַנִּי? רַבִּי עֲקִיבָא הִיא. דְּתַנְיָא: אֶחָד חַיָּיבֵי כָרֵיתוֹת וְאֶחָד חַיָּיבֵי מִיתוֹת בֵּית דִּין

GEMARA Apropos the list in the mishna of those liable to receive lashes, the Gemara notes: The *tanna* **teaches** those **liable to** receive **excision from the World-to-Come** [*karet*], as most of the cases enumerated at the beginning of the mishna include actions that not only entail violation of a prohibition but are also punishable by *karet*. But the *tanna* **does not teach** those **liable to** be executed with **court**-imposed **death** penalties among those liable to receive lashes. Apparently, lashes are not administered to those who violate a prohibition punishable by execution. The Gemara asks: **Whose** opinion is expressed in **the mishna? It** is the opinion of **Rabbi Akiva, as it is taught** in a *baraita* that there is a tannaitic dispute: **Both those liable to** receive ***karet*** **and those liable to** be executed with **court**-imposed **death** penalties

Perek **III**
Daf **13** Amud **b**

יֶשְׁנוֹ בִּכְלַל מַלְקוֹת אַרְבָּעִים, דִּבְרֵי רַבִּי יִשְׁמָעֵאל.

are included **in the category** of those liable to receive **forty lashes** for violating a Torah prohibition. This is **the statement of Rabbi Yishmael.**

רַבִּי עֲקִיבָא אוֹמֵר: חַיָּיבֵי כָרֵיתוֹת יֶשְׁנוֹ בִּכְלַל מַלְקוֹת אַרְבָּעִים, שֶׁאִם עָשׂוּ תְּשׁוּבָה בֵּית דִּין שֶׁל מַעְלָה מוֹחֲלִין לָהֶן. חַיָּיבֵי מִיתוֹת בֵּית דִּין אֵינוֹ בִּכְלַל מַלְקוֹת אַרְבָּעִים, שֶׁאִם עָשׂוּ תְּשׁוּבָה אֵין בֵּית דִּין שֶׁל מַטָּה מוֹחֲלִין לָהֶן.

Rabbi Akiva says: Those liable to receive ***karet*** **are** included[H] **in the category** of those liable to receive **forty lashes, because if they repented, the heavenly court absolves them** of the punishment of *karet*. Therefore, *karet* does not absolve them of the punishment of lashes. **Those liable to** be executed with **court**-imposed **death** penalties **are not** included **in the category** of those liable to receive **forty lashes, as** even **if they repented, the earthly court does not absolve them** of execution; and one is not punished by the court twice for performing the same transgression.

רַבִּי יִצְחָק אוֹמֵר: חַיָּיבֵי כָרֵיתוֹת בִּכְלָל הָיוּ, וְלָמָּה יָצְאָת כָּרֵת בַּאֲחוֹתוֹ – לְדוּנוֹ בְּכָרֵת וְלֹא בְּמַלְקוֹת.

Rabbi Yitzḥak says that like those liable to be executed, those liable to receive *karet* are not flogged. **Those liable to** receive ***karet*** for incest **were** included **in the generalization:** "For anyone who performs any of these abominations, the souls who do so shall be excised [*venikhretu*] from among their people" (Leviticus 18:29). Included in that category is one who engages in intercourse with his sister. **And why** then did the *halakha* of ***karet*** **with regard to** intercourse with **one's sister emerge** from the generalization and receive specific mention: "And a man who takes his sister… and they shall be excised before the eyes of the children of their people" (Leviticus 20:17)? It is in order **to sentence one** who engages in intercourse with his sister **with *karet*, and not with lashes.**[N] This is the source for the opinion that those liable to receive *karet* are not flogged.

מַאי טַעְמָא דְּרַבִּי יִשְׁמָעֵאל? דִּכְתִיב ״אִם לֹא תִשְׁמֹר לַעֲשׂוֹת אֶת כָּל דִּבְרֵי הַתּוֹרָה הַזֹּאת״ וּכְתִיב ״וְהִפְלָא ה׳ אֶת מַכֹּתְךָ״, הַפְלָאָה זוֹ אֵינִי יוֹדֵעַ מַה הִיא, כְּשֶׁהוּא אוֹמֵר ״וְהִפִּילוֹ הַשֹּׁפֵט וְהִכָּהוּ לְפָנָיו״ הֱוֵי אוֹמֵר: הַפְלָאָה זוֹ – מַלְקוֹת הִיא, וּכְתִיב ״אִם לֹא תִשְׁמֹר לַעֲשׂוֹת אֶת כָּל״ וגו׳.

The Gemara elaborates: **What is the reason** for the opinion **of Rabbi Yishmael,** who holds that even those liable to be executed are liable to receive lashes? It is **as it is written: "If you will not observe to perform all the matters of this Torah"** (Deuteronomy 28:58), **and it is written** immediately thereafter, with regard to the punishment of one who violates that verse: **"And God will make your plagues wondrous [*vehifla*]"** (Deuteronomy 28:59). The Sages interpreted that verse: **This** term, ***hafla'a*****, I do not know** what its meaning **is. When** the verse **states** concerning those liable to receive lashes: **"And the judge shall cause him to lie down [*vehippilo*] and to be beaten before him"** (Deuteronomy 25:2), **you must say** that **this *hafla'a* is** a term referring to **lashes, and it is written** that this *hafla'a* is administered in any case where one does not fulfill the verse **"if you will not observe to perform all** the matters of this Torah," including those prohibitions punishable by death.

HALAKHA

Those liable to receive *karet* are included, etc. – חַיָּיבֵי כָרֵיתוֹת יֶשְׁנוֹ וכו׳: Anyone who violates a prohibition punishable by *karet* but not by court-imposed death penalty is flogged, provided there are witnesses to his transgression and he is forewarned. One is not flogged for violating a prohibition that serves as a mandate for court-imposed capital punishment, e.g., labor on Shabbat and adultery. This is in accordance with the opinion of Rabbi Akiva, as explained by Rava (Rambam *Sefer Kedusha, Hilkhot Issurei Bia* 1:7 and *Sefer Shofetim, Hilkhot Sanhedrin* 18:1).

NOTES

To sentence one with *karet* and not with lashes – לְדוּנוֹ בְּכָרֵת וְלֹא בְּמַלְקוֹת: From here, Rabbi Yitzḥak derives the *halakha* concerning all prohibitions punishable by *karet*, based on the hermeneutical principle: Any matter that was included in a generalization, but emerged to teach, emerged to teach not just about itself but to teach about the entire generalization.

אִי הָכִי, חַיָּיבֵי עֲשֵׂה נַמִּי! ״אִם לֹא תִשְׁמֹר״ כְּתִיב, וְכִדְרַבִּי אָבִין אָמַר רַבִּי אֶילְעַי, דְּאָמַר רַבִּי אָבִין אָמַר רַבִּי אֶילְעַי: כׇּל מָקוֹם שֶׁנֶּאֱמַר ״הִשָּׁמֵר״ ״פֶּן״ וְ״אַל״ – אֵינוֹ אֶלָּא לֹא תַעֲשֶׂה.

The Gemara objects: **If so,** and Rabbi Yishmael interprets the verses in that manner, **those liable** for failing to perform **positive** mitzvot should **also** be flogged, as those mitzvot too are included in "all the matters of this Torah." The Gemara answers: Positive mitzvot are not included in this phrase, because **"if you will not observe" is written, and** this is **in accordance with** the principle **that Rabbi Avin** says that **Rabbi Elai says, as Rabbi Avin says** that **Rabbi Elai says: Wherever it is stated** in the Torah the terms: **Observe, lest, or do not, it is nothing other than a prohibition.** Since in this verse "if you will not observe" is written, only those who violate prohibitions are liable to receive lashes.

אִי הָכִי, לָאו שֶׁאֵין בּוֹ מַעֲשֶׂה נַמִּי! ״לַעֲשׂוֹת״ כְּתִיב.

The Gemara objects: **If so,** one should **also** be flogged for violating **a prohibition that does not involve an action,** but the *halakha* is that one is not flogged in that case. The Gemara rejects that contention: "If you will not observe **to perform" is written,** and in violating a prohibition that does not involve an action, one performed no action.

לָאו שֶׁנִּיתַּק לַעֲשֵׂה נַמִּי! דּוּמְיָא דְּלָאו דַּחֲסִימָה.

The Gemara objects: One should **also** be flogged for violating **a prohibition that entails** fulfillment **of a positive** mitzva, where the Torah provides the means to rectify the transgression through performance of a positive mitzva, as it does involve an action. Yet the *halakha* is that one is not flogged for violating that type of prohibition. The Gemara rejects that contention: One is not flogged in that case because lashes are administered only for violation of prohibitions **similar to the prohibition of muzzling** an ox while it is threshing grain (see Deuteronomy 25:4). The Torah juxtaposed that prohibition to the *halakhot* of lashes in the same passage, from which it is derived that lashes are administered only for violations similar to muzzling, i.e., a prohibition that does not entail fulfillment of a positive mitzva.

הַשְׁתָּא דְּאָתֵית לְהָכִי – כּוּלְּהוּ נַמִּי דּוּמְיָא דְּלָאו דַּחֲסִימָה.

The Gemara comments: **Now that you have arrived at this** understanding, **all** the previous objections can **also** be resolved in the same manner: No lashes are administered for failure to fulfill a positive mitzva or for violation of a prohibition that does not entail an action, because one is flogged for violation only of prohibitions **similar to the prohibition of muzzling,** which is a prohibition and involves an action.

וְרַבִּי עֲקִיבָא מַאי טַעֲמָא? ״כְּדֵי רִשְׁעָתוֹ״, מִשּׁוּם רִשְׁעָה אַחַת אַתָּה מְחַיְּיבוֹ, וְאִי אַתָּה מְחַיְּיבוֹ מִשּׁוּם שְׁתֵּי רִשְׁעָיוֹת.

The Gemara continues its analysis of the opinions cited in the *baraita*: **And** with regard to **Rabbi Akiva, what is the reason** he maintains that those liable to be executed are not flogged? It is written: "And the judge shall cause him to lie down and to be beaten before him, **according to the measure of his wickedness"** (Deuteronomy 25:2), from which it is derived with regard to one who commits one transgression: **For one evildoing you can render him liable, but you cannot render him liable for two evildoings,** i.e., one cannot receive two punishments for the same act. Therefore, execution suffices and he is not flogged.

וְרַבִּי יִשְׁמָעֵאל: הָנֵי מִילֵּי מִיתָה וּמָמוֹן, אוֹ מַלְקוֹת וּמָמוֹן, אֲבָל מִיתָה וּמַלְקוֹת – מִיתָה אֲרִיכְתָּא הִיא.

And Rabbi Yishmael holds that **this matter** applies only with regard to one transgression punishable by both **death and monetary restitution, or** punishable by both **lashes and monetary restitution. But death and lashes** are not considered two separate punishments, rather both forms of physical punishment **are** together considered **an extended death,** with the lashes followed by the execution.

וּלְרַבִּי עֲקִיבָא, אִי הָכִי חַיָּיבֵי כָּרֵיתוֹת נַמִּי! מַאי אָמְרַתְּ, שֶׁאִם עָשׂוּ תְּשׁוּבָה? הָשְׁתָּא מִיהַת לָא עָבְדִי!

The Gemara asks: **And according to Rabbi Akiva, if that is so,** that one does not receive two punishments for one transgression, **those liable to** receive *karet* **too** should not be flogged. **What did you say** in response, **that if they repented** they are exempt from *karet*, and therefore they are flogged instead? **Now, in any event,** at the point when they are flogged **they have not** yet **done** so, i.e., repented.

אָמַר רַבִּי אַבָּהוּ: בְּפֵירוּשׁ רִיבְּתָה תּוֹרָה חַיָּיבֵי כְּרֵיתוֹת לְמַלְקוֹת, דְּגָמַר "לְעֵינֵי" מִ"לְּעֵינֶיךָ". מַתְקִיף לָהּ רַבִּי אַבָּא בַּר מֶמֶל: אִי הָכִי, חַיָּיבֵי מִיתוֹת בֵּית דִּין נַמִי, נִגְמַר "מֵעֵינֵי" מִ"לְּעֵינֶיךָ"!

Rabbi Abbahu says: **The Torah explicitly included with regard to lashes those liable to** receive ***karet*****, as is derived** by means of a verbal analogy: "And they shall be excised [*venikhretu*] before **the eyes of** [*le'einei*] the children of their people" (Leviticus 20:17), **from:** "Forty he shall flog him…and your brother shall be dishonored **before your eyes** [*le'einekha*]" (Deuteronomy 25:3). **Rabbi Abba bar Memel objects to this: If so,** the inclusion of **those liable to** be executed with **court**-imposed **death** penalties **should also be learned** by means of a verbal analogy: "If **from the eyes of** [*me'einei*] the assembly it was performed unwittingly" (Numbers 15:24) stated with regard to idol worship, for which one is liable to be executed, **from: "Before your eyes,"** stated with regard to lashes. On that basis, one should derive that those liable to be executed with a court-imposed death penalty should also be flogged.

דָּנִין "לְעֵינֵי" מִ"לְּעֵינֶיךָ", וְאֵין דָּנִין "מֵעֵינֵי" מִ"לְּעֵינֶיךָ".

The Gemara rejects that objection: **One derives** by means of a verbal analogy ***le'einei*** **from** ***le'einekha,*** due to the similar prefix, **but one does not derive** ***me'einei*** **from** ***le'einekha.***

וּמַאי נָפְקָא מִינַּהּ? וְהָא תָּנָא דְּבֵי רַבִּי יִשְׁמָעֵאל: "וְשָׁב הַכֹּהֵן" "וּבָא הַכֹּהֵן" – זוֹ הִיא שִׁיבָה וְזוֹ הִיא בִּיאָה!

The Gemara asks: **And what** significant **difference is there** between them that prevents derivation by means of a verbal analogy? **But didn't the school of Rabbi Yishmael teach** a verbal analogy with regard to leprosy of houses? The verse states: **"And the priest shall return** [*veshav*] on the seventh day" (Leviticus 14:39), and another verse with regard to the priest's visit seven days later states: **"And the priest shall come** [*uva*] and look" (Leviticus 14:44). **This returning** and **this coming** have the same meaning, and one can therefore derive by verbal analogy that the *halakha* that applies if the leprosy had spread at the conclusion of the first week applies if it had spread again by the end of the following week. Obviously, the less pronounced difference between *me'einei* and *le'einekha* should not prevent the teaching of a verbal analogy.

וְעוֹד, לִגְמוֹר "מֵעֵינֵי" מִ"לְּעֵינֵי", דְּהָא גְּמוּר "לְעֵינֵי" מִ"לְּעֵינֶיךָ"!

And furthermore, why not **derive** by means of a verbal analogy ***me'einei*** written with regard to court-imposed death penalties **from** ***le'einei*** written with regard to *karet*, since those two terms are more similar, just **as** a verbal analogy of ***le'einei*** **from** ***le'einekha*** **was derived.**

קִבְּלָהּ מִינֵּיהּ רַבִּי שְׁמוּאֵל בַּר רַב יִצְחָק: "כְּדֵי רִשְׁעָתוֹ" – מִשּׁוּם רִשְׁעָה אַחַת אַתָּה מְחַיְּיבוֹ וְאִי אַתָּה מְחַיְּיבוֹ מִשּׁוּם שְׁתֵּי רְשָׁעִיּוֹת – בְּרִשְׁעָה הַמְסוּרָה לְבֵית דִּין הַכָּתוּב מְדַבֵּר.

The Gemara answers: **Rabbi Shmuel bar Rav Yitzḥak received** a tradition **from** Rabbi Abbahu that the reason those liable to receive *karet* are flogged and it is not considered two punishments for one transgression is that when the verse states: **"According to the measure of his wickedness"** (Deuteronomy 25:2), from which it is derived: **For one evildoing you can render him liable, but you cannot render him liable for two evildoings, the verse is speaking with regard to an evildoing that is given to** the jurisdiction of **the court,** not to an act of wickedness punishable at the hand of Heaven.

רָבָא אָמַר: אַתְרוּ בֵּיהּ לִקְטָלָא – כּוּלֵּי עָלְמָא לָא פְּלִיגִי דְּאֵין לוֹקֶה וּמֵת. כִּי פְּלִיגִי – דְּאַתְרוּ בֵּיהּ לְמַלְקוֹת, רַבִּי יִשְׁמָעֵאל סָבַר: לָאו שֶׁנִּיתַּן לְאַזְהָרַת מִיתַת בֵּית דִּין – לוֹקִין עָלָיו, וְרַבִּי עֲקִיבָא סָבַר: לָאו שֶׁנִּיתַּן לְאַזְהָרַת מִיתַת בֵּית דִּין – אֵין לוֹקִין עָלָיו.

§ **Rava says** with regard to the dispute between Rabbi Yishmael and Rabbi Akiva: If the witnesses or other onlookers **forewarned him** that if he performs the transgression he will be sentenced **to death, everyone,** even Rabbi Yishmael, **agrees that he is not** both **flogged and executed. When they disagree,** it is in a case **where they forewarned him** that he will be sentenced **to lashes. Rabbi Yishmael maintains** that with regard to **a prohibition** in the Torah **that** potentially **serves as a mandate** for **court**-imposed **capital punishment,**[N] **one is flogged for its** violation in a case where there is no actual death penalty, **and Rabbi Akiva maintains** that with regard to **a prohibition** in the Torah **that** potentially **serves as a mandate** for **court**-imposed **capital punishment, one is not flogged for its** violation even if no death penalty is imposed, as that prohibition is punishable only by death.

NOTES

That serves as a mandate for court-imposed capital punishment – שֶׁנִּיתַּן לְאַזְהָרַת מִיתַת בֵּית דִּין: There is a principle that one administers punishment only if the Torah stated a prohibition with regard to that action. According to the opinion of Rabbi Akiva, in cases where the punishment stated in the Torah is a court-imposed death penalty, the prohibition relates specifically to that punishment, not the punishment of lashes. Therefore, even if the witnesses forewarn the transgressor that he will be flogged, and do not forewarn him of the possibility that he will receive a court-imposed death penalty, the transgressor is not flogged.

NOTES

Forewarning [*hatra'a*] – הַתְרָאָה: The commentaries note that the text should in fact read: A prohibition [*azhara*], not: Forewarning [*hatra'a*].

Paschal offering and circumcision – פֶּסַח וּמִילָה: Although the Torah contains a command to fulfill these mitzvot, and based on that command one who fails to fulfill them is liable to receive *karet*, they are positive mitzvot and are not formulated as prohibitions.

That all the mitzvot in the entire Torah are juxtaposed – דְּאִיתְקַשׁ כׇּל הַתּוֹרָה כּוּלָּהּ: It is stated with regard to one who unwittingly worships idols: "There shall be one law for you and for one who acts unwittingly" (Numbers 15:29). From that verse it is derived that the *halakha* of all those who unwittingly perform transgressions are likened to the *halakha* of one who worships idols unwittingly. Therefore, one is liable to bring a sin-offering only for performing a transgression similar to idol worship. Accordingly, even if one is liable to receive *karet* for intentionally failing to fulfill certain positive mitzvot, he is not liable to bring a sin-offering for unwitting failure to fulfill them.

HALAKHA

For the positive mitzvot of the Paschal offering and circumcision…one does not bring an offering – פֶּסַח וּמִילָה...לָא מַיְיתֵי קׇרְבָּן: In the case of one who failed to bring the Paschal offering or was not circumcised, even though he is punished with *karet* if he did so intentionally, he is not liable to bring a sin-offering if he did so unwittingly, as one is liable to bring a sin-offering only for the unwitting violation of a prohibition (Rambam *Sefer Korbanot*, *Hilkhot Shegagot* 1:2).

וְרַבִּי עֲקִיבָא, אִי הָכִי חַיָּיבֵי כָּרֵיתוֹת נַמִּי, לָאו שֶׁנִּיתַּן לְאַזְהָרַת כָּרֵת הוּא! אֲמַר לֵיהּ רַב מָרְדְּכַי לְרַב אַשִׁי, הָכִי אֲמַר אֲבִימִי מֵהַגְרוֹנְיָא מִשְּׁמֵיהּ דְּרָבָא: חַיָּיבֵי כָּרֵיתוֹת לָא צְרִיכִי הַתְרָאָה, שֶׁהֲרֵי פֶּסַח וּמִילָה עָנַשׁ אַף עַל פִּי שֶׁלֹּא הִזְהִיר.

The Gemara asks: **And according to Rabbi Akiva, if so,** with regard to **those liable to** receive *karet* **as well,** they violated **a prohibition** in the Torah **that serves as a mandate** for *karet* and not for lashes. **Rav Mordekhai said to Rav Ashi: This** is what **Avimi from Hagronya said in the name of Rava: Those liable to** receive *karet* **do not require forewarning,**[N] as in the case of one who fails to fulfill the positive mitzvot of the **Paschal offering and circumcision**[N] the Torah **punished** them with *karet* **even though it did not warn** that it is prohibited to fail to fulfill the mitzva. Therefore, the prohibitions written in cases punishable with *karet* are written to teach that one can receive lashes for their violation, not to mandate the punishment of *karet*.

וְדִלְמָא אַזְהָרָה לְקׇרְבָּן, דְּהָא פֶּסַח וּמִילָה דְּלֵית בְּהוּ אַזְהָרָה לָא מַיְיתֵי קׇרְבָּן!

The Gemara asks: **But perhaps** the **prohibition** is written concerning those liable to receive *karet* with regard to liability **to** bring **an offering** for unwitting violation of the prohibition, not to teach that the transgressor will receive lashes, **as** for failure to fulfill the positive mitzvot of the **Paschal offering and circumcision, for which there is no** biblical **prohibition, one does not bring an offering.**[H]

הָתָם לָאו הַיְינוּ טַעְמָא, אֶלָּא מִשּׁוּם דְּאִיתְקַשׁ כׇּל הַתּוֹרָה כּוּלָּהּ לַעֲבוֹדָה זָרָה: מָה עֲבוֹדָה זָרָה – שֵׁב וְאַל תַּעֲשֶׂה, אַף כֹּל – שֵׁב וְאַל תַּעֲשֶׂה, לְאַפּוֹקֵי הָנֵי דְּקוּם עֲשֵׂה.

The Gemara rejects that suggestion: **There,** with regard to the Paschal offering and circumcision, **that is not the reason** that one does not bring an offering. **Rather,** it is **due to** the fact **that all** the mitzvot in **the entire Torah** whose unwitting violation requires the transgressor to bring a sin-offering **are juxtaposed**[N] **to** and likened to **idol worship. Just as idol worship** is a prohibition about which the Torah commands: **Sit and do not perform** the transgression, and one who unwittingly performs the transgression is liable to bring a sin-offering, **so too,** with regard to **any** prohibition about which the Torah commands: **Sit and do not perform** the transgression, one who unwittingly performs the transgression is liable to bring a sin-offering. This serves **to exclude these** mitzvot of the Paschal offering and circumcision, concerning **which** the Torah commands: **Arise** and **perform** the mitzva, and one violates the mitzva by refraining from action. In those cases, one who unwittingly fails to perform these mitzvot is not liable to bring a sin-offering.

רָבִינָא אָמַר: לְעוֹלָם

Ravina says: Actually, the reason Rabbi Akiva rules that those liable to receive *karet* are flogged is

Perek **III**
Daf **14** Amud **a**

כִּדְאָמְרִינַן מֵעִיקָּרָא, שֶׁאִם עָשׂוּ תְּשׁוּבָה – בֵּית דִּין שֶׁל מַעְלָה מוֹחֲלִין לָהֶן. מַאי אָמְרַתְּ, הָא לָא עֲבוּד תְּשׁוּבָה? לָא פְּסִיקָא מִילְּתָא לְכָרֵת.

as we stated initially, that if they repented the heavenly court absolves them of the punishment of *karet*, and therefore this is not a case of two punishments for one transgression, and there is no exemption from lashes. **What do you say** in response, **that they did not** yet **repent?** Nevertheless, since **the matter is not clear-cut with regard to** ***karet***, as perhaps they repented, they are therefore not exempt from lashes.

רַבִּי יִצְחָק אוֹמֵר: חַיָּיבֵי כָּרֵיתוֹת בִּכְלָל הָיוּ, וְלָמָּה יָצָאת כָּרֵת בַּאֲחוֹתוֹ – לְדוּנוֹ בְּכָרֵת וְלֹא בְּמַלְקוֹת.

§ It is taught in the *baraita* that **Rabbi Yitzḥak says: Those liable** to receive ***karet*** in cases of incest **were included in** the principle: "For anyone who performs any of these abominations, the souls who do so shall be excised from among their people" (Leviticus 18:29). **And why was** the punishment of ***karet***, when administered to one who engages in intercourse **with his sister, excluded** from this verse and mentioned independently (Leviticus 20:17)? It is **to sentence him** to be punished **with *karet* and not to** be punished **with lashes.**

וְרַבָּנַן, כָּרֵת בַּאֲחוֹתוֹ לָמָּה לִי? לְחַלֵּק, וְכִדְרַבִּי יוֹחָנָן. דְּאָמַר רַבִּי יוֹחָנָן: שֶׁאִם עֲשָׂאָן כּוּלָּם בְּהֶעְלֵם אֶחָד – חַיָּיב עַל כָּל אַחַת וְאַחַת.

The Gemara asks: **And** according to **the Rabbis,** i.e., Rabbi Yishmael and Rabbi Akiva, who maintain that those liable to receive *karet* are flogged, **why do I need** ***karet*** to be written in the case of one who engages in intercourse **with his sister;** what does it teach? The Gemara answers: It teaches **to divide** the various prohibitions of sexual intercourse with forbidden relatives, **and is in accordance with** the statement **of Rabbi Yoḥanan, as Rabbi Yoḥanan says that if one performed all** the transgressions described in the passage in the Torah enumerating forbidden relatives **during one lapse of awareness,**[H] he is **liable** to bring a separate sin-offering **for each and every one,** as one is liable to receive *karet* for each and every one.

וְרַבִּי יִצְחָק, לְחַלֵּק מְנָא לֵיהּ? נָפְקָא לֵיהּ מִ״וְאֶל אִשָּׁה בְּנִדַּת טֻמְאָתָהּ״, לְחַיֵּיב עַל כָּל אִשָּׁה וְאִשָּׁה.

The Gemara asks: **And** concerning **Rabbi Yitzḥak,** who derives the *halakha* that one who is liable to receive *karet* is not flogged from the fact that *karet* for one who engages in intercourse with his sister emerged from the generalization, **from where** does **he** derive the concept **to divide** the various prohibitions? The Gemara answers: **He derives it from** the verse written with regard to a menstruating woman: **"And to a woman**[N] **in the separation of her impurity** you shall not approach" (Leviticus 18:19). From the superfluous expression "and to a woman," Rabbi Yitzḥak derives **that one is liable for** intercourse with **each and every** forbidden **woman.**

וְרַבָּנַן נַמִי, תֵּיפּוֹק לֵיהּ מֵהָא! אִין הָכִי נַמִי. וְאֶלָּא כָּרֵת דַּאֲחוֹתוֹ לָמָּה לִי? לְחַיְּיבוֹ עַל אֲחוֹתוֹ וְעַל אֲחוֹת אָבִיו וְעַל אֲחוֹת אִמּוֹ.

The Gemara asks: **And** with regard to **the Rabbis as well, let them derive** the division of the prohibitions **from this** verse, rather than from the fact that *karet* for one who engages in intercourse with his sister emerged from the generalization. The Gemara answers: **Yes,** it **is indeed so,** they derive division from the verse with regard to a menstruating woman; **but rather,** the question again arises: **Why do I need** ***karet*** to be written in the case of one who engages in intercourse **with his sister;** what does it teach? The Gemara answers: It teaches **to render him liable** to bring three separate sin-offerings for engaging in intercourse **with his sister, and with his father's sister,**[N] **and with his mother's sister,** during a single lapse of awareness.

פְּשִׁיטָא, הֲרֵי גּוּפִין מוּחְלָקִין, הֲרֵי שֵׁמוֹת מוּחְלָקִין! אֶלָּא, לְחַיְּיבוֹ עַל אֲחוֹתוֹ שֶׁהִיא אֲחוֹת אָבִיו שֶׁהִיא אֲחוֹת אִמּוֹ. וְהֵיכִי מַשְׁכַּחַתְּ לָהּ – בְּרְשִׁיעָא בַּר רְשִׁיעָא.

The Gemara asks: Isn't the fact that he is liable to bring three sin-offerings **obvious?** The actions were performed with **separate bodies,** i.e., three different women, and those actions violated the **names** of three **separate** prohibitions; no derivation is required. **Rather,** it is **to render him liable** to bring three separate sin-offerings for engaging in intercourse **with his sister who is**[H] also **his father's sister** and who is also **his mother's sister.** The Gemara inquires: **And how can you find these** circumstances? The Gemara answers: It is found **in** the case of **a wicked person, son of a wicked person.** How so? If a man engages in intercourse with his mother, and she bears him two daughters, and he then engages in intercourse with one of the daughters and fathers a son, that son could engage in intercourse with the other daughter, who is his half sister through his father, as well as being his father's half sister and his mother's half sister.

וְרַבִּי יִצְחָק, הָא מְנָא לֵיהּ? נָפְקָא לֵיהּ מִקַּל וָחוֹמֶר. דְּתַנְיָא, אָמַר רַבִּי עֲקִיבָא: שָׁאַלְתִּי אֶת רַבָּן גַּמְלִיאֵל וְרַבִּי יְהוֹשֻׁעַ בָּאִיטְלִיז שֶׁל עֵימָאוּם, שֶׁהָלְכוּ לִיקַּח בְּהֵמָה לְמִשְׁתֵּה בְּנוֹ שֶׁל רַבָּן גַּמְלִיאֵל: הַבָּא עַל אֲחוֹתוֹ שֶׁהִיא אֲחוֹת אָבִיו שֶׁהִיא אֲחוֹת אִמּוֹ, מַהוּ? [אֵינוֹ] חַיָּיב עַל כּוּלָּן אֶלָּא אַחַת, אוֹ חַיָּיב עַל כָּל אַחַת וְאַחַת?

The Gemara asks: **And** with regard to **Rabbi Yitzḥak, from where does he** derive this? **He derives it by means of an** ***a fortiori*** inference, **as it is taught** in a *baraita* that **Rabbi Akiva says: I asked Rabban Gamliel and Rabbi Yehoshua** a question **in the meat market** [*itliz*][L] **of** the town of **Emmaus,**[B] **where they went to purchase an animal for the** wedding **feast of Rabban Gamliel's son.** Rabbi Akiva asked: In the case of **one who engages in intercourse with his sister who is** also **his father's sister** and **who is** also **his mother's sister, what is** the *halakha* with regard to bringing a sin-offering? Is **he liable** to bring **only one** sin-offering **for** engaging in intercourse that violated **all of** the prohibitions, **or is he liable** to bring a sin-offering **for each and every** prohibition that he violated when he engaged in intercourse with that woman?

HALAKHA

That if one performed all the transgressions during one lapse of awareness – שֶׁאִם עֲשָׂאָן כּוּלָּם בְּהֶעְלֵם אֶחָד: One who performs multiple transgressions during one lapse of awareness is liable to bring a sin-offering for each and every transgression (Rambam *Sefer Korbanot*, *Hilkhot Shegagot* 4:1).

To render him liable for engaging in intercourse with his sister who is, etc. – לְחַיְּיבוֹ עַל אֲחוֹתוֹ שֶׁהִיא וכו׳: One who unwittingly engages in intercourse with his sister who is also his father's sister and his mother's sister is liable to bring three sin-offerings (Rambam *Sefer Korbanot*, *Hilkhot Shegagot* 4:5).

NOTES

From the verse: And to a woman – מִ״וְאֶל אִשָּׁה: This phrase is superfluous, as the verse could have simply been formulated: And to one in the separation of her impurity. From the superfluous phrase: And to a woman, it is derived that he is liable for intercourse with each and every woman (Rashi).

With his sister and with his father's sister, etc. – עַל אֲחוֹתוֹ וְעַל אֲחוֹת אָבִיו וכו׳: The logic behind this question is: Since all these prohibitions are based on sibling ties, one could understand that they are all details of a single prohibition (Rashi on *Karetot* 2b).

LANGUAGE

Meat market [*itliz*] – אִיטְלִיז: This word is used in modern Hebrew to mean butcher. Most scholars attribute the derivation to the Greek κατάλυσις, *katalusis*, meaning, among other things, quarters, lodging, a place to rest, and the like. Some claim that it derives from the Greek ἀτελής, *atelēs*, meaning tax-free zone, and by extension, a fair, where people engaged in commerce and often enjoyed tax-exempt status.

BACKGROUND

Emmaus – עֵימָאוּם: An ancient Judean town approximately 30 km northwest of Jerusalem, near modern-day Latrun. Emmaus marks the border between the Judean hills and the plains, and was already mentioned in the books of the Hasmoneans. Over the years, it developed into a resort town, with hot springs and baths.

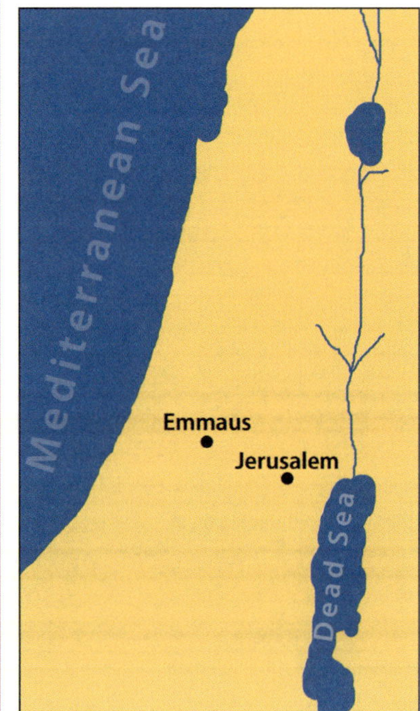

Location of Emmaus

אָמְרוּ לוֹ: זוֹ לֹא שָׁמַעְנוּ, אֲבָל שָׁמַעְנוּ: הַבָּא עַל חָמֵשׁ נָשִׁים נִדּוֹת בְּהֶעְלֵם אֶחָד – שֶׁחַיָּיב עַל כָּל אַחַת וְאַחַת, וְנִרְאִין דְּבָרִים מִקַּל וָחוֹמֶר: וּמַה נִּדָּה שֶׁהִיא שֵׁם אֶחָד חַיָּיב עַל כָּל אַחַת וְאַחַת, כָּאן שֶׁשְּׁלֹשָׁה שֵׁמוֹת – לֹא כׇּל שֶׁכֵּן?

Rabban Gamliel and Rabbi Yehoshua **said to him: We did not hear** the *halakha* in **that** case. **But we heard** the *halakha* in a similar case: **One who engages in intercourse with five menstruating women**[H] **during one lapse of awareness is liable** to bring a sin-offering **for each and every one** of the women with whom he engaged in intercourse, **and it appears** with regard to the **matter** of your inquiry that he is liable to bring a sin-offering for each and every prohibition, **by means of an** ***a fortiori*** inference. How so? **If** in the case of **a menstruating woman, which** involves violation of the **name of one** prohibition, he is **liable for** intercourse with **each and every one, here, where** the woman is forbidden due to the **names** of **three** prohibitions, is it **not all the more so** logical that he is liable to bring three sin-offerings?

וְאִידָּךְ, קַל וָחוֹמֶר פְּרִיכָא הוּא: מַה לְּנִדָּה, שֶׁכֵּן גּוּפִין מוּחְלָקִין.

The Gemara explains: **And** according to **the other** opinion of the Rabbis, who maintain that liability for intercourse with each and every one is derived from an explicit verse, **it is a refuted** ***a fortiori*** inference: **What** is notable **about** the case of **a menstruating woman?** It is notable **in that** the actions were performed with **separate bodies,** i.e., different women, while in the case in question, the person engaged in intercourse with one woman.

וּלְאִידָּךְ נַמִי, הַאי וַדַּאי קַל וָחוֹמֶר פְּרִיכָא הוּא! אֶלָּא נָפְקָא לֵיהּ מֵ״אֲחוֹתוֹ״ דְּסֵיפָא.

The Gemara asks: **And** according **to the other** opinion of Rabbi Yitzḥak **too, this is certainly a refuted** ***a fortiori*** inference, from which no *halakha* can be derived. **Rather,** as for the *halakha* that a person is liable to bring three sin-offerings for engaging in intercourse with his sister who is also his father's sister and who is also his mother's sister, Rabbi Yitzḥak **derives it from** the phrase **"his sister"** written **in the latter clause** of that verse. The verse begins: "And a man who takes his sister, the daughter of his father or the daughter of his mother… and they shall be excised… the nakedness of his sister he has revealed, he shall bear his transgression" (Leviticus 20:17). From the repetition of the term sister, it is derived that he is liable to bring a sin-offering for each and every prohibition that he violated.

וְאִידָּךְ, ״אֲחוֹתוֹ״ דְּסֵיפָא לָמָּה לִי? לְחַיְּיבוֹ עַל אֲחוֹתוֹ בַּת אָבִיו וּבַת אִמּוֹ, לוֹמַר שֶׁאֵין עוֹנְשִׁין מִן הַדִּין.

The Gemara asks: **And** according to **the other** opinion of the Rabbis, who derive this *halakha* from the term "sister" at the beginning of the verse, **why do I** need the phrase **"his sister"** to be written **in the latter clause** of that verse; what does it teach? The Gemara answers: It teaches **to render him liable for** engaging in intercourse with **his sister** who is also **the daughter of his father and the daughter of his mother,** which comes **to say that one does not administer punishment based on** an *a fortiori* **inference.**[N] Although the Torah specified liability for one who engaged in intercourse with his paternal sister and for one who engaged in intercourse with his maternal sister, an independent derivation is necessary for liability for one who engaged in intercourse with a woman who is both his paternal and his maternal sister.

HALAKHA

One who engages in intercourse with five menstruating women – הַבָּא עַל חָמֵשׁ נָשִׁים נִדּוֹת: One who engages in intercourse with numerous women who are forbidden to him in one lapse of awareness is liable to be punished for having engaged in intercourse with each and every one of them. Even in a case where the prohibition with regard to all of them is the same, since they are separate entities one is liable for the act of intercourse with each woman. In this case, one who engaged in intercourse with five menstruating women in one lapse of awareness is liable to bring five sin-offerings (Rambam *Sefer Korbanot*, *Hilkhot Shegagot* 5:3).

NOTES

To say that one does not administer punishment based on an *a fortiori* inference – לוֹמַר שֶׁאֵין עוֹנְשִׁין מִן הַדִּין: From Rashi and other commentaries it appears that the Gemara is explaining that a verse is required in this case, because one does not administer punishment based on a derivation from an *a fortiori* inference. The *Arukh LaNer* explains that the term: To say, is difficult according to this explanation. He explains that this verse is the very source for the principle that one does not administer punishment based on an *a fortiori* inference.

Although the *a fortiori* inference is one of the hermeneutical principles by means of which the Torah is interpreted, and is based on fundamental logic, one does not rely on that inference when determining whether to administer corporal punishment. With regard to the rationale for this principle, if the assumption is that it is not a Torah edict, for which one does not know a reason, the commentaries write that since this type of inference is based on logic, the possibility always exists that a flaw may be discovered in the logic and the inference will be refuted (*Halikhot Olam*). Alternatively, since the various punishments are designed to atone for specific transgressions, if one commits a severe transgression and receives a less severe punishment that was derived *a fortiori*, he will not achieve the requisite atonement for his transgression (Maharsha).

וְאִידָךְ, אִיבָּעֵית אֵימָא: גָּמַר עוֹנֶשׁ מֵאַזְהָרָה. וְאִיבָּעֵית אֵימָא: נָפְקָא לֵיהּ

The Gemara asks: **And** according to **the other** opinion of Rabbi Yitzḥak, who derives another matter from the term "sister" in the latter verse, from where does he derive liability for one who engaged in intercourse with a woman who is both his paternal and his maternal sister? The Gemara answers: **If you wish, say he derives** the **punishment from the prohibition;**[N] just as the prohibition includes intercourse with a woman who is both his paternal and his maternal sister, the same applies to the punishment. **And if you wish, say** instead that **he derives it**

NOTES

He derives the punishment from the prohibition – גָּמַר עוֹנֶשׁ מֵאַזְהָרָה: Rashi explains that the term "your sister" in the prohibition in Leviticus, chapter 17, is superfluous, and therefore from that term it is derived that a full-fledged sister who shares with him both a common father and a common mother is also included in the prohibition. Subsequently, it is derived either by means of the hermeneutical principle: What do we find, or by means of a verbal analogy, that when the verse in Leviticus, chapter 20, mentions a sister with regard to punishment, a sister who shares with him both a common father and a common mother is also included (see Ritva).

Perek **III**
Daf **14** Amud **b**

מֵ"אֲחוֹתוֹ" דְּרֵישָׁא.

from the term **"his sister" at the beginning** of the verse (Leviticus 20:17), as the verse could have been formulated: And a man who takes the daughter of his father or the daughter of his mother, and there is no need to mention a sister at all. Liability for intercourse with a woman who is the daughter of both his father and his mother is derived from the term "his sister."

וְאִידָךְ: הַהוּא מִיבְּעֵי לֵיהּ לְחַלֵּק כָּרֵת לַמְפַטֵּם וְלַסָּךְ.

And according to **the other** opinion of the Rabbis, since nothing relevant to the topic of intercourse with one's sister is derived from the term "sister," **that** term **is necessary** in order to derive an unrelated matter, i.e., **to divide** the various prohibitions and establish liability **for** either **one who blends** anointing oil **or for one who applies** anointing oil to receive ***karet***,[H] if he performed either intentionally, and to bring a sin-offering if he performed either unwittingly, even though only a single punishment of *karet* is written in the verse: "A man who blends a mixture like it and who places any of it upon a non-priest, and he shall be excised from his people" (Exodus 30:33).

וְאִידָךְ: סָבַר כְּרַבִּי אֶלְעָזָר אָמַר רַבִּי הוֹשַׁעְיָא. דְּאָמַר רַבִּי אֶלְעָזָר אָמַר רַבִּי הוֹשַׁעְיָא: כׇּל מָקוֹם שֶׁאַתָּה מוֹצֵא שְׁנֵי לָאוִין וְכָרֵת אֶחָד – חֲלוּקִין הֵן לְקׇרְבָּן.

And the other, Rabbi Yitzḥak, **holds** in this regard **in accordance with** that which **Rabbi Elazar** says that **Rabbi Hoshaya says, as Rabbi Elazar says** that **Rabbi Hoshaya says** that there is a principle: **Any place where you find two** different **prohibitions and one** punishment of ***karet*** stated concerning them, **they are distinct with regard to** liability to bring **an offering;** if he performed both unwittingly, he is liable to bring two sin-offerings. According to Rabbi Yitzḥak, there is no need for an additional derivation to render one who unwittingly blends and applies anointing oil liable to bring two sin-offerings.

וְאִי בָּעֵית אֵימָא: לָא סָבַר לַהּ כְּרַבִּי אֶלְעָזָר, וְנָפְקָא לֵיהּ מִ"וְאִישׁ אֲשֶׁר יִשְׁכַּב אֶת אִשָּׁה דָּוָה".

And if you wish, say instead that **he does not hold in accordance with** that which **Rabbi Elazar** says that Rabbi Hoshaya says in this regard, **and he derives** liability to bring two sin-offerings for one who unwittingly blends and applies anointing oil **from** a superfluous term elsewhere: **"And a man who lies with a woman who is afflicted,** and … both of them shall be excised" (Leviticus 20:18). Intercourse with a menstruating woman is already included in the verse: "For anyone who performs any of these abominations, the souls who do so shall be excised from among their people" (Leviticus 18:29). Since this verse does not introduce any nuance concerning the punishment of *karet* for one who engages in intercourse with a menstruating woman, an unrelated matter is derived, which establishes liability for one who blends anointing oil and for one who applies anointing oil to receive *karet* if he performed either act intentionally, and to bring a sin-offering if he performed either act unwittingly.

HALAKHA

For one who blends anointing oil or for one who applies anointing oil to receive *karet* – כָּרֵת לַמְפַטֵּם וְלַסָּךְ: With regard to one who blends the anointing oil using the components and the weights used by Moses with no deviation, if he does so in order to use it for anointing, he is liable to receive *karet* if he did so intentionally, and he is liable to bring a sin-offering if he did so unwittingly. Similarly, one who applies on his skin the anointing oil prepared by Moses is liable to receive *karet* if he did so intentionally, and to bring a sin-offering if he did so unwittingly (Rambam *Sefer Avoda, Hilkhot Kelei HaMikdash* 1:4–5).

וְאִידָךְ: הַהוּא מִיבָּעֵי לֵיהּ לְכִדְרַבִּי יוֹחָנָן. דְּאָמַר רַבִּי יוֹחָנָן מִשּׁוּם רַבִּי שִׁמְעוֹן בֶּן יוֹחַי: מִנַּיִן שֶׁאֵין הָאִשָּׁה טְמֵאָה עַד שֶׁיֵּצֵא מַדְוֶה דֶּרֶךְ עֶרְוָתָהּ – שֶׁנֶּאֱמַר "וְאִישׁ אֲשֶׁר יִשְׁכַּב אֶת אִשָּׁה דָּוָה וְגִלָּה אֶת עֶרְוָתָהּ" וגו׳, מְלַמֵּד שֶׁאֵין הָאִשָּׁה טְמֵאָה עַד שֶׁיֵּצֵא מַדְוֶה דֶּרֶךְ עֶרְוָתָהּ.

And according to **the other** opinion of the Rabbis, what is derived from the verse? **That** verse **is necessary for him to** derive the *halakha* **in accordance with** the statement **of Rabbi Yoḥanan, as Rabbi Yoḥanan says in the name of Rabbi Shimon ben Yoḥai: From where** is it derived **that a woman is impure** as a menstruating woman **only if the blood of menstruation is discharged through her vagina?** Blood discharged from any other orifice does not render her impure. It is derived **as it is stated: "And a man who lies with a woman who is afflicted, and uncovers her nakedness"** (Leviticus 20:18), which **teaches that a woman is impure only if the blood of menstruation is discharged through her vagina.**[H]

"וְטָמֵא שֶׁאָכַל אֶת הַקֹּדֶשׁ". בִּשְׁלָמָא הַבָּא לַמִּקְדָּשׁ טָמֵא – כְּתִיב עוֹנֶשׁ וּכְתִיב אַזְהָרָה; עוֹנֶשׁ – דִּכְתִיב "אֶת מִשְׁכַּן ה׳ טִמֵּא וְנִכְרְתָה", אַזְהָרָה – "וְלֹא יְטַמְּאוּ אֶת מַחֲנֵיהֶם". אֶלָּא טָמֵא שֶׁאָכַל אֶת הַקֹּדֶשׁ, בִּשְׁלָמָא עוֹנֶשׁ כְּתִיב – "וְהַנֶּפֶשׁ אֲשֶׁר תֹּאכַל בָּשָׂר מִזֶּבַח הַשְּׁלָמִים אֲשֶׁר לַה׳ וְטֻמְאָתוֹ עָלָיו וְנִכְרְתָה", אֶלָּא אַזְהָרָה מִנַּיִן?

§ The mishna teaches: **And a ritually impure person who ate sacrificial** food,[H] and one who entered the Temple while ritually impure, are flogged. The Gemara asks: **Granted, one who entered the Temple** while ritually **impure** is flogged, as **a punishment is written and a prohibition is written.** The Gemara elaborates: There is **a punishment, as it is written: "He has rendered impure the Tabernacle of the Lord, and** that soul **shall be excised"** (Numbers 19:13). And there is **a prohibition,** as it is written: **"And they shall not render their camp impure"** (Numbers 5:3). **But** with regard to **a ritually impure person who ate sacrificial** food, **granted, a punishment is written: "And the soul that eats from the flesh of a peace-offering that pertains to the Lord and his impurity is upon him, and** that soul **shall be excised"** (Leviticus 7:20). **But from where is a prohibition** derived?

רֵישׁ לָקִישׁ אוֹמֵר: "בְּכָל קֹדֶשׁ לֹא תִגָּע",

Reish Lakish says: The prohibition is derived from that which is written with regard to a woman after childbirth who has not yet completed the purification process: **"No consecrated item shall she touch"** (Leviticus 12:4), and the reference is not merely to touching, but to eating.

רַבִּי יוֹחָנָן אוֹמֵר, תָּנֵי בַּרְדְּלָא: אָתְיָא "טוּמְאָתוֹ" "טוּמְאָתוֹ", כְּתִיב הָכָא "וְטֻמְאָתוֹ עָלָיו וְנִכְרְתָה" וּכְתִיב הָתָם "טָמֵא יִהְיֶה עוֹד טֻמְאָתוֹ בוֹ", מַה לְּהַלָּן עוֹנֶשׁ וְאַזְהָרָה – אַף כָּאן עוֹנֶשׁ וְאַזְהָרָה.

Rabbi Yoḥanan says that a Sage named **Bardela teaches:** The matter **is derived** by means of a verbal analogy between the term **"his impurity"** written here, and the term **"his impurity"** written there. **Here,** with regard to a ritually impure person who eats sacrificial food, **it is written: "And his impurity is upon him, and** that soul **shall be excised," and there,** with regard to a ritually impure person entering the Temple, **it is written: "He shall be impure, his impurity is yet upon him"** (Numbers 19:13). **Just as there,** with regard to a ritually impure person who entered the Sanctuary, there is **a punishment and** there is **a prohibition,** as noted earlier, **so too here,** with regard to a ritually impure person who ate sacrificial food, it is derived that there is **a punishment and** there is **a prohibition.**

HALAKHA

The blood of menstruation is discharged through her vagina – **יֵצֵא מַדְוֶה דֶּרֶךְ עֶרְוָתָהּ:** A woman is rendered impure as a menstruating woman or as a woman after childbirth only if blood flows from her uterus. If any blood, including the blood of menstruation, is discharged through the walls of the uterus rather than through the vagina, it does not render the woman impure. If a woman gives birth with no discharge of blood from the uterus, she remains pure in all respects, i.e., from the impurity of a woman after childbirth, of a *zava*, and of a menstruating woman, in accordance with the opinion of Rabbi Yoḥanan (Rambam *Sefer Kedusha*, *Hilkhot Issurei Bia* 10:5; *Shulḥan Arukh*, *Yoreh De'a* 194:14).

A ritually impure person who ate sacrificial food – **טָמֵא שֶׁאָכַל אֶת הַקֹּדֶשׁ:** Concerning anyone impure with an impurity for which one would be liable to receive *karet* if he entered the Temple, if he ate an olive-bulk of sacrificial food, whether or not it was ritually pure, he is liable to receive *karet* if he did so intentionally, and he is liable to bring a sliding-scale offering if he did so unwittingly. Where in the Torah does this prohibition appear? It is written in the passage discussing a woman after childbirth: "No consecrated item shall she touch," with regard to which it is learned through tradition that this is the prohibition against a ritually impure person partaking of sacrificial food. The Rambam cites the verse from which Reish Lakish derives his opinion because the *baraita* cited later is in accordance with his opinion (Rambam *Sefer Avoda*, *Hilkhot Pesulei HaMukdashin* 18:13 and *Kesef Mishne* there).

בִּשְׁלָמָא רֵישׁ לָקִישׁ לָא אָמַר כְּרַבִּי יוֹחָנָן – גְּזֵירָה שָׁוָה לָא גְּמִיר. אֶלָּא רַבִּי יוֹחָנָן, מַאי טַעְמָא לָא אָמַר כְּרֵישׁ לָקִישׁ? אָמַר לָךְ: הַהוּא אַזְהָרָה לִתְרוּמָה.

The Gemara analyzes the dispute: **Granted, Reish Lakish did not say** that the source for the prohibition is a verbal analogy **in accordance with** the opinion of **Rabbi Yoḥanan,** as **he did not receive** this **verbal analogy** as a tradition from his teachers and one may not derive a verbal analogy on his own. **But what is the reason that Rabbi Yoḥanan did not say** that the source of the prohibition is the verse "No consecrated item shall she touch," **in accordance with** the opinion of **Reish Lakish,** as that appears to be a more straightforward source? The Gemara answers: Rabbi Yoḥanan could **say to you: That** is not a prohibition for partaking of sacrificial food in a state of impurity; rather, it is **a prohibition for** partaking of ***teruma*** in a state of impurity.

וְרֵישׁ לָקִישׁ, אַזְהָרָה לִתְרוּמָה מְנָא לֵיהּ? נָפְקָא לֵיהּ מֵ״אִישׁ אִישׁ מִזֶּרַע אַהֲרֹן וְהוּא צָרוּעַ אוֹ זָב״, אֵי זֶהוּ דָּבָר שֶׁהוּא שָׁוֶה בְּזַרְעוֹ שֶׁל אַהֲרֹן – הֱוֵי אוֹמֵר זוֹ תְּרוּמָה. וְאִידָךְ: הַהוּא לַאֲכִילָה, וְהָא לִנְגִיעָה.

The Gemara asks: **And Reish Lakish, from where** does **he** derive **a prohibition against** partaking of *teruma*[H] in a state of impurity? The Gemara answers: **He derives it from** that which is written: **"Any man from the descendants of Aaron who is leprous or a** ***zav*** may not partake of the sacred food until he will be pure" (Leviticus 22:4). The phrase "descendants of Aaron" indicates that the prohibition applies to all descendants, including women. **What,** then, **is an item whose** status **is equal** with regard **to all descendants of Aaron,** as opposed to certain sacrificial foods that may be eaten only by males? **You must say it is** ***teruma.*** The Gemara asks: And according to **the other** opinion of Rabbi Yoḥanan, what is derived from this verse? The Gemara answers: **This** verse serves **to** prohibit **partaking** of *teruma* while impure; **and that** verse: "No consecrated item shall she touch," serves **to** prohibit **touching** *teruma* while impure.

וְרֵישׁ לָקִישׁ, הַאי ״בְּכָל קֹדֶשׁ לֹא תִגָּע״ לְהָכִי הוּא דְּאָתָא? הַהוּא מִיבָּעֵי לֵיהּ לְטָמֵא שֶׁנָּגַע בַּקֹּדֶשׁ! דְּאִיתְּמַר, טָמֵא שֶׁנָּגַע בַּקֹּדֶשׁ, רֵישׁ לָקִישׁ אוֹמֵר: לוֹקֶה, רַבִּי יוֹחָנָן אוֹמֵר: אֵינוֹ לוֹקֶה. רֵישׁ לָקִישׁ אוֹמֵר: לוֹקֶה, ״בְּכָל קֹדֶשׁ לֹא תִגָּע״. רַבִּי יוֹחָנָן אוֹמֵר: אֵין לוֹקֶה, הַהוּא אַזְהָרָה לִתְרוּמָה הוּא דְּאָתָא!

The Gemara asks: **And** according to **Reish Lakish,** does **this** verse: **"No consecrated item shall she touch"** (Leviticus 12:4), **come to** teach **this** prohibition concerning partaking of sacrificial food? **He requires that** verse in order **to** derive the prohibition of **a ritually impure person who touched sacrificial** food.[H] **As it was stated** that there is an amoraic dispute with regard to **a ritually impure person who touched sacrificial** food. **Reish Lakish says:** He is **flogged. Rabbi Yoḥanan says: He is not flogged.** The Gemara elaborates: **Reish Lakish says:** He is **flogged,** as it is written: **"No consecrated item shall she touch." Rabbi Yoḥanan says: He is not flogged,** because it **is** to teach **a prohibition for** touching ***teruma***[N] **that this** verse **comes.**

טָמֵא שֶׁנָּגַע בַּקֹּדֶשׁ – מִדְּאַפְּקֵיהּ רַחֲמָנָא בִּלְשׁוֹן נְגִיעָה, אַזְהָרָה לָאוֹכֵל – אִתְקוּשׁ קֹדֶשׁ לַמִּקְדָּשׁ.

The Gemara answers: Reish Lakish derives both prohibitions from this verse. The prohibition concerning **a ritually impure person who touched sacrificial** food is derived **from** the fact **that the Merciful One formulates** the prohibition **with the term touching.** The **prohibition for** a ritually impure person who **partakes** of sacrificial food is derived because the matter of a ritually impure person eating **sacrificial** food **is juxtaposed to** the matter of entering **the Temple** while ritually impure, as the Gemara explains below.

וְאַכַּתִּי, לְהָכִי הוּא דְּאָתָא? הַהוּא מִיבָּעֵי לֵיהּ לְטָמֵא שֶׁאָכַל בְּשַׂר קֹדֶשׁ לִפְנֵי זְרִיקַת דָּמִים. דְּאִיתְּמַר, טָמֵא שֶׁאָכַל בְּשַׂר קֹדֶשׁ לִפְנֵי זְרִיקַת דָּמִים, רֵישׁ לָקִישׁ אוֹמֵר: לוֹקֶה, רַבִּי יוֹחָנָן אוֹמֵר: אֵינוֹ לוֹקֶה.

The Gemara asks: **And still, does** the verse **come for that** derivation? Reish Lakish **requires that** verse in order **to** derive the prohibition for **a ritually impure person who ate sacrificial meat before the sprinkling of** the **blood**[H] of the offering on the altar, when it is not permitted to partake of the meat. **As it was stated,** there is an amoraic dispute with regard to **a ritually impure person who ate sacrificial meat before the sprinkling of** the **blood. Reish Lakish says:** He is **flogged** for doing so; **Rabbi Yoḥanan says: He is not flogged.**

HALAKHA

Prohibition against partaking of *teruma*, etc. – אַזְהָרָה לִתְרוּמָה וכו׳: It is prohibited for a ritually impure priest to partake of *teruma*, whether the *teruma* is ritually pure or impure, as it is stated: "Any man from the descendants of Aaron who is leprous or a *zav* may not partake of the sacred food until he will be pure." A ritually impure person who partakes of ritually pure *teruma* is liable to receive the punishment of death at the hand of Heaven. If there are witnesses and he was forewarned, he is flogged. A ritually impure person who partakes of impure *teruma* is not flogged (Rambam *Sefer Zera'im, Hilkhot Terumot* 7:1).

A ritually impure person who touched sacrificial food – טָמֵא שֶׁנָּגַע בַּקֹּדֶשׁ: It is prohibited for a ritually impure person to touch and thereby render sacrificial food impure, but he is not liable to receive lashes for doing so. Although the *halakha* is ruled in accordance with the opinion of Rabbi Yoḥanan in his disputes with Reish Lakish, the Gemara indicates that even Rabbi Yoḥanan concedes that one who does so violates a prohibition (Rambam *Sefer Avoda, Hilkhot Pesulei HaMukdashin* 18:12 and *Kesef Mishne* there).

A ritually impure person who ate sacrificial meat before the sprinkling of the blood – טָמֵא שֶׁאָכַל בְּשַׂר קֹדֶשׁ לִפְנֵי זְרִיקַת דָּמִים: A ritually impure person who partakes of the flesh of an offering before its blood is sprinkled is not liable to receive lashes. In general, a ritually impure person is not liable to receive lashes for eating sacrificial food until its permitting factors were sacrificed, in accordance with the opinion of Rabbi Yoḥanan (Rambam *Sefer Avoda, Hilkhot Pesulei HaMukdashin* 18:16).

NOTES

It is to teach a prohibition for touching *teruma* – אַזְהָרָה לִתְרוּמָה הוּא: It is prohibited for a ritually impure person to touch *teruma*. *Tosafot* ask: If so, then according to Rabbi Yoḥanan, one is liable to receive lashes for touching *teruma* but not for touching sacrificial food. How can he rule more stringently with regard to *teruma* than he does with regard to sacrificial food? *Tosafot* answer that the Gemara is not saying that one is flogged for coming into contact with *teruma*. Rather, it is saying that it is prohibited for one to partake of *teruma* before the completion of his purification process. The Meiri explains that Rabbi Yoḥanan is of the opinion that indeed, one is flogged for coming into contact with *teruma* and one is not flogged for coming into contact with sacrificial food. It is the relative leniency of *teruma* vis-à-vis sacrificial food that accounts for the disparity. Due to that leniency, the likelihood that one who touches *teruma* will progress from contact to consumption is greater than the likelihood that one who touches sacrificial food would do so. Therefore, the Torah prohibits a ritually impure person from touching *teruma* specifically.

NOTES

It is with regard to partaking of sacrificial meat after the sprinkling of the blood that it is written – לְאַחַר זְרִיקָה הוּא דִּכְתִיב: Although certain portions of an offering, e.g., the fats, must be burned on the altar, and there is a mitzva for the priests, and in certain circumstances the person sacrificing the offering, to partake of other portions of the animal, the primary atonement is achieved at an earlier stage through the sprinkling of blood on the altar. Failure to perform the sacrificial rites other than the sprinkling of the blood does not disqualify the offering. In that sense, the blood is the permitting factor that allows the flesh of the offering to be eaten. As noted by Rashi, the Gemara in *Menahot* (25b) states that it is only from the time that it is permitted for the ritually pure to partake of sacrificial meat that a ritually impure person who eats it is liable to receive *karet*.

Any prohibition that has a positive mitzva that preceded it – כָּל לֹא תַעֲשֶׂה שֶׁקְּדָמוֹ עֲשֵׂה: Rashi's comments, and even more so those of *Tosafot*, indicate that this is not referring only to a mitzva that precedes the prohibition in the verse, but to a mitzva that takes effect prior to the prohibition taking effect (see *Arukh LaNer*). Rashi explains that Rabbi Yoḥanan is saying that although there is a dispute with regard to whether one is flogged for the violation of a prohibition that entails a positive mitzva that rectifies it, everyone agrees that the *halakha* is that one is flogged for violating a prohibition that was preceded by a positive mitzva. The difference is based on the fact that in the case of a prohibition that entails fulfillment of a positive mitzva that will rectify the transgression, the mitzva can be fulfilled only after the violation of the prohibition. For example, one cannot fulfill the mitzva of restoring a stolen item until he violates the prohibition: "You shall not rob" (Leviticus 19:13).

By contrast, in the case of a prohibition preceded by a positive mitzva, the mitzva can be performed irrespective of the prohibition. The positive mitzva does not serve to remedy the prohibition at all, and consequently one would be flogged for violating the prohibition. The Ritva holds that even if the mitzva precedes the prohibition only in terms of the order of the verse, it is considered a prohibition that is preceded by a positive mitzva.

רֵישׁ לָקִישׁ אוֹמֵר: לוֹקֶה, ״בְּכָל קֹדֶשׁ לֹא תִגָּע״, לָא שְׁנָא לִפְנֵי זְרִיקָה וְלָא שְׁנָא לְאַחַר זְרִיקָה. רַבִּי יוֹחָנָן אוֹמֵר: אֵינוֹ לוֹקֶה; רַבִּי יוֹחָנָן לְטַעְמֵיהּ, דְּאָמַר קְרָא ״טוּמְאָתוֹ״ ״טוּמְאָתוֹ״, וְכִי כְּתִיב ״טוּמְאָתוֹ״ – לְאַחַר זְרִיקָה הוּא דִּכְתִיב! הַהִיא מִ״בְּכָל קֹדֶשׁ״ נָפְקָא.

Reish Lakish says: He is **flogged,** as it is written: **"No consecrated item shall she touch,"** which is stated in general terms, indicating that it **is no different** whether one touches the consecrated item **prior to sprinkling** the blood, **and** it **is no different** if one touches the consecrated item **after sprinkling** the blood. **Rabbi Yoḥanan says: He is not flogged. Rabbi Yoḥanan** conforms **to his** standard line of **reasoning,** that the prohibition is derived by means of the verbal analogy cited above, **as the verse states "his impurity,"** written with regard to a ritually impure person who eats sacrificial food, and the meaning of that term is derived from **"his impurity,"** written with regard to a ritually impure person entering the Temple. **And when "his impurity" is written,** it is with regard to partaking of sacrificial meat **after the sprinkling** of the blood **that it is written.**[N] The Gemara explains that according to Reish Lakish, **that** prohibition **is derived from** the term: **"No [*bekhol*] consecrated item,"** as the term *bekhol* is inclusive and prohibits one from partaking of sacrificial meat even before the sprinkling of the blood.

תַּנְיָא כְּוָותֵיהּ דְּרֵישׁ לָקִישׁ: ״בְּכָל קֹדֶשׁ לֹא תִגָּע״ – אַזְהָרָה לָאוֹכֵל. אַתָּה אוֹמֵר אַזְהָרָה לָאוֹכֵל, אוֹ אֵינוֹ אֶלָּא אַזְהָרָה לַנּוֹגֵעַ? תַּלְמוּד לוֹמַר ״בְּכָל קֹדֶשׁ לֹא תִגָּע וְאֶל הַמִּקְדָּשׁ״ וגו׳ – מַקִּישׁ קֹדֶשׁ לְמִקְדָּשׁ, מָה מִקְדָּשׁ דָּבָר שֶׁיֵּשׁ בּוֹ נְטִילַת נְשָׁמָה – אַף כָּל דָּבָר שֶׁיֵּשׁ בּוֹ נְטִילַת נְשָׁמָה. וְאִי בִּנְגִיעָה – מִי אִיכָּא נְטִילַת נְשָׁמָה? אֶלָּא בַּאֲכִילָה.

The Gemara comments: **It is taught** in a *baraita* **in accordance with** the opinion **of Reish Lakish.** It is written: **"No consecrated item shall she touch"**; this is **a prohibition for** a ritually impure person who **eats** sacrificial food. **Do you say** that it is **a prohibition for** a ritually impure person who **eats** sacrificial food, **or** perhaps **it is only a prohibition for** a ritually impure person who **touches** sacrificial food? **The verse states: "No consecrated item shall she touch, and to the Temple** she may not come" (Leviticus 12:4). The verse **juxtaposes** the matter of a ritually impure person eating **sacrificial** food **to** the matter of entering **the Temple** while ritually impure. **Just as** entering **the Temple** is **a matter** that entails a punishment **that involves the taking of a life,** i.e., *karet*, **so too, every matter** in that verse entails a punishment **that involves the taking of a life.** The Gemara explains: **And if** the prohibition is **with regard to touching** sacrificial food, **is there** a punishment that entails **the taking of a life? Rather,** the prohibition is **with regard to eating.**

אָמַר רַבָּה בַּר בַּר חָנָה אָמַר רַבִּי יוֹחָנָן: כָּל לֹא תַעֲשֶׂה שֶׁקְּדָמוֹ עֲשֵׂה – לוֹקִין עָלָיו.

§ **Rabba bar bar Ḥana says** that **Rabbi Yoḥanan says:** With regard to **any prohibition that** has **a positive mitzva** that **preceded it,**[N] everyone agrees that **one is flogged for its** violation, as it is not classified as a prohibition that entails fulfillment of a positive mitzva.

Perek **III**
Daf **15** Amud **a**

אָמְרוּ לוֹ: אָמַרְתָּ? אֲמַר לְהוּ: לָא. אֲמַר רַבָּה: הָאֱלֹהִים! אֲמָרָהּ, וּכְתִיבָא וּתְנֵינָא; כְּתִיבָא – ״וִישַׁלְּחוּ מִן הַמַּחֲנֶה״ [וגו׳] ״וְלֹא יְטַמְּאוּ אֶת מַחֲנֵיהֶם״, תְּנֵינָא – הַבָּא לַמִּקְדָּשׁ טָמֵא.

They said to Rabbi Yoḥanan: **Did you say** this *halakha*?[N] Rabbi Yoḥanan **said to them: No. Rabba** bar bar Ḥana **said** in the form of an oath: **By God, he said it, and** this *halakha* **is written** in the Torah **and we learn** it in the mishna. **It is written: "And they shall send from the camp** any man who is leprous, and any *zav*…**and they shall not render their camp impure"** (Numbers 5:2–4). There is a prohibition against rendering the camp impure, and there is a positive mitzva to send them out of the camp. Since the positive mitzva precedes and is independent of the prohibition, one is flogged for the violation of that prohibition, as **we learn** in the mishna among those liable to receive lashes: **One who entered the Temple** while ritually **impure.**[N]

NOTES

They said to him, did you say this *halakha* – אָמְרוּ לוֹ אָמַרְתָּ: Rashi explains that this question was posed to Rabbi Yoḥanan himself, who denied having said it. The Ritva, citing his teachers, explains that the question was addressed to Rabba bar bar Ḥana.

We learn in the mishna: One who entered the Temple while impure – תְּנֵינָא הַבָּא לַמִּקְדָּשׁ טָמֵא: The proof is apparently from the fact that the mitzva appears in the verse before the prohibition, even though the prohibition entails the fulfillment of a mitzva and is rectified by it: "And they shall send from the camp any man who is leprous, and any *zav*" remedies the prohibition: "And they shall not render their camp impure." It is impossible to fulfill the mitzva without first violating the prohibition. Ostensibly, this proves that the phrase: Prohibition that has a positive mitzva which preceded it, is referring to the order in which the prohibition and positive mitzva appear in the verse, contrary to the explanation of Rashi (14b). Nevertheless, some commentaries note that the possibility exists that a person could unwittingly, or due to circumstances beyond his control, become impure within the confines of the Temple, in which case he is obligated to fulfill the mitzva "and they shall send from the camp," while he will violate the prohibition only if he chooses to remain in the Temple after becoming impure (Ritva; *Arukh LaNer*).

אֶלָּא מַאי טַעְמָא קָא הָדַר בֵּיהּ – מִשּׁוּם דְּקַשְׁיָא לֵיהּ אוֹנֵס. דְּתַנְיָא: אוֹנֵס שֶׁגֵּירֵשׁ, אִם יִשְׂרָאֵל הוּא – מַחֲזִיר וְאֵינוֹ לוֹקֶה, אִם כֹּהֵן הוּא – לוֹקֶה וְאֵינוֹ מַחֲזִיר.

The Gemara asks: **Rather, what is the reason he retracted** his statement and claimed he did not say it? The Gemara answers: It is **due to** the fact **that** the *halakha* concerning one who **rapes** a virgin young woman, who is required by Torah law to marry her and for whom it is prohibited to divorce her as long as he lives, **is difficult for him, as it is taught** in a *baraita*: In the case of **a rapist who divorced**[H] the woman he raped, **if he is a non-priest, he remarries** her, **and he is not flogged** for violating the prohibition: "He may not send her away all his days" (Deuteronomy 22:29). **If he is a priest,** he is **flogged** for violating the prohibition, **and he does not remarry** her because it is prohibited for him to marry a divorcée.

אִם יִשְׂרָאֵל הוּא מַחֲזִיר וְאֵינוֹ לוֹקֶה, אַמַּאי? לֹא תַעֲשֶׂה שֶׁקְּדָמוֹ עֲשֵׂה הוּא, וְלִילְקֵי!

The Gemara elaborates: **If he is a non-priest, he remarries** her, **and he is not flogged. Why? It is a prohibition that** has a **positive mitzva** which **preceded it,** as the positive mitzva: "And she shall be his wife" (Deuteronomy 22:29), precedes the prohibition "He may not send her away." **But let him be flogged,** since he violated the prohibition by divorcing her. Apparently, one is not flogged even if the positive mitzva precedes the prohibition.

אָמַר עוּלָּא: לֹא יֹאמַר "וְלוֹ תִהְיֶה לְאִשָּׁה" בְּאוֹנֵס, וְלִיגְמַר מִמּוֹצִיא שֵׁם רַע: וּמַה מּוֹצִיא שֵׁם רַע שֶׁלֹּא עָשָׂה מַעֲשֶׂה – אָמַר רַחֲמָנָא "וְלוֹ תִהְיֶה לְאִשָּׁה", אוֹנֵס לֹא כׇּל שֶׁכֵּן?

Ulla says in response: The positive mitzva in the case of a rapist is not a mitzva that precedes the prohibition. Rather, it follows the prohibition and rectifies it, as it is referring to a case of one who married his victim and then divorced her. **Let the verse not state: "And she shall be his wife," in** the case of **a rapist, and let us derive** it by means of an *a fortiori* inference **from** the case of **one who defames** his bride, claiming that she was not a virgin when he consummated the marriage: **If** in the case of **a defamer, who did not perform an action** but sinned through speech, **the Merciful One states: "And she shall be his wife"** (Deuteronomy 22:19), then in the case of **a rapist,** who performed an action, **is it not all the more so** that he is obligated to take her as a wife?

לָמָּה נֶאֱמַר? אִם אֵינוֹ עִנְיָן לְפָנָיו תְּנֵהוּ עִנְיָן לְאַחֲרָיו, שֶׁאִם גֵּירֵשׁ יַחֲזִיר.

Ulla continues: **Why,** then, is the mitzva **stated** in the case of the rapist? **If it is not** relevant to the **matter of before** the rapist marries the victim, **apply it** to the **matter of after** the rapist marries the victim, teaching **that if he divorced** her **he must remarry** her. Although in the verse it appears prior to the prohibition "He may not send her away," it actually serves to rectify that prohibition.

וְאַכַּתִּי, אוֹנֵס מִמּוֹצִיא שֵׁם רַע לָא גָּמַר, דְּאִיכָּא לְמִיפְרַךְ: מַה לְּמוֹצִיא שֵׁם רַע – שֶׁכֵּן לוֹקֶה וּמְשַׁלֵּם!

The Gemara asks: **But still,** this affords no proof, as **one cannot derive** the case of **a rapist from** the case of **a defamer, as** the *a fortiori* inference **can be refuted: What** is notable **about** the case of **a defamer,** which is more stringent than the case of a rapist? It is notable **in that he is flogged and** is liable to **pay** retribution, which is contrary to the principle that in general, two punishments are not administered for one transgression.

אֶלָּא, לֹא יֹאמַר "וְלוֹ תִהְיֶה לְאִשָּׁה" בְּמוֹצִיא שֵׁם רַע, וְלִיגְמַר מֵאוֹנֵס: וּמָה אוֹנֵס שֶׁאֵינוֹ לוֹקֶה וּמְשַׁלֵּם – אָמַר רַחֲמָנָא "וְלוֹ תִהְיֶה לְאִשָּׁה", מוֹצִיא שֵׁם רַע לֹא כׇּל שֶׁכֵּן? וְלָמָּה נֶאֱמַר? אִם אֵינוֹ עִנְיָן לְמוֹצִיא שֵׁם רַע – תְּנֵהוּ עִנְיָן לְאוֹנֵס, אִם אֵינוֹ עִנְיָן לְפָנָיו – תְּנֵהוּ עִנְיָן לְאַחֲרָיו.

The Gemara suggests: **Rather,** let the verse **not state: "And she shall be his wife," in** the case of the **defamer, and let us derive** it by means of an *a fortiori* inference **from** the case of **a rapist: And if** in the case of **a rapist, who is not** both **flogged and** liable to **pay** restitution, but is liable to receive only one punishment, **the Merciful One states: "And she shall be his wife,"** in the case of **a defamer,** who is flogged and liable to pay retribution, **is it not all the more so** that he is obligated to take her as a wife? **And why,** then, **is it stated** in the case of the defamer? Rather, **if** the mitzva **is not** relevant to the **matter of** the **defamer, apply it** to the **matter of** the **rapist, and if** the mitzva **is not** relevant to the **matter of before** the rapist marries the victim, **apply it** to the **matter of after** the rapist marries the victim, teaching that if he divorced her he must remarry her. Although in the verse it appears prior to the prohibition "He may not send her away," it actually serves to rectify that prohibition.

וּמוֹצִיא שֵׁם רַע מֵאוֹנֵס נַמִי לָא גָּמַר, דְּאִיכָּא לְמִיפְרַךְ: מַה לְּאוֹנֵס – שֶׁכֵּן עָשָׂה מַעֲשֶׂה!

The Gemara asks: **But** this affords no proof, as **one cannot derive** the case of **a defamer from** the case of **a rapist either, as** the *a fortiori* inference **can be refuted: What** is notable **about** the case of **a rapist?** It is notable in **that he performed an action,** while the defamer performed no action.

HALAKHA

Rapist who divorced – **אוֹנֵס שֶׁגֵּירֵשׁ:** One who rapes a virgin is obligated to marry her, if she and her father consent. If he then divorces her, the court compels him to remarry her. He is not flogged, as the prohibition he violated entails the fulfillment of a positive mitzva. If she died before they remarried, or if she was betrothed to another, or if the rapist was a priest, for whom it is prohibited to remarry a divorcée, he is flogged for violating the prohibition, because he is unable to fulfill the relevant positive mitzva (Rambam *Sefer Nashim, Hilkhot Na'ara Betula* 1:7; *Shulḥan Arukh, Even HaEzer* 177:3).

HALAKHA

Defamer who divorced – מוֹצִיא שֵׁם רַע שֶׁגֵּירֵשׁ: There is a mitzva by Torah law for a defamer to remain married to the wife he defamed, and he is prohibited from divorcing her. If he divorces her he violates that prohibition and the court compels him to remarry her, but he is not flogged. If another person betrothed her, or if she dies, or if he is a priest and it is prohibited for him to remarry her, he is flogged for divorcing her (Rambam *Sefer Nashim, Hilkhot Na'ara Betula* 3:4).

אֶלָּא, לֹא יֹאמַר ״לוֹ תִהְיֶה לְאִשָּׁה״ בְּמוֹצִיא שֵׁם רַע, שֶׁהֲרֵי אִשְׁתּוֹ הִיא. לָמָּה נֶאֱמַר? אִם אֵינוֹ עִנְיָן לְמוֹצִיא שֵׁם רַע – תְּנֵהוּ עִנְיָן לְאוֹנֵס, וְאִם אֵינוֹ עִנְיָן לְפָנָיו – תְּנֵהוּ עִנְיָן לְאַחֲרָיו.

The Gemara suggests: **Rather, let** the verse **not state:** "**And she shall be his wife,**" **in** the case of the **defamer** because the expression is redundant, **as she is** already **his wife.** It would have been sufficient for the verse to state that it is prohibited for him to send her away. **Why,** then, **is it stated** in the case of the defamer? Rather, **if** the mitzva **is not** relevant to the **matter of** the **defamer, apply it** to the **matter of** the **rapist, and if** the mitzva **is not** relevant to the **matter of before** the rapist marries the victim, **apply it** to the **matter of after** the rapist marries the victim, teaching that if he divorced her he must remarry her. Although the positive mitzva appears in the verse prior to the prohibition "He may not send her away," it actually serves to rectify that prohibition.

וְאֵימָא: וְאִם אֵינוֹ עִנְיָן לְפָנָיו דְּמוֹצִיא שֵׁם רַע – תְּנֵהוּ עִנְיָן לְאַחֲרָיו דִּידֵיהּ, דְּלָא לָקֵי!

The Gemara questions that derivation: **And say** instead: **And if** the mitzva **is not** relevant to the **matter of** the **defamer before** he marries his bride, as they are married, **apply it** to the **matter of** the defamer **himself after** they are married, teaching that if he divorced her and violated the prohibition against divorcing her, he is obligated to remarry her, and it teaches **that he is not flogged,** as the positive mitzva rectifies the prohibition. But in the case of a rapist, the mitzva is to marry her after the rape but there is no mitzva to marry her after he divorces her, and nevertheless, he is not flogged.[H]

אִין הָכִי נַמִי, וְאָתֵי אוֹנֵס וְגָמַר מִינֵּיהּ. בְּמַאי גָּמַר מִינֵּיהּ? אִי בְּקַל וָחוֹמֶר אִי בְּ״מָה מָצִינוּ״ – אִיכָּא לְמִיפְרַךְ כִּדְפָרְכִינַן: מַה לְמוֹצִיא שֵׁם רַע שֶׁכֵּן לֹא עָשָׂה מַעֲשֶׂה!

The Gemara answers: **Yes, it is indeed so;** the *halakha* is derived with regard to the defamer himself, teaching that if he divorces his bride he is obligated to remarry her. **And** the case of the **rapist comes and is derived from** the case of the defamer, and the same *halakha* applies there as well. The Gemara asks: **With what** derivation is the case of a rapist **derived from** the case of a defamer? **If** it is **by means of an** *a fortiori* inference or **if** it is **by means of** the inductive hermeneutical principle: **What do we find,** those derivations **can be refuted, as we refuted** the derivations earlier in the Gemara: **What** is notable **about** the case of **a defamer?** It is notable **in that he did not perform an action.**

אֶלָּא אָמַר רָבָא: כָּל יָמָיו בַּעֲמוֹד וְהַחֲזֵר. וְכֵן כִּי אֲתָא רָבִין אָמַר רַבִּי יוֹחָנָן: כָּל יָמָיו בַּעֲמוֹד וְהַחֲזֵר.

Rather, Rava says: From where is it derived that a rapist must remarry his victim if he divorced her because the positive mitzva rectifies the prohibition "He may not send her away"? It is derived from the superfluous phrase: "All his days" (Deuteronomy 22:29), indicating that **all his days,** even after he marries and divorces her, he is obligated **to arise and remarry** her[N] and is consequently not liable to receive lashes. The Gemara adds: **And likewise, when Ravin came** from Eretz Yisrael to Babylonia, he said that **Rabbi Yoḥanan says: All his days** he is obligated **to arise and remarry** her.

אֲמַר לֵיהּ רַב פָּפָּא לְרָבָא: וְהָא לָא דָּמֵי לָאוֵיהּ לְלָאו דַּחֲסִימָה! אֲמַר לֵיהּ: מִשּׁוּם דִּכְתַב בֵּיהּ רַחֲמָנָא עֲשֵׂה יְתֵירָא מִגְרַע גָּרַע?

Rav Pappa said to Rava that a question arises with regard to Rabbi Yoḥanan's statement that one is flogged for violating a prohibition preceded by a positive mitzva: **But isn't its prohibition dissimilar to the prohibition of muzzling** an ox while it is threshing grain (see Deuteronomy 25:4), which is the paradigm for all prohibitions for whose violation one is flogged, as no positive mitzva is stated in conjunction with the prohibition of muzzling? Rava **said to him:** Is it reasonable to say that **due to** the fact **that the Merciful One wrote in its** regard **an additional positive mitzva,** the stringency of the prohibition **lessens,** so that no lashes are administered?

NOTES

All his days he is obligated to arise and remarry her – כָּל יָמָיו בַּעֲמוֹד וְהַחֲזֵר: There is another source for the mitzva for a rapist to remarry his victim after he divorces her, in the superfluous phrase "all his days." It is superfluous because it is clear from the phrase "and she shall be his wife" that he is required to marry her after the rape. The phrase "all his days" is the mitzva entailed by the prohibition, indicating that if he divorces her he must remarry her. According to this explanation, this case does not present a difficulty to Rabbi Yoḥanan's principle that one is flogged for violating a prohibition preceded by a positive mitzva.

אִי הָכִי, לָאו שֶׁנִּיתַּק לַעֲשֵׂה נַמִי, לֵימָא: מִשּׁוּם דִּכְתַב בֵּיהּ רַחֲמָנָא עֲשֵׂה יְתֵירָא מִגְרַע גָּרַע? אֲמַר לֵיהּ: הַהוּא לְנַתּוֹקֵי לָאו הוּא דַּאֲתָא.

Rav Pappa objected to this claim: **If so,** with regard to **a prohibition that entails** fulfillment **of a positive mitzva as well, let us say:** Is it reasonable to say that **due to** the fact **that the Merciful One wrote in its** regard **an additional positive mitzva,** the stringency of the prohibition **lessens,** so that no lashes are administered? Rava **said to him:** In **that** case, the transgressor is not flogged because the mitzva **comes to sever the prohibition**[N] from the punishment of lashes.

הָנִיחָא לְמַאן דְּאָמַר בִּיטְּלוֹ וְלֹא בִּיטְּלוֹ,

The Gemara returns to the statement of Rava, who said with regard to the rapist: All his days he is obligated to arise and remarry her, and that is why he is not flogged for violating the prohibition "He may not send her away," and asks: **This works out well according to the one who says** that the criterion for determining whether one is flogged for violating a prohibition that entails fulfillment of a positive mitzva is whether **he nullified**[N] the mitzva **or did not nullify** the mitzva. According to this opinion, one is flogged only if fulfillment of the mitzva is no longer possible, e.g., a priest who divorced the woman whom he raped. By contrast, a non-priest would not be flogged, because the option of remarriage remains viable.

אֶלָּא לְמַאן דְּאָמַר קִיְּימוֹ וְלֹא קִיְּימוֹ, מַאי אִיכָּא לְמֵימַר?

But according to the one who says that the criterion for determining whether one is flogged in that case is whether **he fulfilled** the mitzva **or did not fulfill** the mitzva, and if he did not immediately fulfill the mitzva he is flogged, **what can be said?** Even in the case of a non-priest who divorced the rape victim, once he fails to remarry her immediately, he is liable to receive lashes.

NOTES

To sever [*lenattukei*] the prohibition – לְנַתּוֹקֵי לָאו: The positive mitzva severs the prohibition from the punishment of lashes in that he is not flogged despite the fact that he violated a prohibition. Rabbeinu Ḥananel and others cite a variant reading: To remedy [*letakkunei*] the prohibition. The *Arukh LaNer* clarifies the differences between these two versions of the text, in light of the additional variant readings of the surrounding text.

This works out well according to the one who says he nullified – הָנִיחָא לְמַאן דְּאָמַר בִּיטְּלוֹ: According to Rashi, this question of the Gemara is not referring to the previous statement of Rava with regard to a prohibition that entails fulfillment of a mitzva: It is to sever the prohibition from the punishment of lashes that the mitzva comes. Rather, it is referring back to Rava's explanation that the prohibition "He may not send her away" is not considered a prohibition preceded by a positive mitzva, for which one is flogged, because he is commanded all his days to arise and remarry her, and therefore he can always remedy the prohibition simply by fulfilling the mitzva.

The Gemara's question is: That conclusion is applicable only according to the opinion that one who nullifies any possibility of fulfilling the mitzva is liable to receive lashes, and it is only according to that opinion that as long as it is theoretically possible for him to fulfill the mitzva he is not flogged. But according to the opinion that the defining criterion is whether he fulfilled the mitzva, at the moment that it is incumbent upon him to fulfill the mitzva and he fails to do so, he is immediately liable to receive lashes.

Tosafot (15b) raise several difficulties with this explanation of the Gemara's question. They cite an alternative explanation from Rabbi Shlomo of Dreux, who says that the Gemara is not continuing the discussion with regard to one who divorces his rape victim; rather, it is referring back to the *halakha* of one who enters the Temple in a state of impurity, cited by the Gemara in an attempt to prove that lashes are administered for the violation of a prohibition preceded by a positive mitzva despite the fact that the mitzva remedies the prohibition.

He explains that this is what the Gemara is saying: That *halakha* serves as proof only according to the one who maintains that one is flogged for violating a prohibition that entails fulfillment of a mitzva only if he nullified any possibility of fulfilling the mitzva. But according to the opinion that one is flogged even for refraining from fulfilling the mitzva, one who enters the Temple in a state of impurity is liable to receive lashes immediately, provided that he is forewarned and fails to leave. According to that opinion, he would be liable to receive lashes even if the mitzva followed the prohibition and did not precede it. Therefore, no proof may be cited from that case.

These explanations are based on Rashi's version of the Gemara, which is the standard version. Rabbeinu Ḥananel and others cite a variant reading: This works out well according to the one who says that the criterion is whether he nullified the mitzva or did not nullify the mitzva; but according to the one who says that the criterion is whether he fulfilled the mitzva or did not fulfill the mitzva, what can be said? The variant reading continues and asserts that according to Rabbi Yoḥanan, the criterion is whether or not he fulfilled the mitzva.

According to this version, the Gemara questions its previous conclusion that the mitzva remedies the prohibition and that is why he is not flogged for violating the prohibition. This is what the Gemara is asking: This works out well according to the one who says that one is flogged for violating the prohibition if he failed to fulfill the mitzva; but according to the one who says that only one who actively nullifies any possibility of fulfilling the mitzva is liable to receive lashes, it cannot be said that the mitzva remedies the prohibition, as even if he fails to fulfill the mitzva, he is not liable to receive lashes. The Ramban cites this version of Rabbeinu Ḥananel and characterizes it as the one that appears in ancient and accurate versions of the Gemara. Additionally, the Meiri and the Ritva discuss and explain both versions.

NOTES

The only reason, etc. – מִידֵּי הוּא טַעֲמָא וכו׳: The difficulty raised on the previous *amud* can be resolved. The reason is that the Gemara is seeking to explain why it is that according to Rabbi Yoḥanan one is not flogged for violating this prohibition despite the fact that ostensibly, the mitzva precedes it. Rabbi Yoḥanan himself is of the opinion that one is flogged in the case of a prohibition that entails fulfillment of a mitzva only if he nullified any possibility of fulfilling that mitzva (Rashi).

This explanation is appropriate according to this version of the Gemara and the explanations of Rashi and *Tosafot*. According to the variant reading of Rabbeinu Ḥananel, the Rif, and the Rambam, Rabbi Yoḥanan is the one who says that the criterion is whether he fulfilled the mitzva, or did not fulfill the mitzva. They explain the entire passage differently (see Meiri and Ritva).

Uncertain forewarning is characterized as forewarning – הַתְרָאַת סָפֵק שְׁמָהּ הַתְרָאָה: Rashi asks: Isn't it possible to explain that Rabbi Yoḥanan also requires certain forewarning, but he requires that the forewarning be issued at the moment that one is about to take action to nullify the possibility of fulfilling the mitzva that rectifies the prohibition? Rashi explains, and *Tosafot* agree, that all forewarnings must be issued immediately prior to the violation of the prohibition. By the time he nullifies any possibility of fulfilling the mitzva, he is no longer violating the prohibition and consequently cannot be held liable to receive lashes.

BACKGROUND

Forewarning – הַתְרָאָה: In order for a transgressor to be punished in court, it is required that he be forewarned. That requirement applies equally to transgressors well versed in the Torah and to those who are ignorant, in accordance with the opinion of the Rabbis (see Rambam *Sefer Shofetim*, *Hilkhot Sanhedrin* 12:2).

מִידֵּי הוּא טַעֲמָא אֶלָּא לְרַבִּי יוֹחָנָן, הָאָמַר לֵיהּ רַבִּי יוֹחָנָן לְתַנָּא: תְּנֵי, בִּטְּלוֹ – חַיָּיב, וְלֹא בִּטְּלוֹ – פָּטוּר.

The Gemara answers: **The only reason**[N] Rava stated his explanation, that all his days he is obligated to arise and remarry her and that is why the rapist is not flogged even though it is a prohibition preceded by a positive mitzva, **is to** explain the opinion of **Rabbi Yoḥanan,** who said that for any prohibition that has a positive mitzva which preceded it, everyone agrees that one is flogged for its violation. **Didn't Rabbi Yoḥanan say to the** ***tanna*** who would recite the *mishnayot* and *baraitot* in the study hall: **Teach** that if he **nullified** the mitzva, he is **liable** to receive lashes, and **if he did not nullify** the mitzva, he is **exempt** from lashes? According to Rabbi Yoḥanan, it works out well.

דְּתָנֵי תַּנָּא קַמֵּיהּ דְּרַבִּי יוֹחָנָן: כׇּל מִצְוַת לֹא תַעֲשֶׂה שֶׁיֵּשׁ בָּהּ קוּם עֲשֵׂה, קִיֵּים עֲשֵׂה שֶׁבָּהּ – פָּטוּר, בִּיטֵּל עֲשֵׂה שֶׁבָּהּ – חַיָּיב.

What is the dispute to which the Gemara is alluding? **The** ***tanna*** **taught** a *baraita* **before Rabbi Yoḥanan:** With regard to **any prohibition that entails** a command to **arise** and **perform** a mitzva, if **he fulfilled the positive** mitzva **that** is entailed **therein,** he is **exempt** from lashes, and if he **nullified the positive mitzva that** is entailed **therein,** he is **liable** to receive lashes.

אֲמַר לֵיהּ: מַאי קָא אָמְרַתְּ? קִיֵּים פָּטוּר – לֹא קִיֵּים חַיָּיב, בִּיטֵּל חַיָּיב – לֹא בִּיטֵּל פָּטוּר! תְּנֵי: בִּיטְּלוֹ וְלֹא בִּיטְּלוֹ. וְרַבִּי שִׁמְעוֹן בֶּן לָקִישׁ אוֹמֵר: קִיְּימוֹ וְלֹא קִיְּימוֹ.

Rabbi Yoḥanan **said to** the *tanna*: **What** is it that **you are saying?** The *baraita* that you recited is self-contradictory, as based on the first clause: If **he fulfilled** the mitzva he is **exempt,** apparently, if **he did not fulfill** the mitzva he is **liable.** Yet based on the latter clause: If **he nullified** the mitzva, he is **liable,** apparently, if **he did not nullify** the mitzva he is **exempt,** even though he failed to fulfill the mitzva. Rather, **teach:** If he **nullified** the mitzva, he is liable to receive lashes, **and** if **he did not nullify** the mitzva, he is exempt from lashes. **And Rabbi Shimon ben Lakish says:** The formulation of the *baraita* must be consistent; therefore, teach: If **he fulfilled** the mitzva, he is exempt, **and** if **he did not fulfill** the mitzva[H] he is liable.

בְּמַאי קָא מִיפַּלְגִי – בְּהַתְרָאַת סָפֵק קָא מִיפַּלְגִי, מָר סָבַר: הַתְרָאַת סָפֵק שְׁמָהּ הַתְרָאָה,

The Gemara inquires: **With regard to what** matter **do they disagree? They disagree with regard to uncertain forewarning,**[B] i.e., forewarning concerning a transgression with regard to which it will not be clarified whether or not his action will render him liable to receive lashes. One **Sage,** Rabbi Yoḥanan, **holds: Uncertain forewarning**[H] **is characterized as forewarning;**[N] therefore, even if it is unclear whether the action that the transgressor is about to perform will render him liable to receive lashes, he can be forewarned, and if he violates the prohibition in a manner that will render him liable, he is flogged.

HALAKHA

If he fulfilled it and if he did not fulfill it – קִיְּימוֹ וְלֹא קִיְּימוֹ: With regard to a prohibition that entails fulfillment of a positive mitzva that rectifies it, if one violates the prohibition and does not fulfill the mitzva, he is flogged, provided he was forewarned in the following manner: Do not perform that action, as if you do so and fail to fulfill the relevant mitzva, you will be flogged. For example, it is prohibited to reap one's entire field without leaving a corner of standing grain for the poor [*pe'a*], and there is a mitzva to give that portion of his crop to the poor. If one failed to leave the *pe'a* for the poor and his entire crop was lost or burned, he is liable to receive lashes, as he violated the prohibition and it is no longer possible to fulfill the relevant mitzva. The Rambam's version of the Gemara is like the variant reading cited by the Rif, in which it is Rabbi Yoḥanan who holds that the relevant criterion is whether he fulfilled the mitzva. This means that in their opinion, one is flogged once it is no longer possible to perform the mitzva (Rambam *Sefer Zera'im*, *Hilkhot Mattenot Aniyyim* 1:3 and *Sefer Shofetim*, *Hilkhot Sanhedrin* 16:4 and *Kesef Mishne* there, 18:2).

Uncertain forewarning – הַתְרָאַת סָפֵק: With regard to one who violates a prohibition that entails fulfillment of a positive mitzva that rectifies it, and who was forewarned in the following manner: Do not perform that action, as if you do so and fail to fulfill the relevant mitzva, you will be flogged, if he violates the prohibition and does not fulfill the mitzva, he is flogged. Although the forewarning is uncertain, as if he performs the mitzva he will be exempt from lashes, uncertain forewarning is characterized as forewarning, in accordance with the opinion of Rabbi Yoḥanan. In *Hilkhot Shevuot*, it appears that the Rambam rules that uncertain forewarning is not characterized as forewarning. This issue is also discussed by the later commentaries (Rambam *Sefer Hafla'a*, *Hilkhot Shevuot* 5:2, and Radbaz and *Leḥem Mishne* there; *Sefer Shofetim*, *Hilkhot Sanhedrin* 16:4).

וּמָר סָבַר: הַתְרָאַת סָפֵק לֹא שְׁמָהּ הַתְרָאָה.

And one **Sage,** Reish Lakish, **holds: Uncertain forewarning is not characterized as forewarning.** According to Rabbi Yoḥanan, the rapist is forewarned when he is about to divorce his wife, even though there is uncertainty whether he will nullify the mitzva. If he nullifies the mitzva, e.g., if he vows that deriving benefit from his ex-wife is forbidden to him, thereby ensuring that he cannot remarry her, he is flogged. Reish Lakish holds that if one's liability to receive lashes was dependent upon the nullification of the mitzva, the rapist would never be flogged, as in that case the forewarning would of necessity be uncertain. Therefore, he explains that the criterion for determining whether one is flogged is whether he fulfilled the mitzva immediately. Violating the prohibition renders him liable to receive lashes; he may then choose to be flogged or to fulfill the mitzva. Therefore, when he is forewarned that he will be flogged if he divorces her, it is not uncertain forewarning.

וְאָזְדוּ לְטַעֲמַיְיהוּ, דְּאִיתְּמַר: "שְׁבוּעָה שֶׁאוֹכַל כִּכָּר זֶה הַיּוֹם", וְעָבַר הַיּוֹם וְלֹא אֲכָלָהּ, רַבִּי יוֹחָנָן וְרֵישׁ לָקִישׁ דְּאָמְרִי תַּרְוַיְיהוּ: אֵינוֹ לוֹקֶה. רַבִּי יוֹחָנָן אוֹמֵר: אֵינוֹ לוֹקֶה

And they follow their standard lines of **reasoning, as it was stated** that Rabbi Yoḥanan and Reish Lakish disagreed in a case where one said: On my **oath I will eat this loaf**[H] **today, and the day passed and he did not eat it.**[N] **Rabbi Yoḥanan and Reish Lakish both say: He is not flogged** for taking a false oath. They disagree with regard to the reason that he is not flogged. **Rabbi Yoḥanan says: He is not flogged,**

HALAKHA

On my oath I will eat this loaf, etc. – שְׁבוּעָה שֶׁאוֹכַל כִּכָּר זֶה וכו׳: If one took an oath to eat a loaf of bread on a certain day and that day passed and he did not eat the loaf, if his failure to eat it was unwitting, he is liable to bring a sliding-scale offering; if it was intentional he is not flogged, as he did not perform an action, in accordance with the opinion of Rabbi Yoḥanan (Rambam *Sefer Hafla'a, Hilkhot Shevuot* 4:20).

NOTES

The day passed and he did not eat it – עָבַר הַיּוֹם וְלֹא אֲכָלָהּ: *Tosafot* explain that Reish Lakish does not consider it uncertain forewarning in a case where, if present circumstances continue, he will violate the prohibition. For example, with regard to one who takes an oath that if he does not eat a loaf he will be liable, present circumstances are that he is not eating the loaf. Nevertheless, because there is a significant interval between the forewarning, before he takes the oath, and the end of the day, when it will be determined whether he ate the loaf, no conclusion may be drawn from the present situation with regard to what the situation will be at the end of the day.

Perek **III**
Daf **16** Amud **a**

מִשּׁוּם דְּהָוֵי לָאו שֶׁאֵין בּוֹ מַעֲשֶׂה, וְכׇל לָאו שֶׁאֵין בּוֹ מַעֲשֶׂה – אֵין לוֹקִין עָלָיו. רֵישׁ לָקִישׁ אוֹמֵר: אֵינוֹ לוֹקֶה מִשּׁוּם דְּהָוֵי הַתְרָאַת סָפֵק, וְכׇל הַתְרָאַת סָפֵק לֹא שְׁמָהּ הַתְרָאָה.

because it is a prohibition that does not involve an action. He violates the oath by failing to perform an action, rather than by performing an action, **and** the principle is: With regard to **any prohibition that does not involve an action, one is not flogged for its** violation. **Reish Lakish says: He is not flogged, because** the forewarning in this case **is an uncertain forewarning.** One cannot properly forewarn him before he takes the oath, because as long as time remains in the day he can still eat the loaf at a later time and fulfill the oath; **and any uncertain forewarning is not characterized as forewarning.**

וְתַרְוַיְיהוּ אַלִּיבָּא דְּרַבִּי יְהוּדָה. דְּתַנְיָא: "וְלֹא תוֹתִירוּ מִמֶּנּוּ עַד בֹּקֶר וְהַנֹּתָר מִמֶּנּוּ עַד בֹּקֶר" וגו׳, בָּא הַכָּתוּב לִיתֵּן עֲשֵׂה אַחַר לֹא תַעֲשֶׂה, לוֹמַר שֶׁאֵין לוֹקִין עָלָיו, דִּבְרֵי רַבִּי יְהוּדָה. רַבִּי יוֹחָנָן דָּיֵיק הָכִי: טַעְמָא דְּבָא הַכָּתוּב, הָא לֹא בָּא הַכָּתוּב – לוֹקֶה; אַלְמָא: הַתְרָאַת סָפֵק שְׁמָהּ הַתְרָאָה.

The Gemara adds: **And both** Rabbi Yoḥanan and Reish Lakish hold **in accordance with** the opinion **of Rabbi Yehuda, as it is taught** in a *baraita*: It is stated with regard to the Paschal offering: **"And you shall let nothing of it remain until the morning,**[H] **and that which remains of it until the morning** you shall burn in fire" (Exodus 12:10). **The verse comes to position** the **positive mitzva** of burning the leftover flesh **after** the **prohibition** against leaving over the flesh, **to say that one is not flogged for its** violation; this is **the statement of Rabbi Yehuda. Rabbi Yoḥanan inferred this** from the statement of Rabbi Yehuda: **The reason** he is not flogged is **that the verse comes** and positions the mitzva after the prohibition; **but if the verse** had **not come** and positioned the mitzva after the prohibition, he would have been **flogged. Apparently, uncertain forewarning is characterized as forewarning,** as he can be forewarned not to leave over the flesh of the offering, even though he would not be flogged were he to burn it.

וְרֵישׁ לָקִישׁ דָּיֵיק הָכִי: טַעְמָא דְּבָא הַכָּתוּב, הָא לֹא בָּא הַכָּתוּב – לוֹקֶה. אַלְמָא: לָאו שֶׁאֵין בּוֹ מַעֲשֶׂה לוֹקִין עָלָיו.

And Reish Lakish inferred this: The reason he is not flogged is **that the verse comes** and positions the mitzva after the prohibition; **but** if **the verse** had **not come** and positioned the mitzva after the prohibition, he would have been **flogged. Apparently, one is flogged** even **for** violating **a prohibition that does not involve an action,** as he violates the prohibition without performing an action.

וְרַבִּי שִׁמְעוֹן בֶּן לָקִישׁ נַמִי, הָא וַדַּאי הַתְרָאַת סָפֵק הוּא!

The Gemara asks: And according to **Rabbi Shimon ben Lakish too, this is certainly** a case of **uncertain forewarning;**[N] why, then, does he not conclude based on Rabbi Yehuda's statement that uncertain forewarning is characterized as forewarning?

HALAKHA

You shall let nothing of it remain until the morning – לֹא תוֹתִירוּ מִמֶּנּוּ עַד בֹּקֶר: It is prohibited to leave the remaining flesh of the Paschal offering until morning, as it is written: "And you shall let nothing of it remain until the morning." One who leaves the flesh until the morning violates that prohibition, but he is not liable to receive lashes, as the prohibition entails fulfillment of a mitzva that rectifies it, as it written: "And that which remains of it until the morning you shall burn in fire."

The *Kesef Mishne* points out that although the Rambam could have written that one is not flogged for leaving the flesh until the morning because it does not involve an action, as the *halakha* is in accordance with the opinion of Rabbi Yoḥanan, instead, the Rambam wrote that the exemption is due to the fact that this is a prohibition that entails fulfillment of a mitzva. He did so to underscore that even if violation of this prohibition involved an action, one is not flogged (Rambam *Sefer Korbanot, Hilkhot Korban Pesaḥ* 10:11; see *Sefer Avoda, Hilkhot Pesulei HaMukdashin* 18:9 and other commentaries on the Rambam).

NOTES

This is certainly a case of uncertain forewarning – הָא וַדַּאי הַתְרָאַת סָפֵק הוּא: The case involves both uncertain forewarning and a prohibition that does not involve an action. The two Sages hold that only one matter may be learned from the statement of Rabbi Yehuda, as from the statement itself there is no clear indication as to the reasoning for his opinion.

סָבַר לַהּ כְּאִידָךְ תַּנָּא דְּרַבִּי יְהוּדָה. דְּתַנְיָא: הִכָּה זֶה וְחָזַר וְהִכָּה זֶה, קִילֵּל זֶה וְחָזַר וְקִילֵּל זֶה, הִכָּה שְׁנֵיהֶם בְּבַת אַחַת אוֹ קִילֵּל שְׁנֵיהֶם בְּבַת אַחַת – חַיָּיב. רַבִּי יְהוּדָה אוֹמֵר: בְּבַת אַחַת – חַיָּיב, בְּזֶה אַחַר זֶה – פָּטוּר.

The Gemara answers: **He holds in accordance with** the opinion of **the other *tanna*** in the name **of Rabbi Yehuda, as it is taught** in a *baraita*: If a woman was divorced and remarried soon after, and a son was born seven months after her remarriage and nine months after her divorce, it is unclear whether he is the son of the first husband or of the second husband. In that case, if this son **struck this** husband of his mother, **and then struck that** husband, or if he **cursed this** husband **and then cursed that one,** and likewise if **he struck both of them simultaneously or cursed both of them simultaneously,** he is **liable** for striking or cursing his father. **Rabbi Yehuda says:** If he cursed or struck both of them **simultaneously** he is **liable,** but if he cursed or struck them **one after the other,** even if he was forewarned prior to cursing or striking each one, he is **exempt.** Apparently, Rabbi Yehuda is of the opinion that one is not flogged after uncertain forewarning; since in this case it is impossible to determine which of them is the father, inevitably the forewarning is uncertain.

וְרַבִּי יוֹחָנָן נָמֵי, הָא וַדַּאי לָאו שֶׁאֵין בּוֹ מַעֲשֶׂה הוּא!

The Gemara asks: **And** according to **Rabbi Yoḥanan too, this is certainly** a case of **a prohibition that does not involve an action.** Why, then, does he not conclude based on Rabbi Yehuda's statement that one is flogged for violating a prohibition of that kind?

סָבַר לַהּ כִּי הָא דְּאָמַר רַב אִידִי בַּר אָבִין אָמַר רַב עַמְרָם אָמַר רַבִּי יִצְחָק אָמַר רַבִּי יוֹחָנָן: רַבִּי יְהוּדָה אוֹמֵר מִשּׁוּם רַבִּי יוֹסֵי הַגְּלִילִי: כׇּל לֹא תַעֲשֶׂה שֶׁבַּתּוֹרָה, לָאו שֶׁיֵּשׁ בּוֹ מַעֲשֶׂה – לוֹקִין עָלָיו, לָאו שֶׁאֵין בּוֹ מַעֲשֶׂה – אֵין לוֹקִין עָלָיו, חוּץ מִן הַנִּשְׁבָּע, וּמֵימֵר, וְהַמְקַלֵּל אֶת חֲבֵירוֹ בַּשֵּׁם.

The Gemara answers: Rabbi Yoḥanan **holds in accordance with that which** was cited in his name, as **Rav Idi bar Avin says** that **Rav Amram says** that **Rabbi Yitzḥak says** that **Rabbi Yoḥanan says** that **Rabbi Yehuda says in the name of Rabbi Yosei HaGelili:** With regard to **any prohibition in the Torah,** if it is **a prohibition that involves an action, one is flogged for its** violation; if it is **a prohibition that does not involve an action,**[H] **one is not flogged for its** violation, **except for one who takes** a false **oath, one who substitutes**[B] a non-sacred animal for a sacrificial animal, saying: This animal is substituted for that one, **and one who curses another invoking the name** of God. In those three instances, the perpetrator is flogged even though he performed no action.

קַשְׁיָא דְּרַבִּי יְהוּדָה אַדְּרַבִּי יְהוּדָה!

The Gemara asks: Although the difficulties that were raised with regard to the opinions of Rabbi Yoḥanan and Reish Lakish were answered, the apparent contradiction from one statement **of Rabbi Yehuda to** another statement **of Rabbi Yehuda** is **difficult.** The Gemara cited contradictory statements of Rabbi Yehuda with regard to lashes both in the case of a prohibition that does not involve an action and in the case of uncertain forewarning.

אִי לְרַבִּי שִׁמְעוֹן בֶּן לָקִישׁ – תְּרֵי תַּנָּאֵי אַלִּיבָּא דְּרַבִּי יְהוּדָה, אִי לְרַבִּי יוֹחָנָן – לָא קַשְׁיָא; הָא – דִּידֵיהּ, הָא – דְּרַבֵּיהּ.

The Gemara answers: **If** it is according **to Rabbi Shimon ben Lakish,** the contradiction may be resolved with the explanation that the two sources reflect the opinions of **two *tanna'im*,** who disagree **in accordance with** the opinion **of Rabbi Yehuda. If** it is according **to Rabbi Yoḥanan,** the contradiction is **not difficult,** as **this** *baraita* reflects **his** opinion, that one is flogged for violating a prohibition that involves an action, and **that** *baraita* reflects the opinion **of his teacher,** Rabbi Yosei HaGelili, who holds that one is not flogged for violating a prohibition that involves an action.

תְּנַן הָתָם: הַנּוֹטֵל אֵם עַל הַבָּנִים, רַבִּי יְהוּדָה אוֹמֵר: לוֹקֶה וְאֵינוֹ מְשַׁלֵּחַ. וַחֲכָמִים אוֹמְרִים: מְשַׁלֵּחַ וְאֵינוֹ לוֹקֶה; זֶה הַכְּלָל: כׇּל מִצְוַת לֹא תַעֲשֶׂה שֶׁיֵּשׁ בָּהּ קוּם עֲשֵׂה – אֵין חַיָּיבִין עָלֶיהָ. אָמַר רַבִּי יוֹחָנָן: אֵין לָנוּ אֶלָּא זוֹ וְעוֹד אַחֶרֶת.

§ **We learned** in a mishna **there** (17a): With regard to **one who takes** the **mother** bird **with** her **fledglings,**[H] thereby violating the Torah prohibition: "You shall not take the mother with her fledglings; you shall send the mother, and the fledglings you may take for yourself" (Deuteronomy 22:6–7), **Rabbi Yehuda says:** He is **flogged** for taking the mother bird, **and** he **does not send** the mother,[N] **and the Rabbis say: He sends** the mother **and is not flogged,** as **this is the principle:** With regard to **any prohibition that entails** a command to **arise** and **perform** a mitzva, **one is not liable** to receive lashes **for its** violation. **Rabbi Yoḥanan says: We have only this** mitzva **and another** where one would be flogged if not for the relevant mitzva.

HALAKHA

A prohibition that does not involve an action – **לָאו שֶׁאֵין בּוֹ מַעֲשֶׂה**: One is not flogged for violating a prohibition that does not involve an action, e.g., one who slanders, takes revenge, or bears a grudge. The three exceptions to this principle are one who takes a false oath, one who substitutes a non-sacred animal for a sacrificial animal, and one who curses another, invoking the name of God. Some early commentaries hold that for any prohibition that can be violated without performing an action, one is not flogged even if he performed an action in its violation (*Sefer HaHinnukh*). Others maintain that in that case, if he violates the prohibition with an action he is flogged; if he does so without performing an action, he is not flogged (Rambam *Sefer Shofetim*, *Hilkhot Sanhedrin* 18:2 and *Mishne LaMelekh* there).

One who takes the mother bird with her fledglings – **הַנּוֹטֵל אֵם עַל הַבָּנִים**: One who takes a mother bird with her fledglings and slaughters her is liable to receive lashes. If he takes the mother bird and then sends her away, he is exempt from lashes in accordance with the opinion of the Rabbis in the mishna. If the bird died before he sent her away, he is flogged. This is in accordance with the opinion of Rabbi Yoḥanan, who holds, according to the Rambam's reading, that one is flogged if he is unable or unwilling to fulfill the mitzva that rectifies the prohibition, even if he did not perform an action that renders its fulfillment impossible. According to the standard version of the Gemara, Rabbi Yoḥanan is of the opinion that one is flogged only if he performs an action that renders fulfillment of the mitzva impossible; therefore, one who takes the mother bird is flogged only if he slaughters her (Rambam *Sefer Kedusha*, *Hilkhot Sheḥita* 13:1; *Shulḥan Arukh*, *Yoreh De'a* 292:6 and *Beur HaGra* there).

BACKGROUND

Substitution – **תְּמוּרָה**: Substitution of a non-sacred animal for a sacrificial animal is mentioned in the Torah (Leviticus 27:10), and tractate *Temura* is devoted to the *halakhot* of substitution. The Torah prohibits the substitution of a non-sacred animal for a sacrificial animal, whether blemished or unblemished. One who does so violates a prohibition and is flogged. Although this substitution is prohibited, if one does substitute a non-sacred animal for a sacrificial animal, the non-sacred animal is thereby consecrated, while the sacrificial animal maintains its sanctity. This *halakha* applies to both blemished and unblemished non-sacred animals, and once the substitution takes place, the newly consecrated substitute animal may not be utilized for labor or be redeemed. What ensues for the substitute varies with the type of offering for which it was substituted. In some cases, e.g., a sin-offering, the substitute is left to die. In other cases, e.g., a guilt-offering, the substitute grazes until it becomes blemished. In yet other cases, e.g., a peace-offering, the substitute, like the animal for which it is substituted, is sacrificed on the altar.

NOTES

He is flogged and does not send the mother – **לוֹקֶה וְאֵינוֹ מְשַׁלֵּחַ**: Rabbi Yehuda maintains that the Torah's command "You shall send the mother" does not address the period after one already took the mother; rather, it addresses the period before he approached the nest and instructs him with regard to the appropriate conduct in that situation; send away the mother. Therefore, the prohibition "You shall not take" is preceded by a positive mitzva, and one is flogged for violation of a prohibition that is preceded by a positive mitzva (Rashi; Meiri; Ritva).

אֲמַר לֵיהּ רַבִּי אֶלְעָזָר: הֵיכָא? אֲמַר לֵיהּ: לְכִי תִּשְׁכַּח. נְפַק דַּק וְאַשְׁכַּח, דְּתַנְיָא: אוֹנֵס שֶׁגֵּירֵשׁ, אִם יִשְׂרָאֵל הוּא – מַחֲזִיר וְאֵינוֹ לוֹקֶה, וְאִם כֹּהֵן הוּא – לוֹקֶה וְאֵינוֹ מַחֲזִיר.

Rabbi Elazar said to Rabbi Yoḥanan: **Which is** that other mitzva? Rabbi Yoḥanan **said to him:** You will know **when you discover it** yourself. Rabbi Elazar **went out, examined** the matter, **and discovered** the answer, **as it is taught** in a *baraita*: With regard to **a rapist who divorced** the woman he raped, **if he is a non-priest, he remarries** her, **and he is not flogged** for violating the prohibition: "He may not send her away all his days" (Deuteronomy 22:29). **And if he is a priest,** he is **flogged** for violating the prohibition, **and he does not remarry** her.

הָנִיחָא לְמַאן דְּתָנֵי קִיְּימוֹ וְלֹא קִיְּימוֹ.

The Gemara states: **This works out well according to the one who teaches** that the criterion for determining whether one is flogged for violating a prohibition that entails fulfillment of a positive mitzva is whether **he fulfilled** the mitzva **or did not fulfill** the mitzva, and if he does not fulfill the mitzva immediately when he is instructed to do so, he is flogged when he fails to do so.

אֶלָּא לְמַאן דְּתָנֵי בִּיטְּלוֹ וְלֹא בִּיטְּלוֹ, בִּשְׁלָמָא גַּבֵּי שִׁילּוּחַ הַקֵּן מַשְׁכַּחַתְּ לַהּ, אֶלָּא אוֹנֵס בִּיטְּלוֹ וְלֹא בִּיטְּלוֹ הֵיכִי מַשְׁכַּחַתְּ לַהּ?

But according to the one who teaches that the criterion for determining whether one is flogged in that case is whether **he nullified** the mitzva **or did not nullify** the mitzva, and one is flogged only if he performed an action that renders it impossible to fulfill the mitzva, **granted, with regard to** the **sending** away of the mother bird from **the nest, you** can **find** a situation where he nullifies the mitzva, e.g., if he killed the mother bird. **But** in the case of **a rapist,** if the criterion is whether **he nullified** the mitzva **or he did not nullify it, how can you find** a situation where the man is flogged because he nullified any possibility of remarrying her?

אִי דְּקַטְלָהּ – קָם לֵיהּ בִּדְרַבָּה מִינֵּיהּ! אֲמַר רַב שִׁימִי מִחוֹזְנָאָה: כְּגוֹן שֶׁקִּיבֵּל לָהּ קִידּוּשִׁין מֵאַחֵר. אֲמַר רַב: אִי שַׁוְּיתֵיהּ שָׁלִיחַ – אִיהִי קָא מְבַטְּלָא לֵיהּ, אִי לָא שַׁוְּיתֵיהּ שָׁלִיחַ – כָּל כְּמִינֵּיהּ? וְלָאו כְּלוּם הִיא!

If he cannot remarry her because **he killed her,** he will be executed, not flogged, based on the principle: **He receives the greater** punishment. **Rav Shimi of Meḥoza said:** He nullifies the possibility of remarriage in a case **where he received, on her** behalf, the money for **betrothal**[H] **from another,** thereby ensuring that his own remarriage to her is no longer an option. **Rav said:** That is not a viable solution; **if** his ex-wife **designated him as an agent** to receive the money of betrothal on her behalf, it is **she who nullifies** the possibility of fulfilling the mitzva **for him,** as a woman is betrothed only with her consent, and he is not liable at all. **If she did not designate him as an agent, is it in his** power to accept betrothal on behalf of a woman who did not designate him to do so? His action **is nothing,** and the betrothal does not take effect.

אֶלָּא אָמַר רַב שִׁימִי מִנְּהַרְדְּעָא: כְּגוֹן שֶׁהִדִּירָהּ בָּרַבִּים. הָנִיחָא לְמַאן דְּאָמַר נֶדֶר שֶׁהוּדַּר בָּרַבִּים אֵין לוֹ הֲפָרָה, אֶלָּא לְמַאן דְּאָמַר יֵשׁ לוֹ הֲפָרָה, מַאי אִיכָּא לְמֵימַר? דְּמַדִּירָהּ לָהּ עַל דַּעַת רַבִּים. דְּאָמַר אַמֵימָר: הִלְכְתָא, נֶדֶר שֶׁהוּדַּר בָּרַבִּים – יֵשׁ לוֹ הֲפָרָה, עַל דַּעַת רַבִּים – אֵין לוֹ הֲפָרָה.

Rather, Rav Shimi of Neharde'a said: He nullifies the possibility of remarriage in a case **where he vowed in public** that it is prohibited for him to derive benefit from **her,** and it is consequently prohibited for him to marry her. The Gemara asks: **This works out well according to the one who says** that **a vow that was taken in public has no nullification;** he is flogged, since by taking that vow he has rendered remarriage impossible. **But according to the one who says** that even a vow taken in public **has** the possibility of **nullification, what can be said?** He can nullify the vow and remarry her. The Gemara answers: The reference is to a case **where he vows on** the basis **of the consent of the public** that it is prohibited for him to derive benefit from **her, as Ameimar says** that **the** ***halakha*** is: **A vow that was taken in public**[H] **has** the possibility of **nullification;** a vow that was taken **on** the basis of **the consent of the public has no nullification.**

וְתוּ לֵיכָּא? וְהָא אִיכָּא (סִימָן: גֵּזֶל מִשְׁכָּן וּפֵאָה) גֵּזֶל, דְּרַחֲמָנָא אָמַר "לֹא תִגְזֹל", "וְהֵשִׁיב אֶת הַגְּזֵלָה". מַשְׁכּוֹן, דְּרַחֲמָנָא אָמַר "לֹא תָבֹא אֶל בֵּיתוֹ לַעֲבֹט עֲבֹטוֹ". "הָשֵׁב תָּשִׁיב לוֹ הָעֲבוֹט כְּבֹא הַשֶּׁמֶשׁ",

The Gemara questions Rabbi Yoḥanan's statement: **And** are there **no more** prohibitions that entail fulfillment of a positive mitzva for which one is flogged? **But aren't there others?** Before stating its challenges, the Gemara provides **a mnemonic**[B] for the cases that it will cite: **Robbery, collateral, and** ***pe'a.*** The Gemara elaborates: Isn't there the case of **robbery,**[H] **where the Merciful One states: "You shall not rob"** (Leviticus 19:13), and also states: **"And he shall return the stolen item"** (Leviticus 5:23)? Isn't there the case of **collateral,**[H] **where the Merciful One states: "You shall not come into his house to fetch his pledge"** (Deuteronomy 24:10), and He then states: **"You shall return to him the pledge when the sun sets"** (Deuteronomy 24:13)?

HALAKHA

Where he received on her behalf, the money for betrothal, etc. – כְּגוֹן שֶׁקִּיבֵּל לָהּ קִדּוּשִׁין וכו׳: If a rapist violates a prohibition by divorcing his wife, the court compels him to remarry her. If she dies before he is able to remarry her, or if she becomes betrothed to another in the interim, the rapist is flogged. This is in accordance with the opinion of Rabbi Yoḥanan, according to the Rambam's version of the text, that once the mitzva can no longer be fulfilled, he is flogged (Rambam *Sefer Nashim, Hilkhot Na'ara Betula* 1:7).

A vow that was taken in public, etc. – נֶדֶר שֶׁהוּדַּר בָּרַבִּים וכו׳: Even one who takes an oath in public may request that a halakhic authority dissolve his oath. One who takes an oath or a vow on the basis of the consent of the public can have it dissolved only for a matter involving fulfillment of a mitzva, as in the case cited in the Gemara (16b). See the Rema, who elaborates on the definition of a matter involving fulfillment of a mitzva. The *Shulḥan Arukh* writes, in accordance with the opinion of Rabbeinu Tam, that this means the vow can be dissolved only with consent of that public on the basis of whose consent he vowed. The Rema, citing the responsa of the Ran, rules that even with the consent of the public, the vow may be dissolved only for a matter involving fulfillment of a mitzva. In order to avoid the potential violation of a prohibition, one may have the vow dissolved even without the consent of the public, as it is clear that the public would not want a prohibition to be violated.

In this context, the public consists of no fewer than three people, and the case is where one says that he is taking the oath or vow based on the consent of so-and-so, so-and-so, and so-and-so. If he merely vows based on the consent of the public without further specification, his vow can be dissolved. Others claim that if he vows in the presence of many people and states explicitly that he is taking the vow based on the consent of the public, the vow cannot be dissolved (Rashba). The Rema writes that if one vows based on the consent of the public and the vow is dissolved, the dissolution is effective after the fact, although with the exception of exigent circumstances, one should not dissolve that vow *ab initio*. The *Shakh* rules that the vow is dissolved after the fact only if he vowed on the basis of the consent of a non-specific public, but if he specified the names of the people on the basis of whose consent he is taking the vow, then even in exigent circumstances and even after the fact, the vow is not dissolved (Rambam *Sefer Hafla'a, Hilkhot Shevuot* 6:8; *Shulḥan Arukh, Yoreh De'a* 228:21–23).

Robbery – גֵּזֶל: One who robs another of an item violates a prohibition but is not flogged, as the Torah established that one may rectify this transgression through the fulfillment of the mitzva of returning the stolen item. He is not flogged even if he burns the stolen item and refuses to pay restitution, as one is not flogged for violating a prohibition that entails a monetary obligation. The commentaries on the Rambam discuss at length the reason for his ruling, as in general, in cases where one is liable to receive lashes and to pay restitution, he rules that one is flogged and is not liable to pay restitution (Rambam *Sefer Nezikin, Hilkhot Gezeila VaAveda* 1:1 and *Sefer Shofetim, Hilkhot Sanhedrin* 18:2).

Collateral – מַשְׁכּוֹן: One who lends money to another may not enter his house or forcibly take collateral from him. If he violates this prohibition, he is not liable to receive lashes, because the prohibition entails fulfillment of a mitzva that rectifies it, as it is written: "You shall return to him the pledge when the sun sets." If one does not fulfill the mitzva, and the collateral is lost or burned, he is flogged. The Ra'avad writes that this is an error, and the reason he is liable is that he assumed responsibility for the collateral (Rambam *Sefer Mishpatim, Hilkhot Malve VeLoveh* 3:4 and *Mishne LaMelekh* there; *Shulḥan Arukh, Ḥoshen Mishpat* 72:11, 97:14).

BACKGROUND

Mnemonic – סִימָן: Since the Talmud was studied orally for many generations, mnemonics were employed to facilitate remembering a series of statements and the order in which they were taught.

NOTES

The collateral of a convert – מַשְׁכּוֹנוֹ שֶׁל גֵּר: Every born Jew has heirs of some sort, related to his father, even if he has no children. Therefore, the collateral can be restored to his heirs after his death. A convert has no Jewish heirs unless he fathered children after his conversion, which means that if one destroys the collateral of a convert and the convert dies, one has nullified any possibility of fulfilling the mitzva of restoring the collateral.

וּמַשְׁכַּחַתְּ לַהּ בְּקִיְּמוֹ וְלֹא קִיְּמוֹ, וּבִיטְּלוֹ וְלֹא בִיטְּלוֹ! הָתָם כֵּיוָן דְּחַיָּיב בְּתַשְׁלוּמִין – אֵין לוֹקֶה וּמְשַׁלֵּם.

The Gemara continues: **And you find** that one is liable to receive lashes **in** those cases both if the criterion is whether **he fulfilled** the mitzva **or did not fulfill** the mitzva, **and** if the criterion is whether **he nullified** the mitzva **or he did not nullify it.** According to the first criterion, he is flogged if he fails to return the stolen item or the collateral; according to the second criterion, he is flogged if he destroys the stolen item or the collateral. The Gemara answers: **There,** in both those cases, he is not flogged, **since he is liable to** remit monetary **payment** for the stolen item or the collateral, as the principle is: **One is not** both **flogged and** liable to **pay** restitution for one transgression.

מַתְקִיף לַהּ רַבִּי זֵירָא: הָא אִיכָּא מַשְׁכּוֹנוֹ שֶׁל גֵּר, וּמֵת הַגֵּר!

Rabbi Zeira objects to this: But isn't there a case where he is not liable to pay, e.g., if he appropriated **the collateral of a convert**[N] **and the convert died** with no heirs. In that case, there is no payment, and nevertheless, he is not flogged.

Perek **III**
Daf **16** Amud **b**

הָתָם גַּבְרָא בַּר תַּשְׁלוּמִין הוּא, וְשִׁיעְבּוּדָא דְּגֵר הוּא דְּקָא פָּקַע.

The Gemara answers: **There, the man** who appropriated the collateral **is liable to** remit monetary **payment, and it is** only **that the lien of the convert** on the property **has lapsed,** as there is no one to receive payment. Therefore, he is not flogged, based on the principle: One is not both flogged and liable to pay restitution.

וְהָא אִיכָּא פֵּאָה, דְּרַחֲמָנָא אָמַר ״לֹא תְכַלֶּה פְּאַת״ וגו׳ ״לֶעָנִי וְלַגֵּר תַּעֲזֹב אֹתָם״ וגו׳,

The Gemara asks: **But isn't there** the case of ***pe'a,*** where there is a prohibition, **as the Merciful One states: "You shall not wholly reap the corner of** your field" (Leviticus 23:22), followed by the mitzva: **"To the poor and the convert you shall leave them"** (Leviticus 23:22)?

דְּמַשְׁכַּחַתְּ לַהּ בְּקִיְּמוֹ וְלֹא קִיְּמוֹ בִּיטְּלוֹ וְלֹא בִּיטְּלוֹ! דְּתַנְיָא: מִצְוַת פֵּאָה לְהַפְרִישׁ מִן הַקָּמָה, לֹא הִפְרִישׁ מִן הַקָּמָה – מַפְרִישׁ מִן הָעוֹמָרִין, לֹא הִפְרִישׁ מִן הָעוֹמָרִין – מַפְרִישׁ מִן הַכְּרִי, עַד שֶׁלֹּא מֵירֵחַ. מֵירְחוֹ – מְעַשֵּׂר וְנוֹתֵן לוֹ!

And **you find** one liable to receive lashes **in** those cases both if the criterion is whether **he fulfilled** the mitzva **or did not fulfill** the mitzva, **and** if the criterion is whether **he nullified** the mitzva **or he did not nullify it, as we learned** in a *baraita*: The **mitzva of *pe'a*** is **to separate** it **from the standing grain** still growing from the ground. If **he did not separate** it **from the standing grain,** but reaped the entire field, **he separates** a portion **from the sheaves** as *pe'a*. If he did **not separate** it **from the sheaves, he separates** it **from the pile** where one places the kernels after threshing, **before he smooths** the pile. Once he smooths the pile, the produce is considered grain from which one is obligated to separate *terumot* and tithes. If he already **smoothed** the pile before designating the *pe'a*, **he tithes** the grain in the pile **and** then **gives** the *pe'a* **to** the poor person. Once he grinds the kernels into flour, he no longer separates *pe'a*.

כְּדְרַבִּי יִשְׁמָעֵאל, דְּאָמַר: אַף מַפְרִישׁ מִן הָעִיסָּה. וּלְרַבִּי יִשְׁמָעֵאל נַמִי מַשְׁכַּחַתְּ לַהּ, דַּאֲכַל עִיסָּה!

Apparently, it is possible to nullify the possibility of fulfilling the mitzva of leaving *pe'a* by grinding the grain; why, then, did Rabbi Yoḥanan omit this case from his list of prohibitions rectified by a positive mitzva for which one is flogged? The Gemara answers: Rabbi Yoḥanan holds **in accordance with** the opinion **of Rabbi Yishmael, who says:** One **separates** *pe'a* **even from the dough.**[H] He maintains that the possibility of fulfilling the mitzva of *pe'a* is never nullified, as one may separate *pe'a* even after grinding and kneading. The Gemara challenges: **And** according **to Rabbi Yishmael, you also find** a way to nullify the possibility of fulfilling the mitzva, in a case **where one ate** the **dough.**

HALAKHA

One separates *pe'a*...from the dough – מַפְרִישׁ מִן הָעִיסָּה: One who reaps his field may not reap the entire field, but must leave the standing grain in one corner of the field for the poor. This mitzva is called *pe'a*. If he failed to leave the grain standing in that corner and reaped the entire field, he must separate some of the reaped sheaves or grain and give to the poor what he separated, thereby fulfilling the mitzva "To the poor and the convert you shall leave them." Even if he ground the grain into flour and baked it into bread, he is still required to give some of it to the poor, in accordance with the opinion of Rabbi Yishmael.

If after he violated the prohibition the entire crop was lost or burned before he gave *pe'a* to the poor, he is flogged, as he is no longer able to perform the mitzva that the prohibition entails in order to rectify the situation. This is in accordance with the opinion of Rabbi Yoḥanan, who holds, according to the Rif's version of the Gemara, that the relevant criterion in this regard is whether it remains possible to fulfill the mitzva. One is flogged only when it is no longer possible to fulfill the mitzva (Rambam *Sefer Zera'im, Hilkhot Mattenot Aniyyim* 1:1–2).

אלא, זאת ועוד אחרת – אהא, אבל אונס – לא. דהיכא אמרינן על דעת רבים אין לו הפרה – לדבר הרשות, אבל לדבר מצוה – יש לו הפרה.

Rather, the Gemara retracts its previous understanding of the statement of Rabbi Yoḥanan: We have only this mitzva and another where one would be flogged if not for the relevant mitzva. The term: **This,** is in reference to the sending away of the mother bird, **and** the term: **Another,** is in reference **to this** *halakha* of *pe'a*. **But** in the case of **a rapist, no,** the possibility of remarrying the rape victim whom he divorced is not nullified, even if he vows on the basis of the consent of the public. **Where do we say** that a vow **on** the basis of **the consent of the public has no nullification?** It is only in a case where one seeks nullification of the vow **for** the purpose of **a matter** that is **optional,** i.e., not a mitzva; **but** if one seeks nullification of the vow **for** the purpose of **a matter** that is **a mitzva,** even a vow taken on the basis of the consent of the public **has** the possibility of **nullification.**[N] In the case of the rapist, he could seek nullification of his vow to enable him to fulfill the mitzva of remarrying his divorcée, and therefore the vow can be nullified.

כי הא דההוא מקרי דרדקי דהוה פשע בינוקי, אדריה רב אחא, ואהדריה רבינא, דלא אשתכח דדייק כוותיה.

The Gemara relates an incident that proves this point. **As** this happened in **that** incident **where** there was **a certain teacher of children who was negligent in** his supervision of the **children,**[N] and **Rav Aḥa vowed** on the basis of the consent of the public that **he** would no longer be allowed to teach children. **And** nevertheless **Ravina restored him** to his position, **because no** other teacher **was found who was as accurate as he.** Apparently, even a vow taken on the basis of the consent of the public has the possibility of nullification, if that nullification is sought in order to fulfill a mitzva.

"והאוכל נבילות וטריפות שקצים ורמשים" וכו'. אמר רב יהודה: האי מאן דאכל ביניתא דבי כרבא – מלקינן ליה משום "שרץ השרץ על הארץ". ההוא דאכל ביניתא דבי כרבא ונגדיה רב יהודה.

§ The mishna teaches: **And one who eats unslaughtered** animal or bird **carcasses, or** *tereifot*, or **repugnant creatures, or creeping animals,** is liable to receive lashes. **Rav Yehuda says: One who eats a fish**-like creature found **in** the furrows of a field formed by **a plow** [***binnita devei kerava***],[HBN] **we flog him due to** violation of the prohibition: **"Creeping animals that creep on the ground…** shall not be eaten" (Leviticus 11:41). The Gemara relates: There was **a certain** person **who ate a fish**-like creature found **in** the furrows of a field formed by **a plow, and Rav Yehuda flogged him.**

אמר אביי: אכל פוטיתא – לוקה ארבעה.

Abaye says: One who ate **a** ***putita***,[HLN] a creeping animal found in the sea, **is flogged** with **four** sets of lashes. There are two prohibitions stated with regard to creeping animals in the sea: "And any that do not have fins and scales in the seas and in the rivers…you shall not eat of their flesh" (Leviticus 11:10–11), and: "And any that do not have fins and scales you shall not eat" (Deuteronomy 14:10). In addition, there are two other prohibitions stated with regard to creeping animals in general: "You shall not render yourselves detestable with any creeping animal that creeps, neither shall you render yourselves impure with them" (Leviticus 11:43), for a total of four.

NOTES

For the purpose of a matter that is a mitzva a vow has the possibility of nullification – לדבר מצוה יש לו הפרה: The early commentaries explain that since he takes a vow on the basis of the consent of the public he requires their agreement to dissolve the vow, and presumably he does not have their agreement. Others explain that since there are many reasons that a person would regret his vow, the multitudes that constitute the public, on the basis of whose consent he vowed, might not share that regret, or might regret the vow for different reasons. When the fulfillment of a mitzva is involved, presumably the public will agree to have the vow dissolved, and they all regret the vow for the same reason (see *Shakh* and *Beur HaGra*).

Negligent [*pasha*] in his supervision of the children – פשע בינוקי: Rashi explains *pasha* to mean that he would strike them excessively. The Ritva states that this is not an appropriate explanation of the term *pasha*, which usually refers to negligence. Therefore, he explains that the teacher did not properly supervise the children, through either laxity with regard to their studies or failure to correct their mistakes.

Fish-like creature in furrows formed by a plow – ביניתא דבי כרבא: Rashi understands this term as referring to a worm inside a cabbage. The Rambam similarly indicates that the reference is to a worm that originated in a cabbage and then emerged and crawled toward the ground, even if it never actually reached the ground; in that case, one who eats such a creature violates the prohibition with regard to creeping animals that creep on the ground (see *Tosafot*, Ramban, and Ritva).

Putita – פוטיתא: This is a species of creeping animal found in water (Rashi). The Rid maintains that it is a non-kosher fish. According to Rashi and many early commentaries, two prohibitions were stated with regard to creeping animals in water, and two others with regard to creeping animals in general, and one is liable to receive one set of lashes for each prohibition. He explains the cases of the ant and the wasp in a similar manner. The Rambam has an alternative explanation (*Sefer HaMitzvot*, prohibition 179 and principle 9).

HALAKHA

Fish-like creature in furrows formed by a plow [*binnita devei kerava*] – ביניתא דבי כרבא: One who eats an olive-bulk of those species that originated in decaying fruit and food and then crawled out onto the ground is liable to receive lashes, even if after crawling on the ground they returned to the fruit from which they came, as it is written: "Creeping animals that creep on the ground…shall not be eaten" (Leviticus 11:41), thereby prohibiting all creatures that crawled on land. If they did not leave the food, it is permitted to eat the fruit with the creature inside it. This is the case only if the creatures in the food originated after it was uprooted from the ground. If they originated while the fruit was still attached to the ground, they are considered a creature that creeps on the ground, and one who eats them is flogged. This is the Rambam's understanding of the term: *Binnita devei kerava* (Rambam *Sefer Kedusha, Hilkhot Ma'akhalot Assurot* 2:14–15; see *Shulḥan Arukh, Yoreh De'a* 84:6).

One who ate a *putita* – אכל פוטיתא: According to the Rambam the *putita* is a creeping animal that exists on land and in water and originates in decaying fruit. One who eats it is flogged with four sets of lashes. The Ra'avad offers a dissenting opinion and claims that creatures of this kind do not exist. The Ramban disagrees, and claims that the reference is to a small, non-kosher fish, for which one is flogged with four sets of lashes, two due to the fact that it is a creeping creature on land and two due to the fact that it is a creeping creature in water (Rambam *Sefer Kedusha, Hilkhot Ma'akhalot Assurot* 2:23 and *Mishne LaMelekh* there; *Sefer HaMitzvot*, prohibition 149; Ramban on *Sefer HaMitzvot*, principle 9).

BACKGROUND

Fish-like creature in furrows formed by a plow [*binnita devei kerava*] – ביניתא דבי כרבא: *Binnita* usually means fish. Most commentaries maintain that *binnita devei kerava* means a fish found in the furrows, as various types of fish make their way from one stream to another via adjoining fields. If the reference is to a non-kosher sea creature, perhaps it is an eel, which is occasionally found in damp grounds.

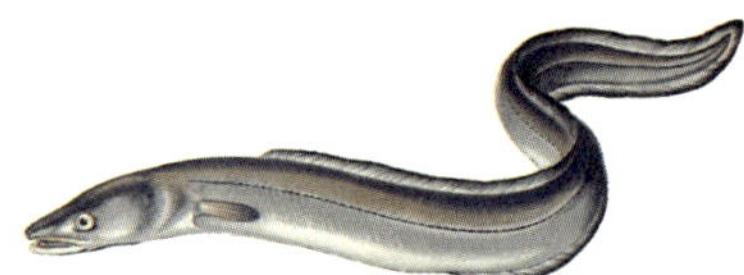

Conger eel

LANGUAGE

Putita – פוטיתא: Apparently an Aramaic form of the Greek ψῆττα, *psētta*, a name given to different types of flatfish, e.g., flounder. These fish are typically found dug into the seabed, and undergo a significant change in appearance during the course of their development, similar to caterpillars. Because they are found in the ground, they are categorized as creeping animals (see *Arukh*).

Camouflaged flatfish

NOTES

If one ate a wasp he is flogged six – צִרְעָה לוֹקֶה שֵׁשׁ: The Meiri explains that a wasp does not have wings from the beginning of its growth, but begins as a creeping animal that creeps on the land. When the wings grow, the additional prohibition of a winged creeping creature takes effect.

Violates the prohibition of: You shall not make your souls detestable – עוֹבֵר מִשּׁוּם לֹא תְשַׁקְּצוּ: Almost all the early commentaries explain that there is no actual Torah prohibition. Rather, the Sages stated that there are certain actions that are not explicitly prohibited by Torah law but are in certain respects similar to matters prohibited by Torah law. In this case, as the performance of detestable actions or consumption of detestable food evokes the verse, the Sages initiated a prohibition in their regard. The Ritva claims that the Ramah disagrees, and holds it is a prohibition by Torah law.

And brought another one that was alive – וְהֵבִיא אֶחָד חַי: This is actually referring to a whole, dead, ant, as it is certainly not alive when he eats it. With regard to this matter, there is no difference whether it is alive or dead (*Tosafot*; Rambam).

BACKGROUND

Bloodletter's horn – קַרְנָא דְאוּמָּנָא: According to Rashi, it appears that these horns were like cupping glasses that drew out blood by creating a vacuum by means of heating or sucking, thereby drawing the blood into the horn of a ram or a cow. It is also possible that these horns were vessels for storing the blood that flowed from incisions in the flesh made by bloodletters. Either way, the horns would contain congealed remnants of human blood.

Talmudic-era cupping glass with a spout used for sucking

נְמָלָה – לוֹקֶה חָמֵשׁ, מִשּׁוּם ״שֶׁרֶץ הַשֹּׁרֵץ עַל הָאָרֶץ״.

If one ate **an ant,**[H] **he is flogged** with **five** sets of lashes. In addition to the two prohibitions stated with regard to repugnant creatures in general, he is also flogged **for** violating the prohibitions: **"Creeping animals that creep on the ground…** shall not be eaten" (Leviticus 11:41), and: "And all creeping animals that creep on the ground, you shall not eat them" (Leviticus 11:42), and: "Neither shall you render yourselves impure with any manner of creeping things that crawls upon the ground" (Leviticus 11:44).

צִרְעָה – לוֹקֶה שֵׁשׁ, מִשּׁוּם שֶׁרֶץ הָעוֹף.

If one ate **a wasp, he is flogged** with **six**[NH] sets of lashes. In addition to the five prohibitions violated by one who eats an ant, he is flogged with an additional set of lashes **due to** violation of the prohibition with regard to **winged creeping creatures:** "And all winged creeping creatures are impure for you, they may not be eaten" (Deuteronomy 14:19).

אָמַר רַב אַחַאי: הַמַּשְׁהֶה אֶת נְקָבָיו עוֹבֵר מִשּׁוּם ״לֹא תְשַׁקְּצוּ״. אָמַר רַב בֵּיבַי בַּר אַבָּיֵי: הַאי מַאן דְּשָׁתֵי בְּקַרְנָא דְאוּמָּנָא קָא עָבַר מִשּׁוּם ״לֹא תְשַׁקְּצוּ״.

Rav Aḥai says: One who delays relieving himself through **his orifices**[H] when the need arises **violates** the prohibition **of:** **"You shall not make** your souls **detestable"** (Leviticus 20:25).[N] **Rav Beivai bar Abaye says: One who drinks from the horn of a bloodletter**[BH] through which blood has passed **violates** the prohibition **of: "You shall not make** your souls **detestable."**

אָמַר רָבָא בַּר רַב הוּנָא: רִיסֵּק תִּשְׁעָה נְמָלִים, וְהֵבִיא אֶחָד חַי וְהִשְׁלִימָן לְכַזַּיִת – לוֹקֶה שֵׁשׁ, חָמֵשׁ מִשּׁוּם בְּרִיָּה וְאֶחָד מִשּׁוּם כַּזַּיִת נְבֵילָה. רָבָא אָמַר רַבִּי יוֹחָנָן: אֲפִילּוּ שְׁנַיִם וְהוּא. רַב יוֹסֵף אָמַר: אֲפִילּוּ אֶחָד וְהוּא. וְלָא פְּלִיגִי, הָא בְּרַבְרְבֵי וְהָא בְּזוּטְרֵי.

Rava bar Rav Huna says: If one **crushed nine ants**[H] **and brought** another **one** that was **alive**[N] **and** thereby **completed** their measure **to an olive-bulk** and ate them, he is **flogged** with **six** sets of lashes: **Five for** eating **an entity** for which one is flogged five times as stated above with regard to one who eats an ant, **and one for** eating **an olive-bulk of an unslaughtered carcass** all together. **Rava** says that **Rabbi Yoḥanan says: Even** if **he** ate **two** crushed ants **and** the ant that was alive, he is flogged with six sets of lashes. **Rav Yosef says: Even** if **he** ate **one** crushed ant **and** the ant that was alive. The Gemara comments: **And they do not disagree; this** case, where Rava and Rav Yosef say that he is flogged for eating one or two crushed ants and one that is alive, is referring **to large** ants, which together amount to an olive-bulk. **And that** case, where Rava bar Rav Huna mentions nine ants, is referring **to small** ants, as a greater number of ants is required to constitute an olive-bulk and render him liable. Consequently, there is no halakhic dispute in this case.

HALAKHA

Ant – נְמָלָה: One who ate a flying ant that grows in water, originates in decaying fruit, and does not reproduce, is flogged with five sets of lashes. See the dissenting opinion of the Ra'avad, who claims that creatures of this kind do not exist. The Ramban claims that the reference in the Gemara is to a regular ant (Rambam *Sefer Kedusha, Hilkhot Ma'akhalot Assurot* 2:23 and *Mishne LaMelekh* there).

If one ate a wasp he is flogged six – צִרְעָה לוֹקֶה שֵׁשׁ: One who eats a creeping animal that is similar to the ant but falls into the category of a winged creeping creature is flogged with six sets of lashes. The Ra'avad claims that creatures of this kind do not exist. The Ramban claims that all flying creeping animals fall into the category of winged creeping creatures (Rambam *Sefer Kedusha, Hilkhot Ma'akhalot Assurot* 2:23).

One who delays relieving himself through his orifices – הַמַּשְׁהֶה אֶת נְקָבָיו: One who feels the urge to relieve himself and delays doing so has rendered himself detestable, and also causes himself to become ill. If he felt the urge during the *Amida* prayer, some say that he is obligated to interrupt the prayer and relieve himself (*Terumat HaDeshen*). Others maintain that he may restrain himself until he completes the prayer, unless the need is great, in which case any delay constitutes a violation of the prohibition: You shall not make yourselves detestable (Rashba). In practice, the *halakha* is that he is not required to interrupt his prayer under any circumstances (Rambam *Sefer HaMadda, Hilkhot Deot* 4:1 and *Sefer Kedusha, Hilkhot Ma'akhalot Assurot* 17:31; *Shulḥan Arukh, Oraḥ Ḥayyim* 92:1–2, and in the comment of Rema, and *Magen Avraham* there).

One who drinks from the horn of a bloodletter – שָׁתֵי בְּקַרְנָא דְאוּמָּנָא: The Sages prohibited consuming items that most people find disgusting. Likewise, it is prohibited to eat and drink using vessels that arouse disgust, e.g., vessels used in bloodletting. Similarly, one should not eat with filthy hands or on dirty dishes. All these fall under the rubric of the prohibition "You shall not make your souls detestable." One who eats in a disgusting manner is liable to receive lashes for rebelliousness by rabbinic law. Some say that the Sages instituted lashes in this case for violating a Torah prohibition, albeit one for which one is not liable to receive lashes by Torah law (*Taz*). The *Perisha* explains that they instituted lashes because it is a violation of a rabbinic prohibition (Rambam *Sefer Kedusha, Hilkhot Ma'akhalot Assurot* 17:29; *Shulḥan Arukh, Yoreh De'a* 116:6).

If one crushed nine ants – רִיסֵּק תִּשְׁעָה נְמָלִים: If one crushed nine ants and added a whole dead ant, which together constitute the measure of an olive-bulk, and proceeded to eat them, he is liable to receive six sets of lashes, five for the whole ant, and one for eating an olive-bulk from the carcass of an impure creature (Rambam *Sefer Kedusha, Hilkhot Ma'akhalot Assurot* 2:24).

"אָכַל טֶבֶל וּמַעֲשֵׂר רִאשׁוֹן" כו׳. אָמַר רַב: אָכַל טֶבֶל שֶׁל מַעֲשַׂר עָנִי – לוֹקֶה.

§ The mishna teaches that among those flogged is one who **ate untithed produce or first-tithe** produce whose *teruma* of the tithe was not taken. **Rav says:** If one **ate untithed produce** from which *teruma* and first tithe were separated and **poor man's tithe**[B] was not separated,[H] he is **flogged.**

כְּמַאן – כִּי הַאי תַּנָּא, דְּתַנְיָא, אָמַר רַבִּי יוֹסֵי: יָכוֹל לֹא יְהֵא חַיָּיב אֶלָּא עַל הַטֶּבֶל שֶׁלֹּא הוּרַם מִמֶּנּוּ כָּל עִיקָּר, הוּרַם מִמֶּנּוּ תְּרוּמָה גְּדוֹלָה וְלֹא הוּרַם מִמֶּנּוּ מַעֲשֵׂר רִאשׁוֹן, מַעֲשֵׂר רִאשׁוֹן וְלֹא מַעֲשֵׂר שֵׁנִי, וַאֲפִילּוּ מַעֲשַׂר עָנִי, מִנַּיִן?

The Gemara explains: **In accordance with whose** opinion did Rav issue this ruling? It is **in accordance with** the opinion of **this** ***tanna*****, as it is taught** in a *baraita* that **Rabbi Yosei says:** One **might** have thought **that one is liable for** eating **only untithed produce from which no** gifts **were taken at all;** but if ***teruma gedola*** **was taken from** the produce, **but first tithe was not taken from it,** or if the **first tithe** was separated **but not second tithe, or even** if only **poor man's tithe** was not separated, **from where** is it derived that the halakhic status of the produce is that of untithed produce and one is liable for eating it?

תַּלְמוּד לוֹמַר "לֹא תוּכַל לֶאֱכֹל בִּשְׁעָרֶיךָ" וגו׳, וּלְהַלָּן הוּא אוֹמֵר "וְאָכְלוּ בִשְׁעָרֶיךָ וְשָׂבֵעוּ", מָה לְהַלָּן מַעֲשַׂר עָנִי – אַף כָּאן מַעֲשַׂר עָנִי, וְאָמַר רַחֲמָנָא: "לֹא תוּכַל".

The *baraita* continues: It is derived as **the verse states: "You may not eat within your gates** the tithe of your grain or of your wine or of your oil" (Deuteronomy 12:17), **and there it states:** "And you shall give to the Levite, to the convert, to the orphan, and to the widow, **and they shall eat within your gates and be satisfied"** (Deuteronomy 26:12). **Just as there,** with regard to the phrase "and they shall eat within your gates," it is referring to **poor man's tithe, here too,** "you may not eat within your gates" is referring to produce in which there is **poor man's tithe,** as it has not yet been separated, **and the Merciful One states** a prohibition: **You may not** eat it.

אָמַר רַב יוֹסֵף: כְּתַנָּאֵי, רַבִּי אֱלִיעֶזֶר אוֹמֵר: אֵין צָרִיךְ לִקְרוֹת אֶת הַשֵּׁם עַל מַעְשַׂר עָנִי שֶׁל דְּמַאי, וַחֲכָמִים אוֹמְרִים:

Rav Yosef said: This matter is **subject to** a dispute between ***tanna'im*****. Rabbi Eliezer says: One need not** separate by means of **calling the name**[N] **upon poor man's tithe of doubtfully tithed produce** [***demai***]. With regard to produce purchased from an *am ha'aretz*, i.e., one who is unreliable with regard to tithes, there is a rabbinic ordinance requiring one to separate first and second tithe and *teruma* of the tithe from it. Nevertheless, one is not required to separate poor man's tithe from that produce, because poor man's tithe is a monetary debt owed to the poor, and in a case of uncertainty, the principle is: The burden of proof rests upon the claimant. Rabbi Eliezer holds that failure to separate poor man's tithe does not accord the produce the status of untithed produce. **And the Rabbis say:**

BACKGROUND

Poor man's tithe – מַעֲשַׂר עָנִי: The poor man's tithe is separated from agricultural produce and distributed to the poor, during the third and sixth years of the Sabbatical cycle, replacing second tithe, which is separated during the first, second, fourth, and fifth years. After *teruma* and first tithe are separated, one-tenth of the remaining produce is separated as poor man's tithe and distributed to the poor. Although poor man's tithe is non-sacred, the produce is considered untithed and may not be eaten until the poor man's tithe is separated.

HALAKHA

If one ate untithed produce and poor man's tithe was not separated – אָכַל טֶבֶל שֶׁל מַעֲשַׂר עָנִי: If one eats an olive-bulk of untithed produce, then even if he had separated *teruma* and first tithe and it was only poor man's tithe that remained untithed, he is liable to receive lashes, in accordance with the statement of Rav (Rambam *Sefer Kedusha, Hilkhot Ma'akhalot Assurot* 10:20).

NOTES

One need not separate by means of calling the name – אֵין צָרִיךְ לִקְרוֹת אֶת הַשֵּׁם: Not only is there no obligation to physically remove the poor man's tithe from the produce, he is not even required to separate a portion of the produce as poor man's tithe. The reason is that it is *demai* and there is uncertainty whether the *am ha'aretz* tithed the produce. Based on the principle: The burden of proof is on the claimant, the produce remains with the one who purchased it from the *am ha'aretz*, since the poor person cannot prove that the *am ha'aretz* did not tithe it. Therefore, Rabbi Eliezer is of the opinion that since the tithe is not given to the poor person, there is no need to separate it, as separation of the tithe merely facilitates the mitzva of giving it.

Perek **III**
Daf **17** Amud **a**

קוֹרֵא אֶת הַשֵּׁם וְאֵינוֹ צָרִיךְ לְהַפְרִישׁ;

He designates a portion of the produce by means of **calling the name**[H] upon poor man's tithe, **but he is not required to** physically **separate** that portion and give it to the poor.

מַאי לָאו בְּהָא קָא מִיפַּלְגִי, דְּמָר סָבַר: וַדַּאי טוֹבְלוֹ, וּמָר סָבַר: וַדַּאי אֵינוֹ טוֹבְלוֹ? אֲמַר לֵיהּ אַבָּיֵי: אִי הָכִי, אַדְּמִיפַּלְגִי בִּסְפֵיקוֹ – לִיפְלְגוּ בְּוַדַּאי!

Rav Yosef suggests: **What, is it not** that **they disagree with regard to this: That** one **Sage,** the Rabbis, **holds** that produce from which poor man's tithe was **certainly** not separated **is rendered untithed produce,** and therefore, in a case where there is uncertainty whether poor man's tithe was separated, one is required to separate it; **and** one **Sage,** Rabbi Eliezer, **holds** that produce from which poor man's tithe was **certainly** not separated **is not rendered untithed produce,** and therefore, one need not even designate poor man's tithe by calling its name upon a portion of the produce? **Abaye said to** Rav Yosef: **If** it is **so,** that this is the point in dispute, **rather than disagreeing with regard to** a case of **uncertainty** whether poor man's tithe was separated, **let them disagree with regard to** a case of **certainty** that poor man's tithe was not separated.

HALAKHA

Calling the name – קוֹרֵא אֶת הַשֵּׁם: Even though one is not obligated to separate poor man's tithe from *demai*, one must designate a portion of the produce and say: One-tenth of the produce that is here is poor man's tithe. This is in accordance with the opinion of the Rabbis (Rambam *Sefer Zera'im*, *Hilkhot Ma'aser* 9:3).

NOTES

Since it is merely a matter of money, he separates poor man's tithe – כֵּיוָן דְּמָמוֹנָא הוּא אַפְרוּשֵׁי מַפְרִישׁ: Although the assumption is that an *am ha'aretz* does not tithe his produce at all because he is loath to give away his property to others, presumably, he will at least separate poor man's tithe, though he will not actually give it to the poor.

אֶלָּא, דְּכוּלֵּי עָלְמָא וַדַּאי טוּבְלוֹ. וְהָכָא בְּהָא קָא מִיפַּלְגִי; מָר סָבַר: לֹא נֶחְשְׁדוּ עַמֵּי הָאָרֶץ עַל מַעְשַׂר עָנִי שֶׁל דְּמַאי, כֵּיוָן דְּמָמוֹנָא הוּא – אַפְרוּשֵׁי מַפְרִישׁ. וְרַבָּנַן סָבְרִי: כֵּיוָן דִּטְרִיחָא לֵיהּ מִילְּתָא – לָא מַפְרִישׁ.

Rather, contrary to the previous suggestion, say **that everyone agrees** that produce from which poor man's tithe was **certainly** not separated **is rendered untithed produce. And here,** it is **with regard to this** that **they disagree:** One **Sage,** Rabbi Eliezer, **holds:** ***Amei ha'aretz*** **are not suspected of** refraining from separating **poor man's tithe of** ***demai*****. Since it is** merely a matter of **money,** and no sanctity is involved, **he separates** poor man's tithe,[N] although he does not actually give it to the poor. **And the Rabbis hold: Since the matter** involves **exertion for him, he does not** even **separate** poor man's tithe.

״כַּמָּה יֹאכַל מִן הַטֶּבֶל״ וכו׳. אָמַר רַב בֵּיבָי אָמַר רַבִּי שִׁמְעוֹן בֶּן לָקִישׁ: מַחְלוֹקֶת בְּחִטָּה, אֲבָל בְּקֶמַח – דִּבְרֵי הַכֹּל כַּזַּיִת. וְרַבִּי יִרְמְיָה אָמַר רַבִּי שִׁמְעוֹן בֶּן לָקִישׁ: כְּמַחֲלוֹקֶת בְּזוֹ כָּךְ מַחֲלוֹקֶת בְּזוֹ.

§ The mishna teaches: **How much does one** need to **eat from untithed produce** and be liable to receive lashes? Rabbi Shimon says: Even if one ate any amount of untithed produce he is liable to receive lashes. And the Rabbis say: He is liable only if he eats an olive-bulk. **Rav Beivai says** that **Rabbi Shimon ben Lakish says:** Their **dispute** is **with regard to** one who eats one kernel of **wheat** of untithed produce. **But with regard to flour, everyone agrees** that one is liable only if he eats **an olive-bulk. And Rabbi Yirmeya** says that **Rabbi Shimon ben Lakish says:** Just **as** there is **a dispute with regard to this** case of a kernel of wheat, **so too,** there is **a dispute with regard to that** case of flour.

תְּנַן, אָמַר לָהֶם רַבִּי שִׁמְעוֹן: אִי אַתֶּם מוֹדִים לִי בְּאוֹכֵל נְמָלָה כׇּל שֶׁהוּא שֶׁהוּא חַיָּיב? אָמְרוּ לוֹ: מִפְּנֵי שֶׁהִיא כִּבְרִיָּיתָהּ. אָמַר לָהֶן: אַף חִטָּה אַחַת כִּבְרִיָּיתָהּ; חִטָּה – אִין, קֶמַח – לָא!

The Gemara cites proof from that which **we learned** in the mishna: **Rabbi Shimon said to them: Do you not concede to me with regard to one who eats an ant of any size that he is liable** to receive lashes? The Rabbis **said to** Rabbi Shimon: He is flogged for eating an ant of any size **due to** the fact **that** it is an intact entity in the form **of its creation.** Rabbi Shimon **said to them: One** kernel of **wheat is** also in the form **of its creation.** The Gemara infers from Rabbi Shimon's response: For a kernel of **wheat, yes,** one is liable; for any amount of **flour, no,** one is not liable. Apparently, even Rabbi Shimon concedes that one is liable for eating only an olive-bulk of wheat flour, in accordance with the statement that Rav Beivai says that Rabbi Shimon ben Lakish says.

לְדִבְרֵיהֶם קָאָמַר לְהוּ: לְדִידִי – אֲפִילּוּ קֶמַח נָמֵי, אֶלָּא לְדִידְכוּ – אוֹדוּ לִי מִיהַת דְּחִטָּה אַחַת כִּבְרִיָּיתָהּ. וְרַבָּנַן: בְּרִיַּית נְשָׁמָה – חֲשׁוּבָה, חִטָּה – לָא חֲשׁוּבָה. תַּנְיָא כְּוָתֵיהּ דְּרַבִּי יִרְמְיָה, רַבִּי שִׁמְעוֹן אוֹמֵר: כׇּל שֶׁהוּא לְמַכּוֹת, לֹא אָמְרוּ כַּזַּיִת אֶלָּא לְעִנְיַן קׇרְבָּן.

The Gemara answers: It is in accordance **with the statement of** the Rabbis that Rabbi Shimon **spoke to them,** and he meant as follows: According **to my** opinion, **even** if one ate any amount of **flour** he is **also** liable. **But according to your** opinion, **concede to me at least that** one is liable if he eats **one** kernel of **wheat,** as it is in the form **of its creation. And the Rabbis** say in response: There is a difference; **an entity** with **a soul,** i.e., a living creature, **is significant,**[H] and one is liable for eating an entity of any volume. A kernel of **wheat is not significant.** The Gemara notes: **It is taught** in a ***baraita*** **in accordance with** the opinion **of Rabbi Yirmeya,** that **Rabbi Shimon says:** One who eats **any amount** of food that is forbidden is liable **to** receive **lashes;** the Sages **said** the measure of **an olive-bulk only with regard to** liability to bring a sin-**offering** for one who unwittingly ate forbidden food.

HALAKHA

An entity with a soul is significant – בְּרִיַּית נְשָׁמָה חֲשׁוּבָה: An entity is a complete item that is significant in and of itself, e.g., an impure animal or an egg that contains a chick, or the sciatic nerve. Forbidden entities are not nullified even in a mixture with one thousand permitted parts. This *halakha* applies only to items in the animal kingdom, not to, e.g., a kernel of grain (Rambam *Sefer Kedusha*, *Hilkhot Ma'akhalot Assurot* 2:21; *Shulḥan Arukh*, *Yoreh De'a* 100:1).

מתני׳ הָאוֹכֵל בִּכּוּרִים עַד שֶׁלֹּא קָרָא עֲלֵיהֶם, קׇדְשֵׁי קֳדָשִׁים חוּץ לַקְּלָעִים, קֳדָשִׁים קַלִּים וּמַעֲשֵׂר שֵׁנִי חוּץ לַחוֹמָה, הַשּׁוֹבֵר אֶת הָעֶצֶם בַּפֶּסַח הַטָּהוֹר – הֲרֵי זֶה לוֹקֶה אַרְבָּעִים. אֲבָל הַמּוֹתִיר בַּטָּהוֹר וְהַשּׁוֹבֵר בַּטָּמֵא – אֵינוֹ לוֹקֶה אַרְבָּעִים.

MISHNA In the case of a priest **who eats first fruits before** the one who brought the fruits to the Temple **recited over** those fruits the Torah verses that he is obligated to recite (see Deuteronomy 26:3–10); and one who ate **offerings of the most sacred order outside the curtains**[H] surrounding the Tabernacle courtyard, or outside the Temple courtyard; and one who ate **offerings of lesser sanctity or second-tithe** produce **outside the wall** of Jerusalem;[H] and also **one who breaks the bone of a ritually pure Paschal offering;**[H] in all these cases **he is flogged** with **forty** lashes. **But one who leaves** the flesh **of the ritually pure** Paschal offering[H] until the morning of the fifteenth of Nisan, **and one who breaks** a bone **of a ritually impure** Paschal offering, is **not flogged** with **forty** lashes.

הַנּוֹטֵל אֵם עַל הַבָּנִים, רַבִּי יְהוּדָה אוֹמֵר: לוֹקֶה וְאֵינוֹ מְשַׁלֵּחַ, וַחֲכָמִים אוֹמְרִים: מְשַׁלֵּחַ וְאֵינוֹ לוֹקֶה. זֶה הַכְּלָל: כׇּל מִצְוַת לֹא תַעֲשֶׂה שֶׁיֵּשׁ בָּהּ קוּם עֲשֵׂה – אֵין חַיָּיבִין עָלֶיהָ.

With regard to **one who takes the mother** bird **with** her **fledglings,**[H] thereby violating the Torah prohibition: "You shall not take the mother with her fledglings; you shall send the mother, and the fledglings you may take for yourself" (Deuteronomy 22:6–7), **Rabbi Yehuda says: He is flogged** for taking the mother bird, **and does not send** the mother, **and the Rabbis say: He sends** the mother **and is not flogged,** as **this is the principle:** With regard to **any prohibition**[H] **that entails** a command to **arise** and **perform** a mitzva, **he is not liable** to receive lashes **for its** violation.

גמ׳ אָמַר רַבָּה בַּר בַּר חָנָה אָמַר רַבִּי יוֹחָנָן: זוֹ דִּבְרֵי רַבִּי עֲקִיבָא סְתִימְתָּאָה, אֲבָל חֲכָמִים אוֹמְרִים: בִּכּוּרִים – הֲנָחָה מְעַכֶּבֶת בָּהֶן, קְרִיאָה אֵין מְעַכֶּבֶת בָּהֶן.

GEMARA The mishna teaches that a priest who eats first fruits before the one who brought the fruits to the Temple recited the accompanying Torah verses is liable to receive lashes. With regard to this statement, **Rabba bar bar Ḥana says** that **Rabbi Yoḥanan says: This is the statement of Rabbi Akiva,** whose statements are often cited in the mishna **unattributed. But the Rabbis say:** With regard to **first fruits,** the lack of **placement** alongside the altar **invalidates them,**[H] and they may not be eaten; but the lack of **recitation** of the accompanying Torah verses **does not invalidate them,** and if one placed them and did not recite the accompanying Torah verses, the priest who eats them is not flogged.

HALAKHA

Offerings of the most sacred order outside the curtains, etc. – קׇדְשֵׁי קֳדָשִׁים חוּץ לַקְּלָעִים וכו׳: Whoever eats an olive-bulk of the flesh of offerings of the most sacred order outside the Temple courtyard is liable to receive lashes, as it is written: "You may not eat within your gates the tithe of your grain, or of your wine, or of your oil, or the firstborn of your herd or of your flock, nor any of your vows that you vow, nor your gift offerings, nor the donation of your hand" (Deuteronomy 12:17). It is learned through tradition that this verse is a prohibition against eating the flesh of sin-offerings and guilt-offerings outside the Temple courtyard. The same applies to eating offerings of lesser sanctity outside Jerusalem, as the status of the city walls with regard to offerings of lesser sanctity is like that of the walls of the Temple courtyard with regard to offerings of the most sacred order, in accordance with the mishna and the *baraita* cited in the Gemara (Rambam *Sefer Avoda, Hilkhot Ma'aseh Korbanot* 11:5).

Second-tithe produce outside the wall of Jerusalem – מַעֲשֵׂר שֵׁנִי חוּץ לַחוֹמָה: One who partakes of an olive-bulk of second-tithe produce or a quarter-*log* of second-tithe wine outside the walls of Jerusalem is liable to receive lashes (Rambam *Sefer Zera'im, Hilkhot Ma'aser Sheni* 2:5).

One who breaks the bone of a…Paschal offering – הַשּׁוֹבֵר אֶת הָעֶצֶם בַּפֶּסַח: One who breaks the bone of a ritually pure Paschal offering is liable to receive lashes. One is not flogged for breaking the bone of an impure Paschal offering (Rambam *Sefer Korbanot, Hilkhot Korban Pesaḥ* 10:1).

But one who leaves the flesh of the ritually pure Paschal offering – הַמּוֹתִיר בַּטָּהוֹר: One who leaves over the flesh of a Paschal offering violates a prohibition but is not flogged, as it is a prohibition that entails fulfillment of a positive mitzva (Rambam *Sefer Korbanot, Hilkhot Korban Pesaḥ* 10:11).

One who takes the mother bird with her fledglings – הַנּוֹטֵל אֵם עַל הַבָּנִים: One who takes a mother bird with her fledglings violates a prohibition, and if he proceeds to slaughter the mother bird he is flogged. If he ultimately sends away the mother bird, he is not flogged (Rambam *Sefer Kedusha, Hilkhot Sheḥita* 13:1; *Shulḥan Arukh, Yoreh De'a* 292:6).

With regard to any prohibition, etc. – כׇּל מִצְוַת לֹא תַעֲשֶׂה וכו׳: One is not flogged for violating any prohibition that entails a command to arise and perform a mitzva, provided that he performed the relevant mitzva (Rambam *Sefer Kedusha, Hilkhot Sheḥita* 13:2 and *Sefer Shofetim, Hilkhot Sanhedrin* 16:4, 18:2).

Lack of placement alongside the altar invalidates them – הֲנָחָה מְעַכֶּבֶת בָּהֶן: If a priest eats first fruits outside Jerusalem after they were brought within the city walls, he is liable to receive lashes by Torah law, as it is stated: "You may not eat within your gates…nor the donation of your hand" (Deuteronomy 12:17). Similarly, if a priest eats first fruits in Jerusalem before their placement alongside the altar in the Temple courtyard he is liable to receive lashes, like the priest who eats first fruits outside the walls of Jerusalem. The Torah requires their placement in the Temple courtyard, as it is stated: "And you shall place it before the Lord your God" (Deuteronomy 26:10). Once the person bringing the first fruits places them in the courtyard, it is permitted for the priest to partake of them even if the owner did not yet recite the accompanying Torah verses. The lack of recitation of the accompanying Torah verses does not invalidate them, in accordance with the majority opinion of the Rabbis (Rambam *Sefer Zera'im, Hilkhot Bikkurim* 3:3–4).

NOTES

Nor the donation of [*terumat*] your hand, these are first fruits – וּתְרוּמַת יָדֶךָ אֵלּוּ בִּכּוּרִים: It is stated with regard to first fruits: "And the priest shall take the basket from your hand" (Deuteronomy 26:4), indicating that the reference is to a special type of *teruma* that is brought by hand.

The verse comes to teach only – הָא לֹא בָא הַכָּתוּב: If the verse is not required in order to derive the *halakha* that it is prohibited to eat first fruits outside the designated area, then a different *halakha* can be derived: It is prohibited to eat first fruits before the recitation of the accompanying Torah verses.

וְלֵימָא זוֹ דִּבְרֵי רַבִּי שִׁמְעוֹן סְתִימְתָּאָה! הָא קָא מַשְׁמַע לַן, דְּרַבִּי עֲקִיבָא כְּרַבִּי שִׁמְעוֹן סְבִירָא לֵיהּ.

The Gemara suggests: **And let** Rabbi Yoḥanan **say: This** statement in the mishna is **the unattributed statement of Rabbi Shimon,** who stated this *halakha* explicitly, rather than attributing the statement to Rabbi Akiva, whose statement was not explicit. The Gemara answers: **This teaches us that** although he did not say so explicitly, **Rabbi Akiva holds in accordance with** the opinion of **Rabbi Shimon.**

מַאי רַבִּי שִׁמְעוֹן? דְּתַנְיָא: "וּתְרוּמַת יָדֶךָ" – אֵלּוּ בִּכּוּרִים.

What is the statement of **Rabbi Shimon?** It is **as it is taught** in a *baraita* with regard to food items that may not be eaten outside the walls of Jerusalem. It is written: "You may not eat within your gates the tithe of your grain, or of your wine, or of your oil, or the firstborn of your herd or of your flock, nor any of your vows that you vow, nor your gift offerings, nor the donation of your hand" (Deuteronomy 12:17). The Sages explain that with regard to the phrase **"nor the donation of** [*terumat*] **your hand," these are first fruits.**[N]

אָמַר רַבִּי שִׁמְעוֹן: מָה בָא זֶה לְלַמְּדֵנוּ? אִם לְאוֹכְלָן חוּץ לַחוֹמָה – קַל וָחוֹמֶר מִמַּעֲשֵׂר הַקַּל: וּמָה מַעֲשֵׂר הַקַּל אוֹכְלָן חוּץ לַחוֹמָה לוֹקֶה – בִּכּוּרִים לֹא כׇּל שֶׁכֵּן? הָא לֹא בָא הַכָּתוּב אֶלָּא לְאוֹכֵל מִבִּכּוּרִים עַד שֶׁלֹּא קָרָא עֲלֵיהֶם, שֶׁהוּא לוֹקֶה.

Rabbi Shimon said: What does this phrase **come to teach us? If** it is to teach the prohibition **to eat** the first fruits **outside the wall** of Jerusalem, there is no need for a verse, as it may be derived by means of **an *a fortiori* inference from the lenient** case of second-**tithe** produce. **If** with regard to **the lenient** case of second-**tithe** produce, one who **eats them outside the wall is flogged,** then with regard to **first fruits, all the more so** is it **not** clear that he is flogged? Rather, **the verse comes to teach only**[N] **with regard to** a priest **who partakes of first fruits before** the person who brought the fruits to the Temple **recited** the accompanying Torah verses **over them,** teaching **that he is flogged.**

"וּנְדָבֹתֶיךָ" – זוֹ תּוֹדָה וּשְׁלָמִים. אָמַר רַבִּי שִׁמְעוֹן: מָה בָא זֶה לְלַמְּדֵנוּ? אִם לְאוֹכְלָן חוּץ לַחוֹמָה – קַל וָחוֹמֶר מִמַּעֲשֵׂר, הָא לֹא בָא הַכָּתוּב אֶלָּא לְאוֹכֵל בְּתוֹדָה וּבִשְׁלָמִים לִפְנֵי זְרִיקָה, שֶׁהוּא לוֹקֶה.

The *baraita* continues: **"Nor your gift offerings"; this is a thanks-offering and a peace-offering** that one donates voluntarily. **Rabbi Shimon says: What does** this phrase **come to teach us? If** it is to teach that it is prohibited **to eat** a thanks-offering and a peace-offering **outside the wall** of Jerusalem, there is no need for a verse, as it may be derived by means of **an *a fortiori*** inference **from** the case of second-**tithe** produce, for whose consumption outside the wall one is flogged, despite the fact that it is not an offering. Rather, **the verse comes to teach only with regard to one who partakes of a thanks-offering or of a peace-offering before** the **sprinkling** of its blood[H] on the altar, before the consumption of its flesh is permitted, **that he is flogged.**

"וּבְכֹרֹת" – זֶה הַבְּכוֹר. אָמַר רַבִּי שִׁמְעוֹן: מָה בָא זֶה לְלַמְּדֵנוּ? אִם לְאוֹכְלָן חוּץ לַחוֹמָה – קַל וָחוֹמֶר מִמַּעֲשֵׂר, אִם לִפְנֵי זְרִיקָה – קַל וָחוֹמֶר מִתּוֹדָה וּשְׁלָמִים! הָא לֹא בָא הַכָּתוּב אֶלָּא לְאוֹכֵל מִן הַבְּכוֹר אֲפִילּוּ לְאַחַר זְרִיקָה, שֶׁהוּא לוֹקֶה.

The *baraita* continues: **"Or the firstborn"; this is the firstborn. Rabbi Shimon says: What does** this verse **come to teach us? If** it is to teach that it is prohibited **to eat** a firstborn animal **outside the wall** of Jerusalem, there is no need for a verse, as it may be derived by means of **an *a fortiori*** inference **from** the case of second-**tithe** produce. **If** it is to teach that it is prohibited to eat a firstborn animal **before** the **sprinkling** of the blood, it may be derived by means of **an *a fortiori*** inference **from** the case of **a thanks-offering and a peace-offering,** which are offerings of lesser sanctity, as even non-priests may partake of their flesh. Rather, **the verse comes to teach only with regard to** a non-priest **who partakes** of the flesh **of a firstborn**[H] **even after** the **sprinkling** of its blood, **that he is flogged.**

HALAKHA

A thanks-offering or a peace-offering before the sprinkling of its blood – תּוֹדָה וּשְׁלָמִים לִפְנֵי זְרִיקָה: Anyone who eats an olive-bulk of the flesh of offerings, including offerings of lesser sanctity, before the blood was sprinkled is liable to receive lashes, as it is written: "You may not eat within your gates…nor your gift offerings" (Deuteronomy 12:17), indicating that it is prohibited to partake of the flesh of gift offerings before their blood was sprinkled within the gates of the Temple. There is a tradition that this is a prohibition against partaking of the flesh of a thanks-offering or a peace-offering before the sprinkling of the blood. The same is true with regard to all offerings, both those of the most sacred order and those of lesser sanctity, as it is taught in the *baraita* (Rambam *Sefer Avoda*, *Hilkhot Ma'aseh Korbanot* 11:4).

With regard to a non-priest who partakes of the flesh of a firstborn – לְאוֹכֵל מִן הַבְּכוֹר: A priest who ate an olive-bulk of an unblemished firstborn outside Jerusalem is liable to receive lashes by Torah law, as it is stated: "You may not eat within your gates…or the firstborn of your herd or of your flock" (Deuteronomy 12:17). Likewise, a non-priest who ate an olive-bulk of a firstborn is flogged, whether he did so before or after the sprinkling of the blood (Rambam *Sefer Korbanot*, *Hilkhot Bekhorot* 11:16).

"בְּקָרְךָ וְצֹאנֶךָ" – זוֹ חַטָּאת וְאָשָׁם. אָמַר רַבִּי שִׁמְעוֹן: מָה בָּא זֶה לְלַמְּדֵנוּ?

The *baraita* continues: **"Of your herd or of your flock"; this is a sin-offering and a guilt-offering,** which are offerings of the most sacred order, which may be eaten only within the Temple courtyard. **Rabbi Shimon says: What does** this verse **come to teach us?**

אִם לְאוֹכְלָן חוּץ לַחוֹמָה – קַל וָחוֹמֶר מִמַּעֲשֵׂר, אִם לִפְנֵי זְרִיקָה – קַל וָחוֹמֶר מִתּוֹדָה וּשְׁלָמִים, אִם לְאַחַר זְרִיקָה – קַל וָחוֹמֶר מִבְּכוֹר! הָא לֹא בָּא הַכָּתוּב אֶלָּא לָאוֹכֵל מֵחַטָּאת וְאָשָׁם אֲפִילּוּ לְאַחַר זְרִיקָה חוּץ לַקְּלָעִים, שֶׁהוּא לוֹקֶה.

If it is to teach that it is prohibited **to eat** a sin-offering and a guilt-offering **outside the wall,** there is no need for a verse, as it may be derived by means of **an *a fortiori*** inference **from** the case of second-**tithe** produce. **If** it is to teach that it is prohibited to eat a sin-offering and a guilt-offering **before** the **sprinkling** of the blood, it may be derived by means of **an *a fortiori*** inference **from** the case of **a thanks-offering and a peace-offering,** which are offerings of lesser sanctity. **If** it is to teach that it is prohibited for a non-priest to eat a sin-offering and a guilt-offering **after** the **sprinkling** of its blood, it may be derived by means of **an *a fortiori*** inference **from** the case of **a firstborn** animal. Rather, **the verse comes** to teach **only with regard to one who partakes** of the flesh **of a sin-offering or a guilt-offering even after** the **sprinkling** of its blood, which is the correct time to partake of it, but he partakes of it **outside the curtains** surrounding the Tabernacle courtyard or outside the Temple courtyard, **that he is flogged.**

"נְדָרֶיךָ" – זוֹ עוֹלָה. אָמַר רַבִּי שִׁמְעוֹן: מָה בָּא זֶה לְלַמְּדֵנוּ?

The *baraita* continues: **"Your vows"; this is the burnt-offering,** which is an offering of the most sacred order and is entirely consumed upon the altar, and is brought as a gift offering, not as an obligation. **Rabbi Shimon says: What does** this verse **come to teach us?**

אִם לְאוֹכְלָן חוּץ לַחוֹמָה – קַל וָחוֹמֶר מִמַּעֲשֵׂר, אִם לִפְנֵי זְרִיקָה – קַל וָחוֹמֶר מִתּוֹדָה וּשְׁלָמִים, אִם לְאַחַר זְרִיקָה – קַל וָחוֹמֶר מִבְּכוֹר, אִם חוּץ לַקְּלָעִים – קַל וָחוֹמֶר מֵחַטָּאת וְאָשָׁם! הָא לֹא בָּא הַכָּתוּב

If it is to teach that it is prohibited **to eat** a burnt-offering **outside the wall** of Jerusalem, there is no need for a verse, as it may be derived by means of **an *a fortiori*** inference **from** the case of second-**tithe** produce. **If** it is to teach that it is prohibited to eat a burnt-offering **before** the **sprinkling** of the blood, it may be derived by means of **an *a fortiori*** inference **from** the case of **a thanks-offering and a peace-offering,** which are offerings of lesser sanctity. **If** it is to teach that it is prohibited for a non-priest to eat a sin-offering and a guilt-offering **after** the **sprinkling** of its blood, it may be derived by means of **an *a fortiori*** inference **from** the case of **a firstborn** animal. **If** it is to teach that it is prohibited to eat a burnt-offering **outside the curtains** surrounding the Tabernacle courtyard or outside the Temple courtyard there is **an *a fortiori*** inference **from a sin-offering and a guilt-offering.** Rather, **the verse comes**

אֶלָּא לָאוֹכֵל מִן הָעוֹלָה לְאַחַר זְרִיקָה, אֲפִילּוּ בִּפְנִים, שֶׁהוּא לוֹקֶה.

to teach **only with regard to one who partakes** of the flesh **of a burnt-offering**[H] **after** the **sprinkling, even inside** the courtyard, **that he is flogged.**

אָמַר רָבָא: דִּילִידָא אִימֵּיהּ כְּרַבִּי שִׁמְעוֹן – תֵּילִיד, וְאִי לָא – לָא תֵּילִיד. וְאַף עַל גַּב דְּאִית לְהוּ פִּירְכָא.

Rava says with regard to Rabbi Shimon's statement in the *baraita*: With regard to anyone **whose mother is bearing** a child who is **like Rabbi Shimon, she should bear** that child, **and if not,** it is preferable that **she does not bear**[N] him at all. Rava was so impressed by Rabbi Shimon's statement that he praised him and characterized him as the model of a wise man. Rava added: **And** I say this **even though there is a refutation for** each of his conclusions. What are the refutations?

NOTES

And if not it is preferable if she does not bear – וְאִי לָא לָא תֵּילִיד: This phrase does not appear in many manuscripts. The Ritva contends that this phrase should be deleted, as it is obviously worthwhile to have children even if they are not as great as Rabbi Shimon (see *Arukh LaNer*).

HALAKHA

One who partakes of the flesh of a burnt-offering – לָאוֹכֵל מִן הָעוֹלָה: One who eats an olive-bulk of the flesh of a burnt-offering is liable to receive lashes, whether he does so before or after its blood is sprinkled, as it is written: "You may not eat within your gates the tithe of your grain…nor any of your vows that you vow" (Deuteronomy 12:17). There is a tradition that this verse serves as a prohibition with regard to eating the flesh of a burnt-offering, as it is taught in the *baraita* (Rambam *Sefer Avoda, Hilkhot Ma'aseh Korbanot* 11:1).

מַאי חוּמְרָא דְּבִכּוּרִים מִמַּעֲשֵׂר – שֶׁכֵּן אֲסוּרִים לְזָרִים, אַדְּרַבָּה מַעֲשֵׂר חָמוּר, שֶׁכֵּן אָסוּר לְאוֹנֵן;

What is the stringency of first fruits vis-à-vis second-tithe produce? It is that first fruits are forbidden to non-priests,[H] who are permitted to eat second-tithe produce. That can be refuted; on the contrary, second-tithe produce is more stringent than first fruits, in that it is forbidden to an acute mourner,[H] i.e., one whose close relative died that day, which is not the case with regard to first fruits according to the opinion of Rabbi Shimon (see *Yevamot* 73b).

וּמַאי חוּמְרָא דְּתוֹדָה וּשְׁלָמִים מִמַּעֲשֵׂר – שֶׁכֵּן טְעוּנִין מַתַּן דָּמִים וְאֵימוּרִין לְגַבֵּי מִזְבֵּחַ, אַדְּרַבָּה מַעֲשֵׂר חָמוּר, שֶׁכֵּן טְעוּנִין כֶּסֶף צוּרָה;

And what is the stringency of a thanks-offering and a peace-offering vis-à-vis second-tithe produce? It is that the thanks-offering and the peace-offering require the placement of blood and sacrificial portions upon the altar. That can be refuted; on the contrary, second-tithe produce is more stringent than the thanks-offering and the peace-offering, in that the redemption of second-tithe produce requires money minted into a coin.[H] A disqualified thanks-offering and peace-offering, like other disqualified offerings, may be redeemed with any object of equal value.

וּמַאי חוּמְרָא דִּבְכוֹר מִתּוֹדָה וּשְׁלָמִים – שֶׁכֵּן קְדוּשָּׁתוֹ מֵרֶחֶם, אַדְּרַבָּה תּוֹדָה וּשְׁלָמִים חֲמוּרִים, שֶׁכֵּן טְעוּנִים סְמִיכָה וּנְסָכִים וּתְנוּפַת חָזֶה וָשׁוֹק;

And what is the stringency of a firstborn offering vis-à-vis a thanks-offering and a peace-offering? It is that the sanctity of the firstborn takes effect from the womb,[H] while the other offerings are consecrated by their owners. That can be refuted; on the contrary, a thanks-offering and a peace-offering are more stringent, in that they require placing hands on the head of the offering before its sacrifice, and libations,[H] and the waving of the breast and the thigh, which is not the case with regard to a firstborn offering.

וּמַאי חוּמְרָא דְּחַטָּאת וְאָשָׁם מִבְּכוֹר – שֶׁכֵּן קָדְשֵׁי קֳדָשִׁים, אַדְּרַבָּה בְּכוֹר חָמוּר, שֶׁכֵּן קְדוּשָּׁתוֹ מֵרֶחֶם;

And what is the stringency of a sin-offering and a guilt-offering vis-à-vis a firstborn offering? It is that a sin-offering and a guilt-offering are offerings of the most sacred order. That can be refuted; on the contrary, a firstborn offering is more stringent, in that its sanctity takes effect from the womb, not from consecration by its owner.

וּמַאי חוּמְרָא דְּעוֹלָה מֵחַטָּאת וְאָשָׁם – שֶׁכֵּן כָּלִיל, אַדְּרַבָּה חַטָּאת וְאָשָׁם חֲמִירִי, שֶׁכֵּן מְכַפְּרִי;

And what is the stringency of the burnt-offering vis-à-vis a sin-offering and a guilt-offering? It is that it is burnt in its entirety upon the altar, and no part of it is given to the priests. That can be refuted; on the contrary, the sin-offering and the guilt-offering are more stringent, in that they atone for one's sins, and a burnt-offering is brought as a gift offering.

וְכוּלְּהוּ חֲמִירִי מֵעוֹלָה, דְּאִית בְּהוּ שְׁתֵּי אֲכִילוֹת!

And all of those matters listed in the *baraita* are more stringent than the burnt-offering because there are two consumptions with regard to each of these matters, as they are consumed upon the altar and consumed by their owner and the priests, whereas the burnt-offering is consumed in its entirety upon the altar.

אֶלָּא מַאי דִּילִידָא אִימֵּיהּ כְּרַבִּי שִׁמְעוֹן? דִּלְמַאי דִּסְבִירָא לֵיהּ לְדִידֵיהּ, מְסָרֵס לֵיהּ לִקְרָא וְדָרֵישׁ לֵיהּ.

The Gemara asks: Rather, what is the meaning of this statement of praise: With regard to anyone whose mother is bearing a child who is like Rabbi Shimon, she should bear that child, and if not, it is preferable if she does not bear him at all? Ultimately, all of his derivations can be refuted. The Gemara answers: The praise is based on the fact that in order to arrive at what he himself holds, he transposes the verse and interprets it. Rabbi Shimon does not interpret the verse from beginning to end; rather, he begins with the final case of first fruits, in order to arrive at the desired conclusion. Rava was impressed with Rabbi Shimon's interpretation.

וְכִי מַזְהִירִין מִן הַדִּין? הָא אֲפִילּוּ לְמַאן דְּאָמַר עוֹנְשִׁין מִן הַדִּין, אֵין מַזְהִירִין מִן הַדִּין! אִיסּוּרָא בְּעָלְמָא.

The Gemara asks with regard to Rabbi Shimon, who derived prohibitions not written in the Torah by means of *a fortiori* inferences: And does one derive a prohibition from an *a fortiori* inference? But even according to the one who says that if there is a prohibition written explicitly in the Torah, one administers punishment based on an *a fortiori* inference, one does not derive a prohibition from an *a fortiori* inference. The Gemara answers: Rabbi Shimon does not derive prohibitions for which one is flogged from those inferences; rather, he derives a mere prohibition.[N]

HALAKHA

First fruits are forbidden to non-priests – בִּיכּוּרִים...אֲסוּרִים לְזָרִים: Since first fruits are characterized as *teruma*, a non-priest who eats them is liable to receive death at the hand of Heaven, which is the punishment of one who partakes of *teruma*. This is the punishment only after the first fruits were taken into Jerusalem. Until then, their status is that of non-sacred produce (Rambam *Sefer Zera'im*, *Hilkhot Bikkurim* 3:1).

Forbidden to an acute mourner – אָסוּר לְאוֹנֵן: An acute mourner by Torah law who eats second-tithe produce is liable to receive lashes. This applies only if he eats the produce in Jerusalem. If he does so outside the city, or if he is an acute mourner by rabbinic law, he is exempt. See the Rambam, who clarifies the difference between an acute mourner by Torah law and an acute mourner by rabbinic law. It is likewise prohibited to eat first fruits in a state of acute mourning, in accordance with the opinion of the Rabbis, who disagree with Rabbi Shimon. Nevertheless, if an acute mourner eats first fruits he is not flogged (Rambam *Sefer Zera'im*, *Hilkhot Ma'aser Sheni* 3:5 and *Hilkhot Bikkurim* 3:6).

Requires money minted into a coin – טְעוּנִין כֶּסֶף צוּרָה: Second-tithe produce may be redeemed only with money that is in the form of a coin, with a figure or writing imprinted upon it (Rambam *Sefer Zera'im*, *Hilkhot Ma'aser Sheni* 4:9).

The sanctity of the firstborn takes effect from the womb – קְדוּשָּׁתוֹ מֵרֶחֶם: It is a mitzva to consecrate the firstborn of a kosher domesticated animal by declaring it sacred, as it is written: "You shall sanctify to the Lord your God" (Deuteronomy 15:19). Even if one failed to consecrate the animal, it is sanctified on its own, as its sanctity takes effect from the womb (Rambam *Sefer Korbanot*, *Hilkhot Bekhorot* 1:4).

Placing hands and libations, etc. – סְמִיכָה וּנְסָכִים וכו׳: Only animal burnt-offerings and peace-offerings require libations, but not sin-offerings, guilt-offerings, firstborn offerings, or the Paschal offering. All individual offerings require placing of the hands, except for the firstborn offering, the animal tithe, and the Paschal offering. All individual peace-offerings, including the thanks-offering and the nazirite's ram, require the waving of the breast and the right thigh by the priest together with the owner, after which those portions are given to the priest. These actions are not required in the sacrifice of the firstborn, the animal tithe, and the Paschal offering (Rambam *Sefer Avoda*, *Hilkhot Ma'aseh HaKorbanot* 2:2–3, 3:6, 6:11, 9:5).

NOTES

A mere prohibition – אִיסּוּרָא בְּעָלְמָא: Rabbi Shimon is revealing that in addition to the explicit prohibition against eating any of these outside the walls of Jerusalem, an additional prohibition applies to each, albeit not a full-fledged prohibition for which one is liable to receive lashes (*Tosafot*; see Ritva).

וְהָאָמַר רָבָא: זָר שֶׁאָכַל מִן הָעוֹלָה לִפְנֵי זְרִיקָה חוּץ לַחוֹמָה, לְרַבִּי שִׁמְעוֹן לוֹקֶה חָמֵשׁ! חֲמִשָּׁה אִיסּוּרִין הָווּ.

The Gemara asks: **But doesn't Rava say:** With regard to **a non-priest who ate** the flesh **of a burnt-offering before sprinkling** its blood, **outside the walls, according to Rabbi Shimon** he **is flogged** with **five** sets of lashes: One because he is a non-priest; one for eating a burnt-offering; one for eating the flesh of an offering before its blood was sprinkled; one for eating offerings of the most sacred order outside the Temple courtyard; and one for eating sacrificial food outside of Jerusalem. Apparently, Rabbi Shimon holds that all these are actual prohibitions for which one is flogged. The Gemara answers: It does not mean that one is actually flogged; rather, it means that **they are five prohibitions.**

וְהָא אֲנַן תְּנַן: אֵלּוּ הֵן הַלּוֹקִין:

The Gemara asks: **But didn't we learn** in the mishna: **And these are** the people **who are flogged** by Torah law? Among them is a priest who eats first fruits before the recitation of the accompanying Torah verses, and the Gemara established that the mishna is in accordance with the opinion of Rabbi Shimon.

Perek **III**
Daf **18** Amud **a**

אֶלָּא קְרָא יְתֵירָא הוּא, מִכְּדֵי כְּתִיב ״וְהֵבֵאתֶם שָׁם וַאֲכַלְתֶּם לִפְנֵי ה׳ אֱלֹהֵיךָ בַּמָּקוֹם״ וגו׳, לִכְתּוֹב רַחֲמָנָא ״לֹא תוּכַל לְאוֹכְלָם״, מִיהְדַּר מְפָרֵשׁ בְּהוּ רַחֲמָנָא לָמָּה לִי?

Rather, the derivation is that the entire verse beginning: "You may not eat within your gates the tithe of your grain" (Deuteronomy 12:17) **is a superfluous verse.**[N] **After all, it is** already **written: "And there you shall bring** your burnt-offerings, and your sacrifices, and your tithes, and the donation of your hand, and your vows, and your gift offerings, and the firstborn of your herd and of your flock, **and there you shall eat before the Lord your God"** (Deuteronomy 12:6–7); all the items that must be eaten within the walls of Jerusalem are enumerated. **Let the Merciful One write** simply: **You may not eat them,** in general terms, which would constitute a prohibition for which one would be liable to receive lashes for each of the cases enumerated. **Why do I need the Merciful One** to **again** specifically **enumerate** and **detail** each of **them?**

אֶלָּא לְיַחוּדֵי לְהוּ לָאוֵי לְכָל חַד וְחַד.

Rather, this repetition serves **to designate** additional **prohibitions for each and every one** of the cases enumerated in the later verse (Deuteronomy 12:17). The prohibition is derived not by means of an *a fortiori* inference; rather, it is derived from the superfluous verse. Rabbi Shimon derives by means of the *a fortiori* inferences the additional prohibition that is in effect in each of these cases.

NOTES

Rather, the derivation is that the entire verse is a superfluous verse, etc. – אֶלָּא קְרָא יְתֵירָא הוּא וכו׳: Rashi explains that this is based on the understanding that when it is stated in the *baraita* that one is flogged based on a derivation from an *a fortiori* inference, it means that performing such an action is prohibited; it does not mean that one is liable to receive lashes. Rava's earlier statement: One is flogged with five sets of lashes, must also be understood in that manner. The Gemara here seeks to understand the mishna. Why, according to Rabbi Shimon, is one liable to receive lashes for eating first fruits before the recitation of the accompanying Torah verses, in light of the principle: One does not derive a prohibition by means of an *a fortiori* inference? The Gemara answers that this *halakha* is not derived by means of an *a fortiori* inference, as stated in the *baraita*; rather, it is derived based on the principle: If the verse is not relevant to one matter, apply it to a different matter. Likewise, one is not flogged for the other *halakhot* derived in the *baraita* by means of an *a fortiori* inference, except for the prohibition against eating the flesh of offerings of the most sacred order outside the curtains of the Tabernacle courtyard, which is derived from a different verse: "And any flesh torn of animals in the field you shall not eat" (Exodus 22:30).

Other early commentaries maintain that the Gemara at this point retracts its assertion that the word flogged in this context means that there is a prohibition, yet there is no actual liability to receive lashes. Instead, the Gemara maintains that according to Rabbi Shimon one is in fact liable to receive lashes for those prohibitions derived in the *baraita*, although they appear to be derived by means of *a fortiori* inferences. The reason is that the *halakha* itself is not actually derived by means of an *a fortiori* inference; rather, it is derived from a superfluous verse or through juxtaposition of the matters. The *baraita* stated the *a fortiori* inferences only to facilitate additional analysis. Alternatively, the reason one is flogged is that the prohibitions are not actually derived from these *a fortiori* inferences; instead, it is by means of these inferences that the meaning of these prohibitions is revealed (see *Tosafot*, the second explanation by Ramban, and Ritva). This is apparently the understanding according to the Rambam as well.

NOTES

And a non-priest may not eat, as they are sacred – וְזָר לֹא יֹאכַל כִּי קֹדֶשׁ הֵם: This verse is stated with regard to the offerings sacrificed as part of the inauguration of Aaron and his sons as priests in the Tabernacle. The addition of the phrase "as they are sacred" teaches that there is a special prohibition with regard to the flesh of offerings of the most sacred order.

Where the food is fit for consumption by priests – הֵיכָא דִּלְכֹהֲנִים חֲזִי: The reason is that it is written at the beginning of that verse: "And they shall eat them, that with which they were atoned" (Exodus 29:33), indicating that the prohibition against a non-priest partaking of sacrificial food applies only when he eats it in circumstances where it is permitted, and in fact a mitzva, for a priest to eat it.

Once the flesh emerged, etc. – כֵּיוָן שֶׁיָּצָא בָּשָׂר וכו׳: The term "in the field" in this context is superfluous, as the straightforward understanding of the verse, that the flesh of a *tereifa*, i.e., an animal with a wound that will cause it to die within twelve months, is forbidden, applies everywhere. Therefore, it is interpreted that the prohibition "You may not eat within your gates" in this context applies to any item that has emerged beyond its partition, as though it is situated in a field without partitions (Rashi).

גּוּפָא, אָמַר רָבָא: זָר שֶׁאָכַל מִן הָעוֹלָה לִפְנֵי זְרִיקָה חוּץ לַחוֹמָה – לְרַבִּי שִׁמְעוֹן לוֹקֶה חָמֵשׁ. וְלִילְקֵי נַמִי מִשּׁוּם ״וְזָר לֹא יֹאכַל כִּי קֹדֶשׁ הֵם״. הָנֵי מִילֵּי הֵיכָא דִּלְכֹהֲנִים חֲזִי, הָכָא דִּלְכֹהֲנִים נַמִי לָא חֲזִי.

§ With regard to **the** matter **itself, Rava says:** With regard to a **non-priest who ate** the flesh **of a burnt-offering before sprinkling** its blood, **outside the walls, according to Rabbi Shimon** he **is flogged** with **five** sets of lashes. The Gemara suggests: **And let him also be flogged** for violating the prohibition: **"And a non-priest may not eat, as they are sacred"** (Exodus 29:33).[N] The Gemara explains: **This matter** prohibiting a non-priest from eating consecrated food applies only in a case **where** the food **is fit** for consumption **by priests.**[N] **Here, where** the food **is not fit** for consumption **by priests either,** as it is not permitted for anyone to partake of a burnt-offering, there is no specific prohibition that applies to a non-priest.

וְלִילְקֵי נַמִי מִשּׁוּם ״וּבָשָׂר בַּשָּׂדֶה טְרֵפָה לֹא תֹאכֵלוּ״, כֵּיוָן שֶׁיָּצָא בָּשָׂר חוּץ לִמְחִיצָתוֹ – נֶאֱסַר! הָנֵי מִילֵּי הֵיכָא דִּבִפְנִים חֲזִי, הָכָא דִּבִפְנִים נַמִי לָא חֲזִי.

The Gemara suggests: **And let him also be flogged for** violating the prohibition: **"And any flesh torn of animals in the field you shall not eat"** (Exodus 22:30). From the term "in the field," a general *halakha* is derived: **Once the flesh emerged**[N] **outside its partition** and is in the field, e.g., sacrificial meat that was taken outside the Tabernacle curtains that demarcate the courtyard, there is a prohibition, and the flesh is **forbidden.** The Gemara explains: **This matter,** the prohibition against eating sacrificial flesh outside the partition of the Temple courtyard, applies only in a case **where** the flesh **is fit** for consumption **inside** the courtyard. **Here,** in the case of a burnt-offering, **where** the flesh **is not fit** for consumption **inside** the courtyard **either,** as it is not permitted for anyone to partake of a burnt-offering, there is no specific prohibition that applies to a non-priest partaking of the flesh outside the courtyard.

וְלִילְקֵי נַמִי כְּדְרַבִּי אֱלִיעֶזֶר, דְּאָמַר רַבִּי אֱלִיעֶזֶר: ״לֹא יֵאָכֵל כִּי קֹדֶשׁ הוּא״,

The Gemara suggests: **And let him also be flogged in accordance with** the statement **of Rabbi Eliezer. As Rabbi Eliezer says** that when it is stated with regard to leftover flesh and loaves from the inauguration offerings: **"It shall not be eaten because it is sacred"** (Exodus 29:34),

Perek **III**
Daf **18** Amud **b**

כׇּל שֶׁבַּקֹּדֶשׁ פָּסוּל, בָּא הַכָּתוּב לִיתֵּן לֹא תַעֲשֶׂה עַל אֲכִילָתוֹ! הָנֵי מִילֵּי הֵיכָא דְּקוֹדֶם פְּסוּלוֹ חֲזִי, הָכָא דְּקוֹדֶם פְּסוּלוֹ נַמִי לָא חֲזִי.

it is derived that with regard to **any** item **that is sacrificial** and **disqualified**[H] for whatever reason, **the verse comes to impose a prohibition upon its consumption.** The Gemara explains: **This matter** applies only in a case **where before its disqualification it was fit; here,** it is a case **where before its disqualification it was not fit either,** and therefore the prohibition does not apply.

וְלִילְקֵי נַמִי כְּאִידַּךְ דְּרַבִּי אֱלִיעֶזֶר. דְּתַנְיָא, רַבִּי אֱלִיעֶזֶר אוֹמֵר: כׇּל שֶׁהוּא בְּ״כָלִיל תִּהְיֶה״ לִיתֵּן לֹא תַעֲשֶׂה עַל אֲכִילָתוֹ! אִין הָכִי נַמִי, וְרָבָא מֵהַאי קְרָא קָאָמַר.

The Gemara suggests: **And let him also be flogged in accordance with the other** statement **of Rabbi Eliezer, as it is taught** in a *baraita* that **Rabbi Eliezer says:** With regard to **any** item **that is** included **in** the mitzva: **"It shall be burned in its entirety"** (Leviticus 6:16), the verse serves **to impose a prohibition upon its consumption,** as it is written: "It shall be burned in its entirety; it shall not be eaten" (Leviticus 6:16). The Gemara explains: **Yes, it is indeed so** that according to Rabbi Shimon one is flogged for violating this prohibition as well, **and Rava is saying** that **from this verse** he is interpreting that it is derived that one is flogged with five sets of lashes according to Rabbi Shimon.

HALAKHA

With regard to any item that is sacrificial and disqualified, etc. – כׇּל שֶׁבַּקֹּדֶשׁ פָּסוּל וכו׳: With regard to any offering that is disqualified, whether it was disqualified by means of inappropriate thought or action or whether it was due to an incident that disqualified the offering, anyone who eats an olive-bulk of its flesh is liable to receive lashes (Rambam *Sefer Avoda, Hilkhot Pesulei HaMukdashin* 18:3).

אָמַר רַב גִּידֵּל אָמַר רַב: (סִימָן כוז"א) כֹּהֵן שֶׁאָכַל מֵחַטָּאת וְאָשָׁם לִפְנֵי זְרִיקָה – לוֹקֶה. מַאי טַעְמָא? דְּאָמַר קְרָא "וְאָכְלוּ אֹתָם אֲשֶׁר כֻּפַּר בָּהֶם", לְאַחַר כַּפָּרָה – אִין, לִפְנֵי כַּפָּרָה – לָא; לָאו הַבָּא מִכְּלַל עֲשֵׂה – לָאו הוּא.

§ **Rav Giddel says** that **Rav says** a statement about a priest [*kohen*] and another statement about a non-priest [*zar*]. Before proceeding, the Gemara provides **a mnemonic** for these statements: ***Kaf, vav, zayin, alef.*** Rav says: **A priest who ate of a sin-offering or a guilt-offering before sprinkling** their blood on the altar **is flogged. What is the reason** that he is flogged? It is **as the verse states** with regard to the inauguration offerings, whose halakhic status was like that of sin-offerings and guilt-offerings in that it was permitted only for priests to partake of their flesh: **"And they shall eat them, that with which they were atoned"** (Exodus 29:33), from which it is inferred: **After atonement, yes,** they may eat the flesh of the offerings; **before atonement, no,** they may not eat it. And in Rav's opinion, the status of **a prohibition that stems from a positive mitzva**[N] **is** that of **a prohibition,** for which one is flogged.

מְתִיב רָבָא: "וְכָל בְּהֵמָה מַפְרֶסֶת פַּרְסָה וְשֹׁסַעַת שֶׁסַע שְׁתֵּי פְרָסוֹת מַעֲלַת גֵּרָה בַּבְּהֵמָה אֹתָהּ תֹּאכֵלוּ", "אֹתָהּ תֹּאכֵלוּ" וְאֵין בְּהֵמָה אַחֶרֶת תֹּאכֵלוּ; וְאִי כִּדְקָאָמְרַתְּ, "אֶת זֶה לֹא תֹאכְלוּ" לָמָּה לִי?

Rava raises an objection based on the verse: **"And every beast that splits the hoof and has the hoof cloven in two, and chews the cud among the animals, that, you may eat"** (Deuteronomy 14:6), from which a prohibition may be inferred: **"That, you may eat," but** there is **not** any **other animal** that **you may eat.** The Torah prohibits eating the flesh of any animal that lacks the indicators that it is a kosher animal. **And if** it is **as you say,** that an inference from a positive mitzva entails a prohibition, **why do I** need the following verse: **"This you may not eat"** (Deuteronomy 14:7), as it was already inferred from the mitzva? Rather, apparently, the status of a prohibition that stems from a positive mitzva is that of a positive mitzva, and one is not liable to receive lashes for its violation.

אֶלָּא אִי אִיתְּמַר הָכִי אִיתְּמַר, אָמַר רַב גִּידֵּל אָמַר רַב: זָר שֶׁאָכַל מֵחַטָּאת וְאָשָׁם לִפְנֵי זְרִיקָה – פָּטוּר. מַאי טַעְמָא – דְּאָמַר קְרָא "וְאָכְלוּ אֹתָם אֲשֶׁר כֻּפַּר בָּהֶם", כָּל הֵיכָא דְּקָרֵינַן בֵּיהּ "וְאָכְלוּ אוֹתָם אֲשֶׁר כֻּפַּר בָּהֶם" – קָרֵינַן בֵּיהּ "וְזָר לֹא יֹאכַל קֹדֶשׁ", וְכָל הֵיכָא דְּלָא קָרֵינַן בֵּיהּ "וְאָכְלוּ אֹתָם אֲשֶׁר כֻּפַּר בָּהֶם" – לָא קָרֵינַן בֵּיהּ "וְזָר לֹא יֹאכַל".

Rather, if it was stated, this was stated: Rav Giddel says that **Rav says: A non-priest who ate of a sin-offering or a guilt-offering**[H] **before** the **sprinkling** of their blood **is exempt** from receiving lashes. **What is the reason** for this? It is **as the verse states: "And they shall eat them, that with which they were atoned…** and a non-priest may not eat, as they are sacred" (Exodus 29:33), and it is expounded as follows: **Anywhere that we read concerning it: "And they shall eat them, that with which they were atoned," we read concerning it: "And a non-priest may not eat sacrificial food." But anywhere that we do not read concerning it: "And they shall eat them, that with which they were atoned,"** e.g., in this case, where it is prohibited for priests to partake of the flesh of the offerings before the sprinkling of their blood, **we do not read concerning it: "And a non-priest may not eat."**

NOTES

A prohibition that stems from a positive mitzva – לָאו הַבָּא מִכְּלַל עֲשֵׂה: There are mitzvot that contain only one aspect: A mitzva to perform a particular action, e.g., picking up a *lulav*, or donning phylacteries, or even an explicit prohibition phrased in the positive, e.g., the prohibition to eat and drink on Yom Kippur, which is formulated as a positive mitzva. Other positive mitzvot cannot be understood as mitzvot to perform a particular action, nor are they mitzvot to refrain from performing an action. Instead, such a mitzva is formulated as a positive mitzva, although in essence it is a prohibition, as any situation that deviates from that which is described in the verse is prohibited. The case in the Gemara is an example of the latter, as the verse is not commanding one to consume the meat of an animal with indicators that it is kosher; rather, it serves to prohibit consumption of the meat of animals that lack those indicators.

The dispute in the Gemara is whether a mitzva of that sort is deemed a prohibition for which one is liable to receive lashes, or whether the fact that it is formulated as a positive mitzva lacking any explicit directive to refrain from an action classifies it as a positive mitzva, whose violation does not render one liable to receive lashes.

HALAKHA

A non-priest who ate of a sin-offering or a guilt-offering, etc. – זָר שֶׁאָכַל מֵחַטָּאת וְאָשָׁם וכו׳: A non-priest who ate an olive-bulk of the flesh of an offering of the most sacred order in the Temple courtyard after the sprinkling of its blood is liable to receive lashes, as it is written: "And they shall eat them, that with which they were atoned…and a non-priest may not eat, as they are sacred" (Exodus 29:33). The verse indicates that if a non-priest partakes of the flesh and it is a time and place in which it is permitted for a priest to eat its flesh, that non-priest is liable to receive lashes. If he partakes of that meat outside the courtyard, he is flogged only for eating the flesh outside the Temple, he is not flogged for eating sacrificial food as a non-priest, as it is also prohibited for a priest to eat the meat there. Similarly, if he ate the flesh in the Temple courtyard before the sprinkling of its blood he is flogged only for partaking of the flesh of the offering before the sprinkling of its blood, but not for partaking of sacrificial food as a non-priest, in accordance with that which Rav Giddel says that Rav says (Rambam *Sefer Avoda, Hilkhot Ma'aseh HaKorbanot* 11:8).

§ The Gemara resumes the discussion of the *halakha* that was mentioned in the mishna with regard to the Torah verses that one recites when he brings his first fruits to the Temple. **Rabbi Elazar says** that **Rabbi Hoshaya says:** With regard to **first fruits,** the lack of **placement** alongside the altar **invalidates them,** and they may not be eaten by the priest; the lack of **recitation** of the accompanying Torah verses **does not invalidate them.**

אָמַר רַבִּי אֶלְעָזָר אָמַר רַבִּי הוֹשַׁעְיָה: בִּכּוּרִים, הַנָּחָה מְעַכֶּבֶת בָּהֶן, קְרִיָּיה אֵין מְעַכֶּבֶת בָּהֶן.

The Gemara asks: **And did Rabbi Elazar say that? But doesn't Rabbi Elazar say** that **Rabbi Hoshaya says:** If one **set aside first fruits before the festival** of *Sukkot*[N] **and the Festival**[N] **elapsed over them** while they remain in his possession, **they shall** be left to **decay,** as they cannot be rendered fit for consumption. **What, is it not** that they cannot be rendered fit **due to** the fact **that he can no** longer **recite** the Torah verses **over them,** as one may recite the Torah verses only until *Sukkot*? **And if it enters your mind** to say that the lack of **recitation does not invalidate them, why must they** be left to **decay?**

וּמִי אֲמַר רַבִּי אֶלְעָזָר הָכִי? וְהָא אָמַר רַבִּי אֶלְעָזָר אָמַר רַבִּי הוֹשַׁעְיָא: הִפְרִישׁ בִּכּוּרִים קוֹדֶם לֶחָג וְעָבַר עֲלֵיהֶן הֶחָג – יֵרָקְבוּ; מַאי לָאו מִשּׁוּם דְּלָא מָצֵי לְמִיקְרֵי עֲלֵיהֶן? וְאִי סָלְקָא דַּעְתָּךְ קְרִיָּיה אֵין מְעַכֶּבֶת בָּהֶן, אַמַּאי יֵרָקְבוּ?

The Gemara answers: Rabbi Elazar holds **in accordance with** the opinion **of Rabbi Zeira, as Rabbi Zeira says** a principle with regard to a meal-offering that applies in other areas as well: For **any** measure of flour **that** is **suitable for mixing**[H] with oil in a meal-offering, the lack of **mixing does not invalidate** the meal-offering. Even though there is a mitzva to mix the oil and the flour *ab initio*, the meal-offering is fit for sacrifice even if the oil and the flour are not mixed. **And** for **any** measure of flour **that** is **not suitable for mixing** with oil in a meal-offering, the lack of **mixing invalidates** the meal-offering. Here too, although failure to recite the Torah verses does not invalidate the first fruits for consumption by the priest, that is referring only to when reciting the portion is possible. After *Sukkot*, when it is no longer possible to recite the portion, failure to recite the Torah verses invalidates the first fruits.

כִּדְרַבִּי זֵירָא. דְּאָמַר רַבִּי זֵירָא: כָּל הָרָאוּי לְבִילָּה – אֵין בִּילָּה מְעַכֶּבֶת בּוֹ, וְכָל שֶׁאֵינוֹ רָאוּי לְבִילָּה – בִּילָּה מְעַכֶּבֶת בּוֹ.

Rabbi Aḥa bar Ya'akov teaches this *halakha* that was cited in the name of Rabbi Elazar **as** the statement **that Rabbi Asi** says that **Rabbi Yoḥanan says, and** as a result, an apparent contradiction between one statement **of Rabbi Yoḥanan and** another statement **of Rabbi Yoḥanan** is **difficult for him.** Rabbi Aḥa bar Ya'akov asks: **And did Rabbi Yoḥanan say** that with regard to **first fruits,** the lack of **placement** alongside the altar **invalidates them** and they may not be eaten; while the lack of **recitation** of the accompanying Torah verses **does not invalidate them? But didn't Rabbi Asi raise a dilemma before Rabbi Yoḥanan:** With regard to **first fruits, from when is it permitted for priests** to partake of them? **And** Rabbi Yoḥanan **said to** Rabbi Asi: It is permitted for the priest to partake of those first fruits **that are fit for recitation** of the accompanying Torah verses **from when he recites** those verses **over them, and** those first fruits **that are not fit for recitation** of the Torah verses are permitted **once they entered inside the Temple.**

רַבִּי אַחָא בַּר יַעֲקֹב מַתְנֵי לָהּ כִּדְרַבִּי אַסִּי אָמַר רַבִּי יוֹחָנָן, וְקַשְׁיָא לֵיהּ דְּרַבִּי יוֹחָנָן אַדְּרַבִּי יוֹחָנָן: וּמִי אֲמַר רַבִּי יוֹחָנָן בִּכּוּרִים הַנָּחָה מְעַכֶּבֶת בָּהֶן קְרִיָּיה אֵין מְעַכֶּבֶת בָּהֶן? וְהָא בְּעָא מִינֵּיהּ רַבִּי אַסִּי מֵרַבִּי יוֹחָנָן: בִּכּוּרִים מֵאֵימָתַי מוּתָּרִין לַכֹּהֲנִים? וַאֲמַר לֵיהּ: הָרְאוּיִן לִקְרִיָּיה – מִשֶּׁקָּרָא עֲלֵיהֶן, וְשֶׁאֵין רְאוּיִן לִקְרִיָּיה – מִשֶּׁרָאוּ פְּנֵי הַבַּיִת.

Rabbi Yoḥanan apparently holds that first fruits that are not fit for recitation are not invalidated. In addition, he did not mention placement of the first fruits, indicating that the lack of their placement does not invalidate them for consumption by the priest. The Gemara notes: The apparent contradiction between one statement of Rabbi Yoḥanan with regard to **recitation and** another statement of Rabbi Yoḥanan with regard to **recitation** is **difficult;** and the apparent contradiction between one statement of Rabbi Yoḥanan with regard to **placement and** another statement of Rabbi Yoḥanan with regard to **placement** is **difficult.**

קַשְׁיָא קְרִיָּיה אַקְּרִיָּיה, קַשְׁיָא הַנָּחָה אַהֲנָחָה!

NOTES

If one set aside first fruits before the festival of *Sukkot* – הִפְרִישׁ בִּכּוּרִים קוֹדֶם לֶחָג: In such a case one is obligated to recite the Torah verses because he separated the fruits before the Festival, but he is nevertheless unable to do so because *Sukkot* has passed.

First fruits…and the Festival – בִּכּוּרִים...וְחָג: One brings first fruits during the period between the festivals of *Shavuot* and *Sukkot*, *ab initio*. One who failed to bring them during that period may do so until Hanukkah, but he may not recite the accompanying Torah verses. The reason is that the festival of *Sukkot* is the period of rejoicing, as it is the time of the gathering of one's produce, with regard to which it is written in those verses: "And you shall rejoice in all the good" (Deuteronomy 26:11).

HALAKHA

Any measure of flour that is suitable for mixing – כָּל הָרָאוּי לְבִילָּה: An individual cannot bring a meal-offering of more than sixty-tenths of an ephah in a single vessel. If he vowed to bring a greater measure of flour, he brings sixty-tenths of an ephah in one vessel and the rest in a different vessel, as flour that is more than sixty-tenths of an ephah does not mix well with oil. Although failure to mix the flour and the oil does not invalidate the meal-offering, Rabbi Zeira said: For any measure of flour that is suitable for mixing, the lack of mixing does not invalidate the meal-offering. And for any measure of flour that is not suitable for mixing, the lack of mixing invalidates the meal-offering (Rambam *Sefer Avoda, Hilkhot Ma'aseh HaKorbanot* 17:6).

קְרִיָּיה אַקְּרִיָּה לָא קַשְׁיָא; הָא – רַבִּי שִׁמְעוֹן, הָא – רַבָּנַן. הַנָּחָה אַהֲנָּחָה נַמִּי לָא קַשְׁיָא, הָא – רַבִּי יְהוּדָה, וְהָא – רַבָּנַן.

The Gemara answers: The apparent contradiction between one statement of Rabbi Yoḥanan with regard to **recitation and** another statement of Rabbi Yoḥanan with regard to **recitation** is **not difficult,** as **this** statement, that when recitation is impossible, lack of recitation invalidates the first fruits, is in accordance with the opinion of **Rabbi Shimon** cited in the mishna, **and that** statement, which states that when recitation is impossible, lack of recitation does not invalidate the first fruits, is in accordance with the opinion of **the Rabbis.** The apparent contradiction between one statement of Rabbi Yoḥanan with regard to **placement and** another statement of Rabbi Yoḥanan with regard to **placement** is **not difficult either,** as **this** statement, that lack of placement does not invalidate the first fruits, is in accordance with the opinion of **Rabbi Yehuda, and that** statement, which states that lack of placement invalidates the first fruits, is in accordance with the opinion of **the Rabbis.**

מַאי רַבִּי יְהוּדָה? דְּתַנְיָא, רַבִּי יְהוּדָה אוֹמֵר: ״וְהִנַּחְתּוֹ״ – זוֹ תְּנוּפָה. אַתָּה אוֹמֵר זוֹ תְּנוּפָה, אוֹ אֵינוֹ אֶלָּא הַנָּחָה מַמָּשׁ? כְּשֶׁהוּא אוֹמֵר ״וְהִנִּיחוֹ״ – הֲרֵי הַנָּחָה אָמוּר, הָא מָה אֲנִי מְקַיֵּים ״וְהִנַּחְתּוֹ״ – זוֹ תְּנוּפָה.

The Gemara asks: **What** is the statement of **Rabbi Yehuda?** It is **as it is taught** in a *baraita*: **Rabbi Yehuda says** with regard to the verse written in the portion of first fruits: **"And you shall place it** before the Lord your God" (Deuteronomy 26:10), that the reference is not to the placement of the fruits alongside the altar; rather, **this** is a reference to **waving** the first fruits. **Do you say** that **this** is a reference to **waving, or** perhaps **it is** a reference **only** to **actual placement** of the first fruits? He explains: **When it states** earlier: "And the priest shall take the basket from your hand **and place it** before the altar of the Lord your God" (Deuteronomy 26:4), **placement** alongside the altar **is** already **stated; how do I realize** the meaning of the term **"And you shall place it"? This** is a reference to **waving.**

וּמַאן תַּנָּא דִּפְלִיג עֲלֵיהּ דְּרַבִּי יְהוּדָה? רַבִּי אֱלִיעֶזֶר בֶּן יַעֲקֹב הִיא, דְּתַנְיָא: ״וְלָקַח הַכֹּהֵן הַטֶּנֶא מִיָּדֶךָ״ – לִימֵּד עַל הַבִּכּוּרִים שֶׁטְּעוּנִין תְּנוּפָה, דִּבְרֵי רַבִּי אֱלִיעֶזֶר בֶּן יַעֲקֹב. מַאי טַעְמָא דְּרַבִּי אֱלִיעֶזֶר בֶּן יַעֲקֹב?

The Gemara clarifies: **And who is the *tanna* who disagrees with Rabbi Yehuda?**[N] **It is Rabbi Eliezer ben Ya'akov, as it is taught** in a *baraita* with regard to the verse written in the portion of first fruits: **"And the priest shall take the basket from your hand"** (Deuteronomy 26:4); this verse **taught about first fruits that they require waving,**[H] this is **the statement of Rabbi Eliezer ben Ya'akov.** The Gemara asks: **What is the reason** for the opinion **of Rabbi Eliezer ben Ya'akov?**

אָתְיָא ״יָד״ ״יָד״ מִשְּׁלָמִים: כְּתִיב הָכָא ״וְלָקַח הַכֹּהֵן הַטֶּנֶא מִיָּדֶךָ״, וּכְתִיב ״יָדָיו תְּבִיאֶינָה אֵת אִשֵּׁי ה׳״, מָה כָּאן כֹּהֵן – אַף לְהַלָּן כֹּהֵן, מָה לְהַלָּן בְּעָלִים – אַף כָּאן בְּעָלִים. הָא כֵּיצַד? מַנִּיחַ כֹּהֵן יָדָיו תַּחַת יְדֵי בְעָלִים וּמֵנִיף.

The Gemara explains: The matter **is derived** by means of a verbal analogy from one instance of the word **"hand"** written with regard to first fruits and **from** another instance of the word **"hand"** written with regard to **a peace-offering. It is written here,** with regard to first fruits: **"And the priest shall take the basket from your hand"** (Deuteronomy 26:4), **and it is written** with regard to a peace-offering: "He who offers his peace-offering to God… **his hands shall bring it, the fire of God…** to raise it as a waving before God" (Leviticus 7:29–30). **Just as here,** in the case of first fruits, it is the **priest** who takes the basket in his hand and waves it, **so too there,** in the case of the peace-offering, **a priest** performs the waving. **Just as there,** with regard to a peace-offering, it is the **owner** who performs the waving, as it is written: "He who offers… his hands shall bring it," **so too here,** the **owner** waves the first fruits. **How so;** how can the waving be performed by both the priest and the owner? The **priest places his hands beneath the hands of the owner and waves** the first fruits together with the owner.

אָמַר רָבָא בַּר אַדָּא אָמַר רַבִּי יִצְחָק: בִּכּוּרִים

§ **Rava bar Adda says** that **Rabbi Yitzḥak says:** With regard to **first fruits,**

NOTES

And who is the *tanna* who disagrees with Rabbi Yehuda – **וּמַאן תַּנָּא דִּפְלִיג עֲלֵיהּ דְּרַבִּי יְהוּדָה:** Rashi explains: Who is the *tanna* who disagrees with Rabbi Yehuda and maintains that the failure to place the first fruits alongside the altar invalidates the ritual? It is Rabbi Eliezer ben Ya'akov, who does not interpret the term "And you shall place it" with regard to waving, as he derives waving by means of a verbal analogy. Therefore, the mitzva to place the fruit alongside the altar is repeated in the Torah, indicating that placement is essential to the ritual and failure to do so invalidates the ritual (see *Tosafot*).

HALAKHA

First fruits, that they require waving – **הַבִּיכּוּרִים שֶׁטְּעוּנִין תְּנוּפָה:** When one brings first fruits to the Temple, he is required to recite the passage that constitutes the recitation of the verses concerning first fruits: "I profess this day unto the Lord your God, that I have come unto the land that the Lord swore unto our fathers to give us" (Deuteronomy 26:3), with the basket containing the fruits on his shoulders. Afterward, he holds the basket by its rim and the priest places his hand at the bottom of the basket, and together they wave the first fruits. At this point the owner recites from the verse beginning: "A wandering Aramean was my father" (Deuteronomy 26:5), until the end of the passage. The priest then places the basket alongside the southeastern corner of the altar, in accordance with the opinion of Rabbi Eliezer ben Ya'akov, as the *halakha* is ruled in accordance with his opinion in all cases (Rambam *Sefer Zera'im*, *Hilkhot Bikkurim* 3:12).

מֵאֵימָתַי מְחַיְּיבִין עֲלֵיהֶם – מִשֶּׁיִּרְאוּ פְּנֵי הַבַּיִת. כְּמַאן – כִּי הַאי תַּנָּא. דְּתַנְיָא, רַבִּי אֱלִיעֶזֶר אוֹמֵר: בִּכּוּרִים מִקְצָתָן בַּחוּץ וּמִקְצָתָן בִּפְנִים, שֶׁבַּחוּץ – הֲרֵי הֵן כְּחוּלִּין לְכָל דִּבְרֵיהֶם, שֶׁבִּפְנִים – הֲרֵי הֵן כְּהֶקְדֵּשׁ לְכָל דִּבְרֵיהֶם.

from when is a non-priest who eats first fruits **liable**[N] to receive death at the hand of Heaven **for their** consumption? One is liable **from when** the fruits **will enter inside the Temple.**[NH] The Gemara notes: **In accordance with whose** opinion is this *halakha* stated? It is **in accordance with** the opinion of **this** ***tanna*****, as it is taught** in a *baraita* that **Rabbi Eliezer says:** With regard to **first fruits, some of which** are **outside and some of which** are **inside** the Temple, the halakhic status of those **that are outside** the Temple is **like** that of **non-sacred** produce **for all matters concerning them,** and the halakhic status of those **that are inside** the Temple is **like** that of **consecrated** produce **for all matters concerning them.**

אָמַר רַב שֵׁשֶׁת: בִּכּוּרִים, הַנָּחָה מְעַכֶּבֶת בָּהֶן, קְרִיָּיה אֵין מְעַכֶּבֶת בָּהֶן.

§ **Rav Sheshet says:** With regard to **first fruits,** the lack of **placement** alongside the altar **invalidates them;** while the lack of **recitation** of the accompanying Torah verses **does not invalidate them.**

כְּמַאן – כִּי הַאי תַּנָּא. דְּתַנְיָא, רַבִּי יוֹסֵי אוֹמֵר שְׁלֹשָׁה דְּבָרִים מִשּׁוּם שְׁלֹשָׁה זְקֵנִים, רַבִּי יִשְׁמָעֵאל אוֹמֵר: יָכוֹל יַעֲלֶה אָדָם מַעֲשֵׂר שֵׁנִי בַּזְּמַן הַזֶּה בִּירוּשָׁלַיִם וְיֹאכְלֶנּוּ? וְדִין הוּא: בְּכוֹר טָעוּן הֲבָאַת מָקוֹם, וּמַעֲשֵׂר שֵׁנִי טָעוּן הֲבָאַת מָקוֹם, מָה בְּכוֹר אֵינוֹ אֶלָּא בִּפְנֵי הַבַּיִת – אַף מַעֲשֵׂר אֵינוֹ אֶלָּא בִּפְנֵי הַבַּיִת.

The Gemara notes: **In accordance with whose** opinion is this *halakha* stated? It is **in accordance with** the opinion of **this** ***tanna*****,** Rabbi Yishmael, **as it is taught** in a *baraita* that **Rabbi Yosei says three statements in the name of three elders,** and one of those statements is that which **Rabbi Yishmael says:** One **might** have thought that **a person would bring second-tithe** produce **up to Jerusalem in the present,** after the destruction of the Temple, **and eat it. And** ostensibly, **it** could be derived by means of **a logical inference** that one may not do so: **A firstborn** offering **requires bringing** it **to the place,** to Jerusalem, and eating it there, **and** second-**tithe** produce **requires bringing** it **to the place; just as the firstborn** offering may be eaten there **only in the presence of the Temple, so too,** second-**tithe** produce may be eaten there **only in the presence of the Temple.**[H]

מָה לִבְכוֹר שֶׁכֵּן טָעוּן מַתַּן דָּמִים וְאֵימוּרִין לְגַבֵּי מִזְבֵּחַ! בִּכּוּרִים יוֹכִיחוּ. מָה לְבִכּוּרִים שֶׁכֵּן טְעוּנִים הַנָּחָה!

Rabbi Yishmael continues and counters: **What** is notable **about a firstborn?** Bringing the firstborn to Jerusalem is required only in the presence of the Temple, because it is notable in **that it requires placement of** its **blood and** its **sacrificial portions upon the altar;** will you say the same with regard to second-tithe produce, which requires only that it be consumed in Jerusalem? He then suggests: **First fruits will prove** that placement of blood upon the altar is not a factor, as they do not require placement of blood upon the altar, and yet they are brought to Jerusalem only in the presence of the Temple. Rabbi Yishmael counters: **What** is notable **about first fruits?** They are notable **in that they require placement** alongside the altar. Perhaps, since second-tithe produce does not require placement at all, even in the present one must bring it to Jerusalem and eat it there.

NOTES

From when is a non-priest who eats first fruits liable – מֵאֵימָתַי מְחַיְּיבִין: Rashi explains: From when is a non-priest who eats first fruits liable; from what point do the first fruits assume the sanctity of *teruma*, after which one who eats them receives the punishment of death at the hand of Heaven? *Tosafot* (18b) add: From when are they consecrated with the sanctity of first fruits, so that a priest is flogged for partaking of them outside Jerusalem?

From when the fruits will enter inside the Temple – מִשֶּׁיִּרְאוּ פְּנֵי הַבַּיִת: From the explanations of Rashi and *Tosafot* it appears that this means from the moment that they enter the Temple area, i.e., when they enter the Temple courtyard. The Rambam rules that the reference is to when the first fruits enter within the walls of Jerusalem.

HALAKHA

From when the fruits will enter inside the Temple – מִשֶּׁיִּרְאוּ פְּנֵי הַבַּיִת: If a non-priest eats first fruits anywhere he is liable to receive death at the hand of Heaven, like a non-priest who partakes of *teruma*. A priest who eats first fruits outside Jerusalem is liable to receive lashes by Torah law. This latter *halakha* applies only once they have been brought inside the walls of the city. If they have not yet been brought inside the walls, then even if some of the fruits are inside the walls and some are outside the walls, the fruit inside assumes the sanctity of *teruma* while the fruit outside maintains the status of non-sacred produce (Rambam *Sefer Zera'im, Hilkhot Bikkurim* 3:1–3).

Second-tithe produce may be eaten there only in the presence of the Temple – מַעֲשֵׂר אֵינוֹ אֶלָּא בִּפְנֵי הַבַּיִת: The mitzva of separating second tithe from untithed produce is in effect in Eretz Yisrael at all times, even after the destruction of the Temple. Nevertheless, second-tithe produce may be eaten in Jerusalem only when the Temple is standing, as it is juxtaposed and likened to a firstborn animal, as stated in the *baraita* (Rambam *Sefer Zera'im, Hilkhot Ma'aser Sheni* 2:1; *Shulḥan Arukh, Yoreh De'a* 331:135).

תַּלְמוּד לוֹמַר: "וְאָכַלְתָּ [שָּׁם] לִפְנֵי ה' אֱלֹהֶיךָ" וגו' – מַקִּישׁ מַעֲשֵׂר לִבְכוֹר, מַה בְּכוֹר אֵינוֹ אֶלָּא לִפְנֵי הַבַּיִת – אַף מַעֲשֵׂר אֵינוֹ אֶלָּא לִפְנֵי הַבַּיִת. וְאִם אִיתָא, לִיפְרוֹךְ: מַה לְּבִכּוּרִים, שֶׁכֵּן טְעוּנִין קְרִיָּיה וְהַנָּחָה!

Rabbi Yishmael concludes: Therefore, **the verse states: "And you shall eat before the Lord your God…** the tithe of your grain… and the firstborn of your herd and your flock" (Deuteronomy 14:23); the Torah **juxtaposes** second-**tithe** produce **to the firstborn. Just as** the **firstborn** may be eaten there **only in the presence of the Temple, so too,** second-**tithe** produce may be eaten there **only in the presence of the Temple.** The Gemara explains: the proof of Rav Sheshet's opinion from the *baraita* is: **And if it is so** that the lack of recitation of the Torah verses invalidates the ritual of first fruits, **let** the *baraita* **refute** the derivation by saying: **What** is notable **about first fruits?** They are notable **in that they require recitation** of the Torah verses **and placement** alongside the altar.

אָמַר רַב אַשִׁי: נְהִי דְּעִיכּוּבָא לֵיכָּא, מִצְוָה מִי לֵיכָּא? וְלֵימָא מִצְוָה וְלִיפְרוֹךְ! אֶלָּא אָמַר רַב אַשִׁי: כֵּיוָן דְּאִיכָּא בִּכּוּרֵי הַגֵּר, דְּבָעֵי לְמֵימַר "אֲשֶׁר נִשְׁבַּע [ה'] לַאֲבֹתֵינוּ" וְלָא מָצֵי אָמַר – לָא פְּסִיקָא לֵיהּ.

Rav Ashi said: There is no proof from the fact that recitation is not mentioned. **Although** the lack of recitation **does not invalidate** the first fruits, **is there no mitzva?** Everyone agrees that there is a mitzva to recite the Torah verses. **And** therefore **let** the *tanna* **say** that there is **a mitzva** to recite the portion; **and refute** the proof from first fruits in that manner, as in the case of second tithe there is no mitzva to recite Torah verses. **Rather, Rav Ashi said** that there is a different reason that recitation was omitted from the refutation: It is **that there is** the case of **the first fruits of a convert, who needs to recite:** "I have come to the land **that the Lord swore unto our fathers**" (Deuteronomy 26:3), **and** since **he cannot say** it, as the Lord did not swear to give the land to the ancestors of the convert, he brings the first fruits but does not read the portion. Therefore, the obligation to recite the Torah verses **is not clear-cut for** the *tanna* and he did not mention it.

וְלִיהְדַּר דִּינָא, וְתֵיתֵי בְּ"מָה הַצַּד"! מִשּׁוּם דְּאִיכָּא לְמִיפְרַךְ: מָה לְהַצַּד הַשָּׁוֶה שֶׁבָּהֶן שֶׁכֵּן יֵשׁ בָּהֶן צַד מִזְבֵּחַ.

The Gemara asks: Why was it necessary for the *tanna* to derive that second-tithe produce is not brought to Jerusalem at present from the juxtaposition in the verse? **And let the derivation revert** to its starting point, **and derive** the *halakha* **through** an analogy derived from **the common factor** of first fruits and the firstborn. Each of the sources neutralizes the significance of the notable factor in the other, leaving the common factor: One must bring them to Jerusalem. From there it may be derived that second-tithe produce, which one must also bring to Jerusalem, need not be brought there when the Temple is not standing. The Gemara answers: The juxtaposition is necessary **due to** the fact **that** this analogy **can be refuted: What** is notable **about the common factor** that is true **of** both second tithe and the firstborn? It is notable **in that they have an aspect** involving the **altar,** which is not so in the case of second tithe.

וּמַאי קָסָבַר? אִי קָסָבַר קְדוּשָּׁה רִאשׁוֹנָה קִדְּשָׁה לִשְׁעָתָהּ וְקִדְּשָׁה לֶעָתִיד לָבֹא – בְּכוֹר נָמֵי, אִי קָסָבַר קְדוּשָּׁה רִאשׁוֹנָה קִדְּשָׁה לִשְׁעָתָהּ וְלֹא קִדְּשָׁה לֶעָתִיד לָבֹא – אֲפִילּוּ בְּכוֹר נָמֵי תִּיבָּעֵי!

The Gemara asks: **And what** opinion **does** Rabbi Yishmael **hold** that led to his initial assumption that one is obligated to bring a firstborn animal to Jerusalem only when the Temple is standing? **If** he **maintains** in general that **the initial consecration** of the Temple **sanctified** Jerusalem **for its time and sanctified** Jerusalem **forever,** and the location of the Temple remains sacred even after the Temple was destroyed, then one should **also** be obligated to bring **a firstborn** animal to the place of the Temple and sacrifice it on an altar and eat it. **If he maintains** that **the initial consecration** of the Temple **sanctified** Jerusalem **for its time but did not sanctify** Jerusalem **forever,**[H] then he should **raise a dilemma even** with regard to **a firstborn,**[N] whether it may be eaten in Jerusalem.

NOTES

He should raise a dilemma even with regard to a firstborn – אֲפִילּוּ בְּכוֹר נָמֵי תִּיבָּעֵי: Ostensibly, there appears to be no reason to bring the firstborn specifically to Jerusalem if the sanctity of the city has lapsed. Therefore, it must be understood that the reference here is to a firstborn whose blood was sprinkled on the altar before the Temple was destroyed, and then the Temple was destroyed, as Ravina explains later in the Gemara. The dilemma is whether the firstborn may be eaten in Jerusalem even though there is no altar.

HALAKHA

But did not sanctify Jerusalem forever – וְלֹא קִדְּשָׁה לֶעָתִיד לָבֹא: The original consecration of Eretz Yisrael that was effected by those who were led into Eretz Yisrael by Joshua was nullified in the wake of the Babylonian exile. When the Jewish people ascended from Babylonia they consecrated Eretz Yisrael a second time, with an enduring sanctity. This sanctity took effect only on those places that were settled by the returning Babylonian exiles. In contrast to the original consecration of Eretz Yisrael, the sanctity of the Temple and of Jerusalem remains intact and was never nullified. The Ra'avad disagrees, claiming that the original consecration of the Temple was also nullified (Rambam *Sefer Avoda, Hilkhot Beit HaBeḥira* 6:15–16, and *Kesef Mishne* and Radbaz there).

NOTES

Actually Rabbi Yishmael maintains it…did not sanctify – לְעוֹלָם קָסָבַר...לֹא קִדְּשָׁה: There are variant readings of this entire passage. See the Ramban for a lengthy analysis of the various versions of the text and their conclusions.

Second tithe of grain is non-sacred produce – מַעְשַׂר דָּגָן חוּלִּין הוּא: Although second-tithe produce must be eaten in Jerusalem, the *halakhot* of sacrificial food and the altar do not apply to it at all. The Gemara specifies tithe of grain, as the tithe of animals are offerings and are most certainly not non-sacred.

אֲמַר רָבִינָא: לְעוֹלָם קָסָבַר קִדְּשָׁה לִשְׁעָתָהּ וְלֹא קִדְּשָׁה לֶעָתִיד לָבֹא, וְהָכָא בִּבְכוֹר שֶׁנִּזְרַק דָּמוֹ קוֹדֶם חוּרְבַּן הַבַּיִת, וְחָרַב הַבַּיִת וַעֲדַיִין בְּשָׂרוֹ קַיָּים. וּמַקְּשִׁינַן בְּשָׂרוֹ לְדָמוֹ, מַה דָּמוֹ בַּמִּזְבֵּחַ – אַף בְּשָׂרוֹ בַּמִּזְבֵּחַ, וּמַקִּישׁ מַעֲשֵׂר לִבְכוֹר.

Ravina said: Actually, Rabbi Yishmael **maintains** that the initial consecration of the Temple **sanctified** Jerusalem **for its time but did not sanctify**[N] Jerusalem **forever; and** why is it obvious to him that the firstborn is not eaten? It is because **here,** he is stating the *halakha* **with regard to** the case of **a firstborn whose blood was sprinkled before the destruction of the Temple, and the Temple was** then **destroyed, and its flesh is still intact. And** based on a juxtaposition: "You shall sprinkle their blood upon the altar… and their flesh shall be for you" (Numbers 18:17–18), **we compare** the status of **its flesh to** the status of **its blood; just as its blood** must be sprinkled **at** a time when the **altar** is standing, **so too its flesh** may be eaten only **at** a time when **the altar** is standing. **And he compares** the status of second-**tithe** produce **to** the status of **a firstborn** offering, and derives that one may partake of second-tithe produce in Jerusalem only when the Temple is standing.

וְכִי דָּבָר הַלָּמֵד בְּהֶקֵּשׁ חוֹזֵר וּמְלַמֵּד בְּהֶקֵּשׁ? מַעְשַׂר דָּגָן חוּלִּין הוּא.

The Gemara asks: **And does a matter derived via juxtaposition then teach** another matter **via juxtaposition?** The principle with regard to the *halakhot* of consecrated matters is that a *halakha* derived via one of the hermeneutical principles cannot serve as the basis for derivation of another *halakha*; each *halakha* requires its own source. The Gemara answers: Second **tithe of grain is non-sacred** produce,[N] and *halakhot* of non-sacred matters derived via hermeneutical principles may serve as the basis for deriving other *halakhot* using hermeneutical principles.

Perek **III**
Daf **19** Amud **b**

NOTES

In the case of ritually impure second-tithe produce, etc. – בְּמַעֲשֵׂר שֵׁנִי טָמֵא וכו׳: In other words, the prohibition applies if either the second-tithe produce or the person partaking of it is impure (*Tosafot*; Ritva).

הָנִיחָא לְמַאן דְּאָמַר בָּתַר לָמֵד אָזְלִינַן, אֶלָּא לְמַאן דְּאָמַר בָּתַר מְלַמֵּד אָזְלִינַן – מַאי אִיכָּא לְמֵימַר?

The Gemara asks: **This works out well according to the one who says:** In determining whether a derivation involves consecrated matters or whether it involves non-sacred matters, **we follow** the matter that **is derived** from a matter derived from juxtaposition. Since in this case the matter derived is second-tithe produce, which for these purposes is non-sacred, its halakhic status may be derived from juxtaposition with the *halakhot* of sacrificial matters. **But according to the one who says: We follow** the matter that **teaches,** i.e., from which the *halakha* is derived, **what is there to say?** The status of second-tithe produce may not be derived by means of juxtaposition from the status of the firstborn offering, which itself was derived from the blood of the offering, because the firstborn offering is a sacrificial matter.

דָּם וּבָשָׂר חֲדָא מִילְּתָא הִיא.

The Gemara answers: This is not a matter derived from a matter derived from a juxtaposition, as the status of the firstborn offering is not derived from the status of blood; **blood and flesh are one matter.** There is only one derivation in this case, which is that the status of second-tithe produce is derived from the status of the blood and the flesh of the firstborn.

״קָדְשֵׁי קָדָשִׁים״ וכו׳. תָּנֵינָא חֲדָא זִימְנָא: מַעֲשֵׂר שֵׁנִי וְהֶקְדֵּשׁ שֶׁלֹּא נִפְדּוּ! אָמַר רַבִּי יוֹסֵי בַּר חֲנִינָא: סֵיפָא בְּמַעֲשֵׂר שֵׁנִי טָהוֹר וְגַבְרָא טָהוֹר, דְּקָא אָכֵיל חוּץ לַחוֹמָה. רֵישָׁא בְּמַעֲשֵׂר שֵׁנִי טָמֵא וְגַבְרָא טָמֵא, וְקָא אָכֵיל לֵיהּ בִּירוּשָׁלַיִם.

§ The mishna teaches that one who ate **offerings of the most sacred order** outside the Temple courtyard and one who ate second-tithe produce outside the wall of Jerusalem is flogged with forty lashes. The Gemara asks: Didn't **we** already **learn** this **one time** in the previous mishna (13a), that one who ate **second-tithe** produce **or sacrificial** food **that was not redeemed** is flogged? Why does the *tanna* repeat the *halakha* of second-tithe produce in this mishna? **Rabbi Yosei bar Ḥanina said:** These are different cases; **the latter clause,** this mishna, is **in** the case of **ritually pure second-tithe** produce **and a ritually pure person who eats** it **outside the wall** of Jerusalem. **The first clause,** the previous mishna, is **in** the case of **ritually impure second-tithe** produce[N] **and a ritually impure person who eats** it **within Jerusalem.**

וּמְנָלַן דִּמְחַיֵּיב עֲלֵיהּ מִשּׁוּם טוּמְאָה? דְּתַנְיָא, רַבִּי שִׁמְעוֹן אוֹמֵר: "לֹא בִעַרְתִּי מִמֶּנּוּ בְּטָמֵא" – בֵּין שֶׁאֲנִי טָמֵא וְהוּא טָהוֹר, בֵּין שֶׁאֲנִי טָהוֹר וְהוּא טָמֵא. וְהֵיכָן מוּזְהָר עַל אֲכִילָה אֵינִי יוֹדֵעַ.

The Gemara asks: **And from where do we** derive **that one is liable** to receive lashes **due to impurity?** It is derived **as it is taught** in a *baraita* that **Rabbi Shimon says** that the verse in the portion of the declaration of tithes: **"I have not put any of it away when impure"** (Deuteronomy 26:14), is a general formulation that is interpreted to mean: **Whether I am impure**[H] **and** the second-tithe produce **is ritually pure,** or **whether I am ritually pure and** the second-tithe produce **is impure.** Rabbi Shimon adds: **And I do not know where** it is that **one is warned,** i.e., where is there a prohibition, **with regard to eating.** Although it is clear from the verse cited that it is prohibited for one to partake of second-tithe produce while impure, the source for this prohibition is unclear.

טוּמְאַת הַגּוּף – בְּהֶדְיָא כְּתִיב, "נֶפֶשׁ אֲשֶׁר תִּגַּע בּוֹ וְטָמְאָה עַד הָעָרֶב וְלֹא יֹאכַל מִן הַקֳּדָשִׁים" וגו'! אֶלָּא, טוּמְאַת עַצְמוֹ מִנַּיִן?

Before citing the source of the prohibition, the Gemara asks: With regard to one with **impurity of the body** who partakes of second-tithe produce, it is **explicitly written: "A soul that touches it shall be impure until the evening and shall not eat of the consecrated food"** (Leviticus 22:6), which the Sages interpret to include second-tithe produce. This is a prohibition with regard to a ritually impure person partaking of second-tithe produce. **But** when Rabbi Shimon says: I do not know where it is that one is warned with regard to eating, he is stating: With regard to **the impurity of** the second-tithe produce **itself, from where** is the warning derived?

דִּכְתִיב "לֹא תוּכַל לֶאֱכֹל בִּשְׁעָרֶיךָ", וּלְהַלָּן הוּא אוֹמֵר "בִּשְׁעָרֶיךָ תֹּאכְלֶנּוּ הַטָּמֵא וְהַטָּהוֹר",

The Gemara answers: It is derived **as it is written** with regard to second-tithe produce: **"You may not eat within your gates** the tithe of your grain or of your wine or of your oil" (Deuteronomy 12:17), **and later,** with regard to a blemished firstborn animal, the verse **states: "Within your gates you may eat it, the impure and the pure**[H] may eat it alike" (Deuteronomy 15:22).

וְתַנְיָא דְּבֵי רַבִּי יִשְׁמָעֵאל: אֲפִילּוּ טָמֵא וְטָהוֹר אוֹכְלִין בִּקְעָרָה אַחַת וְאֵין חוֹשְׁשִׁין, וְקָאָמַר רַחֲמָנָא: הֵיאַךְ טָמֵא דְּשָׁרֵי לָךְ גַּבֵּי טָהוֹר הָתָם – הָכָא לָא תֵּיכוּל.

And it is taught in a *baraita* **of the school of Rabbi Yishmael: Even a ritually pure** person **and a ritually impure person may eat** the flesh of a blemished firstborn animal **in one dish and** need **not be concerned,** as there is no prohibition for one to eat it while he is impure or while it is impure. **And the Merciful One says:** It is **that impure** flesh of the blemished firstborn **that is permitted for you** to eat **with a ritually pure** person within your gates **there,** whereas **here,** in the case of second-tithe produce in Jerusalem, **you may not eat** it within your gates in the manner that one eats the flesh of the firstborn.

וּמְנָא לָן דְּבַר פְּדִיָּיה הוּא?

The Gemara stated that the case of second-tithe produce that was not redeemed, cited in the previous mishna, is referring to second-tithe produce that is impure. This indicates that impure second-tithe produce can be redeemed. The Gemara asks: **And from where do we** derive **that** impure second-tithe produce **is subject to redemption?**

HALAKHA

Whether I am impure, etc. – **בֵּין שֶׁאֲנִי טָמֵא וכו':** One who eats second-tithe produce in a state of impurity is liable to receive lashes, as it is written: "I have not put any of it away when impure." This prohibition applies both to impure second-tithe produce eaten by a ritually pure person and to ritually pure second-tithe produce eaten by a ritually impure person. By Torah law one is flogged only if he eats the impure second-tithe produce in Jerusalem before it is redeemed. If he eats it outside Jerusalem he is flogged with lashes for rebelliousness by rabbinic law (Rambam *Sefer Zera'im, Hilkhot Ma'aser Sheni* 3:1).

Within your gates you may eat it, the impure and the pure – **בִּשְׁעָרֶיךָ תֹּאכְלֶנּוּ הַטָּמֵא וְהַטָּהוֹר:** The blemished firstborn of a kosher domesticated animal, whether it was born blemished or a blemish subsequently developed, is the property of a priest. He may eat it anywhere, or sell it or give it to anyone, even to a gentile, as its halakhic status is that of a non-sacred animal, in accordance with the verse: "And if there will be any blemish therein, lameness, or blindness…the impure and the pure may eat it alike, like the gazelle and like the hart" (Deuteronomy 15:21–22). The prohibitions that apply to one in a state of impurity relate exclusively to entering the Temple and to partaking of consecrated food, including *terumot* and second tithe. With regard to non-sacred items, the Torah permits anyone to eat impure foods and come into contact with impurity, and impure and ritually pure people may eat from the same bowl without concern. Nevertheless, pious men in the early generations were meticulous about avoiding impurity, and would eat even non-sacred food in a state of ritual purity. This practice is among the paths of piety and abstinence which sanctify body and soul (Rambam *Sefer Korbanot, Hilkhot Bekhorot* 1:3 and *Sefer Tahara, Hilkhot Tumat Okhalin* 16:11; *Shulḥan Arukh, Yoreh De'a* 306:5).

דְּאָמַר רַבִּי אֶלְעָזָר: מִנַּיִן לְמַעֲשֵׂר שֵׁנִי שֶׁנִּטְמָא שֶׁפּוֹדִין אוֹתוֹ אֲפִילּוּ בִּירוּשָׁלַיִם – תַּלְמוּד לוֹמַר ״כִּי לֹא תוּכַל שְׂאֵתוֹ״, וְאֵין שְׂאֵת אֶלָּא אֲכִילָה, שֶׁנֶּאֱמַר ״וַיִּשָּׂא מַשְׂאֹת מֵאֵת פָּנָיו״.

It is as **Rabbi Elazar says: From where** is it derived **with regard to second-tithe** produce **that became impure**[H] **that** one **may redeem it even in Jerusalem?** It is derived as **the verse states: "Because you are unable to carry it** [*se'eto*], as the place is too far from you…and you shall turn it into money" (Deuteronomy 14:24–25). **And** ***se'et*** means **nothing other than eating, as it is stated: "And portions** [***masot***][L] **were taken to them from before him"** (Genesis 43:34), referring to gifts of food. Therefore, the phrase: You are unable *se'eto*, means: You cannot eat it, referring to a case where it is impure. The Torah states that in that case one may redeem the produce even if it is in Jerusalem, not at a distance.

אָמַר רַב בֵּיבָי אָמַר רַב אַסִי: מִנַּיִן לְמַעֲשֵׂר שֵׁנִי טָהוֹר שֶׁפּוֹדִין אוֹתוֹ אֲפִילּוּ בִּפְסִיעָה אַחַת חוּץ לַחוֹמָה? שֶׁנֶּאֱמַר ״כִּי לֹא תוּכַל שְׂאֵתוֹ״. הַאי מִבָּעֵי לֵיהּ לְכִדְרַבִּי אֶלְעָזָר!

The Gemara cites another, related interpretation. **Rav Beivai says** that **Rav Asi says: From where** is it derived with regard to **ritually pure second-tithe** produce **that** one **may redeem it even** if it is **one stride outside the wall** of Jerusalem, contrary to the plain understanding of the verse: "As the place is too far from you"? It is derived **as it is stated: "Because you are unable to carry it** [*se'eto*]," indicating that if there is any reason that one is unable to carry the produce and bring it into Jerusalem, he may redeem it regardless of its distance from Jerusalem. The Gemara objects: **That** verse **is necessary to** derive the *halakha* **of Rabbi Elazar** that one may redeem impure second-tithe produce even in Jerusalem.

אִם כֵּן, לֵימָא קְרָא ״לֹא תוּכַל לְאוֹכְלוֹ״, מַאי שְׂאֵתוֹ? וְאֵימָא כּוּלּוֹ לְהָכִי הוּא דְּאָתָא! אִם כֵּן לֵימָא קְרָא ״לֹא תוּכַל לִיטְּלוֹ״, מַאי ״שְׂאֵתוֹ״ – שְׁמַע מִינָּהּ תַּרְתֵּי.

The Gemara answers: **If so,** that the verse is required to derive only the *halakha* of Rabbi Elazar, then **let the verse state** explicitly: **You are unable to eat it. What** is the reason that the verse employs the term **"*se'eto*"?** The Gemara objects: **And say** that the term **comes entirely for this** purpose, to teach that one may redeem the produce even if it is not far from the city, and nothing is derived with regard to impure produce. The Gemara answers: **If so, let the verse state: You are unable to take it. Why** does the verse employ the term **"*se'eto*"? Conclude two** conclusions **from it:**[N] One may redeem ritually pure second-tithe produce even if it is just outside the walls of Jerusalem, and one may redeem ritually impure second-tithe produce even in Jerusalem.

יָתֵיב רַב חֲנִינָא וְרַב הוֹשַׁעְיָא וְקָא מִבַּעְיָא לְהוּ: אַפִּיתְחָא דִּירוּשָׁלַיִם, מַהוּ? פְּשִׁיטָא, הוּא בַּחוּץ וּמַשָּׂאוֹ בִּפְנִים – קְלָטוּהוּ מְחִיצוֹת, הוּא בִּפְנִים וּמַשָּׂאוֹ בַּחוּץ – מַהוּ?

In connection to the discussion of where one may redeem second-tithe produce, the Gemara relates: **Rav Ḥanina and Rav Hoshaya sat, and a dilemma was raised before them:** If the second-tithe produce is at **the entrance of Jerusalem, what is** the *halakha*; can one redeem it there? The Gemara elaborates: It is **obvious** in a case where **one is outside** Jerusalem **and his burden** of second-tithe produce **is inside** Jerusalem; the tithe is **admitted** by **the walls** of Jerusalem and its status is that of produce that entered the city. But in a case where **one is inside** Jerusalem **and his burden** of second-tithe produce **is outside**[H] Jerusalem, **what is** the *halakha*?

תְּנָא לְהוּ הַהוּא סָבָא בִּדְבֵי רַבִּי שִׁמְעוֹן בֶּן יוֹחַי: ״כִּי יִרְחַק מִמְּךָ הַמָּקוֹם״ – מִמִּילּוּאֲךָ.

A certain elder taught them *a baraita* **of the school of Rabbi Shimon ben Yoḥai.** It is written: **"As the place is too far from you** [***mimmekha***]" (Deuteronomy 14:24); and the term "*mimmekha*" is interpreted as: **From your fullness** [***mimmilluakha***], indicating the person and all his appurtenances, including the burden he bears. If any part of him or his appurtenances is inside the city, it is as though he is entirely inside the city, and therefore he may not redeem the second-tithe produce.

בָּעֵי רַב פָּפָּא: נָקֵיט לֵיהּ בְּקַנְיָא, מַאי? תֵּיקוּ.

Rav Pappa raises a related **dilemma:** If **one is holding** the second-tithe produce **on a reed,** and it is suspended behind him, **what is** the *halakha*? Since he is carrying the burden, does it fall into the category of his fullness, and it is no different from a burden that he bears on his person, or does its status differ because it is not actually resting on his body? The Gemara concludes: The dilemma **shall stand** unresolved.

HALAKHA

Second-tithe produce that became impure – מַעֲשֵׂר שֵׁנִי שֶׁנִּטְמָא: Second-tithe produce may be redeemed in Jerusalem only if it is impure (Rambam *Sefer Zera'im, Hilkhot Ma'aser Sheni* 2:8).

One is inside and his burden is outside, etc. – הוּא בִּפְנִים וּמַשָּׂאוֹ בַּחוּץ וכו׳: If one was inside Jerusalem and his burden was outside, even if it was suspended on a reed, then since the second-tithe produce never entered the city, he may redeem it alongside the city walls. The Rambam understands the term *mimmilluakha* to mean: From your burden, in accordance with Ravina's later resolution of the dilemma raised by Rav Pappa, according to the explanation of Rabbeinu Ḥananel (Rambam *Sefer Zera'im, Hilkhot Ma'aser Sheni* 2:8 and *Kesef Mishne* there).

LANGUAGE

Portions [*masot*] – מַשְׂאֹת: This term, from the root *nun, sin, alef*, has several connotations. In the singular, the term is *maset*, which has a set meaning in the Bible: Gifts of food items, which are portions of food given in deference to the recipient.

NOTES

Conclude two conclusions from it – שְׁמַע מִינָּהּ תַּרְתֵּי: The fact that the verse employs the ambiguous term *se'eto* rather than an unequivocal term, e.g., to eat it or to take it, indicates that there are two *halakhot* to be derived from it (Ritva).

אָמַר רַבִּי אַסִּי אָמַר רַבִּי יוֹחָנָן: מַעֲשֵׂר שֵׁנִי מֵאֵימָתַי חַיָּיבִין עָלָיו – מִשֶּׁרָאָה פְּנֵי הַחוֹמָה, מַאי טַעֲמָא – דְּאָמַר קְרָא "לִפְנֵי ה׳ אֱלֹהֶיךָ תֹּאכְלֶנּוּ" (שָׁנָה בְשָׁנָה) וּכְתִיב (כִּי) "לֹא תוּכַל לֶאֱכֹל בִּשְׁעָרֶיךָ", כָּל הֵיכָא דְּקָרֵינַן בֵּיהּ "לִפְנֵי ה׳ אֱלֹהֶיךָ תֹּאכְלֶנּוּ" – קָרֵינַן בֵּיהּ "לֹא תוּכַל לֶאֱכוֹל בִּשְׁעָרֶיךָ", וְכָל הֵיכָא דְּלָא קָרֵינַן בֵּיהּ "לִפְנֵי ה׳ אֱלֹהֶיךָ תֹּאכְלֶנּוּ" – לָא קָרֵינַן בֵּיהּ "לֹא תוּכַל לֶאֱכוֹל בִּשְׁעָרֶיךָ".

§ **Rabbi Asi says** that **Rabbi Yoḥanan says:** With regard to **second-tithe** produce, **from when is one liable** to receive lashes **for** eating **it** outside the walls of Jerusalem? It is **from when** the produce **entered within the wall**[N] of Jerusalem. **What is the reason** for this? It is derived **as the verse states** with regard to second-tithe produce: **"Before the Lord your God you shall eat it"** (Deuteronomy 12:18), **and it is written** in the previous verse: **"You may not eat within your gates"** (Deuteronomy 12:17), from which it is derived: **Anywhere that we read concerning it: "Before the Lord your God you shall eat it," we read concerning it** the prohibition: **"You may not eat within your gates,"** i.e., it may not be eaten outside the walls of Jerusalem; **and anywhere that we do not read concerning it: "Before the Lord your God you shall eat it,"** as the produce remained outside the walls, **we do not read concerning it** the prohibition: **"You may not eat within your gates."**

מֵיתִיבִי, רַבִּי יוֹסֵי אוֹמֵר: כֹּהֵן שֶׁעָלְתָה בְּיָדוֹ תְּאֵנָה שֶׁל טֶבֶל, אָמַר: תְּאֵנָה זוֹ תְּרוּמָתָהּ בְּעוּקְצָהּ, מַעֲשֵׂר רִאשׁוֹן בִּצְפוֹנָהּ, וּמַעֲשֵׂר שֵׁנִי לִדְרוֹמָהּ, וְהִיא שְׁנַת מַעֲשֵׂר שֵׁנִי וְהוּא בִּירוּשָׁלַיִם, אוֹ מַעֲשַׂר עָנִי וְהוּא בַּגְּבוּלִין; אֲכָלָהּ

The Gemara raises an objection from that which **Rabbi Yosei says:** With regard to **a priest that a fig of untithed produce came into his possession,** and he seeks to separate *terumot* and tithes from it, **he says: This fig,** I designate **its *teruma* at its stem,** I designate its **first tithe at its north** side, **and** I designate its **second tithe at its south** side; **and it is a year** when **second tithe** is separated, i.e., the first, second, fourth, or fifth years of the Sabbatical Year cycle, **and he is in Jerusalem,** when he recites this formula. **Or** he says that poor man's tithe shall be designated at its south side if it is a year of **poor man's tithe,** i.e., the third or sixth years of the Sabbatical Year cycle, **and he is** located anywhere **in the outlying areas,** not in Jerusalem. In those cases, if **he ate** the fig,

Perek **III**
Daf **20** Amud **a**

לוֹקֶה אַחַת.

he is flogged with **one** set of lashes, because he ate it without separating *teruma* of the tithe from the first tithe and is consequently liable for eating untithed produce. Had he separated *teruma* of the tithe, it would have been permitted for him to eat the entire fig, as it is permitted for a priest to partake of both *teruma gedola* and *teruma* of the tithe.

וְזָר שֶׁאֲכָלָהּ – לוֹקֶה שְׁתַּיִם. שֶׁאִילּוּ בַּתְּחִלָּה אֲכָלָהּ – אֵינוֹ לוֹקֶה אֶלָּא אַחַת;

And a non-priest who eats the fig **is flogged** with **two** sets of lashes, for both eating untithed produce and eating the *teruma* therein, which is forbidden for all non-priests. The *baraita* notes: **As if** the non-priest **ate** the fig **initially,** before separating *teruma* and tithes, **he is flogged** with **only one** set of lashes, for eating untithed produce. Once he separated the *teruma* and tithes, he is flogged for eating *teruma* as well.

טַעֲמָא דְּאִיתֵיהּ בִּירוּשָׁלַיִם, הָא בַּגְּבוּלִין – לוֹקֶה שָׁלֹשׁ, דְּאַף עַל גַּב דְּלָאו רוֹאֶה פְּנֵי חוֹמָה! דְּעָיְילִי וְאַפְּקִי.

The Gemara infers from the statement in the *baraita*: And it is a year when second tithe is separated and he is in Jerusalem, that **the reason** he is flogged with two sets of lashes **is that he is** currently **in Jerusalem,** where it is permitted to partake of second-tithe produce. **But** if he ate the fig **in the outlying areas,** outside of Jerusalem, and he designated second tithe in the fig, **he is flogged** with **three** sets of lashes. It is apparent **that even if** this second-tithe produce **has not entered within the wall** of Jerusalem, one is liable to receive lashes for its consumption. This contradicts Rabbi Yoḥanan's opinion, as he holds that one is liable to receive lashes for eating second-tithe produce only if it entered Jerusalem. The Gemara answers: The case in the *baraita* is one **where they took** the fig **into** Jerusalem **and** then **took it out** of Jerusalem. That is why he is liable to receive a third set of lashes.

NOTES

From when the produce entered within the wall – **מִשֶּׁרָאָה פְּנֵי הַחוֹמָה**: *Tosafot* question whether it can be inferred from the statement of Rabbi Yoḥanan that one may partake of second-tithe produce outside of Jerusalem provided that it has not yet entered Jerusalem. They explain that it is certainly prohibited to do so, based on the mitzva: "And you shall bind the money in your hand and shall go unto the place" (Deuteronomy 14:25), or the mitzva: "Before the Lord your God you shall eat it" (Deuteronomy 12:18). The difference is that if he partakes of second-tithe produce outside of Jerusalem and that produce never entered Jerusalem, he merely fails to fulfill a mitzva. If he partakes of second-tithe produce outside of Jerusalem and that produce already entered Jerusalem, he violates a prohibition and is flogged.

אִי הָכִי מַאי לְמֵימְרָא? הָכָא בְּמַאי עָסְקִינַן – כְּגוֹן דְּעַיילִינְהוּ בְּטִיבְלַיְיהוּ, וְקָסָבַר: מַתָּנוֹת שֶׁלֹּא הוּרְמוּ כְּמִי שֶׁהוּרְמוּ דָּמְיָין.

The Gemara asks: **If so, what** is the purpose **of stating** this *halakha*? If the fig entered and exited Jerusalem there is no novel element in the fact that one is liable to receive lashes. The Gemara answers: There is a novel element in this *halakha*, as **what are we dealing with here?** We are dealing with a case **where one took** figs into the city while **they** had the status of **untithed produce**, before *terumot* and tithes were separated, **and** Rabbi Yosei **holds** that the status of **gifts that were not** yet **separated**[H] from the produce is **like** that of gifts **that were** already **separated.** The novel element is that although second tithe was not separated in practice, all the *halakhot* of second tithe are in effect with regard to the portion that he intends to separate as second tithe. Therefore, if after taking the untithed produce into Jerusalem he separated the second tithe, took it outside of Jerusalem, and ate it, he is liable to receive lashes.

וְסָבַר רַבִּי יוֹסֵי מַתָּנוֹת שֶׁלֹּא הוּרְמוּ כְּמִי שֶׁהוּרְמוּ דָּמֵי? וְהָתַנְיָא, רַבִּי שִׁמְעוֹן בֶּן יְהוּדָה אוֹמֵר מִשּׁוּם רַבִּי יוֹסֵי: לֹא נֶחְלְקוּ בֵּית שַׁמַּאי וּבֵית הִלֵּל עַל פֵּירוֹת שֶׁלֹּא נִגְמְרָה מְלַאכְתָּן וְעָבְרוּ בִּירוּשָׁלַיִם, שֶׁיִּפָּדֶה מַעֲשֵׂר שֵׁנִי שֶׁלָּהֶן וְיֵאָכֵל בְּכָל מָקוֹם.

The Gemara asks: **And** does **Rabbi Yosei hold** that the status of **gifts that were not** yet **separated** from the produce is **like** that of gifts **that were** already **separated? But isn't it taught** in a *baraita* that **Rabbi Shimon ben Yehuda says in the name of Rabbi Yosei: Beit Shammai and Beit Hillel did not disagree with regard to produce whose labor was not completed**[H] and the obligation to tithe had consequently not yet taken effect, **and** which at that stage **passed through Jerusalem, that its second-tithe** produce **may be redeemed and may be eaten anywhere.** As long as the obligation to tithe has not taken effect, the sanctity of Jerusalem does not affect the produce.

וְעַל מָה נֶחְלְקוּ – עַל פֵּירוֹת שֶׁנִּגְמְרָה מְלַאכְתָּן וְעָבְרוּ בִּירוּשָׁלַיִם, שֶׁבֵּית שַׁמַּאי אוֹמְרִים: יַחֲזִיר מַעֲשֵׂר שֵׁנִי שֶׁלָּהֶם וְיֵאָכֵל בִּירוּשָׁלַיִם, וּבֵית הִלֵּל אוֹמְרִים: יִפָּדֶה וְיֵאָכֵל בְּכָל מָקוֹם; וְאִי סָלְקָא דַּעְתָּךְ מַתָּנוֹת שֶׁלֹּא הוּרְמוּ כְּמִי שֶׁהוּרְמוּ דָּמְיָין – הָא קְלָטוּהוּ מְחִיצוֹת!

With regard to what case **did they disagree?** It is **with regard to produce whose labor was** already **completed**[H] **and it passed through Jerusalem** before *terumot* and tithes were separated from it, **as Beit Shammai say:** Since one is obligated to separate second tithe from this produce, and the produce was in Jerusalem, **he must bring its second-tithe** produce **back** to Jerusalem, **and it shall be eaten** it **in Jerusalem; and Beit Hillel say:** The produce **may be redeemed and eaten anywhere. And if it enters your mind** to say the status of **gifts that were not** yet **separated** from the produce is **like** that of gifts **that were** already **separated,** how can Beit Hillel hold that the second-tithe produce may be redeemed; **wasn't** the produce **admitted** by **the walls** of Jerusalem? Therefore, even though second tithe was not yet separated, it can no longer be redeemed. Apparently, Rabbi Yosei, who certainly holds in accordance with the opinion of Beit Hillel, holds that the status of gifts that were not yet separated from the produce is not like that of gifts that were already separated.

HALAKHA

Gifts that were not yet separated – מַתָּנוֹת שֶׁלֹּא הוּרְמוּ: The status of gifts that have not yet been separated from the produce is like that of gifts that have already been separated. Therefore, a non-priest who inherited untithed produce from his maternal grandfather, who was a priest, may separate *terumot* and tithes from them, and they are part of his inheritance. One consequence of this is that if he betrothed a woman with that produce, his betrothal takes effect (Rambam *Sefer Nashim*, *Hilkhot Ishut* 5:6 and *Sefer Zera'im*, *Hilkhot Ma'aser* 6:21).

Produce whose labor was not completed – פֵּירוֹת שֶׁלֹּא נִגְמְרָה מְלַאכְתָּן: If produce whose labor has not yet been completed enters the walls of Jerusalem and is then taken out of the city, its second tithe may be redeemed outside the city. The *halakha* is in accordance with the opinion of Beit Hillel as explained by the first *tanna* of the mishna (3:6) in tractate *Ma'aser Sheni* (Rambam *Sefer Zera'im*, *Hilkhot Ma'aser Sheni* 2:11).

Whose labor was completed – נִגְמְרָה מְלַאכְתָּן: If produce whose labor was completed entered the walls of Jerusalem and was then taken out of the city, it is prohibited to take second tithe for that produce from produce that did not enter the city. Rather, he must separate second tithe from that produce, return the tithe to Jerusalem, and eat it there, and he may not redeem it outside Jerusalem. Even if he separated all the produce as second tithe after it was taken out of Jerusalem to exempt other produce that did not enter Jerusalem, he must return it to Jerusalem and eat it there. This is a stringency instituted with regard to the walls of Jerusalem, that they admit any produce that enters within them. The *halakha* is in accordance with the mishna in tractate *Ma'aser Sheni* (3:6) and contrary to the opinion of Rabbi Yosei. Rabba's answer is also not accepted as *halakha*, as the ruling is that the halakhic status of gifts that were not yet separated is like that of gifts that were already separated (Rambam *Sefer Zera'im*, *Hilkhot Ma'aser Sheni* 2:10 and Radbaz there).

אָמַר רַבָּה: מְחִיצָה לֶאֱכוֹל – דְּאוֹרָיְיתָא, מְחִיצָה לִקְלוֹט – דְּרַבָּנַן. וְכִי גְּזוּר רַבָּנַן – כִּי אִיתֵיהּ בְּעֵינֵיהּ, בְּטִבְלֵיהּ לָא גְּזוּר רַבָּנַן.

Rabba said: The *halakha* of the **wall with regard to eating** second-tithe produce, i.e., that second-tithe produce may not be eaten outside the wall of Jerusalem, is **by Torah law;**[H] the *halakha* of the **wall with regard to the admitting**[H] of second-tithe produce, i.e., that once the produce enters within the wall of Jerusalem, it may not be redeemed or taken beyond the wall, is **by rabbinic law. And when the Sages issued the decree** that one may not remove from Jerusalem second-tithe produce that entered within the walls, they did so **when** the tithe **is in its unadulterated form** after it was separated; but in a case where it is **in its** status of **untithed produce, the Sages did not issue a decree.**

רָבִינָא אָמַר: כְּגוֹן דְּנָקֵיט לֵיהּ בְּקַנְיָא, וְתִפְשׁוֹט בְּעַיָּא דְּרַב פָּפָּא.

Ravina said: Rabbi Yosei is referring to the case of second-tithe produce that was already separated and brought into Jerusalem, and the novel element of his statement is that he is referring to a fig that was not physically taken into Jerusalem; rather, it is a case **where one is holding** the fig **on a reed** outside Jerusalem, while he is standing inside Jerusalem. **And resolve the dilemma of Rav Pappa** (19b)[N] and conclude that if one is standing inside Jerusalem and holding second tithe outside the city on a reed, it is as though the produce entered the city.

מתני׳ הַקּוֹרֵחַ קָרְחָה בְּרֹאשׁוֹ, וְהַמַּקִּיף פְּאַת רֹאשׁוֹ, וְהַמַּשְׁחִית פְּאַת זְקָנוֹ, וְהַשּׂוֹרֵט שְׂרִיטָה אַחַת עַל הַמֵּת – חַיָּיב. שָׂרַט שְׂרִיטָה אַחַת עַל חֲמִשָּׁה מֵתִים, אוֹ חָמֵשׁ שְׂרִיטוֹת עַל מֵת אֶחָד – חַיָּיב עַל כׇּל אַחַת וְאַחַת.

MISHNA One who creates a bald spot upon his head,[NH] **and one who rounds the edge of his head**[H] by shaving the hair adjacent to the ear, **and one who mars the edge of his beard,**[H] **and one who cuts one incision** in a display of mourning **over the dead,**[H] are all **liable** to receive lashes. If **he cut one incision over five dead** people, **or five incisions over one dead** person, **he is liable** to receive lashes **for each and every one.**

עַל הָרֹאשׁ – שְׁתַּיִם, אַחַת מִכָּאן וְאַחַת מִכָּאן, עַל הַזָּקָן – שְׁתַּיִם מִכָּאן וּשְׁתַּיִם מִכָּאן, וְאַחַת מִלְּמַטָּה. רַבִּי אֱלִיעֶזֶר אוֹמֵר: אִם נִיטְּלוּ כּוּלָּן כְּאַחַת – אֵינוֹ חַיָּיב אֶלָּא אַחַת.

For rounding the edges of his **head,** one is liable to receive **two** sets of lashes, **one from here,** the hair adjacent to one ear, **and one from there,** the hair adjacent to the other ear. **For** marring the edges of his **beard** there are **two** edges **from here,**[NH] on one side of his face, **and two from there,** on the other side, **and one from below,** on his chin. **Rabbi Eliezer says: If** he **removed** the hair on **all** the edges of his beard **in one** action,[N] **he is liable** to receive **only one** set of lashes for all of them.

NOTES

And resolve the dilemma of Rav Pappa – וְתִפְשׁוֹט בְּעַיָּא דְּרַב פָּפָּא: The Rivan and others explain that according to this opinion there is no difference between the *halakha* of a wall with regard to eating and with regard to admitting the produce; in both cases, when untithed produce enters within the walls of Jerusalem, no obligation is generated. The *baraita* is referring to second tithe that was separated, and it teaches the novel *halakha* that although the produce was not actually taken into the city, but is suspended on a reed from one who is inside the city, it is as though the tithe entered Jerusalem. Rabbeinu Ḥananel explains that the *halakha* of the wall applies to the admitting and consumption of second-tithe produce that was not yet separated. Ravina's statement is referring to the opinion of Beit Hillel. Ravina is saying that the statement of Beit Hillel that second-tithe produce may be redeemed and need not be returned to the city applies even in a case where one had entered Jerusalem but the second-tithe produce was suspended on a reed outside the city. Beit Hillel rule more leniently than Rabbi Yosei in this regard. That is the ruling of the Rambam as well.

One who creates a bald spot upon his head – הַקּוֹרֵחַ קָרְחָה בְּרֹאשׁוֹ: Rabbeinu Yehonatan of Lunel writes that only detaching hairs with one's hand is considered creating a bald spot, but not shaving. That appears to be the opinion of the Rambam as well. Other early commentaries maintain that there is no difference in this regard; one who creates a bald spot, whether he does so with his hand or with an implement, is liable.

Two from here – שְׁתַּיִם מִכָּאן: The early commentaries disagree with regard to the identity of these five edges of the beard. Virtually all agree that one edge is the chin, although there is an opinion that locates it on the throat (see Rosh). They disagree with regard to the location of the two edges on each side. Rashi in tractate *Shevuot* (3a) explains that there are two edges on each side at the upper part of the beard adjacent to the ear, while Rabbeinu Ḥananel claims that there is only one edge in that area on each side and the other two are located at the corners of the moustache or lip. The Rivan contends that two are situated at the joint of the lower jawbone, beneath the ear, while the other two are at the sides of the chin (see Rambam, Meiri, and 21a).

He removed all the edges in one action – נִיטְּלוּ כּוּלָּן כְּאַחַת: The Ritva, citing the Ramah, writes that in practice one cannot remove all the edges of his beard all at once; rather it means that he removed all the edges of his beard in one continuous action. Rabbi Yehuda al-Madari states that it means he removed the hair on all the edges after a single forewarning.

HALAKHA

The wall with regard to eating is by Torah law – מְחִיצָה לֶאֱכוֹל דְּאוֹרָיְיתָא: In the case of anyone who eats an olive-bulk of second-tithe produce or drinks a quarter-*log* of second-tithe wine, if he does so outside the walls of Jerusalem he is liable to receive lashes, in accordance with the verse: "You may not eat within your gates the tithe of your grain or of your wine or of your oil" (Deuteronomy 12:17). By Torah law he is liable to receive lashes only if he consumes it outside the city after it entered the city walls (Rambam *Sefer Zera'im*, *Hilkhot Ma'aser Sheni* 2:5–6).

The wall with regard to admitting – מְחִיצָה לִקְלוֹט: Once second-tithe produce, including produce from *demai*, enters the walls of Jerusalem, it is prohibited to take the produce outside those walls, as the produce was admitted by the walls. The same applies to food acquired with second-tithe money, in accordance with the verse: "And you shall eat there, before the Lord your God" (Deuteronomy 14:26). If one took the food out of Jerusalem, or if it was taken out unwittingly, he must return it to within the walls and it must be eaten in Jerusalem. This *halakha* of the admitting by the walls is by rabbinic law (Rambam *Sefer Zera'im*, *Hilkhot Ma'aser Sheni* 2:9).

One who creates a bald spot upon his head – הַקּוֹרֵחַ קָרְחָה בְּרֹאשׁוֹ: One who creates a bald spot anywhere on his head in a display of mourning over a dead person, whether he detaches the hair by hand or with a depilatory agent, is liable to receive lashes. It makes no difference if he is a priest or a non-priest. One who creates four or five bald spots over one dead person is liable to receive lashes for each of the bald spots that he created, provided that he was forewarned for each, in accordance with the *baraita* (Rambam *Sefer HaMadda*, *Hilkhot Avoda Zara* 12:15 and *Sefer Shofetim*, *Hilkhot Sanhedrin* 19:4; *Shulḥan Arukh*, *Yoreh De'a* 180:9).

One who rounds the edge of his head – הַמַּקִּיף פְּאַת רֹאשׁוֹ: One who rounds the edges of his head with a razor is liable to receive lashes. Some say the same is true with regard to scissors that have an effect similar to that of a razor, and one should rule stringently according to that opinion. If he rounds both sides, he is flogged with two sets of lashes. This prohibition applies only to men, including Canaanite slaves, but not to women. Some claim that although it is permitted for a woman to round the edges of her own head, she may not round the edges of a man's head, even that of a minor (Rambam *Sefer HaMadda*, *Hilkhot Avoda Zara* 12:1 and *Sefer Shofetim*, *Hilkhot Sanhedrin* 19:4; *Shulḥan Arukh*, *Yoreh De'a* 181:1–3).

One who mars the edge of his beard – הַמַּשְׁחִית פְּאַת זְקָנוֹ: One who mars the edges of his beard is liable to receive lashes. A woman with a beard is permitted to mar it. With regard to a woman marring the edges of a man's beard, the *halakha* is the same as that concerning a woman rounding the edges of a man's head (Rambam *Sefer HaMadda*, *Hilkhot Avoda Zara* 12:7 and *Sefer Shofetim*, *Hilkhot Sanhedrin* 19:4; *Shulḥan Arukh*, *Yoreh De'a* 181:10).

One who cuts one incision over the dead – הַשּׂוֹרֵט שְׂרִיטָה אַחַת עַל הַמֵּת: One who cuts a single incision in his flesh in mourning the dead is liable to receive lashes, whether he is a priest or a non-priest. If he cut one incision over five dead people or five incisions over one dead person, he is flogged with five sets of lashes, provided he was forewarned for each incision (Rambam *Sefer HaMadda*, *Hilkhot Avoda Zara* 12:12 and *Sefer Shofetim*, *Hilkhot Sanhedrin* 19:4; *Shulḥan Arukh*, *Yoreh De'a* 180:8).

For marring his beard there are two edges from here, etc. – עַל הַזָּקָן שְׁתַּיִם מִכָּאן וכו׳: A beard has five edges: Two on each cheek and one on the chin. One who shaves them all simultaneously is flogged with five sets of lashes, in accordance with the unattributed mishna. As there are numerous opinions with regard to the precise location of these five edges, one who fears God will be certain not to shave any part of his beard with a razor. This includes the moustache, as Rabbeinu Ḥananel maintains that edges of the moustache are two of the edges of the beard. The Rema adds that this prohibition includes the area of the throat. It is permitted to use scissors that are similar to a razor in that area. The *Baḥ* rules stringently in that regard as well (Rambam *Sefer HaMadda*, *Hilkhot Avoda Zara* 12:7 and see 12:8; *Shulḥan Arukh*, *Yoreh De'a* 181:11, and see *Taz* and *Shakh* there).

וְאֵינוֹ חַיָּיב עַד שֶׁיִּטְּלֶנּוּ בְּתַעַר. רַבִּי אֱלִיעֶזֶר אוֹמֵר: אֲפִילּוּ לִקְּטוֹ בְּמַלְקֵט אוֹ בִּרְהִיטְנִי – חַיָּיב.

And one is liable for marring the edges of his beard **only if he removes** the hair **with a razor.**[NH] **Rabbi Eliezer says: Even if he removed** the hair **with tweezers** [*malket*][NL] **or with a plane** [*rehitni*],[L] he is **liable** to receive lashes.

גמ׳ תָּנוּ רַבָּנַן: "לֹא יִקְרְחוּ", יָכוֹל אֲפִילּוּ קָרַח אַרְבַּע וְחָמֵשׁ קְרִיחוֹת לֹא יְהֵא חַיָּיב אֶלָּא אַחַת? תַּלְמוּד לוֹמַר: "קָרְחָה" – לְחַיֵּיב עַל כָּל קָרְחָה וְקָרְחָה. "בְּרֹאשָׁם" מָה תַּלְמוּד לוֹמַר? לְפִי שֶׁנֶּאֱמַר "לֹא תִתְגֹּדְדוּ וְלֹא תָשִׂימוּ קָרְחָה בֵּין עֵינֵיכֶם לָמֵת", יָכוֹל לֹא יְהֵא חַיָּיב אֶלָּא עַל בֵּין הָעֵינַיִם בִּלְבַד, מִנַּיִן לְרַבּוֹת כָּל הָרֹאשׁ? תַּלְמוּד לוֹמַר "בְּרֹאשָׁם" – לְרַבּוֹת כָּל הָרֹאשׁ.

GEMARA

The Sages taught: From the verse concerning priests: **"They shall not create** a bald spot upon their heads" (Leviticus 21:5), one **might** have thought that **even if he created four or five bald spots** in one action, **he will be liable to** receive **only one** set of lashes. Therefore, **the verse states: "Bald spot,"** in the singular, **to** render one **liable** to receive lashes **for each and every bald** spot. The verse continues: **"Upon their heads"; what** is the meaning when **the verse states** that term? **Since it is stated: "You shall neither lacerate yourselves, nor place a bald spot between your eyes for the dead"** (Deuteronomy 14:1), one **might** have thought **that one would be liable only for** placing a bald spot **between the eyes.**[N] **From where** is it derived **that** the prohibition **includes** placing a bald spot on **the entire head? The verse states: "Upon their heads," to include the entire head.**

וְאֵין לִי אֶלָּא בְּכֹהֲנִים, שֶׁרִיבָּה בָּהֶן הַכָּתוּב מִצְוֹת יְתֵירוֹת, יִשְׂרָאֵל מִנַּיִן?

And I have derived this prohibition **only with regard to priests,** for **whom the Torah established numerous additional mitzvot,** since the verse "They shall not create a bald spot" is written in the context of the *halakhot* of priests. **From where** do I derive that **a non-priest** is also liable for violating that prohibition?

נֶאֱמַר כָּאן "קָרְחָה" וְנֶאֱמַר לְהַלָּן "קָרְחָה", מָה לְהַלָּן חַיָּיב עַל כָּל קָרְחָה וְקָרְחָה, וְחַיָּיב עַל הָרֹאשׁ כְּבֵין הָעֵינַיִם – אַף כָּאן חַיָּיב עַל כָּל קָרְחָה וְקָרְחָה, וְחַיָּיב עַל הָרֹאשׁ כְּבֵין הָעֵינַיִם. וּמָה לְהַלָּן עַל מֵת – אַף כָּאן עַל מֵת.

"Bald spot" is stated here (Deuteronomy 14:1) with regard to non-priests, **and "bald spot" is stated there,** with regard to priests; **just as there,** with regard to priests, one is **liable for each and every bald spot** that he creates, **and is liable for** a bald spot created anywhere on his **head as** he is for a bald spot created **between the eyes, so too here,** with regard to a non-priest, one is **liable for each and every bald spot** that he creates, **and is liable** for a bald spot created anywhere on his **head as** he is for a bald spot created **between the eyes. And just as there,** with regard to non-priests, the prohibition is stated with regard to creating a bald spot as an expression of mourning **over the dead; so too here,** with regard to priests, the prohibition is stated with regard to creating a bald spot as an expression of mourning **over the dead.**

הָנֵי אַרְבַּע וְחָמֵשׁ קְרִיחוֹת הֵיכִי דָּמֵי? אִילֵּימָא בְּזֶה אַחַר זֶה, וּבְחָמֵשׁ הַתְרָאוֹת – פְּשִׁיטָא!

The Gemara asks: With regard to **these four or five bald spots** created over one dead person, for which one is liable to receive lashes for each and every spot, **what are the circumstances? If we say** that he created those bald spots **one after the other and with five** separate **forewarnings,** one preceding each action, it is **obvious** that he is liable for each and every bald spot; in that case he is one who violates the same prohibition several times and is punished for each violation for which he was forewarned.

NOTES

Only if he removes it with a razor – עַד שֶׁיִּטְּלֶנּוּ בְּתַעַר: Some understand that this *halakha* applies only to the marring of the beard. The prohibition against rounding the edges of the head is violated with a razor or with scissors that have an effect similar to a razor (Rosh). Others hold that this *halakha* applies equally to marring the edges of the beard and to rounding the edges of the head (Rid).

Tweezers [*malket*] – מַלְקֵט: Most commentaries explain that *malket* is referring to tweezers used for plucking hair. Rashi elsewhere explains that like the *rehitni* with which it is mentioned, *malket* is a plane or a file, an implement used for smoothing and polishing metal vessels. Rabbi Yehuda al-Madari, citing the *ge'onim*, states that it is a metal strip with a very sharp edge. It is placed beneath the hair, which is pressed against the blade with the thumb, thereby removing the hairs. As noted by the commentaries, there are halakhic ramifications for the different definitions of this utensil.

Between the eyes – בֵּין הָעֵינַיִם: This expression here and elsewhere refers to the hair at the hairline at the front of his head.

LANGUAGE

Tweezers [*malket*] – מַלְקֵט: Rashi indicates that this is a kind of small file used primarily for metal. The *Arukh* explains that it means a small pair of tongs or tweezers used for pulling out hair by the roots. Similarly, Onkelos translates the Hebrew *melkaḥayim*, tongs, into Aramaic as *malket*.

Roman tweezers from the second century BCE

Plane [*rehitni*] – רְהִיטְנִי: Apparently from Greek, although the precise derivation is unclear. Some suggest it is derived from the Greek ῥυκάνη, *rhukanē*, meaning plane. Others suggest it is from ῥίνη, *rhinē*, meaning rasp or file.

Carpenter's plane resembling those from the mishnaic period

HALAKHA

And one is liable only if he removes with a razor – וְאֵינוֹ חַיָּיב עַד שֶׁיִּטְּלֶנּוּ בְּתַעַר: One is liable for marring the edges of his beard only if he does so with a razor. Some say this is also the *halakha* with regard to rounding the edges of one's head, but others disagree. Therefore, one must refrain from rounding even with other implements or with a depilatory agent. One may shave his beard with scissors even if the result approximates the result of shaving with a razor. It is also permitted to remove the hair with a depilatory agent. The Rema, citing *Terumat HaDeshen*, writes that one must take care when cutting his beard with scissors to cut with the upper blade rather than with the lower, sharper, blade, as cutting with the lower blade alone is tantamount to shaving with a razor. In any case, the Rema permits using the lower blade on the hair on the throat because he holds it is not one of the edges of the beard. The Ari would not shave his beard at all. When it interfered with his eating, he would trim his moustache with scissors (Rambam *Sefer HaMadda*, *Hilkhot Avoda Zara* 12:7; *Shulḥan Arukh*, *Yoreh De'a* 180:3, 10).

אֶלָּא בַּחֲדָא הַתְרָאָה – מִי מְחַיֵּיב? וְהָתְנַן: נָזִיר שֶׁהָיָה שׁוֹתֶה יַיִן כׇּל הַיּוֹם – אֵינוֹ חַיָּיב אֶלָּא אַחַת. אָמְרוּ לוֹ ״אַל תִּשְׁתֶּה״, ״אַל תִּשְׁתֶּה״, וְהוּא שׁוֹתֶה – חַיָּיב עַל כׇּל אַחַת וְאַחַת! לָא צְרִיכָא, דְּסָךְ חָמֵשׁ אֶצְבְּעוֹתָיו נָשָׁא וְאוֹתְבִינְהוּ בְּבַת אַחַת, דְּהָוְיָא לֵיהּ הַתְרָאָה לְכׇל חֲדָא וַחֲדָא.

Rather, say that he created five bald spots **with one forewarning; is one liable** in that case? **But didn't we learn** in a mishna (21a): **A nazirite who was drinking**[H] **wine all day is liable** to receive **only one** set of lashes; if onlookers **said to him: Do not drink, do not drink,** forewarning him several times, **and he drinks** after each forewarning, he is **liable** to receive lashes **for each and every** drink. The Gemara answers: **No,** this *halakha* **is necessary only** with regard to one **who,** after one forewarning, **smeared his five fingers**[N] in a **depilatory** agent [*nasha*][NL] **and** then **placed** his fingers **simultaneously** on his hair, thereby creating five bald spots, **as** in that case, **it is** tantamount to **a forewarning for each and every** bald spot[H] that he created. The novel element is that each bald spot is an independent transgression.

וְכַמָּה שִׁיעוּר קׇרְחָה? רַב הוּנָא אוֹמֵר: כְּדֵי שֶׁיֵּרָאֶה מֵרֹאשׁוֹ. רַבִּי יוֹחָנָן אוֹמֵר מִשּׁוּם רַבִּי אֶלְעָזָר בְּרַבִּי שִׁמְעוֹן: כִּגְרִיס. כְּתַנָּאֵי: כַּמָּה שִׁיעוּר קׇרְחָה – כִּגְרִיס, אֲחֵרִים אוֹמְרִים: כְּדֵי שֶׁיֵּרָאֶה מֵרֹאשׁוֹ.

§ The Gemara asks: **And how much is the measure of a bald spot**[H] for which one is liable? **Rav Huna says:** It must be of **sufficient** size so **that** bald skin **will be visible on his head. Rabbi Yoḥanan says in the name of Rabbi Elazar, son of Rabbi Shimon:** It is the size of **a Cilician bean** [*kigeris*].[L] The Gemara comments: This amoraic dispute is **parallel to** a dispute between ***tanna'im*: And how much is the measure of a bald spot?** It is the size of **a Cilician bean. *Aḥerim* say:** It must be of **sufficient** size so **that** bald skin **will be visible on his head.**

אָמַר רַב יְהוּדָה בַּר חֲבִיבָא: פְּלִיגִי בַּהּ תְּלָתָא תַּנָּאֵי, חַד אוֹמֵר: כִּגְרִיס, וְחַד אוֹמֵר: כְּדֵי שֶׁיֵּרָאֶה מֵרֹאשׁוֹ, וְחַד אוֹמֵר: כִּשְׁתֵּי שְׂעָרוֹת. וְאִיכָּא דְּמַפֵּיק שְׁתֵּי שְׂעָרוֹת וּמְעַיֵּיל בַּעֲדָשָׁה. וְסִימָנָךְ: בַּהֶרֶת כִּגְרִיס וּמִחְיָה בַּעֲדָשָׁה.

Rav Yehuda bar Ḥaviva said that there are **three *tanna'im*** who **disagree concerning** this matter. **One says:** A spot the size of a **Cilician bean; and one says:** A spot of **sufficient** size so **that** bald skin **will be visible on his head; and one says:** A spot that is the measure **of two hairs. And there is one who removed** the opinion that it is the measure of **two hairs, and inserted** an opinion that it is the size **of a lentil. And your mnemonic** to remember the different opinions is from a mishna with regard to the *halakhot* of leprosy (*Nega'im* 6:5): The measure of impurity for **a snow-white leprous mark** [*baheret*] is **a Cilician bean, and** the measure of impurity for the **raw** flesh that grows within the *baheret* is **a lentil.**

תָּנָא: הַנּוֹטֵל מְלֹא פִּי הַזּוּג בְּשַׁבָּת – חַיָּיב. וְכַמָּה מְלֹא פִּי הַזּוּג? אָמַר רַב יְהוּדָה: שְׁתַּיִם. וְהָתַנְיָא: לְקׇרְחָה שְׁתַּיִם! אֵימָא: וְכֵן לְקׇרְחָה שְׁתַּיִם.

In a related *halakha*, the Sages **taught: One who removes a scissorsful** [*melo pi hazug*][L] of hair from his head **on Shabbat is liable. And how much is a scissorsful? Rav Yehuda says: Two** hairs. The Gemara asks: **But isn't it taught** in a *baraita*: **For a bald spot** the measure is **two** hairs, from which it may be inferred that the measure with regard to labor on Shabbat is different than for a bald spot. The Gemara answers: Emend the *baraita* and **say: And likewise with regard to a bald spot** the measure is **two** hairs, indicating that the measure for Shabbat and the measure for a bald spot are the same.

HALAKHA

A nazirite who was drinking, etc. – **נָזִיר שֶׁהָיָה שׁוֹתֶה וכו׳:** A nazirite who was drinking wine throughout the entire day is liable to receive only one set of lashes for drinking the wine, even though he violates a separate prohibition for each and every quarter-*log* that he drinks. He receives a second set of lashes for violating the prohibition: "He may not profane his word" (Numbers 30:3). If he was forewarned with regard to each and every quarter-*log*, he is liable for drinking and receives lashes for each and every quarter-*log* (Rambam *Sefer Hafla'a, Hilkhot Nezirut* 12:15).

Forewarning for each and every bald spot – **הַתְרָאָה לְכׇל חֲדָא וַחֲדָא:** If one dipped five fingers in a depilatory agent and placed each finger on a different spot on his head simultaneously, he has performed five acts of creating a bald spot; even if he was forewarned only once, he is liable to receive five sets of lashes (Rambam *Sefer HaMadda, Hilkhot Avoda Zara* 12:15).

How much is the measure of a bald spot – **כַּמָּה שִׁיעוּר קׇרְחָה:** The measure of a bald spot for which one is liable is one the size of a Cilician bean that is visible on his head. The *halakha* is in accordance with the opinion of Rabbi Yoḥanan. Others say that the relevant measure is two hairs (Rosh). Yet others maintain that pulling out even a single hair is prohibited (Rambam *Sefer HaMadda, Hilkhot Avoda Zara* 12:15; *Shulḥan Arukh, Yoreh De'a* 180:9).

NOTES

Who smeared his five fingers, etc. – **דְּסָךְ חָמֵשׁ אֶצְבְּעוֹתָיו וכו׳:** In this scenario he did not perform the transgressions sequentially after the forewarning; rather, the forewarning applies directly to each bald spot that he created (Riva).

Depilatory agent – **נָשָׁא:** The Ritva states that apparently, with regard to the prohibition against creating bald spots, there is no difference whether the hair is removed by hand or by means of a depilatory agent. By contrast, with regard to the beard, the prohibition is against destruction of the hair with a razor, not with a depilatory.

LANGUAGE

Depilatory agent [*nasha*] – **נָשָׁא:** The source of this word is unclear. Some associate it with the word *nasham*, found in the Mishna (*Nega'im* 10:10), meaning a type of medicinal balm.

In modern times, depilatory agents are commonly used. Typically, they have a chemical effect that decomposes the hair, enabling its easy removal. Certain sulfide salts are also used for this purpose; perhaps *nasha* was based on similar substances with the addition of limestone. The application of *nasha* would remove hair for an extended period of time, and occasionally was so effective that it prevented regrowth completely.

Cilician bean [*geris*] – **גְּרִיס:** The Sages interpreted this measure as referring to the area of a split Cilician bean, known today as the broad bean or fava bean. Beans were often split in two along their seams in preparation for cooking. A split bean was a convenient measure for a small area, such as that of a mark or a stain, since the interior side was smooth and could be laid down flat on the skin or a piece of cloth. Among contemporary halakhic authorities, the area of a broad bean is held to be equal to that of a circle between 19 and 21 mm in diameter.

Broad bean on a grid of 5 mm squares

Scissors [*zug*] – **זוּג:** Although usage of this term and the words derived from it are quite ancient in Hebrew as well as in other Semitic languages, the consensus is that it comes from the Greek ζυγόν, *zugon*, whose basic meaning is that of a brace of cattle, from which it was extended to denote any item created by the joining of two components. The Sages also employ the term in that sense. In this context, the reference is to a cutting implement assembled from two components, i.e., scissors.

תַּנְיָא נַמִּי הָכִי: הַנּוֹטֵל מְלֹא פִּי הַזּוּג בְּשַׁבָּת – חַיָּיב. וְכַמָּה מְלֹא פִּי הַזּוּג – שְׁתַּיִם, רַבִּי אֱלִיעֶזֶר אוֹמֵר: אַחַת. וּמוֹדִים חֲכָמִים לְרַבִּי אֱלִיעֶזֶר בִּמְלַקֵּט לְבָנוֹת מִתּוֹךְ שְׁחוֹרוֹת, אֲפִילּוּ אַחַת, שֶׁהוּא חַיָּיב. וְדָבָר זֶה אֲפִילּוּ בַּחוֹל אָסוּר, מִשּׁוּם שֶׁנֶּאֱמַר ״לֹא יִלְבַּשׁ גֶּבֶר שִׂמְלַת אִשָּׁה״.

That is also taught in a *baraita*: **One who removes a scissorsful**[H] of hair **on Shabbat is liable. And how much is a scissorsful?** It is **two** hairs. **Rabbi Eliezer says: One** hair. **And the Rabbis concede to Rabbi Eliezer in** the case of **one who removes white** hairs **from black** ones, **even** if he removes **one** hair, **that he is liable.** Since his intent was to remove that particular hair, its removal constitutes a complete action. The Gemara adds: **And** for a man, **that matter is prohibited even during the week,**[H] **due to** the fact **that it is stated: "Neither shall a man don a woman's garment"** (Deuteronomy 22:5). Removal of white hairs for the purposes of beautification is characteristic of women, and it is prohibited for a man to perform those actions.

״וְהַמַּקִּיף פְּאַת רֹאשׁוֹ״ וכו׳. תָּנוּ רַבָּנַן: ״פְּאַת רֹאשׁוֹ״ – סוֹף רֹאשׁוֹ, וְאֵיזֶהוּ סוֹף רֹאשׁוֹ – זֶה הַמַּשְׁוֶה צְדָעָיו לַאֲחוֹרֵי אָזְנוֹ וּלְפַדַּחְתּוֹ.

§ The mishna teaches: **And one who rounds the edge of his head** is flogged. **The Sages taught: The edge of his head** is **the extremity of his head. And what is the extremity of his head?**[H] **This is** a reference to **one who levels** the hairline of **his temples**[N] **to** the hairline **behind his ear and to** the hairline of **his forehead.** There is no hair behind the ears or on the forehead. One who removes the hair from the temples so that they are like those areas violates the prohibition against rounding the edges of his head.

תָּנֵי תַּנָּא קַמֵּיהּ דְּרַב חִסְדָּא: אֶחָד הַמַּקִּיף וְאֶחָד הַנִּיקָּף, לוֹקֶה. אֲמַר לֵיהּ: מַאן דְּאָכֵיל תַּמְרֵי בְּאַרְבֵּילָא לָקֵי?! דְּאָמַר לָךְ: מַנִּי – רַבִּי יְהוּדָה הִיא, דְּאָמַר: לָאו שֶׁאֵין בּוֹ מַעֲשֶׂה לוֹקִין עָלָיו.

The *tanna* taught a *baraita* **before Rav Ḥisda: Both one who rounds** the edges of his head **and one** for **whom** the edges of his head **are rounded**[NH] are **flogged.** Rav Ḥisda **said to him: Is one who eats dates** that are **in a sieve** [*arbeila*][L] **flogged?** By analogy, if a person rounded the edges of another's head, why should the person whose head was rounded receive lashes? He performed no action. Rav Ḥisda proceeded to explain to the *tanna*: In response to one **who says to you: Who is** the *tanna* of the *baraita*? Say that **it is Rabbi Yehuda, who says:** In the case of **a prohibition that does not involve an action, one is flogged for its** violation.

רָבָא אוֹמֵר: בְּמַקִּיף לְעַצְמוֹ, וְדִבְרֵי הַכֹּל. רַב אָשֵׁי אוֹמֵר: בִּמְסַיֵּיעַ, וְדִבְרֵי הַכֹּל.

Rava says: This *baraita* can be explained as referring **to one who rounds** the edges of his head **for himself,** and he is liable both for rounding the edges of his head and for having the edges of his head rounded; **and everyone agrees** that he is flogged because he performed an action. **Rav Ashi says:** This *baraita* can be explained as referring to a case **where** the one for whom the edges of his head are being rounded **assists** the person rounding his head, by repositioning his head to facilitate that rounding, **and everyone agrees** that he is flogged.

NOTES

One who levels the hairline of his temples – הַמַּשְׁוֶה צְדָעָיו: There is a hairless area behind the ears. One who cuts the hair of his head in a manner where a straight line is formed with his hairline on the front of his head, violates the prohibition: You shall not round (Rivan). Most commentaries maintain that the hair that descends on the temples is the edge of one's head.

The early commentaries disagree with regard to the definition of the edge of the head. The Rivan contends that it reaches below the ear, to the edge of the jaw, where the edge of the beard begins (*Shulḥan Arukh*). Most claim that it continues to the top of the cheekbone. Others hold that the hair between the cheekbone and the edge of the jaw is considered neither the edge of the head nor the edge of the beard (see Ritva).

Both one who rounds the edges of his head and one for whom the edges of his head are rounded – אֶחָד הַמַּקִּיף וְאֶחָד הַנִּיקָּף: Some say that the phrase: "You shall not round [*lo takkifu*]" (Leviticus 19:27) also means: Do not allow one to round your head. Therefore, both one who performs the rounding itself and one who allows his head to be rounded is liable. Others explain that this is derived from the fact that the verse is formulated in the plural (Rivan; Rabbi Avraham *Av Bet Din*).

LANGUAGE

Sieve [*arbeila*] – אַרְבֵּילָא: This word means a sifter or sieve. It is derived from the root *alef, reish, beit,* which refers to the mixing [*le'arev*] of flour before it is sifted. It is similar to the words arbala in Syriac, and غربال, *ghirbāl*, in Arabic.

HALAKHA

One who removes a scissorsful – הַנּוֹטֵל מְלֹא פִּי הַזּוּג: It is prohibited to remove one's hairs on Shabbat either by hand or with an implement. One who cuts two hairs is liable for performing a prohibited labor on Shabbat. If he removes white hairs from black ones, he is liable for removing a single hair (Rambam *Sefer Zemanim*, *Hilkhot Shabbat* 9:9; *Shulḥan Arukh*, *Oraḥ Ḥayyim* 340:1).

Prohibited even during the week – אֲפִילּוּ בַּחוֹל אָסוּר: It is prohibited for a man to pluck white hairs from among black ones. Even if he removed a single white hair from the black ones he violates the prohibition of a man wearing a woman's garment. The Ra'avad questions why one should be liable to receive lashes for doing so, as the Gemara states that it is a mere prohibition, as opposed to a prohibition for which one would be liable to receive lashes for transgressing it. Furthermore, removing one hair does not constitute an adornment of a woman, as it is not at all noticeable (Rambam *Sefer HaMadda*, *Hilkhot Avoda Zara* 12:10; *Shulḥan Arukh*, *Oraḥ Ḥayyim* 340:1 and *Yoreh De'a* 182:6).

What is the extremity of his head – אֵיזֶהוּ סוֹף הָרֹאשׁ: The edge of the head is at the temples, at the level of his hairline at the front of his head until below the ear, adjacent to the joint of the lower jaw. The Sages did not provide the measure of its width. The Rambam cites a tradition that it is no less than four hairbreadths, while in the *Tosefta* it is taught that one is flogged even for two hairs. The *Shulḥan Arukh* rules that since there is uncertainty with regard to this matter, which involves a Torah prohibition, one must refrain from shaving any part of the edge of his head (Rambam *Sefer HaMadda*, *Hilkhot Avoda Zara* 12:1; *Shulḥan Arukh*, *Yoreh De'a* 181:1, 10).

Both one who rounds the edges of his head and one for whom the edges of his head are rounded – אֶחָד הַמַּקִּיף וְאֶחָד הַנִּיקָּף: Anyone who rounds the edges of the head of any male, even that of a minor, is liable to receive lashes. One whose head is rounded is also liable to receive lashes if he moves his head to assist the one cutting his hair, in accordance with Rav Ashi's explanation of the *baraita*. In any case, even if he offers no assistance, it is prohibited for one to have his head rounded, even by a gentile (Rambam *Sefer HaMadda*, *Hilkhot Avoda Zara* 12:1; *Shulḥan Arukh*, *Yoreh De'a* 181:4).

״וְהַמַּשְׁחִית פְּאַת זְקָנוֹ״. תָּנוּ רַבָּנַן: ״פְּאַת זְקָנוֹ״ – סוֹף זְקָנוֹ, וְאֵיזֶהוּ סוֹף זְקָנוֹ – שִׁבּוֹלֶת זְקָנוֹ.

§ The mishna teaches: **And one who mars the edge of his beard** is flogged. **The Sages taught: The edge of his beard is the extremity of his beard. And what is the extremity of his beard?** It is **the stalk of his beard,** i.e., the five edges of the beard enumerated in the mishna where hair collects in one spot, like grain on stalks.

״וְהַמְשָׂרֵט שְׂרִיטָה אַחַת״ וכו׳. תָּנוּ רַבָּנַן: ״וְשֶׂרֶט״, יָכוֹל אֲפִילּוּ שָׂרַט עַל בֵּיתוֹ שֶׁנָּפַל וְעַל סְפִינָתוֹ שֶׁטָּבְעָה בַּיָּם? תַּלְמוּד לוֹמַר ״לָנֶפֶשׁ״ – אֵינוֹ חַיָּיב אֶלָּא עַל הַמֵּת בִּלְבַד. וּמִנַּיִן לַמְשָׂרֵט חָמֵשׁ שְׂרִיטוֹת עַל מֵת אֶחָד, שֶׁהוּא חַיָּיב עַל כָּל אַחַת וְאַחַת? תַּלְמוּד לוֹמַר ״וְשֶׂרֶט״, לְחַיֵּיב עַל כָּל שְׂרִיטָה וּשְׂרִיטָה.

§ The mishna teaches: **And one who cuts one incision** in a display of mourning **over the dead** is flogged. **The Sages taught** a halakhic midrash on the verse: "And an incision for the soul you shall not place in your flesh" (Leviticus 19:28). Had the verse stated only: **"And an incision,"** one **might** have thought that this prohibition applies to any incision cut in sorrow, **even** if he **cut** an incision in sorrow **over his house that collapsed,**[H] **or over his ship that sunk at sea.** Therefore, **the verse states: "For the soul,"** from which it is derived that **he is liable** for an incision in mourning **only for the dead alone. And from where** is it derived **that one who cuts five incisions** in mourning **over one dead** person **is liable for each and every** incision? **The verse states: "And an incision" to render** him **liable for each and every incision.**[N]

רַבִּי יוֹסֵי אוֹמֵר: מִנַּיִן לַמְשָׂרֵט שְׂרִיטָה אַחַת עַל חֲמִשָּׁה מֵתִים, שֶׁהוּא חַיָּיב עַל כָּל אַחַת וְאַחַת? תַּלְמוּד לוֹמַר ״לָנֶפֶשׁ״ – לְחַיֵּיב עַל כָּל נֶפֶשׁ וָנֶפֶשׁ.

Rabbi Yosei says: From where is it derived **concerning one who cuts one incision** in mourning **over five dead** people, **that he is liable for each and every** person for whom he cut that incision? **The verse states: "For the soul," to render** him **liable for each and every dead** person.

וְהָא אַפִּיקְתֵּיהּ לְבֵיתוֹ שֶׁנָּפַל וְלִסְפִינָתוֹ שֶׁטָּבְעָה בַּיָּם!

The Gemara asks: **But didn't you** already **derive** from the term "for the soul" an exemption for one who cut an incision in sorrow **over his house that collapsed, or over his ship that sunk at sea?**

HALAKHA

Over his house that collapsed, etc. – **עַל בֵּיתוֹ שֶׁנָּפַל וכו׳:** One who cuts an incision in his flesh is liable only if he did so over the dead or for idol worship. One violates the prohibition whether or not the incision was cut in the presence of the corpse. This prohibition does not apply to incisions motivated by any other type of grief. The *Baḥ* writes that even in that case it is prohibited (Rambam *Sefer HaMadda, Hilkhot Avoda Zara* 12:12; *Shulḥan Arukh, Yoreh De'a* 180:5–6, and in the comment of Rema).

NOTES

And an incision, to render him liable for each and every incision – **וְשֶׂרֶט לְחַיֵּיב עַל כָּל שְׂרִיטָה וּשְׂרִיטָה:** The verse could have been formulated: And you shall not cut for a soul, omitting the term incision. Alternatively, his liability for each and every incision is derived from the prefix "and" in the term "and an incision" (see Rivan and Rabbeinu Yehonatan of Lunel).

Perek **III**
Daf **21** Amud **a**

קָסָבַר רַבִּי יוֹסֵי: שְׂרִיטָה וּגְדִידָה אַחַת הִיא, וּכְתִיב הָתָם ״לָמֵת״.

The Gemara answers: Rabbi Yosei derives that *halakha* from a different source, as **Rabbi Yosei holds** that **an incision** over the dead **and a laceration** over the dead **are one** transgression, **and it is written there,** with regard to laceration: "You shall neither lacerate yourselves, nor place a bald spot between your eyes **for the dead**" (Deuteronomy 14:1), indicating that one is liable for cutting oneself in mourning only over a dead person. Therefore he can derive from the term "for the soul" that one is liable for each and every soul over whom he cut the incision.

אָמַר שְׁמוּאֵל: הַמְשָׂרֵט בִּכְלִי – חַיָּיב. מֵיתִיבֵי: שְׂרִיטָה וּגְדִידָה אַחַת הִיא, אֶלָּא שֶׁשְּׂרִיטָה בַּיָּד וּגְדִידָה בִּכְלִי! הוּא דְּאָמַר כְּרַבִּי יוֹסֵי.

On a related note, the Gemara cites that which **Shmuel says: One who cuts** [*mesaret*] his flesh **with a utensil** in mourning over the dead is **liable.** The Gemara **raises an objection** from a *baraita*: **An incision** [*serita*] **and a laceration are one** transgression, as they are both performed over the dead; **but** the difference is that **an incision is cut by hand,** i.e., with one's fingernails, while **a laceration is** cut **with a utensil.** Apparently, cutting an incision is not accomplished with a utensil. The Gemara answers: Shmuel **stated** his opinion **in accordance with** the opinion of **Rabbi Yosei,** who holds that an incision and a laceration are synonymous in every sense.

תָּנֵי תַּנָּא קַמֵּיהּ דְּרַבִּי יוֹחָנָן: עַל מֵת, בֵּין בַּיָּד בֵּין בִּכְלִי – חַיָּיב, עַל עֲבוֹדָה זָרָה, בַּיָּד – חַיָּיב, בִּכְלִי – פָּטוּר. וְהָא אִיפְּכָא כְּתִיב: ״וַיִּתְגֹּדְדוּ כְּמִשְׁפָּטָם בַּחֲרָבוֹת וּבָרְמָחִים״! אֶלָּא אֵימָא: בַּיָּד פָּטוּר, בִּכְלִי חַיָּיב.

The Gemara relates: **A *tanna* taught** a *baraita* **before Rabbi Yoḥanan:** One who cuts an incision **over a dead** person, **whether** he did so **by hand or with a utensil,** is **liable.** Concerning one who cuts an incision **for idolatry,**[H] if he does so **by hand,** he is **liable,** but if he does so **with a utensil,** he is **exempt.** Rabbi Yoḥanan was puzzled by this *baraita*: **But isn't the reverse written** with regard to the priests of Baal: **"And they lacerated themselves in accordance with their custom, with swords and lances"** (I Kings 18:28), indicating that customarily laceration is with a utensil? Rabbi Yoḥanan instructed the *tanna*: **Rather,** emend the *baraita* and **say:** Concerning one who cuts an incision for idolatry, if he does so **by hand,** he is **exempt;** but if he does so **with a utensil,** he is **liable.**

HALAKHA

Over a dead person…for idolatry – **עַל מֵת...עַל עֲבוֹדָה זָרָה:** One who cuts an incision in his flesh over the dead is liable to receive lashes, whether he does so by hand or with a utensil. One who cuts an incision for the sake of idolatry is liable only if he does so by means of a utensil, in accordance with the opinion of Rabbi Yoḥanan (Rambam *Sefer HaMadda, Hilkhot Avoda Zara* 12:13; *Shulḥan Arukh, Yoreh De'a* 180:5).

BACKGROUND

Parts of the head – **פִּרְקֵי רֵישָׁא**: Most commentaries explain that these are the places where the cheekbones connect to the skull, approximately at the line between the eyes and the upper part of the ears. When the hair on the edge of the head is cut above that line, the result is hair in a straight line from the forehead to the nape, as depicted in the image.

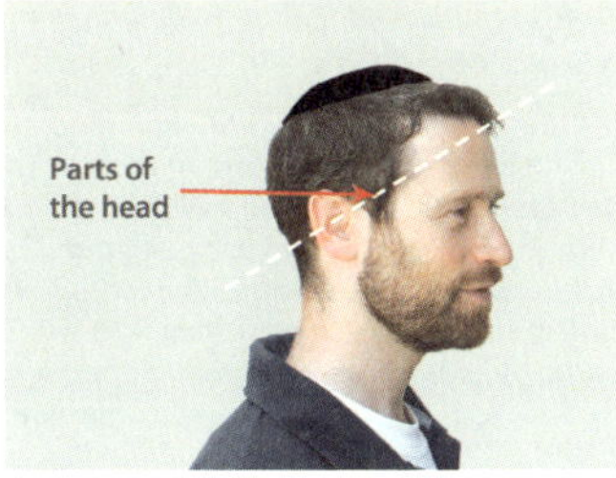

Parts of the head

Parts of the beard – **פִּרְקֵי דִיקְנָא**: In the opinion of most commentaries, the first edges of the beard are located on the bone that protrudes opposite the middle of the ear, while the second edges are beneath the ear, where the lower jaw bends from the vertical line in the direction of the chin. The fifth edge is the chin itself, which is a straight line. The hair that grows in any of the areas between the edges is the beard.

Delineation of the beard

"וְחַיָּיב עַל הָרֹאשׁ". מַחֲוֵי רַב שֵׁשֶׁת בֵּין פִּירְקֵי רֵישָׁא. "וְעַל הַזָּקָן שְׁתַּיִם מִכָּאן וּשְׁתַּיִם מִכָּאן וְאַחַת מִלְּמַטָּה". מַחֲוֵי רַב שֵׁשֶׁת בֵּין פִּירְקֵי דִיקְנָא.

§ The mishna teaches: **And for** rounding the edges of his **head,** one is **liable** to receive two sets of lashes, one from here, the hair adjacent to one ear, and one from there, the hair adjacent to the other ear. The Gemara relates that when he taught this mishna, **Rav Sheshet** would **gesture** toward his temple, which is the point **between the** two **parts of the head,**[B] the front and back. Similarly, with regard to the *halakha* in the mishna: **For** marring the edges of his **beard** there are **two** edges **from here, and two from there, and one from below, Rav Sheshet** would **gesture** toward the point **between the parts of the beard.**[B]

"רַבִּי אֱלִיעֶזֶר אוֹמֵר: אִם נְטָלָן" וכו'. קָסָבַר: חַד לָאו הוּא.

§ The mishna teaches that **Rabbi Eliezer says: If he removed** the hair on all the edges of his beard in one action, he is liable to receive only one set of lashes. The Gemara clarifies: **He maintains** that the prohibition of marring the edges of the beard **is a single prohibition,** and therefore, one is not liable for marring each edge.

"וְאֵינוֹ חַיָּיב עַד שֶׁיִּטְּלֶנּוּ בְּתַעַר". תָּנוּ רַבָּנַן: "וּפְאַת זְקָנָם לֹא יְגַלֵּחוּ", יָכוֹל אֲפִילּוּ גִּלְּחוֹ בְּמִסְפָּרַיִם יְהֵא חַיָּיב? תַּלְמוּד לוֹמַר "לֹא תַשְׁחִית"; אִי "לֹא תַשְׁחִית", יָכוֹל אִם לְקָטוֹ בְּמַלְקֵט וּרְהִיטְנִי יְהֵא חַיָּיב? תַּלְמוּד לוֹמַר "לֹא יְגַלֵּחוּ".

The mishna teaches: **And one is liable** for marring the edges of his beard **only if he removes** the hair **with a razor. The Sages taught** a halakhic midrash: The verse states: **"And the edge of their beard they may not shave"** (Leviticus 21:5). One **might** have thought that for any manner of shaving, **even if he shaved** the beard **with scissors, he would be liable;** therefore, **the verse states: "You may not mar** the edge of your beard" (Leviticus 19:27), indicating that one is liable only for shaving that destroys the hair from the root, which is not the case with scissors. **If** the verse had stated only: **"You may not mar,"** one **might** have thought that even **if he removed** the hair **with tweezers or with a plane** he **would be liable** to receive lashes, as they destroy the hair from its roots; therefore, **the verse states: "They may not shave,"** indicating that only hair removal by means of shaving is prohibited, and that is not accomplished with a tweezers and a plane.

הָא כֵּיצַד – גִּילּוּחַ שֶׁיֵּשׁ בּוֹ הַשְׁחָתָה, הֱוֵי אוֹמֵר זֶה תַּעַר.

How so? Based on these two verses, for what form of hair removal is one liable? One is liable only for **shaving that involves marring.**[N] **You must say** that **this** is shaving with **a razor.**

"רַבִּי אֱלִיעֶזֶר אוֹמֵר אֲפִילּוּ לְקָטוֹ בְּמַלְקֵט וּרְהִיטְנִי יְהֵא חַיָּיב". מַה נַּפְשָׁךְ, אִי גָּמֵיר גְּזֵירָה שָׁוָה – לִיבְעֵי תַּעַר, אִי לָא גָּמֵיר גְּזֵירָה שָׁוָה – מִסְפָּרַיִם נַמִי [לָא]!

The mishna teaches that **Rabbi Eliezer says: Even if he removed** the hair **with tweezers or with a plane, he would be liable** to receive lashes. The Gemara objects: **Whichever way you** look at it, it is difficult. **If he derives** the *halakha* by means of **a verbal analogy** that he received from his teachers between the *halakhot* of shaving written with regard to priests (Leviticus 21:5) and the *halakhot* of marring written with regard to non-priests (Leviticus 19:27), **let** Rabbi Eliezer **require** shaving with **a razor** in order to render him liable, as did the Rabbis. **If he does not derive** the *halakha* by means **of a verbal analogy,** he should **also not** exempt one who removes the hair with **scissors,** as that should be included in the category of shaving.

לְעוֹלָם גָּמֵיר גְּזֵירָה שָׁוָה, וְקָסָבַר: הָנֵי נַמִי גִּילּוּחַ עָבְדִי.

The Gemara answers: **Actually, he derives** the *halakha* by means of **a verbal analogy, and he holds** that **these too,** the tweezers and the plane, **accomplish shaving.**[N] His dispute with the Rabbis does not relate to the derivation of the *halakha*; rather it is a dispute with regard to the definition of shaving.

NOTES

Shaving that involves marring – **גִּילּוּחַ שֶׁיֵּשׁ בּוֹ הַשְׁחָתָה**: In other words, the liability is contingent upon shaving in the manner in which people typically shave, and it involves marring, meaning that he shaves the hair to its roots. Consequently, although one who shaves with scissors has shaved, this does not involve marring, as the lower blade of the scissors prevents the hair from being cut to its roots. Therefore, some say that one must make certain not to move the lower blade when cutting with scissors, as that would be tantamount to shaving with a razor. In contrast, although tweezers completely uproot the hair and planes also destroy the hair like razors, it is not the typical manner of shaving (Rivan).

These too accomplish shaving – **הָנֵי נַמִי גִּילּוּחַ עָבְדִי**: The Rivan explains: Rabbi Eliezer holds that shaving with tweezers or with a plane is considered a typical manner of shaving, and therefore one is liable.

מתני׳ הַכּוֹתֵב כְּתוֹבֶת קַעֲקַע. כָּתַב וְלֹא קִעְקַע, קִעְקַע וְלֹא כָּתַב – אֵינוֹ חַיָּיב, עַד שֶׁיִּכְתּוֹב וִיקַעְקַע (בְּיָדוֹ) [בִּדְיוֹ] וּבִכְחוֹל וּבְכׇל דָּבָר שֶׁהוּא רוֹשֵׁם. רַבִּי שִׁמְעוֹן בֶּן יְהוּדָה מִשּׁוּם רַבִּי שִׁמְעוֹן אוֹמֵר: אֵינוֹ חַיָּיב עַד שֶׁיִּכְתּוֹב שָׁם אֶת הַשֵּׁם, שֶׁנֶּאֱמַר ״וּכְתֹבֶת קַעֲקַע לֹא תִתְּנוּ בָּכֶם אֲנִי ה׳״.

MISHNA **One who imprints a tattoo,** by inserting a dye into recesses carved in the skin, is also liable to receive lashes. If **one imprinted** on the skin with a dye **but did not carve** the skin,[H] or if **one carved** the skin **but did not imprint** the tattoo by adding a dye, **he is not liable;** he is not liable **until he imprints and carves** the skin, **with ink, or with kohl** [***keḥol***],[L] **or with any substance that marks. Rabbi Shimon ben Yehuda says in the name of Rabbi Shimon: He is liable only if he writes the name there, as it is stated: "And a tattoo inscription you shall not place upon you, I am the Lord"** (Leviticus 19:28).

גמ׳ אֲמַר לֵיהּ רַב אַחָא בְּרֵיהּ דְּרָבָא לְרַב אַשִׁי: עַד דִּיכְתּוֹב ״אֲנִי ה׳״ מַמָּשׁ? אֲמַר לֵיהּ: לָא, כִּדְתָנֵי בַּר קַפָּרָא: אֵינוֹ חַיָּיב עַד שֶׁיִּכְתּוֹב שֵׁם עֲבוֹדָה זָרָה, שֶׁנֶּאֱמַר ״וּכְתוֹבֶת קַעֲקַע לֹא תִתְּנוּ בָּכֶם אֲנִי ה׳״ – אֲנִי ה׳ וְלֹא אַחֵר.

GEMARA **Rav Aḥa, son of Rava, said to Rav Ashi:** Is Rabbi Shimon saying that one is liable only **if he actually inscribes** the words **"I am the Lord"** in his skin? Rav Ashi **said to him: No,** he is saying **as bar Kappara teaches: One is liable only if he inscribes a name of** an object **of idol worship, as it is stated: "And a tattoo inscription you shall not place upon you, I am the Lord,"** which means: Do not place an idolatrous name on your skin, as **I am the Lord, and no one else.**

אֲמַר רַב מַלְכִּיָּא אָמַר רַב אַדָּא בַּר אַהֲבָה: אָסוּר לוֹ לְאָדָם שֶׁיִּתֵּן אֵפֶר מִקְלֶה עַל גַּבֵּי מַכָּתוֹ, מִפְּנֵי שֶׁנִּרְאֵית כִּכְתוֹבֶת קַעֲקַע. אָמַר רַב נַחְמָן בְּרֵיהּ דְּרַב אִיקָא: שַׁפּוּד, שְׁפָחוֹת וְגוּמּוֹת – מַלְכִּיּוּ; בְּלוֹרִית, אֵפֶר מִקְלֶה וּגְבִינָה – רַב מַלְכִּיָּא.

Rav Malkiyya says that **Rav Adda bar Ahava says: It is prohibited for a person to place burnt ashes on his wound** to promote healing, **because it looks like a tattoo.** Since few statements were attributed to Rav Malkiyya, and there was another Sage named Rav Malkiyyu who also cited statements in the name of Rav Adda bar Ahava, the Gemara provides a mnemonic for these *halakhot*. **Rav Naḥman, son of Rav Ika, says:** The *halakhot* of **skewer, maidservants, and follicles**[N] were stated by **Rav Malkiyyu.** The *halakhot* of **forelock, burnt ashes, and cheese** were stated by **Rav Malkiyya.**

רַב פָּפָּא אָמַר: מַתְנִיתִין וּמַתְנִיתָא – רַב מַלְכִּיָּא, שְׁמַעְתָּתָא – רַב מַלְכִּיּוּ; וְסִימָנֵיךְ: מַתְנִיתָא מַלְכְּתָא. מַאי בֵּינַיְיהוּ? אִיכָּא בֵּינַיְיהוּ שְׁפָחוֹת.

Rav Pappa says: The distinction is a different one. Those statements that relate to **a mishna or a *baraita*** were stated by **Rav Malkiyya.** Independent ***halakhot*** were taught by **Rav Malkiyyu. And your mnemonic,** to remember that distinction, is: **The Mishna is queen** [***malketa***], indicating the connection between Rav Malkiyya and the Mishna. The Gemara asks: **What is** the practical difference **between** the criteria of Rav Naḥman and Rav Pappa in this regard? The Gemara answers: The practical difference **between them** is with regard to the *halakha* of **maidservants,** which appears in a mishna. According to Rav Pappa, this *halakha* was stated by Rav Malkiyya, not Rav Malkiyyu.

רַב בֵּיבָי בַּר אַבַּיֵּי קָפֵיד אֲפִילּוּ אַרִיבְדָּא דְּכוּסִילְתָּא. רַב אַשִׁי אָמַר: כׇּל מָקוֹם שֶׁיֵּשׁ שָׁם מַכָּה – מַכָּתוֹ מוֹכִיחַ עָלָיו.

The Gemara addresses the matter of placing burnt ashes on a wound. The Gemara relates: **Rav Beivai bar Abaye was fastidious** and did not place ashes **even on the wound of bloodletting** [***arivda dekhusilta***],[L] as that too appears like a tattoo. **Rav Ashi says: Any place where there is a wound, his wound proves about itself**[H] that the person's intent when he covers it with ashes is to promote healing, and it is not a tattoo.

HALAKHA

If one imprinted on the skin with a dye but did not carve the skin, etc. – כָּתַב וְלֹא קִעְקַע וכו׳: One who tattoos his flesh is liable to receive lashes. A tattoo involves carving the skin and filling it with pigmentation. One is liable if he reverses the order and places the color and then carves the skin (*Shakh*, citing *Baḥ*). If one carved the skin but did not fill it with pigmentation, or imprinted the skin without carving it, he is exempt. This prohibition applies to both men and women, and with regard to a tattoo on any part of the body (Rambam *Sefer HaMadda, Hilkhot Avoda Zara* 12:11; *Shulḥan Arukh, Yoreh De'a* 180:1).

His wound proves about itself – מַכָּתוֹ מוֹכִיחַ עָלָיו: It is permitted to place ashes and all similar substances on a wound for the purpose of healing, as his wound proves about itself that the person's intent is to promote healing and that it is not a tattoo, in accordance with the opinion of Rav Ashi (*Shulḥan Arukh, Yoreh De'a* 180:3).

LANGUAGE

Kohl [*keḥol*] – כְּחוֹל: This paint is a black-blue dye extracted in ancient times from the mineral stibnite (Sb_2S_3). The stibnite crystals would typically be ground and used by women to paint around their eyes, enhancing them and making them appear larger.

Stibnite

Wound of bloodletting [*rivda dekhusilta*] – רִיבְדָּא דְכוּסִילְתָּא: The word *rivda* resembles the Arabic word for stabbing. *Kusilta* is the Aramaic word for bloodletting.

NOTES

Skewer, maidservants, and follicles – שַׁפּוּד שְׁפָחוֹת וְגוּמּוֹת: The term: Skewer, is referring to a *halakha* on Festivals, that one may not move a skewer on which meat was roasted; rather, he must allow it to fall in its place (*Beitza* 28b). The term: Maidservants, is referring to the *halakhot* of a marriage contract. The ruling is in accordance with the opinion in the mishna (*Ketubot* 59b) that even if a wife brought into the marriage a large dowry including one hundred maidservants, she may not remain idle. She is required to perform at least some minimal labor. The term: Follicles, is referring to two pubic hairs, signs of puberty that render a girl a young woman, and that even two follicles without hairs suffice (*Nidda* 52a). All these *halakhot* were stated by Rav Malkiyyu, citing Rav Ada.

The term: Forelock, is referring to the *halakhot* of idol worship, as idolaters would grow forelocks in deference to their idol. It is taught in a *baraita* that a Jew who cuts the hair of a gentile must distance his hand from the forelock. The Gemara states that the barber must avoid cutting hair within three fingerbreadths of the forelock (*Avoda Zara* 29a). The term: Burnt ashes, is referring to discussion in the Gemara here with regard to tattoos that does not address a *halakha* in the mishna but stands as an independent *halakha*. The term: Cheese, is referring to a *halakha* proscribing the consumption of cheese produced by gentiles (*Avoda Zara* 29b), as they smooth it with forbidden fat (*Avoda Zara* 35b).

מתני׳ נָזִיר שֶׁהָיָה שׁוֹתֶה יַיִן כׇּל הַיּוֹם – אֵין חַיָּיב אֶלָּא אַחַת; אָמְרוּ לוֹ "אַל תִּשְׁתֶּה", "אַל תִּשְׁתֶּה", וְהוּא שׁוֹתֶה – חַיָּיב עַל כׇּל אַחַת וְאַחַת. הָיָה מִטַּמֵּא לְמֵתִים כׇּל הַיּוֹם – אֵינוֹ חַיָּיב אֶלָּא אַחַת; אָמְרוּ לוֹ "אַל תִּטַּמֵּא", "אַל תִּטַּמֵּא", וְהוּא מִטַּמֵּא – חַיָּיב עַל כׇּל אַחַת וְאַחַת. הָיָה מְגַלֵּחַ כׇּל הַיּוֹם – אֵינוֹ חַיָּיב אֶלָּא אַחַת; אָמְרוּ לוֹ "אַל תְּגַלַּח", "אַל תְּגַלַּח", וְהוּא מְגַלֵּחַ – חַיָּיב עַל כׇּל אַחַת וְאַחַת.

MISHNA **A nazirite**[B] **who was drinking**[H] **wine all day is liable** to receive **only one** set of lashes. If onlookers **said to him: Do not drink, do not drink,** forewarning him several times, **and he drinks** after each forewarning, he is **liable** to receive lashes **for each and every** drink. If the nazirite **was rendering himself impure** through exposure **to corpses**[H] **all day, he is liable** to receive **only one** set of lashes. If **they said to him: Do not render yourself impure,**[N] **do not render yourself impure, and he renders himself impure** after each forewarning, he is **liable for each and every** incident. If the nazirite **was shaving** his hair **all day,**[H] **he is liable** to receive **only one** set of lashes. If **they said to him: Do not shave, do not shave, and** after each forewarning **he shaves,** he is **liable for each and every** time he shaves.

הָיָה לָבוּשׁ בְּכִלְאַיִם כׇּל הַיּוֹם – אֵינוֹ חַיָּיב אֶלָּא אַחַת; אָמְרוּ לוֹ "אַל תִּלְבַּשׁ", "אַל תִּלְבַּשׁ", וְהוּא פּוֹשֵׁט וְלוֹבֵשׁ – חַיָּיב עַל כׇּל אַחַת וְאַחַת.

If a person **was wearing** a garment consisting of **diverse kinds**[B] of wool and linen **all day, he is liable** to receive **only one** set of lashes. If **they said to him: Do not wear** it, **do not wear** it, **and he removes** it **and dons** it after each forewarning, he is **liable for each and every** time that he dons the garment.

BACKGROUND

Nazirite – **נָזִיר**: The nazirite vow confers a unique status upon a person, as detailed in the Torah (Numbers 6:1–21) and in tractate *Nazir*. A nazirite must refrain from eating or drinking any product of the vine. He must avoid becoming ritually impure with impurity imparted by a corpse and must refrain from cutting his hair. A nazirite who violates any of these prohibitions is liable to receive lashes. While one may vow to be a nazirite for any period of time that he chooses, the minimum term of nazariteship is thirty days. One who does not specify the duration of his naziriteship becomes a nazirite for thirty days.

Diverse kinds – **כִּלְאַיִם**: This term refers to different types of forbidden mixtures: Mixtures of wool and linen in a garment, crossbreeding of livestock, sowing food crops in a vineyard, and sowing diverse kinds of seeds. The mishna is discussing the prohibition of donning a mixture of wool and linen (Deuteronomy 22:11).

HALAKHA

A nazirite who was drinking, etc. – **נָזִיר שֶׁהָיָה שׁוֹתֶה וכו׳**: In the case of a nazirite who was drinking wine all day, even if he drank several quarter-*log*, if he was forewarned only once, he is liable to receive only one set of lashes. If he received a forewarning for each quarter-*log*, he is liable to receive lashes for each quarter-*log* that he drank (Rambam *Sefer Hafla'a*, *Hilkhot Nezirut* 5:10).

If he was rendering himself impure through exposure to corpses – **הָיָה מִטַּמֵּא לְמֵתִים**: A nazirite or a priest who renders himself impure several times through exposure to corpses is liable to receive lashes for each forewarning that he receives, although he is liable for committing a transgression vis-à-vis Heaven even without forewarning. This is the ruling if he renders himself impure, severs contact with the corpse, and then reestablishes contact with the corpse. If he comes into contact with a second corpse while still in contact with the first he is liable to receive only one set of lashes, even if he is forewarned before coming into contact with the second corpse. The Ra'avad maintains that even if he is no longer in contact with a corpse, as long as he remains impure with impurity imparted by a corpse, he is not liable to receive lashes for coming in contact with a corpse. In that case he is flogged only if he enters a tent over a corpse. In that case he would receive two sets of lashes, even if he comes into contact with one corpse and enters a tent over another corpse simultaneously. That ruling is based on his understanding of the Gemara's conclusion on *Nazir* 42b (Rambam *Sefer Hafla'a*, *Hilkhot Nezirut* 5:15–16 and *Sefer Shofetim*, *Hilkhot Evel* 3:4).

If he was shaving all day – **הָיָה מְגַלֵּחַ כׇּל הַיּוֹם**: A nazirite who shaved his entire head is flogged with only one set of lashes. If he was forewarned before shaving each and every hair, he is liable to receive lashes for each and every hair (Rambam *Sefer Hafla'a*, *Hilkhot Nezirut* 5:13).

NOTES

Do not render yourself impure, etc. – **אַל תִּטַּמֵּא וכו׳**: As explained in tractate *Nazir* (42b), this applies only to one who severed contact with the corpse and then again reestablished contact with it. It does not apply to a case where one came into contact with an additional corpse while he was still in contact with the first one, as impurity through contact with two corpses is no greater than impurity through contact with one.

יֵשׁ חוֹרֵשׁ תֶּלֶם אֶחָד וְחַיָּיב עָלָיו מִשּׁוּם שְׁמוֹנָה לָאוִין: הַחוֹרֵשׁ בְּשׁוֹר וַחֲמוֹר, וְהֵן מוּקְדָּשִׁין, וְכִלְאַיִם בְּכֶרֶם, וּבַשְּׁבִיעִית, וְיוֹם טוֹב, וְכֹהֵן וְנָזִיר בְּבֵית הַטּוּמְאָה.

Apropos the case where one receives several sets of lashes for performing a single action, the mishna continues: **There is** one who **plows a single furrow and is liable** to receive lashes **for** violating **eight prohibitions.** How so? For **plowing with an ox and a donkey,** in violation of the prohibition: "You shall not plow with an ox and a donkey together" (Deuteronomy 22:10); **and they are consecrated,**[N] and therefore he is guilty of misuse of consecrated property; **and** he is plowing **diverse kinds in a vineyard;**[N] **and** it is **during the Sabbatical** Year, when it is prohibited to work the land; **and** it is on **a Festival,** when plowing is a prohibited labor; **and** he is both **a priest and a nazirite** and is performing the plowing **in a place of impurity** imparted by a corpse, which is prohibited for both a priest (see Leviticus 21:1) and a nazirite (see Numbers 6:6).

חֲנַנְיָא בֶּן חֲכִינַאי אוֹמֵר: אַף הַלּוֹבֵשׁ כִּלְאַיִם. אָמְרוּ לוֹ: אֵינוֹ הַשֵּׁם. אָמַר לָהֶם: אַף הַנָּזִיר לֹא הוּא הַשֵּׁם.

Ḥananya ben Ḥakhinai says: If he **was wearing** a garment consisting of **diverse kinds** of wool and linen while plowing he is **also** flogged for violating that prohibition. The Sages **said to him:** That is **not** a prohibition in **the** same **category** as the others, as it is not connected to the act of plowing. Ḥananya ben Ḥakhinai **said to them:** According to that criterion, the fact that he is **a nazirite is also**[N] **not** in **the** same **category,** as a nazirite and a priest are not flogged for plowing; rather, they are flogged for contracting impurity imparted by a corpse.

גמ׳ אָמַר רַב בֵּיבַי אָמַר רַבִּי יוֹסֵי: פּוֹשֵׁט וְלוֹבֵשׁ לוֹבֵשׁ מַמָּשׁ, אוֹ אֲפִילּוּ מַכְנִיס וּמוֹצִיא בֵּית יָד אוּנְקְלִי שֶׁלּוֹ? מַחְוֵי רַב אַחָא בְּרֵיהּ דְּרַב אִיקָא: עַיּוֹלֵי וְאַפּוֹקֵי. רַב אַשִׁי אוֹמֵר: אֲפִילּוּ לֹא שָׁהָה אֶלָּא כְּדֵי לִפְשׁוֹט וְלִלְבּוֹשׁ – חַיָּיב.

GEMARA **Rav Beivai says** that **Rabbi Yosei says** that when the mishna teaches with regard to wearing a garment of diverse kinds of wool and linen: And **he removes** it **and dons** it after each forewarning, does it mean that one is liable for each forewarning only if he **actually** removes and **dons** it, **or** perhaps one is liable **even** if **he inserts and removes** his arm[H] from **the sleeve of his garment** [*unkali*];[L] perhaps this is also considered removing and donning the garment? The Gemara relates: **Rav Aḥa, son of Rav Ika, gestured:** One is liable only for actually **inserting** his body in the garment entirely **and** then **removing** it. **Rav Ashi says:** The reference in the mishna is not to actually removing and donning the garment; rather, **even if he only waited** an interval **equivalent** to the period required **to remove and to don** the garment, he is **liable** to receive lashes for each and every forewarning.

HALAKHA

Even if he inserts and removes his arm – אֲפִילּוּ מַכְנִיס וּמוֹצִיא: One who was wearing a garment of diverse kinds of wool and linen all day is liable to receive only one set of lashes. If he took his head out of the garment and replaced it, and did so repeatedly, he is liable to receive lashes for each time that he did so, even though he did not remove the garment completely (Mahari Kurkus). This applies if he received only one forewarning during the day. But if he was forewarned repeatedly and continued wearing the garment long enough for him to remove it and don it, he is liable for each and every period that followed a forewarning, even if he did not actually remove the garment, in accordance with the opinion of Rav Ashi (Rambam *Sefer Zera'im*, *Hilkhot Kilayim* 10:30).

LANGUAGE

Garment [*unkali*] – אוּנְקְלִי: Apparently from the Greek ἀνάκωλος, *anakolos*, which means short or truncated. Specifically, it is referring to a short undergarment that reaches the knees.

NOTES

And they are consecrated – וְהֵן מוּקְדָּשִׁין: In the case of an ox, the source for the prohibition is the verse: "You shall not perform labor with the firstborn of your ox" (Deuteronomy 19:20), from which the Sages derived that labor with other animals consecrated to be sacrificed on the altar is also prohibited. With regard to a donkey, Rashi in tractate *Pesaḥim* (47a) and Rambam's Commentary on the Mishna explain that the reference is to a donkey consecrated for the Temple maintenance. The person plowing is guilty of intentionally misusing consecrated property, the *halakha* of which is derived by means of a verbal analogy from standard misuse of consecrated property, which is done unwittingly. The Rivan explains that the reference is to a firstborn donkey, in accordance with the opinion of Rabbi Yehuda, who holds that it is consecrated and may not be employed for the performance of labor. The Rivan states that alternatively, the mishna can be explained as referring to the firstborn of a kosher animal, e.g., a lamb. Although the mishna says: With an ox and a donkey, and not: With an ox and a lamb, this can be explained because the former is a common expression, based on a verse, even though the same prohibition applies to one who plows with any two species. *Tosafot* explain that the mishna is not referring to a consecrated donkey; rather, the donkey is non-sacred, and there is no prohibition with regard to the donkey itself.

Diverse kinds in a vineyard – כִּלְאַיִם בְּכֶרֶם: *Tosafot* explain that the fact that the mishna states: Diverse kinds in a vineyard, rather than the more general diverse kinds of seeds, indicates that this is referring to one who had sowed wheat, barley, and grapes together, and he is therefore liable for both diverse kinds of seeds and for diverse kinds in a vineyard. This is in accordance with the opinion of *Tosafot* that there are only two prohibitions with regard to the ox and the donkey.

According to Rashi and the Rivan, the eight prohibitions are: (1) Plowing with the diverse kinds of an ox and a donkey; (2) performing labor with a firstborn ox; (3) performing labor with a firstborn donkey or lamb; (4) diverse kinds in a vineyard; (5) plowing during the Sabbatical Year; (6) plowing on a Festival; (7) a priest in a cemetery; (8) a nazirite in a cemetery. *Tosafot* attribute two prohibitions to sowing diverse kinds in a vineyard, and they omit the prohibition of labor with a firstborn donkey.

A nazirite is also, etc. – אַף הַנָּזִיר וכו׳: This actually means: The fact that he is a nazirite and a priest is also not in the same category, but Ḥananya ben Ḥakhinai did not consider it necessary to elaborate (Rivan).

״יֵשׁ חוֹרֵשׁ תֶּלֶם״ וכו׳. אָמַר רַבִּי יַנַּאי: בַּחֲבוּרָה נִמְנוּ וְגָמְרוּ: הַחוֹפֶה בְּכִלְאַיִם – לוֹקֶה. אָמַר לָהֶן רַבִּי יוֹחָנָן: לָאו מִשְׁנָתֵנוּ הִיא זוֹ: יֵשׁ חוֹרֵשׁ תֶּלֶם אֶחָד וְחַיָּיב עָלָיו מִשּׁוּם שְׁמוֹנָה לָאוִין: הַחוֹרֵשׁ בְּשׁוֹר וּבַחֲמוֹר, וְהֵן מוּקְדָּשִׁין, וְכִלְאַיִם בְּכֶרֶם; הַאי חוֹרֵשׁ דְּמִחַיַּיב מִשּׁוּם כִּלְאַיִם הֵיכִי מַשְׁכַּחַתְּ לַהּ, לָאו דְּמִיכַּסֵּי בַּהֲדֵיהּ דְּאָזֵיל?

§ The mishna teaches: **There is** one who **plows** a single **furrow** and is liable to receive lashes for violating eight prohibitions. **Rabbi Yannai says** that when the Sages sat **in a group,** their opinions **were counted and they concluded: One who covers** seeds of **diverse kinds** with dirt[H] **is flogged** for sowing diverse kinds. **Rabbi Yoḥanan said to them: Isn't this** the *halakha* in **our mishna: There is** one who **plows a single furrow and is liable** to receive lashes **for** violating eight prohibitions, including: For **plowing with an ox and a donkey, and they are consecrated, and** he is plowing **diverse kinds in a vineyard.** With regard to **this** person who **plows who is liable** to receive lashes **due to** violating the prohibition of **diverse kinds, how can you find these** circumstances? Plowing a field is unrelated to sowing diverse kinds. Is it **not** a case **where one covers** the seeds with dirt **in the course of** his plowing **as he proceeds,** indicating that one who covers the seeds of diverse kinds is flogged?

אֲמַר לֵיהּ: אִי לָאו דִּדְלַאי לָךְ חַסְפָּא – מִי מַשְׁכַּחַתְּ מַרְגָּנִיתָא תּוּתָהּ? אֲמַר לֵיהּ רֵישׁ לָקִישׁ לְרַבִּי יוֹחָנָן: אִי לָאו דְּקִילְּסָךְ גַּבְרָא רַבָּה, הֲוָה אָמִינָא: מַתְנִיתִין מַנִּי – רַבִּי עֲקִיבָא הִיא, דְּאָמַר: הַמְקַיֵּים כִּלְאַיִם – לוֹקֶה.

Rabbi Yannai **said to him:** You are correct; but **if I had not lifted the earthenware** shard **for you, would you have found the gem**[B] **beneath it?** It was only after I told you the *halakha* that you succeeded in finding a source in the mishna. Later, **Reish Lakish said to Rabbi Yoḥanan: If** it was **not** for the fact **that a great man,** Rabbi Yannai, **praised your** statement, **I would say** that there is no proof from the mishna, as it is possible to say: **Whose** opinion is expressed in **the mishna? It is** that of **Rabbi Akiva, who says: One who maintains**[H] diverse kinds by performing actions essential for their existence **is flogged.** Therefore, one who plows and covers seeds of diverse kinds is liable to receive lashes, as he facilitates the existence of the diverse kinds, not because in covering the seeds it is as though he sowed them.

מַאי רַבִּי עֲקִיבָא – דְּתַנְיָא: הַמְנַכֵּשׁ וְהַמְחַפֶּה בְּכִלְאַיִם – לוֹקֶה, רַבִּי עֲקִיבָא אוֹמֵר: אַף הַמְקַיֵּים.

The Gemara asks: **What** is the aforementioned statement of **Rabbi Akiva?** It is **as it is taught** in a *baraita*: **One who weeds and one who covers** the seeds of **diverse kinds** with dirt **is flogged,** as he performed an action that promotes the growth of the diverse kinds, which is tantamount to sowing. **Rabbi Akiva says: Even one who maintains** diverse kinds violates the prohibition.

מַאי טַעְמָא דְּרַבִּי עֲקִיבָא? דְּתַנְיָא: ״שָׂדְךָ לֹא תִזְרַע כִּלְאָיִם״ – אֵין לִי אֶלָּא זוֹרֵעַ, מְקַיֵּים מִנַּיִן – תַּלְמוּד לוֹמַר ״בְּהֶמְתְּךָ לֹא תַרְבִּיעַ כִּלְאַיִם שָׂדְךָ לֹא תִזְרַע כִּלְאָיִם״.

The Gemara asks: **What is the reason** for the opinion **of Rabbi Akiva? As it is taught** in a *baraita* that it is written: **"Your field you shall not sow with diverse kinds"** (Leviticus 19:19), **I have** derived **only** that **sowing** diverse kinds is prohibited. **From where** do I derive that **maintaining** diverse kinds, which does not involve any positive action, is also prohibited? It is as **the verse states: "Your animals you shall not breed with different species [*kilayim*]; your field you shall not sow with diverse kinds [*kilayim*]"** (Leviticus 19:19), which is interpreted as though it is written: Diverse kinds [*kilayim*] in your field you shall not sow, indicating that one may not allow diverse kinds to remain in his field.

אֲמַר לֵיהּ עוּלָּא לְרַב נַחְמָן: וְלִילְקֵי נַמִי מִשּׁוּם זוֹרֵעַ בְּיוֹם טוֹב! אֲמַר לֵיהּ: תָּנָא וְשַׁיֵּיר.

Ulla said to Rav Naḥman: And let him be flogged also for violating the prohibition of **sowing on a Festival.**[N] Rav Naḥman **said to him:** Indeed, lashes for that prohibition could have been included in the mishna. The *tanna* **taught** certain prohibitions **and omitted** other prohibitions.

אֲמַר לֵיהּ: תַּנָּא קָתָנֵי שְׁמוֹנָה, וְאַתְּ אָמְרַתְּ תָּנָא וְשַׁיֵּיר?! אָמַר רָבָא: יֵשׁ חִילּוּק מְלָאכוֹת בְּשַׁבָּת, וְאֵין חִילּוּק מְלָאכוֹת בְּיוֹם טוֹב. אֲמַר לֵיהּ: עֲדָא תְּהֵא.

Ulla **said to him: The *tanna* taught** and specifically enumerated **eight** sets of lashes, **and you say that he taught** some **and omitted** some? **Rava says:** The reason that sowing on a Festival was omitted is that **there is a division of labors on Shabbat, but there is no division of labors on a Festival.**[H] On Shabbat, one who unwittingly performs several prohibited labors during one lapse of awareness is liable to bring one sin-offering for each labor that he performed. On a Festival, if one performs several prohibited labors, he is liable to receive only one set of lashes, as there is one prohibition against performing labor on a Festival. Since the mishna listed plowing on the Festival, it does not also list sowing on the Festival. Ulla **said to him: That [*ada*]**[L] **is so.**

HALAKHA

One who covers the seeds of diverse kinds with dirt – הַחוֹפֶה בְּכִלְאַיִם: One who sows diverse kinds of seeds together in Eretz Yisrael is liable to receive lashes. This prohibition applies not only to one who sows the seeds, but also to one who covers the seeds with earth or weeds the area surrounding those seeds; he too is flogged (Rambam *Sefer Zera'im*, *Hilkhot Kilayim* 1:1; *Shulḥan Arukh*, *Yoreh De'a* 296:1).

One who maintains – הַמְקַיֵּים: It is prohibited to maintain diverse kinds of seeds in one's field. One must uproot them. But if he maintained them, he is not liable to receive lashes, as the *halakha* is in accordance with the opinion of the Rabbis in their dispute with Rabbi Akiva. The Rabbis concede that it is prohibited to maintain the seeds; their disagreement is merely with regard to liability to receive lashes (Rambam *Sefer Zera'im*, *Hilkhot Kilayim* 1:3, and see Mahari Kurkus and *Kesef Mishne* there; *Shulḥan Arukh*, *Yoreh De'a* 297:2).

Division of labors on a Festival – חִילּוּק מְלָאכוֹת בְּיוֹם טוֹב: One who performs several primary categories of labor on a Festival after receiving a single forewarning is liable to receive only one set of lashes, as there is no division of labors on a Festival, in accordance with the statement of Rava (Rambam *Sefer Zemanim*, *Hilkhot Yom Tov* 1:3).

BACKGROUND

Earthenware shard [*haspa*] and a gem – חַסְפָּא וּמַרְגָּנִיתָא: This parable of the shard and the gem can be understood simply as referring to a worthless cover and its valuable contents. Some explain that the earthenware shard in this context is a reference to an oyster with a pearl, as the term *ḥaspa* in Aramaic can also mean oyster. If one fails to discern the plain oyster, which resembles an earthenware shard, it is impossible to discover the pearl.

Both sides of an oyster shell, with pearl

NOTES

The prohibition of sowing on a Festival – זוֹרֵעַ בְּיוֹם טוֹב: Once the Gemara established that the case of plowing diverse kinds involves covering seeds, which is a form of sowing, in addition to being liable for plowing on a Festival he is also liable for performing the labor of sowing.

LANGUAGE

That [*ada*] – עֲדָא: Its meaning is similar to the Aramaic *hada*, meaning: That. The variation stems from the confusion between the guttural letters both in Babylonia, influenced by the local language, and in Eretz Yisrael, influenced by the Greek. The term *ada* is commonly employed in the Jerusalem Talmud.

אֵיתִיבֵיהּ אַבַּיֵי: וְאֵין חִילּוּק מְלָאכוֹת בְּיוֹם טוֹב? וְהָתְנַן: הַמְבַשֵּׁל גִּיד בְּחָלָב בְּיוֹם טוֹב וַאֲכָלוֹ – לוֹקֶה חָמֵשׁ; לוֹקֶה מִשּׁוּם אוֹכֵל גִּיד, וְלוֹקֶה מִשּׁוּם מְבַשֵּׁל בְּיוֹם טוֹב שֶׁלֹּא לְצוֹרֶךְ, וְלוֹקֶה מִשּׁוּם מְבַשֵּׁל גִּיד בְּחָלָב, וְלוֹקֶה מִשּׁוּם אוֹכֵל בָּשָׂר בְּחָלָב, וְלוֹקֶה

Abaye raised an objection to the opinion of Rava: **And is there no division of labors on a Festival? But didn't we learn** in a *baraita*: **One who cooks** a sciatic **nerve in milk on a Festival and eats it is flogged** with **five** sets of lashes. How so? **He is flogged for** violating the prohibition of **eating** a sciatic **nerve** (see Genesis 32:33); **and he is flogged for** violating the prohibition of **cooking on a Festival not for the purpose** of the Festival, as he is prohibited from eating it; **and he is flogged for** violating the prohibition of **cooking** a sciatic **nerve,** which is meat, **in milk; and he is flogged for** violating the prohibition of **eating meat** cooked **in milk; and he is flogged**

Perek **III**
Daf **22** Amud **a**

מִשּׁוּם הַבְעָרָה; וְאִם אִיתָא – מִשּׁוּם הַבְעָרָה לָא מִחַיַּיב, דְּהָא אִיחַיַּיב לֵיהּ מִשּׁוּם בִּשּׁוּלוֹ! אַפֵּיק הַבְעָרָה וְעַיֵּיל גִּיד הַנָּשֶׁה שֶׁל נְבֵילָה.

for violating the prohibition of **kindling** a fire on a Festival. **And if it is so,** that there is no division of labors on a Festival, **he is not liable for** violating the prohibition of **kindling** a fire, **as he is** already **liable for** violating the prohibition of **cooking** the sciatic nerve on a Festival. Rava said: **Remove kindling** from the list of five prohibitions for which he is flogged, as he is not liable for violating that prohibition, **and insert** the prohibition of eating the **sciatic nerve of an unslaughtered animal carcass.**

וְהָתָנֵי רַבִּי חִיָּיא: לוֹקֶה שְׁתַּיִם עַל אֲכִילָתוֹ וְשָׁלֹשׁ עַל בִּשּׁוּלוֹ; וְאִי אִיתָא – שָׁלֹשׁ עַל אֲכִילָתוֹ הוּא חַיָּיב! אֶלָּא, אַפֵּיק הַבְעָרָה וְעַיֵּיל עֲצֵי אֲשֵׁירָה, וְאַזְהָרְתֵיהּ מֵהָכָא: ״וְלֹא יִדְבַּק בְּיָדְךָ״ וגו׳.

The Gemara asks: **But didn't Rabbi Ḥiyya teach** a *baraita* that summarizes the prohibitions listed in this mishna: **One is flogged** with **two** sets of lashes **for his eating and three** sets of lashes **for his cooking? And if it is so,** that the prohibition of kindling a fire is replaced with the prohibition of eating the sciatic nerve of an unslaughtered animal carcass, **he is liable** to receive **three** sets of lashes **for his eating;** for eating a sciatic nerve, for eating meat cooked in milk, and for eating an unslaughtered animal carcass. **Rather,** say: **Remove kindling** from the list of prohibitions, **and insert** the prohibition of using **wood of a tree** worshipped as part of idolatrous rites [*ashera*], **whose prohibition is** derived **from here: "And** nothing of the dedicated item **shall cleave to your hand"** (Deuteronomy 13:18), indicating that it is forbidden to derive benefit from accouterments of idol worship.

אֲמַר לֵיהּ רַב אַחָא בְּרֵיהּ דְּרָבָא לְרַב אַשִׁי: וְלִילְקֵי נַמִּי מִשּׁוּם ״לֹא תָבִיא תוֹעֵבָה אֶל בֵּיתֶךָ״! אֶלָּא הָכָא בְּמַאי עָסְקִינַן – כְּגוֹן שֶׁבִּישְּׁלוֹ בַּעֲצֵי הֶקְדֵּשׁ, וְאַזְהָרְתֵיהּ מֵהָכָא: ״וַאֲשֵׁרֵיהֶם תִּשְׂרְפוּן בָּאֵשׁ...לֹא תַעֲשׂוּן כֵּן לַה׳ אֱלֹהֵיכֶם״.

Rav Aḥa, son of Rava, said to Rav Ashi: If the reference is to the wood of an *ashera,* **let him also be flogged for** violating the prohibition: **"You shall not bring an abomination into your house"** (Deuteronomy 7:26), in addition to the other prohibitions enumerated. **Rather,** say: **What are we dealing with here?** We are dealing with a case **where one cooked** the sciatic nerve **with wood consecrated** for use in the Temple,[H] **whose warning,** the source of its prohibition, is **from here: "And their *asherim* you shall burn in fire…you shall not do so to the Lord your God"** (Deuteronomy 12:3–4), indicating that one who destroys a consecrated item violates a prohibition.

סִימָן שנבא״י שנ״ז.

§ The Gemara provides **a mnemonic: *Shin, nun, beit, alef, yod; shin, nun, zayin*;** representing the *amora'im* who suggest additions to the eight prohibitions violated by the person in the mishna who plows the field with diverse kinds: Hoshaya; Ḥananya; Abbahu; Abaye; Ashi; Ravina; Zeira.

מַתְקִיף לַהּ רַב הוֹשַׁעְיָא: וְלִיחְשׁוֹב נַמִּי הַזּוֹרֵעַ בְּנַחַל אֵיתָן, וְאַזְהָרְתֵיהּ מֵהָכָא: ״אֲשֶׁר לֹא יֵעָבֵד בּוֹ וְלֹא יִזָּרֵעַ״!

Rav Hoshaya objects to this: And let the *tanna* **also enumerate** in his list the prohibition of **sowing in a forceful stream,**[H] the land where a heifer's neck is broken by the Elders of the city closest to the corpse of a murder victim whose murderer is unknown, **and its prohibition is from here:** "And the Elders of that city shall bring the heifer down to a forceful stream, **which will be neither plowed nor sown"** (Deuteronomy 21:4). The verse is written in the future tense as a prohibition for the future: It is prohibited to work the land there after the heifer's neck is broken.

HALAKHA

Where one cooked with wood consecrated for the Temple – שֶׁבִּישְּׁלוֹ בַּעֲצֵי הֶקְדֵּשׁ: One who burns consecrated wood to destroy it is liable to receive lashes, as it is written: "And their *asherim* you shall burn in fire… you shall not do so to the Lord your God" (Rambam *Sefer HaMadda, Hilkhot Yesodei HaTorah* 6:7).

Sowing in a forceful stream – הַזּוֹרֵעַ בְּנַחַל אֵיתָן: It is prohibited to plow or sow the land next to the stream where the heifer's neck was broken, in accordance with the verse "which will be neither plowed nor sown." Anyone who works the land, e.g., by plowing, digging, sowing, or planting, is liable to receive lashes. It is permitted to comb flax or remove stones from the flax there, as that is tantamount to weaving or sewing a garment, and is not performed on the ground itself (Rambam *Sefer Nezikin, Hilkhot Rotze'aḥ UShmirat HaNefesh* 10:9).

NOTES

One who severs his snow-white leprous mark – הַקּוֹצֵץ אֶת בַּהַרְתּוֹ: The Ritva explains that this is a case where one severs the mark with his plow as he plows the furrow, as were he to sever it in a separate action, one could reject this challenge by saying: That is not a prohibition of the same category as the others. All the other prohibitions raised by the Gemara are also performed in the course of plowing.

מַתְקִיף לָהּ רַב חֲנַנְיָא: וְלִיחְשׁוֹב נַמִי הַמּוֹחֵק אֶת הַשֵּׁם בַּהֲלִיכָתוֹ, וְאַזְהָרָתֵיהּ מֵהָכָא: "וְאִבַּדְתֶּם אֶת שְׁמָם וגו' (ו)לֹא תַעֲשׂוּן כֵּן לַה' אֱלֹהֵיכֶם"!

Rav Ḥananya objects to this: And let the *tanna* **also enumerate one who erases the name** of God[H] in the course **of his walking** and plowing, **and its prohibition is from here: "And you shall destroy their names…you shall not do so to the Lord your God"** (Deuteronomy 12:3–4).

מַתְקִיף לָהּ רַבִּי אַבָּהוּ: וְלִיחְשׁוֹב נַמִי הַקּוֹצֵץ אֶת בַּהַרְתּוֹ, וְאַזְהָרָתֵיהּ מֵהָכָא: "הִשָּׁמֶר בְּנֶגַע הַצָּרַעַת"!

Rabbi Abbahu objects to this: And let the *tanna* **also enumerate one who severs his snow-white leprous mark**[NH] in the course of his plowing, **and its prohibition is from here: "Take heed of the plague of leprosy"** (Deuteronomy 24:8), indicating the prohibition against severing the mark.

מַתְקִיף לָהּ אַבַּיֵי: וְלִיחְשׁוֹב נַמִי הַמֵּזִיחַ הַחוֹשֶׁן מֵעַל הָאֵפוֹד וְהַמֵּסִיר בַּדֵּי אָרוֹן, וְאַזְהָרָתֵיהּ מֵהָכָא: "(ו)לֹא יָסֻרוּ", "וְלֹא יִזַּח הַחֹשֶׁן"!

Abaye objects to this: And let the *tanna* **also enumerate one who loosens the breastplate**[H] **from upon the ephod** in the course of plowing, **or one who removes the staves of the Ark**[H] of the Covenant. **And its prohibition is from here:** "The staves shall be in the rings of the Ark; **they shall not be removed** from it" (Exodus 25:15), while the relevant verse with regard to the breastplate is: **"And the breastplate shall not be loosened** from the ephod" (Exodus 28:28).

מַתְקִיף לָהּ רַב אַשִׁי: וְלִיחְשׁוֹב נַמִי הַחוֹרֵשׁ בַּעֲצֵי אֲשֵׁירָה, וְאַזְהָרָתֵיהּ מֵהָכָא: "וְלֹא יִדְבַּק בְּיָדְךָ מְאוּמָה" וגו'!

Rav Ashi objects to this: And let the *tanna* **also enumerate one who plows with** a plow crafted from the **wood of an *ashera*,**[H] **and its prohibition is from here: "And there shall cleave nothing** of the dedicated item **to your hand"** (Deuteronomy 13:18).

מַתְקִיף לָהּ רָבִינָא: וְלִיחְשׁוֹב נַמִי הַקּוֹצֵץ אִילָנוֹת טוֹבוֹת, וְאַזְהָרָתֵיהּ מֵהָכָא: "כִּי מִמֶּנּוּ תֹאכֵל וְאֹתוֹ לֹא תִכְרֹת"!

Ravina objects to this: And let the *tanna* **also enumerate one who chops down beautiful** fruit **trees**[H] in the course of plowing, **and its prohibition is from here: "For you may eat of it, and you shall not chop it down"** (Deuteronomy 13:18).

אֲמַר לֵיהּ רַבִּי זְעֵירָא לְרַבִּי מָנִי: וְלִיחְשׁוֹב נַמִי כְּגוֹן דְּאָמַר "שְׁבוּעָה שֶׁלֹּא אֶחֱרוֹשׁ בְּיוֹם טוֹב"! הָתָם לָא קָא חָלָה שְׁבוּעָה, מוּשְׁבָּע וְעוֹמֵד מֵהַר סִינַי הוּא. אֲמַר לֵיהּ: כְּגוֹן דְּאָמַר "שְׁבוּעָה שֶׁלֹּא אֶחֱרוֹשׁ בֵּין בַּחוֹל בֵּין בְּיוֹם טוֹב", דְּמִגּוֹ דְּחָלָה עֲלֵיהּ שְׁבוּעָה בַּחוֹל – חָלָה עֲלֵיהּ נַמִי בְּיוֹם טוֹב! מִידֵּי דְּאִיתֵיהּ בִּשְׁאֵילָה לָא קָתָנֵי.

Rabbi Zeira said to Rabbi Mani: And let the *tanna* **also enumerate** a case **where one says:** On my **oath I will not plow on the Festival,** and then proceeds to violate his oath. Rabbi Mani said: **There, the oath does not take effect,** as **he is already under oath from Mount Sinai** not to plow on a Festival, and an oath does not take effect when another oath is already in effect. Rabbi Zeira **said to him:** The oath can take effect in a case **where one says:** On my **oath I will not plow whether during the week or on a Festival,** as in that case, **since** the **oath takes effect in his** regard **during the week, it takes effect in his** regard **on a Festival as well.** Rabbi Mani replied: The mishna did not include that prohibition because the *tanna* **is not teaching a matter that is in** the category of those matters subject to dissolution by means of posing **a request** to a Torah scholar. As oaths fall into that category, this case is not enumerated in the mishna.

HALAKHA

One who erases the name of God – הַמּוֹחֵק אֶת הַשֵּׁם: Whoever erases or destroys one of the seven sacred names of God, is liable to receive lashes, as it is written with regard to idolatry: "And their *asherim* you shall burn in fire and you shall hew down the graven images of their gods; and you shall destroy their names out of that place; you shall not do so to the Lord your God" (Deuteronomy 12:3–4). This prohibition does not apply to appellations for God mentioned in the Torah or in rabbinic literature (Rambam *Sefer HaMadda, Hilkhot Yesodei HaTorah* 6:1).

One who severs his snow-white leprous mark – הַקּוֹצֵץ אֶת בַּהַרְתּוֹ: One who severs his snow-white leprous mark or any other symptom of leprosy, whether on his body, his garment, or his house, violates a prohibition. If his actions prevent the priest from declaring him impure, he is also liable to receive lashes (Rambam *Sefer Tahara, Hilkhot Tumat Tzara'at* 10:1).

One who loosens the breastplate – הַמֵּזִיחַ הַחוֹשֶׁן: One who loosens the breastplate from the ephod and severs their connection in a destructive manner is liable to receive lashes (Rambam *Sefer Avoda, Hilkhot Kelei HaMikdash* 9:10).

One who removes the staves of the Ark – הַמֵּסִיר בַּדֵּי אָרוֹן: One who removes the staves of the Ark of the Covenant from its rings is liable to receive lashes (Rambam *Sefer Avoda, Hilkhot Kelei HaMikdash* 2:13).

Wood of an *ashera* – עֲצֵי אֲשֵׁרָה: Deriving benefit from idol worship, any offerings sacrificed to it, and any item utilized in its worship is forbidden. Anyone who derives benefit from them is liable to receive two sets of lashes, one for violating the prohibition (Deuteronomy 7:26): "You shall not bring an abomination into your house" and one for violating the prohibition (Deuteronomy 13:18): "And there shall cleave nothing of the dedicated item to your hand" (Rambam *Sefer HaMadda, Hilkhot Avoda Zara* 7:2).

One who chops down beautiful fruit trees – הַקּוֹצֵץ אִילָנוֹת טוֹבוֹת: It is prohibited to chop down fruit trees. It is likewise prohibited to cause them to die by withholding irrigation, as it is written: "You shall not destroy its trees" (Deuteronomy 20:19). Anyone who chops down a fruit tree in a destructive manner is liable to receive lashes. It is permitted to chop down a fruit tree whose existence harms other trees or damages the field of another, or which is worth more as wood than it is as a producer of fruit, as the Torah prohibited only a destructive act (Rambam *Sefer Shofetim, Hilkhot Melakhim UMilḥemoteihem* 6:8).

וְלָא? וַהֲרֵי הֶקְדֵּשׁ! בִּבְכוֹר. וַהֲרֵי נָזִיר! בִּנְזִיר שִׁמְשׁוֹן.

Rabbi Zeira asked: **And** did the *tanna* **not** teach matters subject to dissolution by means of a Torah scholar? **But isn't there** the matter of **consecrated** animals, whose sanctity can be repealed by means of dissolution of the vow by a Torah scholar, which was included in the mishna? Rabbi Mani answered: The *tanna* is referring **to a firstborn** animal, which is consecrated from the womb. Since it was not consecrated by means of a vow, the sanctity cannot be dissolved by a Torah scholar. Rabbi Zeira asked: **But isn't there** the matter of the impurity of **a nazirite,** whose vow of naziriteship can be dissolved by a Torah scholar, which was included in the mishna? Rabbi Mani answered: The reference in the mishna is **to** one who is **a nazirite** like **Samson,** for whom there is no dissolution.

נְזִיר שִׁמְשׁוֹן בַּר אִיטַּמּוּיֵי לַמֵּתִים הוּא?! אֶלָּא, הַאי תַּנָּא אִיסּוּר כּוֹלֵל לֵית לֵיהּ.

Rabbi Zeira asked: **Is a nazirite** like **Samson subject** to the prohibition of **contracting impurity** imparted **by corpses?** He is not. As the *tanna* enumerated the prohibition of a nazirite becoming impure with impurity imparted by a corpse, clearly he is not a nazirite like Samson. **Rather,** the *tanna* does not enumerate the case of one who violated an oath not to plow both during the week and on a Festival, because **this** ***tanna*** **is not of** the opinion that a more **inclusive prohibition** takes effect when the standard prohibition does not take effect. Just as with regard to one who takes an oath not to perform labor on a Festival, the oath does not take effect, so too, even if he adds to it an oath not to plow during the week, it does not take effect, because he is already under oath from Sinai not to plow on a Festival.

אָמַר רַבִּי הוֹשַׁעְיָא: הַמַּרְבִּיעַ שׁוֹר פְּסוּלֵי הַמּוּקְדָּשִׁים לוֹקֶה שְׁנַיִם. אָמַר רַבִּי יִצְחָק: הַמַּנְהִיג בְּשׁוֹר פְּסוּלֵי הַמּוּקְדָּשִׁים – לוֹקֶה, שֶׁהֲרֵי גּוּף אֶחָד הוּא וַעֲשָׂאוֹ הַכָּתוּב כִּשְׁנֵי גוּפִים.

Rabbi Hoshaya says: One who breeds a disqualified consecrated ox[H] with a female even of the same species **is flogged** with **two** sets of lashes, one for labor with a disqualified consecrated animal, and one for breeding two animals of diverse kinds. Even after the animal is desacralized through redemption, it remains prohibited to perform labor with it. It is considered diverse kinds because the Torah accorded disqualified consecrated animals the status of two animals, one consecrated and one non-sacred. If one breeds such an animal with an ox, it is as though he bred it with an animal of a different species, thereby violating the prohibition. Likewise, **Rabbi Yitzḥak says: One who drives a disqualified consecrated ox**[N] to plow the field **is flogged, as it is one body, and the verse accorded it** the status of **two bodies.** One who plows with two different species of animals together is liable to receive lashes.

מתני׳ כַּמָּה מַלְקִין אוֹתוֹ – אַרְבָּעִים חָסֵר אַחַת, שֶׁנֶּאֱמַר ״בְּמִסְפָּר אַרְבָּעִים״ – מִנְיָן שֶׁהוּא סָמוּךְ לְאַרְבָּעִים. רַבִּי יְהוּדָה אוֹמֵר: אַרְבָּעִים שְׁלֵימוֹת הוּא לוֹקֶה, וְהֵיכָן הוּא לוֹקֶה אֶת הַיְתֵירָה – בֵּין כְּתֵפָיו.

MISHNA With **how many** lashes **does one flog** a person sentenced to receive lashes?[H] One flogs him with **forty** lashes **less one, as it is stated:** "And he shall strike him before him, in accordance with his wickedness, **by number. Forty** he shall strike him, he shall not add" (Deuteronomy 25:2–3). The mishna joins the end of the first verse and the beginning of the second, forming the phrase: "By number, forty," which is interpreted as: **A sum adjacent to forty.**[N] **Rabbi Yehuda says: He is flogged** with **a full forty** lashes. **And where is he flogged the extra** lash? As the mishna proceeds to explain, the thirty-nine lashes are divided into three and administered in three places on the body of the person being flogged; according to Rabbi Yehuda there is one lash that remains. That lash is administered **between his shoulders.**

אֵין אוֹמְדִין אוֹתוֹ אֶלָּא בְּמַכּוֹת רְאוּיוֹת לְהִשְׁתַּלֵּשׁ. אֲמָדוּהוּ לְקַבֵּל אַרְבָּעִים וְלוֹקֶה מִקְצָת,

One assesses the number of lashes that the one being punished is capable of withstanding **only**[H] **with** a number of **lashes fit to be divided into three** equal groups. If the assessment was that he can survive twenty lashes, he is flogged with eighteen. Likewise, if doctors **assessed** concerning **him** that he is able **to receive forty** lashes[H] and survive, **and he is** then **flogged some** of those forty lashes,

NOTES

One who drives a disqualified consecrated ox, etc. – הַמַּנְהִיג בְּשׁוֹר פְּסוּלֵי הַמּוּקְדָּשִׁים וכו׳: *Tosafot* explain that the reference here is to an ox pulling a wagon or an ox laden with a burden.

A sum adjacent to forty – מִנְיָן שֶׁהוּא סָמוּךְ לְאַרְבָּעִים: Most early commentaries cite a variant reading: A sum that completes the forty. The reference is to a number that facilitates completion of the forty, i.e., the number that precedes it (Rivan; Meiri; see Ritva).

HALAKHA

Disqualified consecrated animals – פְּסוּלֵי הַמּוּקְדָּשִׁים: Although a disqualified consecrated animal is a single entity, the Torah ascribes it the halakhic status of two entities, one consecrated and one non-sacred. Therefore, plowing or breeding with that animal is tantamount to doing so with a kosher and non-kosher animal, e.g., an ox and a donkey, and one is liable to receive lashes for violating the prohibition of plowing or breeding with diverse kinds. This prohibition is learned through tradition (Rambam *Sefer Zera'im, Hilkhot Kilayim* 9:11, and see Ra'avad and commentaries there).

How many lashes does one flog a person sentenced to receive lashes – כַּמָּה מַלְקִין אוֹתוֹ: One liable to receive lashes for violating a prohibition receives no more than thirty-nine lashes (Rambam *Sefer Shofetim, Hilkhot Sanhedrin* 17:1).

One assesses the number of lashes that one is capable of withstanding only, etc. – אֵין אוֹמְדִין אוֹתוֹ אֶלָּא וכו׳: After the court assesses the number of lashes that the one to be punished is able to withstand, he is flogged with a number of lashes divisible by three. Therefore if, for example, he was deemed capable of withstanding twenty lashes, he is flogged with eighteen (Rambam *Sefer Shofetim, Hilkhot Sanhedrin* 17:2).

Assessed concerning him that he is able to receive forty lashes, etc. – אֲמָדוּהוּ לְקַבֵּל אַרְבָּעִים וכו׳: With regard to one who was sentenced to receive lashes and was initially assessed to be able to withstand all the lashes he was sentenced to receive, if once the flogging began it was discovered that he is unable to withstand that many lashes, he is exempted from the rest of the lashes and his punishment is limited to the lashes that he already received. If he was initially assessed to be capable of receiving fewer than forty lashes, and when they began administering the lashes it was discovered that he could withstand more, he receives only the number of lashes of the initial assessment (Rambam *Sefer Shofetim, Hilkhot Sanhedrin* 17:2).

וְאָמְדוּ שֶׁאֵין יָכוֹל לְקַבֵּל אַרְבָּעִים – פָּטוּר. אֲמָדוּהוּ לְקַבֵּל שְׁמוֹנֶה עֶשְׂרֵה, וּמִשֶּׁלָּקָה אָמְדוּ שֶׁיָּכוֹל הוּא לְקַבֵּל אַרְבָּעִים – פָּטוּר.

and then **they assessed** him again and concluded **that he cannot receive forty** lashes and survive, he is **exempt**[N] from the additional lashes. If the doctors initially **assessed** concerning **him** that he is able **to receive** only **eighteen** lashes, **and once he was flogged** eighteen times **they assessed that he is able to receive forty,** he is **exempt** from receiving additional lashes.

גמ׳ מַאי טַעֲמָא? אִי כְּתִיב "אַרְבָּעִים בְּמִסְפָּר" הֲוָה אָמִינָא: אַרְבָּעִים בְּמִנְיָנָא, הַשְׁתָּא דִּכְתִיב "בְּמִסְפָּר אַרְבָּעִים" – מִנְיָן שֶׁהוּא סוֹכֵם אֶת הָאַרְבָּעִים. אֲמַר רָבָא: כַּמָּה טִפְשָׁאֵי שְׁאָר אֱינָשֵׁי, דְּקָיְימִי מִקַּמֵּי סֵפֶר תּוֹרָה וְלָא קָיְימִי מִקַּמֵּי גַּבְרָא רַבָּה, דְּאִילּוּ בְּסֵפֶר תּוֹרָה כְּתִיב אַרְבָּעִים – וַאֲתוּ רַבָּנַן בָּצְרוּ חֲדָא.

GEMARA The Gemara begins with a discussion of the number of lashes. **What is the reason** that the Rabbis said that he receives forty lashes less one? **If it had been written: Forty by number, I would say** that it means **forty** as a precise **sum; now that it is written: "By number, forty,"** the reference is to **a sum that approaches forty.** Likewise, **Rava said: How foolish** are **the rest of the people who stand before a Torah scroll** that passes before them, **and** yet **they do not stand before a great man,** when a Sage passes before them; **as in a Torah scroll, forty is written and the Sages came** and **subtracted one,** establishing the number of lashes as thirty-nine. Apparently, the authority of the Sages is so great that they are able to amend an explicit Torah verse.

"רַבִּי יְהוּדָה אוֹמֵר אַרְבָּעִים שְׁלֵימוֹת" וכו׳. אָמַר רַבִּי יִצְחָק: מַאי טַעֲמָא דְּרַבִּי יְהוּדָה – דִּכְתִיב "מָה הַמַּכּוֹת הָאֵלֶּה בֵּין יָדֶיךָ וְאָמַר אֲשֶׁר הֻכֵּיתִי בֵּית מְאַהֲבָי". וְרַבָּנַן: הַהוּא בְּתִינוֹקוֹת שֶׁל בֵּית רַבָּן הוּא דִּכְתִיב.

The mishna teaches: **Rabbi Yehuda says:** He is flogged with **a full forty** lashes, with the additional lash administered between his shoulders. **Rabbi Yitzḥak says: What is the reason** for the opinion **of Rabbi Yehuda?** It is **as it is written:** "And one shall say to him: **What are these wounds between your arms? Then he shall answer: Those with which I was wounded in the house of my friends**" (Zechariah 13:6).[N] Rabbi Yehuda understands that this verse is referring to one with wounds from lashes administered between his arms, indicating that there is one lash administered between the shoulders. **And** how do **the Rabbis,** who hold that one is flogged only thirty-nine lashes, explain this verse? They explain that **this** verse **is written with regard to schoolchildren** struck by their teacher for laxity in their studies, and is not referring to lashes administered by the court.

"אֵין אוֹמְדִין אֶלָּא בְּמַכּוֹת הָרְאוּיוֹת" וכו׳. לָקָה – אִין, לֹא לָקָה – לָא.

The mishna teaches: **One assesses** the number of lashes that the one being punished is capable of withstanding **only with** a number of **lashes fit** to be divided into three equal groups. If doctors assessed concerning him that he is able to receive forty lashes and survive, and he is then flogged some of those forty lashes, and they then assessed him again and concluded that he cannot receive forty lashes and survive, he is exempt from any additional lashes. If the doctors initially assessed concerning him that he is able to receive only eighteen lashes, and once he was flogged with eighteen lashes they assessed that he is able to receive forty, he is exempt from receiving further lashes. The Gemara infers: If **he was flogged** in practice, **yes,** he is exempt; if **he was not flogged, no,** he is not exempt from the rest of the forty lashes.

NOTES

He cannot receive…he is exempt – שֶׁאֵין יָכוֹל לְקַבֵּל...פָּטוּר: Rabbeinu Yehonatan of Lunel cites a variant reading of the text: He is liable. He explains that the first assessment is not voided; rather, one waits until the one receiving lashes recovers, and then one completes flogging him with the outstanding lashes. See the Ramban, who rejects this version.

The house of my friends – בֵּית מְאַהֲבָי: This indicates that the beatings in question, which are court-administered floggings, or, according to the Rabbis, striking of schoolchildren, are not administered in a cruel manner; rather, they are beatings of love, whose objective is to restore the one beaten to the path of good and to atone for his sins. Therefore, they are performed in a manner that does not threaten the life of the one being beaten (Maharsha).

וּרְמִינְהוּ: אֲמָדוּהוּ לְקַבֵּל אַרְבָּעִים, וְחָזְרוּ וְאָמְדוּ שֶׁאֵין יָכוֹל לְקַבֵּל אַרְבָּעִים – פָּטוּר. אֲמָדוּהוּ לְקַבֵּל שְׁמוֹנֶה עֶשְׂרֵה וְחָזְרוּ וַאֲמָדוּהוּ שֶׁיָּכוֹל לְקַבֵּל אַרְבָּעִים – פָּטוּר!

And the Gemara **raises a contradiction** from a *baraita*: If doctors **assessed** concerning **him** that he is able **to receive forty** lashes and survive, **and they then assessed** him again and concluded **that he cannot receive forty** lashes and survive, he is **exempt.** If the doctors initially **assessed** concerning **him** that he is able **to receive** only **eighteen** lashes, **and they then assessed that he is able to receive forty,** he is **exempt.** Apparently, even if he did not receive any lashes, if the assessment changes, it is as though he was flogged.

אֲמַר רַב שֵׁשֶׁת: לָא קַשְׁיָא, הָא – דַּאֲמָדוּהוּ לְיוֹמֵיהּ, הָא – דַּאֲמָדוּהוּ לְמָחָר וּלְיוֹמָא אוּחֲרָא.

Rav Sheshet said: This is **not difficult,** as **this** case in the mishna is one **where** doctors **assessed his** fitness to receive lashes **for** that **day,**[NH] and there was no change in his condition; rather, it was discovered that the initial assessment was mistaken. He is exempt only if he was already flogged; if not, another assessment is performed. **That** case in the *baraita* is one **where** doctors **assess his** fitness to receive lashes **for the next day or for a different day.** In that case, the initial assessment was accurate; it is his condition that changed. Therefore, if it is determined that he is unable to receive lashes, he is exempt.

מתני׳ עָבַר עֲבֵירָה שֶׁיֵּשׁ בָּהּ שְׁנֵי לָאוִין, אֲמָדוּהוּ אוֹמֶד אֶחָד – לוֹקֶה וּפָטוּר, וְאִם לָאו – לוֹקֶה וּמִתְרַפֵּא, וְחוֹזֵר וְלוֹקֶה.

MISHNA If **one performed a transgression that involves two prohibitions,**[H] and **they assessed** concerning **him a single assessment** of the number of lashes that he could withstand in punishment for both transgressions, **he is flogged** in accordance with their assessment **and** is **exempt** from any additional lashes. **And if not,** if he was assessed with regard to the lashes that he could withstand for one transgression, **he is flogged and** is allowed to **heal, and then is flogged** again for violating the second prohibition.

גמ׳ וְהָתַנְיָא: אֵין אוֹמְדִין אוֹמֶד אֶחָד לִשְׁנֵי לָאוִין!

GEMARA The case in the mishna is one where there is one assessment performed for two sets of lashes. The Gemara asks: **But isn't it taught** in a *baraita*: **One does not perform one assessment for two prohibitions?**

אֲמַר רַב שֵׁשֶׁת: לָא קַשְׁיָא, הָא – דַּאֲמָדוּהוּ לְאַרְבָּעִים וְחַדָא, הָא – דַּאֲמָדוּהוּ לְאַרְבָּעִים וְתַרְתֵּי.

Rav Sheshet said: This is **not difficult; this** ruling in the *baraita* that one does not perform a single assessment for two prohibitions is in a case **where** doctors **assessed** concerning **him** that he is able **to** receive **forty-one** lashes, two lashes beyond a full set. Since those two additional lashes are not divisible by three, which is a requirement based on the previous mishna, he receives only thirty-nine lashes. That constitutes just one set of lashes. He remains liable to receive another set of lashes after he recovers, requiring another assessment and another set of lashes. **That** ruling in the mishna that one performs a single assessment for two prohibitions is in a case **where** doctors **assessed** concerning **him** that he is able **to** receive **forty-two** lashes. In that case, it is possible to ascribe thirty-nine lashes to one prohibition and three additional lashes to the second prohibition. That is tantamount to two separate assessments, although in practice only one assessment was performed.

NOTES

This is where doctors assessed his fitness for that day – הָא דַּאֲמָדוּהוּ לְיוֹמֵיהּ: Most early commentaries understand this to mean that the mishna is dealing with a case where there was a second assessment on the same day, and: For that day, means on that day, and: For the next day, means on the following day. The Rivan and the Ramban explain that the question is whether the initial assessment remains valid. If there were two assessments on the same day, apparently the first assessment was mistaken, as it is unlikely that there was a change in his status in an interval that brief. Therefore, if he was flogged and left the court, he is not brought back to court. If he was not yet flogged, since the original assessment was incorrect, he is flogged on the basis of the second assessment (see *Tosafot* and Ba'al HaMaor).

HALAKHA

This is where doctors assessed his fitness for that day, etc. – הָא דַּאֲמָדוּהוּ לְיוֹמֵיהּ וכו׳: If a person was assessed for lashes that he was to receive that day, and he was found to be capable of receiving no more than twelve, and his punishment was postponed until the following day, at which point it was discovered that he is capable of withstanding eighteen lashes, he is flogged with only twelve lashes. If the initial assessment was that he is capable of withstanding twelve on the following day, and they flogged him on the third day and discovered that he is capable of withstanding more, he is flogged with as many lashes as he can withstand at that time. This is the Rambam's understanding of Rav Sheshet's opinion (Rambam *Sefer Shofetim*, *Hilkhot Sanhedrin* 17:3).

If one performed a transgression that involves two prohibitions, etc. – עָבַר עֲבֵירָה שֶׁיֵּשׁ בָּהּ שְׁנֵי לָאוִין וכו׳: With regard to one who is liable to receive multiple sets of lashes, whether he performed multiple transgressions or whether he performed a single action for which one is liable to receive several sets of lashes, if he underwent one assessment to determine the number of lashes he could withstand for all the sets of lashes and was deemed capable of receiving a certain number of lashes, he is flogged with that number of lashes and is exempt from any additional lashes. If the assessment was for one set of lashes, he is flogged, and then after he recovers he is assessed and flogged with the second set of lashes. How so? If he was liable to receive two sets of lashes, and was assessed that he is able to withstand forty-five lashes, once he is flogged that number of lashes, he is exempt. If he was assessed for only one of the sets of lashes, and he was flogged with e.g., the three, nine, or thirty lashes that he was deemed able to withstand, once he has recovered, he is assessed again and is flogged for the second set of lashes, in accordance with the opinion of Rav Sheshet (Rambam *Sefer Shofetim*, *Hilkhot Sanhedrin* 17:4).

מתני׳ כֵּיצַד מַלְקִין אוֹתוֹ? כּוֹפֶה שְׁתֵּי יָדָיו עַל הָעַמּוּד הֵילָךְ וְהֵילָךְ, וְחַזַּן הַכְּנֶסֶת אוֹחֵז בִּבְגָדָיו, אִם נִקְרְעוּ – נִקְרְעוּ, וְאִם נִפְרְמוּ – נִפְרְמוּ, עַד שֶׁהוּא מְגַלֶּה אֶת לִבּוֹ. וְהָאֶבֶן נְתוּנָה מֵאַחֲרָיו. חַזַּן הַכְּנֶסֶת עוֹמֵד עָלָיו, וּרְצוּעָה בְּיָדוֹ שֶׁל עֵגֶל, כְּפוּלָה אֶחָד לִשְׁנַיִם וּשְׁנַיִם לְאַרְבָּעָה, וּשְׁתֵּי רְצוּעוֹת שֶׁל חֲמוֹר עוֹלוֹת וְיוֹרְדוֹת בָּהּ. יָדָהּ טֶפַח וְרָחְבָּהּ טֶפַח, וְרֹאשָׁהּ מַגַּעַת עַל פִּי כְרֵיסוֹ.

MISHNA **How do they flog him?**[H] **He ties the two hands** of the person being flogged **on this side and that side of a post,**[N] **and the attendant of the congregation takes hold of his garments** to remove them. **If they were ripped** in the process, **they were ripped, and if they were unraveled, they were unraveled,** and he continues **until he bares his chest. And the stone** upon which the attendant stands when flogging **is situated behind** the person being flogged. **The attendant of the congregation stands on it with a strap**[B] **in his hand.** It is a strap **of calf** hide, and is **doubled, one into two, and two into four, and two straps of donkey** hide **go up and down** the doubled strap of calf hide. The length **of its handle** is **one handbreadth,** and the **width** of the straps is **one handbreadth, and** the strap must be long enough so that **its end reaches the top of his abdomen,**[N] i.e., his navel, when he is flogged from behind.

וּמַכֶּה אוֹתוֹ שְׁלִישׁ מִלְּפָנָיו וּשְׁתֵּי יָדוֹת מִלְּאַחֲרָיו. וְאֵינוֹ מַכֶּה אוֹתוֹ לֹא עוֹמֵד וְלֹא יוֹשֵׁב, אֶלָּא מוּטֶה, שֶׁנֶּאֱמַר ״וְהִפִּילוֹ הַשֹּׁפֵט״.

And the attendant **flogs him** with **one-third** of the lashes **from the front of him,**[H] on his chest, **and two** one-third **portions from behind him,** on his back. **And he does not flog him** when the one receiving lashes is **standing,**[H] **nor** when he is **sitting; rather,** he flogs him when he is **hunched, as it is stated: "And the judge shall cause him to lie down,** and strike him" (Deuteronomy 25:2), which indicates that the one receiving lashes must be in a position that approximates lying down.

וְהַמַּכֶּה מַכֶּה בְּיָדוֹ אַחַת בְּכָל כֹּחוֹ, וְהַקּוֹרֵא קוֹרֵא: ״אִם לֹא תִשְׁמֹר לַעֲשׂוֹת״ וגו׳ ״וְהִפְלָא ה׳ אֶת מַכֹּתְךָ וְאֵת מַכּוֹת״ וגו׳, וְחוֹזֵר לִתְחִלַּת הַמִּקְרָא: ״וּשְׁמַרְתֶּם אֶת דִּבְרֵי הַבְּרִית הַזֹּאת״ וגו׳, וְחוֹתֵם: ״וְהוּא רַחוּם יְכַפֵּר עָוֹן״ וגו׳, וְחוֹזֵר לִתְחִלַּת הַמִּקְרָא.

And the attendant **flogging** the one receiving lashes **flogs** [*makeh*] **him with one hand**[H] **with all his strength, and the** court **crier recites**[H] the verses: **"If you do not observe to perform** all the words of this law that are written in this book, that you may fear this glorious and awesome name, the Lord your God. **And the Lord will make your plagues** [*makkotekha*] **outstanding, and the plagues** of your descendants, and even great plagues, and of long continuance, and severe sicknesses, and of long continuance" (Deuteronomy 28:58–59). **And** then **he returns to the beginning of the verse.** He also recites: **"And you shall observe the matters of this covenant,** and do them, that you may make all that you do to prosper" (Deuteronomy 29:8), **and concludes** with the verse: **"And He is merciful and shall atone for transgression, and destroys not;** and many a time does He turn His anger away, and does not stir up all His wrath" (Psalms 78:38), **and** then **returns to the beginning of the verse**[N] that starts: "If you do not observe to perform."

NOTES

On…a post – עַל הָעַמּוּד: This post was shorter than the height of a man. The person being flogged would lean on the post, with his hands bound round its two sides (Rivan; Meiri). Rabbeinu Yehonatan of Lunel explains that there were two small posts, with each of his hands tied to one of them.

The top of his abdomen – עַל פִּי כְרֵיסוֹ: Since the attendant was required to strike the person being flogged across the width of the back, the court would adjust the strap so that its length would reach no farther than the beginning of his abdomen as it wrapped around his body (Rivan). The Ritva cites an opinion that the lashes were administered across the height of his back, and the strap had to be of a length that it would reach no farther than his abdomen when coming over his shoulder.

And then returns to the beginning of the verse – וְחוֹזֵר לִתְחִלַּת הַמִּקְרָא: There are two primary explanations of the recitation of the verses. According to the version of the mishna presented by the Rambam, only the verses beginning "if you do not observe" are recited, and the crier returns to the beginning of those verses if he finishes reciting them before the flogging is completed. According to the version of the mishna that cites the other two verses, it seems that one must remove from the mishna the first instance of the phrase: And then he returns to the beginning of the verse, as if that directive were followed, there would be no opportunity to recite the subsequent verses (see *Arukh LaNer*).

BACKGROUND

Strap – רְצוּעָה: This sketch represents the opinion of Rashi's teacher according to one opinion. According to that opinion, the straps of calf hide were two straps folded in two. The straps of donkey hide were suspended from the middle of the length of the calf straps.

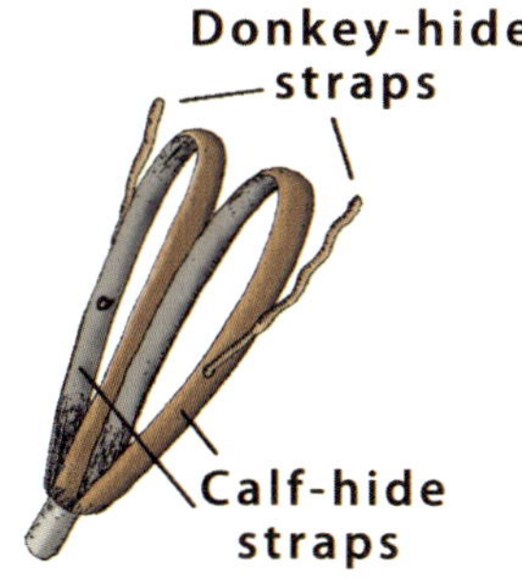

Court's whip according to Rashi's teacher

HALAKHA

How do they flog him – כֵּיצַד מַלְקִין אוֹתוֹ: How do they flog him? After tying the hands of the one to be flogged on either side of a post, the attendant grabs his garments until his chest is bared, and if they tear or unravel it does not matter. He does not flog him on his garments, as it is stated: "And strike him" (Deuteronomy 25:2), and not his garments. The stone upon which the attendant stands is positioned behind the one receiving lashes. He holds a strap of calf hide, folded into two and then into four, with two straps of donkey hide going up and down the strap of calf hide. The width of the strap is one handbreadth, and the strap must be long enough to reach his navel. The length of the handle is one handbreadth (Rambam *Sefer Shofetim*, *Hilkhot Sanhedrin* 16:8).

One-third from the front of him – שְׁלִישׁ מִלְּפָנָיו: One-third of the lashes are administered to his chest, and two-thirds are delivered on his back, one-third on each shoulder (Rambam *Sefer Shofetim*, *Hilkhot Sanhedrin* 16:9).

Not…standing, etc. – לֹא עוֹמֵד וכו׳: The person being flogged neither stands nor sits; rather, he is hunched, in accordance with the verse: "And the judge shall cause him to lie down, and strike him" (Rambam *Sefer Shofetim*, *Hilkhot Sanhedrin* 16:10).

Flogs him with one hand – מַכֶּה בְּיָדוֹ אַחַת: The attendant raises the strap with both hands and flogs him with one hand with all his strength (Rambam *Sefer Shofetim*, *Hilkhot Sanhedrin* 16:9).

And the crier recites, etc. – וְהַקּוֹרֵא קוֹרֵא וכו׳: In the course of the flogging, the most prominent judge recites the verses: "If you do not observe to perform…And the Lord will make your plagues outstanding, and the plagues of your descendants, and even great plagues, and of long continuance, and severe sicknesses, and of long continuance," synchronizing his recital so that the verses and the lashes coincide. If he completed the verses before the attendant completed administering the lashes, he repeats the verses until all the lashes are completed (Rambam *Sefer Shofetim*, *Hilkhot Sanhedrin* 16:11).

וְאִם מֵת תַּחַת יָדוֹ – פָּטוּר. הוֹסִיף לוֹ עוֹד רְצוּעָה אַחַת וּמֵת – הֲרֵי זֶה גּוֹלֶה עַל יָדוֹ. נִתְקַלְקֵל, בֵּין בְּרֵיעִי בֵּין בְּמַיִם – פָּטוּר. רַבִּי יְהוּדָה אוֹמֵר: הָאִישׁ בְּרֵיעִי, וְהָאִשָּׁה בְּמַיִם.

If the one being flogged **dies at** the **hand** of the attendant,[H] the latter is **exempt**, because he acted at the directive of the court. If the attendant **added for him an additional** lash with **a strap and he died,** the attendant **is exiled** to a city of refuge **on his account,** as an unwitting murderer. If the one being flogged involuntarily **sullies himself,**[B] due to fear or pain, **whether with excrement**[H] **or with urine,** he is **exempt** from further lashes. **Rabbi Yehuda says** that the threshold of shame for men and women is different: **The man** is exempted if he sullies himself **with excrement, and the woman** is exempted even **with urine.**

HALAKHA

If he dies at the hand of the attendant – מֵת תַּחַת יָדוֹ: If the one being flogged dies as a result of receiving lashes, the attendant who administered the lashes is exempt. If the attendant added even one additional lash to the number that was assessed, and the person dies, the attendant is liable to be exiled to a city of refuge (Rambam *Sefer Shofetim, Hilkhot Sanhedrin* 16:12).

If he sullies himself, whether with excrement, etc. – נִתְקַלְקֵל בֵּין בְּרֵיעִי וכו׳: If one whose flogging began sullied himself with excrement or urine, he is exempt from additional lashes. This is the *halakha* with regard to both men and women, in accordance with the unattributed opinion in the mishna (Rambam *Sefer Shofetim, Hilkhot Sanhedrin* 17:5).

BACKGROUND

Sullies himself – נִתְקַלְקֵל: Both the anus and the urethra are controlled by muscles. As people mature, they learn to regulate those muscles, ensuring that the anus and the urethra open only when necessary. Nevertheless, fear or pain can cause one to lose control of these muscles and to involuntarily discharge urine or excrement.

In the description of one who sullied himself, the loss of control can be attributed either to anticipatory fear, which would cause the discharge even before any lashes are administered, or to the physical or psychological pain resulting from the lashes.

Perek **III**
Daf **23** Amud **a**

גמ׳ מַאי טַעְמָא – מִשּׁוּם ״נִקְלָה״.

GEMARA The mishna teaches that the attendant rips the garments of the person about to be flogged. The Gemara explains: **What is the reason** for this? It is **due to** the verse: "Forty he shall flog him…and your brother shall be **debased** before you" (Deuteronomy 25:3), as tearing his garments debases him.

אָמַר רַב שֵׁשֶׁת מִשּׁוּם רַבִּי אֶלְעָזָר בֶּן עֲזַרְיָה: מִנַּיִן לִרְצוּעָה שֶׁהִיא שֶׁל עֵגֶל – דִּכְתִיב ״אַרְבָּעִים יַכֶּנּוּ״, וּסְמִיךְ לֵיהּ ״לֹא תַחְסֹם שׁוֹר בְּדִישׁוֹ״.

Rav Sheshet says in the name of Rabbi Elazar ben Azarya: From where is it derived **with regard to the strap** used for flogging **that it is a** strap from the hide **of a calf?** It is **as it is written: "Forty he shall flog him," and juxtaposed to it** is written: **"You shall not muzzle an ox in its threshing"** (Deuteronomy 25:4), indicating that the strap is from the hide of an ox.

וְאָמַר רַב שֵׁשֶׁת מִשּׁוּם רַבִּי אֶלְעָזָר בֶּן עֲזַרְיָה: מִנַּיִן לִיבָמָה שֶׁנָּפְלָה לִפְנֵי מוּכֵּה שְׁחִין שֶׁאֵין חוֹסְמִין אוֹתָהּ – דִּכְתִיב ״לֹא תַחְסֹם שׁוֹר בְּדִישׁוֹ״, וּסְמִיךְ לֵיהּ ״כִּי יֵשְׁבוּ אַחִים יַחְדָּו״ וגו׳.

And Rav Sheshet says in the name of Rabbi Elazar ben Azarya: From where is it derived **with regard to a** *yevama*[B] **who happened before** a *yavam* **afflicted with boils,**[H] **that one does not compel her** to enter into that levirate marriage? It is derived from a verse, **as it is written: "You shall not muzzle an ox in its threshing," and juxtaposed to it** is written: **"When brothers dwell together"** (Deuteronomy 25:5), which is the passage dealing with levirate marriage. The *yevama* is not muzzled, as it were, when she states that she does not want to enter into levirate marriage with him.

וְאָמַר רַב שֵׁשֶׁת מִשּׁוּם רַבִּי אֶלְעָזָר בֶּן עֲזַרְיָה: כׇּל הַמְבַזֶּה אֶת הַמּוֹעֲדִים – כְּאִילּוּ עוֹבֵד עֲבוֹדָה זָרָה, דִּכְתִיב ״אֱלֹהֵי מַסֵּכָה לֹא תַעֲשֶׂה לָּךְ״, וּסְמִיךְ לֵיהּ ״אֶת חַג הַמַּצּוֹת תִּשְׁמֹר״.

And Rav Sheshet says in the name of Rabbi Elazar ben Azarya: Concerning **anyone who treats the Festivals with contempt,**[HN] **it is as though** he **is worshipping idols, as it is written: "Molten gods you shall not make for yourself"** (Exodus 34:17), **and juxtaposed to it** is written: **"The festival of Passover you shall observe"** (Exodus 34:18).

NOTES

Anyone who treats the Festivals with contempt – הַמְבַזֶּה אֶת הַמּוֹעֲדִים: The Rivan explains that in this context the term: The Festivals, is referring to the intermediate days of the Festivals. Since the categories of prohibited labor on those days are not clearly defined, the tendency is to treat them lightly. The Meiri maintains that the reference is to the Festivals themselves. Since the Festivals are fundamentally designed to commemorate miracles that were performed for the Jewish people, one who treats them with contempt demonstrates his lack of belief in the miracles of the Torah, which leads him to deny the existence of God. That explains the analogy to an idolater.

BACKGROUND

Levirate marriage – יִבּוּם: A man whose brother died childless, a *yavam*, is obligated by Torah law to marry his deceased brother's widow, the *yevama*, or perform *ḥalitza*, the ritual through which a *yavam* frees a *yevama* of her levirate bonds (see Deuteronomy 25:5–10). As long as neither levirate marriage nor *ḥalitza* has taken place, it is prohibited for her to marry another man. By Torah law, levirate marriage is effected by means of sexual intercourse. The Sages instituted levirate betrothal, through which the *yavam* betroths the *yevama* with money or a document. Even after the *yavam* betroths the *yevama* with levirate betrothal, the marriage is consummated with intercourse, after which she is his wife in every respect. Today, the custom in most Jewish communities is that the *yavam* is required to perform *ḥalitza*, and he and the *yevama* do not enter into levirate marriage.

HALAKHA

A *yevama* who happened before a *yavam* afflicted with boils – יְבָמָה שֶׁנָּפְלָה לִפְנֵי מוּכֵּה שְׁחִין: If a *yevama* happened before a *yavam* afflicted with boils or with any other blemish, he performs *ḥalitza* and she receives payment of her marriage contract. Even if her deceased husband had been afflicted with the same blemishes, she could claim that although she was able to tolerate the boils in her husband she cannot tolerate it in her *yavam*. The *halakha* is in accordance with the opinion of Rabbi Elazar ben Azarya (Rambam *Sefer Nashim, Hilkhot Yibbum VaḤalitza* 2:14; *Shulḥan Arukh, Even HaEzer* 165:4).

Anyone who treats the Festivals with contempt – הַמְבַזֶּה אֶת הַמּוֹעֲדִים: Just as there is a mitzva to show deference to Shabbat, there is a mitzva to show deference to the Festivals. Concerning anyone who treats the Festivals with contempt, it is as though he is worshipping idols (Rambam *Sefer Zemanim, Hilkhot Yom Tov* 6:16).

וְאָמַר רַב שֵׁשֶׁת מִשּׁוּם רַבִּי אֶלְעָזָר בֶּן עֲזַרְיָה: כׇּל הַמְסַפֵּר לָשׁוֹן הָרָע, וְכֵן הַמְקַבֵּל לָשׁוֹן הָרָע, וְכׇל הַמֵּעִיד עֵדוּת שֶׁקֶר – רָאוּי לְהַשְׁלִיכוֹ לַכְּלָבִים, דִּכְתִיב ״לַכֶּלֶב תַּשְׁלִכוּן אֹתוֹ״, וּסְמִיךְ לֵיהּ ״לֹא תִשָּׂא שֵׁמַע שָׁוְא״ וגו׳, קְרֵי בֵּיהּ נַמִי ״לֹא תַשִּׂיא״.

And Rav Sheshet says in the name of Rabbi Elazar ben Azarya: Concerning **anyone who speaks malicious speech, and anyone who accepts malicious speech** as the truth, **and anyone who testifies a false testimony, it is fit to throw him to the dogs, as it is written: "To the dog you shall cast it"** (Exodus 22:30), **and juxtaposed to it** is written: **"You shall not accept [*lo tissa*] a false report;** do not join with the wicked to be a false witness" (Exodus 23:1). In addition to prohibitions against false testimony and against accepting malicious speech, Rav Sheshet **also reads into** the verse the meaning: **You shall not relate [*lo tassi*]** a false report.

״וּשְׁתֵּי רְצוּעוֹת״ וכו׳. תָּנָא: שֶׁל חֲמוֹר. כִּדְדָרֵישׁ הָהוּא גְּלִילָאָה עֲלֵיהּ דְּרַב חִסְדָּא: ״יָדַע שׁוֹר קֹנֵהוּ וַחֲמוֹר אֵבוּס בְּעָלָיו יִשְׂרָאֵל לֹא יָדַע״ וגו׳, אָמַר הַקָּדוֹשׁ בָּרוּךְ הוּא: יָבֹא מִי שֶׁמַּכִּיר אֵבוּס בְּעָלָיו וְיִפָּרַע מִמִּי שֶׁאֵינוֹ מַכִּיר אֵבוּס בְּעָלָיו.

§ The mishna teaches: **And two straps** go up and down the doubled strap of calf hide. The Sage **taught: And** they are straps **of donkey** hide. **As a certain Galilean interpreted before Rav Ḥisda:** It is written: **"The ox knows its owner, and the donkey its master's trough; but Israel does not know,** My people does not consider" (Isaiah 1:3). **The Holy One, Blessed be He, says: Let the one who recognizes its master's trough,** an ox and donkey, **come and exact retribution,** through lashes with a strap of ox and donkey hide, **from one who does not recognize his Master's trough** and performs transgressions.

״יָדָהּ טֶפַח״ וכו׳. אָמַר אַבַּיֵּי: שְׁמַע מִינַּהּ כׇּל חַד וְחַד לְפוּם גַּבֵּיהּ עָבְדִינַן לֵיהּ. אֲמַר לֵיהּ רָבָא: אִם כֵּן נְפִישׁ לְהוּ רְצוּעוֹת טוּבָא! אֶלָּא אָמַר רָבָא: אַבְקָתָא אִית לֵיהּ, כִּי בָּעֵי – מִיקְטַר בֵּיהּ, כִּי בָּעֵי – מְרַפֶּה בָּהּ.

The mishna teaches: The length of **its handle** is **one handbreadth,** and the width of the straps is one handbreadth, and the strap must be long enough so that its end reaches the top of his abdomen. **Abaye said: Conclude from it** that **for each and every one, we craft** the strap **according to** the size of **their back. Rava said to him: If so, there will be numerous straps** in court **for them. Rather, Rava said: It has loops; when** the attendant **wants, he ties** the loops to shorten the strap, and **when** the attendant **wants, he loosens** the loops to lengthen the strap. The length of the strap can be adjusted to correspond to the height of the person being flogged.

״מַלְקִין אוֹתוֹ״ וכו׳. מְנָא הָנֵי מִילֵּי? אָמַר רַב כָּהֲנָא: דְּאָמַר קְרָא ״וְהִפִּילוֹ הַשֹּׁפֵט וְהִכָּהוּ לְפָנָיו כְּדֵי רִשְׁעָתוֹ בְּמִסְפָּר״ – רִשְׁעָה אַחַת מִלְּפָנָיו, שְׁתֵּי רִשְׁעִיּוֹת מֵאַחֲרָיו.

§ The mishna teaches: **One flogs him** with one-third of the lashes from the front of him and two one-third portions from behind him. The Gemara asks: **From where are these matters** derived? **Rav Kahana said:** It is derived from a verse, **as the verse states: "And the judge shall cause him to lie down, and strike him before him in accordance with his wickedness, by number"** (Deuteronomy 25:2), indicating that the attendant strikes him in accordance with **one** portion of **wickedness from the front of him,** and **two** portions of **wickedness from behind him.**[N]

״אֵין מַלְקִין אוֹתוֹ״ וכו׳. אָמַר רַב חִסְדָּא אָמַר רַבִּי יוֹחָנָן: מִנַּיִן לִרְצוּעָה שֶׁהִיא מוּכְפֶּלֶת – שֶׁנֶּאֱמַר ״וְהִפִּילוֹ״. וְהָא מִיבְּעֵי לֵיהּ לְגוּפֵיהּ! אִם כֵּן לִכְתּוֹב קְרָא ״יַטֵּיהוּ״, מַאי ״הִפִּילוֹ״? שְׁמַע מִינַּהּ תַּרְתֵּי.

The mishna teaches: **And he does not flog him** when the one receiving lashes is standing, nor when he is sitting; rather, he flogs him when he is hunched, as it is stated: "And the judge shall cause him to lie down." **Rav Ḥisda says** that **Rabbi Yoḥanan says: From where** is it derived with regard **to the strap that it is doubled?** It is derived from a verse, **as it is stated: And he shall cause him to lie down [*vehippilo*],** which is interpreted based on the similar Aramaic root *ayin*, *peh*, *peh*, meaning double. The Gemara asks: **But doesn't he require** that verse **for** the fundamental *halakha* **itself,** as the mishna teaches: He flogs him when he is hunched. The Gemara answers: **If so, let the verse write: Shall bend him. What** is the meaning of: **"Shall cause him to lie down"? Conclude two** conclusions **from it:** The *halakha* that the person being flogged must be hunched, and the allusion to the doubling of the strap.

״הַמַּכֶּה מַכֶּה בְּיָדוֹ״. תָּנוּ רַבָּנַן: אֵין מַעֲמִידִין חַזָּנִין אֶלָּא חֲסֵירֵי כֹּחַ וִיתֵירֵי מַדָּע, רַבִּי יְהוּדָה אוֹמֵר: אֲפִילּוּ חֲסֵירֵי מַדָּע וִיתֵירֵי כֹּחַ.

§ The mishna teaches: **And the** attendant **flogging** the one receiving lashes **flogs** him **with** one **hand** with all his strength. **The Sages taught:** For the administration of lashes, the court **appoints only attendants**[H] who are **lacking in strength and** are **exceedingly knowledgeable** in Torah. **Rabbi Yehuda says:** The court may appoint **even** those who are **lacking in knowledge and** are **exceedingly strong.**

NOTES

One portion of wickedness from the front of him and two portions of wickedness from behind him – רִשְׁעָה אַחַת מִלְּפָנָיו שְׁתֵּי רִשְׁעִיּוֹת מֵאַחֲרָיו: There are several explanations of the derivation of Rav Kahana. See Rashi in his commentary on the Torah, Rambam's Commentary on the Mishna, and the Rivan.

HALAKHA

The court appoints only attendants, etc. – אֵין מַעֲמִידִין חַזָּנִין אֶלָּא וכו׳: The attendant who administers the lashes must be lacking in strength and exceedingly knowledgeable in Torah, in accordance with the opinion of the Rabbis (Rambam *Sefer Shofetim*, *Hilkhot Sanhedrin* 16:9).

אֲמַר רָבָא: כְּוָותֵיהּ דְּרַבִּי יְהוּדָה מִסְתַּבְּרָא, דִּכְתִיב ״לֹא יוֹסִיף פֶּן יוֹסִיף״; אִי אָמְרַתְּ בִּשְׁלָמָא חֲסֵירֵי מַדָּע – הַיְינוּ דְּצָרִיךְ לְאַזְהוֹרֵי, אֶלָּא אִי אָמְרַתְּ יְתֵירֵי מַדָּע – מִי צָרִיךְ לְאַזְהוֹרֵי? וְרַבָּנַן: אֵין מְזָרְזִין אֶלָּא לִמְזוֹרָז.

Rava said: It is reasonable to rule **in accordance with** the opinion **of Rabbi Yehuda, as it is written:** "Forty he shall flog him; **he shall not exceed, lest he continue** to beat him" (Deuteronomy 25:3). He explains: **Granted, if you say** that even people **lacking in** halakhic **knowledge** are appointed, **that is why it is necessary to warn** him not to add lashes. **But if you say** only people who are **exceedingly knowledgeable** are appointed, **does** the Torah **need to warn** the attendant? Apparently, even a person lacking in knowledge can be appointed as an attendant. **And** according to **the Rabbis,** that is no proof, as there is an expression that **one implores only one who is** already **implored.** In other words, only one who is already cognizant of a *halakha* can be effectively warned to observe it.

תָּנָא: כְּשֶׁהוּא מַגְבִּיהַּ – מַגְבִּיהַּ בִּשְׁתֵּי יָדָיו, וּכְשֶׁהוּא מַכֶּה – מַכֶּה בְּיָדוֹ אַחַת, כִּי הֵיכִי דְּלֵיתָא מִדִּידֵיהּ.

It is **taught: When** the attendant **raises** the strap to administer the lashes, **he raises** it **with both hands, and when he flogs** the one receiving lashes, **he flogs with one hand, so that** the lashes **will come from him** in a deliberate manner.

״וְהַקּוֹרֵא קוֹרֵא״ וכו׳. תָּנוּ רַבָּנַן: הַגָּדוֹל שֶׁבַּדַּיָּינִין קוֹרֵא, הַשֵּׁנִי מוֹנֶה, וְהַשְּׁלִישִׁי אוֹמֵר ״הַכֵּהוּ״. בִּזְמַן שֶׁמַּכָּה מְרוּבָּה – מַאֲרִיךְ, בִּזְמַן שֶׁמַּכָּה מוּעֶטֶת – מְקַצֵּר. וְהָא אֲנַן תְּנַן: חוֹזֵר לִתְחִלַּת הַמִּקְרָא! מִצְוָה לְצַמְצֵם, וְאִי לֹא צִמְצֵם – חוֹזֵר לִתְחִלַּת הַמִּקְרָא.

§ The mishna teaches: **And the** court **crier recites** the verse beginning: "If you do not observe to perform," as well as other verses. **The Sages taught: The most prominent of the judges recites** the verses,[H] **the second** most prominent judge **counts** the lashes, **and the third** most prominent **says** to the attendant: **Strike him. When the lashes are numerous,** the one reciting the verses **extends** his recitation; **when the lashes are few,** he **curtails** his recitation by reciting it faster. In both cases, he does so to coordinate the recitation with the duration of the lashes. The Gemara asks: **But didn't we learn** in the mishna: And then **he returns to the beginning of the** first **verse,** indicating that one could read the passage several times? The Gemara answers: The **mitzva is to precisely** coordinate recitation of the verses with the flogging, **and if he did not precisely** coordinate between them, and he completed the recitation of the verses before completing the lashes, **he returns to the beginning of the** first **verse.**

HALAKHA

The most prominent of the judges recites the verses – הַגָּדוֹל שֶׁבַּדַּיָּינִין קוֹרֵא: During the flogging, the most prominent judge recites the verses, the second most prominent judge counts the lashes, and the third most prominent says to the attendant: Strike him. Each blow is administered at the directive of this third judge (Rambam *Sefer Shofetim*, *Hilkhot Sanhedrin* 16:11).

תָּנוּ רַבָּנַן: ״מַכָּה רַבָּה״, אֵין לִי אֶלָּא מַכָּה רַבָּה, מַכָּה מוּעֶטֶת מִנַּיִן – תַּלְמוּד לוֹמַר ״לֹא יוֹסִיף״. אִם כֵּן, מַה תַּלְמוּד לוֹמַר ״מַכָּה רַבָּה״ – לִימֵּד עַל הָרִאשׁוֹנוֹת שֶׁהֵן מַכָּה רַבָּה.

The Gemara cites another *baraita* with regard to the number of lashes. **The Sages taught:** From the verse: "He shall not exceed, lest he continue to beat him beyond these, **a great flogging**" (Deuteronomy 25:3), **I have** derived **only** a prohibition with regard to **a great flogging; from where** do I derive that even **a minimal** excessive **flogging** is prohibited? I derive it from **the verse** that **states: "He shall not exceed,"** at all. The Gemara asks: If so, why must **the verse state: "A great flogging"?** This **teaches that the initial** lashes must be administered **as a great flogging,** with all of the attendant's strength.

״נִתְקַלְקֵל״ וכו׳. תָּנוּ רַבָּנַן: אֶחָד הָאִישׁ וְאֶחָד הָאִשָּׁה בְּרֵיעִי וְלֹא בְּמַיִם, דִּבְרֵי רַבִּי מֵאִיר. רַבִּי יְהוּדָה אוֹמֵר: הָאִישׁ בְּרֵיעִי וְהָאִשָּׁה בְּמַיִם. וַחֲכָמִים אוֹמְרִים: אֶחָד הָאִישׁ וְאֶחָד הָאִשָּׁה בֵּין בְּרֵיעִי בֵּין בְּמַיִם.

§ The mishna teaches: If the one being flogged **sullies himself,** with excrement or urine, he is exempt from further lashes. Rabbi Yehuda says: The man is exempted with excrement, and the woman is exempted even with urine. **The Sages taught** in a *baraita*: For **both a man and a woman,** they are exempted if they sully themselves **with excrement, but not** if they do so **with urine;** this is **the statement of Rabbi Meir. Rabbi Yehuda says: The man with excrement, and the woman** even **with urine. And the Rabbis say: Both a man and a woman** are exempt from further lashes **whether** they sullied themselves **with excrement or with urine.**

וְהָתַנְיָא, רַבִּי יְהוּדָה אוֹמֵר: אֶחָד הָאִישׁ וְאֶחָד הָאִשָּׁה בְּרֵיעִי! אֲמַר רַב נַחְמָן בַּר יִצְחָק: שְׁנֵיהֶם שָׁוִין בְּרֵיעִי.

The Gemara asks with regard to the opinion attributed to Rabbi Yehuda: **But isn't it taught** in a *baraita* that **Rabbi Yehuda says: Both a man and a woman** are exempted **with excrement,** indicating that Rabbi Yehuda holds that a woman is not exempted with urine. **Rav Naḥman bar Yitzḥak said:** There is no contradiction; that *baraita* is merely stating that according to Rabbi Yehuda **both are equal with regard to excrement.** That does not mean that Rabbi Yehuda holds that a woman is not exempted with urine.

NOTES

There, he fled – הָתָם רָץ: Since he left the court without punishment, he is no longer liable to receive it, as in cases of capital law. Rashi (*Shevuot* 28a) explains that his flight from the court is demeaning and debases him.

Are exempted from their punishment of *karet* – נִפְטְרוּ יְדֵי כְרִיתָתָם: In Rambam's Commentary on the Mishna it says that the lashes exempt him from the more severe penalty at the hand of Heaven only if he repents; if he fails to repent he remains liable to receive *karet*. Rabbeinu Yehonatan of Lunel and the Ba'al HaMaor hold that the punishment of lashes exempts him from any punishment at the hand of Heaven, even without repentance.

אָמַר שְׁמוּאֵל: כְּפָתוּהוּ וְרָץ מִבֵּית דִּין – פָּטוּר. מֵיתִיבִי: קָלָה, בֵּין בָּרִאשׁוֹנָה בֵּין בַּשְּׁנִיָּה – פּוֹטְרִין אוֹתוֹ. נִפְסְקָה רְצוּעָה, בַּשְּׁנִיָּה – פּוֹטְרִין אוֹתוֹ, בָּרִאשׁוֹנָה – אֵין פּוֹטְרִין אוֹתוֹ; אַמַּאי? לֶהֱוֵי כְּרָץ! הָתָם רָץ, הָכָא לָא רָץ.

Shmuel says: If **they bound him** to be flogged **and he fled from the court,**[H] he is **exempt. The Gemara raises an objection** from a *baraita*: If he **was debased** with excrement, **whether during** the **first** lash[H] **or during** the **second** lash, the court **exempts him.** But in a case where the **strap was severed**[H] during the course of the flogging, if this occurred **during** the **second** lash **they exempt him,** but if it happened **during** the **first** lash, **they do not exempt him. Why** is he not exempted during the first lash? **Let** his status **be like one who fled** from the court before the flogging began, in which case he is exempt. The Gemara answers: **There,** in that case, **he fled**[N] from the court and he is not compelled to return; **here, he did not flee,** and therefore he is not exempted without being flogged.

תָּנוּ רַבָּנַן: אֲמָדוּהוּ לִכְשֶׁיִּלְקֶה קָלָה – פּוֹטְרִין אוֹתוֹ, לִכְשֶׁיֵּצֵא מִבֵּית דִּין קָלָה – מַלְקִין אוֹתוֹ. וְלֹא עוֹד, אֶלָּא אֲפִילּוּ קָלָה בַּתְּחִלָּה – מַלְקִין אוֹתוֹ, שֶׁנֶּאֱמַר ״וְהִכָּהוּ וגו׳ וְנִקְלָה״, וְלֹא שֶׁלָּקָה כְּבָר בְּבֵית דִּין.

The Sages taught: If **they assessed** concerning **him that when he is flogged he** will be **debased**[H] with excrement, **they exempt him,** as the court does not administer a punishment that will lead to debasing the one being flogged beyond the shame generated by the lashes themselves. But if they assessed concerning him **that** it is only **when he will leave the court** that **he** will be **debased** with excrement, **they flog him. Moreover, even if he was debased initially,** before any lashes were administered, **they** nevertheless **flog him, as it is stated: "And strike him… and** your brother **shall be debased"** (Deuteronomy 25:2–3), indicating that the reference is to one debased as a result of the lashes, **and not** to **one who was already debased in court** prior to being flogged.

מתני׳ כָּל חַיָּיבֵי כְרֵיתוֹת שֶׁלָּקוּ – נִפְטְרוּ יְדֵי כְרִיתָתָם, שֶׁנֶּאֱמַר ״וְנִקְלָה אָחִיךָ לְעֵינֶיךָ״ – כְּשֶׁלָּקָה הֲרֵי הוּא כְּאָחִיךָ, דִּבְרֵי רַבִּי חֲנַנְיָה בֶּן גַּמְלִיאֵל.

MISHNA **All those liable** to receive *karet*[H] **who were flogged are exempted from their** punishment of *karet*,[N] **as it is stated: "And your brother shall be debased before your eyes"** (Deuteronomy 25:3), indicating: **Once he is flogged he is as your brother,** as his sin has been atoned and he is no longer excised from the Jewish people; this is **the statement of Rabbi Ḥananya ben Gamliel.**

וְאָמַר רַבִּי חֲנַנְיָה בֶּן גַּמְלִיאֵל: מָה אִם הָעוֹבֵר עֲבֵירָה אַחַת נוֹטֵל נַפְשׁוֹ עָלֶיהָ, הָעוֹשֶׂה מִצְוָה אַחַת – עַל אַחַת כַּמָּה וְכַמָּה שֶׁתִּנָּתֵן לוֹ נַפְשׁוֹ. רַבִּי שִׁמְעוֹן אוֹמֵר: מִמְּקוֹמוֹ הוּא לָמֵד, שֶׁנֶּאֱמַר ״וְנִכְרְתוּ הַנְּפָשׁוֹת הָעֹשֹׂת״ וגו׳, וְאוֹמֵר

And Rabbi Ḥananya ben Gamliel says: And if for **one who performs one transgression his soul is taken for it,** as one's soul can be uprooted from the world for one transgression, for **one who performs a single mitzva,** it is **all the more so** the case **that his soul will be given to him,** as the reward for performing mitzvot is greater than the punishment for performing transgressions. **Rabbi Shimon says: It is derived from its** own **place** in the Torah, **as it is stated** at the conclusion of the passage discussing intercourse with forbidden relatives, which is punishable with *karet*: **"And the souls that perform** them **shall be excised"** (Leviticus 18:29), **and it states** toward the beginning of that chapter:

HALAKHA

If they bound him and he fled from the court – כְּפָתוּהוּ וְרָץ מִבֵּית דִּין: If one was bound in preparation for flogging, and he severed the ropes and fled, he is exempt from receiving lashes and is not returned to the court (Rambam *Sefer Shofetim, Hilkhot Sanhedrin* 17:6).

If he was debased with excrement, whether during the first lash, etc. – קָלָה בֵּין בָּרִאשׁוֹנָה וכו׳: If they assessed that the one receiving punishment is able to withstand two sets of lashes and he sullied himself, he is exempt from any further lashes, whether he sullied himself during the first set of lashes or during the second set of lashes. The Rambam understands the terms first and second in the *baraita* as referring to different sets of lashes (Rambam *Sefer Shofetim, Hilkhot Sanhedrin* 17:5).

The strap was severed – נִפְסְקָה רְצוּעָה: If the strap used for flogging was severed during the first set of lashes, the one being flogged is exempt from receiving the rest of those lashes, but he remains liable to receive the second set of lashes (Rambam *Sefer Shofetim, Hilkhot Sanhedrin* 17:5).

If they assessed concerning him that when he is flogged he will be debased – אֲמָדוּהוּ לִכְשֶׁיִּלְקֶה קָלָה: If one was assessed with regard to his capability to withstand lashes, and after absorbing a blow he sullied himself with excrement or urine, he is exempt from additional lashes. This is in accordance with the verse: "And your brother shall be debased before your eyes" (Deuteronomy 25:3), as he has already been debased. If he sullied himself before he was flogged, in anticipation of the lashes, then even if it occurred after he was taken from the court to be flogged, and even if it was in the evening, he is flogged with the number of lashes that the court assessed that he could withstand, in accordance with the Rambam's version of the *baraita* (Rambam *Sefer Shofetim, Hilkhot Sanhedrin* 17:5).

All those liable to receive *karet*, etc. – כָּל חַיָּיבֵי כְרֵיתוֹת וכו׳: All those liable to receive *karet* are exempt from *karet* once they are flogged (Rambam *Sefer Shofetim, Hilkhot Sanhedrin* 17:7).

״אֲשֶׁר יַעֲשֶׂה אֹתָם הָאָדָם וָחַי בָּהֶם״, הָא הַיּוֹשֵׁב וְלֹא עָבַר עֲבֵירָה נוֹתְנִין לוֹ שָׂכָר כְּעוֹשֶׂה מִצְוָה.

"That a person shall perform and live by them" (Leviticus 18:5). It is inferred **that** with regard to **one who sits and did not perform a transgression,** God **gives him a reward like** that received by one who **performs a mitzva.**

רַבִּי שִׁמְעוֹן בַּר רַבִּי אוֹמֵר: הֲרֵי הוּא אוֹמֵר ״רַק חֲזַק לְבִלְתִּי אֲכֹל (אֶת) הַדָּם כִּי הַדָּם הוּא הַנָּפֶשׁ״ וגו׳. וּמָה אִם הַדָּם, שֶׁנַּפְשׁוֹ שֶׁל הָאָדָם קָצָה מִמֶּנּוּ – הַפּוֹרֵשׁ מִמֶּנּוּ מְקַבֵּל שָׂכָר, גָּזֵל וַעֲרָיוֹת, שֶׁנַּפְשׁוֹ שֶׁל אָדָם מִתְאַוָּה לָהֶן וּמְחַמַּדְתָּן – הַפּוֹרֵשׁ מֵהֶן עַל אַחַת כַּמָּה וְכַמָּה שֶׁיִּזְכֶּה לוֹ וּלְדוֹרוֹתָיו וּלְדוֹרוֹת דּוֹרוֹתָיו עַד סוֹף כָּל הַדּוֹרוֹת.

Rabbi Shimon bar Rabbi Yehuda HaNasi **says** that as the verse **states: "Only be steadfast to not eat the blood, as the blood is the soul"** (Deuteronomy 12:23), it can be derived *a fortiori*: **And if** with regard to **the blood, which a person's soul loathes, one who abstains from its** consumption **receives a reward** for that action, as it is written in a subsequent verse: "You shall not eat it, so that it shall be good for you and for your children after you" (Deuteronomy 12:25); then concerning **robbery and** intercourse with **forbidden relatives, which a person's soul desires and covets, one who abstains from their** performance and overcomes his inclination, **all the more so that he and his descendants and the descendants of his descendants until the end of all generations will merit** a reward.

רַבִּי חֲנַנְיָא בֶּן עֲקַשְׁיָא אוֹמֵר: רָצָה הַקָּדוֹשׁ בָּרוּךְ הוּא לְזַכּוֹת אֶת יִשְׂרָאֵל, לְפִיכָךְ הִרְבָּה לָהֶם תּוֹרָה וּמִצְוֹת, שֶׁנֶּאֱמַר ״ה׳ חָפֵץ לְמַעַן צִדְקוֹ יַגְדִּיל תּוֹרָה וְיַאְדִּיר״.

Rabbi Ḥananya ben Akashya says: The Holy One, Blessed be He, sought to confer merit upon the Jewish people; therefore, He increased for them Torah and mitzvot, as each mitzva increases merit, **as it is stated: "It pleased the Lord for the sake of His righteousness to make the Torah great and glorious"** (Isaiah 42:21). God sought to make the Torah great and glorious by means of the proliferation of mitzvot.

גמ׳ אָמַר רַבִּי יוֹחָנָן: חֲלוּקִין עָלָיו חֲבֵרָיו עַל רַבִּי חֲנַנְיָה בֶּן גַּמְלִיאֵל. אֲמַר רַב אַדָּא בַּר אַהֲבָה: אָמְרִי בֵּי רַב, תָּנֵינַן: אֵין בֵּין שַׁבָּת לְיוֹם הַכִּפּוּרִים אֶלָּא שֶׁזֶּה זְדוֹנוֹ בִּידֵי אָדָם וְזֶה זְדוֹנוֹ בְּהִכָּרֵת; וְאִם אִיתָא – אִידִי וְאִידִי בִּידֵי אָדָם הוּא.

GEMARA Rabbi Yoḥanan says: Rabbi Ḥananya ben Gamliel's colleagues are in disagreement with him and hold that lashes do not exempt the sinner from *karet*. **Rav Adda bar Ahava said** that this is so, as **they say** in **the school of Rav** that **we learned** in a mishna (*Megilla* 7b): **The difference between Shabbat and Yom Kippur** with regard to the labor prohibited on those days **is only**[H] **that** in **this** case, Shabbat, **its intentional** desecration is punishable **by human hands,** as he is stoned by a court based on the testimony of witnesses who forewarned the transgressor, **and** in **that** case, Yom Kippur, **its intentional** desecration is punishable at the hand of God, **with *karet*. And if** the statement of Rabbi Ḥananya ben Gamliel **is so,** in both **this** case, Shabbat, **and that** case, Yom Kippur, the punishment would be **by human hands.** Apparently, the *tanna* of the mishna, the Rabbis, disagrees with Rabbi Ḥananya ben Gamliel.

רַב נַחְמָן בַּר יִצְחָק אוֹמֵר: הָא מַנִּי – רַבִּי יִצְחָק הִיא, דְּאָמַר: מַלְקוֹת בְּחַיָּיבֵי כָרֵיתוֹת לֵיכָּא. דְּתַנְיָא, רַבִּי יִצְחָק אוֹמֵר: חַיָּיבֵי כָרֵיתוֹת בִּכְלָל הָיוּ, וְלָמָּה יָצָאת כָּרֵת בַּאֲחוֹתוֹ – לְדוּנוֹ בְּכָרֵת וְלֹא בְּמַלְקוֹת.

Rav Naḥman bar Yitzḥak says: There is no proof from here that Rabbi Ḥananya ben Gamliel's colleagues disagree with him, as in accordance with **whose** opinion **is this** mishna taught? **It is** in accordance with the opinion of **Rabbi Yitzḥak, who says: There are no lashes** in cases of **those liable** to receive ***karet*. As it is taught** in a *baraita* that **Rabbi Yitzḥak says:** All **those liable** to receive ***karet*** in cases of forbidden relations **were included in** the principle: "For whoever shall commit any of these abominations, even the people who commit them shall be cut off from among their people" (Leviticus 18:29). **And why was *karet*** in the case of relations with **one's sister excluded** from this verse and mentioned independently (Leviticus 20:17)? It is **to sentence** one who transgresses a prohibition punishable with *karet* **to** be punished **with *karet*** alone, **and not with lashes.** Other Sages disagree with Rabbi Yitzḥak (see 13b).

HALAKHA

The difference between Shabbat and Yom Kippur is only, etc. – אֵין בֵּין שַׁבָּת לְיוֹם הַכִּפּוּרִים אֶלָּא וכו׳: With regard to any prohibited labor for which one is liable to be stoned for performing it on Shabbat, one is liable to receive *karet* for performing it on Yom Kippur (Rambam *Sefer Zemanim*, *Hilkhot Shevitat Asor* 1:2; *Shulḥan Arukh*, *Oraḥ Ḥayyim* 611:2).

NOTES

And bringing the first tithe – וַהֲבָאַת מַעֲשֵׂר: There was an ordinance issued during the reign of King Hezekiah that all tithes were to be brought to the Temple treasury for distribution, replacing the previous practice where each person would give his first tithe to the Levite of his choice.

רַב אַשִׁי אָמַר: אֲפִילּוּ תֵּימָא רַבָּנַן, זֶה – עִיקַּר זְדוֹנוֹ בִּידֵי אָדָם, וְזֶה – עִיקַּר זְדוֹנוֹ בִּידֵי שָׁמַיִם.

Rav Ashi said: Even if **you say** that the mishna is in accordance with the opinion of **the Rabbis,** who disagree with Rabbi Yitzḥak and hold that there are lashes even in cases where there is liability for *karet,* there is no proof that Rabbi Ḥananya ben Gamliel's colleagues disagree with him. The mishna can be understood as follows: In **this** case, Shabbat, the **primary** punishment for **its intentional** desecration is **by human hands, and** in **that** case, Yom Kippur, the **primary** punishment for **its intentional** desecration is *karet,* which is a punishment **at the hand of Heaven.** If he was flogged, he is exempt from *karet.*

אָמַר רַב אַדָּא בַּר אַהֲבָה אָמַר רַב: הֲלָכָה כְּרַבִּי חֲנַנְיָא בֶּן גַּמְלִיאֵל. אֲמַר רַב יוֹסֵף: מַאן סָלֵיק לְעֵילָּא וַאֲתָא וַאֲמַר? אֲמַר לֵיהּ אַבָּיֵי: אֶלָּא הָא דְּאָמַר רַבִּי יְהוֹשֻׁעַ בֶּן לֵוִי: שְׁלֹשָׁה דְּבָרִים עָשׂוּ בֵּית דִּין שֶׁל מַטָּה וְהִסְכִּימוּ בֵּית דִּין שֶׁל מַעְלָה עַל יָדָם, מַאן סָלֵיק לְעֵילָּא וַאֲתָא וַאֲמַר? אֶלָּא קְרָאֵי קָא דָּרְשִׁינַן – הָכָא נַמִי קְרָאֵי קָא דָּרְשִׁינַן.

Rav Adda bar Ahava says that **Rav says: The** *halakha* **is in accordance with** the opinion of **Rabbi Ḥananya ben Gamliel,** who ruled that lashes exempt the sinner from *karet.* **Rav Yosef said: Who ascended on high and came and said** to you that one who is flogged is exempted from *karet*? That is not dependent upon the decision of an earthly court. **Abaye said to** Rav Yosef: **But** according to your reasoning, then with regard to **that which Rabbi Yehoshua ben Levi says:** There are **three matters** that the **earthly court implemented and the heavenly court agreed with them,** the same question applies: **Who ascended on high and came and said** to him that this is so? **Rather,** in arriving at Rabbi Yehoshua ben Levi's conclusion **we** homiletically **interpret verses. Here too,** with regard to lashes and *karet,* **we** homiletically **interpret verses.**

גּוּפָא, אָמַר רַבִּי יְהוֹשֻׁעַ בֶּן לֵוִי: שְׁלֹשָׁה דְּבָרִים עָשׂוּ בֵּית דִּין שֶׁל מַטָּה וְהִסְכִּימוּ בֵּית דִּין שֶׁל מַעְלָה עַל יָדָם, [אֵלּוּ הֵן]: מִקְרָא מְגִילָּה, וּשְׁאֵילַת שָׁלוֹם [בַּשֵּׁם], וַהֲבָאַת מַעֲשֵׂר.

§ With regard to **the** matter **itself, Rabbi Yehoshua ben Levi says:** There are **three matters** that the **earthly court implemented and the heavenly court agreed with them, and these are they: Reading the Scroll** of Esther on Purim, **and greeting** another **with the name of God, and bringing** the first **tithe**[N] to the Temple treasury in Jerusalem. From where is it derived that the heavenly court agreed with them?

מִקְרָא מְגִילָּה – דִּכְתִיב ״קִיְּמוּ וְקִבְּלוּ הַיְּהוּדִים״, קִיְּמוּ לְמַעְלָה מַה שֶּׁקִּבְּלוּ לְמַטָּה.

Reading the Scroll of Esther is derived from a verse, **as it is written: "The Jews confirmed, and they took upon themselves"** (Esther 9:27). The verse could have simply said: They took upon themselves. From the formulation of the verse it is interpreted: **They confirmed above** in Heaven that **which they took upon themselves below** on earth.

וּשְׁאֵילַת שָׁלוֹם – דִּכְתִיב ״וְהִנֵּה בֹעַז בָּא מִבֵּית לֶחֶם וַיֹּאמֶר לַקּוֹצְרִים ה׳ עִמָּכֶם״, וְאוֹמֵר ״ה׳ עִמְּךָ גִּבּוֹר הֶחָיִל״. מַאי ״וְאוֹמֵר״? וְכִי תֵּימָא, בּוֹעַז הוּא דְּעָבֵיד מִדַּעְתֵּיהּ, וּמִשְּׁמַיָּא לָא אַסְכִּימוּ עַל יָדוֹ – תָּא שְׁמַע: וְאוֹמֵר ״ה׳ עִמְּךָ גִּבּוֹר הֶחָיִל״.

And greeting another with the name of God is derived from a verse, **as it is written: "And presently Boaz came from Bethlehem and said to the harvesters: The Lord is with you, and they said to him: May the Lord bless you"** (Ruth 2:4). **And it states:** "And the angel of the Lord appeared to him and said to him: **The Lord is with you, mighty man of valor"** (Judges 6:12). The Gemara asks: **What** is the reason that the Gemara cites the additional source about Gideon, introduced with the phrase: **And it states?** Why was the proof from Boaz's statement to the harvesters insufficient? The Gemara explains: **And if you would say: It is Boaz who did** so **on his own, and from Heaven they did not agree with him; come** and **hear** proof, **and it says: "The Lord is with you, mighty man of valor."** The angel greeted Gideon with the name of God, indicating that there is agreement in Heaven that this is an acceptable form of greeting.

הֲבָאַת מַעֲשֵׂר – דִּכְתִיב ״הָבִיאוּ אֶת כָּל הַמַּעֲשֵׂר אֶל בֵּית הָאוֹצָר וִיהִי טֶרֶף בְּבֵיתִי וּבְחָנוּנִי נָא בָּזֹאת אָמַר ה׳ צְבָאוֹת אִם לֹא אֶפְתַּח לָכֶם אֵת אֲרֻבּוֹת הַשָּׁמַיִם וַהֲרִיקֹתִי לָכֶם בְּרָכָה עַד בְּלִי דָי״. מַאי ״עַד בְּלִי דָי״? אָמַר רָמִי בַּר רַב: עַד שֶׁיִּבְלוּ שִׂפְתוֹתֵיכֶם מִלּוֹמַר ״דַּי״.

From where is it derived that the heavenly court agreed to the **bringing** of the first **tithe** to the Temple treasury in Jerusalem? It is derived from a verse, **as it is written: "Bring you the whole tithe into the storehouse, that there may be food in My house, and try Me now with this, says the Lord of hosts, if I will not open for you the windows of heaven and pour you out a blessing, that there shall be more than sufficiency** [*ad beli dai*]**"** (Malachi 3:10). This indicates that the heavenly court agreed that the first tithe should be brought to the Temple treasury. The Gemara asks: **What** is the meaning of **"*ad beli dai*"? Rami bar Rav says:** It means that the abundance will be so great **that your lips will be worn out** [*yivlu*], **from saying enough** [*dai*].

אָמַר רַבִּי אֶלְעָזָר: בִּשְׁלֹשָׁה מְקוֹמוֹת הוֹפִיעַ רוּחַ הַקּוֹדֶשׁ: בְּבֵית דִּינוֹ שֶׁל שֵׁם, וּבְבֵית דִּינוֹ שֶׁל שְׁמוּאֵל הָרָמָתִי, וּבְבֵית דִּינוֹ שֶׁל שְׁלֹמֹה. בְּבֵית דִּינוֹ שֶׁל שֵׁם – דִּכְתִיב ״וַיַּכֵּר יְהוּדָה וַיֹּאמֶר צָדְקָה מִמֶּנִּי״. מְנָא יָדַע? דִּלְמָא כִּי הֵיכִי דַּאֲזַל אִיהוּ לְגַבָּהּ – אֲזַל נַמִי אֱינָשׁ אַחֲרִינָא [לְגַבָּהּ]? יָצָתָה בַּת קוֹל וְאָמְרָה: מִמֶּנִּי יָצְאוּ כְּבוּשִׁים.

The Gemara cites a somewhat similar statement. **Rabbi Elazar says: In three places the Divine Spirit appeared** before all to affirm that the action taken was appropriate: **In the court of Shem,**[N] **in the court of Samuel the Ramathite, and in the court of Solomon.** The Gemara elaborates: This occurred **in the court of Shem, as it is written** in the context of the episode of Judah and Tamar: **"And Judah acknowledged them and said: She is more righteous than I [*mimmenni*]"** (Genesis 38:26). **How did** Judah **know** that Tamar's assertion that she was bearing his child was correct? **Perhaps, just as he went to her** and hired her as a prostitute, **another person went to her** and hired her **as well,** and he is not the father. Rather, **a Divine Voice**[B] **emerged and said:** It is **from Me [*mimmenni*]** that these **secrets emerged.**[N] God affirmed that her assertion was correct and that it was His divine plan that Judah would father a child from Tamar.

בְּבֵית דִּינוֹ שֶׁל שְׁמוּאֵל – דִּכְתִיב ״הִנְנִי עֲנוּ בִי נֶגֶד ה׳ וְנֶגֶד מְשִׁיחוֹ אֶת שׁוֹר מִי לָקַחְתִּי... וַיֹּאמְרוּ לֹא עֲשַׁקְתָּנוּ וְלֹא רַצּוֹתָנוּ...וַיֹּאמֶר עֵד ה׳ וְעֵד מְשִׁיחוֹ...כִּי לֹא מְצָאתֶם בְּיָדִי מְאוּמָה וַיֹּאמֶר עֵד״; ״וַיֹּאמֶר״? ״וַיֹּאמְרוּ״ מִיבָּעֵי לֵיהּ! יָצָתָה בַּת קוֹל וְאָמְרָה: אֲנִי עֵד בְּדָבָר זֶה.

Likewise, this occurred **in the court of Samuel, as it is written: "Here I am; testify against me before the Lord and before His anointed: Whose ox have I taken... And they said: You have neither defrauded us nor oppressed us... And he said to them: The Lord is witness against you, and His anointed is witness this day, that you have not found anything in my hand. And he said: He is witness"** (I Samuel 12:3–5). Based on the context, instead of the singular: **"And he said,"** the plural: **And they said, should have** been written, as the verse appears to be the reply of the Jewish people to Samuel's challenge, attesting to the truth of his statement. Rather, **a Divine Voice emerged and said: I,** God, **am witness to this matter.**

בְּבֵית דִּינוֹ שֶׁל שְׁלֹמֹה – דִּכְתִיב ״וַיַּעַן הַמֶּלֶךְ וַיֹּאמֶר תְּנוּ לָהּ אֶת הַיֶּלֶד הַחַי וְהָמֵת לֹא תְמִיתֻהוּ (כִּי) הִיא אִמּוֹ״; מְנָא יָדַע? דִּלְמָא אִיעֲרוּמָא מִיעַרְמָא! יָצָתָה בַּת קוֹל וְאָמְרָה ״הִיא אִמּוֹ״.

This occurred **in the court of Solomon,** when the Divine Spirit appeared in the dispute between two prostitutes over who was the mother of the surviving child, **as it is written: "And the king answered and said: Give her the living child, and do not slay him; she is his mother"** (I Kings 3:27). **How did** Solomon **know** that she was the mother? **Perhaps she was devious** and was not the mother of the surviving child at all. Rather, **a Divine Voice emerged and said: She is his mother.**

אֲמַר רָבָא: מִמַּאי? דִּלְמָא יְהוּדָה, כֵּיוָן דְּחָשֵׁיב יַרְחֵי וְיוֹמֵי וְאִיתְרְמֵי – דְּחָזֵינַן מַחְזְקִינַן, דְּלָא חָזֵינַן לָא מַחְזְקִינַן.

Rava said: From where do you draw these conclusions? None of these proofs is absolute. **Perhaps** in the case of **Judah, once he calculated** the passage of the **months and the days** from when he engaged in intercourse with Tamar **and it happened** to correspond with the duration of her pregnancy, he realized that her assertion is correct. There is no room to suspect that another man was the father, as the principle is: Based on that **which we see, we establish presumptive status;** based on that **which we do not see, we do not establish presumptive status.**

שְׁמוּאֵל נַמִי – כּוּלְּהוּ יִשְׂרָאֵל קָרֵי לְהוּ בִּלְשׁוֹן יְחִידִי, דִּכְתִיב ״יִשְׂרָאֵל נוֹשַׁע בַּה׳״.

With regard to **Samuel too,** no proof may be cited from the use of the singular, as on occasion the **entire Jewish people is referred to in the singular, as it is written,** e.g.: **"The Jewish people is saved by the Lord"** (Isaiah 45:17).

שְׁלֹמֹה נַמִי – מִדְּהָא קָא מְרַחַמְתָּא וְהָא לָא קָא מְרַחַמְתָּא! אֶלָּא גְּמָרָא.

With regard to **Solomon too,** perhaps he reasoned that **due to** the fact **that this** woman **is merciful** and seeks to spare the baby **and this** woman **is not merciful,** it is evident that the former is its mother. **Rather,** Rava concludes: There is no proof from the verses that a Divine Spirit appeared in those circumstances; rather, there is **a tradition** that this is the case.

דָּרַשׁ רַבִּי שִׂמְלַאי: שֵׁשׁ מֵאוֹת וּשְׁלֹשׁ עֶשְׂרֵה מִצְוֹת נֶאֶמְרוּ לוֹ לְמֹשֶׁה, שְׁלֹשׁ מֵאוֹת וְשִׁשִּׁים וְחָמֵשׁ לָאוִין כְּמִנְיַן יְמוֹת הַחַמָּה, וּמָאתַיִם וְאַרְבָּעִים וּשְׁמוֹנָה עֲשֵׂה כְּנֶגֶד אֵיבָרָיו שֶׁל אָדָם. אֲמַר רַב הַמְנוּנָא: מַאי קְרָא – ״תּוֹרָה צִוָּה לָנוּ מֹשֶׁה מוֹרָשָׁה״, ״תּוֹרָה״ בְּגִימַטְרִיָּא

§ **Rabbi Simlai taught:** There were **613 mitzvot stated to Moses** in the Torah, consisting of **365 prohibitions corresponding to the number of days** in **the solar year, and 248 positive** mitzvot **corresponding to** the number of **a person's limbs. Rav Hamnuna said: What is the verse** that alludes to this? It is written: **"Moses commanded to us the Torah, an inheritance** of the congregation of Jacob" (Deuteronomy 34:4). The word **Torah, in terms of its numerical value [*gimatriyya*],**[L]

NOTES

The court of Shem – בֵּית דִּינוֹ שֶׁל שֵׁם: The Sages received a tradition that Tamar was judged in a court that followed procedures predicated on truth. It followed the traditions of Shem, son of Noah, although Shem was no longer alive (Rivan).

From Me [*mimmenni*] these secrets emerged – מִמֶּנִּי יָצְאוּ כְּבוּשִׁים: This homiletic interpretation is based on the term from the verse "than I [*mimmenni*]," which appears anomalous with Judah's statement, as there was no reason for him to make this comparison.

BACKGROUND

Divine Voice [*bat kol*] – בַּת קוֹל: Many explanations have been suggested for this concept. Some explain that a Divine Voice is a subcategory of prophecy; even now, when prophecy has ceased, the Divine Presence remains (*Ge'onim*; *Tosafot*). Others suggest that a Divine Voice is an echo or sound whose source cannot be determined. In certain cases, it refers to when people overhear a conversation between others that happens to resolve a difficulty with which they were grappling. Similar cases are found in the Jerusalem Talmud (Maharatz Ḥayyut). Another possibility is that the term *bat* in this expression is referring to a biblical measure of liquid volume. *Bat kol*, then, is a voice heard by those who measure up, who are deemed worthy (Rosh; *Sefer HaNitzaḥon*).

LANGUAGE

Numerical value [*gimatriyya*] – גִּימַטְרִיָּא: Apparently from the Greek γεωμετρία, *geometria*, meaning geometry or land measurement. The Sages employed the term in the broad sense of mathematics in general, and in the narrow sense of the numerical value of letters.

שִׁית מְאָה וְחַד סְרֵי הָוְיָ, ״אָנֹכִי״ וְ״לֹא יִהְיֶה לְךָ״ – מִפִּי הַגְּבוּרָה שְׁמַעֲנוּם.

is 611, the number of mitzvot that were received and taught by Moses our teacher. In addition, there are two mitzvot: **"I am** the Lord your God" and: **"You shall have** no other gods" (Exodus 20:2, 3), the first two of the Ten Commandments, that **we heard from the mouth of the Almighty,**[N] for a total of 613.

(סִימָן דמשמ״ק ס״ק).

The Gemara provides **a mnemonic** for the biblical figures cited in the course of the discussion that follows: ***Dalet, mem, shin, mem, kuf; samekh, kuf***; representing David, Micah, Isaiah, Amos, Habakkuk, Amos, and Ezekiel.

בָּא דָוִד וְהֶעֱמִידָן עַל אַחַת עֶשְׂרֵה, דִּכְתִיב ״מִזְמוֹר לְדָוִד [ה׳] מִי יָגוּר בְּאָהֳלֶךָ מִי יִשְׁכֹּן בְּהַר קָדְשֶׁךָ. הוֹלֵךְ תָּמִים וּפוֹעֵל צֶדֶק וְדֹבֵר אֱמֶת בִּלְבָבוֹ. לֹא רָגַל עַל לְשֹׁנוֹ לֹא עָשָׂה לְרֵעֵהוּ רָעָה וְחֶרְפָּה לֹא נָשָׂא עַל קְרֹבוֹ. נִבְזֶה בְּעֵינָיו נִמְאָס וְאֶת יִרְאֵי ה׳ יְכַבֵּד נִשְׁבַּע לְהָרַע וְלֹא יָמִר. כַּסְפּוֹ לֹא נָתַן בְּנֶשֶׁךְ וְשֹׁחַד עַל נָקִי לֹא לָקָח עֹשֵׂה אֵלֶּה לֹא יִמּוֹט לְעוֹלָם״.

Rabbi Simlai continued: King **David came and established** the 613 mitzvot **upon eleven** mitzvot, **as it is written: "A Psalm of David. Lord, who shall sojourn in Your Tabernacle? Who shall dwell upon Your sacred mountain? He who walks wholeheartedly, and works righteousness, and speaks truth in his heart. Who has no slander upon his tongue, nor does evil to his neighbor, nor takes up reproach against his relative. In whose eyes a vile person is despised, and he honors those who fear the Lord; he takes an oath to his own detriment, and changes not. He neither gives his money with interest, nor takes a bribe against the innocent. He who performs these shall never be moved"** (Psalms, chapter 15). Eleven attributes that facilitate one's entry into the World-to-Come appear on this list.

״הוֹלֵךְ תָּמִים״ – זֶה אַבְרָהָם, דִּכְתִיב ״הִתְהַלֵּךְ לְפָנַי וֶהְיֵה תָמִים״,

The Gemara analyzes these verses: **"He who walks wholeheartedly";**[N] **this** is referring to one who conducts himself like our forefather **Abraham, as it is written** concerning him: **"Walk before Me and be wholehearted"** (Genesis 17:1).

״פּוֹעֵל צֶדֶק״ – כְּגוֹן אַבָּא חִלְקִיָּהוּ,

"Works righteousness"; this is referring to one **such as Abba Ḥilkiyyahu,** a laborer who would not pause from his labor even to greet people; he righteously continued working.

״וְדוֹבֵר אֱמֶת בִּלְבָבוֹ״ – כְּגוֹן רַב סַפְרָא,

"And speaks truth in his heart"; this is referring to one **such as Rav Safra,** who was reciting *Shema* when a person approached him to purchase an item. He intended to accept the man's offer, but he was unable to respond because it is prohibited to interrupt the recitation of *Shema*. The buyer misinterpreted Rav Safra's silence and concluded that Rav Safra demanded a higher price, so he raised his offer. Rav Safra insisted on selling him the item for the sum that he was offered initially.

״לֹא רָגַל עַל לְשֹׁנוֹ״ – זֶה יַעֲקֹב אָבִינוּ, דִּכְתִיב ״אוּלַי יְמֻשֵּׁנִי אָבִי וְהָיִיתִי בְעֵינָיו כִּמְתַעְתֵּעַ״,

"Who has no slander[N] **upon his tongue"; this** is referring to one who conducts himself like **our forefather Jacob,** who did not want to mislead his father in order to receive his blessings, **as it is written: "Perhaps my father will feel me, and I will be in his eyes like a fraud"** (Genesis 27:12).

״לֹא עָשָׂה לְרֵעֵהוּ רָעָה״ – שֶׁלֹּא יָרַד לְאוּמָּנוּת חֲבֵירוֹ,

"Nor does evil to his neighbor"; this is referring to one **who did not infringe upon another's trade,** constituting illegal competition.

״וְחֶרְפָּה לֹא נָשָׂא עַל קְרֹבוֹ״ – זֶה הַמְקָרֵב אֶת קְרוֹבָיו,

"Nor takes up reproach against his relative"; this is referring to **one who draws his relatives near,** and does not distance them when they embarrass him.

״נִבְזֶה בְּעֵינָיו נִמְאָס״ – זֶה חִזְקִיָּהוּ הַמֶּלֶךְ שֶׁגֵּירֵר עַצְמוֹת אָבִיו בְּמִטָּה שֶׁל חֲבָלִים,

"In whose eyes a vile person is despised"; this is referring to one who conducts himself like **King Hezekiah, who dragged the bones of his** evil **father,** King Ahaz, **in a bed of ropes,** because he despised those considered vile by God.

״וְאֶת יִרְאֵי ה׳ יְכַבֵּד״ – זֶה יְהוֹשָׁפָט מֶלֶךְ יְהוּדָה, שֶׁבְּשָׁעָה שֶׁהָיָה רוֹאֶה תַּלְמִיד חָכָם הָיָה עוֹמֵד מִכִּסְאוֹ וּמְחַבְּקוֹ וּמְנַשְּׁקוֹ וְקוֹרֵא לוֹ ״אָבִי אָבִי, רַבִּי רַבִּי, מָרִי מָרִי״.

"And he honors those who fear the Lord"; this is referring to one who conducts himself like **Jehoshaphat, king of Judea, who when he would see a Torah scholar**[H] **would arise from his throne and hug him and kiss him, and call him: My father, my father, my teacher, my teacher, my master, my master.**

NOTES

We heard from the mouth of the Almighty – מִפִּי הַגְּבוּרָה שְׁמַעֲנוּם: These two mitzvot, "I am the Lord your God" and "You shall have no other gods in My presence," which constitute a separate paragraph in the Torah, are the only ones in the Ten Commandments that God stated in the first person, i.e., "I am," and "in My presence."

He who walks wholeheartedly, etc. – הוֹלֵךְ תָּמִים וכו׳: God commanded Abraham to traverse the land, and although Abraham encountered trials and tribulations over the course of his wanderings, e.g., famine, abduction of Sarah, finding a burial spot for her, he remained wholehearted and did not complain to God (*HaKotev*).

Who has no slander, etc. – לֹא רָגַל וכו׳: The Rivan explains that Jacob was initially reluctant to agree to a plan that involved deceit and to obtain the blessings by deceiving his father.

HALAKHA

When he would see a Torah scholar – שֶׁבְּשָׁעָה שֶׁהָיָה רוֹאֶה תַּלְמִיד חָכָם: There is a mitzva for a king to treat with deference those who study Torah. When members of the Sanhedrin and the Sages of Israel appear before him, the king stands before them and seats them alongside him. Jehoshaphat, king of Judea, would treat every Torah scholar in that manner; he would arise and embrace him and kiss him. This is appropriate conduct in private. In public, in the presence of his subjects, the king must neither stand nor speak softly, so that his subjects will fear him (Rambam *Sefer Shofetim, Hilkhot Melakhim UMilḥemoteihem* 2:5).

"נִשְׁבַּע לְהָרַע וְלֹא יָמִר" – כְּרַבִּי יוֹחָנָן, דְּאָמַר רַבִּי יוֹחָנָן: אֱהֵא בְּתַעֲנִית עַד שֶׁאָבֹא לְבֵיתִי.

"He takes an oath to his own detriment, and changes not"; this is **in accordance with** the conduct of **Rabbi Yoḥanan, as Rabbi Yoḥanan** would **say** in the form of a vow when seeking to refrain from eating in another's home: **I shall fast**[N] **until I will come to my house.** He would fulfill that vow and refrain from eating, even though he took the vow only to avoid eating in that place.

"כַּסְפּוֹ לֹא נָתַן בְּנֶשֶׁךְ" – אֲפִילּוּ בְּרִבִּית גּוֹי,

"He neither gives his money with interest"; meaning he does not lend money **with interest even** to **a gentile,** which is permitted by Torah law.

"וְשֹׁחַד עַל נָקִי לֹא לָקָח" – כְּגוֹן רַבִּי יִשְׁמָעֵאל בְּרַבִּי יוֹסֵי.

"Nor takes a bribe against the innocent"; this is referring to one **such as Rabbi Yishmael, son of Rabbi Yosei,** who refused to sit in judgment in a case involving his sharecropper. Since the latter would bring him a basket of fruit, he was concerned that he might unconsciously favor him.

כְּתִיב "עֹשֵׂה אֵלֶּה לֹא יִמּוֹט לְעוֹלָם", כְּשֶׁהָיָה רַבָּן גַּמְלִיאֵל מַגִּיעַ לַמִּקְרָא הַזֶּה הָיָה בּוֹכֶה, אָמַר: מַאן דְּעָבֵיד לְהוּ לְכוּלְּהוּ – הוּא דְּלָא יִמּוֹט, הָא חֲדָא מִינַּיְיהוּ – יִמּוֹט!

At the conclusion of the verses, **it is written: "He who performs these shall never be moved."** The Gemara relates: **When Rabban Gamliel would reach this verse he would cry,** and **he said:** It is **one who performed all** these actions **who shall never be moved; but** if he performed only **one of them, he shall be moved.**

אָמְרוּ לֵיהּ: מִי כְּתִיב "עֹשֵׂה כָל אֵלֶּה"? "עֹשֵׂה אֵלֶּה" כְּתִיב, אֲפִילּוּ בַּחֲדָא מִינַּיְיהוּ. דְּאִי לָא תֵּימָא הָכִי – כְּתִיב קְרָא אַחֲרִינָא "אַל תִּטַּמְּאוּ בְּכָל אֵלֶּה", הָתָם נַמִי, הַנּוֹגֵעַ בְּכָל אֵלֶּה הוּא דְּמִטַּמֵּא, בַּחֲדָא מִינַּיְיהוּ לָא?! אֶלָּא לָאו, בְּאַחַת מִכׇּל אֵלֶּה, הָכָא נַמִי – בְּאַחַת מִכׇּל אֵלּוּ.

The Sages **said to him: Is it written: He who performs all these?** Rather, the phrase **"he who performs these" is written,** indicating that one is blessed **even in** a case where he performed **one of them. As if you do not say so,** compare that to **a different verse** that **is written** with regard to severe transgressions punishable by *karet*: **"Do not impurify yourselves with all these"** (Leviticus 18:24). Would you say that **there too** it means that it is **one who comes into contact with all these who becomes impure,** but **one who comes into contact with one of these, no,** he does not become impure? **Rather,** is it **not** that the phrase "with all these" means: **With one of all these? Here too** it means that one who performs **one of all these** has a place in the World-to-Come.

בָּא יְשַׁעְיָהוּ וְהֶעֱמִידָן עַל שֵׁשׁ, דִּכְתִיב "הֹלֵךְ צְדָקוֹת וְדֹבֵר מֵישָׁרִים מֹאֵס בְּבֶצַע מַעֲשַׁקּוֹת נֹעֵר כַּפָּיו מִתְּמֹךְ בַּשֹּׁחַד אֹטֵם אׇזְנוֹ מִשְּׁמֹעַ דָּמִים וְעֹצֵם עֵינָיו מֵרְאוֹת בְּרָע".

Rabbi Simlai's exposition continues: **Isaiah came and established** the 613 mitzvot **upon six, as it is written: "He who walks righteously, and speaks uprightly; he who despises the gain of oppressions, who shakes his hands from holding of bribes, who stops his ears from hearing blood, and shuts his eyes from looking upon evil"** (Isaiah 33:15).

"הֹלֵךְ צְדָקוֹת" – זֶה אַבְרָהָם אָבִינוּ, דִּכְתִיב "כִּי יְדַעְתִּיו לְמַעַן אֲשֶׁר יְצַוֶּה" וגו׳,

The Gemara elaborates: **"He who walks righteously"; this** is referring to one who conducts himself like **our forefather Abraham, as it is written** concerning him: **"For I have known him, that he will command** his children … to perform righteousness and justice" (Genesis 18:19).

"וְדֹבֵר מֵישָׁרִים" – זֶה שֶׁאֵינוֹ מַקְנִיט פְּנֵי חֲבֵירוֹ בָּרַבִּים,

"And speaks uprightly"; this is referring to **one who does not shame another in public.**

"מֹאֵס בְּבֶצַע מַעֲשַׁקּוֹת" – כְּגוֹן רַבִּי יִשְׁמָעֵאל בֶּן אֱלִישָׁע,

"He who despises the gain of oppressions"; this is referring to one **such as Rabbi Yishmael ben Elisha,** who refused to sit in judgment in a case involving one who gave him priestly gifts, to avoid the appearance of impropriety.

"נֹעֵר כַּפָּיו מִתְּמֹךְ בַּשֹּׁחַד" – כְּגוֹן רַבִּי יִשְׁמָעֵאל בְּרַבִּי יוֹסֵי,

"Who shakes his hands from holding of bribes"; this is referring to one **such as Rabbi Yishmael, son of Rabbi Yosei,** who, as explained above, refused to sit in judgment in a case involving his sharecropper.

"אֹטֵם אׇזְנוֹ מִשְּׁמֹעַ דָּמִים" דְּלָא שָׁמַע בְּזִילּוּתָא דְּצוּרְבָּא מֵרַבָּנַן וְשָׁתֵיק כְּגוֹן רַבִּי אֶלְעָזָר בְּרַבִּי שִׁמְעוֹן.

"Who stops his ears from hearing blood"; this is referring to one **who** would **not hear derision of a Torah scholar and remain silent, such as Rabbi Elazar, son of Rabbi Shimon,** who was well known for this.

NOTES

I shall fast – אֱהֵא בְּתַעֲנִית: Even though this commitment does not have the authority of a vow, and he said it only to avoid eating in the house of the *Nasi*, he was meticulous in observing his commitment (see *Etz Yosef*).

HALAKHA

Women when they stand over the laundry – נָשִׁים בְּשָׁעָה שֶׁעוֹמְדוֹת עַל הַכְּבִיסָה: It is prohibited to watch women when they are standing over their laundry (Rambam *Sefer Kedusha, Hilkhot Issurei Bia* 21:21; *Shulḥan Arukh, Even HaEzer* 21:1).

BACKGROUND

Stand over the laundry – עוֹמְדוֹת עַל הַכְּבִיסָה: Garments were typically laundered in a river or another water source. In order to avoid wetting their clothes, the women laundering the garments would raise their skirts and roll up their sleeves.

״וְעֹצֵם עֵינָיו מֵרְאוֹת בְּרָע״ כְּרַבִּי חִיָּיא בַּר אַבָּא דְּאָמַר רַבִּי חִיָּיא בַּר אַבָּא: זֶה שֶׁאֵינוֹ מִסְתַּכֵּל בְּנָשִׁים בְּשָׁעָה שֶׁעוֹמְדוֹת עַל הַכְּבִיסָה.

“And shuts his eyes from looking upon evil” is to be understood **in accordance with** the statement of **Rabbi Ḥiyya bar Abba, as Rabbi Ḥiyya bar Abba says: This** is referring to one **who does not look at women when they stand over the laundry**[HB] at the river. The women would lift the garments they were wearing to keep them out of the water, and thereby expose part of their bodies.

וּכְתִיב ״הוּא מְרוֹמִים יִשְׁכֹּן״.

And it is written with regard to one who performs these matters: “**He shall dwell on high;** his fortress shall be the munitions of rocks; his bread shall be given, his waters shall be sure” (Isaiah 33:16).

בָּא מִיכָה וְהֶעֱמִידָן עַל שָׁלֹשׁ, דִּכְתִיב ״הִגִּיד לְךָ אָדָם מַה טּוֹב וּמָה ה׳ דּוֹרֵשׁ מִמְּךָ כִּי אִם עֲשׂוֹת מִשְׁפָּט וְאַהֲבַת חֶסֶד וְהַצְנֵעַ לֶכֶת עִם (ה׳) אֱלֹהֶיךָ״.

Micah came and established the 613 mitzvot **upon three, as it is written: “It has been told to you, O man, what is good, and what the Lord does require of you; only to do justly, and to love mercy, and to walk humbly with your God”** (Micah 6:8).

״עֲשׂוֹת מִשְׁפָּט״ – זֶה הַדִּין, ״אַהֲבַת חֶסֶד״ – זֶה גְּמִילוּת חֲסָדִים, ״וְהַצְנֵעַ לֶכֶת״ – זֶה הוֹצָאַת הַמֵּת וְהַכְנָסַת כַּלָּה. וַהֲלֹא דְּבָרִים קַל וָחוֹמֶר, וּמָה דְּבָרִים שֶׁאֵין דַּרְכָּן לַעֲשׂוֹתָן בְּצִנְעָא, אָמְרָה תּוֹרָה ״וְהַצְנֵעַ לֶכֶת״, דְּבָרִים שֶׁדַּרְכָּם לַעֲשׂוֹתָם בְּצִנְעָא עַל אַחַת כַּמָּה וְכַמָּה!

The Gemara elaborates: **“To do justly,” this** is **justice; “to love mercy,” this** is an allusion to **acts of loving-kindness; “and to walk humbly with your God,” this** is an allusion to **taking the** indigent **dead out** for burial **and accompanying** a poor **bride** to her wedding canopy, both of which are to be performed without fanfare glorifying the doer. The Gemara notes: **And are** these **matters not** inferred ***a fortiori*? If,** with regard to **matters that tend to be conducted in public,** e.g., funerals and weddings, **the Torah states “walk humbly”** when doing them, then in **matters that tend to be conducted in private,** e.g., charity and Torah study, **all the more so** should they be conducted **in private.**

חָזַר יְשַׁעְיָהוּ וְהֶעֱמִידָן עַל שְׁתַּיִם, שֶׁנֶּאֱמַר ״כֹּה אָמַר ה׳ שִׁמְרוּ מִשְׁפָּט וַעֲשׂוּ צְדָקָה״. בָּא עָמוֹס וְהֶעֱמִידָן עַל אַחַת, שֶׁנֶּאֱמַר ״כֹּה אָמַר ה׳ לְבֵית יִשְׂרָאֵל דִּרְשׁוּנִי וִחְיוּ״ מַתְקִיף לָהּ רַב נַחְמָן בַּר יִצְחָק: אֵימָא דִּרְשׁוּנִי בְּכָל הַתּוֹרָה! אֶלָּא בָּא חֲבַקּוּק וְהֶעֱמִידָן עַל אַחַת, שֶׁנֶּאֱמַר ״וְצַדִּיק בֶּאֱמוּנָתוֹ יִחְיֶה״.

Isaiah then established the 613 mitzvot **upon two, as it is stated: “So says the Lord: Observe justice and perform righteousness”** (Isaiah 56:1). **Amos came and established** the 613 mitzvot **upon one, as it is stated: “So says the Lord to the house of Israel: Seek Me and live”** (Amos 5:4). **Rav Naḥman bar Yitzḥak objects to this:** There is no proof that the verse in Amos is establishing all the mitzvot upon one; **say** that Amos is saying: **Seek Me throughout the entire Torah,** as the verse does not specify the manner in which one should seek the Lord. **Rather,** say: **Habakkuk came and established** the 613 mitzvot **upon one, as it is stated: “But the righteous person shall live by his faith”** (Habakkuk 2:4).

אָמַר רַבִּי יוֹסֵי בַּר חֲנִינָא: אַרְבַּע גְּזֵירוֹת גָּזַר מֹשֶׁה רַבֵּינוּ עַל יִשְׂרָאֵל, בָּאוּ אַרְבָּעָה נְבִיאִים וּבִיטְּלוּם. מֹשֶׁה אָמַר: ״וַיִּשְׁכֹּן יִשְׂרָאֵל בֶּטַח בָּדָד עֵין יַעֲקֹב״. בָּא עָמוֹס וּבִיטְּלָהּ, [שֶׁנֶּאֱמַר] ״חֲדַל נָא מִי יָקוּם יַעֲקֹב״, וּכְתִיב ״נִחַם ה׳ עַל זֹאת״.

§ **Rabbi Yosei bar Ḥanina says: Moses our teacher issued four decrees upon the Jewish people,** and **four prophets came and revoked them. Moses said: “And Israel dwells in safety, the fountain** [*ein*] **of Jacob alone”** (Deuteronomy 33:28), indicating that the Jewish people will dwell in safety only when they reach a lofty spiritual level similar to [*me'ein*] that of Jacob our forefather. **Amos came and revoked it, as it is stated:** “Lord God, **cease, I beseech You; how shall Jacob stand,** as he is small” (Amos 7:5), **and** immediately afterward **it states: “The Lord regretted this;** it too shall not be, says the Lord God” (Amos 7:6).

מֹשֶׁה אָמַר: ״וּבַגּוֹיִם הָהֵם לֹא תַרְגִּיעַ״. בָּא יִרְמְיָה וְאָמַר ״הָלוֹךְ לְהַרְגִּיעוֹ יִשְׂרָאֵל״.

Moses said: “And among these nations you shall have no repose” (Deuteronomy 28:65). **Jeremiah came** and revoked it, **and said: “Even Israel, when I go to cause him to rest”** (Jeremiah 31:1), indicating that the Jewish people will find rest even in exile.

מֹשֶׁה אָמַר: ״פֹּקֵד עֲוֹן אָבוֹת עַל בָּנִים״. בָּא יְחֶזְקֵאל וּבִיטְּלָהּ, ״הַנֶּפֶשׁ הַחֹטֵאת הִיא תָמוּת״.

Moses said: “He visits the transgression of the fathers upon the sons” (Exodus 34:7). **Ezekiel came and revoked it: “The soul that sins, it shall die”** (Ezekiel 18:4), and not the children of that soul.

מֹשֶׁה אָמַר ״וַאֲבַדְתֶּם בַּגּוֹיִם״. בָּא יְשַׁעְיָהוּ וְאָמַר ״וְהָיָה בַּיּוֹם הַהוּא יִתָּקַע בְּשׁוֹפָר גָּדוֹל״.

Moses said: “And you shall be lost among the nations” (Leviticus 26:38). **Isaiah came** and revoked it, **and said: “And it shall be on that day the great shofar shall be sounded,** and those lost in the land of Assyria shall come” (Isaiah 27:13).

אָמַר רַב: מִסְתַּפֵינָא מֵהַאי קְרָא ״וַאֲבַדְתֶּם בַּגּוֹיִם״. מַתְקִיף לָהּ רַב פַּפָּא: דִּלְמָא כַּאֲבֵידָה הַמִּתְבַּקֶּשֶׁת, דִּכְתִיב ״תָּעִיתִי כְּשֶׂה אֹבֵד בַּקֵּשׁ עַבְדֶּךָ״. אֶלָּא מִסֵּיפָא [דִּקְרָא] ״וְאָכְלָה אֶתְכֶם אֶרֶץ אֹיְבֵיכֶם״. מַתְקִיף לָהּ מָר זוּטְרָא: דִּלְמָא כַּאֲכִילַת קִישּׁוּאִין וְדִילּוּעִין,

Rav says: I am afraid of that verse: "And you shall be lost among the nations." Rav Pappa objects to this: Perhaps it means that the Jewish people will be like a lost item that is sought by its owner, and God will restore those lost in exile, as it is written: "I have gone astray like a lost lamb; seek Your servant" (Psalms 119:176). Rather, Rav was afraid from that which is written in the latter portion of that verse, where it is written: "And the land of your enemies shall consume you." Mar Zutra objects to this: Perhaps it means like the consumption of cucumbers[B] and gourds, which are not consumed in their entirety. Some is left over, from which additional plants can grow.

BACKGROUND

Consumption of cucumbers – אֲכִילַת קִשּׁוּאִין: Some explain that this is referring to large cucumbers, as typically one was unable to finish them and some would remain. Alternatively, cucumbers are difficult to digest, and they fight back, as it were, against those who consume them.

The multitudes of Rome – הֲמוֹנָהּ שֶׁל רוֹמִי: In those days Rome was one of the largest cities in the world, with about one million inhabitants. Relative to the small cities in Eretz Yisrael it was a huge metropolis, whose multitudes could be heard at a great distance.

Puteoli – פְּלָטָה: There are many variant readings of this term. Some say that it is a variation of capitolium, meaning Capitoline Hill, one of the seven hills of Rome. Others maintain that it is the city Potalos or Puteoli in the Campania region in southern Italy. Various sources indicate that the Sages of Israel would reach Rome via southern Italy.

וּכְבָר הָיָה רַבָּן גַּמְלִיאֵל וְרַבִּי אֶלְעָזָר בֶּן עֲזַרְיָה וְרַבִּי יְהוֹשֻׁעַ וְרַבִּי עֲקִיבָא מְהַלְּכִין בַּדֶּרֶךְ וְשָׁמְעוּ קוֹל הֲמוֹנָהּ שֶׁל רוֹמִי מִפְּלָטָה [בְּרִחוּק] מֵאָה וְעֶשְׂרִים מִיל, וְהִתְחִילוּ בּוֹכִין, וְרַבִּי עֲקִיבָא מְשַׂחֵק. אָמְרוּ לוֹ: מִפְּנֵי מָה אַתָּה מְשַׂחֵק? אָמַר לָהֶם: וְאַתֶּם מִפְּנֵי מָה אַתֶּם בּוֹכִים? אָמְרוּ לוֹ: הַלָּלוּ גּוֹיִם שֶׁמִּשְׁתַּחֲוִים לַעֲצַבִּים וּמְקַטְּרִים לַעֲבוֹדָה זָרָה יוֹשְׁבִין בֶּטַח וְהַשְׁקֵט, וְאָנוּ בֵּית הֲדוֹם רַגְלֵי אֱלֹהֵינוּ שָׂרוּף

§ Apropos tribulations of exile and hope for redemption, the Gemara relates: And it once was that Rabban Gamliel, Rabbi Elazar ben Azarya, Rabbi Yehoshua, and Rabbi Akiva were walking along the road in the Roman Empire, and they heard the sound of the multitudes of Rome[B] from Puteoli[B] at a distance of one hundred and twenty *mil*. The city was so large that they were able to hear its tumult from a great distance. And the other Sages began weeping and Rabbi Akiva was laughing. They said to him: For what reason are you laughing? Rabbi Akiva said to them: And you, for what reason are you weeping? They said to him: These gentiles, who bow to false gods and burn incense to idols, dwell securely and tranquilly in this colossal city, and for us, the House of the footstool of our God, the Temple, is burnt

Perek **III**
Daf **24** Amud **b**

בָּאֵשׁ, וְלֹא נִבְכֶּה?! אָמַר לָהֶן: לְכָךְ אֲנִי מְצַחֵק, וּמָה לְעוֹבְרֵי רְצוֹנוֹ כָּךְ – לְעוֹשֵׂי רְצוֹנוֹ עַל אַחַת כַּמָּה וְכַמָּה!

by fire, and shall we not weep? Rabbi Akiva said to them: That is why I am laughing. If for those who violate His will, the wicked, it is so and they are rewarded for the few good deeds they performed, for those who perform His will, all the more so will they be rewarded.

שׁוּב פַּעַם אַחַת הָיוּ עוֹלִין לִירוּשָׁלַיִם, כֵּיוָן שֶׁהִגִּיעוּ לְהַר הַצּוֹפִים, קָרְעוּ בִּגְדֵיהֶם. כֵּיוָן שֶׁהִגִּיעוּ לְהַר הַבַּיִת, רָאוּ שׁוּעָל שֶׁיָּצָא מִבֵּית קָדְשֵׁי הַקֳּדָשִׁים, הִתְחִילוּ הֵן בּוֹכִין וְרַבִּי עֲקִיבָא מְצַחֵק. אָמְרוּ לוֹ: מִפְּנֵי מָה אַתָּה מְצַחֵק? אָמַר לָהֶם: מִפְּנֵי מָה אַתֶּם בּוֹכִים? אָמְרוּ לוֹ: מָקוֹם שֶׁכָּתוּב בּוֹ ״וְהַזָּר הַקָּרֵב יוּמָת״ וְעַכְשָׁיו שׁוּעָלִים הִלְּכוּ בוֹ, וְלֹא נִבְכֶּה?

The Gemara relates another incident involving those Sages. On another occasion they were ascending to Jerusalem after the destruction of the Temple. When they arrived at Mount Scopus and saw the site of the Temple, they rent their garments[H] in mourning, in keeping with halakhic practice. When they arrived at the Temple Mount, they saw a fox that emerged[B] from the site of the Holy of Holies. They began weeping, and Rabbi Akiva was laughing. They said to him: For what reason are you laughing? Rabbi Akiva said to them: For what reason are you weeping? They said to him: This is the place concerning which it is written: "And the non-priest who approaches shall die" (Numbers 1:51), and now foxes walk in it; and shall we not weep?

אָמַר לָהֶן: לְכָךְ אֲנִי מְצַחֵק, דִּכְתִיב ״וְאָעִידָה לִּי עֵדִים נֶאֱמָנִים אֵת אוּרִיָּה הַכֹּהֵן וְאֶת זְכַרְיָה בֶּן יְבֶרֶכְיָהוּ״. וְכִי מָה עִנְיָן אוּרִיָּה אֵצֶל זְכַרְיָה? אוּרִיָּה בְּמִקְדָּשׁ רִאשׁוֹן, וּזְכַרְיָה בְּמִקְדָּשׁ שֵׁנִי! אֶלָּא, תָּלָה הַכָּתוּב נְבוּאָתוֹ שֶׁל זְכַרְיָה בִּנְבוּאָתוֹ שֶׁל אוּרִיָּה;

Rabbi Akiva said to them: That is why I am laughing, as it is written, when God revealed the future to the prophet Isaiah: "And I will take to Me faithful witnesses to attest: Uriah the priest, and Zechariah the son of Jeberechiah" (Isaiah 8:2). Now what is the connection between Uriah and Zechariah? He clarifies the difficulty: Uriah prophesied during the First Temple period, and Zechariah prophesied during the Second Temple period, as he was among those who returned to Zion from Babylonia. Rather, the verse established that fulfillment of the prophecy of Zechariah is dependent on fulfillment of the prophecy of Uriah.

HALAKHA

When they arrived at Mount Scopus they rent their garments – שֶׁהִגִּיעוּ לְהַר הַצּוֹפִים קָרְעוּ בִּגְדֵיהֶם: One who sees the Temple in ruins recites: Our sacred and glorious House, in which our ancestors praised You, has been burned in fire, and all that is precious to us has become a ruin. He then must rend his garment. From when is one obligated to rend his garment? It is from when he reaches Mount Scopus (Rambam *Sefer Zemanim*, *Hilkhot Ta'anit* 5:16; *Shulḥan Arukh*, *Oraḥ Ḥayyim* 561:2).

BACKGROUND

Fox that emerged – שׁוּעָל שֶׁיָּצָא: Based on the Sages mentioned, particularly Rabbi Yehoshua, it appears that this incident occurred near the time of the bar Kokheva revolt. Although the foundation of the Temple was in ruins, parts of it remained standing, and the Holy of Holies was not completely destroyed until the emperor Hadrian did so later. Although foxes typically live in caves, occasionally they reside in ruins as well. As the Temple Mount was desolate, it is not surprising that foxes resided in the location of the Temple.

בְּאוּרִיָּה כְּתִיב ״לָכֵן בִּגְלַלְכֶם צִיּוֹן שָׂדֶה תֵחָרֵשׁ״, בִּזְכַרְיָה כְּתִיב ״עוֹד יֵשְׁבוּ זְקֵנִים וּזְקֵנוֹת בִּרְחֹבוֹת יְרוּשָׁלָםִ״. עַד שֶׁלֹּא נִתְקַיְּימָה נְבוּאָתוֹ שֶׁל אוּרִיָּה – הָיִיתִי מִתְיָירֵא שֶׁלֹּא תִּתְקַיֵּים נְבוּאָתוֹ שֶׁל זְכַרְיָה, עַכְשָׁיו שֶׁנִּתְקַיְּימָה נְבוּאָתוֹ שֶׁל אוּרִיָּה – בְּיָדוּעַ שֶׁנְּבוּאָתוֹ שֶׁל זְכַרְיָה מִתְקַיֶּימֶת. בַּלָּשׁוֹן הַזֶּה אָמְרוּ לוֹ: עֲקִיבָא נִיחַמְתָּנוּ, עֲקִיבָא נִיחַמְתָּנוּ.

In the prophecy of **Uriah it is written:**[N] **"Therefore, for your sake Zion shall be plowed as a field,** and Jerusalem shall become rubble, and the Temple Mount as the high places of a forest" (Micah 3:12), where foxes are found. There is a rabbinic tradition that this was prophesied by Uriah. **In** the prophecy of **Zechariah it is written: "There shall yet be elderly men and elderly women sitting in the streets of Jerusalem"** (Zechariah 8:4). **Until the prophecy of Uriah** with regard to the destruction of the city **was fulfilled I was afraid that the prophecy of Zechariah would not be fulfilled,**[N] as the two prophecies are linked. **Now that the prophecy of Uriah was fulfilled, it** is **evident that the prophecy of Zechariah** remains **valid.** The Gemara adds: The Sages **said to him,** employing **this formulation: Akiva, you have comforted us; Akiva, you have comforted us.**

הדרן עלך אלו הן הלוקין
וסליקא לה מסכת מכות

NOTES

In the prophecy of Uriah it is written, etc. – **בְּאוּרִיָּה כְּתִיב וכו׳**: The early commentaries note that there is no book containing the prophecies of Uriah, nor did any of his prophecies survive verbatim. Nevertheless, Jeremiah (chapter 26) states that Uriah from Kiriath Jearim, like Micah the Morashtite, prophesied with regard to the destruction of Jerusalem. The prophecy of Micah appears in that chapter (verse 18): "Zion shall be plowed as a field, and Jerusalem shall become rubble, and the Temple Mount as the high places of a forest" (see also Micah 3:12). A subsequent verse states: "And there was also a man that prophesied in the name of the Lord, Uriah the son of Shemaiah of Kiriath Jearim" (Jeremiah 26:20). Apparently, Uriah prophesied a similar prophecy (*Tosafot*).

I was afraid that the prophecy of Zechariah would not be fulfilled – **הָיִיתִי מִתְיָירֵא שֶׁלֹּא תִּתְקַיֵּים נְבוּאָתוֹ שֶׁל זְכַרְיָה**: The Maharal explains that Rabbi Akiva was not in fact skeptical about whether or not the prophecy of Zechariah would be fulfilled. Rather, a prophecy can be fulfilled in a more limited or more expansive manner, and he was concerned that the prophecy of Zechariah would be fulfilled in a limited manner. Once he saw that the prophecy of Uriah was fulfilled in an expansive manner, he was confident that the same would be the case with regard to the prophecy of Zechariah, as it was linked to the prophecy of Uriah.

Summary of **Perek III**

In this chapter, several prohibitions for which one is liable to receive lashes were enumerated. The primary import of this chapter lies in the fundamental principles that govern the administration of lashes.

In general, the punishment of one who violates a Torah prohibition is lashes. That is the case not only with regard to prohibitions whose punishment is not specified, but also with regard to more stringent prohibitions for which one is subject to the punishment of *karet*.

At the same time, there are transgressions for whose performance one is not flogged. A person is not flogged for violating a prohibition that serves as a mandate for court-imposed capital punishment. Also, one is flogged only for a prohibition that involves an action, not for a prohibition that is violated by refraining from an action. Although as a rule, speech is not considered an action for these purposes, there are exceptions, e.g., taking a false oath, substituting a non-sacred animal for a sacrificial animal, and cursing another invoking the name of God, are all punishable with lashes. One may also be flogged even if he did not perform the primary action, provided that he assists the person performing the action in some way, e.g., rounding the edges of the head.

For a prohibition that entails performance of a mitzva, i.e., when one violates the prohibition there is a mitzva that rectifies it, one is flogged only if he violated the prohibition in a manner that obviates any possible fulfillment of that mitzva.

When one performs one action and thereby violates several prohibitions, he is flogged with a number of sets of lashes corresponding to the number of prohibitions that he violated. If he violates several prohibitions simultaneously, he is liable to receive one set of lashes for each. The mishna enumerated cases where one could be liable for violating several prohibitions due to the performance of one action.

Lashes, like the death penalty, are administered only if the transgressor was forewarned before he performed the transgression. If he is forewarned only once, then even if he proceeded to perform that transgression several times, he is flogged with only one set of lashes. In cases where the Torah specifies that the prohibition consists of several components, e.g., the prohibition to shave the edges of one's beard with a razor, one receives several sets of lashes. Similarly, one is flogged with five sets of lashes for cutting an incision in his skin in mourning over five dead people, or for cutting five incisions in his skin over one dead person.

With regard to the manner in which lashes are administered in practice, it is explained that the punishment depends upon an assessment that the person being flogged will not die due to the lashes. Therefore, if he is unable to withstand the entire punishment due him, he is flogged with the number of lashes that he can bear. Since the punishment of lashes involves debasing the person being flogged, if in the course of

being flogged he is debased, e.g., by urinating or defecating in public, he is exempt from the remaining lashes.

The Sages concluded that the number of lashes administered is forty-less-one. In any case where it is necessary to administer fewer lashes, one is flogged with a number of lashes divisible by three.

A court of three ordained Sages sentences a transgressor to be flogged, and the lashes are administered by the court attendant. The judges count the lashes, supervise the procedure, and recite verses to inform the transgressor why he is being flogged. The one receiving lashes stands hunched and bound, and the attendant flogs him on his shoulders and on his chest. The court would prepare a special strap in order to allude to the nature of the transgression.

At the end of the chapter, the Gemara cites aggadic statements relating to the merit earned through the performance of mitzvot, the tally of the mitzvot in the Torah, and certain modes of conduct taught by the prophets that serve as a microcosm and the crux of all the mitzvot. The chapter concludes with words of consolation relating to the ultimate reward of the Jewish people in the future.

My Notes

My Notes

My Notes

My Notes